# ITQ 엑셀

길벗알앤디 지음

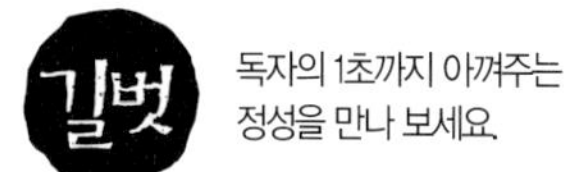

지은이 길벗알앤디
**강윤석, 김용갑, 김우경, 김종일**
IT 서적을 기획하고 집필하는 출판 기획 전문 집단으로, 2003년부터 길벗출판사의 IT 수험서인 〈시험에 나오는 것만 공부한다!〉 시리즈를 기획부터 집필 및 편집까지 총괄하고 있다.
20여 년간 자격증 취득에 관한 교육, 연구, 집필에 몰두해 온 강윤석 실장을 중심으로 IT 자격증 시험의 분야별 전문가들이 모여 국내 IT 수험서의 수준을 한 단계 높이기 위한 다양한 연구와 집필 활동에 전념하고 있다.

## ITQ OA Master(엑셀 + 한글 + 파워포인트) 2016 사용자용 – 시나공 시리즈 ㉛

초판 발행 · 2021년 2월 1일

발행인 · 이종원
발행처 · (주)도서출판 길벗
출판사 등록일 · 1990년 12월 24일
주소 · 서울시 마포구 월드컵로 10길 56(서교동)
주문 전화 · 02)332-0931 팩스 · 02)323-0586
홈페이지 · www.gilbut.co.kr 이메일 · gilbut@gilbut.co.kr

기획 및 책임 편집 · 강윤석(kys@gilbut.co.kr), 김미정(kongkong@gilbut.co.kr), 임은정(eunjeong@gilbut.co.kr)
디자인 · 윤석남 제작 · 이준호, 손일순, 이진혁 영업마케팅 · 임태호, 전선하, 차명환
웹마케팅 · 조승모, 임지인 영업관리 · 김명자 독자지원 · 송혜란, 윤정아

편집진행 및 교정 · 길벗알앤디(강윤석 · 김용갑 · 김우경 · 김종일 · 김선길) 일러스트 · 윤석남 채점 프로그램 개발 · 이정훈
전산편집 · 예다움 CTP 출력 및 인쇄 · 예림인쇄 제본 · 신정제본



ISBN 979-11-6521-444-9 13000
(길벗 도서번호 030805)

가격 27,000원

# 짜잔~ '시나공' 시리즈를 소개합니다~

자격증 취득, 가장 효율적으로 공부하고 싶으시죠?
보통 사람들의 공부 패턴과 자격증 시험을 분석하여 최적의 내용을 담았습니다.

## 첫째 최대한 단시간에 취득할 수 있도록 노력했습니다.

엑셀, 한글, 파워포인트 같은 업무용 프로그램의 기능을 공부할 때는 다양한 프로그램의 기능을 최대한 응용하여 원하는 작업을 빨리 끝낼 수 있도록 여러 가지 기능을 폭넓게 익히는 것이 중요합니다. 하지만 이 책은 자격증 취득을 목적으로 구성된 만큼 중요한 기능일지라도 시험 문제와 거리가 있는 기능은 배제했습니다. 또한 지금까지 출제된 모든 기출문제를 기능별로 분석하여 합격이 가능한 수준을 정한 후, 출제 비중이 낮은 내용은 과감히 빼고 중요한 기능은 어떤 변형 문제에도 대처할 수 있도록 최대한 자세하고 쉽게 설명했습니다.

## 둘째 공부하면서 답답해하지 않도록 노력했습니다.

엑셀, 한글, 파워포인트 같은 컴퓨터 프로그램을 사용해 본 사람이라면 누구나 경험해 봤겠지만 모르는 기능을 배울 때 주어진 기능을 설명대로 따라 하다 중간에서 막히면 대책이 없습니다. 이 책에서는 따라하면 누구나 같은 결과가 나오도록 한 단계도 빼놓지 않고 자세하게 설명했습니다. 특히 책 출간 전에 초보자 여러 명이 직접 따라해 보면서 수정에 수정을 거듭했기 때문에 안심하고 따라 하셔도 됩니다.

## 셋째 학습 방향을 제시하기 위해 노력했습니다.

이 시험을 준비하는 수험생이 대부분 비전공자이다 보니 학습 방향을 잡는 데 어려움이 따를 것입니다. 교재에 수록된 내용을 학습 방향도 파악하지 못한 채 무작정 따라하는 것은 비효율적입니다. '전문가의 조언', '시나공 Q&A 베스트', '잠깐만요' 등의 코너를 두어 "지금 이것을 왜 하는지?", "왜 안 되는지?", "더 효율적인 방법은 없는지?" 등 옆에서 선생님이 지도하는 것처럼 친절한 가이드라인을 제공합니다.

## 넷째 최대한 높은 등급을 얻기 위한 학습 전략을 세웠습니다.

ITQ 시험은 취득 점수에 따라 등급이 부여되기 때문에 합격이라도 다 같은 합격이 아닙니다. 높은 점수를 얻어서 A 등급으로 합격해야 합니다. 어떻게 하면 짧은 시간에 400점 이상을 받아 A 등급으로 합격할 수 있는지 문제별로 학습 전략을 세웠습니다.

## 다섯째 한 번의 클릭으로 자동 채점이 가능하도록 했습니다.

실제 시험 보는 기분으로 문제를 푼 다음 자동 채점 프로그램을 이용해서 채점하세요. 점수는 물론 틀린 부분이 왜 틀렸는지도 바로바로 알려줍니다. 시험 주관사인 생산성본부가 채점 기준을 공개하지 않기 때문에 생산성본부의 채점 기준과 완전히 일치되게 채점할 수는 없습니다. 하지만 ITQ 시험이 시행된 지 20여 년에 이르고 그동안 시나공에서는 수많은 확인 과정을 거쳤기 때문에 대부분의 채점 기준이 파악되었다고 볼 수 있습니다. 게다가 조금이라도 확실하지 않은 부분은 감점을 적용하고 잘못된 원인을 알려주는 등 실제 시험 보다 더 엄격한 채점 기준을 적용하여 실제 시험장에서 불이익을 당하는 일은 없도록 최선을 다했습니다.

끝으로 이 책으로 공부하는 모든 수험생들이 한 번에 합격할 수 있기를 기원합니다.

2021년 한 해를 시작하며

강윤석

Special thanks to …

이 책이 나오기까지 '감 놔라, 배 놔라' 미주알 고주알 참견해(?) 주시고 설문조사에 응해 주신 300여 명의 수험생, 길벗출판사 독자, 고등학교 선생님, 학원 선생님들께 깊이 감사드립니다.

1등만이 드릴 수 있는 1등 혜택!!

# 수험생을 위한 아주 특별한 서비스

## 서비스 하나 시나공 독자 카페

IT 자격증 시험, 혼자 공부하기 막막하다고요? 시나공 카페에서 대한민국 최대, 50만 회원들과 함께 공부하세요.

### 지금 sinagong.gilbut.co.kr에 접속하세요!

시나공 카페에서는 최신기출문제와 해설, 시험대비자료, 선배들의 합격 수기와 합격 전략, 책 내용에 대한 문의 및 관련 자료 등 IT 자격증 시험을 위한 모든 정보를 제공합니다.

## 서비스 둘 합격 보장 이메일 서비스

시나공 카페 회원으로 가입하면, '시나공 카페 → 프리미엄 존 → 시험대비자료' 코너에서 시험 준비에 꼭 필요한 학습 자료를 내려받을 수 있습니다. 자료가 등록되면 안내 메일을 보내드립니다.

• 최신기출문제 3회분

최신 출제 경향이 반영된 기출문제 3회분을 제공합니다. 최신기출문제로 현장 감각을 키우세요.

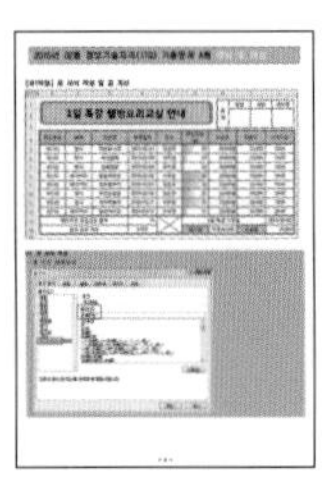

※ '합격 보장' 이메일 안내 서비스는 시나공 카페 회원 중 구입 도서를 등록한 분께 발송됩니다.

## 서비스 셋 수험생 지원센터 무엇이든 물어보세요!

공부하다 답답하거나 궁금한 내용이 있으면, 시나공 카페 '묻고 답하기' 게시판에 질문을 올리세요. 길벗알앤디의 전문가들이 빠른 시간 내에 답변해 드립니다.

이메일(qna@gilbut.co.kr)로 질문한 경우에도 빠른 시간 내에 답변을 보내드립니다.

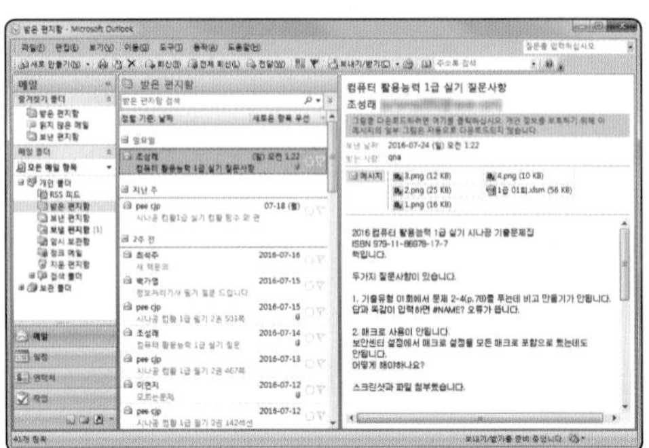

시나공 시리즈는 단순한 책 한 권이 아닙니다. 여러분이 시나공 시리즈 책 한 권을 구입한 순간, Q&A 서비스에서 최신기출문제 등 각종 학습 자료까지 IT 자격증 최고 전문가들이 제공하는 온라인&오프라인 합격 보장 교육 프로그램이 함께합니다.

## 합격 전략 동영상 강의 제공

한 번의 시험으로 A 등급 취득을 위해 시험의 전 과정을 따라 하기 식으로 설명하는 '실제 시험장을 옮겨 놓았다!'를 동영상 강의로 제공합니다.

### 시나공 카페에서는 이렇게 사용하세요!

1. 시나공 카페(sinagong.gilbut.co.kr)에 로그인하세요.
2. 상단 메뉴 중 [프리미엄 존] → [실기특강]을 클릭하세요.
3. 실기특강 목록에서 'ITQ OA MASTER(2016사용자용) – 실제 시험장을 옮겨 놓았다'를 클릭한 후 원하는 강좌의 〈강의보기〉를 클릭하여 시청하세요.

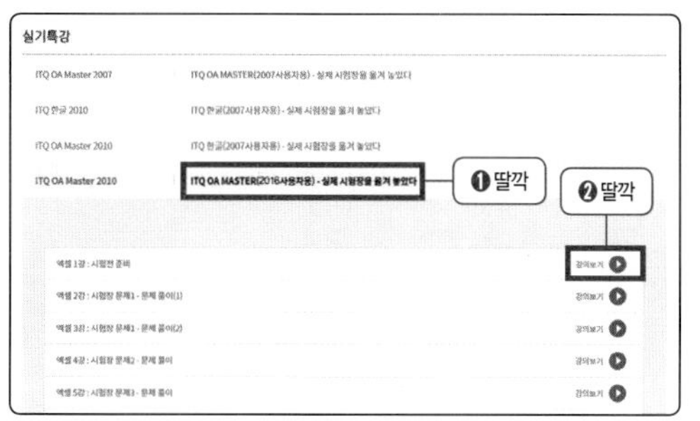


※ '실기특강' 서비스는 시나공 카페 회원 중 구입 도서를 등록한 분께 제공됩니다.

### QR코드는 이렇게 이용하세요!

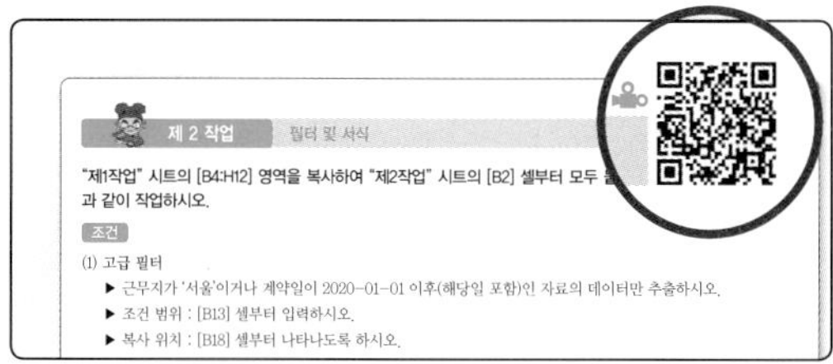


1. 스마트폰의 QR코드 리더 앱을 실행하세요!
2. 시나공 실기특강 QR코드를 스캔하세요!
3. 스마트폰을 통해 실기특강이 시작됩니다!

## 시나공 서비스 이용 및 채점 프로그램 사용을 위한 회원 가입 및 구입 교재 등록 방법

1. 시나공 카페(sinagong.gilbut.co.kr)에 접속하여 우측 상단의 〈회원가입〉을 클릭하고 〈이메일 주소로 회원가입〉을 클릭합니다.

※ 회원가입은 소셜 계정으로도 가입할 수 있습니다.

2. 회원 정보를 입력한 후 〈이메일 인증〉을 클릭합니다.
3. 회원 가입 시 입력한 이메일 계정으로 인증 메일이 발송됩니다. 수신한 인증 메일을 열어 이메일 계정을 인증하세요.
4. 시나공 카페에서 로그인한 다음 상단 메뉴의 〈프리미엄 존〉을 클릭한 후 〈구매 도서 인증〉을 클릭합니다.
5. '도서 찾기'에서 〈ITQ/GTQ〉를 클릭한 후 구입한 도서의 〈선택하기〉를 클릭합니다.
6. '구매 도서 인증'의 ISBN 부가기호 란에 교재 뒷표지 바코드 오른쪽 위에 있는 숫자 5자리를 입력한 후 〈등록〉을 클릭합니다.

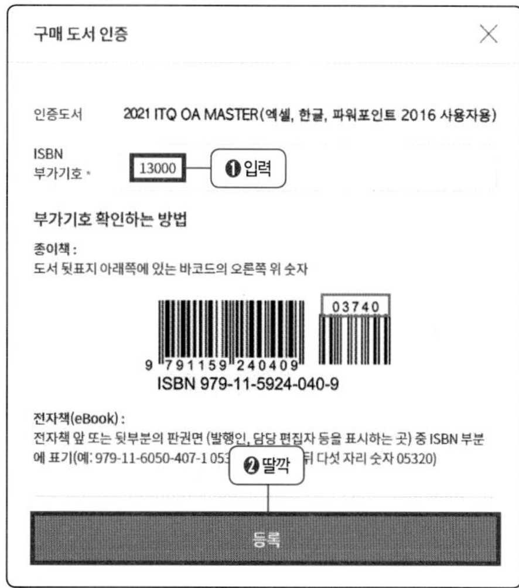


※ 이미 회원 가입이 되어 있는 경우 로그인하여 4번 이후 과정을 실행하세요.

# 한눈에 살펴보는 시나공의 구성

IT 자격증 전문가의 합격요령

ITQ 엑셀 시험, 이렇게 준비하세요.

ITQ 시험은?

ITQ 시험은 현재 엑셀, 아래 훈글, 액세스, 파워포인트, MS워드, 인터넷 ... 500점 만점을 기준으로 A 등급부터 C 등급까지 등급별 자격을 부여합니다. ... 한두 과목에서 낮은 등급을 받았을 경우 다시 응시하여 A 등급으로 업그레이드 ... 니다.

A등급 받고 싶어? A등급 받고 싶으면 읽어봐, 자격증이 토네이도처럼 화~악 밀려올걸?

실제 시험장을 옮겨 놓았다!

실제 시험장을 옮겨 놓았다

시험이란 항상 긴장되고 떨리게 마련입니다. 이 장에서는 수험생이 ... 차근차근 따라하며 시험에 대비하세요.

1 입실(시험 시작 20분 전)

ITQ 시험은 60분 동안 치러지는데 보통 20분 전 ... 수험생 인적 사항을 확인받습니다. 수험표와 자신을 증명할 수 있는 신분증을 반드시 지참해야 한

여러분!! 딱 다섯번만 따라해봐, 허둥대지 않고 시험 볼 수 있게 해줄게~

오! 실제 시험이 이렇게 진행되는구나

와우 실제 시험장을 그대로 옮겨 놨네~

실전 모의고사

EXAMINATION 01회 실전 모의고사

제 1 작업 표 서식 작성 및 값 계산 (240점)

다음은 '일반의약품 판매가격 현황'에 대한 ... 조건에 맞도록 ...

출력형태

일반의약품 판매가격 현황

실제 시험문제와 기능과 난이도가 동일해 제한시간 60분을 지키면서 풀고 채점해봐!

헐... 난, 오타투성이네~ 좀더 차분히 풀어보자!

아! 채점 프로그램은 시나공 카페에 있구나!

배운대로 했을 뿐인데~ 만점이다! 역시~

## 기초에서 실전까지 한 번에 끝낸다!

합격 전략을 세워 실제로 시험을 치르는 것처럼 그대로 따라해 보고 부족한 부분을 채운 다음 실전문제와 기출문제로 완벽하게 마무리할 수 있도록 구성했습니다. 교재대로 따라하다 보면 어느새 ITQ OA Master가 되어 있는 자신을 발견할 수 있습니다.

# 시험 접수부터 자격증을 받기까지 한눈에 살펴볼까요?

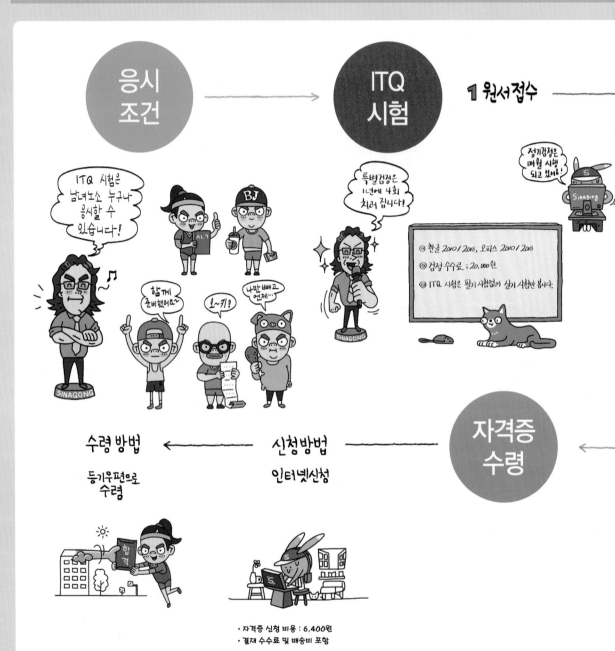

응시 조건

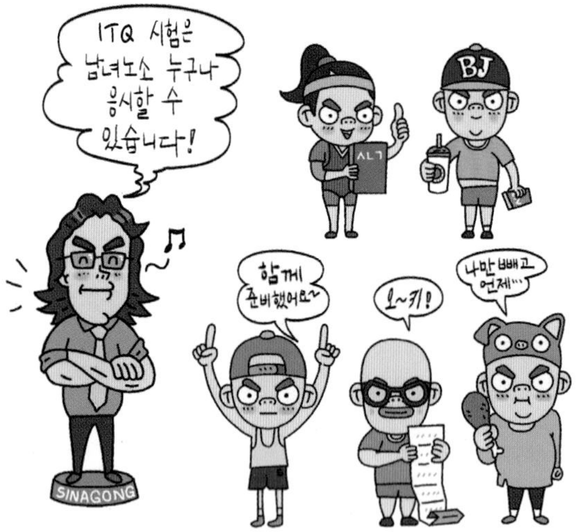

ITQ 시험은 남녀노소 누구나 응시할 수 있습니다!

ITQ 시험

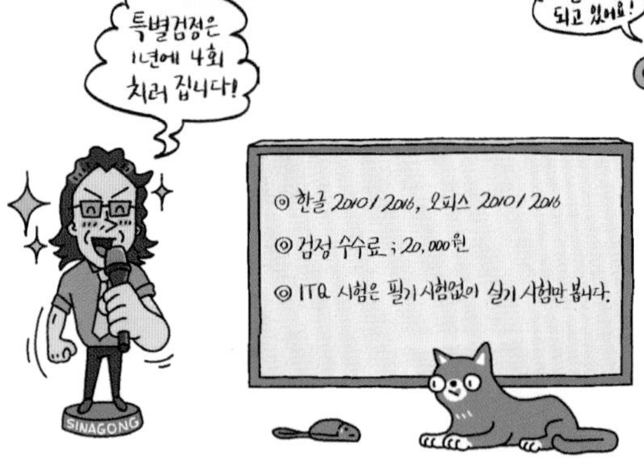

특별검정은 1년에 4회 치러 집니다!

◎ 한글 2010/2016, 오피스 2010/2016

◎ 검정 수수료 : 20,000원

◎ ITQ 시험은 필기시험없이 실기 시험만 봅니다.

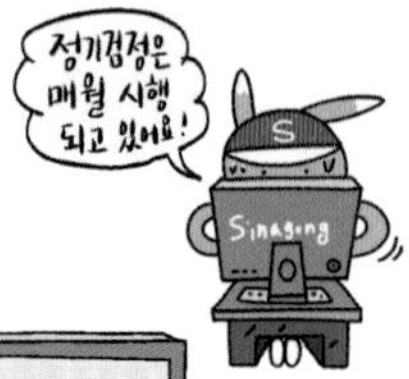

1 원서접수

정기검정은 매월 시행되고 있어요!

자격증 수령

신청방법

인터넷신청

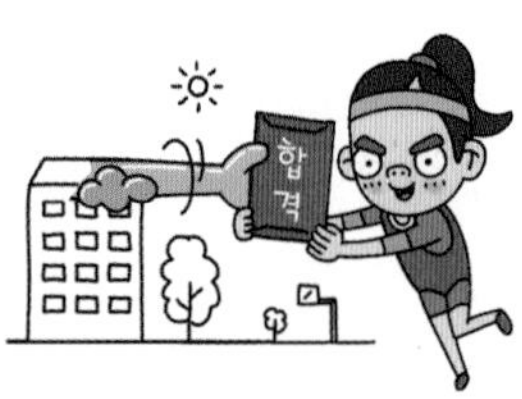

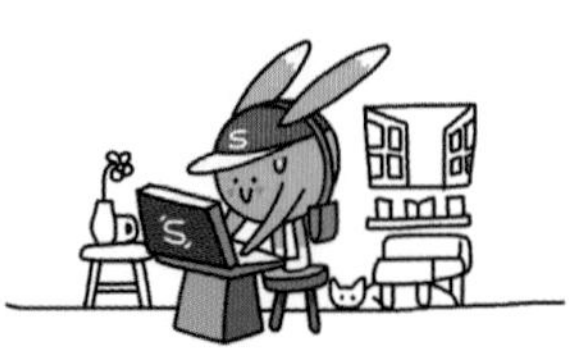

- 자격증 신청 비용 : 6,400원
- 결재 수수료 및 배송비 포함

수령 방법

등기우편으로 수령

## 2 시험

시험은 200점 이상의
점수를 얻어야 하며
점수에 따라 등급별로
자격을 부여합니다!!

A등급; 400점~500점
B등급; 300점~399점
C등급; 200점~299점

여러분~
부정 행위는,
꿈도 꾸지 마시고
시험 시~작!
시작
SINAGONG

집중
시나공
시나공

## 3 합격여부 확인

합격여부 확인은
license.kpc.or.kr로
하면 됩니다.
우리 합격이야!
축하해~!
축하
해요~
합격
합격

# ITQ 시험, 이것이 궁금하다!

**Q** ITQ 시험 응시 수수료는 얼마인가요?

**A** 과목에 관계없이 20,000원이며, 두 과목을 동시에 접수하면 38,000원, 세 과목을 동시에 접수하면 54,000원입니다.

**Q** 정기 검정과 특별 검정 그리고 수시 검정이 있다는데 각각 어떻게 다른가요?

**A** 정기 검정은 매월 정해진 날짜에 시험을 치르는 것이고, 특별 검정은 1년에 4회 정해진 날짜에 치르는 시험입니다. 그리고 수시 검정은 시험 주관사인 한국생산성본부에 시험을 신청한 학교나 회사에서 시행하는 시험입니다.

**Q** ITQ 시험에서 사용하는 프로그램과 버전을 알고 싶어요.

**A** 정기 검정, 특별 검정 모두 한글 2010/2016, 오피스 2010/2016을 사용합니다.

**Q** 시험을 접수할 때 여러 과목을 동시에 접수할 수 있나요?

**A** 네, 가능합니다. 과목별로 시간을 달리하여 최대 3과목까지 접수할 수 있습니다.

**Q** 시험을 접수한 후 시험 시간이나 시험 장소를 변경할 수 있나요?

**A** ITQ 시험 시간은 컴퓨터에 의해 자동 배정되며, 배정된 시험 시간은 변경이 불가능합니다. 시험 장소는 접수 시 수험생이 선택하는 것으로 접수 기간 이후에는 장소를 변경할 수 없습니다.

**Q** 시험 합격 후에는 자격증이 집으로 배달되나요?

**A** 아닙니다. 시험에 합격해도 자격증 발급을 신청하지 않으면 자격증을 받을 수 없습니다.

**Q** 자격증 발급을 신청한 후 며칠 만에 자격증을 받을 수 있나요?

**A** 자격증은 신청 후 14일 이후에 받을 수 있습니다.

**Q** ITQ 자격증 취득 시 독학사 취득을 위한 학점이 인정된다고 하던데, 학점 인정 현황은 어떻게 되나요?

**A** 3과목 이상 A등급 취득 시 6학점, 3과목 중 하나라도 B등급이 있으면, 4학점이 인정됩니다.

## 시간이 부족한 수험생들의 궁금증 완전해결! — '시나공 Q&A 베스트'

시나공 홈페이지(sinagong.gilbut.co.kr)에 10년간 쌓인 50만 회원들의 Q&A 데이터를 철저하게 분석하여 1분 1초가 아쉬운 수험생들의 궁금증을 100% 반영했습니다.

**Q** 접수한 시험을 취소하고 환불받을 수 있나요? 받을 수 있다면 환불 방법을 알려주세요.

**A** 네, 가능합니다. 하지만 신청 기간 및 사유에 따라 환불 비율에 차이가 있습니다.

| 검정수수료 반환 사유 | 검정수수료 반환 규정 |
|---|---|
| 수수료를 과오 납입한 경우 | 과오 납입한 금액 반환 |
| 검정 시행기관의 잘못으로 인해 시험에 응시하지 못한 경우 | 재시험(다음 회차) 또는 100% 환불 |
| 접수 마감일로부터 7일(18시 기준) 이내로 접수를 취소한 경우 | 100% 환불(단, 여러 과목을 접수한 경우는 부분 과목 취소 불가능) |
| 접수 마감일로부터 8일(10시 기준) 이후부터 시험이 있는 그 주 목요일(18시 기준)까지 접수를 취소한 경우 | 50% 환불(단, 여러 과목을 접수한 경우는 부분 과목 취소 불가능) |

**Q** 3과목을 취득해야 국가공인 자격증이 인정된다는데 사실인가요?

**A** 사실이 아닙니다. ITQ 시험은 한글/워드, 파워포인트, 엑셀, 액세스, 인터넷 총 5과목이 있으며, 이 중 한 과목만 자격을 취득하여도 국가공인 자격으로 인정됩니다.

**Q** ITQ 시험의 합격 기준이 어떻게 되나요?

**A** ITQ 시험은 500점 만점을 기준으로 A 등급부터 C 등급까지 등급별 자격을 부여하며, 낮은 등급을 받은 수험생이 다음 시험에 재응시하여 높은 등급을 받으면 해당 등급으로 갱신해줍니다.

| A 등급 | B 등급 | C 등급 |
|---|---|---|
| 400점~500점 | 300점~399점 | 200점~299점 |

※ 200점 미만은 불합격입니다.

# 실습용 데이터 파일을 사용하려면?

1. 시나공 카페(sinagong.gilbut.co.kr)에 접속하여 오른쪽 상단의 〈로그인〉을 클릭한 후 아이디와 패스워드를 넣고 로그인하세요.

※ '이메일 주소(아이디)'가 없는 수험자는 〈회원가입〉을 클릭하여 회원으로 가입한 후 구입한 도서를 등록하세요. '회원가입' 및 '도서 등록'에 대한 내용은 5쪽을 참고하세요.

2. 위쪽의 메뉴에서 [시나공 IT] → [자료실]을 클릭하세요.
3. '자료실'에서 [ITQ] → [ITQ OA Master]만 선택하세요.

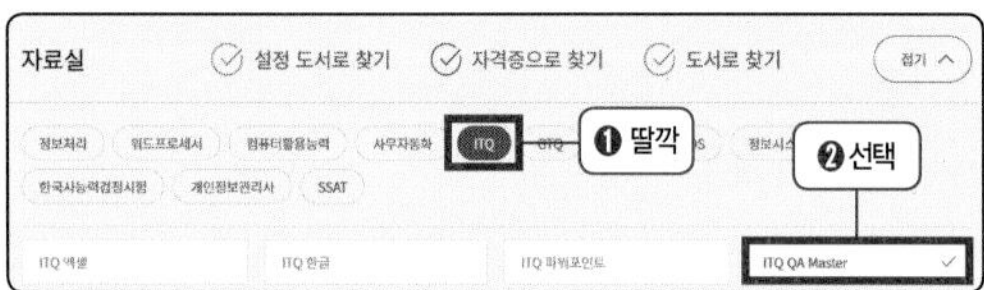


4. '실습예제'에서 '2021 시나공 ITQ OA Master(2016 사용자용) [기본서]'를 클릭하세요.
5. 이어서 [전체펼치기] → ⬇ → ^ → [열기]를 차례로 클릭하세요.

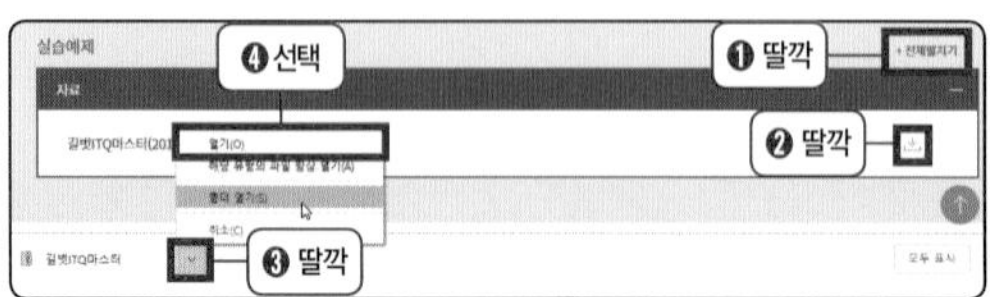


6. 압축 프로그램 창에서 〈압축풀기〉를 클릭하세요.
7. '압축풀기' 대화상자에서 압축파일을 풀어놓을 폴더를 지정하고 〈확인〉을 클릭하세요.
8. 압축을 푼 폴더에서 '실습파일.exe' 파일을 더블클릭하면 'C:\길벗ITQ마스터(2016)' 폴더에 교재와 관련된 파일이 자동으로 설치됩니다.

9. 정상적인 설치가 수행되었는지 'C:\길벗ITQ마스터(2016)\ITQ엑셀' 폴더를 확인하세요. 이 폴더에 저장된 파일은 책에 수록된 문제를 풀 때 사용됩니다.

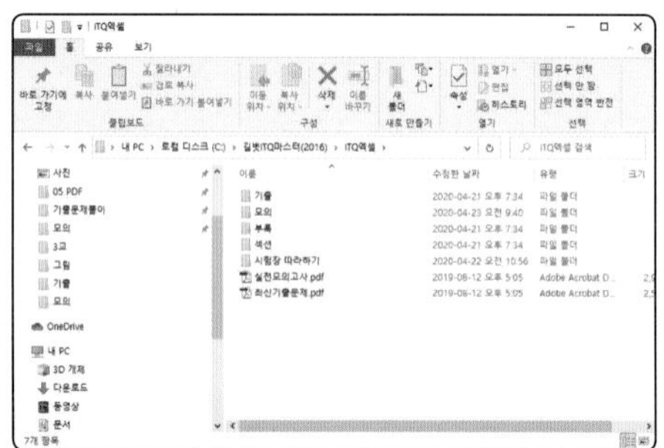

### 폴더 및 파일의 용도

- **기출** : 기출문제의 정답 파일
- **모의** : 모의고사의 정답 파일
- **부록** : 별책 부록 ITQ 엑셀 함수 사전에서 사용되는 문제 및 정답 파일
- **섹션** : 병행 또는 심화학습에 사용되는 문제 및 정답 파일
- **시험장따라하기** : 1장 '실제 시험장을 옮겨 놓았다!'의 정답 파일
- **최신기출문제.pdf** : 최신기출문제 06회~10회
- **실전모의고사.pdf** : 실전모의고사 06회~10회
- AdbeRdr90_kor_full.exe : PDF 파일을 읽고 인쇄할 수 있는 아크로벳 리더 프로그램의 설치용 파일입니다. 더블클릭하여 설치한 후 실전모의고사와 최신기출문제를 출력할 때 사용하세요.

# 채점 프로그램을 사용하려면?

## 1 설치하기

12쪽의 8번 과정의 압축이 풀린 폴더 창에서 '채점프로그램.exe' 파일을 더블클릭하여 실행한 후 지시사항에 따라 〈다음〉을 클릭하면 간단하게 설치됩니다.

## 2 채점하기

1. 바탕 화면에서 [**(시작)**] → [**길벗**] → [**2021 길벗 ITQ OA Master 채점프로그램**]을 차례로 선택합니다.
2. 업데이트 창이 나타나며 자동으로 업데이트가 진행됩니다. 업데이트가 완료되면 〈실행〉을 클릭하세요.

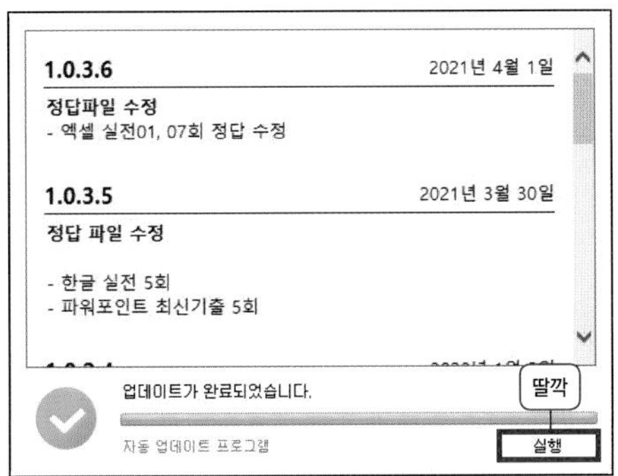


3. 왼쪽 상단의 [교재 선택]을 클릭한 후 'ITQ 엑셀(2016)'을 선택하세요.

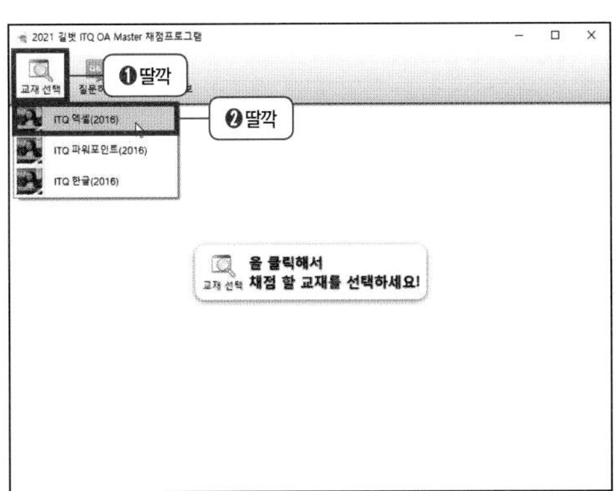


4. 채점할 파일을 채점 창으로 드래그하거나 왼쪽 상단의 〈채점하기〉를 클릭한 후 '열기' 대화상자에서 채점할 파일을 선택하고 〈열기〉를 클릭하면 자동으로 채점이 수행됩니다.

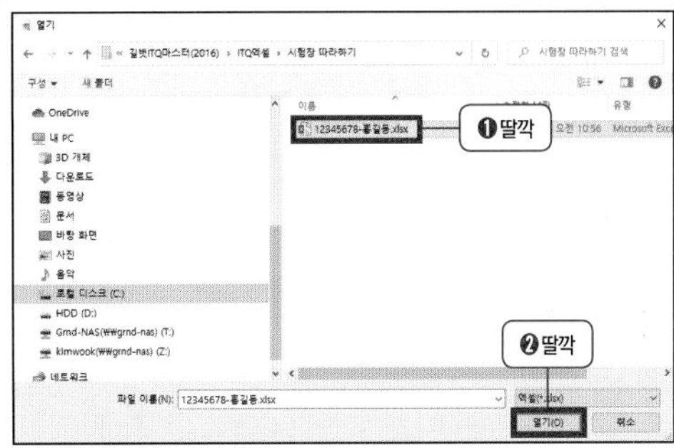


5. 채점이 완료되면 채점 창에 채점 결과가 표시됩니다.

**채점 시 주의 사항**

자동 채점 프로그램을 사용하려면 MS 오피스 2016이 설치되어 있어야 합니다.

# 채점 프로그램을 사용하려면?

## 3 틀린 부분 확인하기

채점 프로그램 창 왼쪽의 감점 항목을 클릭하면 틀린 부분이 오른쪽 세부 내역 창에 표시되기 때문에 틀린 이유를 바로 확인할 수 있습니다. 올바르게 작성했는데도 틀리다고 표시된 경우에는 〈질문하기〉를 클릭하여 해당 문제에 궁금한 점을 문의할 수 있습니다.

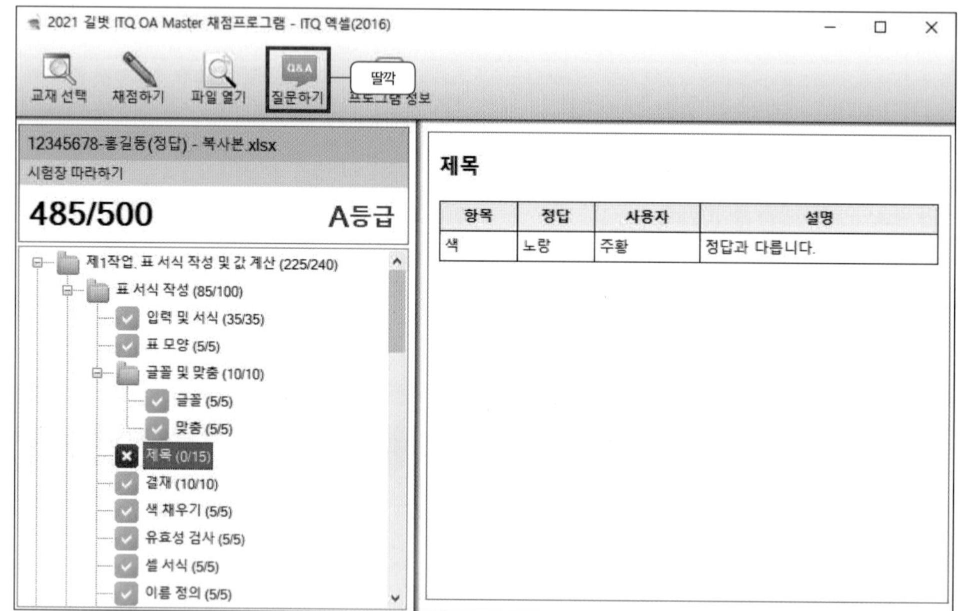


### 채점 프로그램 채점 기준 안내

- 시험 주관사인 생산성본부가 채점기준을 공개하지 않고 있기 때문에 생산성본부의 채점기준과 완전히 일치되게 채점할 수는 없습니다. 하지만 ITQ 시험이 시행된지 20여 년에 이르고 그동안 시나공에서는 수 많은 확인 과정을 거쳤기 때문에 대부분의 채점기준이 파악되었다고 볼 수 있습니다. 그리고 조금이라도 확실하지 않은 부분은 틀리게 채점하고 원인을 분명히 알려주어 완전한 학습이 이루어지도록 했을 뿐만 아니라 실제 시험보다 더 엄격한 채점기준을 적용하여 실제 시험장에서 불이익을 당하지 않도록 최선을 다했습니다.

### 채점 프로그램 안내

- 채점 프로그램은 채점 기준의 변화나 기능의 업그레이드를 위해 지속적으로 수정 보완해 가고 있으며, 이러한 내용은 인터넷에 연결된 컴퓨터에서 채점 프로그램을 실행시키면 자동으로 업데이트됩니다. 인터넷에 연결되어 있지 않은 컴퓨터에서는 업데이트뿐만 아니라 채점 프로그램 자체를 사용할 수 없습니다.
- 본 도서에 수록된 채점 프로그램의 사용 만기일은 2023년 12월 31일입니다.

# ITQ 엑셀

## 00 준비운동

1. 전문가의 조언 – ITQ 엑셀 시험, 이렇게 준비하세요. 18
2. 한눈에 보는 ITQ 엑셀 시험 절차 24

## 01 실제 시험장을 옮겨 놓았다!

1. 입실(시험 시작 20분 전) 28
2. 수험관리 프로그램 실행(시험 시작 5분 전) 28
3. 문제지 수령 30
4. 정답 파일 만들기(시험 시작) 34
5. 기본작업 36
6. 표 서식 작성하기 38
7. 함수를 이용한 값 계산 50
8. 조건부 서식 61
9. 고급 필터 64
10. 피벗 테이블 67
11. 차트 74
12. ITQ 엑셀 시험 마무리 91
13. 자동 채점 프로그램 사용하기 92

## 02 병행학습

Section01 목표값 찾기 96
Section02 정렬/부분합 104

**동영상 강의**

동영상 강의가 제공되는 내용입니다.

※ 동영상 강의는 5쪽의 '동영상 강의 수강 방법'에 안내되어 있는 방법에 따라 시청하시면 됩니다.

## 03 실전 모의고사


| | |
|---|---|
| 실전 모의고사 01회 | 116 |
| 실전 모의고사 02회 | 125 |
| 실전 모의고사 03회 | 135 |
| 실전 모의고사 04회 | 145 |
| 실전 모의고사 05회 | 155 |
| 실전 모의고사 06회 | 1 |
| 실전 모의고사 07회 | 8 |
| 실전 모의고사 08회 | 14 |
| 실전 모의고사 09회 | 21 |
| 실전 모의고사 10회 | 27 |


'C:\길벗ITQ마스터(2016)\ITQ엑셀' 폴더에 "실전모의고사.pdf" 파일로 저장되어 있습니다.

## 04 최신기출문제


| | |
|---|---|
| 최신기출문제 01회 | 166 |
| 최신기출문제 02회 | 173 |
| 최신기출문제 03회 | 180 |
| 최신기출문제 04회 | 187 |
| 최신기출문제 05회 | 194 |
| 최신기출문제 06회 | 1 |
| 최신기출문제 07회 | 8 |
| 최신기출문제 08회 | 15 |
| 최신기출문제 09회 | 22 |
| 최신기출문제 10회 | 29 |


'C:\길벗ITQ마스터(2016)\ITQ엑셀' 폴더에 "최신기출문제.pdf" 파일로 저장되어 있습니다.

※ 2021년 2월 이후 시행된 기출문제와 최신출제경향은 E-Mail 서비스를 통해 제공됩니다. E-Mail 서비스를 위한 회원가입 및 구입 도서 등록 방법은 5쪽을 참고하세요!

1 · 전문가의 조언 – ITQ 엑셀 시험, 이렇게 준비하세요.

2 · 한눈에 보는 ITQ 엑셀 시험 절차

# ITQ 엑셀 시험, 이렇게 준비하세요.

## ITQ 시험은?

ITQ 시험은 현재 엑셀, 아래 훈글, 액세스, 파워포인트, MS워드, 인터넷에 대해 시행되고 있으며, 과목별로 500점 만점을 기준으로 A 등급부터 C 등급까지 등급별 자격을 부여합니다. 이중 세 과목 이상 A 등급을 취득하면 OA 마스터 자격을 부여하는데, 한두 과목에서 낮은 등급을 받았을 경우 다시 응시하여 A 등급으로 업그레이드하면 됩니다.

| 종목 | 사용 프로그램 | 시험시간 | 등급 |
|---|---|---|---|
| 아래 훈글 | 훈글 2010 / 2016 | 60분 | A 등급 : 400점~500점<br>B 등급 : 300점~399점<br>C 등급 : 200점~299점<br>불합격 : 200점 미만 |
| MS워드 | MS 오피스 2010 / 2016 | | |
| 엑셀 | | | |
| 액세스 | | | |
| 파워포인트 | | | |
| 인터넷 | 인터넷 익스플로러 8.0 이상 | | |

※ OA 마스터 신청 시 아래 훈글과 MS워드는 같은 종목으로 인정됩니다.

## ITQ 엑셀은?

ITQ 엑셀은 여러 가지 엑셀 기능을 확실히 이해하고 이를 바탕으로 빠른 시간 안에 다양한 문제를 작성하게 함으로써 정보기술 활용능력을 객관적으로 평가하는 한국생산성본부의 시험 목적에 잘 부합되는 시험입니다. 다양한 기능을 평가하기 때문에 수험생에게는 학습해야 할 내용이 많다는 어려움이 있지만 시험의 난이도가 높은 만큼 더욱 도전해 볼 가치가 있습니다. 또한 실무에서 바로 써먹을 수 있는 내용이므로 합격하면 일석이조의 효과가 있습니다. 이미 언급한 바와 같이 여러 가지 엑셀 기능을 짧은 시간 안에 테스트하기 때문에 적당히 준비해서는 높은 등급을 받기 어렵습니다. 정해진 시간 60분 내에 모든 문제를 완벽하게 작성하기 위해서는 정확한 시간 배분과 배분된 시간 안에 끝낼 수 있도록 철저한 연습이 필요합니다. ITQ 엑셀 시험은 크게 4가지 작업 영역으로 구성되며, 각 작업 영역에 출제되는 기능과 배점은 다음과 같습니다.

| 문제 | 기능 | 권장작업시간(분) | 배점(점) |
|---|---|---|---|
| 제 1 작업 | 표 서식 작성 및 값 계산 | 38 | 240 |
| 제 2 작업 | 고급 필터/표 서식, 목표값 찾기/고급 필터 | 4 | 80 |
| 제 3 작업 | 부분합 / 피벗 테이블 | 4 | 80 |
| 제 4 작업 | 그래프 | 14 | 100 |
| 합계 | | 60 | 500 |

ITQ 엑셀은 네 가지 작업을 네 개의 시트에 걸쳐 작성해야 하는데, 각 작업은 각각의 시트에 작성되어야 하며, 시트가 잘못될 경우 해당 작업은 0점 처리되므로 주의해야 합니다.

## [제 1 작업] 표 서식 작성 및 값 계산 – 240점

**전문인력 파견업무 관리현황**

| 결재 | 담당 | 팀장 | 사장 |
|---|---|---|---|
| | | | |

| 관리번호 | 업무구분 | 이름 | 급여(시간당) | 근무시간(일) | 계약일 | 근무지 | 계약만료일 | 총급여 |
|---|---|---|---|---|---|---|---|---|
| T01-2 | 여행안내 | 이우주 | 55,000 | 5H | 2019-07-20 | 경주 | 2021-07-09 | 6,050,000.0 |
| C01-3 | IT컨설팅 | 김나라 | 72,000 | 6H | 2018-12-20 | 서울 | 2021-12-04 | 8,640,000.0 |
| C02-2 | IT컨설팅 | 박진수 | 80,000 | 5H | 2020-03-20 | 대전 | 2022-03-10 | 8,800,000.0 |
| E01-2 | 전기기술 | 최주호 | 65,000 | 5H | 2019-05-20 | 서울 | 2021-05-09 | 6,500,000.0 |
| T02-3 | 여행안내 | 장영수 | 54,000 | 7H | 2019-09-20 | 광주 | 2022-09-04 | 8,316,000.0 |
| E02-3 | 전기기술 | 신미래 | 58,000 | 6H | 2019-11-20 | 천안 | 2022-11-04 | 7,656,000.0 |
| C03-2 | IT컨설팅 | 정미주 | 63,000 | 4H | 2018-11-20 | 대전 | 2020-11-09 | 5,544,000.0 |
| T03-2 | 여행안내 | 김호영 | 55,000 | 5H | 2019-02-20 | 서울 | 2021-02-09 | 5,500,000.0 |
| 여행안내 급여(시간당) 평균 | | | 54700 | | 두 번째로 높은 급여(시간당) | | | 72000 |
| 근무지 서울의 평균 근무시간 | | | 5.3 | | 이름 | 이우주 | 근무지 | 경주 |

ITQ 엑셀에서 수험생들이 가장 힘들어 하는 부분이 [제 1 작업]입니다. 테두리, 채우기 색, 사용자 지정 형식, 조건부 서식, 이름 정의, 데이터 유효성 검사 등 학습할 기능도 많지만 어려운 계산작업이 있기 때문이죠. 계산작업을 제외한 나머지 기능들은 교재에 수록된 내용을 1~2회 반복연습하면 쉽게 익힐 수 있지만, 계산작업은 평소에 사용하지 않는 논리식을 세우고 정해진 함수만을 사용해서 수식을 작성해야 하므로 많은 노력이 필요합니다. ITQ 엑셀을 공부할 때 가장 많은 시간을 투자해야 할 부분이고 시험시간도 가장 많이 소요됩니다. 38분 이내에 끝낼 수 있도록 연습하세요.

### 이렇게 공부하세요.

[제 1 작업]에서는 가장 중요하면서 어려운 계산작업 학습에 대해서만 살펴보겠습니다. 계산작업 이외의 기능은 '1장 실제 시험장을 옮겨 놓았다!'를 1~2번 차분히 따라하고 모의고사를 통해 마무리하면 됩니다.

#### 첫째, 함수의 사용은 기본입니다.

함수 사용에 익숙하지 않은 수험생은 부록으로 제공된 함수 사용법을 학습하되, 함수에서 사용되는 인수를 모두 외우려 하지 말고 어떤 경우에 어떤 함수를 이용하는지만 정확히 알아두세요. 함수 마법사를 이용하면 각 인수에 대한 설명이 나오므로 어떤 인수를 지정해야할 지는 몇 번만 실습해 보면 쉽게 알 수 있습니다. 시험 범위에 속하는 75개의 함수 중 한 번이라도 시험에 출제된 함수는 49개 뿐이니 많다고 생각하지 말고 함수 이름을 보면 어떤 기능을 하는 함수인지, 어떤 용도로 사용하는지 바로 알 수 있도록 연습하세요.

#### 둘째, 논리에 맞게 수식을 세울 수 있어야 합니다.

'엑셀 함수 사전' 논리에 맞게 단계적으로 수식을 작성하는 방법을 수록하였습니다. 수식에는 난이도의 차이가 있지만 수식을 세우는 원리는 모두 동일합니다. 문제를 읽어보면 수식이 머릿속에 바로 떠오를 정도로 연습해야 합니다.

# ITQ 엑셀 시험, 이렇게 준비하세요.

### 셋째, 모의고사, 기출문제에서 계산문제만 골라서 풀어봅니다.

수식 작성 방법을 이해했으면 실전모의고사 10회, 기출문제 10회 중 계산문제만 골라서 컴퓨터로 직접 풀어보세요. 하나라도 틀린 문제가 있으면 표시해 두었다가 다시 풀어보세요.

마지막으로 잊지 말아야 할 것은 실제 시험장에서 계산문제를 풀 때, 바로 생각나지 않는 문제는 일단 넘어가고 나중에 풀라는 겁니다. 풀릴 듯 말 듯한 계산문제를 잡고 고민하다 보면 시험 종료 시간이 금방 돌아옵니다.

## [제 2 작업] 고급 필터/표 서식, 목표값 찾기/고급 필터 – 80점

| 관리번호 | 업무구분 | 이름 | 급여(시간당) | 근무시간(일) | 계약일 | 근무지 |
|---|---|---|---|---|---|---|
| T01-2 | 여행안내 | 이우주 | 55,000 | 5H | 2019-07-20 | 경주 |
| C01-3 | IT컨설팅 | 김나라 | 72,000 | 6H | 2018-12-20 | 서울 |
| C02-2 | IT컨설팅 | 박진수 | 80,000 | 5H | 2020-03-20 | 대전 |
| E01-2 | 전기기술 | 최주호 | 65,000 | 5H | 2019-05-20 | 서울 |
| T02-3 | 여행안내 | 장영수 | 54,000 | 7H | 2019-09-20 | 광주 |
| E02-3 | 전기기술 | 신미래 | 58,000 | 6H | 2019-11-20 | 천안 |
| C03-2 | IT컨설팅 | 정미주 | 63,000 | 4H | 2018-11-20 | 대전 |
| T03-2 | 여행안내 | 김호영 | 55,000 | 5H | 2019-02-20 | 서울 |

| 근무지 | 계약일 |
|---|---|
| 서울 | |
| | >=2020-01-01 |

| 관리번호 | 업무구분 | 이름 | 급여(시간당) | 근무시간(일) | 계약일 | 근무지 |
|---|---|---|---|---|---|---|
| C01-3 | IT컨설팅 | 김나라 | 72,000 | 6H | 2018-12-20 | 서울 |
| C02-2 | IT컨설팅 | 박진수 | 80,000 | 5H | 2020-03-20 | 대전 |
| E01-2 | 전기기술 | 최주호 | 65,000 | 5H | 2019-05-20 | 서울 |
| T03-2 | 여행안내 | 김호영 | 55,000 | 5H | 2019-02-20 | 서울 |

[제 2 작업]에서는 고급 필터, 목표값 찾기, 표 서식 중에서 두 가지가 선택되어 한 문제로 출제되는데, [제 1 작업]에서 입력한 데이터의 일부를 복사한 후 작업을 수행해야 합니다.

- 고급 필터 → 표 서식 : 고급 필터 기능으로 조건에 맞는 데이터만을 추출한 다음 표 서식을 적용합니다.
- 목표값 찾기 → 고급 필터 : 목표값 찾기 기능으로 지정된 목표값을 찾아내고 고급 필터 기능으로 조건에 맞는 데이터를 추출합니다.

'고급 필터 → 표 서식'의 출제 비중이 높다는 것을 염두에 두고, 어떤 문제가 나오던지 4분 이내에 끝낼 수 있도록 확실히 연습하세요.

### 이렇게 공부하세요.

#### 고급 필터

고급 필터 작업에서 수험생이 주의해서 학습할 부분은 고급 필터에 대한 조건을 지정하는 방법입니다. 문제를 보고 AND나 OR에 대한 논리식을 세워야 하는데 평소에 잘 사용하지 않는 논리식이므로 처음 공부할 때는 어렵게 느껴집니다. 그러나 논리식을 세우는 문제는 모두 같은 원리이므로 한 번만 제대로 이해하면 어떤 문제라도 쉽게 풀 수 있습니다. 113쪽 [잠깐만요!] 코너에 논리식에 대한 조건 지정법을 자세히 설명했으니 이해가 될 때까지 반복하여 연습하세요. 어느 정도 이해가 되면 모의고사와 기출문제에서 고급 필터 문제만 골라서 모두 풀어보세요.

#### 목표값 찾기 / 표 서식

목표값 찾기는 '목표값 찾기' 대화상자를 구성하는 '수식 셀', '찾는 값', '값을 바꿀 셀'만 정확하게 이해하면 한두 번의 연습으로 쉽게 익힐 수 있습니다. 표 서식은 메뉴 사용법만 알면 되기 때문에 별도의 설명이 필요 없습니다. 목표값 찾기는 '2장 병행학습'의 섹션 01, 표 서식은 '1장 실제 시험장을 옮겨 놓았다!'를 통해 공부하고 모의고사를 풀면서 마무리하세요.

## [제 3 작업] 피벗 테이블/부분합 – 80점

| | A | B | C | D | E | F | G | H |
|---|---|---|---|---|---|---|---|---|
| 1 | | | | | | | | |
| 2 | | | 업무구분 | | | | | |
| 3 | | | | 전기기술 | | 여행안내 | | IT컨설팅 |
| 4 | | 계약일 | 개수 : 이름 | 평균 : 급여(시간당) | 개수 : 이름 | 평균 : 급여(시간당) | 개수 : 이름 | 평균 : 급여(시간당) |
| 5 | | 2018년 | *** | *** | *** | *** | 2 | 67,500 |
| 6 | | 2019년 | 2 | 61,500 | 3 | 54,667 | *** | *** |
| 7 | | 2020년 | *** | *** | *** | *** | 1 | 80,000 |
| 8 | | **총합계** | **2** | **61,500** | **3** | **54,667** | **3** | **71,667** |

[제 3 작업]은 피벗 테이블과 부분합 중 하나가 출제됩니다. 피벗 테이블은 [제 1 작업]에서 입력한 데이터의 일부를 이용하고, 부분합은 [제 1 작업]에서 입력한 데이터의 일부를 복사한 후 작성하면 됩니다. 피벗 테이블과 부분합은 개념만 정확히 파악하면 1~2회 반복 연습으로 누구나 쉽게 풀 수 있습니다. 주의할 점은 문제의 지시사항에는 없지만 제시된 그림을 보고 고쳐야 하는 부분이 있다는 것입니다. 대부분 표시 형식이나 데이터 맞춤이 여기에 해당되니 이 부분을 주의해서 보세요. 피벗 테이블이나 부분합은 다른 작업을 위해 4분 이내에 마쳐야 합니다.

# ITQ 엑셀 시험, 이렇게 준비하세요.

## 이렇게 공부하세요.

### 피벗 테이블

피벗 테이블은 피벗 테이블에 사용될 데이터의 범위만 정확히 지정하면 어렵지 않게 만들 수 있습니다. 하지만 완성된 피벗 테이블에 대한 수정 작업을 정확하고 빠르게 처리하기 위해서는 그룹 지정, 항목 정렬, 빈 셀 표시, 레이블이 있는 셀 병합 및 가운데 맞춤, 행/열의 총합계 삭제 등 수정하려는 작업에 대한 명확한 개념 파악이 중요합니다. 개념을 명확하게 파악한 상태에서 '1장 실제 시험장을 옮겨 놓았다!'를 한두 번 따라하면 쉽게 이해됩니다. '1장 실제 시험장을 옮겨 놓았다!'에 대한 학습을 마친 다음에는 모의고사로 마무리하세요.

### 부분합

부분합은 피벗 테이블에 비해 상대적으로 쉽기 때문에 몇 번의 실습을 통해 어렵지 않게 이해할 수 있지만 '정렬'과 속도에 신경써서 학습해야 합니다. 부분합을 구하기 전에 그룹화할 항목을 기준으로 정렬해야 하는데, 정렬 기준에 대한 지시사항이 없으므로 정렬 기준이 되는 필드명과 정렬 방식을 스스로 판단해야 합니다. 확실하게 이해하지 않으면 실수하기 쉽습니다. '2장 병행학습'의 섹션 02를 학습한 다음 부족하다는 생각이 들면 모의고사에서 부분합 결과만 놓고 정렬 기준과 정렬 방식을 찾아내는 연습을 하세요. 그리고 중첩 부분합을 만들 때 순서가 원하는 대로 나오지 않을 경우 삭제하고 다시 만들어야 하기 때문에 실수없이 빠르게 완성하는 연습을 해야 합니다. '2장 병행학습'의 섹션 02를 연습한 다음에는 모의고사로 마무리하세요.

## [제 4 작업] 그래프 – 100점

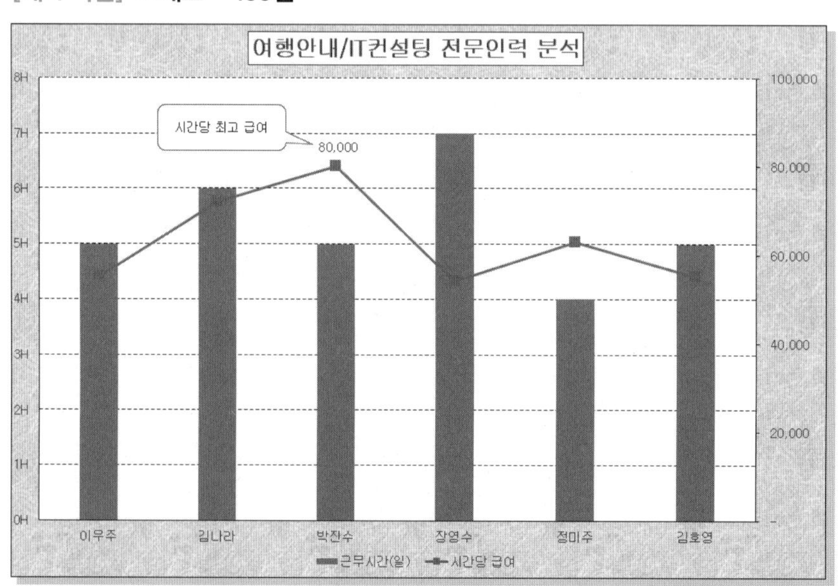

차트는 [제 1 작업]에서 입력한 데이터의 일부를 범위로 지정하여 제시된 조건에 맞게 완성하면 됩니다. 차트에서 주의할 점은, 차트에 사용하는 데이터의 범위가 지시사항으로 주어지지 않기 때문에 문제지에 제시된 차트를 보고 수험생이 판단해서 지정해야 한다는 것입니다. 나머지는 어렵지 않으니 14분 이내로 작업을 완료할 수 있도록 연습하세요.

## 이렇게 공부하세요.

차트를 학습할 때 가장 중요한 것은 차트에 사용하는 데이터의 범위를 알아내는 것입니다. 90쪽 [잠깐만요] 코너의 데이터 범위 지정법을 학습한 다음 모의고사를 펴놓고 제시된 차트를 실습 없이 눈으로만 보면서 데이터 범위를 생각해 보세요. 물론 맞았는지 틀렸는지 정답과 비교해 봐야겠지요. 이러한 연습을 모의고사와 기출문제에 대해 하나도 틀리지 않을 때까지 반복하세요. 다음으로 학습할 내용은 차트의 수정입니다. 차트의 수정은 세로(값) 축, 가로(항목) 축, 범례, 데이터 계열, 차트 영역, 그림 영역 등 차트 구성 요소의 이름을 정확하게 숙지한 상태에서 '1장 실제 시험장을 옮겨 놓았다!'를 한두 번 따라하면 쉽게 이해됩니다. 기본적인 학습을 마친 다음에는 모의고사로 마무리하세요.

# 한눈에 보는 ITQ 엑셀 시험 절차

시험 시작 20분 전

## 시험장 입실

수험표 또는 자리배치표에 지정된 PC에 앉으세요.

## 컴퓨터 이상 유무 확인

컴퓨터를 켠 후 이상 유무를 점검합니다. 컴퓨터 시스템에 이상이 있으면 감독위원에게 즉시 자리 변경을 요청하세요.

시험 시작 5분 전

## 수험번호 입력

감독위원의 지시에 따라 바탕화면에 있는 'KOAS 수험자용' 아이콘()을 더블클릭한 다음 '수험자 등록' 창에 자신의 수험번호를 입력하고 〈확인〉을 클릭하세요.

수험자 등록

수험자의 수험번호를 입력하세요.
등록된 정보는 수정이 불가능합니다.

고사실 PC 주소 127.0.0.1
수험번호 12345678
구 분 ◉ 정상 ○ 재시험자/연기자

고사실 연결 테스트 | 확 인 | 취 소

시험 시작 1시간 후

## 문제 풀이

시험 시간은 1시간입니다. 시험 중간 중간 작성한 내용을 저장하고 수검용 프로그램의 〈답안 전송〉 단추를 클릭하여 감독관 PC로 전송해야 합니다. 그래야 컴퓨터 고장으로 인해 다른 컴퓨터로 자리를 옮겨도 감독관 PC에 저장된 파일을 받아서 다시 작업할 수 있습니다.

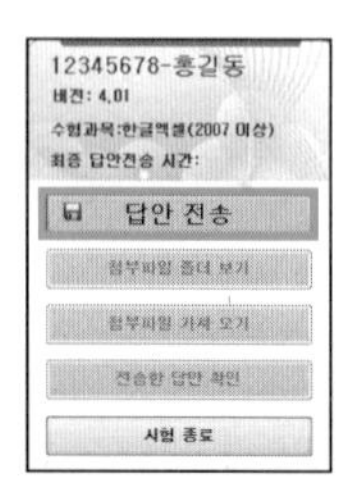


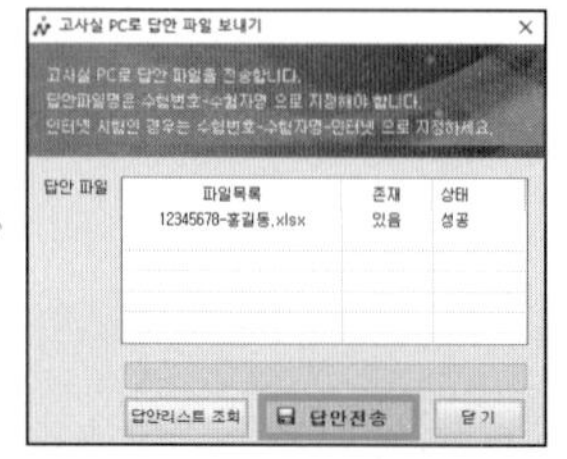

## 시험 종료

- 감독위원이 시험 종료를 예고하면 최종적으로 작업한 내용을 저장하고, 수검용 프로그램을 이용하여 답안을 전송하세요.
- 시험이 종료되면 〈시험 종료〉 단추를 클릭하세요.

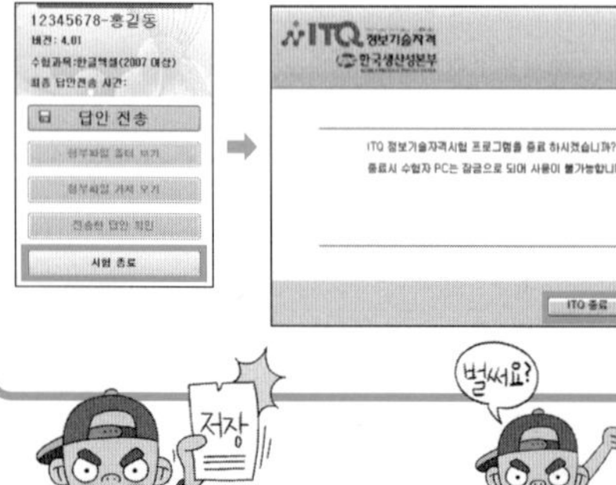


## 퇴실

시험 종료 메시지가 화면에 표시되면 감독위원에게 시험지를 제출한 후 퇴실하세요.

※ 자세한 내용은 '실제 시험장을 옮겨 놓았다!' 부분을 참고하세요.

## 프로그램 버전 선택

시험에서 사용할 프로그램 버전을 선택한 다음 〈확인〉을 클릭하면, 수험자 정보가 표시됩니다. 정보에 이상이 없으면 〈확인〉을 클릭하세요.

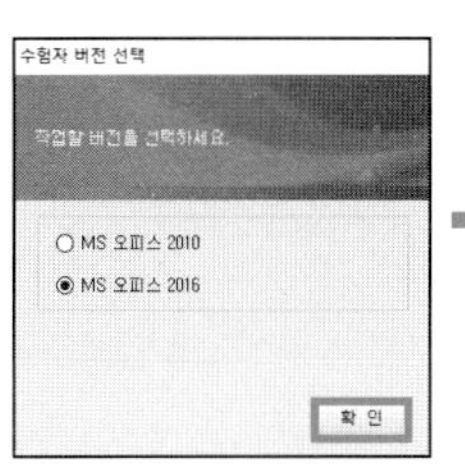


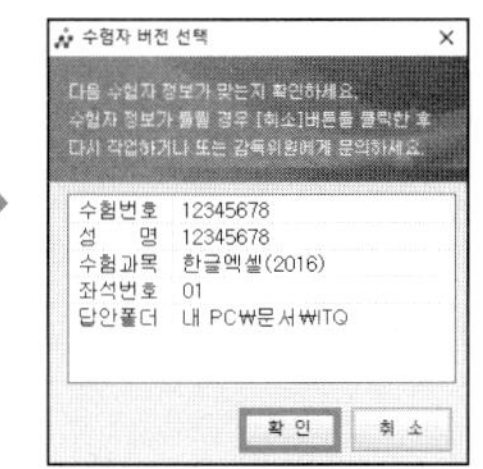


## 시험 대기

'시험 시작 전 준비 화면'이 표시되면 키보드나 마우스를 사용할 수 없도록 PC가 잠금 상태로 됩니다. 감독위원의 지시에 따르세요.

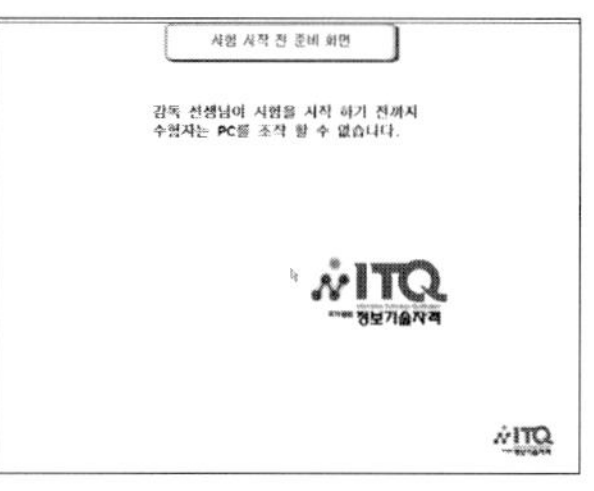


### 시험 시작

## 정답 파일 만들기

시험이 시작되면 엑셀 2016을 실행시킨 후 빠른 실행 도구 모음의 '저장'을 클릭합니다. 저장 위치를 [내 PC] → [문서] → [ITQ] 폴더로, 파일 이름을 '수험번호-성명'으로 지정한 후 〈저장〉을 클릭하세요.

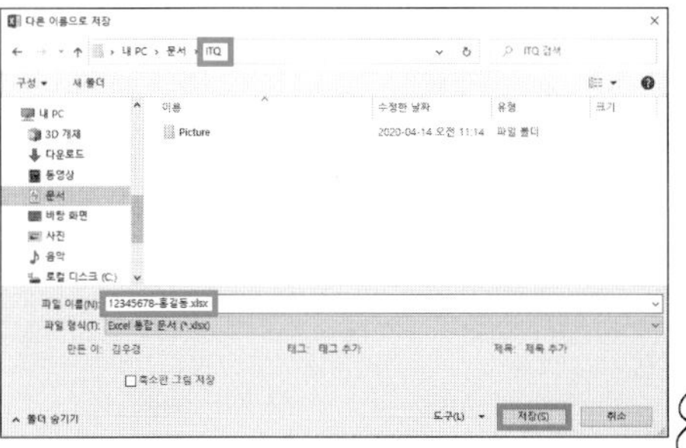


시험 시작!

## 문제지 수령

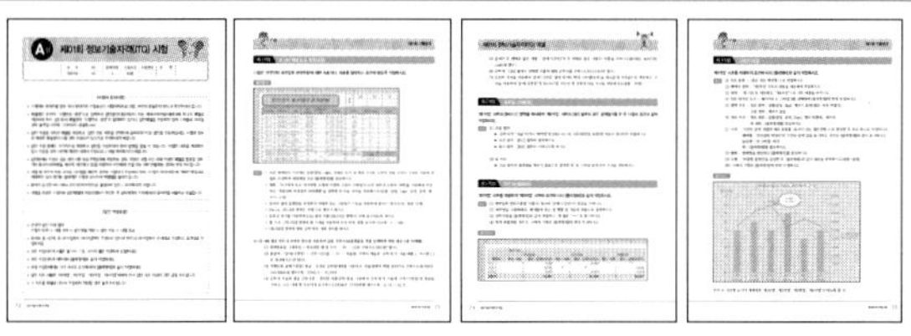

4면으로 된 시험지가 배부됩니다. 1면은 지시사항, 2~4면은 완성할 문제입니다. 문제지를 받으면 평소 연습하던 내용과 다른 부분이 있는지 지시사항을 자세히 읽어 보세요.

m·e·m·o

# 01장

# 실제 시험장을 옮겨 놓았다!

1. 입실(시험 시작 20분 전)
2. 수험관리 프로그램 실행(시험 시작 5분 전)
3. 문제지 수령
4. 정답 파일 만들기(시험 시작)
5. 기본작업
6. 표 서식 작성하기
7. 함수를 이용한 값 계산
8. 조건부 서식
9. 고급 필터
10. 피벗 테이블
11. 차트
12. ITQ 엑셀 시험 마무리
13. 자동 채점 프로그램 사용하기

# 실제 시험장을 옮겨 놓았다!

시험이란 항상 긴장되고 떨리게 마련입니다. 이 장에서는 수험생이 입실하여 문제를 풀고, 퇴실하기까지의 전 과정을 상세하게 다루었으니 차근차근 따라하며 시험에 대비하세요.

## 1 입실(시험 시작 20분 전)

**전문가의 조언**

입실 시간을 지키지 않을 경우 시험에 응시할 수 없으니 수험자는 반드시 입실 시간 전에 시험 장소에 도착하여 수험자 확인 및 비번호를 부여 받으세요.

ITQ 시험은 60분 동안 치러지는데 보통 20분 전에는 시험장에 입실하여 수험생 인적사항을 확인받습니다. 수험표와 자신을 증명할 수 있는 신분증을 반드시 지참해야 합니다. 주민등록증, 학생증, 운전면허증 등이 없는 초등학생은 건강보험카드나 주민등록등본을 지참해야 합니다.

시험장에 입실하여 자신의 인적사항과 자리 번호가 표시된 컴퓨터에 앉아서 기다리면 시험 감독위원이 여러분의 인적사항을 확인합니다.

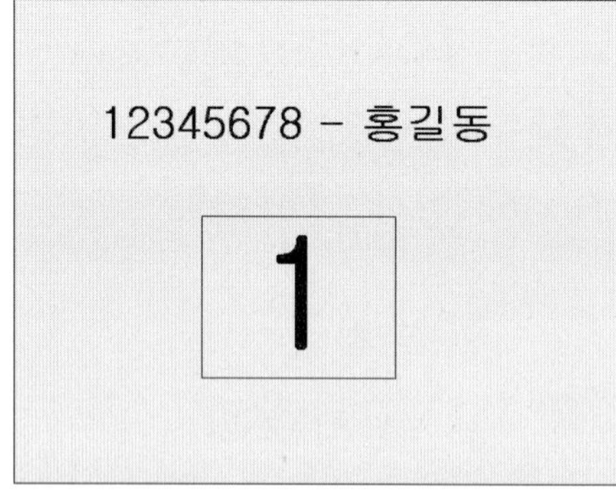

## 2 수험관리 프로그램 실행(시험 시작 5분 전)

**전문가의 조언**

지금부터 29쪽의 과정은 실제시험장에서 감독위원의 지시하에 수행해야할 과정입니다. 수험생 여러분은 30쪽부터 따라하시면 됩니다.

**1.** 감독위원의 지시에 따라 바탕 화면에 있는 'KOAS 수험자용' 아이콘을 더블클릭하여 수험관리 프로그램을 실행하세요.

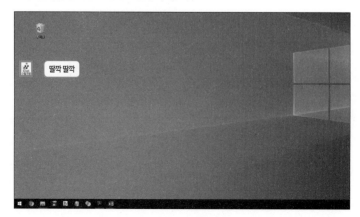

2. 화면에 '수험자 등록' 창이 표시됩니다. 감독위원의 지시에 따라 수험번호 난에 수험표에 표시된 자신의 수험번호를 입력한 후 〈확인〉을 클릭하세요. 화면에 '수험번호 확인' 대화상자가 표시됩니다. 수험번호에 이상이 없으면 〈확인〉을 클릭하세요.

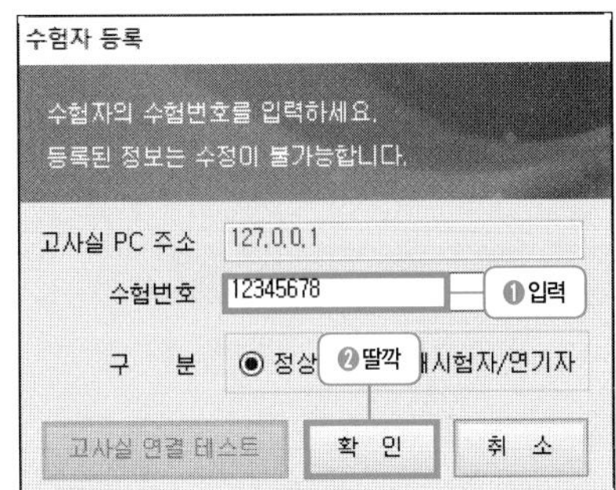


3. 화면에 오피스 프로그램의 버전 선택 창이 표시됩니다. 작업할 오피스 버전으로 'MS 오피스 2016'을 선택한 후 〈확인〉을 클릭하세요. '수험자 버전 선택' 창에 수험자 정보가 표시됩니다. 정보에 이상이 없으면 〈확인〉을 클릭하세요.

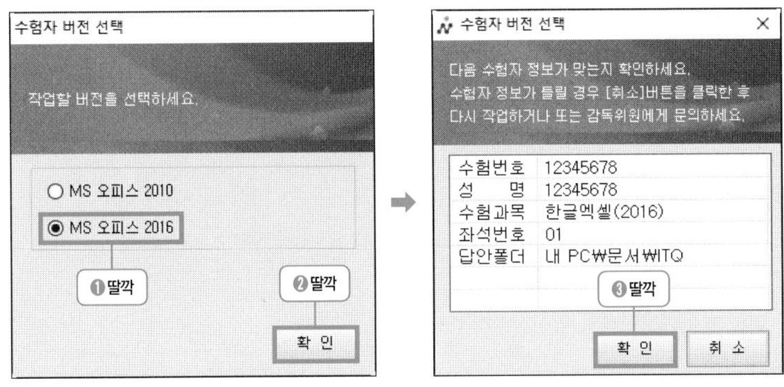


4. 이제 키보드나 마우스를 사용할 수 없도록 PC 잠금 상태가 됩니다. 임의대로 행동하면 실격될 수 있으니 감독위원이 PC의 잠금을 해제할 때까지 기다리면서 감독위원의 지시에 따르세요.

## 3 문제지 수령

지급받은 문제는 보통 지시사항과 풀어야 할 문제를 포함한 4면의 문서로 되어 있습니다. 확인하고 이상이 있으면 감독위원에게 문의하여 처리하세요.

# 정보기술자격[ITQ] 시험

| 과 목 | 코드 | 문제유형 | 시험시간 | 수험번호 | 성 명 |
|---|---|---|---|---|---|
| 한글엑셀 | | | 60 분 | | |

〈수험자 유의사항〉

- 수험자는 문제지를 받는 즉시 문제지와 수험표상의 시험과목(프로그램)이 동일한지 반드시 확인하여야 합니다.
- 파일명은 본인의 "수험번호-성명"으로 입력하여 답안폴더(내 PC\문서\ITQ)에 하나의 파일로 저장해야 하며, 답안문서 파일명이 '수험번호-성명'과 일치하지 않거나, 답안파일을 전송하지 않아 미제출로 처리될 경우 실격입니다 (예 : 12345678-홍길동.xlsx)
- 답안 작성을 마치면 파일을 저장하고, '답안 전송' 버튼을 선택하여 감독위원 PC로 답안을 전송하십시오. 수험생 정보와 저장한 파일명이 다를 경우 전송되지 않으므로 주의하시기 바랍니다.
- 답안 작성 중에도 주기적으로 저장하고, 답안을 전송하여야 문제 발생을 줄일 수 있습니다. 작업한 내용을 저장하지 않고 전송할 경우 이전에 저장된 내용이 전송되오니 이점 유의하시기 바랍니다.
- 답안문서는 지정된 경로 외의 다른 보조기억장치에 저장하는 경우, 지정된 시험 시간 외에 작성된 파일을 활용할 경우, 기타 통신수단(이메일, 메신저, 네트워크 등)을 이용하여 타인에게 전달 또는 외부 반출하는 경우는 부정 처리합니다.
- 시험 중 부주의 또는 고의로 시스템을 파손한 경우는 수험자가 변상해야 하며, 〈수험자 유의사항〉에 기재된 방법대로 이행하지 않아 생기는 불이익은 수험생 당사자의 책임임을 알려드립니다.
- 문제의 조건은 MS오피스 2016 버전으로 설정되어 있으니 유의하시기 바랍니다.
- 시험을 완료한 수험자는 답안파일이 전송되었는지 확인한 후 감독위원의 지시에 따라 문제지를 제출하고 퇴실합니다.

〈답안 작성요령〉

- 온라인 답안 작성 절차
  수험자 등록 ⇨ 시험 시작 ⇨ 답안파일 저장 ⇨ 답안 전송 ⇨ 시험 종료
- 문제는 총 4단계, 즉 제1작업부터 제4작업까지 구성되어 있으며 반드시 제1작업부터 순서대로 작성하고 조건대로 작업하시오.
- 모든 작업시트의 A열은 열 너비 '1'로, 나머지 열은 적당하게 조절하시오.
- 모든 작업시트의 테두리는 [출력형태]와 같이 작업하시오.
- 해당 작업란에서는 각각 제시된 조건에 따라 [출력형태]와 같이 작업하시오.
- 답안 시트 이름은 '제1작업', '제2작업', '제3작업', '제4작업'이어야 하며 답안 시트 이외의 것은 감점 처리됩니다.
- 각 시트를 파일로 나누어 작업해서 저장할 경우 실격 처리됩니다.

## 문제 1 표 서식 작성 및 값 계산 (240점)

**다음은 '전문인력 파견업무 관리현황'에 대한 자료이다. 자료를 입력하고 조건에 맞도록 작업하시오.**

**출력형태**

**전문인력 파견업무 관리현황**

| 결재 | 담당 | 팀장 | 사장 |
|---|---|---|---|
| | | | |

| 관리번호 | 업무구분 | 이름 | 급여(시간당) | 근무시간(일) | 계약일 | 근무지 | 계약만료일 | 총급여 |
|---|---|---|---|---|---|---|---|---|
| T01-2 | 여행안내 | 이우주 | 55,000 | 5 | 2019-07-20 | 경주 | (1) | (2) |
| C01-3 | IT컨설팅 | 김나라 | 72,000 | 6 | 2018-12-20 | 서울 | (1) | (2) |
| C02-2 | IT컨설팅 | 박진수 | 80,000 | 5 | 2020-03-20 | 대전 | (1) | (2) |
| E01-2 | 전기기술 | 최주호 | 65,000 | 5 | 2019-05-20 | 서울 | (1) | (2) |
| T02-3 | 여행안내 | 장영수 | 54,000 | 7 | 2019-09-20 | 광주 | (1) | (2) |
| E02-3 | 전기기술 | 신미래 | 58,000 | 6 | 2019-11-20 | 천안 | (1) | (2) |
| C03-2 | IT컨설팅 | 정미주 | 63,000 | 4 | 2018-11-20 | 대전 | (1) | (2) |
| T03-2 | 여행안내 | 김호영 | 55,000 | 5 | 2019-02-20 | 서울 | (1) | (2) |
| 여행안내 급여(시간당) 평균 | | | (3) | | 두 번째로 높은 급여(시간당) | | | (5) |
| 근무지 서울의 평균 근무시간 | | | (4) | | 이름 | 이우주 | 근무지 | (6) |

**조건**

710001

○ 모든 데이터의 서식에는 글꼴(굴림, 11pt), 숫자 및 회계 서식은 오른쪽 정렬, 나머지 서식은 가운데 정렬을 하되, 예외적인 것은 [출력형태]를 참조하시오.

○ 제목 : 도형(모서리가 둥근 직사각형)과 그림자(오프셋 오른쪽)을 이용하여 작성하고 "전문인력 파견업무 관리현황"을 입력한 후 다음 서식을 적용하시오(글꼴–굴림, 24pt, 검정, 굵게, 채우기–노랑).

○ 임의의 셀에 결재란을 작성하여 그림으로 복사 기능을 이용하여 붙이기 하시오(단, 원본 삭제).

○ [B4:J4, G14, I14] 영역은 '주황'으로 채우기 하시오.

○ 유효성 검사를 이용하여 [H14] 셀에 이름([D5:D12] 영역)이 선택 표시되도록 하시오.

○ 셀 서식 : [F5:F12] 영역에 셀 서식을 이용하여 숫자 뒤에 "H"를 표시하시오(예 : 5 → 5H).

○ [H5:H12] 영역에 대해 '근무지'로 이름 정의를 하시오.

710002

⊙ **(1)~(6) 셀은 반드시 주어진 함수를 이용하여 값을 구하시오(결과값을 직접 입력하면 해당 셀은 0점 처리됨).**

(1) **계약만료일** : [계약일 + 관리번호 맨 뒤 숫자 × 30 × 12]로 구하시오(RIGHT 함수).

(2) **총급여** : [급여(시간당) × 근무시간(일) × 20 × 비율]로 구하되 비율은 '근무지'가 "서울"이면 1, 아니면 1.1로 계산하시오(IF 함수).

(3) **여행안내 급여(시간당) 평균** : 조건은 입력 데이터를 이용하고, 반올림하여 백원 단위까지 구하시오(ROUND, DAVERAGE 함수)(예 : 12345.6 → 12,300).

(4) **근무지 서울의 평균 근무시간** : 정의된 이름(근무지)을 이용하여 구하고, 소수 이하 한 자리까지 표시하시오(SUMIF, COUNTIF 함수)(예 : 12.34 → 12.3).

(5) **두 번째로 높은 급여(시간당)** : (LARGE 함수)

(6) **근무지** : [H14] 셀에서 선택한 이름에 대한 근무지를 구하시오(VLOOKUP 함수).

(7) 조건부 서식을 이용하여 급여(시간당) 셀에 데이터 막대 스타일(녹색)을 최소값 및 최대값으로 적용하시오.

## 제 2 작업 필터 및 서식 (80점)

"제1작업" 시트의 [B4:H12] 영역을 복사하여 "제2작업" 시트의 [B2] 셀부터 모두 붙여넣기를 한 후 다음의 조건과 같이 작업하시오.

**조건**

(1) 고급 필터

▶ 근무지가 '서울'이거나 계약일이 2020-01-01 이후(해당일 포함)인 자료의 데이터만 추출하시오.

▶ 조건 범위 : [B13] 셀부터 입력하시오.

▶ 복사 위치 : [B18] 셀부터 나타나도록 하시오.

(2) 표 서식

▶ 고급 필터의 결과 셀을 채우기 없음으로 설정한 후 '표 스타일 보통 6'의 서식을 적용하시오.

▶ 머리글 행, 줄 무늬 행을 적용하시오.

## 제 3 작업 피벗 테이블 (80점)

"제1작업" 시트를 이용하여 "제3작업" 시트에 조건에 따라 [출력형태]와 같이 작업하시오.

**조건**

(1) 계약일과 업무구분별 이름의 개수와 급여(시간당)의 평균을 구하시오.
(2) 계약일을 그룹화하고, 업무구분을 [출력형태]와 같이 정렬하시오.
(3) 레이블이 있는 셀 병합 및 가운데 맞춤 적용 및 빈 셀은 '***'로 표시하시오.
(4) 행의 총합계를 지우고, 나머지 사항은 [출력형태]에 맞게 작성하시오.

**출력형태**

| | A | B | C | D | E | F | G | H |
|---|---|---|---|---|---|---|---|---|
| 1 | | | | | | | | |
| 2 | | | 업무구분 | | | | | |
| 3 | | | 전기기술 | | 여행안내 | | IT컨설팅 | |
| 4 | | 계약일 | 개수 : 이름 | 평균 : 급여(시간당) | 개수 : 이름 | 평균 : 급여(시간당) | 개수 : 이름 | 평균 : 급여(시간당) |
| 5 | | 2018년 | *** | *** | *** | *** | 2 | 67,500 |
| 6 | | 2019년 | 2 | 61,500 | 3 | 54,667 | *** | *** |
| 7 | | 2020년 | *** | *** | *** | *** | 1 | 80,000 |
| 8 | | 총합계 | 2 | 61,500 | 3 | 54,667 | 3 | 71,667 |

## 제 4 작업 그래프 (100점)

710005

**"제1작업" 시트를 이용하여 조건에 따라 [출력형태]와 같이 작업하시오.**

조건

(1) 차트 종류 – 〈묶은 세로 막대형〉으로 작업하시오.
(2) 데이터 범위 – '제1작업' 시트의 내용을 이용하여 작업하시오.
(3) 위치 – "새 시트"로 이동하고, "제4작업"으로 시트 이름을 바꾸시오.
(4) 차트 디자인 도구 – 레이아웃 3, 스타일 1을 선택하여 [출력형태]에 맞게 작업하시오.
(5) 영역 서식 – 차트 : 글꼴(굴림, 11pt), 채우기 효과(질감–파랑 박엽지)
　　　　　　　그림 : 채우기(흰색, 배경1)
(6) 제목 서식 – 차트 제목 : 글꼴(굴림, 굵게, 20pt), 채우기(흰색, 배경1), 테두리
(7) 서식 – 시간당 급여 계열의 차트 종류를 〈표식이 있는 꺾은선형〉으로 변경한 후 보조 축으로 지정하시오.
　　　계열 : [출력형태]를 참조하여 표식(네모, 크기 10)과 레이블 값을 표시하시오.
　　　눈금선 : 선 스타일–파선
　　　축 : [출력형태]를 참조하시오.
(8) 범례 – 범례명을 변경하고 [출력형태]를 참조하시오.
(9) 도형 – '모서리가 둥근 사각형 설명선'을 삽입한 후 〈출력형태〉와 같이 내용을 입력하시오.
(10) 나머지 사항은 [출력형태]에 맞게 작성하시오.

출력형태

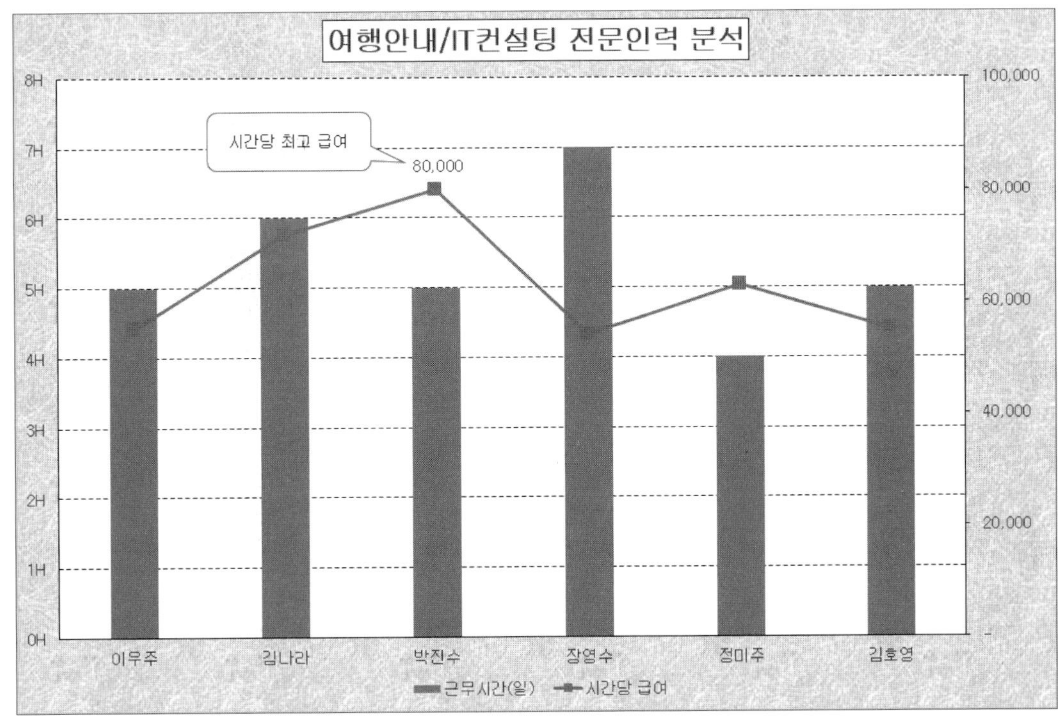


주의 ☞ 시트명 순서가 차례대로 '제1작업', '제2작업', '제3작업', '제4작업'이 되도록 할 것.

## 4 정답 파일 만들기(시험시작)

1. 감독위원이 시험 시작을 알리면 시험 관리 도구가 화면 오른쪽 상단에 표시됩니다.

### 시험 관리 도구

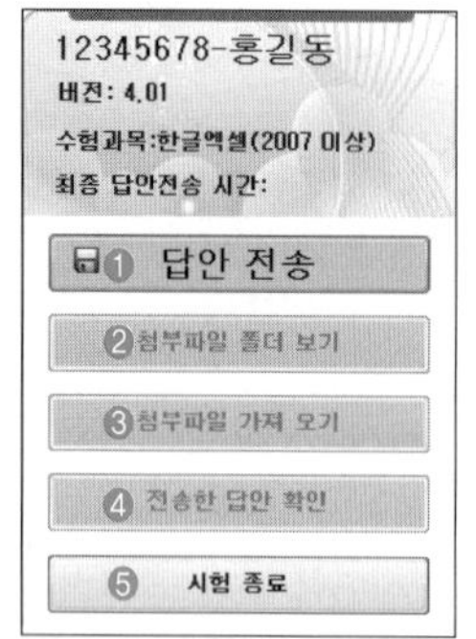


❶ **답안 전송** : 작성된 답안 파일을 감독위원 PC로 전송합니다.

❷ **첨부파일 폴더 보기** : 문제에 사용할 그림 파일이 있는 폴더를 표시합니다.

❸ **첨부파일 가져 오기** : 시험에 사용할 그림 파일을 감독위원 PC로부터 가져옵니다.

❹ **전송한 답안 확인** : 감독위원 PC로 전송한 답안 파일을 가져옵니다(답안 파일의 이상 유무를 확인하거나, 다른 컴퓨터로 자리를 옮겨 작업할 때 그때까지 작업한 파일을 다시 가져오기 위해 사용합니다.).

❺ **시험 종료** : 화면에 시험 종료 메시지가 표시되고 수험자 PC는 잠금 상태가 됩니다.

2. [⊞(시작)] → Excel 2016을 선택하여 엑셀 프로그램을 실행시키세요.

3. 엑셀 프로그램에서 '새 통합 문서'를 클릭한 후 빠른 실행 도구 모음에서 '저장(🖫)'을 클릭하세요.

4. 이어서 [다른 이름으로 저장] → **찾아보기**를 클릭하세요. '다른 이름으로 저장' 대화상자가 나타납니다.

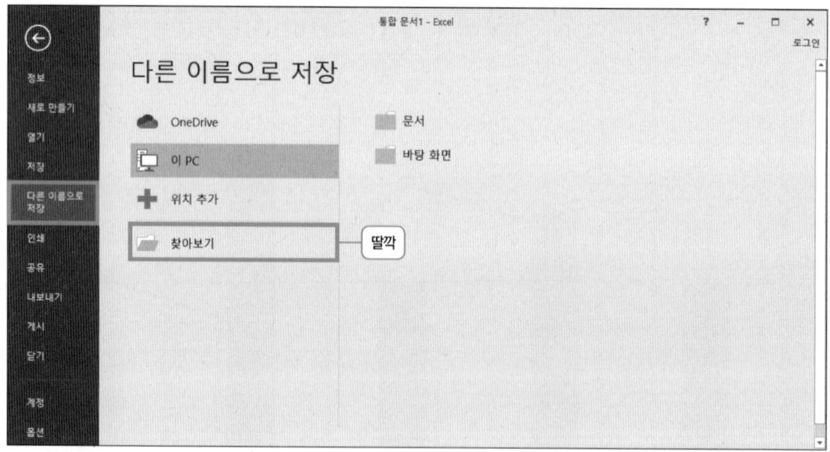

**5.** '다른 이름으로 저장' 대화상자에서 감독위원의 지시에 따라 저장 위치를 선택하고 파일명을 입력하세요. 여기서는 저장 위치를 'C:\길벗ITQ마스터(2016)\ITQ엑셀\시험장 따라하기' 폴더, 파일명을 '12345678-홍길동.xlsx'로 가정하고 작업하겠습니다. 파일 이름을 입력한 후 〈저장〉을 클릭하세요. 제목 표시줄에 표시된 파일명이 맞는지 확인하세요.

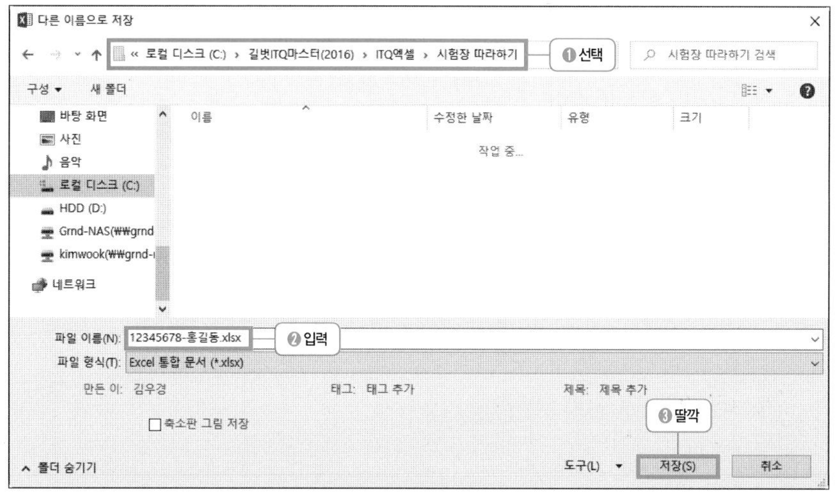


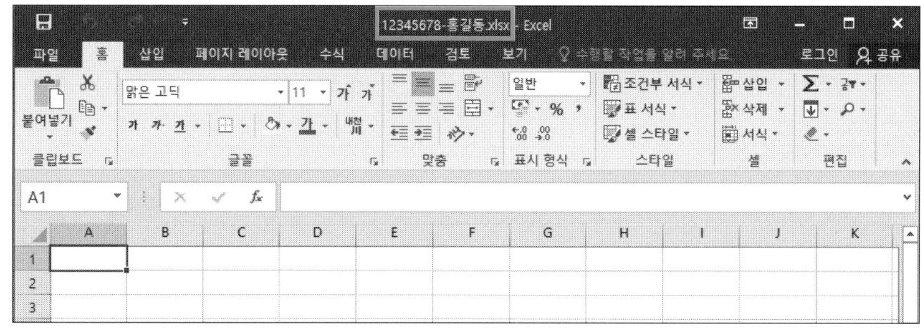

**전문가의 조언**

- 실제 시험에서는 '내 PC\문서\ITQ' 폴더에 '수험번호-성명.xlsx' 형태로 저장해야 합니다.
- 엑셀의 기본 파일 확장자는 xlsx이므로 파일명이 '12345678-홍길동.xlsx'이면 **12345678-홍길동**만 입력해도 자동으로 xlsx가 붙어 저장됩니다.
- 답안 파일명을 등록한 이후에는 빠른 실행 도구 모음의 '저장(🖫)'을 자주 클릭하여 저장하세요. 시험 도중에 정전이나 기타의 이유로 컴퓨터가 다운될 경우, 저장하지 않아서 잃어버린 내용을 복구하는 시간은 주어지지 않습니다.

# 5 문제 풀이

## 기본작업

### 01. 열 너비 조정하기

**1.** A열 머리글을 마우스 오른쪽 버튼으로 클릭하세요. 바로 가기 메뉴가 나오면 **[열 너비]**를 선택하세요. '열 너비' 대화상자가 표시됩니다.

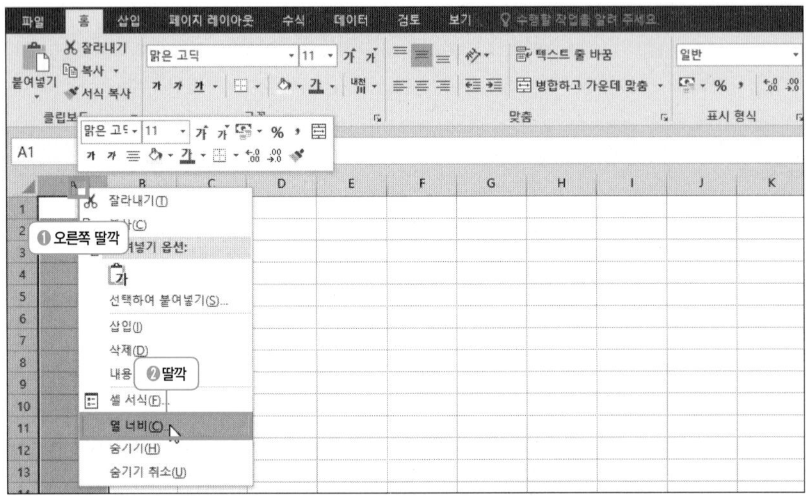


**2.** '열 너비' 대화상자에 변경하고자 하는 너비 1을 입력한 후 〈확인〉을 클릭하세요. A열 너비가 줄어듭니다.

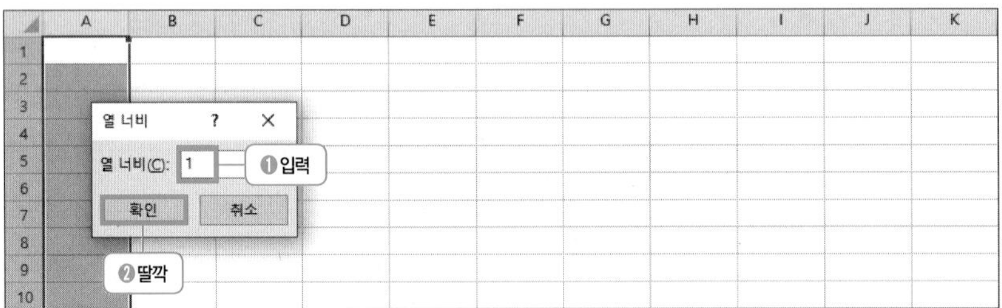


### 02. 시트 복사하기

**1.** 'Sheet1' 시트를 Ctrl을 누른 상태로 마우스로 드래그하여 복사하세요.

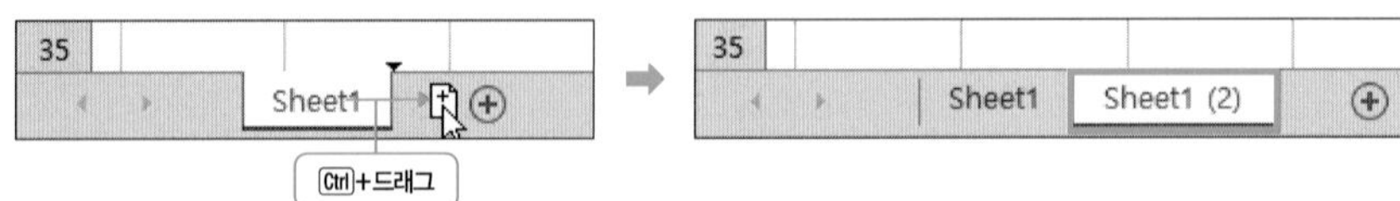

**2.** 같은 방법으로 한 번 더 복사하세요.

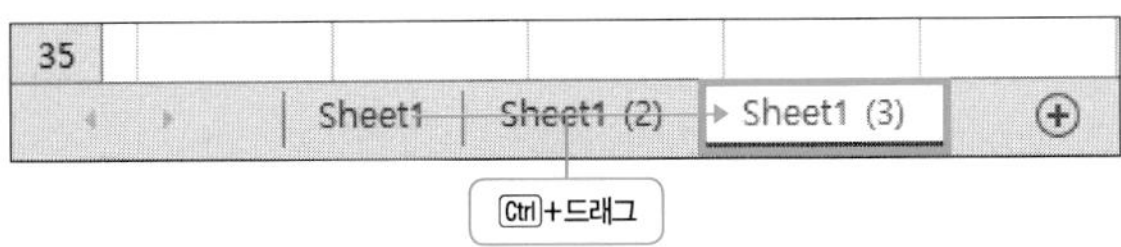


## 03. 시트명 변경하기

**1.** 시트 탭에서 'Sheet1'을 더블클릭한 후 **제1작업**을 입력하고 Enter를 누르세요.

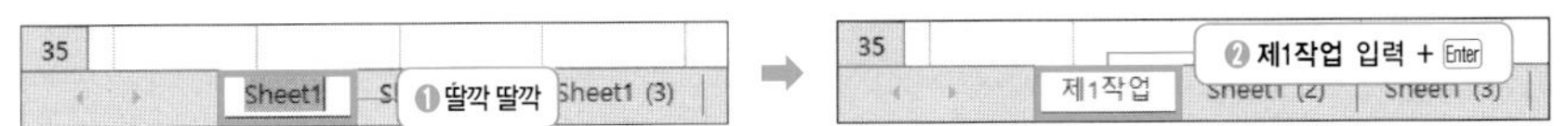


**2.** 같은 방법으로 'Sheet1 (2)'를 **제2작업**, 'Sheet1 (3)'을 **제3작업**으로 변경하세요.

**전문가의 조언**

문제의 지시사항에 답안 시트 이름은 '제1작업', '제2작업', '제3작업', '제4작업'으로 작성하라고 되어 있지만 여기서는 '제3작업'까지만 작성합니다. '제4작업'에는 차트를 작성하는데, 차트를 작성하고 이동시 '새 시트'를 지정하고 시트 이름을 "제4작업"으로 지정하면 '제4작업'이라는 시트가 생성되고 그 안으로 차트가 이동되기 때문입니다.

## 04. 기본 서식 지정하기

**1.** '제1작업' 시트를 클릭한 후 행 머리글과 열 머리글이 교차하는 부분에 있는 <모두 선택> 단추를 클릭하세요. 모든 셀이 선택됩니다.

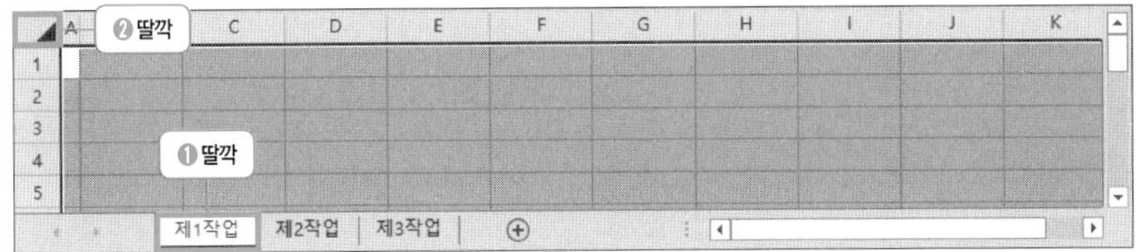


**2.** [홈] → **글꼴**에서 글꼴 '굴림', 크기 11을, [홈] → 맞춤 → **가운데 맞춤**(☰)을 지정하세요.

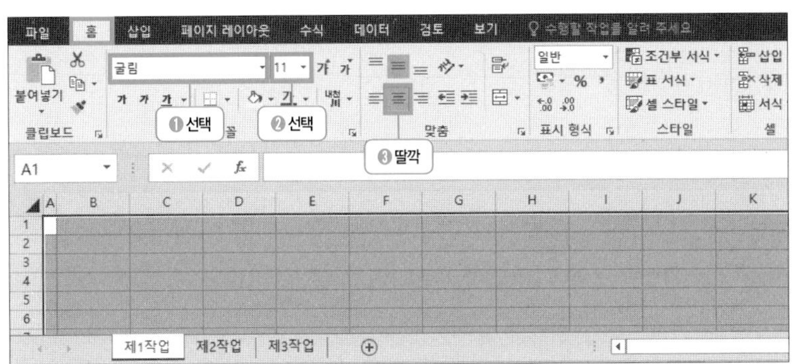

## 제 1 작업 표 서식 작성 및 값 계산

# 01. 표 서식 작성하기

## 데이터 입력하기

'제1작업' 시트를 선택하고 [출력형태]를 참고하여 그림과 같이 데이터를 입력하세요.

| | A | B | C | D | E | F | G | H | I | J |
|---|---|---|---|---|---|---|---|---|---|---|
| 1 | | | | | | | | | | |
| 2 | | | | | | | | | | |
| 3 | | | | | | | | | | |
| 4 | | 관리번호 | 업무구분 | 이름 | 급여<br>(시간당) | 근무시간<br>(일) | 계약일 | 근무지 | 계약만료일 | 총급여 |
| 5 | | T01-2 | 여행안내 | 이우주 | 55000 | 5 | 2019-07-20 | 경주 | | |
| 6 | | C01-3 | IT컨설팅 | 김나라 | 72000 | 6 | 2018-12-20 | 서울 | | |
| 7 | | C02-2 | IT컨설팅 | 박진수 | 80000 | 5 | 2020-03-20 | 대전 | | |
| 8 | | E01-2 | 전기기술 | 최주호 | 65000 | 5 | 2019-05-20 | 서울 | | |
| 9 | | T02-3 | 여행안내 | 장영수 | 54000 | 7 | 2019-09-20 | 광주 | | |
| 10 | | E02-3 | 전기기술 | 신미래 | 58000 | 6 | 2019-11-20 | 천안 | | |
| 11 | | C03-2 | IT컨설팅 | 정미주 | 63000 | 4 | 2018-11-20 | 대전 | | |
| 12 | | T03-2 | 여행안내 | 김호영 | 55000 | 5 | 2019-02-20 | 서울 | | |
| 13 | | 여행안내 급여(시간당) 평균 | | | | 두 번째로 높은 급여(시간당) | | | | |
| 14 | | 근무지 서울의 평균 근무시간 | | | | | 이름 | 이우주 | 근무지 | |
| 15 | | | | | | | | | | |

**전문가의 조언**

'가운데 맞춤'을 지정한 상태에서 [B13:B14] 영역에 데이터를 입력하면 아래 그림과 같이 표시됩니다. 교재에서는 수험생 여러분이 입력 데이터를 확인할 수 있도록 왼쪽 맞춤으로 지정하였습니다.

| | A | B | C | D | E |
|---|---|---|---|---|---|
| 10 | | E02-3 | 전기기술 | 신미래 | 58000 |
| 11 | | C03-2 | IT컨설팅 | 정미주 | 63000 |
| 12 | | T03-2 | 여행안내 | 김호영 | 55000 |
| 13 | 내 급여(시간당) 평균 | | | | |
| 14 | 서울의 평균 근무시간 | | | | |

## 2 도형 작성하기

**1.** 도형이 삽입될 자리를 만들기 위해 1행부터 3행까지의 행 머리글을 드래그하여 블록으로 지정한 후 행 경계선을 드래그하여 행 높이를 변경하세요.

❶드래그

| | A | B | C | D | E | F | G | H | I | J |
|---|---|---|---|---|---|---|---|---|---|---|
| 1 | | | | | | | | | | |
| 2 | | | | | | | | | | |
| 3 | | | | | | | | | | |
| 4 | | 관리번호 | 업무구분 | 이름 | 급여<br>(시간당) | 근무시간<br>(일) | 계약일 | 근무지 | 계약만료일 | 총급여 |
| 5 | | T01-2 | 여행안내 | 이우주 | 55000 | 5 | 2019-07-20 | 경주 | | |

⬇

**2.** [삽입] → 일러스트레이션 → 도형 → 사각형 → **모서리가 둥근 직사각형(▢)**을 선택하세요.

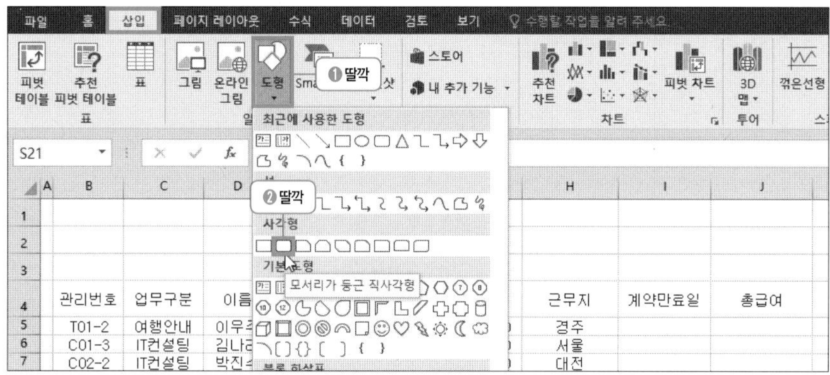


3. 마우스 포인터가 십자가 모양(+)으로 변경됩니다. 워크시트에 적당한 크기로 드래그하여 삽입하세요.

드래그

| | A | B | C | D | E | F | G | H | I | J |
|---|---|---|---|---|---|---|---|---|---|---|
| 1 | | | | | | | | | | |
| 2 | | | | | | | | | | |
| 3 | | | | | | | | | | |
| 4 | | 관리번호 | 업무구분 | 이름 | 급여(시간당) | 근무시간(일) | 계약일 | 근무지 | 계약만료일 | 총급여 |
| 5 | | T01-2 | 여행안내 | 이우주 | 55000 | 5 | 2019-07-20 | 경주 | | |
| 6 | | C01-3 | IT컨설팅 | 김나라 | 72000 | 6 | 2018-12-20 | 서울 | | |
| 7 | | C02-2 | IT컨설팅 | 박진수 | 80000 | 5 | 2020-03-20 | 대전 | | |
| 8 | | E01-2 | 전기기술 | 최주호 | 65000 | 5 | 2019-05-20 | 서울 | | |
| 9 | | T02-3 | 여행안내 | 장영수 | 54000 | 7 | 2019-09-20 | 광주 | | |
| 10 | | E02-3 | 전기기술 | 신미래 | 58000 | 6 | 2019-11-20 | 천안 | | |
| 11 | | C03-2 | IT컨설팅 | 정미주 | 63000 | 4 | 2018-11-20 | 대전 | | |
| 12 | | T03-2 | 여행안내 | 김호영 | 55000 | 5 | 2019-02-20 | 서울 | | |
| 13 | | 여행안내 급여(시간당) 평균 | | | | 두 번째로 높은 급여(시간당) | | | | |
| 14 | | 근무지 서울의 평균 근무시간 | | | | | 이름 | 이우주 | 근무지 | |

4. 삽입된 도형에는 텍스트 입력 위치를 나타내는 커서가 표시되지 않지만 텍스트를 입력할 수 있습니다. 도형이 선택된 상태에서 **전문인력 파견업무 관리현황**을 입력하세요.

5. 도형에 서식을 지정해야 합니다. 삽입된 도형의 테두리 부분을 마우스로 클릭한 후 [홈] → **글꼴**에서 글꼴 '굴림', 크기 24, '굵게(가)'를 지정하고 '채우기 색(◇▾)'의 ▾를 클릭하여 '노랑'을 선택하고, '글꼴 색(가▾)'의 ▾를 클릭하여 '검정, 텍스트 1'을 선택하세요. 이어서 [홈] → **맞춤**에서 가로 '가운데 맞춤(≡)', '세로 가운데 맞춤(≡)'을 클릭하세요.

**전문가의 조언**

도형의 크기는 정확히 지시된 사항이 없으므로 그림과 비교하여 비슷하게 조절하면 됩니다.

**전문가의 조언**

도형에 텍스트를 입력한 후 Esc를 누르면 입력 상태가 해제되고 도형이 선택됩니다. 이 상태에서 서식을 지정하면 됩니다.

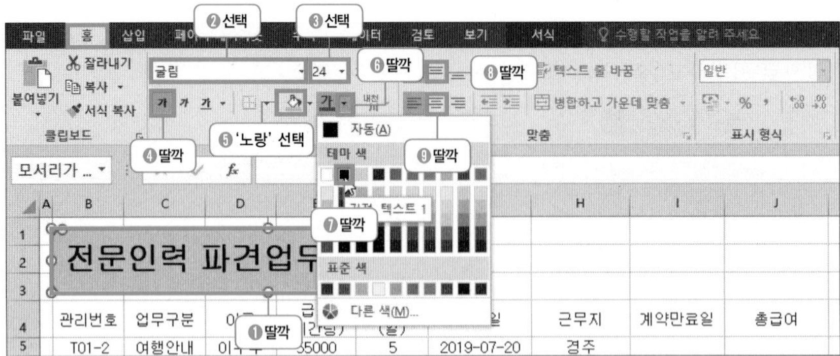

**시나공 Q&A 베스트**

**Q [그리기 도구]가 없어요!**

A [그리기 도구]는 도형을 선택했을 때만 표시됩니다. 삽입한 도형을 선택해 보세요.

6. 그림자 스타일을 지정해야 합니다. 도형이 선택된 상태에서 [그리기 도구] → 서식 → 도형 스타일 → 도형 효과 → 그림자 → **오프셋 오른쪽**을 선택하세요.

**전문가의 조언**

그림자는 도형의 바로 가기 메뉴에서 **[도형 서식]**을 선택한 후 '도형 서식' 창의 [도형 옵션] → (효과) → **그림자**에서도 지정할 수 있습니다.

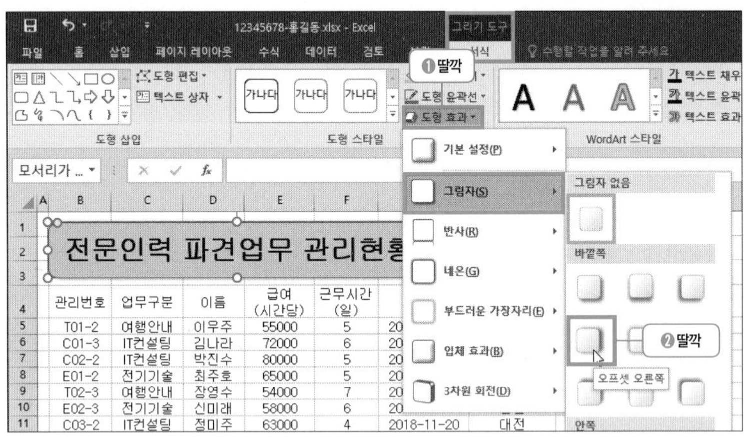


## 3 결재란 작성하기

**전문가의 조언**

결재란을 작성하면 행의 높이나 열의 너비를 변경해야 하므로 이미 입력되어 있는 데이터에 영향을 주게 됩니다. 이런 현상을 피하기 위해서 데이터가 없는 임의의 셀에 결재란을 만든 후 그림으로 복사하여 사용하는 것입니다.

1. [L15] 셀을 클릭한 후 **결** 자를 입력하고 Alt+Enter를 눌러 줄을 바꾼 후 **재** 자를 입력하고 Enter를 누르세요.

| | G | H | I | J | K | L | M | N | O |
|---|---|---|---|---|---|---|---|---|---|
| 4 | 계약일 | 근무지 | 계약만료일 | 총급여 | | | | | |
| 5 | 2019-07-20 | 경주 | | | | | | | |
| 6 | 2018-12-20 | 서울 | | | | | | | |
| 7 | 2020-03-20 | 대전 | | | | | | | |
| 8 | 2019-05-20 | 서울 | | | | | | | |
| 9 | 2019-09-20 | 광주 | | | | | | | |
| 10 | 2019-11-20 | 천안 | | | | | | | |
| 11 | 2018-11-20 | 대전 | | | | | | | |
| 12 | 2019-02-20 | 서울 | | | | | | | |
| 13 | 로 높은 급여(시간당) | | | | | | | | |
| 14 | 이름 | 이우주 | 근무지 | | | | | | |
| 15 | | | | | | 결<br>재 | | | |
| 16 | | | | | | | | | |
| 17 | | | | | | | | | |
| 18 | | | | | | | | | |

**2.** 나머지 **담당**, **팀장**, **사장**도 그림과 같이 마저 입력하세요. 이어서 [L15:L16] 영역을 블록으로 지정하고 [홈] → 맞춤 → **병합하고 가운데 맞춤**(⊟)을 클릭하세요.

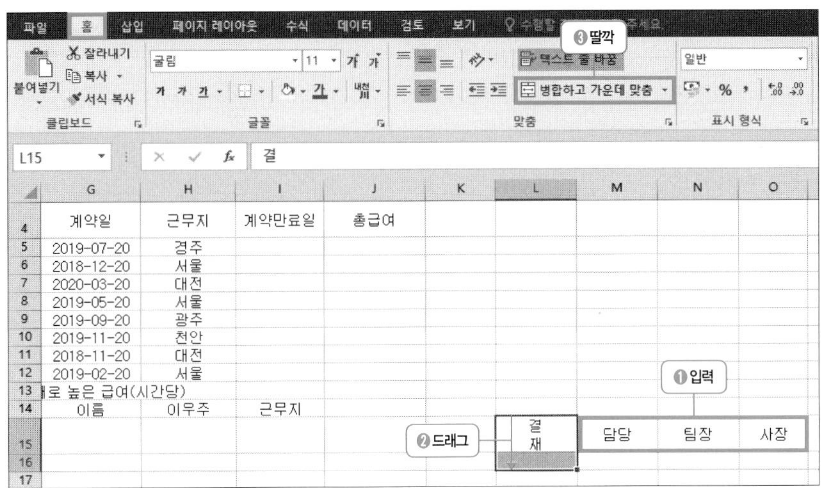


**3.** [L15:O16] 영역을 블록으로 지정한 후 [홈] → **글꼴**에서 '테두리(⊞ ▾)'의 ▾를 클릭한 다음 '모든 테두리(⊞)'를 선택하세요.

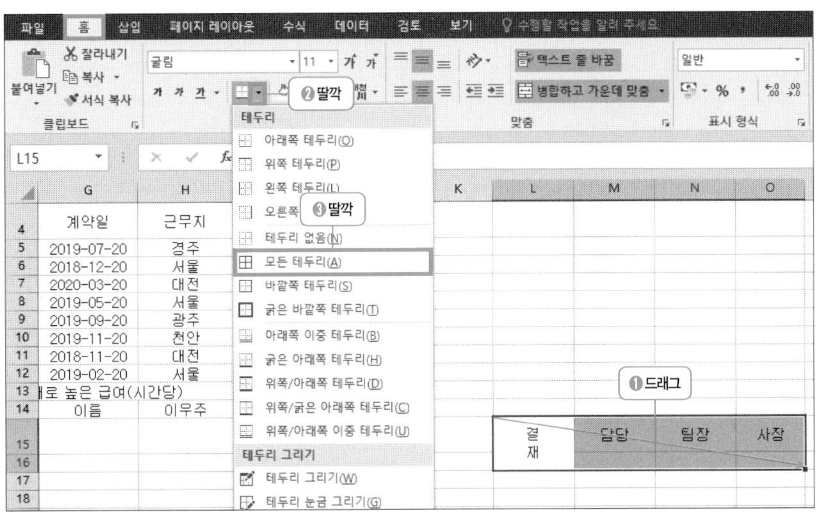

**전문가의 조언**

결재란의 행/열의 크기는 정확히 지시된 사항이 없으므로 그림과 비교하여 비슷하게 조절하면 됩니다.

**4.** 행 머리글과 열 머리글의 경계선을 드래그하여 행 높이와 열 너비를 적당히 조절하세요.

| | F | G | H | I | J | K | L | M | N | O | P |
|---|---|---|---|---|---|---|---|---|---|---|---|
| 4 | 근무시간 (일) | 계약일 | 근무지 | 계약만료일 | 총급여 | | | | | | |
| 5 | 5 | 2019-07-20 | 경주 | | | | | | | | |
| 6 | 6 | 2018-12-20 | 서울 | | | | | | | | |
| 7 | 5 | 2020-03-20 | 대전 | | | | | | | | |
| 8 | 5 | 2019-05-20 | 서울 | | | | | | | | |
| 9 | 7 | 2019-09-20 | 광주 | | | | | | | | |
| 10 | 6 | 2019-11-20 | 천안 | | | | | | | | |
| 11 | 4 | 2018-11-20 | 대전 | | | | | | | | |
| 12 | 5 | 2019-02-20 | 서울 | | | | | | | | |
| 13 | 두 번째로 높은 급여(시간당) | | | | | | | | | | |
| 14 | | 이름 | 이우주 | 근무지 | | | | | | | |
| 15 | | | | | | | 결재 | 담당 | 팀장 | 사장 | |
| 16 | | | | | | | | | | | |

❶드래그 ❷드래그 ❸드래그

**5.** 작성한 결재란을 그림으로 복사해야 합니다. [L15:O16] 영역을 블록으로 지정한 후 [홈] → 클립보드 → **복사**()를 클릭하거나 Ctrl+C를 누르세요.

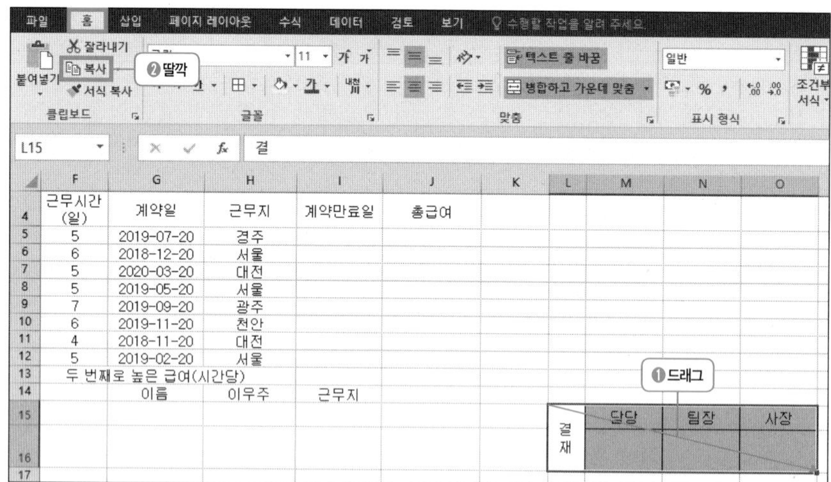


**6.** 복사한 그림을 넣을 [H1] 셀을 클릭한 후 [홈] → 클립보드 → 붙여넣기 → **그림**()을 선택하세요.

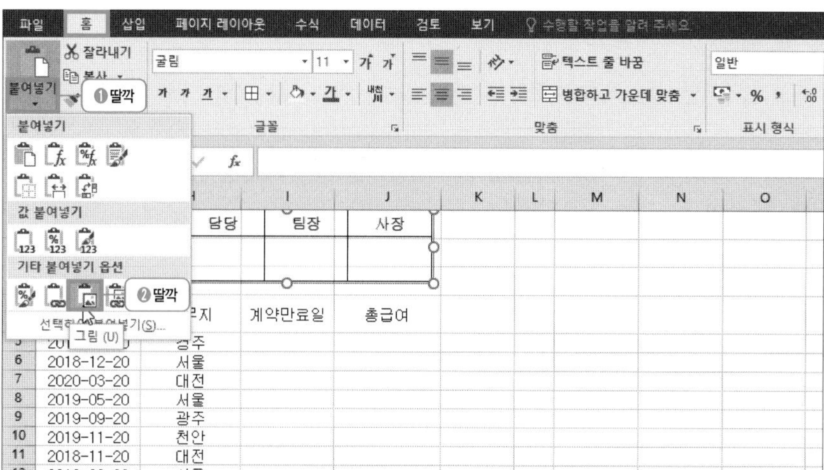


**7.** 이어서 삽입된 그림의 크기와 위치를 적당히 조절하세요.

전문인력 파견업무 관리현황

| 결재 | 담당 | 팀장 | 사장 |
|---|---|---|---|
| | | | |

| 관리번호 | 업무구분 | 이름 | 급여(시간당) | 근무시간(일) | 계약일 | 근무지 | 계약만료일 | 총급여 |
|---|---|---|---|---|---|---|---|---|
| T01-2 | 여행안내 | 이우주 | 55000 | 5 | 2019-07-20 | 경주 | | |
| C01-3 | IT컨설팅 | 김나라 | 72000 | 6 | 2018-12-20 | 서울 | | |
| C02-2 | IT컨설팅 | 박진수 | 80000 | 5 | 2020-03-20 | 대전 | | |

**8.** 결재란의 원본을 삭제해야 합니다. 15행과 16행의 행 머리글을 드래그하여 블록으로 지정한 후 바로 가기 메뉴에서 **[삭제]**를 선택하세요.

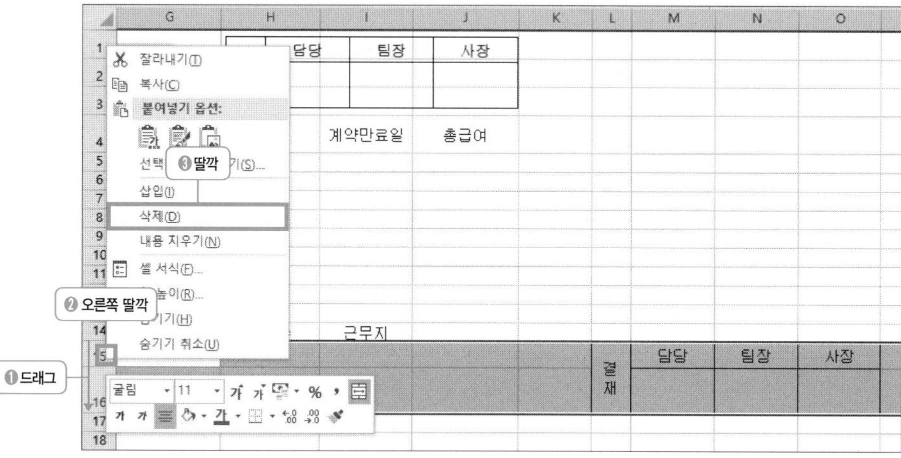

**전문가의 조언**

그림으로 복사는 [H1] 셀을 선택한 후 바로 가기 메뉴에서 [선택하여 붙여넣기] → **그림**(  )을 선택해도 됩니다.

## 4 채우기 색 지정하기

[B4:J4] 영역을 블록으로 지정하고 Ctrl을 누른 채 [G14], [I14] 셀을 클릭한 후 [홈] → **글꼴**에서 '채우기 색( )'의 ▾를 클릭하여 '주황'을 선택하세요.

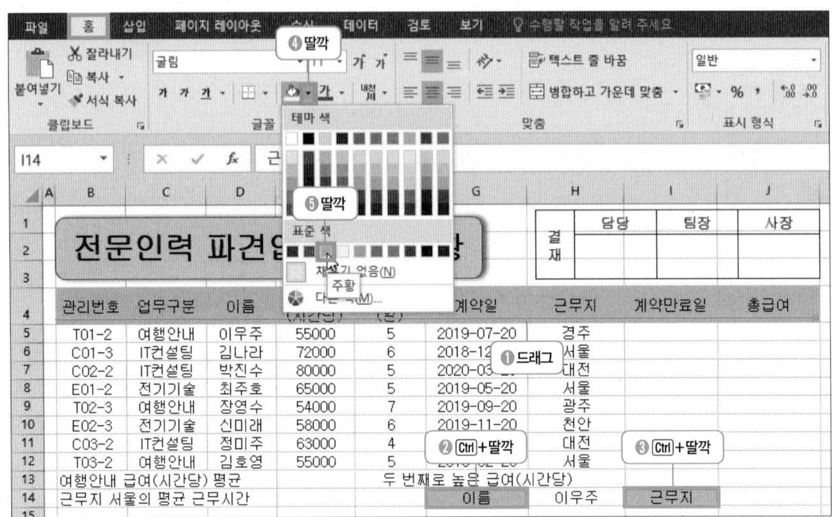


## 5 유효성 검사 지정하기

1. [H14] 셀을 선택한 후 [데이터] → 데이터 도구 → **데이터 유효성 검사**의 를 클릭하세요.

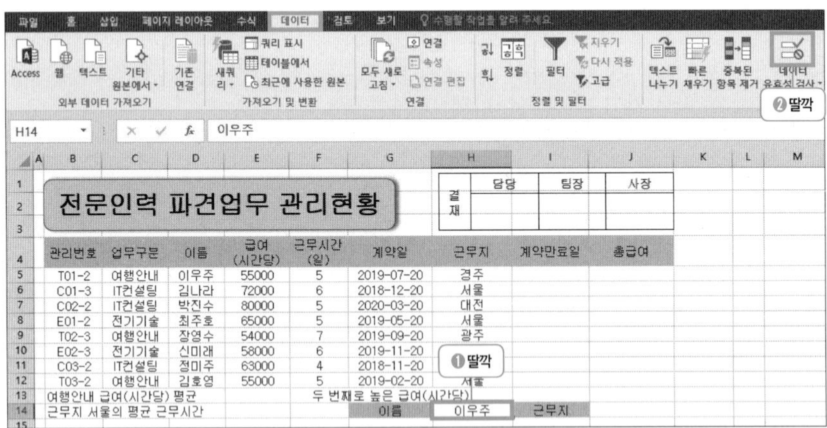

2. '데이터 유효성' 대화상자의 '설정' 탭에서 제한 대상을 '목록'으로 지정하고 원본을 지정하는 '범위 지정 단추( )'를 클릭하세요.

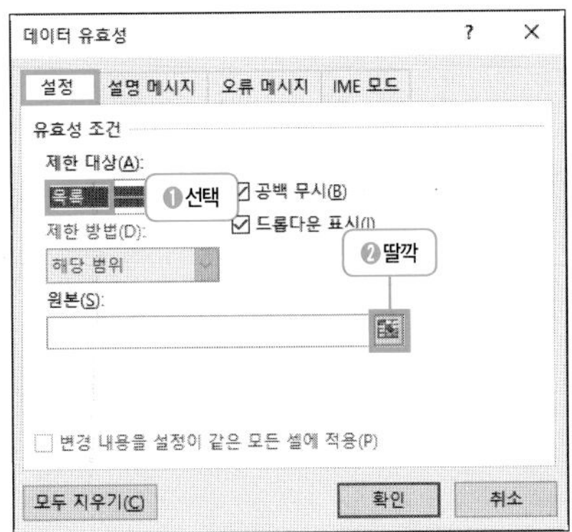


3. [D5:D12] 영역을 마우스로 드래그하여 범위를 지정한 다음 '범위 지정 단추( )'를 다시 한번 클릭하세요. '데이터 유효성' 대화상자로 돌아오면 〈확인〉을 클릭하세요.

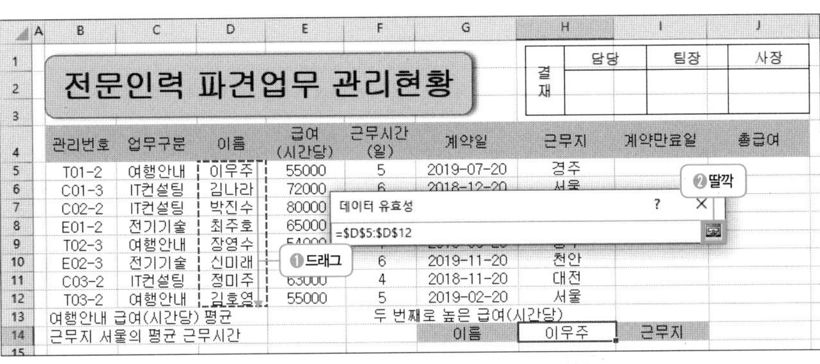

전문인력 파견업무 관리현황
결재
담당
팀장
사장
관리번호
업무구분
이름
급여(시간당)
근무시간(일)
계약일
근무지
계약만료일
총급여
T01-2 여행안내 이우주 55000 5 2019-07-20 경주
C01-3 IT컨설팅 김나라 72000
C02-2 IT컨설팅 박진수 80000
E01-2 전기기술 최주호 65000
T02-3 여행안내 장영수
E02-3 전기기술 신미래 6 2019-11-20 천안
C03-2 IT컨설팅 정미주 4 2018-11-20 대전
T03-2 여행안내 김호영 55000 5 2019-02-20 서울
여행안내 급여(시간당) 평균
두 번째로 높은 급여(시간당)
근무지 서울의 평균 근무시간
이름
이우주
근무지
데이터 유효성
=$D$5:$D$12
❶드래그
❷딸깍


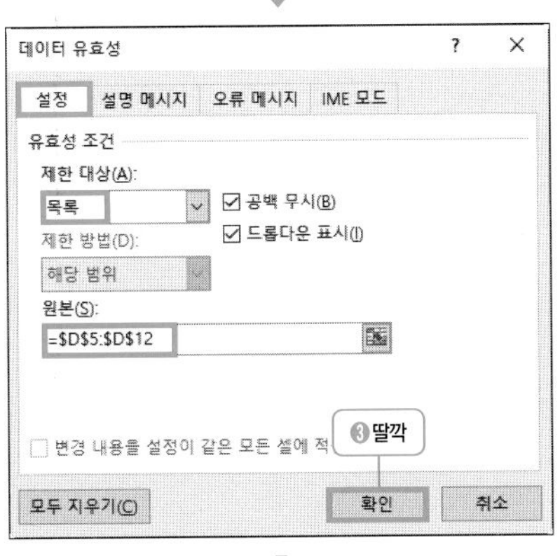


| | A | B | C | D | E | F | G | H | I | J |
|---|---|---|---|---|---|---|---|---|---|---|
| 10 | | E02-3 | 전기기술 | 신미래 | 58000 | 6 | 2019-11-20 | 천안 | | |
| 11 | | C03-2 | IT컨설팅 | 정미주 | 63000 | 4 | 2018-11-20 | 대전 | | |
| 12 | | T03-2 | 여행안내 | 김호영 | 55000 | 5 | 2019-02-20 | 서울 | | |
| 13 | 여행안내 급여(시간당) 평균 | | | | | 두 번째로 높은 급여(시간당) | | | | |
| 14 | 근무지 서울의 평균 근무시간 | | | | | | 이름 | 이우주 | 근무지 | |
| 15 | | | | | | | | | | |
| 16 | | | | | | | | | | |

**전문가의 조언**

- '셀 서식' 대화상자를 실행시키는 방법에는 메뉴의 [홈] → **글꼴**이나 **맞춤** 또는 **표시 형식** 그룹의 [버튼]를 클릭하는 것과 바로 가기 메뉴에서 **[셀 서식]**을 선택하는 방법이 있습니다. 시간을 조금이라도 절약할 수 있는 바로 가기 키를 이용하는 것이 좋겠죠!
- 숫자 뒤에 한글을 표시할 때는 **0시간**과 같이 입력하면 자동으로 **0"시간"**으로 변경됩니다. 하지만 숫자 뒤에 영문을 표시할 때는 반드시 **0"H"**와 같이 정확히 입력해야 합니다. 영문을 큰따옴표(" ")로 묶지 않고 입력하면 사용자 지정 기호로 인식하기 때문입니다.

## 6 사용자 지정 서식 지정하기

[F5:F12] 영역을 블록으로 지정하고, Ctrl+1을 눌러 '셀 서식' 대화상자를 호출한 후 '표시 형식' 탭에서 범주의 '사용자 지정'을 선택하세요. '형식' 란에 있는 내용을 지우고 **0"H"**를 입력한 후 〈확인〉을 클릭하세요.

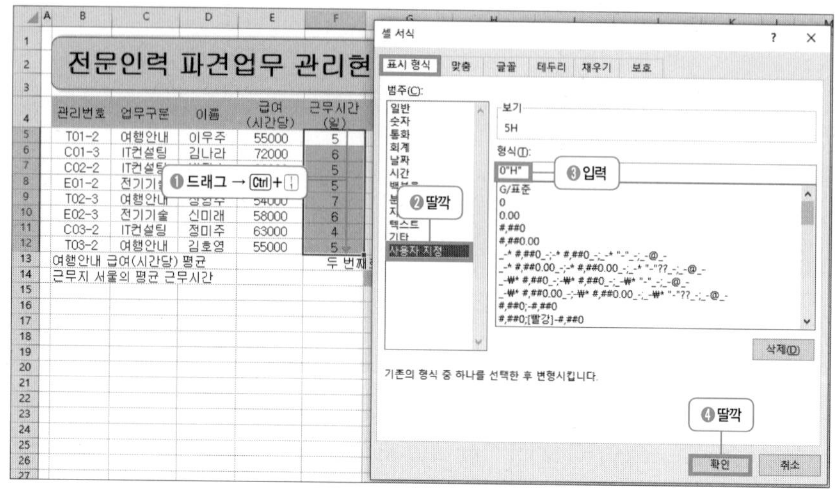


## 7 이름 정의하기

[H5:H12] 영역을 블록으로 지정한 후 이름 상자에 **근무지**를 입력하고, Enter를 눌러 이름 정의를 완료하세요.

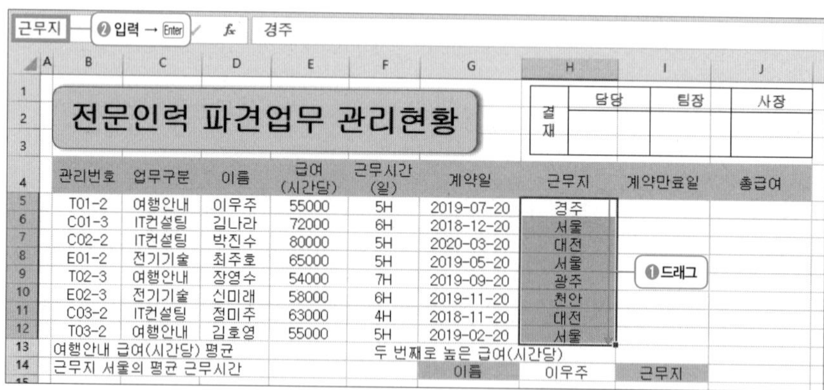

## ❽ 테두리 및 기타 서식 지정하기

**1.** [E5:E12] 영역을 블록으로 지정한 후 [홈] → 표시 형식 → **,(쉼표 스타일)**을 클릭하세요.

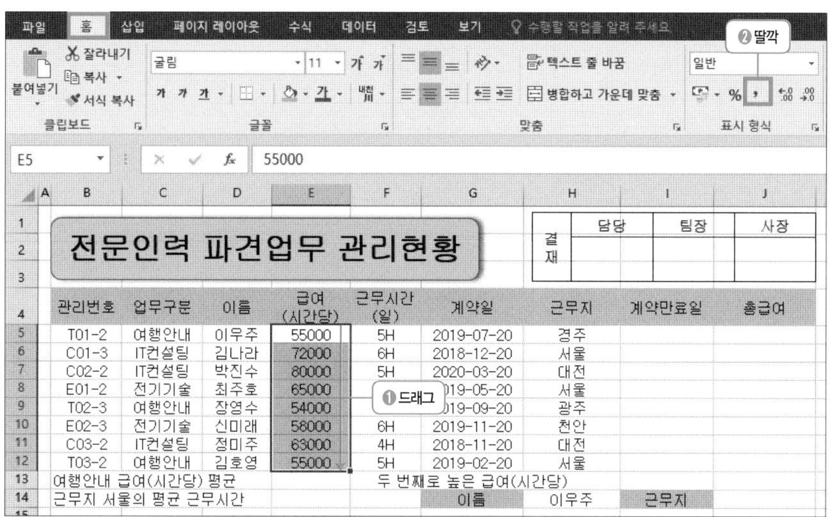


**2.** [F5:F12] 영역을 블록으로 지정한 후 [홈] → 맞춤 → **오른쪽 맞춤(≡)**을 클릭하세요.

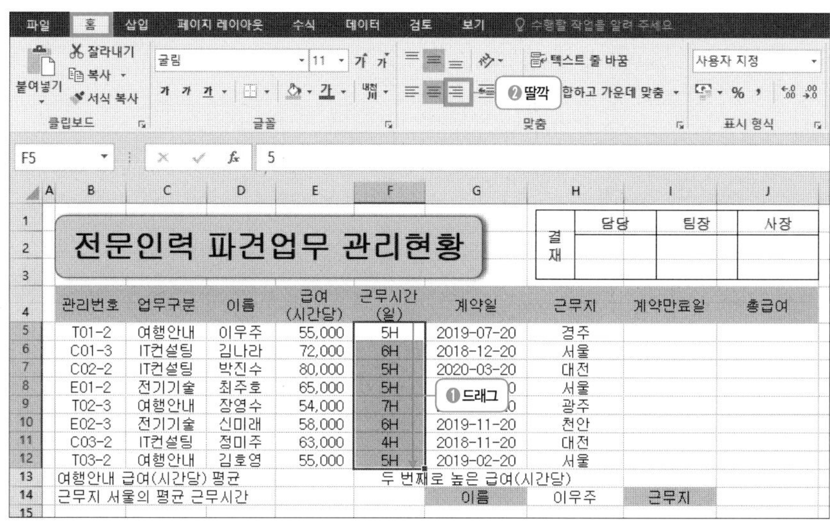

**전문가의 조언**

- 지금부터 지정하는 셀 서식은 [출력형태]를 보고 수험생이 판단하여 지정해야 하는 내용입니다. 빠뜨리는 것이 없도록 [출력형태]를 꼼꼼히 살핀 후 지정하세요.
- 통화(₩)나 쉼표(,)가 표시된 회계 서식은 '오른쪽 맞춤'으로 지정해야 하지만 '회계 서식'을 지정하면 자동으로 '오른쪽 맞춤'으로 표시되므로 따로 지정하지 않아도 됩니다.

**전문가의 조언**

답안작성 지시사항에 '숫자 및 회계 서식은 오른쪽 정렬'이라는 항목이 있는데, 여기서 말하는 '숫자 서식'은 개수, 규격, 용량 등이 입력된 셀을, '회계 서식'은 가격, 단가, 판매가 등 금액이 입력된 셀을 말합니다. 즉 이 두 서식은 '오른쪽 맞춤'을 지정하고, 그 밖에 백분율(%), 날짜, 시간, 사용자 지정 서식 등은 '가운데 맞춤'을 지정하면 됩니다. 하지만 이 기준은 기본적인 사항이고, 문제에 제시된 [출력형태]가 우선입니다. [출력형태] 대로 답안을 작성하되 [출력형태]를 보고 판단하기 어려운 경우에만 이 기준을 적용하여 정렬하면 됩니다. [F5:F12] 영역의 경우도 사용자 지정 서식이 지정되어 있으므로 '가운데 맞춤'으로 정렬해야 하지만 [출력형태]가 '오른쪽 맞춤'으로 되어있으므로 '오른쪽 맞춤'으로 정렬해야 합니다.

**3.** [B13:D13] 영역을 블록으로 지정한 후 Ctrl을 누른 채 [B14:D14], [F13:F14], [G13:I13] 영역을 블록으로 지정하세요. 이어서 [홈] → 맞춤 → **병합하고 가운데 맞춤**(⊟)을 클릭하면 선택된 영역들이 각각 하나로 합쳐집니다.

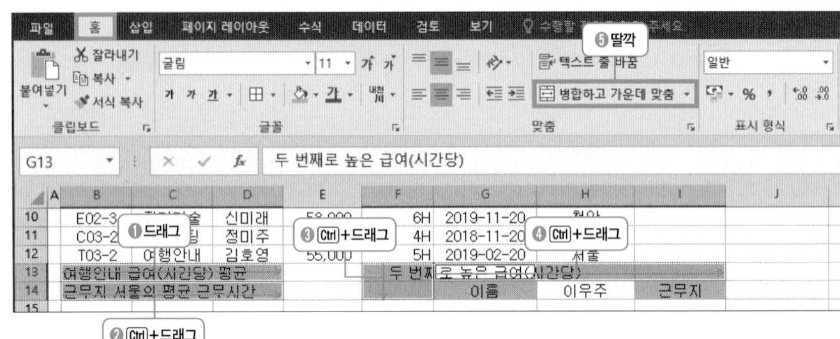


**4.** [B4:J14] 영역을 블록으로 지정하고 [홈] → **글꼴**에서 '테두리(⊞▾)'의 ▾를 클릭하여 '모든 테두리(⊞)'를 선택하세요. 이어서 이번에는 '굵은 바깥쪽 테두리(⊡)'를 선택하세요.

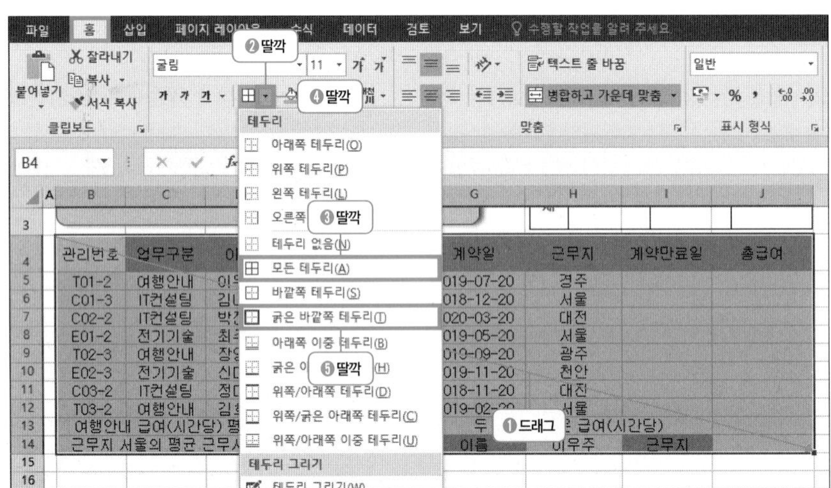


**5.** [B5:J12] 영역을 블록으로 지정하고 [홈] → **글꼴**에서 '테두리(⊞▾)'의 ▾를 클릭하여 '굵은 바깥쪽 테두리(⊡)'를 선택하세요.

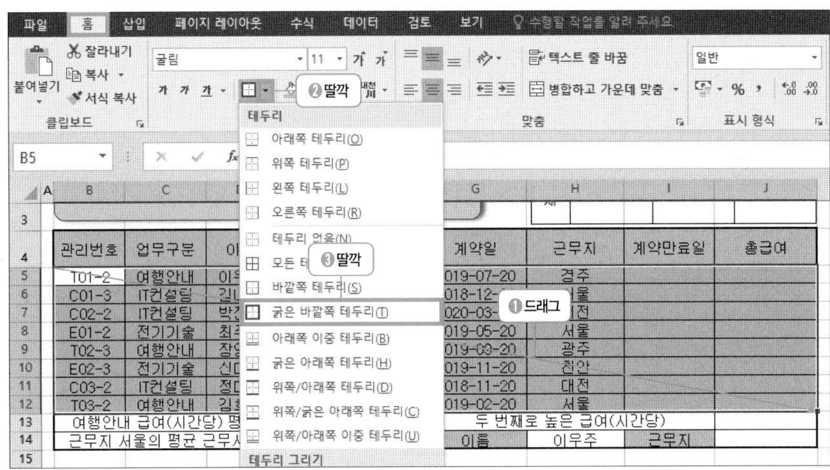


**6.** [F13] 셀을 선택하고 Ctrl+1을 눌러 '셀 서식' 대화상자를 호출하세요. '셀 서식' 대화상자의 '테두리' 탭에서 그림과 같이 대각선을 표시한 후 〈확인〉을 클릭하세요.

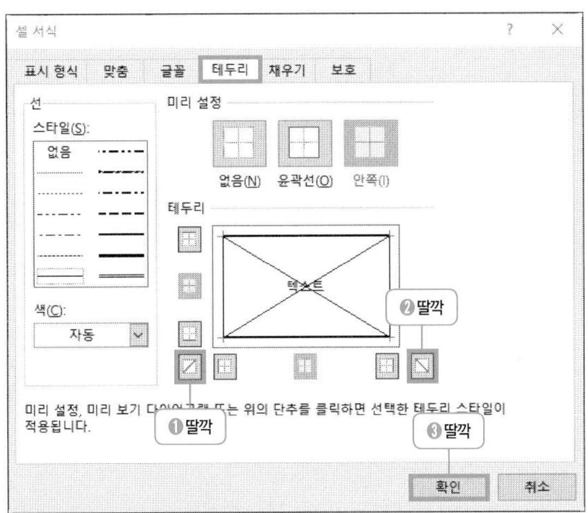


**7.** 5행부터 14행까지의 행 머리글을 드래그하여 블록으로 지정한 후 행 머리글 경계선을 드래그하여 행 높이를 조절하세요.

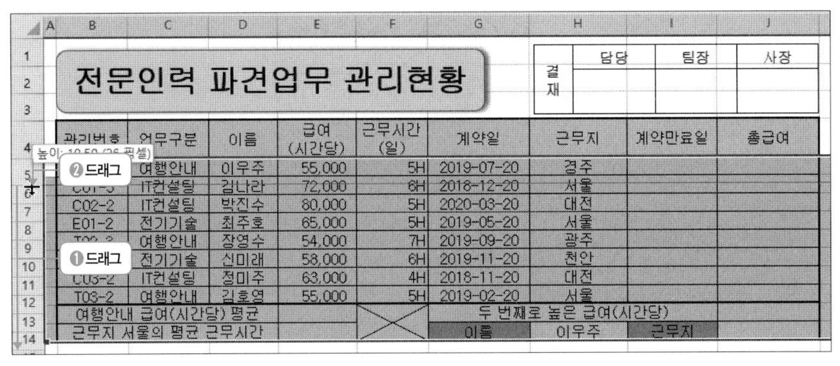

**전문가의 조언**

문제에 제시된 그림을 보면 행 높이가 엑셀 2016의 기본 높이보다 높아 보이기 때문에 행 높이를 조절한 것입니다. 눈으로 보기에 큰 차이가 없다면 그대로 두어도 상관 없습니다.

# 02. 값 계산하기

## ❶ 계약만료일 구하기

**1.** 계약만료일을 계산하기 위해 [I5:I12] 영역을 블록으로 지정합니다. 계약일(G5)을 기준으로 추가된 날짜를 계산해야 하므로 수식 입력줄에 **=G5+**를 입력한 다음 수식 입력줄 왼쪽에 있는 '함수 삽입(fx)'을 클릭하세요. '함수 마법사' 대화상자가 나타납니다.

| | B | C | D | E | F | G | H | I | J |
|---|---|---|---|---|---|---|---|---|---|
| 1–3 | 전문인력 파견업무 관리현황 | | | | | | 결재 | 담당 / 팀장 | 사장 |
| 4 | 관리번호 | 업무구분 | 이름 | 급여 (시간당) | 근무시간 (일) | 계약일 | 근무지 | 계약만료일 | 총급여 |
| 5 | T01-2 | 여행안내 | 이우주 | 55,000 | 5H | 2019-07-20 | 경주 | =G5+ | |
| 6 | C01-3 | IT컨설팅 | 김나라 | 72,000 | 6H | 2018-12-20 | 서울 | | |
| 7 | C02-2 | IT컨설팅 | 박진수 | 80,000 | 5H | 2020-03-20 | 대전 | | |
| 8 | E01-2 | 전기기술 | 최주호 | 65,000 | 5H | 2019-05-20 | 서울 | | |
| 9 | T02-3 | 여행안내 | 장영수 | 54,000 | 7H | 2019-09-20 | 광주 | | |
| 10 | E02-3 | 전기기술 | 신미래 | 58,000 | 6H | 2019-11-20 | 천안 | | |
| 11 | C03-2 | IT컨설팅 | 정미주 | 63,000 | 4H | 2018-11-20 | 대전 | | |
| 12 | T03-2 | 여행안내 | 김호영 | 55,000 | 5H | 2019-02-20 | 서울 | | |
| 13 | 여행안내 급여(시간당) 평균 | | | | | 두 번째로 높은 급여(시간당) | | | |
| 14 | 근무지 서울의 평균 근무시간 | | | | | 이름 | 이우주 | 근무지 | |

**2.** 관리번호 뒤에서 숫자 한 자리를 추출해야 하므로 '함수 마법사' 대화상자의 범주 선택에서 '텍스트'를, 함수 선택에서 'RIGHT'를 선택하고 〈확인〉을 클릭하세요.

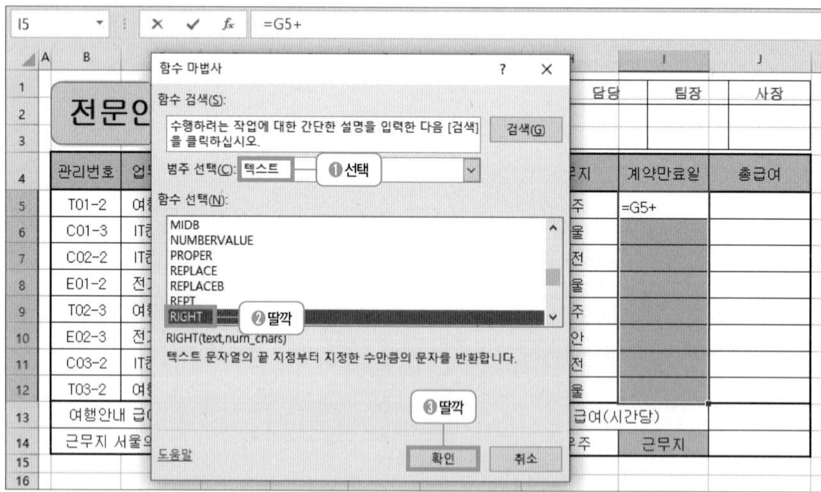

**전문가의 조언**

[I5] 셀에 수식을 입력한 후 [I5] 셀의 채우기 핸들을 드래그하여 나머지 셀의 값을 구해도 됩니다. 이럴 경우 각 셀의 아래 테두리가 굵은 테두리로 지정되는데, 이때 채우기 핸들 옵션 단추(⊞)를 이용하면 수식만 복사할 수 있습니다. [I5] 셀에 수식을 입력한 후 채우기 핸들을 [I12] 셀까지 드래그하면 채워진 셀의 바로 아래에 채우기 핸들 옵션 단추(⊞)가 표시됩니다. 이 옵션 단추를 클릭한 후 **[서식 없이 채우기]**를 선택하면 서식을 제외한 수식만 입력됩니다.

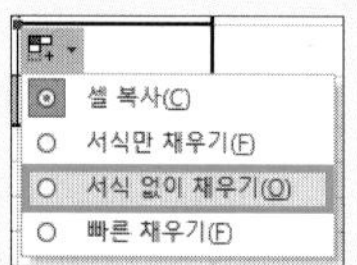

**전문가의 조언**

RIGHT 함수가 어느 범주에 속하는지 모를 경우에는 '모두'를 선택하고 알파벳 순으로 찾으면 됩니다.

**3.** '함수 인수' 대화상자의 'Text' 입력란을 클릭한 후 관리번호가 있는 [B5] 셀을 클릭하세요. 관리번호의 뒤에서 1자리를 추출해야 하므로 'Num_chars' 입력란을 클릭하고 **1**을 입력하세요. 아직 〈확인〉을 클릭하면 안됩니다.

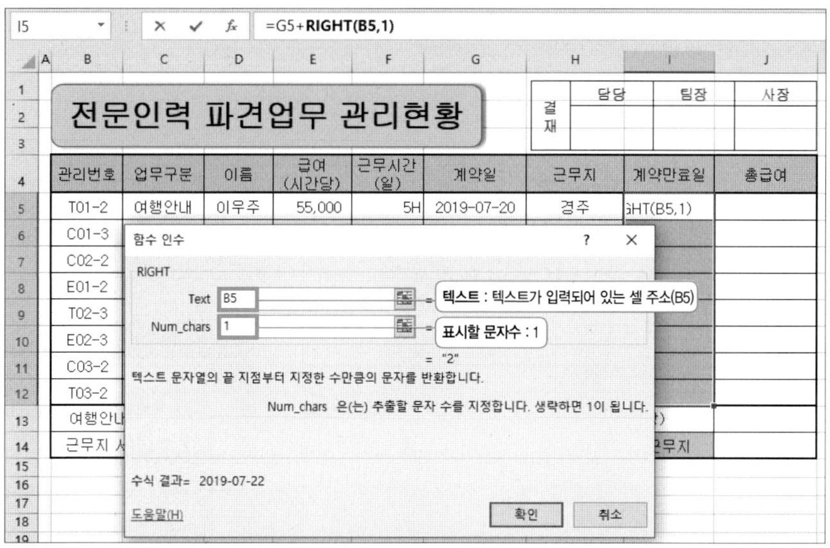

## 함수의 이해

RIGHT(텍스트, 개수) 함수는 인수로 주어진 텍스트의 오른쪽부터 지정한 개수만큼 추출합니다.

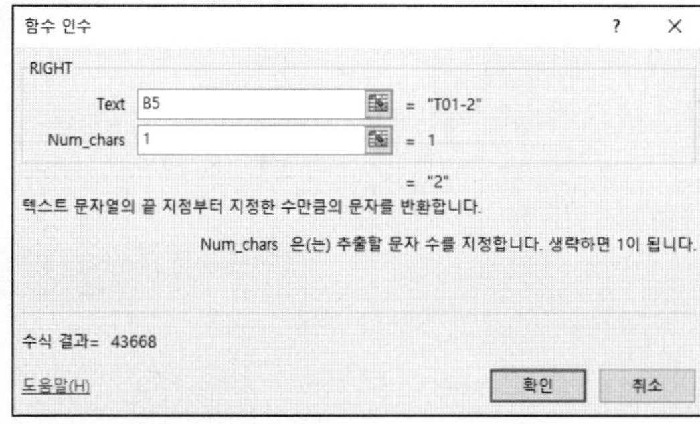


- **Text** : 텍스트가 입력되어 있는 셀 주소를 지정합니다. 관리번호가 있는 [B5] 셀을 지정합니다.
- **Num_chars** : 표시할 문자 개수를 지정합니다. 관리번호의 뒤에서 1자리를 추출해야 하므로 **1**을 입력합니다.

**전문가의 조언**

- 블록으로 지정한 [I5:I12] 영역에 수식을 모두 입력하려면 함수 인수 대화상자에서 Ctrl을 누른 채 〈확인〉을 클릭해야 합니다.
- [I5:I12] 영역을 블록으로 지정하고 =G5+RIGHT(B5,1)*30*12를 직접 입력한 다음 Ctrl을 누른 채 Enter를 눌러도 됩니다.
- RIGHT 함수에 대한 자세한 설명은 별책 부록 54쪽을 참조하세요.

**4.** 수식 입력줄의 끝 부분을 클릭한 후 *30*12를 입력한 후 Ctrl을 누른 상태에서 〈확인〉을 클릭하세요.

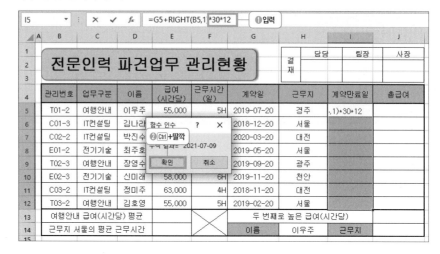

I5 | =G5+RIGHT(B5,1)*30*12 — ❶입력

**전문인력 파견업무 관리현황**

| 결재 | 담당 | 팀장 | 사장 |
|---|---|---|---|
| | | | |

| 관리번호 | 업무구분 | 이름 | 급여(시간당) | 근무시간(일) | 계약일 | 근무지 | 계약만료일 | 총급여 |
|---|---|---|---|---|---|---|---|---|
| T01-2 | 여행안내 | 이우주 | 55,000 | 5H | 2019-07-20 | 경주 | ,1)*30*12 | |
| C01-3 | IT컨설팅 | 김나라 | | | 2018-12-20 | 서울 | | |
| C02-2 | IT컨설팅 | 박진수 | | | 2020-03-20 | 대전 | | |
| E01-2 | 전기기술 | 최주호 | | | 2019-05-20 | 서울 | | |
| T02-3 | 여행안내 | 장영수 | | | 2019-09-20 | 광주 | | |
| E02-3 | 전기기술 | 신미래 | 58,000 | 6H | 2019-11-20 | 천안 | | |
| C03-2 | IT컨설팅 | 정미주 | 63,000 | 4H | 2018-11-20 | 대전 | | |
| T03-2 | 여행안내 | 김호영 | 55,000 | 5H | 2019-02-20 | 서울 | | |
| 여행안내 급여(시간당) 평균 | | | | | 두 번째로 높은 급여(시간당) | | | |
| 근무지 서울의 평균 근무시간 | | | | | 이름 | 이우주 | 근무지 | |

함수 인수 ? ×
❷ Ctrl+딸깍
수식 결과= 2021-07-09
확인 취소

## 2 총급여 구하기

**1.** 총급여를 계산하기 위해 [J5:J12] 영역을 블록으로 지정한 후 수식 입력줄에 =E5*F5*20*을 입력한 후 '함수 삽입(fx)'을 클릭하세요. '함수 마법사' 대화상자가 나타납니다.

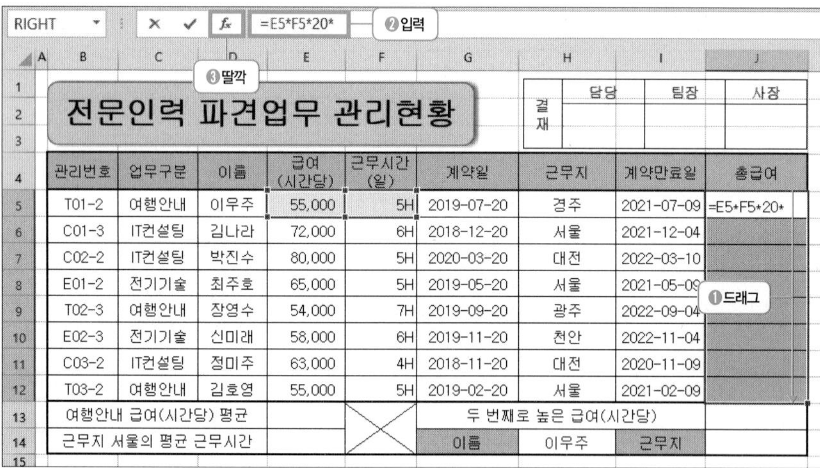


**전문인력 파견업무 관리현황**

| 결재 | 담당 | 팀장 | 사장 |
|---|---|---|---|
| | | | |

| 관리번호 | 업무구분 | 이름 | 급여(시간당) | 근무시간(일) | 계약일 | 근무지 | 계약만료일 | 총급여 |
|---|---|---|---|---|---|---|---|---|
| T01-2 | 여행안내 | 이우주 | 55,000 | 5H | 2019-07-20 | 경주 | 2021-07-09 | =E5*F5*20* |
| C01-3 | IT컨설팅 | 김나라 | 72,000 | 6H | 2018-12-20 | 서울 | 2021-12-04 | |
| C02-2 | IT컨설팅 | 박진수 | 80,000 | 5H | 2020-03-20 | 대전 | 2022-03-10 | |
| E01-2 | 전기기술 | 최주호 | 65,000 | 5H | 2019-05-20 | 서울 | 2021-05-09 | |
| T02-3 | 여행안내 | 장영수 | 54,000 | 7H | 2019-09-20 | 광주 | 2022-09-04 | |
| E02-3 | 전기기술 | 신미래 | 58,000 | 6H | 2019-11-20 | 천안 | 2022-11-04 | |
| C03-2 | IT컨설팅 | 정미주 | 63,000 | 4H | 2018-11-20 | 대전 | 2020-11-09 | |
| T03-2 | 여행안내 | 김호영 | 55,000 | 5H | 2019-02-20 | 서울 | 2021-02-09 | |
| 여행안내 급여(시간당) 평균 | | | | | 두 번째로 높은 급여(시간당) | | | |
| 근무지 서울의 평균 근무시간 | | | | | 이름 | 이우주 | 근무지 | |

2. 비율을 곱해주어야 하는데, 비율은 '근무지'에 따라 값을 달리해야 하므로 조건을 판단하는 논리 함수를 사용해야 합니다. '함수 마법사' 대화상자의 범주 선택에서 '논리'를, 함수 선택에서 'IF'를 선택하고 〈확인〉을 클릭하세요.

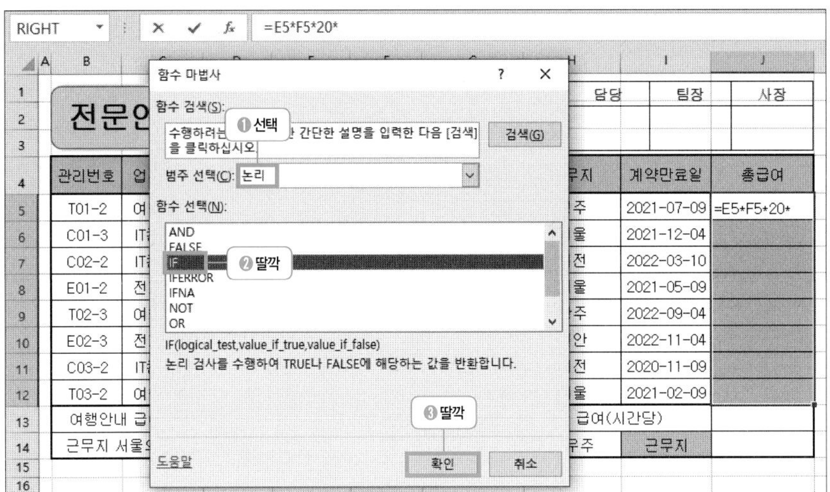


3. '근무지'가 '서울'이면 1, 아니면 1.1로 계산해야 하므로 '함수 인수' 대화상자의 'Logical_test' 입력란에 **H5="서울"**, 'Value_if_true' 입력란에 **1**, 'Value_if_false' 입력란에 **1.1**을 입력한 후 Ctrl을 누른 상태에서 〈확인〉을 클릭하세요.

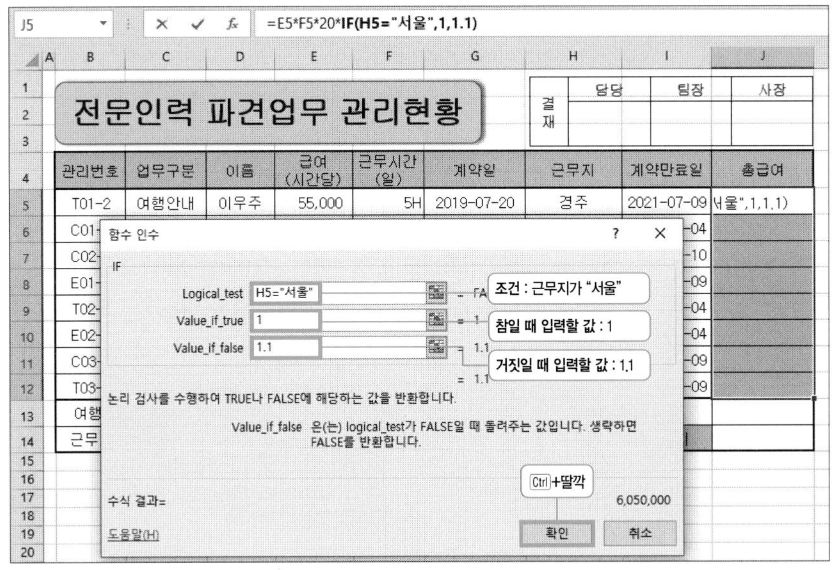

**전문가의 조언**

- [J5:J12] 영역을 블록으로 지정하고 =E5*F5*20*IF(H5="서울",1,1.1)을 직접 입력한 다음 Ctrl을 누른 채 Enter를 눌러도 됩니다.
- IF 함수에 대한 자세한 설명은 별책 부록 17쪽을 참조하세요.

## 함수의 이해

IF(조건, 인수1, 인수2) 함수는 조건이 '참'이면 인수1, '거짓'이면 인수2를 실행합니다.

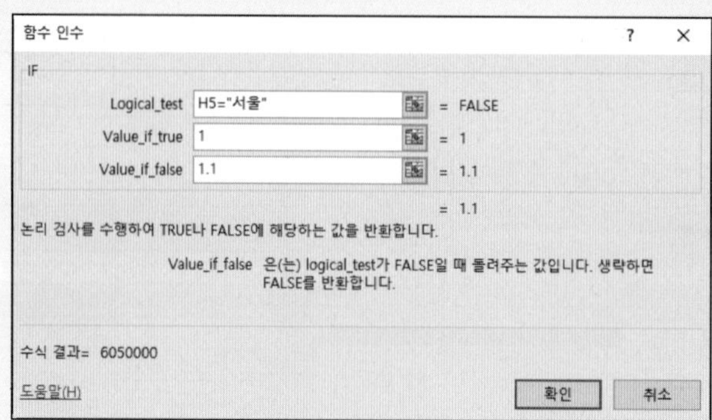


- Logical_test : 조건을 입력합니다. 근무지(H5)가 '서울'인지를 판별합니다.
- Value_if_true : 조건이 참일 때 입력할 값을 지정합니다. 1을 입력합니다.
- Value_if_false : 조건이 거짓일 때 입력할 값을 지정합니다. 1.1을 입력합니다.

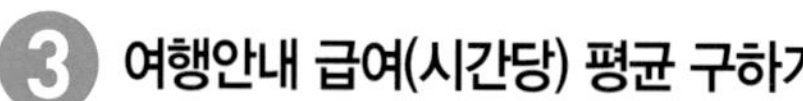
## 3 여행안내 급여(시간당) 평균 구하기

**1.** 여행안내 급여(시간당)의 평균을 계산하기 위해 [E13] 셀을 클릭한 후 '함수 삽입(fx)'을 클릭하세요. '함수 마법사' 대화상자가 나타납니다.

**2.** '함수 마법사' 대화상자의 범주 선택에서 '수학/삼각'을, 함수 선택에서 'ROUND'를 선택하고 〈확인〉을 클릭하세요. '함수 인수' 대화상자가 나타납니다.

**3.** '함수 인수' 대화상자에서 'Number' 인수를 지정하기 전에 먼저 'Num_digits' 입력란에 **-2**를 입력하세요. 이어서 'Number' 입력란을 클릭한 후 수식 입력줄 옆에 있는 삼각형(▾)을 클릭한 다음 '함수 추가'를 클릭하세요.

**전문가의 조언**

ROUND 함수는 인수로 숫자와 반올림할 자릿수를 지정하는데, 여기서 숫자는 DAVERAGE 함수를 이용하여 값을 구해야 하고, 반올림할 자릿수는 백의 자리, 즉 -2로 이미 결정됐으므로 반올림할 자릿수에 먼저 **-2**를 입력합니다.

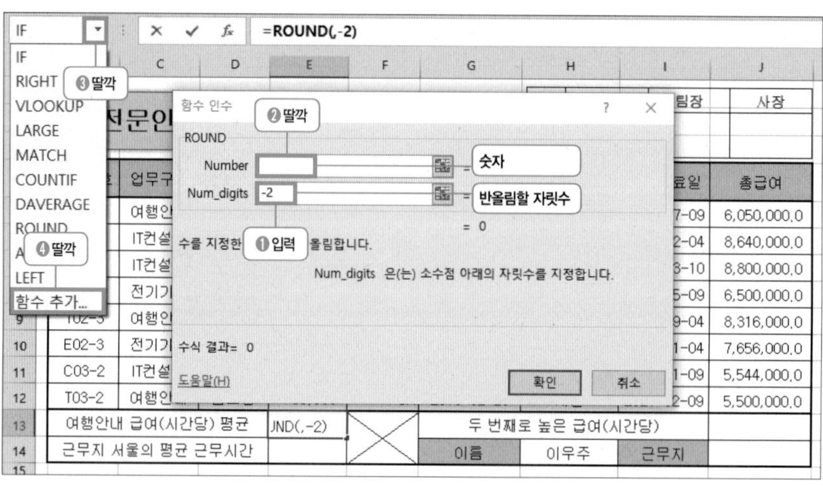

## 함수의 이해

ROUND(인수, 반올림 자릿수) 함수는 인수에 대해 지정한 자릿수로 반올림합니다.

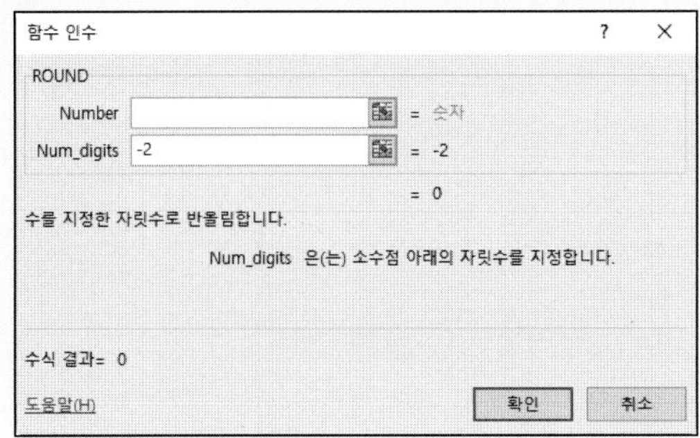


- **Number** : 반올림할 값을 입력하거나 셀 주소를 지정합니다.
- **Num_digits** : 반올림할 자릿수를 지정합니다. 십의 자리에서 반올림하여 백의 자리까지 표시해야 하므로 **-2**를 입력합니다.

**4.** 조건에 맞는 것에 대해서만 평균을 계산해야 하므로 '함수 마법사' 대화상자의 범주 선택에서 '데이터베이스'를, 함수 선택에서 'DAVERAGE'를 선택하고 〈확인〉을 클릭하세요.

**5.** '함수 인수' 대화상자에서 'Database' 입력란에 [B4:J12] 영역을, 'Field' 입력란에 [E4] 셀을, 'Criteria' 입력란에 [C4:C5] 영역을 지정한 후 〈확인〉을 클릭하세요.

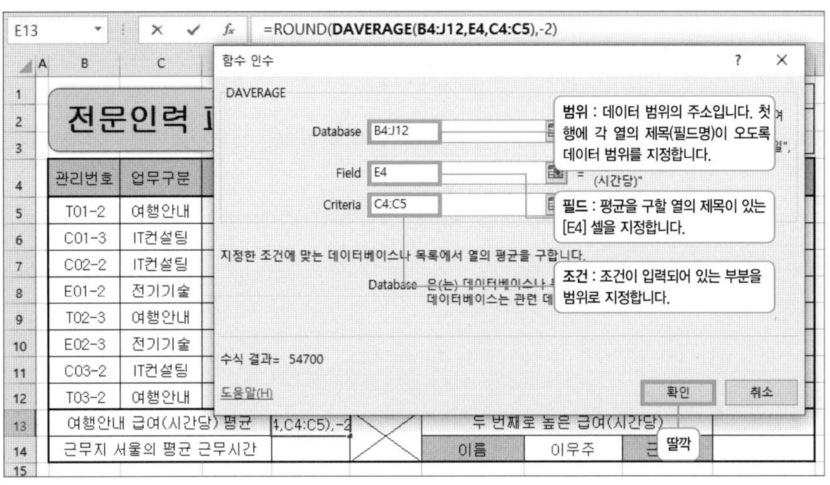

### 전문가의 조언

ROUND 함수에 대한 자세한 설명은 별책 부록 37쪽을 참조하세요.

### 전문가의 조언

- DSUM, DAVERAGE, DCOUNT 등과 같은 데이터베이스 함수는 함수 마법사를 실행하기 전에 조건을 입력해야 합니다. 하지만 이 문제의 경우는 입력 데이터를 이용하여 조건을 지정하라는 지시사항이 있으므로 조건을 따로 입력하지 않고, 입력 데이터 중 '업무구분이 여행안내'라는 조건을 만족하는 [C4:C5] 영역을 이용하여 함수식을 작성합니다.
- DAVERAGE 함수는 데이터 범위에서 조건에 맞는 자료들의 평균을 계산할 때 사용하는 함수이며, 데이터 범위는 행(레코드)과 열(필드)로 이루어진 관련 데이터의 모임으로 범위의 첫 행에는 반드시 각 열의 제목(필드명)이 있어야 합니다.
- [E13] 셀에 함수식 **=ROUND(DAVERAGE(B4:J12,E4,C4:C5),-2)** 를 직접 입력해도 됩니다.
- DAVERAGE 함수에 대한 자세한 설명은 별책 부록 23쪽을 참조하세요.

## 함수의 이해

DAVERAGE(범위, 셀 주소, 조건) 함수는 데이터 범위에서 조건에 맞는 자료의 평균을 구하는 함수입니다.

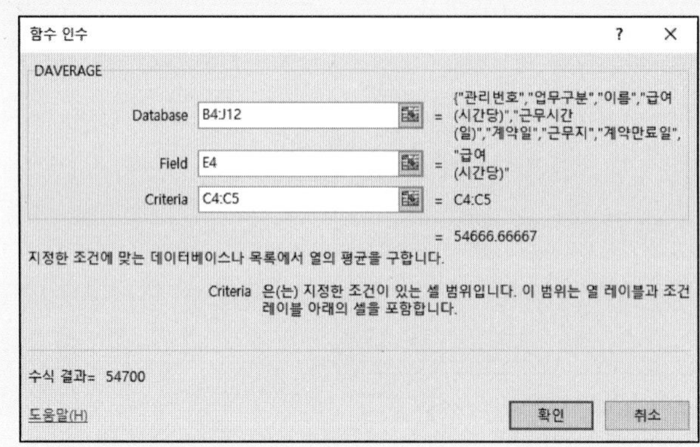


- **Database** : 데이터 범위의 주소입니다. 첫 행에 각 열의 제목(필드명)이 오도록 [B4:J12] 영역을 데이터 범위로 지정합니다.
- **Field** : 평균을 구할 필드를 지정합니다. '급여(시간당)'의 열 제목이 있는 [E4] 셀을 지정합니다.
- **Criteria** : 조건이 입력되어 있는 범위를 지정합니다. 조건의 첫 행에는 필드명을 입력하고 다음 행부터 조건을 입력하는데, 입력 데이터를 이용하라는 지시사항이 있으므로 필드명과 조건이 있는 [C4:C5] 영역을 지정합니다.

## 4 근무지 서울의 평균 근무시간 구하기

**1.** 근무지가 서울인 사람들의 평균 근무시간을 계산하기 위해 [E14] 셀을 클릭한 후 '함수 삽입(fx)'을 클릭합니다.

**2.** '함수 마법사' 대화상자의 범주 선택에서 '수학/삼각'을, 함수 선택에서 'SUMIF'를 선택하고 〈확인〉을 클릭하세요.

**3.** '함수 인수' 대화상자에서 'Range' 입력란에 [H5:H12] 영역을 지정합니다. [H5:H12] 영역이 '근무지'로 이름 정의되어 있으므로 '근무지'로 표시됩니다. 'Criteria' 입력란에 **"서울"**을, 'Sum_range' 입력란에 [F5:F12] 영역을 지정합니다.

**전문가의 조언**

- 'Range' 입력란에 [H5:H12] 대신 **근무지**라고 직접 입력해도 됩니다.
- 문제에 정의된 이름을 이용하라는 지시사항이 있는 경우에는 반드시 정의된 이름을 사용하여 수식을 작성해야 하지만, 그렇지 않은 경우에는 이름 대신 [H5:H12] 영역을 직접 입력하여 작성해도 됩니다.

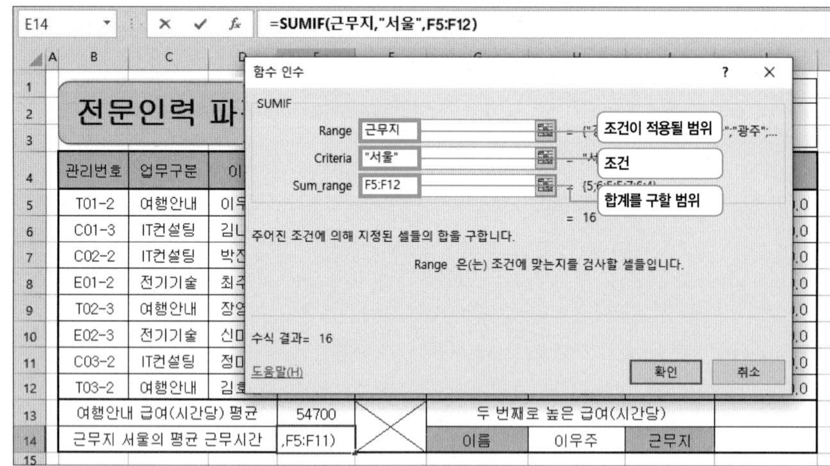

## 함수의 이해

SUMIF(조건이 적용될 범위, 조건, 합계를 구할 범위) 함수는 조건에 맞는 셀들의 합계를 구하는 함수입니다.

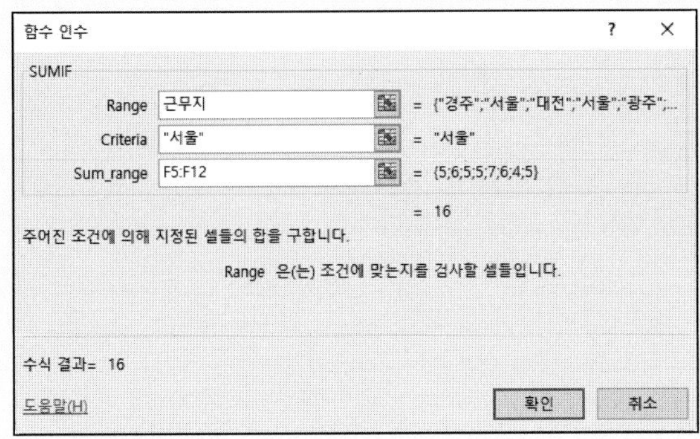


- Range : 조건이 적용될 범위를 지정합니다. 근무지가 있는 [H5:H12] 영역을 지정하면 '근무지'로 표시됩니다. [H5:H12] 영역이 '근무지'로 이름이 정의되어 있기 때문입니다.
- Criteria : 조건이나 조건이 입력될 범위를 지정합니다. 근무지가 '서울'이므로 **"서울"**을 입력합니다.
- Sum_range : 합계를 구할 범위를 지정합니다. 조건이 맞는 셀을 찾아 합계를 구할 범위 중 같은 행에 있는 값들의 합계를 계산합니다.

**전문가의 조언**

SUMIF 함수에 대한 자세한 설명은 별책 부록 31쪽을 참조하세요.

**전문가의 조언**

**근무지를 입력하는 방법**

- 방법1 : **근무지**를 직접 입력합니다.
- 방법2 : 근무지로 이름 정의된 [H5:H12] 영역을 마우스로 드래그합니다.

**4.** 수식 입력줄을 클릭하고 맨 끝에 /를 입력한 후 수식 입력줄 옆에 있는 삼각형(▾)을 클릭한 다음 '함수 추가'를 클릭하세요.

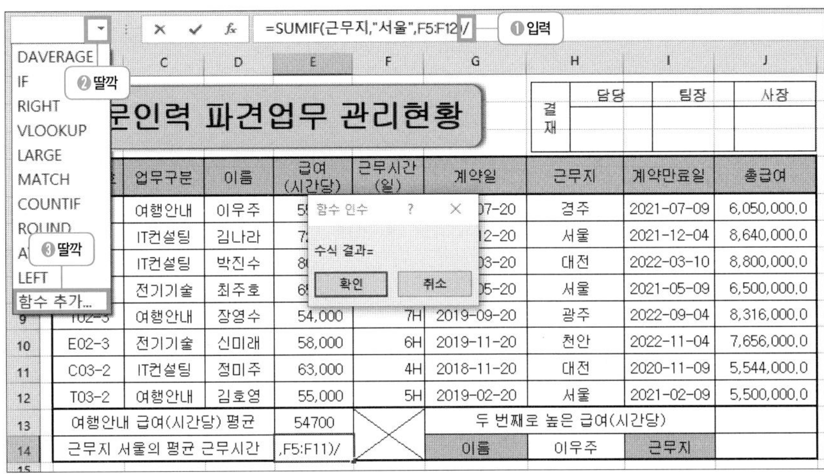


**5.** '함수 마법사' 대화상자의 범주 선택에서 '통계'를, 함수 선택에서 'COUNTIF'를 선택하고 〈확인〉을 클릭하세요.

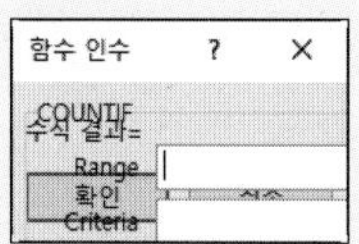


Q '함수 인수' 대화상자가 이상해요!

A 위 그림과 같이 'COUNTIF' 함수의 '함수 인수' 대화상자가 이상하게 표시될 때는 수식 입력줄에서 'COUNTIF'가 입력된 부분을 클릭하세요. COUNTIF 함수의 '함수 인수' 대화상자가 정상적으로 표시됩니다.

전문가의 조언

- [E14] 셀에 함수식 **=SUMIF(근무지,"서울",F5:F12)/COUNTIF(근무지,"서울")**을 직접 입력해도 됩니다.
- COUNTIF 함수에 대한 자세한 설명은 별책 부록 68쪽을 참조하세요.

**6.** '함수 인수' 대화상자의 'Range' 입력란에 [H5:H12] 영역을, 'Criteria' 입력란에 **"서울"**을 입력한 후 〈확인〉을 클릭하세요.

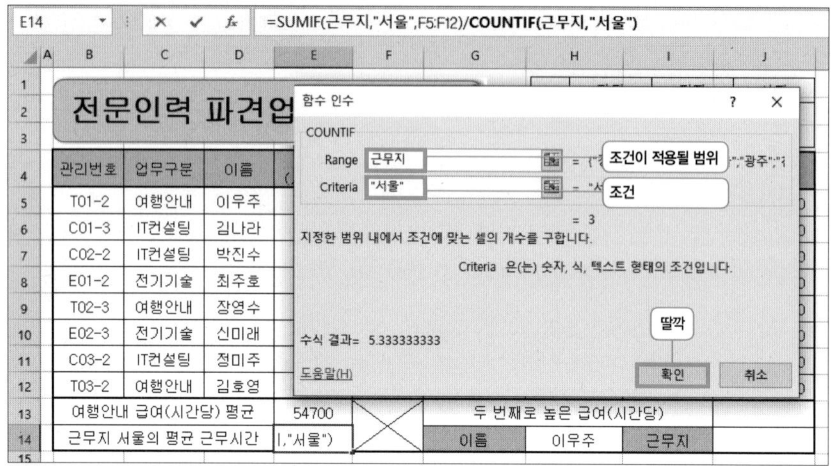


잠깐만요

## 함수의 이해

COUNTIF(범위, 조건) 함수는 지정된 범위에서 조건에 맞는 셀의 개수를 구합니다.

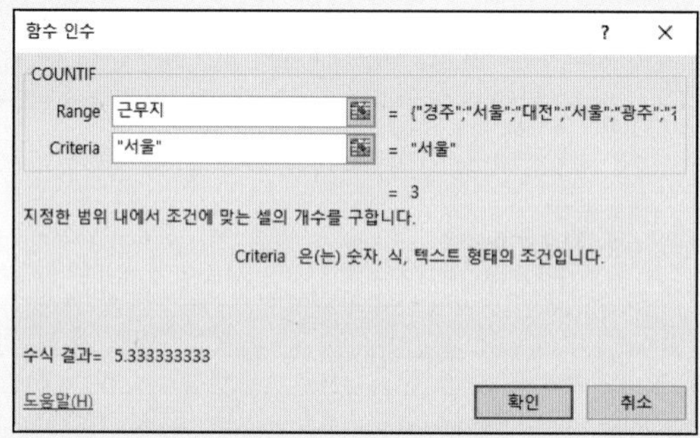

- **Range** : 조건이 적용될 범위의 셀 주소를 지정합니다. 근무지가 있는 [H5:H12] 영역을 지정하면 '근무지'로 표시됩니다. [H5:H12] 영역이 '근무지'로 이름이 정의되어 있기 때문입니다.
- **Criteria** : 조건을 입력합니다. 근무지가 '서울'이므로 **"서울"**을 입력합니다.

**7.** 소수 이하 한 자리까지만 표시해야 합니다. [E14] 셀을 선택한 후 소수 이하 한 자리가 표시될 때까지 [홈] → 표시 형식 → **자릿수 줄임()**을 클릭하세요.

파일 | 홈 | 삽입 | 페이지 레이아웃 | 수식 | 데이터 | 검토 | 보기 | 수행할 작업을 알려 주세요.

❷ 딸깍

E14 =SUMIF(근무지,"서울",F5:F12)/COUNTIF(근무지,"서울")

# 전문인력 파견업무 관리현황

| 결재 | 담당 | 팀장 | 사장 |
|---|---|---|---|
| | | | |

| 관리번호 | 업무구분 | 이름 | 급여(시간당) | 근무시간(일) | 계약일 | 근무지 | 계약만료일 | 총급여 |
|---|---|---|---|---|---|---|---|---|
| T01-2 | 여행안내 | 이우주 | 55,000 | 5H | 2019-07-20 | 경주 | 2021-07-09 | 6,050,000.0 |
| C01-3 | IT컨설팅 | 김나라 | 72,000 | 6H | 2018-12-20 | 서울 | 2021-12-04 | 8,640,000.0 |
| C02-2 | IT컨설팅 | 박진수 | 80,000 | 5H | 2020-03-20 | 대전 | 2022-03-10 | 8,800,000.0 |
| E01-2 | 전기기술 | 최주호 | 65,000 | 5H | 2019-05-20 | 서울 | 2021-05-09 | 6,500,000.0 |
| T02-3 | 여행안내 | 장영수 | 54,000 | 7H | 2019-09-20 | 광주 | 2022-09-04 | 8,316,000.0 |
| E02-3 | 전기기술 | 신미래 | 58,000 | 6H | 2019-11-20 | 천안 | 2022-11-04 | 7,656,000.0 |
| C03-2 | IT컨설팅 | 정미주 | 63,000 | 4H | 2018-11-20 | 대전 | 2020-11-09 | 5,544,000.0 |
| T03-2 | 여행안내 | 김호영 | ❶ 딸깍 | 5H | 2019-02-20 | 서울 | 2021-02-09 | 5,500,000.0 |
| 여행안내 급여(시간당) 평균 | | | 54700 | | 두 번째로 높은 급여(시간당) | | | |
| 근무지 서울의 평균 근무시간 | | | 5.3333333 | | 이름 | 이우주 | 근무지 | |

## ❺ 두 번째로 높은 급여(시간당) 표시하기

**1.** 급여가 두 번째로 많은 것을 계산하기 위해 [J13] 셀을 클릭한 후 '함수 삽입(fx)'을 클릭하세요.

**2.** '함수 마법사' 대화상자의 범주 선택에서 '통계'를, 함수 선택에서 'LARGE'를 선택하고 〈확인〉을 클릭하세요. '함수 인수' 대화상자가 나타납니다.

**3.** LARGE 함수의 '함수 인수' 대화상자에서 'Array' 입력란에 [E5:E12] 영역을, 'K' 입력란에 2를 입력하고 〈확인〉을 클릭하세요.

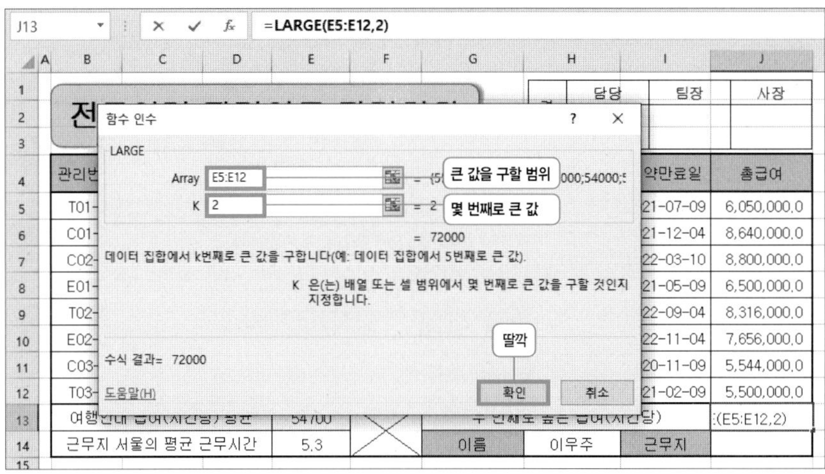

전문가의 조언

- [J13] 셀에 함수식 **=LARGE(E5:E12,2)**를 직접 입력해도 됩니다.
- LARGE 함수에 대한 자세한 설명은 별책 부록 63쪽을 참조하세요.

## 함수의 이해

LARGE(범위, K번째) 함수는 범위 중 K번째로 큰 값을 반환합니다.

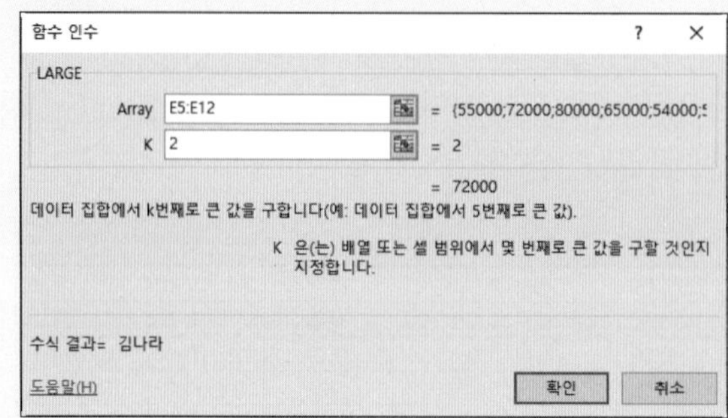


- **Array** : 값을 계산할 범위를 입력합니다. '급여'가 있는 [E5:E12] 영역을 지정합니다.
- **K** : 몇 번째로 큰 값을 구할지를 지정합니다. 두 번째로 큰 값을 구해야 하므로 **2**를 입력합니다.

## 6 근무지 표시하기

**1.** 근무지를 표시하기 위해 [J14] 셀을 클릭한 후 '함수 삽입(fx)'을 클릭하세요. '함수 마법사' 대화상자가 표시됩니다.

**2.** '함수 마법사' 대화상자의 범주 선택에서 '찾기/참조 영역'을, 함수 선택에서 'VLOOKUP'을 선택하고 〈확인〉을 클릭하세요. '함수 인수' 대화상자가 표시됩니다.

**3.** '함수 인수' 대화상자에서 'Lookup_value' 입력란에 근무지를 찾을 이름이 입력된 [H14] 셀을, 'Table_array' 입력란에 검색할 범위인 [D5:J12] 영역을, 'Col_index_num'에 **5**를, 'Range_lookup'에 **FALSE**를 입력하고 〈확인〉을 클릭하세요.

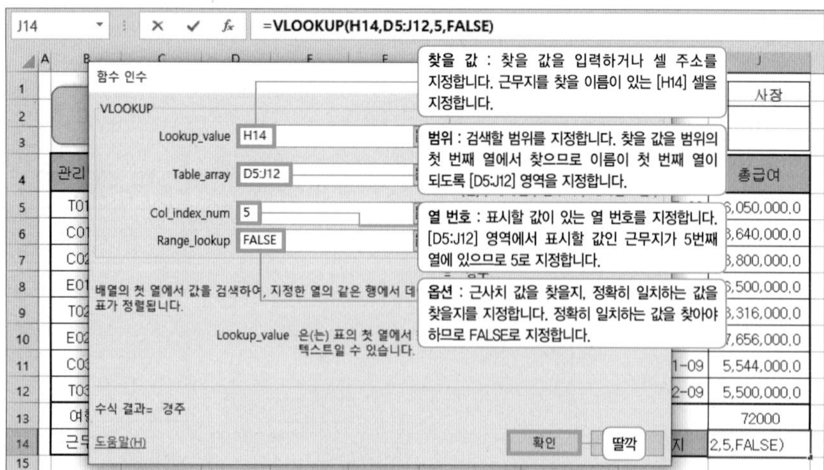

### 함수의 이해

VLOOKUP(찾을 값, 범위, 열 번호, 옵션) 함수는 범위의 첫 번째 열에서 찾을 값과 같은 값을 찾은 후 찾을 값이 있는 행에서 지정된 열 번호 위치에 있는 데이터를 반환합니다.

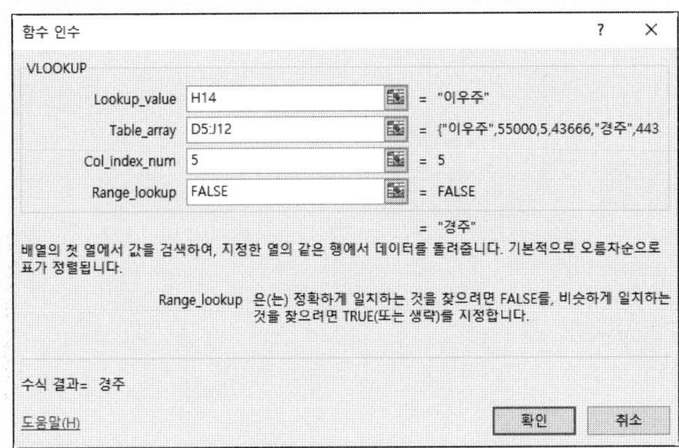


- Lookup_value : 찾을 값을 입력하거나 셀 주소를 지정합니다. 근무지를 찾을 이름이 입력된 [H14] 셀을 지정합니다.
- Table_array : 검색할 범위를 지정합니다. 찾을 값을 범위의 첫 번째 열에서 찾으므로 이름이 첫 번째 열이 되도록 [D5:J12] 영역을 지정합니다.
- Col_index_num : 표시할 값이 있는 열 번호를 지정합니다. [D5:J12] 영역에서 표시할 값인 근무지가 5번째 열에 있으므로 **5**를 지정합니다.
- Range_lookup : 근사치 값을 찾을지, 정확히 일치하는 값을 찾을지를 지정합니다. 'TRUE' 또는 생략이면 근사값을, 'FALSE'면 정확하게 일치하는 값을 찾습니다.

## 7 조건부 서식 지정하기

**1.** 데이터 막대 스타일을 적용할 [E5:E12] 영역을 블록으로 지정한 후 [홈] → 스타일 → 조건부 서식 → 데이터 막대 → **기타 규칙**을 선택하세요. '새 서식 규칙' 대화상자가 나타납니다.

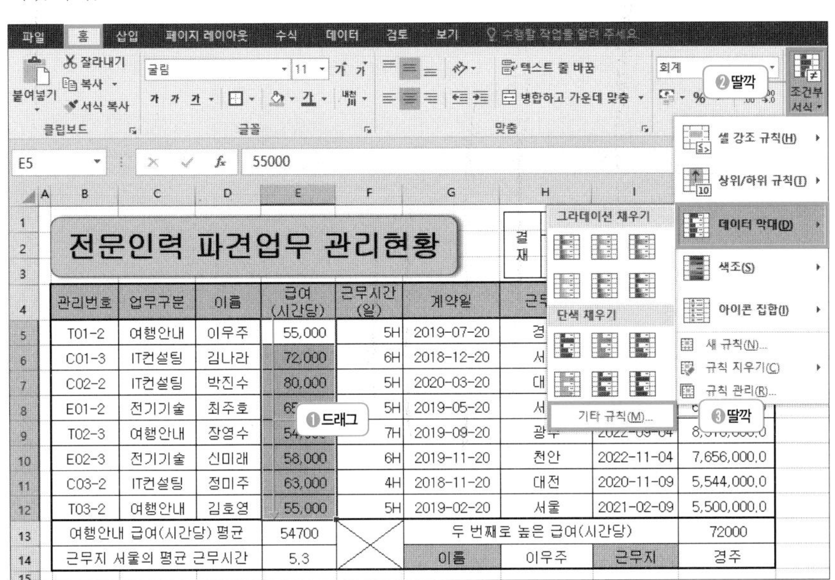

**전문가의 조언**

- VLOOKUP 함수에 대한 자세한 설명은 별책 부록 48쪽을 참조하세요.
- [J14] 셀에 함수식 **=VLOOKUP(H14,D5:J12,5,FALSE)**를 직접 입력해도 됩니다.

**시나공 Q&A 베스트**

**Q 수식을 입력하면 결과가 셀의 가운데에 입력되는데, 오른쪽 맞춤을 지정해야 하지 않나요?**

A 수식이 입력된 셀의 표시 형식과 정렬 방식은 채점 대상이 아닙니다. 그러니 수식을 입력했을 때 표시되는 그대로 두면 됩니다.

**전문가의 조언**

문제를 보면 데이터 막대 스타일을 최소값 및 최대값으로 적용하라고 되어 있는데, [홈] → 스타일 → 조건부 서식 → **데이터 막대**를 이용하여 조건부 서식을 적용하면 기본적으로 최소값 및 최대값으로 설정됩니다. 하지만 이렇게 지정할 경우 '최소값'과 '최대값' 속성 값이 '자동'으로 표시되는데, 공개된 기출문제의 정답에는 '최소값'은 '최소값', '최대값'은 '최대값'으로 지정되어 있습니다. '최소값'과 '최대값' 속성 값이 '자동'으로 되어 있어도 맞는 것으로 채점되지만 본 교재에서는 [홈] → 스타일 → 조건부 서식 → 데이터 막대 → **기타 규칙**을 선택한 후 '새 서식 규칙' 대화상자에서 정답과 동일하게 지정하도록 하겠습니다.

**2.** '새 서식 규칙' 대화상자에서 최소값을 '최소값', 최대값을 '최대값', 색을 '녹색'으로 지정한 후 〈확인〉을 클릭하세요.

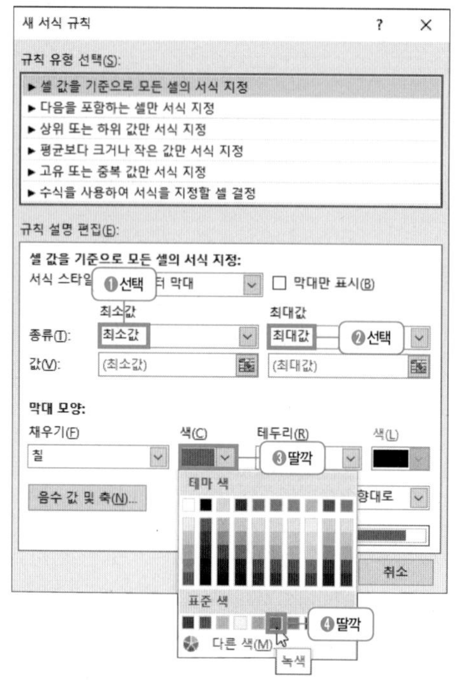

## 01. 데이터 복사하기

**1.** '제1작업' 시트에서 [B4:H12] 영역을 블록으로 지정한 후 바로 가기 메뉴에서 [복사]를 선택하세요. 블록으로 지정된 영역의 테두리가 점선으로 표시됩니다.

**2.** 복사한 내용을 '제2작업' 시트의 [B2] 셀에 붙여넣기를 해야 합니다. '제2작업' 시트의 [B2] 셀을 선택한 후 바로 가기 메뉴에서 [붙여넣기 옵션] → **붙여넣기(📋)**를 선택하세요.

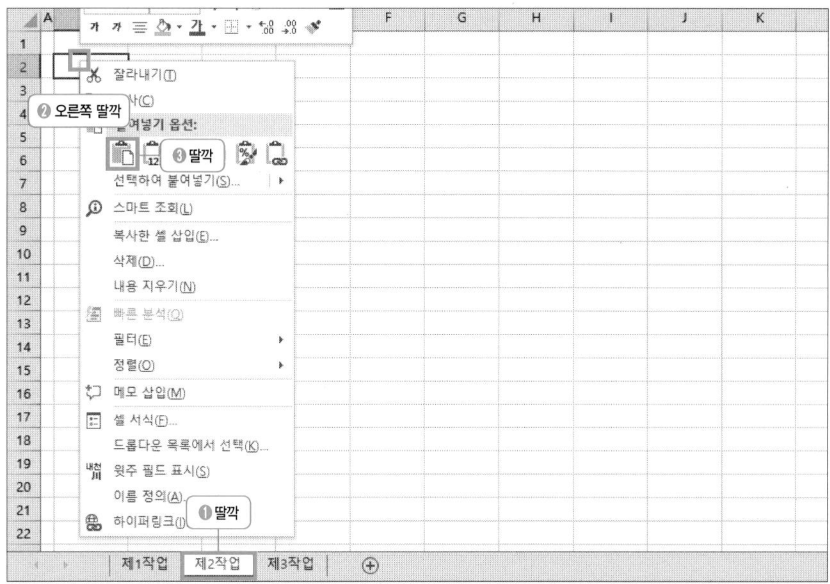


**3.** ###으로 표시된 열의 데이터를 모두 표시하기 위해 다시 바로 가기 메뉴를 표시한 다음 **[선택하여 붙여넣기]**를 선택하세요.

전문가의 조언

- 열 너비를 선택하여 붙여넣지 않고 각 열의 너비를 직접 조절해도 됩니다.
- 열 너비를 선택하여 붙여넣기 할 때 바로 가기 메뉴의 [선택하여 붙여넣기] → **원본 열 너비 유지(📋)**를 이용하면 조건부 서식의 결과값이 다르게 표시됩니다. 그러므로 '원본 열 너비 유지(📋)'가 아닌 '선택하여 붙여넣기' 대화상자의 '열 너비'를 이용해야 합니다.

**4.** '선택하여 붙여넣기' 대화상자에서 '열 너비'를 선택한 후 〈확인〉을 클릭하세요.

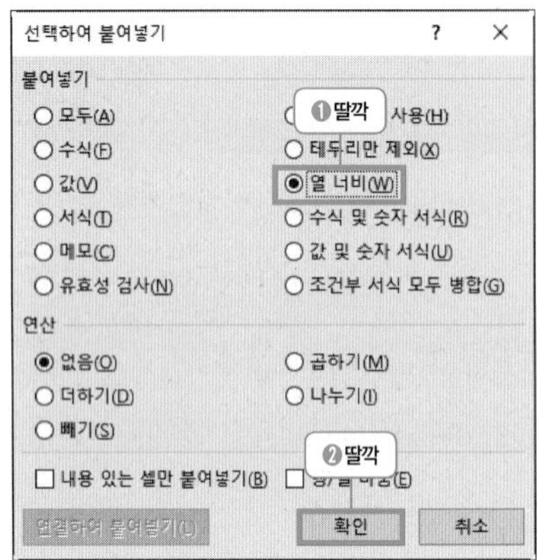


## 02. 고급 필터 수행하기

**1.** [H2] 셀을 복사하여 [B13] 셀에, [G2] 셀을 복사하여 [C13] 셀에 붙여넣기한 후 그림과 같이 고급 필터에 사용할 조건을 입력하세요.

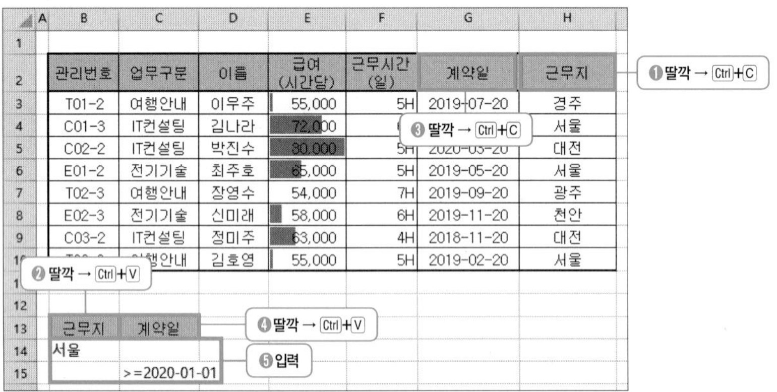


**2.** 조건을 입력했으면, 데이터 범위(B2:H10) 안에 셀 포인터를 놓고, [데이터] → 정렬 및 필터 → **고급**을 클릭하세요.

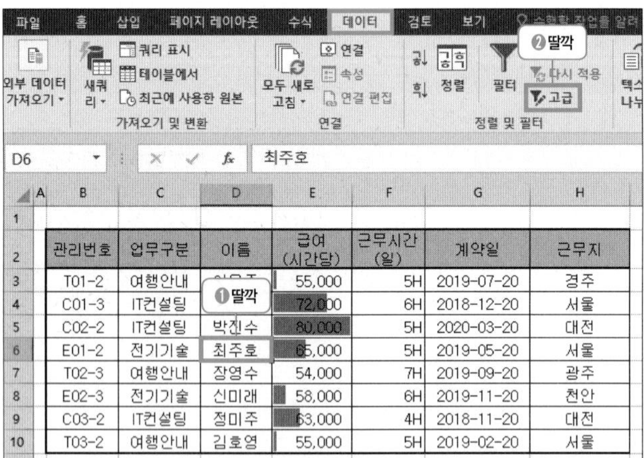


전문가의 조언

- 붙여넣기 한 데이터 범위의 테두리 모양이 다를 수 있습니다. 채점과 무관하니 신경쓰지 말고 다음 작업을 진행하세요.
- 고급 필터에서 조건을 입력할 때 사용할 필드명은 실제 데이터의 필드명과 동일하게 입력해야 합니다. 예를 들어 **결제일**을 잘못 입력하여 **결재일**로 입력하거나 중간에 공백을 두어 **결제 일**로 입력하면 정확한 결과가 출력되지 않습니다. 가장 좋은 방법은 필드명을 복사하여 붙여넣는 것입니다.
- 필드명을 복사하지 않고 직접 입력해도 됩니다. 조건 부분에 지정되는 서식은 채점과 무관합니다.

3. '고급 필터' 대화상자가 나타나면 결과의 '다른 장소에 복사'를 선택한 후 목록 범위, 조건 범위, 추출한 데이터의 복사 위치를 그림과 같이 지정하고 〈확인〉을 클릭하세요.

**전문가의 조언**

'고급 필터' 대화상자가 익숙하지 않으면 113쪽을 학습하고 오세요.

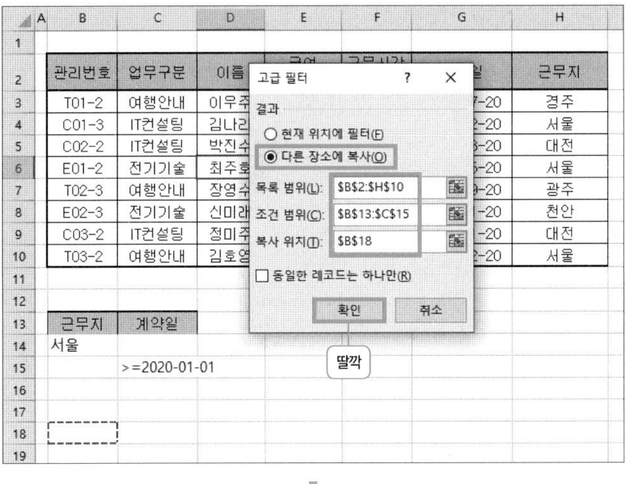


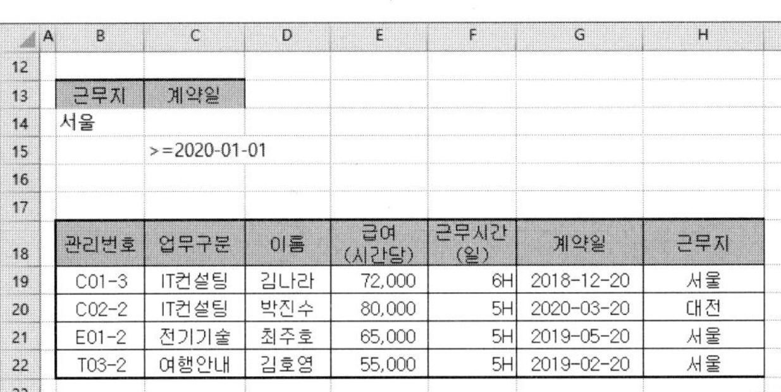

| 근무지 | 계약일 |
|---|---|
| 서울 | |
| | >=2020-01-01 |

| 관리번호 | 업무구분 | 이름 | 급여(시간당) | 근무시간(일) | 계약일 | 근무지 |
|---|---|---|---|---|---|---|
| C01-3 | IT컨설팅 | 김나라 | 72,000 | 6H | 2018-12-20 | 서울 |
| C02-2 | IT컨설팅 | 박진수 | 80,000 | 5H | 2020-03-20 | 대전 |
| E01-2 | 전기기술 | 최주호 | 65,000 | 5H | 2019-05-20 | 서울 |
| T03-2 | 여행안내 | 김호영 | 55,000 | 5H | 2019-02-20 | 서울 |

## 03. 채우기 없음 및 표 서식 지정하기

1. 채우기 없음을 지정할 [B18:H22] 영역을 블록으로 지정한 후 [홈] → **글꼴**에서 '채우기 색( )'의 ▾를 클릭하여 '채우기 없음'을 선택하세요.

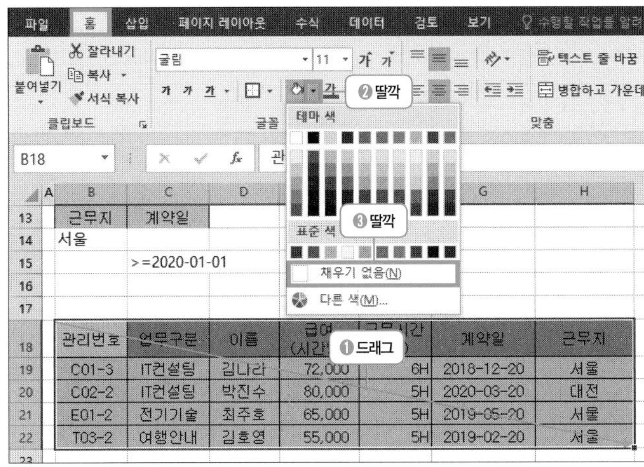

**전문가의 조언**

데이터 영역에 셀 포인터를 놓고 [홈] → 스타일 → **표 스타일**에서 지정할 스타일을 선택하면 별도로 블록을 지정하지 않아도 데이터 영역이 자동으로 지정되면서 '표 서식' 대화상자가 나타납니다.

**2.** 데이터가 범위로 지정된 상태에서 [홈] → 스타일 → 표 서식 → **표 스타일 보통 6**을 선택하세요. '표 서식' 대화상자가 나타납니다.

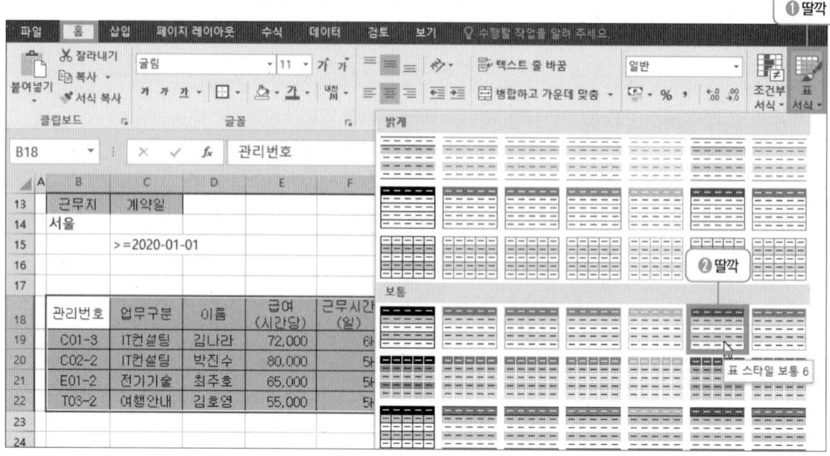


**3.** '표 서식' 대화상자에서 범위가 제대로 지정되었는지 확인하고 〈확인〉을 클릭하세요.

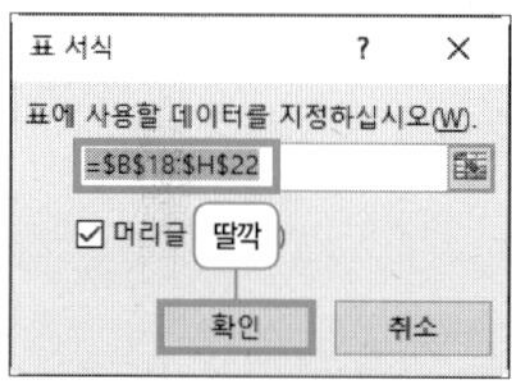

**전문가의 조언**

표 스타일을 지정하면 '머리글 행'과 '줄무늬 행'은 기본적으로 적용됩니다. 그러니 맞게 지정되어 있는지 확인만 하면 됩니다.

**4.** [표 도구] → 디자인 → **표 스타일 옵션**에서 '머리글 행'과 '줄무늬 행'이 선택되어 있는지 확인하세요.

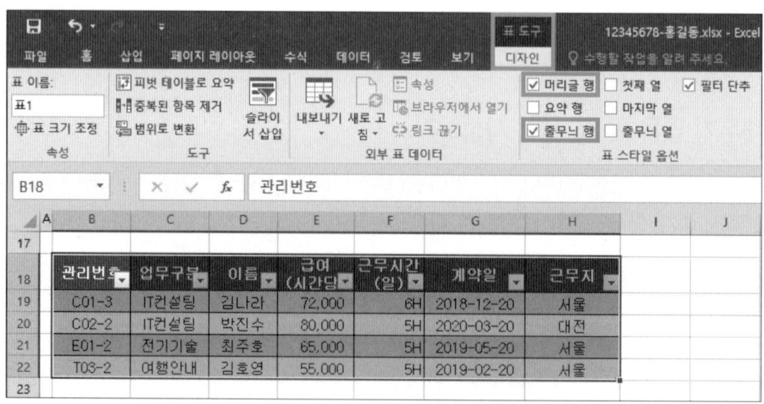


| 관리번호 | 업무구분 | 이름 | 급여 (시간당) | 근무시간 (일) | 계약일 | 근무지 |
|---|---|---|---|---|---|---|
| C01-3 | IT컨설팅 | 김나라 | 72,000 | 6H | 2018-12-20 | 서울 |
| C02-2 | IT컨설팅 | 박진수 | 80,000 | 5H | 2020-03-20 | 대전 |
| E01-2 | 전기기술 | 최주호 | 65,000 | 5H | 2019-05-20 | 서울 |
| T03-2 | 여행안내 | 김호영 | 55,000 | 5H | 2019-02-20 | 서울 |

제 3 작업 

710004 

## 01. 피벗 테이블 작성하기

**1.** 피벗 테이블의 데이터로 사용할 '제1작업' 시트의 [B4:H12] 영역을 블록으로 지정하고 [삽입] → 표 → **피벗 테이블**(▣)을 클릭하세요.

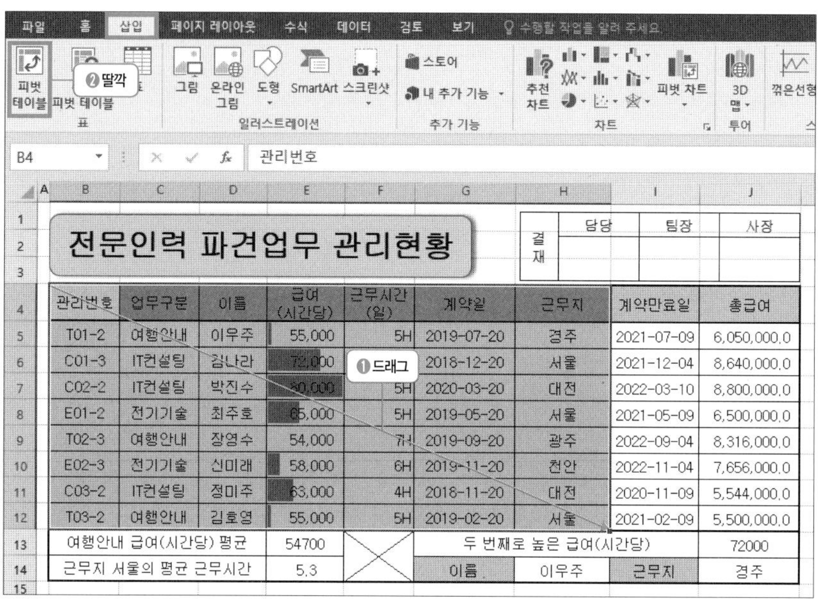



**2.** '피벗 테이블 만들기' 대화상자에서는 분석할 데이터의 범위와 피벗 테이블을 넣을 위치를 지정하는데, 데이터 범위는 피벗 테이블을 시작할 때 지정하였으므로 피벗 테이블을 넣을 위치만 지정하면 됩니다. '기존 워크시트'를 선택한 후 '제3작업' 시트의 [B2] 셀을 클릭한 다음 〈확인〉을 클릭하세요.

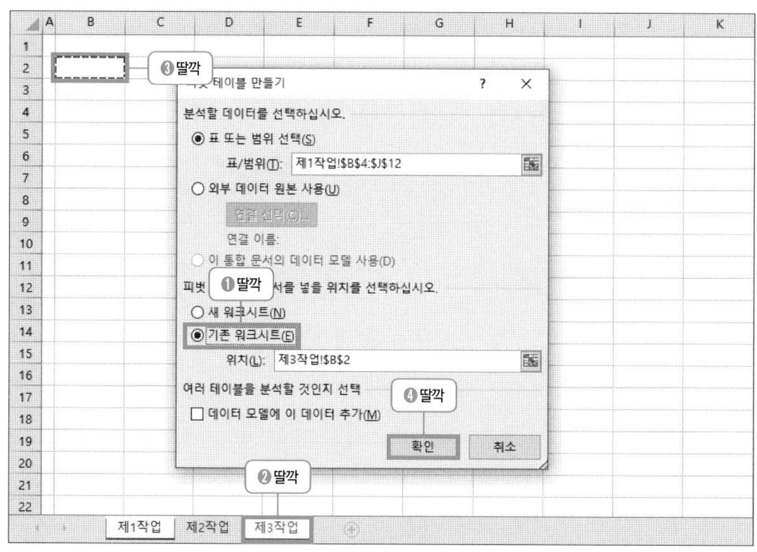

**전문가의 조언**

- 자동으로 지정되어 있는 '표/범위'가 잘못되어 있다면 범위 지정 버튼(▣)을 클릭한 후 올바르게 다시 지정하면 됩니다.
- 피벗 테이블의 위치는 '새 워크시트'와 '기존 워크시트'의 2가지입니다. '새 워크시트'를 선택하면 현재 작업중인 통합 문서 내의 새로운 워크시트에 작성되며, '기존 워크시트'를 선택하면 현재 작업중인 워크시트에 표시됩니다.

**전문가의 조언**

행 레이블이나 열 레이블에 날짜 형식의 필드를 지정하면 해당 필드의 데이터에 따라 자동으로 '연', '분기', '월' 등의 필드가 생성되고 그룹이 자동으로 지정됩니다.

**3.** '피벗 테이블 필드' 창에서 행 레이블에 '계약일', 열 레이블에 '업무구분', 값에 '이름', '급여(시간당)'를 끌어다 놓으세요. 행 레이블이나 열 레이블에 날짜 형식의 필드를 넣으면 자동으로 '연', '분기' 등의 필드가 생성되고, 값 영역에 두 개 이상의 필드를 넣으면 열 레이블에 자동으로 'Σ 값'이 생성됩니다.

**전문가의 조언**

함수는 해당 값의 바로 가기 메뉴에서 **[값 필드 설정]**을 선택한 다음 '값 필드 설정' 대화상자에서 변경할 수 있습니다. 하지만 필드명이 두 줄로 된 필드를 이 방법으로 함수를 변경하면 두 번째 줄의 필드명이 삭제되니 바로 가기 메뉴의 **[값 요약 기준]**을 이용하여 함수를 변경하세요.

**4.** 합계를 평균으로 변경하기 위해 작성된 피벗 테이블에서 '합계 : 급여(시간당)'의 바로 가기 메뉴에서 [값 요약 기준] → **평균**을 선택하세요.

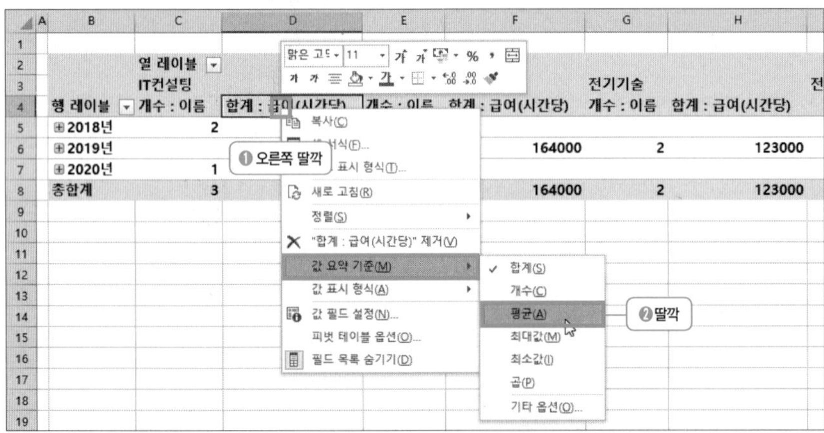

**5.** '계약일'을 그룹으로 지정하기 위해 〈계약일〉 필드의 바로 가기 메뉴에서 **[그룹]**을 선택하세요. '그룹화' 대화상자가 나타납니다.

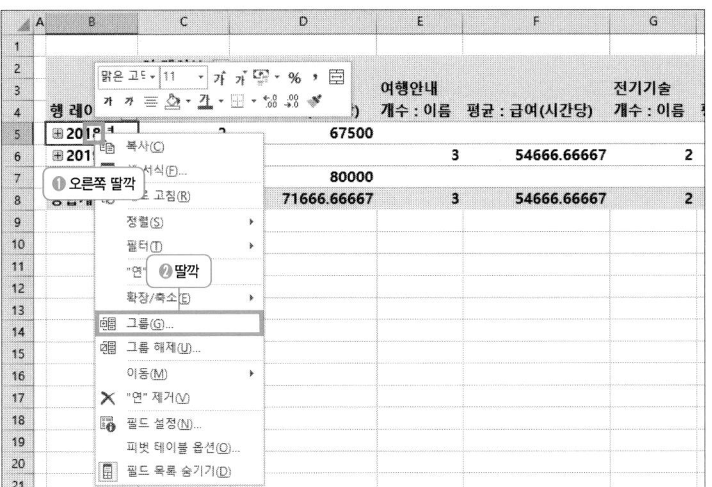


**6.** '그룹화' 대화상자에서 그림과 같이 지정한 후 〈확인〉을 클릭하세요.

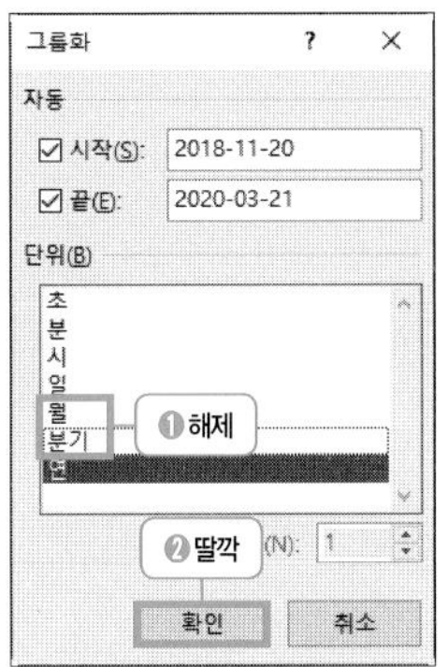


**7.** 〈업무구분〉 필드를 문제에 제시된 그림과 같이 정렬해야 합니다. '업무구분'이 표시된 임의의 셀을 클릭한 후 [데이터] → 정렬 및 필터 → **텍스트 내림차순 정렬(****)**을 클릭하세요.

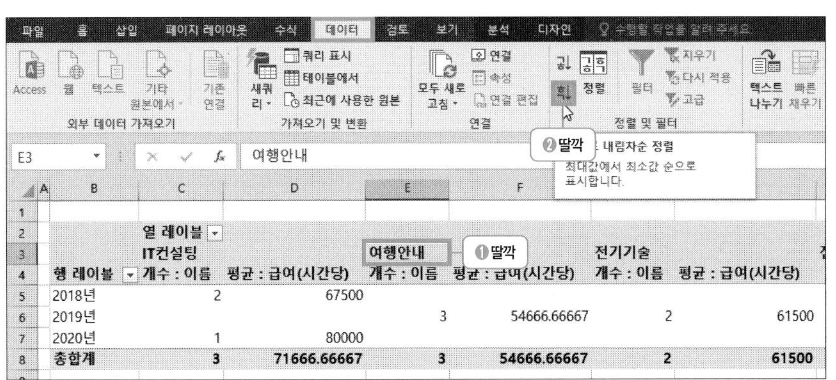


전문가의 조언

'계약일'은 이미 연 단위로 그룹이 지정되어 있습니다. 이렇게 그룹이 지정된 피벗 테이블과 사용자가 직접 그룹을 지정한 피벗 테이블의 모양이 약간 다릅니다. 문제에 제시된 피벗 테이블과 동일하게 작성하려면 반드시 직접 그룹을 지정해야 합니다.

**8.** 작성된 피벗 테이블에 옵션을 지정해야 합니다. 피벗 테이블의 바로 가기 메뉴에서 **[피벗 테이블 옵션]**을 선택하세요. '피벗 테이블 옵션' 대화상자가 나타납니다.

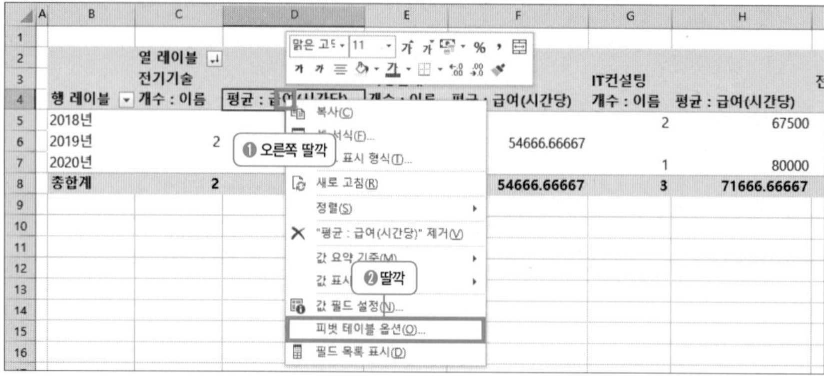


**9.** '피벗 테이블 옵션' 대화상자의 '레이아웃 및 서식' 탭에서 '레이블이 있는 셀 병합 및 가운데 맞춤'을 선택한 후 '빈 셀 표시'의 입력란에 ***을 입력하고, '요약 및 필터' 탭에서 '행 총합계 표시'의 체크 표시를 해제한 다음 〈확인〉을 클릭하세요.

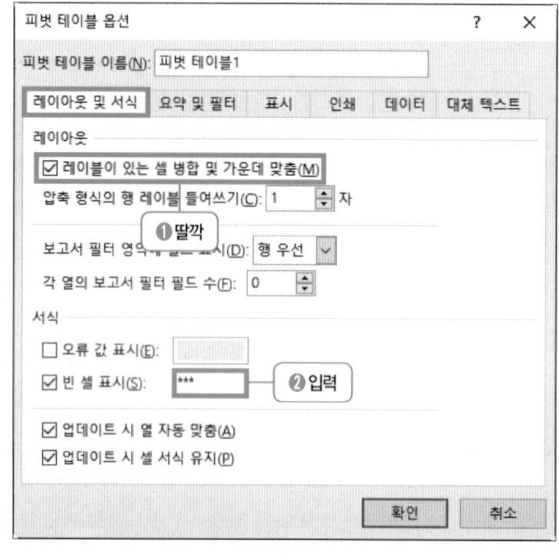


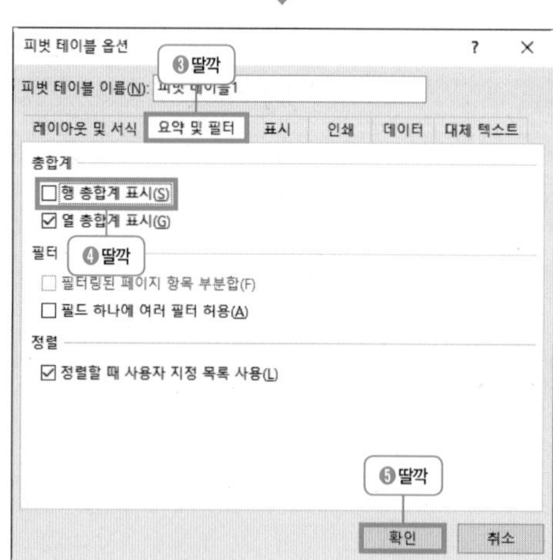

**10.** 피벗 테이블에 가운데 맞춤과 쉼표를 표시하기 위해 [B5:H8] 영역을 블록으로 지정한 후 [홈] → 맞춤 → **가운데 맞춤(≡)**과 [홈] → 표시 형식 → **쉼표 스타일(,)**을 클릭합니다.

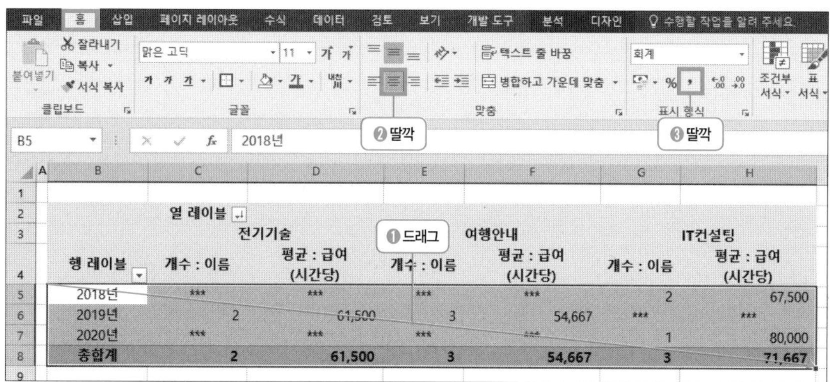


**11.** '열 레이블'이라고 표시된 [C2] 셀을 클릭한 후 **업무구분**을 입력하고 Enter를 누르세요.

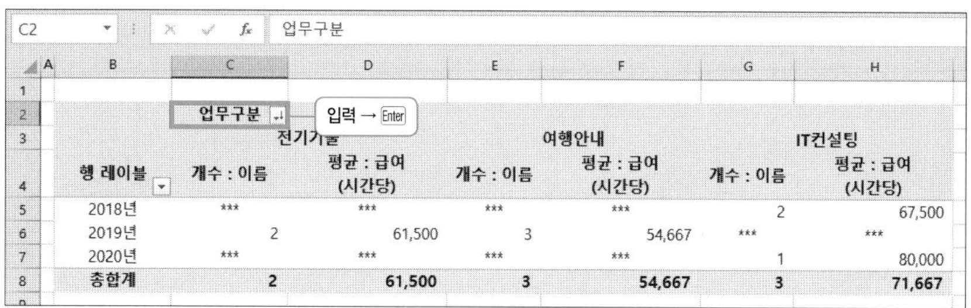


**12.** 같은 방법으로 '행 레이블'이 표시된 [B4] 셀을 **계약일**로 변경하세요.

**13.** 두 줄로 입력된 '평균 : 급여(시간당)'을 한 줄로 표시하기 위해 [D4] 셀을 클릭합니다. 수식 입력줄에서 '급여' 뒤를 마우스로 클릭한 후 Delete를 눌러 한 줄로 만든 다음 Enter를 누르세요.

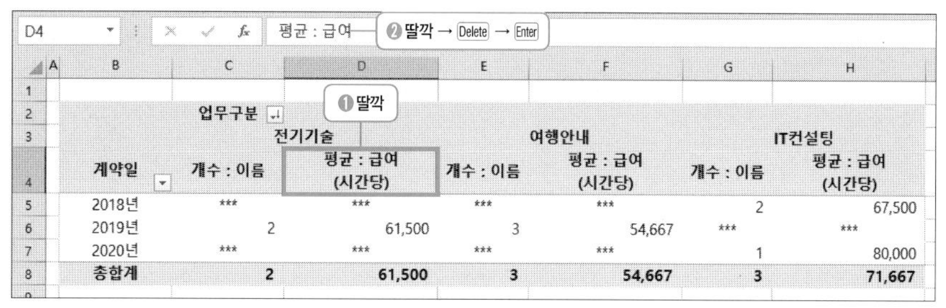

**Q** Delete를 눌러도 두 번째 줄의 내용이 표시 안돼요!

**A** 필드명이 두 줄로 된 필드의 함수를 '값 필드 설정' 대화상자를 이용하여 변경한 경우에는 두 번째 줄의 필드명이 삭제되므로 수식 입력줄에서 Delete를 눌러도 두 번째 줄의 내용이 표시되지 않습니다. 이럴때는 두 번째 줄의 내용을 직접 입력하세요.

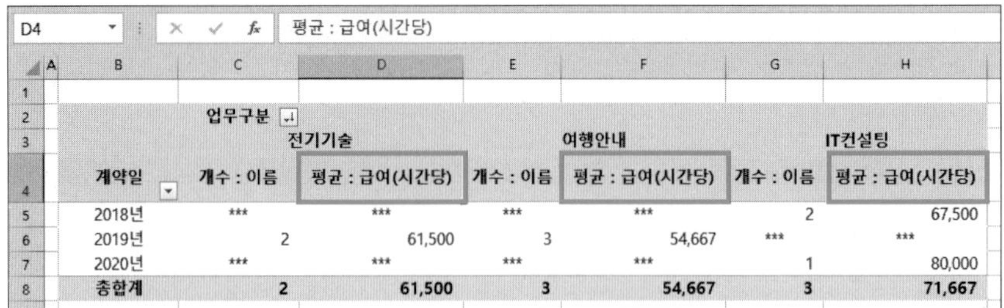

D4 | 평균 : 급여(시간당)

| | 업무구분 | | | | | |
|---|---|---|---|---|---|---|
| | 전기기술 | | 여행안내 | | IT컨설팅 | |
| 계약일 | 개수 : 이름 | 평균 : 급여(시간당) | 개수 : 이름 | 평균 : 급여(시간당) | 개수 : 이름 | 평균 : 급여(시간당) |
| 2018년 | *** | *** | *** | *** | 2 | 67,500 |
| 2019년 | 2 | 61,500 | 3 | 54,667 | *** | *** |
| 2020년 | *** | *** | *** | *** | 1 | 80,000 |
| 총합계 | 2 | 61,500 | 3 | 54,667 | 3 | 71,667 |

**14.** 4행의 행 머리글 아래쪽 경계선을 더블클릭하여 높이를 줄이세요.

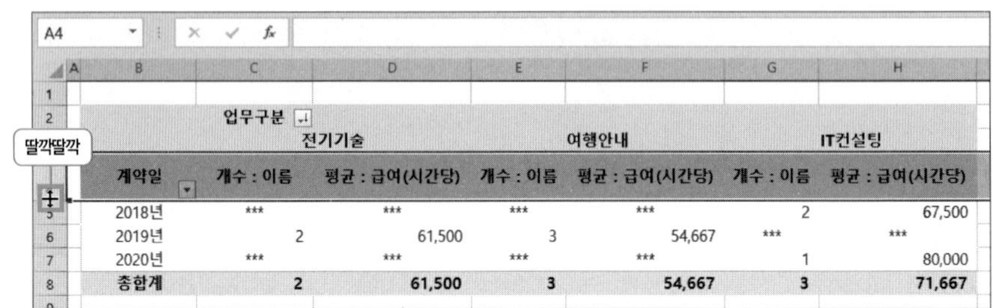


A4

| | 업무구분 | | | | | |
|---|---|---|---|---|---|---|
| | 전기기술 | | 여행안내 | | IT컨설팅 | |
| 계약일 | 개수 : 이름 | 평균 : 급여(시간당) | 개수 : 이름 | 평균 : 급여(시간당) | 개수 : 이름 | 평균 : 급여(시간당) |
| 2018년 | *** | *** | *** | *** | 2 | 67,500 |
| 2019년 | 2 | 61,500 | 3 | 54,667 | *** | *** |
| 2020년 | *** | *** | *** | *** | 1 | 80,000 |
| 총합계 | 2 | 61,500 | 3 | 54,667 | 3 | 71,667 |

D4 | 평균 : 급여(시간당)

| | 업무구분 | | | | | |
|---|---|---|---|---|---|---|
| | 전기기술 | | 여행안내 | | IT컨설팅 | |
| 계약일 | 개수 : 이름 | 평균 : 급여(시간당) | 개수 : 이름 | 평균 : 급여(시간당) | 개수 : 이름 | 평균 : 급여(시간당) |
| 2018년 | *** | *** | *** | *** | 2 | 67,500 |
| 2019년 | 2 | 61,500 | 3 | 54,667 | *** | *** |
| 2020년 | *** | *** | *** | *** | 1 | 80,000 |
| 총합계 | 2 | 61,500 | 3 | 54,667 | 3 | 71,667 |

### 피벗 테이블의 레이아웃 설정 방법

완성된 피벗 테이블을 보고 '피벗 테이블 필드' 창에서 레이아웃을 정확하게 지정하려면 구성 요소의 명칭을 정확하게 숙지하고 다양한 예제를 통해 규칙을 찾아야 합니다.

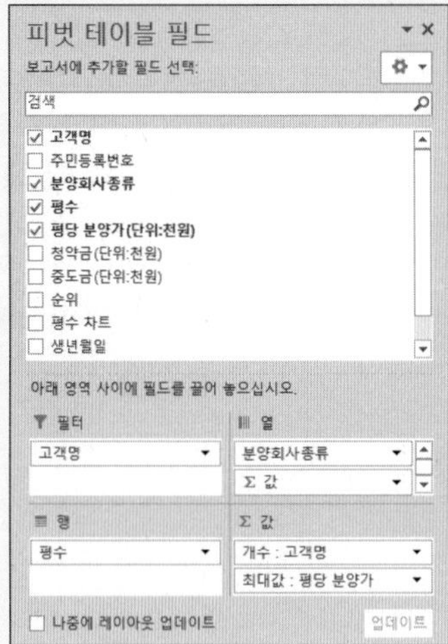

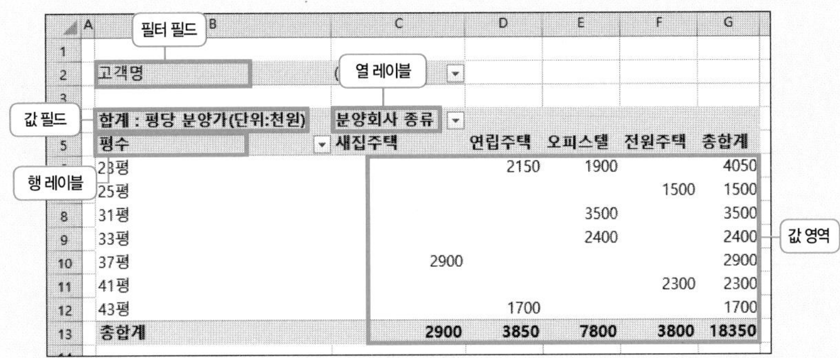


| | B | C | D | E | F | G |
|---|---|---|---|---|---|---|
| 2 | 고객명 | | | | | |
| 4 | 합계 : 평당 분양가(단위:천원) | 분양회사 종류 | | | | |
| 5 | 평수 | 새집주택 | 연립주택 | 오피스텔 | 전원주택 | 총합계 |
| 6 | 23평 | | 2150 | 1900 | | 4050 |
| 7 | 25평 | | | | 1500 | 1500 |
| 8 | 31평 | | | 3500 | | 3500 |
| 9 | 33평 | | | 2400 | | 2400 |
| 10 | 37평 | 2900 | | | | 2900 |
| 11 | 41평 | | | | 2300 | 2300 |
| 12 | 43평 | | 1700 | | | 1700 |
| 13 | 총합계 | 2900 | 3850 | 7800 | 3800 | 18350 |

① **필터 필드** : 피벗 테이블의 위쪽에 떨어져 표시됩니다.

② **행 레이블(필드)** : 각 행의 제목인 행 레이블명 아래쪽으로 행 레이블이 한 열로 표시됩니다.

③ **열 레이블(필드)** : 각 열의 제목인 열 레이블명 아래줄에 열 레이블이 한 행으로 표시됩니다.

④ **값 필드** : 값 필드명은 행 레이블의 위쪽, 열 레이블의 왼쪽에 표시되고, 데이터는 행 레이블의 오른쪽, 열 레이블의 아래쪽에 표시됩니다.

예 1 **행 레이블** : 평수, **열 레이블** : 분양회사 종류, **값 필드** : 평당 분양가

| | B | C | D | E | F | G |
|---|---|---|---|---|---|---|
| 4 | 합계 : 평당 분양가(단위:천원) | 분양회사 종류 | | | | |
| 5 | 평수 | 새집주택 | 연립주택 | 오피스텔 | 전원주택 | 총합계 |
| 6 | 23평 | | 2150 | 1900 | | 4050 |
| 7 | 25평 | | | | 1500 | 1500 |
| 8 | 31평 | | | 3500 | | 3500 |
| 9 | 33평 | | | 2400 | | 2400 |
| 10 | 37평 | 2900 | | | | 2900 |
| 11 | 41평 | | | | 2300 | 2300 |
| 12 | 43평 | | 1700 | | | 1700 |
| 13 | 총합계 | 2900 | 3850 | 7800 | 3800 | 18350 |

예 2 **행 레이블** : 평수, **값 필드** : 평당 분양가

| | B | C |
|---|---|---|
| 4 | 평수 | 합계 : 평당 분양가(단위:천원) |
| 5 | 23평 | 4050 |
| 6 | 25평 | 1500 |
| 7 | 31평 | 3500 |
| 8 | 33평 | 2400 |
| 9 | 37평 | 2900 |
| 10 | 41평 | 2300 |
| 11 | 43평 | 1700 |
| 12 | 총합계 | 18350 |

예 3 **필터** : 고객명, **열 레이블** : 분양회사 종류, **값 필드** : 평당 분양가

| | B | C | D | E | F | G |
|---|---|---|---|---|---|---|
| 2 | 고객명 | (모두) | | | | |
| 4 | | 분양회사 종류 | | | | |
| 5 | | 새집주택 | 연립주택 | 오피스텔 | 전원주택 | 총합계 |
| 6 | 합계 : 평당 분양가(단위:천원) | 2900 | 3850 | 7800 | 3800 | 18350 |

예 4 **행 레이블** : 분양회사 종류, 평수, **값 필드** : 평당 분양가

| | A | B | C |
|---|---|---|---|
| 1 | | | |
| 2 | | | |
| 3 | | | |
| 4 | | **분양회사종류** | **합계 : 평당 분양가(단위:천원)** |
| 5 | | **⊟새집주택** | **2900** |
| 6 | | 37평 | 2900 |
| 7 | | **⊟연립주택** | **3850** |
| 8 | | 23평 | 2150 |
| 9 | | 43평 | 1700 |
| 10 | | **⊟오피스텔** | **7800** |
| 11 | | 23평 | 1900 |
| 12 | | 31평 | 3500 |
| 13 | | 33평 | 2400 |
| 14 | | **⊟전원주택** | **3800** |
| 15 | | 25평 | 1500 |
| 16 | | 41평 | 2300 |
| 17 | | **총합계** | **18350** |

예 5 **행 레이블** : 분양회사 종류, **값 필드** : 평당 분양가, 청약금, 고객명

| | A | B | C | D | E |
|---|---|---|---|---|---|
| 1 | | | | | |
| 2 | | | | | |
| 3 | | | | | |
| 4 | | **분양회사종류** | **합계 : 평당 분양가(단위:천원)** | **합계 : 청약금(단위:천원)** | **개수 : 고객명** |
| 5 | | 새집주택 | 2900 | 16095 | 1 |
| 6 | | 연립주택 | 3850 | 18383 | 2 |
| 7 | | 오피스텔 | 7800 | 34710 | 3 |
| 8 | | 전원주택 | 3800 | 19770 | 2 |
| 9 | | **총합계** | **18350** | **88958** | **8** |

## ①/②/③/④ 차트 작성하기

**1.** 문제에 제시된 [출력형태]를 보고 차트에 표시할 데이터를 판단해야 합니다. 가로(항목) 축에는 이름 중 '이우주, 김나라, 박진수, 장영수, 정미주, 김호영'이 표시되어 있고, 범례에는 '근무시간(일), 시간당 급여'가 표시되어 있으므로 현재 차트는 '이우주', '김나라', '박진수', '장영수', '정미주', '김호영'의 '이름', '급여(시간당)', '근무시간(일)'에 대한 데이터를 사용하고 있음을 알 수 있습니다.

**2.** '제1작업' 시트의 [D4:F7] 영역을 블록으로 지정한 후 Ctrl을 누른 상태에서 [D9:F9], [D11:F12] 영역을 선택한 다음 [삽입] → 차트 → 세로 또는 가로 막대형 차트 삽입 → **묶은 세로 막대형**을 선택하세요. 현재 시트에 완성된 차트가 삽입됩니다.

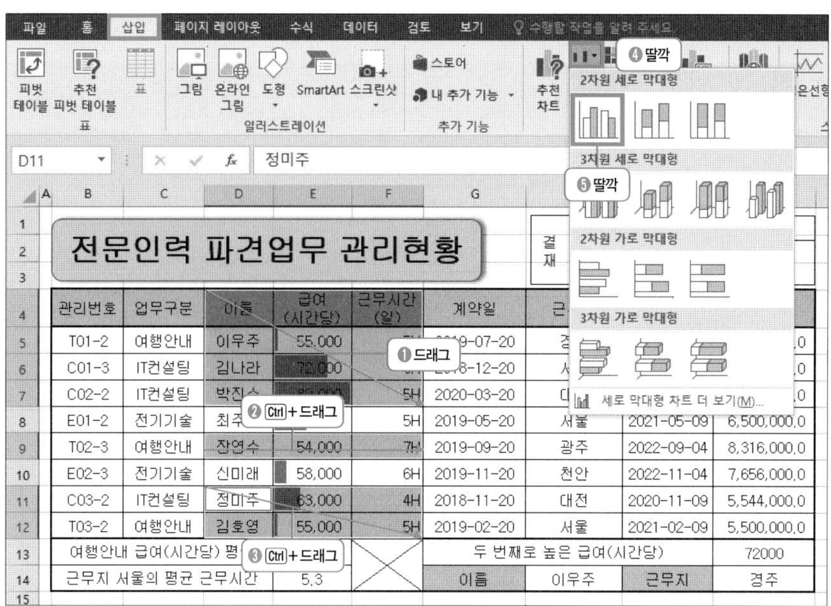


3. 먼저 차트의 레이아웃과 스타일을 변경해야 합니다. 차트가 선택된 상태에서 [차트 도구] → 디자인 → 차트 레이아웃 → 빠른 레이아웃 → **레이아웃** 3을 선택하세요.

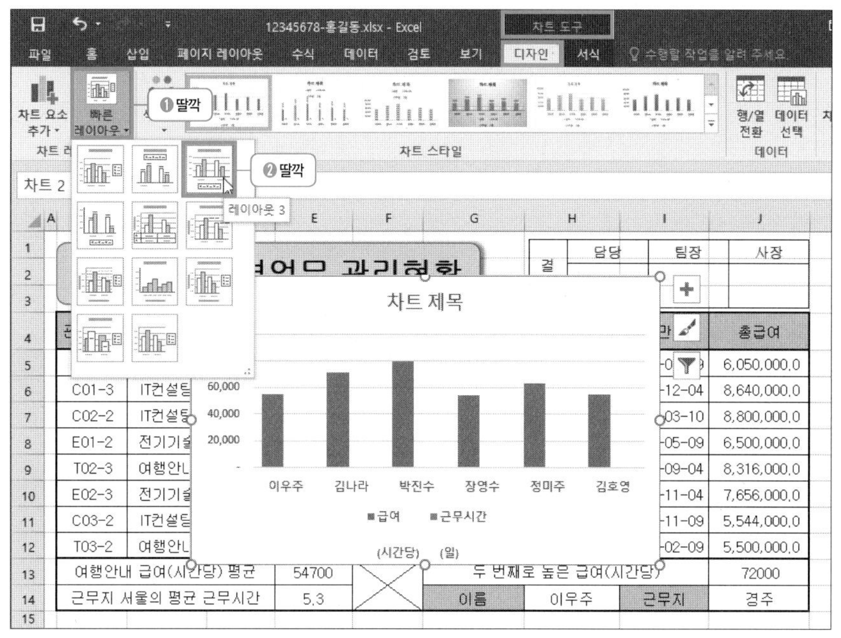

**전문가의 조언**

차트 레이아웃을 변경하면 레이아웃 형태에 따라 차트 제목, 축 제목 등이 표시되거나 삭제되므로 차트 레이아웃을 먼저 지정한 후 차트 제목이나 축 제목 등을 삽입해야 합니다.

**4.** 이어서 [차트 도구] → 디자인 → 차트 스타일 → **스타일 1**을 선택하세요.

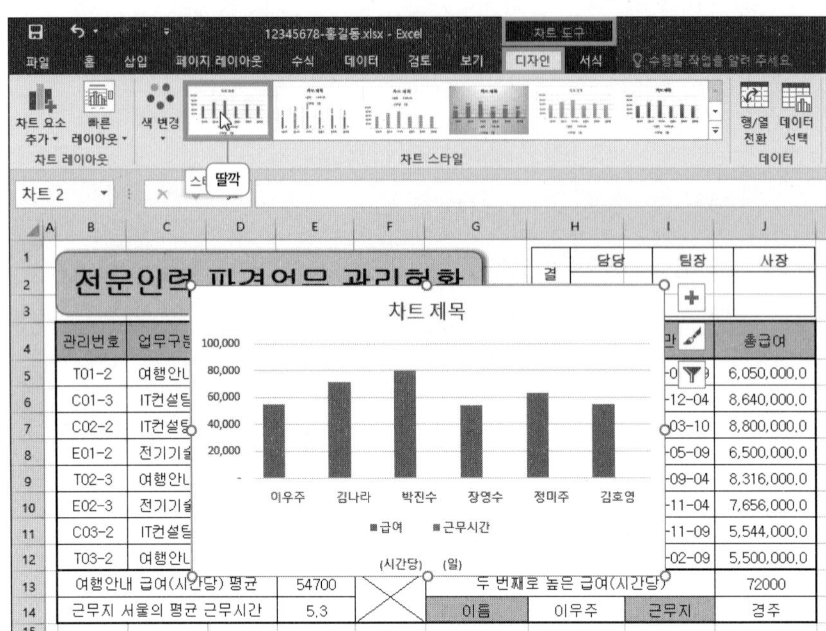

전문가의 조언

'급여(시간당)' 계열이 아닌 '근무시간(일)' 계열의 바로 가기 메뉴에서 [계열 차트 종류 변경]을 선택해도 됩니다.

**5.** '급여(시간당)' 계열의 차트 종류를 '표식이 있는 꺾은선형'으로 변경하고 보조 축을 지정해야 합니다. '급여(시간당)' 계열의 바로 가기 메뉴에서 **[계열 차트 종류 변경]**을 선택하세요. '차트 종류 변경' 대화상자가 나타납니다.

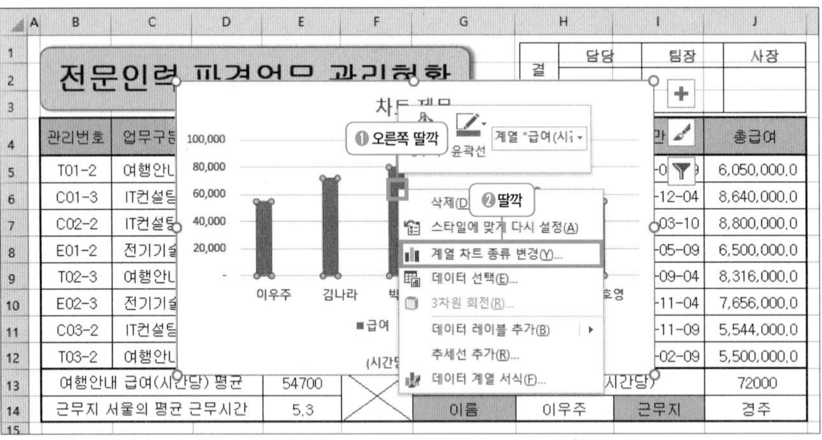

**6.** '차트 종류 변경' 대화상자의 '콤보'에서 '급여(시간당)'의 차트 종류를 '표식이 있는 꺾은선형'으로 지정하고 '보조 축'을 선택한 후 〈확인〉을 클릭하세요.

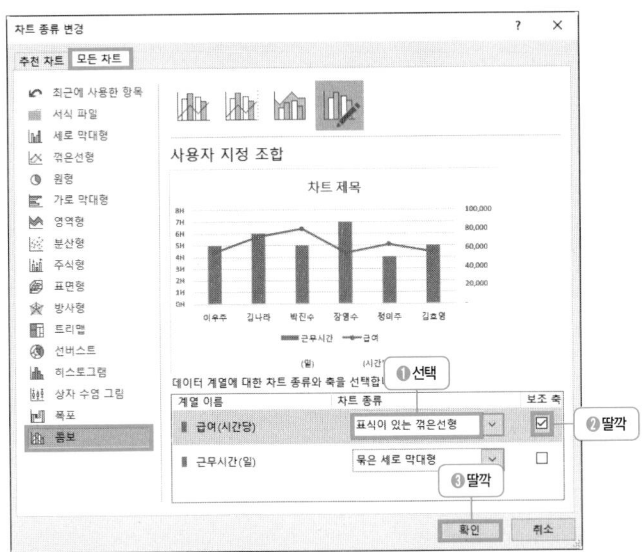


**7.** 차트 레이아웃을 '레이아웃 3'으로 변경하면 '차트 제목'이 자동으로 표시됩니다. '차트 제목'을 선택하고 수식 입력줄에 **여행안내/IT컨설팅 전문인력 분석**을 입력한 후 Enter 를 누르세요.

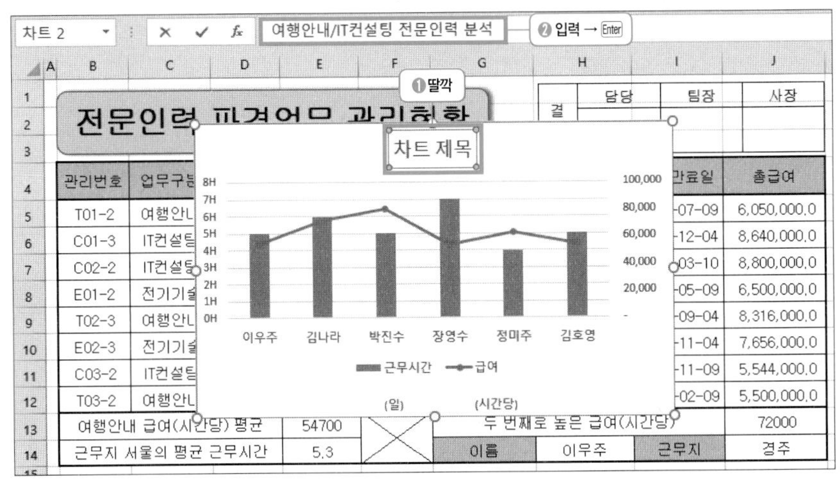

**전문가의 조언**

차트 제목을 수식 입력줄에 입력하지 않고 "차트 제목" 부분을 마우스로 드래그하여 지운 다음 입력해도 결과는 같습니다.

**전문가의 조언**

[차트 도구] → 디자인 → 위치 → **차트 이동**을 선택해도 '차트 이동' 대화상자가 나타납니다.

**8.** 삽입된 차트를 이동해야 합니다. 차트 영역의 바로 가기 메뉴에서 **[차트 이동]**을 선택하세요. '차트 이동' 대화상자가 나타납니다.

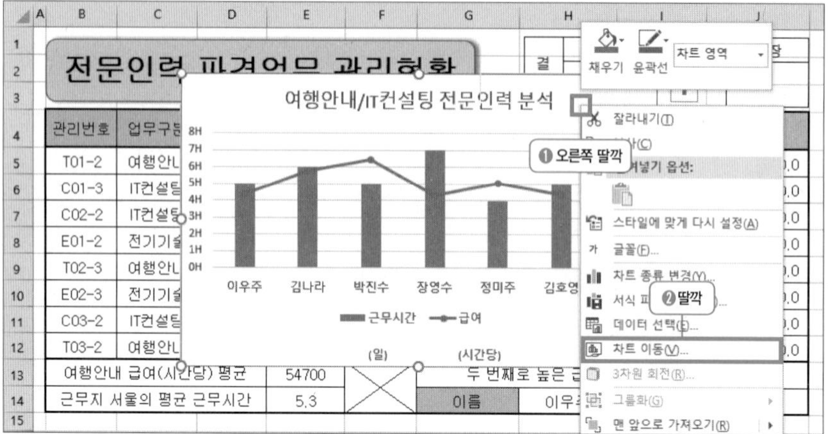


**9.** '차트 이동' 대화상자에서 '새 시트'를 선택하고 입력란에 **제4작업**을 입력한 후 〈확인〉을 클릭하세요. '제4작업'이라는 새로운 시트로 차트가 이동됩니다.

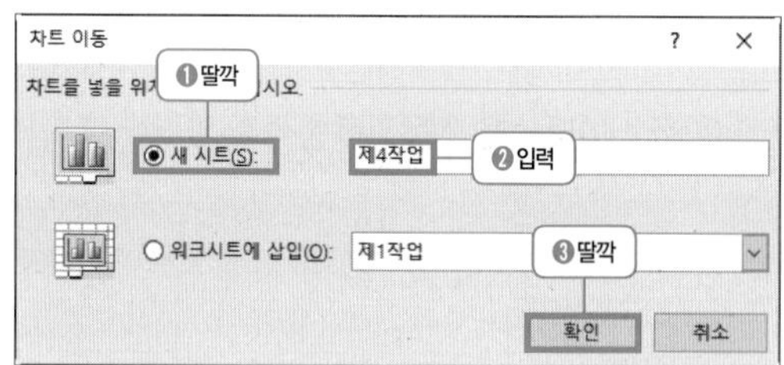


**10.** '제1작업' 시트 앞에 '제4작업' 시트가 삽입되었습니다. '제4작업' 시트를 '제3작업' 시트 뒤로 드래그하여 이동하세요.

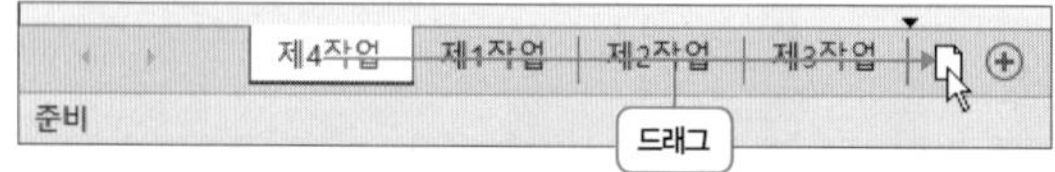

## 5 영역 서식 지정하기

**1.** 차트 영역을 클릭한 후 [홈] → **글꼴**에서 글꼴 '굴림', 글꼴 크기 11로 변경하세요.

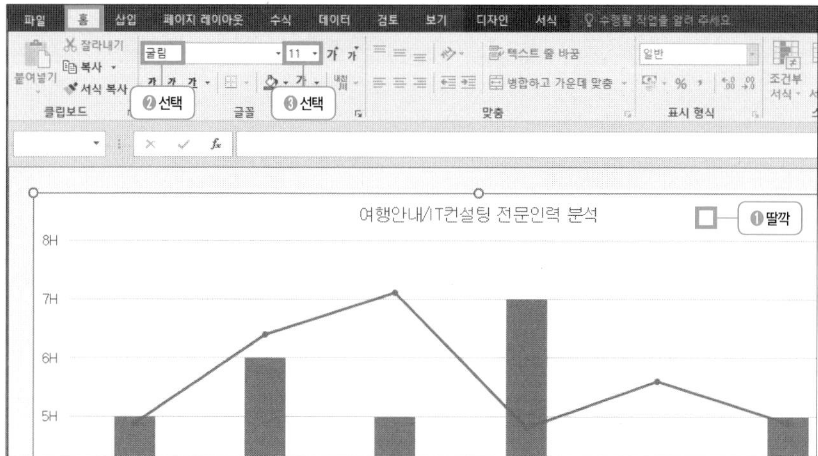


**2.** 이어서 [차트 도구] → 서식 → 도형 스타일 → 도형 채우기 → 질감 → **파랑 박엽지**를 선택하세요.

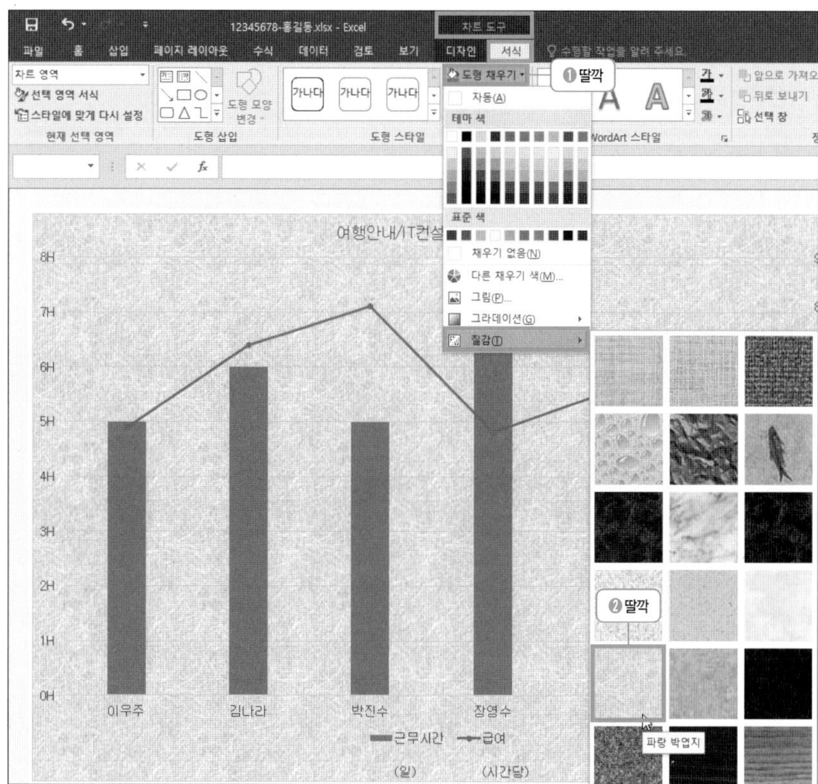

3. 그림 영역에 서식을 지정해야 합니다. 그림 영역을 클릭한 후 [차트 도구] → 서식 → 도형 스타일 → 도형 채우기 → **흰색, 배경** 1을 선택하세요.

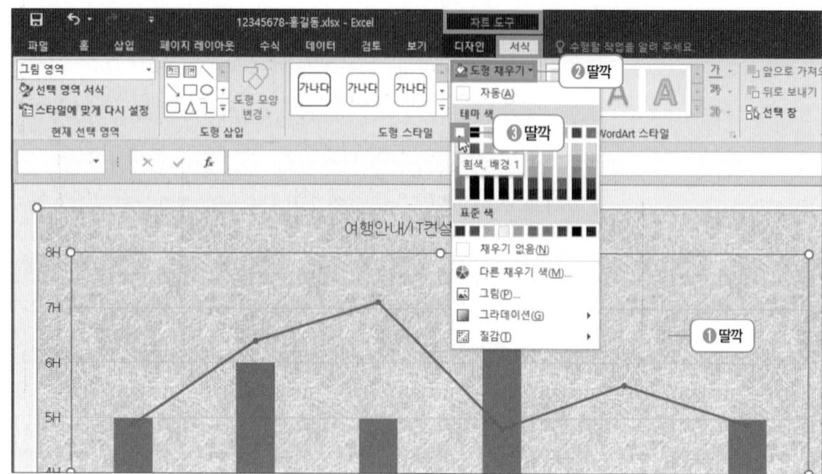


## 6 제목 서식 지정하기

1. 차트 제목을 선택하고 [홈] → **글꼴**에서 글꼴 '굴림', 글꼴 크기 20, '굵게(가)'를 지정하고 '채우기 색( )'의 ▾를 클릭하여 '흰색, 배경 1'을 선택하세요.

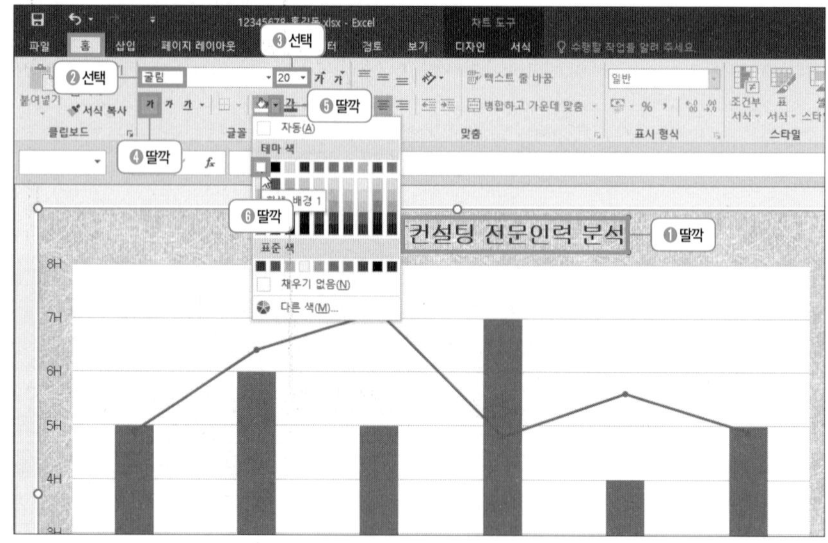

**2.** 이어서 [차트 도구] → 서식 → 도형 스타일 → 도형 윤곽선 → **검정, 텍스트 1**을 선택하세요.

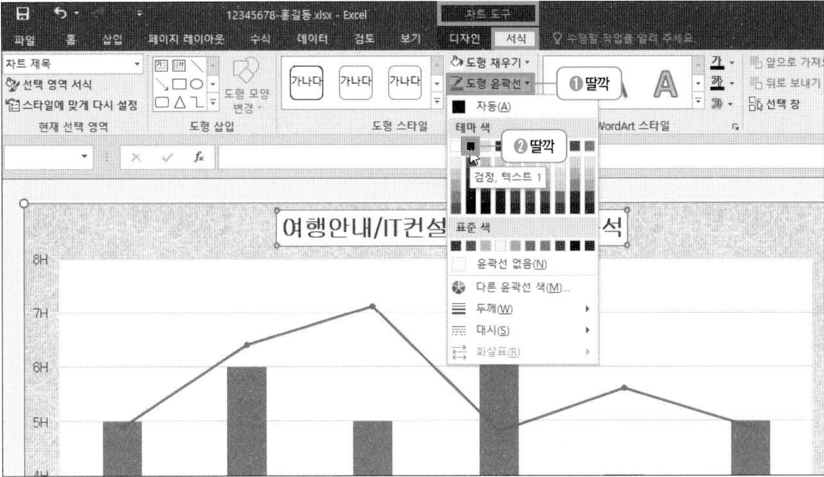

**전문가의 조언**

차트 제목의 테두리 색은 문제에 제시되지 않았으므로 기본값 그대로 두어도 됩니다.

## ➐ 서식 지정하기

### 데이터 계열

**1.** '급여(시간당)' 계열을 더블클릭하고 '데이터 계열 서식' 창의 [계열 옵션] → (채우기 및 선) → 표식 → 표식 옵션 → **기본 제공**을 선택한 후 '형식'을 '네모', 크기를 10으로 지정하세요.

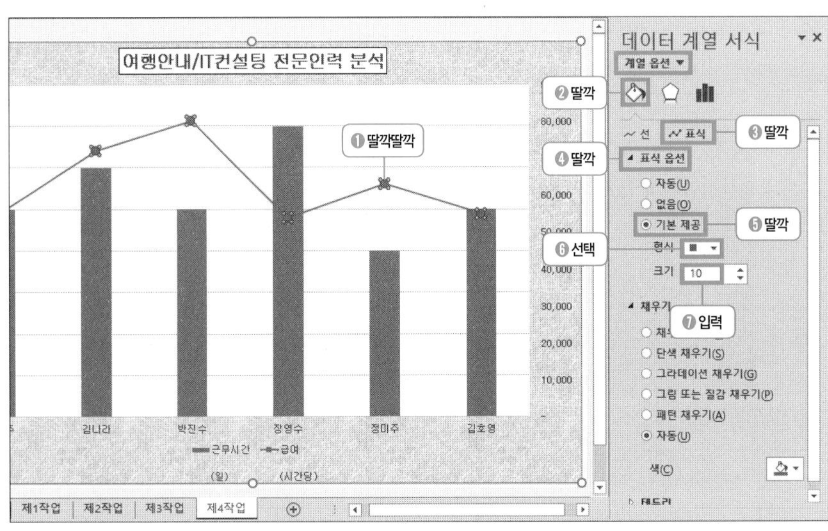

### 데이터 레이블 서식

**2.** '박진수'의 '급여(시간당)' 계열에 데이터 레이블을 표시하기 위해 '급여(시간당)' 계열을 선택합니다. '급여(시간당)' 계열이 선택된 상태에서 '박진수' 데이터 요소만 한 번 더 클릭하세요.

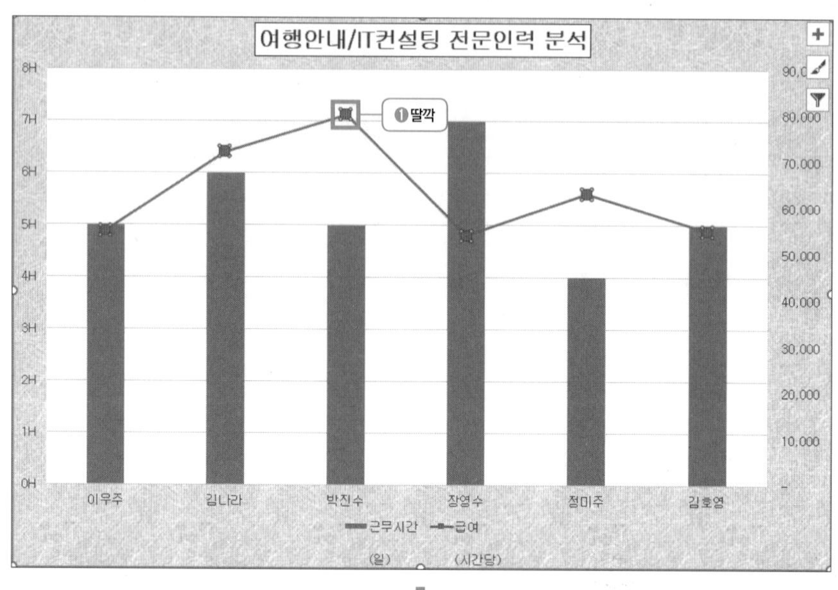


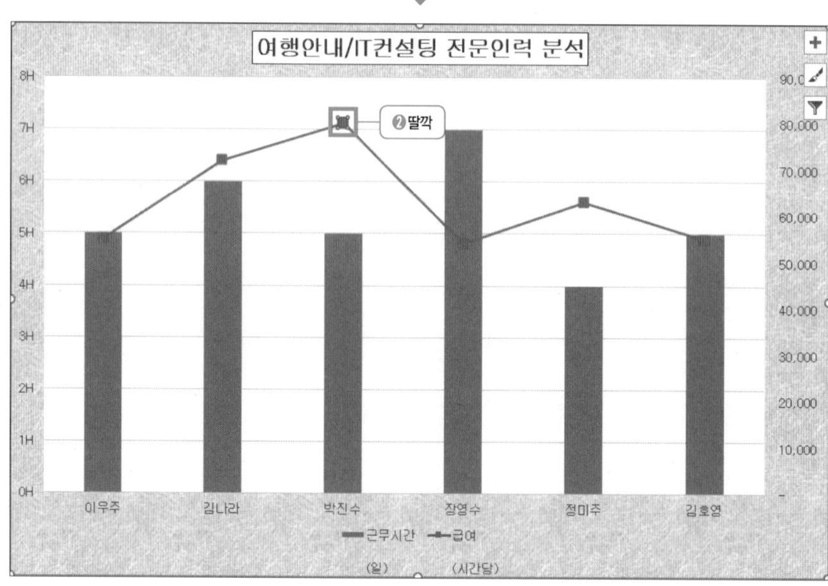

3. '박진수'의 데이터 요소만 선택된 상태에서 [차트 도구] → 디자인 → 차트 레이아웃 → 차트 요소 추가 → 데이터 레이블 → **위쪽**을 선택하세요.

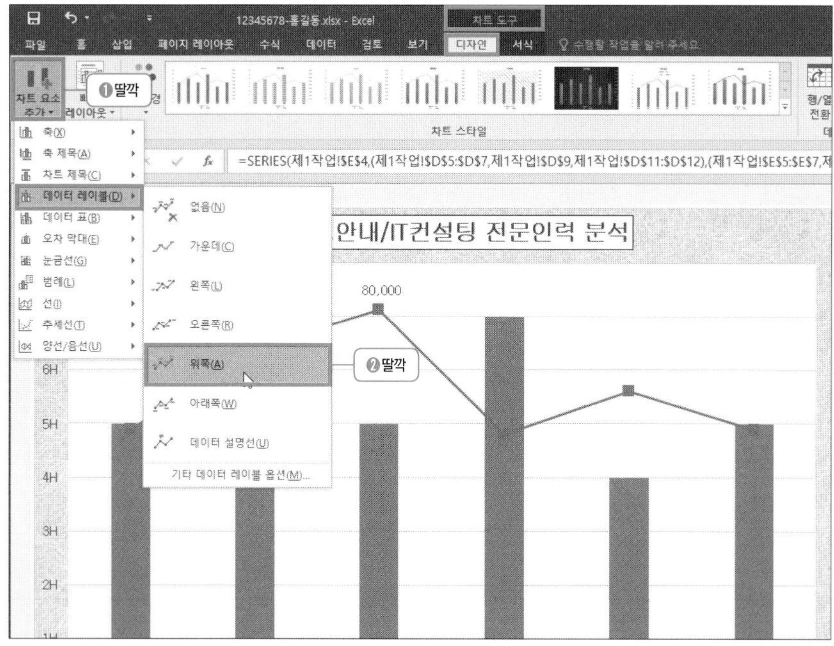


## 눈금선 서식

4. 눈금선을 파선으로 변경하고 색을 지정해야 합니다. 눈금선을 선택한 후 [차트 도구] → 서식 → 도형 스타일 → **도형 윤곽선**에서 색을 '검정, 텍스트 1', 대시를 '파선'으로 지정하세요.

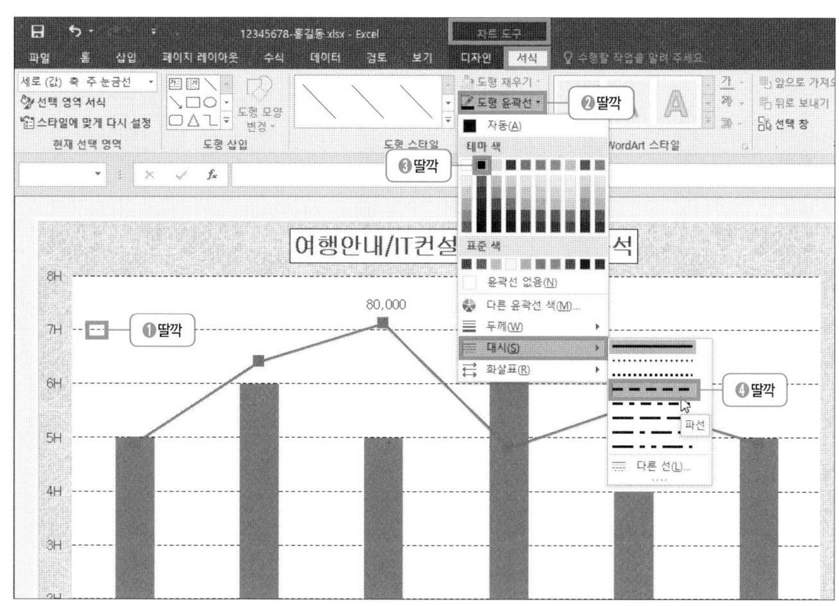

**전문가의 조언**

눈금선의 색은 선명하게 표시하기 위해 지정한 것으로 기본값 그대로 두어도 감점되지 않습니다.

전문가의 조언

축과 관련된 지시사항은 '축 : [출력형태]를 참조하시오'라는 것 밖에 없습니다. 그러므로 문제에 제시된 그림을 보고 축의 최대값, 최소값, 주 단위 등을 지정하되, 세로 축, 보조 세로 축, 가로 항목 축의 색은 항상 '검정, 텍스트 1'로 지정해야 합니다.

## 축 서식

**5.** 보조 세로(값) 축의 최대값을 100,000, 주 단위를 20,000으로 지정해야 합니다. 보조 세로(값) 축을 더블클릭하세요. '축 서식' 창이 표시됩니다.

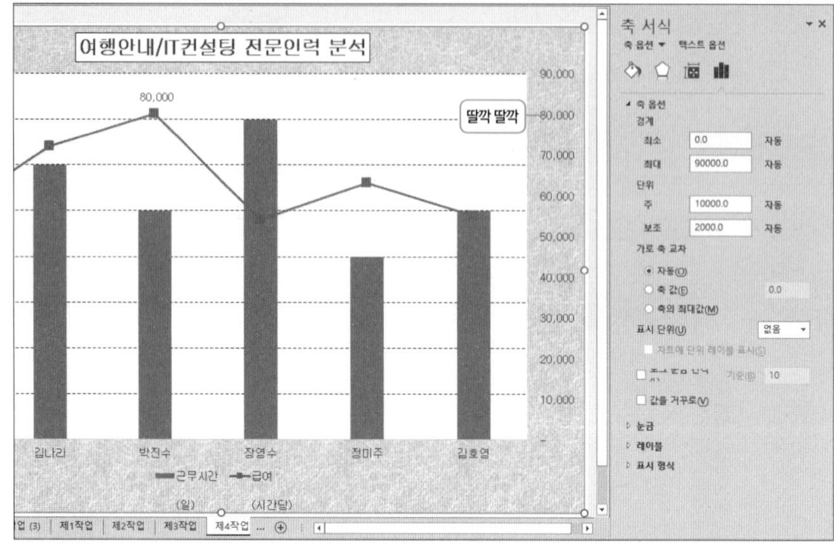

전문가의 조언

'최대' 경계에 100000으로 입력하면 자동으로 100000.0으로 변경되어 입력됩니다.

**6.** '축 서식' 창의 [축 옵션] → (축 옵션) → **축 옵션**에서 '최대' 경계를 100000, '주' 단위를 20000으로 지정하세요.

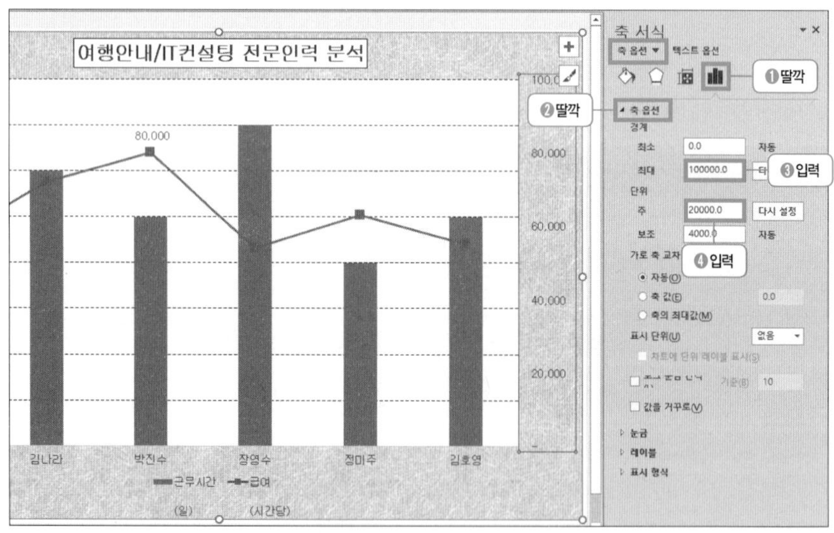

**7.** 세로(값) 축, 보조 세로(값) 축, 가로(항목) 축의 색을 지정해야 합니다. 보조 세로(값) 축이 선택된 상태에서 [차트 도구] → 서식 → 도형 스타일 → 도형 윤곽선 → **검정, 텍스트 1**을 선택하세요.

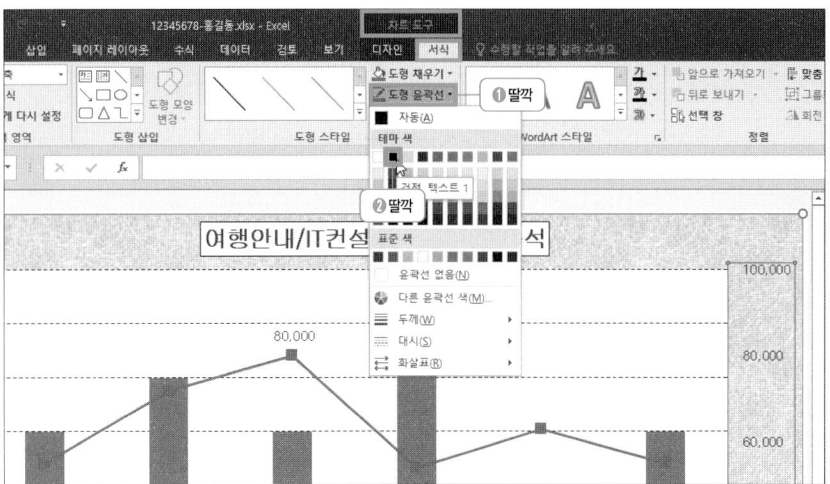


**8.** 세로(값) 축과 가로(항목) 축도 같은 방법으로 도형 윤곽선을 '검정, 텍스트 1'로 지정하세요.

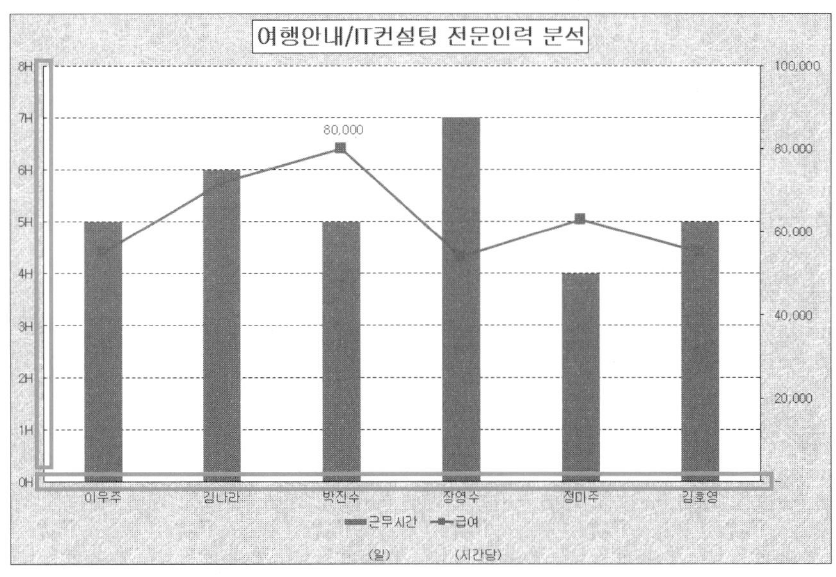

## 8 범례명 변경하기

**1.** 차트 영역의 바로 가기 메뉴에서 **[데이터 선택]**을 선택하세요. '데이터 원본 선택' 대화상자가 나타납니다.

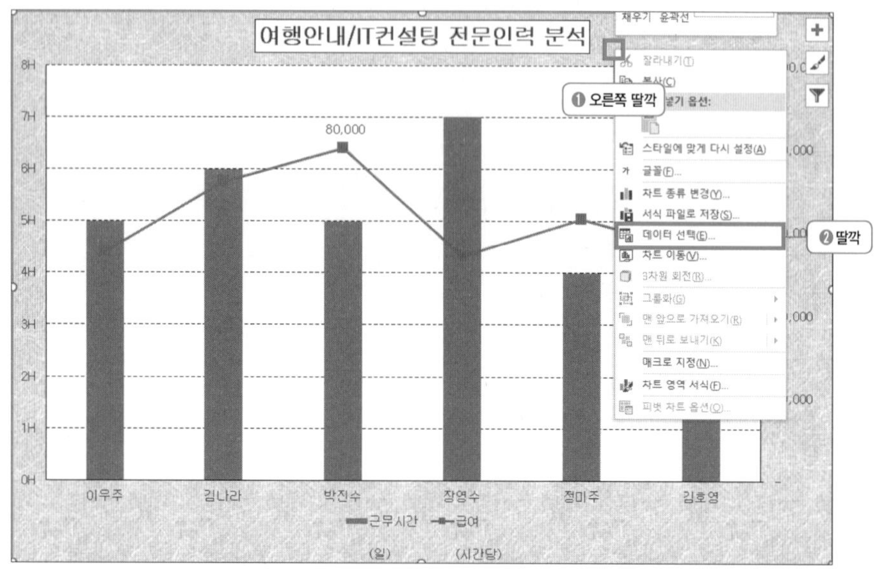


**2.** '데이터 원본 선택' 대화상자의 '범례 항목(계열)'에서 '급여(시간당)'를 선택하고 〈편집〉을 클릭하세요.

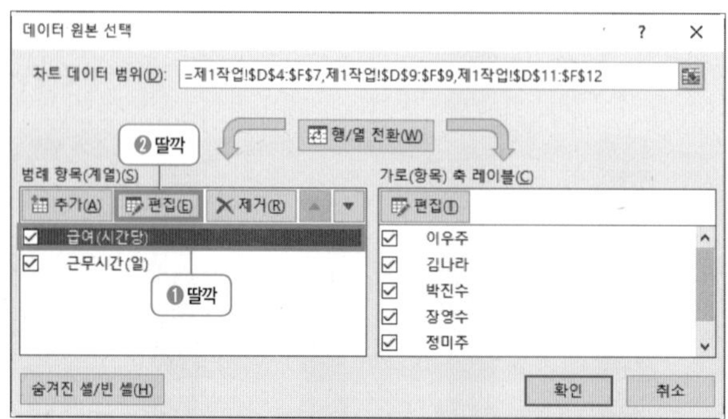


**3.** '계열 편집' 대화상자의 계열 이름을 **시간당 급여**로 수정한 후 〈확인〉을 클릭하세요.

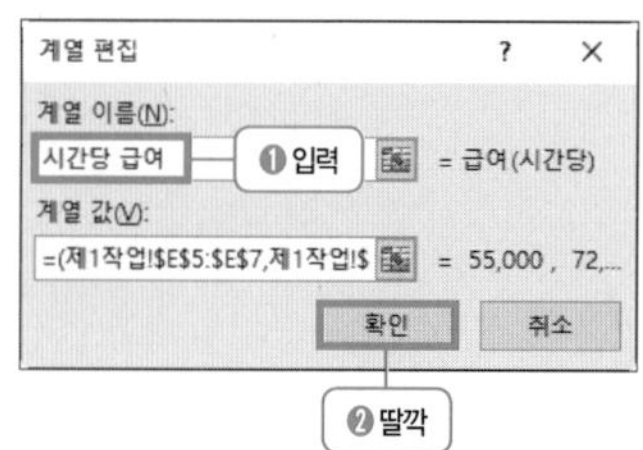

4. 이번에는 '데이터 원본 선택' 대화상자의 '범례 항목(계열)'에서 '근무시간(일)'을 선택하고 〈편집〉을 클릭하세요.

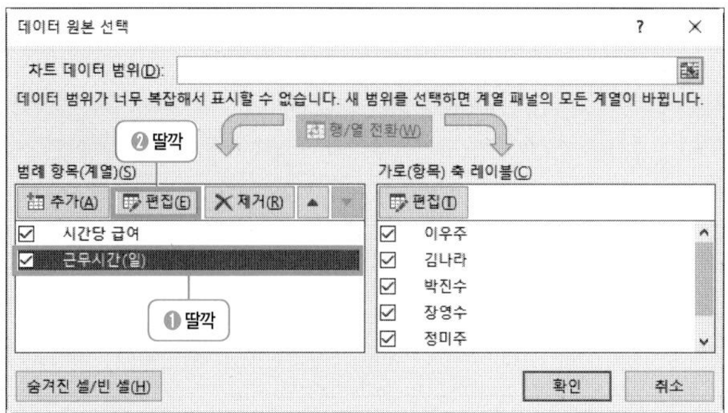


5. '계열 편집' 대화상자의 계열 이름을 **근무시간(일)**로 수정한 후 〈확인〉을 클릭하세요. '데이터 원본 선택' 대화상자에서도 〈확인〉을 클릭하세요.

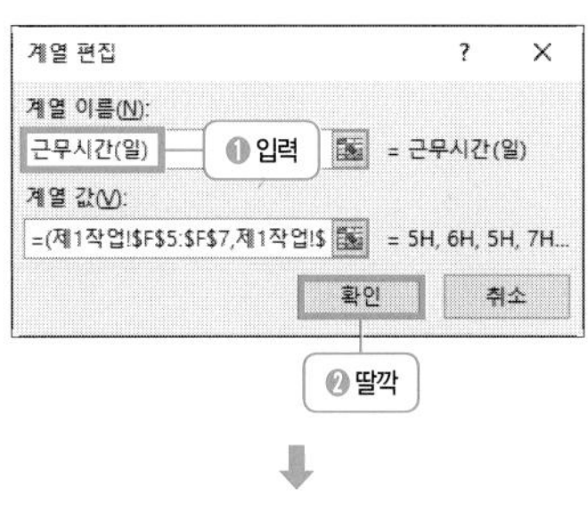


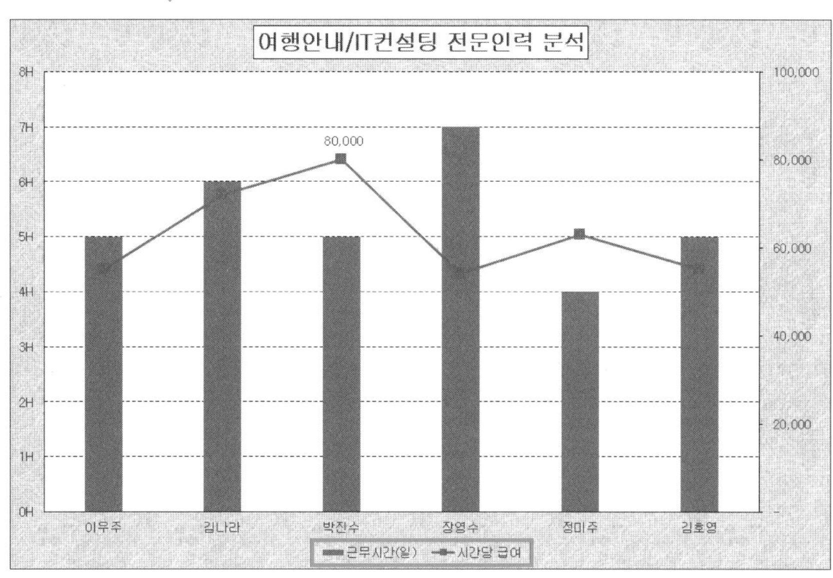

시나공 Q&A 베스트

Q [삽입] → 일러스트레이션 → 도형을 선택할 수가 없어요!

A 차트만 삽입된 차트 시트에서는 차트가 선택된 상태에서만 도형을 삽입할 수 있습니다. [삽입] → 일러스트레이션 → **도형**이 비활성화되어 있어 선택할 수 없다면 차트 영역을 클릭한 후 [삽입] → 일러스트레이션 → **도형**을 선택하세요.

## 9 도형 삽입하기

**1.** [삽입] → 일러스트레이션 → 도형 → 설명선 → **모서리가 둥근 사각형 설명선(🗨)**을 선택하세요.

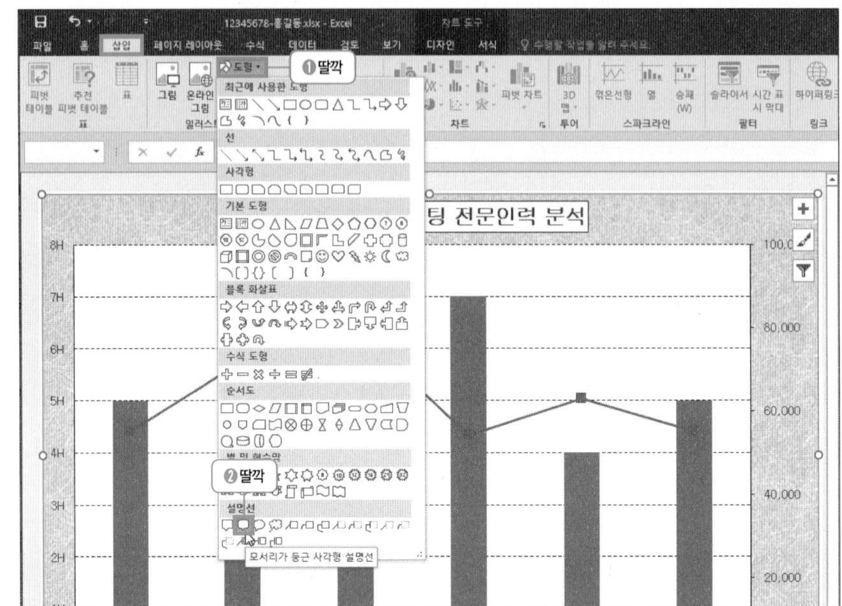


**2.** 커서가 '+' 모양으로 변경됩니다. 차트 위에서 적당한 크기로 드래그하여 도형을 그리세요.

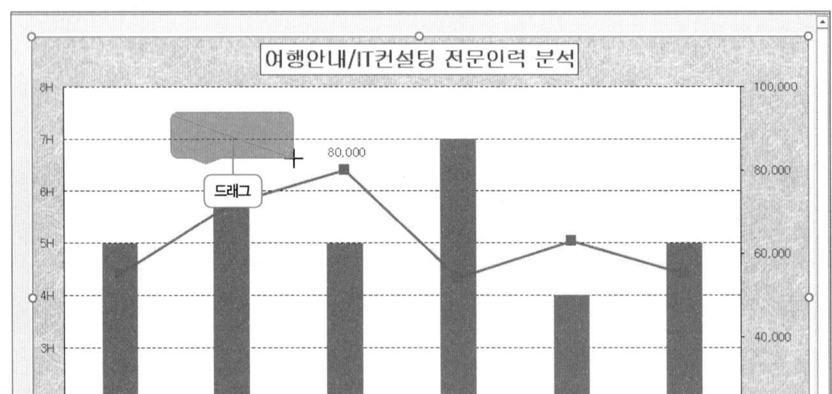

**3.** 도형을 선택하면 표시되는 노란색 점(◇)을 드래그하여 시작점의 위치를 변경하세요.

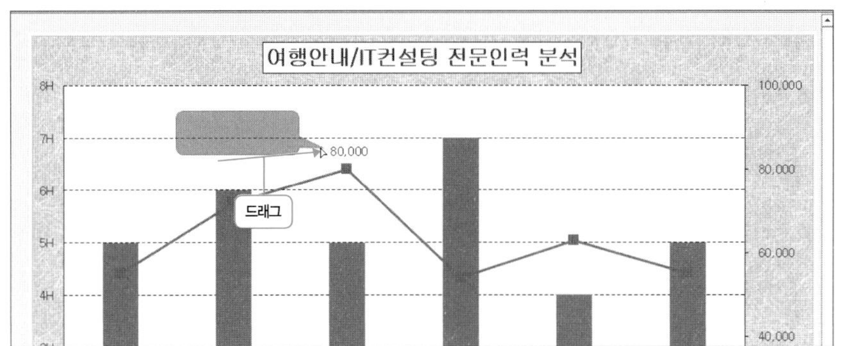


**4.** 도형 안에 **시간당 최고 급여**를 입력한 후 도형의 테두리를 클릭한 다음 [홈] → **글꼴**에서 글꼴 '굴림', 채우기 색(▾) '흰색, 배경 1', 글꼴 색(가 ▾) '검정, 텍스트 1'을, [홈] → **맞춤**에서 '가로 가운데 맞춤(☰)'과 '세로 가운데 맞춤(☰)'을 지정하세요.

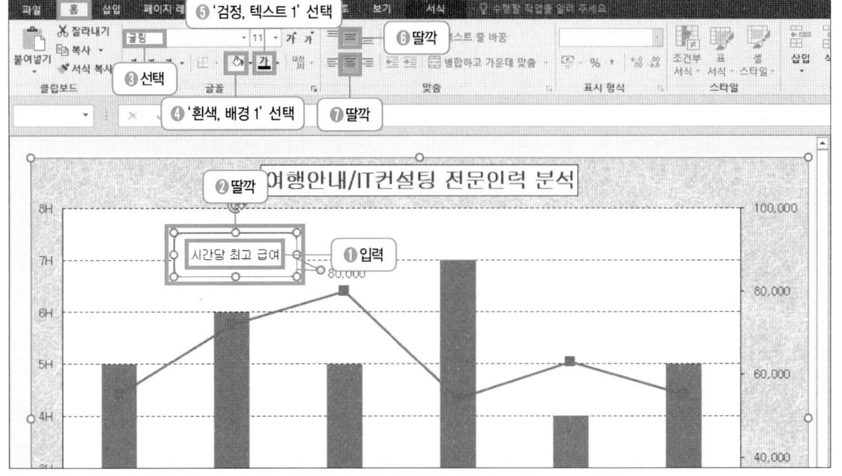


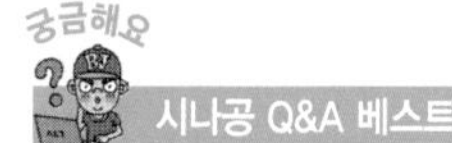


**Q** 지정한 서식으로 변경되지 않아요!

**A** 도형에 텍스트를 입력한 후 도형의 테두리를 클릭하지 않은 상태에서 서식을 지정했기 때문입니다. 도형의 테두리를 클릭한 상태에서 서식을 지정해 보세요.

잠깐만요

## 차트에 사용할 데이터 범위 지정 방법

문제의 지시사항에 차트의 범위에 대한 내용이 없으므로 문제에 제시된 그림을 보고 차트에 사용할 데이터를 지정해야 합니다. 차트에 사용할 데이터는 가로(항목) 축에 표시된 데이터와 범례에 표시된 항목을 이용하여 지정하면 됩니다.

예 1 고객명, 평당 분양가(단위:천원), 청약금(단위:천원) 중 일부 데이터 선택

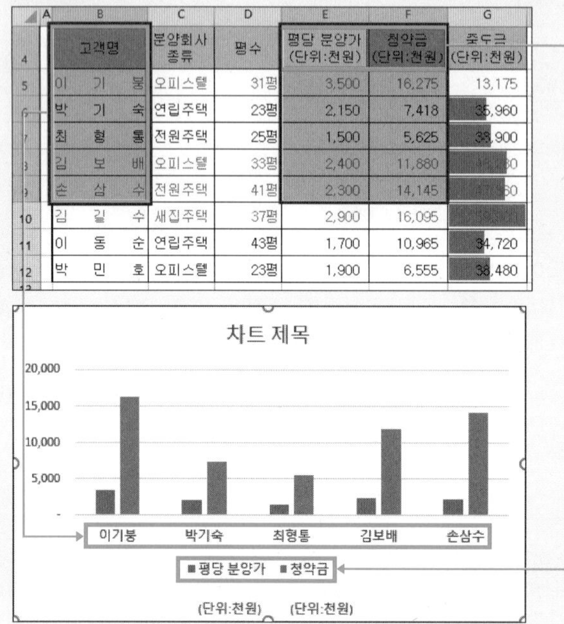

| 4 | 고객명 | 분양회사 종류 | 평수 | 평당 분양가 (단위:천원) | 청약금 (단위:천원) | 중도금 (단위:천원) |
|---|---|---|---|---|---|---|
| 5 | 이 기 붕 | 오피스텔 | 31평 | 3,500 | 16,275 | 13,175 |
| 6 | 박 기 숙 | 연립주택 | 23평 | 2,150 | 7,418 | 35,960 |
| 7 | 최 형 통 | 전원주택 | 25평 | 1,500 | 5,625 | 38,900 |
| 8 | 김 보 배 | 오피스텔 | 33평 | 2,400 | 11,880 | [illegible] |
| 9 | 손 삼 수 | 전원주택 | 41평 | 2,300 | 14,145 | [illegible] |
| 10 | 김 길 수 | 새집주택 | 37평 | 2,900 | 16,095 | [illegible] |
| 11 | 이 동 순 | 연립주택 | 43평 | 1,700 | 10,965 | 34,720 |
| 12 | 박 민 호 | 오피스텔 | 23평 | 1,900 | 6,555 | 38,480 |



예 2 **고객명, 분양회사 종류, 청약금(단위:천원), 중도금(단위:천원) 중 일부 데이터 선택** : 연속된 문자 데이터는 기본적으로 모두 가로(항목) 축으로 설정됩니다.

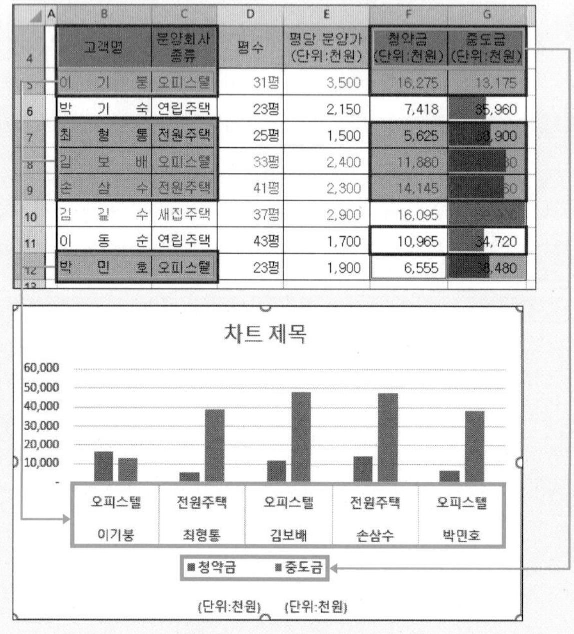

| 4 | 고객명 | 분양회사 종류 | 평수 | 평당 분양가 (단위:천원) | 청약금 (단위:천원) | 중도금 (단위:천원) |
|---|---|---|---|---|---|---|
| 5 | 이 기 붕 | 오피스텔 | 31평 | 3,500 | 16,275 | 13,175 |
| 6 | 박 기 숙 | 연립주택 | 23평 | 2,150 | 7,418 | 35,960 |
| 7 | 최 형 통 | 전원주택 | 25평 | 1,500 | 5,625 | 38,900 |
| 8 | 김 보 배 | 오피스텔 | 33평 | 2,400 | 11,880 | [illegible] |
| 9 | 손 삼 수 | 전원주택 | 41평 | 2,300 | 14,145 | [illegible] |
| 10 | 김 길 수 | 새집주택 | 37평 | 2,900 | 16,095 | [illegible] |
| 11 | 이 동 순 | 연립주택 | 43평 | 1,700 | 10,965 | 34,720 |
| 12 | 박 민 호 | 오피스텔 | 23평 | 1,900 | 6,555 | 38,480 |

## 6 ITQ 엑셀 시험 마무리

1. 모든 작업이 끝났습니다. 완성된 문서를 확인하고 빠른 실행 도구 모음에서 '저장(💾)'을 클릭하세요.

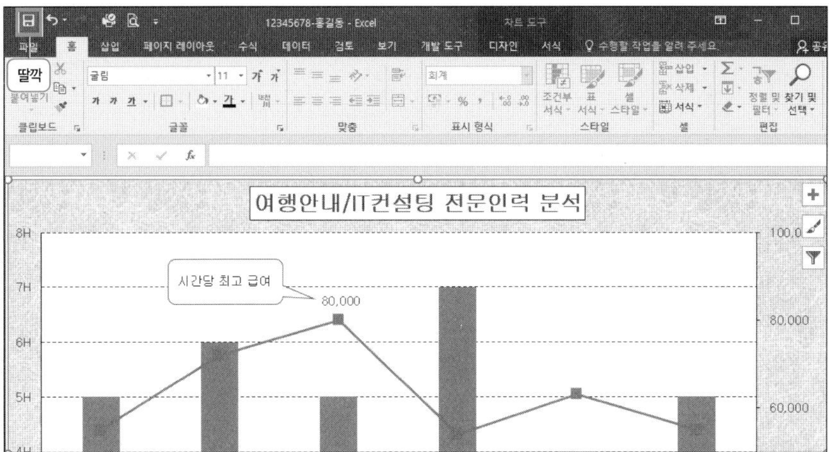


2. 엑셀 프로그램을 최소화한 후 '시험 관리 도구'에서 [답안 전송]을 클릭하여 작성한 문서를 전송합니다.

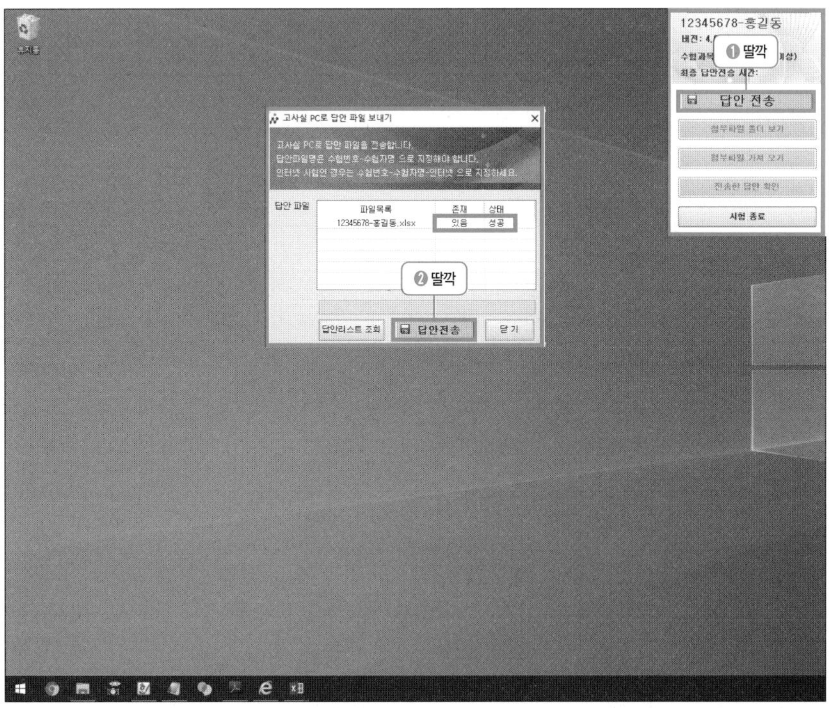

**3.** '시험 관리 도구'에서 [시험 종료]를 클릭한 후 감독위원의 지시에 따라 문제지를 제출하고 퇴실하세요.

시험 준비를 철저히 하지 않아 중도에 포기할 경우 감독위원에게 문의한 후 문제지를 제출하고 퇴실해야 합니다. 실수로 문제지를 가지고 퇴실하면 부정행위로 간주되어 2년간 국가 자격 시험에 응시할 수 없는 불행한 사태가 발생할 수도 있습니다.

## 7 자동 채점 프로그램 사용하기

이후 과정은 길벗 ITQ 자동 채점 프로그램의 사용 방법을 연습하는 과정으로 실제 시험에서는 진행되지 않습니다.

**전문가의 조언**

채점 프로그램 설치하기

1. 시나공 카페(sinagong.gilbut.co.kr)에 접속하여 아이디와 패스워드를 넣고 로그인 하세요.
2. 위쪽의 메뉴에서 [시나공 IT] → [자료실]을 클릭하세요.
3. '자료실'에서 [ITQ] → [ITQ OA Master]만 선택하세요.
4. '실습예제'에서 '2021 시나공 ITQ OA Master(2016 사용자용) [기본서]'를 클릭하세요.
5. 이어서 [전체펼치기] → ⬇ → ^ → [열기]를 차례로 클릭하세요.
6. 압축 프로그램 창에서 〈압축풀기〉를 클릭하세요.
7. '압축풀기' 대화상자에서 압축 파일을 풀어놓을 폴더를 지정하고 〈확인〉을 클릭하세요.
8. 압축을 푼 폴더에서 '채점프로그램.exe' 파일을 더블클릭하여 실행한 후 지시사항을 따라 〈다음〉을 클릭하면 간단하게 설치됩니다.

**1.** 길벗 ITQ 자동 채점 프로그램을 실행하기 위해 바탕 화면에서 [시작] → 길벗 → **2021 길벗 ITQ OA Master 채점프로그램**을 차례로 선택합니다.

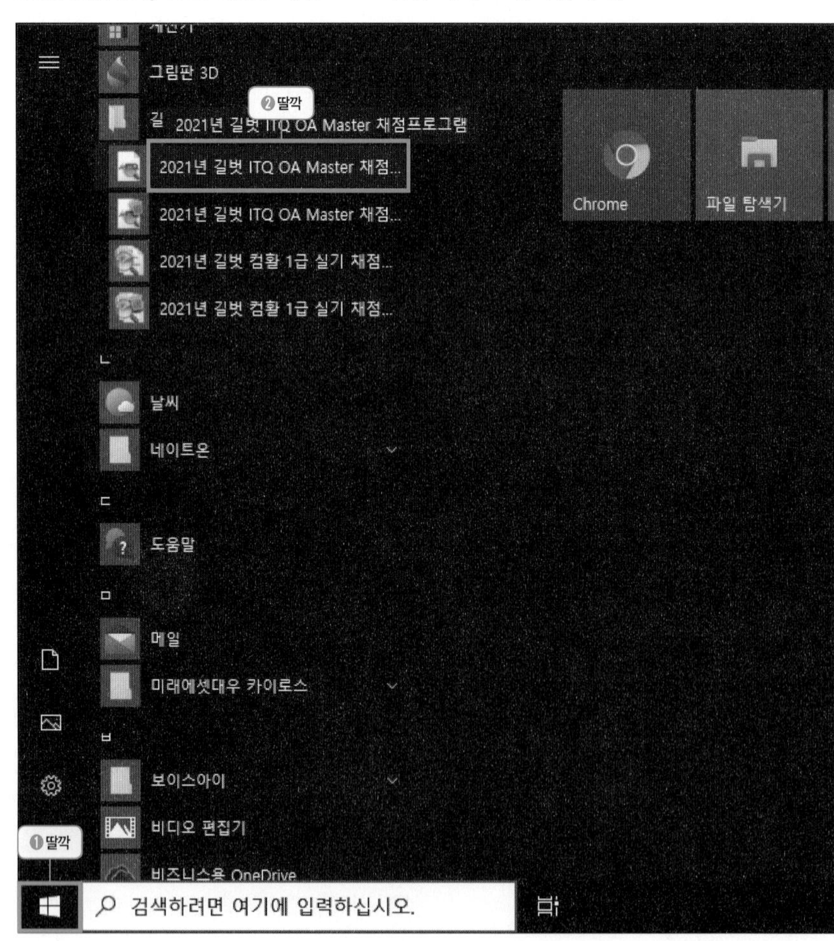

2. 업데이트 창이 나타나며 자동으로 업데이트가 진행됩니다. 업데이트가 완료되면 〈실행〉을 클릭하세요.

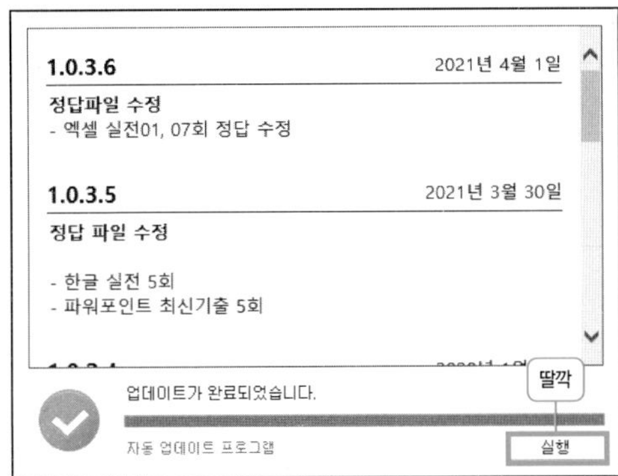


3. 왼쪽 상단의 〈교재 선택〉을 클릭한 후 'ITQ 엑셀(2016)'을 선택하세요.

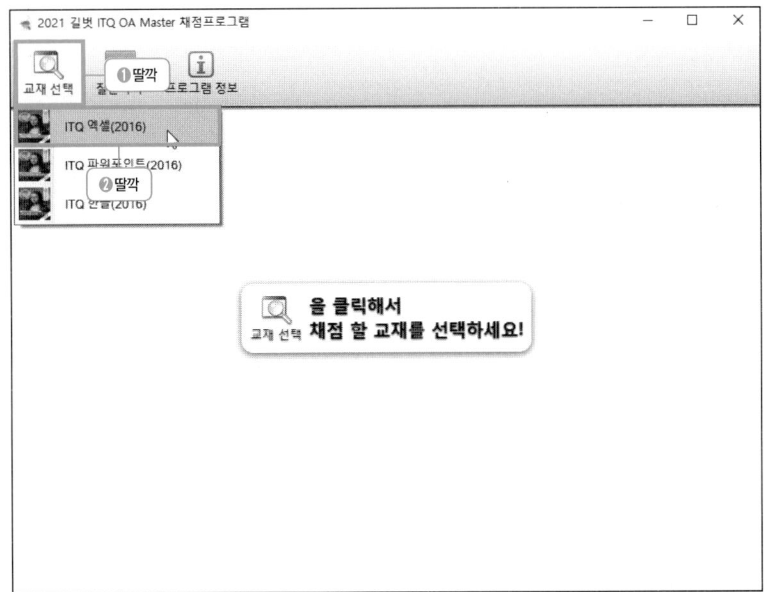

4. 채점할 파일을 채첨 창으로 드래그하거나 왼쪽 상단의 〈채점하기〉를 클릭한 후 '열기' 대화상자에서 그림과 같이 채점할 파일을 선택하고 〈열기〉를 클릭하면 자동으로 채점이 수행됩니다.

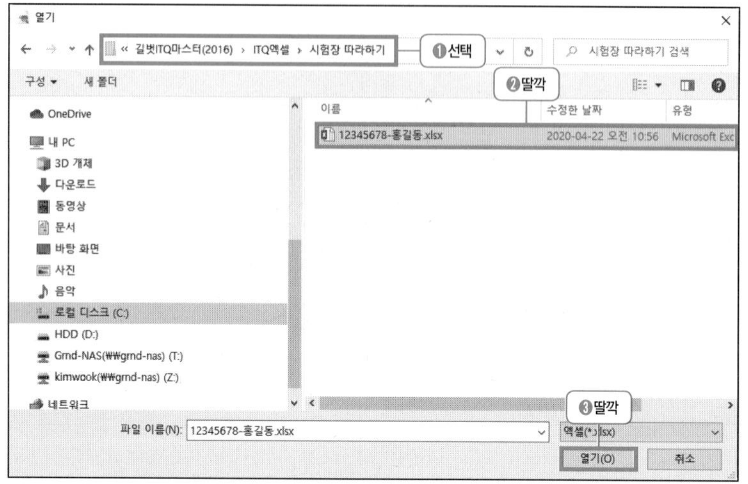

**전문가의 조언**

자동 채점 프로그램을 사용하려면 오피스 2016이 설치되어 있어야 합니다.

5. 채점이 완료되면 채점 창에 채점 결과가 표시됩니다. 채점 프로그램 창 왼쪽의 감점 항목을 클릭하면 틀린 부분이 세부 내역 창에 표시되기 때문에 틀린 이유를 바로 확인할 수 있습니다. 올바르게 작성했는데도 틀리다고 표시된 경우에는 〈질문하기〉를 클릭하여 해당 문제에 궁금한 점을 문의하세요.

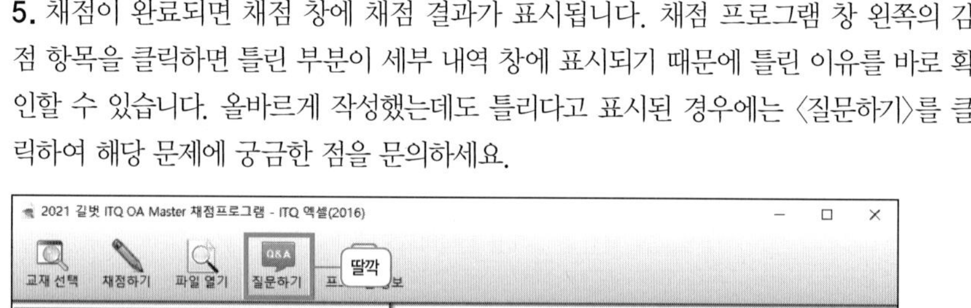

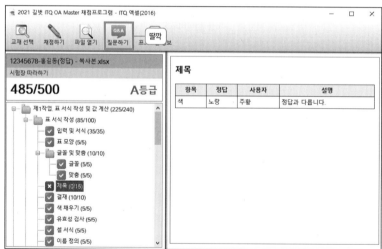

# 02장

# 병행학습


Section 01 목표값 찾기

Section 02 정렬/부분합

**전문가의 조언**

이번 장은 시험에는 출제되지만 "1장 실제 시험장을 옮겨 놓았다!"의 문제 풀이 과정에서 다루지 않았기 때문에 별도로 학습할 수 있도록 구성한 장입니다. 어렵지 않으므로 한두 번만 따라하면 쉽게 익힐 수 있습니다.

SECTION

# 01 목표값 찾기

목표값 찾기는 수식의 결과값을 알고 있지만, 수식에서 그 결과를 계산하기 위해 필요한 입력값을 모를 경우에 사용하는 기능입니다. 예를 들면 '평균이 95점이 되려면 컴퓨터 점수는 얼마가 되어야 할까'를 계산하는 것입니다.

## 기본문제

'C:\길벗ITQ마스터(2016)\ITQ엑셀\섹션' 폴더의 '섹션01기본.xlsx' 파일을 열어서 작업하시오.

**전문가의 조언**

목표값 찾기에서는 '목표값 찾기' 대화상자를 구성하는 '수식 셀', '찾을 값', '값을 바꿀 셀'에 대한 개념만 확실하게 이해하면 쉽게 점수를 얻을 수 있습니다. 특별히 어렵거나 복잡한 기능이 아니므로 따라하기만으로도 쉽게 이해할 수 있습니다.

**'제1작업' 시트의 [B2:H10] 영역을 복사하여 '제2작업' 시트의 [B2] 셀부터 모두 붙여넣기를 한 후 다음의 조건과 같이 작업하시오.**

조건

▶ [B11:G11] 셀을 병합하여 "청소 규모 평균"을 입력한 후 [H11] 셀에 '청소규모'의 평균을 구하시오(AVERAGE 함수, 테두리, 가운데 맞춤).

▶ '청소 규모 평균'이 120이 되려면 '박성희' 고객의 '청소규모'가 얼마가 되어야 하는지 목표값을 구하시오.

| | A | B | C | D | E | F | G | H | I |
|---|---|---|---|---|---|---|---|---|---|
| 1 | | | | | | | | | |
| 2 | | 관리번호 | 구분 | 작업명 | 고객명 | 신청일 | 청소규모 | 단가(단위:원) | |
| 3 | | C1-H01-B | 홈크리닝 | 이사청소 | 한희영 | 2020-05-13 | 40 | 9,000 | |
| 4 | | C1-F01-A | 오피스크리닝 | 사무실청소 | 이수정 | 2020-05-15 | 20 | 12,500 | |
| 5 | | C2-F02-A | 오피스크리닝 | 컴퓨터청소 | 홍수찬 | 2020-05-16 | 24 | 15,000 | |
| 6 | | C1-S01-B | 특수크리닝 | 공장청소 | 유미정 | 2020-05-13 | 220 | 18,000 | |
| 7 | | C1-H02-A | 홈크리닝 | 거주청소 | 김동선 | 2020-05-14 | 24 | 11,000 | |
| 8 | | C3-H03-A | 홈크리닝 | 카페트청소 | 차도영 | 2020-05-13 | 33 | 20,000 | |
| 9 | | C3-S02-B | 특수크리닝 | 유리창청소 | 강선주 | 2020-05-15 | 540 | 3,200 | |
| 10 | | C2-F03-A | 오피스크리닝 | 에어컨청소 | 박성희 | 2020-05-15 | 5 | 55,000 | |
| 11 | | | | | | | | | |

제1작업 | 제2작업 | 제3작업

| | A | B | C | D | E | F | G | H |
|---|---|---|---|---|---|---|---|---|
| 1 | | | | | | | | |
| 2 | | 관리번호 | 구분 | 작업명 | 고객명 | 신청일 | 청소규모 | 단가(단위:원) |
| 3 | | C1-H01-B | 홈크리닝 | 이사청소 | 한희영 | 2020-05-13 | 40 | 9,000 |
| 4 | | C1-F01-A | 오피스크리닝 | 사무실청소 | 이수정 | 2020-05-15 | 20 | 12,500 |
| 5 | | C2-F02-A | 오피스크리닝 | 컴퓨터청소 | 홍수찬 | 2020-05-16 | 24 | 15,000 |
| 6 | | C1-S01-B | 특수크리닝 | 공장청소 | 유미정 | 2020-05-13 | 220 | 18,000 |
| 7 | | C1-H02-A | 홈크리닝 | 거주청소 | 김동선 | 2020-05-14 | 24 | 11,000 |
| 8 | | C3-H03-A | 홈크리닝 | 카페트청소 | 차도영 | 2020-05-13 | 33 | 20,000 |
| 9 | | C3-S02-B | 특수크리닝 | 유리창청소 | 강선주 | 2020-05-15 | 540 | 3,200 |
| 10 | | C2-F03-A | 오피스크리닝 | 에어컨청소 | 박성희 | 2020-05-15 | 59 | 55,000 |
| 11 | | 청소 규모 평균 | | | | | | 120 |

따라하기

## 01. 데이터 복사하기

1. '제1작업' 시트에서 [B2:H10] 영역을 블록으로 지정한 후 [홈] → 클립보드 → **복사**(📋)를 클릭하거나 바로 가기 메뉴에서 **[복사]**를 선택하세요. 블록으로 지정된 영역의 테두리가 점선으로 표시됩니다.

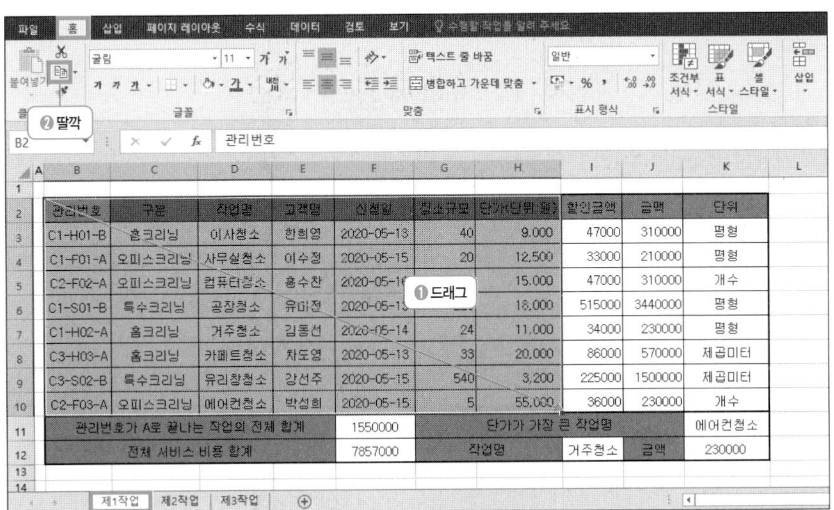


2. 복사한 내용을 '제2작업' 시트의 [B2] 셀에 붙여넣어야 합니다. '제2작업' 시트의 [B2] 셀을 클릭한 후 [홈] → 클립보드 → **붙여넣기**(📋)를 클릭하거나 바로 가기 메뉴에서 [붙여넣기 옵션] → **붙여넣기**(📋)를 선택하세요.

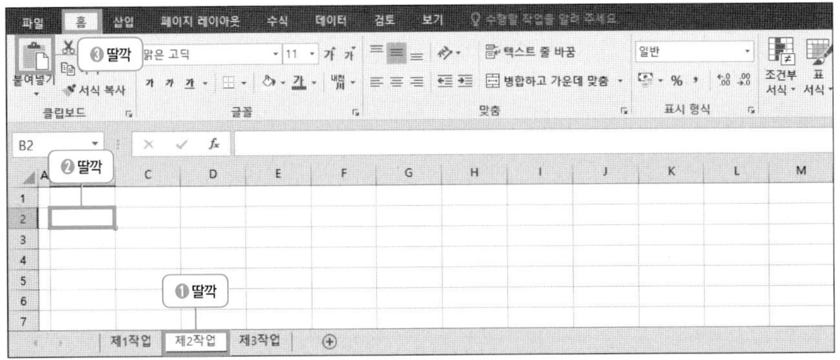


3. 복사된 데이터를 보면 데이터가 짤려서 표시되거나 ###으로 표시되어 있습니다. 데이터를 모두 표시하기 위해 [홈] → 클립보드 → 붙여넣기 → **선택하여 붙여넣기**를 선택하거나 바로 가기 메뉴에서 **[선택하여 붙여넣기]**를 선택하세요.

전문가의 조언

'선택하여 붙여넣기'를 이용하지 않고 열 머리글에서 각 열의 경계선을 마우스로 드래그하여 열 너비를 임의로 조정해도 됩니다. 각 열의 너비를 일일이 조정하는 것보다 '선택하여 붙여넣기'를 이용하는 것이 효율적입니다.

전문가의 조언

리본 메뉴의 [붙여넣기] 위에 마우스를 놓으면 아이콘이 표시된 부분과 '붙여넣기'라는 글자가 표시된 부분이 구분되어 표시됩니다. 이렇게 아이콘과 아이콘의 이름이 구분된 경우는 클릭하는 곳에 따라 수행하는 기능이 다릅니다.

❶ 붙여넣기를 바로 실행합니다.

❷ 붙여넣기, 값 붙여넣기, 기타 붙여넣기 옵션 등의 하위 메뉴가 표시됩니다.

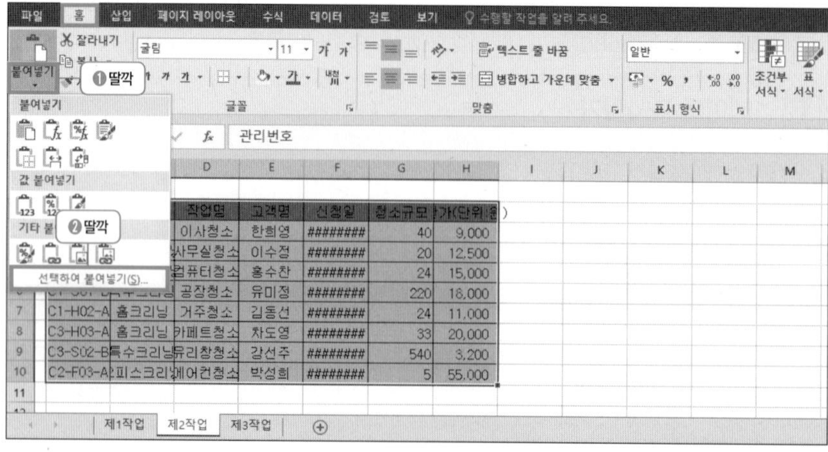


4. '선택하여 붙여넣기' 대화상자에서 '열 너비'를 선택한 후 〈확인〉을 클릭하세요.

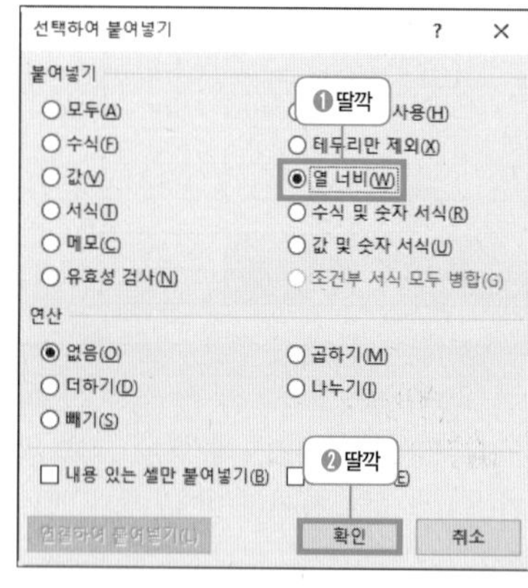


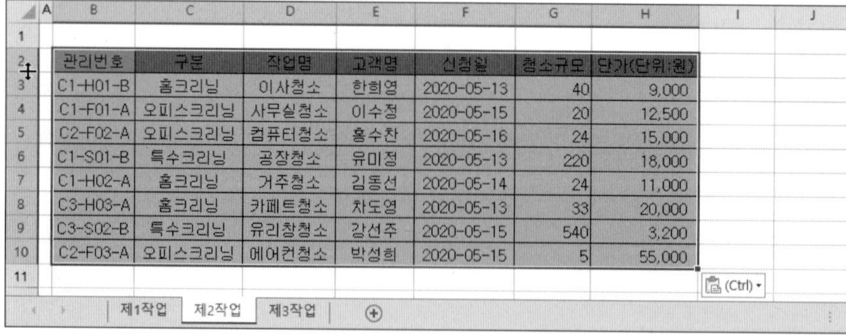

## 02. 서식 지정 및 수식 작성하기

1. '제2작업' 시트에서 [B11:G11] 영역을 블록으로 지정한 후 [홈] → 맞춤 → **병합하고 가운데 맞춤**(⊟)을 클릭하세요.

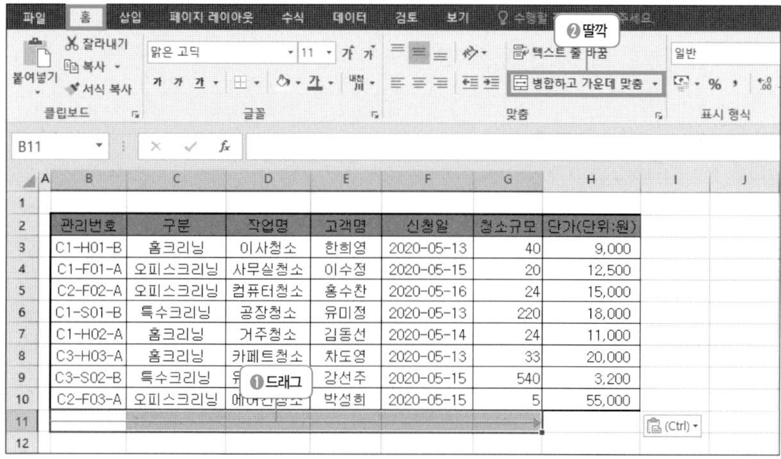


| 관리번호 | 구분 | 작업명 | 고객명 | 신청일 | 청소규모 | 단가(단위:원) |
|---|---|---|---|---|---|---|
| C1-H01-B | 홈크리닝 | 이사청소 | 한희영 | 2020-05-13 | 40 | 9,000 |
| C1-F01-A | 오피스크리닝 | 사무실청소 | 이수정 | 2020-05-15 | 20 | 12,500 |
| C2-F02-A | 오피스크리닝 | 컴퓨터청소 | 홍수찬 | 2020-05-16 | 24 | 15,000 |
| C1-S01-B | 특수크리닝 | 공장청소 | 유미정 | 2020-05-13 | 220 | 18,000 |
| C1-H02-A | 홈크리닝 | 거주청소 | 김동선 | 2020-05-14 | 24 | 11,000 |
| C3-H03-A | 홈크리닝 | 카페트청소 | 차도영 | 2020-05-13 | 33 | 20,000 |
| C3-S02-B | 특수크리닝 | 유리창청소 | 강선주 | 2020-05-15 | 540 | 3,200 |
| C2-F03-A | 오피스크리닝 | 에어컨청소 | 박성희 | 2020-05-15 | 5 | 55,000 |

**2.** 병합된 셀에 **청소 규모 평균**을 입력하세요. 이제 청소 규모의 평균을 구해야 합니다. [H11] 셀을 클릭한 후 수식 입력줄 왼쪽에 있는 '함수 삽입(fx)'을 클릭하세요.

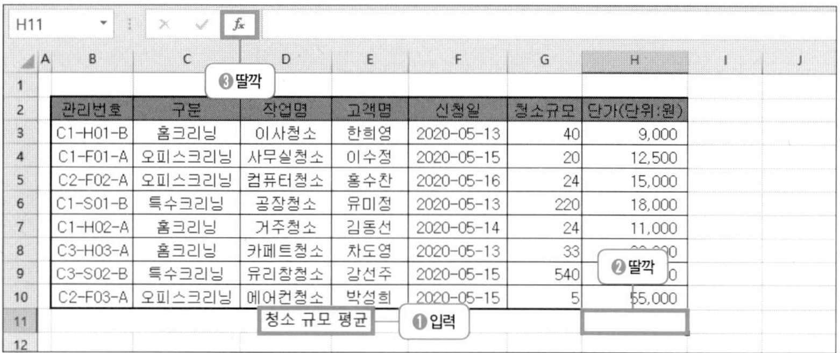


**3.** '함수 마법사' 대화상자가 나타납니다. '함수 마법사' 대화상자의 범주 선택에서 '통계'를, 함수 선택에서 'AVERAGE'를 선택하고 〈확인〉을 클릭하세요.

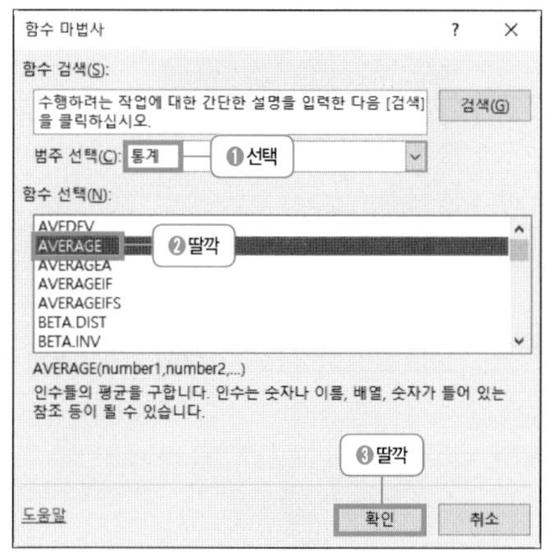

**전문가의 조언**

- 새로 추가하는 내용에 대해 글꼴이 제시되어 있지 않으므로 기본 글꼴(맑은 고딕) 그대로 두면 됩니다.
- AVERAGE, SUM, MAX 등과 같은 단순 함수의 경우는 '함수 마법사'를 이용하지 않고 직접 입력하는 것이 편리합니다. [H11] 셀을 클릭하고 **=AVERAGE(G3:G10)**을 직접 입력하면 됩니다.

**4.** '함수 인수' 대화상자가 표시됩니다. 평균을 구할 청소 규모가 있는 [G3:G10] 영역을 마우스로 드래그한 후 〈확인〉을 클릭하세요.

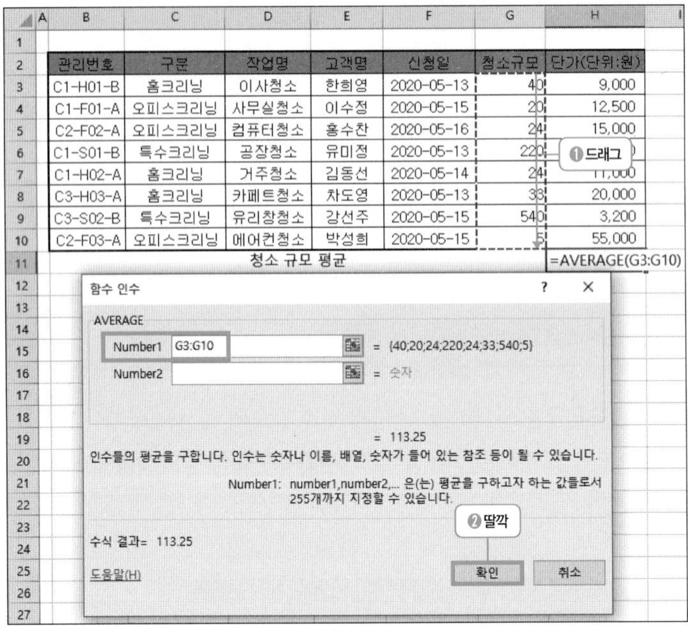

**전문가의 조언**

- 문제에서 [B11:H11] 영역에 테두리를 지정하라고 되어 있으므로 [B11:H11] 영역만을 블록으로 지정한 후 테두리를 지정해도 됩니다. 보기 좋게 하기 위해 [B2:H11] 영역을 블록으로 지정하여 테두리를 지정한 것입니다.
- 문제에서 '가운데 맞춤'을 지정하라고 되어 있으나 수식이 입력된 [H11] 셀은 '가운데 맞춤'을 지정하지 않아도 됩니다. [B11:G11] 영역만 병합하고 가운데 맞춤을 지정하면 됩니다.

**5.** 테두리를 표시해야 합니다. [B2:H11] 영역을 블록으로 지정한 후 [홈] → **글꼴**에서 '테두리(⊞▾)'의 ▾를 클릭하여 '모든 테두리(⊞)'를 선택하세요.

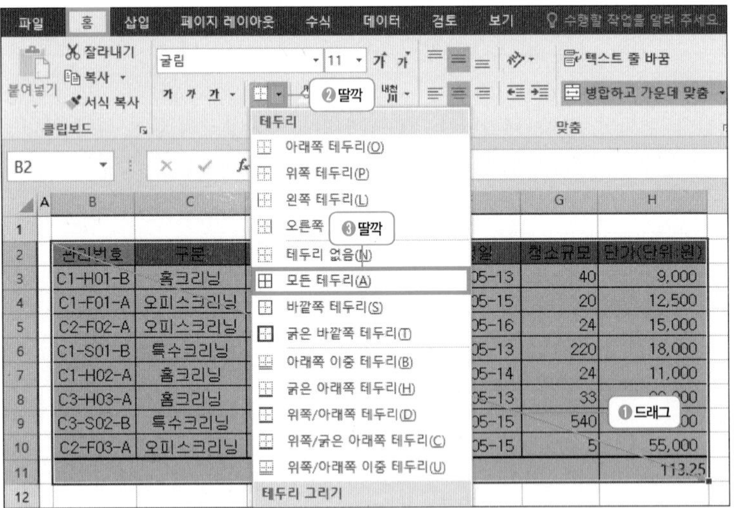

# 03. 목표값 찾기

**1.** [H11] 셀을 클릭하고 [데이터] → 예측 → 가상 분석 → **목표값 찾기**를 선택하세요. '목표값 찾기' 대화상자가 나타납니다.

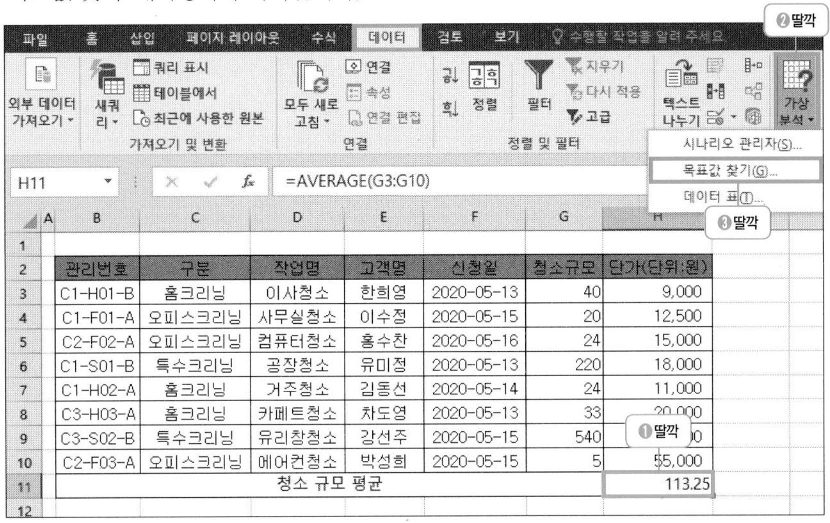


| 관리번호 | 구분 | 작업명 | 고객명 | 신청일 | 청소규모 | 단가(단위:원) |
|---|---|---|---|---|---|---|
| C1-H01-B | 홈크리닝 | 이사청소 | 한희영 | 2020-05-13 | 40 | 9,000 |
| C1-F01-A | 오피스크리닝 | 사무실청소 | 이수정 | 2020-05-15 | 20 | 12,500 |
| C2-F02-A | 오피스크리닝 | 컴퓨터청소 | 홍수찬 | 2020-05-16 | 24 | 15,000 |
| C1-S01-B | 특수크리닝 | 공장청소 | 유미정 | 2020-05-13 | 220 | 18,000 |
| C1-H02-A | 홈크리닝 | 거주청소 | 김동선 | 2020-05-14 | 24 | 11,000 |
| C3-H03-A | 홈크리닝 | 카페트청소 | 차도영 | 2020-05-13 | 33 | 20,000 |
| C3-S02-B | 특수크리닝 | 유리창청소 | 강선주 | 2020-05-15 | 540 | [illegible] |
| C2-F03-A | 오피스크리닝 | 에어컨청소 | 박성희 | 2020-05-15 | 5 | 55,000 |
| 청소 규모 평균 | | | | | | 113.25 |

**2.** '목표값 찾기' 대화상자에서 수식 셀에 [H11] 셀을 지정하고, 찾는 값에 **120**을 입력하세요. '값을 바꿀 셀'에는 박성희 고객의 청소 규모가 있는 [G10] 셀을 지정한 후 〈확인〉을 클릭하세요. 목표값 찾기 결과의 적용 여부를 묻는 '목표값 찾기 상태' 대화상자가 나타납니다.

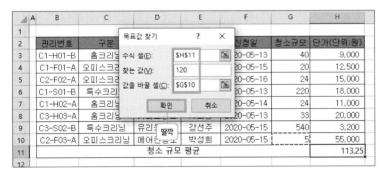

목표값 찾기
수식 셀(E): $H$11
찾는 값(V): 120
값을 바꿀 셀(C): $G$10
확인 취소
딸깍

| 관리번호 | 청소규모 | 단가(단위:원) |
|---|---|---|
| C1-H01-B | 40 | 9,000 |
| C1-F01-A | 20 | 12,500 |
| C2-F02-A | 24 | 15,000 |
| C1-S01-B | 220 | 18,000 |
| C1-H02-A | 24 | 11,000 |
| C3-H03-A | 33 | 20,000 |
| C3-S02-B | 540 | 3,200 |
| C2-F03-A | 5 | 55,000 |
| 청소 규모 평균 | | 113.25 |

**3.** '목표값 찾기 상태' 대화상자에는 목표값 찾기 결과가 표시되고, 워크시트의 데이터도 변경되어 있습니다. 내용을 확인하고, 〈확인〉을 클릭하세요.

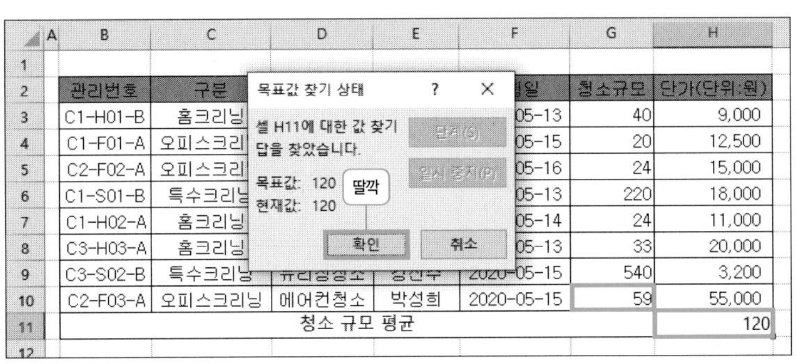


| 관리번호 | 청소규모 | 단가(단위:원) |
|---|---|---|
| C1-H01-B | 40 | 9,000 |
| C1-F01-A | 20 | 12,500 |
| C2-F02-A | 24 | 15,000 |
| C1-S01-B | 220 | 18,000 |
| C1-H02-A | 24 | 11,000 |
| C3-H03-A | 33 | 20,000 |
| C3-S02-B | 540 | 3,200 |
| C2-F03-A | 59 | 55,000 |
| 청소 규모 평균 | | 120 |

**전문가의 조언**

'목표값 찾기 상태' 대화상자에서 〈확인〉을 클릭하면 계산한 목표값이 적용되고, 〈취소〉를 클릭하면 적용하기 전 상태로 돌아갑니다.

## '목표값 찾기' 대화상자

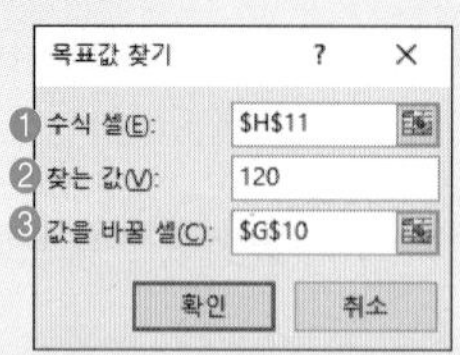


❶ **수식 셀(H11) :** 결과값이 출력되는 셀 주소로 해당 셀에는 반드시 '값을 바꿀 셀'의 주소를 사용하는 수식이 있어야 합니다.

❷ **찾는 값(120) :** 목표로 하는 값을 직접 입력합니다. 수식 셀(H11)의 값이 얼마로 변경되어야 하는지를 입력합니다.

❸ **값을 바꿀 셀(G10) :** 목표값을 만들기 위해 변경되어야 할 값이 들어 있는 셀의 주소를 지정합니다. 말로 풀어 쓰면 '찾는 값', 즉 [H11] 셀의 결과값이 120이 되기 위해서는 '수식 셀'에서 사용하는 주소(값을 바꿀 셀 = 박성희의 청소 규모)의 값이 얼마가 되어야 하는가를 설정하는 것입니다.

## 기출 따라잡기 Section 01

**문제 1** 'C:\길벗ITQ마스터(2016)\ITQ엑셀\섹션' 폴더의 '섹션01기출.xlsx' 파일을 열어서 작업하시오.

**'제1작업' 시트의 [B2:H10] 영역을 복사하여 '제2작업' 시트의 [B2] 셀부터 모두 붙여넣기를 한 후 조건과 같이 작업하시오.**

조건

▶ [B11:G11] 셀을 병합하여 "제과 품목의 계약 마진율 평균"을 입력한 후 [H11] 셀에 제과 품목의 계약 마진율 평균을 구하시오. 단, 조건은 입력 데이터를 이용하시오 (DAVERAGE 함수, 테두리, 가운데 맞춤, 백분율).

▶ '제과 품목의 계약 마진율 평균'이 '12%'가 되려면 해미제과의 '계약 마진율'이 얼마가 되어야 하는지 목표값을 구하시오.

| | A | B | C | D | E | F | G | H | I |
|---|---|---|---|---|---|---|---|---|---|
| 1 | | | | | | | | | |
| 2 | | 협력업체 | 입점일 | 입점 종료일 | 계약 마진율 | 입점품목 | 품목팀장 | 1/4 판매금액 (단위:백만원) | |
| 3 | | 해미제과 | 2020-03-08 | 2023-04-29 | 10% | 제과 | 김은조 | 68,500,000 | |
| 4 | | 낙원농산 | 2020-03-06 | 2023-04-05 | 6% | 농산물 | 홍수한 | 90,000,000 | |
| 5 | | 샤미식품 | 2020-03-12 | 2023-09-01 | 7% | 제과 | 채경화 | 90,000,000 | |
| 6 | | 천안우유 | 2020-09-01 | 2023-02-08 | 12% | 제과 | 김은조 | 98,730,000 | |
| 7 | | 이천농협 | 2020-05-04 | 2023-07-22 | 8% | 농산물 | 홍수한 | 117,500,000 | |
| 8 | | 사호식품 | 2020-02-21 | 2023-08-28 | 9% | 제과 | 김은조 | 118,150,000 | |
| 9 | | 성보가전 | 2020-05-21 | 2023-08-10 | 18% | 전자 | 김상진 | 126,800,000 | |
| 10 | | 유유통상 | 2020-09-30 | 2023-10-23 | 5% | 농산물 | 홍수한 | 237,800,000 | |
| 11 | | | | | | | | | |
| 12 | | | | | | | | | |

제1작업 | 제2작업 | 제3작업

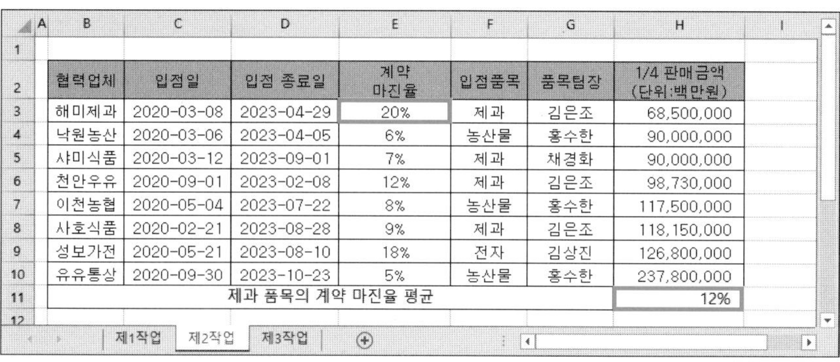

| 협력업체 | 입점일 | 입점 종료일 | 계약 마진율 | 입점품목 | 품목팀장 | 1/4 판매금액 (단위:백만원) |
|---|---|---|---|---|---|---|
| 해미제과 | 2020-03-08 | 2023-04-29 | 20% | 제과 | 김은조 | 68,500,000 |
| 낙원농산 | 2020-03-06 | 2023-04-05 | 6% | 농산물 | 홍수한 | 90,000,000 |
| 샤미식품 | 2020-03-12 | 2023-09-01 | 7% | 제과 | 채경화 | 90,000,000 |
| 천안우유 | 2020-09-01 | 2023-02-08 | 12% | 제과 | 김은조 | 98,730,000 |
| 이천농협 | 2020-05-04 | 2023-07-22 | 8% | 농산물 | 홍수한 | 117,500,000 |
| 사호식품 | 2020-02-21 | 2023-08-28 | 9% | 제과 | 김은조 | 118,150,000 |
| 성보가전 | 2020-05-21 | 2023-08-10 | 18% | 전자 | 김상진 | 126,800,000 |
| 유유통상 | 2020-09-30 | 2023-10-23 | 5% | 농산물 | 홍수한 | 237,800,000 |
| 제과 품목의 계약 마진율 평균 | | | | | | 12% |

## 기출문제 따라하기

Section 01

### 문제 1

## 01. 서식 지정 및 수식 작성하기

1. '제1작업' 시트의 [B2:H10] 영역을 '제2작업' 시트로 복사한 후 열 너비 및 행 높이, 내용 입력, 테두리를 지정하세요.

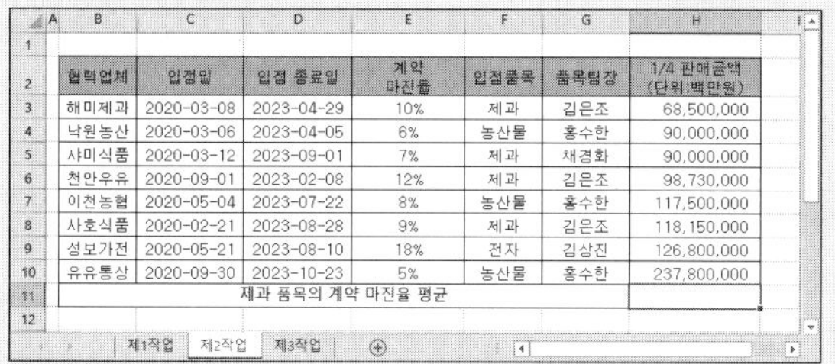

| 협력업체 | 입점일 | 입점 종료일 | 계약 마진율 | 입점품목 | 품목팀장 | 1/4 판매금액 (단위:백만원) |
|---|---|---|---|---|---|---|
| 해미제과 | 2020-03-08 | 2023-04-29 | 10% | 제과 | 김은조 | 68,500,000 |
| 낙원농산 | 2020-03-06 | 2023-04-05 | 6% | 농산물 | 홍수한 | 90,000,000 |
| 샤미식품 | 2020-03-12 | 2023-09-01 | 7% | 제과 | 채경화 | 90,000,000 |
| 천안우유 | 2020-09-01 | 2023-02-08 | 12% | 제과 | 김은조 | 98,730,000 |
| 이천농협 | 2020-05-04 | 2023-07-22 | 8% | 농산물 | 홍수한 | 117,500,000 |
| 사호식품 | 2020-02-21 | 2023-08-28 | 9% | 제과 | 김은조 | 118,150,000 |
| 성보가전 | 2020-05-21 | 2023-08-10 | 18% | 전자 | 김상진 | 126,800,000 |
| 유유통상 | 2020-09-30 | 2023-10-23 | 5% | 농산물 | 홍수한 | 237,800,000 |
| 제과 품목의 계약 마진율 평균 | | | | | | |

**2행의 행 높이 조절**

행 머리글에서 2행과 3행의 경계선을 마우스로 더블클릭하세요. 행 머리글에서 각 행의 경계선을 마우스로 더블클릭하면 해당 행에 입력된 내용 중 가장 높은 내용에 맞게 행 높이가 자동으로 조절됩니다.

2. [H11] 셀을 클릭하고 그림과 같이 DAVERAGE 함수의 함수 마법사를 실행한 후 그림과 같이 인수를 지정하세요.

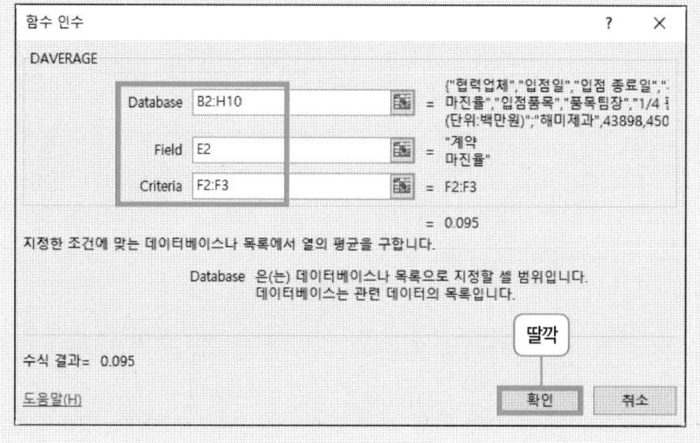



3. [H11] 셀을 클릭하고 '백분율 스타일(%)'을 지정하세요.

## 02. 목표값 찾기

1. [데이터] → 예측 → 가상 분석 → **목표값 찾기**를 선택한 후 '목표값 찾기' 대화상자가 나타나면 그림과 같이 지정하고 〈확인〉을 클릭하세요.

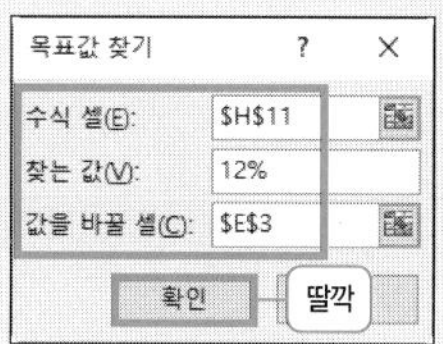



2. '목표값 찾기 상태' 대화상자에서 〈확인〉을 클릭하세요.

SECTION

# 02 정렬/부분합

부분합이란 입력된 데이터를 특정 필드를 기준으로 그룹화해서 각 그룹에 대한 통계를 계산하는 기능입니다. 부분합을 계산하기 전에 먼저 부분합을 구하려는 항목을 기준으로 데이터를 정렬하여 데이터 그룹을 만드는 일부터 해야 합니다. 정렬(Sort) 기능을 이용하면 특정 기준에 맞는 순서대로 데이터를 나열할 수 있습니다.

## 기본문제

'C:\길벗ITQ마스터(2016)\ITQ엑셀\섹션' 폴더의 '섹션02기본.xlsx' 파일을 열어서 작업하시오.

**전문가의 조언**

부분합은 피벗 테이블과 번갈아 출제되고 있습니다. 부분합은 피벗 테이블에 비해 상대적으로 쉬우므로 한두 번의 실습을 통해 어렵지 않게 이해할 수 있지만 '정렬'과 속도에 신경써서 학습해야 합니다. 부분합을 구하기 전에 그룹화할 항목을 기준으로 정렬해야 하는데, 정렬 기준에 대한 지시사항이 없으므로 정렬 기준이 되는 필드명과 정렬 방식을 스스로 판단해야 합니다. 확실하게 이해하지 않으면 실수하기 쉽습니다. 이 섹션의 학습만으로는 부족하다는 생각이 들면 모의고사에서 부분합 결과만 놓고 정렬 기준과 정렬 방식을 찾아내는 연습을 하세요. 그리고 중첩 부분합을 만들 때 순서가 원하는 대로 나오지 않는 경우 지우고 다시 만들어야 하기 때문에 실수없이 빠르게 완성하는 연습을 해야 합니다.

**'제1작업' 시트의 [B2:H10] 영역을 복사하여 '제3작업' 시트의 [B2] 셀부터 모두 붙여넣기를 한 후 조건과 같이 작업하시오.**

조건

(1) 부분합 : [출력형태]처럼 정렬하고, '작업명'의 개수와 '청소 규모'의 최대값을 구하시오.
(2) 윤 곽 : 지우시오.
(3) 나머지 사항은 [출력형태]에 맞게 작성하시오.

출력형태

| | A | B | C | D | E | F | G | H |
|---|---|---|---|---|---|---|---|---|
| 1 | | | | | | | | |
| 2 | | 관리번호 | 구분 | 작업명 | 고객명 | 신청일 | 청소규모 | 단가(단위:원) |
| 3 | | C1-H01-B | 홈크리닝 | 이사청소 | 한희영 | 2020-05-13 | 40 | 9,000 |
| 4 | | C1-H02-A | 홈크리닝 | 거주청소 | 김동선 | 2020-05-14 | 24 | 11,000 |
| 5 | | C3-H03-A | 홈크리닝 | 카페트청소 | 차도영 | 2020-05-13 | 33 | 20,000 |
| 6 | | | 홈크리닝 최대값 | | | | 40 | |
| 7 | | | 홈크리닝 개수 | 3 | | | | |
| 8 | | C1-S01-B | 특수크리닝 | 공장청소 | 유미정 | 2020-05-13 | 220 | 18,000 |
| 9 | | C3-S02-B | 특수크리닝 | 유리창청소 | 강선주 | 2020-05-15 | 540 | 3,200 |
| 10 | | | 특수크리닝 최대값 | | | | 540 | |
| 11 | | | 특수크리닝 개수 | 2 | | | | |
| 12 | | C1-F01-A | 오피스크리닝 | 사무실청소 | 이수정 | 2020-05-15 | 20 | 12,500 |
| 13 | | C2-F02-A | 오피스크리닝 | 컴퓨터청소 | 홍수찬 | 2020-05-16 | 24 | 15,000 |
| 14 | | C2-F03-A | 오피스크리닝 | 에어컨청소 | 박성희 | 2020-05-15 | 5 | 55,000 |
| 15 | | | 오피스크리닝 최대값 | | | | 24 | |
| 16 | | | 오피스크리닝 개수 | 3 | | | | |
| 17 | | | 전체 최대값 | | | | 540 | |
| 18 | | | 전체 개수 | 8 | | | | |

## 따라하기

### 01. 데이터 복사하기

**1.** '제1작업' 시트에서 [B2:H10] 영역을 블록으로 지정한 후 바로 가기 메뉴에서 [복사]를 선택하세요. 블록으로 지정된 영역의 테두리가 점선으로 표시됩니다.

**2.** 복사한 내용을 붙여넣기 위해 '제3작업' 시트의 [B2] 셀을 클릭한 다음 바로 가기 메뉴에서 [붙여넣기 옵션] → **붙여넣기(📋)**를 선택하세요.

**3.** 열 너비를 조정하기 위해 바로 가기 메뉴에서 **[선택하여 붙여넣기]**를 선택한 후 '선택하여 붙여넣기' 대화상자에서 '열 너비'를 선택하고 〈확인〉을 클릭하세요.

## 02. 정렬

**1.** 부분합을 수행하기 전에 먼저 부분합에서 그룹화할 항목을 기준으로 정렬을 수행해야 합니다. 문제에 제시된 그림을 보면 구분별로 부분합이 작성되어 있고, 구분은 '홈크리닝', '특수크리닝', '오피스크리닝' 순으로 표시되어 있습니다. '홈크리닝', '특수크리닝', '오피스크리닝'은 내림차순으로 정렬되어 있으므로 구분을 기준으로 내림차순 정렬을 하면 됩니다.
[B2:H10] 영역의 임의의 셀을 선택한 후 [데이터] → 정렬 및 필터 → **정렬**을 클릭하세요. 정렬 기준을 선택할 수 있는 '정렬' 대화상자가 나타납니다.

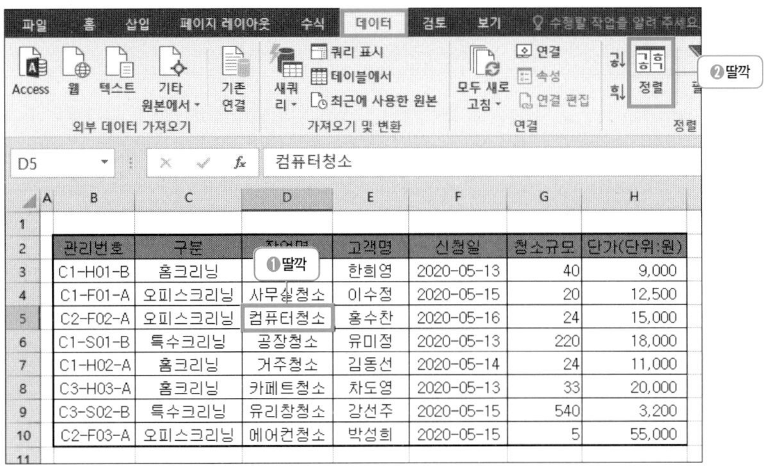


**2.** '정렬' 대화상자의 정렬 기준에서 열을 '구분', 정렬 기준을 '값', 정렬을 '내림차순'으로 지정하고 〈확인〉을 클릭하세요.

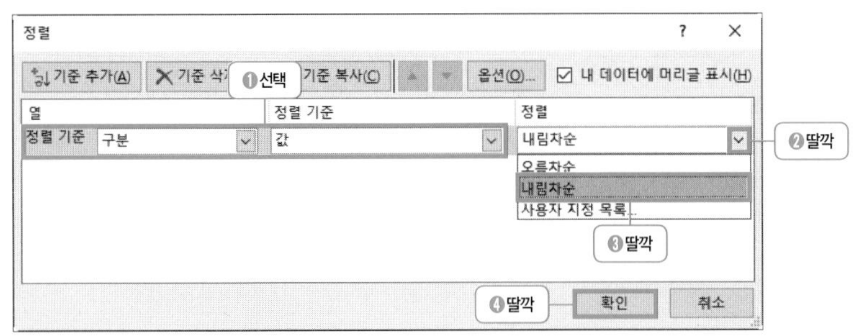


**전문가의 조언**

- 1, 2, 3, … 또는 가, 나, 다, …와 같이 작은 값에서 큰 값으로 올라가는 순서로 정렬하는 것을 오름차순이라 하고, 반대로 큰 값에서 작은 값으로 내려가는 순서로 정렬하는 것을 내림차순이라고 합니다.
- '구분'이 입력된 임의의 셀을 클릭한 후 [데이터] → 정렬 및 필터의 → **텍스트 내림차순 정렬**()을 클릭해도 됩니다.

| | A | B | C | D | E | F | G | H |
|---|---|---|---|---|---|---|---|---|
| 1 | | | | | | | | |
| 2 | | 관리번호 | 구분 | 작업명 | 고객명 | 신청일 | 청소규모 | 단가(단위:원) |
| 3 | | C1-H01-B | 홈크리닝 | 이사청소 | 한희영 | 2020-05-13 | 40 | 9,000 |
| 4 | | C1-H02-A | 홈크리닝 | 거주청소 | 김동선 | 2020-05-14 | 24 | 11,000 |
| 5 | | C3-H03-A | 홈크리닝 | 카페트청소 | 차도영 | 2020-05-13 | 33 | 20,000 |
| 6 | | C1-S01-B | 특수크리닝 | 공장청소 | 유미정 | 2020-05-13 | 220 | 18,000 |
| 7 | | C3-S02-B | 특수크리닝 | 유리창청소 | 강선주 | 2020-05-15 | 540 | 3,200 |
| 8 | | C1-F01-A | 오피스크리닝 | 사무실청소 | 이수정 | 2020-05-15 | 20 | 12,500 |
| 9 | | C2-F02-A | 오피스크리닝 | 컴퓨터청소 | 홍수찬 | 2020-05-16 | 24 | 15,000 |
| 10 | | C2-F03-A | 오피스크리닝 | 에어컨청소 | 박성희 | 2020-05-15 | 5 | 55,000 |

# 03. 부분합

**1.** [B2:H10] 영역의 임의의 셀을 선택한 후 [데이터] → 윤곽선 → **부분합**을 클릭하세요. 부분합에 대한 세부 설정을 할 수 있는 '부분합' 대화상자가 나타납니다.

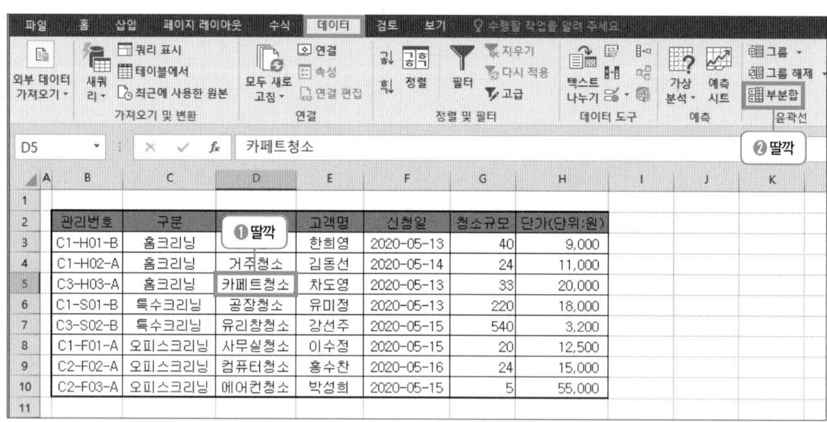

**전문가의 조언**

정렬할 때 설정하였던 정렬 기준이 그룹화할 항목이 됩니다.

**2.** '구분'별 '작업명'의 개수와 '청소 규모'의 최대값을 계산하는 것이므로 그룹화할 항목은 '구분'입니다. '구분'을 선택하세요.

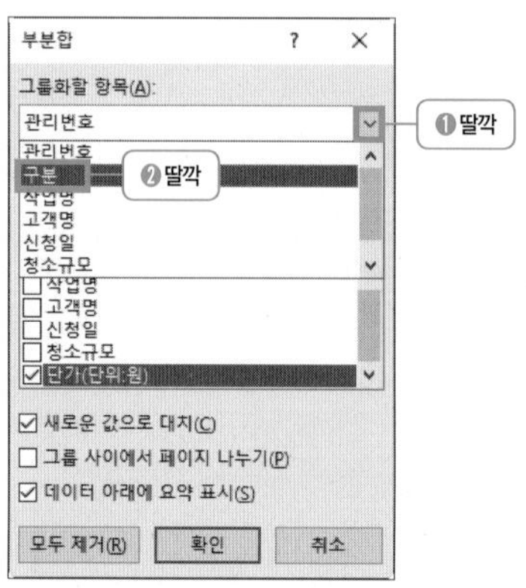


**3.** 사용할 함수의 목록 단추(▼)를 클릭하면 합계, 개수, 평균, 최대값, 최소값 등 부분합에서 사용 가능한 함수 목록이 나타납니다. '작업명'의 개수를 구해야 하므로 '개수'를 선택합니다.

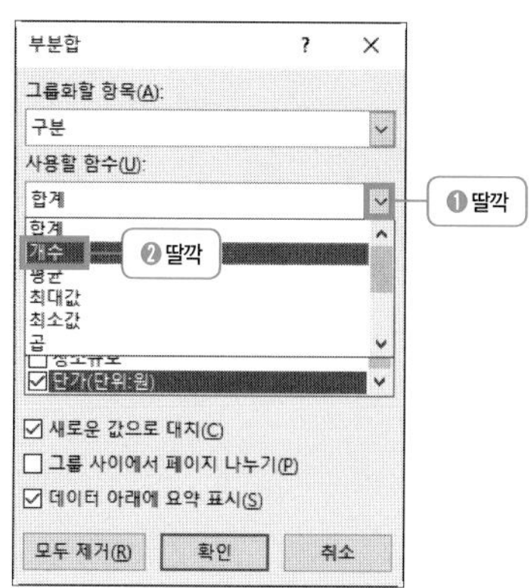


전문가의 조언

**부분합에서 사용할 수 있는 함수 종류**

합계, 개수, 평균, 최대값, 최소값, 곱, 숫자 개수, 표본 표준 편차, 표준 편차, 표본 분산, 분산

**4.** 함수가 적용될 항목을 선택합니다. '작업명'의 개수를 구하는 것이므로 '부분합 계산 항목'에서 '단가(단위:원)'에 표시되어 있는 체크(☑) 표시를 해제한 후 '작업명'을 찾아 체크(☑) 표시를 하세요. 이어서 〈확인〉을 클릭하면 '구분'에 대한 '작업명'의 개수를 구하는 부분합이 작성됩니다.

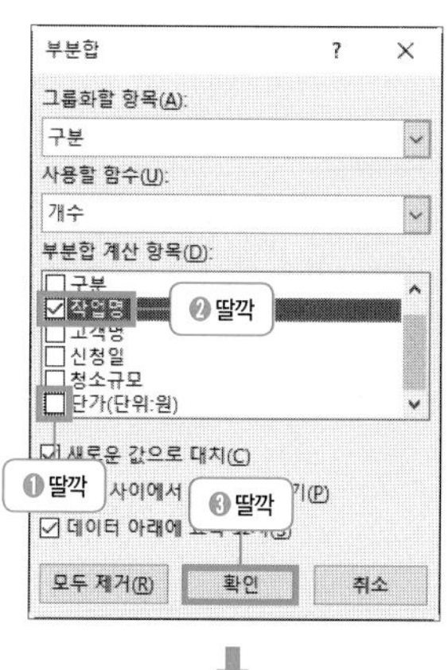


| | A | B | C | D | E | F | G | H |
|---|---|---|---|---|---|---|---|---|
| 1 | | | | | | | | |
| 2 | | 관리번호 | 구분 | 작업명 | 고객명 | 신청일 | 청소규모 | 단가(단위:원) |
| 3 | | C1-H01-B | 홈크리닝 | 이사청소 | 한희영 | 2020-05-13 | 40 | 9,000 |
| 4 | | C1-H02-A | 홈크리닝 | 거주청소 | 김동선 | 2020-05-14 | 24 | 11,000 |
| 5 | | C3-H03-A | 홈크리닝 | 카페트청소 | 차도영 | 2020-05-13 | 33 | 20,000 |
| 6 | | | 홈크리닝 개수 | 3 | | | | |
| 7 | | C1-S01-B | 특수크리닝 | 공장청소 | 유미정 | 2020-05-13 | 220 | 18,000 |
| 8 | | C3-S02-B | 특수크리닝 | 유리창청소 | 강선주 | 2020-05-15 | 540 | 3,200 |
| 9 | | | 특수크리닝 개수 | 2 | | | | |
| 10 | | C1-F01-A | 오피스크리닝 | 사무실청소 | 이수정 | 2020-05-15 | 20 | 12,500 |
| 11 | | C2-F02-A | 오피스크리닝 | 컴퓨터청소 | 홍수찬 | 2020-05-16 | 24 | 15,000 |
| 12 | | C2-F03-A | 오피스크리닝 | 에어컨청소 | 박성희 | 2020-05-15 | 5 | 55,000 |
| 13 | | | 오피스크리닝 개 | 3 | | | | |
| 14 | | | 전체 개수 | 8 | | | | |

**5.** 이제 최대값에 대한 부분합을 계산해야 합니다. [데이터] → 윤곽선 → **부분합**을 클릭하세요. '부분합' 대화상자에서 사용할 함수를 '최대값', 부분합 계산 항목을 '청소규모'로 변경한 후 부분합을 수행합니다. 그리고 가장 중요한 것! '새로운 값으로 대치'를 클릭하여 체크(☑) 표시를 해제해야 한다는 것! 잊으면 안됩니다.

전문가의 조언

**'새로운 값으로 대치' 해제**

부분합을 두 번 수행할 경우 가장 중요한 것! 두 번째 부분합부터는 '부분합' 대화상자에서 반드시 '새로운 값으로 대치'를 해제해야 한다는 것! 잊으면 안됩니다.

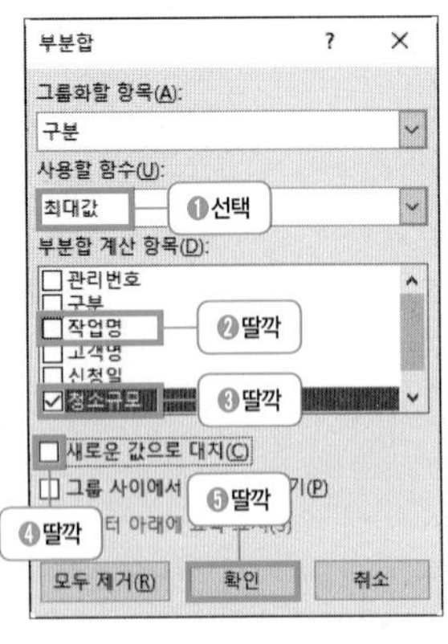

| | A | B | C | D | E | F | G | H |
|---|---|---|---|---|---|---|---|---|
| 1 | | | | | | | | |
| 2 | | 관리번호 | 구분 | 작업명 | 고객명 | 신청일 | 청소규모 | 단가(단위:원) |
| 3 | | C1-H01-B | 홈크리닝 | 이사청소 | 한희영 | 2020-05-13 | 40 | 9,000 |
| 4 | | C1-H02-A | 홈크리닝 | 거주청소 | 김동선 | 2020-05-14 | 24 | 11,000 |
| 5 | | C3-H03-A | 홈크리닝 | 카페트청소 | 차도영 | 2020-05-13 | 33 | 20,000 |
| 6 | | | 홈크리닝 최대값 | | | | 40 | |
| 7 | | | 홈크리닝 개수 | 3 | | | | |
| 8 | | C1-S01-B | 특수크리닝 | 공장청소 | 유미정 | 2020-05-13 | 220 | 18,000 |
| 9 | | C3-S02-B | 특수크리닝 | 유리창청소 | 강선주 | 2020-05-15 | 540 | 3,200 |
| 10 | | | 특수크리닝 최대값 | | | | 540 | |
| 11 | | | 특수크리닝 개수 | 2 | | | | |
| 12 | | C1-F01-A | 오피스크리닝 | 사무실청소 | 이수정 | 2020-05-15 | 20 | 12,500 |
| 13 | | C2-F02-A | 오피스크리닝 | 컴퓨터청소 | 홍수찬 | 2020-05-16 | 24 | 15,000 |
| 14 | | C2-F03-A | 오피스크리닝 | 에어컨청소 | 박성희 | 2020-05-15 | 5 | 55,000 |
| 15 | | | 오피스크리닝 최대값 | | | | 24 | |
| 16 | | | 오피스크리닝 개 | 3 | | | | |
| 17 | | | 전체 최대값 | | | | 540 | |
| 18 | | | 전체 개수 | 8 | | | | |

# 04. 윤곽 지우기

**1.** [데이터] → 윤곽선 → [그룹 해제] → **윤곽 지우기**를 선택하세요.

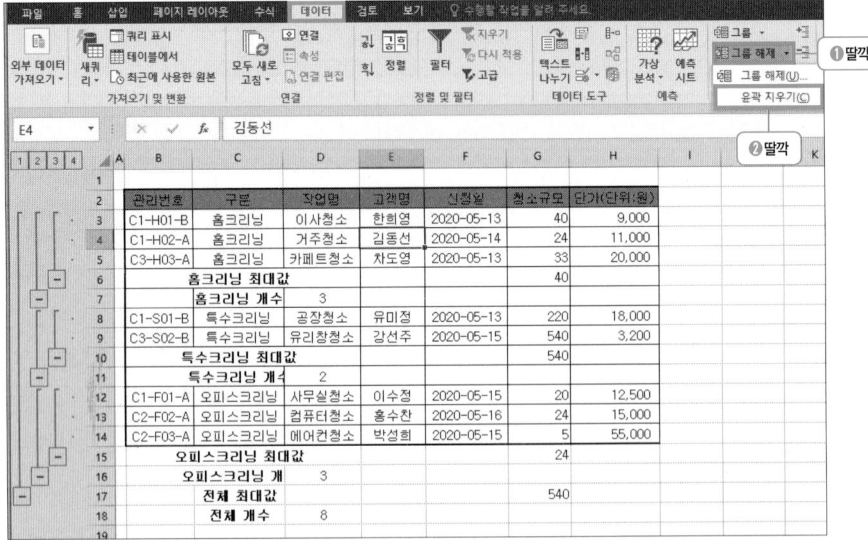

**2.** C열의 열 너비를 늘려주기 위해 열 머리글에서 C열과 D열 사이의 경계선을 마우스로 더블클릭하세요.

딸깍 딸깍

| | A | B | C | D | E | F | G | H |
|---|---|---|---|---|---|---|---|---|
| 1 | | | | | | | | |
| 2 | | 관리번호 | 구분 | 작업명 | 고객명 | 신청일 | 청소규모 | 단가(단위:원) |
| 3 | | C1-H01-B | 홈크리닝 | 이사청소 | 한희영 | 2020-05-13 | 40 | 9,000 |
| 4 | | C1-H02-A | 홈크리닝 | 거주청소 | 김동선 | 2020-05-14 | 24 | 11,000 |
| 5 | | C3-H03-A | 홈크리닝 | 카페트청소 | 차도영 | 2020-05-13 | 33 | 20,000 |
| 6 | | | 홈크리닝 최대값 | | | | 40 | |
| 7 | | | 홈크리닝 개수 | 3 | | | | |
| 8 | | C1-S01-B | 특수크리닝 | 공장청소 | 유미정 | 2020-05-13 | 220 | 18,000 |
| 9 | | C3-S02-B | 특수크리닝 | 유리창청소 | 강선주 | 2020-05-15 | 540 | 3,200 |
| 10 | | | 특수크리닝 최대값 | | | | 540 | |
| 11 | | | 특수크리닝 개수 | 2 | | | | |
| 12 | | C1-F01-A | 오피스크리닝 | 사무실청소 | 이수정 | 2020-05-15 | 20 | 12,500 |
| 13 | | C2-F02-A | 오피스크리닝 | 컴퓨터청소 | 홍수찬 | 2020-05-16 | 24 | 15,000 |
| 14 | | C2-F03-A | 오피스크리닝 | 에어컨청소 | 박성희 | 2020-05-15 | 5 | 55,000 |
| 15 | | | 오피스크리닝 최대값 | | | | 24 | |
| 16 | | | 오피스크리닝 개 | 3 | | | | |
| 17 | | | 전체 최대값 | | | | 540 | |
| 18 | | | 전체 개수 | 8 | | | | |

| | A | B | C | D | E | F | G | H |
|---|---|---|---|---|---|---|---|---|
| 1 | | | | | | | | |
| 2 | | 관리번호 | 구분 | 작업명 | 고객명 | 신청일 | 청소규모 | 단가(단위:원) |
| 3 | | C1-H01-B | 홈크리닝 | 이사청소 | 한희영 | 2020-05-13 | 40 | 9,000 |
| 4 | | C1-H02-A | 홈크리닝 | 거주청소 | 김동선 | 2020-05-14 | 24 | 11,000 |
| 5 | | C3-H03-A | 홈크리닝 | 카페트청소 | 차도영 | 2020-05-13 | 33 | 20,000 |
| 6 | | | 홈크리닝 최대값 | | | | 40 | |
| 7 | | | 홈크리닝 개수 | 3 | | | | |
| 8 | | C1-S01-B | 특수크리닝 | 공장청소 | 유미정 | 2020-05-13 | 220 | 18,000 |
| 9 | | C3-S02-B | 특수크리닝 | 유리창청소 | 강선주 | 2020-05-15 | 540 | 3,200 |
| 10 | | | 특수크리닝 최대값 | | | | 540 | |
| 11 | | | 특수크리닝 개수 | 2 | | | | |
| 12 | | C1-F01-A | 오피스크리닝 | 사무실청소 | 이수정 | 2020-05-15 | 20 | 12,500 |
| 13 | | C2-F02-A | 오피스크리닝 | 컴퓨터청소 | 홍수찬 | 2020-05-16 | 24 | 15,000 |
| 14 | | C2-F03-A | 오피스크리닝 | 에어컨청소 | 박성희 | 2020-05-15 | 5 | 55,000 |
| 15 | | | 오피스크리닝 최대값 | | | | 24 | |
| 16 | | | 오피스크리닝 개수 | 3 | | | | |
| 17 | | | 전체 최대값 | | | | 540 | |
| 18 | | | 전체 개수 | 8 | | | | |

## 잠깐만요 '부분합' 대화상자 / 부분합 제거

### '부분합' 대화상자

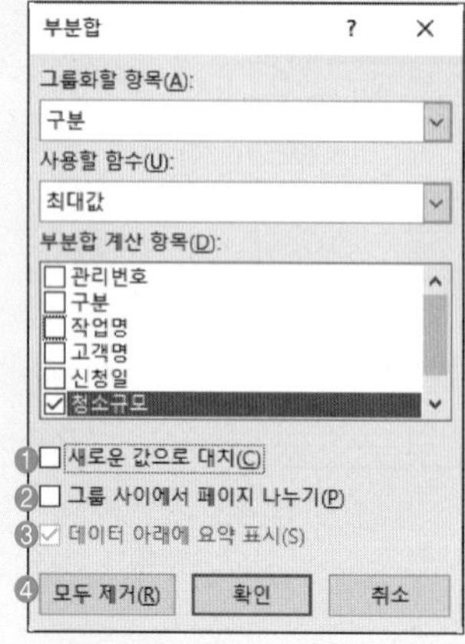


❶ **새로운 값으로 대치 :** 이미 계산된 부분합이 있는 경우 기존의 부분합을 지우고, 새로 계산된 부분합을 표시합니다. 체크(☑) 표시를 해제하면 기존의 부분합을 그대로 둔 채 새로 계산된 부분합을 추가합니다.

❷ **그룹 사이에서 페이지 나누기 :** 부분합이 계산되는 그룹 사이에 페이지 구분선을 삽입하여, 인쇄할 때 그룹별로 별도의 페이지에 출력되도록 합니다.

❸ **데이터 아래에 요약 표시 :** 그룹별로 계산된 부분합의 결과 값이 해당 그룹 아래에 표시됩니다. 체크(☑) 표시를 해제하면 그룹의 위쪽에 부분합의 결과값이 표시됩니다.

❹ **모두 제거 :** 부분합 결과를 삭제하고, 원래 데이터의 목록으로 돌아갑니다.

### 부분합 제거

'부분합' 대화상자에서 〈모두 제거〉를 클릭하면 부분합이 제거됩니다. 즉 부분합을 수행하기 전 상태로 돌아갑니다.

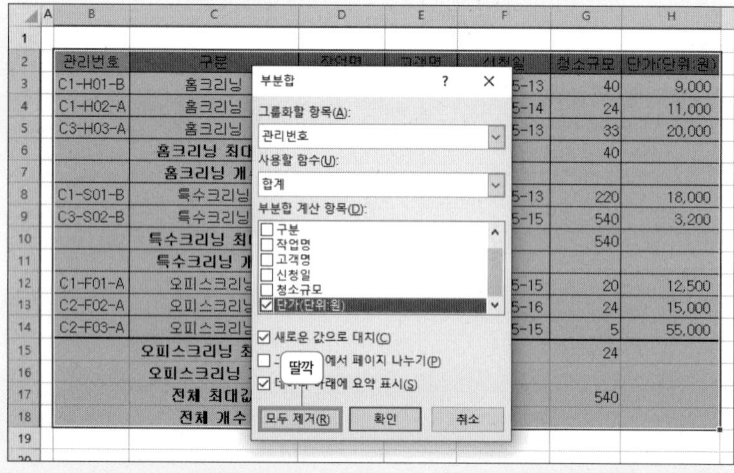


⬇

| 관리번호 | 구분 | 작업명 | 고객명 | 신청일 | 청소규모 | 단가(단위:원) |
|---|---|---|---|---|---|---|
| C1-H01-B | 홈크리닝 | 이사청소 | 한희영 | 2020-05-13 | 40 | 9,000 |
| C1-H02-A | 홈크리닝 | 거주청소 | 김동선 | 2020-05-14 | 24 | 11,000 |
| C3-H03-A | 홈크리닝 | 카페트청소 | 차도영 | 2020-05-13 | 33 | 20,000 |
| C1-S01-B | 특수크리닝 | 공장청소 | 유미정 | 2020-05-13 | 220 | 18,000 |
| C3-S02-B | 특수크리닝 | 유리창청소 | 강선주 | 2020-05-15 | 540 | 3,200 |
| C1-F01-A | 오피스크리닝 | 사무실청소 | 이수정 | 2020-05-15 | 20 | 12,500 |
| C2-F02-A | 오피스크리닝 | 컴퓨터청소 | 홍수찬 | 2020-05-16 | 24 | 15,000 |
| C2-F03-A | 오피스크리닝 | 에어컨청소 | 박성희 | 2020-05-15 | 5 | 55,000 |

## 기출 따라잡기



**문제 1** 'C:\길벗ITQ마스터(2016)\ITQ엑셀\섹션' 폴더의 '섹션02기출.xlsx' 파일을 열어서 작업하시오.

**'제1작업' 시트의 [B2:G10] 영역을 복사하여 '제3작업' 시트의 [B2] 셀부터 모두 붙여넣기를 한 후 조건과 같이 작업하시오.**

조건

(1) 부분합 : [출력형태]처럼 정렬하고, '성명'의 개수와 '실적량'의 합계를 구하시오.
(2) 윤 곽 : 지우시오.
(3) 나머지 사항은 [출력형태]에 맞게 작성하시오.

출력형태

| | B | C | D | E | F | G |
|---|---|---|---|---|---|---|
| 1 | | | | | | |
| 2 | 성명 | 사원코드 | 직위 | 주민번호 | 할당량 | 실적량 |
| 3 | 윤선중 | 0503K | 행원 | 921005-1024555 | 43 | 46 |
| 4 | 오수진 | 0136H | 행원 | 940708-1212442 | 0 | 72 |
| 5 | 김예준 | 0302K | 행원 | 851225-1048752 | 60 | 58 |
| 6 | 김상진 | 0514Y | 행원 | 860205-1249895 | 52 | 59 |
| 7 | 최유진 | 0321Y | 행원 | 941008-2035339 | 72 | 62 |
| 8 | | | **행원 요약** | | | 297 |
| 9 | 5 | | **행원 개수** | | | |
| 10 | 이민준 | 0012Y | 대리 | 901124-1024578 | 51 | 30 |
| 11 | 박동빈 | 0712H | 대리 | 901010-2025571 | 69 | 35 |
| 12 | | | **대리 요약** | | | 65 |
| 13 | 2 | | **대리 개수** | | | |
| 14 | 박지원 | 9802Y | 과장 | 901005-2034911 | 40 | 32 |
| 15 | | | **과장 요약** | | | 32 |
| 16 | 1 | | **과장 개수** | | | |
| 17 | | | **총합계** | | | 394 |
| 18 | 8 | | **전체 개수** | | | |

## 기출문제 따라하기



**문제 1**

### 01. 데이터 복사하기

1. '제1작업' 시트에서 [B2:G10] 영역을 블록으로 지정한 후 바로 가기 메뉴에서 **[복사]**를 선택하세요.
2. '제3작업' 시트의 [B2] 셀을 클릭한 후 바로 가기 메뉴에서 [붙여넣기 옵션] → **붙여넣기(📋)**를 선택하세요.
3. 바로 가기 메뉴에서 **[선택하여 붙여넣기]**를 선택한 후 '선택하여 붙여넣기' 대화상자에서 '열 너비'를 선택하고 〈확인〉을 클릭하세요.

### 02. 정렬 및 부분합

1. 정렬 기준인 '직위' 필드(D3:D10)의 임의의 셀을 클릭한 후 [데이터] → 정렬 및 필터 → **정렬**을 클릭하세요.

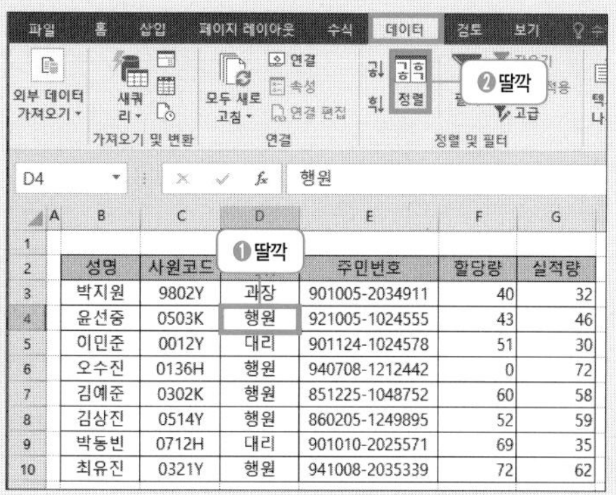


| | B | C | D | E | F | G |
|---|---|---|---|---|---|---|
| 1 | | | | | | |
| 2 | 성명 | 사원코드 | 직위 | 주민번호 | 할당량 | 실적량 |
| 3 | 박지원 | 9802Y | 과장 | 901005-2034911 | 40 | 32 |
| 4 | 윤선중 | 0503K | 행원 | 921005-1024555 | 43 | 46 |
| 5 | 이민준 | 0012Y | 대리 | 901124-1024578 | 51 | 30 |
| 6 | 오수진 | 0136H | 행원 | 940708-1212442 | 0 | 72 |
| 7 | 김예준 | 0302K | 행원 | 851225-1048752 | 60 | 58 |
| 8 | 김상진 | 0514Y | 행원 | 860205-1249895 | 52 | 59 |
| 9 | 박동빈 | 0712H | 대리 | 901010-2025571 | 69 | 35 |
| 10 | 최유진 | 0321Y | 행원 | 941008-2035339 | 72 | 62 |

2. '정렬' 대화상자에서 그림과 같이 지정한 후 〈확인〉을 클릭하세요.

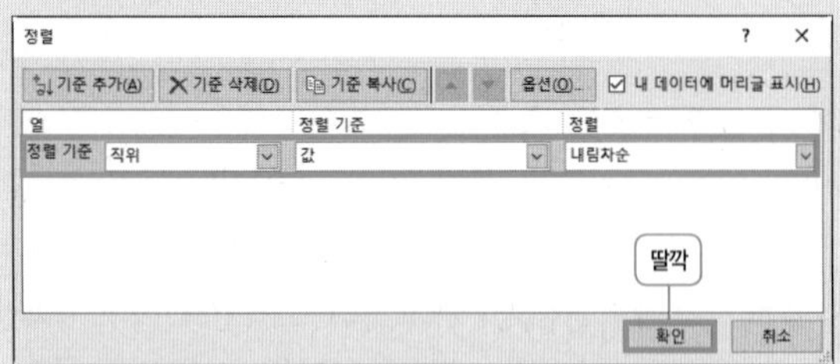


3. [B2:G10] 영역의 임의의 셀을 선택한 후 [데이터] → 윤곽선 → **부분합**을 클릭하세요.

4. '부분합' 대화상자에서 그림과 같이 지정한 후 〈확인〉을 클릭하세요.

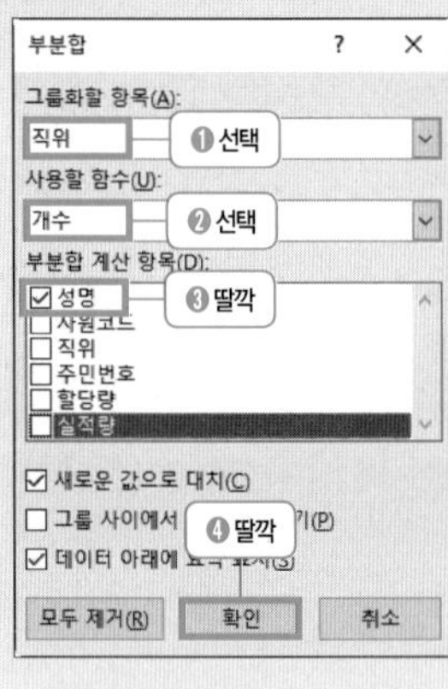


5. 합계에 대한 부분합을 작성하기 위해 다시 [데이터] → 윤곽선 → **부분합**을 클릭하세요. '부분합' 대화상자에서 그림과 같이 지정한 후 부분합을 수행합니다. 반드시 '새로운 값으로 대치'의 체크(☑) 표시를 해제한 후 〈확인〉을 클릭하세요.

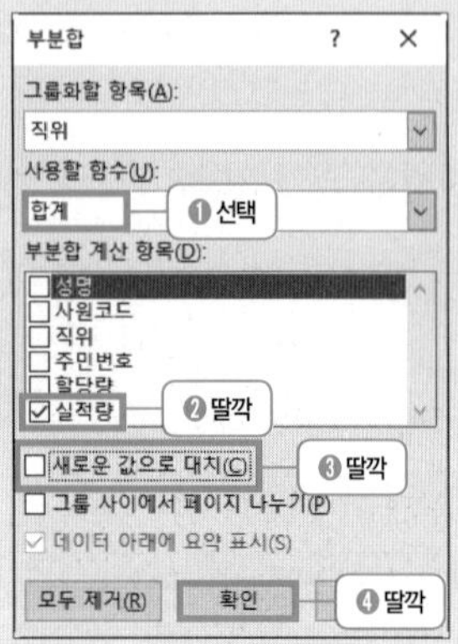


6. [데이터] → 윤곽선 → 그룹 해제 → **윤곽 지우기**를 선택하세요.

## '고급 필터' 대화상자

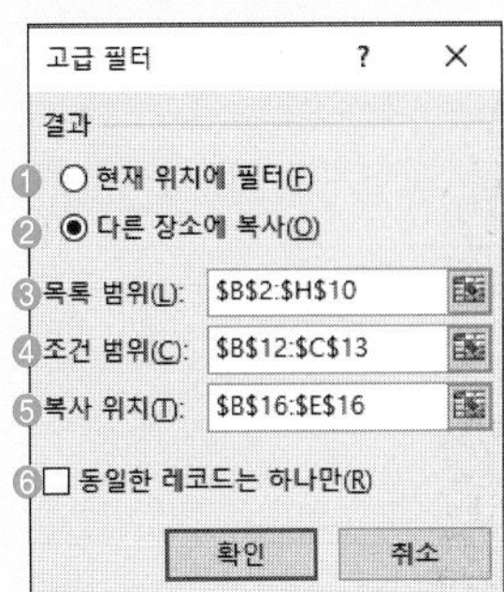


❶ **현재 위치에 필터 :** 결과 데이터를 현재 원본 데이터가 위치한 곳에 표시합니다.
❷ **다른 장소에 복사 :** '복사 위치'로 지정한 위치에 결과 데이터를 표시합니다.
❸ **목록 범위 :** 필터 기능이 적용될 원본 데이터가 있는 위치를 지정합니다.
❹ **조건 범위 :** 사용자가 지정한 조건이 입력된 위치를 지정합니다.
❺ **복사 위치 :** 결과가 추출될 위치를 지정합니다.
❻ **동일한 레코드는 하나만 :** 조건을 만족하는 행 중에서 같은 내용의 행이 있을 경우 한 행만 표시합니다.

### 고급 필터의 조건 지정 방법

고급 필터는 조건을 정확하게 지정하는 것이 가장 중요합니다. 조건에는 AND와 OR 조건이 있다는 것 아시죠? AND와 OR 조건의 구분은 조건이 입력된 행의 위치에 따라 구분됩니다.

- **AND 조건 :** 조건을 같은 행에 입력합니다.

| 나이 | 급여 |
|---|---|
| >=20 | >=800000 |

나이가 20 이상이고, 급여가 800000 이상인 데이터

| 나이 | 급여 | 지역 |
|---|---|---|
| >=20 | >=800000 | 서울 |

나이가 20 이상이고, 급여가 800000 이상이고, 지역이 "서울"인 데이터

- **OR 조건 :** 조건을 다른 행에 입력합니다.

| 나이 | 급여 |
|---|---|
| >=20 | |
| | >=800000 |

나이가 20 이상이거나, 급여가 800000 이상인 데이터

| 나이 | 급여 | 지역 |
|---|---|---|
| >=20 | | |
| | >=800000 | |
| | | 서울 |

나이가 20 이상이거나, 급여가 800000 이상이거나, 지역이 "서울"인 데이터

| 지역 |
|---|
| 서울 |
| 부산 |

지역이 "서울"이거나, 지역이 "부산"인 데이터

- **AND와 OR 결합 조건 :** 하나의 필드에 여러 조건을 지정합니다. AND 조건이 먼저 계산됩니다.

| 나이 | 지역 |
|---|---|
| >=20 | 서울 |
| >=60 | 부산 |

나이가 20 이상이고 지역이 "서울"이거나, 나이가 60 이상이고 지역이 "부산"인 데이터

m·e·m·o

# 03 장

# 실전 모의고사

실전 모의고사 01회

실전 모의고사 02회

실전 모의고사 03회

실전 모의고사 04회

실전 모의고사 05회

실전 모의고사 06회

실전 모의고사 07회

실전 모의고사 08회

실전 모의고사 09회

실전 모의고사 10회

'C:\길벗ITQ마스터(2016)\ITQ 엑셀' 폴더에 "실전모의고사.pdf" 파일로 저장되어 있습니다.

EXAMINATION

# 01회 실전 모의고사

## 제 1 작업 표 서식 작성 및 값 계산 (240점)

**다음은 '일반의약품 판매가격 현황'에 대한 자료이다. 자료를 입력하고 조건에 맞도록 작업하시오.**

출력형태

| 코드 | 제품명 | 제조사 | 구분 | 규격 (ml/캡셀/g) | 평균가격 (원) | 최저가격 | 순위 | 제품이력 |
|---|---|---|---|---|---|---|---|---|
| DH1897 | 위생천 | 광동제약 | 소화제 | 75 | 580 | 500 | (1) | (2) |
| HY1955 | 챔프 | 동아제약 | 해열진통제 | 10 | 2,000 | 1,600 | (1) | (2) |
| DA1956 | 판피린큐 | 동아제약 | 해열진통제 | 20 | 400 | 350 | (1) | (2) |
| DG1985 | 애시논액 | 동아제약 | 소화제 | 10 | 4,800 | 4,150 | (1) | (2) |
| GY1958 | 포타디연고 | 삼일제약 | 외용연고제 | 75 | 500 | 400 | (1) | (2) |
| SE1987 | 부루펜시럽 | 삼일제약 | 해열진통제 | 90 | 4,300 | 3,900 | (1) | (2) |
| HD1957 | 생록천 | 광동제약 | 소화제 | 75 | 500 | 420 | (1) | (2) |
| DH1980 | 후시딘 | 동화약품 | 외용연고제 | 10 | 5,200 | 4,500 | (1) | (2) |
| 광동제약 제품 평균가격(원)의 평균 | | | (3) | | 최저가격의 중간값 | | | (5) |
| 소화제 최저가격의 평균 | | | (4) | | 제품명 | 위생천 | 최저가격 | (6) |

(제목: 일반의약품 판매가격 현황 / 결재: 담당, 대리, 팀장)

**조건**

- ○ 모든 데이터의 서식에는 글꼴(굴림, 11pt), 정렬은 숫자 및 회계 서식은 오른쪽 정렬, 나머지 서식은 가운데 정렬로 작성하며 예외적인 것은 [출력형태]를 참조하시오.
- ○ 제 목 : 도형(오각형)과 그림자(오프셋 오른쪽)를 이용하여 작성하고 "일반의약품 판매가격 현황"을 입력한 후 다음 서식을 적용하시오(글꼴-굴림, 24pt, 검정, 굵게, 채우기-노랑).
- ○ 임의의 셀에 결재란을 작성하여 그림으로 복사 기능을 이용하여 붙이기 하시오(단, 원본 삭제).
- ○ [B4:J4, G14, I14] 영역은 '주황'으로 채우기 하시오.
- ○ 유효성 검사를 이용하여 [H14] 셀에 제품명([C5:C12] 영역)이 선택 표시되도록 하시오.
- ○ 셀 서식 : [H5:H12] 영역에 셀 서식을 이용하여 숫자 뒤에 "원"을 표시하시오(예 : 1,600원).
- ○ [H5:H12] 영역에 대해 '최저가격'으로 이름 정의를 하시오.

**⊙ (1)~(6) 셀은 반드시 주어진 함수를 이용하여 값을 구하시오(결과값을 직접 입력하면 해당 셀은 0점 처리됨).**

(1) **순위** : 평균가격(원)의 내림차순 순위를 1~3까지 구하고, 그 외에는 공백으로 표시하시오(IF, RANK.EQ 함수).

(2) **제품이력** : [2020-제품출시연도]로 계산한 결과값 뒤에 "년"을 붙이시오. 단, 제품출시연도는 코드의 마지막 네 글자를 이용하시오(RIGHT 함수, & 연산자)(예 : 11년).

(3) **광동제약 제품 평균가격(원)의 평균** : (SUMIF, COUNTIF 함수)

(4) **소화제 최저가격의 평균** : 조건은 입력 데이터를 이용하시오(DAVERAGE 함수).

(5) **최저가격의 중간값** : 정의된 이름(최저가격)을 이용하여 구하시오(MEDIAN 함수).

(6) **최저가격** : [H14] 셀에서 선택한 제품명에 대한 최저가격을 표시하시오(VLOOKUP 함수).

(7) 조건부 서식을 이용하여 평균가격(원) 셀에 데이터 막대 스타일(빨강)을 최소값 및 최대값으로 적용하시오.

## 제 2 작업 필터 및 서식 (80점)

**"제1작업" 시트의 [B4:H12] 영역을 복사하여 "제2작업" 시트의 [B2] 셀부터 모두 붙여넣기를 한 후 다음의 조건과 같이 작업하시오.**

조건 (1) 고급 필터

- ▶ 구분이 '소화제'가 아니면서, 평균가격(원)이 1,000 이상인 자료의 데이터만 추출하시오.
- ▶ 조건 범위 : [B13] 셀부터 입력하시오.
- ▶ 복사 위치 : [B18] 셀부터 나타나도록 하시오.

(2) 표 서식

- ▶ 고급 필터의 결과 셀을 채우기 없음으로 설정한 후 '표 스타일 보통 6'의 서식을 적용하시오.
- ▶ 머리글 행, 줄무늬 행을 적용하시오.

## 제 3 작업 피벗 테이블 (80점)

**"제1작업" 시트를 이용하여"제3작업" 시트에 조건에 따라 [출력형태]와 같이 작업하시오.**

조건 (1) 최저가격 및 구분별 제품명의 개수와 평균가격(원)의 최소값을 구하시오.
(2) 최저가격을 그룹화하고, 구분을 [출력형태]와 같이 정렬하시오.
(3) 레이블이 있는 셀 병합 및 가운데 맞춤 적용 및 빈 셀은 '***'로 표시하시오.
(4) 행의 총합계를 지우고, 나머지 사항은 [출력형태]에 맞게 작성하시오.

출력형태

| | A | B | C | D | E | F | G | H |
|---|---|---|---|---|---|---|---|---|
| 1 | | | | | | | | |
| 2 | | | 구분 | | | | | |
| 3 | | | 해열진통제 | | 외용연고제 | | 소화제 | |
| 4 | | 최저가격 | 개수 : 제품명 | 최소값 : 평균가격(원) | 개수 : 제품명 | 최소값 : 평균가격(원) | 개수 : 제품명 | 최소값 : 평균가격(원) |
| 5 | | 1-1000 | 1 | 400 | 1 | 500 | 2 | 500 |
| 6 | | 1001-2000 | 1 | 2,000 | *** | *** | *** | *** |
| 7 | | 3001-4000 | 1 | 4,300 | *** | *** | *** | *** |
| 8 | | 4001-5000 | *** | *** | 1 | 5,200 | 1 | 4,800 |
| 9 | | **총합계** | **3** | **400** | **2** | **500** | **3** | **500** |

## 제 4 작업 그래프 (100점)

**"제1작업" 시트를 이용하여 조건에 따라 [출력형태]와 같이 작업하시오.**

조건 (1) **차트 종류** – 〈묶은 세로 막대형〉으로 작업하시오.
(2) **데이터 범위** – "제1작업" 시트의 내용을 이용하여 작업하시오.
(3) **위치** – "새 시트"로 이동하고, "제4작업"으로 시트 이름을 바꾸시오.
(4) **차트 디자인 도구** – 레이아웃 3, 스타일 1을 선택하여 [출력형태]에 맞게 작업하시오.
(5) **영역 서식** – 차트 : 글꼴(굴림, 11pt), 채우기 효과(질감–파랑 박엽지)
그림 : 채우기(흰색, 배경1)
(6) **제목 서식** – 차트 제목 : 글꼴(굴림, 굵게, 20pt), 채우기(흰색, 배경1), 테두리
(7) **서식** – 평균가격(원) 계열의 차트 종류를 〈표식이 있는 꺾은선형〉으로 변경한 후 보조 축으로 지정하시오.
계열 : [출력형태]를 참조하여 표식(다이아몬드, 크기 10)과 레이블 값을 표시하시오.
눈금선 : 선 스타일–파선
축 : [출력형태]를 참조하시오.
(8) **범례** – 범례명을 변경하고 [출력형태]를 참조하시오.
(9) **도형** – '위쪽 리본'을 삽입하고 [출력형태]와 같이 내용을 입력하시오.
(10) 나머지 사항은 [출력형태]에 맞게 작성하시오.

출력형태

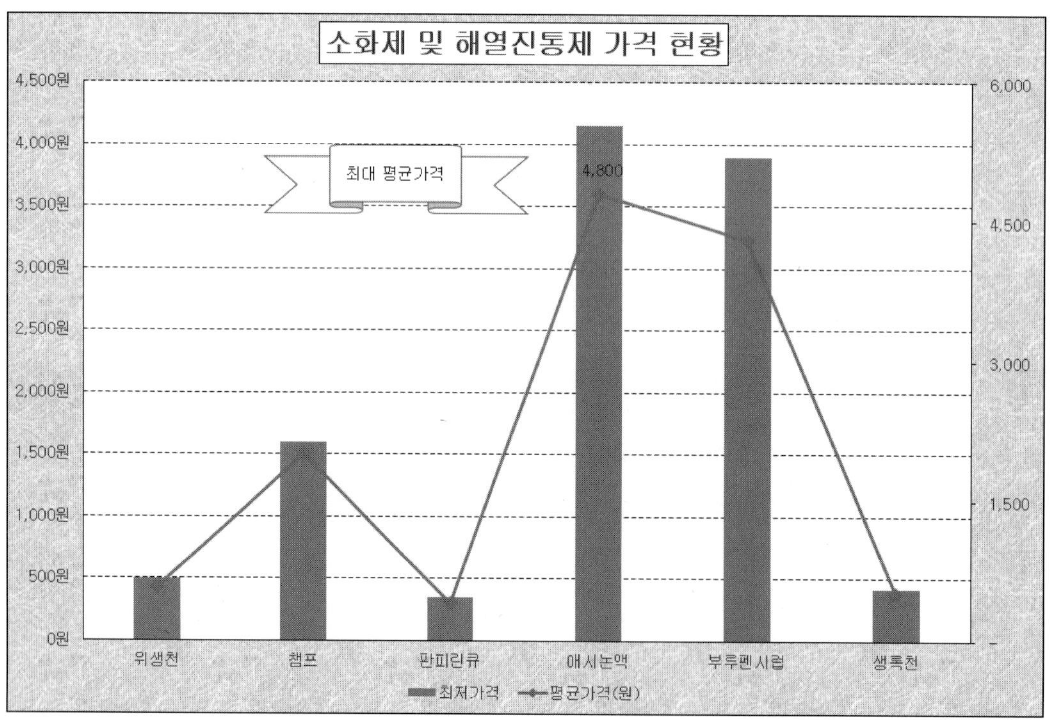


주의 ☞ 시트명 순서가 차례대로 '제1작업', '제2작업', '제3작업', '제4작업'이 되도록 할 것.

# 실전 모의고사 정답 및 해설

문제의 해설이 어렵게 느껴지면 1장 '실제 시험장을 옮겨 놓았다!' 부분을 다시 한번 따라해보고 오세요.

## 제 1 작업 표 서식 작성 및 값 계산

정답

### 정답

일반의약품 판매가격 현황

| 결재 | 담당 | 대리 | 팀장 |
|---|---|---|---|
| | | | |

| 코드 | 제품명 | 제조사 | 구분 | 규격 (ml/캅셀/g) | 평균가격 (원) | 최저가격 | 순위 | 제품이력 |
|---|---|---|---|---|---|---|---|---|
| DH1897 | 위생천 | 광동제약 | 소화제 | 75 | 580 | 500원 | | 123년 |
| HY1955 | 챔프 | 동아제약 | 해열진통제 | 10 | 2,000 | 1,600원 | | 65년 |
| DA1956 | 판피린큐 | 동아제약 | 해열진통제 | 20 | 400 | 350원 | | 64년 |
| DG1985 | 애시논액 | 동아제약 | 소화제 | 10 | 4,300 | 4,150원 | 2 | 35년 |
| GY1958 | 포타디연고 | 삼일제약 | 외용연고제 | 75 | 500 | 400원 | | 62년 |
| SE1987 | 부루펜시럽 | 삼일제약 | 해열진통제 | 90 | 4,300 | 3,900원 | 3 | 33년 |
| HD1957 | 생록천 | 광동제약 | 소화제 | 75 | 500 | 420원 | | 63년 |
| DH1980 | 후시딘 | 동화약품 | 외용연고제 | 10 | 5,200 | 4,500원 | 1 | 40년 |
| 광동제약 제품 평균가격(원)의 평균 | | | 540 | | 최저가격의 중간값 | | | 1050 |
| 소화제 최저가격의 평균 | | | 1690 | | 제품명 | 위생천 | 최저가격 | 500 |

## 01. 표 서식 작성

### ❶ 기본 작업 및 데이터 입력

1. 'Sheet1'의 A열 너비를 1로 지정한다.
2. 'Sheet1'을 두 번 복사한다.
3. 시트 이름을 '제1작업', '제2작업', '제3작업'으로 변경한다.
4. '제1작업' 시트의 모든 셀을 선택한 후 글꼴 '굴림', 크기 11, 가로 '가운데 맞춤(▤)'을 지정한다.
5. '제1작업' 시트에 아래 그림과 같이 데이터를 입력한다.

| 코드 | 제품명 | 제조사 | 구분 | 규격 (ml/캅 | 평균가격 (원) | 최저가격 | 순위 | 제품이력 |
|---|---|---|---|---|---|---|---|---|
| DH1897 | 위생천 | 광동제약 | 소화제 | 75 | 580 | 500 | | |
| HY1955 | 챔프 | 동아제약 | 해열진통제 | 10 | 2000 | 1600 | | |
| DA1956 | 판피린큐 | 동아제약 | 해열진통제 | 20 | 400 | 350 | | |
| DG1985 | 애시논액 | 동아제약 | 소화제 | 10 | 4800 | 4150 | | |
| GY1958 | 포타디연고 | 삼일제약 | 외용연고제 | 75 | 500 | 400 | | |
| SE1987 | 부루펜시럽 | 삼일제약 | 해열진통제 | 90 | 4300 | 3900 | | |
| HD1957 | 생록천 | 광동제약 | 소화제 | 75 | 500 | 420 | | |
| DH1980 | 후시딘 | 동화약품 | 외용연고제 | 10 | 5200 | 4500 | | |
| 광동제약 제품 평균가격(원)의 평균 | | | | | 최저가격의 중간값 | | | |
| 소화제 최저가격의 평균 | | | | | 제품명 | 위생천 | 최저가격 | |

### ❷ 도형 작성

1. 도형을 삽입할 행의 높이를 조절한다.
2. [삽입] → 일러스트레이션 → 도형 → 블록 화살표 → **오각형(▷)**을 선택한 후 도형이 삽입될 위치에서 적당한 크기로 드래그하여 삽입한다.
3. 삽입된 도형을 선택한 후 **일반의약품 판매가격 현황**을 입력한다.
4. 도형의 테두리 부분을 클릭한 후 [홈] → **글꼴**에서 글꼴 '굴림', 크기 24, '굵게(가)', 채우기 색(◇) '노랑', 글꼴 색(가) '검정, 텍스트 1'을, [홈] → **맞춤**에서 '가로 가운데 맞춤(▤)'과 '세로 가운데 맞춤(▤)'을 지정한다.
5. [그리기 도구] → 서식 → 도형 스타일 → 도형 효과 → 그림자 → **오프셋 오른쪽**을 선택한다.

### ❸ 결재란 작성

1. 임의의 셀에 결재란을 작성한다.
2. 작성한 결재란을 블록으로 지정한 후 바로 가기 메뉴에서 **[복사]**를 선택한다.

3. 삽입할 부분을 클릭한 후 바로 가기 메뉴에서 [선택하여 붙여넣기] → **그림**(  )을 선택한다.
4. 삽입된 그림의 위치 및 크기를 적당하게 조절한다.
5. 결재란의 원본을 삭제한다.

### ❺ 데이터 유효성 검사

1. [H14] 셀을 선택한 후 [데이터] → 데이터 도구 → **데이터 유효성 검사**의  를 클릭한다.
2. '데이터 유효성' 대화상자에서 그림과 같이 지정하고 〈확인〉을 클릭한다.

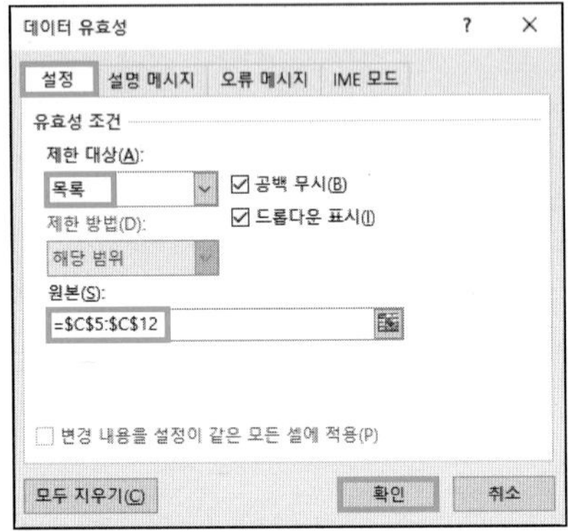


### ❻ 셀 서식

1. [H5:H12] 영역을 블록으로 지정한 후 Ctrl+1을 누른다.
2. '셀 서식' 대화상자에서 그림과 같이 지정하고 〈확인〉을 클릭한다.

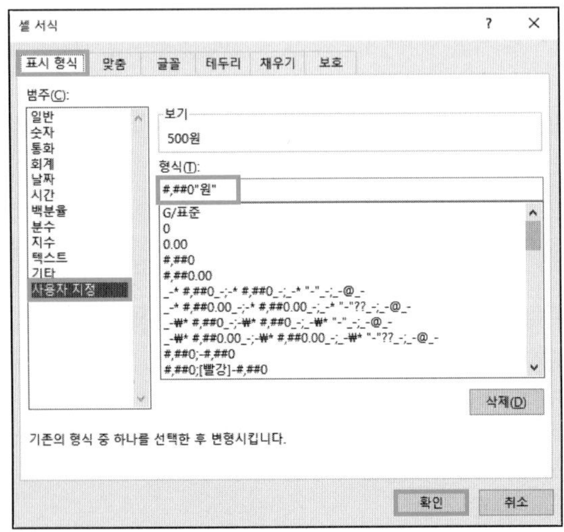


3. [홈] → 맞춤 → **오른쪽 맞춤**(  )을 클릭한다.
4. [F5:F12] 영역을 블록으로 지정하고 Ctrl+1을 누른 후 '셀 서식' 대화상자에서 그림과 같이 지정하고 〈확인〉을 클릭한다.

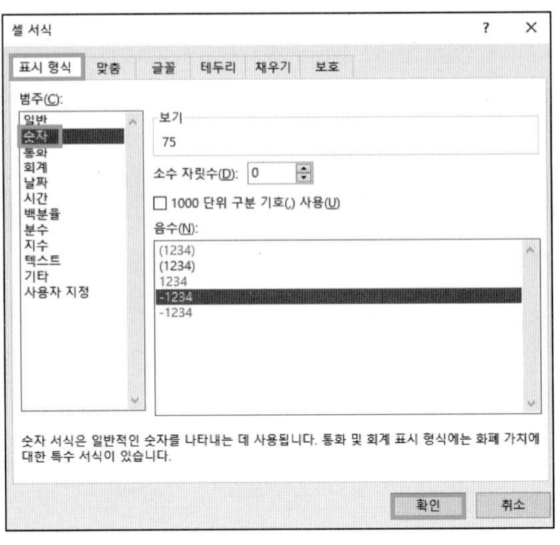


5. [홈] → 맞춤 → **오른쪽 맞춤**(  )을 클릭한다.
6. [G5:G12] 영역을 블록으로 지정한 후 [홈] → 표시 형식 → **쉼표 스타일**(  )을 클릭한다.

> 개수, 규격, 용량 등 일반 숫자는 숫자 서식을 지정한 후 오른쪽 맞춤을 지정하고, 가격, 단가 등 금액은 회계 서식을 지정해야 합니다. 회계 서식을 지정하면 기본적으로 오른쪽으로 정렬되어 표시되므로 오른쪽 맞춤을 지정하지 않아도 됩니다.

### ❼ 이름 정의

1. [H5:H12] 영역을 블록으로 지정한 후 이름 상자에 **최저가격**을 입력하고, Enter를 누른다.
2. 테두리, 셀 음영, 셀 병합, 행 높이 등을 지정한다.

## 02. 값 계산

❶ **순위(I5)** : =IF(RANK.EQ(G5,$G$5:$G$12)<=3,RANK.EQ(G5,$G$5:$G$12),"")

❷ **제품이력(J5)** : =2020-RIGHT(B5,4)&"년"

❸ **광동제약 제품 평균가격(원)의 평균(E13)** : =SUMIF(D5:D12,"광동제약",G5:G12)/COUNTIF(D5:D12,"광동제약")

❹ **소화제 최저가격의 평균(E14)** : =DAVERAGE(B4:J12,H4,E4:E5)

❺ **최저가격의 중간값(J13)** : =MEDIAN(최저가격)

**❻ 최저가격(J14)** : =VLOOKUP(H14,C5:J12,6,FALSE)

수식이 입력된 셀의 표시 형식과 정렬 방식은 채점 대상이 아닙니다. 그러니 수식을 입력했을 때 표시되는 그대로 두면 됩니다.

**❼ 조건부 서식**

1. [G5:G12] 영역을 블록으로 지정한 후 [홈] → 스타일 → 조건부 서식 → 데이터 막대 → **기타 규칙**을 선택한다.
2. '새 서식 규칙' 대화상자에서 그림과 같이 지정하고 〈확인〉을 클릭한다.

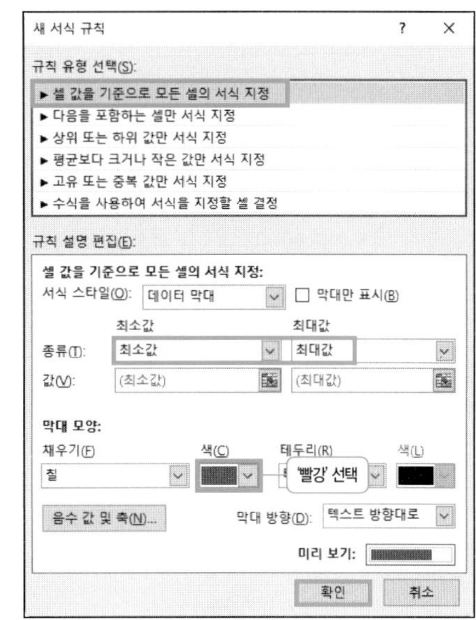


# 제 2 작업 필터 및 서식

정답

## 01. 고급 필터

정답

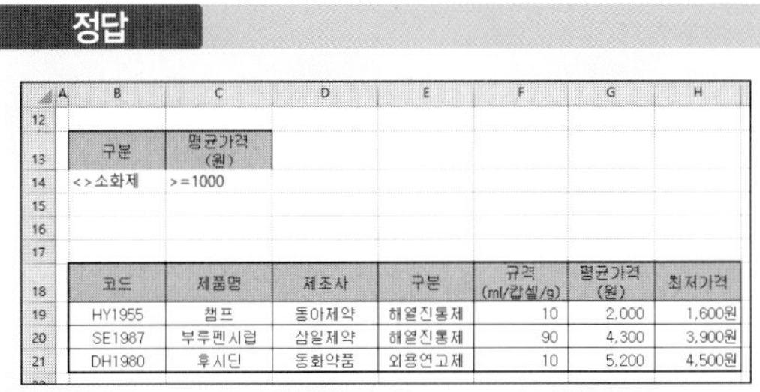

| | A | B | C | D | E | F | G | H |
|---|---|---|---|---|---|---|---|---|
| 12 | | | | | | | | |
| 13 | | 구분 | 평균가격 (원) | | | | | |
| 14 | | <>소화제 | >=1000 | | | | | |
| 15 | | | | | | | | |
| 16 | | | | | | | | |
| 17 | | | | | | | | |
| 18 | | 코드 | 제품명 | 제조사 | 구분 | 규격 (ml/캡슐/g) | 평균가격 (원) | 최저가격 |
| 19 | | HY1955 | 챔프 | 동아제약 | 해열진통제 | 10 | 2,000 | 1,600원 |
| 20 | | SE1987 | 부루펜시럽 | 삼일제약 | 해열진통제 | 90 | 4,300 | 3,900원 |
| 21 | | DH1980 | 후시딘 | 동화약품 | 외용연고제 | 10 | 5,200 | 4,500원 |

1. '제1작업' 시트의 [B4:H12] 영역을 블록으로 지정한 후 바로 가기 메뉴에서 **[복사]**를 선택한다.
2. '제2작업' 시트의 [B2] 셀을 클릭한 후 바로 가기 메뉴에서 [붙여넣기 옵션] → **붙여넣기(📋)**를 선택한다.
3. 바로 가기 메뉴에서 **[선택하여 붙여넣기]**를 선택하고 '선택하여 붙여넣기' 대화상자에서 '열 너비'를 선택한 후 〈확인〉을 클릭한다.
4. 행 머리글에서 2행과 3행 사이의 경계선을 마우스로 더블클릭하여 행 높이를 조절한다.
5. 고급 필터의 조건을 그림과 같이 작성한다.

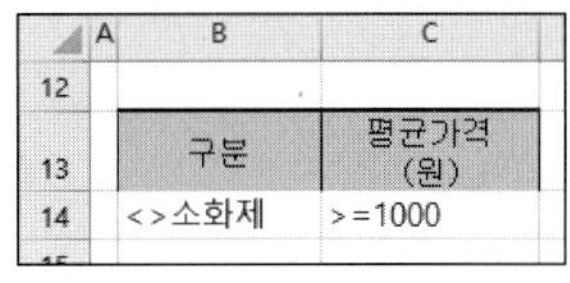

| | A | B | C |
|---|---|---|---|
| 12 | | | |
| 13 | | 구분 | 평균가격 (원) |
| 14 | | <>소화제 | >=1000 |

6. [B2:H10] 영역을 블록으로 지정한 후 [데이터] → 정렬 및 필터 → **고급**을 클릭한다.
7. '고급 필터' 대화상자에서 그림과 같이 지정한 후 〈확인〉을 클릭한다.

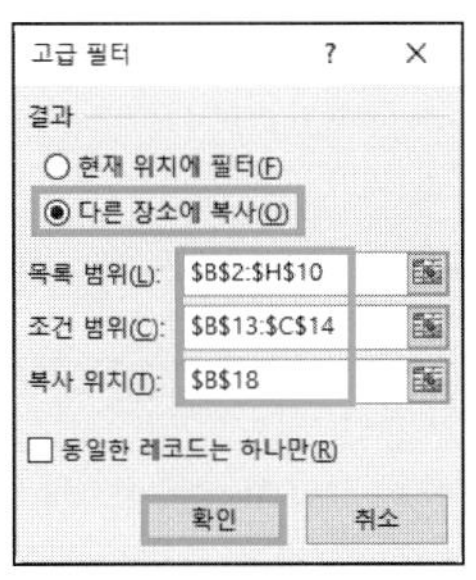

## 02. 표 서식

**정답**

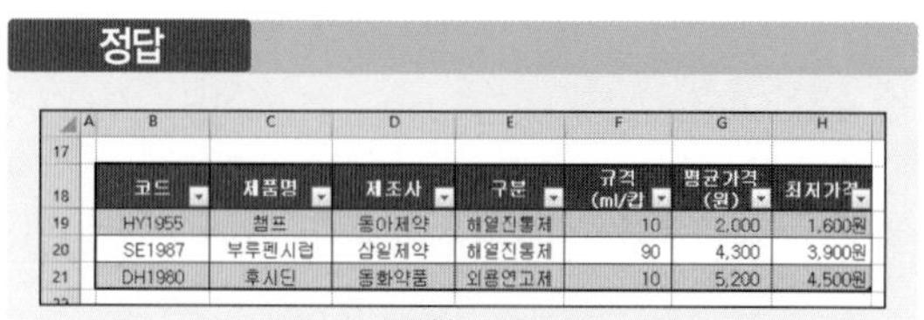

| | A | B | C | D | E | F | G | H |
|---|---|---|---|---|---|---|---|---|
| 17 | | | | | | | | |
| 18 | | 코드 | 제품명 | 제조사 | 구분 | 규격(ml/캡 | 평균가격(원) | 최저가격 |
| 19 | | HY1955 | 챔프 | 동아제약 | 해열진통제 | 10 | 2,000 | 1,600원 |
| 20 | | SE1987 | 부루펜시럽 | 삼일제약 | 해열진통제 | 90 | 4,300 | 3,900원 |
| 21 | | DH1980 | 후시딘 | 동화약품 | 외용연고제 | 10 | 5,200 | 4,500원 |

1. [B18:H21] 영역을 블록으로 지정한 후 [홈] → 글꼴 → '채우기 색( )'의 ▾ → **채우기 없음**을 선택한다.
2. [홈] → 스타일 → 표 서식 → **표 스타일 보통 6**을 선택한다.
3. '표 서식' 대화상자에서 범위가 제대로 지정되었는지 확인하고 〈확인〉을 클릭한다.

'머리글 행'과 '줄무늬 행'은 표 스타일을 지정하면 기본적으로 적용되므로 추가로 지정하지 않아도 됩니다.

## 제 3 작업 피벗 테이블

**정답**

1. 피벗 테이블의 데이터로 사용할 '제1작업' 시트의 [B4:H12] 영역을 블록으로 지정하고 [삽입] → 표 → **피벗 테이블**을 클릭한다.
2. '피벗 테이블 만들기' 대화상자에서 '기존 워크시트'를 선택한 후 '제3작업' 시트의 [B2] 셀을 클릭한 다음 〈확인〉을 클릭한다.
3. '피벗 테이블 필드' 창에서 그림과 같이 지정한다.

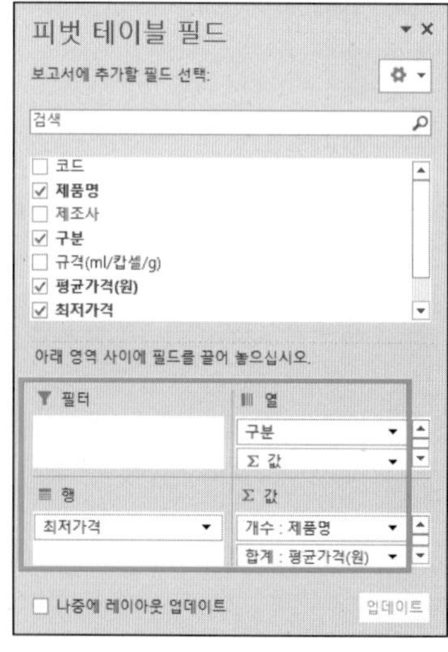


4. 작성된 피벗 테이블에서 '평균가격(원)'의 임의의 셀을 클릭한 후 바로 가기 메뉴에서 [값 요약 기준] → **최소값**을 선택한다.
5. '최저가격'을 1000 단위로 그룹을 지정하기 위해 '최저가격'의 임의의 셀을 클릭한 후 바로 가기 메뉴에서 **[그룹]**을 선택한다.
6. '그룹화' 대화상자에서 그림과 같이 지정하고 〈확인〉을 클릭한다.

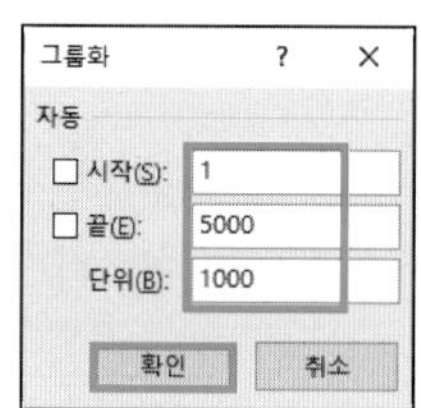


7. 피벗 테이블의 바로 가기 메뉴에서 **[피벗 테이블 옵션]**을 선택한다.
8. '피벗 테이블 옵션' 대화상자의 '레이아웃 및 서식' 탭과 '요약 및 필터' 탭에서 그림과 같이 지정한 후 〈확인〉을 클릭한다.

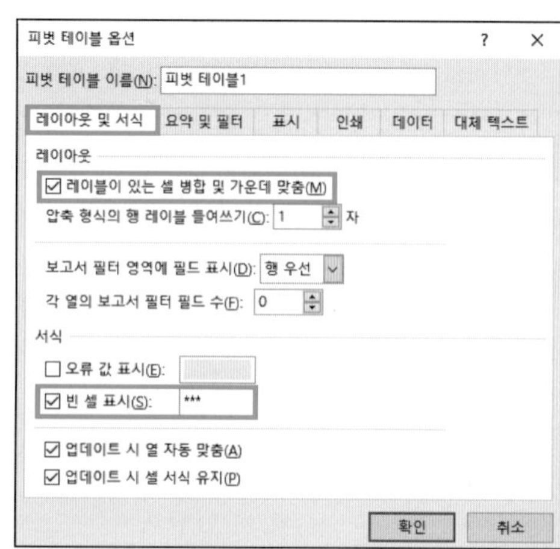

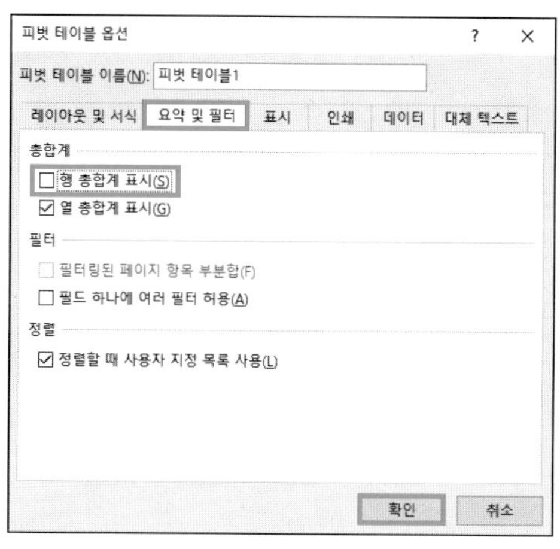


9. '구분'을 내림차순으로 정렬하기 위해 작성된 피벗 테이블에서 '구분'이 표시된 임의의 셀을 클릭한 후 [데이터] → 정렬 및 필터 → **텍스트 내림차순 정렬**(  )을 클릭한다.

10. 작성된 피벗 테이블에서 [C2] 셀을 클릭하고 **구분**을, [B4] 셀을 클릭하고 **최저가격**을 입력한다.

11. [D4] 셀을 클릭하고 수식 입력줄에 표시된 필드명에서 "평균가격" 뒤를 클릭한 후 Delete를 눌러 한 줄로 만든 다음 Enter를 누른다.

12. [C5:H9] 영역을 블록으로 지정한 후 [홈] → 맞춤 → **가운데 맞춤**(  )과 [홈] → 표시 형식 → **쉼표 스타일**(  )을 클릭한다.

## 제 4 작업 그래프

정답

### ①/②/③/④ 차트 작성

1. 차트를 만들고자 하는 데이터를 블록으로 지정한 후 [삽입] → 차트 → 세로 또는 가로 막대형 차트 삽입(  ) → **묶은 세로 막대형**을 선택한다.

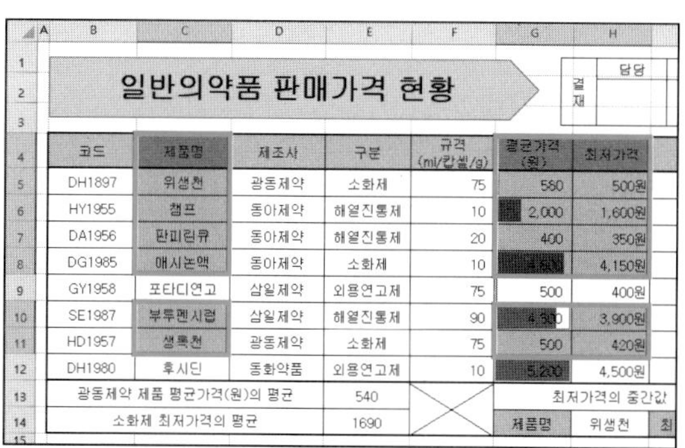

일반의약품 판매가격 현황

| 코드 | 제품명 | 제조사 | 구분 | 규격 (ml/캡셀/g) | 평균가격 (원) | 최저가격 |
|---|---|---|---|---|---|---|
| DH1897 | 위생천 | 광동제약 | 소화제 | 75 | 560 | 500원 |
| HY1955 | 챔프 | 동아제약 | 해열진통제 | 10 | 2,000 | 1,600원 |
| DA1956 | 판피린큐 | 동아제약 | 해열진통제 | 20 | 400 | 350원 |
| DG1985 | 애시논액 | 동아제약 | 소화제 | 10 | [illegible] | 4,150원 |
| GY1958 | 포타디연고 | 삼일제약 | 외용연고제 | 75 | 500 | 400원 |
| SE1987 | 부루펜시럽 | 삼일제약 | 해열진통제 | 90 | 4,300 | 3,900원 |
| HD1957 | 생록천 | 광동제약 | 소화제 | 75 | 500 | 420원 |
| DH1980 | 후시딘 | 동화약품 | 외용연고제 | 10 | 5,200 | 4,500원 |
| 광동제약 제품 평균가격(원)의 평균 | | | 540 | | 최저가격의 중간값 | |
| 소화제 최저가격의 평균 | | | 1690 | | 제품명 | 위생천 |

2. 차트를 선택한 후 [차트 도구] → 디자인 → 차트 레이아웃 → 빠른 레이아웃 → **레이아웃 3**을 선택한다.

3. [차트 도구] → 디자인 → 차트 스타일 → **스타일 1**을 선택한다.

4. 임의의 데이터 계열의 바로 가기 메뉴에서 [**계열 차트 종류 변경**]을 선택한다.

5. '차트 종류 변경' 대화상자의 '콤보'에서 '평균가격(원)'의 차트 종류를 '표식이 있는 꺾은선형'으로 변경하고 '보조 축'을 선택한 후 〈확인〉을 클릭한다.

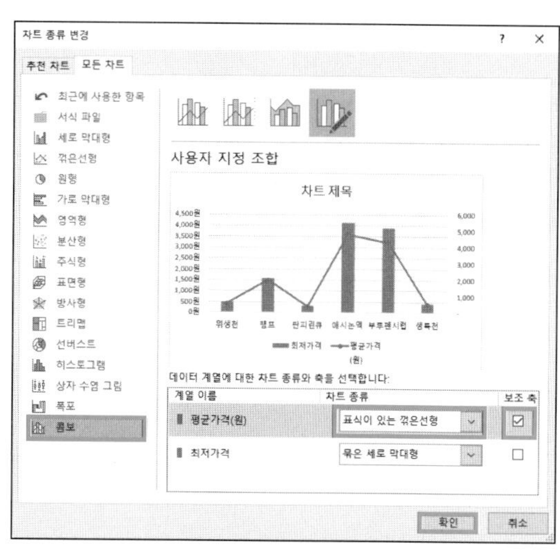


6. 차트에 삽입된 '차트 제목'을 선택하고 수식 입력줄에 **소화제 및 해열진통제 가격 현황**을 입력한 후 Enter를 누른다.

7. 차트 영역의 바로 가기 메뉴에서 [**차트 이동**]을 선택한다.

8. '차트 이동' 대화상자에서 '새 시트'를 선택하고 입력란에 **제4작업**을 입력한 후 〈확인〉을 클릭한다.

9. '제4작업' 시트를 '제3작업' 시트 뒤로 드래그하여 이동한다.

## ⑤ 영역 서식

1. 차트 영역을 클릭한 후 [홈] → **글꼴**에서 글꼴 '굴림', 글꼴 크기 11을 지정한다.
2. [차트 도구] → 서식 → 도형 스타일 → 도형 채우기 → 질감 → **파랑 박엽지**를 선택한다.
3. 그림 영역을 클릭한 후 [차트 도구] → 서식 → 도형 스타일 → 도형 채우기 → **흰색, 배경 1**을 선택한다.

## ⑥ 제목 서식

1. 차트 제목을 클릭한 후 [홈] → **글꼴**에서 글꼴 '굴림', 글꼴 크기 20, '굵게(가)'를 지정한다.
2. [차트 도구] → 서식 → 도형 스타일 → 도형 채우기 → **흰색, 배경 1**과 [차트 도구] → 서식 → 도형 스타일 → 도형 윤곽선 → **검정, 텍스트 1**을 선택한다.

## ⑦ 서식

### 데이터 계열

'평균가격(원)' 계열을 더블클릭한 후 '데이터 계열 서식' 창의 [계열 옵션] → (채우기 및 선) → 표식 → 표식 옵션 → **기본 제공**을 선택하고 '형식'을 '다이아몬드', 크기를 10으로 지정한다.

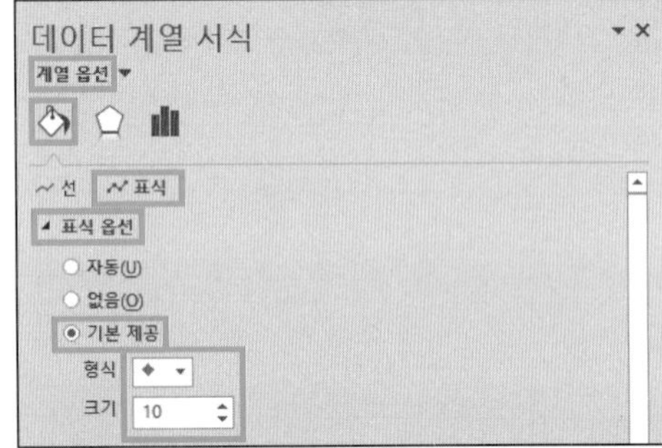


### 레이블 서식

1. '평균가격(원)' 계열을 클릭한다. '평균가격(원)' 계열이 선택된 상태에서 '애시논액' 요소를 한 번 더 클릭한다.
2. '애시논액'의 '평균가격(원)' 요소만 선택된 상태에서 [차트 도구] → 디자인 → 차트 레이아웃 → 차트 요소 추가 → 데이터 레이블 → **위쪽**을 선택한다.

### 눈금선 서식

눈금선을 선택한 후 [차트 도구] → 서식 → 도형 스타일 → **도형 윤곽선**에서 색을 '검정, 텍스트 1', 대시를 '파선'으로 지정한다.

### 축 서식

1. 보조 세로(값) 축을 더블클릭한 후 '축 서식' 창의 [축 옵션] → (축 옵션) → **축 옵션**에서 '주' 단위를 1500으로 지정한다.

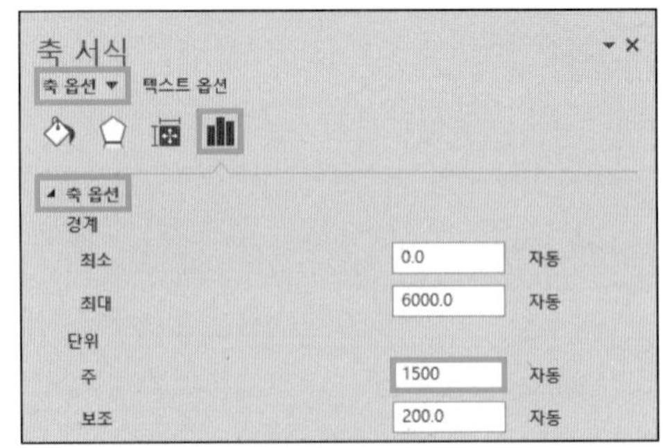


2. [차트 도구] → 서식 → 도형 스타일 → 도형 윤곽선 → **검정, 텍스트 1**을 선택한다.
3. 세로(값) 축과 가로(항목) 축도 도형 윤곽선을 '검정, 텍스트 1'로 지정한다.

## ⑧ 범례 서식

1. 차트 영역의 바로 가기 메뉴에서 **[데이터 선택]**을 선택한다.
2. '데이터 원본 선택' 대화상자의 '범례 항목(계열)'에서 '평균가격(원)'을 선택하고 〈편집〉을 클릭한다.
3. '계열 편집' 대화상자에서 계열 이름을 **평균가격(원)**으로 수정한 후 〈확인〉을 클릭한다. 이어서 '데이터 원본 선택' 대화상자에서도 〈확인〉을 클릭한다.

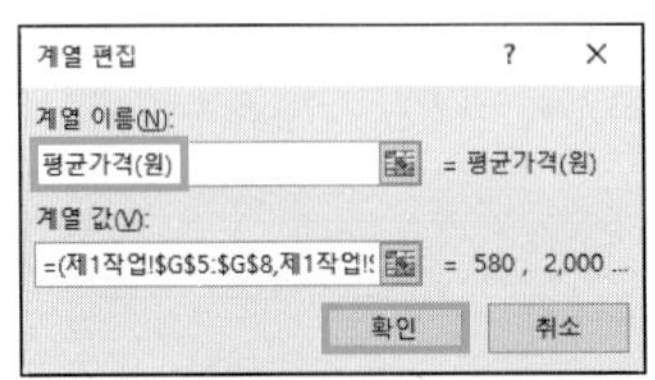


## ⑨ 도형 삽입

1. [삽입] → 일러스트레이션 → 도형 → 별 및 현수막 → **위쪽 리본**( )을 선택한다.
2. 도형이 삽입될 위치에서 적당한 크기로 드래그하여 삽입한 후 **최대 평균가격**을 입력한다.
3. 도형의 테두리를 클릭한 후 [홈] → **글꼴**에서 글꼴 '굴림', 채우기 색( ) '흰색, 배경 1', 글꼴 색(가) '검정, 텍스트 1', [홈] → **맞춤**에서 '가로 가운데 맞춤( )'과 '세로 가운데 맞춤( )'을 지정한다.

EXAMINATION

# 02회 실전 모의고사

## 제 1 작업 표 서식 작성 및 값 계산 (240점)

다음은 '에어컨 온라인 판매 현황'에 대한 자료이다. 자료를 입력하고 조건에 맞도록 작업하시오.

**출력형태**

에어컨 온라인 판매 현황

| 결재 | 담당 | 팀장 | 센터장 |
|---|---|---|---|
| | | | |

| 상품코드 | 상품명 | 종류 | 제조사 | 평형 | 판매량<br>(단위:EA) | 판매가격 | 판매<br>순위 | 소비등급 |
|---|---|---|---|---|---|---|---|---|
| LP-1VG | 인버터 초절전 | 스탠드형 | LG | 18 | 652 | 2,260,000 | (1) | (2) |
| SA-2DC | 베이직 인버터 | 벽걸이형 | 삼성 | 7 | 517 | 1,100,000 | (1) | (2) |
| WA-1BD | 위니아 에어컨 | 천장형 | 만도 | 23 | 257 | 2,340,000 | (1) | (2) |
| CV-3QN | 프리미엄 인버터 | 스탠드형 | 캐리어 | 21 | 497 | 764,790 | (1) | (2) |
| LC-3GS | 휘센 4WAY | 천장형 | LG | 15 | 235 | 1,045,000 | (1) | (2) |
| LB-2DS | 베이직 화이트 | 벽걸이형 | LG | 9 | 569 | 598,000 | (1) | (2) |
| SR-1SM | 초절전 인버터 | 벽걸이형 | 삼성 | 13 | 270 | 1,450,000 | (1) | (2) |
| WS-1DP | 프리미엄 에어컨 | 스탠드형 | 만도 | 15 | 387 | 1,220,000 | (1) | (2) |
| 벽걸이형 판매량 평균 | | | (3) | | 스탠드형 판매량 합계 | | | (5) |
| 총 판매금액 | | | (4) | | 상품명 | 인버터 초절전 | 판매금액 | (6) |

**조건**

- ○ 모든 데이터의 서식에는 글꼴(굴림, 11pt), 정렬은 숫자 및 회계 서식은 오른쪽 정렬, 나머지 서식은 가운데 정렬로 작성하며 예외적인 것은 [출력형태]를 참조하시오.
- ○ 제 목 : 도형(대각선 방향의 모서리가 둥근 사각형)과 그림자(오프셋 오른쪽)를 이용하여 작성하고 "에어컨 온라인 판매 현황"을 입력한 후 다음 서식을 적용하시오(글꼴-굴림, 24pt, 검정, 굵게, 채우기-노랑).
- ○ 임의의 셀에 결재란을 작성하여 그림으로 복사 기능을 이용하여 붙이기 하시오(단, 원본 삭제).
- ○ [B4:J4, G14, I14] 영역은 '주황'으로 채우기 하시오.
- ○ 유효성 검사를 이용하여 [H14] 셀에 상품명([C5:C12] 영역)이 선택 표시되도록 하시오.
- ○ 셀 서식 : [H5:H12] 영역에 셀 서식을 이용하여 숫자 뒤에 "원"을 표시하시오(예 : 1,234,000원).
- ○ [H5:H12] 영역에 대해 '판매가격'으로 이름 정의를 하시오.

⊙ **(1)~(6) 셀은 반드시 주어진 함수를 이용하여 값을 구하시오(결과값을 직접 입력하면 해당 셀은 0점 처리됨).**

(1) **판매순위** : 판매량(단위:EA)의 내림차순 순위를 구하고, 결과값 뒤에 "위"를 붙이시오 (RANK.EQ 함수, & 연산자)(예 : 1위).

(2) **소비등급** : 상품코드의 4번째 글자가 1이면 "1등급", 2이면 "2등급", 3이면 "3등급"으로 구하시오 (CHOOSE, MID 함수).

(3) **벽걸이형 판매량(단위:EA) 평균** : (SUMIF, COUNTIF 함수)

(4) **총 판매금액** : 정의된 이름(판매가격)을 이용하여 [판매량(단위:EA)×판매가격]으로 구하시오 (SUMPRODUCT 함수).
(5) **스탠드형 판매량(단위:EA) 합계** : 조건은 입력 데이터를 이용하시오(DSUM 함수).
(6) **판매금액** : [H14] 셀에서 선택한 상품명에 대한 판매금액을 [판매량(단위:EA)×판매가격)]으로 구하시오(VLOOKUP 함수).
(7) 조건부 서식의 수식을 이용하여 평형이 10 미만인 행 전체에 다음의 서식을 적용하시오(글꼴 : 파랑, 굵게).

## 제 2 작업 목표값 찾기 및 필터 (80점)

**"제1작업" 시트의 [B4:H12] 영역을 복사하여 "제2작업" 시트의 [B2] 셀부터 모두 붙여넣기를 한 후 다음의 조건과 같이 작업하시오.**

조건 (1) 목표값 찾기
- ▶ [B11:G11] 셀을 병합하여 "스탠드형의 판매량(단위:EA) 평균"을 입력한 후 [H11] 셀에 스탠드형의 판매량(단위:EA) 평균을 구하시오. 단, 조건은 입력 데이터를 이용하시오 (DAVERAGE 함수, 테두리, 가운데 맞춤).
- ▶ '스탠드형의 판매량(단위:EA) 평균'이 515가 되려면 '인버터 초절전'의 판매량(단위:EA)이 얼마가 되어야 하는지 목표값을 구하시오.

(2) 고급 필터
- ▶ 제조사가 '만도'이거나, 판매가격이 1,000,000 이상인 자료의 상품코드, 상품명, 판매량(단위:EA), 판매가격의 데이터만 추출하시오.
- ▶ 조건 범위 : [B14] 셀부터 입력하시오.
- ▶ 복사 위치 : [B18] 셀부터 나타나도록 하시오.

## 제 3 작업 정렬 및 부분합 (80점)

**"제1작업" 시트의 [B4:H12] 영역을 복사하여 "제3작업" 시트의 [B2] 셀부터 모두 붙여넣기를 한 후 다음의 조건과 같이 작업하시오.**

조건 (1) 부분합 – [출력형태]처럼 정렬하고, 상품명의 개수와 판매량(단위:EA)의 평균을 구하시오.
(2) 윤 곽 – 지우시오.
(3) 나머지 사항은 [출력형태]에 맞게 작성하시오.

출력형태

| | A | B | C | D | E | F | G | H |
|---|---|---|---|---|---|---|---|---|
| 1 | | | | | | | | |
| 2 | | 상품코드 | 상품명 | 종류 | 제조사 | 평형 | 판매량 (단위:EA) | 판매가격 |
| 3 | | WA-1BD | 위니아 에어컨 | 천장형 | 만도 | 23 | 257 | 2,340,000원 |
| 4 | | LC-3GS | 휘센 4WAY | 천장형 | LG | 15 | 235 | 1,045,000원 |
| 5 | | | | 천장형 평균 | | | 246 | |
| 6 | | | 2 | 천장형 개수 | | | | |
| 7 | | LP-1VG | 인버터 초절전 | 스탠드형 | LG | 18 | 652 | 2,260,000원 |
| 8 | | CV-3QN | 프리미엄 인버터 | 스탠드형 | 캐리어 | 21 | 497 | 764,790원 |
| 9 | | WS-1DP | 프리미엄 에어컨 | 스탠드형 | 만도 | 15 | 387 | 1,220,000원 |
| 10 | | | | 스탠드형 평균 | | | 512 | |
| 11 | | | 3 | 스탠드형 개수 | | | | |
| 12 | | SA-2DC | 베이직 인버터 | 벽걸이형 | 삼성 | 7 | 517 | 1,100,000원 |
| 13 | | LB-2DS | 베이직 화이트 | 벽걸이형 | LG | 9 | 569 | 598,000원 |
| 14 | | SR-1SM | 초절전 인버터 | 벽걸이형 | 삼성 | 13 | 270 | 1,450,000원 |
| 15 | | | | 벽걸이형 평균 | | | 452 | |
| 16 | | | 3 | 벽걸이형 개수 | | | | |
| 17 | | | | 전체 평균 | | | 423 | |
| 18 | | | 8 | 전체 개수 | | | | |

## 제 4 작업 그래프 (100점)

**"제1작업" 시트를 이용하여 조건에 따라 [출력형태]와 같이 작업하시오.**

조건 (1) 차트 종류 – 〈묶은 세로 막대형〉으로 작업하시오.
(2) 데이터 범위 – "제1작업" 시트의 내용을 이용하여 작업하시오.
(3) 위치 – "새 시트"로 이동하고, "제4작업"으로 시트 이름을 바꾸시오.
(4) 차트 디자인 도구 – 레이아웃 3, 스타일 5를 선택하여 [출력형태]에 맞게 작업하시오.
(5) 영역 서식 – 차트 : 글꼴(굴림, 11pt), 채우기 효과(질감–분홍 박엽지)
그림 : 채우기(흰색, 배경1)
(6) 제목 서식 – 차트 제목 : 글꼴(굴림, 굵게, 20pt), 채우기(흰색, 배경1), 테두리
(7) 서식 – 판매량(단위:EA) 계열의 차트 종류를 〈표식이 있는 꺾은선형〉으로 변경한 후 보조 축으로 지정하시오.
계열 : [출력형태]를 참조하여 표식(네모, 크기 10)과 레이블 값을 표시하시오.
눈금선 : 선 스타일–파선
축 : [출력형태]를 참조하시오.
(8) 범례 – 범례명을 변경하고 [출력형태]를 참조하시오.
(9) 도형 – '모서리가 둥근 사각형 설명선'을 삽입한 후 [출력형태]와 같이 내용을 입력하시오.
(10) 나머지 사항은 [출력형태]에 맞게 작성하시오.

출력형태

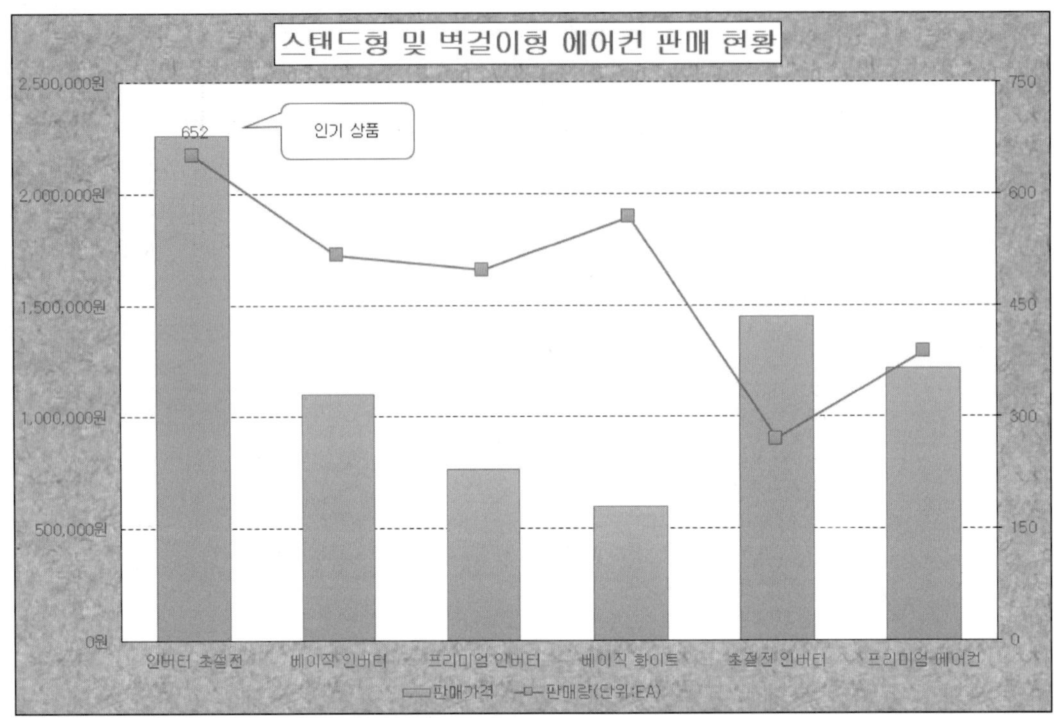


주의 ☞ 시트명 순서가 차례대로 '제1작업', '제2작업', '제3작업', '제4작업'이 되도록 할 것.

EXAMINATION

# 02회 실전 모의고사 정답 및 해설

## 제 1 작업 표 서식 작성 및 값 계산

정답

### 정답

| 결재 | 담당 | 팀장 | 센터장 |
|---|---|---|---|
| | | | |

에어컨 온라인 판매 현황

| 상품코드 | 상품명 | 종류 | 제조사 | 평형 | 판매량 (단위:EA) | 판매가격 | 판매 순위 | 소비등급 |
|---|---|---|---|---|---|---|---|---|
| LP-1VG | 인버터 초절전 | 스탠드형 | LG | 18 | 652 | 2,260,000원 | 1위 | 1등급 |
| SA-2DC | 베이직 인버터 | 벽걸이형 | 삼성 | 7 | 517 | 1,100,000원 | 3위 | 2등급 |
| WA-1BD | 위니아 에어컨 | 천장형 | 만도 | 23 | 257 | 2,340,000원 | 7위 | 1등급 |
| CV-3QN | 프리미엄 인버터 | 스탠드형 | 캐리어 | 21 | 497 | 764,790원 | 4위 | 3등급 |
| LC-3GS | 휘센 4WAY | 천장형 | LG | 15 | 235 | 1,045,000원 | 8위 | 3등급 |
| LB-2DS | 베이직 화이트 | 벽걸이형 | LG | 9 | 569 | 598,000원 | 2위 | 2등급 |
| SR-1SM | 초절전 인버터 | 벽걸이형 | 삼성 | 13 | 270 | 1,450,000원 | 6위 | 1등급 |
| WS-1DP | 프리미엄 에어컨 | 스탠드형 | 만도 | 15 | 387 | 1,220,000원 | 5위 | 1등급 |
| 벽걸이형 판매량 평균 | | | 452 | | 스탠드형 판매량 합계 | | | 1536 |
| 총 판매금액 | | | 4473177630 | | 상품명 | 인버터 초절전 | 판매금액 | 1473520000 |

## 01. 표 서식 작성

### ① 기본 작업 및 데이터 입력

1. 'Sheet1'의 A열 너비를 1로 지정한다.
2. 'Sheet1'을 두 번 복사한다.
3. 시트 이름을 '제1작업', '제2작업', '제3작업'으로 변경한다.
4. '제1작업' 시트의 모든 셀을 선택한 후 글꼴 '굴림', 크기 11, 가로 '가운데 맞춤(≡)'을 지정한다.
5. '제1작업' 시트에 아래 그림과 같이 데이터를 입력한다.

| 상품코드 | 상품명 | 종류 | 제조사 | 평형 | 판매량 (단위:EA) | 판매가격 | 판매 순위 | 소비등급 |
|---|---|---|---|---|---|---|---|---|
| LP-1VG | 인버터 초절전 | 스탠드형 | LG | 18 | 652 | 2260000 | | |
| SA-2DC | 베이직 인버터 | 벽걸이형 | 삼성 | 7 | 517 | 1100000 | | |
| WA-1BD | 위니아 에어컨 | 천장형 | 만도 | 23 | 257 | 2340000 | | |
| CV-3QN | 프리미엄 인버터 | 스탠드형 | 캐리어 | 21 | 497 | 764790 | | |
| LC-3GS | 휘센 4WAY | 천장형 | LG | 15 | 235 | 1045000 | | |
| LB-2DS | 베이직 화이트 | 벽걸이형 | LG | 9 | 569 | 598000 | | |
| SR-1SM | 초절전 인버터 | 벽걸이형 | 삼성 | 13 | 270 | 1450000 | | |
| WS-1DP | 프리미엄 에어컨 | 스탠드형 | 만도 | 15 | 387 | 1220000 | | |
| 벽걸이형 판매량 평균 | | | | | 스탠드형 판매량 합계 | | | |
| 총 판매금액 | | | | | 상품명 | 인버터 초절전 | 판매금액 | |

### ② 도형 작성

1. 도형을 삽입할 행의 높이를 조절한다.
2. [삽입] → 일러스트레이션 → 도형 → 사각형 → **대각선 방향의 모서리가 둥근 사각형(▢)**을 선택한 후 도형이 삽입될 위치에서 적당한 크기로 드래그하여 삽입한다.
3. 삽입된 도형을 선택한 후 **에어컨 온라인 판매 현황**을 입력한다.
4. 도형의 테두리 부분을 클릭한 후 [홈] → **글꼴**에서 글꼴 '굴림', 크기 24, '굵게(가)', 채우기 색(◇) '노랑', 글꼴 색(가) '검정, 텍스트 1'을, [홈] → **맞춤**에서 '가로 가운데 맞춤(≡)'과 '세로 가운데 맞춤(≡)'을 지정한다.
5. [그리기 도구] → 서식 → 도형 스타일 → 도형 효과 → 그림자 → **오프셋 오른쪽**을 선택한다.

### ③ 결재란 작성

1. 임의의 셀에 결재란을 작성한다.

2. 작성한 결재란을 블록으로 지정한 후 바로 가기 메뉴에서 **[복사]**를 선택한다.
3. 삽입할 부분을 클릭한 후 바로 가기 메뉴에서 [선택하여 붙여넣기] → **그림**(📋)을 선택한다.
4. 삽입된 그림의 위치 및 크기를 적당하게 조절한다.
5. 결재란의 원본을 삭제한다.

### ⑤ 데이터 유효성 검사

1. [H14] 셀을 선택한 후 [데이터] → 데이터 도구 → **데이터 유효성 검사**의 ▼를 클릭한다.
2. '데이터 유효성' 대화상자에서 그림과 같이 지정하고 〈확인〉을 클릭한다.

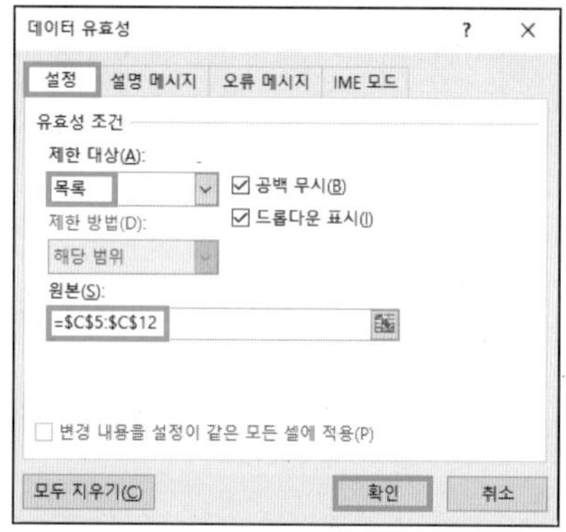


### ⑥ 셀 서식

1. [H5:H12] 영역을 블록으로 지정한 후 Ctrl+1을 누른다.
2. '셀 서식' 대화상자에서 그림과 같이 지정하고 〈확인〉을 클릭한다.

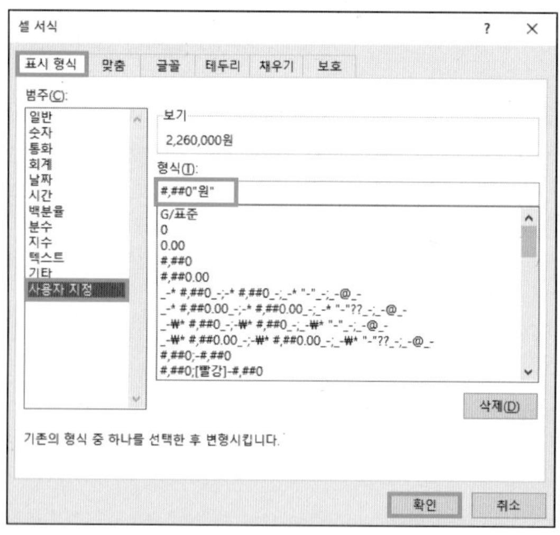


3. [홈] → 맞춤 → **오른쪽 맞춤**(☰)을 클릭한다.
4. [F5:G12] 영역을 블록으로 지정하고 Ctrl+1을 누른 후 '셀 서식' 대화상자에서 그림과 같이 지정하고 〈확인〉을 클릭한다.

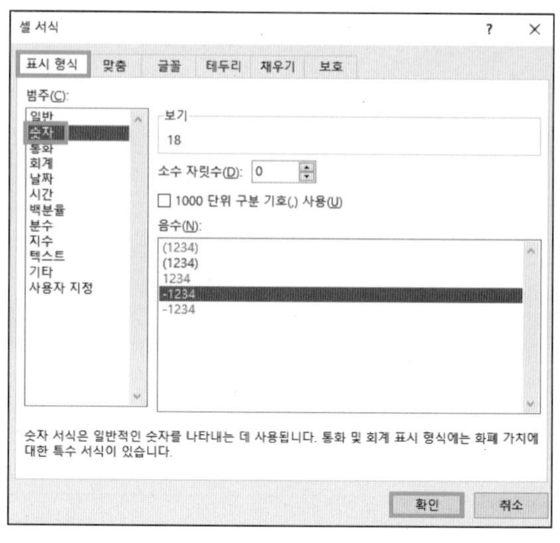


5. [홈] → 맞춤 → **오른쪽 맞춤**(☰)을 클릭한다.

### ⑦ 이름 정의

1. [H5:H12] 영역을 블록으로 지정한 후 이름 상자에 **판매가격**을 입력하고, Enter를 누른다.
2. 테두리, 셀 음영, 셀 병합, 행 높이 등을 지정한다.

## 02. 값 계산

① **판매순위(I5)** : =RANK.EQ(G5,$G$5:$G$12)&"위"

② **소비등급(J5)** : =CHOOSE(MID(B5,4,1),"1등급","2등급","3등급")

③ **벽걸이형 판매량 평균(E13)** : =SUMIF(D5:D12,"벽걸이형",G5:G12)/COUNTIF(D5:D12,"벽걸이형")

④ **총 판매금액(E14)** : =SUMPRODUCT(G5:G12,판매가격)

⑤ **스탠드형 판매량 합계(J13)** : =DSUM(B4:J12,G4,D4:D5)

⑥ **판매금액(J14)** : =VLOOKUP(H14,C5:J12,5,FALSE)*VLOOKUP(H14,C5:J12,6,FALSE)

⑦ **조건부 서식**

1. [B5:J12] 영역을 블록으로 지정한 후 [홈] → 스타일 → 조건부 서식 → **새 규칙**을 선택한다.

2. '새 서식 규칙' 대화상자에서 그림과 같이 지정하고 〈확인〉을 클릭한다.

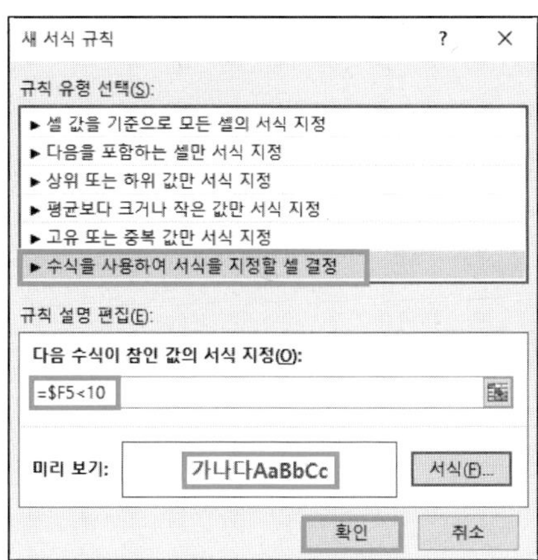

## 제 2 작업 목표값 찾기 및 필터

정답

### 01. 목표값 찾기

정답

| | A | B | C | D | E | F | G | H |
|---|---|---|---|---|---|---|---|---|
| 1 | | | | | | | | |
| 2 | | 상품코드 | 상품명 | 종류 | 제조사 | 평형 | 판매량<br>(단위:EA) | 판매가격 |
| 3 | | LP-1VG | 인버터 초절전 | 스탠드형 | LG | 18 | 661 | 2,260,000원 |
| 4 | | SA-2DC | 베이직 인버터 | 벽걸이형 | 삼성 | 7 | 517 | 1,100,000원 |
| 5 | | WA-1BD | 위니아 에어컨 | 천장형 | 만도 | 23 | 257 | 2,340,000원 |
| 6 | | CV-3QN | 프리미엄 인버터 | 스탠드형 | 캐리어 | 21 | 497 | 764,790원 |
| 7 | | LC-3GS | 휘센 4WAY | 천장형 | LG | 15 | 235 | 1,045,000원 |
| 8 | | LB-2DS | 베이직 화이트 | 벽걸이형 | LG | 9 | 569 | 598,000원 |
| 9 | | SR-1SM | 초절전 인버터 | 벽걸이형 | 삼성 | 13 | 270 | 1,450,000원 |
| 10 | | WS-1DP | 프리미엄 에어컨 | 스탠드형 | 만도 | 15 | 387 | 1,220,000원 |
| 11 | | 스탠드형의 판매량(단위:EA) 평균 | | | | | | 515 |

1. '제1작업' 시트의 [B4:H12] 영역을 블록으로 지정한 후 바로 가기 메뉴에서 **[복사]**를 선택한다.
2. '제2작업' 시트의 [B2] 셀을 클릭한 후 바로 가기 메뉴에서 [붙여넣기 옵션] → **붙여넣기(📋)**를 선택한다.
3. 바로 가기 메뉴에서 **[선택하여 붙여넣기]**를 선택하고 '선택하여 붙여넣기' 대화상자에서 '열 너비'를 선택한 후 〈확인〉을 클릭한다.
4. [B11:G11] 영역을 블록으로 지정한 후 [홈] → 맞춤 → **병합하고 가운데 맞춤(⊟)**을 클릭한다.
5. [B11] 셀에 **스탠드형의 판매량(단위:EA) 평균**, [H11] 셀에 **=DAVERAGE(B2:H10,G2,D2:D3)**을 입력한다.
6. [B2:H11] 영역을 블록으로 지정한 후 [홈] → 글꼴 → 테두리(⊞ ▾) → **모든 테두리(⊞)**를 선택한다.
7. [데이터] → 예측 → 가상 분석 → **목표값 찾기**를 선택한다.
8. '목표값 찾기' 대화상자에서 그림과 같이 지정한 후 〈확인〉을 클릭한다.

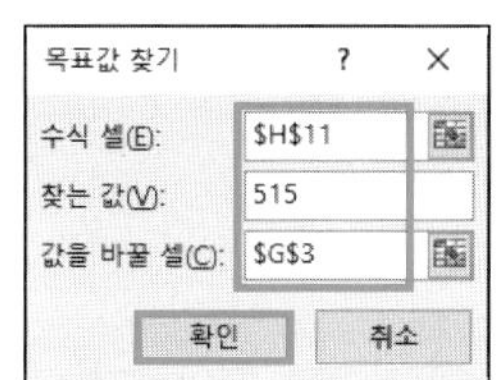


9. '목표값 찾기 상태' 대화상자에서 〈확인〉을 클릭한다.

### 02. 고급 필터

정답

| | A | B | C | D | E |
|---|---|---|---|---|---|
| 13 | | | | | |
| 14 | | 제조사 | 판매가격 | | |
| 15 | | 만도 | | | |
| 16 | | | >=1000000 | | |
| 17 | | | | | |
| 18 | | 상품코드 | 상품명 | 판매량<br>(단위:EA) | 판매가격 |
| 19 | | LP-1VG | 인버터 초절전 | 661 | 2,260,000원 |
| 20 | | SA-2DC | 베이직 인버터 | 517 | 1,100,000원 |
| 21 | | WA-1BD | 위니아 에어컨 | 257 | 2,340,000원 |
| 22 | | LC-3GS | 휘센 4WAY | 235 | 1,045,000원 |
| 23 | | SR-1SM | 초절전 인버터 | 270 | 1,450,000원 |
| 24 | | WS-1DP | 프리미엄 에어컨 | 387 | 1,220,000원 |

1. 고급 필터의 조건과 추출할 필드명을 그림과 같이 작성한다.

| | A | B | C | D | E |
|---|---|---|---|---|---|
| 13 | | | | | |
| 14 | | 제조사 | 판매가격 | | |
| 15 | | 만도 | | | |
| 16 | | | >=1000000 | | |
| 17 | | | | | |
| 18 | | 상품코드 | 상품명 | 판매량(단위:EA) | 판매가격 |
| 19 | | | | | |

2. [B2:H10] 영역을 블록으로 지정한 후 [데이터] → 정렬 및 필터 → **고급**을 클릭한다.

3. '고급 필터' 대화상자에서 그림과 같이 지정한 후 〈확인〉을 클릭한다.

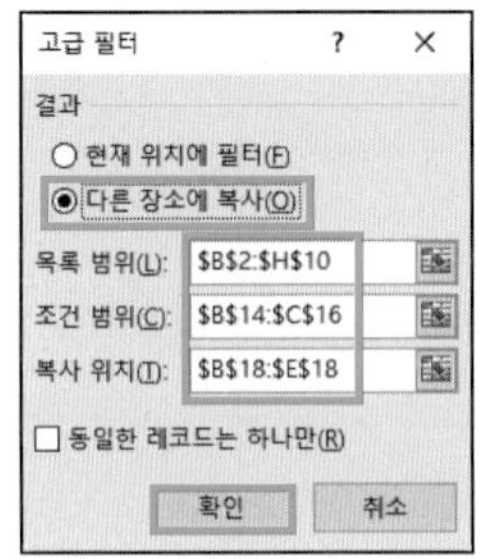

## 제 3 작업 정렬 및 부분합

정답

### 01. 정렬

1. '제1작업' 시트의 [B4:H12] 영역을 블록으로 지정한 후 바로 가기 메뉴에서 **[복사]**를 선택한다.
2. '제3작업' 시트의 [B2] 셀을 클릭한 후 바로 가기 메뉴에서 [붙여넣기 옵션] → **붙여넣기(📋)**를 선택한다.
3. 바로 가기 메뉴에서 **[선택하여 붙여넣기]**를 선택하고 '선택하여 붙여넣기' 대화상자에서 '열 너비'를 선택한 후 〈확인〉을 클릭한다.
4. [B2:H10] 영역을 블록으로 지정한 후 [데이터] → 정렬 및 필터 → **정렬**을 클릭한다.
5. '정렬' 대화상자에서 그림과 같이 지정하고 〈확인〉을 클릭한다.

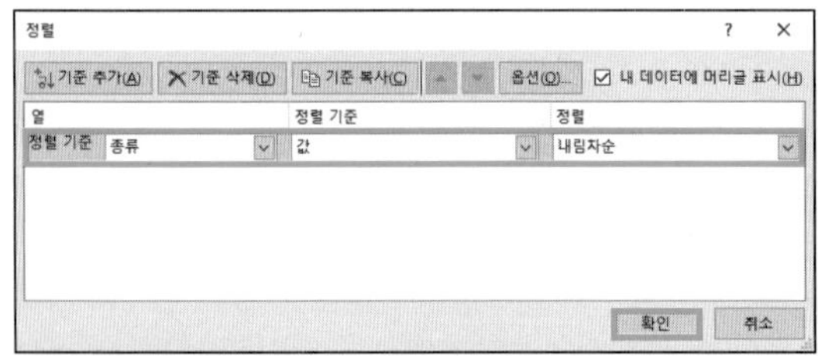


### 02. 부분합

1. [B2:H10] 영역이 블록으로 지정된 상태에서 [데이터] → 윤곽선 → **부분합**을 클릭한다.
2. '부분합' 대화상자에서 그림과 같이 지정하고 〈확인〉을 클릭한다.

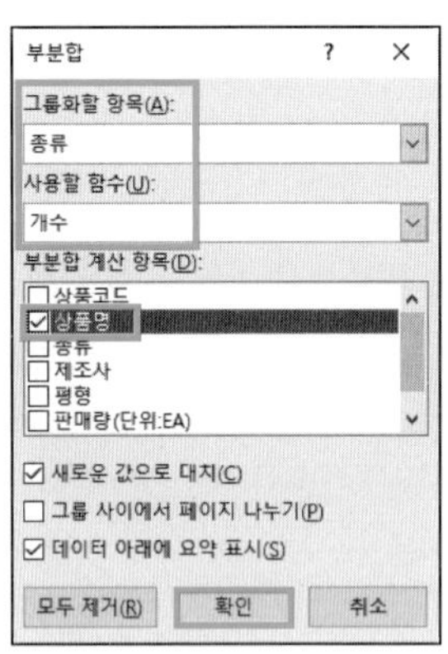


3. '판매량(단위:EA)'의 평균을 계산하기 위해 다시 [데이터] → 윤곽선 → **부분합**을 클릭한다.
4. '부분합' 대화상자에서 그림과 같이 지정하고, '새로운 값으로 대치'를 해제한 후 〈확인〉을 클릭한다.

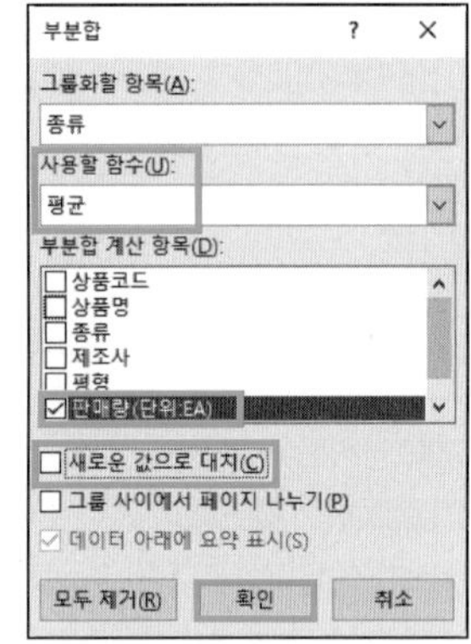

5. 윤곽을 지우기 위해 [데이터] → 윤곽선 → 그룹 해제 → **윤곽 지우기**를 선택한다.

## 제 4 작업 그래프

정답

### ①/②/③/④ 차트 작성

1. 차트를 만들고자 하는 데이터를 블록으로 지정한 후 [삽입] → 차트 → 세로 또는 가로 막대형 차트 삽입() → **묶은 세로 막대형**을 선택한다.

에어컨 온라인 판매 현황

| 결재 | 담당 |
|---|---|
| | |

| 상품코드 | 상품명 | 종류 | 제조사 | 평형 | 판매량 (단위:EA) | 판매가격 |
|---|---|---|---|---|---|---|
| LP-1VG | 인버터 초절전 | 스탠드형 | LG | 18 | 652 | 2,260,000원 |
| SA-2DC | 베이직 인버터 | 벽걸이형 | 삼성 | 7 | 517 | 1,100,000원 |
| WA-1BD | 위니아 에어컨 | 천장형 | 만도 | 23 | 257 | 2,340,000원 |
| CV-3QN | 프리미엄 인버터 | 스탠드형 | 캐리어 | 21 | 497 | 764,790원 |
| LC-3GS | 휘센 4WAY | 천장형 | LG | 15 | 235 | 1,045,000원 |
| LB-2DS | 베이직 화이트 | 벽걸이형 | LG | 9 | 569 | 598,000원 |
| SR-1SM | 초절전 인버터 | 벽걸이형 | 삼성 | 13 | 270 | 1,450,000원 |
| WS-1DP | 프리미엄 에어컨 | 스탠드형 | 만도 | 15 | 387 | 1,220,000원 |
| 벽걸이형 판매량 평균 | | | 452 | | 스탠드형 판매량 합계 | |
| 총 판매금액 | | | 4473177630 | | 상품명 | 인버터 초절전 |

2. 차트를 선택한 후 [차트 도구] → 디자인 → 차트 레이아웃 → 빠른 레이아웃 → **레이아웃** 3을 선택한다.
3. [차트 도구] → 디자인 → 차트 스타일 → **스타일** 5를 선택한다.
4. 임의의 데이터 계열의 바로 가기 메뉴의 [**계열 차트 종류 변경**]을 선택한다.
5. '차트 종류 변경' 대화상자의 '콤보'에서 '판매량(단위:EA)'의 차트 종류를 '표식이 있는 꺾은선형'으로 변경하고 '보조 축'을 선택한 후 〈확인〉을 클릭한다.

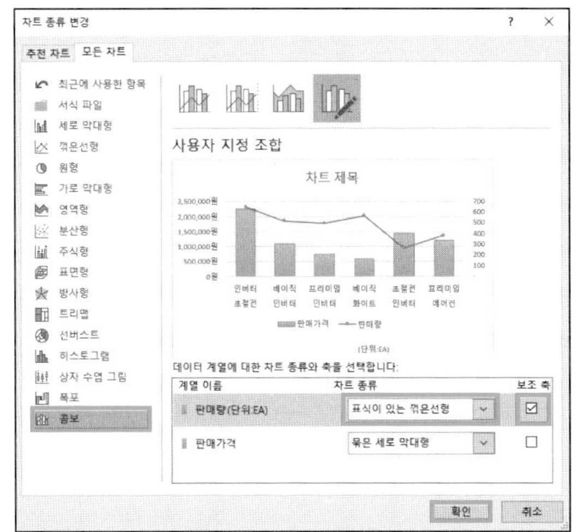


6. 차트에 삽입된 '차트 제목'을 선택하고 수식 입력줄에 **스탠드형 및 벽걸이형 에어컨 판매 현황**을 입력한 후 Enter를 누른다.
7. 차트 영역의 바로 가기 메뉴에서 [**차트 이동**]을 선택한다.
8. '차트 이동' 대화상자에서 '새 시트'를 선택하고 입력란에 **제4작업**을 입력한 후 〈확인〉을 클릭한다.
9. '제4작업' 시트를 '제3작업' 시트 뒤로 드래그하여 이동한다.

### ⑤ 영역 서식

1. 차트 영역을 클릭한 후 [홈] → **글꼴**에서 글꼴 '굴림', 글꼴 크기 11을 지정한다.
2. [차트 도구] → 서식 → 도형 스타일 → 도형 채우기 → 질감 → **분홍 박엽지**를 선택한다.
3. 그림 영역을 클릭한 후 [차트 도구] → 서식 → 도형 스타일 → 도형 채우기 → **흰색, 배경** 1을 선택한다.

### ⑥ 제목 서식

1. 차트 제목을 클릭한 후 [홈] → **글꼴**에서 글꼴 '굴림', 글꼴 크기 20, '굵게(가)'를 지정한다.
2. [차트 도구] → 서식 → 도형 스타일 → 도형 채우기 → **흰색, 배경** 1과 [차트 도구] → 서식 → 도형 스타일 → 도형 윤곽선 → **검정, 텍스트** 1을 선택한다.

### ⑦ 서식

**데이터 계열**

'판매량(단위:EA)' 계열을 더블클릭한 후 '데이터 계열 서식' 창의 [계열 옵션] → (채우기 및 선) → 표식 → 표식 옵션 → **기본 제공**을 선택하고 '형식'을 '네모', 크기를 10으로 지정한다.

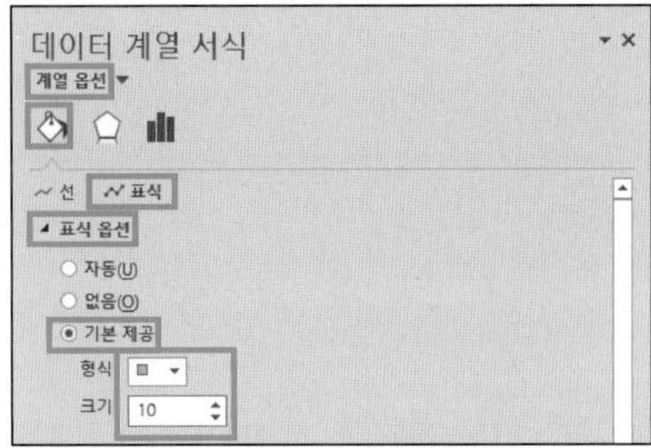


### 레이블 서식

1. '판매량(단위:EA)' 계열을 클릭한다. '판매량(단위:EA)' 계열이 선택된 상태에서 '인버터 초절전' 요소를 한 번 더 클릭한다.
2. '인버터 초절전'의 '판매량(단위:EA)' 요소만 선택된 상태에서 [차트 도구] → 디자인 → 차트 레이아웃 → 차트 요소 추가 → 데이터 레이블 → **위쪽**을 선택한다.

### 눈금선 서식

눈금선을 선택한 후 [차트 도구] → 서식 → 도형 스타일 → **도형 윤곽선**에서 색을 '검정, 텍스트 1', 대시를 '파선'으로 지정한다.

### 축 서식

1. 보조 세로(값) 축을 더블클릭한 후 '축 서식' 창의 [축 옵션] → (축 옵션) → **축 옵션**에서 '최대' 경계를 750, '주' 단위를 150으로 지정한다.

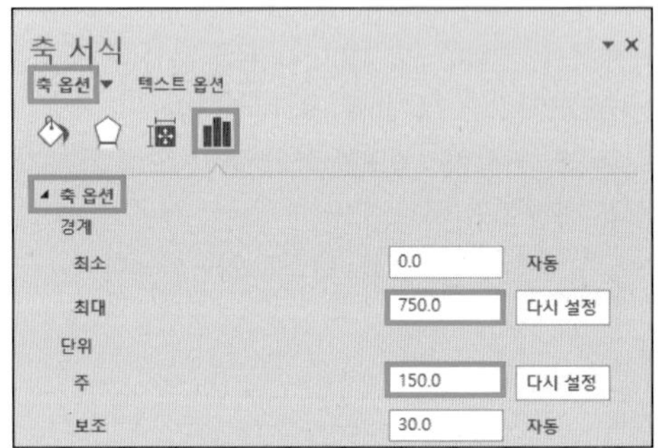


2. [차트 도구] → 서식 → 도형 스타일 → 도형 윤곽선 → **검정, 텍스트 1**을 선택한다.
3. 세로(값) 축과 가로(항목) 축도 도형 윤곽선을 '검정, 텍스트 1'로 지정한다.

### ⑧ 범례 서식

1. 차트 영역의 바로 가기 메뉴에서 **[데이터 선택]**을 선택한다.
2. '데이터 원본 선택' 대화상자의 '범례 항목(계열)'에서 '판매량(단위:EA)'을 선택하고 〈편집〉을 클릭한다.
3. '계열 편집' 대화상자에서 계열 이름을 **판매량(단위:EA)**으로 수정한 후 〈확인〉을 클릭한다. 이어서 '데이터 원본 선택' 대화상자에서도 〈확인〉을 클릭한다.

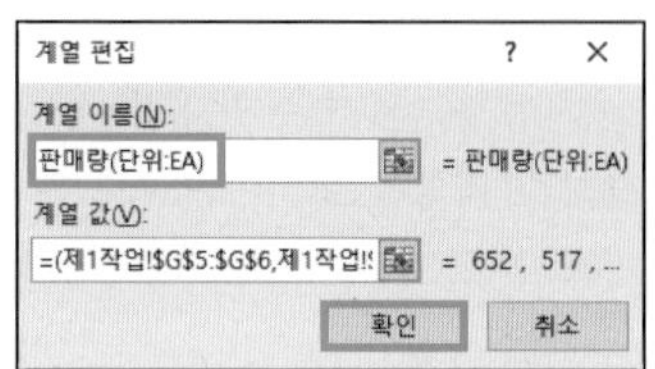


### ⑨ 도형 삽입

1. [삽입] → 일러스트레이션 → 도형 → 설명선 → **모서리가 둥근 사각형 설명선()**을 선택한다.
2. 도형이 삽입될 위치에서 적당한 크기로 드래그하여 삽입한 후 **인기 상품**을 입력한다.
3. 도형을 선택하면 표시되는 노란색 점을 드래그하여 도형의 모양을 변경한다.
4. [홈] → **글꼴**에서 글꼴 '굴림', 채우기 색() '흰색, 배경 1', 글꼴 색() '검정, 텍스트 1', [홈] → **맞춤**에서 '가로 가운데 맞춤()'과 '세로 가운데 맞춤()'을 지정한다.

EXAMINATION

# 03회 실전 모의고사

## 제 1 작업 표 서식 작성 및 값 계산 (240점)

**다음은 '연극 예매 현황'에 대한 자료이다. 자료를 입력하고 조건에 맞도록 작업하시오.**

출력형태

| | A | B | C | D | E | F | G | H | I | J |
|---|---|---|---|---|---|---|---|---|---|---|
| 1 | | 연극 예매 현황 | | | | | 확인 | 담당 | 대리 | 과장 |
| 2 | | | | | | | | | | |
| 3 | | | | | | | | | | |
| 4 | | 관리번호 | 공연명 | 공연장 | 관람등급 | 공연일 | 관람료 (단위:원) | 예매수량 | 관람가능 좌석수 | 예매순위 |
| 5 | | BPM-02 | 세친구 | 아레나극장 | 7세 이상 | 2020-05-10 | 30,000 | 667 | (1) | (2) |
| 6 | | JSM-03 | 캠핑 가는 날 | 동산아트센터 | 9세 이상 | 2020-05-05 | 70,000 | 1,954 | (1) | (2) |
| 7 | | HJM-02 | 히스톨 보이즈 | 아레나극장 | 15세 이상 | 2020-06-08 | 60,000 | 705 | (1) | (2) |
| 8 | | LOM-03 | 꽃씨를 심는 우체부 | 블랙아트센터 | 19세 이상 | 2020-04-18 | 80,000 | 2,752 | (1) | (2) |
| 9 | | CHM-01 | 이야기 기계 | 동산아트센터 | 3세 이상 | 2020-04-26 | 30,000 | 598 | (1) | (2) |
| 10 | | AFM-03 | 그림자가 사는 마을 | 동산아트센터 | 9세 이상 | 2020-05-06 | 66,000 | 521 | (1) | (2) |
| 11 | | SGM-02 | 황금 물고기 | 아레나극장 | 15세 이상 | 2020-04-30 | 90,000 | 800 | (1) | (2) |
| 12 | | GGM-02 | 그리스 | 블랙아트센터 | 19세 이상 | 2020-06-27 | 50,000 | 1,719 | (1) | (2) |
| 13 | | 아레나극장의 관람료(단위:원) 평균 | | | (3) | | 최저 관람료(단위:원) | | | (5) |
| 14 | | 예매수량이 평균 이상인 공연 개수 | | | (4) | | 공연명 | 세친구 | 예매수량 | (6) |
| 15 | | | | | | | | | | |

조건
- ○ 모든 데이터의 서식에는 글꼴(굴림, 11pt), 정렬은 숫자 및 회계 서식은 오른쪽 정렬, 나머지 서식은 가운데 정렬로 작성하며 예외적인 것은 [출력형태]를 참조하시오.
- ○ 제 목 : 도형(순서도: 저장 데이터)과 그림자(오프셋 대각선 오른쪽 아래)를 이용하여 작성하고 "연극 예매 현황"을 입력한 후 다음 서식을 적용하시오(글꼴–굴림, 24pt, 검정, 굵게, 채우기–노랑).
- ○ 임의의 셀에 결재란을 작성하여 그림으로 복사 기능을 이용하여 붙이기 하시오(단, 원본 삭제).
- ○ [B4:J4, G14, I14] 영역은 '주황'으로 채우기 하시오.
- ○ 유효성 검사를 이용하여 [H14] 셀에 공연명([C5:C12] 영역)이 선택 표시되도록 하시오.
- ○ 셀 서식 : [H5:H12] 영역에 셀 서식을 이용하여 숫자 뒤에 "매"를 표시하시오(예 : 667매).
- ○ [H5:H12] 영역에 대해 '예매수량'으로 이름 정의를 하시오.

⊙ **(1)~(6) 셀은 반드시 주어진 함수를 이용하여 값을 구하시오(결과값을 직접 입력하면 해당 셀은 0점 처리됨).**

(1) **관람가능 좌석수 :** [관리번호의 마지막 글자×1,000]으로 구하시오(RIGHT 함수).

(2) **예매순위 :** 예매수량의 내림차순 순위를 1~3까지만 구하고, 그 외에는 공백으로 표시하시오 (IF, RANK.EQ 함수).

(3) **아레나극장의 관람료(단위:원) 평균 :** 조건은 입력 데이터를 이용하시오(DAVERAGE 함수).

(4) **예매수량이 평균 이상인 공연 개수 :** 정의된 이름(예매수량)을 이용하여 구한 결과값 뒤에 "개"를 붙이시오(COUNTIF, AVERAGE 함수, & 연산자)(예 : 2 → 2개).

(5) **최저 관람료(단위:원) :** (MIN 함수)

(6) **예매수량 :** [H14] 셀에서 선택한 공연명에 대한 예매수량을 구하시오(VLOOKUP 함수).

(7) 조건부 서식을 이용하여 예매수량 셀에 데이터 막대 스타일(녹색)을 최소값 및 최대값으로 적용하시오.

## 제 2 작업 필터 및 서식 (80점)

"제1작업" 시트의 [B4:H12] 영역을 복사하여 "제2작업" 시트의 [B2] 셀부터 모두 붙여넣기를 한 후 다음의 조건과 같이 작업하시오.

조건 (1) 고급 필터

▶ 관리번호에 "G"가 포함되거나, 예매수량이 1,000 이상인 자료의 데이터만 추출하시오.

▶ 조건 범위 : [B13] 셀부터 입력하시오.

▶ 복사 위치 : [B18] 셀부터 나타나도록 하시오.

(2) 표 서식

▶ 고급 필터의 결과 셀을 채우기 없음으로 설정한 후 '표 스타일 보통 2'의 서식을 적용하시오.

▶ 머리글 행, 줄무늬 행을 적용하시오.

## 제 3 작업 피벗 테이블 (80점)

"제1작업" 시트를 이용하여 "제3작업" 시트에 조건에 따라 [출력형태]와 같이 작업하시오.

조건 (1) 공연일 및 공연장별 공연명의 개수와 관람료(단위:원)의 평균을 구하시오.
(2) 공연일을 그룹화하고, 공연장을 [출력형태]와 같이 정렬하시오.
(3) 레이블이 있는 셀 병합 및 가운데 맞춤 적용 및 빈 셀은 '***'로 표시하시오.
(4) 행의 총합계를 지우고, 나머지 사항은 [출력형태]에 맞게 작성하시오.

출력형태

| | A | B | C | D | E | F | G | H |
|---|---|---|---|---|---|---|---|---|
| 1 | | | | | | | | |
| 2 | | | 공연장 | | | | | |
| 3 | | | 아레나극장 | | 블랙아트센터 | | 동산아트센터 | |
| 4 | | 공연일 | 개수 : 공연명 | 평균 : 관람료(단위:원) | 개수 : 공연명 | 평균 : 관람료(단위:원) | 개수 : 공연명 | 평균 : 관람료(단위:원) |
| 5 | | 4월 | 1 | 90,000 | 1 | 80,000 | 1 | 30,000 |
| 6 | | 5월 | 1 | 30,000 | *** | *** | 2 | 68,000 |
| 7 | | 6월 | 1 | 60,000 | 1 | 50,000 | *** | *** |
| 8 | | 총합계 | 3 | 60,000 | 2 | 65,000 | 3 | 55,333 |

## 제 4 작업 그래프 (100점)

☞ **"제1작업" 시트를 이용하여 조건에 따라 [출력형태]와 같이 작업하시오.**

조건 (1) 차트 종류 – 〈묶은 세로 막대형〉으로 작업하시오.

(2) 데이터 범위 – "제1작업" 시트의 내용을 이용하여 작업하시오.

(3) 위치 – "새 시트"로 이동하고, "제4작업"으로 시트 이름을 바꾸시오.

(4) 차트 디자인 도구 – 레이아웃 1, 스타일 6을 선택하여 [출력형태]에 맞게 작업하시오.

(5) 영역 서식 – 차트 : 글꼴(굴림, 12pt), 채우기 효과(질감–꽃다발)
그림 : 채우기(흰색, 배경1)

(6) 제목 서식 – 차트 제목 : 글꼴(돋움, 굵게, 24pt), 채우기(흰색, 배경1), 테두리

(7) 서식 – 관람료(단위:원) 계열의 차트 종류를 〈표식이 있는 꺾은선형〉으로 변경한 후 보조 축으로 지정하시오.
계열 : [출력형태]를 참조하여 표식(삼각형, 크기 10)과 레이블 값을 표시하시오.
눈금선 : 선 스타일–파선
축 : [출력형태]를 참조하시오.

(8) 범례 – 범례명을 변경하고, [출력형태]를 참조하시오.

(9) 도형 – '모서리가 둥근 사각형 설명선'을 삽입하고 [출력형태]와 같이 내용을 입력하시오.

(10) 나머지 사항은 [출력형태]에 맞게 작성하시오.

출력형태

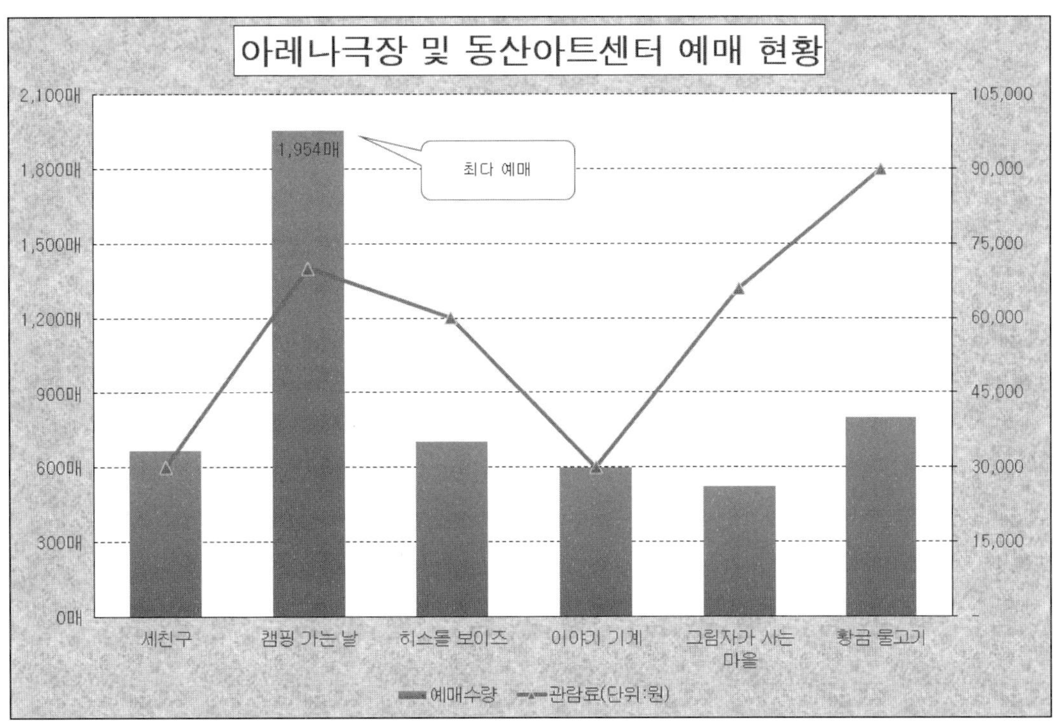


주의 ☞ 시트명 순서가 차례대로 '제1작업', '제2작업', '제3작업', '제4작업'이 되도록 할 것.

EXAMINATION

# 03회 실전 모의고사 정답 및 해설

## 제 1 작업 표 서식 작성 및 값 계산

정답

정답

| 확인 | 담당 | 대리 | 과장 |
|---|---|---|---|
| | | | |

**연극 예매 현황**

| 관리번호 | 공연명 | 공연장 | 관람등급 | 공연일 | 관람료(단위:원) | 예매수량 | 관람가능 좌석수 | 예매순위 |
|---|---|---|---|---|---|---|---|---|
| BPM-02 | 세친구 | 아레나극장 | 7세 이상 | 2020-05-10 | 30,000 | 667매 | 2000 | |
| JSM-03 | 캠핑 가는 날 | 동산아트센터 | 9세 이상 | 2020-05-05 | 70,000 | 1,954매 | 3000 | 2 |
| HJM-02 | 히스톨 보이즈 | 아레나극장 | 15세 이상 | 2020-06-08 | 60,000 | 705매 | 2000 | |
| LOM-03 | 꽃씨를 심는 우체부 | 블랙아트센터 | 19세 이상 | 2020-04-18 | 80,000 | 2,752매 | 3000 | 1 |
| CHM-01 | 이야기 기계 | 동산아트센터 | 3세 이상 | 2020-04-26 | 30,000 | 598매 | 1000 | |
| AFM-03 | 그림자가 사는 마을 | 동산아트센터 | 9세 이상 | 2020-05-06 | 66,000 | 521매 | 3000 | |
| SGM-02 | 황금 물고기 | 아레나극장 | 15세 이상 | 2020-04-30 | 90,000 | 800매 | 2000 | |
| GGM-02 | 그리스 | 블랙아트센터 | 19세 이상 | 2020-06-27 | 50,000 | 1,719매 | 2000 | 3 |
| 아레나극장의 관람료(단위:원) 평균 | | | 60000 | | 최저 관람료(단위:원) | | | 30,000 |
| 예매수량이 평균 이상인 공연 개수 | | | 3개 | | 공연명 | 세친구 | 예매수량 | 667 |

## 01. 표 서식 작성

### ❶ 기본 작업 및 데이터 입력

1. 'Sheet1'의 A열 너비를 1로 지정한다.
2. 'Sheet1'을 두 번 복사한다.
3. 시트 이름을 '제1작업', '제2작업', '제3작업'으로 변경한다.
4. '제1작업' 시트의 모든 셀을 선택한 후 글꼴 '굴림', 크기 11, 가로 '가운데 맞춤(☰)'을 지정한다.
5. '제1작업' 시트에 아래 그림과 같이 데이터를 입력한다.

| 관리번호 | 공연명 | 공연장 | 관람등급 | 공연일 | 관람료(단위:원) | 예매수량 | 관람가능 좌석수 | 예매순위 |
|---|---|---|---|---|---|---|---|---|
| BPM-02 | 세친구 | 아레나극장 | 7세 이상 | 2020-05-10 | 30000 | 667 | | |
| JSM-03 | 캠핑 가는 날 | 동산아트센터 | 9세 이상 | 2020-05-05 | 70000 | 1954 | | |
| HJM-02 | 히스톨 보이즈 | 아레나극장 | 15세 이상 | 2020-06-08 | 60000 | 705 | | |
| LOM-03 | 꽃씨를 심는 우체부 | 블랙아트센터 | 19세 이상 | 2020-04-18 | 80000 | 2752 | | |
| CHM-01 | 이야기 기계 | 동산아트센터 | 3세 이상 | 2020-04-26 | 30000 | 598 | | |
| AFM-03 | 그림자가 사는 마을 | 동산아트센터 | 9세 이상 | 2020-05-06 | 66000 | 521 | | |
| SGM-02 | 황금 물고기 | 아레나극장 | 15세 이상 | 2020-04-30 | 90000 | 800 | | |
| GGM-02 | 그리스 | 블랙아트센터 | 19세 이상 | 2020-06-27 | 50000 | 1719 | | |
| 아레나극장의 관람료(단위:원) 평균 | | | | | 최저 관람료(단위:원) | | | |
| 예매수량이 평균 이상인 공연 개수 | | | | | 공연명 | 세친구 | 예매수량 | |

### ❷ 도형 작성

1. 도형을 삽입할 행의 높이를 조절한다.
2. [삽입] → 일러스트레이션 → 도형 → 순서도 → **순서도: 저장 데이터(◯)**를 선택한 후 도형이 삽입될 위치에서 적당한 크기로 드래그하여 삽입한다.
3. 삽입된 도형을 선택한 후 **연극 예매 현황**을 입력한다.
4. 도형의 테두리 부분을 클릭한 후 [홈] → **글꼴**에서 글꼴 '굴림', 크기 24, '굵게(가)', 채우기 색(◇) '노랑', 글꼴 색(가) '검정, 텍스트 1'을, [홈] → **맞춤**에서 '가로 가운데 맞춤(☰)'과 '세로 가운데 맞춤(☰)'을 지정한다.
5. [그리기 도구] → 서식 → 도형 스타일 → 도형 효과 → 그림자 → **오프셋 대각선 오른쪽 아래**를 선택한다.

### ❸ 결재란 작성

1. 임의의 셀에 결재란을 작성한다.
2. 작성한 결재란을 블록으로 지정한 후 바로 가기 메뉴에서 **[복사]**를 선택한다.

3. 삽입할 부분을 클릭한 후 바로 가기 메뉴에서 [선택하여 붙여넣기] → **그림**(📋)을 선택한다.
4. 삽입된 그림의 위치 및 크기를 적당하게 조절한다.
5. 결재란의 원본을 삭제한다.

### ⑤ 데이터 유효성 검사

1. [H14] 셀을 선택한 후 [데이터] → 데이터 도구 → **데이터 유효성 검사**의 ▤를 클릭한다.
2. '데이터 유효성' 대화상자에서 그림과 같이 지정 및 입력하고 〈확인〉을 클릭한다.

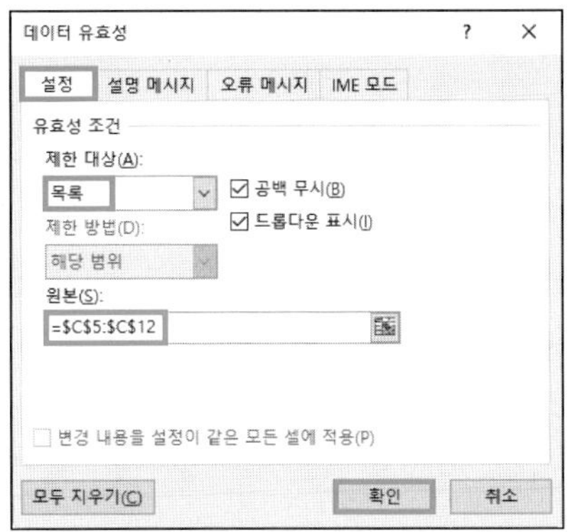


### ⑥ 셀 서식

1. [H5:H12] 영역을 블록으로 지정한 후 Ctrl+1을 누른다.
2. '셀 서식' 대화상자에서 그림과 같이 지정하고 〈확인〉을 클릭한다.

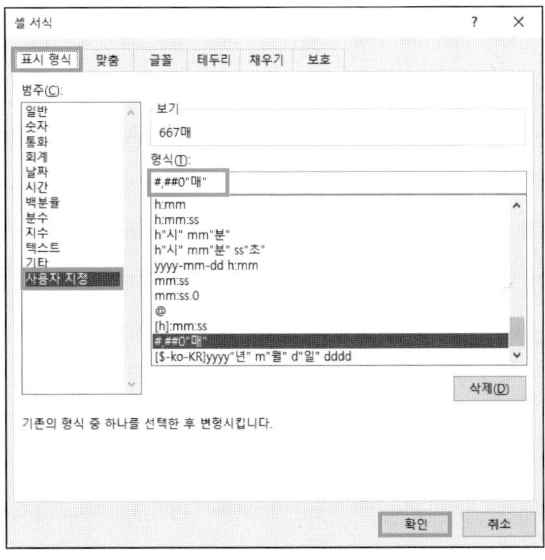


3. [홈] → 맞춤 → **오른쪽 맞춤**(☰)을 클릭한다.
4. [G5:G12] 영역을 블록으로 지정한 후 [홈] → 표시 형식 → **쉼표 스타일**(,)을 클릭한다.

### ⑦ 이름 정의

1. [H5:H12] 영역을 블록으로 지정한 후 이름 상자에 **예매수량**을 입력하고, Enter를 누른다.
2. 테두리, 셀 음영, 셀 병합, 행 높이 등을 지정한다.

## 02. 값 계산

① **관람가능 좌석수(I5)** : =RIGHT(B5,1)*1000

② **예매순위(J5)** : =IF(RANK.EQ(H5,$H$5:$H$12)<=3,RANK.EQ(H5,$H$5:$H$12),"")

③ **아레나극장의 관람료(단위:원) 평균(E13)** : =DAVERAGE(B4:J12,G4,D4:D5)

④ **예매수량이 평균 이상인 공연 개수(E14)** : =COUNTIF(예매수량,">="&AVERAGE(예매수량))&"개"

⑤ **최저 관람료(단위:원)(J13)** : =MIN(G5:G12)

⑥ **예매수량(J14)** : =VLOOKUP(H14,C5:J12,6,FALSE)

### ⑦ 조건부 서식

1. [H5:H12] 영역을 블록으로 지정한 후 [홈] → 스타일 → 조건부 서식 → 데이터 막대 → **기타 규칙**을 선택한다.
2. '새 서식 규칙' 대화상자에서 그림과 같이 지정하고 〈확인〉을 클릭한다.

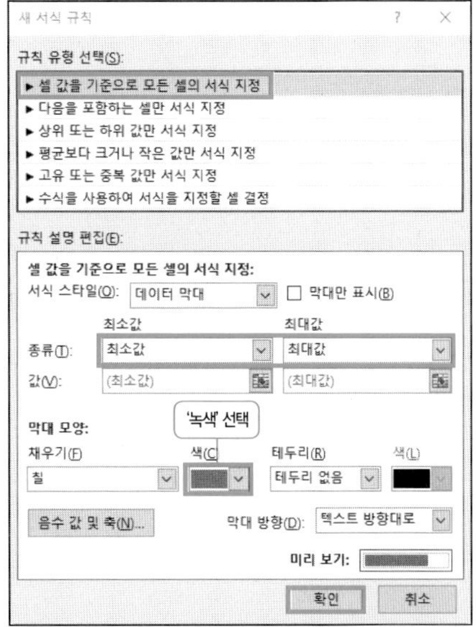

## 01. 고급 필터

**정답**

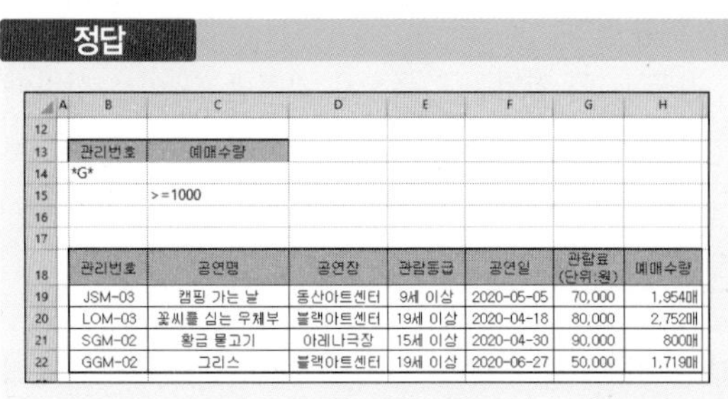

| | B | C | D | E | F | G | H |
|---|---|---|---|---|---|---|---|
| 12 | | | | | | | |
| 13 | 관리번호 | 예매수량 | | | | | |
| 14 | *G* | | | | | | |
| 15 | | >=1000 | | | | | |
| 16 | | | | | | | |
| 17 | | | | | | | |
| 18 | 관리번호 | 공연명 | 공연장 | 관람등급 | 공연일 | 관람료 (단위:원) | 예매수량 |
| 19 | JSM-03 | 캠핑 가는 날 | 동산아트센터 | 9세 이상 | 2020-05-05 | 70,000 | 1,954매 |
| 20 | LOM-03 | 꽃씨를 심는 우체부 | 블랙아트센터 | 19세 이상 | 2020-04-18 | 80,000 | 2,752매 |
| 21 | SGM-02 | 황금 물고기 | 아레나극장 | 15세 이상 | 2020-04-30 | 90,000 | 800매 |
| 22 | GGM-02 | 그리스 | 블랙아트센터 | 19세 이상 | 2020-06-27 | 50,000 | 1,719매 |

1. '제1작업' 시트의 [B4:H12] 영역을 블록으로 지정한 후 바로 가기 메뉴에서 **[복사]**를 선택한다.
2. '제2작업' 시트의 [B2] 셀을 클릭한 후 바로 가기 메뉴에서 [붙여넣기 옵션] → **붙여넣기( )**를 선택한다.
3. 바로 가기 메뉴에서 **[선택하여 붙여넣기]**를 선택하고 '선택하여 붙여넣기' 대화상자에서 '열 너비'를 선택한 후 〈확인〉을 클릭한다.
4. 고급 필터의 조건을 그림과 같이 작성한다.

| | B | C |
|---|---|---|
| 12 | | |
| 13 | 관리번호 | 예매수량 |
| 14 | *G* | |
| 15 | | >=1000 |

5. [B2:H10] 영역을 블록으로 지정한 후 [데이터] → 정렬 및 필터 → **고급**을 클릭한다.
6. '고급 필터' 대화상자에서 그림과 같이 지정한 후 〈확인〉을 클릭한다.

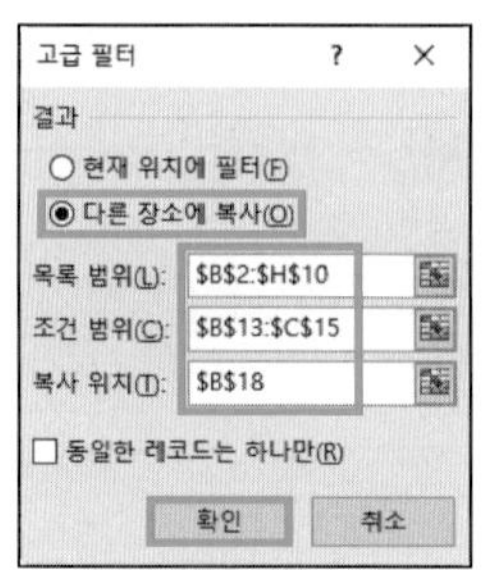


## 02. 표 서식

**정답**

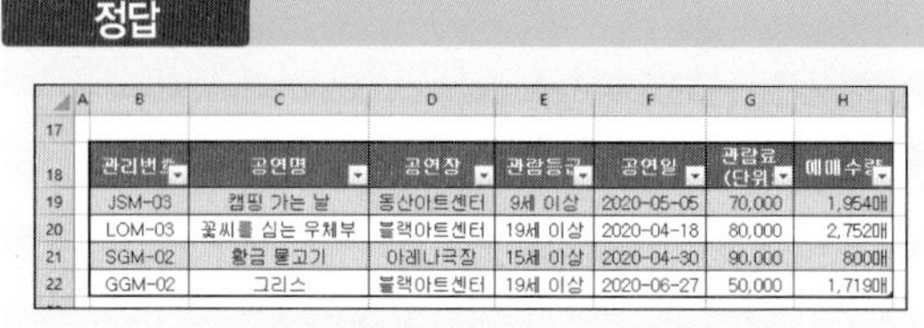

| | B | C | D | E | F | G | H |
|---|---|---|---|---|---|---|---|
| 17 | | | | | | | |
| 18 | 관리번호 | 공연명 | 공연장 | 관람등급 | 공연일 | 관람료 (단위 | 예매수량 |
| 19 | JSM-03 | 캠핑 가는 날 | 동산아트센터 | 9세 이상 | 2020-05-05 | 70,000 | 1,954매 |
| 20 | LOM-03 | 꽃씨를 심는 우체부 | 블랙아트센터 | 19세 이상 | 2020-04-18 | 80,000 | 2,752매 |
| 21 | SGM-02 | 황금 물고기 | 아레나극장 | 15세 이상 | 2020-04-30 | 90,000 | 800매 |
| 22 | GGM-02 | 그리스 | 블랙아트센터 | 19세 이상 | 2020-06-27 | 50,000 | 1,719매 |

1. [B18:H22] 영역을 블록으로 지정한 후 [홈] → 글꼴 → 채우기 색( )의 → **채우기 없음**을 선택한다.
2. [홈] → 스타일 → 표 서식 → **표 스타일 보통 2**를 선택한다.
3. '표 서식' 대화상자에서 범위가 제대로 지정되었는지 확인하고 〈확인〉을 클릭한다.

1. 피벗 테이블의 데이터로 사용할 '제1작업' 시트의 [B4:H12] 영역을 블록으로 지정하고 [삽입] → 표 → **피벗 테이블**을 클릭한다.
2. '피벗 테이블 만들기' 대화상자에서 '기존 워크시트'를 선택한 후 '제3작업' 시트의 [B2] 셀을 클릭한 다음 〈확인〉을 클릭한다.
3. '피벗 테이블 필드' 창에서 그림과 같이 지정한다.

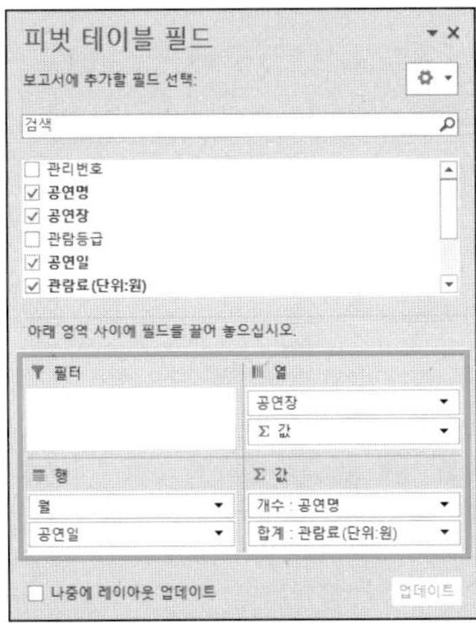


'행'과 '열' 영역에 날짜 형식의 필드를 지정하면 데이터에 따라 '연', '분기', '월' 등의 필드가 자동으로 생성됩니다. '행' 영역에 표시된 '월' 필드도 '행' 영역에 '공연일' 필드를 지정함으로써 자동으로 생성된 것입니다.

4. 작성된 피벗 테이블에서 '관람료(단위:원)'의 임의의 셀을 클릭한 후 바로 가기 메뉴에서 [값 요약 기준] → **평균**을 선택한다.
5. '공연일'을 월단위로 그룹을 지정하기 위해 '공연일'의 임의의 셀을 클릭한 후 바로 가기 메뉴에서 **[그룹]**을 선택한다.
6. '그룹화' 대화상자에서 그림과 같이 지정하고 〈확인〉을 클릭한다.

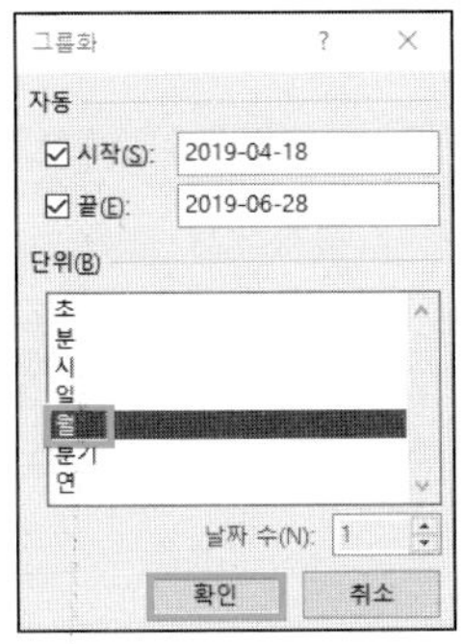


7. 피벗 테이블의 바로 가기 메뉴에서 **[피벗 테이블 옵션]**을 선택한다.
8. '피벗 테이블 옵션' 대화상자의 '레이아웃 및 서식' 탭과 '요약 및 필터' 탭에서 그림과 같이 지정한 후 〈확인〉을 클릭한다.

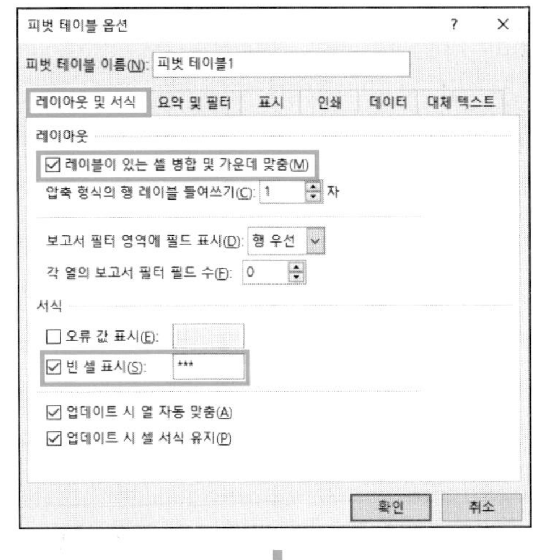


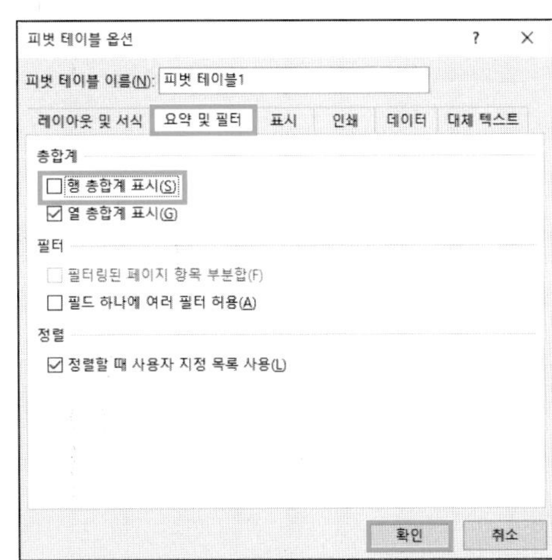


9. '공연장'을 내림차순으로 정렬하기 위해 작성된 피벗 테이블에서 '공연장'이 표시된 임의의 셀을 클릭한 후 [데이터] → 정렬 및 필터 → **텍스트 내림차순 정렬**(⬇)을 클릭한다.
10. 작성된 피벗 테이블에서 [C2] 셀을 클릭하고 **공연장**을, [B4] 셀을 클릭하고 **공연일**을 입력한다.

11. [D4] 셀을 클릭하고 수식 입력줄에 표시된 필드명에서 "관람료" 뒤를 클릭한 후 Delete를 눌러 한 줄로 만든 다음 Enter를 누른다.
12. [B5:H8] 영역을 블록으로 지정한 후 [홈] → 맞춤 → **가운데 맞춤**(≡)과 [홈] → 표시 형식 → **쉼표 스타일**( , )을 클릭한다.

## 제 4 작업 그래프

정답

### ❶/❷/❸/❹ 차트 작성

1. 차트를 만들고자 하는 데이터를 블록으로 지정한 후 [삽입] → 차트 → 세로 또는 가로 막대형 차트 삽입( ) → **묶은 세로 막대형**을 선택한다.

연극 예매 현황

| 관리번호 | 공연명 | 공연장 | 관람등급 | 공연일 | 관람료(단위:원) | 예매수량 |
|---|---|---|---|---|---|---|
| BPM-02 | 세친구 | 아레나극장 | 7세 이상 | 2020-05-10 | 30,000 | 667매 |
| JSM-03 | 캠핑 가는 날 | 동산아트센터 | 9세 이상 | 2020-05-05 | 70,000 | 1,954매 |
| HJM-02 | 히스를 보이즈 | 아레나극장 | 15세 이상 | 2020-06-08 | 60,000 | 705매 |
| LOM-03 | 꽃씨를 심는 우체부 | 블랙아트센터 | 19세 이상 | 2020-04-18 | 80,000 | 2,752매 |
| CHM-01 | 이야기 기계 | 동산아트센터 | 3세 이상 | 2020-04-26 | 30,000 | 598매 |
| AFM-03 | 그림자가 사는 마을 | 동산아트센터 | 9세 이상 | 2020-05-06 | 66,000 | 521매 |
| SGM-02 | 황금 물고기 | 아레나극장 | 15세 이상 | 2020-04-30 | 90,000 | 800매 |
| GGM-02 | 그리스 | 블랙아트센터 | 19세 이상 | 2020-06-27 | 50,000 | 1,719매 |
| 아레나극장의 관람료(단위:원) 평균 | | | 60000 | | 최저 관람료(단위 | |
| 예매수량이 평균 이상인 공연 개수 | | | 3개 | | 공연명 | 세친구 |

2. 차트를 선택한 후 [차트 도구] → 디자인 → 차트 레이아웃 → 빠른 레이아웃 → **레이아웃 1**을 선택한다.
3. [차트 도구] → 디자인 → 차트 스타일 → **스타일 6**를 선택한다.
4. 임의의 계열의 바로 가기 메뉴에서 **[계열 차트 종류 변경]**을 선택한다.
5. '차트 종류 변경' 대화상자의 '콤보'에서 '관람료(단위:원)의 차트 종류를 '표식이 있는 꺾은선형'으로 변경하고 '보조 축'을 선택한 후 〈확인〉을 클릭한다.

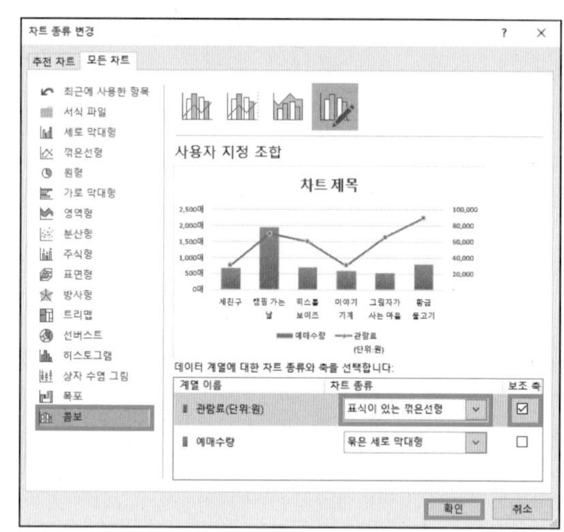


6. 차트에 삽입된 '차트 제목'을 선택하고 수식 입력줄에 **아레나극장 및 동산아트센터 예매 현황**을 입력한 후 Enter를 누른다.
7. 차트 영역의 바로 가기 메뉴에서 **[차트 이동]**을 선택한다.
8. '차트 이동' 대화상자에서 '새 시트'를 선택하고 입력란에 **제4작업**을 입력한 후 〈확인〉을 클릭한다.
9. '제4작업' 시트를 '제3작업' 시트 뒤로 드래그하여 이동한다.

### ❺ 영역 서식

1. 차트 영역을 클릭한 후 [홈] → **글꼴**에서 글꼴 '굴림', 글꼴 크기 12를 지정한다.
2. [차트 도구] → 서식 → 도형 스타일 → 도형 채우기 → 질감 → **꽃다발**을 선택한다.

3. 그림 영역을 클릭한 후 [차트 도구] → 서식 → 도형 스타일 → 도형 채우기 → **흰색, 배경 1**을 선택한다.

### ⑥ 제목 서식

1. 차트 제목을 클릭한 후 [홈] → **글꼴**에서 글꼴 '돋움', 글꼴 크기 24, '굵게(가)'를 지정한다.
2. [차트 도구] → 서식 → 도형 스타일 → 도형 채우기 → **흰색, 배경 1**과 [차트 도구] → 서식 → 도형 스타일 → 도형 윤곽선 → **검정, 텍스트 1**을 선택한다.

### ⑦ 서식

#### 데이터 계열

'관람료(단위:원)' 계열을 더블클릭한 후 '데이터 계열 서식' 창의 [계열 옵션] → (채우기 및 선) → 표식 → 표식 옵션 → **기본 제공**을 선택하고 '형식'을 '삼각형', 크기를 10으로 지정한다.

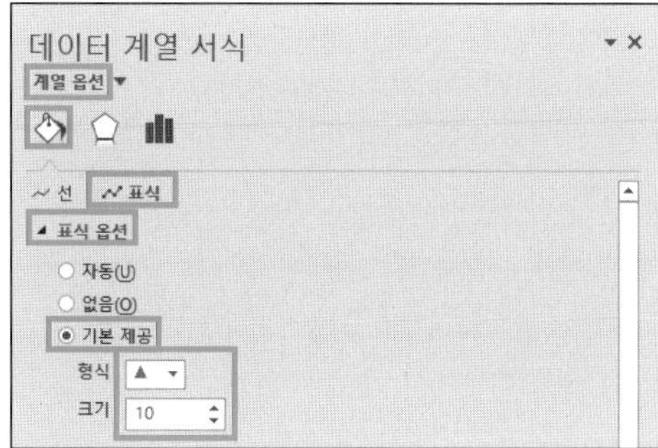


#### 레이블 서식

1. '예매수량' 계열을 클릭한다. '예매수량' 계열이 선택된 상태에서 '캠핑 가는 날' 요소를 한 번 더 클릭한다.
2. '캠핑 가는 날'의 '예매수량' 요소만 선택된 상태에서 [차트 도구] → 디자인 → 차트 레이아웃 → 차트 요소 추가 → 데이터 레이블 → **안쪽 끝에**를 선택한다.

#### 눈금선 서식

눈금선을 선택한 후 [차트 도구] → 서식 → 도형 스타일 → **도형 윤곽선**에서 색을 '검정, 텍스트 1', 대시를 '파선'으로 지정한다.

#### 축 서식

1. 세로(값) 축을 더블클릭한 후 '축 서식' 창의 [축 옵션] → (축 옵션) → **축 옵션**에서 '최대' 경계를 2100, '주' 단위를 300으로 지정한다.

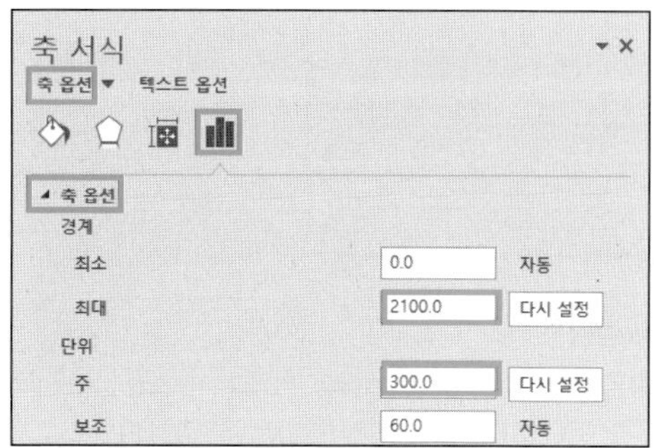


2. [차트 도구] → 서식 → 도형 스타일 → 도형 윤곽선 → **검정, 텍스트 1**을 선택한다.
3. 보조 세로(값) 축을 더블클릭한 후 '축 서식' 창의 [축 옵션] → (축 옵션) → **축 옵션**에서 '최대' 경계를 105000, '주' 단위를 15000으로 지정한다.

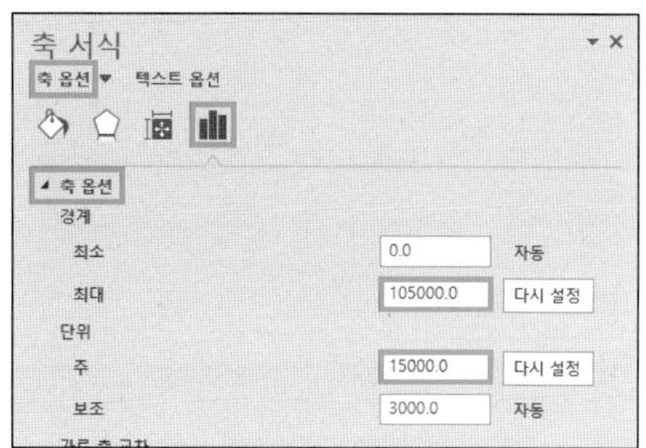


4. [차트 도구] → 서식 → 도형 스타일 → 도형 윤곽선 → **검정, 텍스트 1**을 선택한다.
5. 가로(항목) 축의 도형 윤곽선을 '검정, 텍스트 1'로 지정한다.

### ⑧ 범례 서식

1. 차트 영역의 바로 가기 메뉴에서 **[데이터 선택]**을 선택한다.
2. '데이터 원본 선택' 대화상자의 '범례 항목(계열)'에서 '관람료(단위:원)'을 선택하고 〈편집〉을 클릭한다.

3. '계열 편집' 대화상자에서 계열 이름을 **관람료(단위:원)**으로 수정한 후 〈확인〉을 클릭한다. 이어서 '데이터 원본 선택' 대화상자에서도 〈확인〉을 클릭한다.

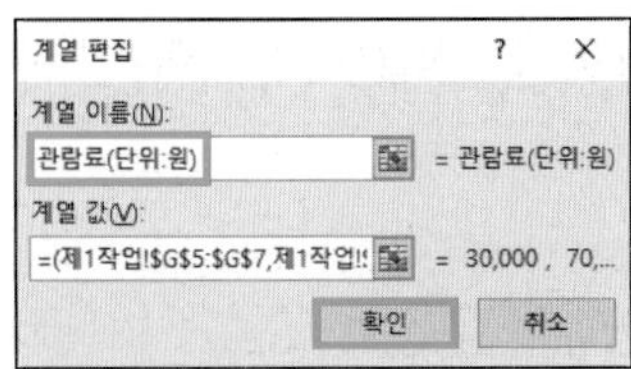


## ⑨ 도형 삽입

1. [삽입] → 일러스트레이션 → 도형 → 설명선 → **모서리가 둥근 사각형 설명선**(▢)을 선택한다.
2. 도형이 삽입될 위치에서 적당한 크기로 드래그하여 삽입한 후 **최다 예매**를 입력한다.
3. 도형을 선택하면 표시되는 노란색 점을 드래그하여 도형의 모양을 변경한다.
4. [홈] → **글꼴**에서 글꼴 '굴림', 채우기 색(▢) '흰색, 배경 1', 글꼴 색(▢) '검정, 텍스트 1', [홈] → **맞춤**에서 '가로 가운데 맞춤(▤)'과 '세로 가운데 맞춤(▤)'을 지정한다.

EXAMINATION

# 04회 실전 모의고사

## 제 1 작업 표 서식 작성 및 값 계산 (240점)

다음은 '트로트드림 오디션 현황'에 대한 자료이다. 자료를 입력하고 조건에 맞도록 작업하시오.

출력형태

트로트드림 오디션 현황

| 확인 | 담당 | 대리 | 과장 |
|---|---|---|---|
| | | | |

| 참가번호 | 성명 | 구분 | 참가지역 | 인터넷 선호도 | ARS 투표수 | 심사위원 점수 | 순위 | 성별 |
|---|---|---|---|---|---|---|---|---|
| D-25712 | 허민지 | 대학생 | 부산 | 7.6% | 5,128,602 | 314 | (1) | (2) |
| P-24531 | 최용철 | 일반 | 서울 | 9.4% | 4,370,520 | 246 | (1) | (2) |
| G-01401 | 김진성 | 청소년 | 부산 | 11.5% | 4,875,340 | 267 | (1) | (2) |
| Z-15702 | 허서영 | 일반 | 광주 | 19.4% | 5,294,678 | 325 | (1) | (2) |
| S-45342 | 양서연 | 일반 | 서울 | 18.7% | 4,680,251 | 231 | (1) | (2) |
| S-72811 | 문현진 | 대학생 | 인천 | 16.7% | 4,858,793 | 297 | (1) | (2) |
| S-82471 | 김승모 | 청소년 | 인천 | 16.8% | 3,278,457 | 215 | (1) | (2) |
| T-20252 | 이다경 | 대학생 | 천안 | 9.3% | 3,029,752 | 198 | (1) | (2) |
| 대학생 부문 ARS 투표수 평균 | | | (3) | | 허서영 인기차트 | | | (5) |
| 두 번째로 작은 심사위원 점수 | | | (4) | | 성명 | 허민지 | ARS 투표수 | (6) |

조건
- ○ 모든 데이터의 서식에는 글꼴(굴림, 11pt), 정렬은 숫자 및 회계 서식은 오른쪽 정렬, 나머지 서식은 가운데 정렬로 작성하며 예외적인 것은 [출력형태]를 참조하시오.
- ○ 제 목 : 도형(대각선 방향의 모서리가 잘린 사각형)과 그림자(오프셋 오른쪽)를 이용하여 작성하고 "트로트드림 오디션 현황"을 입력한 후 다음 서식을 적용하시오(글꼴–굴림, 24pt, 검정, 굵게, 채우기–노랑).
- ○ 임의의 셀에 결재란을 작성하여 그림으로 복사 기능을 이용하여 붙이기 하시오(단, 원본 삭제).
- ○ [B4:J4, G14, I14] 영역은 '주황'으로 채우기 하시오.
- ○ 유효성 검사를 이용하여 [H14] 셀에 성명([C5:C12] 영역)이 선택 표시되도록 하시오.
- ○ 셀 서식 : [H5:H12] 영역에 셀 서식을 이용하여 숫자 뒤에 "점"을 표시하시오(예 : 314점).
- ○ [H5:H12] 영역에 대해 '심사위원점수'로 이름 정의를 하시오.

⊙ **(1)~(6) 셀은 반드시 주어진 함수를 이용하여 값을 구하시오(결과값을 직접 입력하면 해당 셀은 0점 처리됨).**

(1) **순위** : ARS 투표수의 내림차순 순위를 구한 결과값 뒤에 "위"를 붙이시오(RANK.AVG 함수, & 연산자)(예 : 1위).

(2) **성별** : 참가번호의 마지막 글자가 1이면 "남성", 그 외에는 "여성"으로 구하시오(IF, RIGHT 함수).

(3) **대학생 부문 ARS 투표수 평균** : (SUMIF, COUNTIF 함수)

(4) **두 번째로 작은 심사위원 점수** : 정의된 이름(심사위원점수)을 이용하여 구하시오(SMALL 함수).

(5) **허서영 인기차트** : ([G8] ÷ 1,000,000) 으로 구한 값만큼 "★" 문자를 반복하여 표시하시오 (REPT 함수)(예 : 2 → ★★).

(6) ARS 투표수 : [H14] 셀에서 선택한 성명에 대한 ARS 투표수를 표시하시오(VLOOKUP 함수).

(7) 조건부 서식의 수식을 이용하여 심사위원 점수가 300 이상인 행 전체에 다음의 서식을 적용하시오(글꼴 : 파랑, 굵게).

## 제 2 작업 목표값 찾기 및 필터 (80점)

**"제1작업" 시트의 [B4:H12] 영역을 복사하여 "제2작업" 시트의 [B2] 셀부터 모두 붙여넣기를 한 후 다음의 조건과 같이 작업하시오.**

조건 (1) 목표값 찾기

▶ [B11:G11] 셀을 병합하여 "심사위원 점수의 전체 평균"을 입력한 후 [H11] 셀에 심사위원 점수의 전체 평균을 구하시오(AVERAGE 함수, 테두리, 가운데 맞춤).

▶ '심사위원 점수의 전체 평균'이 260이 되려면 허민지의 심사위원 점수가 얼마가 되어야 하는지 목표값을 구하시오.

(2) 고급 필터

▶ 참가지역이 '서울'이거나, ARS 투표수가 4,000,000 이하인 자료의 성명, 인터넷 선호도, ARS 투표수, 심사위원 점수 데이터만 추출하시오.

▶ 조건 범위 : [B14] 셀부터 입력하시오.

▶ 복사 위치 : [B18] 셀부터 나타나도록 하시오.

## 제 3 작업 정렬 및 부분합 (80점)

**"제1작업" 시트의 [B4:H12] 영역을 복사하여 "제3작업" 시트의 [B2] 셀부터 모두 붙여넣기를 한 후 다음의 조건과 같이 작업하시오.**

조건 (1) 부분합 – [출력형태]처럼 정렬하고, 성명의 개수와 ARS 투표수의 평균을 구하시오.

(2) 윤 곽 – 지우시오.

(3) 나머지 사항은 [출력형태]에 맞게 작성하시오.

출력형태

| | A | B | C | D | E | F | G | H |
|---|---|---|---|---|---|---|---|---|
| 1 | | | | | | | | |
| 2 | | 참가번호 | 성명 | 구분 | 참가지역 | 인터넷 선호도 | ARS 투표수 | 심사위원 점수 |
| 3 | | G-01401 | 김진성 | 청소년 | 부산 | 11.5% | 4,875,340 | 267점 |
| 4 | | S-82471 | 김승모 | 청소년 | 인천 | 16.8% | 3,278,457 | 215점 |
| 5 | | | | **청소년 평균** | | | 4,076,899 | |
| 6 | | | 2 | **청소년 개수** | | | | |
| 7 | | P-24531 | 최용철 | 일반 | 서울 | 9.4% | 4,370,520 | 246점 |
| 8 | | Z-15702 | 허서영 | 일반 | 광주 | 19.4% | 5,294,678 | 325점 |
| 9 | | S-45342 | 양서연 | 일반 | 서울 | 18.7% | 4,680,251 | 231점 |
| 10 | | | | **일반 평균** | | | 4,781,816 | |
| 11 | | | 3 | **일반 개수** | | | | |
| 12 | | D-25712 | 허민지 | 대학생 | 부산 | 7.6% | 5,128,602 | 314점 |
| 13 | | S-72811 | 문현진 | 대학생 | 인천 | 16.7% | 4,858,793 | 297점 |
| 14 | | T-20252 | 이다경 | 대학생 | 천안 | 9.3% | 3,029,752 | 198점 |
| 15 | | | | **대학생 평균** | | | 4,339,049 | |
| 16 | | | 3 | **대학생 개수** | | | | |
| 17 | | | | **전체 평균** | | | 4,439,549 | |
| 18 | | | 8 | **전체 개수** | | | | |

## 제 4 작업 그래프 (100점)

**"제1작업" 시트를 이용하여 조건에 따라 [출력형태]와 같이 작업하시오.**

조건
(1) 차트 종류 – 〈묶은 세로 막대형〉으로 작업하시오.
(2) 데이터 범위 – "제1작업" 시트의 내용을 이용하여 작업하시오.
(3) 위치 – "새 시트"로 이동하고, "제4작업"으로 시트 이름을 바꾸시오.
(4) 차트 디자인 도구 – 레이아웃 3, 스타일 1을 선택하여 [출력형태]에 맞게 작업하시오.
(5) 영역 서식 – 차트 : 글꼴(굴림, 11pt), 채우기 효과(질감–파랑 박엽지)
그림 : 채우기(흰색, 배경1)
(6) 제목 서식 – 차트 제목 : 글꼴(굴림, 굵게, 20pt), 채우기(흰색, 배경1), 테두리
(7) 서식 – ARS 투표수 계열의 차트 종류를 〈표식이 있는 꺾은선형〉으로 변경한 후 보조 축으로 지정하시오.
계열 : [출력형태]를 참조하여 표식(네모, 크기10)과 레이블 값을 표시하시오.
눈금선 : 선 스타일–파선
축 : [출력형태]를 참조하시오.
(8) 범례 – 범례명을 변경하고 [출력형태]를 참조하시오.
(9) 도형 – '모서리가 둥근 사각형 설명선'을 삽입한 후 [출력형태]와 같이 내용을 입력하시오.
(10) 나머지 사항은 [출력형태]에 맞게 작성하시오.

출력형태

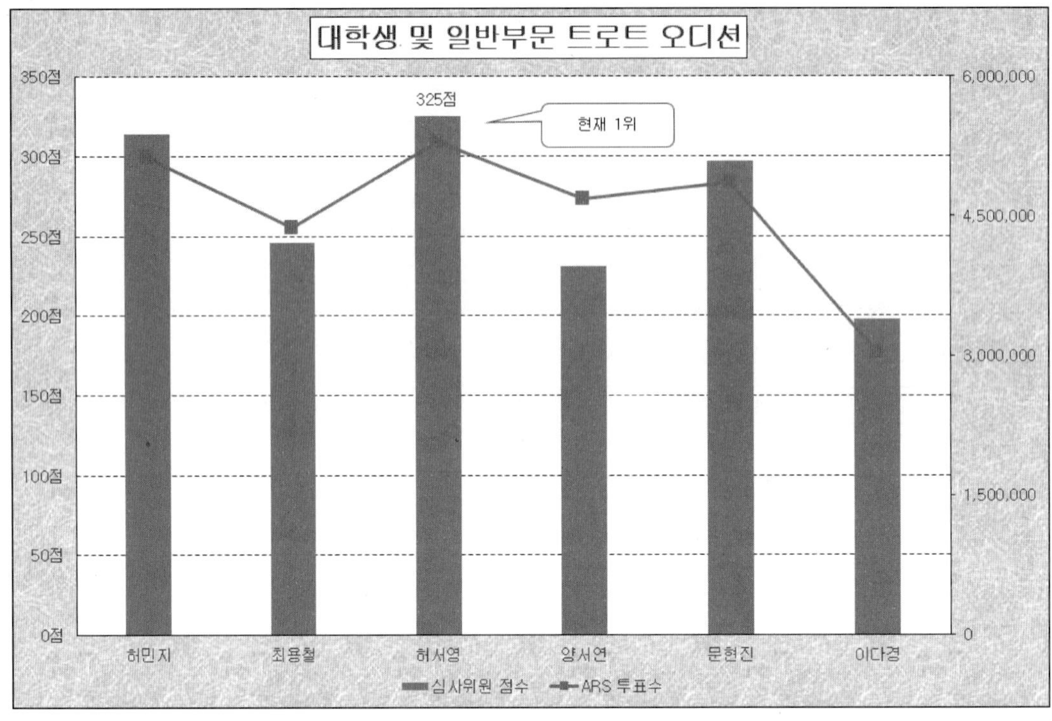


주의 ☞ 시트명 순서가 차례대로 '제1작업', '제2작업', '제3작업', '제4작업'이 되도록 할 것.

EXAMINATION

# 04회 실전 모의고사 정답 및 해설

## 제 1 작업 표 서식 작성 및 값 계산 정답

### 정답

| | A | B | C | D | E | F | G | H | I | J |
|---|---|---|---|---|---|---|---|---|---|---|
| 1 | | 트로트드림 오디션 현황 | | | | | | 확인 / 담당 | 대리 | 과장 |
| 2 | | | | | | | | | | |
| 3 | | | | | | | | | | |
| 4 | | 참가번호 | 성명 | 구분 | 참가지역 | 인터넷 선호도 | ARS 투표수 | 심사위원 점수 | 순위 | 성별 |
| 5 | | D-25712 | 허민지 | 대학생 | 부산 | 7.6% | 5,128,602 | 314점 | 2위 | 여성 |
| 6 | | P-24531 | 최용철 | 일반 | 서울 | 9.4% | 4,370,520 | 246점 | 6위 | 남성 |
| 7 | | G-01401 | 김진성 | 청소년 | 부산 | 11.5% | 4,875,340 | 267점 | 3위 | 남성 |
| 8 | | Z-15702 | 허서영 | 일반 | 광주 | 19.4% | 5,294,678 | 325점 | 1위 | 여성 |
| 9 | | S-45342 | 양서연 | 일반 | 서울 | 18.7% | 4,680,251 | 231점 | 5위 | 여성 |
| 10 | | S-72811 | 문현진 | 대학생 | 인천 | 16.7% | 4,858,793 | 297점 | 4위 | 남성 |
| 11 | | S-82471 | 김승모 | 청소년 | 인천 | 16.8% | 3,278,457 | 215점 | 7위 | 남성 |
| 12 | | T-20252 | 이다경 | 대학생 | 천안 | 9.3% | 3,029,752 | 198점 | 8위 | 여성 |
| 13 | | 대학생 부문 ARS 투표수 평균 | | | 4339049 | | 허서영 인기차트 | | | ★★★★★ |
| 14 | | 두 번째로 작은 심사위원 점수 | | | 215 | | 성명 | 허민지 | ARS 투표수 | 5128602 |

## 01. 표 서식 작성

### ① 기본 작업 및 데이터 입력

1. 'Sheet1'의 A열 너비를 1로 지정한다.
2. 'Sheet1'을 두 번 복사한다.
3. 시트 이름을 '제1작업', '제2작업', '제3작업'으로 변경한다.
4. '제1작업' 시트의 모든 셀을 선택한 후 글꼴 '굴림', 크기 11, 가로 '가운데 맞춤(▤)'을 지정한다.
5. '제1작업' 시트에 아래 그림과 같이 데이터를 입력한다.

| | A | B | C | D | E | F | G | H | I | J |
|---|---|---|---|---|---|---|---|---|---|---|
| 1 | | | | | | | | | | |
| 2 | | | | | | | | | | |
| 3 | | | | | | | | | | |
| 4 | | 참가번호 | 성명 | 구분 | 참가지역 | 인터넷 선호도 | ARS 투표수 | 심사위원 점수 | 순위 | 성별 |
| 5 | | D-25712 | 허민지 | 대학생 | 부산 | 0.076 | 5128602 | 314 | | |
| 6 | | P-24531 | 최용철 | 일반 | 서울 | 0.094 | 4370520 | 246 | | |
| 7 | | G-01401 | 김진성 | 청소년 | 부산 | 0.115 | 4875340 | 267 | | |
| 8 | | Z-15702 | 허서영 | 일반 | 광주 | 0.194 | 5294678 | 325 | | |
| 9 | | S-45342 | 양서연 | 일반 | 서울 | 0.187 | 4680251 | 231 | | |
| 10 | | S-72811 | 문현진 | 대학생 | 인천 | 0.167 | 4858793 | 297 | | |
| 11 | | S-82471 | 김승모 | 청소년 | 인천 | 0.168 | 3278457 | 215 | | |
| 12 | | T-20252 | 이다경 | 대학생 | 천안 | 0.093 | 3029752 | 198 | | |
| 13 | | 대학생 부문 ARS 투표수 평균 | | | | | 허서영 인기차트 | | | |
| 14 | | 두 번째로 작은 심사위원 점수 | | | | | 성명 | 허민지 | ARS 투표수 | |

### ② 도형 작성

1. 도형을 삽입할 행의 높이를 조절한다.
2. [삽입] → 일러스트레이션 → 도형 → 사각형 → **대각선 방향의 모서리가 잘린 사각형(▢)**을 선택한 후 도형이 삽입될 위치에서 적당한 크기로 드래그하여 삽입한다.
3. 삽입된 도형을 선택한 후 **트로트드림 오디션 현황**을 입력한다.
4. 도형의 테두리 부분을 클릭한 후 [홈] → **글꼴**에서 글꼴 '굴림', 크기 24, '굵게(**가**)', 채우기 색(▣) '노랑', 글꼴 색(가) '검정, 텍스트 1'을, [홈] → **맞춤**에서 '가로 가운데 맞춤(▤)'과 '세로 가운데 맞춤(▤)'을 지정한다.
5. [그리기 도구] → 서식 → 도형 스타일 → 도형 효과 → 그림자 → **오프셋 오른쪽**을 선택한다.

### ③ 결재란 작성

1. 임의의 셀에 결재란을 작성한다.
2. 작성한 결재란을 블록으로 지정한 후 바로 가기 메뉴에서 **[복사]**를 선택한다.

3. 삽입할 부분을 클릭한 후 바로 가기 메뉴에서 [선택하여 붙여넣기] → **그림(📋)**을 선택한다.
4. 삽입된 그림의 위치 및 크기를 적당하게 조절한다.
5. 결재란의 원본을 삭제한다.

### ⑤ 데이터 유효성 검사

1. [H14] 셀을 선택한 후 [데이터] → 데이터 도구 → **데이터 유효성 검사**의 ☑를 클릭한다.
2. '데이터 유효성' 대화상자에서 그림과 같이 지정하고 〈확인〉을 클릭한다.

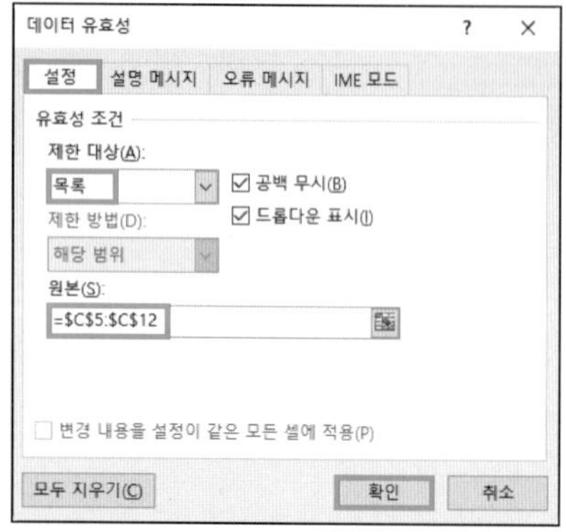


### ⑥ 셀 서식

1. [H5:H12] 영역을 블록으로 지정한 후 Ctrl+1을 누른다.
2. '셀 서식' 대화상자에서 그림과 같이 지정하고 〈확인〉을 클릭한다.

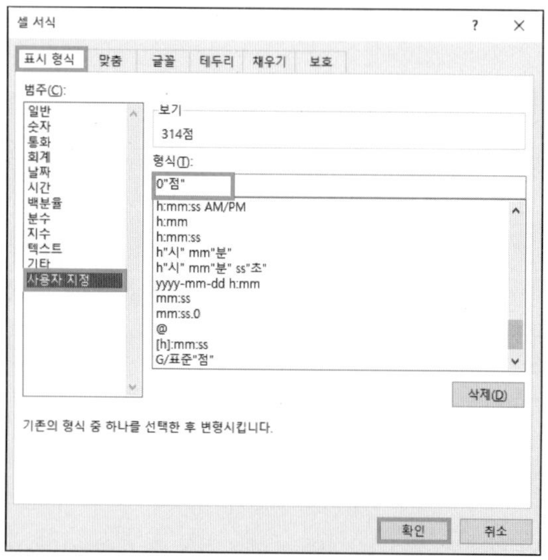


3. [홈] → 맞춤 → **오른쪽 맞춤(☰)**을 클릭한다.
4. [F5:F12] 영역을 블록으로 지정한 후 [홈] → **표시 형식**에서 '백분율 스타일(%)'과 '자릿수 늘림(.00)'을 클릭한다.
5. [G5:G12] 영역을 블록으로 지정하고 Ctrl+1을 누른 후 '셀 서식' 대화상자에서 그림과 같이 지정하고 〈확인〉을 클릭한다.

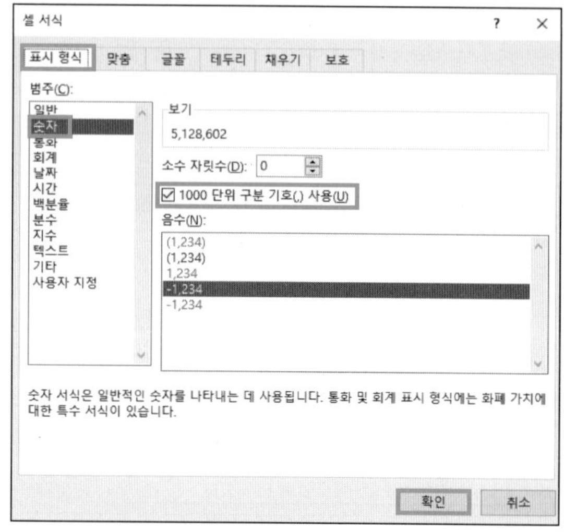


6. [F5:G12] 영역을 블록으로 지정하고 [홈] → 맞춤 → **오른쪽 맞춤(☰)**을 클릭한다.

### ⑦ 이름 정의

1. [H5:H12] 영역을 블록으로 지정한 후 이름 상자에 **심사위원점수**를 입력하고, Enter를 누른다.
2. 테두리, 셀 음영, 셀 병합, 행 높이 등을 지정한다.

## 02. 값 계산

❶ **순위(I5)** : =RANK.AVG(G5,$G$5:$G$12)&"위"

❷ **성별(J5)** : =IF(RIGHT(B5,1)="1","남성","여성")

❸ **대학생 부문 ARS 투표수 평균(E13)** : =SUMIF(D5:D12,"대학생",G5:G12)/COUNTIF(D5:D12,"대학생")

❹ **두 번째로 작은 심사위원 점수(E14)** : =SMALL(심사위원점수,2)

❺ **허서영 인기차트(J13)** : =REPT("★",G8/1000000)

❻ **ARS 투표수(J14)** : =VLOOKUP(H14,C5:J12,5,FALSE)

### ❼ 조건부 서식

1. [B5:J12] 영역을 블록으로 지정한 후 [홈] → 스타일 → 조건부 서식 → **새 규칙**을 선택한다.
2. '새 서식 규칙' 대화상자에서 그림과 같이 지정하고 〈확인〉을 클릭한다.

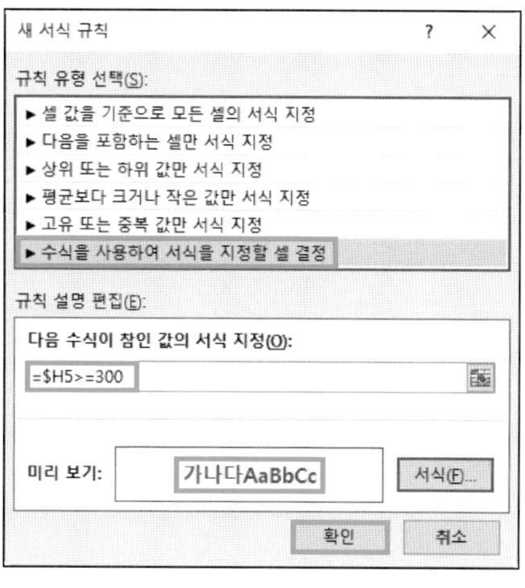


## 제 2 작업 목표값 찾기 및 필터

정답

### 01. 목표값 찾기

정답

| 참가번호 | 성명 | 구분 | 참가지역 | 인터넷 선호도 | ARS 투표수 | 심사위원 점수 |
|---|---|---|---|---|---|---|
| D-25712 | 허민지 | 대학생 | 부산 | 7.6% | 5,128,602 | 301점 |
| P-24531 | 최용철 | 일반 | 서울 | 9.4% | 4,370,520 | 246점 |
| G-01401 | 김진성 | 청소년 | 부산 | 11.5% | 4,875,340 | 267점 |
| Z-15702 | 허서영 | 일반 | 광주 | 19.4% | 5,294,678 | 325점 |
| S-45342 | 양서연 | 일반 | 서울 | 18.7% | 4,680,251 | 231점 |
| S-72811 | 문현진 | 대학생 | 인천 | 16.7% | 4,858,793 | 297점 |
| S-82471 | 김승모 | 청소년 | 인천 | 16.8% | 3,278,457 | 215점 |
| T-20252 | 이다경 | 대학생 | 천안 | 9.3% | 3,029,752 | 198점 |
| 심사위원 점수의 전체 평균 | | | | | | 260점 |

1. '제1작업' 시트의 [B4:H12] 영역을 블록으로 지정한 후 바로 가기 메뉴에서 **[복사]**를 선택한다.
2. '제2작업' 시트의 [B2] 셀을 클릭한 후 바로 가기 메뉴에서 [붙여넣기 옵션] → **붙여넣기(📋)**를 선택한다.
3. 바로 가기 메뉴에서 **[선택하여 붙여넣기]**를 선택하고 '선택하여 붙여넣기' 대화상자에서 '열 너비'를 선택한 후 〈확인〉을 클릭한다.
4. [B11:G11] 영역을 블록으로 지정한 후 [홈] → 맞춤 → **병합하고 가운데 맞춤(⊟)**을 클릭한다.
5. [B11] 셀에 **심사위원 점수의 전체 평균**, [H11] 셀에 **=AVERAGE(H3:H10)**을 입력한다.
6. [B2:H11] 영역을 블록으로 지정한 후 [홈] → 글꼴 → 테두리(⊞ ▾) → **모든 테두리(⊞)**를 선택한다.
7. [데이터] → 예측 → 가상 분석 → **목표값 찾기**를 선택한다.
8. '목표값 찾기' 대화상자에서 그림과 같이 지정한 후 〈확인〉을 클릭한다.

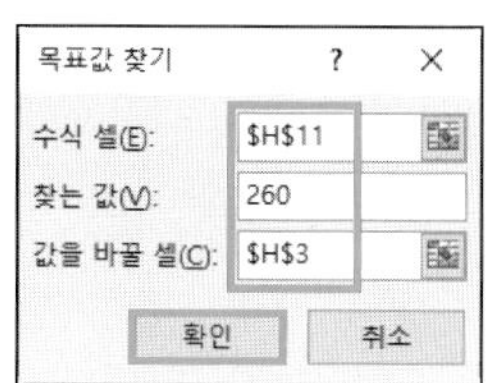


9. '목표값 찾기 상태' 대화상자에서 〈확인〉을 클릭한다.

### 02. 고급 필터

정답

| 참가지역 | ARS 투표수 |
|---|---|
| 서울 | |
| | <=4000000 |

| 성명 | 인터넷 선호도 | ARS 투표수 | 심사위원 점수 |
|---|---|---|---|
| 최용철 | 9.4% | 4,370,520 | 246점 |
| 양서연 | 18.7% | 4,680,251 | 231점 |
| 김승모 | 16.8% | 3,278,457 | 215점 |
| 이다경 | 9.3% | 3,029,752 | 198점 |

1. 고급 필터의 조건과 추출할 필드명을 그림과 같이 작성한다.

|  | A | B | C | D | E |
|---|---|---|---|---|---|
| 13 |  |  |  |  |  |
| 14 |  | 참가지역 | ARS 투표수 |  |  |
| 15 |  | 서울 |  |  |  |
| 16 |  |  | <=4000000 |  |  |
| 17 |  |  |  |  |  |
| 18 |  | 성명 | 인터넷 선호도 | ARS 투표수 | 심사위원 점수 |

2. [B2:H10] 영역을 블록으로 지정한 후 [데이터] → 정렬 및 필터 → **고급**을 클릭한다.

3. '고급 필터' 대화상자에서 그림과 같이 지정한 후 〈확인〉을 클릭한다.

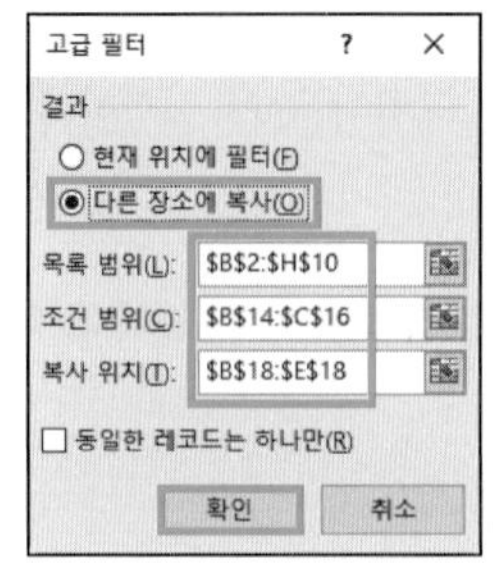

## 제 3 작업 정렬 및 부분합

정답

### 01. 정렬

1. '제1작업' 시트의 [B4:H12] 영역을 블록으로 지정한 후 바로 가기 메뉴에서 **[복사]**를 선택한다.
2. '제3작업' 시트의 [B2] 셀을 클릭한 후 바로 가기 메뉴에서 [붙여넣기 옵션] → **붙여넣기( )**를 선택한다.
3. 바로 가기 메뉴에서 **[선택하여 붙여넣기]**를 선택하고 '선택하여 붙여넣기' 대화상자에서 '열 너비'를 선택한 후 〈확인〉을 클릭한다.
4. [B2:H10] 영역을 블록으로 지정한 후 [데이터] → 정렬 및 필터 → **정렬**을 클릭한다.
5. '정렬' 대화상자에서 그림과 같이 지정하고 〈확인〉을 클릭한다.

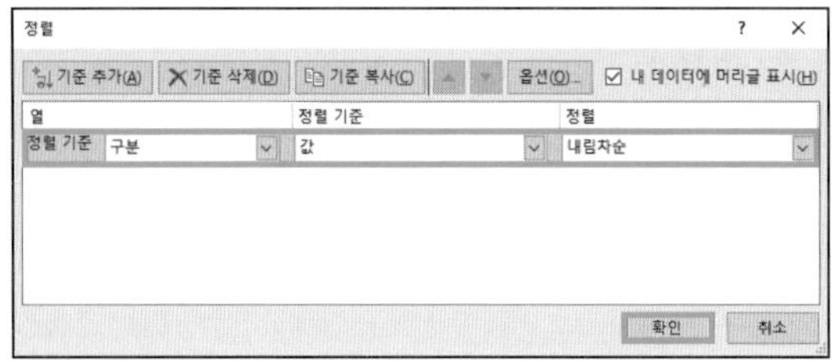


### 02. 부분합

1. [B2:H10] 영역이 블록으로 지정된 상태에서 [데이터] → 윤곽선 → **부분합**을 클릭한다.
2. '부분합' 대화상자에서 그림과 같이 지정하고 〈확인〉을 클릭한다.

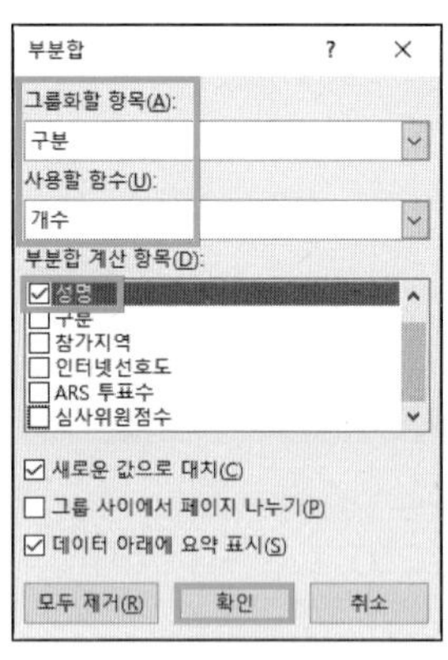


3. 'ARS 투표수'의 평균을 계산하기 위해 다시 [데이터] → 윤곽선 → **부분합**을 클릭한다.
4. '부분합' 대화상자에서 그림과 같이 지정하고, '새로운 값으로 대치'를 해제한 후 〈확인〉을 클릭한다.

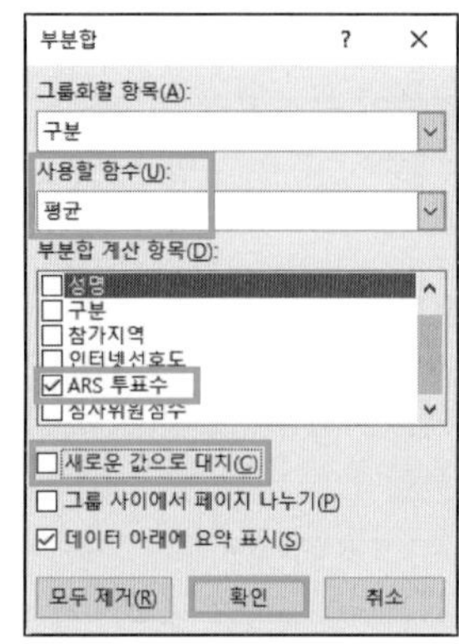

5. 윤곽을 지우기 위해 [데이터] → 윤곽선 → [그룹 해제] → **윤곽 지우기**를 선택한다.

## 제 4 작업 그래프

정답

### ①/②/③/④ 차트 작성

1. 차트를 만들고자 하는 데이터를 블록으로 지정한 후 [삽입] → 차트 → 세로 또는 가로 막대형 차트 삽입(▥) → **묶은 세로 막대형**을 선택한다.

| 참가번호 | 성명 | 구분 | 참가지역 | 인터넷 선호도 | ARS 투표수 | 심사위원 점수 |
|---|---|---|---|---|---|---|
| D-25712 | 허민지 | 대학생 | 부산 | 7.6% | 5,128,602 | 314점 |
| P-24531 | 최용철 | 일반 | 서울 | 9.4% | 4,370,520 | 246점 |
| G-01401 | 김진성 | 청소년 | 부산 | 11.5% | 4,875,340 | 267점 |
| Z-15702 | 허서영 | 일반 | 광주 | 19.4% | 5,294,678 | 325점 |
| S-45342 | 양서연 | 일반 | 서울 | 18.7% | 4,680,251 | 231점 |
| S-72811 | 문현진 | 대학생 | 인천 | 16.7% | 4,858,793 | 297점 |
| S-82471 | 김승모 | 청소년 | 인천 | 16.8% | 3,278,457 | 215점 |
| T-20252 | 이다경 | 대학생 | 천안 | 9.3% | 3,029,752 | 198점 |
| 대학생 부문 ARS 투표수 평균 | | | 4339049 | | 허서영 인기차트 | |
| 두 번째로 작은 심사위원 점수 | | | 215 | | 성명 | 허민지 |



2. 차트를 선택한 후 [차트 도구] → 디자인 → 차트 레이아웃 → 빠른 레이아웃 → **레이아웃 3**을 선택한다.
3. [차트 도구] → 디자인 → 차트 스타일 → **스타일 1**을 선택한다.
4. 임의의 데이터 계열의 바로 가기 메뉴에서 **[계열 차트 종류 변경]**을 선택한다.
5. '차트 종류 변경' 대화상자의 '콤보'에서 'ARS 투표수'의 차트 종류를 '표식이 있는 꺾은선형'으로 변경하고 '보조 축'을 선택한 후 〈확인〉을 클릭한다.

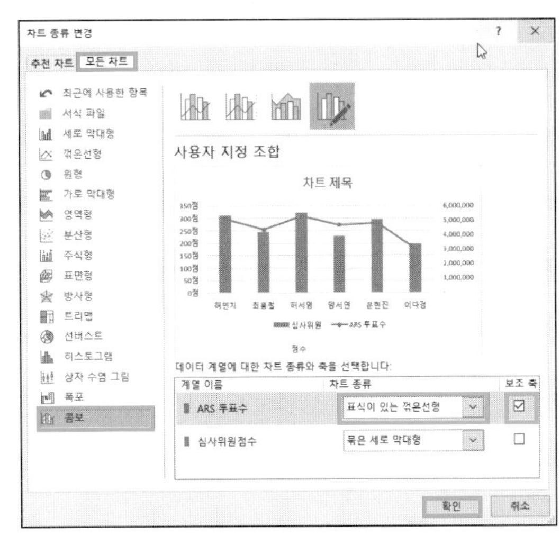


6. 차트에 삽입된 '차트 제목'을 선택하고 수식 입력줄에 **대학생 및 일반부문 트로트 오디션**을 입력한 후 Enter를 누른다.
7. 차트 영역의 바로 가기 메뉴에서 **[차트 이동]**을 선택한다.
8. '차트 이동' 대화상자에서 '새 시트'를 선택하고 입력란에 **제4작업**을 입력한 후 〈확인〉을 클릭한다.
9. '제4작업' 시트를 '제3작업' 시트 뒤로 드래그하여 이동한다.

### ⑤ 영역 서식

1. 차트 영역을 클릭한 후 [홈] → **글꼴**에서 글꼴 '굴림', 글꼴 크기 11을 지정한다.
2. [차트 도구] → 서식 → 도형 스타일 → 도형 채우기 → 질감 → **파랑 박엽지**를 선택한다.
3. 그림 영역을 클릭한 후 [차트 도구] → 서식 → 도형 스타일 → 도형 채우기 → **흰색, 배경 1**을 선택한다.

## ⑥ 제목 서식

1. 차트 제목을 클릭한 후 [홈] → **글꼴**에서 글꼴 '굴림', 글꼴 크기 20, '굵게(가)'를 지정한다.
2. [차트 도구] → 서식 → 도형 스타일 → 도형 채우기 → **흰색, 배경 1**과 [차트 도구] → 서식 → 도형 스타일 → 도형 윤곽선 → **검정, 텍스트 1**을 선택한다.

## ⑦ 서식

### 데이터 계열

'ARS 투표수' 계열을 더블클릭한 후 '데이터 계열 서식' 창의 [계열 옵션] → (채우기 및 선) → 표식 → 표식 옵션 → **기본 제공**을 선택하고 '형식'을 '네모', 크기를 10으로 지정한다.

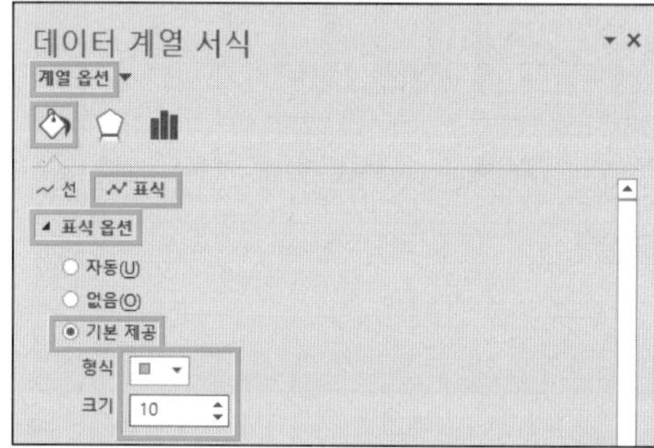


### 레이블 서식

1. '심사위원 점수' 계열을 클릭한다. '심사위원 점수' 계열이 선택된 상태에서 '허서영' 요소를 한 번 더 클릭한다.
2. '허서영'의 '심사위원 점수' 요소만 선택된 상태에서 [차트 도구] → 디자인 → 차트 레이아웃 → 차트 요소 추가 → 데이터 레이블 → **바깥쪽 끝에**를 선택한다.

### 눈금선 서식

눈금선을 선택한 후 [차트 도구] → 서식 → 도형 스타일 → **도형 윤곽선**에서 색을 '검정, 텍스트 1', 대시를 '파선'으로 지정한다.

### 축 서식

1. 보조 세로(값) 축을 더블클릭한 후 '축 서식' 창의 [축 옵션] → (축 옵션) → **축 옵션**에서 '주' 단위를 1500000으로 지정한다.

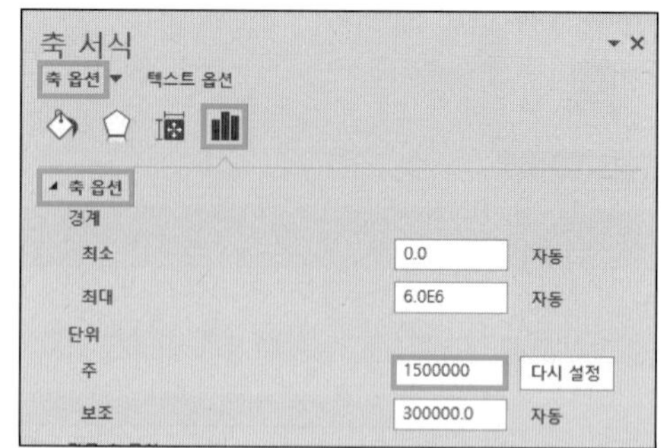


2. [차트 도구] → 서식 → 도형 스타일 → 도형 윤곽선 → **검정, 텍스트 1**을 선택한다.
3. 세로(값) 축과 가로(항목) 축도 도형 윤곽선을 '검정, 텍스트 1'로 지정한다.

## ⑧ 범례 서식

1. 차트 영역의 바로 가기 메뉴에서 [**데이터 선택**]을 선택한다.
2. '데이터 원본 선택' 대화상자의 '범례 항목(계열)'에서 '심사위원 점수'를 선택하고 〈편집〉을 클릭한다.
3. '계열 편집' 대화상자에서 계열 이름을 **심사위원 점수**로 수정한 후 〈확인〉을 클릭한다. 이어서 '데이터 원본 선택' 대화상자에서도 〈확인〉을 클릭한다.

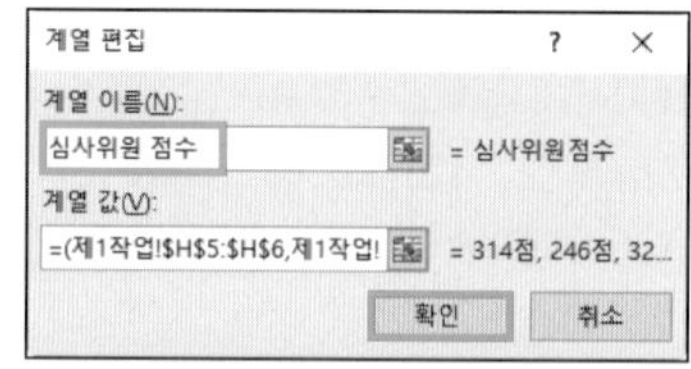


## ⑨ 도형 삽입

1. [삽입] → 일러스트레이션 → 도형 → 설명선 → **모서리가 둥근 사각형 설명선**()을 선택한다.
2. 도형이 삽입될 위치에서 적당한 크기로 드래그하여 삽입한 후 **현재 1위**를 입력한다.
3. 도형을 선택하면 표시되는 노란색 점을 드래그하여 도형의 모양을 변경한다.
4. [홈] → **글꼴**에서 글꼴 '굴림', 채우기 색() '흰색, 배경 1', 글꼴 색(가) '검정, 텍스트 1', [홈] → **맞춤**에서 '가로 가운데 맞춤()'과 '세로 가운데 맞춤()'을 지정한다.

EXAMINATION

# 05회 실전 모의고사

## 제 1 작업 표 서식 작성 및 값 계산 (240점)

**다음은 '지역특산물 판매 현황'에 대한 자료이다. 자료를 입력하고 조건에 맞도록 작업하시오.**

출력형태

**지역특산물 판매 현황**

| 결재 | 담당 | 대리 | 팀장 |
|---|---|---|---|
| | | | |

| 상품코드 | 상품명 | 구분 | 단가 (단위:원) | 전월판매량 | 당월판매량 | 포장 단위 | 지역 | 비고 |
|---|---|---|---|---|---|---|---|---|
| M25-02 | 백진주 쌀 | 농산물 | 70,000 | 1,820 | 2,045 | 20kg | (1) | (2) |
| B29-03 | 살치살 스테이크 | 축산물 | 30,000 | 1,892 | 1,520 | 500g | (1) | (2) |
| B32-02 | 딱새우 | 수산물 | 13,900 | 891 | 950 | 1kg | (1) | (2) |
| S19-01 | 등심 스테이크 | 축산물 | 36,000 | 1,020 | 805 | 500g | (1) | (2) |
| M20-02 | 돌산 갓김치 | 농산물 | 19,000 | 1,457 | 1,852 | 2kg | (1) | (2) |
| B37-02 | 랍스터 테일 | 수산물 | 32,000 | 824 | 1,820 | 480g | (1) | (2) |
| M15-01 | 대봉 곶감 | 농산물 | 80,000 | 2,361 | 2,505 | 30구 | (1) | (2) |
| M14-03 | 황토 고구마 | 농산물 | 27,500 | 941 | 1,653 | 10kg | (1) | (2) |
| 최대 전월판매량 | | | (3) | | 농산물 당월판매량의 평균 | | | (5) |
| 수산물 특산품 수 | | | (4) | | 상품명 | 백진주 쌀 | 당월판매량 | (6) |

조건
- ○ 모든 데이터의 서식에는 글꼴(굴림, 11pt), 정렬은 숫자 및 회계 서식은 오른쪽 정렬, 나머지 서식은 가운데 정렬로 작성하며 예외적인 것은 [출력형태]를 참조하시오.
- ○ 제 목 : 도형(물결)과 그림자(오프셋 왼쪽)을 이용하여 작성하고 "지역특산물 판매 현황"을 입력한 후 다음 서식을 적용하시오(글꼴–굴림, 24pt, 검정, 굵게, 채우기–노랑).
- ○ 임의의 셀에 결재란을 작성하여 그림으로 복사 기능을 이용하여 붙이기 하시오(단, 원본 삭제).
- ○ [B4:J4, G14, I14] 영역은 '주황'으로 채우기 하시오.
- ○ 유효성 검사를 이용하여 [H14] 셀에 상품명([C5:C12] 영역)이 선택 표시되도록 하시오.
- ○ 셀 서식 : [F5:G12] 영역에 셀 서식을 이용하여 숫자 뒤에 "EA"를 표시하시오(예 : 1,820EA).
- ○ [F5:F12] 영역에 대해 '전월판매량'으로 이름 정의를 하시오.

**⊙ (1)~(6) 셀은 반드시 주어진 함수를 이용하여 값을 구하시오(결과값을 직접 입력하면 해당 셀은 0점 처리됨).**

(1) 지역 : 상품코드의 마지막 글자가 1이면 "경기", 2이면 "전라", 3이면 "충청"으로 구하시오 (CHOOSE, RIGHT 함수).

(2) 비고 : 전월판매량이 1,000 이상이고, 전월판매량이 당월판매량보다 크면 "▼", 그 외에는 공백으로 구하시오(IF, AND 함수).

(3) 최대 전월판매량 : 정의된 이름(전월판매량)을 이용하여 구하시오(MAX 함수).

(4) 수산물 특산품 수 : 구분이 '수산물'인 상품 개수를 구하고, 결과값 뒤에 "개"를 붙이시오 (COUNTIF 함수, & 연산자)(예 : 10 → 10개).

(5) **농산물 당월판매량의 평균** : 농산물의 당월판매량 평균을 내림하여 정수로 구하시오. 단, 조건은 입력데이터를 이용하시오(ROUNDDOWN, DAVERAGE 함수)(예 : 12.3 → 12).

(6) **당월판매량** : [H14] 셀에서 선택한 상품명에 대한 당월판매량을 구하시오(VLOOKUP 함수).

(7) 조건부 서식의 수식을 이용하여 당월판매량이 2,000 이상인 행 전체에 다음 서식을 적용하시오(글꼴 : 빨강, 굵게).

## 제 2 작업 필터 및 서식 (80점)

**"제1작업" 시트의 [B4:H12] 영역을 복사하여 "제2작업" 시트의 [B2] 셀부터 모두 붙여넣기를 한 후 다음의 조건과 같이 작업하시오.**

조건 (1) 고급 필터

▶ 구분이 '수산물'이 아니면서, 당월판매량이 2,000 이하인 자료의 구분, 단가(단위:원), 당월판매량 데이터만 추출하시오.

▶ 조건 범위 : [B13] 셀부터 입력하시오.

▶ 복사 위치 : [B18] 셀부터 나타나도록 하시오.

(2) 표 서식

▶ 고급 필터의 결과 셀을 채우기 없음으로 설정한 후 '표 스타일 보통 2'의 서식을 적용하시오.

▶ 머리글 행, 줄무늬 열을 적용하시오.

## 제 3 작업 피벗 테이블 (80점)

**"제1작업" 시트를 이용하여 "제3작업" 시트에 조건에 따라 [출력형태]와 같이 작업하시오.**

조건 (1) 당월판매량 및 구분별 상품명의 개수와 단가(단위:원)의 평균을 구하시오.

(2) 당월판매량을 그룹화하고, 구분을 [출력형태]와 같이 정렬하시오.

(3) 레이블이 있는 셀 병합 및 가운데 맞춤 적용 및 빈 셀은 '**'로 표시하시오.

(4) 행의 총합계를 지우고, 나머지 사항은 [출력형태]에 맞게 작성하시오.

출력형태

| | A | B | C | D | E | F | G | H |
|---|---|---|---|---|---|---|---|---|
| 1 | | | | | | | | |
| 2 | | | 구분 | | | | | |
| 3 | | | 축산물 | | 수산물 | | 농산물 | |
| 4 | | 당월판매량 | 개수 : 상품명 | 평균 : 단가(단위:원) | 개수 : 상품명 | 평균 : 단가(단위:원) | 개수 : 상품명 | 평균 : 단가(단위:원) |
| 5 | | 1-1000 | 1 | 36,000 | 1 | 13,900 | ** | ** |
| 6 | | 1001-2000 | 1 | 30,000 | 1 | 32,000 | 2 | 23,250 |
| 7 | | 2001-3000 | ** | ** | ** | ** | 2 | 75,000 |
| 8 | | 총합계 | 2 | 33,000 | 2 | 22,950 | 4 | 49,125 |

## 제 4 작업 그래프 (100점)

**"제1작업" 시트를 이용하여 조건에 따라 [출력형태]와 같이 작업하시오.**

조건 (1) 차트 종류 – 〈묶은 세로 막대형〉으로 작업하시오.
(2) 데이터 범위 – "제1작업" 시트의 내용을 이용하여 작업하시오.
(3) 위치 – "새 시트"로 이동하고, "제4작업"으로 시트 이름을 바꾸시오.
(4) 차트 디자인 도구 – 레이아웃 3, 스타일 6을 선택하여 [출력형태]에 맞게 작업하시오.
(5) 영역 서식 – 차트 : 글꼴(굴림, 11pt), 채우기 효과(질감–분홍 박엽지)
그림 : 채우기(흰색, 배경1)
(6) 제목 서식 – 차트 제목 : 글꼴(굴림, 굵게, 20pt), 채우기(흰색, 배경1), 테두리
(7) 서식 – 당월판매량 계열의 차트 종류를 〈표식이 있는 꺾은선형〉으로 변경한 후 보조 축으로 지정하시오.
계열 : [출력형태]를 참조하여 표식(네모, 크기 12)과 레이블 값을 표시하시오.
눈금선 : 선 스타일–파선
축 : [출력형태]를 참조하시오.
(8) 범례 – 범례명을 변경하고 [출력형태]를 참조하시오.
(9) 도형 – '타원형 설명선'을 삽입하고 [출력형태]와 같이 내용을 입력하시오.
(10) 나머지 사항은 [출력형태]에 맞게 작성하시오.

출력형태

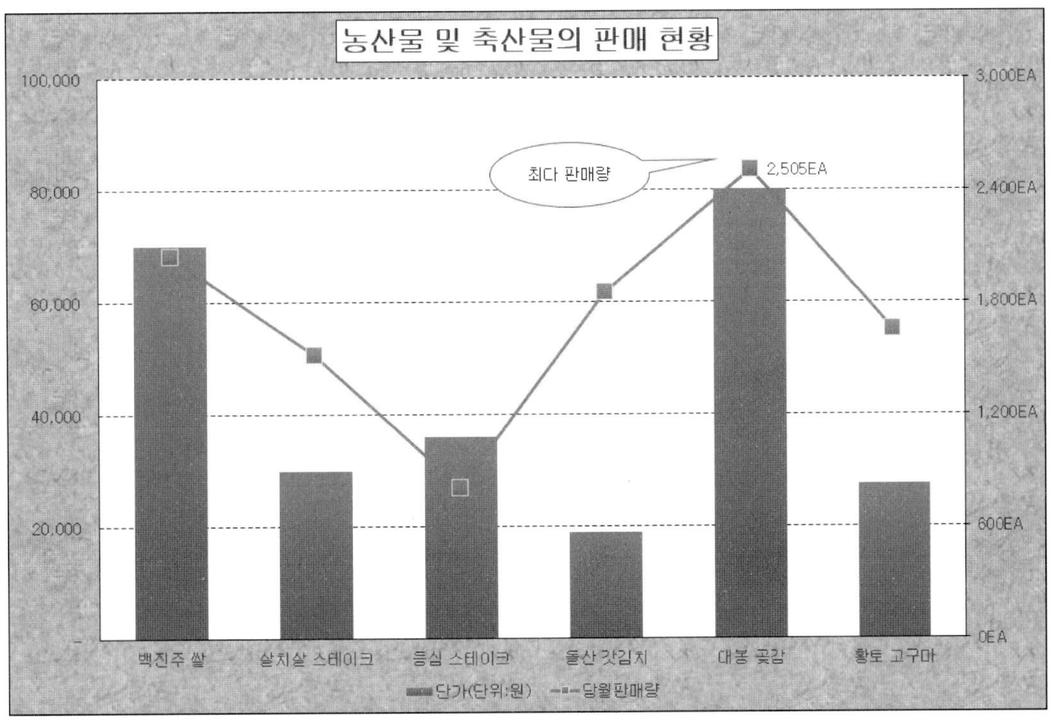


주의 ☞ 시트명 순서가 차례대로 '제1작업', '제2작업', '제3작업', '제4작업'이 되도록 할 것.

EXAMINATION

# 05회 실전 모의고사 정답 및 해설

## 제 1 작업 표 서식 작성 및 값 계산

정답

### 정답

지역특산물 판매 현황

| 결재 | 담당 | 대리 | 팀장 |
|---|---|---|---|
| | | | |

| 상품코드 | 상품명 | 구분 | 단가 (단위:원) | 전월판매량 | 당월판매량 | 포장 단위 | 지역 | 비고 |
|---|---|---|---|---|---|---|---|---|
| M25-02 | 백진주 쌀 | 농산물 | 70,000 | 1,820EA | 2,045EA | 20kg | 전라 | |
| B29-03 | 살치살 스테이크 | 축산물 | 30,000 | 1,892EA | 1,520EA | 500g | 충청 | ▼ |
| B32-02 | 딱새우 | 수산물 | 13,900 | 891EA | 950EA | 1kg | 전라 | |
| S19-01 | 등심 스테이크 | 축산물 | 36,000 | 1,020EA | 805EA | 500g | 경기 | ▼ |
| M20-02 | 울산 갓김치 | 농산물 | 19,000 | 1,457EA | 1,852EA | 2kg | 전라 | |
| B37-02 | 랍스터 테일 | 수산물 | 32,000 | 824EA | 1,820EA | 480g | 전라 | |
| M15-01 | 대봉 곶감 | 농산물 | 80,000 | 2,361EA | 2,505EA | 30구 | 경기 | |
| M14-03 | 황토 고구마 | 농산물 | 27,500 | 941EA | 1,653EA | 10kg | 충청 | |
| 최대 전월판매량 | | | 2361 | | 농산물 당월판매량의 평균 | | | 2013 |
| 수산물 특산품 수 | | | 2개 | | 상품명 | 백진주 쌀 | 당월판매량 | 2045 |

## 01. 표 서식 작성

### ❶ 기본 작업 및 데이터 입력

1. 'Sheet1'의 A열 너비를 1로 지정한다.
2. 'Sheet1'을 두 번 복사한다.
3. 시트 이름을 '제1작업', '제2작업', '제3작업'으로 변경한다.
4. '제1작업' 시트의 모든 셀을 선택한 후 글꼴 '굴림', 크기 11, 가로 '가운데 맞춤(▤)'을 지정한다.
5. '제1작업' 시트에 아래 그림과 같이 데이터를 입력한다.

| 상품코드 | 상품명 | 구분 | 단가 (단위:원) | 전월판매량 | 당월판매량 | 포장 단위 | 지역 | 비고 |
|---|---|---|---|---|---|---|---|---|
| M25-02 | 백진주 쌀 | 농산물 | 70000 | 1820 | 2045 | 20kg | | |
| B29-03 | 살치살 스테이크 | 축산물 | 30000 | 1892 | 1520 | 500g | | |
| B32-02 | 딱새우 | 수산물 | 13900 | 891 | 950 | 1kg | | |
| S19-01 | 등심 스테이크 | 축산물 | 36000 | 1020 | 805 | 500g | | |
| M20-02 | 울산 갓김치 | 농산물 | 19000 | 1457 | 1852 | 2kg | | |
| B37-02 | 랍스터 테일 | 수산물 | 32000 | 824 | 1820 | 480g | | |
| M15-01 | 대봉 곶감 | 농산물 | 80000 | 2361 | 2505 | 30구 | | |
| M14-03 | 황토 고구마 | 농산물 | 27500 | 941 | 1653 | 10kg | | |
| 최대 전월판매량 | | | | 농산물 당월판매량의 평균 | | | | |
| 수산물 특산품 수 | | | | | 상품명 | 백진주 쌀 | 당월판매량 | |

### ❷ 도형 작성

1. 도형을 삽입할 행의 높이를 조절한다.
2. [삽입] → 일러스트레이션 → 도형 → 별 및 현수막 → **물결(▭)**을 선택한 후 도형이 삽입될 위치에서 적당한 크기로 드래그하여 삽입한다.
3. 삽입된 도형을 선택한 후 **지역특산물 판매 현황**을 입력한다.
4. 도형의 테두리 부분을 클릭한 후 [홈] → **글꼴**에서 글꼴 '굴림', 크기 24, '굵게(가)', 채우기 색(▾) '노랑', 글꼴 색(가▾) '검정, 텍스트 1'을, [홈] → **맞춤**에서 '가로 가운데 맞춤(▤)'과 '세로 가운데 맞춤(▤)'을 지정한다.
5. [그리기 도구] → 서식 → 도형 스타일 → 도형 효과 → 그림자 → **오프셋 왼쪽**을 선택한다.

### ❸ 결재란 작성

1. 임의의 셀에 결재란을 작성한다.
2. 작성한 결재란을 블록으로 지정한 후 바로 가기 메뉴에서 **[복사]**를 선택한다.

3. 삽입할 부분을 클릭한 후 바로 가기 메뉴에서 [선택하여 붙여넣기] → **그림**(📋)을 선택한다.
4. 삽입된 그림의 위치 및 크기를 적당하게 조절한다.
5. 결재란의 원본을 삭제한다.

### ⑤ 데이터 유효성 검사

1. [H14] 셀을 선택한 후 [데이터] → 데이터 도구 → **데이터 유효성 검사**의 ☑를 클릭한다.
2. '데이터 유효성' 대화상자에서 그림과 같이 지정하고 〈확인〉을 클릭한다.

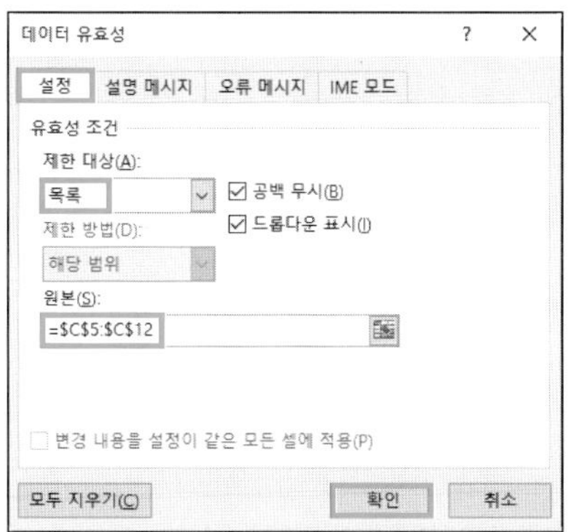


### ⑥ 셀 서식

1. [F5:G12] 영역을 블록으로 지정한 후 Ctrl+1을 누른다.
2. '셀 서식' 대화상자에서 그림과 같이 지정하고 〈확인〉을 클릭한다.

3. [F5:H12] 영역을 블록으로 지정한 후 [홈] → 맞춤 → **오른쪽 맞춤**(☰)을 클릭한다.
4. [E5:E12] 영역을 블록으로 지정한 후 [홈] → 표시 형식 → **쉼표 스타일**(,)을 클릭한다.

### ⑦ 이름 정의

1. [H5:H12] 영역을 블록으로 지정한 후 이름 상자에 **전월판매량**을 입력하고, Enter를 누른다.
2. 테두리, 셀 음영, 셀 병합, 행 높이 등을 지정한다.

## 02. 값 계산

① **지역(I5)** : =CHOOSE(RIGHT(B5,1),"경기","전라","충청")

② **비고(J5)** : =IF(AND(F5>=1000,F5>G5),"▼","")

③ **최대 전월판매량(E13)** : =MAX(전월판매량)

④ **수산물 특산품 수(E14)** : =COUNTIF(D5:D12,"수산물")&"개"

⑤ **농산물 당월판매량의 평균(J13)** : =ROUNDDOWN(DAVERAGE(B4:J12,G4,D4:D5),0)

⑥ **당월판매량(J14)** : =VLOOKUP(H14,C5:J12,5,FALSE)

### ⑦ 조건부 서식

1. [B5:J12] 영역을 블록으로 지정한 후 [홈] → 스타일 → 조건부 서식 → **새 규칙**을 선택한다.
2. '새 서식 규칙' 대화상자에서 그림과 같이 지정하고 〈확인〉을 클릭한다.

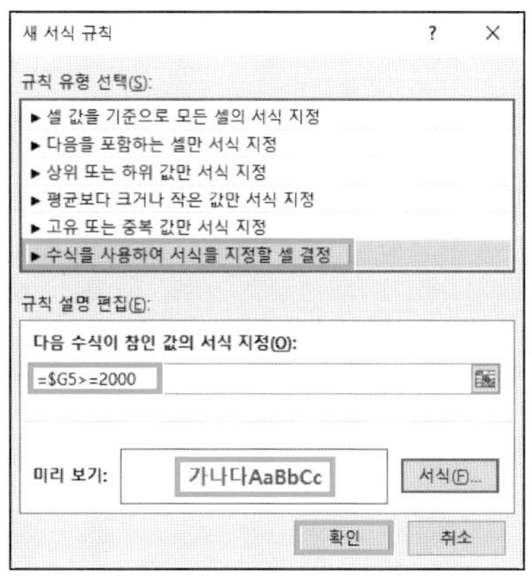

## 01. 고급 필터

**정답**

| | A | B | C | D |
|---|---|---|---|---|
| 13 | | 구분 | 당월판매량 | |
| 14 | | <>수산물 | <=2000 | |
| 15 | | | | |
| 16 | | | | |
| 17 | | | | |
| 18 | | 구분 | 단가<br>(단위:원) | 당월판매량 |
| 19 | | 축산물 | 30,000 | 1,520EA |
| 20 | | 축산물 | 36,000 | 805EA |
| 21 | | 농산물 | 19,000 | 1,852EA |
| 22 | | 농산물 | 27,500 | 1,653EA |

1. '제1작업' 시트의 [B4:H12] 영역을 블록으로 지정한 후 바로 가기 메뉴에서 **[복사]**를 선택한다.
2. '제2작업' 시트의 [B2] 셀을 클릭한 후 바로 가기 메뉴에서 [붙여넣기 옵션] → **붙여넣기**( )를 선택한다.
3. 바로 가기 메뉴에서 **[선택하여 붙여넣기]**를 선택하고 '선택하여 붙여넣기' 대화상자에서 '열 너비'를 선택한 후 〈확인〉을 클릭한다.
4. 고급 필터의 조건과 추출할 필드명을 그림과 같이 작성한다.

| | A | B | C | D |
|---|---|---|---|---|
| 12 | | | | |
| 13 | | 구분 | 당월판매량 | |
| 14 | | <>수산물 | <=2000 | |
| 15 | | | | |
| 16 | | | | |
| 17 | | | | |
| 18 | | 구분 | 단가<br>(단위:원) | 당월판매량 |

5. [B2:H10] 영역을 블록으로 지정한 후 [데이터] → 정렬 및 필터 → **고급**을 클릭한다.
6. '고급 필터' 대화상자에서 그림과 같이 지정한 후 〈확인〉을 클릭한다.

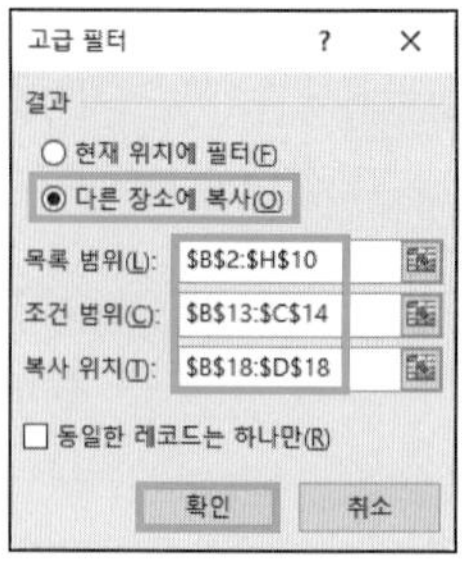


## 02. 표 서식

**정답**

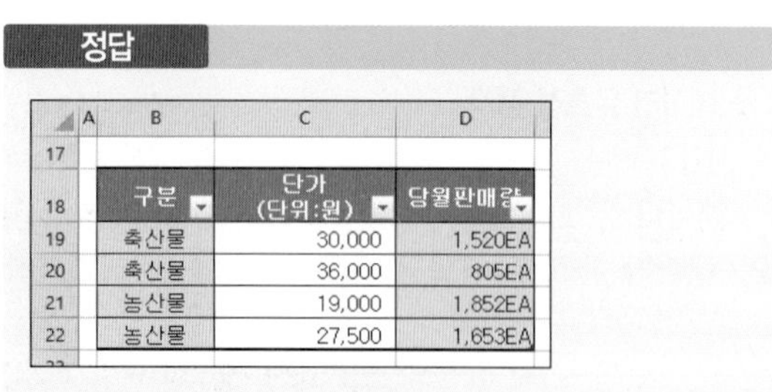

| | A | B | C | D |
|---|---|---|---|---|
| 17 | | | | |
| 18 | | 구분 | 단가<br>(단위:원) | 당월판매량 |
| 19 | | 축산물 | 30,000 | 1,520EA |
| 20 | | 축산물 | 36,000 | 805EA |
| 21 | | 농산물 | 19,000 | 1,852EA |
| 22 | | 농산물 | 27,500 | 1,653EA |

1. [B18:D22] 영역을 블록으로 지정한 후 [홈] → 글꼴 → 채우기 색( )의 → **채우기 없음**을 선택한다.
2. [홈] → 스타일 → 표 서식 → **표 스타일 보통 2**를 선택한다.
3. '표 서식' 대화상자에서 범위가 제대로 지정되었는지 확인하고 〈확인〉을 클릭한다.
4. [표 도구] → 디자인 → **표 스타일 옵션**에서 '머리글 행'과 '줄무늬 열'을 지정한다.

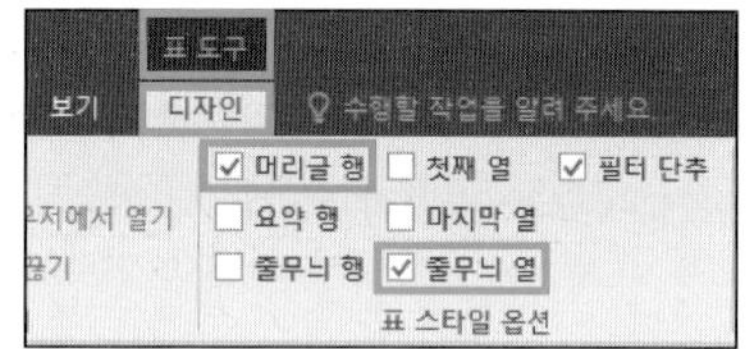

1. 피벗 테이블의 데이터로 사용할 '제1작업' 시트의 [B4:H12] 영역을 블록으로 지정하고 [삽입] → 표 → **피벗 테이블**을 클릭한다.
2. '피벗 테이블 만들기' 대화상자에서 '기존 워크시트'를 선택한 후 '제3작업' 시트의 [B2] 셀을 클릭한 다음 〈확인〉을 클릭한다.
3. '피벗 테이블 필드' 창에서 그림과 같이 지정한다.

4. 작성된 피벗 테이블에서 '단가(단위:원)'의 임의의 셀을 클릭한 후 바로 가기 메뉴에서 [값 요약 기준] → **평균**을 선택한다.
5. '당월판매량'을 1000 단위로 그룹을 지정하기 위해 '당월판매량'의 임의의 셀을 클릭한 후 바로 가기 메뉴에서 **[그룹]**을 선택한다.
6. '그룹화' 대화상자에서 그림과 같이 지정하고 〈확인〉을 클릭한다.

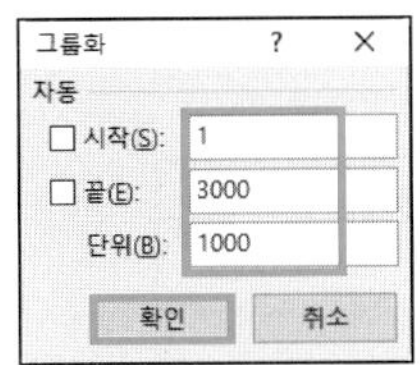


7. 피벗 테이블의 바로 가기 메뉴에서 **[피벗 테이블 옵션]**을 선택한다.
8. '피벗 테이블 옵션' 대화상자의 '레이아웃 및 서식' 탭과 '요약 및 필터' 탭에서 그림과 같이 지정한 후 〈확인〉을 클릭한다.

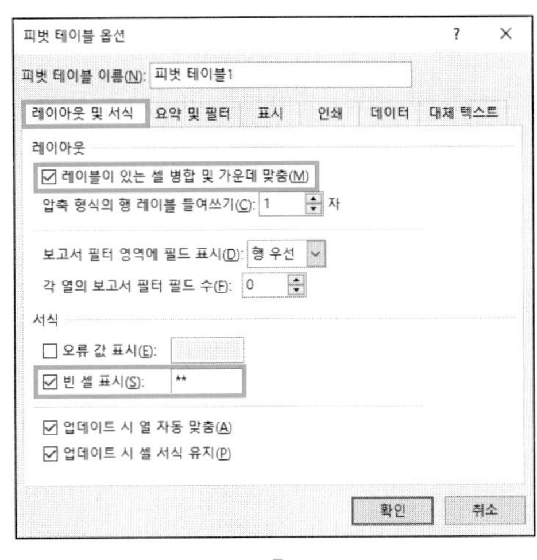


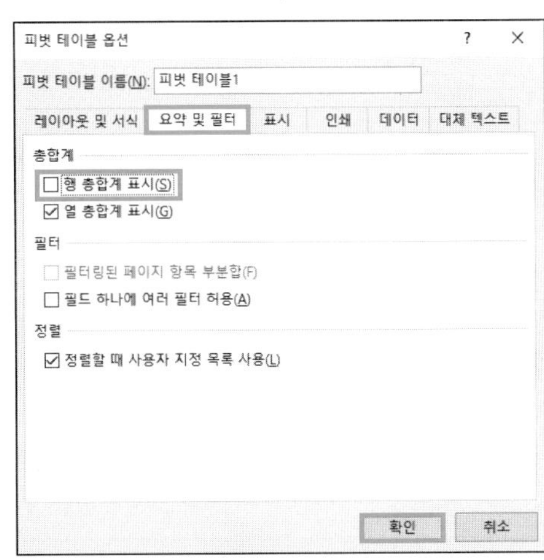


9. '구분'을 내림차순으로 정렬하기 위해 작성된 피벗 테이블에서 '구분'이 표시된 임의의 셀을 클릭한 후 [데이터] → 정렬 및 필터 → **텍스트 내림차순 정렬**( )을 클릭한다.
10. 작성된 피벗 테이블에서 [C2] 셀을 클릭하고 **구분**을, [B4] 셀을 클릭하고 **당월판매량**을 입력한다.
11. [D4] 셀을 클릭하고 수식 입력줄에 표시된 필드명에서 "단가" 뒤를 클릭한 후 Delete를 눌러 한 줄로 만든 다음 Enter를 누른다.
12. [B5:H8] 영역을 블록으로 지정한 후 [홈] → 맞춤 → **가운데 맞춤**( )과 [홈] → 표시 형식 → **쉼표 스타일**( )을 클릭한다.

## ❶/❷/❸/❹ 차트 작성

1. 차트를 만들고자 하는 데이터를 블록으로 지정한 후 [삽입] → 차트 → 세로 또는 가로 막대형 차트 삽입( ) → **묶은 세로 막대형**을 선택한다.

지역특산물 판매 현황

| 상품코드 | 상품명 | 구분 | 단가<br>(단위:원) | 전월판매량 | 당월판매량 |
|---|---|---|---|---|---|
| M25-02 | 백진주 쌀 | 농산물 | 70,000 | 1,820EA | 2,045EA |
| B29-03 | 살치살 스테이크 | 축산물 | 30,000 | 1,892EA | 1,520EA |
| B32-02 | 딱새우 | 수산물 | 13,900 | 891EA | 950EA |
| S19-01 | 등심 스테이크 | 축산물 | 36,000 | 1,020EA | 805EA |
| M20-02 | 돌산 갓김치 | 농산물 | 19,000 | 1,457EA | 1,852EA |
| B37-02 | 랍스터 테일 | 수산물 | 32,000 | 824EA | 1,820EA |
| M15-01 | 대봉 곶감 | 농산물 | 80,000 | 2,361EA | 2,505EA |
| M14-03 | 황토 고구마 | 농산물 | 27,500 | 941EA | 1,653EA |
| 최대 전월판매량 | | | 2361 | | 농산물 |
| 수산물 특산품 수 | | | 2개 | | 상품명 |

2. 차트를 선택한 후 [차트 도구] → 디자인 → 차트 레이아웃 → 빠른 레이아웃 → **레이아웃 3**을 선택한다.
3. [차트 도구] → 디자인 → 차트 스타일 → **스타일 6**을 선택한다.
4. 임의의 데이터 계열을 선택한 후 바로 가기 메뉴에서 **[계열 차트 종류 변경]**을 선택한다.
5. '차트 종류 변경' 대화상자의 '콤보'에서 '당월판매량'의 차트 종류를 '표식이 있는 꺾은선형'으로 변경하고 '보조 축'을 선택한 후 〈확인〉을 클릭한다.

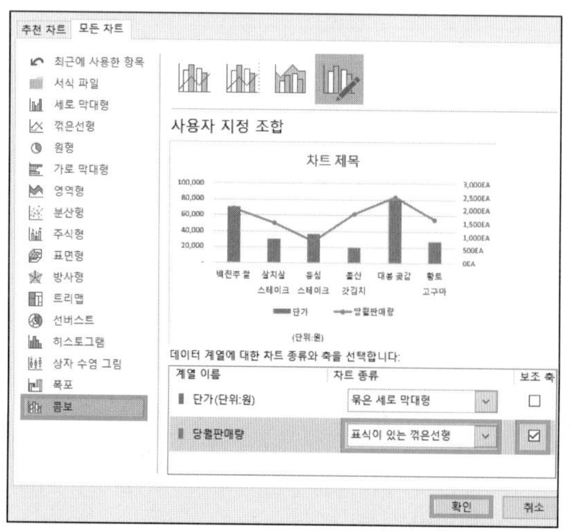


6. 차트에 삽입된 '차트 제목'을 선택하고 수식 입력줄에 **농산물 및 축산물의 판매 현황**을 입력한 후 Enter를 누른다.
7. 차트 영역의 바로 가기 메뉴에서 **[차트 이동]**을 선택한다.
8. '차트 이동' 대화상자에서 '새 시트'를 선택하고 입력란에 **제4작업**을 입력한 후 〈확인〉을 클릭한다.
9. '제4작업' 시트를 '제3작업' 시트 뒤로 드래그하여 이동한다.

## ❺ 영역 서식

1. 차트 영역을 클릭한 후 [홈] → **글꼴**에서 글꼴 '굴림', 글꼴 크기 11을 지정한다.
2. [차트 도구] → 서식 → 도형 스타일 → 도형 채우기 → 질감 → **분홍 박엽지**를 선택한다.
3. 그림 영역을 클릭한 후 [차트 도구] → 서식 → 도형 스타일 → 도형 채우기 → **흰색, 배경 1**을 선택한다.

## ❻ 제목 서식

1. 차트 제목을 클릭한 후 [홈] → **글꼴**에서 글꼴 '굴림', 글꼴 크기 20, '굵게( 가 )'를 지정한다.
2. [차트 도구] → 서식 → 도형 스타일 → 도형 채우기 → **흰색, 배경 1**과 [차트 도구] → 서식 → 도형 스타일 → 도형 윤곽선 → **검정, 텍스트 1**을 선택한다.

## ❼ 서식

### 데이터 계열

'당월판매량' 계열을 더블클릭한 후 '데이터 계열 서식' 창의 [계열 옵션] → (채우기 및 선) → 표식 → 표식 옵션 → **기본 제공**을 선택하고 '형식'을 '네모', 크기를 12로 지정한다.

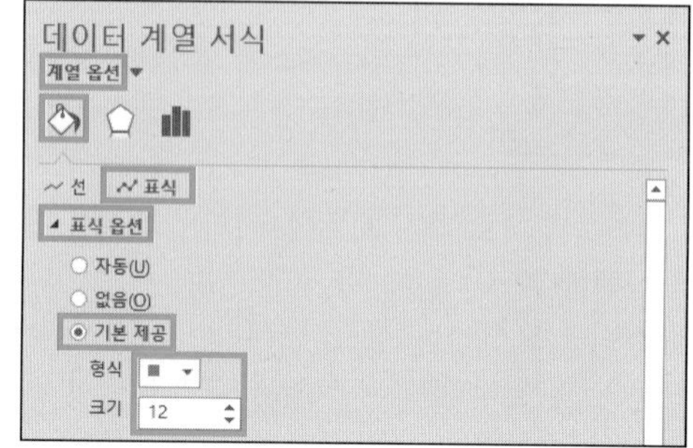

### 레이블 서식

1. '당월판매량' 계열을 클릭한다. '당월판매량' 계열이 선택된 상태에서 '대봉 곶감' 요소를 한 번 더 클릭한다.
2. '대봉 곶감'의 '당월판매량' 요소만 선택된 상태에서 [차트 도구] → 디자인 → 차트 레이아웃 → 차트 요소 추가 → 데이터 레이블 → **오른쪽**을 선택한다.

### 눈금선 서식

눈금선을 선택한 후 [차트 도구] → 서식 → 도형 스타일 → **도형 윤곽선**에서 색을 '검정, 텍스트 1', 대시를 '파선'으로 지정한다.

### 축 서식

1. 세로(값) 축을 더블클릭한 후 '축 서식' 창의 [축 옵션] → (축 옵션) → **축 옵션**에서 '최대' 경계를 100000, '주' 단위를 20000으로 지정한다.

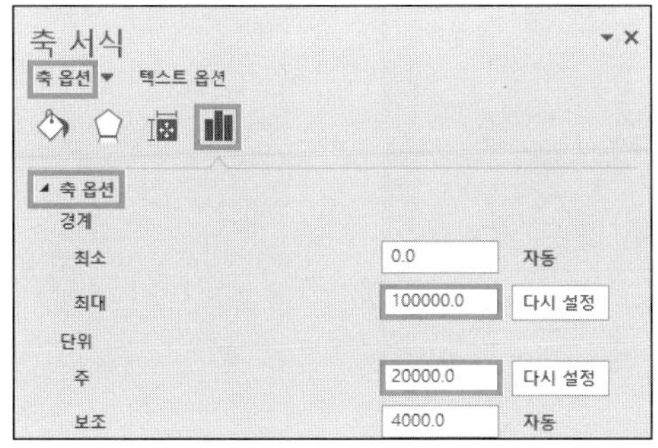


2. [차트 도구] → 서식 → 도형 스타일 → 도형 윤곽선 → **검정, 텍스트 1**을 선택한다.
3. 보조 세로(값) 축을 더블클릭한 후 '축 서식' 창의 [축 옵션] → (축 옵션) → **축 옵션**에서 '주' 단위를 600으로 지정한다.

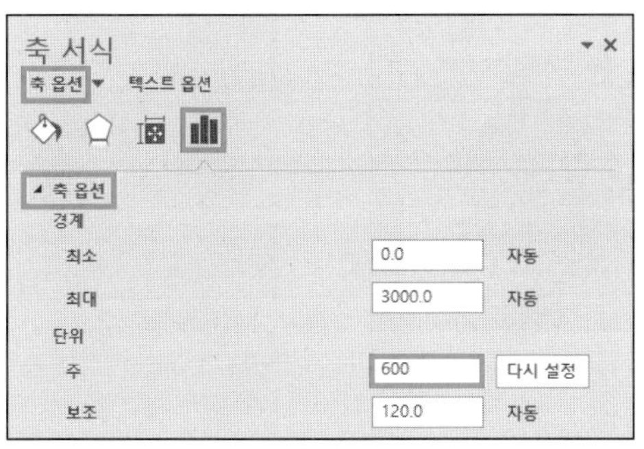


4. [차트 도구] → 서식 → 도형 스타일 → 도형 윤곽선 → **검정, 텍스트 1**을 선택한다.
5. 가로(항목) 축의 도형 윤곽선을 '검정, 텍스트 1'로 지정한다.

### 8 범례 서식

1. 차트 영역의 바로 가기 메뉴에서 **[데이터 선택]**을 선택한다.
2. '데이터 원본 선택' 대화상자의 '범례 항목(계열)'에서 '단가(단위:원)'을 선택하고 〈편집〉을 클릭한다.
3. '계열 편집' 대화상자에서 계열 이름을 **단가(단위:원)**으로 수정한 후 〈확인〉을 클릭한다. 이어서 '데이터 원본 선택' 대화상자에서도 〈확인〉을 클릭한다.

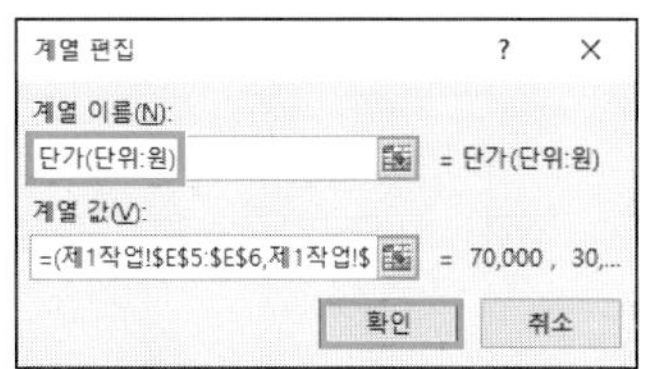


### 9 도형 삽입

1. [삽입] → 일러스트레이션 → 도형 → 설명선 → **타원형 설명선**( )을 선택한다.
2. 도형이 삽입될 위치에서 적당한 크기로 드래그하여 삽입한 후 **최다 판매량**을 입력한다.
3. 도형을 선택하면 표시되는 노란색 점을 드래그하여 도형의 모양을 변경한다.
4. [홈] → **글꼴**에서 글꼴 '굴림', 채우기 색( ) '흰색, 배경 1', 글꼴 색( ) '검정, 텍스트 1', [홈] → **맞춤**에서 '가로 가운데 맞춤( )'과 '세로 가운데 맞춤( )'을 지정한다.

## 쉬어가는 코너

파본을 받았습니다! 목차에는 모의고사가 10회까지 있는데 제 책은 5회가 끝이예요!
5회까지 있다면 정상입니다. 나머지 5회분은 'C:\길벗ITQ마스터(2016)\ITQ엑셀' 폴더에 "실전모의고사.pdf" 파일로 저장되어 있습니다.

그냥 한꺼번에 주시지 왜 5회분만 따로 옮겨 놓은거죠?
수험생 여러분의 책값부담을 줄이기 위해서 입니다. 제작비 인상으로 인해 책값을 올릴 수 밖에 없는 상황에서 교재의 일부분을 파일로 제공하여 제작비를 줄이고 책값을 인상하지 않았습니다.
감동

아니, 그렇게 깊은뜻이? 독자의 주머니 사정까지 걱정해주는 시나공, 역시 감동이네요~
독자를 위한 서비스는 온라인에서도 이어집니다. 시나공 카페에서는 시험과 관련된 다양한 정보와 서비스를 제공하고 있습니다. 가입해서 기출문제도 다운받고 풀다가 모르는 내용은 바로바로 물어보세요! 애프터서비스까지 확실히 해드립니다!

아싸! 당장 시나공 카페에 출근도장 찍으러 가야쥐~ 유후~♥
시나공 카페에는 문턱이 없습니다. 가입만하시면 모든 서비스는 항상 열려 있다는 거! 여러분이 원하는 다양한 서비스를 만족시키기 위해 더 노력 하겠습니다!
시나공
고고

# 04장

# 최신기출문제

최신기출문제 01회

최신기출문제 02회

최신기출문제 03회

최신기출문제 04회

최신기출문제 05회

최신기출문제 06회

최신기출문제 07회

최신기출문제 08회

최신기출문제 09회

최신기출문제 10회

'C:\길벗ITQ마스터(2016)\ITQ 엑셀' 폴더에 "최신기출문제.pdf" 파일로 저장되어 있습니다.

EXAMINATION

# 제01회 정보기술자격(ITQ) 시험

| 과 목 | 코드 | 문제유형 | 시험시간 | 수험번호 | 성 명 |
|---|---|---|---|---|---|
| 한글엑셀 | 1122 | A | 60분 | | |

## 〈수험자 유의사항〉

- 수험자는 문제지를 받는 즉시 문제지와 수험표상의 시험과목(프로그램)이 동일한지 반드시 확인하여야 합니다.
- 파일명은 본인의 "수험번호-성명"으로 입력하여 답안폴더(내 PC\문서\ITQ)에 하나의 파일로 저장해야 하며, 답안문서 파일명이 "수험번호-성명"과 일치하지 않거나, 답안파일을 전송하지 않아 미제출로 처리될 경우 실격입니다(예 : 12345678-홍길동.xlsx)
- 답안 작성을 마치면 파일을 저장하고, '답안 전송' 버튼을 선택하여 감독위원 PC로 답안을 전송하십시오. 수험생 정보와 저장한 파일명이 다를 경우 전송되지 않으므로 주의하시기 바랍니다.
- 답안 작성 중에도 주기적으로 저장하고 답안을 전송하여야 문제 발생을 줄일 수 있습니다. 작업한 내용을 저장하지 않고 전송할 경우 이전에 저장된 내용이 전송되오니 이점 유의하시기 바랍니다.
- 답안문서는 지정된 경로 외의 다른 보조기억장치에 저장하는 경우, 지정된 시험 시간 외에 작성된 파일을 활용할 경우, 기타 통신수단(이메일, 메신저, 네트워크 등)을 이용하여 타인에게 전달 또는 외부 반출하는 경우는 부정 처리합니다.
- 시험 중 부주의 또는 고의로 시스템을 파손한 경우는 수험자가 변상해야 하며, 〈수험자 유의사항〉에 기재된 방법대로 이행하지 않아 생기는 불이익은 수험생 당사자의 책임임을 알려드립니다.
- 문제의 조건은 MS오피스 2016 버전으로 설정되어 있으니 유의하시기 바랍니다.
- 시험을 완료한 수험자는 답안파일이 전송되었는지 확인한 후 감독위원의 지시에 따라 문제지를 제출하고 퇴실합니다.

## 〈답안 작성요령〉

- 온라인 답안 작성 절차
  수험자 등록 ⇨ 시험 시작 ⇨ 답안파일 저장 ⇨ 답안 전송 ⇨ 시험 종료
- 문제는 총 4단계, 즉 제1작업부터 제4작업까지 구성되어 있으며 반드시 제1작업부터 순서대로 작성하고 조건대로 작업하시오.
- 모든 작업시트의 A열은 열 너비 '1'로, 나머지 열은 적당하게 조절하시오.
- 모든 작업시트의 테두리는 [출력형태]와 같이 작업하시오.
- 해당 작업란에서는 각각 제시된 조건에 따라 [출력형태]와 같이 작업하시오.
- 답안 시트 이름은 '제1작업', '제2작업', '제3작업', '제4작업'이어야 하며 답안 시트 이외의 것은 감점 처리됩니다.
- 각 시트를 파일로 나누어 작업해서 저장할 경우 실격 처리됩니다.

## 제 1 작업 표 서식 작성 및 값 계산 (240점)

다음은 '실버상품 쇼핑몰 판매 현황'에 대한 자료이다. 자료를 입력하고 조건에 맞도록 작업하시오.

출력형태

실버상품 쇼핑몰 판매 현황

| 확인 | 담당 | 대리 | 과장 |
|---|---|---|---|
| | | | |

| 상품코드 | 상품명 | 카테고리 | 구매자수 | 판매금액 (단위:원) | 재고량 (단위:EA) | 입고일 | 재고순위 | 비고 |
|---|---|---|---|---|---|---|---|---|
| HE-0012 | 욕창예방매트리스 | 복지용구 | 989 | 139,000 | 815 | 2019-05-12 | (1) | (2) |
| BO-2101 | 경량알루미늄 휠체어 | 보장구 | 887 | 320,000 | 1,232 | 2019-01-20 | (1) | (2) |
| PE-1005 | 당뇨환자용 양파효소 | 환자식 | 1,700 | 53,000 | 2,983 | 2019-10-11 | (1) | (2) |
| HE-0305 | 성인용보행기 | 복지용구 | 1,480 | 198,000 | 1,141 | 2019-03-25 | (1) | (2) |
| BO-2043 | 스틸통타이어 휠체어 | 보장구 | 980 | 197,000 | 1,024 | 2019-04-08 | (1) | (2) |
| BO-2316 | 거상형 휠체어 | 보장구 | 316 | 380,000 | 684 | 2019-03-13 | (1) | (2) |
| PE-1138 | 고단백 영양푸딩 | 환자식 | 1,605 | 99,000 | 827 | 2019-09-20 | (1) | (2) |
| PE-1927 | 고농축 영양식 | 환자식 | 912 | 12,000 | 3,028 | 2019-10-04 | (1) | (2) |
| 환자식 판매금액(단위:원) 평균 | | | (3) | | 두 번째로 많은 구매자수 | | | (5) |
| 복지용구 구매자수 합계 | | | (4) | | 상품명 | 욕창예방매트리스 | 구매자수 | (6) |

조건
- ○ 모든 데이터의 서식에는 글꼴(굴림, 11pt), 정렬은 숫자 및 회계 서식은 오른쪽 정렬, 나머지 서식은 가운데 정렬로 작성하며 예외적인 것은 [출력형태]를 참조하시오.
- ○ 제 목 : 도형(육각형)과 그림자(오프셋 오른쪽)를 이용하여 작성하고 "실버상품 쇼핑몰 판매 현황"을 입력한 후 다음 서식을 적용하시오(글꼴–굴림, 24pt, 검정, 굵게, 채우기–노랑).
- ○ 임의의 셀에 결재란을 작성하여 그림으로 복사 기능을 이용하여 붙이기 하시오(단, 원본 삭제).
- ○ [B4:J4, G14, I14] 영역은 '주황'으로 채우기 하시오.
- ○ 유효성 검사를 이용하여 [H14] 셀에 상품명([C5:C12] 영역)이 선택 표시되도록 하시오.
- ○ 셀 서식 : [E5:E12] 영역에 셀 서식을 이용하여 숫자 뒤에 "명"을 표시하시오(예 : 1,700명).
- ○ [E5:E12] 영역에 대해 '구매자수'로 이름 정의를 하시오.

⊙ **(1)~(6) 셀은 반드시 주어진 함수를 이용하여 값을 구하시오(결과값을 직접 입력하면 해당 셀은 0점 처리됨).**

(1) 재고순위 : 재고량(단위:EA)의 내림차순 순위를 1~3까지 구한 결과값에 "위"를 붙이고 그 외에는 공백으로 구하시오(IF, RANK.EQ 함수, & 연산자)(예 : 1위).

(2) 비고 : [구매자수÷300]의 정수의 크기만큼 "★"을 반복 표시되도록 구하시오(REPT 함수).

(3) 환자식 판매금액(단위:원) 평균 : (SUMIF, COUNTIF 함수)

(4) 복지용구 구매자수 합계 : 조건은 입력 데이터를 이용하시오(DSUM 함수).

(5) 두 번째로 많은 구매자수 : 정의된 이름(구매자수)을 이용하여 구하시오(LARGE 함수).

(6) 구매자수 : [H14] 셀에서 선택한 상품명에 대한 구매자수를 구하시오(VLOOKUP 함수).

(7) 조건부 서식의 수식을 이용하여 구매자수가 1,000 이상인 행 전체에 다음의 서식을 적용하시오(글꼴 : 파랑, 굵게).

## 제 2 작업 목표값 찾기 및 필터 (80점)

"제1작업" 시트의 [B4:H12] 영역을 복사하여 "제2작업" 시트의 [B2] 셀부터 모두 붙여넣기를 한 후 다음의 조건과 같이 작업하시오.

조건 (1) 목표값 찾기

- ▶ [B11:G11] 셀을 병합하여 "판매금액(단위:원)의 전체 평균"을 입력한 후 [H11] 셀에 판매금액(단위:원)의 전체 평균을 구하시오(AVERAGE 함수, 테두리, 가운데 맞춤).
- ▶ '판매금액(단위:원)의 전체 평균'이 175,000이 되려면 욕창예방매트리스의 판매금액(단위:원)이 얼마가 되어야 하는지 목표값을 구하시오.

(2) 고급 필터

- ▶ 카테고리가 '복지용구'이거나, 구매자수가 1,000 이상인 자료의 상품코드, 상품명, 판매금액(단위:원), 재고량(단위:EA)의 데이터만 추출하시오.
- ▶ 조건 범위 : [B14] 셀부터 입력하시오.
- ▶ 복사 위치 : [B18] 셀부터 나타나도록 하시오.

## 제 3 작업 정렬 및 부분합 (80점)

"제1작업" 시트의 [B4:H12] 영역을 복사하여 "제3작업" 시트의 [B2] 셀부터 모두 붙여넣기를 한 후 다음의 조건과 같이 작업하시오.

조건 (1) 부분합 – [출력형태]처럼 정렬하고, 상품명의 개수와 판매금액(단위:원)의 평균을 구하시오.
(2) 윤 곽 – 지우시오.
(3) 나머지 사항은 [출력형태]에 맞게 작성하시오.

출력형태

| | A | B | C | D | E | F | G | H |
|---|---|---|---|---|---|---|---|---|
| 1 | | | | | | | | |
| 2 | | 상품코드 | 상품명 | 카테고리 | 구매자수 | 판매금액(단위:원) | 재고량(단위:EA) | 입고일 |
| 3 | | PE-1005 | 당뇨환자용 양파효소 | 환자식 | 1,700명 | 53,000 | 2,983 | 2019-10-11 |
| 4 | | PE-1138 | 고단백 영양푸딩 | 환자식 | 1,605명 | 99,000 | 827 | 2019-09-20 |
| 5 | | PE-1927 | 고농축 영양식 | 환자식 | 912명 | 12,000 | 3,028 | 2019-10-04 |
| 6 | | | | 환자식 평균 | | 54,667 | | |
| 7 | | | 3 | 환자식 개수 | | | | |
| 8 | | HE-0012 | 욕창예방매트리스 | 복지용구 | 989명 | 139,000 | 815 | 2019-05-12 |
| 9 | | HE-0305 | 성인용보행기 | 복지용구 | 1,480명 | 198,000 | 1,141 | 2019-03-25 |
| 10 | | | | 복지용구 평균 | | 168,500 | | |
| 11 | | | 2 | 복지용구 개수 | | | | |
| 12 | | BO-2101 | 경량알루미늄 휠체어 | 보장구 | 887명 | 320,000 | 1,232 | 2019-01-20 |
| 13 | | BO-2043 | 스틸통타이어 휠체어 | 보장구 | 980명 | 197,000 | 1,024 | 2019-04-08 |
| 14 | | BO-2316 | 거상형 휠체어 | 보장구 | 316명 | 380,000 | 684 | 2019-03-13 |
| 15 | | | | 보장구 평균 | | 299,000 | | |
| 16 | | | 3 | 보장구 개수 | | | | |
| 17 | | | | 전체 평균 | | 174,750 | | |
| 18 | | | 8 | 전체 개수 | | | | |

## 제 4 작업 그래프 (100점)

**"제1작업" 시트를 이용하여 조건에 따라 [출력형태]와 같이 작업하시오.**

조건 (1) 차트 종류 – 〈묶은 세로 막대형〉으로 작업하시오.
(2) 데이터 범위 – "제1작업" 시트의 내용을 이용하여 작업하시오.
(3) 위치 – "새 시트"로 이동하고, "제4작업"으로 시트 이름을 바꾸시오.
(4) 차트 디자인 도구 – 레이아웃 3, 스타일 1을 선택하여 [출력형태]에 맞게 작업하시오.
(5) 영역 서식 – 차트 : 글꼴(굴림, 11pt), 채우기 효과(질감–분홍 박엽지)
그림 : 채우기(흰색, 배경1)
(6) 제목 서식 – 차트 제목 : 글꼴(굴림, 굵게, 20pt), 채우기(흰색, 배경1), 테두리
(7) 서식 – 구매자수 계열의 차트 종류를 〈표식이 있는 꺾은선형〉으로 변경한 후 보조 축으로 지정하시오.
계열 : [출력형태]를 참조하여 표식(다이아몬드, 크기 10)과 레이블 값을 표시하시오.
눈금선 : 선 스타일–파선
축 : [출력형태]를 참조하시오.
(8) 범례 – 범례명을 변경하고 [출력형태]를 참조하시오.
(9) 도형 – '모서리가 둥근 사각형 설명선'을 삽입하고 [출력형태]와 같이 내용을 입력하시오.
(10) 나머지 사항은 [출력형태]에 맞게 작성하시오.

출력형태

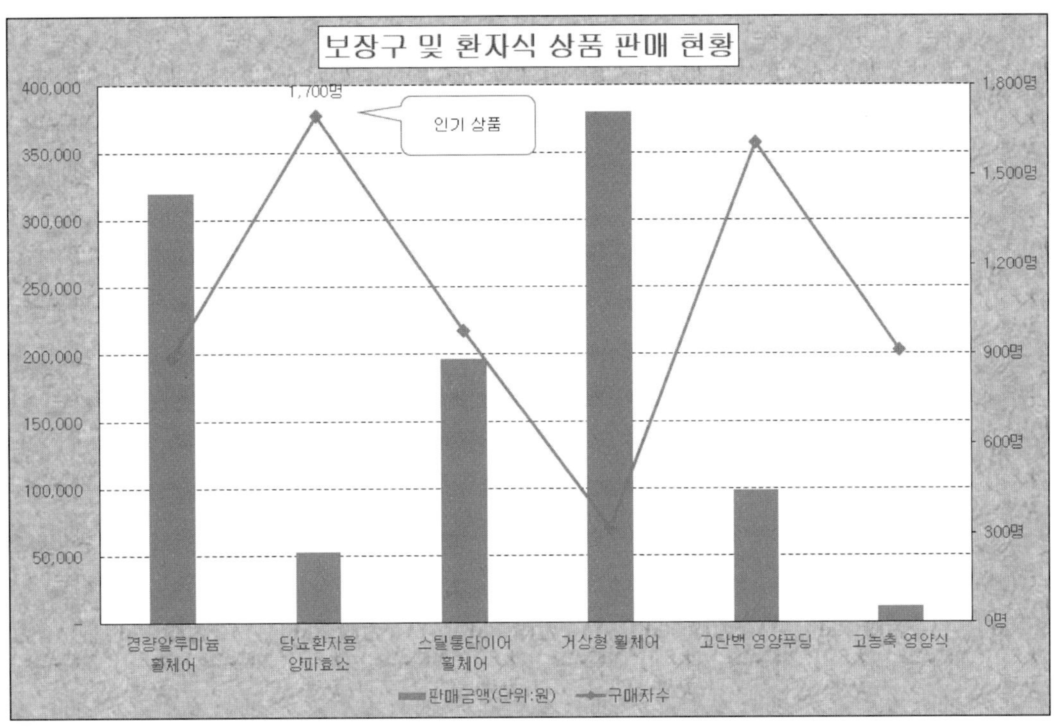


주의 ☞ 시트명 순서가 차례대로 '제1작업', '제2작업', '제3작업', '제4작업'이 되도록 할 것.

# 제01회 정보기술자격(ITQ) 엑셀

정답 및 해설 A 형

## 제 1 작업 표 서식 작성 및 값 계산

정답

### 정답

실버상품 쇼핑몰 판매 현황

| 확인 | 담당 | 대리 | 과장 |
|---|---|---|---|
| | | | |

| 상품코드 | 상품명 | 카테고리 | 구매자수 | 판매금액(단위:원) | 재고량(단위:EA) | 입고일 | 재고순위 | 비고 |
|---|---|---|---|---|---|---|---|---|
| HE-0012 | 욕창예방매트리스 | 복지용구 | 989명 | 139,000 | 815 | 2019-05-12 | | ★★★ |
| BO-2101 | 경량알루미늄 휠체어 | 보장구 | 887명 | 320,000 | 1,232 | 2019-01-20 | 3위 | ★★ |
| PE-1005 | 당뇨환자용 양파효소 | 환자식 | 1,700명 | 53,000 | 2,983 | 2019-10-11 | 2위 | ★★★★★ |
| HE-0305 | 성인용보행기 | 복지용구 | 1,480명 | 198,000 | 1,141 | 2019-03-25 | | ★★★★ |
| BO-2043 | 스틸통타이어 휠체어 | 보장구 | 980명 | 197,000 | 1,024 | 2019-04-08 | | ★★★ |
| BO-2316 | 거상형 휠체어 | 보장구 | 316명 | 380,000 | 684 | 2019-03-13 | | ★ |
| PE-1138 | 고단백 영양푸딩 | 환자식 | 1,605명 | 99,000 | 827 | 2019-09-20 | | ★★★★★ |
| PE-1927 | 고농축 영양식 | 환자식 | 912명 | 12,000 | 3,028 | 2019-10-04 | 1위 | ★★★ |
| 환자식 판매금액(단위:원) 평균 | | | 54666.667 | | 두 번째로 많은 구매자수 | | | 1605 |
| 복지용구 구매자수 합계 | | | 2469 | | 상품명 | 욕창예방매트리스 | 구매자수 | 989 |

## 01. 표 서식 작성

• '셀 서식' 대화상자

## 02. 값 계산

1. 재고순위(I5) : =IF(RANK.EQ(G5,$G$5:$G$12)<=3,RANK.EQ(G5,$G$5:$G$12)&"위","")
2. 비고(J5) : =REPT("★",E5/300)
3. 환자식 판매금액(단위:원) 평균(E13) : =SUMIF(D5:D12,"환자식",F5:F12)/COUNTIF(D5:D12,"환자식")
4. 복지용구 구매자수 합계(E14) : =DSUM(B4:J12,E4,D4:D5)
5. 두 번째로 많은 구매자수(J13) : =LARGE(구매자수,2)
6. 구매자수(J14) : =VLOOKUP(H14,C5:J12,3,FALSE)

## 7. '새 서식 규칙' 대화상자

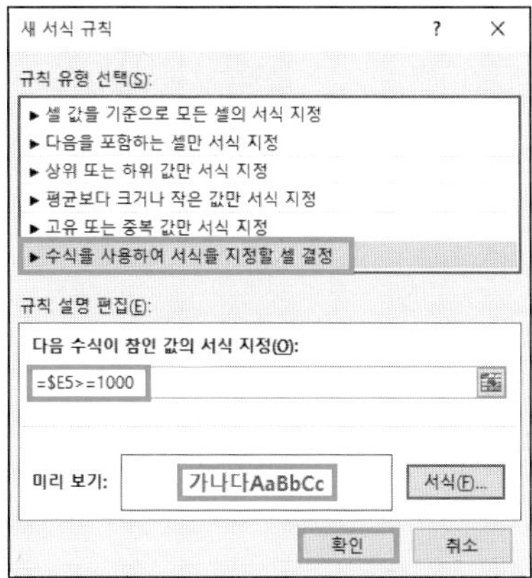

# 제 2 작업 목표값 찾기 및 필터

정답

## 01. 목표값 찾기

정답

| | A | B | C | D | E | F | G | H |
|---|---|---|---|---|---|---|---|---|
| 1 | | | | | | | | |
| 2 | | 상품코드 | 상품명 | 카테고리 | 구매자수 | 판매금액<br>(단위:원) | 재고량<br>(단위:EA) | 입고일 |
| 3 | | HE-0012 | 욕창예방매트리스 | 복지용구 | 989명 | 141,000 | 815 | 2019-05-12 |
| 4 | | BO-2101 | 경량알루미늄 휠체어 | 보장구 | 887명 | 320,000 | 1,232 | 2019-01-20 |
| 5 | | PE-1005 | 당뇨환자용 양파효소 | 환자식 | 1,700명 | 53,000 | 2,983 | 2019-10-11 |
| 6 | | HE-0305 | 성인용보행기 | 복지용구 | 1,480명 | 198,000 | 1,141 | 2019-03-25 |
| 7 | | BO-2043 | 스틸통타이어 휠체어 | 보장구 | 980명 | 197,000 | 1,024 | 2019-04-08 |
| 8 | | BO-2316 | 거상형 휠체어 | 보장구 | 316명 | 380,000 | 684 | 2019-03-13 |
| 9 | | PE-1138 | 고단백 영양푸딩 | 환자식 | 1,605명 | 99,000 | 827 | 2019-09-20 |
| 10 | | PE-1927 | 고농축 영양식 | 환자식 | 912명 | 12,000 | 3,028 | 2019-10-04 |
| 11 | | 판매금액(단위:원)의 전체 평균 | | | | | | 175,000 |

• '목표값 찾기' 대화상자

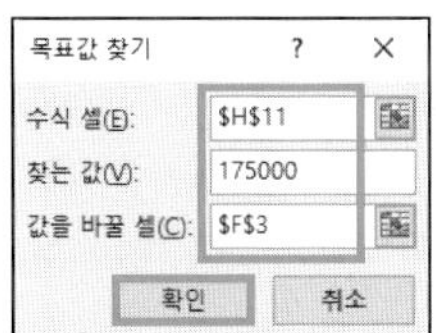


※ [H11] : =AVERAGE(F3:F10)

## 02. 고급 필터

정답

| | A | B | C | D | E |
|---|---|---|---|---|---|
| 13 | | | | | |
| 14 | | 카테고리 | 구매자수 | | |
| 15 | | 복지용구 | | | |
| 16 | | | >=1000 | | |
| 17 | | | | | |
| 18 | | 상품코드 | 상품명 | 판매금액<br>(단위:원) | 재고량<br>(단위:EA) |
| 19 | | HE-0012 | 욕창예방매트리스 | 141,000 | 815 |
| 20 | | PE-1005 | 당뇨환자용 양파효소 | 53,000 | 2,983 |
| 21 | | HE-0305 | 성인용보행기 | 198,000 | 1,141 |
| 22 | | PE-1138 | 고단백 영양푸딩 | 99,000 | 827 |

• '고급 필터' 대화상자

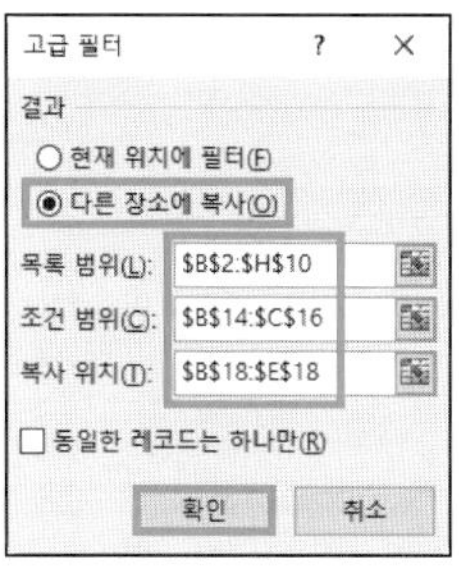

## 제 3 작업 정렬 및 부분합

정답

• '정렬' 대화상자

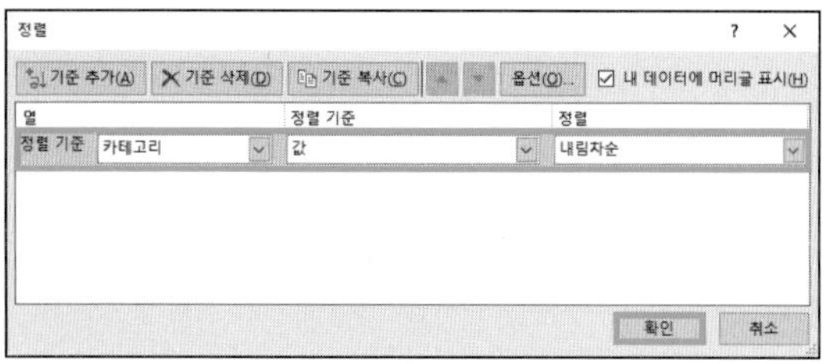


• 1차 '상품명 개수 부분합' 대화상자

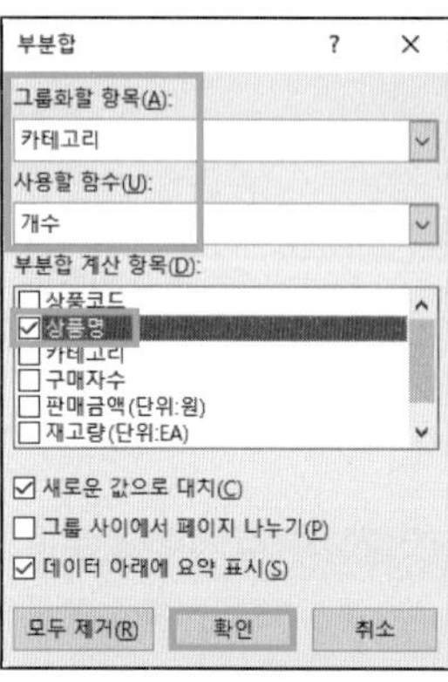


• 2차 '판매금액(단위:원) 평균 부분합' 대화상자

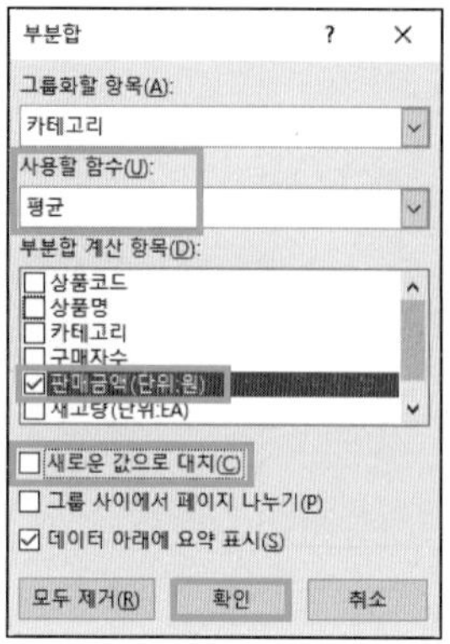

## 제 4 작업 그래프

정답

• 데이터 범위 지정

실버상품 쇼핑몰 판매 현황

| 상품코드 | 상품명 | 카테고리 | 구매자수 | 판매금액(단위:원) | 재고량(단위:EA) |
|---|---|---|---|---|---|
| HE-0012 | 욕창예방매트리스 | 복지용구 | 989명 | 139,000 | 815 |
| BO-2101 | 경량알루미늄 휠체어 | 보장구 | 887명 | 320,000 | 1,232 |
| PE-1005 | 당뇨환자용 양파효소 | 환자식 | 1,700명 | 53,000 | 2,983 |
| HE-0305 | 성인용보행기 | 복지용구 | 1,480명 | 198,000 | 1,141 |
| BO-2043 | 스틸통타이어 휠체어 | 보장구 | 980명 | 197,000 | 1,024 |
| BO-2316 | 거상형 휠체어 | 보장구 | 316명 | 380,000 | 684 |
| PE-1138 | 고단백 영양푸딩 | 환자식 | 1,605명 | 99,000 | 827 |
| PE-1927 | 고농축 영양식 | 환자식 | 912명 | 12,000 | 3,028 |
| 환자식 판매금액(단위:원) 평균 | | | 54666.667 | | 두 |
| 복지용구 구매자수 합계 | | | 2469 | | 상품명 |

EXAMINATION

# 제02회 정보기술자격(ITQ) 시험

| 과 목 | 코드 | 문제유형 | 시험시간 | 수험번호 | 성 명 |
|---|---|---|---|---|---|
| 한글엑셀 | 1122 | A | 60분 | | |

## 〈수험자 유의사항〉

- 수험자는 문제지를 받는 즉시 문제지와 수험표상의 시험과목(프로그램)이 동일한지 반드시 확인하여야 합니다.
- 파일명은 본인의 "수험번호-성명"으로 입력하여 답안폴더(내 PC\문서\ITQ)에 하나의 파일로 저장해야 하며, 답안문서 파일명이 "수험번호-성명"과 일치하지 않거나, 답안파일을 전송하지 않아 미제출로 처리될 경우 실격입니다(예 : 12345678-홍길동.xlsx)
- 답안 작성을 마치면 파일을 저장하고, '답안 전송' 버튼을 선택하여 감독위원 PC로 답안을 전송하십시오. 수험생 정보와 저장한 파일명이 다를 경우 전송되지 않으므로 주의하시기 바랍니다.
- 답안 작성 중에도 주기적으로 저장하고 답안을 전송하여야 문제 발생을 줄일 수 있습니다. 작업한 내용을 저장하지 않고 전송할 경우 이전에 저장된 내용이 전송되오니 이점 유의하시기 바랍니다.
- 답안문서는 지정된 경로 외의 다른 보조기억장치에 저장하는 경우, 지정된 시험 시간 외에 작성된 파일을 활용할 경우, 기타 통신수단(이메일, 메신저, 네트워크 등)을 이용하여 타인에게 전달 또는 외부 반출하는 경우는 부정 처리합니다.
- 시험 중 부주의 또는 고의로 시스템을 파손한 경우는 수험자가 변상해야 하며, 〈수험자 유의사항〉에 기재된 방법대로 이행하지 않아 생기는 불이익은 수험생 당사자의 책임임을 알려드립니다.
- 문제의 조건은 MS오피스 2016 버전으로 설정되어 있으니 유의하시기 바랍니다.
- 시험을 완료한 수험자는 답안파일이 전송되었는지 확인한 후 감독위원의 지시에 따라 문제지를 제출하고 퇴실합니다.

## 〈답안 작성요령〉

- 온라인 답안 작성 절차
  수험자 등록 ⇨ 시험 시작 ⇨ 답안파일 저장 ⇨ 답안 전송 ⇨ 시험 종료
- 문제는 총 4단계, 즉 제1작업부터 제4작업까지 구성되어 있으며 반드시 제1작업부터 순서대로 작성하고 조건대로 작업하시오.
- 모든 작업시트의 A열은 열 너비 '1'로, 나머지 열은 적당하게 조절하시오.
- 모든 작업시트의 테두리는 [출력형태]와 같이 작업하시오.
- 해당 작업란에서는 각각 제시된 조건에 따라 [출력형태]와 같이 작업하시오.
- 답안 시트 이름은 '제1작업', '제2작업', '제3작업', '제4작업'이어야 하며 답안 시트 이외의 것은 감점 처리됩니다.
- 각 시트를 파일로 나누어 작업해서 저장할 경우 실격 처리됩니다.

**제 1 작업** 표 서식 작성 및 값 계산 (240점)

다음은 '수입 원두커피 판매 현황'에 대한 자료이다. 자료를 입력하고 조건에 맞도록 작업하시오.

출력형태

| | 수입 원두커피 판매 현황 | | | | | 결재 | 담당 | 팀장 | 부장 |
|---|---|---|---|---|---|---|---|---|---|
| 상품코드 | 상품명 | 커피 원산지 | 제조날짜 | 커피 원가(단위:원) | 판매수량 | 판매가(단위:원) | 유통기한 | 판매순위 | |
| BR-344 | 산토스 NY2 | 브라질 | 2019-10-20 | 8,500 | 339 | 18,000 | (1) | (2) | |
| CE-233 | 산타로사 | 콜롬비아 | 2019-10-02 | 7,000 | 1,035 | 15,200 | (1) | (2) | |
| CE-156 | 후일라 수프리모 | 콜롬비아 | 2019-11-04 | 6,300 | 326 | 11,000 | (1) | (2) | |
| ET-245 | 모모라 G1 | 에티오피아 | 2019-12-08 | 12,300 | 864 | 33,900 | (1) | (2) | |
| BR-332 | 모지아나 NY2 | 브라질 | 2019-12-23 | 9,800 | 1,532 | 14,500 | (1) | (2) | |
| CE-295 | 카우카 수프리모 | 콜롬비아 | 2019-11-04 | 6,800 | 248 | 12,300 | (1) | (2) | |
| BR-157 | 씨에라 옐로우버본 | 브라질 | 2019-12-15 | 6,900 | 567 | 15,000 | (1) | (2) | |
| ET-148 | 아리차 예가체프G1 | 에티오피아 | 2019-11-29 | 10,500 | 954 | 29,500 | (1) | (2) | |
| 브라질 원산지 판매가(단위:원)의 평균 | | | (3) | | 최대 커피 원가(단위:원) | | | (5) | |
| 11월 15일 이후 제조한 커피 판매수량의 합 | | | (4) | | 상품명 | 산토스 NY2 | 제조날짜 | (6) | |

조건

- ○ 모든 데이터의 서식에는 글꼴(굴림, 11pt), 정렬은 숫자 및 회계 서식은 오른쪽 정렬, 나머지 서식은 가운데 정렬로 작성하며 예외적인 것은 [출력형태]를 참조하시오.
- ○ 제 목 : 도형(사다리꼴)과 그림자(오프셋 대각선 오른쪽 아래)를 이용하여 작성하고 "수입 원두커피 판매 현황"을 입력한 후 다음 서식을 적용하시오(글꼴-굴림, 24pt, 검정, 굵게, 채우기-노랑).
- ○ 임의의 셀에 결재란을 작성하여 그림으로 복사 기능을 이용하여 붙이기 하시오(단, 원본 삭제).
- ○ [B4:J4, G14, I14] 영역은 '주황'으로 채우기 하시오.
- ○ 유효성 검사를 이용하여 [H14] 셀에 상품명([C5:C12] 영역)이 선택 표시되도록 하시오.
- ○ 셀 서식 : [G5:G12] 영역에 셀 서식을 이용하여 숫자 뒤에 "개"를 표시하시오(예 : 1,035개).
- ○ [F5:F12] 영역에 대해 '원가'로 이름 정의를 하시오.

⊙ **(1)~(6) 셀은 반드시 주어진 함수를 이용하여 값을 구하시오(결과값을 직접 입력하면 해당 셀은 0점 처리됨).**

(1) **유통기한** : [제조날짜+기간]으로 구하되, 기간은 상품코드 네 번째 값이 1이면 365일, 2이면 500일, 3이면 730일로 지정하여 구하시오(CHOOSE, MID 함수)(예 : 2022-03-10).

(2) **판매순위** : 판매수량의 내림차순 순위를 1~3까지 구한 결과값에 "위"를 붙이고, 그 외에는 공백으로 구하시오(IF, RANK.EQ 함수, & 연산자)(예 : 1위).

(3) **브라질 원산지 판매가(단위:원)의 평균** : 조건은 입력 데이터를 이용하시오(DAVERAGE 함수).

(4) **11월 15일 이후 제조한 커피 판매수량의 합** : 11월 15일 이후(해당일 포함) 제조한 상품의 판매수량 합을 구하시오(SUMIF 함수).

(5) **최대 커피 원가(단위:원)** : 정의된 이름(원가)을 이용하여 구하시오(LARGE 함수).

(6) **제조날짜** : [H14] 셀에서 선택한 상품명에 대한 제조날짜를 구하시오(VLOOKUP 함수)(예 : 2019-01-01).

(7) 조건부 서식을 이용하여 판매가(단위:원) 셀에 데이터 막대 스타일(녹색)을 최소값 및 최대값으로 적용하시오.

## 제 2 작업 필터 및 서식 (80점)

"제1작업" 시트의 [B4:H12] 영역을 복사하여 "제2작업" 시트의 [B2] 셀부터 모두 붙여넣기를 한 후 다음의 조건과 같이 작업하시오.

조건 (1) 고급 필터

- ▶ 커피 원산지가 '에티오피아'가 아니면서, 커피 원가(단위:원)이 7,000 이상인 자료의 데이터만 추출하시오.
- ▶ 조건 범위 : [B13] 셀부터 입력하시오.
- ▶ 복사 위치 : [B18] 셀부터 나타나도록 하시오.

(2) 표 서식

- ▶ 고급 필터의 결과 셀을 채우기 없음으로 설정한 후 '표 스타일 보통 6'의 서식을 적용하시오.
- ▶ 머리글 행, 줄무늬 행을 적용하시오.

## 제 3 작업 피벗 테이블 (80점)

"제1작업" 시트를 이용하여"제3작업" 시트에 조건에 따라 [출력형태]와 같이 작업하시오.

조건 (1) 제조날짜 및 커피 원산지별 상품명의 개수와 판매가(단위:원)의 평균을 구하시오.
(2) 제조날짜를 그룹화하고, 커피 원산지를 [출력형태]와 같이 정렬하시오.
(3) 레이블이 있는 셀 병합 및 가운데 맞춤 적용 및 빈 셀은 '***'로 표시하시오.
(4) 행의 총합계를 지우고, 나머지 사항은 [출력형태]에 맞게 작성하시오.

출력형태

| | A | B | C | D | E | F | G | H |
|---|---|---|---|---|---|---|---|---|
| 1 | | | | | | | | |
| 2 | | | 커피 원산지 | | | | | |
| 3 | | | 콜롬비아 | | 에티오피아 | | 브라질 | |
| 4 | | 제조날짜 | 개수 : 상품명 | 평균 : 판매가(단위:원) | 개수 : 상품명 | 평균 : 판매가(단위:원) | 개수 : 상품명 | 평균 : 판매가(단위:원) |
| 5 | | 10월 | 1 | 15,200 | *** | *** | 1 | 18,000 |
| 6 | | 11월 | 2 | 11,650 | 1 | 29,500 | *** | *** |
| 7 | | 12월 | *** | *** | 1 | 33,900 | 2 | 14,750 |
| 8 | | 총합계 | 3 | 12,833 | 2 | 31,700 | 3 | 15,833 |

## 제 4 작업 그래프 (100점)

**"제1작업" 시트를 이용하여 조건에 따라 [출력형태]와 같이 작업하시오.**

조건 (1) 차트 종류 – 〈묶은 세로 막대형〉으로 작업하시오.
(2) 데이터 범위 – "제1작업" 시트의 내용을 이용하여 작업하시오.
(3) 위치 – "새 시트"로 이동하고, "제4작업"으로 시트 이름을 바꾸시오.
(4) 차트 디자인 도구 – 레이아웃 3, 스타일 6을 선택하여 [출력형태]에 맞게 작업하시오.
(5) 영역 서식 – 차트 : 글꼴(굴림, 11pt), 채우기 효과(질감–파랑 박엽지)
그림 : 채우기(흰색, 배경1)
(6) 제목 서식 – 차트 제목 : 글꼴(굴림, 굵게, 20pt), 채우기(흰색, 배경1), 테두리
(7) 서식 – 판매수량 계열의 차트 종류를 〈표식이 있는 꺾은선형〉으로 변경한 후 보조 축으로 지정하시오.
계열 : [출력형태]를 참조하여 표식(다이아몬드, 크기 10)과 레이블 값을 표시하시오.
눈금선 : 선 스타일–파선
축 : [출력형태]를 참조하시오.
(8) 범례 – 범례명을 변경하고 [출력형태]를 참조하시오.
(9) 도형 – '사각형 설명선'을 삽입하고 [출력형태]와 같이 내용을 입력하시오.
(10) 나머지 사항은 [출력형태]에 맞게 작성하시오.

출력형태

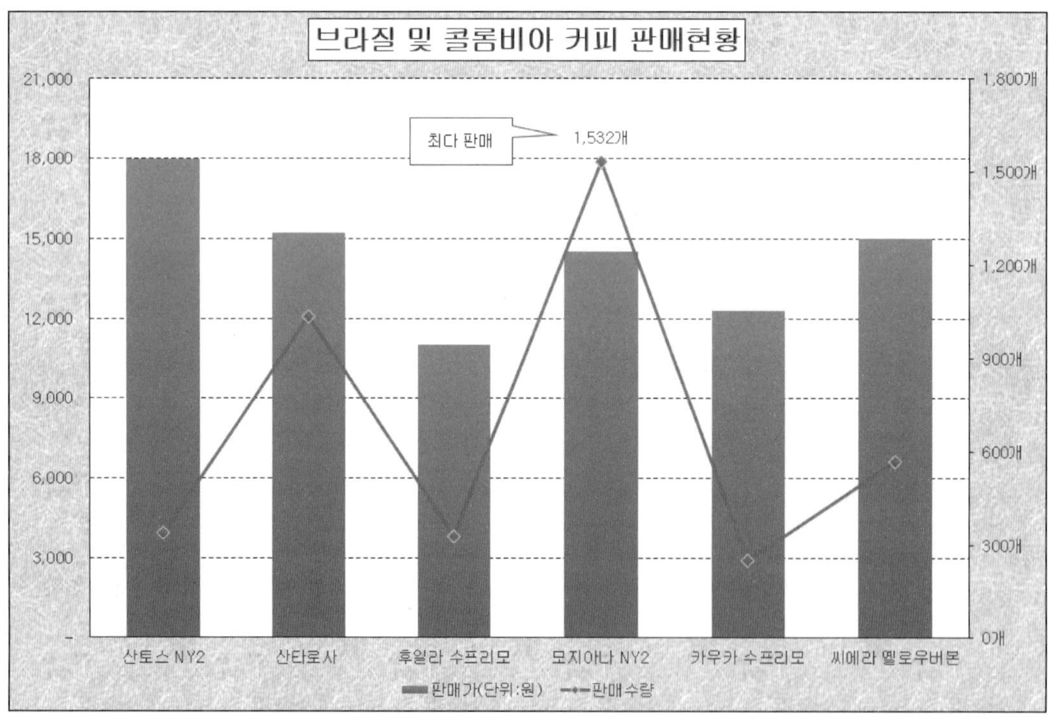


주의 ☞ 시트명 순서가 차례대로 '제1작업', '제2작업', '제3작업', '제4작업'이 되도록 할 것.

# 제02회 정보기술자격(ITQ) 엑셀 정답 및 해설

형

## 제 1 작업 표 서식 작성 및 값 계산

정답

### 정답

수입 원두커피 판매 현황

| 결재 | 담당 | 팀장 | 부장 |
|---|---|---|---|
| | | | |

| 상품코드 | 상품명 | 커피 원산지 | 제조날짜 | 커피 원가<br>(단위:원) | 판매수량 | 판매가<br>(단위:원) | 유통기한 | 판매순위 |
|---|---|---|---|---|---|---|---|---|
| BR-344 | 산토스 NY2 | 브라질 | 2019-10-20 | 8,500 | 339개 | 18,000 | 2021-10-19 | |
| CE-233 | 산타로사 | 콜롬비아 | 2019-10-02 | 7,000 | 1,035개 | 15,200 | 2021-02-13 | 2위 |
| CE-156 | 후일라 수프리모 | 콜롬비아 | 2019-11-04 | 6,300 | 326개 | 11,000 | 2020-11-03 | |
| ET-245 | 모모라 G1 | 에티오피아 | 2019-12-08 | 12,300 | 864개 | 33,900 | 2021-04-21 | |
| BR-332 | 모지아나 NY2 | 브라질 | 2019-12-23 | 9,800 | 1,532개 | 14,500 | 2021-12-22 | 1위 |
| CE-295 | 카우카 수프리모 | 콜롬비아 | 2019-11-04 | 6,800 | 248개 | 12,300 | 2021-03-18 | |
| BR-157 | 씨에라 옐로우버본 | 브라질 | 2019-12-15 | 6,900 | 567개 | 15,000 | 2020-12-14 | |
| ET-148 | 아리차 예가체프G1 | 에티오피아 | 2019-11-29 | 10,500 | 954개 | 29,500 | 2020-11-28 | 3위 |
| 브라질 원산지 판매가(단위:원)의 평균 | | | 15833.33333 | | 최대 커피 원가(단위:원) | | | 12300 |
| 11월 15일 이후 제조한 커피 판매수량의 합 | | | 3917 | | 상품명 | 산토스 NY2 | 제조날짜 | 2019-10-20 |

## 01. 표 서식 작성

• '셀 서식' 대화상자

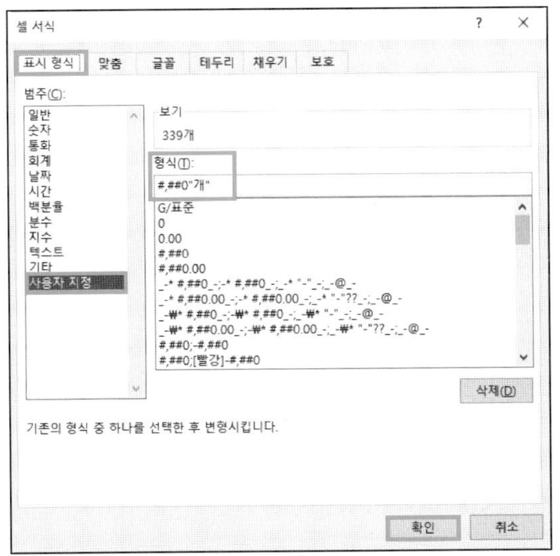


## 02. 값 계산

1. 유통기한(I5) : =E5+CHOOSE(MID(B5,4,1),365,500,730)
2. 판매순위(J5) : =IF(RANK.EQ(G5,$G$5:$G$12)<=3,RANK.EQ(G5,$G$5:$G$12)&"위","")
3. 브라질 원산지 판매가(단위:원)의 평균(E13) =DAVERAGE(B4:J12,H4,D4:D5)
4. 11월 15일 이후 제조한 커피 판매수량의 합(E14) =SUMIF(E5:E12,">=2019-11-15",G5:G12)
5. 최대 커피 원가(단위:원)(J13) : =LARGE(원가,1)
6. 제조날짜(J14) : =VLOOKUP(H14,C5:J12,3,FALSE)

※ 결과에 날짜 서식을 지정하라는 조건은 없지만, 결과가 맞는지 확인하려면 날짜 형식으로 변경해야 합니다. '셀 서식' 대화상자의 '범주' 항목에서 '날짜'를 지정한 후 결과를 확인하세요.

# 제 2 작업 필터 및 서식

정답

## 01. 고급 필터

정답

| 커피 원산지 | 커피 원가 (단위:원) |
|---|---|
| <>에티오피아 | >=7000 |

| 상품코드 | 상품명 | 커피 원산지 | 제조날짜 | 커피 원가 (단위:원) | 판매수량 | 판매가 (단위:원) |
|---|---|---|---|---|---|---|
| BR-344 | 산토스 NY2 | 브라질 | 2019-10-20 | 8,500 | 339개 | 18,000 |
| CE-233 | 산타로사 | 콜롬비아 | 2019-10-02 | 7,000 | 1,035개 | 15,200 |
| BR-332 | 모지아나 NY2 | 브라질 | 2019-12-23 | 9,800 | 1,532개 | 14,500 |

• '고급 필터' 대화상자

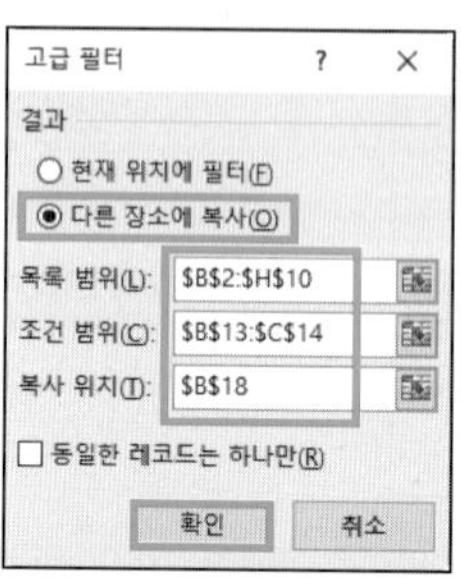


## 02. 표 서식

정답

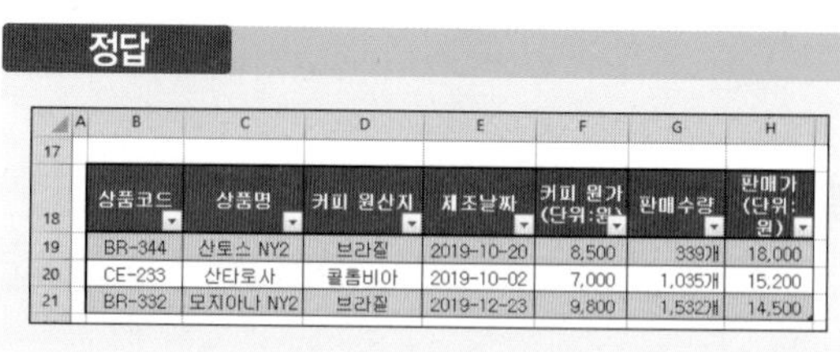

| 상품코드 | 상품명 | 커피 원산지 | 제조날짜 | 커피 원가 (단위:원) | 판매수량 | 판매가 (단위:원) |
|---|---|---|---|---|---|---|
| BR-344 | 산토스 NY2 | 브라질 | 2019-10-20 | 8,500 | 339개 | 18,000 |
| CE-233 | 산타로사 | 콜롬비아 | 2019-10-02 | 7,000 | 1,035개 | 15,200 |
| BR-332 | 모지아나 NY2 | 브라질 | 2019-12-23 | 9,800 | 1,532개 | 14,500 |

# 제 3 작업 피벗 테이블

정답

• '피벗 테이블 필드' 창

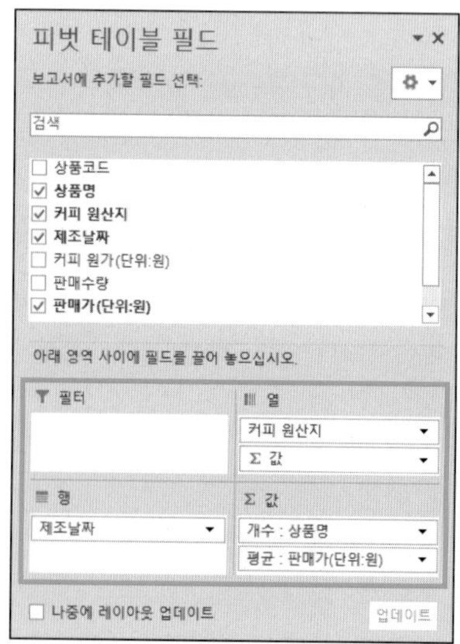


• '그룹화' 대화상자

• 데이터 범위 지정

수입 원두커피 판매 현황

| 결재 | 담당 |
|---|---|
| | |

| 상품코드 | 상품명 | 커피 원산지 | 제조날짜 | 커피 원가 (단위:원) | 판매수량 | 판매가 (단위:원) |
|---|---|---|---|---|---|---|
| BR-344 | 산토스 NY2 | 브라질 | 2019-10-20 | 8,500 | 339개 | 18,000 |
| CE-233 | 산타로사 | 콜롬비아 | 2019-10-02 | 7,000 | 1,035개 | 15,200 |
| CE-156 | 후일라 수프리모 | 콜롬비아 | 2019-11-04 | 6,300 | 326개 | 11,000 |
| ET-245 | 모모라 G1 | 에티오피아 | 2019-12-08 | 12,300 | 864개 | 35,900 |
| BR-332 | 모지아나 NY2 | 브라질 | 2019-12-23 | 9,800 | 1,532개 | 14,500 |
| CE-295 | 카우카 수프리모 | 콜롬비아 | 2019-11-04 | 6,800 | 248개 | 12,300 |
| BR-157 | 씨에라 옐로우버본 | 브라질 | 2019-12-15 | 6,900 | 567개 | 15,000 |
| ET-148 | 아리차 예가체프G1 | 에티오피아 | 2019-11-29 | 10,500 | 954개 | 29,500 |
| 브라질 원산지 판매가(단위:원)의 평균 | | | 15833.33333 | | 최대 커피 원가(단 | |
| 11월 15일 이후 제조한 커피 판매수량의 합 | | | 3917 | | 상품명 | 산토스 NY2 |

EXAMINATION

# 제03회 정보기술자격(ITQ) 시험

| 과 목 | 코드 | 문제유형 | 시험시간 | 수험번호 | 성 명 |
|---|---|---|---|---|---|
| 한글엑셀 | 1122 | A | 60분 | | |

## 〈수험자 유의사항〉

- 수험자는 문제지를 받는 즉시 문제지와 수험표상의 시험과목(프로그램)이 동일한지 반드시 확인하여야 합니다.
- 파일명은 본인의 "수험번호-성명"으로 입력하여 답안폴더(내 PC\문서\ITQ)에 하나의 파일로 저장해야 하며, 답안문서 파일명이 "수험번호-성명"과 일치하지 않거나, 답안파일을 전송하지 않아 미제출로 처리될 경우 실격입니다(예 : 12345678-홍길동.xlsx)
- 답안 작성을 마치면 파일을 저장하고, '답안 전송' 버튼을 선택하여 감독위원 PC로 답안을 전송하십시오. 수험생 정보와 저장한 파일명이 다를 경우 전송되지 않으므로 주의하시기 바랍니다.
- 답안 작성 중에도 주기적으로 저장하고 답안을 전송하여야 문제 발생을 줄일 수 있습니다. 작업한 내용을 저장하지 않고 전송할 경우 이전에 저장된 내용이 전송되오니 이점 유의하시기 바랍니다.
- 답안문서는 지정된 경로 외의 다른 보조기억장치에 저장하는 경우, 지정된 시험 시간 외에 작성된 파일을 활용할 경우, 기타 통신수단(이메일, 메신저, 네트워크 등)을 이용하여 타인에게 전달 또는 외부 반출하는 경우는 부정 처리합니다.
- 시험 중 부주의 또는 고의로 시스템을 파손한 경우는 수험자가 변상해야 하며, 〈수험자 유의사항〉에 기재된 방법대로 이행하지 않아 생기는 불이익은 수험생 당사자의 책임임을 알려드립니다.
- 문제의 조건은 MS오피스 2016 버전으로 설정되어 있으니 유의하시기 바랍니다.
- 시험을 완료한 수험자는 답안파일이 전송되었는지 확인한 후 감독위원의 지시에 따라 문제지를 제출하고 퇴실합니다.

## 〈답안 작성요령〉

- 온라인 답안 작성 절차
  수험자 등록 ⇨ 시험 시작 ⇨ 답안파일 저장 ⇨ 답안 전송 ⇨ 시험 종료
- 문제는 총 4단계, 즉 제1작업부터 제4작업까지 구성되어 있으며 반드시 제1작업부터 순서대로 작성하고 조건대로 작업하시오.
- 모든 작업시트의 A열은 열 너비 '1'로, 나머지 열은 적당하게 조절하시오.
- 모든 작업시트의 테두리는 [출력형태]와 같이 작업하시오.
- 해당 작업란에서는 각각 제시된 조건에 따라 [출력형태]와 같이 작업하시오.
- 답안 시트 이름은 '제1작업', '제2작업', '제3작업', '제4작업'이어야 하며 답안 시트 이외의 것은 감점 처리됩니다.
- 각 시트를 파일로 나누어 작업해서 저장할 경우 실격 처리됩니다.

## 제 1 작업　표 서식 작성 및 값 계산　(240점)

다음은 '업무 차량 보유 현황'에 대한 자료이다. 자료를 입력하고 조건에 맞도록 작업하시오.

출력형태

| | A | B | C | D | E | F | G | H | I | J |
|---|---|---|---|---|---|---|---|---|---|---|
| 1 | | 업무 차량 보유 현황 | | | | | 결재 | 담당 | 과장 | 소장 |
| 2 | | | | | | | | | | |
| 3 | | | | | | | | | | |
| 4 | | 관리코드 | 관리자 | 구입일자 | 유종 | 구매가 | 주행거리 (Km) | 평균연비 (Km/L) | 주행거리 순위 | 사용년수 |
| 5 | | M597K | 김지현 | 2019-07-03 | 하이브리드 | 3,555 | 171,833 | 22.4 | (1) | (2) |
| 6 | | R374G | 안규정 | 2019-04-02 | 디젤 | 9,738 | 119,912 | 14.8 | (1) | (2) |
| 7 | | G839R | 이수연 | 2020-08-27 | 가솔린 | 10,129 | 21,833 | 10.5 | (1) | (2) |
| 8 | | Z329F | 장동욱 | 2018-01-19 | 하이브리드 | 8,650 | 47,158 | 12.5 | (1) | (2) |
| 9 | | Z325J | 정인경 | 2020-03-30 | 디젤 | 9,894 | 58,075 | 15.3 | (1) | (2) |
| 10 | | O356L | 최민석 | 2019-06-24 | 가솔린 | 7,402 | 73,402 | 8.9 | (1) | (2) |
| 11 | | C385B | 정유진 | 2020-02-15 | 하이브리드 | 14,615 | 70,161 | 31.1 | (1) | (2) |
| 12 | | U594L | 박두일 | 2018-04-04 | 가솔린 | 7,339 | 102,863 | 9.3 | (1) | (2) |
| 13 | | 최저 구매가 | | | (3) | | 하이브리드 구매가 합계 | | | (5) |
| 14 | | 주행거리가 평균 이상인 차량 수 | | | (4) | | 관리자 | 김지현 | 유종 | (6) |
| 15 | | | | | | | | | | |

조건

○ 모든 데이터의 서식에는 글꼴(굴림, 11pt), 정렬은 숫자 및 회계 서식은 오른쪽 정렬, 나머지 서식은 가운데 정렬로 작성하며 예외적인 것은 [출력형태]를 참조하시오.

○ 제 목 : 도형(오각형)과 그림자(오프셋 대각선 오른쪽 아래)를 이용하여 작성하고 "업무 차량 보유 현황"을 입력한 후 다음 서식을 적용하시오(글꼴–굴림, 24pt, 검정, 굵게, 채우기–노랑).

○ 임의의 셀에 결재란을 작성하여 그림으로 복사 기능을 이용하여 붙이기 하시오(단, 원본 삭제).

○ [B4:J4, G14, I14] 영역은 '주황'으로 채우기 하시오.

○ 유효성 검사를 이용하여 [H14] 셀에 관리자([C5:C12] 영역)를 선택 표시되도록 하시오.

○ 셀 서식 : [F5:F12] 영역에 셀 서식을 이용하여 숫자 뒤에 "만원"을 표시하시오(예 : 3,555만원).

○ [F5:F12] 영역에 대해 '구매가'로 이름 정의를 하시오.

⊙ **(1)~(6) 셀은 반드시 주어진 함수를 이용하여 값을 구하시오(결과값을 직접 입력하면 해당 셀은 0점 처리됨).**

(1) **주행거리 순위** : 주행거리(Km)의 내림차순 순위를 1~3까지 구하고, 그 외에는 공백으로 나타내시오(IF, RANK.EQ 함수).

(2) **사용년수** : [2020－구입일자의 연도+1]로 구한 결과값에 "년"을 붙이시오(YEAR 함수, & 연산자)(예 : 2년).

(3) **최저 구매가** : 정의된 이름(구매가)을 이용하여 구하시오(MIN 함수).

(4) **주행거리가 평균 이상인 차량 수** : (COUNTIF, AVERAGE 함수)

(5) **하이브리드 구매가 합계** : 조건은 입력 데이터를 이용하시오(DSUM 함수).

(6) **유종** : [H14] 셀에서 선택한 관리자에 대한 유종을 구하시오(VLOOKUP 함수).

(7) 조건부 서식을 이용하여 평균연비(Km/L) 셀에 데이터 막대 스타일(녹색)을 최소값 및 최대값으로 적용하시오.

## 제 2 작업 필터 및 서식 (80점)

"제1작업" 시트의 [B4:H12] 영역을 복사하여 "제2작업" 시트의 [B2] 셀부터 모두 붙여넣기를 한 후 다음의 조건과 같이 작업하시오.

조건 (1) 고급 필터

- ▶ 유종이 '디젤'이거나 평균연비(Km/L)가 10 이하인 자료의 데이터만 추출하시오.
- ▶ 조건 범위 : [B13] 셀부터 입력하시오.
- ▶ 복사 위치 : [B18] 셀부터 나타나도록 하시오.

(2) 표 서식

- ▶ 고급 필터의 결과 셀을 채우기 없음으로 설정한 후 '표 스타일 보통 2'의 서식을 적용하시오.
- ▶ 머리글 행, 줄무늬 행을 적용하시오.

## 제 3 작업 정렬 및 부분합 (80점)

"제1작업" 시트의 [B4:H12] 영역을 복사하여 "제3작업" 시트의 [B2] 셀부터 모두 붙여넣기를 한 후 다음의 조건과 같이 작업하시오.

조건 (1) 부분합 – [출력형태]처럼 정렬하고, 관리코드의 개수와 구매가의 최대값을 구하시오.
(2) 윤 곽 – 지우시오.
(3) 나머지 사항은 [출력형태]에 맞게 작성하시오.

출력형태

| | A | B | C | D | E | F | G | H |
|---|---|---|---|---|---|---|---|---|
| 1 | | | | | | | | |
| 2 | | 관리코드 | 관리자 | 구입일자 | 유종 | 구매가 | 주행거리 (Km) | 평균연비 (Km/L) |
| 3 | | M597K | 김지현 | 2019-07-03 | 하이브리드 | 3,555만원 | 171,833 | 22.4 |
| 4 | | Z329F | 장동욱 | 2018-01-19 | 하이브리드 | 8,650만원 | 47,158 | 12.5 |
| 5 | | C385B | 정유진 | 2020-02-15 | 하이브리드 | 14,615만원 | 70,161 | 31.1 |
| 6 | | | | | **하이브리드 최대값** | 14,615만원 | | |
| 7 | | 3 | | | **하이브리드 개수** | | | |
| 8 | | R374G | 안규정 | 2019-04-02 | 디젤 | 9,738만원 | 119,912 | 14.8 |
| 9 | | Z325J | 정인경 | 2020-03-30 | 디젤 | 9,894만원 | 58,075 | 15.3 |
| 10 | | | | | **디젤 최대값** | 9,894만원 | | |
| 11 | | 2 | | | **디젤 개수** | | | |
| 12 | | G839R | 이수연 | 2020-08-27 | 가솔린 | 10,129만원 | 21,833 | 10.5 |
| 13 | | O356L | 최민석 | 2019-06-24 | 가솔린 | 7,402만원 | 73,402 | 8.9 |
| 14 | | U594L | 박두일 | 2018-04-04 | 가솔린 | 7,339만원 | 102,863 | 9.3 |
| 15 | | | | | **가솔린 최대값** | 10,129만원 | | |
| 16 | | 3 | | | **가솔린 개수** | | | |
| 17 | | | | | **전체 최대값** | 14,615만원 | | |
| 18 | | 8 | | | **전체 개수** | | | |

## 제 4 작업 그래프 (100점)

**"제1작업" 시트를 이용하여 조건에 따라 [출력형태]와 같이 작업하시오.**

조건 (1) 차트 종류 – 〈묶은 세로 막대형〉으로 작업하시오.
(2) 데이터 범위 – "제1작업" 시트의 내용을 이용하여 작업하시오.
(3) 위치 – "새 시트"로 이동하고, "제4작업"으로 시트 이름을 바꾸시오.
(4) 차트 디자인 도구 – 레이아웃 3, 스타일 1을 선택하여 [출력형태]에 맞게 작업하시오.
(5) 영역 서식 – 차트 : 글꼴(굴림, 11pt), 채우기 효과(질감–분홍 박엽지)
그림 : 채우기(흰색, 배경1)
(6) 제목 서식 – 차트 제목 : 글꼴(굴림, 굵게, 20pt), 채우기(흰색, 배경1), 테두리
(7) 서식 – 구매가 계열의 차트 종류를 〈표식이 있는 꺾은선형〉으로 변경한 후 보조 축으로 지정하시오.
계열 : [출력형태]를 참조하여 표식(네모, 크기 10)과 레이블 값을 표시하시오.
눈금선 : 선 스타일–파선
축 : [출력형태]를 참조하시오.
(8) 범례 – 범례명을 변경하고 [출력형태]를 참조하시오.
(9) 도형 – '모서리가 둥근 사각형 설명선'을 삽입하고 [출력형태]와 같이 내용을 입력하시오.
(10) 나머지 사항은 [출력형태]에 맞게 작성하시오.

출력형태

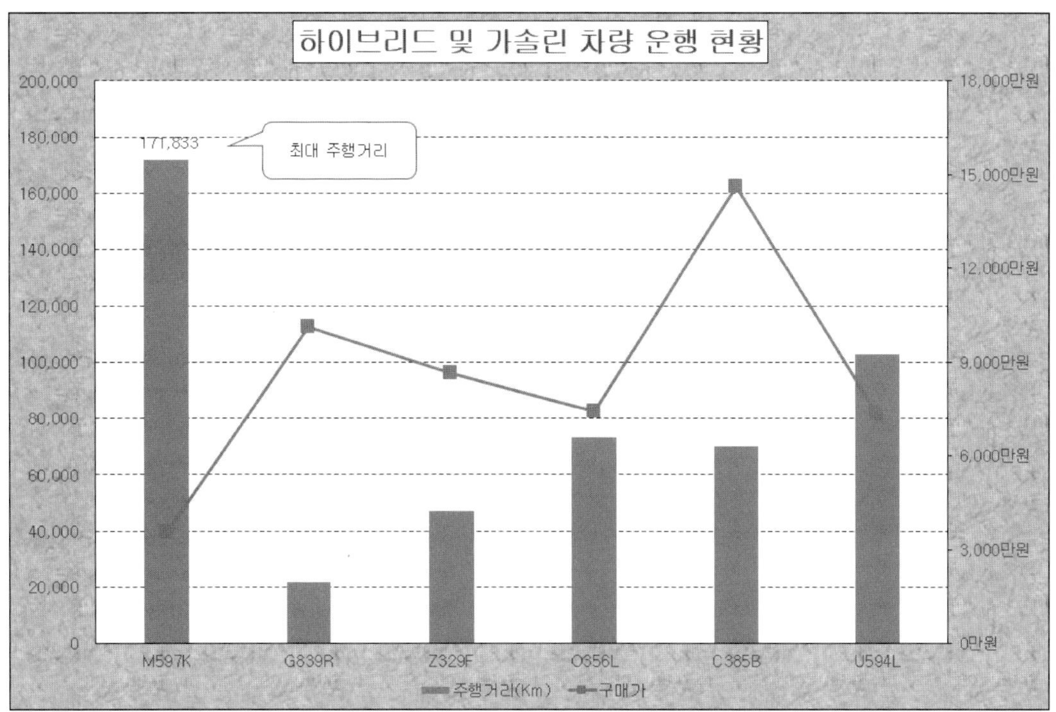


주의 ☞ 시트명 순서가 차례대로 '제1작업', '제2작업', '제3작업', '제4작업'이 되도록 할 것.

# 제03회 정보기술자격(ITQ) 엑셀 정답 및 해설

## 제 1 작업 표 서식 작성 및 값 계산

정답

### 정답

| 결재 | 담당 | 과장 | 소장 |
|---|---|---|---|
| | | | |

**업무 차량 보유 현황**

| 관리코드 | 관리자 | 구입일자 | 유종 | 구매가 | 주행거리 (Km) | 평균연비 (Km/L) | 주행거리 순위 | 사용년수 |
|---|---|---|---|---|---|---|---|---|
| M597K | 김지현 | 2019-07-03 | 하이브리드 | 3,555만원 | 171,833 | 22.4 | 1 | 2년 |
| R374G | 안규정 | 2019-04-02 | 디젤 | 9,738만원 | 119,912 | 14.8 | 2 | 2년 |
| G839R | 이수연 | 2020-08-27 | 가솔린 | 10,129만원 | 21,833 | 10.5 | | 1년 |
| Z329F | 장동욱 | 2018-01-19 | 하이브리드 | 8,650만원 | 47,158 | 12.5 | | 3년 |
| Z325J | 정인경 | 2020-03-30 | 디젤 | 9,894만원 | 58,075 | 15.3 | | 1년 |
| O356L | 최민석 | 2019-06-24 | 가솔린 | 7,402만원 | 73,402 | 8.9 | | 2년 |
| C385B | 정유진 | 2020-02-15 | 하이브리드 | 14,615만원 | 70,161 | 31.1 | | 1년 |
| U594L | 박두일 | 2018-04-04 | 가솔린 | 7,339만원 | 102,863 | 9.3 | 3 | 3년 |
| 최저 구매가 | | | 3555 | | 하이브리드 구매가 합계 | | | 26820 |
| 주행거리가 평균 이상인 차량 수 | | | 3 | | 관리자 | 김지현 | 유종 | 하이브리드 |

## 01. 표 서식 작성

• '셀 서식' 대화상자

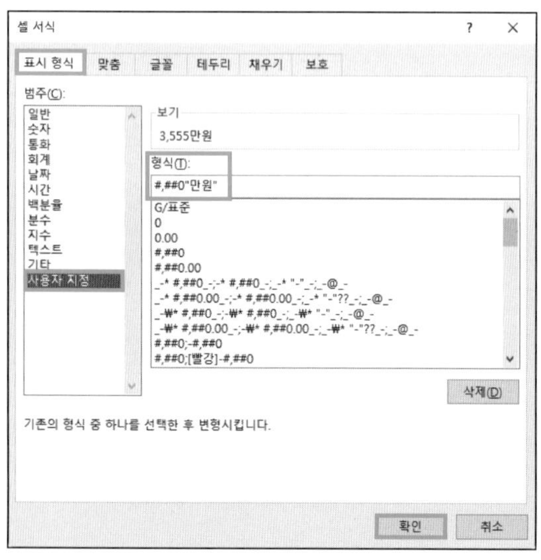


## 02. 값 계산

1. 주행거리 순위(I5) : =IF(RANK.EQ(G5,$G$5:$G$12)<=3,RANK.EQ(G5,$G$5:$G$12),"")
2. 사용년수(J5) : =2020−YEAR(D5)+1&"년"
3. 최저 구매가(E13) : =MIN(구매가)
4. 주행거리가 평균 이상인 차량 수(E14) : =COUNTIF(G5:G12,">="&AVERAGE(G5:G12))
5. 하이브리드 구매가 합계(J13) : =DSUM(B4:J12,F4,E4:E5)
6. 유종(J14) : =VLOOKUP(H14,C5:J12,3,FALSE)

## 제 2 작업 필터 및 서식

정답

### 01. 고급 필터

정답

| | B | C | D | E | F | G | H |
|---|---|---|---|---|---|---|---|
| 12 | | | | | | | |
| 13 | 유종 | 평균연비 (Km/L) | | | | | |
| 14 | 디젤 | | | | | | |
| 15 | | <=10 | | | | | |
| 16 | | | | | | | |
| 17 | | | | | | | |
| 18 | 관리코드 | 관리자 | 구입일자 | 유종 | 구매가 | 주행거리 (Km) | 평균연비 (Km/L) |
| 19 | R374G | 안규정 | 2019-04-02 | 디젤 | 9,738만원 | 119,912 | 14.8 |
| 20 | Z325J | 정인경 | 2020-03-30 | 디젤 | 9,894만원 | 58,075 | 15.3 |
| 21 | O356L | 최민석 | 2019-06-24 | 가솔린 | 7,402만원 | 73,402 | 8.9 |
| 22 | U594L | 박두일 | 2018-04-04 | 가솔린 | 7,339만원 | 102,863 | 9.3 |

• '고급 필터' 대화상자

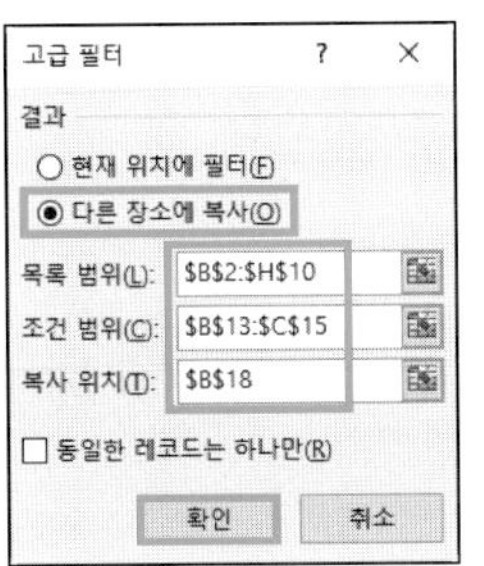


### 02. 표 서식

정답

| | B | C | D | E | F | G | H |
|---|---|---|---|---|---|---|---|
| 17 | | | | | | | |
| 18 | 관리코드 | 관리자 | 구입일자 | 유종 | 구매가 | 주행거리 (Km) | 평균연비 (Km/L) |
| 19 | R374G | 안규정 | 2019-04-02 | 디젤 | 9,738만원 | 119,912 | 14.8 |
| 20 | Z325J | 정인경 | 2020-03-30 | 디젤 | 9,894만원 | 58,075 | 15.3 |
| 21 | O356L | 최민석 | 2019-06-24 | 가솔린 | 7,402만원 | 73,402 | 8.9 |
| 22 | U594L | 박두일 | 2018-04-04 | 가솔린 | 7,339만원 | 102,863 | 9.3 |

## 제 3 작업 정렬 및 부분합

정답

• '정렬' 대화상자

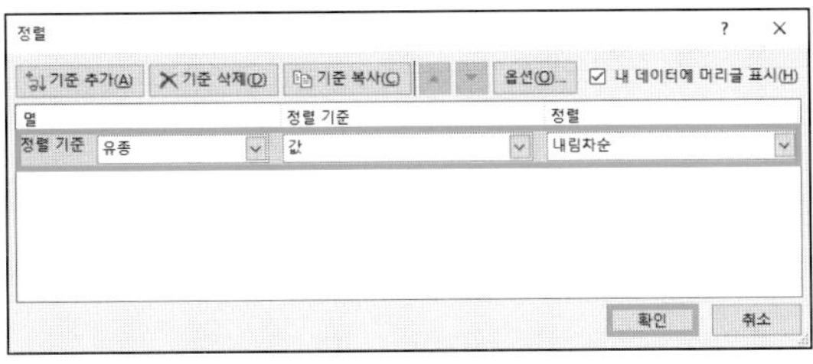


• 1차 '관리코드 개수 부분합' 대화상자

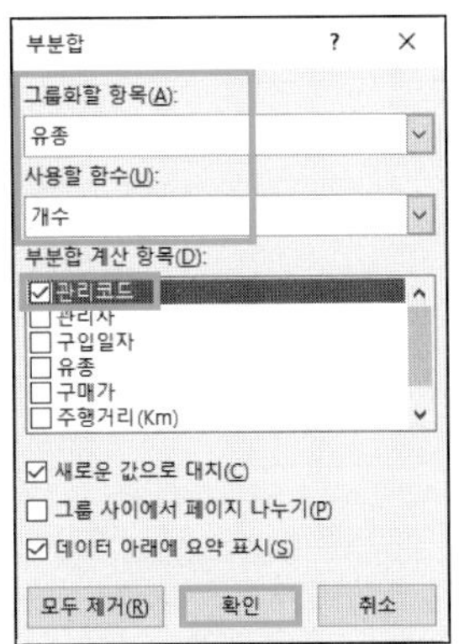

• 2차 '구매가 최대값 부분합' 대화상자

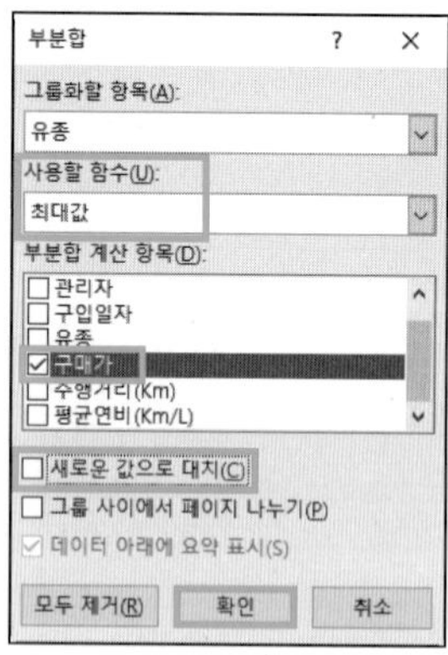


## 제 4 작업 그래프

정답

• 데이터 범위 지정

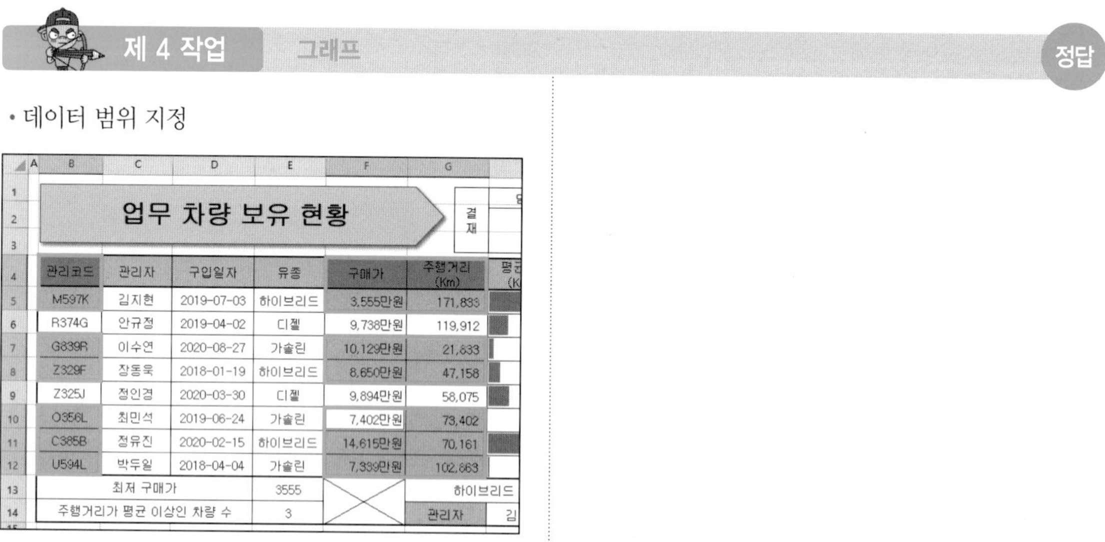

업무 차량 보유 현황

| 관리코드 | 관리자 | 구입일자 | 유종 | 구매가 | 주행거리 (Km) | 평균 (K |
|---|---|---|---|---|---|---|
| M597K | 김지현 | 2019-07-03 | 하이브리드 | 3,555만원 | 171,833 | |
| R374G | 안규정 | 2019-04-02 | 디젤 | 9,738만원 | 119,912 | |
| G839R | 이수연 | 2020-08-27 | 가솔린 | 10,129만원 | 21,833 | |
| Z329F | 장동욱 | 2018-01-19 | 하이브리드 | 8,650만원 | 47,158 | |
| Z325J | 정인경 | 2020-03-30 | 디젤 | 9,894만원 | 58,075 | |
| O356L | 최민석 | 2019-06-24 | 가솔린 | 7,402만원 | 73,402 | |
| C385B | 정유진 | 2020-02-15 | 하이브리드 | 14,615만원 | 70,161 | |
| U594L | 박두일 | 2018-04-04 | 가솔린 | 7,339만원 | 102,863 | |
| 최저 구매가 | | | 3555 | | 하이브리드 | |
| 주행거리가 평균 이상인 차량 수 | | | 3 | | 관리자 | 김 |

EXAMINATION

# 제04회 정보기술자격(ITQ) 시험

| 과 목 | 코드 | 문제유형 | 시험시간 | 수험번호 | 성 명 |
|---|---|---|---|---|---|
| 한글엑셀 | 1122 | A | 60분 | | |

## 〈수험자 유의사항〉

- 수험자는 문제지를 받는 즉시 문제지와 수험표상의 시험과목(프로그램)이 동일한지 반드시 확인하여야 합니다.
- 파일명은 본인의 "수험번호-성명"으로 입력하여 답안폴더(내 PC\문서\ITQ)에 하나의 파일로 저장해야 하며, 답안문서 파일명이 "수험번호-성명"과 일치하지 않거나, 답안파일을 전송하지 않아 미제출로 처리될 경우 실격입니다(예 : 12345678-홍길동.xlsx)
- 답안 작성을 마치면 파일을 저장하고, '답안 전송' 버튼을 선택하여 감독위원 PC로 답안을 전송하십시오. 수험생 정보와 저장한 파일명이 다를 경우 전송되지 않으므로 주의하시기 바랍니다.
- 답안 작성 중에도 주기적으로 저장하고 답안을 전송하여야 문제 발생을 줄일 수 있습니다. 작업한 내용을 저장하지 않고 전송할 경우 이전에 저장된 내용이 전송되오니 이점 유의하시기 바랍니다.
- 답안문서는 지정된 경로 외의 다른 보조기억장치에 저장하는 경우, 지정된 시험 시간 외에 작성된 파일을 활용할 경우, 기타 통신수단(이메일, 메신저, 네트워크 등)을 이용하여 타인에게 전달 또는 외부 반출하는 경우는 부정 처리합니다.
- 시험 중 부주의 또는 고의로 시스템을 파손한 경우는 수험자가 변상해야 하며, 〈수험자 유의사항〉에 기재된 방법대로 이행하지 않아 생기는 불이익은 수험생 당사자의 책임임을 알려드립니다.
- 문제의 조건은 MS오피스 2016 버전으로 설정되어 있으니 유의하시기 바랍니다.
- 시험을 완료한 수험자는 답안파일이 전송되었는지 확인한 후 감독위원의 지시에 따라 문제지를 제출하고 퇴실합니다.

## 〈답안 작성요령〉

- 온라인 답안 작성 절차
  수험자 등록 ⇨ 시험 시작 ⇨ 답안파일 저장 ⇨ 답안 전송 ⇨ 시험 종료
- 문제는 총 4단계, 즉 제1작업부터 제4작업까지 구성되어 있으며 반드시 제1작업부터 순서대로 작성하고 조건대로 작업하시오.
- 모든 작업시트의 A열은 열 너비 '1'로, 나머지 열은 적당하게 조절하시오.
- 모든 작업시트의 테두리는 [출력형태]와 같이 작업하시오.
- 해당 작업란에서는 각각 제시된 조건에 따라 [출력형태]와 같이 작업하시오.
- 답안 시트 이름은 '제1작업', '제2작업', '제3작업', '제4작업'이어야 하며 답안 시트 이외의 것은 감점 처리됩니다.
- 각 시트를 파일로 나누어 작업해서 저장할 경우 실격 처리됩니다.

## 제 1 작업 표 서식 작성 및 값 계산 (240점)

**다음은 '멀티 충전기 판매 현황'에 대한 자료이다. 자료를 입력하고 조건에 맞도록 작업하시오.**

출력형태

| | A | B | C | D | E | F | G | H | I | J |
|---|---|---|---|---|---|---|---|---|---|---|
| 1 | | 멀티 충전기 판매 현황 | | | | | 결재 | MD | 차장 | 이사 |
| 2 | | | | | | | | | | |
| 3 | | | | | | | | | | |
| 4 | | 상품코드 | 상품명 | 분류 | 리뷰 | 사용자 총 평점 | 가격 (단위:원) | 출시일 | 순위 | 비고 |
| 5 | | 125-PT | 이엠듀 QC30C | 퀵차지 3.0 | 1,128 | 4.7 | 18,300 | 2018-04-01 | (1) | (2) |
| 6 | | 505-WP | 글로벌텐교 TK | 초고속 | 279 | 4.9 | 13,900 | 2019-07-01 | (1) | (2) |
| 7 | | 602-QC | 이지넷 NEXT62 | 퀵차지 3.0 | 1,910 | 4.6 | 19,330 | 2018-06-05 | (1) | (2) |
| 8 | | 665-JC | 큐브온 C타입 | 차량용 | 60 | 4.8 | 23,600 | 2020-03-01 | (1) | (2) |
| 9 | | 401-UC | 알로멀티 UC401 | 초고속 | 1,114 | 4.5 | 14,900 | 2018-08-31 | (1) | (2) |
| 10 | | 501-QC | 대쉬크랩 | 차량용 | 1,415 | 4.3 | 19,800 | 2018-08-09 | (1) | (2) |
| 11 | | 602-PV | 파워스테이션 V2 | 퀵차지 3.0 | 1,049 | 3.8 | 89,900 | 2018-08-01 | (1) | (2) |
| 12 | | 301-VR | 주파집 CAR3 | 차량용 | 59 | 4.6 | 13,800 | 2019-11-26 | (1) | (2) |
| 13 | | 차량용을 제외한 제품의 평균 리뷰 | | | (3) | | 퀵차지 3.0 평균 가격(단위:원) | | | (5) |
| 14 | | 두 번째로 높은 사용자 총 평점 | | | (4) | | 상품명 | 이엠듀 QC30C | 출시일 | (6) |
| 15 | | | | | | | | | | |

조건

- ○ 모든 데이터의 서식에는 글꼴(굴림, 11pt), 정렬은 숫자 및 회계 서식은 오른쪽 정렬, 나머지 서식은 가운데 정렬로 작성하며 예외적인 것은 [출력형태]를 참조하시오.
- ○ 제 목 : 도형(평행 사변형)과 그림자(오프셋 오른쪽)를 이용하여 작성하고 "멀티 충전기 판매 현황"을 입력한 후 다음 서식을 적용하시오(글꼴–굴림, 24pt, 검정, 굵게, 채우기–노랑).
- ○ 임의의 셀에 결재란을 작성하여 그림으로 복사 기능을 이용하여 붙이기 하시오(단, 원본 삭제).
- ○ [B4:J4, G14, I14] 영역은 '주황'으로 채우기 하시오.
- ○ 유효성 검사를 이용하여 [H14] 셀에 상품명([C5:C12] 영역)이 선택 표시되도록 하시오.
- ○ 셀 서식 : [E5:E12] 영역에 셀 서식을 이용하여 숫자 뒤에 "명"을 표시하시오(예 : 1,128명).
- ○ [F5:F12] 영역에 대해 '평점'으로 이름 정의를 하시오.

⊙ **(1)~(6) 셀은 반드시 주어진 함수를 이용하여 값을 구하시오(결과값을 직접 입력하면 해당 셀은 0점 처리됨).**

(1) 순위 : 가격(단위:원)을 기준으로 오름차순 순위를 구한 값에 "위"를 붙이시오. (RANK.EQ 함수, & 연산자)(예 : 1위).

(2) 비고 : 상품코드의 마지막 글자가 C이면 "C타입", P이면 "P타입", 그 외에는 공백으로 구하시오 (IF, RIGHT 함수).

(3) 차량용을 제외한 제품의 평균 리뷰 : (SUMIF, COUNTIF 함수)

(4) 두 번째로 높은 사용자 총 평점 : 정의된 이름(평점)을 이용하여 구하시오(LARGE 함수).

(5) 퀵차지 3.0 평균 가격(단위:원) : 분류가 퀵차지 3.0인 상품의 가격(단위:원) 평균을 구하시오 단, 조건은 입력 데이터를 이용하시오(DAVERAGE 함수).

(6) 출시일 : [H14] 셀에서 선택한 상품명에 대한 출시일을 구하시오(VLOOKUP 함수)(예 : 2019-01-01).

(7) 조건부 서식의 수식을 이용하여 사용자 총 평점이 4.8 이상인 행 전체에 다음의 서식을 적용하시오 (글꼴 : 파랑, 굵게).

## 제 2 작업 목표값 찾기 및 필터 (80점)

"제1작업" 시트의 [B4:H12] 영역을 복사하여 "제2작업" 시트의 [B2] 셀부터 모두 붙여넣기를 한 후 다음의 조건과 같이 작업하시오.

조건 (1) 목표값 찾기
- ▶ [B11:G11] 셀을 병합하여 "가격(단위:원)의 전체 평균"을 입력한 후 [H11] 셀에 가격(단위:원)의 전체 평균을 구하시오(AVERAGE 함수, 테두리, 가운데 맞춤).
- ▶ '가격(단위:원)의 전체 평균'이 26,600이 되려면 이엠듀 QC30C의 가격(단위:원)이 얼마가 되어야 하는지 목표값을 구하시오.

(2) 고급 필터
- ▶ 리뷰가 1,500 이상이거나 출시일이 2019-01-01 이후(해당일 포함)인 자료의 상품코드, 상품명, 리뷰, 사용자 총 평점 데이터만 추출하시오.
- ▶ 조건 범위 : [B14] 셀부터 입력하시오.
- ▶ 복사 위치 : [B18] 셀부터 나타나도록 하시오.

## 제 3 작업 정렬 및 부분합 (80점)

"제1작업" 시트의 [B4:H12] 영역을 복사하여 "제3작업" 시트의 [B2] 셀부터 모두 붙여넣기를 한 후 다음의 조건과 같이 작업하시오.

조건 (1) 부분합 – [출력형태]처럼 정렬하고, 상품명의 개수와 사용자 총 평점의 최대값을 구하시오.
(2) 윤 곽 – 지우시오.
(3) 나머지 사항은 [출력형태]에 맞게 작성하시오.

출력형태

| | A | B | C | D | E | F | G | H |
|---|---|---|---|---|---|---|---|---|
| 1 | | | | | | | | |
| 2 | | 상품코드 | 상품명 | 분류 | 리뷰 | 사용자 총 평점 | 가격 (단위:원) | 출시일 |
| 3 | | 125-PT | 이엠듀 QC30C | 퀵차지 3.0 | 1,128명 | 4.7 | 18,300 | 2018-04-01 |
| 4 | | 602-QC | 이지넷 NEXT62 | 퀵차지 3.0 | 1,910명 | 4.6 | 19,330 | 2018-06-05 |
| 5 | | 602-PV | 파워스테이션 V2 | 퀵차지 3.0 | 1,049명 | 3.8 | 89,900 | 2018-08-01 |
| 6 | | | | 퀵차지 3.0 최대값 | | 4.7 | | |
| 7 | | | 3 | 퀵차지 3.0 개수 | | | | |
| 8 | | 505-WP | 글로벌텐교 TK | 초고속 | 279명 | 4.9 | 13,900 | 2019-07-01 |
| 9 | | 401-UC | 알로멀티 UC401 | 초고속 | 1,114명 | 4.5 | 14,900 | 2018-08-31 |
| 10 | | | | 초고속 최대값 | | 4.9 | | |
| 11 | | | 2 | 초고속 개수 | | | | |
| 12 | | 665-JC | 큐브온 C타입 | 차량용 | 60명 | 4.8 | 23,600 | 2020-03-01 |
| 13 | | 501-QC | 대쉬크랩 | 차량용 | 1,415명 | 4.3 | 19,800 | 2018-08-09 |
| 14 | | 301-VR | 주파집 CAR3 | 차량용 | 59명 | 4.6 | 13,800 | 2019-11-26 |
| 15 | | | | 차량용 최대값 | | 4.8 | | |
| 16 | | | 3 | 차량용 개수 | | | | |
| 17 | | | | 전체 최대값 | | 4.9 | | |
| 18 | | | 8 | 전체 개수 | | | | |

## 제 4 작업 그래프 (100점)

**"제1작업" 시트를 이용하여 조건에 따라 [출력형태]와 같이 작업하시오.**

조건
(1) 차트 종류 – 〈묶은 세로 막대형〉으로 작업하시오.
(2) 데이터 범위 – "제1작업" 시트의 내용을 이용하여 작업하시오.
(3) 위치 – "새 시트"로 이동하고, "제4작업"으로 시트 이름을 바꾸시오.
(4) 차트 디자인 도구 – 레이아웃 1, 스타일 6을 선택하여 [출력형태]에 맞게 작업하시오.
(5) 영역 서식 – 차트 : 글꼴(굴림, 11pt), 채우기 효과(질감–파랑 박엽지)
그림 : 채우기(흰색, 배경1)
(6) 제목 서식 – 차트 제목 : 글꼴(굴림, 굵게, 20pt), 채우기(흰색, 배경1), 테두리
(7) 서식 – 리뷰 계열의 차트 종류를 〈표식이 있는 꺾은선형〉으로 변경한 후 보조 축으로 지정하시오.
계열 : [출력형태]를 참조하여 표식(네모, 크기 10)과 레이블 값을 표시하시오.
눈금선 : 선 스타일–파선
축 : [출력형태]를 참조하시오.
(8) 범례 – 범례명을 변경하고 [출력형태]를 참조하시오.
(9) 도형 – '모서리가 둥근 사각형 설명선'을 삽입하고 [출력형태]와 같이 내용을 입력하시오.
(10) 나머지 사항은 [출력형태]에 맞게 작성하시오.

출력형태

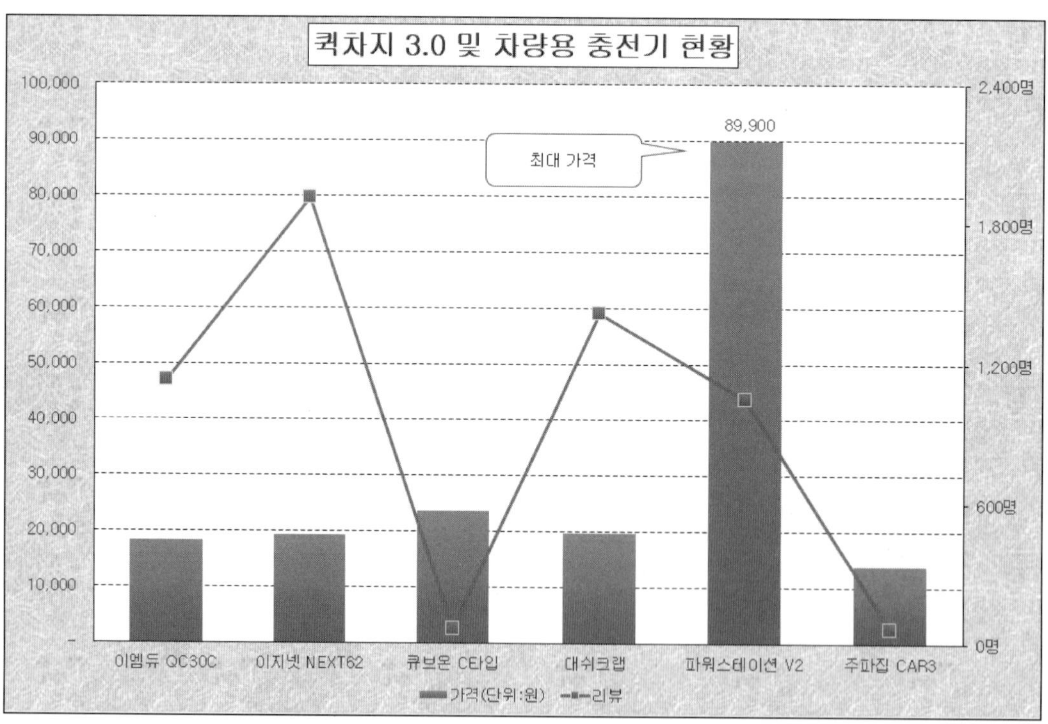


주의 ☞ 시트명 순서가 차례대로 '제1작업', '제2작업', '제3작업', '제4작업'이 되도록 할 것.

# 제04회 정보기술자격(ITQ) 엑셀 정답 및 해설

## 제 1 작업 표 서식 작성 및 값 계산

정답

### 정답

| | B | C | D | E | F | G | H | I | J |
|---|---|---|---|---|---|---|---|---|---|
| 1 | 멀티 충전기 판매 현황 | | | | | | MD | 차장 | 이사 |
| 2 | | | | | | 결재 | | | |
| 3 | | | | | | | | | |
| 4 | 상품코드 | 상품명 | 분류 | 리뷰 | 사용자 총 평점 | 가격 (단위:원) | 출시일 | 순위 | 비고 |
| 5 | 125-PT | 이엠듀 QC30C | 퀵차지 3.0 | 1,128명 | 4.7 | 18,300 | 2018-04-01 | 4위 | |
| 6 | 505-WP | 글로벌텐교 TK | 초고속 | 279명 | 4.9 | 13,900 | 2019-07-01 | 2위 | P타입 |
| 7 | 602-QC | 이지넷 NEXT62 | 퀵차지 3.0 | 1,910명 | 4.6 | 19,330 | 2018-06-05 | 5위 | C타입 |
| 8 | 665-JC | 큐브온 C타입 | 차량용 | 60명 | 4.8 | 23,600 | 2020-03-01 | 7위 | C타입 |
| 9 | 401-UC | 알로멀티 UC401 | 초고속 | 1,114명 | 4.5 | 14,900 | 2018-08-31 | 3위 | C타입 |
| 10 | 501-QC | 대쉬크랩 | 차량용 | 1,415명 | 4.3 | 19,800 | 2018-08-09 | 6위 | C타입 |
| 11 | 602-PV | 파워스테이션 V2 | 퀵차지 3.0 | 1,049명 | 3.8 | 89,900 | 2018-08-01 | 8위 | |
| 12 | 301-VR | 주파집 CAR3 | 차량용 | 59명 | 4.6 | 13,800 | 2019-11-26 | 1위 | |
| 13 | 차량용을 제외한 제품의 평균 리뷰 | | | 1096 | | 퀵차지 3.0 평균 가격(단위:원) | | | 42510 |
| 14 | 두 번째로 높은 사용자 총 평점 | | | 4.8 | | 상품명 | 이엠듀 QC30C | 출시일 | 2018-04-01 |

## 01. 표 서식 작성

- '셀 서식' 대화상자

## 02. 값 계산

1. 순위(I5) : =RANK.EQ(G5,$G$5:$G$12,1)&"위"
2. 비고(J5) : =IF(RIGHT(B5,1)="C","C타입",IF(RIGHT(B5,1)="P","P타입",""))
3. 차량용을 제외한 제품의 평균 리뷰(E13) : =SUMIF(D5:D12,"〈〉차량용",E5:E12)/COUNTIF(D5:D12,"〈〉차량용")
4. 두 번째로 높은 사용자 총 평점(E14) : =LARGE(평점,2)
5. 퀵차지 3.0 평균 가격(단위:원)(J13) : =DAVERAGE(B4:J12,G4,D4:D5)
6. 출시일(J14) : =VLOOKUP(H14,C5:J12,6,FALSE)

※ 결과에 날짜 서식을 지정하라는 조건은 없지만, 결과가 맞는지 확인하려면 날짜 형식으로 변경해야 합니다. '셀 서식' 대화상자의 '범주' 항목에서 '날짜'를 지정한 후 결과를 확인하세요.

**7.** '새 서식 규칙' 대화상자

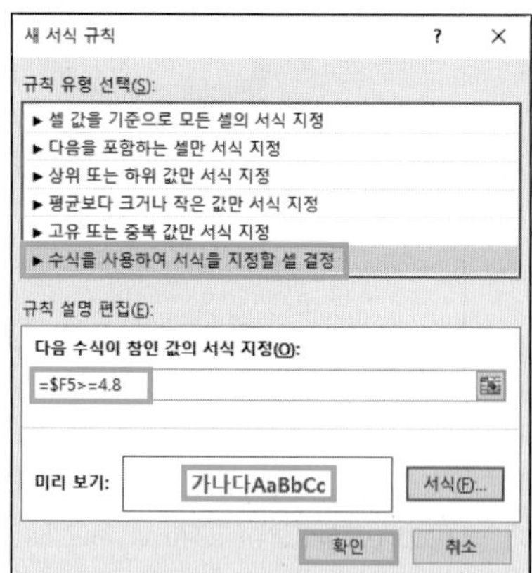

## 제 2 작업 목표값 찾기 및 필터

정답

### 01. 목표값 찾기

정답

| | A | B | C | D | E | F | G | H |
|---|---|---|---|---|---|---|---|---|
| 1 | | | | | | | | |
| 2 | | 상품코드 | 상품명 | 분류 | 리뷰 | 사용자 총 평점 | 가격 (단위:원) | 출시일 |
| 3 | | 125-PT | 이엠듀 QC30C | 퀵차지 3.0 | 1,128명 | 4.7 | 17,570 | 2018-04-01 |
| 4 | | 505-WP | 글로벌텐교 TK | 초고속 | 279명 | 4.9 | 13,900 | 2019-07-01 |
| 5 | | 602-QC | 이지넷 NEXT62 | 퀵차지 3.0 | 1,910명 | 4.6 | 19,330 | 2018-06-05 |
| 6 | | 665-JC | 큐브온 C타입 | 차량용 | 60명 | 4.8 | 23,600 | 2020-03-01 |
| 7 | | 401-UC | 알로멀티 UC401 | 초고속 | 1,114명 | 4.5 | 14,900 | 2018-08-31 |
| 8 | | 501-QC | 대쉬크랩 | 차량용 | 1,415명 | 4.3 | 19,800 | 2018-08-09 |
| 9 | | 602-PV | 파워스테이션 V2 | 퀵차지 3.0 | 1,049명 | 3.8 | 89,900 | 2018-08-01 |
| 10 | | 301-VR | 주파집 CAR3 | 차량용 | 59명 | 4.6 | 13,800 | 2019-11-26 |
| 11 | | 가격(단위:원)의 전체 평균 | | | | | | 26,600 |

• '목표값 찾기' 대화상자

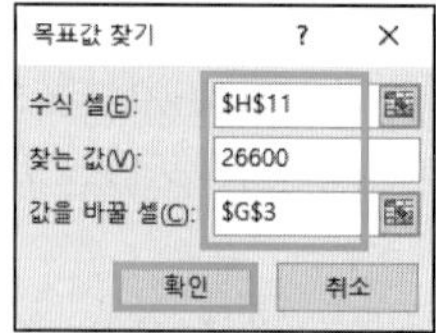


※ [H11] : =AVERAGE(G3:G10)

### 02. 고급 필터

정답

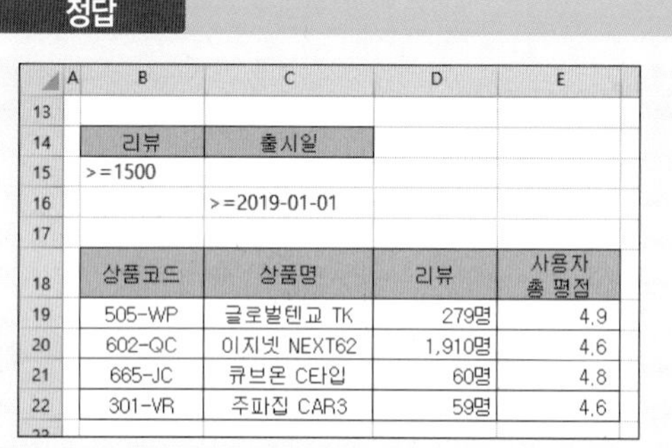

| | A | B | C | D | E |
|---|---|---|---|---|---|
| 13 | | | | | |
| 14 | | 리뷰 | 출시일 | | |
| 15 | | >=1500 | | | |
| 16 | | | >=2019-01-01 | | |
| 17 | | | | | |
| 18 | | 상품코드 | 상품명 | 리뷰 | 사용자 총 평점 |
| 19 | | 505-WP | 글로벌텐교 TK | 279명 | 4.9 |
| 20 | | 602-QC | 이지넷 NEXT62 | 1,910명 | 4.6 |
| 21 | | 665-JC | 큐브온 C타입 | 60명 | 4.8 |
| 22 | | 301-VR | 주파집 CAR3 | 59명 | 4.6 |

• '고급 필터' 대화상자

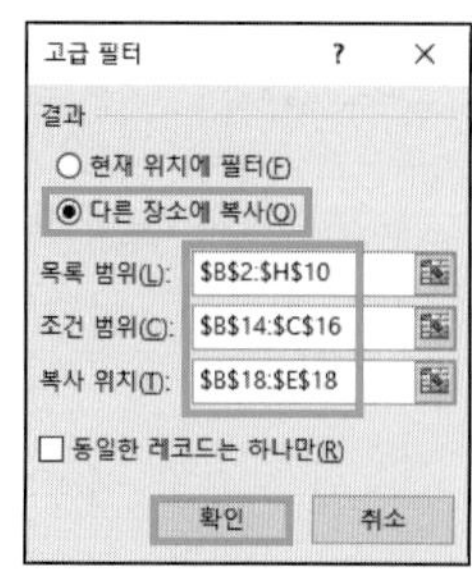

## 제 3 작업 정렬 및 부분합

정답

• '정렬' 대화상자

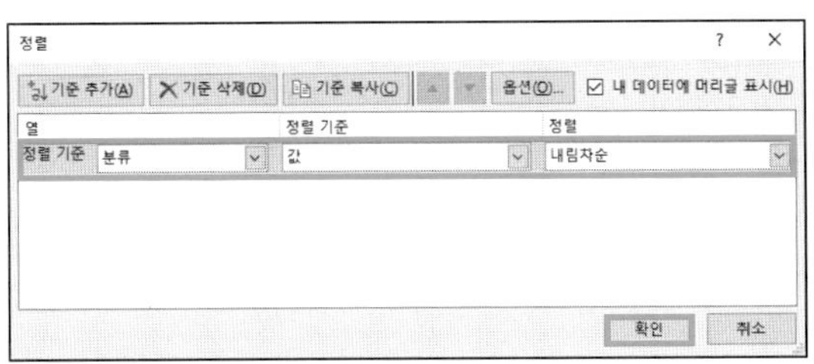


• 1차 '상품명 개수 부분합' 대화상자

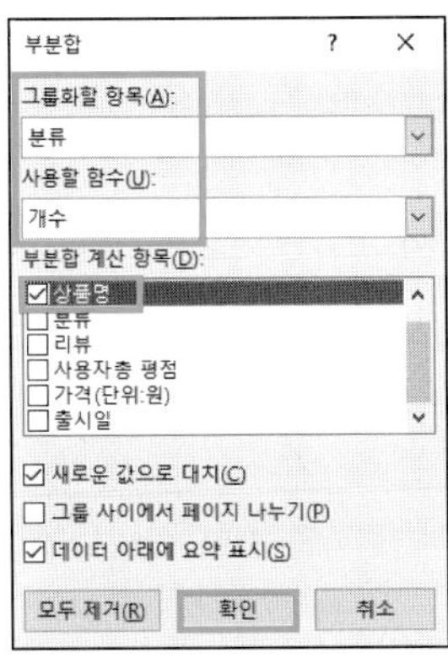


• 2차 '사용자 총 평점 최대값 부분합' 대화상자

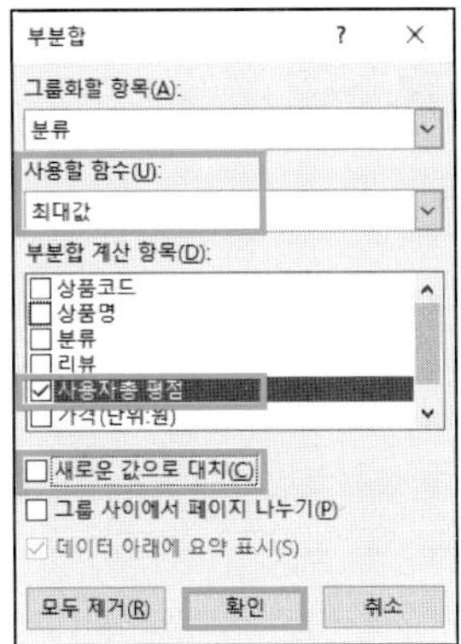


## 제 4 작업 그래프

정답

• 데이터 범위 지정

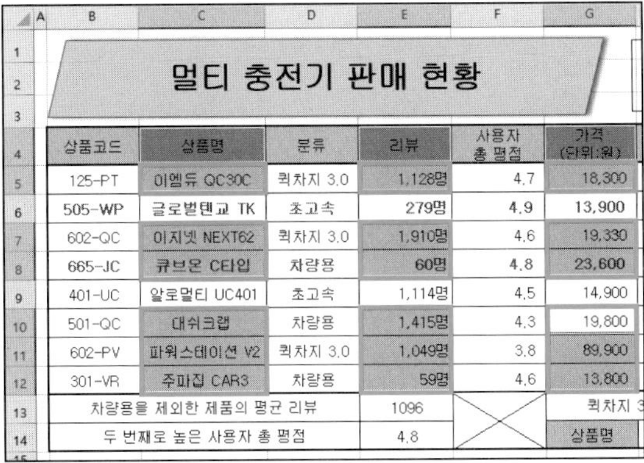

멀티 충전기 판매 현황

| 상품코드 | 상품명 | 분류 | 리뷰 | 사용자 총 평점 | 가격 (단위:원) |
|---|---|---|---|---|---|
| 125-PT | 이엠듀 QC30C | 퀵차지 3.0 | 1,128명 | 4.7 | 18,300 |
| 505-WP | 글로벌텐교 TK | 초고속 | 279명 | 4.9 | 13,900 |
| 602-QC | 이지넷 NEXT62 | 퀵차지 3.0 | 1,910명 | 4.6 | 19,330 |
| 665-JC | 큐브온 CEI업 | 차량용 | 60명 | 4.8 | 23,600 |
| 401-UC | 알로멀티 UC401 | 초고속 | 1,114명 | 4.5 | 14,900 |
| 501-QC | 대쉬크랩 | 차량용 | 1,415명 | 4.3 | 19,800 |
| 602-PV | 파워스테이션 V2 | 퀵차지 3.0 | 1,049명 | 3.8 | 89,900 |
| 301-VR | 주파집 CAR3 | 차량용 | 59명 | 4.6 | 13,800 |
| 차량용을 제외한 제품의 평균 리뷰 | | | 1096 | | 퀵차지 3 |
| 두 번째로 높은 사용자 총 평점 | | | 4.8 | | 상품명 |

EXAMINATION

# 제05회 정보기술자격(ITQ) 시험

| 과 목 | 코드 | 문제유형 | 시험시간 | 수험번호 | 성 명 |
|---|---|---|---|---|---|
| 한글엑셀 | 1122 | A | 60분 | | |

## 〈수험자 유의사항〉

- 수험자는 문제지를 받는 즉시 문제지와 수험표상의 시험과목(프로그램)이 동일한지 반드시 확인하여야 합니다.
- 파일명은 본인의 "수험번호-성명"으로 입력하여 답안폴더(내 PC\문서\ITQ)에 하나의 파일로 저장해야 하며, 답안문서 파일명이 "수험번호-성명"과 일치하지 않거나, 답안파일을 전송하지 않아 미제출로 처리될 경우 실격입니다(예 : 12345678-홍길동.xlsx)
- 답안 작성을 마치면 파일을 저장하고, '답안 전송' 버튼을 선택하여 감독위원 PC로 답안을 전송하십시오. 수험생 정보와 저장한 파일명이 다를 경우 전송되지 않으므로 주의하시기 바랍니다.
- 답안 작성 중에도 주기적으로 저장하고 답안을 전송하여야 문제 발생을 줄일 수 있습니다. 작업한 내용을 저장하지 않고 전송할 경우 이전에 저장된 내용이 전송되오니 이점 유의하시기 바랍니다.
- 답안문서는 지정된 경로 외의 다른 보조기억장치에 저장하는 경우, 지정된 시험 시간 외에 작성된 파일을 활용할 경우, 기타 통신수단(이메일, 메신저, 네트워크 등)을 이용하여 타인에게 전달 또는 외부 반출하는 경우는 부정 처리합니다.
- 시험 중 부주의 또는 고의로 시스템을 파손한 경우는 수험자가 변상해야 하며, 〈수험자 유의사항〉에 기재된 방법대로 이행하지 않아 생기는 불이익은 수험생 당사자의 책임임을 알려드립니다.
- 문제의 조건은 MS오피스 2016 버전으로 설정되어 있으니 유의하시기 바랍니다.
- 시험을 완료한 수험자는 답안파일이 전송되었는지 확인한 후 감독위원의 지시에 따라 문제지를 제출하고 퇴실합니다.

## 〈답안 작성요령〉

- 온라인 답안 작성 절차
  수험자 등록 ⇨ 시험 시작 ⇨ 답안파일 저장 ⇨ 답안 전송 ⇨ 시험 종료
- 문제는 총 4단계, 즉 제1작업부터 제4작업까지 구성되어 있으며 반드시 제1작업부터 순서대로 작성하고 조건대로 작업하시오.
- 모든 작업시트의 A열은 열 너비 '1'로, 나머지 열은 적당하게 조절하시오.
- 모든 작업시트의 테두리는 [출력형태]와 같이 작업하시오.
- 해당 작업란에서는 각각 제시된 조건에 따라 [출력형태]와 같이 작업하시오.
- 답안 시트 이름은 '제1작업', '제2작업', '제3작업', '제4작업'이어야 하며 답안 시트 이외의 것은 감점 처리됩니다.
- 각 시트를 파일로 나누어 작업해서 저장할 경우 실격 처리됩니다.

## 제 1 작업 표 서식 작성 및 값 계산 (240점)

다음은 'A사 소고기 부위별 판매 현황'에 대한 자료이다. 자료를 입력하고 조건에 맞도록 작업하시오.

출력형태

| | A | B | C | D | E | F | G | H | I | J |
|---|---|---|---|---|---|---|---|---|---|---|
| 1 | | A사 소고기 부위별 판매 현황 | | | | | 결재 | 담당 | 팀장 | 부장 |
| 2 | | | | | | | | | | |
| 3 | | | | | | | | | | |
| 4 | | 품목코드 | 부위 | 생산일 | 구분 | kg당 가격 | 판매량<br>(단위:kg) | 납품한<br>소비시장 수 | 판매순위 | 비고 |
| 5 | | E738W | 안심 | 2019-05-24 | 1++등급 | 98,000 | 1,350 | 32 | (1) | (2) |
| 6 | | F729P | 등심 | 2019-05-24 | 1등급 | 79,000 | 4,820 | 87 | (1) | (2) |
| 7 | | F839W | 앞다리 | 2019-05-19 | 1+등급 | 85,000 | 1,294 | 28 | (1) | (2) |
| 8 | | T568K | 등심 | 2019-05-27 | 2등급 | 66,000 | 5,282 | 98 | (1) | (2) |
| 9 | | S786W | 앞다리 | 2019-05-29 | 2등급 | 52,000 | 4,188 | 73 | (1) | (2) |
| 10 | | T892P | 등심 | 2019-05-24 | 1+등급 | 88,000 | 3,240 | 65 | (1) | (2) |
| 11 | | H119M | 안심 | 2019-05-22 | 1등급 | 94,000 | 1,472 | 38 | (1) | (2) |
| 12 | | O909W | 앞다리 | 2019-05-30 | 1++등급 | 70,000 | 3,765 | 71 | (1) | (2) |
| 13 | | kg당 최저 가격 | | | (3) | | 안심 부위 판매량(단위:kg) 합계 | | | (5) |
| 14 | | 구분이 1++등급 비율 | | | (4) | | 품목코드 | E738W | kg당 가격 | (6) |
| 15 | | | | | | | | | | |

조건
- ○ 모든 데이터의 서식에는 글꼴(굴림, 11pt), 정렬은 숫자 및 회계 서식은 오른쪽 정렬, 나머지 서식은 가운데 정렬로 작성하며 예외적인 것은 [출력형태]를 참조하시오.
- ○ 제 목 : 도형(십자형)과 그림자(오프셋 대각선 오른쪽 아래)를 이용하여 작성하고 "A사 소고기 부위별 판매 현황"을 입력한 후 다음 서식을 적용하시오(글꼴–굴림, 24pt, 검정, 굵게, 채우기–노랑).
- ○ 임의의 셀에 결재란을 작성하여 그림으로 복사 기능을 이용하여 붙이기 하시오(단, 원본 삭제).
- ○ [B4:J4, G14, I14] 영역은 '주황'으로 채우기 하시오.
- ○ 유효성 검사를 이용하여 [H14] 셀에 품목코드([B5:B12] 영역)가 선택 표시되도록 하시오.
- ○ 셀 서식 : [F5:F12] 영역에 셀 서식을 이용하여 숫자 뒤에 "원"을 표시하시오(예 : 98,000원).
- ○ [F5:F12] 영역에 대해 '가격'으로 이름 정의를 하시오.

⊙ **(1)~(6) 셀은 반드시 주어진 함수를 이용하여 값을 구하시오(결과값을 직접 입력하면 해당 셀은 0점 처리됨).**

(1) **판매순위** : 판매량(단위:kg)의 내림차순 순위를 구한 결과값에 "위"를 붙이시오(RANK.EQ 함수, & 연산자)(예 : 1위).

(2) **비고** : kg당 가격이 90,000 이상이거나 판매량(단위:kg)이 5,000 이상이면 "★", 그 외에는 공백으로 구하시오(IF, OR 함수).

(3) **kg당 최저 가격** : 정의된 이름(가격)을 이용하여 구하시오(MIN 함수).

(4) **구분이 1++등급 비율** : 구분이 1++등급인 비율을 구한 후 백분율로 표시하시오(COUNTIF, COUNTA 함수)(예 : 0.15 → 15%).

(5) **안심 부위 판매량(단위:kg) 합계** : 조건은 입력 데이터를 이용하시오(DSUM 함수).

(6) **kg당 가격** : [H14] 셀에서 선택한 품목코드에 대한 kg당 가격을 구하시오(VLOOKUP 함수).

(7) 조건부 서식을 이용하여 판매량(단위:kg) 셀에 데이터 막대 스타일(녹색)을 최소값 및 최대값으로 적용하시오.

## 제 2 작업 필터 및 서식 (80점)

"제1작업" 시트의 [B4:H12] 영역을 복사하여 "제2작업" 시트의 [B2] 셀부터 모두 붙여넣기를 한 후 다음의 조건과 같이 작업하시오.

조건 (1) 고급 필터

- ▶ 부위가 '안심'이거나 판매량(단위:kg)이 5,000 이상인 자료의 데이터만 추출하시오.
- ▶ 조건 범위 : [B13] 셀부터 입력하시오.
- ▶ 복사 위치 : [B18] 셀부터 나타나도록 하시오.

(2) 표 서식

- ▶ 고급 필터의 결과 셀을 채우기 없음으로 설정한 후 '표 스타일 보통 6'의 서식을 적용하시오.
- ▶ 머리글 행, 줄무늬 행을 적용하시오.

## 제 3 작업 피벗 테이블 (80점)

"제1작업" 시트를 이용하여"제3작업" 시트에 조건에 따라 [출력형태]와 같이 작업하시오.

조건 (1) kg당 가격 및 부위별 품목코드의 개수와 판매량(단위:kg)의 최대값을 구하시오.
(2) kg당 가격을 그룹화하고, 부위를 [출력형태]와 같이 정렬하시오.
(3) 레이블이 있는 셀 병합 및 가운데 맞춤 적용 및 빈 셀은 '**'로 표시하시오.
(4) 행의 총합계를 지우고, 나머지 사항은 [출력형태]에 맞게 작성하시오.

출력형태

| | A | B | C | D | E | F | G | H |
|---|---|---|---|---|---|---|---|---|
| 1 | | | | | | | | |
| 2 | | | 부위 | | | | | |
| 3 | | | | 앞다리 | | 안심 | | 등심 |
| 4 | | kg당 가격 | 개수 : 품목코드 | 최대값 : 판매량(단위:kg) | 개수 : 품목코드 | 최대값 : 판매량(단위:kg) | 개수 : 품목코드 | 최대값 : 판매량(단위:kg) |
| 5 | | 40001-60000 | 1 | 4,188 | ** | ** | ** | ** |
| 6 | | 60001-80000 | 1 | 3,765 | ** | ** | 2 | 5,282 |
| 7 | | 80001-100000 | 1 | 1,294 | 2 | 1,472 | 1 | 3,240 |
| 8 | | 총합계 | 3 | 4,188 | 2 | 1,472 | 3 | 5,282 |

## 제 4 작업 그래프 (100점)

**"제1작업" 시트를 이용하여 조건에 따라 [출력형태]와 같이 작업하시오.**

조건 (1) 차트 종류 – 〈묶은 세로 막대형〉으로 작업하시오.
(2) 데이터 범위 – "제1작업" 시트의 내용을 이용하여 작업하시오.
(3) 위치 – "새 시트"로 이동하고, "제4작업"으로 시트 이름을 바꾸시오.
(4) 차트 디자인 도구 – 레이아웃 3, 스타일 1을 선택하여 [출력형태]에 맞게 작업하시오.
(5) 영역 서식 – 차트 : 글꼴(굴림, 11pt), 채우기 효과(질감–분홍 박엽지)
그림 : 채우기(흰색, 배경1)
(6) 제목 서식 – 차트 제목 : 글꼴(굴림, 굵게, 20pt), 채우기(흰색, 배경1), 테두리
(7) 서식 – kg당 가격 계열의 차트 종류를 〈표식이 있는 꺾은선형〉으로 변경한 후 보조 축으로 지정하시오.
계열 : [출력형태]를 참조하여 표식(다이아몬드, 크기 10)과 레이블 값을 표시하시오.
눈금선 : 선 스타일–파선
축 : [출력형태]를 참조하시오.
(8) 범례 – 범례명을 변경하고 [출력형태]를 참조하시오.
(9) 도형 – '모서리가 둥근 사각형 설명선'을 삽입하고 [출력형태]와 같이 내용을 입력하시오.
(10) 나머지 사항은 [출력형태]에 맞게 작성하시오.

출력형태

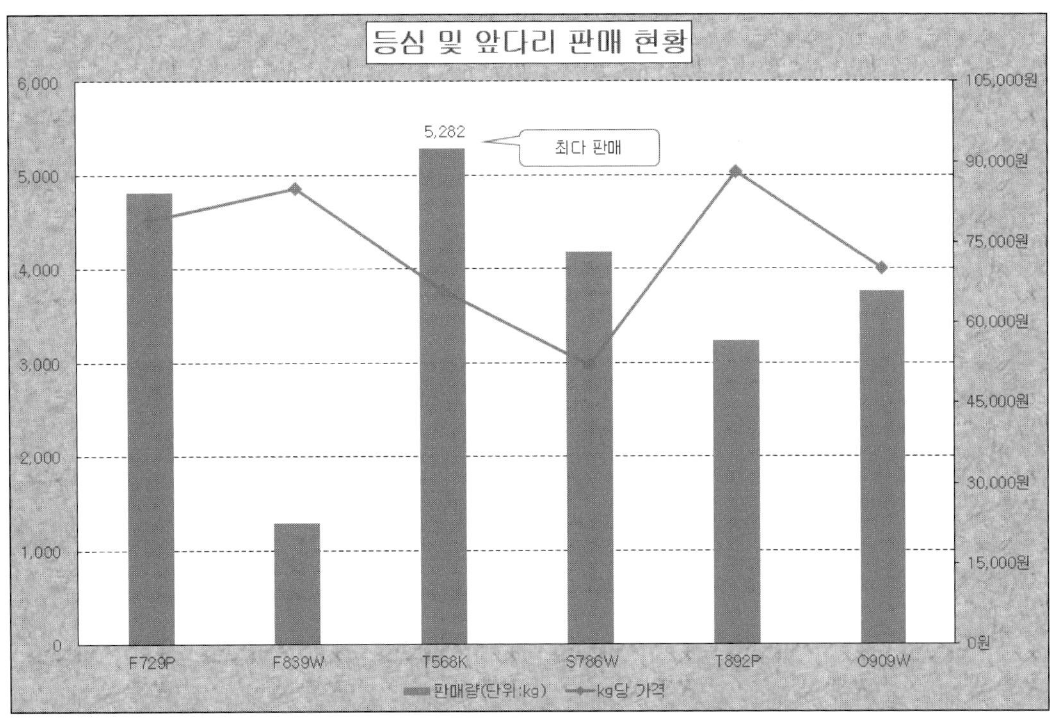


주의 ☞ 시트명 순서가 차례대로 '제1작업', '제2작업', '제3작업', '제4작업'이 되도록 할 것.

# 제05회 정보기술자격(ITQ) 엑셀 정답 및 해설

형

## 제 1 작업 표 서식 작성 및 값 계산

정답

### 정답

**A사 소고기 부위별 판매 현황**

| 결재 | 담당 | 팀장 | 부장 |
|---|---|---|---|
| | | | |

| 품목코드 | 부위 | 생산일 | 구분 | kg당 가격 | 판매량(단위:kg) | 납품한 소비시장 수 | 판매순위 | 비고 |
|---|---|---|---|---|---|---|---|---|
| E738W | 안심 | 2019-05-24 | 1++등급 | 98,000원 | 1,350 | 32 | 7위 | ★ |
| F729P | 등심 | 2019-05-24 | 1등급 | 79,000원 | 4,820 | 87 | 2위 | |
| F839W | 앞다리 | 2019-05-19 | 1+등급 | 85,000원 | 1,294 | 28 | 8위 | |
| T568K | 등심 | 2019-05-27 | 2등급 | 66,000원 | 5,282 | 98 | 1위 | ★ |
| S786W | 앞다리 | 2019-05-29 | 2등급 | 52,000원 | 4,188 | 73 | 3위 | |
| T892P | 등심 | 2019-05-24 | 1+등급 | 88,000원 | 3,240 | 65 | 5위 | |
| H119M | 안심 | 2019-05-22 | 1등급 | 94,000원 | 1,472 | 38 | 6위 | ★ |
| O909W | 앞다리 | 2019-05-30 | 1++등급 | 70,000원 | 3,765 | 71 | 4위 | |
| kg당 최저 가격 | | | 52000 | | 안심 부위 판매량(단위:kg) 합계 | | | 2822 |
| 구분이 1++등급 비율 | | | 25% | | 품목코드 | E738W | kg당 가격 | 98000 |

## 01. 표 서식 작성

• '셀 서식' 대화상자

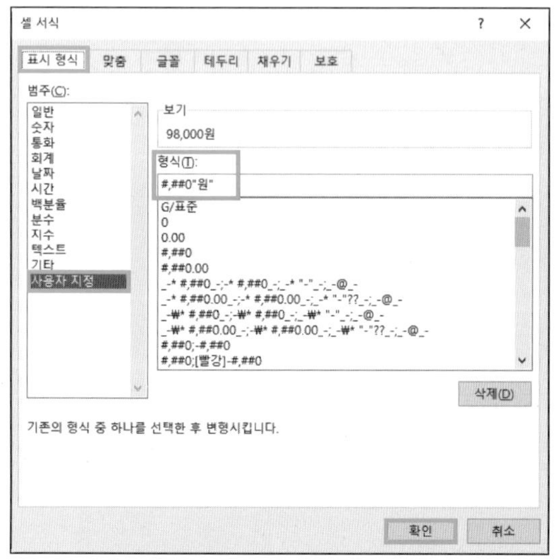


## 02. 값 계산

1. 판매순위(I5) : =RANK.EQ(G5,$G$5:$G$12)&"위"
2. 비고(J5) : =IF(OR(F5>=90000,G5>=5000),"★","")
3. kg당 최저 가격(E13) : =MIN(가격)
4. 구분이 1++등급 비율(E14) : =COUNTIF(E5:E12,"1++등급")/COUNTA(E5:E12)
5. 안심 부위 판매량(단위:kg) 합계(J13) : =DSUM(B4:J12,G4,C4:C5)
6. kg당 가격(J14) : =VLOOKUP(H14,B5:J12,5,FALSE)

## 01. 고급 필터

### 정답

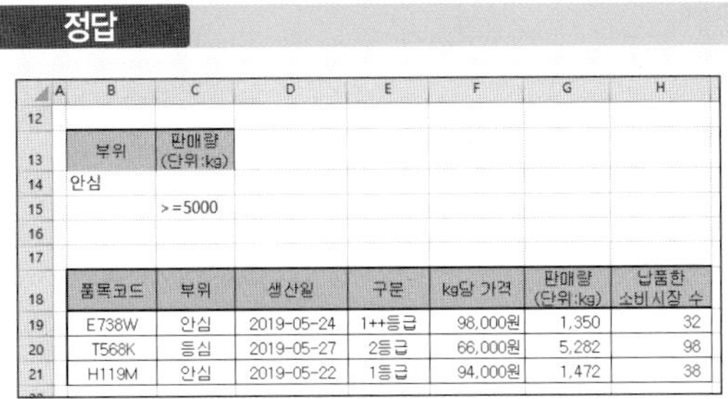

| | B | C | D | E | F | G | H |
|---|---|---|---|---|---|---|---|
| 12 | | | | | | | |
| 13 | 부위 | 판매량 (단위:kg) | | | | | |
| 14 | 안심 | | | | | | |
| 15 | | >=5000 | | | | | |
| 16 | | | | | | | |
| 17 | | | | | | | |
| 18 | 품목코드 | 부위 | 생산일 | 구분 | kg당 가격 | 판매량 (단위:kg) | 납품한 소비시장 수 |
| 19 | E738W | 안심 | 2019-05-24 | 1++등급 | 98,000원 | 1,350 | 32 |
| 20 | T568K | 등심 | 2019-05-27 | 2등급 | 66,000원 | 5,282 | 98 |
| 21 | H119M | 안심 | 2019-05-22 | 1등급 | 94,000원 | 1,472 | 38 |

• '고급 필터' 대화상자

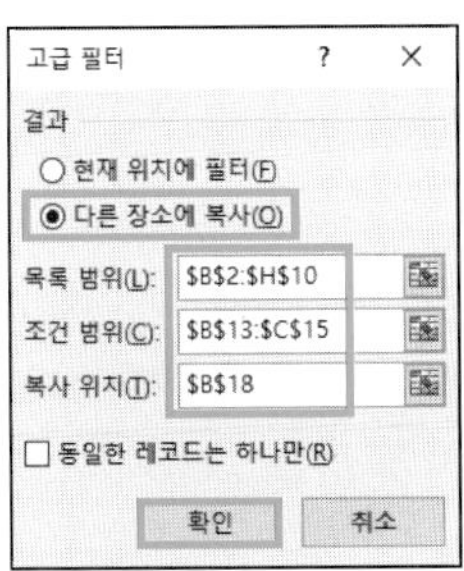


## 02. 표 서식

### 정답

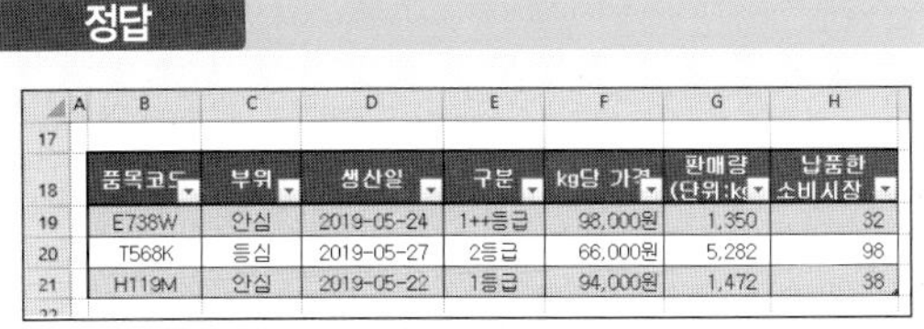

| | B | C | D | E | F | G | H |
|---|---|---|---|---|---|---|---|
| 17 | | | | | | | |
| 18 | 품목코드 | 부위 | 생산일 | 구분 | kg당 가격 | 판매량 (단위:kg) | 납품한 소비시장 수 |
| 19 | E738W | 안심 | 2019-05-24 | 1++등급 | 98,000원 | 1,350 | 32 |
| 20 | T568K | 등심 | 2019-05-27 | 2등급 | 66,000원 | 5,282 | 98 |
| 21 | H119M | 안심 | 2019-05-22 | 1등급 | 94,000원 | 1,472 | 38 |

## 제 3 작업 피벗 테이블

정답

• '피벗 테이블 필드' 창

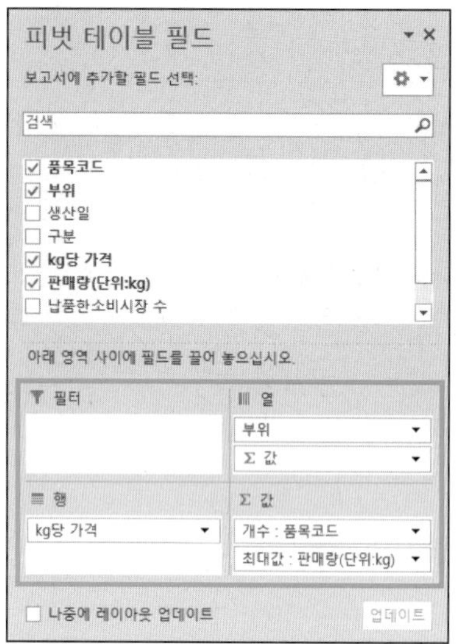


• '그룹화' 대화상자

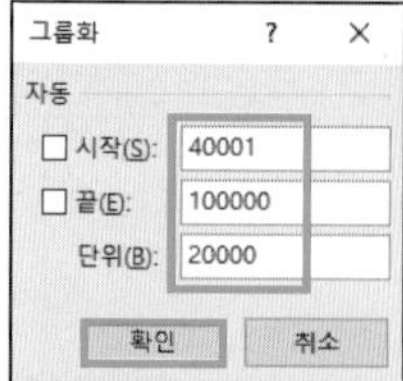

## 제 4 작업 그래프

정답

• 데이터 범위 지정

A사 소고기 부위별 판매 현황 / 결재

| 품목코드 | 부위 | 생산일 | 구분 | kg당 가격 | 판매량(단위:kg) |
|---|---|---|---|---|---|
| E738W | 안심 | 2019-05-24 | 1++등급 | 98,000원 | 1,350 |
| F729P | 등심 | 2019-05-24 | 1등급 | 79,000원 | 4,820 |
| F839W | 앞다리 | 2019-05-19 | 1+등급 | 85,000원 | 1,294 |
| T568K | 등심 | 2019-05-27 | 2등급 | 66,000원 | 5,282 |
| S786W | 앞다리 | 2019-05-29 | 2등급 | 52,000원 | 4,188 |
| T892P | 등심 | 2019-05-24 | 1+등급 | 88,000원 | 3,240 |
| H119M | 안심 | 2019-05-22 | 1등급 | 94,000원 | 1,472 |
| O909W | 앞다리 | 2019-05-30 | 1++등급 | 70,000원 | 3,765 |
| kg당 최저 가격 | | | 52000 | | 안심 부위 |
| 구분이 1++등급 비율 | | | 25% | | 품목코드 |

**나머지 최신기출문제 5회분은 'C:\길벗ITQ마스터(2016)\ITQ엑셀' 폴더에 "최신기출문제.pdf" 파일로 저장되어 있습니다.**

## '시나공' 시리즈는
## 독자의 지지와 격려 속에 성장합니다!

Artist : Leonardo da Vinci
Title : Mona Lisa, c.1503-6
Medium : oil on panel
Dimensions : 77x53 cms
Location : Louvre, Paris, France

★ 깔끔한 편집에 출제 비중이 높은 문제들로만 구성되어 있어 자격증을 처음으로 준비하는 저에게 적합한 교재인 것 같습니다. 여러 개의 자격증을 취득하기 위해 준비하는 수험생들에게 이 책을 우선 추천합니다. : 리브로 권덕성

★ 워드와 정보처리기능사도 시나공으로 공부해서 한 번에 붙고, 컴퓨터활용능력까지 시나공으로 준비했습니다. 시나공을 통해 다들 자격증 하나씩 늘리는 게 어떠실지^^* : 도서11번가 inte***

★ 자세한 설명이 너무 좋아요. 길벗의 또 다른 사용자는 꼭 과외 선생님이 옆에 있는 것 같다면서 칭찬을 아끼지 않았습니다. 모두 모두 한방에 붙으세요. ^^; : 인터파크 정은주

★ 시험장과 똑같은 환경에서 연습할 수 있도록 구성해 놓았습니다. 안되는 것은 왜 안되었는지 이유가 잘 나와 있습니다. '실제 시험장을 옮겨 놓았다' 부분에서는 입실부터 퇴실까지 문제의 상황을 똑같이 주어서 너무 좋고, 이 책에서 분석한 대로 착실하게 따라하다 보면 무난히 합격할 수 있을 것 같습니다. : YES24 jaminaj***

★ 출제 경향을 잘 파악할 수 있어서 시험 보는데 많은 도움이 되었습니다. 앞으로도 좋은 책 많이 만들어 주세요. 독학하는 사람들의 든든한 버팀목이 되어 주세요. : 독자엽서 변정아

★ '시나공' 정말 이름만 들어도 믿음직한 책! 설명이 정말 쉽게 잘 되어 있어서 누구라도 이해할 수 있는 책입니다. 이 책대로 그냥 차근차근 따라하기만 하면, 누구나 시험에 합격할 수 있다고 확신합니다. : 알라딘 00***

★ 이 책에 나온 대로만 따라하면 합격은 금방입니다. 설명이 상세하게 잘 되어 있어서 궁금한 것도 없었어요. 모의고사를 통해 연습을 많이 해볼 수 있어 좋습니다. : 교보문고 qm***

★ 자격증계의 지존! 제가 추천하지 않아도 다른 서평이나 리플을 보면 아시겠죠. 구태여 저까지 추천할 필요가 없는 강추할 만한 교재입니다. : 인터파크 마지현

이 책은 IT 자격증 전문가와 수험생이 함께 만든 책입니다.

ISBN 979-11-6521-444-9

가격 27,000원

스마트한 시나공 수험생 지원센터

시나공 독자 카페
sinagong.gilbut.co.kr

험 에 나 오 는 것 만 공 부 한 다 !

IT 수험서
베스트셀러
1위

ITQ OA MASTER

엑셀 2016 사용자용 | 자동 채점 프로그램 제공

# ITQ 엑셀 2016 (엑셀함수사전)

실기특강

부록
1. 자동 채점 프로그램
2. 정답 파일
3. 최신기출문제

시나공 Q&A 베스트

시간이 부족한 수험생들의 궁금증 완전 해결!
10년간 쌓인 50만 회원들의 Q&A를 철저하게 분석하여
1분 1초가 아쉬운 수험생들의 궁금증 100% 반영!

강윤석, 김용갑
김우경, 김종일
길벗알앤디 지음



길벗

수험생의 마음으로 만든 책! 시나공 시리즈
2021
시나공
함수 사전

# ITQ 엑셀

## 엑셀 함수 사전

길벗알앤디 지음

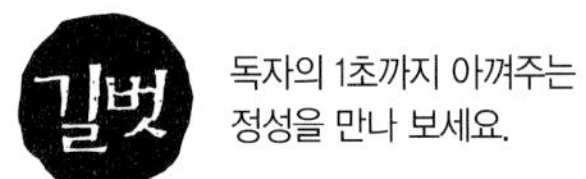
길벗
독자의 1초까지 아껴주는
정성을 만나 보세요.

지은이 길벗알앤디
**강윤석, 김용갑, 김우경, 김종일**
IT 서적을 기획하고 집필하는 출판 기획 전문 집단으로, 2003년부터 길벗출판사의 IT 수험서인 〈시험에 나오는 것만 공부한다!〉 시리즈를 기획부터 집필 및 편집까지 총괄하고 있다.
20여 년간 자격증 취득에 관한 교육, 연구, 집필에 몰두해 온 강윤석 실장을 중심으로 IT 자격증 시험의 분야별 전문가들이 모여 국내 IT 수험서의 수준을 한 단계 높이기 위한 다양한 연구와 집필 활동에 전념하고 있다.

## ITQ OA Master(엑셀 + 한글 + 파워포인트) 2016 사용자용 – 시나공 시리즈 31

초판 발행 · 2021년 2월 1일

발행인 · 이종원
발행처 · (주)도서출판 길벗
출판사 등록일 · 1990년 12월 24일
주소 · 서울시 마포구 월드컵로 10길 56(서교동)
주문 전화 · 02)332-0931 팩스 · 02)323-0586
홈페이지 · www.gilbut.co.kr 이메일 · gilbut@gilbut.co.kr

기획 및 책임 편집 · 강윤석(kys@gilbut.co.kr), 김미정(kongkong@gilbut.co.kr), 임은정(eunjeong@gilbut.co.kr)
디자인 · 윤석남 제작 · 이준호, 손일순, 이진혁 영업마케팅 · 임태호, 전선하, 차명환
웹마케팅 · 조승모, 임지인 영업관리 · 김명자 독자지원 · 송혜란, 윤정아

편집진행 및 교정 · 길벗알앤디(강윤석 · 김용갑 · 김우경 · 김종일 · 김선길) 일러스트 · 윤석남 채점 프로그램 개발 · 이정훈
전산편집 · 예다움 CTP 출력 및 인쇄 · 예림인쇄 제본 · 신정제본



ISBN 979-11-6521-444-9 13000
(길벗 도서번호 030805)

가격 27,000원

# 부실한 교재로 인한 시간과 돈의 낭비는 이제 그만…

이 책은 ITQ 엑셀 시험을 준비하는 수험생이 한 번에 A등급을 받기 위해 꼭 필요한 두 가지로 구성했습니다.

**함수만 모았습니다.**

ITQ 엑셀에서 수험생들이 가장 힘들어 하는 부분이 계산작업입니다. 계산작업은 평소에 사용하지 않는 논리식을 세우고 정해진 함수만을 사용해서 수식을 작성해야 하므로 많은 노력이 필요합니다. 본서(本書)에서는 함수를 이용한 수식 만드는 요령을 학습하는 것이지 함수 자체를 학습하는 것은 아닙니다. 이 책은 수식 작성에 있어 꼭 알고 있어야 할 함수 사용법만 집중적으로 연습할 수 있도록 ITQ 엑셀 범위에 포함된 모든 함수를 중요도별로 나열한 후 관련 기출문제와 함께 수록하였습니다. 함수를 학습할 때는 함수에서 사용되는 인수를 모두 외우려 하지 말고 어떤 경우에 어떤 함수를 이용하는지만 정확히 알아두세요. 함수 마법사를 이용하면 각 인수에 대한 설명이 나오므로 어떤 인수를 지정해야할지는 몇 번만 실습해 보면 쉽게 알 수 있습니다. 시험 범위에 속하는 75개의 함수 중 한 번이라도 시험에 출제된 함수는 49개뿐이니 많다고 생각하지 말고 함수 이름을 보면 어떤 기능을 하는 함수인지, 어떤 용도로 사용하는지 바로 알 수 있도록 연습하세요.

2021년 한 해를 시작하며

강윤석

## 01 날짜 / 시간 함수


출제 001 날짜에서 연도만 추출하기 — YEAR 8
출제 002 날짜에서 일만 추출하기 — DAY 9
003 날짜에서 월만 추출하기 — MONTH 10
004 현재 날짜와 시간 표시하기 — NOW 10
출제 005 현재 날짜 표시하기 — TODAY 11
출제 006 날짜의 일련번호 구하기 — DATE 12
출제 007 날짜에서 요일 알아내기 — WEEKDAY 13
출제 008 시간에서 시만 추출하기 — HOUR 14
출제 009 시간에서 분만 추출하기 — MINUTE 15
010 시간에서 초만 추출하기 — SECOND 16
011 시간의 일련번호 계산하기 — TIME 16


## 02 논리 함수


출제 012 1월 실적이 평균 이상이면 "우수", 평균 미만이면 "미달" 표시하기 — IF 17
**[잠깐만요!]** 수식 만들기 / 수식의 이해 – 1
출제 013 모두 참(TRUE)일 때 참(TRUE) 반환하기 — AND 19
출제 014 하나만 참(TRUE)이면 참(TRUE) 반환하기 — OR 20
015 논리식의 결과 부정하기 — NOT 21
016 논리값을 참(TRUE)으로 표시하기 — TRUE 21
017 논리값을 거짓(FALSE)으로 표시하기 — FALSE 21


## 03 데이터베이스 함수


출제 018 과일의 주문 건수 계산하기 — DCOUNTA 22
출제 019 과일의 평균 판매 금액 계산하기 — DAVERAGE 23
출제 020 과일의 판매 수량 합계 계산하기 — DSUM 24
출제 021 가장 적게 팔린 과일의 금액 찾기 — DMIN 25
출제 022 가장 많이 팔린 과일의 금액 찾기 — DMAX 26
023 과일의 판매 건수 계산하기 — DCOUNT 27
출제 024 유일한 값 찾아내기 — DGET 28
025 품목의 판매량에 대한 곱 계산하기 — DPRODUCT 29
026 품목의 판매량에 대한 표준편차 계산하기 — DSTDEV 29
027 품목의 판매량에 대한 분산 계산하기 — DVAR 30

## 04 수학/삼각 함수


출제 028 조건에 맞는 품목의 합계만 구하기 — SUMIF 31
출제 029 곱한 값들의 합계 구하기 — SUMPRODUCT 32
출제 030 합계 구하기 — SUM 33
출제 031 실수를 정수로 변경하기 — INT 34
출제 032 나머지 계산하기 — MOD 35
출제 033 자리내림하기 — ROUNDDOWN 36
출제 034 반올림하기 — ROUND 37
출제 035 1에 가까운 방향으로 자리올림하기 — ROUNDUP 38
036 숫자 모두 곱하기 — PRODUCT 39
037 절대값 계산하기 — ABS 39
038 원의 둘레 구하기 — PI( ) × 원의 지름 40
039 거듭 제곱 계산하기 — POWER 40
출제 040 소수 이하 잘라내기 — TRUNC 41
041 가장 가까운 배수 구하기 — CEILING 42
042 가장 가까운 홀수 구하기 — ODD 42


## 05 정보 함수


출제 043 오류가 있는 셀 판별하기 — ISERROR 43


## 06 찾기 / 참조 함수


출제 044 직급별, 호봉별 급여 기준액 계산하기 — INDEX 44
**[잠깐만요!]** 수식 만들기 / 수식의 이해 – 2
출제 045 자료가 기록된 위치 찾기 — MATCH 46
출제 046 요일 번호로 요일 표시하기 — CHOOSE 47
출제 047 직위별 상여금 계산하기 — VLOOKUP 48
출제 048 직위별 초과 수당 계산하기 — LOOKUP 49
049 직위별 상여금 계산하기 — HLOOKUP 50
050 3칸 아래, 2칸 오른쪽에 있는 자료 찾기 — OFFSET 50
051 행과 열을 바꿔서 표시하기 — TRANSPOSE 51
052 행 번호와 열 번호를 셀 주소로 변환하기 — ADDRESS 51

## 07 텍스트 함수


출제 053 시작 위치부터 지정한 수만큼 추출하기 — MID 52
출제 054 왼쪽에서 지정한 수만큼 추출하기 — LEFT 53
출제 055 오른쪽에서 지정한 수만큼 추출하기 — RIGHT 54
출제 056 문자열 반복해서 표시하기 — REPT 55
출제 057 문자를 숫자로 변환하기 — VALUE 56
출제 058 문자열의 길이 알아내기 — LEN 57
출제 059 문자열 연결하기 — CONCATENATE 58
060 대문자를 소문자로 변환하기 — LOWER 59
061 대 · 소문자 알맞게 변환하기 — PROPER 59
062 문자열 치환하기 — REPLACE 60
063 통화 기호 표시하기 — WON 60


## 08 통계 함수


출제 064 순위 계산하기 — RANK.EQ 61
출제 065 평균 계산하기 — AVERAGE 62
출제 066 N번째로 큰 수 찾기 — LARGE 63
출제 067 N번째로 작은 수 찾기 — SMALL 64
출제 068 중간에 위치한 값 찾아내기 — MEDIAN 65
출제 069 가장 큰 수 찾기 — MAX 66
출제 070 가장 작은 수 찾기 — MIN 67
출제 071 판매 품목의 판매 건수 구하기 — COUNTIF 68
출제 072 자료가 입력되어 있는 모든 셀의 개수 세기 — COUNTA 69
출제 073 숫자가 들어 있는 셀의 개수 세기 — COUNT 70
출제 074 자료가 없는 셀의 개수 세기 — COUNTBLANK 71
075 가장 많이 나오는 수(최빈수) 찾아내기 — MODE 72

# 엑셀 함수 사전

ITQ 엑셀

# 001 날짜에서 연도만 추출하기 – YEAR

YEAR 함수는 날짜에서 연도(Year)를 추출하여 표시하는 함수로 연도는 1900에서 9999까지의 정수로 표시됩니다.

**형식** YEAR(날짜) : '날짜'에서 연도를 추출합니다.

**준비하세요!** : 'C:\길벗ITQ마스터(2016)\ITQ엑셀\부록' 폴더의 'YEAR.xlsx' 파일을 열어 '기본' 시트에서 실습하세요.

| | A | B |
|---|---|---|
| 1 | 날짜에서 년만 추출하기 | |
| 2 | | |
| 3 | 날짜 | 년 |
| 4 | 2021/09/17 | 2021 ❶ |
| 5 | 2021년 9월 17일 | 2021 |
| 6 | 44,456 | 2021 ❷ |
| 7 | 2021/09/17 17:14 | 2021 |
| 8 | 17-Sep-21 | 2021 |
| 9 | 2021/09/31 | #VALUE! ❸ |

❶ =YEAR(A4) : [A4] 셀의 값 '2021/09/17'에서 연도만 추출한 2021이 [B4] 셀에 입력됩니다.

❷ =YEAR(A6) : 44,456은 '2021/09/17'에 대한 날짜 일련번호로 44,456에서 연도만 추출한 2021이 [B6] 셀에 입력됩니다.

❸ =YEAR(A9) : '2021/09/31'이라는 날짜는 없으므로 오류값(#VALUE!)이 [B9] 셀에 입력됩니다(9월은 30일까지만 있음).

**기출문제 따라잡기** – '기출' 시트에서 실습하세요.

**나이** : [시스템의 현재 설정년도 – 출생년도(주민등록번호 앞 두자리) – 1900]으로 구하시오(YEAR, TODAY, LEFT 함수).

| | A | B | C | D |
|---|---|---|---|---|
| 1 | | | | |
| 2 | | 이름 | 주민등록번호 | 나이 |
| 3 | | 김경섭 | 900919-1****** | 31 |
| 4 | | 문인수 | 891014-1****** | 32 |
| 5 | | 경혜민 | 900119-2****** | 31 |
| 6 | | 박상훈 | 890220-1****** | 32 |
| 7 | | 배승현 | 891008-1****** | 32 |
| 8 | | 오덕윤 | 890919-1****** | 32 |
| 9 | | 손소라 | 900919-2****** | 31 |
| 10 | | 정윤재 | 900815-1****** | 31 |

**정답** [D3] : =YEAR(TODAY( ))–LEFT(C3,2)–1900

=YEAR(TODAY())–LEFT(C3,2)–1900
❶ ❷

- ❶ **TODAY()** : 오늘 날짜(오늘이 2021–01–29인 경우) '2021–01–29'를 반환합니다.
- ❷ **LEFT(C3,2)** : [C3] 셀의 값 "900919–1******"에서 왼쪽의 2글자를 추출하면 "90"이 반환됩니다. '2021–01–29'를 ❶에, 90을 ❷에 대입하면 다음과 같습니다.
- **=YEAR("2021–01–29")–90–1900** : '2021–01–29'에서 연도만 추출한 2021에서 30이 1900을 뺀 31이 [D3] 셀에 입력됩니다.

**전문가의 조언**

- TODAY 함수는 오늘 날짜를 반환하는 함수입니다. 자세한 설명은 11쪽을 참고하세요.
- LEFT 함수는 텍스트 문자열의 첫 문자부터 원하는 문자수만큼의 문자를 추출합니다. 자세한 설명은 53쪽을 참고하세요.

# 002 날짜에서 일만 추출하기 — DAY

DAY 함수는 날짜에서 일(Day)을 추출하여 반환하는 함수로, 일(Day)은 1에서 31까지의 정수로 표시됩니다. 날짜는 DATE 함수를 사용하여 입력하거나 다른 수식 또는 함수의 결과값으로 입력해야 합니다. 예를 들어, 2021년 5월 23일을 직접 입력하려면 'DAY(DATE(2021,5,23))'과 같이 DATE 함수를 사용해야 합니다. 날짜를 텍스트로 입력해도 되지만 오류가 발생할 수 있습니다.

**형식** DAY(날짜) : '날짜'에서 일을 추출합니다.

준비하세요! : 'C:\길벗ITQ마스터(2016)\ITQ엑셀\부록' 폴더의 'DAY.xlsx' 파일을 열어 실습하세요.

| | A | B |
|---|---|---|
| 1 | 날짜에서 일만 추출하기 | |
| 2 | | |
| 3 | 날짜 | 일 |
| 4 | 2021/09/17 | 17 ❶ |
| 5 | 2021년 9월 17일 | 17 |
| 6 | 44,456 | 17 ❷ |
| 7 | 2021/09/17 17:14 | 17 |
| 8 | 17-Sep-21 | 17 |
| 9 | 2021/09/31 | #VALUE! ❸ |

❶ =DAY(A4) : [A4] 셀에서 일만 추출한 17이 [B4] 셀에 입력됩니다.

❷ =DAY(A6) : 44,456는 '2021/09/17'에 대한 날짜 일련번호로 44,456에서 일만 추출한 17이 [B6] 셀에 입력됩니다.

❸ =DAY(A9) : '2021/9/31'이라는 날짜가 없으므로 오류값(#VALUE!)이 [B9] 셀에 입력됩니다(9월은 30일까지만 있음).

## 기출문제 따라잡기 — '기출' 시트에서 실습하세요.

**도서반납일** : 대출일자가 15일 이후이면 대출일자에 10일을 더하고, 그렇지 않으면 대출일자에 7을 더하여 표시하시오(IF, DAY함수).

| | A | B | C | D | E | F |
|---|---|---|---|---|---|---|
| 1 | | | | | | |
| 2 | | 도서코드 | 도서명 | 성명 | 대출일자 (yyyy-mm-dd) | 도서반납일 |
| 3 | | 3005-k | 이기는 습관 | 이정수 | 2020-02-12 | 2020-02-19 |
| 4 | | 3008-k | 하이퍼포머 | 이수현 | 2020-02-09 | 2020-02-16 |
| 5 | | 3001-k | 야생초편지 | 윤철수 | 2020-01-17 | 2020-01-27 |
| 6 | | 3005-k | 이기는 습관 | 안성민 | 2020-01-02 | 2020-01-09 |
| 7 | | 3001-e | 일상의 경제학 | 박현 | 2020-01-18 | 2020-01-28 |
| 8 | | | | | | |

**정답** [F3] : =IF(DAY(E3)>=15,E3+10,E3+7)

=IF(DAY(E3)>=15,E3+10,E3+7)

❶의 조건이 참(TRUE)이면 ❷를, 거짓(FALSE)이면 ❸을 표시합니다.

- ❶ **DAY(E3)>=15** : [E3] 셀의 날짜 데이터 '2020-02-12'에서 일만 추출한 12가 15보다 작으므로 거짓(FALSE)을 반환합니다.
- ❶번의 조건이 거짓이므로 ❸번을 수행하여 [E3] 셀의 데이터 '2020-02-12'에 7을 더한 '2020-02-19'가 [F3] 셀에 입력됩니다.

전문가의 조언

IF 함수는 조건에 따라 서로 다른 여러 가지의 처리를 하는 함수입니다. 자세한 설명은 17쪽을 참고하세요.

날짜 / 시간 함수

## 003 날짜에서 월만 추출하기 — MONTH

MONTH 함수는 주어진 날짜에서 월(Month)을 추출하여 표시하는 함수로, 월은 1에서 12까지의 정수로 표시됩니다.

형식 MONTH(날짜) : '날짜'에서 월을 추출합니다.

준비하세요! : 'C:\길벗ITQ마스터(2016)\ITQ엑셀\부록' 폴더의 'MONTH.xlsx' 파일을 열어 '기본' 시트에서 실습하세요.

| | A | B |
|---|---|---|
| 1 | 날짜에서 월만 추출하기 | |
| 2 | | |
| 3 | 날짜 | 월 |
| 4 | 2021/09/17 | 9 |
| 5 | 2021년 9월 17일 | 9 |
| 6 | 44,456 | 9 |
| 7 | 2021/09/17 17:14 | 9 |
| 8 | 17-Sep-21 | 9 |
| 9 | 2021/09/31 | #VALUE! |

❶ =MONTH(A4) : [A4] 셀의 값 '2021-09-17'에서 월만 추출한 9가 [B4] 셀에 입력됩니다.

❷ =MONTH(A6) : 44,456는 '2021/09/17'에 대한 날짜 일련번호로 44,456에서 월만 추출한 9가 [B6] 셀에 입력됩니다.

❸ =MONTH(A9) : '2021/09/31'이라는 날짜는 없으므로 오류값(#VALUE!)이 [B9] 셀에 입력됩니다(9월은 30일까지만 있음).

날짜 / 시간 함수

## 004 현재 날짜와 시간 표시하기 — NOW

NOW 함수는 현재 날짜와 시간을 반환하는 함수입니다. 함수가 입력되기 전에 셀이 일반 서식을 가지고 있어도 결과값은 날짜 서식으로 지정됩니다. 오늘의 날짜만 나타나도록 하려면 TODAY( ) 함수를 사용하세요.

형식 NOW( ) : NOW 함수는 현재 날짜와 시간을 반환하는 함수로, 인수 없이 사용합니다.

준비하세요! : 'C:\길벗ITQ마스터(2016)\ITQ엑셀\부록' 폴더의 'NOW.xlsx' 파일을 열어 '기본' 시트에서 실습하세요.

| | A |
|---|---|
| 1 | 날짜와 시간 표시하기 |
| 2 | |
| 3 | 2021-01-03 13:39 |

❶ =NOW( ) : 현재 날짜와 시간인 '2021-01-03 13:39'가 [A3] 셀에 입력됩니다.

※ NOW 함수의 결과값은 현재 날짜와 시간에 따라 다르게 표시됩니다.

19.3, 18.10, 18.4, 15.3, 14.10, 12.4, 11.10, 11.8, 10.2, 09.11, 09.4, 08.1, 07.10, 07.7, 07.6, 07.5

# 005 현재 날짜 표시하기 — TODAY

TODAY 함수는 현재 시스템의 날짜를 반환하는 함수입니다. 함수가 입력되기 전에 셀이 일반 서식을 가지고 있어도 결과값은 날짜 서식으로 표시됩니다. 현재의 날짜와 시간이 같이 표시되게 하려면 NOW 함수를 사용하세요.

**형식** TODAY( ) : TODAY 함수는 인수 없이 사용합니다. 오늘 날짜를 반환합니다.

**준비하세요!** : 'C:\길벗ITQ마스터(2016)\ITQ엑셀\부록' 폴더의 'TODAY.xlsx' 파일을 열어 '기본' 시트에서 실습하세요.

| | A |
|---|---|
| 1 | 오늘의 날짜 표시하기 |
| 2 | |
| 3 | 2021-01-03 ❶ |

❶ = TODAY( ) : 현재 날짜인 '2021-01-03'이 [A3] 셀에 입력됩니다.
※ TODAY 함수의 결과값은 현재 날짜에 따라 다르게 표시됩니다.

## 기출문제 따라잡기 — '기출' 시트에서 실습하세요.

나이 : [시스템의 현재 설정년도 – 출생년도(주민등록번호 앞 두자리) – 1900]으로 구하시오(YEAR, TODAY, LEFT 함수).

| | A | B | C | D |
|---|---|---|---|---|
| 1 | | | | |
| 2 | | 이름 | 주민등록번호 | 나이 |
| 3 | | 김경섭 | 900919-1****** | 31 |
| 4 | | 문인수 | 891014-1****** | 32 |
| 5 | | 경혜민 | 900119-2****** | 31 |
| 6 | | 박상훈 | 890220-1****** | 32 |
| 7 | | 배승현 | 891008-1****** | 32 |
| 8 | | 오덕윤 | 890919-1****** | 32 |
| 9 | | 손소라 | 900919-2****** | 31 |
| 10 | | 정윤재 | 900815-1****** | 31 |

**정답** [D3] : =YEAR(TODAY( ))−LEFT(C3,2)−1900

=YEAR(TODAY( ))−LEFT(C3,2)−1900
❶ ❷

- ❶ **TODAY()** : 오늘 날짜(오늘이 2021-01-29인 경우) '2021-01-29'를 반환합니다.
- ❷ **LEFT(C3,2)** : [C3] 셀의 값 "900919-1******"에서 왼쪽의 2글자를 추출하면 "90"이 반환됩니다. '2021-01-29'를 ❶에, 90을 ❷에 대입하면 다음과 같습니다.
- **=YEAR("2021-01-29")−90−1900** : '2021-01-29'에서 연도만 추출한 2021에서 90과 1900을 뺀 31이 [D3] 셀에 입력됩니다.

전문가의 조언

- YEAR 함수는 날짜에서 연도(Year)만 추출하여 표시하는 함수입니다. 자세한 설명은 8쪽을 참고하세요.
- LEFT 함수는 텍스트 문자열의 첫 문자부터 원하는 문자수만큼의 문자를 추출합니다. 자세한 설명은 53쪽을 참고하세요.

# 006 날짜의 일련번호 구하기 — DATE

DATE 함수는 1900년 1월 1일을 기준일로 하여 특정 날짜에 대한 일련번호를 반환하는 함수입니다. 예를 들어 1900년 2월 1일은 32(31+1)가 반환됩니다. DATE 함수는 '연', '월', '일'이 상수가 아닌 수식으로 지정되어야 하는 수식에서 유용하게 사용됩니다.

**형식** DATE(연, 월, 일) : '연', '월', '일'에 대한 일련번호를 구합니다.

**준비하세요!** : 'C:\길벗ITQ마스터(2016)\ITQ엑셀\부록' 폴더의 'DATE.xlsx' 파일을 열어 '기본' 시트에서 실습하세요.

| | A | B | C | D |
|---|---|---|---|---|
| 1 | 날짜의 일련번호 구하기 | | | |
| 2 | | | | |
| 3 | 년 | 월 | 일 | 일련번호 |
| 4 | 2014 | 9 | 17 | 41899 ❶ |
| 5 | 1545 | 4 | 28 | 564419 |
| 6 | 0 | 1 | 1 | 1 ❷ |
| 7 | 1900 | 7 | 31 | 213 |
| 8 | 1950 | 6 | 25 | 18439 ❸ |
| 9 | 2014 | 13 | 45 | 42049 |

❶ =DATE(A4, B4, C4) : [A4], [B4], [C4] 셀의 '연', '월', '일'에 대한 일련번호 41899가 [D4] 셀에 입력됩니다.

❷ =DATE(A6, B6, C6) : [A6], [B6], [C6] 셀의 '연', '월', '일'에 대한 일련번호 1이 [D6] 셀에 입력됩니다.

❸ =DATE(A8, B8, C8) : [A8], [B8], [C8] 셀의 '연', '월', '일'에 대한 일련번호 18439가 [D8] 셀에 입력됩니다.

결과가 날짜 서식으로 표시되므로 일반 숫자로 보려면 '셀 서식' 대화상자의 '표시 형식' 탭에서 '범주'를 '숫자'로 지정해야 합니다.

## 기출문제 따라잡기 —'기출' 시트에서 실습하세요.

**작업시작일** : 관리코드 4, 5번째 숫자를 "월", 6, 7번째 숫자를 "일"로 하는 2020년도 날짜를 구하시오(DATE, MID, RIGHT 함수) (예 : AD-1105 → 2020-11-05).

| | A | B | C | D |
|---|---|---|---|---|
| 1 | | | | |
| 2 | | 관리코드 | 임대업체 | 작업시작일 |
| 3 | | AD-1103 | 우성건설 | 2020-11-03 |
| 4 | | DC-1105 | 웰빙주택 | 2020-11-05 |
| 5 | | AL-1110 | 우성건설 | 2020-11-10 |
| 6 | | PF-1112 | 한가람건설 | 2020-11-12 |
| 7 | | DD-1116 | 미래건축 | 2020-11-16 |
| 8 | | DC-1116 | 미래건축 | 2020-11-16 |
| 9 | | PL-1119 | 한가람건설 | 2020-11-19 |
| 10 | | DF-1123 | 웰빙주택 | 2020-11-23 |

**정답** [D3] : =DATE(2020,MID(B3,4,2),RIGHT(B3,2))

**수식의 이해**

=DATE(2020,MID(B3,4,2),RIGHT(B3,2))
(❶ MID(B3,4,2), ❷ RIGHT(B3,2))

- ❶ **MID(B3,4,2)** : [B3] 셀의 값 "AD-1103"에서 4번째 위치부터 2글자를 추출하면 "11"이 반환됩니다.
- ❷ **RIGHT(B3,2)** : [B3] 셀의 값 "AD-1103"에서 오른쪽의 2글자를 추출하면 "03"이 반환됩니다. 11과 03을 ❶과 ❷에 대입하면 다음과 같습니다.
- **=DATE(2020,11,03)** : '2020-11-03'이 [D3] 셀에 입력됩니다.

**전문가의 조언**

- MID 함수는 텍스트 문자열의 특정 위치에서 원하는 개수만큼의 문자를 추출하는 함수입니다. 자세한 설명은 52쪽을 참고하세요.
- RIGHT 함수는 텍스트 문자열의 끝(오른쪽) 문자부터 원하는 개수만큼의 문자를 추출합니다. 자세한 설명은 54쪽을 참고하세요.

# 007 날짜에서 요일 알아내기 – WEEKDAY

WEEKDAY 함수는 날짜에서 요일을 추출하는 함수입니다. 기본적으로 요일은 1(일요일)에서 7(토요일)까지의 정수로 표시됩니다. 날짜는 DATE 함수를 사용하여 입력하거나 다른 수식 또는 함수의 결과로 입력해야 합니다.

**형식** WEEKDAY(날짜, 옵션) : '날짜'에 해당하는 요일번호를 추출합니다. '옵션'은 반환값의 종류를 1~3의 숫자로 지정합니다.

준비하세요! : 'C:\길벗ITQ마스터(2016)\ITQ엑셀\부록' 폴더의 'WEEKDAY.xlsx' 파일을 열어 '기본' 시트에서 실습하세요.

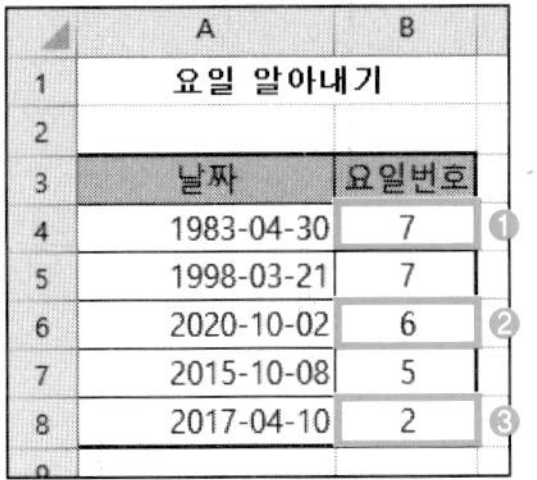

| | A | B |
|---|---|---|
| 1 | 요일 알아내기 | |
| 2 | | |
| 3 | 날짜 | 요일번호 |
| 4 | 1983-04-30 | 7 ❶ |
| 5 | 1998-03-21 | 7 |
| 6 | 2020-10-02 | 6 ❷ |
| 7 | 2015-10-08 | 5 |
| 8 | 2017-04-10 | 2 ❸ |

❶ =WEEKDAY(A4,1) : [A4] 셀에 입력된 날짜의 요일번호를 옵션에 맞게 추출한 7(토요일)이 [B4] 셀에 입력됩니다.

❷ =WEEKDAY(A6,1) : [A6] 셀에 입력된 날짜의 요일번호를 옵션에 맞게 추출한 6(금요일)이 [B6] 셀에 입력됩니다.

❸ =WEEKDAY(A8,1) : [A8] 셀에 입력된 날짜의 요일번호를 옵션에 맞게 추출한 2(월요일)가 [B8] 셀에 입력됩니다.

WEEKDAY 함수에서 옵션 값의 종류

- **1 또는 생략 :** 1(일요일)에서 7(토요일)까지의 숫자를 사용합니다.
- **2 :** 1(월요일)에서 7(일요일)까지의 숫자를 사용합니다.
- **3 :** 0(월요일)에서 6(일요일)까지의 숫자를 사용합니다.

## 기출문제 따라잡기 – '기출' 시트에서 실습하세요.

**점수 및 위생 점검일** : [D2] 셀의 요일 구하기(CHOOSE, WEEKDAY 함수)
(예 : 월요일).

| | A | B | C | D | E |
|---|---|---|---|---|---|
| 1 | | | | | |
| 2 | | 검수 및 위생 점검일 | | 2020-06-03 | 수요일 |
| 3 | | | | | |

**정답** [E2] : =CHOOSE(WEEKDAY(D2,2),"월요일","화요일","수요일","목요일","금요일","토요일","일요일") 또는
=CHOOSE(WEEKDAY(D2), "일요일","월요일","화요일","수요일","목요일","금요일","토요일")

=CHOOSE(WEEKDAY(D2,2),"월요일","화요일","수요일","목요일","금요일","토요일","일요일")
❶

- ❶ WEEKDAY(D2,2) : [D2] 셀에 입력된 날짜의 요일 번호를 옵션에 맞게 추출한 3을 반환합니다. 3을 ❶에 대입하면 다음과 같습니다.
- =CHOOSE(3,"월요일","화요일","수요일","목요일","금요일","토요일","일요일") : 세 번째 있는 값 "수요일"이 [E2] 셀에 입력됩니다.

전문가의 조언

CHOOSE 함수는 인덱스 번호를 이용하여 특정 번째에 있는 값을 반환하는 함수입니다. 자세한 설명은 47쪽을 참고하세요.

# 008 시간에서 시만 추출하기 – HOUR

HOUR 함수는 시간값에서 시(Hour)를 추출합니다. 시간은 0(오전 12:00)부터 23(오후 11:00)까지의 정수로 표시됩니다. 시간은 따옴표로 묶은 텍스트 문자열("6:45 PM")이나 실수(6:45 PM을 의미하는 0.78125) 또는 다른 수식이나 함수의 결과(TIMEVALUE("6:45 PM"))로 입력할 수 있습니다.

**형식** HOUR(시간) : '시간'에서 시를 추출합니다.

**준비하세요!** : 'C:\길벗ITQ마스터(2016)\ITQ엑셀\부록' 폴더의 'HOUR.xlsx' 파일을 열어 '기본' 시트에서 실습하세요.

| | A | B |
|---|---|---|
| 1 | 시간에서 시만 추출하기 | |
| 2 | | |
| 3 | 시간 | 시 |
| 4 | 1:34:00 PM | 13 ❶ |
| 5 | 1:34:00 AM | 1 |
| 6 | 11:01:47 PM | 23 ❷ |
| 7 | 12:46:48 AM | 0 |
| 8 | 2020-09-23 2:25:00 AM | 2 |
| 9 | 20-01-Fri 12:58:54 PM | 12 ❸ |

❶ =HOUR(A4) : [A4] 셀에서 시만 추출한 13이 [B4] 셀에 입력됩니다.
❷ =HOUR(A6) : [A6] 셀에서 시만 추출한 23이 [B6] 셀에 입력됩니다.
❸ =HOUR(A9) : [A9] 셀에서 시만 추출한 12가 [B9] 셀에 입력됩니다.

**기출문제 따라잡기** – '기출' 시트에서 실습하세요.

**지급액** : [당일금액+식대]로 구하되, '당일금액'은 '근무시간'의 [(시간×5400)+(분×90)]으로 산출하고, '식대'는 '근무시간'이 6 이상이면 8000을, 아니면 0을 적용하여 구하시오(HOUR, MINUTE, IF 함수).

| | A | B | C | D | E | F |
|---|---|---|---|---|---|---|
| 1 | | | | | | |
| 2 | | 성명 | 출근시간 | 퇴근시간 | 근무시간 | 지급액 |
| 3 | | 황진우 | 8:25 | 21:00 | 12:35 | ₩ 75,950 |
| 4 | | 박은호 | 10:30 | 17:15 | 6:45 | ₩ 44,450 |
| 5 | | 최윤건 | 16:00 | 21:40 | 5:40 | ₩ 30,600 |
| 6 | | 김진상 | 17:35 | 23:40 | 6:05 | ₩ 40,850 |
| 7 | | 여준우 | 14:25 | 21:04 | 6:39 | ₩ 43,910 |
| 8 | | 오기현 | 16:25 | 23:35 | 7:10 | ₩ 46,700 |
| 9 | | 박상진 | 9:30 | 15:30 | 6:00 | ₩ 40,400 |
| 10 | | 이윤민 | 15:20 | 20:20 | 5:00 | ₩ 27,000 |

**정답** [F3] : =(HOUR(E3)*5400)+(MINUTE(E3)*90)+IF(HOUR(E3)>=6,8000,0)

수식의 이해

=(HOUR(E3)*5400)+(MINUTE(E3)*90)+IF(HOUR(E3)>=6,8000,0)
❶ ❷ ❸

- ❶ HOUR(E3) : [E3] 셀의 값 '12:35'에서 시간만 추출한 12를 반환합니다.
- ❷ MINUTE(E3) : [E3] 셀의 값 '12:35'에서 분만 추출한 35를 반환합니다.
- ❸ IF(HOUR(E3)>=6,8000,0)
  ❹ ❺ ❻
- ❹의 조건이 참이면 ❺를 실행하고, 거짓이면 ❻을 실행합니다.
  - [E3] 셀의 값 '12:35'에서 시간만 추출한 12가 6보다 크므로 참입니다. 참이므로 ❺를 수행하여 8000을 반환합니다. ❶에 12, ❷에 35, ❸에 8000을 대입하면 다음과 같습니다.
- = (12*5400)+(35*90)+8000 : 75,950이 [F3] 셀에 입력됩니다.

전문가의 조언

- MINUTE 함수는 '시간'에서 분을 추출하여 표시하는 함수입니다. 자세한 설명은 15쪽을 참고하세요.
- IF 함수는 조건에 따라 서로 다른 여러 가지의 처리를 하는 함수입니다. 자세한 설명은 17쪽을 참고하세요.

# 009 시간에서 분만 추출하기 – MINUTE

MINUTE 함수는 시간값에서 분(Minute)을 추출합니다. 분은 0부터 59까지의 정수로 표시됩니다. 시간은 따옴표로 묶은 텍스트 문자열("6:45 PM")이나 실수(6:45 PM을 나타내는 0.78125) 또는 다른 수식이나 함수의 결과(TIMEVALUE("6:45 PM"))로 입력할 수 있습니다.

**형식** MINUTE(시간) : '시간'에서 분을 추출합니다.

준비하세요! : 'C:\길벗ITQ마스터(2016)\ITQ엑셀\부록' 폴더의 'MINUTE.xlsx' 파일을 열어 '기본' 시트에서 실습하세요.

| | A | B |
|---|---|---|
| 1 | 시간에서 분만 추출하기 | |
| 2 | | |
| 3 | 시간 | 분 |
| 4 | 1:34:00 PM | 34 |
| 5 | 1:34:00 AM | 34 |
| 6 | 11:01:47 PM | 1 |
| 7 | 12:46:48 AM | 46 |
| 8 | 2020-09-23 2:25:00 AM | 25 |
| 9 | 20-01-Fri 12:58:54 PM | 58 |

❶ =MINUTE(A4) : [A4] 셀에서 분만 추출한 34가 [B4] 셀에 입력됩니다.
❷ =MINUTE(A6) : [A6] 셀에서 분만 추출한 1이 [B6] 셀에 입력됩니다.
❸ =MINUTE(A9) : [A9] 셀에서 분만 추출한 58이 [B9] 셀에 입력됩니다.

## 기출문제 따라잡기 – '기출' 시트에서 실습하세요.

**지급액** : [당일금액+식대]로 구하되, '당일금액'은 '근무시간'의 [(시간×5400)+(분×90)]으로 산출하고, '식대'는 '근무시간'이 '6' 이상이면 8000을, 아니면 0을 적용하여 구하시오(HOUR, MINUTE, IF 함수).

| | A | B | C | D | E | F |
|---|---|---|---|---|---|---|
| 1 | | | | | | |
| 2 | | 성명 | 출근시간 | 퇴근시간 | 근무시간 | 지급액 |
| 3 | | 황진우 | 8:25 | 21:00 | 12:35 | ₩ 75,950 |
| 4 | | 박은호 | 10:30 | 17:15 | 6:45 | ₩ 44,450 |
| 5 | | 최윤건 | 16:00 | 21:40 | 5:40 | ₩ 30,600 |
| 6 | | 김진상 | 17:35 | 23:40 | 6:05 | ₩ 40,850 |
| 7 | | 여준우 | 14:25 | 21:04 | 6:39 | ₩ 43,910 |
| 8 | | 오기현 | 16:25 | 23:35 | 7:10 | ₩ 46,700 |
| 9 | | 박상진 | 9:30 | 15:30 | 6:00 | ₩ 40,400 |
| 10 | | 이윤민 | 15:20 | 20:20 | 5:00 | ₩ 27,000 |

**정답** [F3] : =(HOUR(E3)*5400)+(MINUTE(E3)*90)+IF(HOUR(E3)>=6,8000,0)

### 수식의 이해

=(HOUR(E3)*5400)+(MINUTE(E3)*90)+IF(HOUR(E3)>=6,8000,0)

- ❶ **HOUR(E3)** : [E3] 셀의 값 '12:35'에서 시간만 추출한 12를 반환합니다.
- ❷ **MINUTE(E3)** : [E3] 셀의 값 '12:35'에서 분만 추출한 35를 반환합니다.
- ❸ **IF(HOUR(E3)>=6,8000,0)**

 ❺ ❻

- ❹의 조건이 참이면 ❺를 실행하고, 거짓이면 ❻을 실행합니다.
  - [E3] 셀의 값 '12:35'에서 시간만 추출한 12가 6보다 크므로 참입니다. 참이므로 ❺를 수행하여 8000을 반환합니다. ❶에 12, ❷에 35, ❸에 8000을 대입하면 다음과 같습니다.
- **= (12*5400)+(35*90)+8000** : 75,950이 [F3] 셀에 입력됩니다.

### 전문가의 조언

- HOUR 함수는 '시간'에서 시를 추출하여 표시하는 함수입니다. 자세한 설명은 14쪽을 참고하세요.
- IF 함수는 조건에 따라 서로 다른 여러 가지의 처리를 하는 함수입니다. 자세한 설명은 17쪽을 참고하세요.

날짜 / 시간 함수

# 010 시간에서 초만 추출하기 – SECOND

SECOND 함수는 시간값에서 초(Second)를 추출합니다. 초는 0부터 59까지의 정수로 표시됩니다. 시간은 따옴표로 묶은 텍스트 문자열("6:45 PM")이나 실수(6:45 PM을 나타내는 0.78125) 또는 다른 수식이나 함수의 결과(TIMEVALUE("6:45 PM")로 입력할 수 있습니다.

**형식** SECOND(시간) : '시간'에서 초를 추출합니다.

**준비하세요!** : 'C:\길벗ITQ마스터(2016)\ITQ엑셀\부록' 폴더의 'SECOND.xlsx' 파일을 열어 '기본' 시트에서 실습하세요.

| | A | B |
|---|---|---|
| 1 | 시간에서 초만 추출하기 | |
| 2 | | |
| 3 | 시간 | 초 |
| 4 | 1:34:00 PM | 0 ❶ |
| 5 | 1:34:00 AM | 0 |
| 6 | 11:01:47 PM | 47 ❷ |
| 7 | 12:46:48 AM | 48 |
| 8 | 2020-09-23 2:25:00 AM | 0 |
| 9 | 20-01-Fri 12:58:54 PM | 54 ❸ |

❶ =SECOND(A4) : [A4] 셀에서 초만 추출한 55가 [B4] 셀에 입력됩니다.
❷ =SECOND(A6) : [A6] 셀에서 초만 추출한 47이 [B6] 셀에 입력됩니다.
❸ =SECOND(A9) : [A9] 셀에서 초만 추출한 54가 [B9] 셀에 입력됩니다.

날짜 / 시간 함수

# 011 시간의 일련번호 계산하기 – TIME

TIME 함수는 특정 시간에 대한 실수값을 반환하는 함수로, 시간은 0에서 0.99999999까지의 실수로 표시되는데, 이는 0:00:00(오전12:00:00)부터 23:59:59(오후11:59:59)까지의 시간을 나타냅니다. 함수가 입력되기 전에 셀이 일반 서식을 가지고 있어도 결과값은 시간 서식으로 지정됩니다.

**형식** TIME(시, 분, 초) : '시', '분', '초'에 대한 시간의 일련번호를 구합니다.

**준비하세요!** : 'C:\길벗ITQ마스터(2016)\ITQ엑셀\부록' 폴더의 'TIME.xlsx' 파일을 열어 '기본' 시트에서 실습하세요.

| | A | B | C | D |
|---|---|---|---|---|
| 1 | 시간의 일련번호 구하기 | | | |
| 2 | | | | |
| 3 | 시 | 분 | 초 | 일련번호 |
| 4 | 0 | 0 | 65 | 0.000752315 ❶ |
| 5 | 0 | 1 | 5 | 0.000752315 |
| 6 | 1 | 1 | 1 | 0.042372685 ❷ |
| 7 | 25 | 1 | 1 | 0.042372685 |
| 8 | 12 | 1 | 1 | 0.500706019 |
| 9 | 23 | 59 | 59 | 0.999988426 ❸ |

❶ =TIME(A4,B4,C4) : [A4], [B4], [C4] 셀의 '시', '분', '초'에 대한 일련번호 0.000752315가 [D4] 셀에 입력됩니다.
❷ =TIME(A6,B6,C6) : [A6], [B6], [C6] 셀의 '시', '분', '초'에 대한 일련번호 0.0423726857가 [D6] 셀에 입력됩니다.
❸ =TIME(A9,B9,C9) : [A9], [B9], [C9] 셀의 '시', '분', '초'에 대한 일련번호 0.999988426이 [D9] 셀에 입력됩니다.

결과가 시간 서식으로 표시되므로 일반 숫자로 보려면 '셀 서식' 대화상자의 '표시 형식' 탭에서 '범주'를 '일반'으로 지정해야 합니다.

# 012 1월 실적이 평균 이상이면 "우수", 평균 미만이면 "미달" 표시하기 — IF

IF 함수는 참과 거짓에 관한 논리식을 판별하여 참일 때와 거짓일 때 서로 다른 값을 반환하기 위해 사용하는 함수입니다. 예를 들어 1월 실적이 평균 이상이면 "우수"를 반환하고 평균 미만이면 "미달"을 반환하는 수식은 '=IF(1월 실적 >= 평균, "우수", "미달")'과 같이 입력하여 사용할 수 있습니다.

**형식** IF(조건, 인수1, 인수2) : 조건을 비교하여 '참'이면 인수1, '거짓'이면 인수2를 실행합니다.

준비하세요! : 'C:\길벗ITQ마스터(2016)\ITQ엑셀\부록' 폴더의 'IF.xlsx' 파일을 열어 '기본' 시트에서 실습하세요.

IF 함수를 이용하여 1월 실적이 평균보다 크면 평가에 "우수"를, 그렇지 않으면 "미달"을 표시해 보겠습니다.

| | A | B | C | D | E |
|---|---|---|---|---|---|
| 1 | | 개인별 영업 실적 현황 | | | |
| 2 | | | | | |
| 3 | | 영업소 | 사원이름 | 1월 실적 | 평가 |
| 4 | | 서울 | 김정식 | 137,000 | 우수 ❶ |
| 5 | | 경기 | 박기수 | 78,900 | 미달 |
| 6 | | 강원 | 한송희 | 57,900 | 미달 ❷ |
| 7 | | 충북 | 장영철 | 103,400 | 우수 |
| 8 | | 대구 | 김만호 | 117,800 | 우수 |
| 9 | | 경북 | 최수정 | 78,900 | 미달 ❸ |
| 10 | | 부산 | 서용식 | 114,000 | 우수 |
| 11 | | 평균 | | 98,271 | |

❶ =IF(D4>D11,"우수","미달") : [D4] 셀의 1월 실적이 평균 실적을 초과하므로 "우수"가 [E4] 셀에 입력됩니다.

❷ =IF(D6>D11,"우수","미달") : [D6] 셀의 1월 실적이 평균 실적의 미만이므로 "미달"이 [E6] 셀에 입력됩니다.

❸ =IF(D9>D11,"우수","미달") : [D9] 셀의 1월 실적이 평균 실적의 미만이므로 "미달"이 [E9] 셀에 입력됩니다.

※ [E4] 셀에 수식을 입력한 후 [E5:E10] 영역에 수식을 복사하려면 **=IF(D4>=$D$11, "우수", "미달")**로 입력하세요.

## 기출문제 따라잡기 — '기출' 시트에서 실습하세요.

**비고** : '화소수(단위 : 만)'가 800 이상이고 '광학줌'이 7 이상이면 "고급형"으로, 그 이외는 공백으로 표시하시오(IF, AND 함수).

| | A | B | C | D | E |
|---|---|---|---|---|---|
| 1 | | | | | |
| 2 | | 모델명 | 화소수 (단위 : 만) | 광학줌 | 비고 |
| 3 | | IXUS960 | 1000 | 9 | 고급형 |
| 4 | | SP-560UZ | 800 | 15 | 고급형 |
| 5 | | VLUUL77 | 700 | 7 | |
| 6 | | MU820 | 800 | 9 | 고급형 |
| 7 | | S5IS | 800 | 15 | 고급형 |
| 8 | | VLUUi85 | 800 | 3 | |
| 9 | | 뮤-790SW | 700 | 3 | |
| 10 | | IXUS70 | 700 | 3 | |

**정답** [E3] : =IF(AND(C3>=800,D3>=7),"고급형","")

**수식 만들기 / 수식의 이해**

### 수식 만들기

- IF 함수를 사용하는 논리 수식은 먼저 논리 함수의 규칙에 맞게 우리말로 개략적인 수식을 세운 후 차례대로 입력해 나가는 것이 쉽습니다.
- 이 문제는 ❶ '과목코드'의 첫 번째 문자가 "K"이면 ❷ "전공" 입력, ❸ '과목코드'의 첫 번째 문자가 "T"이면 ❹ "선택" 입력, ❺ '과목코드'의 첫 번째 문자가 "D"이면 ❻ "공통"을 입력하는 것으로 다음과 같은 논리식이 됩니다.

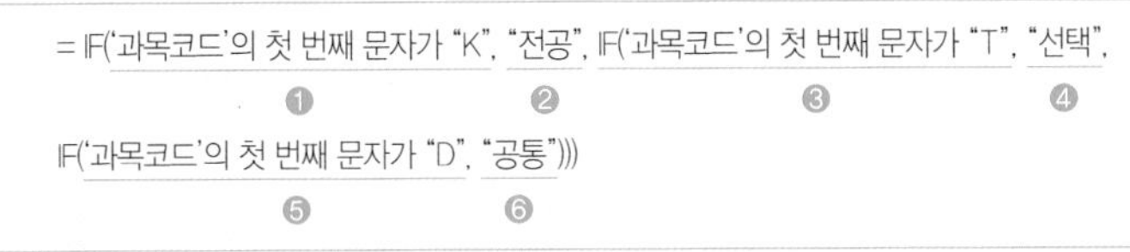

= IF('과목코드'의 첫 번째 문자가 "K", "전공", IF('과목코드'의 첫 번째 문자가 "T", "선택",
❶ ❷ ❸ ❹
IF('과목코드'의 첫 번째 문자가 "D", "공통")))
❺ ❻


❶ LEFT(B3,1)="K"
❸ LEFT(B3,1)="T"
❺ LEFT(B3,1)="D"

• ❶, ❸, ❺에 수식을 대입하면 전체 수식은 다음과 같습니다.

```
=IF(LEFT(B3,1)="K", "전공", IF(LEFT(B3,1)="T", "선택", IF(LEFT(B3,1)="D", "공통")))
        ❶                        ❸                        ❺
```

※ ❶과 ❸의 조건에 해당하지 않으면 무조건 "공통"이므로 '과목코드'의 첫 번째 문자가 "D"인지를 물어보는 ❺ 없이 다음과 같이 논리식을 만들어도 됩니다.

**=IF(LEFT(B3,1)="K", "전공", IF(LEFT(B3,1)="T", "선택", "공통"))**

❶ ❷ ❸ ❹ ❺

**수식의 이해**

수식을 만들 때는 최종적으로 값을 반환하는, 즉 가장 바깥쪽에 사용할 함수부터 찾아서 수식을 세웠지만 수식을 이해할 때는 우선순위에 따라 안쪽에서 바깥쪽 방향으로 수식이나 함수를 하나씩 상수로 변환하면서 이해하면 쉽습니다.

**=IF(LEFT(B3,1)="K", "전공", 두 번째 조건 검사)**

❶ ❷ ❸

❶ '과목코드'의 첫 번째 문자가 "K"이면 ❷ "전공"을 입력하고, 그렇지 않으면 ❸ 두 번째 조건을 검사합니다(두 번째 조건은 '과목코드'의 첫 번째 문자가 "T"이면 "선택"을 입력하고, 그렇지 않으면 "공통"을 입력합니다.).

**두 번째 조건 : IF(LEFT(B3,1)="T", "선택", "공통")**

❹ ❺ ❻

❹ '과목코드'의 첫 번째 문자가 "T"이면 ❺ "선택"을 입력하고, 그렇지 않으면 ❻ "공통"을 입력합니다. 두 번째 조건을 첫 번째 함수식의 ❸에 대입하면 다음과 같습니다.

**=IF(LEFT(B3,1)="K", "전공", IF(LEFT(B3,1)="T", "선택", "공통"))**

전문가의 조언

- IF(조건, 인수1, 인수2) 함수에서 인수2에 아무것도 입력하지 않으면 조건이 거짓일 때 "FALSE"가 표시됩니다.
- LEFT 함수는 텍스트의 왼쪽부터 지정한 개수만큼 표시하는 함수입니다. 자세한 설명은 53쪽을 참고하세요.

# 013 모두 참(TRUE)일 때 참(TRUE) 반환하기 — AND

AND 함수는 여러 개의 논리식 결과가 모두 참(TRUE)일 때만 참(TRUE)을 반환하는 함수입니다. 예를 들어 임의의 값 X가 5보다 크고, 10보다 작은 조건에 맞는지를 판별할 때는 '=AND(X 〉 5, X 〈 10)'와 같이 함수식을 입력하면 됩니다. 그러면 X가 6~9 사이에 있을 때만 논리식이 모두 참이 되어 TRUE를 반환하고, 6~9 사이를 벗어나면 거짓이 되어 FALSE를 반환합니다.

**형식** AND(인수1, 인수2, …) : 주어진 인수가 모두 참이면 참을 반환합니다.

**준비하세요!** : 'C:\길벗ITQ마스터(2016)\ITQ엑셀\부록' 폴더의 'AND.xlsx' 파일을 열어 '기본' 시트에서 실습하세요.

| | A | B | C | D |
|---|---|---|---|---|
| 1 | | AND 진리표 | | |
| 2 | | A | B | X |
| 3 | | FALSE | FALSE | FALSE ❶ |
| 4 | | TRUE | FALSE | FALSE ❷ |
| 5 | | FALSE | TRUE | FALSE |
| 6 | | TRUE | TRUE | TRUE ❸ |

❶ =AND(B3:C3) : [B3] 셀과 [C3] 셀의 값이 모두 거짓(FALSE)이므로 거짓(FALSE)이 [D3] 셀에 입력됩니다.

❷ =AND(B4:C4) : [B4] 셀은 참(TRUE), [C4] 셀은 거짓(FALSE)이므로 거짓(FALSE)이 [D4] 셀에 입력됩니다.

❸ =AND(B6:C6) : [B6] 셀과 [C6] 셀의 값이 모두 참(TRUE)이므로 참(TRUE)이 [D6] 셀에 입력됩니다.

## 기출문제 따라잡기 —'기출' 시트에서 실습하세요.

**비고** : '화소수(단위 : 만)'가 800 이상이고 '광학줌'이 7 이상이면 "고급형"으로, 그 이외는 공백으로 표시하시오(IF, AND 함수).

| | A | B | C | D | E |
|---|---|---|---|---|---|
| 1 | | | | | |
| 2 | | 모델명 | 화소수 (단위 : 만) | 광학줌 | 비고 |
| 3 | | IXUS960 | 1000 | 9 | 고급형 |
| 4 | | SP-560UZ | 800 | 15 | 고급형 |
| 5 | | VLUUL77 | 700 | 7 | |
| 6 | | MU820 | 800 | 9 | 고급형 |
| 7 | | S5IS | 800 | 15 | 고급형 |
| 8 | | VLUUi85 | 800 | 3 | |
| 9 | | 뮤-790SW | 700 | 3 | |
| 10 | | IXUS70 | 700 | 3 | |

**정답** [E3] : =IF(AND(C3〉=800,D3〉=7),"고급형","")

=IF(AND(C3〉=800,D3〉=7),"고급형","")

❶ ❷ ❸

❶의 조건이 참(TRUE)이면 ❷를, 거짓(FALSE)이면 ❸을 표시합니다.

- ❶ **AND(C3〉=800,D3〉=7)** : [C3] 셀의 값 1000이 800보다 크므로 참(TRUE)이고, [D3] 셀의 값 9가 7보다 크므로 참(TRUE)이 되어 최종적으로 참을 반환합니다.
- ❶번의 조건이 참이므로 ❷번을 수행하여 [E3] 셀에 "고급형"이 입력됩니다.

전문가의 조언

AND 함수의 인수는 범위의 크기에 관계없이 쉼표로 구분하여 255개까지 지정할 수 있습니다.

# 014 하나만 참(TRUE)이면 참(TRUE) 반환하기 — OR

OR 함수는 여러 개의 논리식 결과 중 하나라도 참(TRUE)이면 참(TRUE)을 반환하는 함수입니다. 예를 들어 임의의 값 X가 10보다 크거나 5보다 작은 조건에 맞는지를 판별할 때는 '=OR(X > 10, X < 5)'와 같이 함수식을 입력하면 됩니다. 그러면 X가 5~10 사이에 있을 때만 모두 거짓이 되어 FALSE를 반환합니다. OR 함수 안에 표시되는 인수는 1개에서 255개까지 지정할 수 있습니다.

**형식** OR(인수1, 인수2, …) : 인수 중 하나라도 참이면 참을 반환합니다.

준비하세요! : 'C:\길벗ITQ마스터(2016)\ITQ엑셀\부록' 폴더의 'OR.xlsx' 파일을 열어 '기본' 시트에서 실습하세요.

| | A | B | C | D | |
|---|---|---|---|---|---|
| 1 | | OR 진리표 | | | |
| 2 | | A | B | X | |
| 3 | | FALSE | FALSE | FALSE | ❶ |
| 4 | | TRUE | FALSE | TRUE | ❷ |
| 5 | | FALSE | TRUE | TRUE | |
| 6 | | TRUE | TRUE | TRUE | ❸ |

❶ =OR(B3:C3) : [B3] 셀과 [C3] 셀이 모두 거짓(FALSE)이므로 거짓(FALSE)이 [D3] 셀에 입력됩니다.

❷ =OR(B4:C4) : [B4] 셀은 참(TRUE), [C4] 셀은 거짓(FALSE)이므로 참(TRUE)이 [D4] 셀에 입력됩니다.

❸ =OR(B6:C6) : [B6] 셀과 [C6] 셀이 모두 참(TRUE)이므로 참(TRUE)이 [D6] 셀에 입력됩니다.

## 기출문제 따라잡기 — '기출' 시트에서 실습하세요.

**제품분류** : '모델명'의 세 번째 자리부터 2글자가 "LA"이거나 "HS"이면 "생활", 아니면 "주방"으로 표시하되, 결과값 뒤에 "가전"을 표시하시오(IF, OR, MID 함수, & 연산자)(예 : 주방가전).

| | A | B | C | D |
|---|---|---|---|---|
| 1 | | | | |
| 2 | | 품명 | 모델명 | 제품분류 |
| 3 | | 커피메이커 | N-CS06 | 주방가전 |
| 4 | | 냉장고 | S-CA11 | 주방가전 |
| 5 | | 쥬서기 | E-CS07 | 주방가전 |
| 6 | | 가습기 | N-HS01 | 생활가전 |
| 7 | | 커피메이커 | S-CS21 | 주방가전 |
| 8 | | 김치냉장고 | S-LA05 | 생활가전 |
| 9 | | 식기세척기 | E-LA17 | 생활가전 |
| 10 | | 가습기 | S-HS04 | 생활가전 |

**정답** [D3] : =IF(OR(MID(C3,3,2)="LA",MID(C3,3,2)="HS"),"생활","주방")&"가전"

### 수식의 이해

=IF(OR(MID(C3,3,2)="LA",MID(C3,3,2)="HS"),"생활","주방")&"가전"

❶ ❷ ❸

❶의 조건이 참(TRUE)이면 ❷를, 거짓(FALSE)이면 ❸을 표시합니다.

- ❶ OR(MID(C3,3,2)="LA",MID(C3,3,2)="HS")

❹ ❺

- ❹ MID(C3,3,2) : [C3] 셀의 값 "N-CS06"의 3번째부터 두 글자 "CS"를 반환합니다. "CS"를 ❹, ❺에 대입하면 다음과 같습니다.
- OR("CS"="LA","CS"="HS") : "CS"는 "LA" 또는 "HS"와 같지 않으므로 거짓(FALSE)을 반환합니다. FALSE를 ❶에 대입하면 다음과 같습니다.
- =IF(FALSE, "생활", "주방") : 조건이 거짓이므로 "주방"을 반환합니다.
- ="주방"&"가전" : "주방"과 "가전"을 결합한 "주방가전"이 [D3] 셀에 입력됩니다.

### 전문가의 조언

- IF 함수는 조건에 따라 여러 가지의 서로 다른 처리를 하는 함수입니다. 자세한 설명은 17쪽을 참고하세요.
- MID 함수는 텍스트 문자열의 특정 위치에서 원하는 개수만큼의 문자를 추출합니다. 자세한 설명은 52쪽을 참고하세요.

논리 함수

## 015 논리식의 결과 부정하기 — NOT

NOT 함수는 논리식의 결과를 부정하는 함수입니다. 즉, 논리식의 결과가 참(TRUE)이면 거짓(FALSE)을 반환하고, 거짓(FALSE)이면 참(TRUE)을 반환하는 함수입니다.

**형식** NOT(인수) : 인수의 반대 값을 반환합니다.

**준비하세요!** : 'C:\길벗ITQ마스터(2016)\ITQ엑셀\부록' 폴더의 'NOT.xlsx' 파일을 열어 '기본' 시트에서 실습하세요.

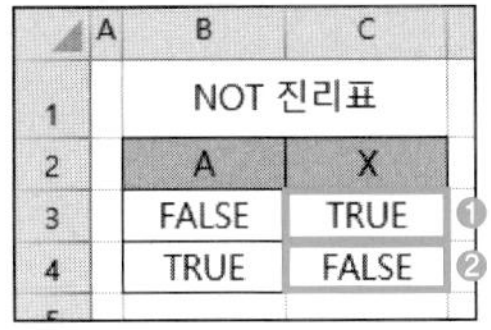

| | A | B | C |
|---|---|---|---|
| 1 | | NOT 진리표 | |
| 2 | | A | X |
| 3 | | FALSE | TRUE ❶ |
| 4 | | TRUE | FALSE ❷ |

❶ =NOT(B3) : [B3] 셀의 값이 거짓(FALSE)이므로 반대 값인 참(TRUE)이 [C3] 셀에 입력됩니다.

❷ =NOT(B4) : [B4] 셀의 값이 참(TRUE)이므로 반대 값인 거짓(FALSE)이 [C4] 셀에 입력됩니다.

논리 함수

## 016 논리값을 참(TRUE)으로 표시하기 — TRUE

논리값을 TRUE로 표시합니다. 이 함수를 사용하지 않고 셀에 직접 TRUE를 입력해도 결과값은 동일하게 표시됩니다. TRUE 함수는 다른 스프레드시트 프로그램과의 호환을 위해 제공됩니다.

**형식** TRUE( ) : TRUE 함수는 인수 없이 사용합니다. TRUE를 반환합니다.

**준비하세요!** : 'C:\길벗ITQ마스터(2016)\ITQ엑셀\부록' 폴더의 'TRUE.xlsx' 파일을 열어 '기본' 시트에서 실습하세요.

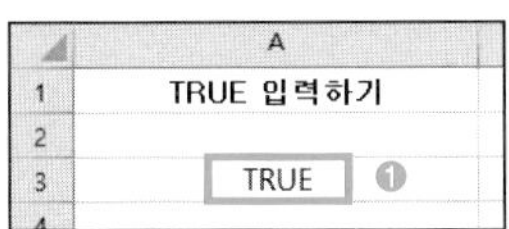

| | A |
|---|---|
| 1 | TRUE 입력하기 |
| 2 | |
| 3 | TRUE ❶ |

❶ =TRUE( ) : [A3] 셀에 TRUE가 입력됩니다.

논리 함수

## 017 논리값을 거짓(FALSE)으로 표시하기 — FALSE

논리값을 FALSE로 표시합니다. 이 함수를 사용하지 않고 셀에 직접 FALSE를 입력해도 결과값은 동일하게 표시됩니다. FALSE 함수는 다른 스프레드시트 프로그램과의 호환을 위해 제공됩니다.

**형식** FALSE( ) : FALSE 함수는 인수 없이 사용합니다. FALSE를 반환합니다.

**준비하세요!** : 'C:\길벗ITQ마스터(2016)\ITQ엑셀\부록' 폴더의 'FALSE.xlsx' 파일을 열어 '기본' 시트에서 실습하세요.

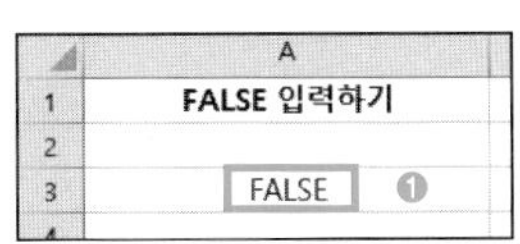

| | A |
|---|---|
| 1 | FALSE 입력하기 |
| 2 | |
| 3 | FALSE ❶ |

❶ =FALSE() : [A3] 셀에 FALSE가 입력됩니다.

# 018 과일의 주문 건수 계산하기 – DCOUNTA

DCOUNTA 함수는 데이터 목록에서 조건에 맞는 자료 중 데이터가 있는 레코드의 개수를 계산할 때 사용하는 함수입니다. 데이터 목록은 행(레코드)과 열(필드)로 이루어진 관련 데이터의 모임으로, 목록의 첫째 행에는 반드시 각 열의 제목(필드명)이 있어야 합니다. 그리고 DCOUNTA 함수와 같은 데이터베이스 함수는 데이터 목록과는 별도의 셀에 조건을 지정한 후 함수의 인수로 사용해야 합니다.

**형식** DCOUNTA(범위, 열 번호, 조건) : 해당 '범위'에서 '조건'에 맞는 자료를 대상으로 지정된 '열 번호'에서 비어 있지 않은 셀의 개수를 계산합니다.

**준비하세요!** : 'C:\길벗ITQ마스터(2016)\ITQ엑셀\부록' 폴더의 'DCOUNTA.xlsx' 파일을 열어 '기본' 시트에서 실습하세요.

DCOUNTA 함수를 이용하여 품목별로 주문 건수를 계산해 보겠습니다.

| | A | B | C | D | E | F |
|---|---|---|---|---|---|---|
| 1 | | | | 과일 판매 현황 | | |
| 2 | | 날짜 | 품명 | 주문수량 | 단가 | 금액 |
| 3 | | 1 | 사과 | 10 | 100 | 1,000 |
| 4 | | 1 | 배 | 20 | 200 | 4,000 |
| 5 | | 1 | 배 | 30 | 200 | 사고 |
| 6 | | 2 | 사과 | 10 | 100 | 1,000 |
| 7 | | 2 | 배 | 20 | 200 | 4,000 |
| 8 | | 2 | 감 | 10 | 300 | 3,000 |
| 9 | | | | | | |
| 10 | | | 품목별 주문 건수 | | | |
| 11 | | | 품명 | 품명 | 품명 | |
| 12 | | | 사과 | 배 | 감 | |
| 13 | | ❶ | 2 | 3 | 1 | ❷ |

❶ =DCOUNTA(B2:F8,2,C11:C12) : [B2:F8] 영역에서 [C11:C12] 영역의 조건, 즉 품명이 "사과"인 과일을 2열(C)에서 찾은 후 그 과일들의 개수인 2가 [C13] 셀에 입력됩니다.

❷ =DCOUNTA(B2:F8,2,E11:E12) : [B2:F8] 영역에서 [E11:E12] 영역의 조건, 즉 품명이 "감"인 과일을 2열(C)에서 찾은 후 그 과일들의 개수인 1이 [E13] 셀에 입력됩니다.

'열 번호'에 2 대신 필드명인 **"품명"**을 직접 입력하거나 셀 주소인 [C2]를 입력해도 됩니다.

## 기출문제 따라잡기 – '기출' 시트에서 실습하세요.

**홈 또는 오피스크리닝 건수** : 조건은 입력 데이터를 이용하고, 결과값 뒤에 "건"을 붙이시오(DCOUNTA 함수, & 연산자).

| | A | B | C | D | E |
|---|---|---|---|---|---|
| 1 | | | | | |
| 2 | | 고객명 | 구분 | 신청일 | 단가 (단위:원) |
| 3 | | 한희영 | 홈크리닝 | 2019-05-13 | 9,000 |
| 4 | | 이수정 | 오피스크리닝 | 2019-05-15 | 12,500 |
| 5 | | 홍수찬 | 오피스크리닝 | 2019-05-16 | 15,000 |
| 6 | | 유미정 | 특수크리닝 | 2019-05-13 | 18,000 |
| 7 | | 김동선 | 홈크리닝 | 2019-05-14 | 11,000 |
| 8 | | 차도영 | 홈크리닝 | 2019-05-13 | 20,000 |
| 9 | | 강선주 | 특수크리닝 | 2019-05-15 | 3,200 |
| 10 | | 박성희 | 오피스크리닝 | 2019-05-15 | 55,000 |
| 11 | | 홈 또는 오피스크리닝 건수 | | | 6건 |

**정답** [E11] : =DCOUNTA(B2:E10,2,C2:C4)&"건"

### 전문가의 조언

- '열 번호'에 2 대신 필드명인 **"구분"**을 직접 입력하거나 셀 주소인 [C2]를 입력해도 됩니다.
- DCOUNTA 함수와 같은 데이터베이스 함수는 데이터 목록과는 별도의 셀에 조건을 지정한 후 함수의 인수로 사용해야 하나, 이 문제의 경우 조건으로 입력 데이터(데이터 목록)를 이용하라는 지시사항이 있으므로, 추가로 조건을 입력하지 않고 입력 데이터를 이용하여 조건을 지정해야 합니다.

### 수식의 이해

=DCOUNTA(B2:E10,2,C2:C4)&"건"
❶

- ❶ **DCOUNTA(B2:E10,2,C2:C4)** : [B2:E10] 영역에서 [C2:C4] 영역의 조건, 즉 '구분'이 "홈크리닝" 이거나 "오피스크리닝"인 셀을 2열(C)에서 찾은 후 그 셀들의 개수 6을 반환합니다. 6을 ❶에 대입하면 다음과 같습니다.
- **= 6&"건"** : 6과 "건"을 결합한 "6건"이 [E11] 셀에 입력됩니다.

### 전문가의 조언

&는 2개 이상의 문자열을 합쳐 하나의 문자열로 만들 때 사용하는 문자열 결합 연산자입니다.

# 019 과일의 평균 판매 금액 계산하기 – DAVERAGE

DAVERAGE 함수는 데이터 목록에서 조건에 맞는 자료만의 평균을 계산할 때 사용하는 함수입니다. 데이터 목록은 행(레코드)과 열(필드)로 이루어진 관련 데이터의 모임으로, 목록의 첫째 행에는 반드시 각 열의 제목(필드명)이 있어야 합니다. 그리고 DAVERAGE 함수와 같은 데이터베이스 함수는 데이터 목록과는 별도의 셀에 조건을 지정한 후 함수의 인수로 사용해야 합니다.

**형식** DAVERAGE(범위, 열 번호, 조건) : 해당 '범위'에서 '조건'에 맞는 자료를 대상으로 지정된 '열 번호'에서 평균을 계산합니다.

**준비하세요!** : 'C:\길벗ITQ마스터(2016)\ITQ엑셀\부록' 폴더의 'DAVERAGE.xlsx' 파일을 열어 '기본' 시트에서 실습하세요.

DAVERAGE 함수를 이용하여 품목별로 평균 판매 금액을 계산해 보겠습니다.

| | A | B | C | D | E | F |
|---|---|---|---|---|---|---|
| 1 | | | 과일 판매 현황 | | | |
| 2 | | 날짜 | 품명 | 수량 | 단가 | 금액 |
| 3 | | 1 | 사과 | 10 | 100 | 1,000 |
| 4 | | 1 | 배 | 20 | 200 | 4,000 |
| 5 | | 1 | 감 | 30 | 300 | 9,000 |
| 6 | | 2 | 사과 | 10 | 100 | 1,000 |
| 7 | | 2 | 배 | 20 | 200 | 4,000 |
| 8 | | 2 | 감 | 10 | 300 | 3,000 |
| 9 | | | | | | |
| 10 | | | 품목별 금액의 평균 | | | |
| 11 | | | 품명 | 품명 | 품명 | |
| 12 | | | 사과 | 배 | 감 | |
| 13 | | ❶ | 1,000 | 4,000 | 6,000 | ❷ |
| 14 | | | | | | |

❶ =DAVERAGE(B2:F8,5,C11:C12) : [B2:F8] 영역에서 [C11:C12] 영역의 조건, 즉 품명이 "사과"인 과일의 금액들을 5열(F)에서 찾은 후 금액들(1000, 1000)의 평균인 1,000이 [C13] 셀에 입력됩니다.

❷ =DAVERAGE(B2:F8,5,E11:E12) : [B2:F8] 영역에서 [E11:E12] 영역의 조건, 즉 품명이 "감"인 과일의 금액들을 5열(F)에서 찾은 후 금액들(9000, 3000)의 평균인 6,000이 [E13] 셀에 입력됩니다.

'열 번호'에 5 대신 필드명인 **"금액"**을 직접 입력하거나 셀 주소인 [F2]를 입력해도 됩니다.

## 기출문제 따라잡기 – '기출' 시트에서 실습하세요.

**최소 출발 인원이 2명인 상품의 평균 일정** : 조건은 입력 데이터를 이용하시오(DAVERAGE 함수).

| | A | B | C | D | E |
|---|---|---|---|---|---|
| 1 | | | | | |
| 2 | | 지역 | 국가<br>(도시) | 일정(일) | 최소출발<br>인원 |
| 3 | | 동남아 | 세부 | 6 | 2 |
| 4 | | 동남아 | 하롱베이 | 5 | 8 |
| 5 | | 동남아 | 일본-고마츠 | 3 | 2 |
| 6 | | 동남아 | 일본-아오모리 | 4 | 4 |
| 7 | | 미주 | 오아후 | 5 | 2 |
| 8 | | 미주 | 오아후-하얏트 | 5 | 2 |
| 9 | | 미주 | 미서부 | 8 | 2 |
| 10 | | 유럽 | 파리 | 7 | 10 |
| 11 | | 최소 출발 인원이 2명인 상품의 평균 일정 | | | 5.4 |

**정답** [E11] : =DAVERAGE(B2:E10,3,E2:E3)

- '열 번호'에 3 대신 필드명인 **"일정(일)"**을 직접 입력하거나 셀 주소인 [D2]를 입력해도 됩니다.
- DAVERAGE 함수와 같은 데이터베이스 함수는 데이터 목록과는 별도의 셀에 조건을 지정한 후 함수의 인수로 사용해야 하나, 이 문제의 경우 조건으로 입력 데이터(데이터 목록)를 이용하라는 지시사항이 있으므로 추가로 조건을 입력하지 않고 입력 데이터를 이용하여 조건을 지정해야 합니다.

전문가의 조언

=DAVERAGE(B2:E10,3,E2:E3)

[B2:E10] 영역에서 [E2:E3] 영역의 조건, 즉 '최소출발인원'이 2인 상품의 일정을 3열(D)에서 찾은 후 일정들(6, 3, 5, 5, 8)의 평균을 계산한 5.4가 [E11] 셀에 입력됩니다.

# 020 과일의 판매 수량 합계 계산하기 – DSUM

DSUM 함수는 데이터 목록에서 조건에 맞는 자료들의 합계를 계산할 때 사용하는 함수입니다. 데이터 목록은 행(레코드)과 열(필드)로 이루어진 관련 데이터의 모임으로, 목록의 첫째 행에는 반드시 각 열의 제목(필드명)이 있어야 합니다. 그리고 DSUM 함수와 같은 데이터베이스 함수는 데이터 목록과는 별도의 셀에 조건을 지정한 후 함수의 인수로 사용해야 합니다.

**형식** DSUM(범위, 열 번호, 조건) : 해당 '범위'에서 '조건'에 맞는 자료를 대상으로 지정된 '열 번호'에서 합계를 계산합니다.

**준비하세요!** : 'C:\길벗ITQ마스터(2016)\ITQ엑셀\부록' 폴더의 'DSUM.xlsx' 파일을 열어 '기본' 시트에서 실습하세요.

DSUM 함수를 이용하여 품목별로 판매 수량의 합계를 계산해 보겠습니다.

| | A | B | C | D | E | F |
|---|---|---|---|---|---|---|
| 1 | | | 과일 판매 현황 | | | |
| 2 | | 날짜 | 품명 | 수량 | 단가 | 금액 |
| 3 | | 1 | 사과 | 10 | 100 | 1,000 |
| 4 | | 1 | 배 | 20 | 200 | 4,000 |
| 5 | | 1 | 배 | 30 | 200 | 6,000 |
| 6 | | 2 | 사과 | 20 | 100 | 2,000 |
| 7 | | 2 | 배 | 20 | 200 | 4,000 |
| 8 | | 2 | 감 | 30 | 300 | 9,000 |
| 9 | | | | | | |
| 10 | | | 품목별 판매 수량의 합계 | | | |
| 11 | | | 품명 | 품명 | 품명 | |
| 12 | | | 사과 | 배 | 감 | |
| 13 | | ❶ | 30 | 70 | 30 | ❷ |

❶ =DSUM(B2:F8,3,C11:C12) : [B2:F8] 영역에서 [C11:C12] 영역의 조건, 즉 품명이 "사과"인 과일의 수량을 3열(D)에서 찾아 그 수량들(10, 20)의 합계인 30이 [C13] 셀에 입력됩니다.

❷ =DSUM(B2:F8,3,E11:E12) : [B2:F8] 영역에서 [E11:E12] 영역의 조건, 즉 품명이 "감"인 과일의 수량을 3열(D)에서 찾아 그 수량(30)인 30이 [E13] 셀에 입력됩니다.

'열 번호'에 3 대신 필드명인 **"수량"**을 직접 입력하거나 셀 주소인 [D2]를 입력해도 됩니다.

## 기출문제 따라잡기 –'기출' 시트에서 실습하세요.

**5일 결제일 고객의 TOP 포인트 합계** : 조건은 입력 데이터를 이용하시오 (DSUM 함수).

| | A | B | C | D | E |
|---|---|---|---|---|---|
| 1 | | | | | |
| 2 | | 고객명 | 결제일 | 결제금액 | TOP 포인트 |
| 3 | | 백정미 고객 | 5 | ₩ 213,500 | 56,400 |
| 4 | | 박영태 고객 | 27 | ₩ 345,600 | 76,500 |
| 5 | | 명노찬 고객 | 17 | ₩ 123,000 | 21,000 |
| 6 | | 성나영 고객 | 5 | ₩ 56,000 | 7,600 |
| 7 | | 김교학 고객 | 27 | ₩ 79,000 | 8,900 |
| 8 | | 박성우 고객 | 17 | ₩ 541,000 | 64,300 |
| 9 | | 우지인 고객 | 5 | ₩ 678,000 | 123,400 |
| 10 | | 황은지 고객 | 27 | ₩ 543,000 | 115,000 |
| 11 | | 5일 결제일 고객의 TOP 포인트 합계 | | | 187400 |

**정답** [E11] : =DSUM(B2:E10,4,C2:C3)

전문가의 조언

- '열 번호'에 4 대신 필드명인 **"TOP 포인트"**를 직접 입력하거나 셀 주소인 [E2]를 입력해도 됩니다.
- DSUM 함수와 같은 데이터베이스 함수는 데이터 목록과는 별도의 셀에 조건을 지정한 후 함수의 인수로 사용해야 하나, 이 문제의 경우 조건으로 입력 데이터(데이터 목록)를 이용하라는 지시사항이 있으므로 추가로 조건을 입력하지 않고 입력 데이터를 이용하여 조건을 지정해야 합니다.

=DSUM(B2:E10,4,C2:C3)

[B2:E10] 영역에서 [C2:C3] 영역의 조건, 즉 '결제일'이 5인 고객의 TOP 포인트를 4열(E)에서 찾은 후 TOP 포인트들(56400, 7600, 123400)의 합계 187400이 [E11] 셀에 입력됩니다.

# 021 가장 적게 팔린 과일의 금액 찾기 — DMIN

DMIN 함수는 데이터 목록에서 조건에 맞는 자료 중 가장 작은 값을 찾을 때 사용하는 함수입니다. 데이터 목록은 행(레코드)과 열(필드)로 이루어진 관련 데이터의 모임으로, 목록의 첫째 행에는 반드시 각 열의 제목(필드명)이 있어야 합니다. 그리고 DMIN 함수와 같은 데이터베이스 함수는 데이터 목록과는 별도의 셀에 조건을 지정한 후 함수의 인수로 사용해야 합니다.

**형식** DMIN(범위, 열 번호, 조건) : 해당 '범위'에서 '조건'에 맞는 자료를 대상으로 지정된 '열 번호'에서 가장 작은 값을 찾습니다.

준비하세요! : 'C:\길벗ITQ마스터(2016)\ITQ엑셀\부록' 폴더의 'DMIN.xlsx' 파일을 열어 '기본' 시트에서 실습하세요.

DMIN 함수를 이용하여 품목별로 최소 판매 금액을 찾아 보겠습니다.

| | A | B | C | D | E | F |
|---|---|---|---|---|---|---|
| 1 | | | | 과일 판매 현황 | | |
| 2 | | 날짜 | 품명 | 수량 | 단가 | 금액 |
| 3 | | 1 | 사과 | 10 | 100 | 1,000 |
| 4 | | 1 | 배 | 20 | 200 | 4,000 |
| 5 | | 1 | 배 | 30 | 200 | 6,000 |
| 6 | | 2 | 사과 | 20 | 100 | 2,000 |
| 7 | | 2 | 배 | 20 | 200 | 4,000 |
| 8 | | 2 | 감 | 30 | 300 | 9,000 |
| 9 | | | | | | |
| 10 | | | 품목별 최초 판매 금액 | | | |
| 11 | | | 품명 | 품명 | 품명 | |
| 12 | | | 사과 | 배 | 감 | |
| 13 | | | 1,000 | 4,000 | 9,000 | |
| 14 | | | ❶ | ❷ | | |

❶ =DMIN(B2:F8,5,C11:C12) : [B2:F8] 영역에서 [C11:C12] 영역의 조건, 즉 품명이 "사과"인 과일의 금액을 5열(F)에서 찾은 후 그 금액들(1000, 2000) 중 가장 작은 금액인 1000이 [C13] 셀에 입력됩니다.

❷ =DMIN(B2:F8,5,D11:D12) : [B2:F8] 영역에서 [D11:D12] 영역의 조건, 즉 품명이 "배"인 과일의 금액을 5열(F)에서 찾은 후 그 금액들(4000, 6000, 4000) 중 가장 작은 금액인 4,000이 [D13] 셀에 입력됩니다.

'열 번호'에 5 대신 필드명인 **"금액"**을 직접 입력하거나 셀 주소인 [F2]를 입력해도 됩니다.

## 기출문제 따라잡기 —'기출' 시트에서 실습하세요.

**최소 처리건수(자재팀 제외)** : 근무부서가 자재팀이 아닌 데이터 중 최소 처리건수를 구하시오. 단, 조건은 [F2] 셀부터 입력하고 결과 값에 "건"을 붙이시오 (DMIN 함수, & 연산자)(예 : 1건).

| | A | B | C | D | E | F |
|---|---|---|---|---|---|---|
| 1 | | | | | | |
| 2 | | 업무코드 | 근무부서 | 처리건수 | | 근무부서 |
| 3 | | N-2 | 자재팀 | 32 | | <>자재팀 |
| 4 | | K-1 | 영업팀 | 18 | | |
| 5 | | C-1 | 총무팀 | 20 | | |
| 6 | | K-2 | 영업팀 | 26 | | |
| 7 | | K-2 | 영업팀 | 15 | | |
| 8 | | N-2 | 자재팀 | 27 | | |
| 9 | | C-2 | 총무팀 | 30 | | |
| 10 | | N-3 | 자재팀 | 17 | | |
| 11 | | 최소 처리건수(자재팀 제외) | | 15건 | | |

**정답** 조건 [F2] : 근무부서
[F3] : 〈〉자재팀
[D11] : =DMIN(B2:D10,3,F2:F3)&"건"

**전문가의 조언**

- '열 번호'에 3 대신 필드명인 **"처리건수"**를 직접 입력하거나 셀 주소인 [D2]를 입력해도 됩니다.
- DMIN 함수와 같은 데이터베이스 함수는 데이터 목록과는 별도의 셀에 조건을 지정한 후 함수의 인수로 사용해야 하나, 이 문제의 경우 조건으로 입력 데이터(데이터 목록)를 이용하라는 지시사항이 있으므로 추가로 조건을 입력하지 않고 입력 데이터를 이용하여 조건을 지정해야 합니다.

**수식의 이해**

=DMIN(B2:D10,3,F2:F3)&"건"
❶

- ❶ **DMIN(B2:D10,3,F2:F3)** : [B2:D10] 영역에서 [F2:F3] 영역의 조건, 즉 '근무부서'가 "자재팀"이 아닌 직원의 처리건수를 3열(D)에서 찾아 그 처리건수의 값(18, 20, 26, 15, 30) 중 가장 작은 값 15를 반환합니다. 15를 ❶에 대입하면 다음과 같습니다.
- **=15 & "건"** : 15와 "건"을 결합한 "15건"이 [E11] 셀에 입력됩니다.

**전문가의 조언**

&는 2개 이상의 문자열을 합쳐 하나의 문자열로 만들 때 사용하는 문자열 결합 연산자입니다.

# 022 가장 많이 팔린 과일의 금액 찾기 — DMAX

DMAX 함수는 데이터 목록에서 조건에 맞는 자료 중 가장 큰 값을 찾을 때 사용하는 함수입니다. 데이터 목록은 행(레코드)과 열(필드)로 이루어진 관련 데이터의 모임으로, 목록의 첫째 행에는 반드시 각 열의 제목(필드명)이 있어야 합니다. 그리고 DMAX 함수와 같은 데이터베이스 함수는 데이터 목록과는 별도의 셀에 조건을 지정한 후 함수의 인수로 사용해야 합니다.

**형식** DMAX(범위, 열 번호, 조건) : 해당 '범위'에서 '조건'에 맞는 자료를 대상으로 지정된 '열 번호'에서 가장 큰 값을 찾습니다.

**준비하세요!** : 'C:\길벗ITQ마스터(2016)\ITQ엑셀\부록' 폴더의 'DMAX.xlsx' 파일을 열어 '기본' 시트에서 실습하세요.

DMAX 함수를 이용하여 품목별로 최대 판매 금액을 찾아보겠습니다.

| | A | B | C | D | E | F |
|---|---|---|---|---|---|---|
| 1 | | | 과일 판매 현황 | | | |
| 2 | | 날짜 | 품명 | 수량 | 단가 | 금액 |
| 3 | | 1 | 사과 | 10 | 100 | 1,000 |
| 4 | | 1 | 배 | 20 | 200 | 4,000 |
| 5 | | 1 | 배 | 30 | 200 | 6,000 |
| 6 | | 2 | 사과 | 20 | 100 | 2,000 |
| 7 | | 2 | 배 | 20 | 200 | 4,000 |
| 8 | | 2 | 감 | 30 | 300 | 9,000 |
| 9 | | | | | | |
| 10 | | | 품목별 최대 판매 금액 | | | |
| 11 | | | 품명 | 품명 | 품명 | |
| 12 | | | 사과 | 배 | 감 | |
| 13 | | | 2,000 ① | 6,000 ② | 9,000 | |

① =DMAX(B2:F8,5,C11:C12) : [B2:F8] 영역에서 [C11:C12] 영역의 조건, 즉 품명이 "사과"인 과일의 금액을 5열(F)에서 찾은 후 금액들(1000, 2000) 중 가장 큰 금액인 2000이 [C13] 셀에 입력됩니다.

② =DMAX(B2:F8,5,D11:D12) : [B2:F8] 영역에서 [D11:D12] 영역의 조건, 즉 품명이 "배"인 과일의 금액을 5열(F)에서 찾은 후 금액들(4000, 6000, 4000) 중 가장 큰 금액인 6,000이 [D13] 셀에 입력됩니다.

'열 번호'에 5 대신 필드명인 **"금액"**을 직접 입력하거나 셀 주소인 [F2]를 입력해도 됩니다.

## 기출문제 따라잡기 —'기출' 시트에서 실습하세요.

**평수 31평 중 분양가 최고액(천원) : DMAX 함수**

| | A | B | C | D | E |
|---|---|---|---|---|---|
| 1 | | | | | |
| 2 | | 고객명 | 평수 | 분양가 | 청약금 |
| 3 | | 이기붕 | 31평 | 177,400 | 17,740 |
| 4 | | 박기숙 | 23평 | 179,800 | 35,960 |
| 5 | | 최형통 | 25평 | 194,500 | 38,900 |
| 6 | | 김보배 | 33평 | 241,400 | 24,140 |
| 7 | | 손삼수 | 31평 | 236,800 | 47,360 |
| 8 | | 김길수 | 37평 | 299,500 | 29,950 |
| 9 | | 이동순 | 23평 | 173,600 | 34,720 |
| 10 | | 박민호 | 23평 | 192,400 | 19,240 |
| 11 | | 평수 31평중 분양가 최고액(천원) | | | 236,800 |

**정답** [E11] : =DMAX(B2:E10,3,C2:C3)

### 전문가의 조언

- '열 번호'에 3 대신 필드명인 **"분양가"**를 직접 입력하거나 셀 주소인 [D2]를 입력해도 됩니다.
- DMAX 함수와 같은 데이터베이스 함수는 데이터 목록과는 별도의 셀에 조건을 지정한 후 함수의 인수로 사용해야 하나, 이 문제의 경우 조건으로 입력 데이터(데이터 목록)를 이용하라는 지시사항이 있으므로 추가로 조건을 입력하지 않고 입력 데이터를 이용하여 조건을 지정해야 합니다.

### 수식의 이해

=DMAX(B2:E10,3,C2:C3)

[B2:E10] 영역에서 [C2:C3] 영역의 조건, 즉 '평수'가 31평인 고객의 분양가를 3열(D)에서 찾아 그 분양가의 값(177400, 236800) 중 가장 큰 값 236800이 [E11] 셀에 입력됩니다.

# 023 과일의 판매 건수 계산하기 — DCOUNT

DCOUNT 함수는 데이터 목록에서 조건에 맞는 자료 중 숫자가 있는 레코드의 개수를 계산할 때 사용하는 함수입니다. 데이터 목록은 행(레코드)과 열(필드)로 이루어진 관련 데이터의 모임으로, 목록의 첫째 행에는 반드시 각 열의 제목(필드명)이 있어야 합니다. 그리고 DCOUNT 함수와 같은 데이터베이스 함수는 데이터 목록과는 별도의 셀에 조건을 지정한 후 함수의 인수로 사용해야 합니다. 문자, 오류값 등이 들어 있는 셀의 개수를 세어야 할 때에는 DCOUNTA 함수를 사용하세요.

**형식** DCOUNT(범위, 열 번호, 조건) : 해당 '범위'에서 '조건'에 맞는 자료를 대상으로 지정된 '열 번호'에서 숫자가 있는 셀의 개수를 계산합니다.

**준비하세요!** : 'C:\길벗ITQ마스터(2016)\ITQ엑셀\부록' 폴더의 'DCOUNT.xlsx' 파일을 열어 '기본' 시트에서 실습하세요.

DCOUNT 함수를 이용하여 품목별로 판매 건수를 계산해 보겠습니다.

| | A | B | C | D | E | F |
|---|---|---|---|---|---|---|
| 1 | | | 과일 판매 현황 | | | |
| 2 | | 날짜 | 품명 | 수량 | 단가 | 금액 |
| 3 | | 1 | 사과 | 10 | 100 | 1,000 |
| 4 | | 1 | 배 | 20 | 200 | 4,000 |
| 5 | | 1 | 배 | 취소 | 취소 | 취소 |
| 6 | | 2 | 사과 | 10 | 100 | 1,000 |
| 7 | | 2 | 배 | 20 | 200 | 4,000 |
| 8 | | 2 | 감 | 10 | 300 | 3,000 |
| 9 | | | | | | |
| 10 | | | 품목별 판매 건수 | | | |
| 11 | | | 품명 | 품명 | 품명 | |
| 12 | | | 사과 | 배 | 감 | |
| 13 | | ❶ | 2 | 2 | 1 | ❷ |

❶ =DCOUNT(B2:F8,5,C11:C12) : [B2:F8] 영역에서 [C11:C12] 영역의 조건, 즉 품명이 "사과"인 과일의 금액을 5열(F)에서 찾은 후 찾은 금액들(1000, 1000)의 개수인 2가 [C13] 셀에 입력됩니다.

❷ =DCOUNT(B2:F8,5,E11:E12) : [B2:F8] 영역에서 [E11:E12] 영역의 조건, 즉 품명이 "감"인 과일의 금액을 5열(F)에서 찾은 후 찾은 금액(3,000)의 개수인 1이 [E13] 셀에 입력됩니다.

- 조건에 맞는 자료 중 숫자가 있는 셀의 개수를 계산하므로 열 번호 '5' 대신 숫자가 들어 있는 3(수량), 4(단가)를 지정해도 됩니다.
- '열 번호'에 5 대신 필드명인 **"금액"**을 직접 입력하거나 셀 주소인 [F2]를 입력해도 됩니다.

# 024 유일한 값 찾아내기 — DGET

DGET 함수는 데이터 목록에서 조건에 맞는 유일한 값을 찾을 때 사용하는 함수입니다. 찾으려는 값이 없으면 '#VALUE!' 오류가 발생하고, 찾으려는 값이 여러 개이면 '#NUM!' 오류가 발생합니다. 데이터 목록은 행(레코드)과 열(필드)로 이루어진 관련 데이터의 모임으로, 목록의 첫째 행에는 반드시 각 열의 제목(필드명)이 있어야 합니다. 그리고 DGET 함수와 같은 데이터베이스 함수는 데이터 목록과는 별도의 셀에 조건을 지정한 후 함수의 인수로 사용해야 합니다.

**형식** DGET(범위, 열 번호, 조건) : 해당 '범위'에서 '조건'에 맞는 자료를 대상으로 지정된 '열 번호'에서 일치하는 단일 값을 구합니다.

**준비하세요!** : 'C:\길벗ITQ마스터(2016)\ITQ엑셀\부록' 폴더의 'DGET.xlsx' 파일을 열어 '기본' 시트에서 실습하세요.

DGET 함수를 이용하여 특정 품목에 대한 매출액을 찾아보겠습니다.

| | A | B | C | D | E |
|---|---|---|---|---|---|
| 1 | 제품 판매 현황 | | | | |
| 2 | 제품분류 | 품명 | 판매가 | 판매량 | 매출액 |
| 3 | 화장품 | 립스틱 | 13,524 | 45 | 608,580 |
| 4 | 가전제품 | 면도기 | 7,200 | 89 | 640,800 |
| 5 | 사무용품 | 만년필 | 2,900 | 230 | 667,000 |
| 6 | 사무용품 | 타자기 | 18,000 | 30 | 540,000 |
| 7 | 가전제품 | 선풍기 | 30,625 | 120 | 3,675,000 |
| 8 | 화장품 | 비누 | 2,600 | 120 | 312,000 |
| 9 | 화장품 | 샴푸 | 5,460 | 325 | 1,774,500 |
| 10 | 가전제품 | 전기담요 | 66,120 | 60 | 3,967,200 |
| 11 | | | | | |
| 12 | | 품목별 매출액 | | | |
| 13 | | 품명 | 품명 | 품명 | |
| 14 | | 면도기 | 비누 | 만년필 | |
| 15 | ❶ | 640,800 | 312,000 | 667,000 | ❷ |

❶ =DGET(A2:E10,5,B13:B14) : [A2:E10] 영역에서 [B13:B14] 영역의 조건, 즉 품명이 "면도기"인 제품의 매출액을 5열(E)에서 찾아 그 값인 640,800이 [B15] 셀에 입력됩니다.

❷ =DGET(A2:E10,5,D13:D14) : [A2:E10] 영역에서 [D13:D14] 영역의 조건, 즉 품명이 "만년필"인 제품의 매출액을 5열(E)에서 찾아 그 값인 667,000이 [D15] 셀에 입력됩니다.

'열 번호'에 5 대신 필드명인 **"매출액"**을 직접 입력하거나 셀 주소인 [E2]를 입력해도 됩니다.

## 기출문제 따라잡기 —'기출' 시트에서 실습하세요.

**최대 혈색소 해당자 : '당화혈색소'가 가장 큰 자료의 '환자성명'을 구하시오. 단, 조건(MAX 함수 사용)은 [B9:B10] 영역에 입력하시오(DGET 함수).**

| | A | B | C | D | E |
|---|---|---|---|---|---|
| 1 | | | | | |
| 2 | | 환자성명 | 나이 | 진료과목 | 당화 혈색소 |
| 3 | | 김정수 | 만 34세 | 내분비 | 12.6% |
| 4 | | 이수종 | 만 38세 | 소화기 | 6.0% |
| 5 | | 박민우 | 만 35세 | 신장 | 5.6% |
| 6 | | 안준서 | 만 47세 | 내분비 | 17.3% |
| 7 | | 박현준 | 만 42세 | 신장 | 4.7% |
| 8 | | 한동현 | 만 39세 | 소화기 | 4.8% |
| 9 | | 당화 혈색소 | 최대 혈색소 해당자 | | |
| 10 | | 17.3% | 안준서 | | |

**정답** 조건 [B9] : 당화혈색소
[B10] : =MAX(E3:E8)
[C10] : =DGET(B2:E8,1,B9:B10)

※ 조건 지정 시 [B9] 셀에 **당화혈색소**를 입력할 때는 범위 안에 포함된 [E2] 셀과 동일하게 두 줄로 입력해야 합니다. [E2] 셀을 복사하거나 [B9] 셀에 **당화**를 입력하고 Alt+Enter를 누른 다음 **혈색소**를 입력하면 됩니다.

### 전문가의 조언

- '열 번호'에 1 대신 필드명인 **"환자성명"**을 직접 입력하거나 셀 주소인 [B2]를 입력해도 됩니다.
- DGET 함수와 같은 데이터베이스 함수는 데이터 목록과는 별도의 셀에 조건을 지정한 후 함수의 인수로 사용해야 하나, 이 문제의 경우 조건으로 입력 데이터(데이터 목록)를 이용하라는 지시사항이 있으므로 추가로 조건을 입력하지 않고 입력 데이터를 지정해야 합니다.

=DGET(B2:E8,1,B9:B10)

[B2:E8] 영역에서 [B9:B10] 영역의 조건, 즉 '당화혈색소'가 가장 큰 17.3%인 고객을 1열(B)에서 찾아 환자성명인 '안준서'를 [C10] 셀에 입력합니다.

데이터베이스 함수

# 025 품목의 판매량에 대한 곱 계산하기 — DPRODUCT

DPRODUCT 함수는 데이터 목록에서 조건에 맞는 자료들의 곱을 계산할 때 사용하는 함수입니다. 데이터 목록은 행(레코드)과 열(필드)로 이루어진 관련 데이터의 모임으로, 목록의 첫째 행에는 반드시 각 열의 제목(필드명)이 있어야 합니다. 그리고 DPRODUCT 함수와 같은 데이터베이스 함수는 데이터 목록과는 별도의 셀에 조건을 지정한 후 함수의 인수로 사용해야 합니다.

**형식** DPRODUCT(범위, 열 번호, 조건) : 해당 '범위'에서 '조건'에 맞는 자료를 대상으로 지정된 '열 번호'에서 일치하는 값들의 곱을 계산합니다.

준비하세요! : 'C:\길벗ITQ마스터(2016)\ITQ엑셀\부록' 폴더의 'DPRODUCT.xlsx' 파일을 열어 '기본' 시트에서 실습하세요.

DPRODUCT 함수를 이용하여 품목별로 판매량의 곱을 계산해 보겠습니다.

| | A | B | C | D |
|---|---|---|---|---|
| 1 | | 부산 대리점 판매현황 | | |
| 2 | | 품목 | 판매량 | 판매액 |
| 3 | | 냉장고 | 13 | 12,350 |
| 4 | | 오디오 | 9 | 12,600 |
| 5 | | 비디오 | 23 | 12,880 |
| 6 | | 카메라 | 19 | 6,460 |
| 7 | | 오디오 | 13 | 18,200 |
| 8 | | 냉장고 | 8 | 7,600 |
| 9 | | 냉장고 | 14 | 13,300 |
| 10 | | 냉장고 | 9 | 8,550 |
| 11 | | 카메라 | 12 | 4,080 |
| 12 | | 비디오 | 19 | 10,640 |
| 13 | | | | |
| 14 | | 품목별 판매량의 곱 | | |
| 15 | | 품목 | 품목 | 품목 |
| 16 | | 오디오 | 카메라 | 비디오 |
| 17 | ❶ | 117 | 228 | 437 ❷ |

❶ =DPRODUCT(B2:D12,2,B15:B16) : [B2:D12] 영역에서 [B15:B16] 영역의 조건, 즉 품목이 "오디오"인 품목의 판매량을 2열(C)에서 찾아 그 판매량들(9, 13)의 곱인 117이 [B17] 셀에 입력됩니다.

❷ =DPRODUCT(B2:D12,2,D15:D16) : [B2:D12] 영역에서 [D15:D16] 영역의 조건, 즉 품목이 "비디오"인 품목의 판매량을 2열(C)에서 찾아 그 판매량들(23, 19)의 곱인 437이 [D17] 셀에 입력됩니다.

'열 번호'에 2 대신 필드명인 **"판매량"**을 직접 입력하거나 셀 주소인 [C2]를 입력해도 됩니다.

데이터베이스 함수

# 026 품목의 판매량에 대한 표준편차 계산하기 — DSTDEV

DSTDEV 함수는 데이터 목록에서 조건에 맞는 자료들에 대한 표준편차를 계산할 때 사용하는 함수입니다. 데이터 목록은 행(레코드)과 열(필드)로 이루어진 관련 데이터의 모임으로, 목록의 첫째 행에는 반드시 각 열의 제목(필드명)이 있어야 합니다. 그리고 데이터 목록과는 별도의 셀에 조건을 지정한 후 함수의 인수로 사용해야 합니다.

**형식** DSTDEV(범위, 열 번호, 조건) : 해당 '범위'에서 '조건'에 맞는 자료를 대상으로 지정된 '열 번호'에서 일치하는 값들의 표준편차를 계산합니다.

준비하세요! : 'C:\길벗ITQ마스터(2016)\ITQ엑셀\부록' 폴더의 'DSTDEV.xlsx' 파일을 열어 '기본' 시트에서 실습하세요.

DSTDEV 함수를 이용하여 품목별로 판매량의 표준편차를 계산해 보겠습니다.

| | A | B | C | D |
|---|---|---|---|---|
| 1 | | 부산 대리점 판매현황 | | |
| 2 | | 품목 | 판매량 | 판매액 |
| 3 | | 냉장고 | 13 | 12,350 |
| 4 | | 오디오 | 9 | 12,600 |
| 5 | | 비디오 | 23 | 12,880 |
| 6 | | 카메라 | 19 | 6,460 |
| 7 | | 오디오 | 13 | 18,200 |
| 8 | | 냉장고 | 8 | 7,600 |
| 9 | | 냉장고 | 14 | 13,300 |
| 10 | | 냉장고 | 9 | 8,550 |
| 11 | | 카메라 | 12 | 4,080 |
| 12 | | 비디오 | 19 | 10,640 |
| 13 | | | | |
| 14 | | 품목별 판매량의 표준편차 | | |
| 15 | | 품목 | 품목 | 품목 |
| 16 | | 오디오 | 카메라 | 비디오 |
| 17 | | 2.828427 | 4.949747 | 2.828427 |
| | | ❶ | ❷ | |

❶ =DSTDEV(B2:D12,2,B15:B16) : [B2:D12] 영역에서 [B15:B16] 영역의 조건, 즉 품목이 "오디오"인 품목의 판매량을 2열(C)에서 찾은 후 판매량들(9, 13)의 표준편차를 계산한 값인 2.828427이 [B17] 셀에 입력됩니다.

❷ =DSTDEV(B2:D12,2,C15:C16) : [B2:D12] 영역에서 [C15:C16] 영역의 조건, 즉 품목이 "카메라"인 품목의 판매량을 2열(C)에서 찾은 후 판매량들(19, 12)의 표준편차를 계산한 값인 4.949747이 [C17] 셀에 입력됩니다.

'열 번호'에 2 대신 필드명인 **"판매량"**을 직접 입력하거나 셀 주소인 [C2]를 입력해도 됩니다.

# 027 품목의 판매량에 대한 분산 계산하기 — DVAR

DVAR 함수는 데이터 목록에서 조건에 맞는 자료들에 대한 분산을 계산할 때 사용하는 함수입니다. 데이터 목록은 행(레코드)과 열(필드)로 이루어진 관련 데이터의 모임으로, 목록의 첫째 행에는 반드시 각 열의 제목(필드명)이 있어야 합니다. 그리고 데이터 목록과는 별도의 셀에 조건을 지정한 후 함수의 인수로 사용해야 합니다.

**형식** DVAR(범위, 열 번호, 조건) : 해당 '범위'에서 '조건'에 맞는 자료를 대상으로 지정된 '열 번호'에서 일치하는 값들의 분산을 계산합니다.

**준비하세요!** : 'C:\길벗ITQ마스터(2016)\ITQ엑셀\부록' 폴더의 'DVAR.xlsx' 파일을 열어 '기본' 시트에서 실습하세요.

DVAR 함수를 이용하여 품목별로 판매량의 분산을 계산해 보겠습니다.

| | A | B | C | D |
|---|---|---|---|---|
| 1 | | 부산 대리점 판매현황 | | |
| 2 | | 품목 | 판매량 | 판매액 |
| 3 | | 냉장고 | 13 | 12,350 |
| 4 | | 오디오 | 9 | 12,600 |
| 5 | | 비디오 | 23 | 12,880 |
| 6 | | 카메라 | 19 | 6,460 |
| 7 | | 오디오 | 13 | 18,200 |
| 8 | | 냉장고 | 8 | 7,600 |
| 9 | | 냉장고 | 14 | 13,300 |
| 10 | | 냉장고 | 9 | 8,550 |
| 11 | | 카메라 | 12 | 4,080 |
| 12 | | 비디오 | 19 | 10,640 |
| 13 | | | | |
| 14 | | 품목별 판매량의 분산 | | |
| 15 | | 품목 | 품목 | 품목 |
| 16 | | 오디오 | 카메라 | 비디오 |
| 17 | ❶ | 8 | 24.5 | ❷ 8 |

❶ =DVAR(B2:D12,2,B15:B16) : [B2:D12] 영역에서 [B15:B16] 영역의 조건, 즉 품목이 "오디오"인 품목의 판매량을 2열(C)에서 찾아 그 판매량들(9, 13)의 분산을 계산한 값인 8이 [B17] 셀에 입력됩니다.

❷ =DVAR(B2:D12,2,C15:C16) : [B2:D12] 영역에서 [C15:C16] 영역의 조건, 즉 품목이 "카메라"인 품목의 판매량을 2열(C)에서 찾아 그 판매량들(19, 12)의 분산을 계산한 값인 24.5가 [C17] 셀에 입력됩니다.

'열 번호'에 2 대신 필드명인 **"판매량"**을 직접 입력하거나 셀 주소인 [C2]를 입력해도 됩니다.

# 028 조건에 맞는 품목의 합계만 구하기 — SUMIF

SUMIF 함수는 많은 자료 중에서 조건에 맞는 데이터만 찾아서 합계를 구하는 함수입니다. 조건이 적용될 범위에서 조건에 맞는 데이터를 찾아 합계를 구할 범위 중 같은 행에 있는 값들의 합계를 계산합니다.

**형식** SUMIF(조건이 적용될 범위, 조건, 합계를 구할 범위) : 조건이 적용될 범위에서 조건에 맞는 셀을 찾아 합계를 구할 범위 중 같은 행에 있는 값들의 합계를 구합니다.

**준비하세요!** : 'C:\길벗ITQ마스터(2016)\ITQ엑셀\부록' 폴더의 'SUMIF.xlsx' 파일을 열어 '기본' 시트에서 실습하세요.

SUMIF 함수를 이용하여 품목별로 판매 금액의 합계를 계산해 보겠습니다.

| | A | B | C | D | E | F | G |
|---|---|---|---|---|---|---|---|
| 1 | 판매현황 | | | | | 품목별 합계 | |
| 2 | | | | | | | |
| 3 | 품목 | 수량 | 단가 | 금액 | | 냉장고 | 금액 |
| 4 | 냉장고 | 6 | 250 | 1,500 | | 컴퓨터 | 7,500 ❶ |
| 5 | 컴퓨터 | 8 | 300 | 2,400 | | 캠코더 | 6,000 |
| 6 | 냉장고 | 5 | 250 | 1,250 | | 냉장고 | 2,750 ❷ |
| 7 | 캠코더 | 7 | 500 | 3,500 | | | |
| 8 | 컴퓨터 | 10 | 300 | 3,000 | | | |
| 9 | 캠코더 | 5 | 500 | 2,500 | | | |
| 10 | 컴퓨터 | 7 | 300 | 2,100 | | | |

❶ =SUMIF(A4:A10,"컴퓨터",D4:D10) : [A4:A10] 영역에서 "컴퓨터"가 입력된 셀을 찾아, [D4:D10] 영역의 같은 행에 있는 금액들의 합계인 7,500이 [G4] 셀에 입력됩니다.

❷ =SUMIF(A4:A10,"냉장고",D4:D10) : [A4:A10] 영역에서 "냉장고"가 입력된 셀을 찾아, [D4:D10] 영역의 같은 행에 있는 금액들의 합계인 2,750이 [G6] 셀에 입력됩니다.

## 기출문제 따라잡기 — '기출' 시트에서 실습하세요.

**미주지역의 공제 마일리지 합계** : 지역이 미주인 데이터의 공제 마일리지 합계를 구하시오(SUMIF 함수).

| | A | B | C | D | E |
|---|---|---|---|---|---|
| 1 | | | | | |
| 2 | | 지역 | 국가 (도시) | 공제 마일리지 | 출발요일 |
| 3 | | 동남아 | 세부 | 70,000 | 토 |
| 4 | | 동남아 | 하롱베이 | 80,000 | 토 |
| 5 | | 동남아 | 일본-고마츠 | 90,000 | 수 |
| 6 | | 동남아 | 일본-아오모리 | 115,000 | 일 |
| 7 | | 미주 | 오아후 | 125,000 | 수 |
| 8 | | 미주 | 오아후-하얏트 | 145,000 | 수 |
| 9 | | 미주 | 미서부 | 155,000 | 화 |
| 10 | | 유럽 | 파리 | 190,000 | 수 |
| 11 | | 미주지역의 공제 마일리지 합계 | | | 425,000 |

**정답** [E11] : =SUMIF(B3:B10,"미주",D3:D10)

**수식의 이해**

**=SUMIF(B3:B10,"미주",D3:D10)**

[B3:B10] 영역에서 "미주"가 입력된 셀([B7:B9])을 찾은 후 [D3:D10] 영역의 같은 행([D7:D9])에 있는 공제 마일리지들(125000, 145000, 155000)의 합계 425000이 [E11] 셀에 입력됩니다.

# 029 곱한 값들의 합계 구하기 – SUMPRODUCT

SUMPRODUCT 함수는 인수로 주어진 배열의 각 해당 요소들을 모두 곱한 후, 그 곱들의 합계를 반환하는 함수입니다. 인수로 사용하는 배열의 행수와 열수는 모두 같아야 합니다. 배열의 행수와 열수가 같지 않으면 '#VALUE!' 오류값이 반환되고, 숫자가 아닌 항목은 0으로 처리됩니다.

**형식** SUMPRODUCT(배열1, 배열2, …) : 배열1과 배열2를 곱한 후 결과를 모두 더합니다.

**준비하세요!** : 'C:\길벗ITQ마스터(2016)\ITQ엑셀\부록' 폴더의 'SUMPRODUCT.xlsx' 파일을 열어 '기본' 시트에서 실습하세요.

| | A | B |
|---|---|---|
| 1 | 곱의 합계산하기 | |
| 2 | | |
| 3 | 배열1 | 배열2 |
| 4 | 5 | 6 |
| 5 | 6 | 8 |
| 6 | 8 | 5 |
| 7 | 9 | 7 |
| 8 | | |
| 9 | 결과 | 181 ❶ |

❶ =SUMPRODUCT(A4:A7,B4:B7) : [A4:A7] 영역의 값과 [B4:B7] 영역의 값을 다음과 같이 대응([A4]×[B4], [A5]×[B5], [A6]×[B6], [A7]×[B7])되게 곱한 값의 합계인 181이 [B9] 셀에 입력됩니다.

## 기출문제 따라잡기 – '기출' 시트에서 실습하세요.

**전체 판매금액 합계** : [판매가×판매수량]의 합계를 구하시오(SUMPRODUCT 함수).

| | A | B | C | D | E |
|---|---|---|---|---|---|
| 1 | | | | | |
| 2 | | 모델명 | 제조사 | 판매가 | 판매수량 |
| 3 | | IXUS960 | 캐논 | 445,000 | 2,372 |
| 4 | | SP-560UZ | 올림푸스 | 448,000 | 3,548 |
| 5 | | VLUUL77 | 삼성테크윈 | 319,000 | 2,768 |
| 6 | | MU820 | 올림푸스 | 338,000 | 3,118 |
| 7 | | S5IS | 캐논 | 435,000 | 3,005 |
| 8 | | VLUUi85 | 삼성테크윈 | 328,000 | 2,915 |
| 9 | | 뮤-790SW | 올림푸스 | 348,000 | 2,431 |
| 10 | | IXUS70 | 캐논 | 269,000 | 2,738 |
| 11 | | 전체 판매금액 합계 | | 8,427,725,000 | |

**정답** [D11] : =SUMPRODUCT(D3:D10,E3:E10)

**=SUMPRODUCT(D3:D10,E3:E10)**

[D3:D10] 영역의 값과 [E3:E10] 영역의 값을 다음과 같이 대응되게 곱한 값의 합계인 8,427,725,000이 [D11] 셀에 입력됩니다.

=SUMPRODUCT(D3*E3, D4*E4, …, D9*E9, D10*E10) ➡ =SUMPRODUCT(445,000*2,372, 448,000*3,548, …, 348,000*2,431, 269,000*2,738) ➡ =SUMPRODUCT(1,055,540,000, 1,589,504,000, …, 845,988,000, 736,522,000) ➡ 8,427,725,000

# 030 합계 구하기 – SUM

SUM 함수는 인수로 주어진 숫자들의 합계를 계산하는 함수로, 인수는 255개까지 지정할 수 있습니다. 인수는 숫자이거나 숫자가 포함된 이름, 배열 또는 셀 주소이어야 합니다.

**형식** SUM(인수1, 인수2, …) : 인수(인수1, 인수2, …)로 주어진 숫자들의 합계를 계산합니다.

**준비하세요!** : 'C:\길벗ITQ마스터(2016)\ITQ엑셀\부록' 폴더의 'SUM.xlsx' 파일을 열어 '기본' 시트에서 실습하세요.

| | A | B | C | D |
|---|---|---|---|---|
| 1 | 합계계산 | | | |
| 2 | | | | |
| 3 | 숫자1 | 숫자2 | 숫자3 | 합계 |
| 4 | 6 | 7 | 8 | 21 ❶ |
| 5 | 20 | 30 | 40 | 90 |
| 6 | - | 30 | 26 | 56 ❷ |
| 7 | 8 | | 10 | 18 |

❶ =SUM(A4:C4) : [A4:C4] 영역의 합계인 21이 [D4] 셀에 입력됩니다.
❷ =SUM(A6:C6) : [A6:C6] 영역의 합계인 56이 [D6] 셀에 입력됩니다.

## 기출문제 따라잡기 – '기출' 시트에서 실습하세요.

**점수 총합계(기존 점수 + 보너스 점수) : 합계를 구하고 결과값에 "점"을 붙이시오(SUM 함수, & 연산자).**

| | A | B | C | D | E |
|---|---|---|---|---|---|
| 1 | | | | | |
| 2 | | 고객명 | 고객 등급 | 기존 점수 | 보너스 점수 |
| 3 | | 나수정 | 일반 | 1,345점 | 392점 |
| 4 | | 김삼수 | 일반 | 3,244점 | 3,842점 |
| 5 | | 최동철 | 특별 | 45점 | 3,894점 |
| 6 | | 이기붕 | 특별 | 954점 | 923점 |
| 7 | | 박지훈 | 우수 | 349점 | 4,854점 |
| 8 | | 고수동 | 우수 | 2,842점 | 382점 |
| 9 | | 허수진 | 최고 | 2,348점 | 38점 |
| 10 | | 박남수 | 일반 | 9,342점 | 0점 |
| 11 | | 점수 총합계(기존 점수 + 보너스 점수) | | | 34794점 |

**정답** [E11] : =SUM(D3:E10)&"점"

=SUM(D3:E10)&"점"
❶

- ❶ **SUM(D3:E10)** : [D3:E10] 영역의 값을 모두 더한 값 34794를 반환합니다. 34794를 ❶에 대입하면 다음과 같습니다.
- **=34794 & "점"** : 34794와 "점"을 결합한 "34794점"이 [E11] 셀에 입력됩니다.

**전문가의 조언**

&는 2개 이상의 문자열을 합쳐 하나의 문자열로 만들 때 사용하는 문자열 결합 연산자입니다.

# 031 실수를 정수로 변경하기 – INT

INT는 실수의 소수점 이하를 제거하여 정수로 변환시킬 때 사용하는 함수입니다. INT는 인수로 주어진 실수보다 크지 않은 정수로 변환시킵니다. 예를 들어, INT(5.1)은 5를 반환하고, INT(–5.1)은 –6을 반환합니다.

**형식** INT(인수) : 인수로 주어진 실수를 정수로 변환시킵니다.

**준비하세요!** : 'C:\길벗ITQ마스터(2016)\ITQ엑셀\부록' 폴더의 'INT.xlsx' 파일을 열어 '기본' 시트에서 실습하세요.

| | A | B | |
|---|---|---|---|
| 1 | 정수로 변환하기 | | |
| 2 | | | |
| 3 | 실수 | 정수 | |
| 4 | 4.5 | 4 | ❶ |
| 5 | 4.99 | 4 | |
| 6 | 125.12 | 125 | ❷ |
| 7 | -6.1 | -7 | |
| 8 | -85.9 | -86 | ❸ |

❶ =INT(A4) : [A4] 셀의 값 4.5보다 크지 않은 정수 4가 [B4] 셀에 입력됩니다.
❷ =INT(A6) : [A6] 셀의 값 125.12보다 크지 않은 정수 125가 [B6] 셀에 입력됩니다.
❸ =INT(A8) : [A8] 셀의 값 –85.9보다 크지 않은 정수 –86이 [B8] 셀에 입력됩니다.

## 기출문제 따라잡기 –'기출' 시트에서 실습하세요.

**평균가격** : '특품가', '상품가', '보통가'의 평균을 구한 후 소수점 아래를 버리고 가장 가까운 정수로 내림하시오(INT, AVERAGE 함수).

| | A | B | C | D | E | F |
|---|---|---|---|---|---|---|
| 1 | | | | | | |
| 2 | | 품종명 | 특품가 | 상품가 | 보통가 | 평균가격 |
| 3 | | 거베라 | 1,675 | 1,591 | 1,557 | 1,607 |
| 4 | | 설풍 | 1,260 | 1,197 | 1,171 | 1,209 |
| 5 | | 금잔화 | 300 | 285 | 279 | 288 |
| 6 | | 조지아(쌍대) | 3,269 | 3,105 | 3,040 | 3,138 |
| 7 | | 수선 | 660 | 627 | 613 | 633 |
| 8 | | 블루매직 | 1,472 | 1,398 | 1,368 | 1,412 |
| 9 | | 안개 | 1,887 | 1,792 | 1,754 | 1,811 |
| 10 | | 여명 | 3,570 | 3,391 | 3,320 | 3,427 |

**정답** [F3] : =INT(AVERAGE(C3:E3))

=INT(AVERAGE(C3:E3))
❶

- ❶ **AVERAGE(C3:E3)** : [C3:E3] 영역에 입력되어 있는 값들의 평균 1607.666…을 반환합니다. 1607.666…을 ❶에 대입하면 다음과 같습니다.
- **=INT(1607.6666)** : 1607.666…의 소수점 이하를 제거한 1607이 [F3] 셀에 입력됩니다.

**전문가의 조언**

AVERAGE 함수는 인수로 주어진 숫자들의 평균을 계산하는 함수입니다. 자세한 설명은 62쪽을 참고하세요.

# 032 나머지 계산하기 – MOD

MOD 함수는 숫자를 나눈 후 나머지를 구하는 함수입니다. 예를 들면, 5/2는 몫이 2이고 나머지가 1인데 MOD는 나머지 1을 구하는 함수입니다. 결과는 나누는 수의 부호를 갖습니다. MOD는 홀짝을 판별하거나 어떤 수의 배수 여부를 판별할 때 많이 사용됩니다.

**형식** MOD(인수1, 인수2) : 인수1을 인수2로 나눈 나머지를 구합니다.

**준비하세요!** : 'C:\길벗ITQ마스터(2016)\ITQ엑셀\부록' 폴더의 'MOD.xlsx' 파일을 열어 '기본' 시트에서 실습하세요.

| | A | B | C |
|---|---|---|---|
| 1 | 나머지 계산하기 | | |
| 2 | | | |
| 3 | 숫자 | 나누는 수 | 나머지 |
| 4 | 67 | 5 | 2 ❶ |
| 5 | 4 | 2 | 0 |
| 6 | 29 | 6 | 5 ❷ |
| 7 | -7 | 3 | 2 ❸ |

❶ =MOD(A4,B4) : 67을 5로 나눈 나머지 값인 2가 [C4] 셀에 입력됩니다.
❷ =MOD(A6,B6) : 29를 6으로 나눈 나머지 값인 5가 [C6] 셀에 입력됩니다.
❸ =MOD(A7,B7) : −7을 3으로 나눈 나머지 값인 2가 [C7] 셀에 입력됩니다.

## 기출문제 따라잡기 – '기출' 시트에서 실습하세요.

**사업구분** : '관리코드'의 3번째 자리 숫자가 짝수이면 "영업/교육", 그렇지 않으면 "생산/기술"을 표시하시오(IF, MOD, MID 함수).

| | A | B | C | D | E |
|---|---|---|---|---|---|
| 1 | | | | | |
| 2 | | 관리코드 | 사업명 | 기본예산 | 사업구분 |
| 3 | | SA2-05 | 체인점관리 | 34,500,000 | 영업/교육 |
| 4 | | TE1-10 | 네트워크보안 | 155,000,000 | 생산/기술 |
| 5 | | SA4-04 | 연수원관리 | 28,000,000 | 영업/교육 |
| 6 | | SA2-03 | 회원관리 | 22,500,000 | 영업/교육 |
| 7 | | TE3-05 | 공장환경개선 | 105,000,000 | 생산/기술 |
| 8 | | SA4-06 | 사이버교육관리 | 45,800,000 | 영업/교육 |
| 9 | | TE1-12 | 홈네트워크 | 185,000,000 | 생산/기술 |
| 10 | | TE3-07 | 생산공정표준화 | 85,600,000 | 생산/기술 |

**정답** [E3] : =IF(MOD(MID(B3,3,1),2)=0,"영업/교육", "생산/기술")

=IF(MOD(MID(B3,3,1),2)=0,"영업/교육","생산/기술")
❶ ❷ ❸

❶의 조건이 참(TRUE)이면 ❷를, 거짓(FALSE)이면 ❸을 표시합니다.

- ❶ MOD(MID(B3,3,1),2)=0
  ❹
  ❺
- ❹ **MID(B3,3,1)** : [B3] 셀에 입력된 값 "SA2-05"의 3번째 위치부터 1글자를 추출한 "2"를 반환합니다. "2"를 ❹에 대입하면 다음과 같습니다.
- ❺ **MOD(2,2)=0** : 2를 2로 나누면 나머지는 0이므로 참(TRUE)을 반환합니다. TRUE를 ❶에 대입하면 다음과 같습니다.
- **=IF(TRUE, "영업/교육", "생산/기술")** : 조건이 참이므로 [E3] 셀에 "영업/교육"이 입력됩니다.

**전문가의 조언**

- IF 함수는 참과 거짓에 관한 논리식을 판별하여 참일 때와 거짓일 때 서로 다른 값을 반환하는 함수입니다. 자세한 설명은 17쪽을 참고하세요.
- MID 함수는 텍스트 문자열의 특정 위치에서 원하는 수만큼의 문자를 추출합니다. 자세한 설명은 52쪽을 참고하세요.

# 033 자리내림하기 – ROUNDDOWN

ROUNDDOWN 함수는 숫자를 지정한 자릿수로 자리내림하여 표시하는 함수입니다. 예를 들어, ROUNDDOWN(35.6768,2)이라면 35.6768을 소수 이하 셋째 자리에서 자리내림하여 소수 이하 둘째 자리까지 표시하므로 35.67이 됩니다.

**형식** ROUNDDOWN(인수, 내림 자릿수) : 인수에 대하여 지정한 자릿수로 자리내림합니다.

준비하세요! : 'C:\길벗ITQ마스터(2016)\ITQ엑셀\부록' 폴더의 'ROUNDDOWN.xlsx' 파일을 열어 '기본' 시트에서 실습하세요.

| | A | B | C |
|---|---|---|---|
| 1 | 자리내림 | | |
| 2 | | | |
| 3 | 숫자 | 자릿수 | 결과 |
| 4 | 78325.67429 | 3 | 78325.674 ❶ |
| 5 | 78325.67429 | 2 | 78325.67 |
| 6 | 78325.67429 | 1 | 78325.6 |
| 7 | 78325.67429 | 0 | 78325 |
| 8 | 78325.67429 | -1 | 78320 |
| 9 | 78325.67429 | -2 | 78300 ❷ |
| 10 | 78325.67429 | -3 | 78000 |

❶ =ROUNDDOWN(A4,B4) : [A4] 셀의 값 78325.67429를 소수 이하 넷째 자리에서 자리내림하여 소수 이하 셋째 자리까지 표시하므로 [C4] 셀에 78325.674가 입력됩니다.

❷ =ROUNDDOWN(A9,B9) : [A9] 셀의 값 78325.67429를 십의 자리에서 자리내림하여 백의 자리까지 표시하므로 [C9] 셀에 78300이 입력됩니다.

**ROUNDDOWN 함수의 내림 자릿수**

내림 자릿수가 0보다 크면 숫자는 지정한 소수 이하 자릿수로, 0이면 가장 가까운 정수로, 0보다 작으면 소수점 왼쪽에서 내림됩니다.

| 3 | 8 | 6 | 4 | . | 5 | 5 | 8 | 8 |
|---|---|---|---|---|---|---|---|---|
| −3자리 | −2자리 | −1자리 | 0자리 | | 1자리 | 2자리 | 3자리 | 4자리 |

## 기출문제 따라잡기 – '기출' 시트에서 실습하세요.

**총임대료** : [C2] 셀의 할인율을 이용하여 [임대료(1일) × 임대기간(일) × 할인율]로 구한 값을 천 단위에서 버림하여 만 단위로 표시하시오(ROUNDDOWN 함수) (예 : 2,859,500 → 2,850,000).

| | A | B | C | D | E | F |
|---|---|---|---|---|---|---|
| 1 | | | | | | |
| 2 | | 할인율 | 0.9 | | | |
| 3 | | 관리코드 | 임대업체 | 임대기간(일) | 임대료(1일) | 총임대료 |
| 4 | | AD-1103 | 우성건설 | 7 | 465,000원 | 2,920,000 |
| 5 | | DC-1105 | 웰빙주택 | 5 | 355,000원 | 1,590,000 |
| 6 | | AL-1110 | 우성건설 | 9 | 330,000원 | 2,670,000 |
| 7 | | PF-1112 | 한가람건설 | 14 | 255,000원 | 3,210,000 |
| 8 | | DD-1116 | 미래건축 | 7 | 635,000원 | 4,000,000 |
| 9 | | DC-1116 | 미래건축 | 15 | 385,000원 | 5,190,000 |
| 10 | | PL-1119 | 한가람건설 | 12 | 315,000원 | 3,400,000 |

**정답** [F4] : =ROUNDDOWN(E4*D4*$C$2,−4)

=ROUNDDOWN(E4*D4*$C$2,−4)
❶

❶ **E4*D4*$C$2** : 465,000 × 7 × 0.9의 결과 2929500을 반환합니다. 2929500을 ❶에 대입하면 다음과 같습니다.

- **=ROUNDDOWN(2929500,−4)** : 2929500을 천의 자리에서 내림하여 만의 자리까지 표시하면 2920000이 됩니다.

# 034 반올림하기 – ROUND

ROUND 함수는 숫자를 지정한 자릿수로 반올림하여 표시하는 함수입니다. 가령 'ROUND(35.6768,2)'라면 35.6768을 소수 이하 셋째 자리에서 반올림하여 소수 이하 둘째 자리까지 표시하므로 35.68이 됩니다.

**형식** ROUND(인수, 반올림 자릿수) : 인수에 대하여 지정한 자릿수로 반올림합니다.

준비하세요! : 'C:\길벗ITQ마스터(2016)\ITQ엑셀\부록' 폴더의 'ROUND.xlsx' 파일을 열어 '기본' 시트에서 실습하세요.

| | A | B | C |
|---|---|---|---|
| 1 | 반올림 | | |
| 2 | | | |
| 3 | 숫자 | 자릿수 | 결과 |
| 4 | 78325.67429 | 3 | 78325.674 ❶ |
| 5 | 78325.67429 | 2 | 78325.67 |
| 6 | 78325.67429 | 1 | 78325.7 ❷ |
| 7 | 78325.67429 | 0 | 78326 |
| 8 | 78325.67429 | -1 | 78330 |
| 9 | 78325.67429 | -2 | 78300 |
| 10 | 78325.67429 | -3 | 78000 |

❶ =ROUND(A4,B4) : [A4] 셀의 값 78325.67429를 소수 이하 넷째 자리에서 반올림하여 소수 이하 셋째 자리까지 표시하므로 78325.674가 [C4] 셀에 입력됩니다.

❷ =ROUND(A6,B6) : [A6] 셀의 값 78325.67429를 소수 이하 둘째 자리에서 반올림하여 소수 이하 첫째 자리까지 표시하므로 78325.7이 [C6] 셀에 입력됩니다.

**ROUND 함수의 반올림 자릿수**

반올림 자릿수가 0보다 크면 숫자는 지정한 소수 이하 자릿수로, 0이면 가장 가까운 정수로, 0보다 작으면 소수점 왼쪽에서 반올림됩니다.

| 3 | 8 | 6 | 4 | . | 5 | 5 | 8 | 8 |
|---|---|---|---|---|---|---|---|---|
| -3자리 | -2자리 | -1자리 | 0자리 | | 1자리 | 2자리 | 3자리 | 4자리 |

## 기출문제 따라잡기 – '기출' 시트에서 실습하세요.

**2019년 분기 평균** : 2019년 1분기부터 4분기까지의 평균을 구하고, 십의 자리에서 반올림하여 표시하시오 (ROUND, AVERAGE 함수)(예 : 654,321 → 654,300).

| | A | B | C | D | E | F | G |
|---|---|---|---|---|---|---|---|
| 1 | | | | | | | |
| 2 | | 세부항목 | 2019년 1분기 | 2019년 2분기 | 2019년 3분기 | 2019년 4분기 | 2019년 분기 평균 |
| 3 | | 당좌자산 | 32,089 | 292,901 | 406,715 | 276,911 | 252,200 |
| 4 | | 외상매출금 | 657,581 | 493,151 | 427,397 | 660,855 | 559,700 |
| 5 | | 재고자산 | 630,411 | 45,090 | 76,320 | 50,000 | 200,500 |
| 6 | | 기타유동자산 | 60,000 | 45,090 | 76,320 | 50,000 | 57,900 |
| 7 | | 토지 | 112,500 | 125,000 | 137,500 | 150,000 | 131,300 |
| 8 | | 건물 | 1,450,000 | 1,450,000 | 1,450,000 | 1,450,000 | 1,450,000 |
| 9 | | 장비 | 875,000 | 875,000 | 875,000 | 875,000 | 875,000 |
| 10 | | 기타자산 | 33,000 | 120,000 | 5000 | 23,000 | 45,300 |
| 11 | | | | | | | |

**정답** [G3] : =ROUND(AVERAGE(C3:F3),-2)

=ROUND(AVERAGE(C3:F3),-2)
❶

❶ **AVERAGE(C3:F3)** : [C3:F3] 영역에 입력되어 있는 값들의 평균 252154를 반환합니다. 252154를 ❶에 대입하면 다음과 같습니다.

- **=ROUND(252154, -2)** : 252154를 십의 자리에서 반올림하여 백의 자리까지 표시한 252200이 [G3] 셀에 입력됩니다.

**전문가의 조언**

AVERAGE 함수는 인수로 주어진 숫자들의 평균을 계산하는 함수입니다. 자세한 설명은 62쪽을 참고하세요.

# 035 1에 가까운 방향으로 자리올림하기 — ROUNDUP

ROUNDUP 함수는 숫자를 지정한 자릿수로 자리올림하여 표시하는 함수입니다. 예를 들어 'ROUNDUP(35.6713,2)'라면 35.6713을 소수 이하 셋째 자리에서 자리올림하여 소수 이하 둘째 자리까지 표시하므로 35.68이 됩니다.

**형식** ROUNDUP(인수, 올림 자릿수) : 인수에 대하여 지정한 자릿수로 올림합니다.

**준비하세요!** : 'C:\길벗ITQ마스터(2016)\ITQ엑셀\부록' 폴더의 'ROUNDUP.xlsx' 파일을 열어 '기본' 시트에서 실습하세요.

| | A | B | C | D | E | F | G |
|---|---|---|---|---|---|---|---|
| 1 | | 심사 결과 | | | | | |
| 2 | | 이름 | 근무 | 능력 | 실적 | 평균 | 평가점수 |
| 3 | | 박주형 | 72 | 78 | 80 | 76.6667 | 77 ❶ |
| 4 | | 남영진 | 100 | 90 | 94 | 94.6667 | 95 |
| 5 | | 강구라 | 100 | 90 | 93 | 94.3333 | 95 |
| 6 | | 안미리 | 76 | 72 | 70 | 72.6667 | 73 ❷ |
| 7 | | 초석구 | 75 | 72 | 70 | 72.3333 | 73 |

❶ =ROUNDUP(F3,0) : [F3] 셀의 값 76.667을 소수 이하 첫째 자리에서 자리올림하여 소수 이하 0자리까지 표시하므로 77이 [G3] 셀에 입력됩니다.

❷ =ROUNDUP(F6,0) : [F6] 셀의 값 72.667을 소수이하 첫째 자리에서 자리올림하여 소수 이하 0자리까지 표시하므로 73이 [G6] 셀에 입력됩니다.

**ROUNDUP 함수의 올림 자릿수**

올림 자릿수가 0보다 크면 숫자는 지정한 소수 이하 자릿수로, 0이면 가장 가까운 정수로, 0보다 작으면 소수점 왼쪽에서 올림됩니다.

| 3 | 8 | 6 | 4 | . | 5 | 5 | 8 | 8 |
|---|---|---|---|---|---|---|---|---|
| -3자리 | -2자리 | -1자리 | 0자리 | | 1자리 | 2자리 | 3자리 | 4자리 |

## 기출문제 따라잡기 — '기출' 시트에서 실습하세요.

**월소득 계산** : [연수익/12]로 계산한 후 백원 단위에서 올림하여 구하시오(ROUNDUP 함수)(예 : 1,234,321 → 1,235,000).

| | A | B | C | D | E |
|---|---|---|---|---|---|
| 1 | | | | | |
| 2 | | 매장종류 | 실투자금 | 연수익 | 월소득 계산 |
| 3 | | 3층/이미지캐주얼 | ₩ 72,185,500 | ₩10,792,500 | ₩ 900,000 |
| 4 | | 지하/과일코너 | ₩ 39,782,117 | ₩ 5,916,000 | ₩ 493,000 |
| 5 | | 3층/영캐주얼 | ₩ 92,999,240 | ₩13,806,500 | ₩ 1,151,000 |
| 6 | | 지하/정육코너 | ₩ 78,287,149 | ₩10,545,000 | ₩ 879,000 |
| 7 | | 3층/진캐주얼 | ₩ 56,739,000 | ₩ 8,476,500 | ₩ 707,000 |
| 8 | | 5층/골프웨어 | ₩ 56,189,200 | ₩ 8,394,000 | ₩ 700,000 |

**정답** [E3] : =ROUNDUP(D3/12,-3)

=ROUNDUP(D3/12,-3)
❶

❶ **D3/12** : [D3] 셀에 입력되어 있는 값 10,792,500을 12로 나눈 899,375를 반환합니다. 899,375를 ❶에 대입하면 다음과 같습니다.

- **ROUNDUP(899375,-3)** : 899375를 백의 자리에서 올림하여 천의 자리까지 표시한 900,000이 [E3] 셀에 입력됩니다. 899,375를 백의 자리로 올림하면 899,000에 1,000을 더한 값과 같으므로 900,000이 됩니다.

수학 / 삼각 함수

# 036 숫자 모두 곱하기 — PRODUCT

PRODUCT 함수는 인수로 주어진 숫자를 모두 곱하는 함수로, 인수는 1개에서 255개까지 지정할 수 있습니다.

**형식** PRODUCT(인수1, 인수2, …) : 인수(인수1, 인수2, …)로 주어진 숫자들을 모두 곱합니다.

**준비하세요!** : 'C:\길벗ITQ마스터(2016)\ITQ엑셀\부록' 폴더의 'PRODUCT.xlsx' 파일을 열어 '기본' 시트에서 실습하세요.

| | A | B | C | D |
|---|---|---|---|---|
| 1 | 곱셈 계산 | | | |
| 2 | | | | |
| 3 | 숫자1 | 숫자2 | 숫자3 | 결과 |
| 4 | 5 | 10 | 1 | 50 |
| 5 | 6 | 20 | 3 | 360 |
| 6 | 7 | 30 | 5 | 1,050 |
| 7 | 8 | 40 | 7 | 2,240 |

❶ =PRODUCT(A4:C4) : [A4:C4] 영역의 값을 모두 곱한(5×10×1) 값인 50이 [D4] 셀에 입력됩니다.

❷ =PRODUCT(A6:C6) : [A6:C6] 영역의 값을 모두 곱한(7×30×5) 값인 1,050이 [D6] 셀에 입력됩니다.

수학 / 삼각 함수

# 037 절대값 계산하기 — ABS

ABS는 숫자의 부호 없이 숫자의 크기만을 나타내는 절대값을 계산할 때 사용합니다. 예를 들어, -5의 절대값은 5이고 +5의 절대값도 5입니다. 절대값은 특정 값과의 차이를 알아내서 비교할 때 많이 사용됩니다.

**형식** ABS(인수) : 인수로 주어진 숫자의 절대값을 계산합니다.

**준비하세요!** : 'C:\길벗ITQ마스터(2016)\ITQ엑셀\부록' 폴더의 'ABS.xlsx' 파일을 열어 '기본' 시트에서 실습하세요.

| | A | B | C | D | E | F |
|---|---|---|---|---|---|---|
| 1 | | 길벗고 신장 비교표 | | | | |
| 2 | | | | | | |
| 3 | | 성명 | 성별 | 키 | 평균과의 차이 | 절대값 |
| 4 | | 고신애 | 여 | 168 | -2 | 2 |
| 5 | | 김애자 | 여 | 165 | -5 | 5 |
| 6 | | 김형민 | 남 | 180 | 10 | 10 |
| 7 | | 박수동 | 남 | 175 | 5 | 5 |
| 8 | | 서수일 | 남 | 179 | 9 | 9 |
| 9 | | 소성환 | 남 | 180 | 10 | 10 |
| 10 | | 신길자 | 여 | 155 | -15 | 15 |
| 11 | | 이승혁 | 남 | 168 | -2 | 2 |
| 12 | | 조보람 | 여 | 162 | -8 | 8 |
| 13 | | 평균 | | 170 | | |

❶ =ABS(E4) : [E4] 셀의 숫자에 절대값을 취한 값인 2가 [F4] 셀에 입력됩니다.

❷ =ABS(E7) : [E7] 셀의 숫자에 절대값을 취한 값인 5가 [F7] 셀에 입력됩니다.

❸ =ABS(E10) : [E10] 셀의 숫자에 절대값을 취한 값인 15가 [F10] 셀에 입력됩니다.

❹ =ABS(E12) : [E12] 셀의 숫자에 절대값을 취한 값인 8이 [F12] 셀에 입력됩니다.

수학 / 삼각 함수

# 038 원의 둘레 구하기 – PI( ) × 원의 지름

PI 함수는 원주율을 소수 이하 15자리의 정밀도로 계산하여 표시합니다. 즉 3.14159265358979를 표시합니다. 원의 둘레나 면적을 계산할 때 주로 사용합니다.

**형식** PI( ) : 원주율(3.14159265358979)을 반환합니다.

**준비하세요!** : 'C:\길벗ITQ마스터(2016)\ITQ엑셀\부록' 폴더의 'PI.xlsx' 파일을 열어 '기본' 시트에서 실습하세요.

| | A | B |
|---|---|---|
| 1 | 원의 둘레 구하기 | |
| 2 | | |
| 3 | 원의 지름 | 원의 둘레 |
| 4 | 1 | 3.14159265358979 ❶ |
| 5 | 2 | 6.28318530717959 |
| 6 | 3 | 9.42477796076938 |
| 7 | 4 | 12.56637061435920 |

❶ =A4 * PI( ) : 원의 둘레는 '지름×원주율'이므로 [A4] 셀의 값 1과 PI( )를 곱한 값인 3.141592653589797가 [B4] 셀에 입력됩니다.

수학 / 삼각 함수

# 039 7의 5승(거듭 제곱) 계산하기 – POWER

POWER는 숫자의 거듭 제곱을 계산하는 함수입니다. 즉 POWER(5,3)은 5×5×5를 의미합니다. 숫자는 실수로 지정해도 됩니다. POWER 함수는 연산자 ^와 같은 기능을 하므로 POWER(5,3)를 5^3과 같이 입력해도 결과는 같습니다.

**형식** POWER(인수, 제곱값) : 인수를 제곱값만큼 거듭 제곱한 값을 계산합니다.

**준비하세요!** : 'C:\길벗ITQ마스터(2016)\ITQ엑셀\부록' 폴더의 'POWER.xlsx' 파일을 열어 '기본' 시트에서 실습하세요.

| | A | B | C |
|---|---|---|---|
| 1 | 거듭 제곱 구하기 | | |
| 2 | | | |
| 3 | 숫자 | 지수 | 결과 |
| 4 | 2 | 1 | 2 ❶ |
| 5 | 3 | 2 | 9 |
| 6 | 5 | 3 | 125 ❷ |
| 7 | 7 | 4 | 2401 |

❶ =POWER(A4,B4) : [B4] 셀의 지수(1)만큼 [A4] 셀의 숫자(2)를 한번 거듭 제곱한 값(2×1)인 2가 [C4] 셀에 입력됩니다.

❷ =POWER(A6,B6) : [B6] 셀의 지수(3)만큼 [A6] 셀의 숫자(5)를 세 번 거듭 제곱한 값(5×5×5)인 125가 [C6] 셀에 입력됩니다.

# 040 소수 이하 잘라내기 — TRUNC

TRUNC 함수는 숫자에서 지정한 자릿수 이하의 수치를 버릴 때 사용하는 함수입니다. 예를 들어, TRUNC(56.789,1)는 56.7을 반환합니다. 자릿수를 지정하지 않으면 자릿수가 0이 되어 INT와 유사한 기능을 합니다. TRUNC는 숫자의 소수 부분을 버리고, INT는 해당 숫자보다 크지 않은 정수로 변환합니다. INT와 TRUNC는 음수를 사용할 때만 다른 결과를 얻게 됩니다.

**형식** TRUNC(인수, 자릿수) : 인수에 대하여 자릿수를 지정한 자리 이하의 수치를 버립니다.

준비하세요! : 'C:\길벗ITQ마스터(2016)\ITQ엑셀\부록' 폴더의 'TRUNC.xlsx' 파일을 열어 '기본' 시트에서 실습하세요.

| | A | B | C |
|---|---|---|---|
| 1 | 필요없는 수치 제거하기 | | |
| 2 | | | |
| 3 | 숫자 | 자릿수 | 결과 |
| 4 | 78325.67429 | 3 | 78325.674 ❶ |
| 5 | 78325.67429 | 2 | 78325.67 |
| 6 | 78325.67429 | 1 | 78325.6 |
| 7 | 78325.67429 | 0 | 78325 ❷ |
| 8 | 78325.67429 | -1 | 78320 |
| 9 | 78325.67429 | -2 | 78300 |
| 10 | 78325.67429 | -3 | 78000 |

❶ =TRUNC(A4,B4) : [A4] 셀에 입력된 숫자에서 소수점 이하 셋째 자리 미만의 숫자를 잘라낸 78325.674가 [C4] 셀에 입력됩니다.

❷ =TRUNC(A8,B8) : [A8] 셀에 입력된 숫자에서 십의 자리 미만의 숫자를 잘라낸 78320이 [C8] 셀에 입력됩니다.

**TRUNC 함수의 자릿수**

자릿수가 0보다 크면 숫자는 지정한 소수 이하 자릿수까지, 0이면 정수까지, 0보다 작으면 소수점 왼쪽에서 버리게 됩니다.

| 3 | 8 | 6 | 4 | . | 5 | 5 | 8 | 8 |
|---|---|---|---|---|---|---|---|---|
| -3자리 | -2자리 | -1자리 | 0자리 | | 1자리 | 2자리 | 3자리 | 4자리 |

## 기출문제 따라잡기 — '기출' 시트에서 실습하세요.

**당월요금계(VAT포함)** : [이용금액 + (이용금액*10%) − 할인금액]으로 구하되, 원 단위에서 내림하여 구하시오(TRUNC 함수)(예 : 92,778 → 92,770).

| | A | B | C | D | E |
|---|---|---|---|---|---|
| 1 | | | | | |
| 2 | | 고객명 | 이용금액 | 할인금액 | 당월요금계 (VAT포함) |
| 3 | | 허신희 | 112,030 | 8,350 | 114,880 |
| 4 | | 박서현 | 48,500 | 1,720 | 51,630 |
| 5 | | 이선진 | 36,100 | 5,610 | 34,100 |
| 6 | | 최인영 | 78,900 | 4,800 | 81,990 |
| 7 | | 홍민정 | 25,460 | - | 28,000 |
| 8 | | 한명준 | 101,200 | 6,450 | 104,870 |

**정답** [E3] : =TRUNC(C3+(C3*10%)−D3,−1)

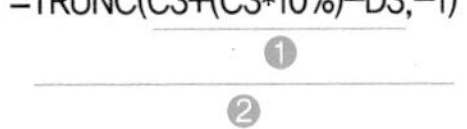


❶ C3+(C3*10%)−D3 : 수식의 결과 값 114,883을 반환합니다. 114,883을 ❶에 대입하면 다음과 같습니다.

• =TRUNC(114883,−1) : 114883을 일의 자리에서 내림하여 십의 자리까지 표시한 114880이 [E3] 셀에 입력됩니다.

수학 / 삼각 함수

## 041 가장 가까운 배수 구하기 – CEILING

CEILING 함수는 주어진 인수보다 큰 수 중 가장 가까운 배수를 구하는 함수입니다. 예를 들어, 'CEILING(29,3)'이라면 29보다 큰 수 중 가장 가까운 3의 배수를 표시하므로 30이 됩니다.

**형식** CEILING(인수1, 인수2) : 인수1을 인수2의 배수로 올림합니다.

**준비하세요!** : 'C:\길벗ITQ마스터(2016)\ITQ엑셀\부록' 폴더의 'CEILING.xlsx' 파일을 열어 '기본' 시트에서 실습하세요.

| | A | B | C | D |
|---|---|---|---|---|
| 1 | | 배수 구하기 | | |
| 2 | | | | |
| 3 | | 숫자 | 배수 | 결과 |
| 4 | | 2.5 | 1 | 3 ❶ |
| 5 | | 5 | 2 | 6 |
| 6 | | 34 | 3 | 36 ❷ |
| 7 | | 50 | 4 | 52 |
| 8 | | 12 | 5 | 15 ❸ |

❶ =CEILING(B4,C4) : [B4] 셀에 입력된 2.5보다 큰 수 중 가장 가까운 1의 배수인 3이 [D4] 셀에 입력됩니다.

❷ =CEILING(B6,C6) : [B6] 셀에 입력된 34보다 큰 수 중 가장 가까운 3의 배수인 36이 [D6] 셀에 입력됩니다.

❸ =CEILING(B8,C8) : [B8] 셀에 입력된 12보다 큰 수 중 가장 가까운 5의 배수인 15가 [D8] 셀에 입력됩니다.

수학 / 삼각 함수

## 042 가장 가까운 홀수 찾기 – ODD

ODD 함수는 주어진 인수보다 큰 수 중 가장 가까운 홀수로 변환하고 음수인 경우 인수보다 작은 수 중 가장 가까운 홀수로 변환하는 함수입니다. 예를 들어 ODD(4)는 5이고, ODD(–4)는 –5입니다.

**형식** ODD(인수) : 인수보다 큰 수 중 가장 가까운 홀수로 변환합니다.

**준비하세요!** : 'C:\길벗ITQ마스터(2016)\ITQ엑셀\부록' 폴더의 'ODD.xlsx' 파일을 열어 '기본' 시트에서 실습하세요.

| | A | B | C |
|---|---|---|---|
| 1 | | 가장 가까운 홀수 찾기 | |
| 2 | | | |
| 3 | | 데이터 | 가장 가까운 홀수 |
| 4 | | 1.5 | 3 ❶ |
| 5 | | 3 | 3 |
| 6 | | 2 | 3 |
| 7 | | -1 | -1 |
| 8 | | -2 | -3 ❷ |

❶ =ODD(B4) : [B4] 셀의 값 1.5는 양수이므로 1.5보다 큰 수 중 가장 가까운 홀수 3이 [C4] 셀에 표시됩니다.

❷ =ODD(B8) : [B8] 셀의 값 –2는 음수이므로 –2보다 작은 수 중 가장 가까운 홀수 –3이 [C8] 셀에 표시됩니다.

# 043 오류가 있는 셀 판별하기 – ISERROR

ISERROR 함수는 오류 여부를 판별하는 함수입니다. 함수가 오류가 있는 셀을 참조하면 TRUE를, 그렇지 않으면 FALSE를 반환합니다.

**형식** ISERROR(인수) : 오류값을 참조하면 'TRUE'를 반환합니다.

**준비하세요!** : 'C:\길벗ITQ마스터(2016)\ITQ엑셀\부록' 폴더의 'ISERROR.xlsx' 파일을 열어 '기본' 시트에서 실습하세요.

| | A | B | C |
|---|---|---|---|
| 1 | | 오류가 있는 셀 찾기 | |
| 2 | | 자료 | 오류판단 |
| 3 | | #DIV/0! | TRUE ❶ |
| 4 | | #NAME? | TRUE |
| 5 | | #REF! | TRUE |
| 6 | | #NULL! | TRUE |
| 7 | | #VALUE! | TRUE |
| 8 | | 25 | FALSE ❷ |
| 9 | | #NUM! | TRUE ❸ |
| 10 | | 오류냐? | FALSE |

❶ =ISERROR(B3) : [B3] 셀에서 '#DIV/0!' 에러가 발생하였으므로 [C3] 셀에 TRUE가 입력됩니다.

❷ =ISERROR(B8) : [B8] 셀의 값이 '25'이므로 [C8] 셀에 FALSE가 입력됩니다.

❸ =ISERROR(B9) : [B9] 셀에서 '#NUM!' 에러가 발생하였으므로 [C9] 셀에 TRUE가 입력됩니다.

## 기출문제 따라잡기 – '기출' 시트에서 실습하세요.

달성률(단위:%) : [실적량÷할당량]으로 구하되, 할당량이 0일 때 발생되는 오류값(#DIV/0!)은 빈 셀로 나타나게 하시오(IF, ISERROR 함수).

| | A | B | C | D | E |
|---|---|---|---|---|---|
| 1 | | | | | |
| 2 | | 성명 | 할당량 | 실적량 | 달성률 (단위:%) |
| 3 | | 박지원 | 40 | 32 | 80% |
| 4 | | 윤선중 | 43 | 46 | 107% |
| 5 | | 이민준 | 51 | 50 | 98% |
| 6 | | 오수진 | 0 | 72 | |
| 7 | | 김예준 | 60 | 58 | 97% |
| 8 | | 김상진 | 0 | 59 | |
| 9 | | 박동빈 | 69 | 54 | 78% |
| 10 | | 최유진 | 72 | 62 | 86% |

**정답** [E3] : =IF(ISERROR(D3/C3),"",D3/C3)

**수식의 이해**

=IF(ISERROR(D3/C3),"",D3/C3)
❶ ❷ ❸

❶의 조건이 참(TRUE)이면 ❷를, 거짓(FALSE)이면 ❸을 표시합니다.

- **❶ ISERROR(D3/C3)** : [D3] 셀의 값 32를 [C3] 셀의 값으로 나눈 값 0.8(80%)은 오류값이 아니므로 거짓(FALSE)을 반환합니다. FALSE를 ❶에 대입하면 다음과 같습니다.
- **=IF(FALSE,"",D3/C3)** : 조건이 거짓이므로 D3/C3을 수행하여 [E3] 셀에 0.8(80%)이 입력됩니다.

※ 단위가 '%'라고 하였으므로 결과값을 구한 후 백분율 스타일을 지정합니다.

**전문가의 조언**

IF 함수는 조건에 따라 서로 다른 여러 가지의 처리를 하는 함수입니다. 자세한 설명은 17쪽을 참고하세요.

# 044 직급별, 호봉별 급여 기준액 계산하기 – INDEX

INDEX 함수는 셀 범위나 데이터 배열에서 행 번호와 열 번호가 교차하는 곳에 있는 값을 반환하는 함수입니다. 행 번호와 열 번호가 셀 범위를 벗어나면 '#REF!' 오류값이 반환됩니다.

**형식** INDEX(범위, 행 번호, 열 번호) : 지정된 범위에서 행 번호와 열 번호에 위치한 데이터를 입력합니다.

**준비하세요!** : 'C:\길벗ITQ마스터(2016)\ITQ엑셀\부록' 폴더의 'INDEX.xlsx' 파일을 열어 '기본' 시트에서 실습하세요.

INDEX 함수를 이용하여 직급별, 호봉별로 급여를 찾아 급여지급표를 완성해 보겠습니다.

| | A | B | C | D | E |
|---|---|---|---|---|---|
| 1 | | 급여 지급 | | | |
| 2 | | 성명 | 직급 | 호봉 | 급여 |
| 3 | | 김신락 | 2 | 2 | 620,000 ❶ |
| 4 | | 홍길동 | 3 | 3 | 750,000 |
| 5 | | 김천만 | 4 | 3 | 850,000 |
| 6 | | 신선해 | 1 | 3 | 550,000 |
| 7 | | 막막해 | 5 | 2 | 920,000 ❷ |
| 8 | | | | | |
| 9 | | 급여 기준표 | | | |
| 10 | | 구분 | 1호봉 | 2호봉 | 3호봉 |
| 11 | | 1급 | 500,000 | 520,000 | 550,000 |
| 12 | | 2급 | 600,000 | 620,000 | 650,000 |
| 13 | | 3급 | 700,000 | 720,000 | 750,000 |
| 14 | | 4급 | 800,000 | 820,000 | 850,000 |
| 15 | | 5급 | 900,000 | 920,000 | 950,000 |

❶ =INDEX($C$11:$E$15,C3,D3) : [C3] 셀의 값 2를 행 번호로 지정하고, [D3] 셀의 값 2를 열 번호로 지정하였으므로, [C11:E15] 영역에서 2행 2열의 값 620,000을 찾아 [E3] 셀에 입력합니다.

❷ =INDEX($C$11:$E$15,C7,D7) : [C7] 셀의 값 5를 행 번호로 지정하고, [D7] 셀의 값 2를 열 번호로 지정하였으므로, [C11:E15] 영역에서 5행 2열의 값 920,000을 찾아 [E7] 셀에 입력합니다.

## 기출문제 따라잡기 –'기출' 시트에서 실습하세요.

**보너스 점수가 가장 높은 사람의 이름** : INDEX, MATCH, MAX 함수

| | A | B | C | D | E |
|---|---|---|---|---|---|
| 1 | | | | | |
| 2 | | 고객명 | 고객 등급 | 기존 점수 | 보너스 점수 |
| 3 | | 나수정 | 일반 | 1,345 | 392점 |
| 4 | | 김삼수 | 일반 | 3,244 | 3,842점 |
| 5 | | 최동철 | 특별 | 45 | 3,894점 |
| 6 | | 이기붕 | 특별 | 954 | 923점 |
| 7 | | 박지훈 | 우수 | 349 | 4,854점 |
| 8 | | 고수동 | 우수 | 2,842 | 382점 |
| 9 | | 허수진 | 최고 | 2,348 | 38점 |
| 10 | | 박남수 | 일반 | 9,342 | 0점 |
| 11 | | 보너스 점수가 가장 높은 사람의 이름 | | | 박지훈 |

**정답** [E11] : =INDEX(B3:E10,MATCH(MAX(E3:E10),E3 :E10,0),1)

**수식 만들기 / 수식의 이해**

### 수식 만들기

- 복잡한 수식을 세워서 입력해야 하는 문제가 나오면 처음부터 끝까지 한 번에 완벽하게 입력하려고 애쓰지 말고, 논리 순서에 맞추어 개략적으로 수식을 세운 후 차례대로 각각에 대한 세부적인 수식을 입력해 나가는 것이 쉽습니다. 이 문제는 INDEX 함수를 이용하여 단가가 가장 큰 작업명을 구하는 문제입니다. 이런 문제는 수식 세우는 연습을 충분히 숙달해두지 않았다면 짧은 시간에 수식을 세우기 어려운 문제입니다.
- 이렇게 함수를 중첩하여 사용하는 수식은 '최종적으로 무엇을 구하는가?'부터 살펴보아야 합니다. [E11] 셀에 들어갈 수식을 예로 들어 설명하겠습니다.

1. [E11] 셀에 최종적으로 입력될 값은 [B3:E10] 영역에서 찾아온 작업명인데, 문제에 주어진 세 함수 중 범위에서 특정 위치의 셀 값을 찾아오는 함수는 INDEX 뿐이므로 INDEX가 가장 바깥쪽에 놓입니다.
2. INDEX 함수는 다음과 같이 '찾을범위'에서 '행위치'와 '열위치'에 해당하는 데이터를 찾아오는 함수입니다.

   **=INDEX(찾을범위, 행위치, 열위치)**

   - **찾을범위** : 데이터를 찾을 범위를 지정합니다. 필드명을 제외한 실제 데이터가 있는 [B3:E10]을 지정합니다.
   - **행위치** : [E3:E10] 영역에서 가장 큰 단가를 찾아 해당 값이 있는 상대 위치를 MATCH 함수로 찾아야 합니다.
   - **열위치** : [B3:E10] 영역에서 찾고자 하는 작업명이 첫 번째 열에 있으므로 1입니다.

위 내용을 정리하면 다음과 같은 수식을 세울 수 있습니다.

**=INDEX(B3:E10,행위치,1)**

3. '행위치'는 [E3:E10] 영역에서 가장 큰 값이 있는 위치를 찾는 것이므로 MATCH 함수를 사용합니다. MATCH 함수는 다음과 같이 '찾을값'을 '찾을범위'에서 찾아 '찾을값'이 있는 상대적인 위치를 반환하는 함수입니다.

   **MATCH(찾을값,찾을범위,옵션)**

   - **찾을값** : [E3:E10] 영역에서 가장 큰 값을 계산해야 되므로 'MAX(E3:E10)'이 됩니다.
   - **찾을범위** : [E3:E10]
   - **옵션** : 정확히 일치하는 값을 찾아야 하므로 옵션은 0입니다.

   위의 인수들을 사용하여 행의 위치를 찾는 수식을 만들면 다음과 같습니다.

   **MATCH(MAX(E3:E10), E3:E10, 0)**

   찾을값 찾을범위 옵션

4. 이제 이 수식을 2번에서 세운 INDEX 함수의 '행위치'에 넣으면 다음과 같이 완성된 수식이 됩니다.

   **=INDEX(B3:E10, MATCH(MAX(E3:E10), E3:E10, 0), 1)**

   찾을범위 행위치 열위치

**수식의 이해**

수식을 만들 때는 최종적으로 값을 반환하는, 즉 가장 바깥쪽에 사용할 함수부터 찾아서 수식을 세웠지만 수식을 이해할 때는 우선순위에 따라 안쪽에서 바깥쪽 방향으로 수식이나 함수를 하나씩 상수로 변환하면서 이해하면 쉽습니다.

**=INDEX(B3:E10, MATCH(MAX(E3:E10), E3:E10, 0), 1)**

❶ MAX(E3:E10) : [E3:E10] 영역에서 가장 큰 값을 구합니다(4854).

❷ MATCH(❶,E3:E10,0) → MATCH(4854, E3:E10, 0) : [E3:E10] 영역에서 4854와 정확히 일치하는 값을 찾습니다. 4854를 찾은 후 4854가 있는 위치 5를 반환합니다.

❸ =INDEX(B3:E10,❷,1) → =INDEX(B3:E10, 5, 1) : [B3:E10] 영역에서 5행 1열의 값을 반환합니다(박지훈).

전문가의 조언

MATCH 함수는 지정된 범위에서 기준과 같은 데이터를 찾아 범위 내에서의 상대적인 위치를 반환하는 함수입니다. 자세한 설명은 46쪽을 참고하세요.

**MATCH 함수의 옵션**

- **-1 :** 찾을값보다 크거나 같은 값 중 가장 작은 값을 찾습니다. 범위는 반드시 내림차순으로 정렬되어 있어야 합니다.
- **0 :** 찾을값과 첫 번째로 정확하게 일치하는 값을 찾습니다. 범위는 정렬되어 있지 않아도 됩니다.
- **1 :** 찾을값보다 작거나 같은 값 중에서 가장 큰 값을 찾습니다. 범위는 반드시 오름차순으로 정렬되어 있어야 합니다.

# 045 자료가 기록된 위치 찾기 – MATCH

MATCH 함수는 지정된 범위에서 기준값과 같은 데이터를 찾아 범위 내에서의 상대적인 위치를 반환하는 함수입니다. 항목의 위치 대신 항목의 값이 필요한 경우는 LOOKUP 함수를 사용합니다.

**형식** MATCH(찾을값, 범위, 옵션) : 범위에서 찾을값과 같은 데이터를 찾아 옵션을 적용하여 그 위치를 일련번호로 표시합니다.

**준비하세요!** : 'C:\길벗ITQ마스터(2016)\ITQ엑셀\부록' 폴더의 'MATCH.xlsx' 파일을 열어 '기본' 시트에서 실습하세요.

MATCH 함수를 이용하여 실험 결과 영역에서 점수가 속해 있는 상대적 위치를 찾아보겠습니다.

| | A | B | C |
|---|---|---|---|
| 1 | | 실험 결과의 위치 찾기 | |
| 2 | | 점수 | 상대위치 |
| 3 | | 59 | 1 ❶ |
| 4 | | 80 | 4 |
| 5 | | | |
| 6 | | 실험 결과 | |
| 7 | | 56 | |
| 8 | | 60 | |
| 9 | | 70 | |
| 10 | | 80 | |
| 11 | | 90 | |

❶ =MATCH(B3,$B$7:$B$11,1) : [B7:B11] 영역에서 [B3] 셀의 값 59를 찾는데, 옵션이 1이므로 59보다 작거나 같은 값 중 가장 근접한 값을 찾습니다. 59보다 작은 값 중 가장 근접한 값 56을 찾아 [B7:B11] 영역에서의 상대적인 위치인 1이 [C3] 셀에 입력됩니다.

**MATCH 함수의 옵션**

- –1 : 찾을값보다 크거나 같은 값 중 가장 작은 값을 찾습니다. 범위는 반드시 내림차순으로 정렬되어 있어야 합니다.
- 0 : 찾을값과 첫 번째로 정확하게 일치하는 값을 찾습니다. 범위는 정렬되어 있지 않아도 됩니다.
- 1 : 찾을값보다 작거나 같은 값 중에서 가장 큰 값을 찾습니다. 범위는 반드시 오름차순으로 정렬되어 있어야 합니다.

## 기출문제 따라잡기 – '기출' 시트에서 실습하세요.

**보너스 점수가 가장 높은 사람의 이름** : INDEX, MATCH, MAX 함수

| | A | B | C | D | E |
|---|---|---|---|---|---|
| 1 | | | | | |
| 2 | | 고객명 | 고객 등급 | 기존 점수 | 보너스 점수 |
| 3 | | 나수정 | 일반 | 1,345 | 392점 |
| 4 | | 김삼수 | 일반 | 3,244 | 3,842점 |
| 5 | | 최동철 | 특별 | 45 | 3,894점 |
| 6 | | 이기붕 | 특별 | 954 | 923점 |
| 7 | | 박지훈 | 우수 | 349 | 4,854점 |
| 8 | | 고수동 | 우수 | 2,842 | 382점 |
| 9 | | 허수진 | 최고 | 2,348 | 38점 |
| 10 | | 박남수 | 일반 | 9,342 | 0점 |
| 11 | | 보너스 점수가 가장 높은 사람의 이름 | | | 박지훈 |

**정답** [E11] : =INDEX(B3:E10,MATCH(MAX(E3:E10),E3:E10,0),1)

**수식의 이해**

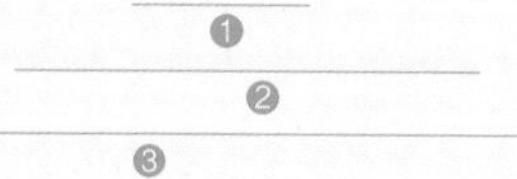

=INDEX(B3:E10, MATCH(MAX(E3:E10), E3:E10, 0), 1)

❶ MAX(E3:E10) : [E3:E10] 영역에서 가장 큰 값을 구합니다(4854).

❷ MATCH(❶,E3:E10,0) → MATCH(4854, E3:E10, 0) : [E3:E10] 영역에서 4854와 정확히 일치하는 값을 찾습니다. 4854를 찾은 후 4854가 있는 위치 5를 반환합니다.

❸ =INDEX(B3:E10,❷,1) → =INDEX(B3:E10, 5, 1) : [B3:E10] 영역에서 5행 1열의 값을 반환합니다(박지훈).

**전문가의 조언**

- MATCH 함수는 범위에서 일치하는 값이 아니라 일치하는 값의 위치를 반환하며, 텍스트의 대·소문자를 구분하지 않습니다.
- MAX 함수는 인수로 주어진 숫자들 중에서 최대값을 구하는 함수입니다. 자세한 설명은 66쪽을 참고하세요.

# 046 요일 번호로 요일 표시하기 – CHOOSE

CHOOSE 함수는 인덱스 번호를 이용하여 특정 번째에 있는 값을 반환하는 함수입니다. CHOOSE 함수를 사용하여 254개까지의 값 중에서 한 개의 값을 선택할 수 있습니다.

**형식** CHOOSE(인수, 첫 번째, 두 번째, …) : 인수가 1이면 첫 번째를, 인수가 2이면 두 번째를, … 인수가 n이면 n 번째를 반환합니다.

준비하세요! : 'C:\길벗ITQ마스터(2016)\ITQ엑셀\부록' 폴더의 'CHOOSE.xlsx' 파일을 열어 '기본' 시트에서 실습하세요.

CHOOSE 함수로 날짜에 해당하는 요일 번호를 이용해서 요일을 표시해 보겠습니다.

| | A | B | C | D |
|---|---|---|---|---|
| 1 | | 요일 계산하기 | | |
| 2 | | 날짜 | 요일번호 | 요일 |
| 3 | | 01월 16일 | 1 | 일 ❶ |
| 4 | | 01월 17일 | 2 | 월 |
| 5 | | 01월 18일 | 3 | 화 |
| 6 | | 01월 19일 | 4 | 수 |
| 7 | | 01월 20일 | 5 | 목 |
| 8 | | 01월 21일 | 6 | 금 |
| 9 | | 01월 22일 | 7 | 토 ❷ |

❶ =CHOOSE(C3,"일","월","화","수","목","금","토") : [C3] 셀의 값이 '1'이므로 첫 번째에 있는 "일"이 [D3] 셀에 입력됩니다.

❷ =CHOOSE(C9,"일","월","화","수","목","금","토") : [C9] 셀의 값이 '7'이므로 일곱 번째에 있는 "토"가 [D9] 셀에 입력됩니다.

## 기출문제 따라잡기 – '기출' 시트에서 실습하세요.

**점수 및 위생 점검일** : [D2] 셀의 요일 구하기(CHOOSE, WEEKDAY 함수)(예 : 월요일).

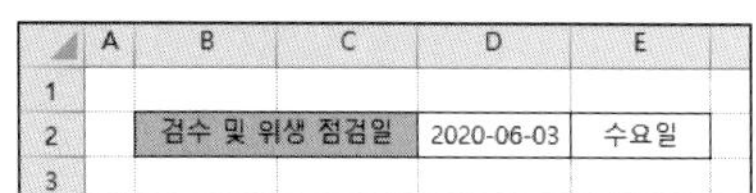

| | A | B | C | D | E |
|---|---|---|---|---|---|
| 1 | | | | | |
| 2 | | 검수 및 위생 점검일 | | 2020-06-03 | 수요일 |
| 3 | | | | | |

**정답** [E2] : =CHOOSE(WEEKDAY(D2,2),"월요일","화요일","수요일","목요일","금요일","토요일","일요일") 또는
=CHOOSE(WEEKDAY(D2), "일요일", "월요일","화요일","수요일","목요일","금요일","토요일")

### 수식의 이해

**=CHOOSE(WEEKDAY(D2,2),"월요일","화요일","수요일","목요일","금요일","토요일","일요일")**
❶

- ❶ **WEEKDAY(D2,2)** : [D2] 셀에 입력된 날짜의 요일 번호를 옵션에 맞게 추출한 3을 반환합니다. 3을 ❶에 대입하면 다음과 같습니다.
- **=CHOOSE(3,"월요일","화요일","수요일","목요일","금요일","토요일","일요일")** : 세 번째 있는 값 "수요일"이 [E2] 셀에 입력됩니다.

※ WEEKDAY 함수에서 옵션을 1 또는 생략하면 1(일요일)에서 7(토요일)까지의 숫자를 사용하고, 2로 지정하면 1(월요일) 에서 7(일요일)까지의 숫자를 사용합니다.

### 전문가의 조언

WEEKDAY 함수는 날짜에서 요일을 추출하는 함수입니다. 자세한 설명은 13쪽을 참고하세요.

# 047 직위별 상여금 계산하기 – VLOOKUP

VLOOKUP 함수는 범위로 정한 영역의 맨 왼쪽 열에서 특정 기준값으로 자료를 찾고, 그 자료가 속한 행 중에서 필요한 값이 있는 열의 위치를 지정하여 값을 반환하는 함수입니다. 만약 범위로 정한 영역의 첫 번째 행에서 기준값을 찾고자 할 경우에는 HLOOKUP 함수를 이용하세요.

**형식** VLOOKUP(찾을값, 범위, 열 번호, 옵션) : 범위의 첫 번째 열에서 찾을값과 같은 값을 찾은 후 찾을값이 있는 행에서 지정된 열 번호 위치에 있는 데이터를 반환합니다.

준비하세요! : 'C:\길벗ITQ마스터(2016)\ITQ엑셀\부록' 폴더의 'VLOOKUP.xlsx' 파일을 열어 '기본' 시트에서 실습하세요.

VLOOKUP 함수를 이용하여 직위별로 상여금을 계산해 보겠습니다.

| | A | B | C | D |
|---|---|---|---|---|
| 1 | | 상여금 지급 | | |
| 2 | | 이름 | 직위 | 상여금 |
| 3 | | 김신락 | 과장 | 650,000 ❶ |
| 4 | | 홍길동 | 부장 | 700,000 |
| 5 | | 김천만 | 과장 | 650,000 |
| 6 | | 신선해 | 대리 | 600,000 |
| 7 | | 막막해 | 사원 | 500,000 |
| 8 | | | | |
| 9 | | 직위별 지급 기준 | | |
| 10 | | 직위 | 상여금 | 초과수당 |
| 11 | | 사원 | 500,000 | 3,500 |
| 12 | | 대리 | 600,000 | 4,500 |
| 13 | | 과장 | 650,000 | 5,500 |
| 14 | | 부장 | 700,000 | 6,000 |

❶ =VLOOKUP(C3,$B$11:$D$14,2,FALSE) : [B11:D14] 영역의 맨 왼쪽 열에서 [C3] 셀의 값, 즉 "과장"과 정확히 일치하는 값을 찾습니다. 찾은 값 "과장"이 있는 세 번째 행에서 열 번호로 지정된 두 번째 열의 값(상여금) 650,000이 [D3] 셀에 입력됩니다. "과장"과 정확히 일치하는 값을 찾는 이유는 옵션에 논리값 'FALSE'가 지정되었기 때문입니다.

옵션에 지정할 논리값

- TRUE 또는 생략 : 근사값을 찾습니다. 즉 정확하게 일치하는 값이 없으면 찾을값보다 작은 값 중에서 근사값을 찾습니다.
- FALSE : 정확하게 일치하는 값을 찾으며 정확히 일치하는 값이 없으면 '#N/A' 오류값이 반환됩니다.

## 기출문제 따라잡기 – '기출' 시트에서 실습하세요.

**할당량** : [C11] 셀이 변할 때마다 자동으로 '할당량'이 변경되도록 하시오(VLOOKUP 함수).

| | A | B | C | D | E |
|---|---|---|---|---|---|
| 1 | | | | | |
| 2 | | 성명 | 직위 | 주민번호 | 할당량 |
| 3 | | 박지원 | 과장 | 641005-2034911 | 40 |
| 4 | | 윤선중 | 행원 | 671005-1024555 | 43 |
| 5 | | 이민준 | 대리 | 651124-1024578 | 51 |
| 6 | | 오수진 | 행원 | 590708-1212442 | 0 |
| 7 | | 김예준 | 행원 | 601225-1048752 | 60 |
| 8 | | 김상진 | 행원 | 610205-1249895 | 52 |
| 9 | | 박동빈 | 대리 | 651010-2025571 | 69 |
| 10 | | 최유진 | 행원 | 691008-2035339 | 72 |
| 11 | | 성명 | 박동빈 | 할당량 | 69 |

**정답** [E11] : =VLOOKUP(C11,B3:E10,4,FALSE)

수식의 이해

=VLOOKUP(C11,B3:E10,4,FALSE)

- ❶ [B3:E10] 영역의 첫 번째 열에서 [C11] 셀의 값, 즉 "박동빈"과 정확히 일치하는 값을 찾습니다.
- ❷ 찾은 값 "박동빈"이 있는 7번째 행에서 열 번호로 지정된 네 번째 열의 값 69가 [E11] 셀에 입력됩니다.

※ "박동빈"과 정확히 일치하는 값을 찾는 것은 옵션에 지정된 논리값이 'FALSE'이기 때문입니다. 'FALSE'인 경우에는 찾을 값과 정확히 일치하는 값을 찾습니다.

| | A | B | C | D | E |
|---|---|---|---|---|---|
| 1 | | | | | |
| 2 | | 성명 | 직위 | 주민번호 | 할당량 |
| 3 | | 박지원 | 과장 | 641005-2034911 | 40 |
| 4 | | 윤선중 | 행원 | 671005-1024555 | 43 |
| 5 | ❶ | 이민준 | 대리 | 651124-1024578 | 51 |
| 6 | | 오수진 | 행원 | 590708-1212442 | 0 |
| 7 | | 김예준 | 행원 | 601225-1048752 | 60 |
| 8 | | 김상진 | 행원 | 610205-1249895 | 52 |
| 9 | | 박동빈 | 대리 | ❷ 651010-2025571 | 69 |
| 10 | | 최유진 | 행원 | 691008-2035339 | 72 |
| 11 | | 성명 | 박동빈 | 할당량 | 69 |

# 048 직위별 초과 수당 계산하기 — LOOKUP

LOOKUP 함수는 찾을 범위로 정한 영역에서 특정 기준값으로 자료를 찾고, 값을 구할 범위에서 찾은 값과 같은 위치(행/열)에 있는 값을 반환하는 함수입니다. 반환할 항목 대신 범위에서의 항목에 대한 상대적인 위치가 필요한 경우에 MATCH 함수를 사용합니다.

**형식** LOOKUP(찾을값, 범위1, 범위2) : 범위1에서 찾을값과 같은 데이터를 찾은 후 같은 행의 범위2에 있는 데이터를 입력합니다.

준비하세요! : 'C:\길벗ITQ마스터(2016)\ITQ엑셀\부록' 폴더의 'LOOKUP.xlsx' 파일을 열어 '기본' 시트에서 실습하세요.

LOOKUP 함수를 이용하여 직위별로 초과수당을 계산해 보겠습니다.

| | A | B | C | D |
|---|---|---|---|---|
| 1 | | 초과 수당 지급 | | |
| 2 | | 품명 | 직위 | 초과수당 |
| 3 | | 김신락 | 과장 | 5,500 ❶ |
| 4 | | 홍길동 | 부장 | 6,000 |
| 5 | | 김천만 | 과장 | 5,500 |
| 6 | | 신선해 | 대리 | 4,500 |
| 7 | | 막막해 | 사원 | 3,500 ❷ |
| 8 | | | | |
| 9 | | 직위별 지급 기준 | | |
| 10 | | 직위 | 상여금 | 초과수당 |
| 11 | | 과장 | 650,000 | 5,500 |
| 12 | | 대리 | 600,000 | 4,500 |
| 13 | | 부장 | 700,000 | 6,000 |
| 14 | | 사원 | 500,000 | 3,500 |

❶ =LOOKUP(C3,$B$11:$B$14,$D$11:$D$14) : [B11:B14] 영역에서 [C3] 셀의 값 "과장"을 찾은 후 "과장"에 대한 행의 위치 1을 계산합니다. [D11: D14] 영역에서 계산된 1행에 있는 값 5,500이 [D3] 셀에 입력됩니다.

❷ =LOOKUP(C7,$B$11:$B$14,$D$11:$D$14) : [B11:B14] 영역에서 [C7] 셀의 값 "사원"을 찾은 후 "사원"에 대한 행의 위치 4를 계산합니다. [D11:D14] 영역에서 계산된 4행에 있는 값 3,500이 [D7] 셀에 입력됩니다.

## 기출문제 따라잡기 —'기출' 시트에서 실습하세요.

**실투자금이 가장 작은 매장종류** : LOOKUP, MIN 함수

| | A | B | C | D | E |
|---|---|---|---|---|---|
| 1 | | | | | |
| 2 | | 매장종류 | 분양금액 | 임대보증금 | 실투자금 |
| 3 | | 3층/이미지캐주얼 | ₩ 119,125,000 | ₩ 3,611,000 | ₩ 72,185,500 |
| 4 | | 지하/과일코너 | ₩ 64,591,000 | ₩ 1,315,583 | ₩ 39,782,117 |
| 5 | | 3층/영캐주얼 | ₩ 150,217,000 | ₩ 2,580,220 | ₩ 92,999,240 |
| 6 | | 지하/정육코너 | ₩ 114,954,000 | ₩ 2,180,651 | ₩ 78,287,149 |
| 7 | | 5층/골프웨어 | ₩ 92,506,000 | ₩ 2,670,000 | ₩ 56,189,200 |
| 8 | | 지하/채소코너 | ₩ 91,305,000 | ₩ 1,568,310 | ₩ 56,526,860 |
| 9 | | 5층/신사정장 | ₩ 85,484,000 | ₩ 2,474,000 | ₩ 51,963,800 |
| 10 | | 실투자금이 가장 작은 매장종류 | | | 지하/과일코너 |

[E10] : =LOOKUP(MIN(E3:E9),E3:E9,B3:B9)

=LOOKUP(MIN(E3:E9),E3:E9,B3:B9)

- ❶ MIN(E3:E9) : [E3:E9] 영역에서 가장 작은 값 39,782,117이 반환됩니다. 39,782,117을 ❶에 대입하면 다음과 같습니다.
- =LOOKUP(39782117,E3:E9,B3:B9) : [E3:E9] 영역에서 39782117을 찾은 후 [B3:B9] 영역에서 같은 행인 2행에 있는 값 "지하/과일코너"를 [E10] 셀에 입력합니다.

전문가의 조언

MIN 함수는 인수로 주어진 숫자들 중에서 최소값을 구하는 함수입니다. 자세한 설명은 67쪽을 참고하세요.

찾기/참조 함수

## 049 직위별 상여금 계산하기 – HLOOKUP

HLOOKUP 함수는 범위로 정한 영역의 첫 번째 행에서 특정 기준값으로 자료를 찾고, 그 자료가 속한 열 중에서 필요한 값이 있는 행의 위치를 지정하여 값을 반환하는 함수입니다. 만약 범위로 정한 영역의 맨 왼쪽 열에서 기준값을 찾고자 할 경우에는 VLOOKUP 함수를 이용하세요.

**형식** HLOOKUP(찾을값, 범위, 행 번호, 옵션) : 범위의 첫 번째 행에서 찾을값과 같은 데이터를 찾은 후 찾을값이 있는 열에서 지정된 행 번호 위치에 있는 데이터를 반환합니다.

**준비하세요!** : 'C:\길벗ITQ마스터(2016)\ITQ엑셀\부록' 폴더의 'HLOOKUP.xlsx' 파일을 열어 '기본' 시트에서 실습하세요.

HLOOKUP 함수를 이용하여 직위별로 상여금을 계산해 보겠습니다.

| | A | B | C | D | E |
|---|---|---|---|---|---|
| 1 | | 상여금 지급 | | | |
| 2 | | 이름 | 직위 | 상여금 | |
| 3 | | 김신락 | 사원 | 500000 ❶ | |
| 4 | | 홍길동 | 부장 | 700000 | |
| 5 | | 김천만 | 과장 | 650000 | |
| 6 | | 신선해 | 대리 | 600000 | |
| 7 | | 막막해 | 사원 | 500000 | |
| 9 | | 직위별 지급 기준 | | | |
| 10 | 직위 | 사원 | 대리 | 과장 | 부장 |
| 11 | 상여금 | 500,000 | 600,000 | 650,000 | 700,000 |
| 12 | 초과수당 | 3,500 | 4,500 | 5,500 | 6,000 |

❶ =HLOOKUP(C3,$B$10:$E$12,2,FALSE) : [B10:E12] 영역의 첫 번째 행에서 [C3] 셀의 값, 즉 "사원"과 정확히 일치하는 값을 찾습니다. 찾은 값 "사원"이 있는 첫 번째 열에서 행 번호로 지정된 두 번째 행의 값 500000이 [D3] 셀에 입력됩니다. "사원"과 정확히 일치하는 값을 찾는 이유는 옵션에 논리값 'FALSE'가 지정되었기 때문입니다.

옵션에 지정할 논리값

- **TRUE 또는 생략** : 근사값을 찾습니다. 즉 정확하게 일치하는 값이 없으면 찾을값보다 작은 값 중에서 근사값을 찾습니다.
- **FALSE** : 정확하게 일치하는 값을 찾으며 정확히 일치하는 값이 없으면 '#N/A' 오류값이 반환됩니다.

찾기/참조 함수

## 050 3칸 아래, 2칸 오른쪽에 있는 자료 찾기 – OFFSET

OFFSET 함수는 기준 셀에서 지정한 행 수와 열 수만큼 떨어진 위치에 있는 셀의 데이터를 반환하는 함수입니다. 데이터 범위를 지정하지 않으면 1개의 셀 값을 반환합니다.

**형식** OFFSET(범위, 행, 열, 높이, 너비) : 선택한 범위에서 지정한 행과 열만큼 떨어진 위치에 있는 데이터 영역의 데이터를 반환합니다.

**준비하세요!** : 'C:\길벗ITQ마스터(2016)\ITQ엑셀\부록' 폴더의 'OFFSET.xlsx' 파일을 열어 '기본' 시트에서 실습하세요.

| | A | B | C | D | E |
|---|---|---|---|---|---|
| 1 | | C10셀을 기준으로 자료 찾기 | | | |
| 2 | | 기준셀 | 행 | 열 | 결과 |
| 3 | | C10 | 1 | 1 | 16 ❶ |
| 4 | | C10 | 0 | 2 | 21 |
| 5 | | C10 | -2 | -1 | 1 ❷ |
| 7 | | 데이터 표 | | | |
| 8 | | 1 | 7 | 13 | 19 |
| 9 | | 2 | 8 | 14 | 20 |
| 10 | | 3 | 9 | 15 | 21 |
| 11 | | 4 | 10 | 16 | 22 |
| 12 | | 5 | 11 | 17 | 23 |
| 13 | | 6 | 12 | 18 | 24 |

❶ =OFFSET($C$10,C3,D3) : [C10] 셀에서 아래쪽으로 1행, 오른쪽으로 1열 떨어진 셀인 [D11] 셀의 값 16이 [E3] 셀에 입력됩니다.

❷ =OFFSET($C$10,C5,D5) : [C10] 셀에서 위쪽으로 2행, 왼쪽으로 1열 떨어진 셀인 [B8] 셀의 값 1이 [E5] 셀에 입력됩니다.

- 행이 양수이면 기준 셀의 아래쪽으로, 음수이면 기준 셀의 위쪽으로 지정된 크기만큼 떨어져 있는 행을 의미합니다.
- 열이 양수이면 기준 셀의 오른쪽으로, 음수이면 기준 셀의 왼쪽으로 지정된 크기만큼 떨어져 있는 열을 의미합니다.

찾기/참조 함수

## 051 행과 열을 바꿔서 표시하기 – TRANSPOSE

TRANSPOSE 함수는 셀 범위의 가로와 세로를 서로 바꿔서 표시하는 함수입니다. 셀 범위의 첫 번째 행을 새 범위의 첫 번째 열로, 두 번째 행을 새 범위의 두 번째 열로 바꾸는 식으로, 셀 범위의 행과 열을 바꿔서 표시합니다. TRANSPOSE 함수는 반드시 변경 전 데이터 범위의 행과 열 개수에 대해 동일한 열과 행의 개수를 갖는 범위를 선택한 후 배열 수식으로 입력해야 합니다.

**형식** TRANSPOSE(배열) : 배열의 행과 열을 서로 바꿉니다.

**준비하세요!** : 'C:\길벗ITQ마스터(2016)\ITQ엑셀\부록' 폴더의 'TRANSPOSE.xlsx' 파일을 열어 '기본' 시트에서 실습하세요.

|  | A | B | C | D | E | F | G | H |
|---|---|---|---|---|---|---|---|---|
| 1 |  |  |  |  |  |  |  |  |
| 2 |  | 1 | 5 |  | 1 | 2 | 3 | 4 |
| 3 |  | 2 | 6 |  | 5 | 6 | 7 | 8 |
| 4 |  | 3 | 7 |  |  |  |  |  |
| 5 |  | 4 | 8 |  |  |  |  |  |

❶ =TRANSPOSE(B2:C5) : [E2:H3] 영역을 블록으로 설정한 후 "=TRANSPOSE(B2:C5)"를 입력하고 Ctrl+Shift+Enter를 누르세요. 수식 표시줄에는 {=TRANSPOSE(B2:C5)}로 표시됩니다.

찾기/참조 함수

## 052 행 번호와 열 번호를 셀 주소로 변환하기 – ADDRESS

ADDRESS 함수는 행 번호와 열 번호를 이용해 셀 주소를 만드는 함수입니다. ADDRESS 함수로 만들어진 셀 주소는 INDIRECT 함수를 이용하여 해당 셀 주소의 값을 참조할 수 있습니다.

**형식** ADDRESS(행 번호, 열 번호, 참조 유형) : 행 번호와 열 번호에 해당하는 셀 주소를 참조 유형에 맞춰 반환합니다.

**준비하세요!** : 'C:\길벗ITQ마스터(2016)\ITQ엑셀\부록' 폴더의 'ADDRESS.xlsx' 파일을 열어 '기본' 시트에서 실습하세요.

|  | A | B | C | D | E |
|---|---|---|---|---|---|
| 1 |  | 셀 주소 변환하기 |  |  |  |
| 2 |  |  |  |  |  |
| 3 |  | 행 | 열 | 참조 유형 | 셀 주소 |
| 4 |  | 1 | 1 | 1 | $A$1 |
| 5 |  | 2 | 2 | 2 | B$2 |
| 6 |  | 3 | 3 | 3 | $C3 |
| 7 |  | 4 | 4 | 4 | D4 |
| 8 |  | 5 | 5 | 1 | $E$5 |

❶ =ADDRESS(B4,C4,D4) : [B4] 셀의 값이 1이므로 1행, [C4] 셀의 값이 1이므로 A(1)열, 참조 유형이 1이므로 절대 참조, 그러므로 [E4] 셀에 $A$1이 입력됩니다.

❷ =ADDRESS(B7,C7,D7) : [B7] 셀의 값이 4이므로 4행, [C7] 셀의 값이 4이므로 D(4)열, 참조 유형이 4이므로 상대 참조, 그러므로 [E7] 셀에 D4가 입력됩니다.

**참조 유형**

- 생략 또는 1 : 절대참조(예 : $A$1)
- 2 : 열상대 행절대참조(예 : A$1)
- 3 : 열절대 행상대참조(예 : $A1)
- 4 : 상대참조(예 : A1)

# 053 시작 위치부터 지정한 수만큼 추출하기 — MID

MID 함수는 텍스트 문자열의 특정 위치에서 원하는 개수만큼의 문자를 추출합니다. 예를 들어 MID("길벗출판사", 2, 3)은 "벗출판"을 추출합니다.

**형식** MID(텍스트, 시작위치, 개수) : 텍스트의 시작 위치부터 지정한 개수만큼 추출합니다.

준비하세요! : 'C:\길벗ITQ마스터(2016)\ITQ엑셀\부록' 폴더의 'MID.xlsx' 파일을 열어 '기본' 시트에서 실습하세요.

| | A | B | C | D |
|---|---|---|---|---|
| 1 | 중간에서 문자열 추출하기 | | | |
| 2 | | | | |
| 3 | 문자열 | 시작위치 | 문자수 | 결과 |
| 4 | KOREA | 3 | 2 | RE ❶ |
| 5 | KOREA | 2 | 4 | OREA |
| 6 | KOREA | -1 | 3 | #VALUE! ❷ |
| 7 | KOREA | 2 | -1 | #VALUE! |
| 8 | 대한민국 | 2 | 2 | 한민 |
| 9 | 12345678 | 4 | 3 | 456 ❸ |

❶ =MID(A4,B4,C4) : "KOREA"의 세 번째 위치부터 두 글자를 추출한 "RE"가 [D4] 셀에 입력됩니다.

❷ =MID(A6,B6,C6) : 시작 위치가 0보다 작으므로 오류값(#VALUE!)이 [D6] 셀에 입력됩니다.

❸ =MID(A9,B9,C9) : "12345678"의 네 번째 위치부터 세 글자를 추출한 "456"이 [D9] 셀에 입력됩니다.

## 기출문제 따라잡기 —'기출' 시트에서 실습하세요.

**사업구분** : '관리코드'의 세 번째 자리 숫자가 짝수이면 "영업/교육", 그렇지 않으면 "생산/기술"을 표시하시오(IF, MOD, MID 함수).

| | A | B | C | D | E |
|---|---|---|---|---|---|
| 1 | | | | | |
| 2 | | 관리코드 | 사업명 | 기본예산 | 사업구분 |
| 3 | | SA2-05 | 체인점관리 | 34,500,000 | 영업/교육 |
| 4 | | TE1-10 | 네트워크보안 | 155,000,000 | 생산/기술 |
| 5 | | SA4-04 | 연수원관리 | 28,000,000 | 영업/교육 |
| 6 | | SA2-03 | 회원관리 | 22,500,000 | 영업/교육 |
| 7 | | TE3-05 | 공장환경개선 | 105,000,000 | 생산/기술 |
| 8 | | SA4-06 | 사이버교육관리 | 45,800,000 | 영업/교육 |
| 9 | | TE1-12 | 홈네트워크 | 185,000,000 | 생산/기술 |
| 10 | | TE3-07 | 생산공정표준화 | 85,600,000 | 생산/기술 |

**정답** [E3] : =IF(MOD(MID(B3,3,1),2)=0,"영업/교육", "생산/기술")

### 수식의 이해

=IF(MOD(MID(B3,3,1),2)=0,"영업/교육","생산/기술")
(❶ MOD(MID(B3,3,1),2)=0, ❷ "영업/교육", ❸ "생산/기술")

❶의 조건이 참(TRUE)이면 ❷를, 거짓(FALSE)이면 ❸을 표시합니다.

- ❶ MOD(MID(B3,3,1),2)=0 (❹ MID(B3,3,1), ❺ MOD(❹,2)=0)
- ❹ MID(B3,3,1) : [B3] 셀에 입력된 값 "SA2-05"의 3번째 위치부터 1글자를 추출한 "2"를 반환합니다. "2"를 ❹에 대입하면 다음과 같습니다.
- ❺ MOD(2,2)=0 : 2를 2로 나누면 나머지는 0이므로 참(TRUE)을 반환합니다. TRUE를 ❶에 대입하면 다음과 같습니다.
- =IF(TRUE, "영업/교육", "생산/기술") : 조건이 참이므로 [E3] 셀에 "영업/교육"이 입력됩니다.

### 전문가의 조언

- IF 함수는 참과 거짓에 관한 논리식을 판별하여 참일 때와 거짓일 때 서로 다른 값을 반환하는 함수입니다. 자세한 설명은 17쪽을 참고하세요.
- MOD 함수는 숫자를 나누기한 후 나머지를 구하는 함수입니다. 자세한 설명은 35쪽을 참고하세요.

# 054 왼쪽에서 지정한 수만큼 추출하기 — LEFT

LEFT 함수는 텍스트 문자열의 첫 문자부터 원하는 개수만큼의 문자를 추출합니다. 예를 들어 LEFT("길벗출판사", 2)는 "길벗"을 추출합니다.

**형식** LEFT(텍스트, 개수) : 텍스트의 왼쪽부터 지정한 개수만큼 추출합니다.

준비하세요! : 'C:\길벗ITQ마스터(2016)\ITQ엑셀\부록' 폴더의 'LEFT.xlsx' 파일을 열어 '기본' 시트에서 실습하세요.

| | A | B | C |
|---|---|---|---|
| 1 | 왼쪽에 있는 문자 추출하기 | | |
| 2 | | | |
| 3 | 문자 | 문자수 | 결과 |
| 4 | KOREA | 2 | KO |
| 5 | KOREA | -1 | #VALUE! |
| 6 | KOREA | 0 | |
| 7 | KOREA | 6 | KOREA |
| 8 | 대한민국 | 2 | 대한 |
| 9 | 1234 | 2 | 12 |

① =LEFT(A4,B4) : [A4] 셀의 값 "KOREA"의 왼쪽 첫 글자부터 지정된 글자 수인 2만큼 추출한 "KO"가 [C4] 셀에 입력됩니다.

② =LEFT(A5,B5) : 추출할 글자 수가 0보다 작으므로 오류값(#VALUE!)이 [C5] 셀에 입력됩니다.

③ =LEFT(A8,B8) : [A8] 셀의 값 "대한민국"의 왼쪽 첫 글자부터 지정된 글자 수인 2만큼 추출한 "대한"이 [C8] 셀에 입력됩니다.

## 기출문제 따라잡기 —'기출' 시트에서 실습하세요.

**나이** : [시스템의 현재년도 − 출생년도(주민등록번호 앞 두자리) − 1900]으로 구하시오(YEAR, TODAY, LEFT 함수).

| | A | B | C | D |
|---|---|---|---|---|
| 1 | | | | |
| 2 | | 이름 | 주민등록번호 | 나이 |
| 3 | | 김경섭 | 900919-1****** | 31 |
| 4 | | 문인수 | 891014-1****** | 32 |
| 5 | | 경혜민 | 900119-2****** | 31 |
| 6 | | 박상훈 | 890220-1****** | 32 |
| 7 | | 배승현 | 891008-1****** | 32 |
| 8 | | 오덕윤 | 890919-1****** | 32 |
| 9 | | 손소라 | 900919-2****** | 31 |
| 10 | | 정윤재 | 900815-1****** | 31 |

**정답** [D3] : =YEAR(TODAY( ))−LEFT(C3,2)−1900

### 수식의 이해

=YEAR(TODAY())−LEFT(C3,2)−1900

- ① **TODAY()** : 오늘 날짜(오늘이 2021−01−08인 경우) '2021−01−08'을 반환합니다. '2021−01−08'을 ①에 대입하면 다음과 같습니다.
- ② **YEAR("2021−01−08")** : '2021−01−08'에서 연도만 추출한 2021을 반환합니다.
- ③ **LEFT(C3,2)** : [C3] 셀의 값 "900919−1******"에서 왼쪽의 두 글자를 추출하면 "90"이 반환됩니다. 2021을 ②에, 90을 ③에 대입하면 다음과 같습니다.
- **=2021−90−1900** : 2021에서 90과 1900을 뺀 31이 [D3] 셀에 입력됩니다.

### 전문가의 조언

- YEAR 함수는 날짜에서 연도(Year)만 추출하여 표시하는 함수입니다. 자세한 설명은 8쪽을 참고하세요.
- TODAY 함수는 현재 시스템의 날짜를 반환하는 함수입니다. 자세한 설명은 11쪽을 참고하세요.

# 055 오른쪽에서 지정한 수만큼 추출하기 — RIGHT

RIGHT 함수는 텍스트 문자열의 끝(오른쪽) 문자부터 원하는 개수만큼의 문자를 추출합니다. 예를 들어 RIGHT("길벗출판사", 3)은 "출판사"를 추출합니다.

**형식** RIGHT(텍스트, 개수) : 텍스트의 오른쪽부터 지정한 개수만큼 추출합니다.

**준비하세요!** : 'C:\길벗ITQ마스터(2016)\ITQ엑셀\부록' 폴더의 'RIGHT.xlsx' 파일을 열어 '기본' 시트에서 실습하세요.

| | A | B | C |
|---|---|---|---|
| 1 | 오른쪽에 있는 문자 추출하기 | | |
| 2 | | | |
| 3 | 문자 | 문자수 | 결과 |
| 4 | KOREA | 2 | EA ❶ |
| 5 | KOREA | -1 | #VALUE! |
| 6 | KOREA | 0 | |
| 7 | KOREA | 6 | KOREA |
| 8 | 대한민국 | 2 | 민국 ❷ |
| 9 | 1234 | 2 | 34 |

❶ =RIGHT(A4,B4) : [A4] 셀의 값 "KOREA"의 오른쪽 끝 글자부터 지정된 글자 수인 2만큼 추출한 "EA"가 [C4] 셀에 입력됩니다.

❷ =RIGHT(A8,B8) : [A8] 셀의 값 "대한민국"의 오른쪽 끝 글자부터 지정된 글자 수인 2만큼 추출한 "민국"이 [C8] 셀에 입력됩니다.

## 기출문제 따라잡기 — '기출' 시트에서 실습하세요.

**국제전화 번호** : [국가코드]의 오른쪽 2글자를 숫자로 변경하여 나타내시오 (RIGHT, VALUE 함수).

| | A | B | C | D | E |
|---|---|---|---|---|---|
| 1 | | | | | |
| 2 | | 국가명 | 국가코드 | 분류 | 국제전화 번호 |
| 3 | | 뉴질랜드 | NZL-64 | 오세아니아 | 64 |
| 4 | | 독일 | DEU-49 | 유럽 | 49 |
| 5 | | 미국 | USA-01 | 북아메리카 | 1 |
| 6 | | 영국 | GBR-44 | 유럽 | 44 |
| 7 | | 일본 | JPN-81 | 아시아 | 81 |
| 8 | | 캐나다 | CAN-01 | 북아메리카 | 1 |
| 9 | | 터키 | TUR-90 | 아시아 | 90 |
| 10 | | 프랑스 | FRA-33 | 유럽 | 33 |

**정답** [E3] : =VALUE(RIGHT(C3,2))

**수식의 이해**

=VALUE(RIGHT(C3,2))
❶

- ❶ **RIGHT(C3,2)** : [C3]의 값 "NZL-64"에서 오른쪽 2글자를 추출한 "64"가 반환됩니다. "64"를 ❶에 대입하면 다음과 같습니다.
- **=VALUE("64")** : 텍스트 "64"를 숫자로 변환한 64가 [E3] 셀에 입력됩니다.

**전문가의 조언**

VALUE 함수는 문자열을 숫자로 변환하는 함수입니다. 자세한 설명은 56쪽을 참고하세요.

# 056 문자열 반복해서 표시하기 — REPT

REPT 함수는 문자열을 지정한 횟수만큼 반복해서 표시하는 함수입니다. REPT 함수를 사용하면 같은 문자열을 복사하여 셀을 채울 수 있습니다. 예를 들어, REPT("*",100)은 셀에 *를 100개 표시합니다.

**형식** REPT(텍스트, 반복횟수) : 지정한 텍스트를 반복횟수만큼 표시합니다.

**준비하세요!** : 'C:\길벗ITQ마스터(2016)\ITQ엑셀\부록' 폴더의 'REPT.xlsx' 파일을 열어 '기본' 시트에서 실습하세요.

| | A | B | C |
|---|---|---|---|
| 1 | 문자열 반복 | | |
| 2 | | | |
| 3 | 문자열 | 반복 횟수 | 결과 |
| 4 | ☆ | 10 | ☆☆☆☆☆☆☆☆☆☆ ❶ |
| 5 | ^.^; | 5 | ^.^;^.^;^.^;^.^;^.^; |
| 6 | -! | 7 | -!-!-!-!-!-!-! |
| 7 | gilbut | -1 | #VALUE! ❷ |
| 8 | 123 | 32768 | #VALUE! ❸ |

❶ =REPT(A4,B4) : [A4] 셀의 값 '☆'가 지정된 반복 횟수 10만큼 반복하여 [C4] 셀에 입력됩니다.

❷ =REPT(A7,B7) : [B7] 셀의 값이 음수이므로 오류(#VALUE!) 값이 [C7] 셀에 입력됩니다.

❸ =REPT(A8,B8) : [B8] 셀의 값이 최대 반복 횟수 32,767보다 크므로 오류(#VALUE!) 값이 [C8] 셀에 입력됩니다.

## 기출문제 따라잡기 —'기출' 시트에서 실습하세요.

**휴대 편리성** : ['무게'의 순위 ÷ 3]으로 구한 값만큼 "★"를 반복하여 표시하시오. 단, '무게'의 순위는 높은 값이 1위가 되도록 구하시오(REPT, RANK.EQ 함수)(예 : 2.7 → ★★).

| | A | B | C | D | E |
|---|---|---|---|---|---|
| 1 | | | | | |
| 2 | | 모델명 | 가격 | 무게 | 휴대 편리성 |
| 3 | | CLS-0726 | ₩ 72,000 | 18.7 | |
| 4 | | CLS-0722 | ₩ 82,000 | 16.7 | ★ |
| 5 | | CLS-2122 | ₩ 85,600 | 16 | ★ |
| 6 | | MTB-2726 | ₩ 360,000 | 12.6 | ★★ |
| 7 | | CLS-2126 | ₩ 95,000 | 15.4 | ★★ |
| 8 | | FOD-0716 | ₩ 75,000 | 18.4 | |
| 9 | | FOD-0620 | ₩ 102,000 | 16 | ★ |
| 10 | | MTB-2126 | ₩ 190,000 | 14.5 | ★★ |

**정답** [E3] : =REPT("★",RANK.EQ(D3,$D$3:$D$10)/3)

※ 2.7일 때 "★"을 두 개, 즉 정수 부분(2)의 값만큼 "★"을 표시해야 하므로 ['무게'의 순위÷3]의 결과값에서 정수 부분의 값만큼 "★"를 표시하면 됩니다.

=REPT("★",RANK.EQ(D3,$D$3:$D$10)/3)

❶ RANK.EQ(D3,$D$3:$D$10)

❷ RANK.EQ(D3,$D$3:$D$10)/3

- ❶ **RANK.EQ(D3,$D$3:$D$10)** : [D3:D10] 영역에서 [D3] 셀의 값 18.7의 순위를 내림차순으로 계산하여 순위 1을 반환합니다. 1을 ❶에 대입하면 다음과 같습니다.
- **=REPT("★",1/3)** : 1/3은 0.333…으로 1이 안되므로 [E3] 셀에는 아무것도 입력되지 않습니다.

### 전문가의 조언

- RANK.EQ 함수는 지정된 범위 안에서 인수의 순위를 구하는 함수입니다. 자세한 설명은 61쪽을 참고하세요.
- 내림차순은 큰 값에서 작은 값으로 내려가는 순서로 정렬하는 방식입니다.

# 057 문자를 숫자로 변환하기 – VALUE

VALUE 함수는 문자열을 숫자로 변환하는 함수입니다. 'Microsoft Excel'에서는 필요에 따라 텍스트가 숫자로 자동 변환됩니다. 이 함수는 다른 스프레드시트 프로그램과의 호환을 위해 제공되는 것입니다.

**형식** VALUE(텍스트) : 텍스트를 숫자로 변환합니다.

준비하세요! : 'C:\길벗ITQ마스터(2016)\ITQ엑셀\부록' 폴더의 'VALUE.xlsx' 파일을 열어 '기본' 시트에서 실습하세요.

| | A | B | C |
|---|---|---|---|
| 1 | | 문자열을 숫자로 변환 | |
| 2 | | 수식 | 결과 |
| 3 | | =VALUE("₩1,000") | 1000 ❶ |
| 4 | | =VALUE("16:48:00")-VALUE("12:00:00") | 0.2 |

❶ =VALUE("₩1,000") : 문자열 "₩1,000"을 숫자로 변환한 1000이 [C3] 셀에 입력됩니다.

## 기출문제 따라잡기 – '기출' 시트에서 실습하세요.

**국제전화 번호** : [국가코드]의 오른쪽 2글자를 숫자로 변경하여 나타내시오(RIGHT, VALUE 함수).

| | A | B | C | D | E |
|---|---|---|---|---|---|
| 1 | | | | | |
| 2 | | 국가명 | 국가코드 | 분류 | 국제전화 번호 |
| 3 | | 뉴질랜드 | NZL-64 | 오세아니아 | 64 |
| 4 | | 독일 | DEU-49 | 유럽 | 49 |
| 5 | | 미국 | USA-01 | 북아메리카 | 1 |
| 6 | | 영국 | GBR-44 | 유럽 | 44 |
| 7 | | 일본 | JPN-81 | 아시아 | 81 |
| 8 | | 캐나다 | CAN-01 | 북아메리카 | 1 |
| 9 | | 터키 | TUR-90 | 아시아 | 90 |
| 10 | | 프랑스 | FRA-33 | 유럽 | 33 |

**정답** [E3] : =VALUE(RIGHT(C3,2))

### 수식의 이해

=VALUE(RIGHT(C3,2))
❶

- ❶ **RIGHT(C3,2)** : [C3]의 값 "NZL-64"에서 오른쪽의 2글자를 추출한 "64"가 반환됩니다. "64"를 ❶에 대입하면 다음과 같습니다.
- **=VALUE("64")** : 텍스트 "64"를 숫자로 변환한 64가 [E3] 셀에 입력됩니다.

### 전문가의 조언

RIGHT 함수는 텍스트 문자열의 끝(오른쪽) 문자부터 원하는 개수만큼의 문자를 추출합니다. 자세한 설명은 54쪽을 참고하세요.

# 058 문자열의 길이 알아내기 — LEN

LEN 함수는 문자열의 문자 수를 구할 때 사용하는 함수입니다. 예를 들어, LEN("유비쿼터스")는 5를 반환합니다. 이 때 한글과 영문, 공백은 똑같이 한 글자로 취급합니다.

**형식** LEN(텍스트) : 텍스트의 길이(개수)를 구합니다.

준비하세요! : 'C:\길벗ITQ마스터(2016)\ITQ엑셀\부록' 폴더의 'LEN.xlsx' 파일을 열어 '기본' 시트에서 실습하세요.

| | A | B |
|---|---|---|
| 1 | 문자열의 길이 세기 | |
| 2 | | |
| 3 | 문자열 | 문자수 |
| 4 | KOREA | 5 ❶ |
| 5 | 대한민국 | 4 |
| 6 | Miss 경기도 | 8 ❷ |
| 7 | !ERROR! | 7 |
| 8 | 1234567 | 7 |
| 9 | King Sejong | 11 ❸ |

❶ =LEN(A4) : [A4] 셀의 값 "KOREA"의 문자 수인 5가 [B4] 셀에 입력됩니다.
❷ =LEN(A6) : [A6] 셀의 값 "Miss 경기도"의 문자 수인 8이 [B6] 셀에 입력됩니다.
❸ =LEN(A9) : [A9] 셀의 값 "King Sejong"의 문자 수인 11이 [B9] 셀에 입력됩니다.

## 기출문제 따라잡기 —'기출' 시트에서 실습하세요.

**비고** : '코드'의 문자 개수가 9보다 크면 "제휴항공사"를, 그 이외의 경우에는 빈셀을 표시하시오(IF, LEN 함수).

| | A | B | C | D | E |
|---|---|---|---|---|---|
| 1 | | | | | |
| 2 | | 코드 | 지역 | 국가 (도시) | 비고 |
| 3 | | HS6-KE603 | 동남아 | 세부 | |
| 4 | | HS6-KE683 | 동남아 | 하롱베이 | |
| 5 | | HK3-KE775 | 동남아 | 일본-고마츠 | |
| 6 | | HG7-KE6767 | 동남아 | 일본-아오모리 | 제휴항공사 |
| 7 | | HS2-KE023 | 미주 | 미서부 | |
| 8 | | HS3-KE5901 | 유럽 | 파리 | 제휴항공사 |
| 9 | | HS7-KE955 | 유럽 | 터키 | |
| 10 | | HK3-KE927 | 유럽 | 이태리일주 | |

**정답** [E3] : =IF(LEN(B3)>9,"제휴항공사","")

수식의 이해

=IF(LEN(B3)>9, "제휴항공사", "")
❶ ❷ ❸

❶의 조건이 참(TRUE)이면 ❷를, 거짓(FALSE)이면 ❸을 표시합니다.

- ❶ **LEN(B3)>9** : [B3] 셀의 값 "HS6-KE603"의 문자수는 9로 9보다 크지 않으므로 거짓(FALSE)을 반환합니다. FALSE를 ❶에 대입하면 다음과 같습니다.
- **=IF(FALSE,"제휴항공사", "")** : 조건이 거짓이므로 [E3] 셀에는 공백이 입력됩니다.

전문가의 조언

IF 함수는 조건에 따라 여러 가지의 서로 다른 처리를 하는 함수입니다. 자세한 설명은 17쪽을 참고하세요.

# 059 문자열 연결하기 – CONCATENATE

CONCATENATE 함수는 여러 개의 텍스트를 한 개의 텍스트로 연결하여 표시하는 함수로, 인수를 1개에서 255개까지 지정할 수 있습니다. 텍스트 항목에는 텍스트, 숫자, 셀 주소 등을 지정할 수 있습니다.

**형식** CONCATENATE(텍스트1, 텍스트2, …) : 인수로 주어진 문자열(텍스트)들을 1개의 문자열로 연결합니다.

**준비하세요!** : 'C:\길벗ITQ마스터(2016)\ITQ엑셀\부록' 폴더의 'CONCATENATE.xlsx' 파일을 열어 '기본' 시트에서 실습하세요.

| | A | B | C |
|---|---|---|---|
| 1 | 문자열 합치기 | | |
| 2 | | | |
| 3 | 텍스트1 | 텍스트2 | 합친문자 |
| 4 | KO | REA | KOREA ❶ |
| 5 | 안녕 | 하세요. | 안녕하세요. |
| 6 | | 엑셀사전 | 엑셀사전 |
| 7 | 길벗 | 출판사 | 길벗출판사 ❷ |
| 8 | 미녀와 | 야수 | 미녀와야수 |

❶ =CONCATENATE(A4,B4) : [A4] 셀의 텍스트 "KO"와 [B4] 셀의 텍스트 "REA"가 합쳐진 "KOREA"가 [C4] 셀에 입력됩니다.

❷ =CONCATENATE(A7,B7) : [A7] 셀의 텍스트 "길벗"과 [B7] 셀의 텍스트 "출판사"가 합쳐진 "길벗출판사"가 [C7] 셀에 입력됩니다.

## 기출문제 따라잡기 – '기출' 시트에서 실습하세요.

**판매일** : 월일년도 형태로 입력된 '판매시작일'을 '연도-월-일'의 형태로 나타내시오(CONCATENATE, LEFT, MID 함수) (예 : 09052019 → 2019-09-05).

| | A | B | C | D | E |
|---|---|---|---|---|---|
| 1 | | | | | |
| 2 | | 사료명 | 판매시작일 | 가격 | 판매일 |
| 3 | | ANF 홀리스틱 | 09052019 | ₩ 16,300 | 2019-09-05 |
| 4 | | 사이언스 다이어트 | 05072019 | ₩ 47,800 | 2019-05-07 |
| 5 | | 프로플랜 어덜트 | 06212019 | ₩ 49,850 | 2019-06-21 |
| 6 | | 퓨리나 캣차우 | 12012018 | ₩ 22,990 | 2018-12-01 |
| 7 | | 아르테미스 | 11052018 | ₩ 51,700 | 2018-11-05 |
| 8 | | 사이언스 키튼 | 05262019 | ₩ 20,500 | 2019-05-26 |

**정답** [E3] : =CONCATENATE(MID(C3,5,4),"-",LEFT(C3,2),"-",MID(C3,3,2))

**수식의 이해**

=CONCATENATE(MID(C3,5,4),"-",LEFT(C3,2),"-",MID(C3,3,2))
❶ MID(C3,5,4) ❷ LEFT(C3,2) ❸ MID(C3,3,2)

- ❶ **MID(C3,5,4)** : [C3] 셀의 값 "09052019"의 다섯 번째부터 4글자를 추출하므로 "2019"를 반환합니다.
- ❷ **LEFT(C3,2)** : [C3] 셀의 값 "09052019"의 왼쪽 두 글자를 추출하므로 "09"를 반환합니다.
- ❸ **MID(C3,3,2))** : [C3] 셀의 값 "09052019"의 세 번째부터 2글자를 추출하므로 "05"를 반환합니다. "2019"를 ❶에, "09"를 ❷에, "05"를 ❸에 대입하면 다음과 같습니다.
- **=CONCATENATE("2019","-","09","-","05")** : 텍스트를 모두 합친 '2019-09-05'가 [E3] 셀에 입력됩니다.

**전문가의 조언**

- MID 함수는 텍스트의 시작 위치부터 지정한 개수만큼 표시하는 함수입니다. 자세한 설명은 52쪽을 참고하세요.
- LEFT 함수는 텍스트의 왼쪽부터 지정한 개수만큼 표시하는 함수입니다. 자세한 설명은 53쪽을 참고하세요.

텍스트 함수

## 060 대문자를 소문자로 변환하기 – LOWER

LOWER 함수는 문자열(텍스트)의 대문자를 모두 소문자로 변환합니다. 예를 들어, LOWER("Miss Kim")은 "miss kim"이 됩니다. 숫자, 특수 문자, 한글과 같이 소문자가 없는 문자는 변환되지 않습니다.

**형식** LOWER(텍스트) : 문자열(텍스트)의 대문자를 소문자로 변환합니다.

**준비하세요!** : 'C:\길벗ITQ마스터(2016)\ITQ엑셀\부록' 폴더의 'LOWER.xlsx' 파일을 열어 '기본' 시트에서 실습하세요.

| | A | B |
|---|---|---|
| 1 | 소문자로 변환하기 | |
| 2 | | |
| 3 | 문자열 | 변환 |
| 4 | KOREA | korea ❶ |
| 5 | 대한민국 | 대한민국 |
| 6 | Miss 경기도 | miss 경기도 ❷ |
| 7 | !ERROR# | !error# |
| 8 | 1234567 | 1234567 ❸ |
| 9 | King, Sejong. | king, sejong. |
| 10 | | |

❶ =LOWER(A4) : [A4] 셀의 "KOREA"를 소문자로 변환한 "korea"가 [B4] 셀에 입력됩니다.

❷ =LOWER(A6) : [A6] 셀의 "Miss 경기도"를 소문자로 변환한 "miss 경기도"가 [B6] 셀에 입력됩니다.

❸ =LOWER(A8) : [A8] 셀의 1234567은 숫자이므로 문자로 변환된 "1234567"이 [B8] 셀에 입력됩니다.

텍스트 함수

## 061 대 · 소문자 알맞게 변환하기 – PROPER

PROPER 함수는 문자열에 포함된 대 · 소문자를 적절하게 변환하는 함수로, 영어 단어의 첫 번째 문자와 영문자가 아닌 문자 다음에 오는 영문자를 대문자로 변환하고, 나머지 문자들은 소문자로 변환합니다. 예를 들어 PROPER("24TH SEOUL OLYMPIC")는 "24Th Seoul Olympic"이 됩니다.

**형식** PROPER(텍스트) : 텍스트의 첫 글자만 대문자로 변환합니다.

**준비하세요!** : 'C:\길벗ITQ마스터(2016)\ITQ엑셀\부록' 폴더의 'PROPER.xlsx' 파일을 열어 '기본' 시트에서 실습하세요.

| | A | B |
|---|---|---|
| 1 | 대소문자를 적절하게 변환하기 | |
| 2 | | |
| 3 | 문자열 | 결과 |
| 4 | 24TH SEOUL OLYMPIC | 24Th Seoul Olympic ❶ |
| 5 | 2-cent's worth | 2-Cent'S Worth |
| 6 | this is a title | This Is A Title |
| 7 | 길벗 publisher | 길벗 Publisher |
| 8 | "king kong" | "King Kong" |
| 9 | a-123b | A-123B |

❶ =PROPER(A4) : 첫 번째 영문자인 "SEOUL"의 "S"와 영문자가 아닌 문자 다음에 오는 영문자인 "24TH"의 "T", 그리고 공백 다음에 오는 문자인 "OLYMPIC"의 "O"는 대문자로 변환되고 나머지 영문자는 소문자로 변환된 "24Th Seoul Olympic"이 [B4] 셀에 입력됩니다.

텍스트 함수

## 062 문자열 치환하기 – REPLACE

REPLACE 함수는 문자열의 일부를 다른 문자열로 바꾸는 함수입니다. 예를 들어, REPLACE("KOREA",2,4,"ING")는 "KOREA"에서 두 번째 문자부터 네 개의 문자를 "ING"로 변환하므로 "KING"가 됩니다.

**형식** REPLACE(텍스트1, 시작위치, 개수, 텍스트2) : 텍스트1의 시작 위치에서 개수만큼 텍스트2로 변환합니다.

**준비하세요!** : 'C:\길벗ITQ마스터(2016)\ITQ엑셀\부록' 폴더의 'REPLACE.xlsx' 파일을 열어 '기본' 시트에서 실습하세요.

| | A | B | C | D | E |
|---|---|---|---|---|---|
| 1 | 문자열 치환 | | | | |
| 2 | | | | | |
| 3 | 문자열 | 시작위치 | 문자수 | 변경문자 | 결과 |
| 4 | abcdefghijk | 6 | 5 | ** | abcde**k |
| 5 | KOREA | 2 | 4 | ING | KING |
| 6 | 2004 | 3 | 2 | 10 | 2010 |
| 7 | kysgilbut.co.kr | 4 | 0 | @ | kys@gilbut.co.kr |
| 8 | 123456789 | 4 | 2 | - | 123-6789 |

❶ =REPLACE(A4,B4,C4,D4) : [A4] 셀의 문자열 중 6번째 문자인 "f"부터 5개의 문자 "fghij"가 "**"으로 변경된 "abcde**k"가 [E4] 셀에 입력됩니다.

텍스트 함수

## 063 통화 기호 표시하기 – WON

WON 함수는 통화 기호를 표시하는 함수입니다. 셀에 통화 기호를 표시하려면 통화 기호와 함께 입력하거나 서식을 통화로 지정해야 되는데, 이때 WON 함수를 이용하면 계산과 동시에 통화 기호를 표시할 수 있습니다. WON 함수는 지정된 값에 통화 기호를 표시하고, 텍스트 형식으로 변환합니다.

**형식** WON(인수, 소수 자릿수) : 인수를 지정한 자릿수로 반올림하여 통화 서식을 지정하고, 텍스트로 변환하여 표시합니다.

**준비하세요!** : 'C:\길벗ITQ마스터(2016)\ITQ엑셀\부록' 폴더의 'WON.xlsx' 파일을 열어 '기본' 시트에서 실습하세요.

| | A | B | C |
|---|---|---|---|
| 1 | 함수를 사용해 통화 기호 표시하기 | | |
| 2 | | | |
| 3 | 숫자 | 자릿수 | 결과값 |
| 4 | 2453.123 | 1 | ₩2,453.1 |
| 5 | 2453.123 | 2 | ₩2,453.12 |
| 6 | 2453.123 | 3 | ₩2,453.123 |
| 7 | 2453.123 | 4 | ₩2,453.1230 |
| 8 | 2453.123 | -1 | ₩2,450 |

❶ =WON(A4,B4) : [A4] 셀의 값 2453.123을 소수점 첫 번째 자리로 반올림하여 통화 서식을 지정하고, 텍스트로 변환한 '₩2,453.1'이 [C4] 셀에 표시됩니다.

❷ =WON(A8,B8) : [A8] 셀의 값 2453.123을 십의 자리로 반올림하여 통화 서식을 지정하고, 텍스트로 변환한 '₩2,450'이 [C8] 셀에 표시됩니다.

# 064 순위 계산하기 – RANK.EQ

RANK.EQ 함수는 지정된 범위 안에서 인수의 순위를 구하는 함수입니다. RANK.EQ 함수는 중복된 수에 같은 순위를 부여합니다. 그러나 중복된 수가 있으면 다음 수의 순위에 영향을 줍니다. 예를 들어 정수 목록에서 10이 순위 5로 중복된다면 11은 순위 7이 되고 순위 6에 해당하는 숫자는 없습니다.

**형식** RANK.EQ(인수, 범위, 논리값) : 지정된 범위 안에서 인수의 순위를 구합니다.

**준비하세요!** : 'C:\길벗ITQ마스터(2016)\ITQ엑셀\부록' 폴더의 'RANK.EQ.xlsx' 파일을 열어 '기본' 시트에서 실습하세요.

RANK.EQ 함수를 이용하여 총점을 기준으로 한 순위를 계산하여 표시해 보겠습니다.

| | A | B | C | D | E | F |
|---|---|---|---|---|---|---|
| 1 | 성적표 | | | | | |
| 2 | 성명 | 국어 | 영어 | 수학 | 총점 | 순위 |
| 3 | 고아라 | 72 | 90 | 78 | 240 | 2 ❶ |
| 4 | 나영희 | 95 | 65 | 0 | 160 | 5 |
| 5 | 박철수 | 75 | 98 | 75 | 248 | 1 |
| 6 | 안도해 | | 100 | 100 | 200 | 3 |
| 7 | 최순이 | 85 | | 85 | 170 | 4 |

❶ =RANK.EQ(E3, $E$3:$E$7) : [E3:E7] 영역에서 [E3] 셀의 값 240의 순위를 계산하되 내림차순을 기준으로, 즉 가장 높은 점수에 1위를 부여하는 방식을 적용한 순위 2가 [F3] 셀에 입력됩니다(논리값이 생략되었으므로 내림차순으로 계산합니다.).

RANK.EQ 함수의 옵션

- **0 또는 생략 :** 내림차순으로 정렬된 목록처럼 순위를 부여(가장 큰 값에 1위를 부여)
- **0 이외의 값 :** 오름차순으로 정렬된 목록처럼 순위를 부여(가장 작은 값에 1위를 부여)

## 기출문제 따라잡기 –'기출' 시트에서 실습하세요.

**판매 순위** : '판매수량'을 이용하여 판매수량이 높은 값이 1이 되도록 순위를 구하시오(RANK.EQ 함수).

| | A | B | C | D |
|---|---|---|---|---|
| 1 | | | | |
| 2 | | 제조사 | 판매수량 | 판매 순위 |
| 3 | | 캐논 | 2,372 | 8 |
| 4 | | 올림푸스 | 3,548 | 1 |
| 5 | | 삼성테크윈 | 2,768 | 5 |
| 6 | | 올림푸스 | 3,118 | 2 |
| 7 | | 캐논 | 3,005 | 3 |
| 8 | | 삼성테크윈 | 2,915 | 4 |
| 9 | | 올림푸스 | 2,431 | 7 |
| 10 | | 캐논 | 2,738 | 6 |

**정답** [D3] : =RANK.EQ(C3,$C$3:$C$10)

=RANK.EQ(C3,$C$3:$C$10)

[C3:C10] 영역에서 [C3] 셀의 값 2,372의 순위를 내림차순으로 계산하여 순위 8을 반환합니다.

전문가의 조언

내림차순은 큰 값에서 작은 값으로 내려가는 순서로 정렬하는 방식입니다.

20.8, 20.6, 20.2, 19.10, 19.9, 19.8, 19.7, 19.5, 19.4, 18.11, 18.2, 17.10, 17.9, 16.9, 16.5, 16.4, 16.1, 15.11, 15.10, 15.6, 15.5, 13.12, 13.7, 12.12, 12.7, 12.3, …

# 065 평균 계산하기 – AVERAGE

AVERAGE 함수는 인수로 주어진 숫자들의 평균을 계산하는 함수로, 인수는 1개에서 255개까지 지정할 수 있습니다. 인수는 숫자이거나 숫자가 포함된 이름, 배열 또는 셀 주소이어야 합니다.

**형식** AVERAGE(인수1, 인수2, …) : 인수로 주어진 숫자들의 평균을 계산합니다.

**준비하세요! :** 'C:\길벗ITQ마스터(2016)\ITQ엑셀\부록' 폴더의 'AVERAGE.xlsx' 파일을 열어 '기본' 시트에서 실습하세요.

| | A | B | C | D |
|---|---|---|---|---|
| 1 | 평균계산 | | | |
| 2 | | | | |
| 3 | 숫자1 | 숫자2 | 숫자3 | 평균 |
| 4 | 5.5 | 6.5 | 7.5 | 6.50 ❶ |
| 5 | 20 | 30 | 40 | 30.00 |
| 6 | 0 | 30 | 26 | 18.67 ❷ |
| 7 | 8 | | 10 | 9.00 |

❶ =AVERAGE(A4:C4) : [A4:C4] 영역의 평균인 6.50이 [D4] 셀에 입력됩니다.

❷ =AVERAGE(A6:C6) : [A6:C6] 영역의 평균인 18.67이 [D6] 셀에 입력됩니다.

## 기출문제 따라잡기 – '기출' 시트에서 실습하세요.

**전체 단가 평균** : '단가(단위:원)'의 평균을 구하시오(AVERAGE 함수).

| | A | B | C | D |
|---|---|---|---|---|
| 1 | | | | |
| 2 | | 관리번호 | 청소규모 | 단가 (단위:원) |
| 3 | | C1-H01-B | 41 | 9,000 |
| 4 | | C1-F01-A | 20 | 12,500 |
| 5 | | C2-F02-A | 24 | 15,000 |
| 6 | | C1-S01-B | 220 | 18,000 |
| 7 | | C1-H02-A | 24 | 11,000 |
| 8 | | C3-H03-A | 33 | 20,000 |
| 9 | | C3-S02-B | 540 | 3,200 |
| 10 | | C2-F03-A | 5 | 55,000 |
| 11 | | 전체 단가 평균 | | 17,963 |

**정답** [D11] : =AVERAGE(D3:D10)

**전문가의 조언**

=AVERAGE(D3:D10)

[D3:D10] 영역의 평균 17,963이 [D11] 셀에 입력됩니다.

# 066 N번째로 큰 수 찾기 – LARGE

LARGE 함수는 자료 범위에서 N번째로 큰 값을 반환하는 함수입니다. 이 함수를 사용하여 상대적인 순위에 해당하는 값을 선택할 수 있습니다. 예를 들면, LARGE 함수를 사용하여 1등, 2등, 3등의 점수를 구할 수 있습니다.

**형식** LARGE(범위, N번째) : 범위 중 N번째로 큰 값을 반환합니다.

**준비하세요!** : 'C:\길벗ITQ마스터(2016)\ITQ엑셀\부록' 폴더의 'LARGE.xlsx' 파일을 열어 '기본' 시트에서 실습하세요.

| | A | B | C | D | E | F |
|---|---|---|---|---|---|---|
| 1 | 지정된 큰수 찾기 | | | | | |
| 2 | | | | | | |
| 3 | 숫자1 | 숫자2 | 숫자3 | | | |
| 4 | 12 | 21 | 18 | | 제일 큰수 | 24 ❶ |
| 5 | 5 | 2 | 19 | | 두번째 큰수 | 21 ❷ |
| 6 | 7 | 16 | 18 | | 세번째 큰수 | 19 |
| 7 | 4 | 15 | 24 | | | |

❶ =LARGE(A4:C7, 1) : [A4:C7] 영역에서 첫 번째로 큰 수, 즉 가장 큰 수인 24가 [F4] 셀에 입력됩니다.

❷ =LARGE(A4:C7, 2) : [A4:C7] 영역에서 두 번째로 큰 수인 21이 [F5] 셀에 입력됩니다.

## 기출문제 따라잡기 – '기출' 시트에서 실습하세요.

**두번째 경제성장률** : '경제성장률(%)'에서 두 번째 큰 값을 구하고 결과값 뒤에 '%'를 붙이시오(LARGE 함수, & 연산자)(예 : 1.5%).

| | A | B | C | D |
|---|---|---|---|---|
| 1 | | | | |
| 2 | | 국가명 | 1인당 GDP (달러) | 경제성장률 (%) |
| 3 | | 뉴질랜드 | 25,082 | 1.2 |
| 4 | | 독일 | 35,058 | 2.8 |
| 5 | | 미국 | 43,741 | 3.3 |
| 6 | | 영국 | 39,260 | 2.8 |
| 7 | | 일본 | 34,125 | 2.2 |
| 8 | | 캐나다 | 38,960 | 2.8 |
| 9 | | 터키 | 5,460 | 0 |
| 10 | | 프랑스 | 36,660 | 2 |
| 11 | | 두번째 경제성장률 | | 2.8% |

**정답** [D11] : =LARGE(D3:D10,2)&"%"

### 수식의 이해

=LARGE(D3:D10,2)&"%"
❶

- ❶ **LARGE(D3:D10,2)** : [D3:D10] 영역에서 두 번째로 큰 값 2.8을 반환합니다. 2.8을 ❶에 대입하면 다음과 같습니다.
- **=2.8 & "%"** : 2.8과 "%"를 결합한 2.8%가 [D11] 셀에 입력됩니다.

### 전문가의 조언

&는 2개 이상의 문자열을 합쳐 하나의 문자열로 만들 때 사용하는 문자열 결합 연산자입니다.

# 067 N번째로 작은 수 찾기 – SMALL

SMALL 함수는 자료 범위에서 N번째로 작은 값을 반환하는 함수입니다. 이 함수를 사용하여 상대적인 순위에 해당하는 값을 선택할 수 있습니다.

**형식** SMALL(범위, N번째) : 범위 중 N번째로 작은 값을 반환합니다.

준비하세요! : 'C:\길벗ITQ마스터(2016)\ITQ엑셀\부록' 폴더의 'SMALL.xlsx' 파일을 열어 '기본' 시트에서 실습하세요.

| | A | B | C | D | E | F |
|---|---|---|---|---|---|---|
| 1 | 지정된 작은 수 찾기 | | | | | |
| 2 | | | | | | |
| 3 | 숫자1 | 숫자2 | 숫자3 | | | |
| 4 | 12 | 21 | 18 | | 제일 작은 수 | 2 ❶ |
| 5 | 5 | 2 | 19 | | 두번째 작은 수 | 4 |
| 6 | 7 | 16 | 18 | | 세번째 작은 수 | 5 ❷ |
| 7 | 4 | 15 | 24 | | | |

❶ =SMALL(A4:C7, 1) : [A4:C7] 영역에서 첫 번째로 작은 수, 즉 가장 작은 수인 2가 [F4] 셀에 입력됩니다.

❷ =SMALL(A4:C7, 3) : [A4:C7] 영역에서 세 번째로 작은 수인 5가 [F6] 셀에 입력됩니다.

## 기출문제 따라잡기 – '기출' 시트에서 실습하세요.

**가장 오래된 제조일자** : 가장 오래된 제조일자를 'yyyy-mm-dd' 형식으로 표시하시오(SMALL 함수).

| | A | B | C | D | E |
|---|---|---|---|---|---|
| 1 | | | | | |
| 2 | | 품명 | 제조일자 | 판매수량 (단위:개) | 매출액 (단위:천원) |
| 3 | | 커피메이커 | 15-06-18 | 5 | 500 |
| 4 | | 냉장고 | 13-04-29 | 6 | 3,900 |
| 5 | | 쥬서기 | 20-06-09 | 8 | 280 |
| 6 | | 가습기 | 16-06-14 | 4 | 200 |
| 7 | | 커피메이커 | 18-05-01 | 9 | 990 |
| 8 | | 김치냉장고 | 18-08-01 | 5 | 3,800 |
| 9 | | 식기세척기 | 19-07-20 | 6 | 4,800 |
| 10 | | 가습기 | 17-08-04 | 20 | 980 |
| 11 | | 가장 오래된 제조일자 | | | 2013-04-29 |

**정답** [E11] : =SMALL(C3:C10,1)

※ 'yyyy-mm-dd' 형식으로 표시해야 하므로 [E11] 셀을 선택한 후 '셀 서식' 대화상자의 '표시 형식' 탭에서 '날짜'의 '*2012-03-14' 항목을 선택합니다.

수식의 이해

=SMALL(C3:C10,1)

[C3:C12] 영역에서 첫 번째로 작은 값 '13-04-29'가 입력됩니다.

# 068 중간에 위치한 값 찾아내기 – MEDIAN

MEDIAN 함수는 인수로 주어진 숫자들을 크기 순으로 나열했을 때 중간 위치에 해당하는 값을 반환하는 함수입니다. 즉, 수의 반은 중간값보다 큰 값을 가지고 나머지 반은 중간값보다 작은 값을 가집니다. 인수에 텍스트, 논리값 또는 빈 셀이 포함되는 경우 그 값은 무시되지만 값이 0인 셀은 계산에 포함됩니다.

**형식** MEDIAN(인수1, 인수2, …) : 인수로 주어진 숫자들 중에서 중간에 해당하는 값을 반환합니다.

**준비하세요!** : 'C:\길벗ITQ마스터(2016)\ITQ엑셀\부록' 폴더의 'MEDIAN.xlsx' 파일을 열어 '기본' 시트에서 실습하세요.

| | A | B | C | D | E | F |
|---|---|---|---|---|---|---|
| 1 | 중간 값 찾기 | | | | | |
| 2 | | | | | | |
| 3 | 숫자1 | 숫자2 | 숫자3 | 숫자4 | 숫자5 | 중간값 |
| 4 | 1 | 2 | 3 | 4 | 5 | 3 ❶ |
| 5 | 0 | 1 | 2 | 3 | 4 | 2 |
| 6 | 7 | 14 | 16 | 18 | | 15 ❷ |
| 7 | 25 | 15 | 7 | 3 | 1 | 7 ❸ |

❶ =MEDIAN(A4:E4) : [A4:E4] 영역에서 중간에 해당하는 값 3이 [F4] 셀에 입력됩니다.

❷ =MEDIAN(A6:E6) : 인수의 개수가 짝수일 때는 중간의 두 수를 더한 후 2로 나눈값을 반환합니다. (14+16)/2 → 15

❸ =MEDIAN(A7:E7) : [A7:E7] 영역에서 중간에 해당하는 값 7이 [F7] 셀에 입력됩니다.

## 기출문제 따라잡기 – '기출' 시트에서 실습하세요.

**학년(1학기, 2학기)의 중간값** : MEDIAN 함수

| | A | B | C | D |
|---|---|---|---|---|
| 1 | | | | |
| 2 | | 이름 | 1학기 평점 | 2학기 평점 |
| 3 | | 김경섭 | 4.5 | 4.7 |
| 4 | | 문인수 | 3.8 | 4.2 |
| 5 | | 경혜민 | 4.9 | 4.8 |
| 6 | | 박상훈 | 3.4 | 3.7 |
| 7 | | 배승현 | 2.8 | 3 |
| 8 | | 오덕윤 | 4.8 | 4.3 |
| 9 | | 손소라 | 4.2 | 4.2 |
| 10 | | 학년(1학기, 2학기)의 중간값 | | 4.2 |

**정답** [D10] : =MEDIAN(C3:D9)

=MEDIAN(C3:D9)

[C3:D9] 영역의 셀의 값 중 중간값 4.2가 [D10] 셀에 입력됩니다.

통계 함수　20.10, 20.2, 19.10, 19.9, 19.8, 19.7, 19.6, 19.5, 19.4, 19.1, 18.8, 18.6, 18.3, 18.2, 17.10, 17.9, 17.6, 17.3, 16.12, 16.10, 16.7, 16.6, 16.5, 16.4, 16.3, 16.2, 16.1, …

# 069 가장 큰 수 찾기 – MAX

MAX 함수는 인수로 주어진 숫자들 중에서 최대값을 구하는 함수로, 1개부터 255개까지의 인수를 사용할 수 있습니다. 인수에 포함된 텍스트, 논리값 또는 빈 셀은 무시됩니다. 인수에 숫자가 하나도 없으면 0이 반환됩니다.

**형식** MAX(인수1, 인수2, …) : 인수로 주어진 숫자 중에서 가장 큰 수를 반환합니다.

**준비하세요!** : 'C:\길벗ITQ마스터(2016)\ITQ엑셀\부록' 폴더의 'MAX.xlsx' 파일을 열어 '기본' 시트에서 실습하세요.

| | A | B | C | D | E |
|---|---|---|---|---|---|
| 1 | 가장 큰 수 찾기 | | | | |
| 2 | | | | | |
| 3 | 숫자1 | 숫자2 | 숫자3 | 숫자4 | 가장 큰수 |
| 4 | 12 | 21 | 18 | 5 | 21 ❶ |
| 5 | 5 | 2 | 19 | 21 | 21 |
| 6 | 7 | 16 | 18 | 14 | 18 ❷ |
| 7 | 4 | 15 | 24 | 2 | 24 |

❶ =MAX(A4:D4) : [A4:D4] 영역에서 가장 큰 값인 21이 [E4] 셀에 입력됩니다.

❷ =MAX(A6:D6) : [A6:D6] 영역에서 가장 큰 값인 18이 [E6] 셀에 입력됩니다.

## 기출문제 따라잡기 – '기출' 시트에서 실습하세요.

**보너스 점수가 가장 높은 사람의 이름** : INDEX, MATCH, MAX 함수

| | A | B | C | D | E |
|---|---|---|---|---|---|
| 1 | | | | | |
| 2 | | 고객명 | 고객 등급 | 기존 점수 | 보너스 점수 |
| 3 | | 나수정 | 일반 | 1,345 | 392점 |
| 4 | | 김삼수 | 일반 | 3,244 | 3,842점 |
| 5 | | 최동철 | 특별 | 45 | 3,894점 |
| 6 | | 이기붕 | 특별 | 954 | 923점 |
| 7 | | 박지훈 | 우수 | 349 | 4,854점 |
| 8 | | 고수동 | 우수 | 2,842 | 382점 |
| 9 | | 허수진 | 최고 | 2,348 | 38점 |
| 10 | | 박남수 | 일반 | 9,342 | 0점 |
| 11 | | 보너스 점수가 가장 높은 사람의 이름 | | | 박지훈 |

**정답** [E11] : =INDEX(B3:E10,MATCH(MAX(E3:E10),E3 :E10,0),1)

=INDEX(B3:E10,MATCH(MAX(E3:E10),E3:E10,0),1)

❶ MAX(E3:E10)
❷ MATCH(MAX(E3:E10),E3:E10,0)

- ❶ **MAX(E3:E10)** : [E3:E10] 영역에서 가장 큰 값 4854를 반환합니다. 4854를 ❶에 대입하면 다음과 같습니다.
- ❷ **MATCH(4854,E3:E10,0)** : [E3:E10] 영역에서 4854가 있는 위치 5를 반환합니다. 5를 ❷에 대입하면 다음과 같습니다.
- **=INDEX(B3:E10,5,1)** : [B3:E10] 영역에서 5행 1열에 있는 값 "박지훈"이 [E11] 셀에 입력됩니다.

### 전문가의 조언

- MATCH 함수는 지정된 범위에서 기준과 같은 데이터를 찾아 범위 내에서의 상대적인 위치를 반환하는 함수입니다. 자세한 설명은 46쪽을 참고하세요.
- INDEX 함수는 셀 범위나 데이터 배열에서 행 번호와 열 번호가 교차하는 곳에 있는 값을 반환하는 함수입니다. 자세한 설명은 44쪽을 참고하세요.

**MATCH 함수의 옵션**
- **-1** : 찾을값보다 크거나 같은 값 중 가장 작은 값을 찾습니다. 범위는 반드시 내림차순으로 정렬되어 있어야 합니다.
- **0** : 찾을값과 첫 번째로 정확하게 일치하는 값을 찾습니다. 범위는 정렬되어 있지 않아도 됩니다.
- **1** : 찾을값보다 작거나 같은 값 중에서 가장 큰 값을 찾습니다. 범위는 반드시 오름차순으로 정렬되어 있어야 합니다.

# 070 가장 작은 수 찾기 – MIN

MIN 함수는 인수로 주어진 숫자들 중에서 최소값을 구하는 함수로, 1개부터 255개까지의 인수를 사용할 수 있습니다. 인수에 텍스트, 논리값 또는 빈 셀이 포함되는 경우 그 값은 무시됩니다. 인수에 숫자가 하나도 없으면 0이 반환됩니다.

**형식** MIN(인수1, 인수2, …) : 인수로 주어진 숫자에서 가장 작은 수를 반환합니다.

준비하세요! : 'C:\길벗ITQ마스터(2016)\ITQ엑셀\부록' 폴더의 'MIN.xlsx' 파일을 열어 '기본' 시트에서 실습하세요.

| | A | B | C | D | E |
|---|---|---|---|---|---|
| 1 | 가장 작은 수 찾기 | | | | |
| 2 | | | | | |
| 3 | 숫자1 | 숫자2 | 숫자3 | 숫자4 | 가장 작은 수 |
| 4 | 12 | 21 | 18 | 5 | 5 ❶ |
| 5 | 5 | 2 | 19 | 21 | 2 |
| 6 | 7 | 16 | 18 | 14 | 7 ❷ |
| 7 | 4 | 15 | 24 | 2 | 2 |

❶ =MIN(A4:D4) : [A4:D4] 영역에서 가장 작은 값인 5가 [E4] 셀에 입력됩니다.

❷ =MIN(A6:D6) : [A6:D6] 영역에서 가장 작은 값인 7이 [E6] 셀에 입력됩니다.

## 기출문제 따라잡기 –'기출' 시트에서 실습하세요.

**2006년 사망률이 가장 적었던 사망원인** : INDEX, MATCH, MIN 함수

| | A | B | C | D | E |
|---|---|---|---|---|---|
| 1 | | | | | |
| 2 | | 사망원인 | 2016년 사망률 | 2006년 사망률 | 전년대비 증가률 |
| 3 | | 악성신생물 | 134.8 | 110.1 | 1.22 |
| 4 | | 만성하기도질환 | 14.5 | 14 | 1.04 |
| 5 | | 당뇨병 | 23.7 | 17.4 | 1.36 |
| 6 | | 심장질환 | 41.5 | 35.7 | 1.16 |
| 7 | | 폐렴 | 9.4 | 7.3 | 1.29 |
| 8 | | 고혈압질환 | 9.5 | 13.8 | 0.69 |
| 9 | | 간질환 | 15.6 | 27.3 | 0.57 |
| 10 | | 뇌혈관질환 | 61.4 | 74.7 | 0.82 |
| 11 | | 2006년 사망률이 가장 적었던 사망원인 | | | 폐렴 |

**정답** [E11] : =INDEX(B3:E10,MATCH(MIN(D3:D10),D3:D10,0),1)

=INDEX(B3:E10,MATCH(MIN(D3:D10),D3:D10,0),1)

- ❶ **MIN(D3:D10)** : [D3:D10] 영역에서 가장 작은 값 7.3을 반환합니다. 7.3을 ❶에 대입하면 다음과 같습니다.
- ❷ **MATCH(7.3,D3:D10,0)** : [D3:D10] 영역에서 7.3이 있는 위치 5를 반환합니다. 5를 ❷에 대입하면 다음과 같습니다.
- **=INDEX(B2:E10,5,1)** : [B2:E10] 영역에서 5행 1열에 있는 값 "폐렴"이 [E11] 셀에 입력됩니다.

전문가의 조언

- MATCH 함수는 지정된 범위에서 기준과 같은 데이터를 찾아 범위 내에서의 상대적인 위치를 반환하는 함수입니다. 자세한 설명은 46쪽을 참고하세요.
- INDEX 함수는 셀 범위나 데이터 배열에서 행 번호와 열 번호가 교차하는 곳에 있는 값을 반환하는 함수입니다. 자세한 설명은 44쪽을 참고하세요.

**MATCH 함수의 옵션**

- **-1** : 찾을값보다 크거나 같은 값 중 가장 작은 값을 찾습니다. 범위는 반드시 내림차순으로 정렬되어 있어야 합니다.
- **0** : 찾을값과 첫 번째로 정확하게 일치하는 값을 찾습니다. 범위는 정렬되어 있지 않아도 됩니다.
- **1** : 찾을값보다 작거나 같은 값 중에서 가장 큰 값을 찾습니다. 범위는 반드시 오름차순으로 정렬되어 있어야 합니다.

# 071 판매 품목의 판매 건수 구하기 – COUNTIF

COUNTIF 함수는 많은 자료 중에서 조건에 맞는 데이터의 개수만을 구하는 함수입니다. 찾을 조건이 있는 범위에서 조건에 맞는 데이터를 찾아 개수를 계산합니다.

**형식** COUNTIF(범위, 조건) : 지정된 범위에서 조건에 맞는 셀의 개수를 구합니다.

**준비하세요!** : 'C:\길벗ITQ마스터(2016)\ITQ엑셀\부록' 폴더의 'COUNTIF.xlsx' 파일을 열어 '기본' 시트에서 실습하세요.

COUNTIF 함수를 이용하여 품목별로 판매 건수를 계산해 보겠습니다.

| | A | B | C | D | E | F | G |
|---|---|---|---|---|---|---|---|
| 1 | 판매현황 | | | | | 품목별 판매건수 | |
| 2 | | | | | | | |
| 3 | 품목 | 수량 | 단가 | 금액 | | 품목 | 건수 |
| 4 | 냉장고 | 6 | 250 | 1,500 | | 컴퓨터 | 3 ❶ |
| 5 | 컴퓨터 | 8 | 300 | 2,400 | | 캠코더 | 2 |
| 6 | 냉장고 | 5 | 250 | 1,250 | | 냉장고 | 2 ❷ |
| 7 | 캠코더 | 7 | 500 | 3,500 | | | |
| 8 | 컴퓨터 | 10 | 300 | 3,000 | | | |
| 9 | 캠코더 | 5 | 500 | 2,500 | | | |
| 10 | 컴퓨터 | 7 | 300 | 2,100 | | | |

❶ =COUNTIF(A4:A10,"컴퓨터") : [A4:A10] 영역에서 "컴퓨터"가 입력된 셀의 개수 3이 [G4] 셀에 입력됩니다.

❷ =COUNTIF(A4:A10,"냉장고") : [A4:A10] 영역에서 "냉장고"가 입력된 셀의 개수 2가 [G6] 셀에 입력됩니다.

## 기출문제 따라잡기 –'기출' 시트에서 실습하세요.

**주문식품 용도가 반찬인 개수** : 결과값에 '종류'를 붙이시오(COUNTIF 함수, & 연산자)(예 : 3종류).

| | A | B | C | D | E |
|---|---|---|---|---|---|
| 1 | | | | | |
| 2 | | 주문식품 | 용도 | 주문수량 (단위:명) | 가격 |
| 3 | | 닭고기 | 반찬(도리탕) | 92 | 98000 |
| 4 | | 소곱창 | 반찬(볶음) | 40 | 41500 |
| 5 | | 소꼬리 | 국(곰탕) | 53 | 67000 |
| 6 | | 소살코기 | 국(미역국) | 87 | 62000 |
| 7 | | 닭살코기 | 국(육개장) | 38 | 19500 |
| 8 | | 물오징어 | 반찬(볶음) | 64 | 55000 |
| 9 | | 삼겹살 | 반찬(볶음) | 94 | 117000 |
| 10 | | 장어 | 반찬(구이) | 39 | 64000 |
| 11 | | 주문식품 용도가 반찬인 개수 | | | 5종류 |

**정답** [E11] : =COUNTIF(C3:C10,"반찬*")&"종류"

=COUNTIF(C3:C10,"반찬*")&"종류"
❶

- ❶ **COUNTIF(C3:C10,"반찬*")** : [C3:C10] 영역에서 "반찬"으로 시작하는 셀([C3, C4, C8, C9, C10])의 개수 5를 반환합니다. 5를 ❶에 대입하면 다음과 같습니다.
- **=5 & "종류"** : 5와 "종류"가 결합한 "5종류"가 [E11] 셀에 입력됩니다.

**전문가의 조언**

&는 2개 이상의 문자열을 합쳐 하나의 문자열로 만들 때 사용하는 문자열 결합 연산자입니다.

20.2, 19.11, 19.6, 15.7, 15.6, 12.11, 12.10, 12.8, 11.12, 11.7, 11.5, 11.3, 10.3, 10.2, 09.11, 09.7, 08.9, 08.7, 07.12, 07.11

# 072 자료가 입력되어 있는 모든 셀의 개수 세기 – COUNTA

COUNTA 함수는 인수로 주어진 값 중에서 자료가 입력되어 있는 모든 셀의 개수를 세는 함수입니다. 인수는 1개에서 255개까지 사용할 수 있으나 빈 셀은 개수 계산에서 제외됩니다. 숫자가 들어 있는 셀만 세고자 할 경우에는 COUNT 함수를 사용합니다.

**형식** COUNTA(인수1, 인수2, …) : 인수로 주어진 값 중 자료가 입력되어 있는 셀의 개수를 구합니다.

**준비하세요!** : 'C:\길벗ITQ마스터(2016)\ITQ엑셀\부록' 폴더의 'COUNTA.xlsx' 파일을 열어 '기본' 시트에서 실습하세요.

| | A | B | C | D |
|---|---|---|---|---|
| 1 | 자료수 세기 | | | |
| 2 | | | | |
| 3 | 자료1 | 자료2 | 자료3 | 자료의 수 |
| 4 | 2020-09-14 | 52 | | 2 ❶ |
| 5 | TRUE | 1:01 AM | 85 | 3 |
| 6 | 엑셀 | | 67 | 2 ❷ |
| 7 | 4 | 92 | #DIV/0! | 3 |

❶ =COUNTA(A4:C4) : [A4:C4] 영역 중 빈 셀을 제외한 셀의 개수인 2가 [D4] 셀에 입력됩니다.

❷ =COUNTA(A6:C6) : [A6:C6] 영역 중 빈 셀을 제외한 셀의 개수인 2가 [D6] 셀에 입력됩니다.

## 기출문제 따라잡기 – '기출' 시트에서 실습하세요.

**장비 중 덤프트럭이 차지하는 비율 : [덤프트럭 개수 ÷ 전체 '장비 구분' 개수]를 백분율로 표시하시오(COUNTIF, COUNTA 함수).**

| | A | B | C | D | E |
|---|---|---|---|---|---|
| 1 | | | | | |
| 2 | | 관리코드 | 장비구분 | 년식 | 임대기간 (일) |
| 3 | | AD-1103 | 덤프트럭20톤 | 2019 | 7 |
| 4 | | DC-1105 | 크레인15톤 | 2018 | 5 |
| 5 | | AL-1110 | 지게차 | 2020 | 9 |
| 6 | | PF-1112 | 굴삭기 | 2017 | 14 |
| 7 | | DD-1116 | 덤프트럭50톤 | 2018 | 7 |
| 8 | | DC-1116 | 크레인15톤 | 2019 | 15 |
| 9 | | PL-1119 | 지게차 | 2017 | 12 |
| 10 | | DF-1123 | 굴삭기 | 2020 | 7 |
| 11 | | 장비 중 덤프트럭이 차지하는 비율 | | | 25% |

**정답** [E11] : =COUNTIF(C3:C10,"덤프트럭*")/COUNTA(C3:C10)
※ [E11] 셀의 표시 형식을 '백분율'로 지정합니다.

### 수식의 이해

=COUNTIF(C3:C10,"덤프트럭*")/COUNTA(C3:C10)
❶ COUNTIF(C3:C10,"덤프트럭*") ❷ COUNTA(C3:C10)

- ❶ **COUNTIF(C3:C10,"덤프트럭*")** : [C3:C10] 영역에서 "덤프트럭"으로 시작하는 셀([C3, C7])의 개수 2를 반환합니다.
- ❷ **COUNTA(C3:C10)** : [C3:C10] 영역 중 비워있지 않은 셀의 개수 8을 반환합니다. 2와 8을 ❶과 ❷에 대입하면 다음과 같습니다.
- **=2/8** : 2/8의 값 0.25가 [E11] 셀에 입력됩니다.

### 전문가의 조언

COUNTIF 함수는 많은 자료 중에서 조건에 맞는 데이터의 개수만을 구하는 함수입니다. 자세한 설명은 68쪽을 참고하세요.

# 073 숫자가 들어 있는 셀의 개수 세기 – COUNT

COUNT 함수는 인수로 주어진 값에서 숫자가 있는 셀의 개수를 구하는 함수입니다. 인수는 1개에서 255개까지 사용할 수 있으나 개수 계산에는 숫자만 포함됩니다. 논리값, 텍스트 또는 오류값도 포함하여 개수를 계산해야 하는 경우에는 COUNTA 함수를 사용합니다.

**형식** COUNT(인수1, 인수2, …) : 인수로 주어진 값 중 숫자가 있는 셀의 개수를 구합니다.

**준비하세요!** : 'C:\길벗ITQ마스터(2016)\ITQ엑셀\부록' 폴더의 'COUNT.xlsx' 파일을 열어 '기본' 시트에서 실습하세요.

| | A | B | C | D |
|---|---|---|---|---|
| 1 | 자료수 세기 | | | |
| 2 | | | | |
| 3 | 자료1 | 자료2 | 자료3 | 자료의 수 |
| 4 | 2020-09-14 | 52 | | 2 ❶ |
| 5 | TRUE | 1:01 AM | 85 | 2 |
| 6 | 엑셀 | | 67 | 1 ❷ |
| 7 | 4 | 92 | #DIV/0! | 1 |

❶ =COUNT(A4:C4) : [A4:C4] 영역에서 숫자가 들어 있는 셀의 개수 2가 [D4] 셀에 입력됩니다.

❷ =COUNT(A6:C6) : [A6:C6] 영역에서 숫자가 들어 있는 셀의 개수 1이 [D6] 셀에 입력됩니다.

## 기출문제 따라잡기 – '기출' 시트에서 실습하세요.

**필터구경이 55mm 이하인 제품 비율** : 필터구경이 55 이하인 제품의 비율을 구한 후 백분율로 소수 첫째 자리까지 표시하시오(COUNTIF, COUNT 함수)(예 : 12.3%).

| | A | B | C | D | E |
|---|---|---|---|---|---|
| 1 | | | | | |
| 2 | | 제품코드 | 제품명 | 제조사 | 필터구경 |
| 3 | | C-0218 | 캐논 50 | 캐논 | 52 |
| 4 | | N-0303 | 니콘 24-70 | 니콘 | 77 |
| 5 | | C-0124 | 캐논 24-70 | 캐논 | 77 |
| 6 | | S-0305 | 소니 35 | 소니 | 55 |
| 7 | | S-0109 | 소니 16-50 | 소니 | 72 |
| 8 | | C-0115 | 캐논 16-35 | 캐논 | 82 |
| 9 | | N-0302 | 니콘 35 | 니콘 | 52 |
| 10 | | N-0208 | 니콘 70-200 | 니콘 | 77 |
| 11 | | 필터구경이 55mm 이하인 제품 비율 | | | 37.5% |

**정답** [H19] : =COUNTIF(E3:E10,"<=55")/COUNT(E3:E10)
※ 셀의 표시 형식을 '백분율'로 지정합니다.

### 수식의 이해

=COUNTIF(E3:E10,"<=55")/COUNT(E3:E10)

❶ ❷

- ❶ **COUNTIF(E3:E10,"<=55")** : [E3:E10] 영역에서 55 이하의 값이 입력된 셀([E3, E6, E9])의 개수 3을 반환합니다.
- ❷ **COUNT(E3:E10)** : [E3:E10] 영역 중 수치 데이터가 입력된 셀의 개수 8을 반환합니다. 3과 8을 ❶과 ❷에 대입하면 다음과 같습니다.
- **=3/8** : 3/8의 값 0.375가 [E11] 셀에 입력됩니다.

### 전문가의 조언

COUNTIF 함수는 많은 자료 중에서 조건에 맞는 데이터의 개수만을 구하는 함수입니다. 자세한 설명은 68쪽을 참고하세요.

# 074 자료가 없는 셀의 개수 세기 – COUNTBLANK

COUNTBLANK 함수는 인수로 주어진 셀 범위에서 자료가 없는 셀의 개수를 구하는 함수입니다. 인수는 셀 범위로만 입력할 수 있습니다.

**형식** COUNTBLANK(인수1, 인수2, …) : 인수 중에서 자료가 없는 셀의 개수를 구합니다.

준비하세요! : 'C:\길벗ITQ마스터(2016)\ITQ엑셀\부록' 폴더의 'COUNTBLANK.xlsx' 파일을 열어 '기본' 시트에서 실습하세요.

| | A | B | C | D |
|---|---|---|---|---|
| 1 | 빈셀의 수 | | | |
| 2 | | | | |
| 3 | 자료1 | 자료2 | 자료3 | 빈셀의 수 |
| 4 | 2020/09/14 | 52 | | 1 ❶ |
| 5 | TRUE | 0 | 85 | 0 |
| 6 | 엑셀 | | 67 | 1 |
| 7 | 4 | 92 | #DIV/0! | 0 ❷ |

❶ =COUNTBLANK(A4:C4) : [A4:C4] 영역 중 빈 셀의 개수 1이 [D4] 셀에 입력됩니다.

❷ =COUNTBLANK(A7:C7) : [A7:C7] 영역 중 빈 셀의 개수 0이 [D7] 셀에 입력됩니다.

## 기출문제 따라잡기 – '기출' 시트에서 실습하세요.

**그릇 수거가 안된 고객의 수 :** 그릇 수거를 이용하여 빈 셀의 개수를 구한 결과값에 '명'을 붙이시오(COUNTBLANK 함수, & 연산자)(예 : 1명).

| | B | C | D | E | F |
|---|---|---|---|---|---|
| 1 | | | | | |
| 2 | 고객명 | 메뉴 | 가격<br>(단위:원) | 주문수량 | 그릇 수거 |
| 3 | 김정권 | 잡채밥 | 6,500 | 2EA | OK |
| 4 | 권현수 | 짬뽕 | 4,000 | 4EA | |
| 5 | 정민영 | 짜장2+짬뽕1 | 11,000 | 2EA | OK |
| 6 | 박선명 | 볶음밥 | 4,500 | 2EA | OK |
| 7 | 채유리 | 짜장2+만두 | 10,500 | 1EA | OK |
| 8 | 김경진 | 육개장 | 5,500 | 1EA | |
| 9 | 그릇 수거가 안된 고객의 수 | | | | 2명 |

[F9] : =COUNTBLANK(F3:F8)&"명"

=COUNTBLANK(F3:F8)&"명"
❶

• ❶ COUNTBLANK(F3:F8) : [F3:F8] 영역 중 빈 셀의 개수 2를 반환합니다. 2를 ❶에 대입하면 다음과 같습니다.

• =2&"명" : 2와 "명"을 결합한 "2명"이 [F9] 셀에 입력됩니다.

# 075 가장 많이 나오는 수(최빈수) 찾아내기 — MODE

MODE 함수는 인수로 주어진 숫자들 중 가장 많이 발생한 값(최빈수)을 반환하는 함수로, 인수는 1개에서 255개까지 지정할 수 있습니다. 인수는 숫자이거나 숫자가 포함된 이름, 배열 또는 셀 범위여야 합니다. 지정된 인수에 텍스트, 논리값 또는 빈 셀이 포함되는 경우 그 값은 무시되지만 값이 0인 셀은 계산에 포함됩니다.

**형식** MODE(인수1, 인수2, …) : 인수로 주어진 숫자들 중에서 가장 빈도 수가 많은 값을 반환합니다.

**준비하세요!** : 'C:\길벗ITQ마스터(2016)\ITQ엑셀\부록' 폴더의 'MODE.xlsx' 파일을 열어 '기본' 시트에서 실습하세요.

| | A | B | C | D | E | F |
|---|---|---|---|---|---|---|
| 1 | 최빈 값 찾기 | | | | | |
| 2 | | | | | | |
| 3 | 숫자1 | 숫자2 | 숫자3 | 숫자4 | 숫자5 | 최빈값 |
| 4 | 1 | 1 | 2 | 2 | 4 | 1 ❶ |
| 5 | 1 | 2 | 3 | 4 | 5 | #N/A |
| 6 | 4 | 4 | 2 | 2 | 0 | 4 |
| 7 | | 15 | 1 | 15 | | 15 ❷ |

❶ =MODE(A4:E4) : [A4:E4] 영역의 숫자 중 가장 많이 발생한 값(최빈수)인 1이 [F4] 셀에 입력됩니다.

❷ =MODE(A7:E7) : [A7:E7] 영역의 숫자 중 가장 많이 발생한 값(최빈수)인 15가 [F7] 셀에 입력됩니다.

MODE(인수1, 인수2, …)
- 숫자 중 중복된 숫자가 없으면 #N/A 오류값이 반환됩니다.
- 최빈수가 여러 개일 경우 먼저 나오는 값이 반환됩니다.

‘시나공’ 시리즈는
독자의 지지와 격려 속에 성장합니다!

Artist : Leonardo da Vinci
Title : Mona Lisa, c.1503-6
Medium : oil on panel
Dimensions : 77x53 cms
Location : Louvre, Paris, France

★ 깔끔한 편집에 출제 비중이 높은 문제들로만 구성되어 있어 자격증을 처음으로 준비하는 저에게 적합한 교재인 것 같습니다. 여러 개의 자격증을 취득하기 위해 준비하는 수험생들에게 이 책을 우선 추천합니다. : 리브로 권덕성

★ 워드와 정보처리기능사도 시나공으로 공부해서 한 번에 붙고, 컴퓨터활용능력까지 시나공으로 준비했습니다. 시나공을 통해 다들 자격증 하나씩 늘리는 게 어떠실지^^* : 도서11번가 inte***

★ 자세한 설명이 너무 좋아요. 길벗의 또 다른 사용자는 꼭 과외 선생님이 옆에 있는 것 같다면서 칭찬을 아끼지 않았습니다. 모두 모두 한방에 붙으세요. ^^; : 인터파크 정은주

★ 시험장과 똑같은 환경에서 연습할 수 있도록 구성해 놓았습니다. 안되는 것은 왜 안되었는지 이유가 잘 나와 있습니다. ‘실제 시험장을 옮겨 놓았다’ 부분에서는 입실부터 퇴실까지 문제의 상황을 똑같이 주어서 너무 좋고, 이 책에서 분석한 대로 착실하게 따라하다 보면 무난히 합격할 수 있을 것 같습니다. : YES24 jaminaj***

★ 출제 경향을 잘 파악할 수 있어서 시험 보는데 많은 도움이 되었습니다. 앞으로도 좋은 책 많이 만들어 주세요. 독학하는 사람들의 든든한 버팀목이 되어 주세요. : 독자엽서 변정아

★ ‘시나공’ 정말 이름만 들어도 믿음직한 책! 설명이 정말 쉽게 잘 되어 있어서 누구라도 이해할 수 있는 책입니다. 이 책대로 그냥 차근차근 따라하기만 하면, 누구나 시험에 합격할 수 있다고 확신합니다. : 알라딘 00***

★ 이 책에 나온 대로만 따라하면 합격은 금방입니다. 설명이 상세하게 잘 되어 있어서 궁금한 것도 없었어요. 모의고사를 통해 연습을 많이 해볼 수 있어 좋습니다. : 교보문고 qm***

★ 자격증계의 지존! 제가 추천하지 않아도 다른 서평이나 리플을 보면 아시겠죠. 구태여 저까지 추천할 필요가 없는 강추할 만한 교재입니다. : 인터파크 마지현

이 책은 IT 자격증 전문가와 수험생이 함께 만든 책입니다.

13000
9 791165 214449
ISBN 979-11-6521-444-9

가격 27,000원

스마트한 시나공
수험생 지원센터

시나공 독자 카페
sinagong.gilbut.co.kr

험에 나오는 것만 공부한다!

IT 수험서 베스트셀러 1위

ITQ OA MASTER

# 2021 시나공 ITQ

한글 2016 사용자용 | 자동 채점 프로그램 제공

# ITQ 한글 2016

실기특강

부록
1. 자동 채점 프로그램
2. 편집 연습용 파일 및 정답 파일
3. 최신기출문제

시나공 Q&A 베스트

**시간이 부족한 수험생들의 궁금증 완전 해결!**
10년간 쌓인 50만 회원들의 Q&A를 철저하게 분석하여
1분 1초가 아쉬운 수험생들의 궁금증 100% 반영!

강윤석, 김용갑
김우경, 김종일
길벗알앤디 지음



길벗

수험생의 마음으로 만든 책! 시나공 시리즈
2021
시나공
시험에
나오는 것만
공부한다!

# ITQ 한글

길벗알앤디 지음

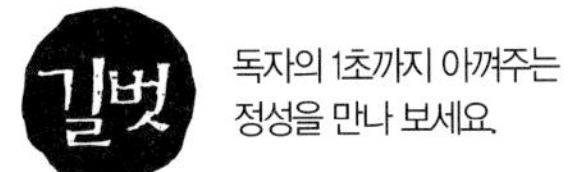
길벗
독자의 1초까지 아껴주는
정성을 만나 보세요.

**지은이 길벗알앤디**
**강윤석, 김용갑, 김우경, 김종일**
IT 서적을 기획하고 집필하는 출판 기획 전문 집단으로, 2003년부터 길벗출판사의 IT 수험서인 〈시험에 나오는 것만 공부한다!〉 시리즈를 기획부터 집필 및 편집까지 총괄하고 있다.
20여 년간 자격증 취득에 관한 교육, 연구, 집필에 몰두해 온 강윤석 실장을 중심으로 IT 자격증 시험의 분야별 전문가들이 모여 국내 IT 수험서의 수준을 한 단계 높이기 위한 다양한 연구와 집필 활동에 전념하고 있다.

## ITQ OA Master(엑셀 + 한글 + 파워포인트) 2016 사용자용 – 시나공 시리즈 ㉛

초판 발행 · 2021년 2월 1일

발행인 · 이종원
발행처 · (주)도서출판 길벗
출판사 등록일 · 1990년 12월 24일
주소 · 서울시 마포구 월드컵로 10길 56(서교동)
주문 전화 · 02)332-0931 팩스 · 02)323-0586
홈페이지 · www.gilbut.co.kr 이메일 · gilbut@gilbut.co.kr

기획 및 책임 편집 · 강윤석(kys@gilbut.co.kr), 김미정(kongkong@gilbut.co.kr), 임은정(eunjeong@gilbut.co.kr)
디자인 · 윤석남 제작 · 이준호, 손일순, 이진혁 영업마케팅 · 임태호, 전선하, 차명환
웹마케팅 · 조승모, 임지인 영업관리 · 김명자 독자지원 · 송혜란, 윤정아

편집진행 및 교정 · 길벗알앤디(강윤석 · 김용갑 · 김우경 · 김종일 · 김선길) 일러스트 · 윤석남 채점 프로그램 개발 · 이정훈
전산편집 · 예다움 CTP 출력 및 인쇄 · 예림인쇄 제본 · 신정제본



ISBN 979-11-6521-444-9 13000
(길벗 도서번호 030805)

가격 27,000원

**독자의 1초를 아껴주는 정성 길벗출판사**
길벗 | IT실용, IT/일반 수험서, IT전문서, 경제실용서, 취미실용서, 건강실용서, 자녀교육서
더퀘스트 | 인문교양서, 비즈니스서
길벗이지톡 | 어학단행본, 어학수험서
길벗스쿨 | 국어학습서, 수학학습서, 유아학습서, 어학학습서, 어린이교양서, 교과서

페이스북 • www.facebook.com/gilbutzigy
커뮤니티 • http://cafe.naver.com/gilbutit

# ITQ 한글


## 00 준비운동

1. ITQ 한글 시험, 이것이 궁금하다 – 시나공 Q&A 베스트 6
2. 한눈에 보는 ITQ 한글 시험 절차 12
3. 전문가의 조언 – ITQ 한글 시험, 이렇게 준비하세요. 14

## 01 실제 시험장을 옮겨 놓았다!

1. 입실(시험 시작 20분 전) 22
2. 수험관리 프로그램 실행(시험 시작 5분 전) 22
3. 문제지 수령 24
4. 정답 파일 만들기(시험 시작) 28
5. 용지 설정 30
6. 스타일 작성 32
7. 표 작성 36
8. 차트 작성 46
9. 수식 입력 55
10. 그리기 작업 56
11. 내용 입력 82
12. 머리말 86
13. 글자 모양 88
14. 책갈피 89
15. 하이퍼링크 90
16. 문단 첫 글자 장식 92
17. 그림 삽입 93
18. 각주 97
19. 문단 번호 100
20. 쪽 번호 112
21. ITQ 한글 시험 마무리 114
22. 자동 채점 프로그램 사용하기 115


**동영상 강의**

동영상 강의가 제공되는 내용입니다.

※ 동영상 강의는 ITQ 엑셀 5쪽의 '동영상 강의 수강 방법'에 안내되어 있는 방법에 따라 시청하시면 됩니다.

## 02 심화학습


Section 01 수식 입력 120


## 03 실전 모의고사


실전 모의고사 01회 136
실전 모의고사 02회 140
실전 모의고사 03회 145
실전 모의고사 04회 149
실전 모의고사 05회 153
실전 모의고사 06회 1
실전 모의고사 07회 5
실전 모의고사 08회 9
실전 모의고사 09회 13
실전 모의고사 10회 17


'C:\길벗ITQ마스터(2016)\ITQ한글' 폴더에 "실전모의고사.pdf" 파일로 저장되어 있습니다.

## 04 최신기출문제


최신기출문제 01회 160
최신기출문제 02회 165
최신기출문제 03회 170
최신기출문제 04회 175
최신기출문제 05회 180
최신기출문제 06회 1
최신기출문제 07회 6
최신기출문제 08회 11
최신기출문제 09회 16
최신기출문제 10회 21


'C:\길벗ITQ마스터(2016)\ITQ한글' 폴더에 "최신기출문제.pdf" 파일로 저장되어 있습니다.

※ 2021년 1월 이후 시행된 기출문제와 최신출제경향은 E-Mail 서비스를 통해 제공됩니다. E-Mail 서비스를 위한 회원가입 및 구입 도서 등록 방법은 ITQ 엑셀 5쪽을 참고하세요!

1 · ITQ 한글 시험, 이것이 궁금하다 – 시나공 Q&A 베스트

2 · 한눈에 보는 ITQ 한글 시험 절차

3 · 전문가의 조언 – ITQ 한글 시험, 이렇게 준비하세요.

# ITQ 한글 시험, 이것이 궁금하다!

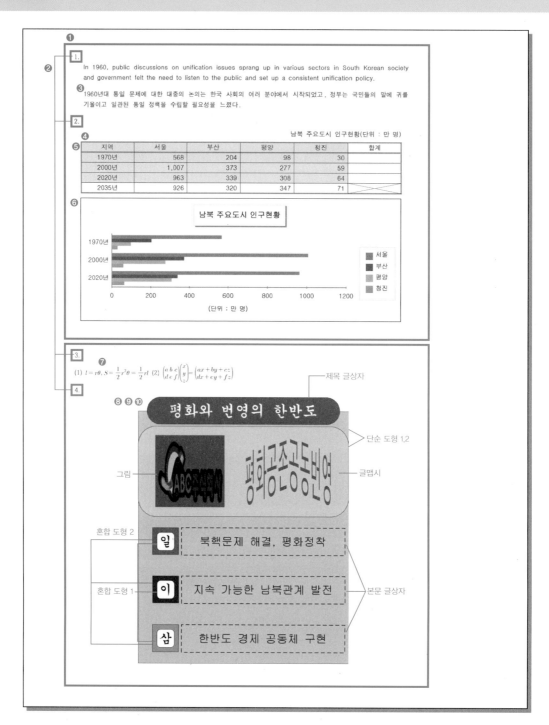

❶

❷

1.

In 1960, public discussions on unification issues sprang up in various sectors in South Korean society and government felt the need to listen to the public and set up a consistent unification policy.

❸ 1960년대 통일 문제에 대한 대중의 논의는 한국 사회의 여러 분야에서 시작되었고, 정부는 국민들의 말에 귀를 기울이고 일관된 통일 정책을 수립할 필요성을 느꼈다.

2.

❹ 남북 주요도시 인구현황(단위 : 만 명)

❺

| 지역 | 서울 | 부산 | 평양 | 청진 | 합계 |
|---|---|---|---|---|---|
| 1970년 | 568 | 204 | 98 | 30 | |
| 2000년 | 1,007 | 373 | 277 | 59 | |
| 2020년 | 963 | 339 | 308 | 64 | |
| 2035년 | 926 | 320 | 347 | 71 | |

❻

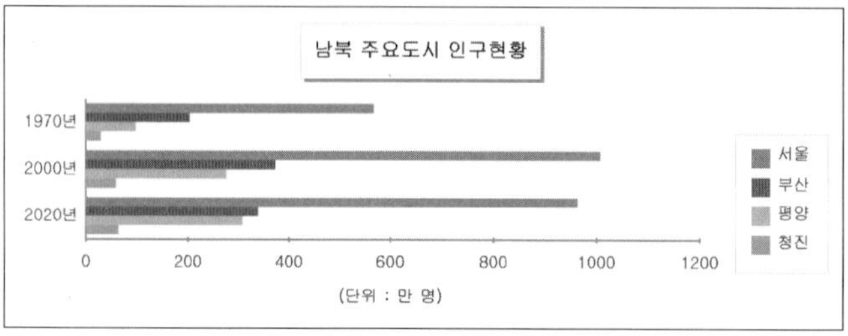

남북 주요도시 인구현황

1970년
2000년
2020년
0 200 400 600 800 1000 1200
(단위 : 만 명)
서울
부산
평양
청진

3.

❼

(1) $l = r\theta,\ S = \frac{1}{2}r^2\theta = \frac{1}{2}rl$ (2) $\begin{pmatrix} a & b & c \\ d & e & f \end{pmatrix}\begin{pmatrix} x \\ y \\ z \end{pmatrix} = \begin{pmatrix} ax+by+cz \\ dx+ey+fz \end{pmatrix}$

4.

❽ ❾ ❿

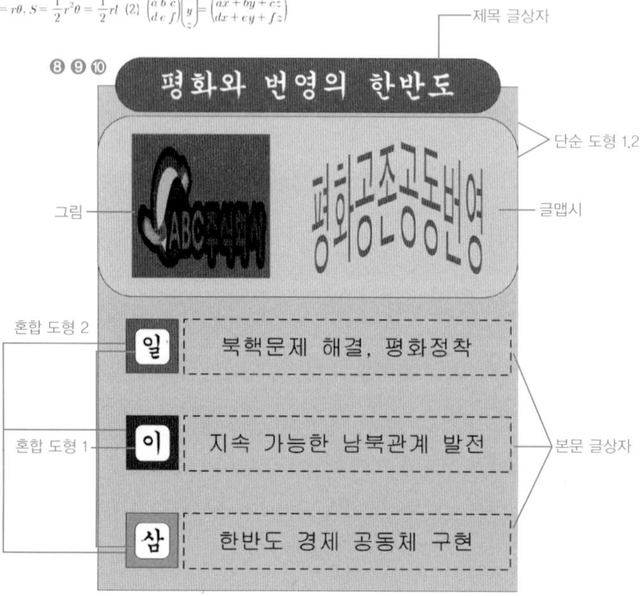

제목 글상자

평화와 번영의 한반도

단순 도형 1,2

그림

ABC주식회사

평화공존공동번영

글맵시

혼합 도형 2

일 북핵문제 해결, 평화정착

혼합 도형 1

이 지속 가능한 남북관계 발전

삼 한반도 경제 공동체 구현

본문 글상자

## 시간이 부족한 수험생들의 궁금증 완전해결! — '시나공 Q&A 베스트'

시나공 홈페이지(sinagong.gilbut.co.kr)에 10년간 쌓인 50만 회원들의 Q&A 데이터를 철저하게 분석하여 1분 1초가 아쉬운 수험생들의 궁금증을 100% 반영했습니다.

**Q** 시나공 자동 채점프로그램의 채점 기준이 궁금합니다.

**A** 시험 주관사인 생산성본부가 채점 기준을 공개하지 않고 있기 때문에 생산성본부의 채점 기준과 완전히 일치되게 채점할 수는 없습니다. 하지만 ITQ 시험이 시행된 지 20여 년에 이르고 그 동안 시나공에서는 수 많은 확인 과정을 거쳤기 때문에 대부분의 채점 기준이 파악되었다고 볼 수 있습니다. 그리고 조금이라도 확실하지 않은 부분은 틀리게 채점하고 원인을 분명히 알려주어 완전한 학습이 이루어지도록 했을 뿐만 아니라 실제 시험보다 더 엄격한 채점 기준을 적용하여 실제 시험장에서 불이익을 당하지 않도록 최선을 다했습니다.

❶ **Q** 답안 파일의 이름은 수검자가 마음대로 지정하면 되나요?

**A** 파일 이름은 '수험자 유의사항'에 제시된 것처럼 반드시 '수험번호-성명'으로 지정해야 합니다. 파일 이름을 기준으로 자동 채점이 수행되기 때문에 파일 이름을 잘못 지정하면 채점이 불가능하므로 실격 처리됩니다.

❷ **Q** 문제마다 번호를 꼭 입력해야 하나요?

**A** 아닙니다. 문제 번호를 입력하지 않아도 정상 채점합니다.

❸ **Q** 스타일의 채점 기준이 궁금합니다.

**A** 스타일 작업에 배정된 점수는 50점이며 다음의 4가지 항목에 배분되어 개별적으로 채점됩니다. 오타를 제외하고는 부분 점수가 없으므로 각 채점 항목별로 제시된 지시사항을 하나라도 수행하지 않으면 해당 항목은 0점입니다. 즉 문단 모양의 경우, '왼쪽 여백' 또는 '첫 줄 들여쓰기'는 맞았지만 '문단 아래 간격'을 틀렸다면, 문단 모양에 배정된 점수를 하나도 얻지 못합니다. 오타는 잘못 입력된 단어의 개수에 따라 다른데, 0~11개는 감점이 없고, 11~20개는 5점, 21개 이상은 10점이 감점됩니다.

[스타일 채점 항목]

- **스타일 이름** : 지정 여부, 이름 입력(오타 포함)
- **문단 모양** : 왼쪽 여백 또는 첫 줄 들여쓰기, 문단 아래 간격
- **글자 모양** : 글꼴, 크기, 장평, 자간
- **오타** : 잘못 입력된 단어의 개수에 따라 다름

❹ **Q** 표의 채점 기준이 궁금합니다.

**A** 표 작업에 배정된 점수는 50점이며 다음의 7가지 항목에 배분되어 개별적으로 채점됩니다. 오타를 제외하고는 부분 점수가 없으므로 각 채점 항목별로 제시된 지시사항을 하나라도 수행하지 않으면 해당 항목은 0점입니다. 오타는 잘못 입력된 셀의 개수가 5개를 넘으면 5점이 감점됩니다.

[표 작성 채점 항목]

- **표 전체 서식** : 글꼴, 크기
- **표 내부 정렬** : 문자, 숫자
- **셀 배경색** : '노랑' 색이 고정적으로 출제되고 있음
- **계산식** : 합계 혹은 평균이 출제됨
- **캡션** : 작성 여부, 정렬
- **표 모양** : 선 모양, 위치 및 크기
- **오타** : 잘못 입력된 셀의 개수에 따라 다름

❺ **Q** 표 안에 입력한 데이터의 정렬 기준이 궁금합니다. 정확히 알려주세요.

**A** 〈출력형태〉와 동일하게 작성하면 되는데, 일반적으로 문자는 가운데 정렬, 숫자는 오른쪽 정렬을 하도록 출제되고 있습니다.

# ITQ 한글 시험, 이것이 궁금하다!

⑥ **Q** 차트의 채점 기준이 궁금합니다.

**A** 차트 작업에 배정된 점수는 50점이며 다음의 4가지 항목에 배분되어 개별적으로 채점됩니다. 부분 점수가 없으므로 각 채점 항목별로 제시된 지시사항을 하나라도 수행하지 않으면 해당 항목은 0점입니다.

[차트 작성 채점 항목]

- **데이터 범위**
- **차트 종류**
- **제목 서식** : 제목 입력(오타 포함), 글꼴, 속성, 크기, 배경, 그림자
- **제목 이외의 서식(축 항목 · 범례)** : 글꼴, 속성, 크기, 배경

⑦ **Q** 수식에는 부분 점수가 있나요?

**A** 수식 편집에 배정된 40점은 두 개의 수식에 각각 20점씩 배분되어 개별적으로 채점됩니다. 수식 또한 부분 점수가 없으므로 정답과 정확하게 일치하지 않으면 0점이라는 걸 명심하고 신중하게 작성해야 합니다.

⑧ **Q** 그리기 작업은 어떻게 채점되나요?

**A** 그리기 작업에 배정된 점수는 110점이며 다음 9개의 개체에 배분되어 개별적으로 채점됩니다. 부분 점수가 없으므로 각 채점 항목별로 제시된 지시사항을 하나라도 수행하지 않으면 해당 항목은 0점입니다.

[그리기 작업 채점 항목]

- **제목 글상자** : 내용 입력(오타 포함), 크기, 면색, 글꼴, 정렬
- **본문 글상자** : 내용 입력(오타 포함), 선 종류, 면색, 글꼴, 정렬
- **글맵시** : 내용 입력(오타 포함), 크기, 글꼴, 글맵시 모양
- **그림 삽입** : 위치, 크기, 효과
- **하이퍼링크** : 지정 여부
- **단순 도형-1** : 크기
- **단순 도형-2** : 크기
- **혼합 도형-1** : 내용 입력(오타 포함), 크기, 면색, 글꼴, 정렬
- **혼합 도형-2** : 크기, 면색

⑨ **Q** 그리기 작업의 지시사항 중 '임의의 색'이 있는데, 어떻게 지정하라는 것인가요?

**A** '임의의 색'이란 수검자 마음대로 아무색이나 지정해도 된다는 말입니다. 여기서 주의할 점은 반드시 색을 지정해야 한다는 것과 도형들 사이에 같은 색을 사용해서는 안 된다는 것입니다. 색을 지정하지 않았거나 중복된 색을 지정한 경우 해당 도형은 0점입니다.

⑩ **Q** 그리기 작업을 완료한 후 모든 도형을 그룹으로 묶었더니 0점으로 채점되더군요. 왜 그렇죠?

**A** 모든 도형이 하나의 그룹으로 묶인 경우 채점 프로그램이 묶인 도형을 한 개의 도형으로 인식하기 때문입니다. 입력된 도형들을 개별적인 도형으로 간주하고 채점하려는 데 정답에 그런 도형은 없으니 0점이 되는 거죠. 그리기 작업을 다 완성한 후 시간이 남는다고 도형을 그룹으로 묶는 일 같은 건 절대로 해서는 안 됩니다.

## 시간이 부족한 수험생들의 궁금증 완전해결! — '시나공 Q&A 베스트'

시나공 홈페이지(sinagong.gilbut.co.kr)에 10년간 쌓인 50만 회원들의 Q&A 데이터를 철저하게 분석하여 1분 1초가 아쉬운 수험생들의 궁금증을 100% 반영했습니다.

⑪ ⑫ ⑬

머리말 —— 통일 우리의 미래

# ⑳정통성과 민족의 동질성 회복

(통일한국)

문단 첫 글자 장식

그림

⑭

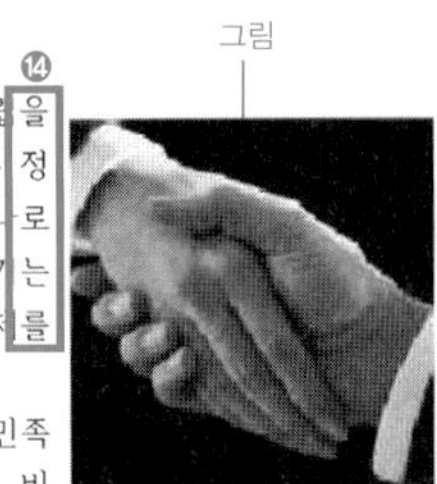

통일은 남북한 국민이 한 민족㉠ 하나의 국민이라고 느끼고 남북한 단일체제 수립을 넘어 한 마음이 된 상태를 의미한다. 통일은 분단된 국토가 하나 되는 것은 물론 정치적으로 대립되었던 체제를 하나로 만드는 것이고, 경제적으로 서로 다른 제도를 하나로 거듭나게 ⑮하는 것이며, 남북주민 사이에 내면화된 이질적인 문화를 하나로 다시 탄생시키는 것이다. 우리가 추구하는 통일은 인류 보편적 가치로 자리 잡은 자유민주주의와 시장경제를 바탕으로 구성원 모두의 자유와 인권이 보장되는 민족공동체의 건설이다.

⑯통일(統一)은 분단으로 인해 굴절된 역사를 바로잡고, 민족공동체 건설을 통해 우리 민족의 총체적 역량을 극대화하기 위해 필요하다. 또한 통일은 분단에 따른 유형, 무형적인 비용을 소멸시키고 새로운 이득(利得)을 창출함으로 인해 국가와 사회뿐 아니라 개인에게도 삶의 질을 향상시킬 것이다. 개인적 차원에서 통일은 이산가족의 고통을 해소하고 남북 간에 자유롭게 오고 가며 살 수 있는 등의 다양한 선택의 기회를 부여하며 인간적인 삶을 보장할 것이다. 통일은 21세기 한민족의 새로운 비상과 선진일류국가로 도약하기 위한 수단으로서 필요하다.

## ♣ 학교 통일교육의 실태와 방향

—중간 제목

가) 학교 통일교육의 실태
  a) 대체로 학생들의 부정적인 통일 의식 심화
  b) 정규 수업에 밀려 통일교육의 비활성화
나) 학교 통일교육의 방향
  a) 학생들의 통일문제에 대한 관심과 올바른 통일의식 함양
  b) 교육기간 : 2020. 6. 25 - 2021. 3. 31

문단 번호

## ♣ 지역별 통일관 현황

—중간 제목

셀 음영

| | 지역 | 위치 | 운영주체 | 휴관 |
|---|---|---|---|---|
| | 서울 | 서울 구로구 궁동 35번지 | 서서울생활과학고등학교 | 매주 일/공휴일 |
| ⑰ | 오두산 | 경기 파주시 통일전망대 내 | 민간위탁 | 4-10월/월요일 |
| ⑱ | 광주 | 광주 서구 화정2동 | 통일교육위원광주협의회 | 매주 월, 토 |
| | 부산 | 부산 부산진구 자유회관 내 | 자유총연맹 (부산지구) | 연중 무휴 |
| | 기타 지역 현황 | | 경남, 고성, 대전, 양구, 인천, 제주, 청주, 충남 | |

하단 제목 —— **통일교육 운영계획**

—각주

㉠ 언어와 문화상의 공통성에 기초하여 오랜 세월 역사적으로 형성된 사회 집단

⑲

쪽 번호 —— ⑥

# ITQ 한글 시험, 이것이 궁금하다!

11 **Q** 문서작성 능력평가 작업의 채점기준을 알려주세요.

**A** 문서작성 능력평가 작업에 배정된 점수는 200점이며 다음의 15가지 항목에 배분되어 개별적으로 채점됩니다. 오타를 제외하고는 부분 점수가 없으므로 각 채점 항목별로 제시된 지시사항을 하나라도 수행하지 않으면 해당 항목은 0점입니다. 오타는 잘못 입력된 단어의 개수에 따라 최소 5점에서 최대 55점까지 감점됩니다.

[문서작성 능력평가 작업 채점 항목]

- **전체 글꼴** : 글꼴, 크기, 글자색, 줄간격
- **용지 여백**
- **머리말** : 글꼴 서식, 정렬
- **상단 제목** : 글꼴 서식, 책갈피, 덧말 넣기
- **그림 삽입** : 위치, 자르기, 크기, 여백
- **문단 첫 글자 장식** : 글꼴, 면색
- **각주** : 지정 여부, 각주 번호
- **중간 제목** : 글꼴 서식, 음영색
- **문단 번호** : 왼쪽 여백, 줄 간격
- **표 조건** : 글꼴 서식
- **표 모양** : 선 모양, 정렬
- **셀 음영** : 유형, 시작색, 끝색
- **하단 제목** : 글꼴 서식, 정렬
- **쪽 번호** : 번호 모양, 시작 번호
- **오타** : 잘못 입력된 단어의 개수에 따라 다름

12 **Q** 지시사항에 제시되지 않은 글꼴, 줄 간격, 정렬 방식 등은 어떻게 지정해야 되나요?

**A** 답안 작성요령에는 글꼴 함초롬바탕, 크기 10, 글자색 검정, 줄 간격 160%, 정렬 방식 양쪽 정렬로 작성하도록 기본 설정 사항이 제시되어 있습니다. 문제의 세부 지시사항이 없을 경우 기본 설정 사항대로 지정하면 됩니다.

13 **Q** 용지 여백 중 위쪽과 아래쪽을 11mm로 잘못 설정했는데도 전체적으로 문서의 내용이 〈출력형태〉와 동일합니다. 이런 경우 감점이 있나요?

**A** 답안 작성요령에 용지 종류는 A4, 용지 여백은 위쪽 · 아래쪽 · 머리말 · 꼬리말 각 10mm, 왼쪽 · 오른쪽 각 11mm로 설정하도록 제시되어 있습니다. 용지 설정 항목을 하나라도 잘못 지정하면 해당 항목에 배정된 점수는 모두 감점이니 꼼꼼하게 체크하면서 정확하게 설정하세요.

14 **Q** 그림 앞에 입력된 글자가 문제지와 달라요!

**A** 그림을 선택한 후 방향키의 ←/→를 눌러보세요. 실제 시험에서 그림에 대한 지시사항을 제대로 수행하고 방향키로 그림의 위치를 조절해도 그림 왼쪽에 있는 글자들이 문제지와 다를 수 있습니다. 지시사항을 정확하게 수행했다면 감점이 아니니 신경쓰지 마세요.

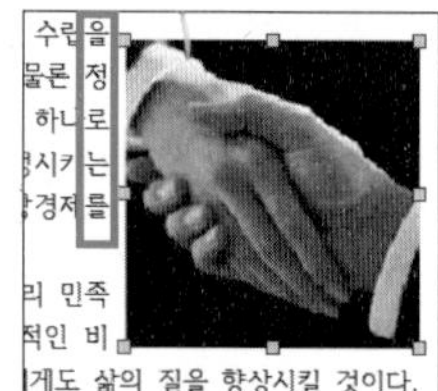


→

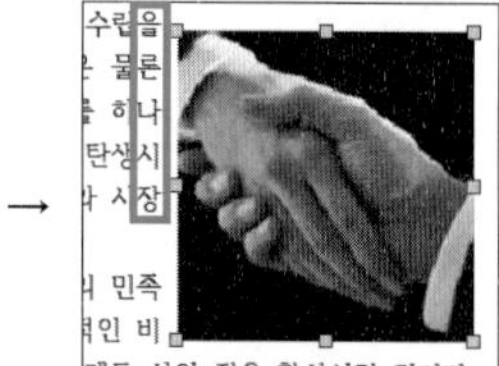


15 **Q** 단어와 단어 사이가 한 칸 보다 넓어 보이는 경우 몇 칸을 띄어야 하나요?

**A** 단어와 단어 사이가 넓어 보이는 이유는 워드 랩과 영문 균등 때문입니다. 단어 사이가 넓어 보여도 한 칸만 띄어야 합니다.

⑯ **Q** 문단을 시작할 때 들여쓰기 기능을 이용하지 않고 Spacebar를 눌러서 들여쓰기를 해도 되나요?

**A** 들여쓰기 방법에 대한 별도의 지시사항이 없으므로 어떤 방법을 사용하든 관계가 없습니다. 하지만 작업 속도를 고려해야 하기 때문에 Spacebar 이용을 추천합니다. 들여쓰기에 대한 바로 가기 키 Ctrl+F6을 10번 누르는 것은 시간도 오래 걸릴뿐더러 정확하게 10번을 못 누르는 경우가 많기 때문이죠.

⑰ **Q** 표 자체에 대한 '가운데 정렬'은 어떻게 하는 건가요?

**A** 표 자체를 가운데로 정렬하려면 커서가 표의 왼쪽이나 오른쪽 밖에 있어야 합니다. 표에서 임의의 셀을 클릭하여 표 안에 커서를 놓고 Shift+Esc를 누르면 아래 그림과 같이 커서가 표의 왼쪽 밖에 놓이게 되는데, 이 상태에서 Ctrl+Shift+C를 누르면 가운데로 정렬됩니다.

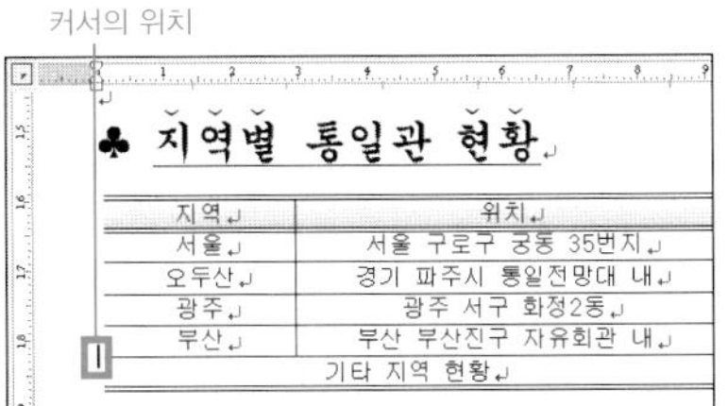


※ Shift+Esc는 표, 문단 첫 글자 장식, 각주, 캡션, 머리말에서 본문으로 빠져 나올 때 사용하는 바로 가기 키입니다.

⑱ **Q** '셀 테두리/배경' 대화상자를 이용하여 표 바깥의 왼쪽과 오른쪽을 '선 없음'으로 지정하고 바로 표 바깥의 위쪽과 아래쪽을 '이중 실선'으로 지정했는데 표 바깥의 왼쪽과 오른쪽도 '이중 실선'으로 지정되었어요. 분명 '선 없음'으로 지정했는데 왜 이런 일이 나한테 발생하는 거죠? ㅠㅠ

**A** '선 모양 바로 적용'이 체크되어 있는 상태에서 선을 적용했기 때문입니다. '선 모양 바로 적용'이 선택되어 있으면 테두리 종류를 선택할 때 마다 테두리 단추가 눌러진 곳은 자동으로 선 모양이 적용됩니다. 원하는 곳에만 선 모양이 적용되게 하려면 '선 모양 바로 적용'을 해제하고 작업해야 합니다.

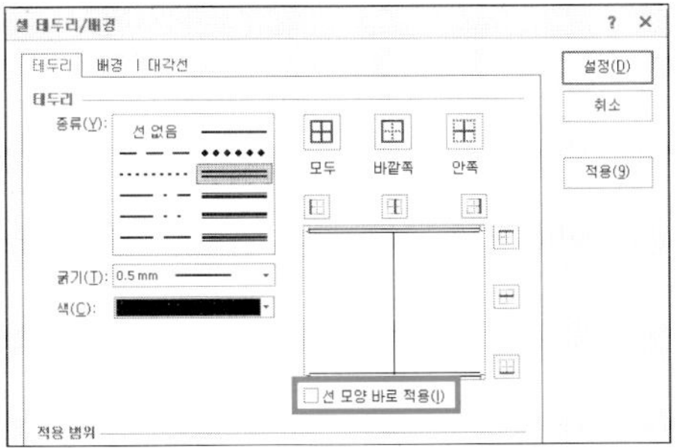


⑲ **Q** 쪽 번호를 지정했더니 문제 1~4번이 작성된 1, 2페이지에도 쪽 번호가 표시되었어요. 감점인가요?

**A** 쪽 번호는 3페이지에 대해서만 채점을 수행하므로 1, 2페이지에 표시된 쪽 번호는 감점 대상이 아닙니다. 또한 교재에 제시된 방법대로 구역 나누기(Alt+Shift+Enter) 기능을 이용해 페이지를 구분하고 3페이지에 쪽 번호를 삽입했다면 1, 2페이지에는 쪽 번호가 표시되지 않습니다.

⑳ **Q** 책갈피를 제대로 지정한 것 같은데 감점을 받았습니다. 책갈피에서 감점이 되는 경우는 어떤 경우인가요?

**A** 책갈피는 보통 상단 제목의 왼쪽에 삽입되도록 출제되므로 상단 제목 왼쪽에 커서를 두고 책갈피를 설정해야 합니다. 그런데 상단 제목 전체를 블록으로 지정한 상태에서 책갈피를 지정하는 경우가 있습니다. 이런 경우에는 감점되니 주의하세요.

# 한눈에 보는 ITQ 한글 시험 절차

시험 시작 20분 전

## 시험장 입실

수험표 또는 자리배치표에 지정된 PC에 앉으세요.

## 컴퓨터 이상 유무 확인

컴퓨터를 켠 후 이상 유무를 점검합니다. 컴퓨터 시스템에 이상이 있으면 감독위원에게 즉시 자리 변경을 요청하세요.

시험 시작 5분 전

## 수험번호 입력

감독위원의 지시에 따라 바탕화면에 있는 'KOAS 수험자용' 아이콘( )을 더블클릭한 다음 '수험자 등록' 창에 자신의 수험번호를 입력하고 〈확인〉을 클릭하세요.

시험 시작 1시간 후

## 문제 풀이

시험 시간은 1시간입니다. 시험 중간 중간 작성한 내용을 저장하고 수검용 프로그램의 〈답안 전송〉 단추를 클릭하여 감독관 PC로 전송해야 합니다. 그래야 컴퓨터 고장으로 인해 다른 컴퓨터로 자리를 옮겨도 감독관 PC에 저장된 파일을 받아서 다시 작업할 수 있습니다.

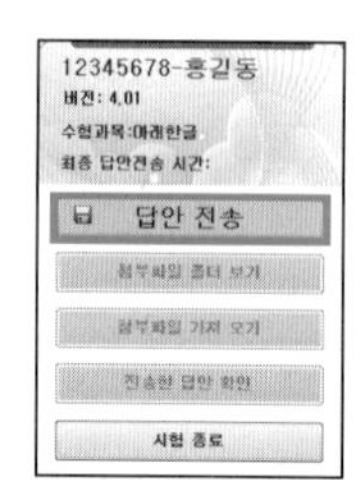


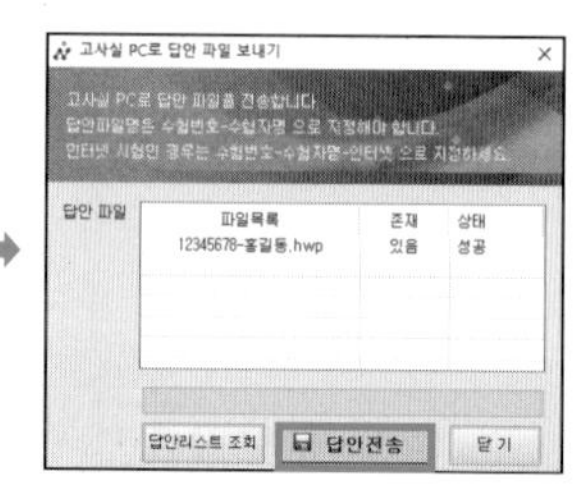

## 시험 종료

- 감독위원이 시험 종료를 예고하면 최종적으로 작업한 내용을 저장하고, 수검용 프로그램을 이용하여 답안을 전송하세요.
- 시험이 종료되면 〈시험 종료〉 단추를 클릭하세요.

## 퇴실

시험 종료 메시지가 화면에 표시되면 감독위원에게 시험지를 제출한 후 퇴실하세요.

※ 자세한 내용은 '실제 시험장을 옮겨 놓았다!' 부분을 참고하세요.

## 수험자 정보 확인

'수험자 정보' 창에 수험자 정보가 표시됩니다. 정보에 이상이 없으면 〈확인〉을 클릭하세요.

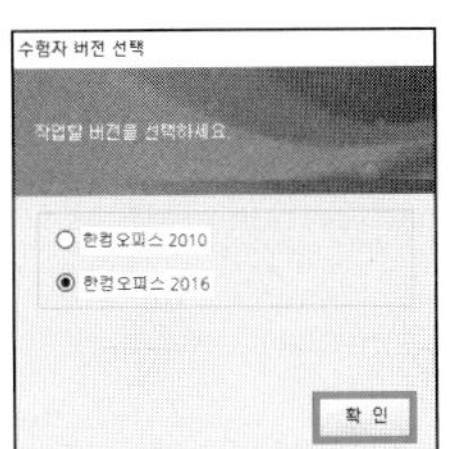


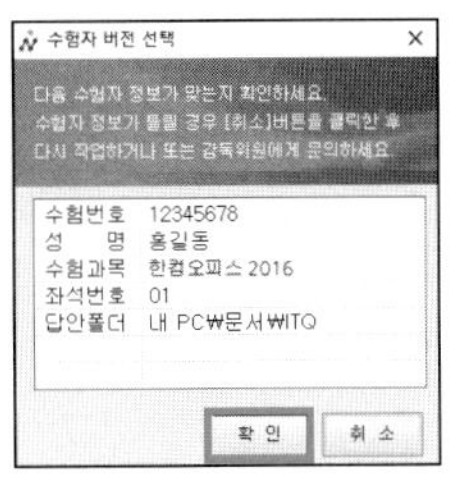


## 시험 대기

'시험 시작 전 준비 화면'이 표시되면 키보드나 마우스를 사용할 수 없도록 PC가 잠금 상태로 됩니다. 감독위원의 지시에 따르세요.

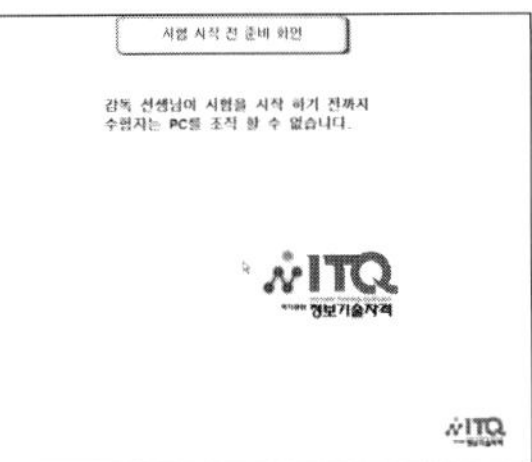


## 문제지 수령

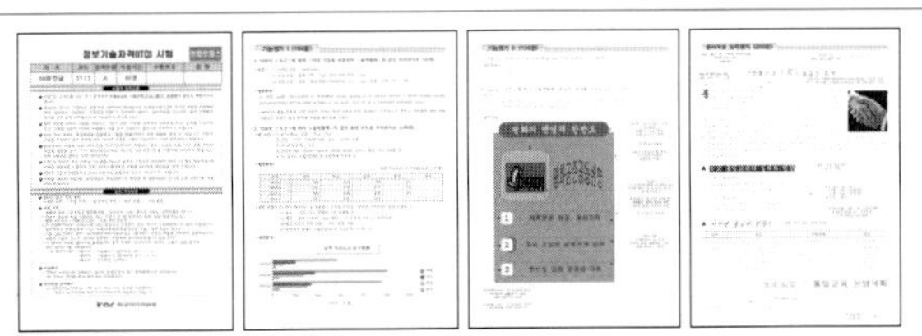

4면으로 된 시험지가 배부됩니다. 1면은 지시사항, 2~4면은 완성할 문제입니다. 문제지를 받으면 평소 연습하던 내용과 다른 부분이 있는지 지시사항을 자세히 읽어 보세요.

**시험 시작**

## 정답 파일 만들기

시험이 시작되면 한글 2016을 실행시킨 후 [파일] → [저장하기]를 선택합니다. 저장 위치를 [내 PC] → [문서] → [ITQ] 폴더로, 파일 이름을 '수험번호-성명'으로 지정한 후 〈저장〉을 클릭하세요.

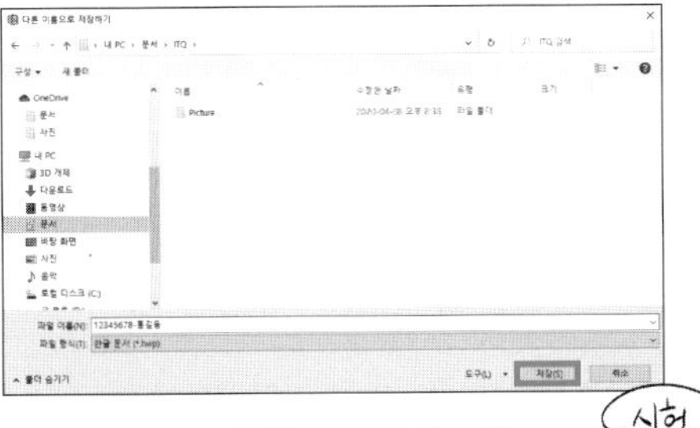

# ITQ 한글 시험, 이렇게 준비하세요.

## ITQ 시험은?

ITQ 시험은 현재 엑셀, 아래 한글, 액세스, 파워포인트, MS워드, 인터넷에 대해 시행되고 있으며, 과목별로 500점 만점을 기준으로 A 등급부터 C 등급까지 등급별 자격을 부여합니다. 이중 세 과목 이상 A 등급을 취득하면 OA 마스터 자격을 부여하는데, 한두 과목에서 낮은 등급을 받았을 경우 다시 응시하여 A 등급으로 업그레이드하면 됩니다.

| 종목 | 사용 프로그램 | 시험시간 | 등급 |
|---|---|---|---|
| 아래 한글 | 한글 2010 / 2016 | 60분 | A 등급 : 400점~500점<br>B 등급 : 300점~399점<br>C 등급 : 200점~299점<br>불합격 : 200점 미만 |
| MS워드 | MS 오피스 2010 / 2016 | | |
| 엑셀 | | | |
| 파워포인트 | | | |
| 액세스 | | | |
| 인터넷 | 인터넷 익스플로러 8.0 이상 | | |

※ OA 마스터 신청 시 아래 한글과 MS워드는 같은 종목으로 인정됩니다.

## ITQ 한글은?

ITQ 한글은 워드프로세서의 고급 문서 작성 기능을 사용하여 다양한 문제를 작성하게 함으로써 정보기술 활용능력을 객관적으로 평가하는 한국생산성본부의 시험 목적에 잘 부합되는 시험입니다. 다양한 기능을 평가하기 때문에 수험생에게는 학습해야 할 내용이 많다는 어려움이 있지만 시험의 난이도가 높은 만큼 더욱 도전해 볼 가치가 있습니다. 또한 실무에서 바로 써먹을 수 있는 내용이므로 합격하면 일석이조의 효과가 있습니다. 이미 언급한 바와 같이 다양한 고급 기능을 테스트함에도 불구하고 평소 자주 사용하는 프로그램이기 때문에, "워드프로세서쯤이야~" 하고 쉽게 접근하면 높은 등급을 받기 어렵습니다. 정해진 시간 60분 내에 모든 문제를 완벽하게 작성하기 위해서는 정확한 시간 배분과 배분된 시간 안에 끝낼 수 있도록 철저한 반복 연습이 필요합니다.

ITQ 한글은 크게 3가지 작업 영역인 기능평가 Ⅰ, 기능평가 Ⅱ, 문서작성 능력평가로 구성되어 있으며, 각 작업 영역에 출제되는 기능과 배점은 다음과 같습니다.

| 문제 | 기능 | 권장작업시간(분) | 배점(점) |
|---|---|---|---|
| 기능평가 Ⅰ | 스타일 | 6 | 50 |
| | 표 | 7 | 50 |
| | 차트 | 7 | 50 |
| 기능평가 Ⅱ | 수식 입력 2문제 | 4 | 40 |
| | 그리기 작업 – 도형, 글맵시, 그림 삽입, 하이퍼링크 | 14 | 110 |
| 문서작성 능력평가 | 문서 입력, 들여쓰기, 머리말/꼬리말, 덧말 넣기, 책갈피, 문단 첫 글자 장식, 그림 삽입, 각주, 문단 번호 기능, 표, 쪽번호, 서식 지정 | 22 | 200 |
| 합계 | | 60 | 500 |

ITQ 한글은 세 가지 작업을 모두 세 페이지에 걸쳐 작성해야 하는데, 1 페이지에는 기능평가 Ⅰ을, 2 페이지에는 기능평가 Ⅱ를, 그리고 3 페이지에는 문서작성 능력평가 결과가 작성되어야 합니다. 페이지가 잘못될 경우 해당 항목이 0점 처리되므로 주의해야 합니다.

1페이지 : 기능평가 Ⅰ

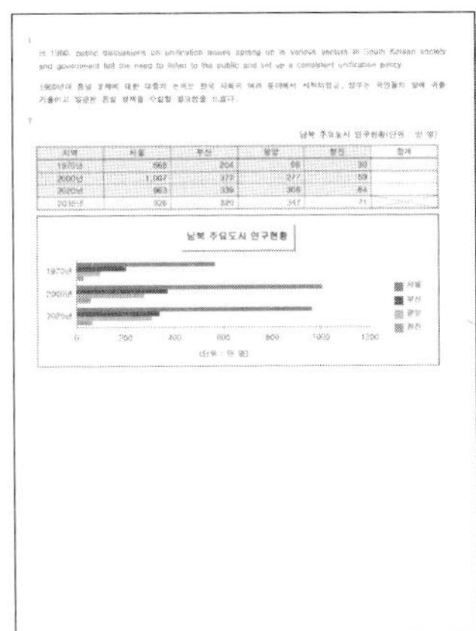

2페이지 : 기능평가 Ⅱ

평화와 번영의 한반도

평화공존공동번영

일 북핵문제 해결, 평화정착

이 지속 가능한 남북관계 발전

삼 한반도 경제 공동체 구현

3페이지 : 문서작성 능력평가

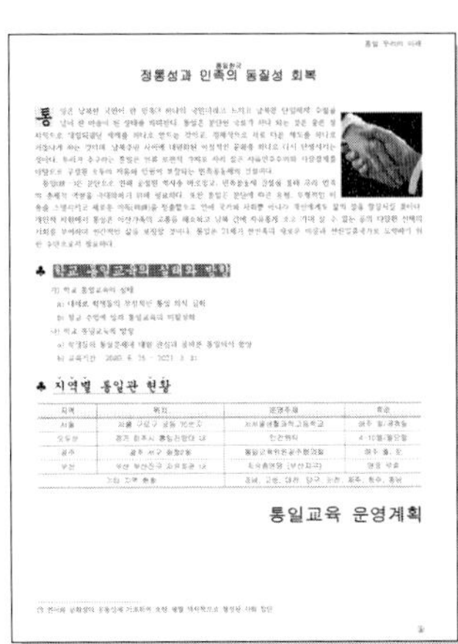

정통성과 민족의 동질성 회복

♣ 지역별 통일관 현황

통일교육 운영계획

## ■ 기능평가 Ⅰ – 150점

### 1. 스타일 – 50점

> 1.
>
> In 1960, public discussions on unification issues sprang up in various sectors in South Korean society and government felt the need to listen to the public and set up a consistent unification policy.
>
> 1960년대 통일 문제에 대한 대중의 논의는 한국 사회의 여러 분야에서 시작되었고, 정부는 국민들의 말에 귀를 기울이고 일관된 통일 정책을 수립할 필요성을 느꼈다.

스타일 문제는 문제지에 제시된 내용을 그대로 입력한 후 지정된 조건대로 스타일을 만들어 적용하면 되는데 입력할 내용에는 영문도 포함되어 있기 때문에 분당 100타 정도의 영문 타자 실력이 필요합니다. 그리고 스타일 문제를 풀 때 빼놓지 말고 꼭 해야 할 일은 전체 문서에 대한 용지 여백과 답안을 작성할 세 페이지를 미리 만들어 두는 것인데, 매 시험마다 동일하게 출제되는 내용이니 스타일 문제를 합쳐 6분 이내에 완료할 수 있도록 연습해야 합니다.

### 이렇게 공부하세요.

**영문입력**

입력에 3분을 사용한다고 할 때 모든 내용을 입력하기 위해서는 분당 100 타 정도의 영문 타자 실력이 필요합니다. 1분당

# ITQ 한글 시험, 이렇게 준비하세요.

영문 100타는 보통 사람이 매일 30분씩 연습할 때 20일이면 충분하니 타자 실력이 부족한 수험생은 타자 연습을 하세요. 타자 실력이 갖춰지면 모의고사에서 스타일 문제만 골라서 오타 없이 3분 안에 입력할 때 까지 반복 연습하세요.

### 스타일 지정 / 답안 작성용 페이지 설정

스타일 지정과 답안 작성용 페이지를 설정하는 것은 메뉴 사용법만 알면 되기 때문에 별도의 설명이 필요하지 않습니다. 입력된 내용에 스타일을 지정하는 데 2분, 답안 작성용 페이지 설정에 1분 이상 걸리지 않도록 연습하세요. '1장 실제 시험장을 옮겨 놓았다!'를 통해 공부하고 모의고사로 마무리하세요.

## 2. 표와 차트 – 100점(각 50점)

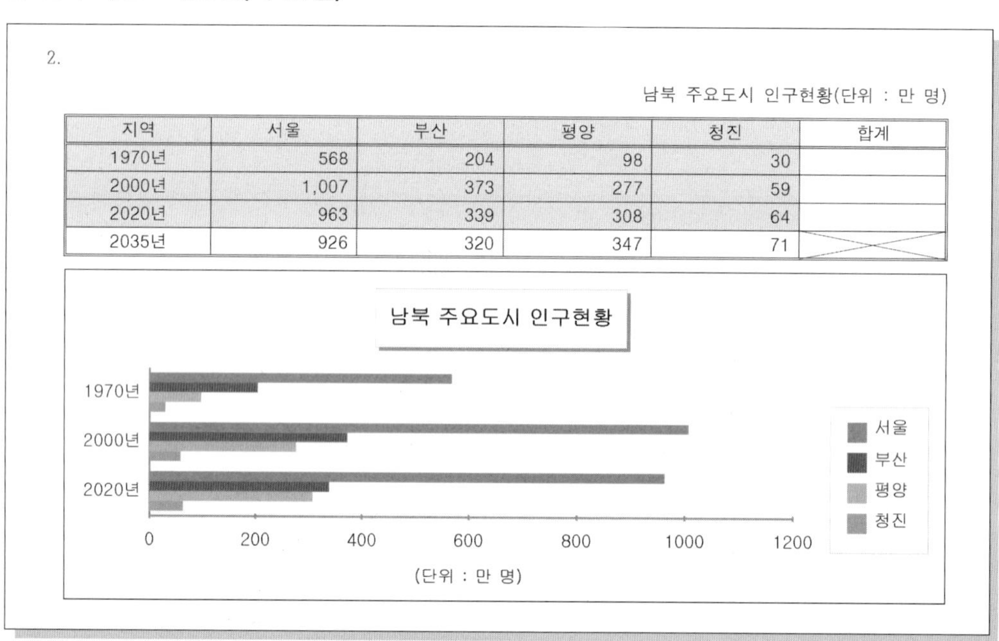


| 지역 | 서울 | 부산 | 평양 | 청진 | 합계 |
|---|---|---|---|---|---|
| 1970년 | 568 | 204 | 98 | 30 | |
| 2000년 | 1,007 | 373 | 277 | 59 | |
| 2020년 | 963 | 339 | 308 | 64 | |
| 2035년 | 926 | 320 | 347 | 71 | |

표는 문제에 제시된 대로 만들고 내용을 입력한 다음 지시사항대로 서식, 정렬, 셀 배경색, 계산 기능, 선 모양 등을 적용하면 됩니다. 차트는 표 작업에서 만든 표의 데이터를 이용하여 제시된 조건에 맞게 완성하면 됩니다. 표나 차트는 특별히 어려운 기능을 사용하지 않을뿐더러 수험생의 판단을 요구하지도 않고 지시사항대로 만들면 되기 때문에 한두 번만 따라하면 쉽게 익힐 수 있습니다.

이렇게 공부하세요.

표 작성

표는 용지의 여백에 따라 너비가 다르게 만들어지므로 실제 시험 문제와 동일한 너비의 표를 이용하여 열 너비 조정 연습을 하려면 표를 만들기 전에 문제지의 지시사항 대로 여백을 설정해야 합니다. 그리고 선 모양이나 계산 결과가 표시된 셀의 정렬 등에 대해서는 별도의 지시사항이 없으므로 제시된 그림을 보고 고치는 연습을 해야 합니다. 이런 모든 내용을 '1장 실제 시험장을 옮겨 놓았다!'에 자세히 수록했으니 차분히 따라하면서 표 작성 방법을 터득하세요. 표 작성 방법을 익혔으면 속도를 높여야 하니 모의고사를 펼쳐놓고 표 문제만 골라서 풀어보세요. 7분 안에 끝낼 수 있으면 연습을 멈추고 다음 기능을 공부하세요. 마무리는 모의고사를 이용하세요.

차트 작성

차트는 표 작업에서 작성한 표의 일부만을 이용하여 작성해야 하므로 사용할 데이터를 정확히 지정해야 합니다. 차트를 만든 후 차트를 수정할 때는 제목과 기타 구성 요소로 나누어 서식을 적용해야 합니다. 범례의 위치, 축 제목, 축 제목 방향, 눈금 간격, 눈금 서식, 테두리 등에 대한 지시사항이 없으므로 제시된 그림을 보고 고치는 연습을 해야 합니다. 이런 모든 내용을 '1장 실제 시험장을 옮겨 놓았다!'에 자세히 수록했으니 차분히 따라하면서 차트 작성 방법을 터득하세요. 차트 작성 방법을 익혔으면 속도를 높여야 하니 모의고사를 펼쳐놓고 차트 문제만 골라서 풀어보세요. 7분 안에 끝낼 수 있으면 연습을 멈추고 다음 기능을 공부하세요. 마무리는 모의고사를 이용하세요.

## ■ 기능평가 Ⅱ – 150점

### 3. 수식 입력 – 40점

3.

(1) $l = r\theta, S = \frac{1}{2}r^2\theta = \frac{1}{2}rl$ (2) $\begin{pmatrix} a\ b\ c \\ d\ e\ f \end{pmatrix}\begin{pmatrix} x \\ y \\ z \end{pmatrix} = \begin{pmatrix} ax + by + cz \\ dx + ey + fz \end{pmatrix}$

수식 입력 작업은 한글의 수식 입력 기능을 이용하여 문제지에 제시된 수식을 그대로 입력하면 됩니다. 이 작업은 평소 문서를 작성할 때 잘 사용하지 않던 기능이고 사용 방법이 낯설어 작업이 더디지만, 몇 번 연습하고 '수식 편집기' 대화상자에서 필요한 기호들이 어느 곳에 위치하고 있는지 알아두면 쉽게 완성할 수 있습니다. 주의 사항은 '수식 편집기' 대화상자를 이용하지 않을 경우 0점 처리된다는 것입니다.

# ITQ 한글 시험, 이렇게 준비하세요.

### 이렇게 공부하세요.

수식 입력을 연습할 때 가장 중요한 것은 '수식 편집기' 대화상자에서 필요한 기호들이 어느 곳에 위치하고 있는지를 기억하는 것입니다. '2장 심화학습'에 자세한 설명과 함께 다양한 문제를 수록했으니 한두 번만 반복하여 연습하면 충분히 익힐 수 있습니다. 하지만 단순히 수식을 완성만 하면 되는 것이 아니라 빠르게 완성해야 하기 때문에 시간을 체크하여 4분 이내에 입력하지 못하겠으면 모의고사를 펼쳐놓고 수식 문제만 골라서 입력해 보세요. 4분 안에 끝낼 수 있으면 연습을 멈추고 다음 기능을 공부하세요. 마무리는 '1장 실제 시험장을 옮겨 놓았다!'와 모의고사를 이용하세요.

## 4. 그리기 작업 – 110점

그리기 작업은 '그리기' 도구 상자에 있는 글상자, 직사각형, 타원 등의 도구와 그림 삽입, 글맵시, 하이퍼링크 기능을 이용하여 문제지에 제시된 그림대로 완성하면 됩니다. 그리기 작업도 어려운 내용이 없어 몇 번 연습하면 쉽게 완성할 수 있습니다. 주의할 점은 문제의 지시사항에는 없지만 제시된 그림을 보고 고쳐야 하는 부분이 있다는 것입니다. 반원 직사각형, 둥근 직사각형, 선 모양 등이 여기에 해당하니 이 부분을 주의해서 보세요. 그리기 작업은 14분 이내에 완성해야 합니다.

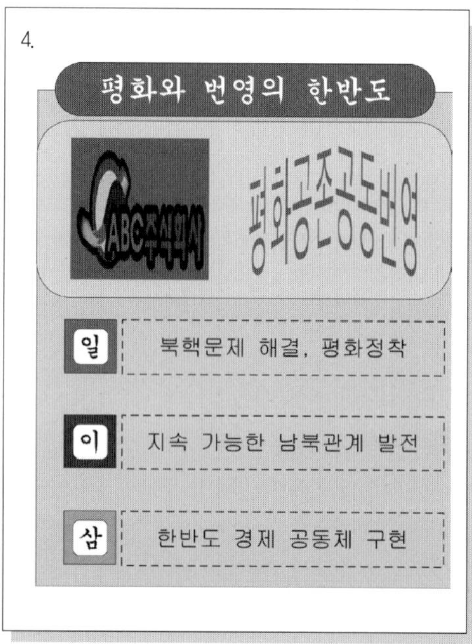

### 이렇게 공부하세요.

그리기 작업은 여러 가지 도구를 이용하기 때문에 다양한 기능이 출제될 수 있지만 실제로 시험 문제 풀이에 사용되는 도구와 기능은 몇 가지로 한정됩니다. '1장 실제 시험장을 옮겨 놓았다!'에 그리기 작업과 관련된 내용을 자세하게 수록했습니다. 그리기 작업에 관련된 내용은 어려운 내용이 없어 한두 번 따라하면 모든 기능을 쉽게 익힐 수 있습니다. 하지만 이 문제도 단순히 완성만 하면 되는 것이 아닙니다. 각각의 개체를 균형 있게 배치하고 빠르게 완성하기 위해서는 반복하여 그려보는 것이 최선입니다. 모의고사를 펼쳐놓고 그리기 작업 문제만 골라서 풀어보세요. 14분 안에 끝낼 수 있으면 연습을 멈추고 다음 기능을 공부하세요. 마무리는 모의고사를 이용하세요.

## ■ 문서작성 능력평가 – 200점

ITQ 흔글 시험에서 수험생들이 가장 힘들어 하는 부분이 '문서작성 능력평가' 문제입니다. 입력할 내용도 많지만 책갈피, 머리말/꼬리말, 덧말 넣기, 각주, 문단 첫 글자 장식, 그림 삽입, 문단 번호 기능, 표 작성, 쪽 번호 등 워드프로세서의 고급 기능을 모두 사용하여 정해진 시간 안에 문서를 완성해야 하기 때문입니다. '문서작성 능력평가' 문제는 전략을 잘 세워 연습하지 않으면 정해진 시간내에 제대로 완성하기가 쉽지 않습니다. 합격 등급이 여기서 갈린다고 해도 과언이 아닙니다. '문서작성 능력평가' 문제에 사용할 수 있는 시간은 약 20분 정도입니다. 20분 안에 주어진 문서를 완벽하게 작성할 수 있도록 연습하세요.

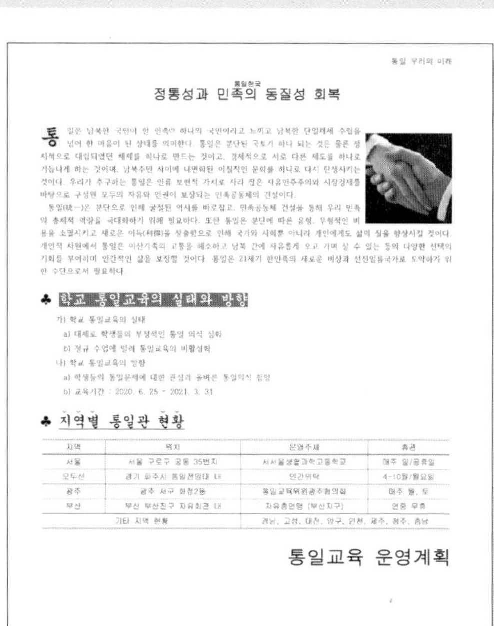

통일 우리의 미래

통일한국
정통성과 민족의 동질성 회복

통일은 남북한 국민이 한 민족㉠ 하나의 국민이라고 느끼고 남북한 단일체제 수립을 넘어 한 마음이 된 상태를 의미한다. 통일은 분단된 국토가 하나 되는 것은 물론 정치적으로 대립되었던 체제를 하나로 만드는 것이고, 경제적으로 서로 다른 제도를 하나로 지듬나게 하는 것이며, 남북주민 사이에 내면화된 이질적인 문화를 하나로 다시 탄생시키는 것이다. 우리가 추구하는 통일은 인류 보편적 가치로 자리 잡은 자유민주주의와 시장경제를 바탕으로 구성원 모두의 자유와 인권이 보장되는 민족공동체의 건설이다.

통일(統一)은 분단으로 인해 굴절된 역사를 바로잡고, 민족공동체 건설을 통해 우리 민족의 총체적 역량을 극대화하기 위해 필요하다. 또한 통일은 분단에 따른 유형, 무형적인 비용을 소멸시키고 새로운 이득(利得)을 창출함으로 인해 국가와 사회뿐 아니라 개인에게도 삶의 질을 향상시킬 것이다. 개인적 차원에서 통일은 이산가족의 고통을 해소하고 남북 간에 자유롭게 오고 가며 살 수 있는 등의 다양한 선택의 기회를 부여하며 인간적인 삶을 보장할 것이다. 통일은 21세기 한민족의 새로운 비상과 선진일류국가로 도약하기 위한 수단으로서 필요하다.

♣ 학교 통일교육의 실태와 방향

가) 학교 통일교육의 실태
  a) 대체로 학생들의 부정적인 통일 의식 심화
  b) 정규 수업에 밀려 통일교육의 비활성화
나) 학교 통일교육의 방향
  a) 학생들의 통일문제에 대한 관심과 올바른 통일의식 함양
  b) 교육기간 : 2020. 6. 25 ~ 2021. 3. 31

♣ 지역별 통일관 현황

| 지역 | 위치 | 운영주체 | 휴관 |
|---|---|---|---|
| 서울 | 서울 구로구 궁동 35번지 | 서서울생활과학고등학교 | 매주 일/공휴일 |
| 오두산 | 경기 파주시 통일전망대 내 | 민간위탁 | 4-10월/월요일 |
| 광주 | 광주 서구 화정2동 | 통일교육위원광주협의회 | 매주 월, 토 |
| 부산 | 부산 부산진구 자유회관 내 | 자유총연맹 (부산지구) | 연중 무휴 |
| 기타 지역 현황 | | 경남, 고성, 대전, 양구, 인천, 제주, 청주, 충남 | |

통일교육 운영계획

㉠ 언어와 문화상의 공통성에 기초하여 오랜 세월 역사적으로 형성된 사회 집단

Ⓐ

## 이렇게 공부하세요.

### 문서 입력

내용을 입력할 때는 머리말/꼬리말, 덧말 넣기, 그림 삽입, 문단 첫 글자 장식, 정렬 등 편집 작업은 제외하고 문제의 내용만 빠르고 정확하게 입력하세요. 표도 마찬가지로 표를 만든 후 내용만 입력합니다. 입력에 10분을 사용한다고 할 때 모든 내용을 입력하기 위해서는 분당 200타 정도의 타자 실력이 필요합니다. 1분당 200타는 보통 사람이 매일 1시간씩 연습할 때 20일이면 충분하니 타자 실력이 부족한 수험생은 별도의 타자 연습을 하세요. 200타 정도의 타자 실력을 갖췄다면 '1장 실제 시험장을 옮겨 놓았다!'를 한 번 따라하면서 입력 요령을 숙지한 후 모의고사에서 '문서작성 능력평가' 문제만 골라서 입력해 보세요. 10분 안에 내용을 모두 입력할 수 있으면 연습을 멈추고 다음 기능을 공부하세요. 마무리는 모의고사를 이용하세요.

### 문서 편집

입력보다 훨씬 중요한 것이 빠른 편집 속도입니다. '문서작성 능력평가'에서 사용해야 할 기능들은 이미 정해져 있으므로 각 기능에 대한 정형적인 패턴을 반복 훈련하여 몸에 익혀야 합니다. 타자 속도는 짧은 시간에 높일 수 없지만, 편집 속도는 짧은 시간에 확 끌어 올릴 수 있습니다. '1장 실제 시험장을 옮겨 놓았다!'를 학습한 후 'C:\길벗ITQ마스터(2016)\ITQ한글' 폴더에서 입력만 완성된 파일을 열어 문제지의 지시사항대로 편집 연습만 집중적으로 해보세요. 10분 안에 끝낼 수 있으면 연습을 멈추고 모의고사로 마무리하세요.

m·e·m·o

# 01장

# 실제 시험장을 옮겨 놓았다!

1. 입실(시험 시작 20분 전)
2. 수험관리 프로그램 실행(시험 시작 5분 전)
3. 문제지 수령
4. 정답 파일 만들기(시험 시작)
5. 용지 설정
6. 스타일 작성
7. 표 작성
8. 차트 작성
9. 수식 입력
10. 그리기 작업
11. 내용 입력
12. 머리말
13. 글자 모양
14. 책갈피
15. 하이퍼링크
16. 문단 첫 글자 장식
17. 그림 삽입
18. 각주
19. 문단 번호
20. 쪽 번호
21. ITQ 한글 시험 마무리
22. 자동 채점 프로그램 사용하기

# 실제 시험장을 옮겨 놓았다!

시험이란 항상 긴장되고, 마음이 두근거리기 마련입니다. 이 장에서는 수험자가 입실하여 문제를 풀고, 퇴실하는 과정을 상세히 다루었습니다. 입실에서 퇴실까지 차근차근 따라하며 시험에 대비하세요.

## 1 입실(시험 시작 20분 전)

**전문가의 조언**

입실 시간을 지키지 않을 경우 시험에 응시할 수 없으니 수험자는 반드시 입실 시간 전에 시험 장소에 도착하여 수험자 확인 및 비번호를 부여 받으세요.

ITQ 시험은 60분 동안 치러지는데 보통 20분 전에는 시험장에 입실하여 수험생 인적사항을 확인받습니다. 수험표와 자신을 증명할 수 있는 신분증을 반드시 지참해야 합니다. 주민등록증, 학생증, 운전면허증 등이 없는 초등학생은 건강보험카드나 주민등록등본을 지참해야 합니다.

시험장에 입실하여 자신의 인적사항과 자리 번호가 표시된 컴퓨터에 앉아서 기다리면 시험 감독위원이 여러분의 인적사항을 확인합니다.

## 2 수험관리 프로그램 실행(시험 시작 5분 전)

**전문가의 조언**

지금부터 23쪽의 과정은 실제시험장에서 감독위원의 지시하에 수행해야할 과정입니다. 수험생 여러분은 24쪽부터 따라하시면 됩니다.

**1.** 감독위원의 지시에 따라 바탕화면에 있는 'KOAS 수험자용' 아이콘을 더블클릭하여 수험관리 프로그램을 실행하세요.

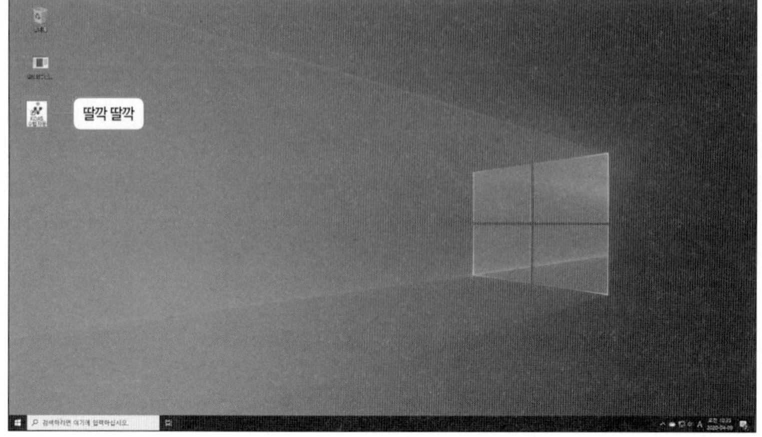

2. 화면에 '수험자 등록' 창이 표시됩니다. 감독위원의 지시에 따라 수험번호 난에 수험표에 표시된 자신의 수험번호를 입력한 후 〈확인〉을 클릭하세요. 이어서 '수험번호 확인' 창에 표시된 내용을 확인한 후 이상이 없으면 〈확인〉을 클릭하세요.

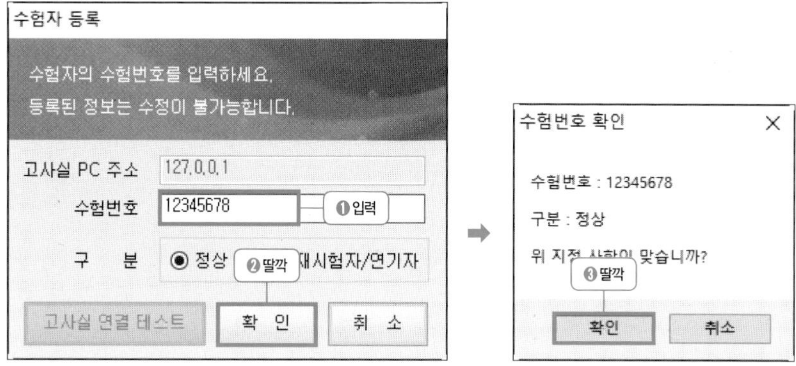


3. '수험자 버전 선택' 창에서 작업할 아래 한글 버전으로 '한컴오피스 2016'을 선택한 후 〈확인〉을 클릭하세요. 수험자 정보가 표시됩니다.

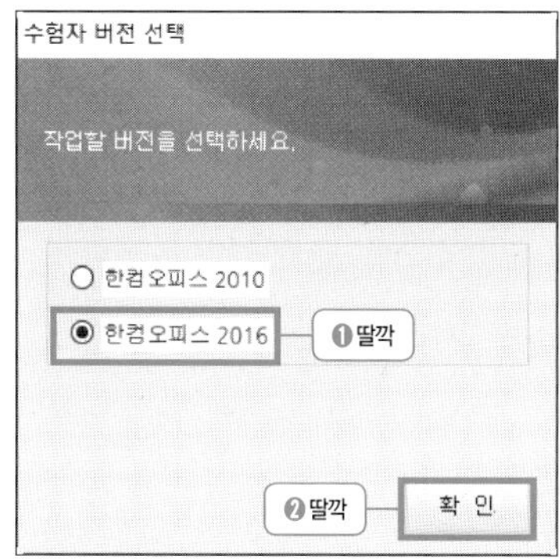


4. 화면에 '수험자 정보' 창이 표시됩니다. 정보에 이상이 없으면 〈확인〉을 클릭하세요.

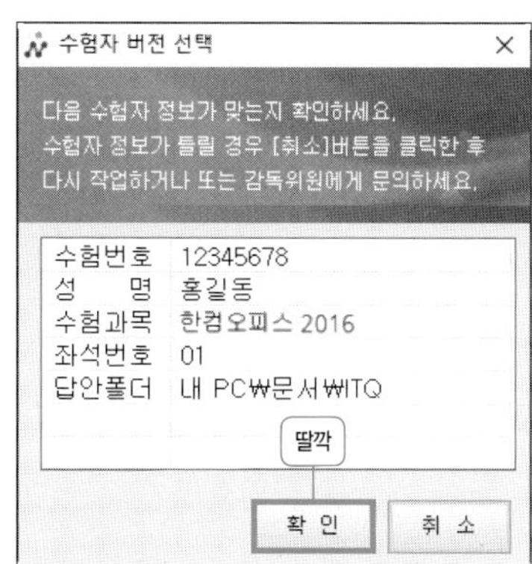


5. 이제 키보드나 마우스를 사용할 수 없도록 PC가 잠금 상태로 됩니다. 임의로 행동하면 실격될 수 있으니 감독위원이 PC의 잠금을 해제할 때까지 기다리면서 감독위원의 지시에 따르세요.

## 3 문제지 수령

지급받은 문제는 문제의 표지 및 전체 지시사항 1면, 기능평가I 1면, 기능평가II 1면, 문서작성 능력평가 1면, 총 4면으로 구성되어 있습니다. 확인하고 이상이 있으면 감독위원에게 문의하여 처리하세요.

다음은 최근 치러진 ITQ 한글 A형 문제입니다. 풀이 과정을 따라하면서 전반적인 시험 분위기를 익히기 바랍니다.

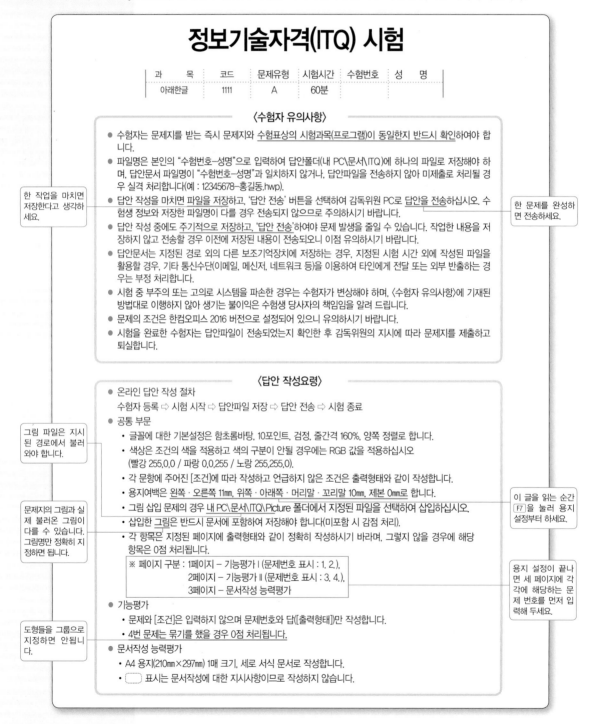

# 정보기술자격(ITQ) 시험

| 과 목 | 코드 | 문제유형 | 시험시간 | 수험번호 | 성 명 |
|---|---|---|---|---|---|
| 아래한글 | 1111 | A | 60분 | | |

〈수험자 유의사항〉

- 수험자는 문제지를 받는 즉시 문제지와 수험표상의 시험과목(프로그램)이 동일한지 반드시 확인하여야 합니다.
- 파일명은 본인의 "수험번호-성명"으로 입력하여 답안폴더(내 PC\문서\ITQ)에 하나의 파일로 저장해야 하며, 답안문서 파일명이 "수험번호-성명"과 일치하지 않거나, 답안파일을 전송하지 않아 미제출로 처리될 경우 실격 처리합니다(예 : 12345678-홍길동.hwp).
- 답안 작성을 마치면 파일을 저장하고, '답안 전송' 버튼을 선택하여 감독위원 PC로 답안을 전송하십시오. 수험생 정보와 저장한 파일명이 다를 경우 전송되지 않으므로 주의하시기 바랍니다.
- 답안 작성 중에도 주기적으로 저장하고, '답안 전송'하여야 문제 발생을 줄일 수 있습니다. 작업한 내용을 저장하지 않고 전송할 경우 이전에 저장된 내용이 전송되오니 이점 유의하시기 바랍니다.
- 답안문서는 지정된 경로 외의 다른 보조기억장치에 저장하는 경우, 지정된 시험 시간 외에 작성된 파일을 활용할 경우, 기타 통신수단(이메일, 메신저, 네트워크 등)을 이용하여 타인에게 전달 또는 외부 반출하는 경우는 부정 처리합니다.
- 시험 중 부주의 또는 고의로 시스템을 파손한 경우는 수험자가 변상해야 하며, 〈수험자 유의사항〉에 기재된 방법대로 이행하지 않아 생기는 불이익은 수험생 당사자의 책임임을 알려 드립니다.
- 문제의 조건은 한컴오피스 2016 버전으로 설정되어 있으니 유의하시기 바랍니다.
- 시험을 완료한 수험자는 답안파일이 전송되었는지 확인한 후 감독위원의 지시에 따라 문제지를 제출하고 퇴실합니다.

> 한 작업을 마치면 저장한다고 생각하세요.

> 한 문제를 완성하면 전송하세요.

〈답안 작성요령〉

- 온라인 답안 작성 절차
  수험자 등록 ⇨ 시험 시작 ⇨ 답안파일 저장 ⇨ 답안 전송 ⇨ 시험 종료
- 공통 부문
  - 글꼴에 대한 기본설정은 함초롬바탕, 10포인트, 검정, 줄간격 160%, 양쪽 정렬로 합니다.
  - 색상은 조건의 색을 적용하고 색의 구분이 안될 경우에는 RGB 값을 적용하십시오 (빨강 255,0,0 / 파랑 0,0,255 / 노랑 255,255,0).
  - 각 문항에 주어진 [조건]에 따라 작성하고 언급하지 않은 조건은 출력형태와 같이 작성합니다.
  - 용지여백은 왼쪽 · 오른쪽 11㎜, 위쪽 · 아래쪽 · 머리말 · 꼬리말 10㎜, 제본 0㎜로 합니다.
  - 그림 삽입 문제의 경우 내 PC\문서\ITQ\Picture 폴더에서 지정된 파일을 선택하여 삽입하십시오.
  - 삽입한 그림은 반드시 문서에 포함하여 저장해야 합니다(미포함 시 감점 처리).
  - 각 항목은 지정된 페이지에 출력형태와 같이 정확히 작성하시기 바라며, 그렇지 않을 경우에 해당 항목은 0점 처리됩니다.

    ※ 페이지 구분 : 1페이지 – 기능평가 I (문제번호 표시 : 1. 2.),<br>2페이지 – 기능평가 II (문제번호 표시 : 3. 4.),<br>3페이지 – 문서작성 능력평가
- 기능평가
  - 문제와 [조건]은 입력하지 않으며 문제번호와 답([출력형태])만 작성합니다.
  - 4번 문제는 묶기를 했을 경우 0점 처리됩니다.
- 문서작성 능력평가
  - A4 용지(210㎜×297㎜) 1매 크기, 세로 서식 문서로 작성합니다.
  - ⬚ 표시는 문서작성에 대한 지시사항이므로 작성하지 않습니다.

> 그림 파일은 지시된 경로에서 불러와야 합니다.

> 이 글을 읽는 순간 F7을 눌러 용지 설정부터 하세요.

> 문제지의 그림과 실제 불러온 그림이 다를 수 있습니다. 그림명만 정확히 지정하면 됩니다.

> 용지 설정이 끝나면 세 페이지에 각각에 해당하는 문제 번호를 먼저 입력해 두세요.

> 도형들을 그룹으로 지정하면 안됩니다.

## 기능평가 Ⅰ (150점)

**1. 다음의 [조건]에 따라 스타일 기능을 적용하여 [출력형태]와 같이 작성하시오. (50점)**

**조건** (1) 스타일 이름 – unification (2) 문단모양 – 왼쪽 여백 : 15pt, 문단 아래 간격 : 10pt
(3) 글자모양 – 글꼴 : 한글(돋움)/영문(굴림), 크기 : 10pt, 장평 : 95%, 자간 : 5%

**출력형태**

In 1960, public discussions on unification issues sprang up in various sectors in South Korean society and government felt the need to listen to the public and set up a consistent unification policy.

1960년대 통일 문제에 대한 대중의 논의는 한국 사회의 여러 분야에서 시작되었고, 정부는 국민들의 말에 귀를 기울이고 일관된 통일 정책을 수립할 필요성을 느꼈다.

**2. 다음의 [조건]에 따라 [출력형태]와 같이 표와 차트를 작성하시오. (100점)**

**표 조건** (1) 표 전체(표, 캡션) – 돋움, 10pt (2) 정렬 – 문자 : 가운데 정렬, 숫자 : 오른쪽 정렬
(3) 셀 배경(면색) : 노랑
(4) 한글의 계산 기능을 이용하여 빈칸에 합계를 구하고, 캡션 기능 사용할 것
(5) 선 모양은 [출력형태]와 동일하게 처리할 것

**출력형태**

남북 주요도시 인구현황(단위 : 만 명)

| 지역 | 서울 | 부산 | 평양 | 청진 | 합계 |
|---|---|---|---|---|---|
| 1970년 | 568 | 204 | 98 | 30 | |
| 2000년 | 1,007 | 373 | 277 | 59 | |
| 2020년 | 963 | 339 | 308 | 64 | |
| 2035년 | 926 | 320 | 347 | 71 | |

**차트 조건** (1) 차트 데이터는 표 내용에서 지역별 1970년, 2000년, 2020년의 값만 이용할 것
(2) 종류 – 〈묶은 가로 막대형〉으로 작업할 것
(3) 제목 – 굴림, 진하게, 12pt, 배경 – 선 모양(한 줄로), 그림자(2pt)
(4) 제목 이외의 전체 글꼴 – 굴림, 보통, 10pt
(5) 축제목과 범례는 [출력형태]와 동일하게 처리할 것

**출력형태**

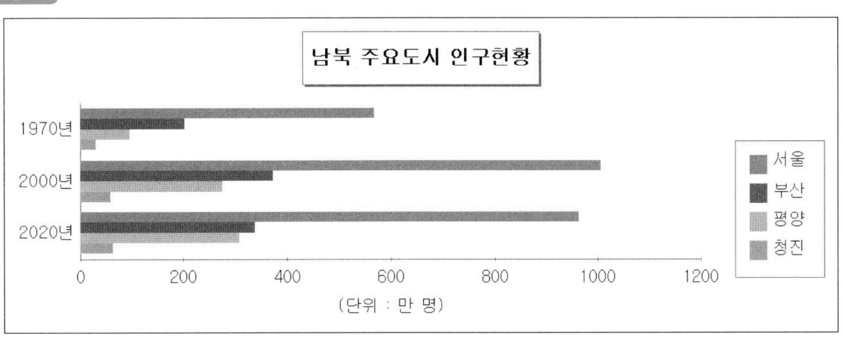

## 기능평가 II (150점)

**3. 다음 (1), (2)의 수식을 수식 편집기로 각각 입력하시오. (40점)**

720003

**출력형태**

(1) $l = r\theta, S = \frac{1}{2}r^2\theta = \frac{1}{2}rl$

(2) $\begin{pmatrix} a\ b\ c \\ d\ e\ f \end{pmatrix}\begin{pmatrix} x \\ y \\ z \end{pmatrix} = \begin{pmatrix} ax + by + cz \\ dx + ey + fz \end{pmatrix}$

**4. 다음의 [조건]에 따라 [출력형태]와 같이 문서를 작성하시오. (110점)**

720004

**조건**

(1) 그리기 도구를 이용하여 작성하고, 모든 도형(글맵시, 지정된 그림 포함)을 [출력형태]와 같이 작성하시오.
(2) 도형의 면색은 지시사항이 없으면 색 없음을 제외하고 서로 다르게 임의로 지정하시오.

**출력형태**

평화와 번영의 한반도

ABC주식회사

평화공존공동번영

일 북핵문제 해결, 평화정착

이 지속 가능한 남북관계 발전

삼 한반도 경제 공동체 구현

글상자 : 크기(110mm×15mm), 면색(빨강), 글꼴(궁서, 24pt, 흰색), 정렬(수평 • 수직-가운데)

크기(120mm×50mm)

글맵시 이용(갈매기형 수장), 크기(50mm×40mm), 글꼴(돋움, 빨강)

그림위치 (내 PC\문서\ITQ\Picture\실제시험장-그림1.tif, 문서에 포함), 크기(40mm×40mm), 그림 효과(회색조)

하이퍼링크 : 문서작성 능력평가의 "정통성과 민족의 동질성 회복" 제목에 설정한 책갈피로 이동

글상자 이용, 선종류(점선 또는 파선), 면색(색 없음), 글꼴(굴림, 18pt), 정렬(수평 • 수직-가운데)

직사각형 그리기 : 크기(10mm×10mm), 면색(흰색), 글꼴(궁서, 20pt), 정렬(수평 • 수직-가운데)

직사각형 그리기 : 크기(15mm×15mm), 면색(흰색을 제외한 임의의 색)

크기(120mm×140mm)

## 문서작성 능력평가

720005 

(200점)

글꼴 : 굴림, 18pt, 진하게, 가운데 정렬, 책갈피 이름 : 통일, 덧말 넣기

머리말 기능 돋움, 10pt, 오른쪽 정렬 → 통일 우리의 미래

# 정통성과 민족의 동질성 회복

통일한국

문단 첫 글자 장식 기능 글꼴 : 궁서, 면색 : 노랑

각주

그림 위치(내 PC\문서\ITQ\Picture\실제시험장-그림2.jpg, 문서에 포함), 자르기 기능 이용, 크기(40mm×40mm), 바깥 여백 왼쪽 : 2mm

통일은 남북한 국민이라고 한 민족㉠ 하나의 국민이라고 느끼고 남북한 단일체제 수립을 넘어 한 마음이 된 상태를 의미한다. 통일은 분단된 국토가 하나 되는 것은 물론 정치적으로 대립되었던 체제를 하나로 만드는 것이고, 경제적으로 서로 다른 제도를 하나로 거듭나게 하는 것이며, 남북주민 사이에 내면화된 이질적인 문화를 하나로 다시 탄생시키는 것이다. 우리가 추구하는 통일은 인류 보편적 가치로 자리 잡은 자유민주주의와 시장경제를 바탕으로 구성원 모두의 자유와 인권이 보장되는 민족공동체의 건설이다.

통일(統一)은 분단으로 인해 굴절된 역사를 바로잡고, 민족공동체 건설을 통해 우리 민족의 총체적 역량을 극대화하기 위해 필요하다. 또한 통일은 분단에 따른 유형, 무형적인 비용을 소멸시키고 새로운 이득(利得)을 창출함으로 인해 국가와 사회뿐 아니라 개인에게도 삶의 질을 향상시킬 것이다. 개인적 차원에서 통일은 이산가족의 고통을 해소하고 남북 간에 자유롭게 오고 가며 살 수 있는 등의 다양한 선택의 기회를 부여하며 인간적인 삶을 보장할 것이다. 통일은 21세기 한민족의 새로운 비상과 선진일류국가로 도약하기 위한 수단으로서 필요하다.

## ♣ 학교 통일교육의 실태와 방향

글꼴 : 궁서, 18pt, 흰색, 음영색 : 빨강

가) 학교 통일교육의 실태
  a) 대체로 학생들의 부정적인 통일 의식 심화
  b) 정규 수업에 밀려 통일교육의 비활성화
나) 학교 통일교육의 방향
  a) 학생들의 통일문제에 대한 관심과 올바른 통일의식 함양
  b) 교육기간 : 2020. 6. 25 - 2021. 3. 31

문단 번호 기능 사용
1수준 : 20pt, 오른쪽 정렬,
2수준 : 30pt, 오른쪽 정렬
줄 간격 : 180%

## ♣ 지역별 통일관 현황

글꼴 : 궁서, 18pt, 밑줄, 강조점

표 전체 글꼴 : 굴림, 10pt, 가운데 정렬, 셀 배경색 (그러데이션) : 유형(수평), 시작색(흰색), 끝색(노랑)

| 지역 | 위치 | 운영주체 | 휴관 |
|---|---|---|---|
| 서울 | 서울 구로구 궁동 35번지 | 서서울생활과학고등학교 | 매주 일/공휴일 |
| 오두산 | 경기 파주시 통일전망대 내 | 민간위탁 | 4-10월/월요일 |
| 광주 | 광주 서구 화정2동 | 통일교육위원광주협의회 | 매주 월, 토 |
| 부산 | 부산 부산진구 자유회관 내 | 자유총연맹 (부산지구) | 연중 무휴 |
| 기타 지역 현황 | | 경남, 고성, 대전, 양구, 인천, 제주, 청주, 충남 | |

# 통일교육 운영계획

글꼴 : 돋움, 24pt, 진하게 장평 : 105%, 오른쪽 정렬

각주 구분선 : 5cm

㉠ 언어와 문화상의 공통성에 기초하여 오랜 세월 역사적으로 형성된 사회 집단

쪽 번호 매기기 6으로 시작 → ⑥

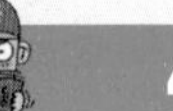

## 4 정답 파일 만들기(시험시작)

**1.** 감독위원이 시험 시작을 알리면 시험 관리 도구가 화면 오른쪽 상단에 표시됩니다.

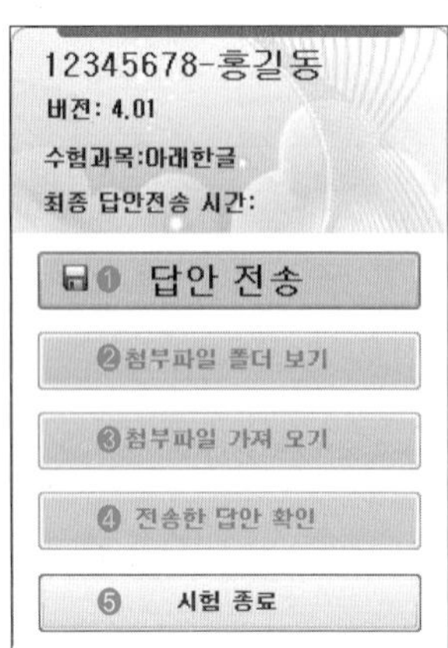


❶ **답안 전송** : 작성된 답안 파일을 감독위원 PC로 전송합니다.

❷ **첨부파일 폴더 보기** : 문제에 사용할 그림 파일이 있는 폴더를 표시합니다.

❸ **첨부파일 가져 오기** : 시험에 사용할 그림 파일을 감독위원 PC로부터 가져옵니다.

❹ **전송한 답안 확인** : 감독위원 PC로 전송한 답안 파일을 가져옵니다(답안 파일의 이상 유무를 확인하거나, 다른 컴퓨터로 자리를 옮겨 작업할 때 그때까지 작업한 파일을 다시 가져오기 위해 사용합니다.).

❺ **시험 종료** : 화면에 시험 종료 메시지가 표시되고 수험자 PC는 잠금 상태가 됩니다.

**2.** [(시작)] 메뉴를 클릭한 후 프로그램 목록에서 한글()을 선택하여 한글 프로그램을 실행하세요.

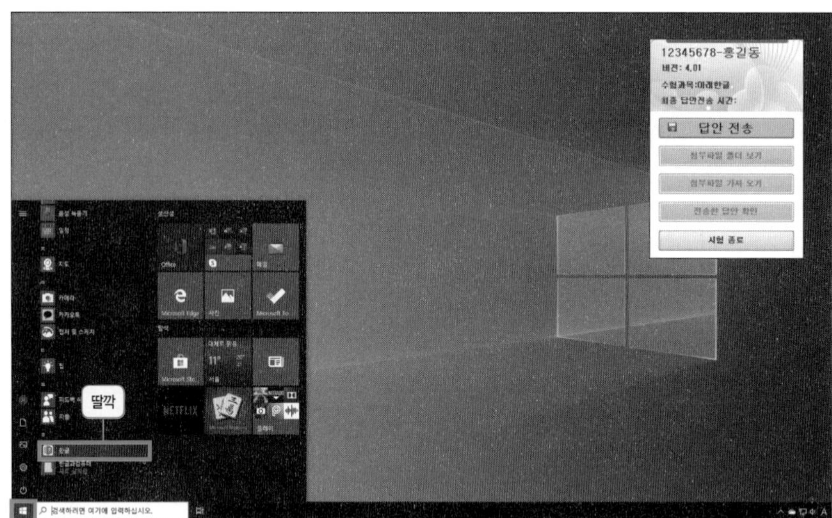

3. [서식] 도구 상자의 '저장하기(▣)'를 클릭하세요. '다른 이름으로 저장하기' 대화상자에서 '찾는 위치'를 'C:\길벗ITQ마스터(2016)\ITQ한글\시험장따라하기'로 지정하고, '파일 이름' 란에 문제지에 표시된 답안파일 이름(수험번호-이름)을 입력한 다음 〈저장〉을 클릭하세요.

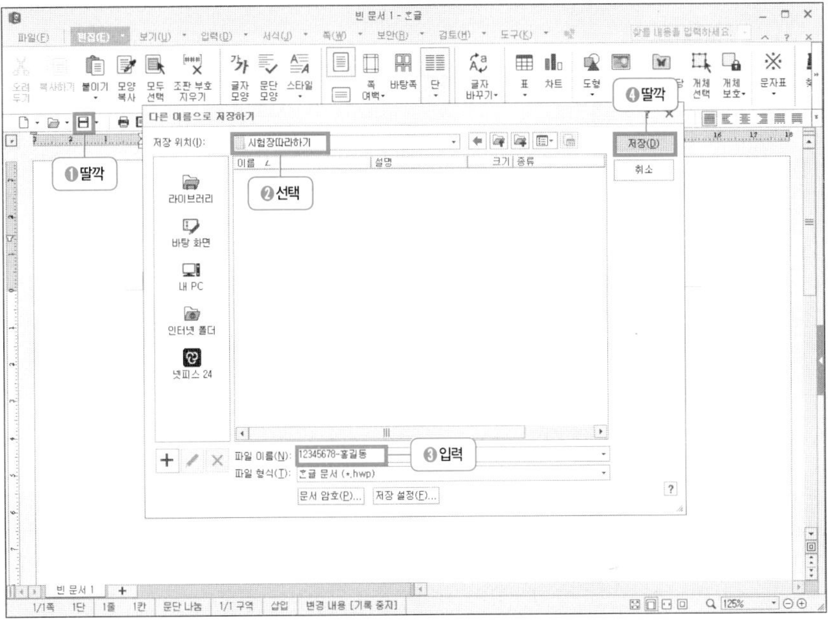


4. 한글 프로그램의 제목 표시줄에 표시된 답안 파일명이 옳은지 확인하세요.

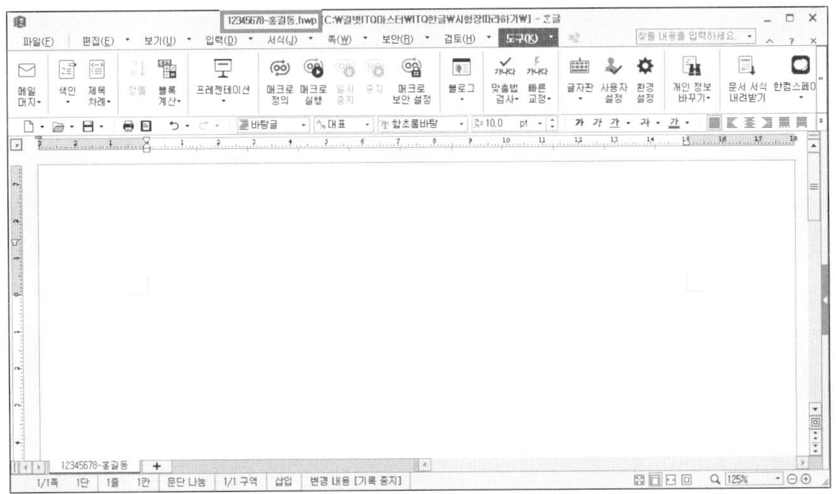

**전문가의 조언**

실제 시험에서의 답안파일 저장 위치는 '내 PC\문서\ITQ' 폴더입니다. 여기서는 'C:\길벗ITQ마스터(2016)\ITQ한글\시험장따라하기' 폴더에 저장하세요. 'C:\길벗ITQ마스터(2016)\ITQ한글\시험장따라하기'는 다운받은 '실습파일'을 실행하면 자동으로 생성됩니다. '실습파일' 다운로드 방법은 ITQ엑셀 12쪽을 참고하세요.

**전문가의 조언**

한글 프로그램의 기본 파일 확장자는 hwp이므로 **12345678-홍길동.hwp**라고 입력하지 않고 **12345678-홍길동**만 입력해도 자동으로 'hwp'가 붙어 저장됩니다. 답안 파일명을 등록한 이후에는 안전한 데이터 관리를 위해 자주 저장하는 것이 바람직합니다.

**시나공 Q&A 베스트**

**Q 답안 파일의 이름은 수검자가 마음대로 지정하면 되나요?**

A 파일 이름은 '수험자 유의사항'에 제시된 것처럼 반드시 '수험번호-성명'으로 지정해야 합니다. 파일 이름을 기준으로 자동 채점이 수행되기 때문에 파일 이름을 잘못지정하면 채점이 불가능하므로 실격 처리됩니다.

# 5 문제 풀이

## 기본작업

**Q 용지 여백 중 위쪽과 아래쪽을 11mm로 잘못 설정했는데도 전체적으로 문서의 내용이 〈출력형태〉와 동일합니다. 이런 경우 감점이 있나요?**

A 답안 작성요령에는 용지 종류는 A4, 용지 여백은 위쪽 · 아래쪽 · 머리말 · 꼬리말 각 10mm, 왼쪽 · 오른쪽 각 11mm로 설정하도록 제시되어 있습니다. 용지 설정 항목 중 어느 것 하나라도 잘못한 경우에는 감점되니 꼼꼼하게 체크하면서 정확하게 설정하세요.

**전문가의 조언**

**키보드를 이용하여 용지 설정하기**

마우스를 클릭하여 대화상자의 항목으로 이동한 후 값을 입력하려면 이미 입력되어 있는 기본값을 지우고 입력해야 하지만, 키보드의 Tab을 눌러 항목으로 이동하면 지울 필요 없이 바로 입력할 수 있습니다.

F7 → Alt + T → 10 → Tab → 10 → Tab → 11 → Tab → 11 → Tab → 10 → Tab → 10 → Enter

## 01. 용지 설정

용지를 설정하는 바로 가기 키 F7을 눌러 문제지의 지시사항대로 용지의 종류와 여백을 지정한 후 〈설정〉을 클릭하세요(메뉴 : [파일] → **편집 용지...**).

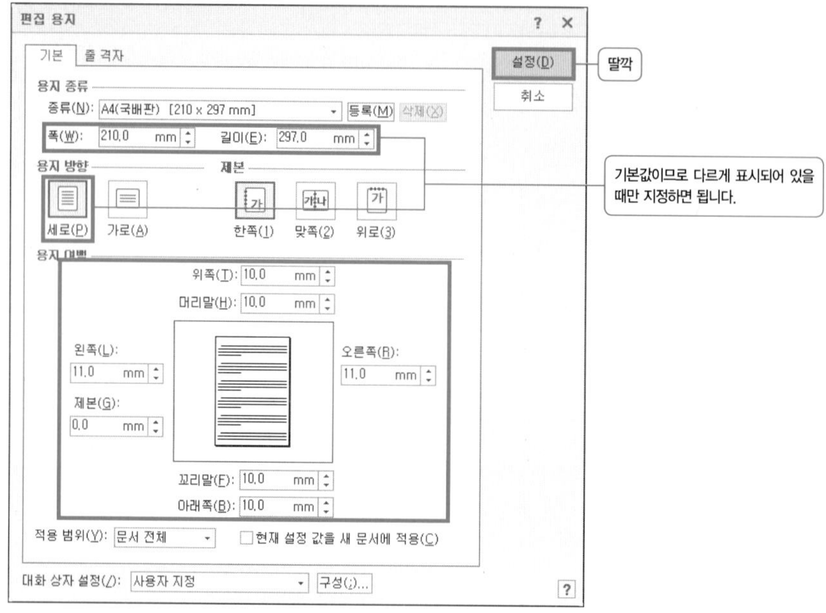


## 02. 글자 모양/크기, 줄 간격 설정

글꼴에 대한 기본 설정은 '함초롬바탕', 10포인트, 양쪽 정렬, 줄 간격은 160%인데, 이는 한글 2016의 기본값이므로 설정되어 있는 값이 다른 경우에만 변경합니다.

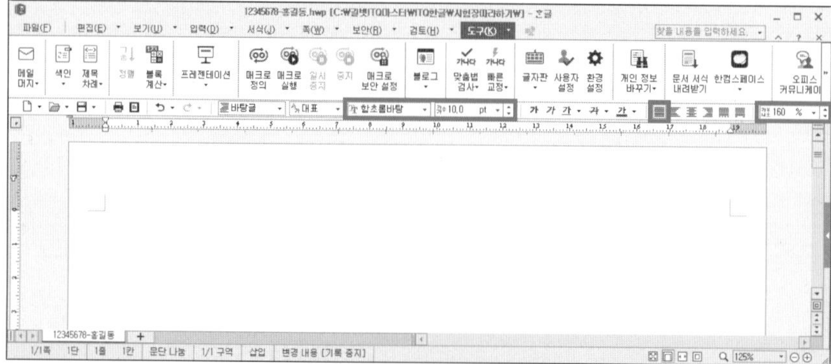

## 시나공 Q&A 베스트

**Q 지시사항에 제시되지 않은 글꼴, 줄 간격, 정렬 방식 등은 어떻게 지정해야 되나요?**

A 답안 작성요령에는 글꼴 함초롬바탕, 크기 10포인트, 글자색 검정, 줄 간격 160%, 정렬 방식 양쪽 정렬로 작성하도록 글꼴에 대한 기본 설정 사항이 제시되어 있습니다. 문제의 세부 지시사항으로 제시된 조건이 없다면 글꼴에 대한 기본 설정 사항에 맞게 작성해야 합니다. 그렇지 않으면 감점됩니다.

## 03. 문제별 페이지 구분하기

**1.** 첫 번째 페이지에는 1번과 2번 문제를 작성해야 하므로, 문제번호 **1, 2**를 입력해야 합니다. **1.**을 입력한 후 Enter를 두 번 누르고 이어서 **2.**를 입력한 다음 Enter를 두 번 누르세요.

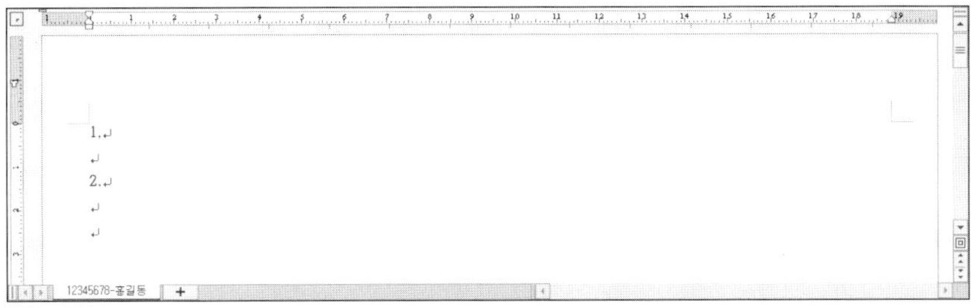

**2.** 두 번째 페이지를 만들기 위해 현재 커서가 있는 위치에서 쪽 나누기 바로 가기 키 Ctrl + Enter를 누릅니다([기본] 도구 상자 : [쪽] → (**쪽 나누기**)). 커서가 두 번째 페이지로 이동됩니다.

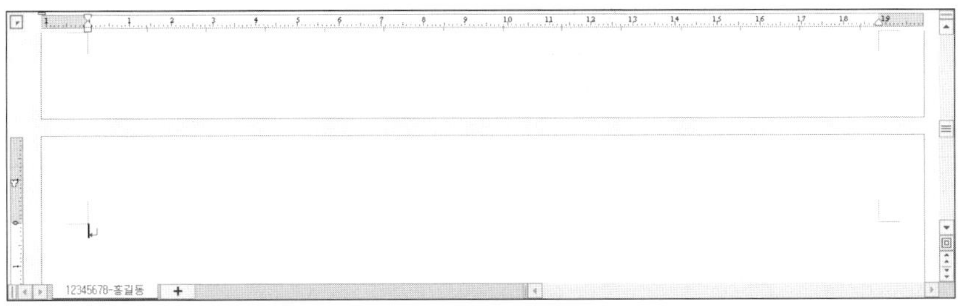

**3.** 두 번째 페이지에는 3번과 4번 문제를 작성해야 합니다. **3.**을 입력하고 Enter를 누른 다음 그림과 같이 **(1)**과 **(2)**를 입력한 후 다시 Enter를 누르세요. 이어서 **4.**를 입력한 후 Enter를 두 번 누르세요.

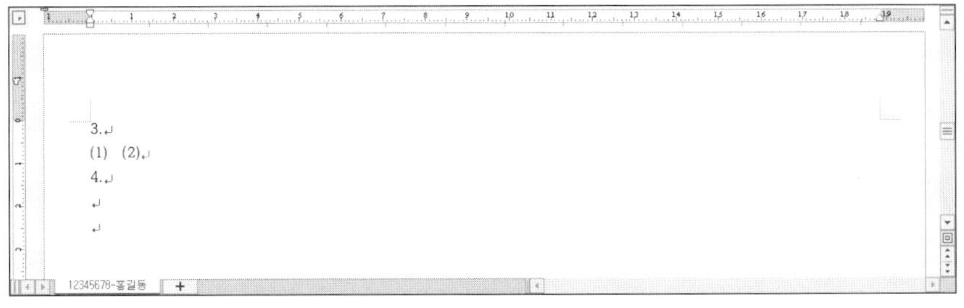

### 시나공 Q&A 베스트

**Q 문제마다 번호를 꼭 입력해야 하나요?**

A 아닙니다. 문제 번호를 입력하지 않아도 정상 채점됩니다.

### 전문가의 조언

1번에는 스타일을 적용할 문장을 입력해야 하고, 2번에는 표와 차트를 작성해야 합니다.

### 전문가의 조언

**쪽 나누기**

쪽 나누기 기능은 내용을 한 페이지에 다 채우지 않은 상태에서 페이지를 강제로 나눌 때 사용합니다.

### 전문가의 조언

3번에는 수식을 두 개 작성해야 하므로 **(1)**과 **(2)**를 입력합니다. 4번에는 그리기 작업을 해야 합니다.

전문가의 조언

세 번째 페이지에는 문서작성 능력평가 문제를 작성해야 합니다. 문서작성 능력평가 문제에는 머리말과 쪽 번호가 포함되는데, Ctrl + Enter로 페이지를 나눈 후 이 작업을 수행하고 나면 첫 번째 페이지와 두 번째 페이지에도 자동으로 머리말과 쪽 번호가 표시됩니다. 이 현상을 방지하고 현재 페이지에만 머리말과 쪽 번호가 표시되도록 구역 나누기 기능을 사용하여 페이지를 나눈 것입니다. 구역 나누기는 하나의 파일에 편집 용지, 머리말, 쪽 번호, 문단 번호 등을 다른 형태로 여러 개 지정할 때 사용합니다.

전문가의 조언

중간중간 저장하는 것을 잊지마세요. 하나의 작업이 완료되면 Alt + S를 눌러 저장하세요.

**4.** 세 번째 페이지에는 문서작성 능력평가 문제를 작성해야 합니다. 세 번째 페이지를 만들기 위해 현재 커서가 있는 위치에서 구역 나누기 바로 가기 키 Alt + Shift + Enter를 누릅니다. 커서가 세 번째 페이지로 이동됩니다.

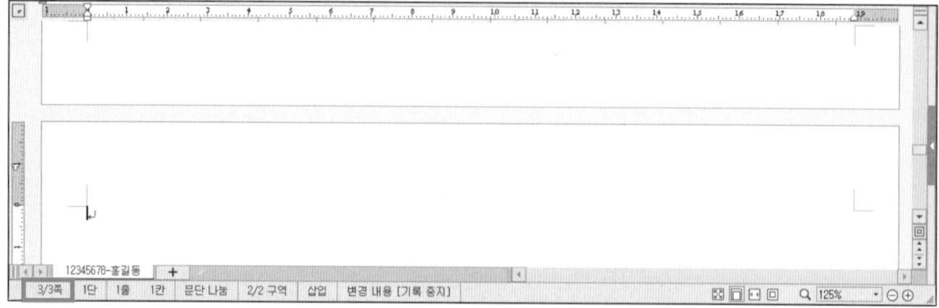


**5.** 세 번째 페이지에는 번호가 필요없습니다. 다음 작업을 위해 Ctrl + PgUp을 눌러 커서를 문서의 첫 번째 페이지로 이동시킵니다.

## 기능평가 I 풀이

## 01. 스타일 작성

720001

[조건]

(1) 스타일 이름 – unification
(2) 문단모양 – 왼쪽 여백 : 15pt, 문단 아래 간격 : 10pt
(3) 글자모양 – 글꼴 : 한글(돋움)/영문(굴림), 크기 : 10pt, 장평 : 95%, 자간 : 5%

궁금해요

### 시나공 Q&A 베스트

**Q 스타일의 채점 기준이 궁금합니다.**

A 스타일 작업에 배정된 점수는 50점이며 다음의 4가지 항목에 배분되어 개별적으로 채점됩니다. 오타를 제외하고는 부분 점수가 없으므로 각 채점 항목별로 제시된 지시사항을 하나라도 수행하지 않으면 해당 항목은 0점입니다. 즉 문단 모양의 경우, '왼쪽 여백'은 맞았지만 '문단 아래 간격'을 틀렸다면, 문단 모양에 배정된 점수를 하나도 얻지 못합니다. 오타는 잘못 입력된 단어의 개수에 따라 다른데, 0~11개는 감점이 없고, 11~20개는 5점, 21개 이상은 10점이 감점됩니다.

**[스타일 채점 항목]**
- **스타일 이름** : 지정 여부, 이름 입력(오타 포함)
- **문단 모양** : 왼쪽 여백 또는 첫 줄 들여쓰기, 문단 아래 간격
- **글자 모양** : 글꼴, 크기, 장평, 자간
- **오타** : 잘못 입력된 단어의 개수에 따라 다름

### 1 스타일 만들기

**1.** "1." 아래에 다음과 같이 문장을 입력한 다음 블록으로 지정한 후 스타일을 만드는 바로 가기 키 F6을 누르세요([기본] 도구 상자 : [서식]의 ⋮ → **스타일**).

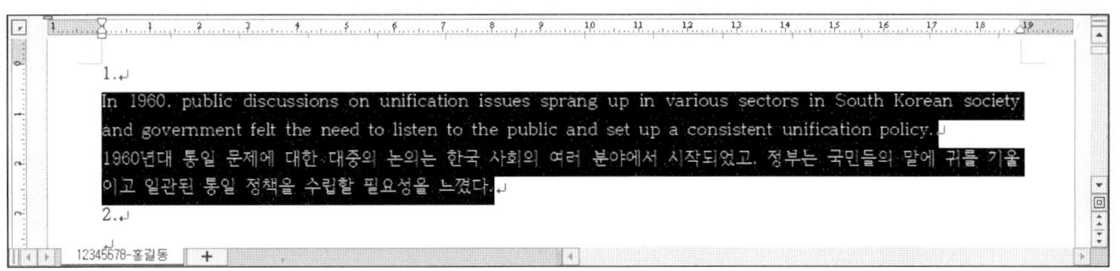


2. '스타일' 대화상자에서 Insert를 누르면 '스타일 추가하기' 대화상자가 나타납니다. '스타일 추가하기' 대화상자의 스타일 이름에 unification을 입력한 후 Enter를 눌러 스타일을 추가하세요.

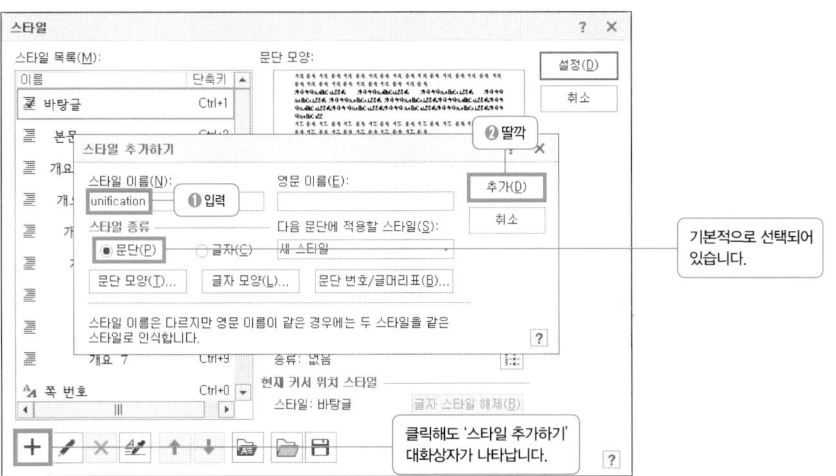


⬇

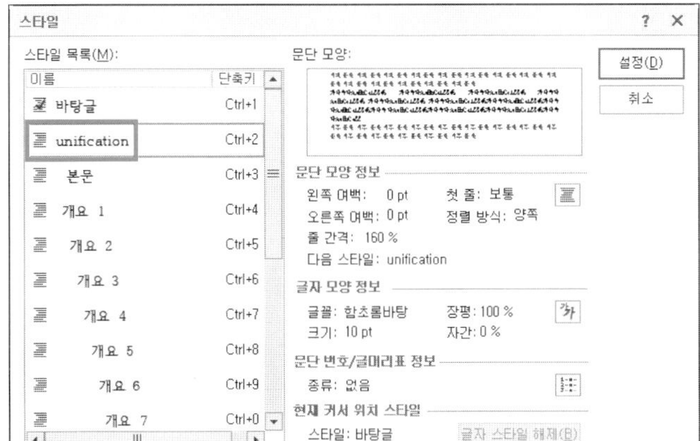


## ② 'unification' 스타일 편집 및 적용하기

1. 이제 'unification' 스타일을 지시사항대로 편집해야 합니다. '스타일' 대화상자에는 'unification' 스타일이 선택되어 있으므로 스타일 편집 바로 가기 키 Alt+E를 누르면 바로 'unification' 스타일을 편집할 수 있는 '스타일 편집하기' 대화상자가 나타납니다.

**전문가의 조언**

스타일은 범위를 지정하지 않고 먼저 스타일을 만든 후에 스타일을 지정해도 되지만 처음 스타일을 만들 때는 스타일을 적용하면서 만드는 것이 효율적입니다.

궁금해요

**Q 스타일 이름이 추가되지 않아요!**

A 스타일 목록에 같은 이름의 스타일이 등록되어 있어서 그렇습니다. 스타일 목록에서 해당 이름의 스타일을 삭제하고 추가해 보세요.

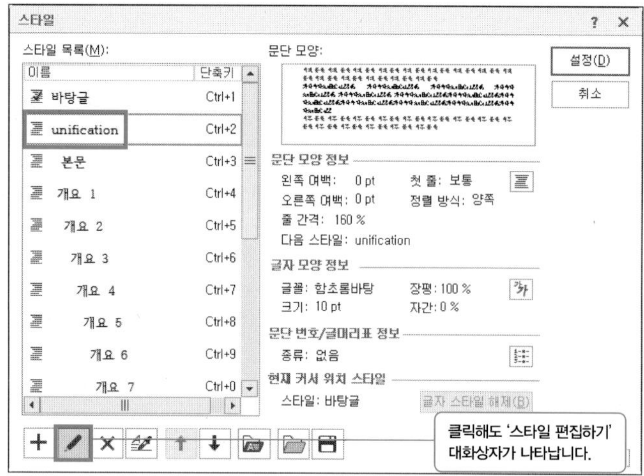


2. '스타일 편집하기' 대화상자에서 T를 누르세요. '문단 모양' 대화상자가 나타납니다.

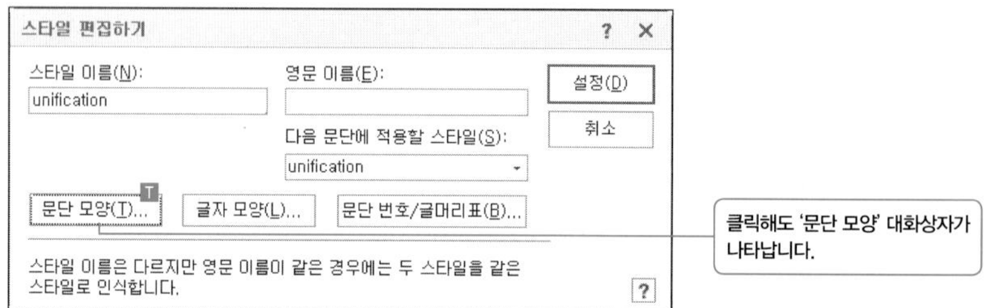


3. '문단 모양' 대화상자에서 그림과 같이 왼쪽 여백과 문단 아래 간격을 지정한 후 〈설정〉을 클릭하세요. '스타일 편집하기' 대화상자로 돌아옵니다.

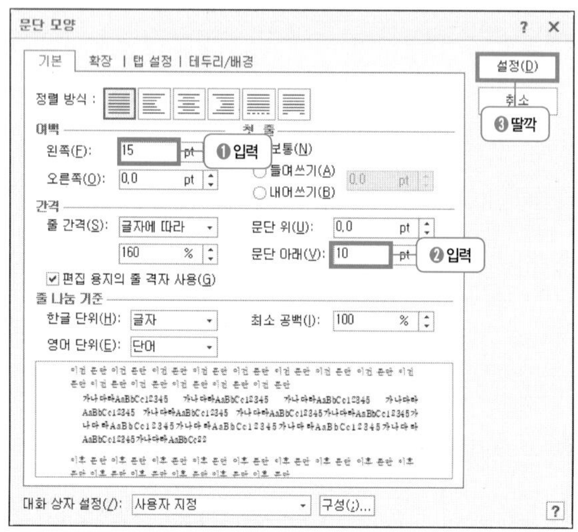


**전문가의 조언**

**바로 가기 키로 '문단 모양' 대화상자 설정하기**

Alt+F → 15 → Alt+V → 10 → Enter

**4.** '스타일 편집하기' 대화상자에서 L을 누르세요. '글자 모양' 대화상자가 나타납니다.

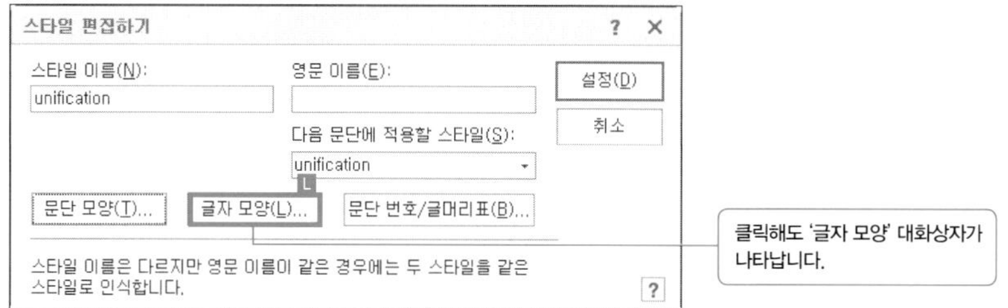


**5.** 먼저 한글에 대한 글자 모양을 지정해야 합니다. '글자 모양' 대화상자의 '기본' 탭에서 그림과 같이 글꼴, 언어, 크기, 장평, 자간을 지정하세요. 영문에 대한 글자 모양을 지정해야 하므로 아직 〈설정〉을 누르지 마세요.

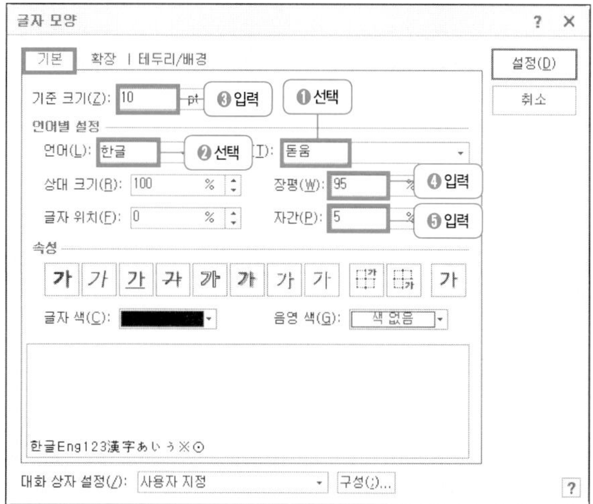

**전문가의 조언**

**바로 가기 키로 '글자 모양' 대화상자 설정하기**

**돋움** 입력 → Alt + L → '한글' 선택 → Alt + Z → 10 → Alt + W → 95 → Alt + P → 5

**전문가의 조언**

글자 크기는 '10'이 기본 값이므로 지정하지 않아도 됩니다.

**6.** 이제 영문에 대한 글자 모양을 지정하면 됩니다. '글자 모양' 대화상자의 '기본' 탭에서 그림과 같이 언어, 글꼴, 크기, 장평, 자간을 지정한 후 〈설정〉을 클릭하세요.

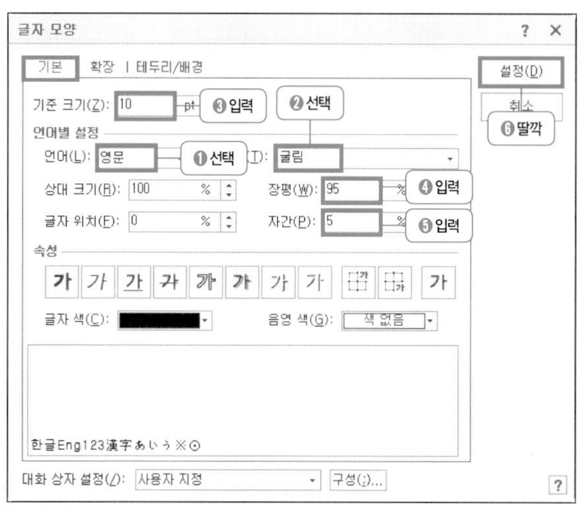

**전문가의 조언**

**바로 가기 키로 '글자 모양' 대화상자 설정하기**

Alt + L → '영문' 선택 → Alt + T → **굴림** 입력 → Alt + Z → 10 → Alt + W → 95 → Alt + P → 5 → Enter

**7.** '스타일 편집하기' 대화상자에서 〈설정〉을 클릭하고 이어서 '스타일' 대화상자에서도 〈설정〉을 클릭하세요. 'unification' 스타일이 범위로 지정된 곳에 적용됩니다.

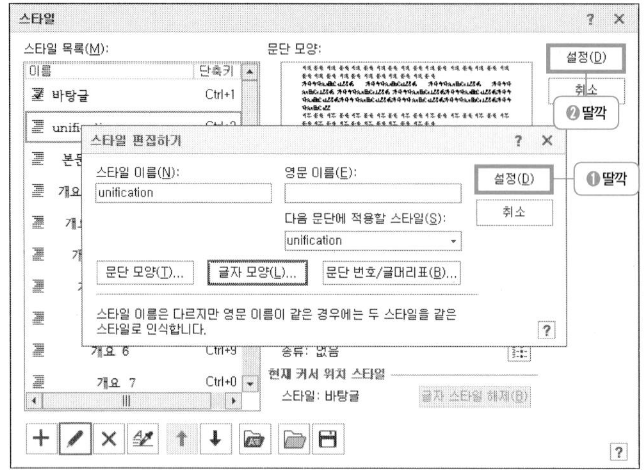

**전문가의 조언**

실제 시험에서는 작업 하나가 완성될 때마다 '시험 관리 도구'의 〈답안 전송〉 버튼을 클릭하여 작성된 답안 파일을 감독위원 PC로 전송하세요. 감독위원 PC에는 최종적으로 전송한 답안 파일만 유지됩니다.

**8.** 적용된 스타일을 확인하세요. 그리고 ↓를 두 번 눌러 커서를 이동한 후 다음 작업을 준비하세요.

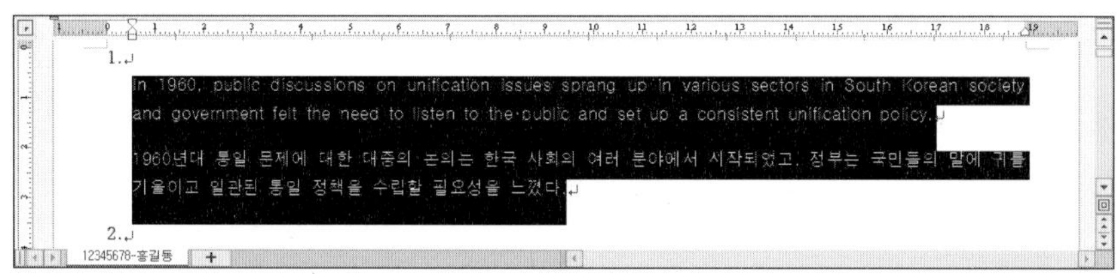


## 02. 표 작성

720002

[조건]

(1) 표 전체(표, 캡션) – 돋움, 10pt
(2) 정렬 – 문자 : 가운데 정렬, 숫자 : 오른쪽 정렬
(3) 셀 배경(면색) : 노랑
(4) 한글의 계산 기능을 이용하여 빈칸에 합계를 구하고, 캡션 기능 사용할 것
(5) 선 모양은 [출력형태]와 동일하게 처리할 것

궁금해요

**시나공 Q&A 베스트**

**Q 표의 채점 기준이 궁금합니다.**

A 표 작업에 배정된 점수는 50점이며 다음의 7가지 항목에 배분되어 개별적으로 채점됩니다. 오타를 제외하고는 부분 점수가 없으므로 각 채점 항목별로 제시된 지시사항을 하나라도 수행하지 않으면 해당 항목은 0점입니다. 오타는 잘못 입력된 셀의 개수가 5개를 넘으면 5점이 감점됩니다.

**[표 작성 채점 항목]**

- **표 전체 서식** : 글꼴, 크기
- **표 내부 정렬** : 문자, 숫자
- **셀 배경색** : '노랑' 색이 고정적으로 출제되고 있음
- **계산식** : 합계 혹은 평균이 출제됨
- **캡션** : 작성 여부, 정렬
- **표 모양** : 선 모양, 위치 및 크기
- **오타** : 잘못 입력된 셀의 개수에 따라 다름

## 1 표 만들기

앞선 작업으로 커서는 "2."의 다음 줄에 있습니다. 5행 6열의 표를 만들기 위해 Ctrl + N, T → 5 → Tab → 6 → Alt + T → Enter를 차례대로 누릅니다([기본] 도구 상자 : [입력] → (표)).

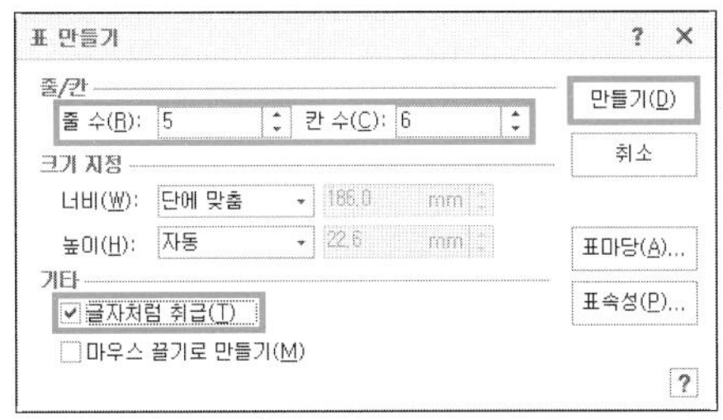


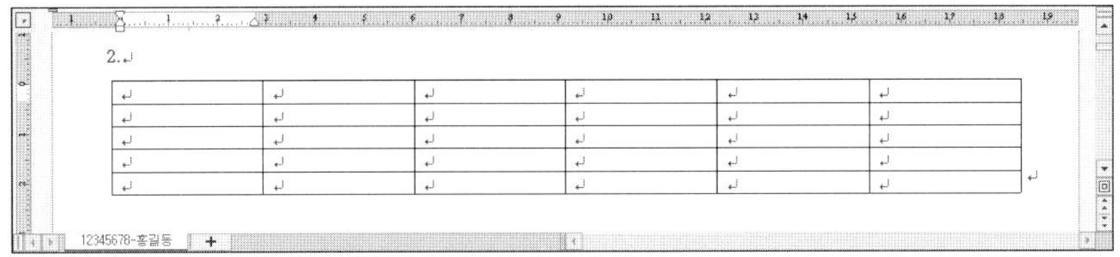

**전문가의 조언**

표를 만들때는 표에서 가장 많은 행과 열의 개수, 즉 병합하기 전의 행과 열의 개수를 세어 표를 만듭니다. 그런 후 필요한 부분에 셀 병합하기를 수행하는 것이 작업속도도 빠르고 효율적입니다.

**전문가의 조언**

'글자처럼 취급'을 선택하여 표를 만들고 나면 다음부터는 '표 만들기' 대화상자를 호출할 때마다 '글자처럼 취급'이 선택되어 표시됩니다.

## 2 표에 내용 입력하기

화살표 방향으로 내용을 입력하는 것이 빠릅니다. 내용을 입력할 때는 정렬에 관계없이 모두 왼쪽에 붙여 입력하세요.

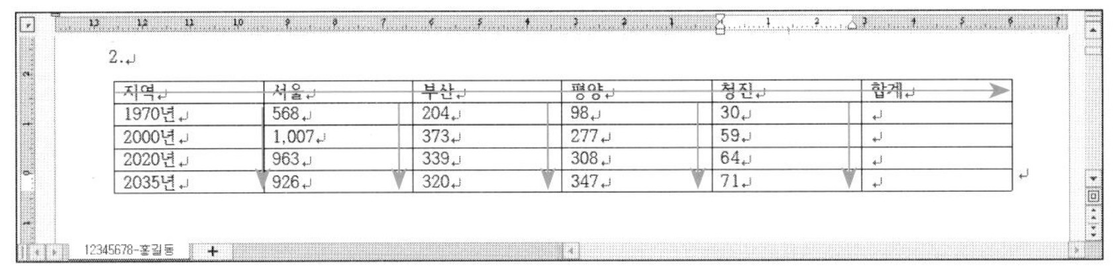

2.

| 지역 | 서울 | 부산 | 평양 | 청진 | 합계 |
|---|---|---|---|---|---|
| 1970년 | 568 | 204 | 98 | 30 | |
| 2000년 | 1,007 | 373 | 277 | 59 | |
| 2020년 | 963 | 339 | 308 | 64 | |
| 2035년 | 926 | 320 | 347 | 71 | |

## 3 표에 캡션 입력하기

**1.** 표에 캡션을 입력할 차례입니다. 캡션 입력 바로 가기 키 Ctrl+N, C를 누르세요. 자동으로 캡션 입력란에 **표 1**이 입력되어 표시됩니다.

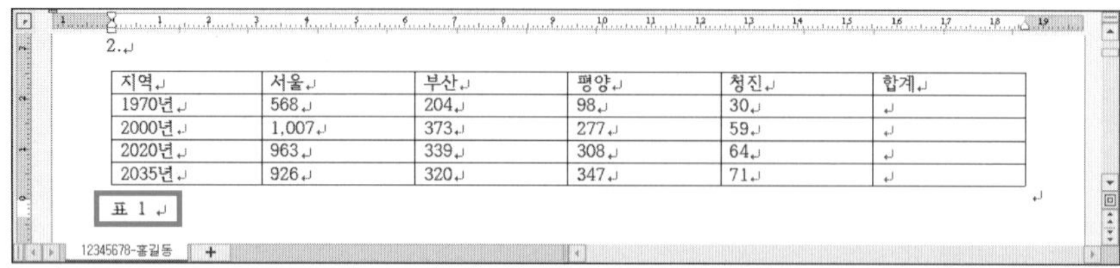

2.

| 지역 | 서울 | 부산 | 평양 | 청진 | 합계 |
|---|---|---|---|---|---|
| 1970년 | 568 | 204 | 98 | 30 | |
| 2000년 | 1,007 | 373 | 277 | 59 | |
| 2020년 | 963 | 339 | 308 | 64 | |
| 2035년 | 926 | 320 | 347 | 71 | |

표 1

**2. 표 1**이 입력되어 있는 상태 그대로 Shift+Home을 눌러 블록을 지정한 후 **남북 주요도시 인구현황(단위 : 만 명)**을 입력하세요.

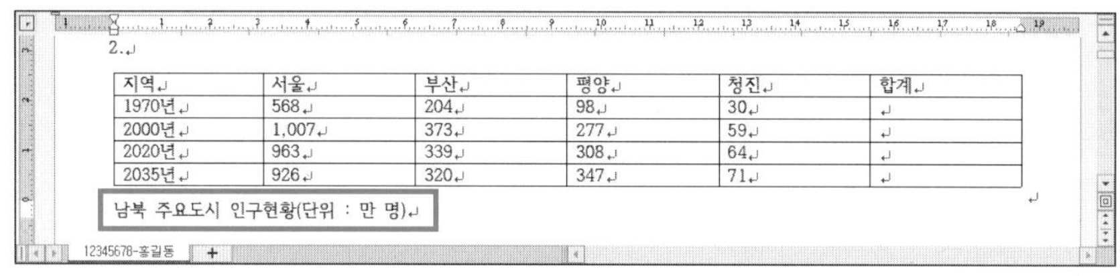

2.

| 지역 | 서울 | 부산 | 평양 | 청진 | 합계 |
|---|---|---|---|---|---|
| 1970년 | 568 | 204 | 98 | 30 | |
| 2000년 | 1,007 | 373 | 277 | 59 | |
| 2020년 | 963 | 339 | 308 | 64 | |
| 2035년 | 926 | 320 | 347 | 71 | |

남북 주요도시 인구현황(단위 : 만 명)

**전문가의 조언**

표에 정렬이나 서식을 적용해도 캡션에는 적용되지 않는다는 것을 잊지마세요. 그리고 캡션 관련 서식을 나중으로 미루는 경우가 있는 데, 이런 경우 잊어버리고 캡션 관련 서식을 누락하는 경우가 있으니 주의하세요.

## 4 표의 캡션에 정렬 및 서식 지정하기

**1.** 캡션을 오른쪽으로 정렬해야 합니다. 커서가 캡션에 위치한 상태에서 '서식' 도구 상자의 '오른쪽 정렬( )'을 클릭하세요(바로 가기 키 : Ctrl+Shift+R).

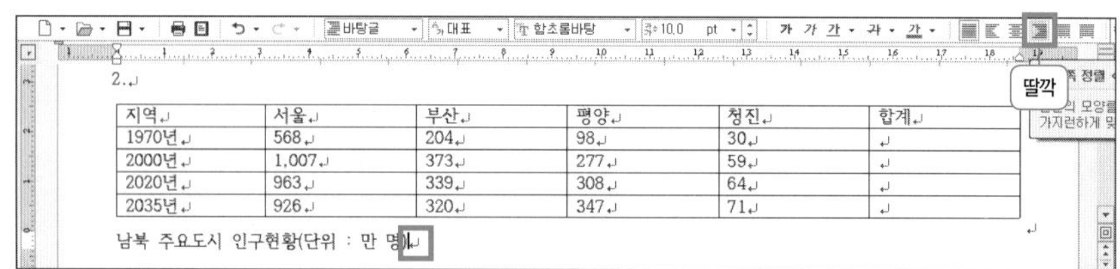


2.

| 지역 | 서울 | 부산 | 평양 | 청진 | 합계 |
|---|---|---|---|---|---|
| 1970년 | 568 | 204 | 98 | 30 | |
| 2000년 | 1,007 | 373 | 277 | 59 | |
| 2020년 | 963 | 339 | 308 | 64 | |
| 2035년 | 926 | 320 | 347 | 71 | |

남북 주요도시 인구현황(단위 : 만 명)

**2.** 이제 캡션의 위치를 위쪽으로 지정해야 합니다. Ctrl + N, K를 눌러 '표/셀 속성' 대화상자를 호출하세요.

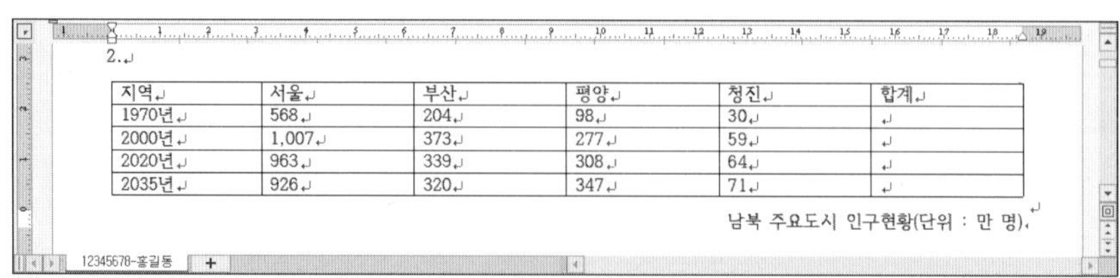

2.

| 지역 | 서울 | 부산 | 평양 | 청진 | 합계 |
|---|---|---|---|---|---|
| 1970년 | 568 | 204 | 98 | 30 | |
| 2000년 | 1,007 | 373 | 277 | 59 | |
| 2020년 | 963 | 339 | 308 | 64 | |
| 2035년 | 926 | 320 | 347 | 71 | |

남북 주요도시 인구현황(단위 : 만 명)

**3.** '표/셀 속성' 대화상자의 '여백/캡션' 탭에서 '캡션 넣기'를 '위'로 지정하고 〈설정〉을 클릭하세요.

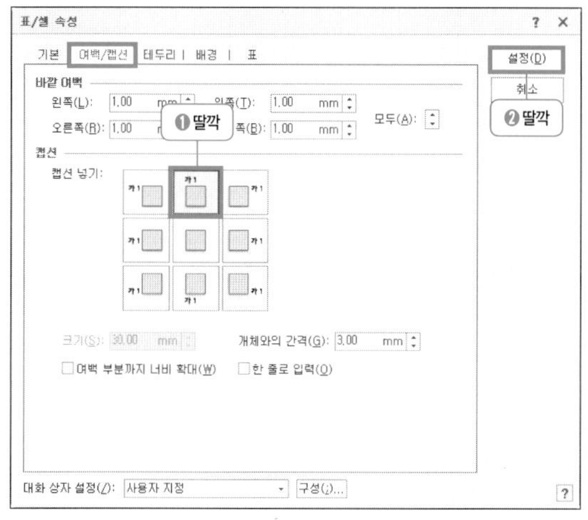


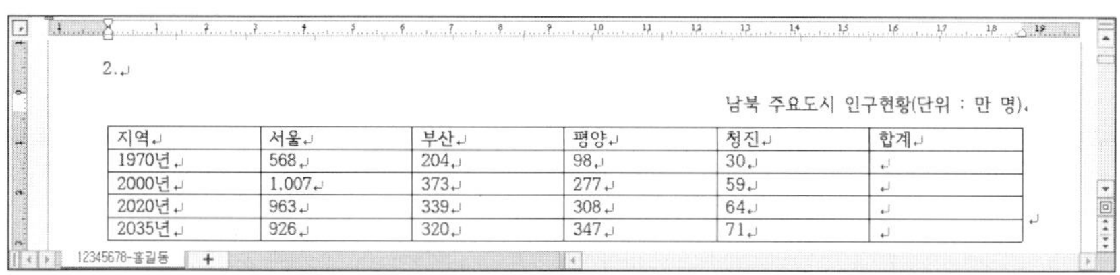


**4.** 캡션에 서식을 지정할 차례입니다. Ctrl+A를 눌러 캡션의 내용을 모두 선택한 후 Alt+L을 누르세요.

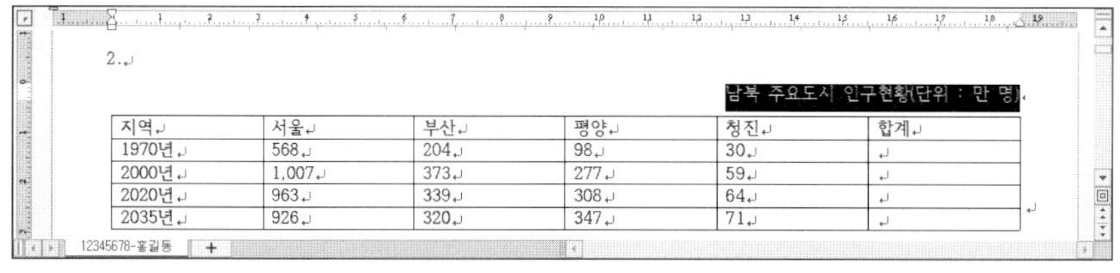

**전문가의 조언**

캡션에 내용을 입력한 다음 바로 캡션과 관련된 작업을 모두 수행한다는 것! 잊지마세요.

**전문가의 조언**

**바로 가기 키로 '글자 모양' 대화상자 설정하기**

**돋움** 입력 → Alt+Z → 10 → Enter

**5.** '글자 모양' 대화상자의 '기본' 탭에서 그림과 같이 글꼴과 크기를 지정한 후 〈설정〉을 클릭하세요.

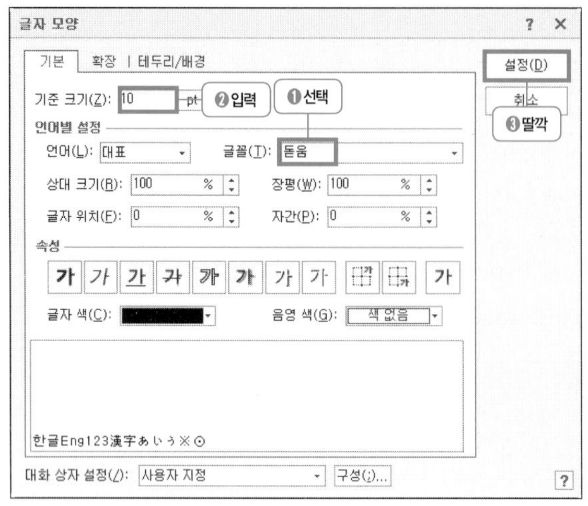


## 5 표의 내용에 글꼴 지정 및 정렬하기

**1.** 표의 내용에 글꼴 '돋움', 크기 10pt를 지정해야 합니다. 그림과 같이 표의 모든 셀을 블록으로 지정한 후 Alt+L을 누르세요.

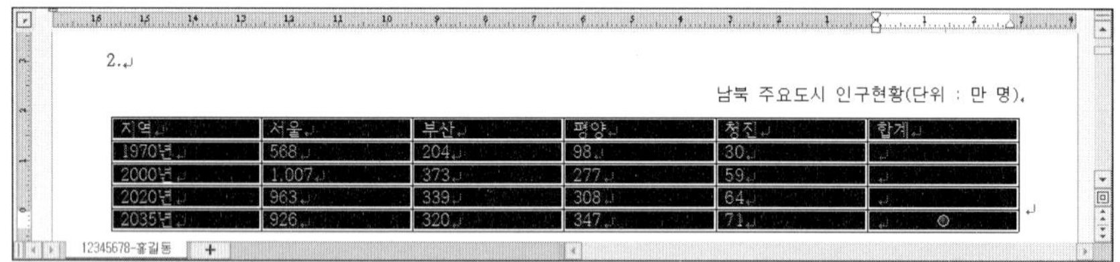

2.

남북 주요도시 인구현황(단위 : 만 명).

| 지역 | 서울 | 부산 | 평양 | 청진 | 합계 |
|---|---|---|---|---|---|
| 1970년 | 568 | 204 | 98 | 30 | |
| 2000년 | 1,007 | 373 | 277 | 59 | |
| 2020년 | 963 | 339 | 308 | 64 | |
| 2035년 | 926 | 320 | 347 | 71 | |

**전문가의 조언**

**바로 가기 키로 '글자 모양' 대화상자 설정하기**

**돋움** 입력 → Alt+Z → 10 → Enter

**2.** '글자 모양' 대화상자의 '기본' 탭에서 그림과 같이 글꼴과 크기를 지정한 후 〈설정〉을 클릭하세요.

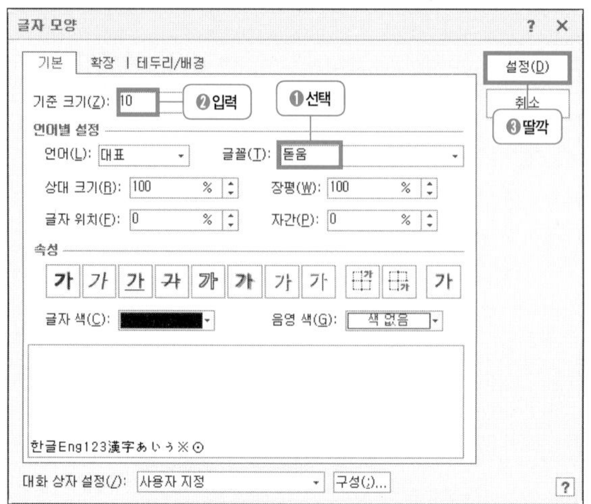

3. 표의 내용을 정렬해야 합니다. 표의 모든 셀이 블록으로 지정된 상태에서 '서식' 도구 상자의 '가운데 정렬(≡)'을 클릭하세요(바로 가기 키 : Ctrl+Shift+C).

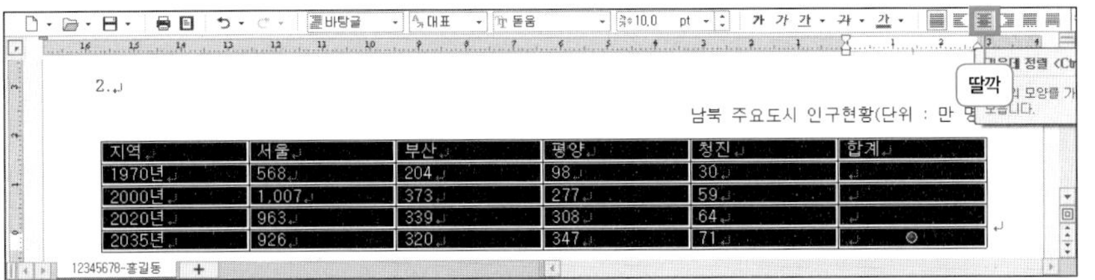

**전문가의 조언**

표 안의 내용이 문자일 경우에만 '가운데 정렬'을 수행해야 하지만, 시간을 절약하기 위해 현재 블록이 설정된 상태에서 가운데 정렬을 수행한 후 숫자가 입력된 셀에 대해서만 다시 오른쪽 정렬을 수행하도록 하겠습니다.

4. 숫자가 입력된 셀을 블록으로 지정한 후 [서식] 도구 상자의 '오른쪽 정렬(≡)'을 클릭하세요.

**전문가의 조언**

블록 계산식을 이용하여 합계를 구하면 숫자가 입력되므로 합계가 입력될 부분이 포함되게 블록을 지정해야 합니다.

궁금해요

**시나공 Q&A 베스트**

**Q 표 안에 입력한 데이터의 정렬 기준이 궁금합니다. 정확히 알려주세요.**

A 〈출력형태〉와 동일하게 작성하면 되는데, 일반적으로 문자는 가운데 정렬, 숫자는 오른쪽 정렬을 하도록 출제되고 있습니다.

## 6 셀 배경색 지정하기

1. 그림과 같이 블록을 지정한 후 배경 모양 변경 바로 가기 키 C를 누르세요.

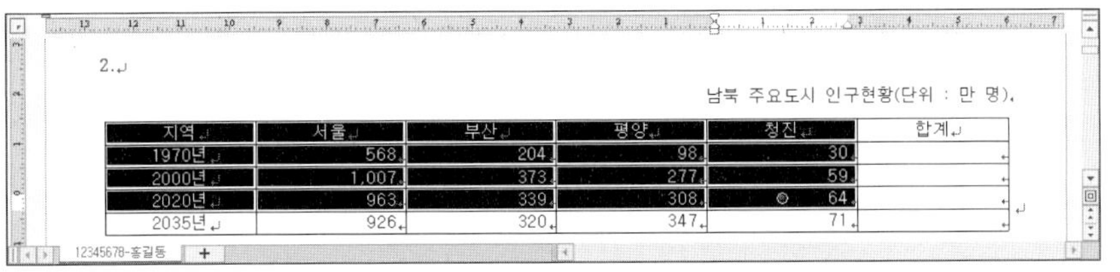

**전문가의 조언**

C는 셀이 선택된 상태에서 '셀 테두리/배경' 대화상자를 호출하여 '배경' 탭을 표시하는 키입니다.

**전문가의 조언**

현재 선택되어 있는 색상 테마에 '노랑'이 없다면 색상 테마를 '오피스'로 변경한 후 '노랑'을 선택하세요.

**2.** '셀 테두리/배경' 대화상자의 '배경' 탭에서 그림과 같은 순서로 작업하여 배경색을 노랑색으로 지정한 후 〈설정〉을 클릭하세요.

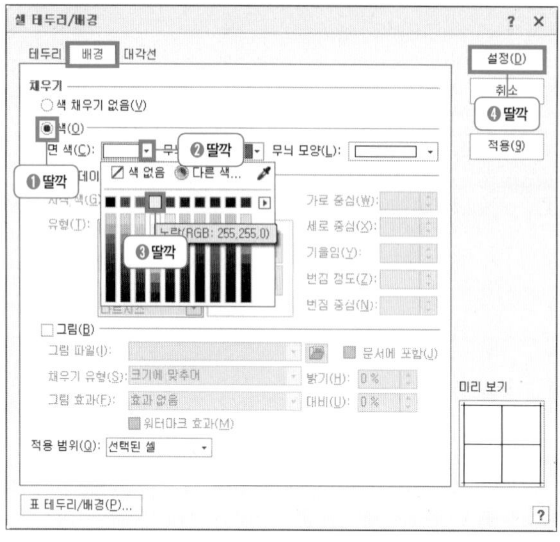

**전문가의 조언**

L은 셀이 선택된 상태에서 '셀 테두리/배경' 대화상자를 호출하여 '테두리' 탭을 표시하는 키입니다.

## ❼ 표의 괘선 변경하기

**1.** 화살표 방향으로 드래그하여 블록을 지정한 후 테두리 모양 변경 바로 가기 키 L을 누르세요.

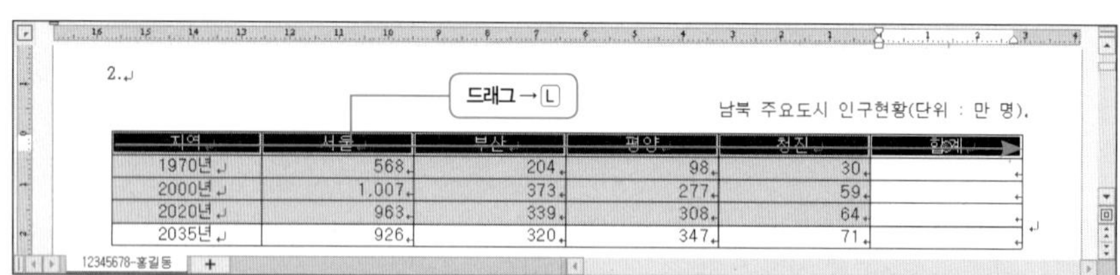

2. '셀 테두리/배경' 대화상자의 '테두리' 탭에서 그림과 같은 순서로 작업하여 제목 행의 아래 선을 '이중 실선(0.5mm)'으로 지정한 후 〈설정〉을 클릭하세요.

**전문가의 조언**

'선 모양 바로 적용'이 선택되어 있으면 테두리 종류를 선택할 때마다 테두리 단추가 눌려진 곳은 자동으로 선 모양이 적용됩니다. 원하는 곳에만 선 모양을 적용하려면 '선 모양 바로 적용'을 해제하고 작업해야 합니다.

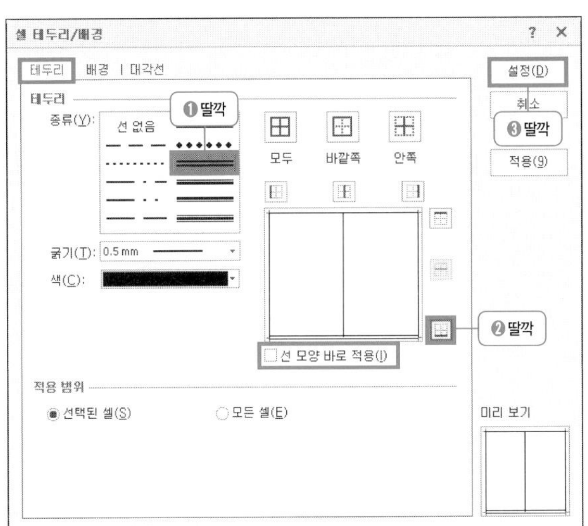


3. 제목 행의 아래 선이 이중 실선으로 지정되고, 셀 포인터는 1행 6열에 그대로 있습니다.

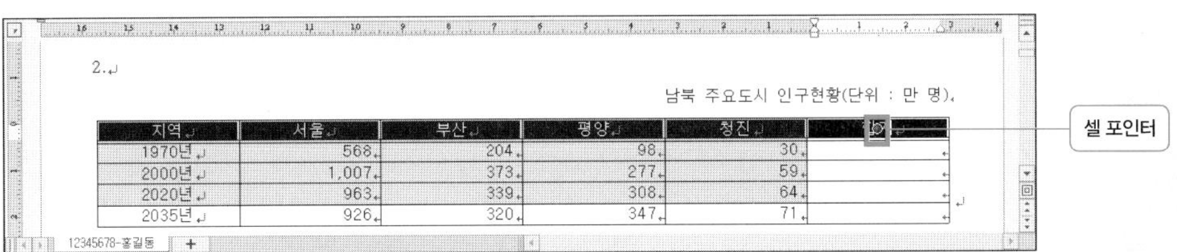


| 지역 | 서울 | 부산 | 평양 | 청진 | |
|---|---|---|---|---|---|
| 1970년 | 568 | 204 | 98 | 30 | |
| 2000년 | 1,007 | 373 | 277 | 59 | |
| 2020년 | 963 | 339 | 308 | 64 | |
| 2035년 | 926 | 320 | 347 | 71 | |

4. PgDn을 눌러 표 전체를 블록으로 지정한 후 테두리 모양 변경 바로 가기 키 L을 누르세요.

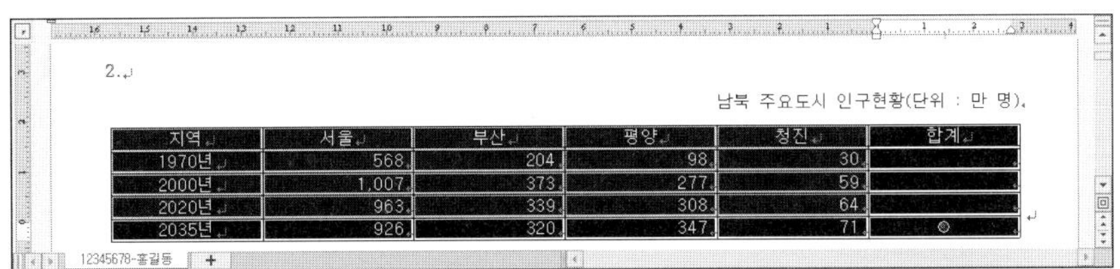


| 지역 | 서울 | 부산 | 평양 | 청진 | 합계 |
|---|---|---|---|---|---|
| 1970년 | 568 | 204 | 98 | 30 | |
| 2000년 | 1,007 | 373 | 277 | 59 | |
| 2020년 | 963 | 339 | 308 | 64 | |
| 2035년 | 926 | 320 | 347 | 71 | |

5. '셀 테두리/배경' 대화상자의 '테두리' 탭에서 그림과 같은 순서로 작업하여 표 바깥의 외곽선을 '이중 실선(0.5mm)'으로 지정한 후 〈설정〉을 클릭하세요.

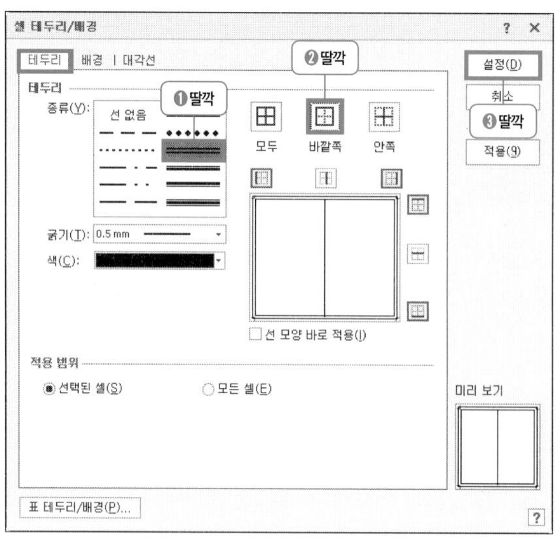


**6.** 표의 외곽선이 이중 실선으로 지정되고 전체 셀이 블록으로 지정된 상태 그대로 있습니다. 이 상태에서 5행 6열을 클릭하여 5행 6열만 블록으로 지정한 다음 테두리 모양 변경 바로 가기 키 L을 누르세요.

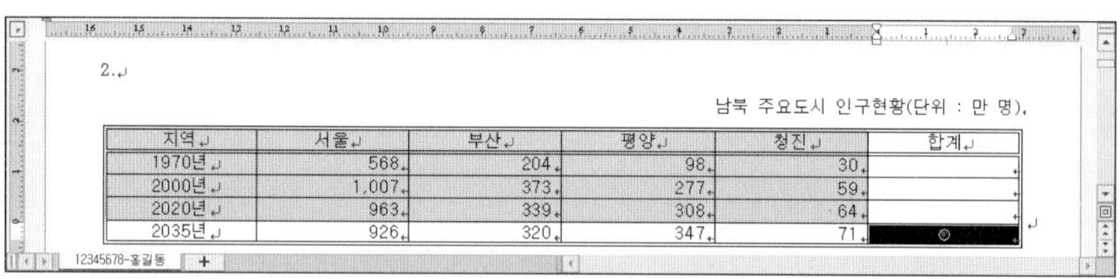

| 지역 | 서울 | 부산 | 평양 | 청진 | 합계 |
|---|---|---|---|---|---|
| 1970년 | 568 | 204 | 98 | 30 | |
| 2000년 | 1,007 | 373 | 277 | 59 | |
| 2020년 | 963 | 339 | 308 | 64 | |
| 2035년 | 926 | 320 | 347 | 71 | |



**7.** '셀 테두리/배경' 대화상자의 '대각선' 탭에서 그림과 같은 순서로 작업한 후 〈설정〉을 클릭하세요.

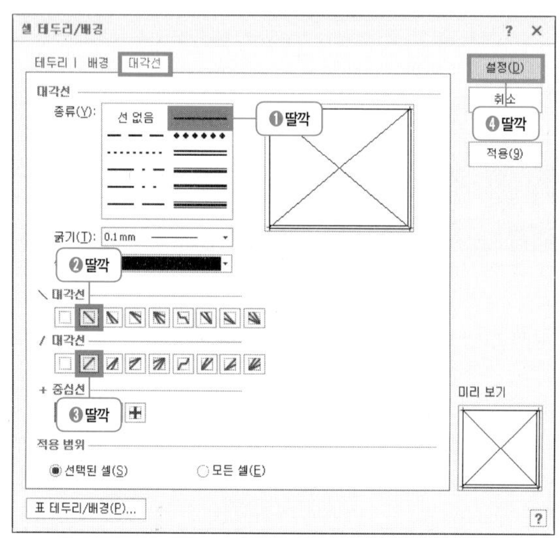

## 8 표에 블록 합계 계산하기

그림과 같이 블록 합계를 구할 범위와 표시될 위치를 블록으로 지정한 후 Ctrl+Shift+S를 누르세요(바로 가기 메뉴 : [블록 계산식] → **블록 합계**).

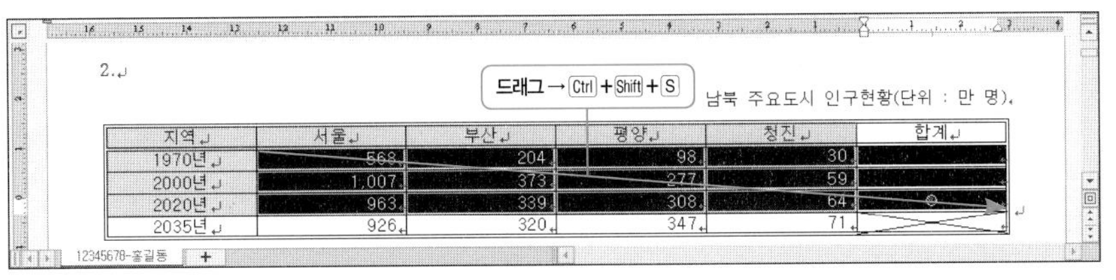


| 지역 | 서울 | 부산 | 평양 | 청진 | 합계 |
|---|---|---|---|---|---|
| 1970년 | 568 | 204 | 98 | 30 | |
| 2000년 | 1,007 | 373 | 277 | 59 | |
| 2020년 | 963 | 339 | 308 | 64 | |
| 2035년 | 926 | 320 | 347 | 71 | |

⬇

2.

남북 주요도시 인구현황(단위 : 만 명).

| 지역 | 서울 | 부산 | 평양 | 청진 | 합계 |
|---|---|---|---|---|---|
| 1970년 | 568 | 204 | 98 | 30 | 900 |
| 2000년 | 1,007 | 373 | 277 | 59 | 1,716 |
| 2020년 | 963 | 339 | 308 | 64 | 1,674 |
| 2035년 | 926 | 320 | 347 | 71 | |

## 9 표의 위치 및 크기 지정하기

**1.** Shift+Esc를 눌러 커서를 표의 왼쪽에 위치시킨 다음 Ctrl+Shift+C를 눌러 표 자체를 가운데로 정렬하세요.

'가운데 정렬'을 클릭해도 됩니다.

2.

남북 주요도시 인구현황(단위 : 만 명).

| 지역 | 서울 | 부산 | 평양 | 청진 | 합계 |
|---|---|---|---|---|---|
| 1970년 | 568 | 204 | 98 | 30 | 900 |
| 2000년 | 1,007 | 373 | 277 | 59 | 1,716 |
| 2020년 | 963 | 339 | 308 | 64 | 1,674 |
| 2035년 | 926 | 320 | 347 | 71 | |

**2.** 모든 셀을 블록으로 지정한 후 Ctrl+←를 1번 눌러 문제지와 비슷한 형태로 맞춰 줍니다.

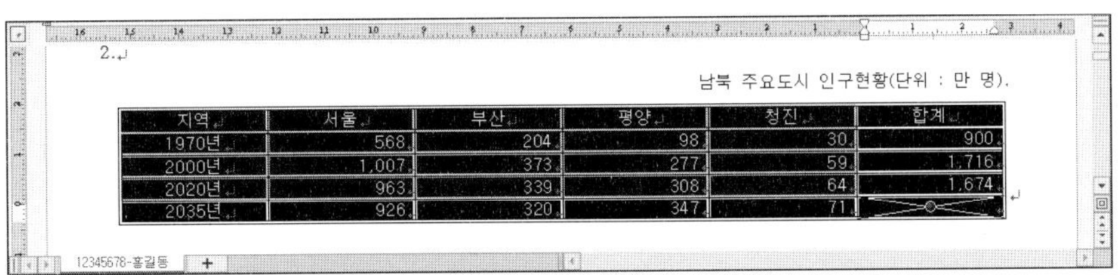


| 지역 | 서울 | 부산 | 평양 | 청진 | 합계 |
|---|---|---|---|---|---|
| 1970년 | 568 | 204 | 98 | 30 | 900 |
| 2000년 | 1,007 | 373 | 277 | 59 | 1,716 |
| 2020년 | 963 | 339 | 308 | 64 | 1,674 |
| 2035년 | 926 | 320 | 347 | 71 | |

**전문가의 조언**

표를 가운데로 정렬하라는 지시사항은 없으나 문제지처럼 화면의 가운데로 위치시키기 위해 정렬합니다.

**Q 가운데 정렬이 수행되지 않아요!**

A Shift+Esc를 눌렀을 때 커서가 표의 왼쪽 위에 표시되며, Ctrl+Shift+C를 눌러도 표가 가운데로 정렬되지 않습니다.

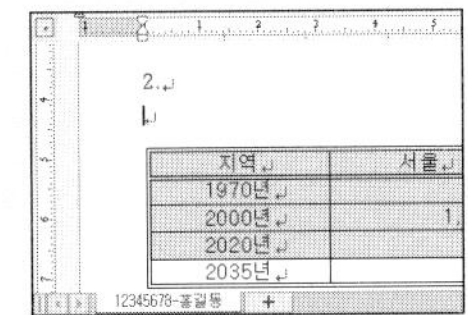

이런 경우 표가 글자처럼 취급이 되지 않았기 때문입니다. Ctrl+N, K를 눌러 '표/셀 속성' 대화상자의 '기본' 탭에서 '글자처럼 취급'을 선택한 후 다시 작업해 보세요.

**전문가의 조언**

- 마우스로 표 안의 각 셀 너비의 세로선을 좌우로 조절하거나 셀을 블록으로 지정한 후 Alt+→, Alt+←를 눌러 너비를 조절하면 표의 전체 가로 크기는 변경되지 않으면서 각 너비를 조절할 수 있습니다.
- Ctrl+←를 눌러 셀 너비를 조절하면 표의 전체 너비도 같이 줄어들지만 표의 가로 크기에 대한 지시사항은 없으므로 이 방법을 사용해도 됩니다.

**전문가의 조언**

• 표의 너비는 문제지에서 표의 세로 선이 캡션의 어느 글자에 오는지를 확인하여 비슷하게 맞추면 됩니다.

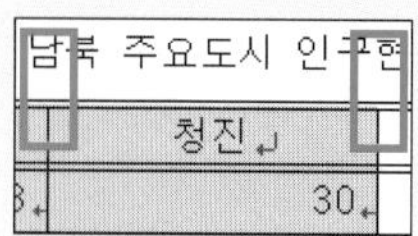


• 표의 높이도 문제지를 보고 비슷하게 만들어주면 됩니다.

**전문가의 조언**

실제 시험에서는 작업 하나가 완성될 때마다 '시험 관리 도구'의 〈답안 전송〉 버튼을 클릭하여 작성된 답안 파일을 감독위원 PC로 전송하세요. 감독위원 PC에는 최종적으로 전송한 답안 파일만 유지됩니다.

**3.** 표 전체가 블록으로 지정된 상태에서 Ctrl+↓를 한 번 눌러 표의 높이를 전체적으로 늘려주세요.

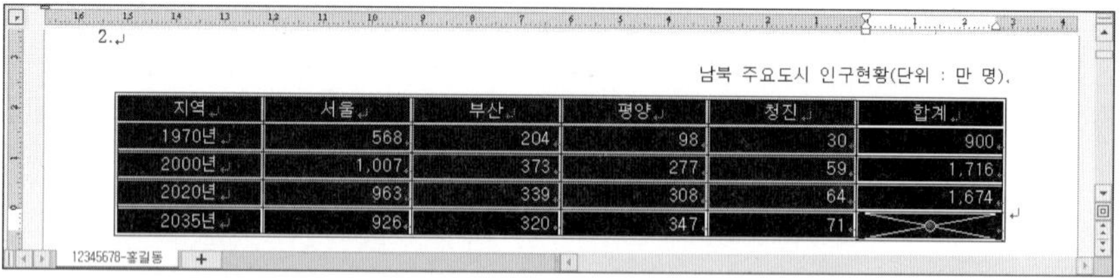


| 지역 | 서울 | 부산 | 평양 | 청진 | 합계 |
|---|---|---|---|---|---|
| 1970년 | 568 | 204 | 98 | 30 | 900 |
| 2000년 | 1,007 | 373 | 277 | 59 | 1,716 |
| 2020년 | 963 | 339 | 308 | 64 | 1,674 |
| 2035년 | 926 | 320 | 347 | 71 | |

## 03. 차트 작성

[조건]

(1) 차트 데이터는 표 내용에서 지역별 1970년, 2000년, 2020년의 값만 이용할 것
(2) 종류 – 〈묶은 가로 막대형〉으로 작업할 것
(3) 제목 – 굴림, 진하게, 12pt, 배경 – 선 모양(한 줄로), 그림자(2pt)
(4) 제목 이외의 전체 글꼴 – 굴림, 보통, 10pt
(5) 축제목과 범례는 [출력형태]와 동일하게 처리할 것

궁금해요

**시나공 Q&A 베스트**

**Q 차트의 채점 기준이 궁금합니다.**

**A** 차트 작업에 배정된 점수는 50점이며 다음의 4가지 항목에 배분되어 개별적으로 채점됩니다. 부분 점수가 없으므로 각 채점 항목별로 제시된 지시사항을 하나라도 수행하지 않으면 해당 항목은 0점입니다.

**[차트 작성 채점 항목]**

• 데이터 범위
• 차트 종류
• 제목 서식 : 제목 입력(오타 포함), 글꼴, 속성, 크기, 배경, 그림자
• 제목 이외의 서식(축 항목 · 범례) : 글꼴, 속성, 크기, 배경

### ❶ 차트 만들기

**전문가의 조언**

훈글 프로그램에서 가장 오류가 많이 발생하고 원하는대로 조정이 안되는 부분이 차트입니다. 차근차근 따라하면서 차트를 완성하세요.

**전문가의 조언**

차트 작성 시 데이터 범위는 문제지에 제시된 지시사항을 확인한 후 지정해야 합니다. 일반적으로 표 작성 문제에서 셀 배경색이 지정된 부분이 차트 작성 시 사용되는 데이터 범위가 됩니다.

**1.** 화살표 방향으로 드래그하여 차트 작성에 사용할 데이터를 블록으로 지정한 후 [기본] 도구 상자의 [(표)] → [(차트)]를 클릭하세요.

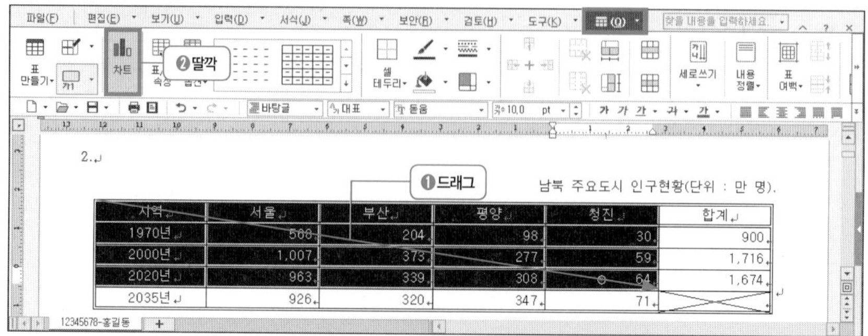


| 지역 | 서울 | 부산 | 평양 | 청진 | 합계 |
|---|---|---|---|---|---|
| 1970년 | 568 | 204 | 98 | 30 | 900 |
| 2000년 | 1,007 | 373 | 277 | 59 | 1,716 |
| 2020년 | 963 | 339 | 308 | 64 | 1,674 |
| 2035년 | 926 | 320 | 347 | 71 | |

**2.** 표 위쪽에 기본적인 차트가 만들어집니다. 차트에 대한 조건을 설정하기 위해 차트를 더블클릭하여 편집 상태로 만든 후 바로 가기 메뉴에서 **[차트 마법사]**를 선택하세요.

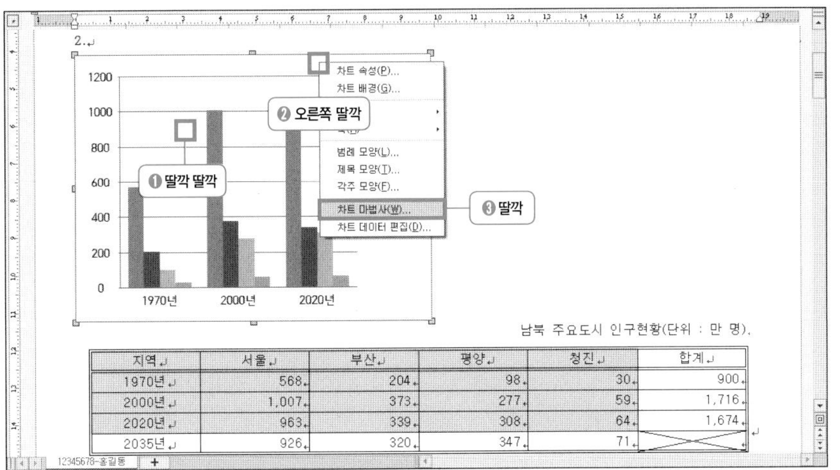


**3.** '차트 마법사 – 3단계 중 1단계' 대화상자의 '표준 종류' 탭에서 차트 종류는 '가로 막대형', 차트 모양은 문제에 있는 차트와 동일한 종류의 차트(묶은 가로 막대형)를 선택하고 〈다음〉을 클릭하세요.

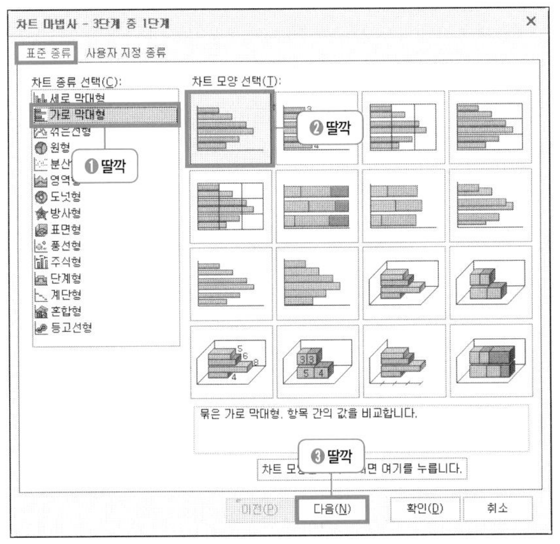

**전문가의 조언**

차트가 안 만들어지거나 차트를 정확하게 선택한 후에도 [차트 마법사] 메뉴가 나타나지 않을 경우에는 설치된 모든 한글 프로그램을 제거한 후 다시 설치하시기 바랍니다. 그런 다음 다시 차트를 만들어 보세요.

**Q [차트 마법사] 메뉴가 없어요!**

**A** 아래의 첫 번째 그림과 같이 테두리에 표시된 사각점이 잘리지 않고 모두 표시되면 차트 편집 상태가 아닙니다. 첫 번째 그림과 같은 상태에서 바로 가기 메뉴를 호출하면 차트 개체에 대한 바로 가기 메뉴가 호출됩니다. 차트 편집 상태로 만들려면 차트를 더블클릭하세요.

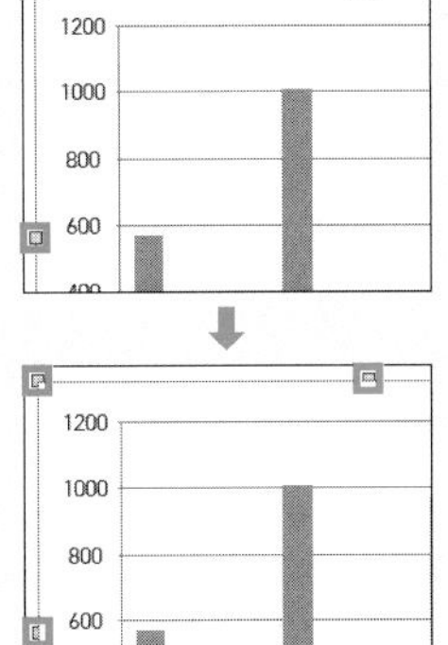

전문가의 조언

**'방향 설정' 탭의 방향**

'방향'이 '행'인지 '열'인지 혼동될 때는 각 옵션을 클릭해 보면서 변경되는 차트와 문제지에 제시된 차트 모양을 비교해 보면 됩니다.

**4.** '차트 마법사 – 3단계 중 2단계' 대화상자에 방향을 '열'로 지정한 후 〈다음〉을 클릭하세요.

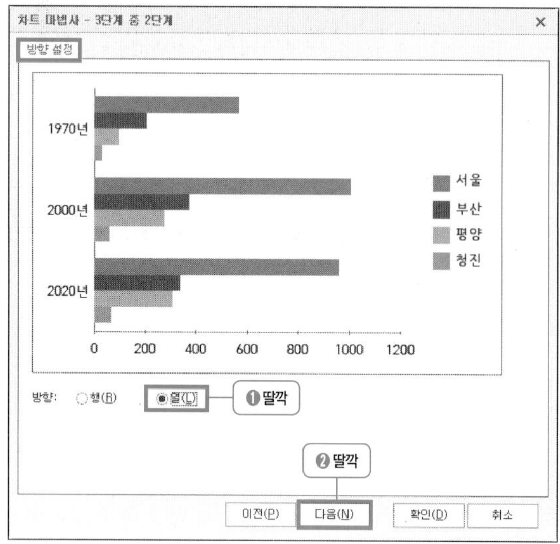


**5.** '차트 마법사 – 마지막 단계' 대화상자에서 '제목' 탭의 '차트 제목' 입력란에 **남북 주요도시 인구현황**을, 'Y(값) 축' 입력란에 **(단위 : 만 명)**을 입력한 후 〈확인〉을 클릭하세요.

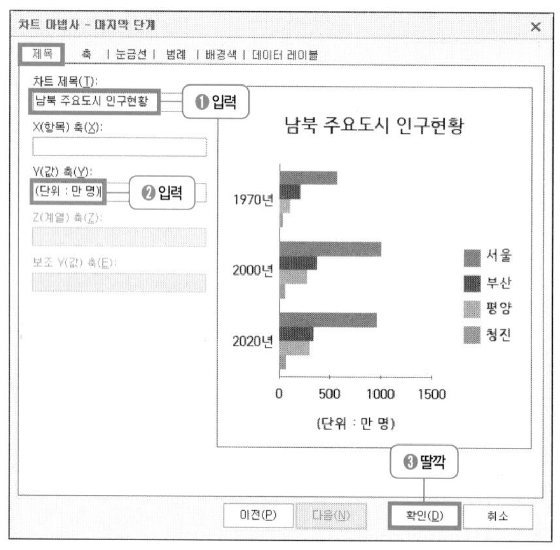


**6.** 2차원 묶은 가로 막대형 차트가 만들어졌습니다. 차트 밖의 빈 공간을 클릭한 후 차트의 형태를 확인하세요.

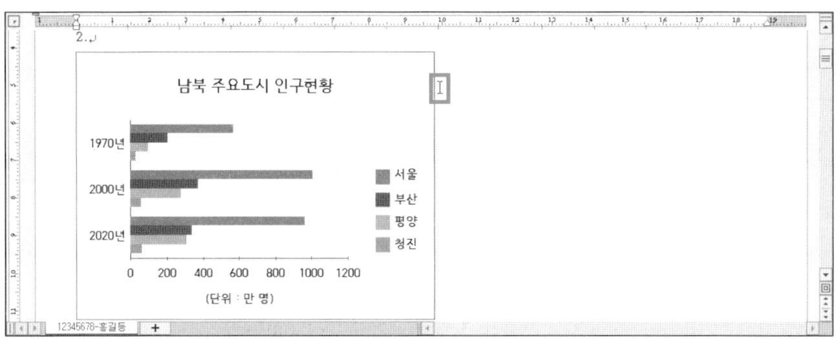

전문가의 조언

- 차트의 모양이 정상적으로 표시되지 않거나 안보일 수 있습니다. 이런 경우에는 차트의 크기를 늘리거나 화면을 확대하면 됩니다.
- 차트의 제목이나 범례, 축의 글자 등이 잘려진 상태로 보일 수 있습니다. 이것은 한글 프로그램 자체에서 발생하는 문제이므로 신경쓰지 않아도 됩니다. 화면을 확대하여 보거나 프린트하면 내용이 정상적으로 표시됩니다.

## 2 차트 제목에 서식 지정하기

**1.** 차트를 더블클릭하여 차트 편집 상태로 변경한 후 '남북 주요도시 인구현황'을 더블클릭하여 '제목 모양' 대화상자를 호출하세요.

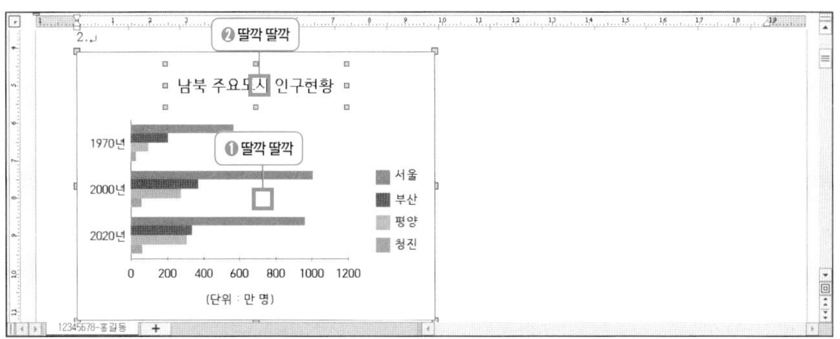


**2.** '제목 모양' 대화상자의 '배경' 탭에서 그림과 같이 선 모양을 지정하세요. 글자 모양도 설정해야 하니 아직 〈설정〉을 클릭하지 마세요.

전문가의 조언

선 모양 '한 줄로'의 기본 굵기는 '1pt'이므로 '1pt' 그대로 두면 됩니다.

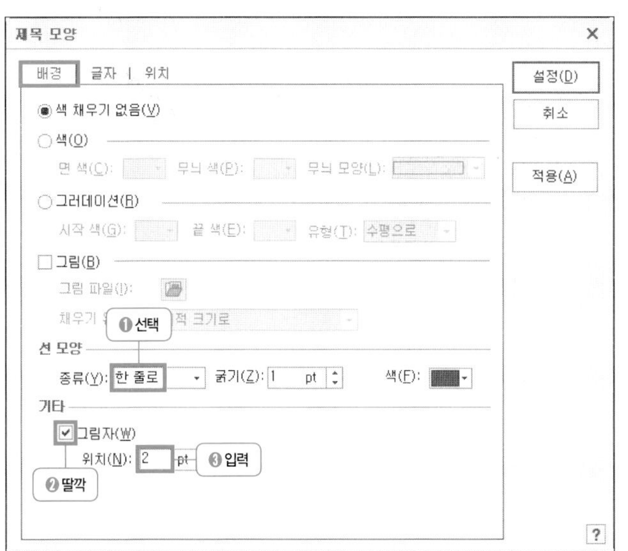

**3.** '제목 모양' 대화상자의 '글자' 탭에서 글꼴을 '굴림', 크기를 12, 속성을 '진하게'로 지정한 후 〈설정〉을 클릭하세요.

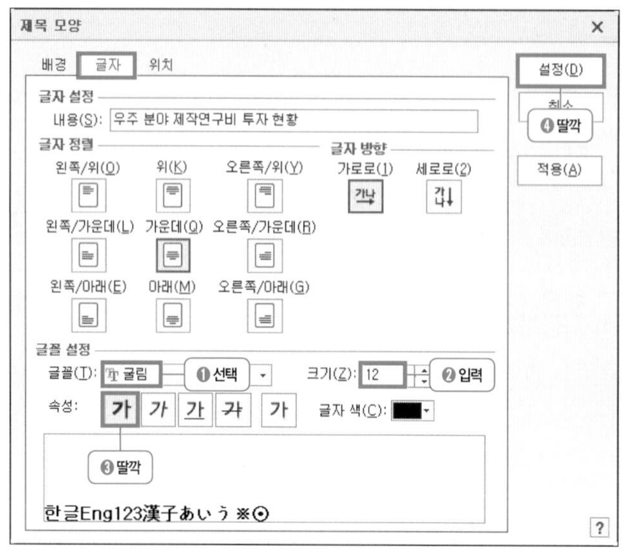


## ❸ 범례, X축 제목, X · Y축 이름에 서식 지정하기

**1.** 차트 편집 상태에서 범례를 더블클릭하여 '범례 모양' 대화상자를 호출하세요.

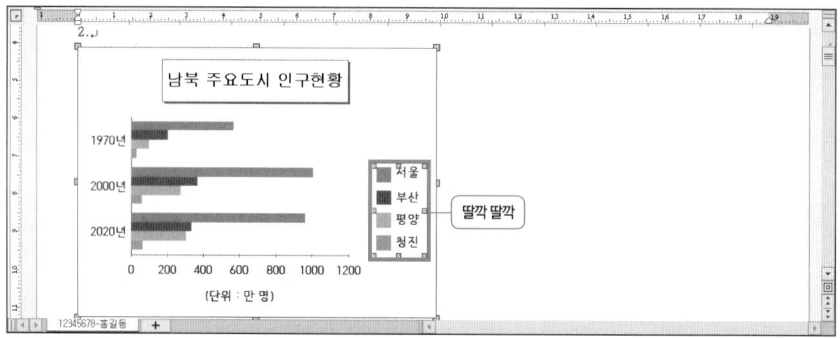

2. '범례 모양' 대화상자에서 '배경' 탭을 클릭하여 그림과 같이 선 모양을 지정하세요. 글자 모양도 설정해야 하니 아직 〈설정〉을 클릭하지 마세요.

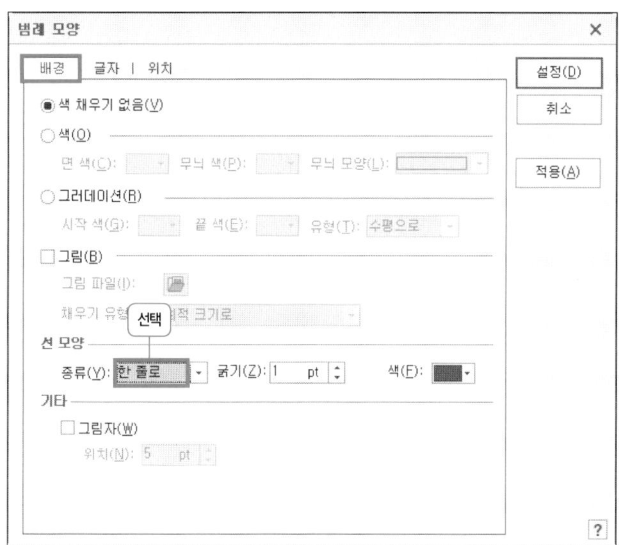


3. '범례 모양' 대화상자의 '글자' 탭에서 글꼴을 '굴림', 크기를 10, 속성을 '보통 모양'으로 지정한 후 〈설정〉을 클릭하세요.

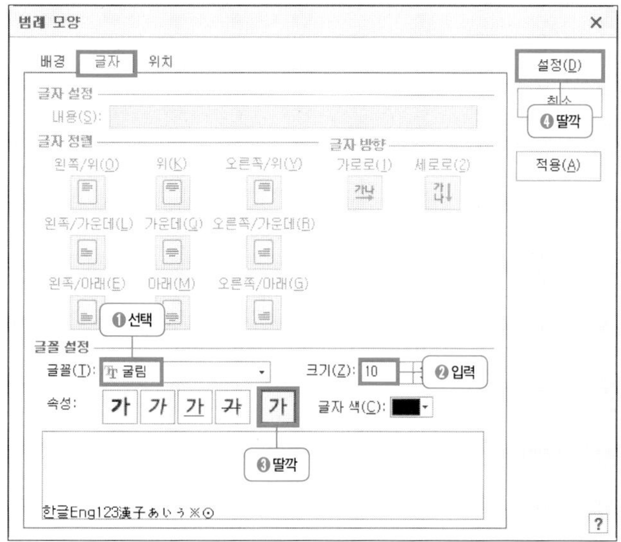

**전문가의 조언**

범례의 선 모양에 대한 지시사항은 없지만 [출력형태]와 동일하게 처리하기 위해 수행하는 것입니다.

Q '축 이름표 모양' 대화상자가 표시되지 않아요!

A

- X축을 더블클릭할 때 정확히 X축을 선택한 후 연도 부분을 더블클릭해야 합니다.
- 차트 편집 상태의 바로 가기 메뉴에서 [축] → 이름표 → **세로 항목 축**을 선택해도 됩니다.

**4.** 앞의 3번과 같은 방법으로 X · Y축 이름표, X축 제목의 서식을 글꼴 '굴림', 크기 10, 속성 '보통 모양'으로 변경하세요.

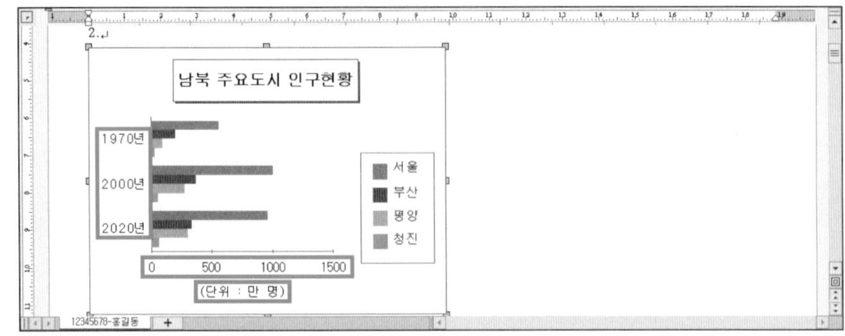


## 4 차트의 위치 및 크기 지정하기

**1.** 차트 편집 상태에서 빠져나오기 위해 차트 밖의 빈 공간을 클릭합니다. 차트를 마우스 오른쪽 버튼으로 클릭한 후 바로 가기 메뉴에서 **[개체 속성]**을 선택하세요(바로 가기 키 : Ctrl + N, K).

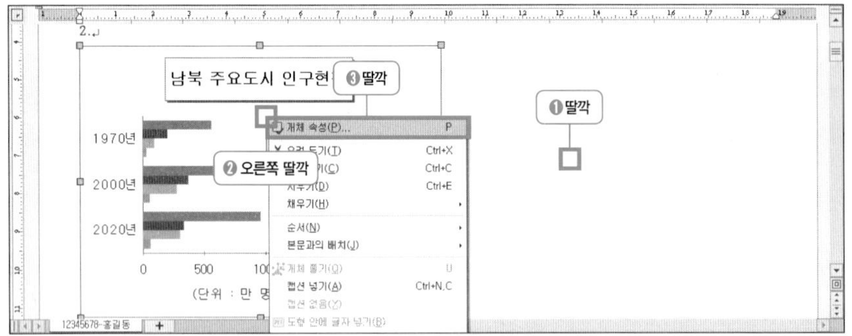

전문가의 조언

차트는 표를 기준으로 위치를 맞추면 됩니다. 표와의 위치를 가늠해보기 위해 차트도 표와 같이 '글자처럼 취급'으로 지정하는 것입니다.

**2.** '개체 속성' 대화상자의 '기본' 탭에서 위치를 '글자처럼 취급'으로 지정한 후 〈설정〉을 클릭하세요.

3. 차트가 글자처럼 취급되어 표 아래로 이동되고, 가운데로 정렬됩니다.

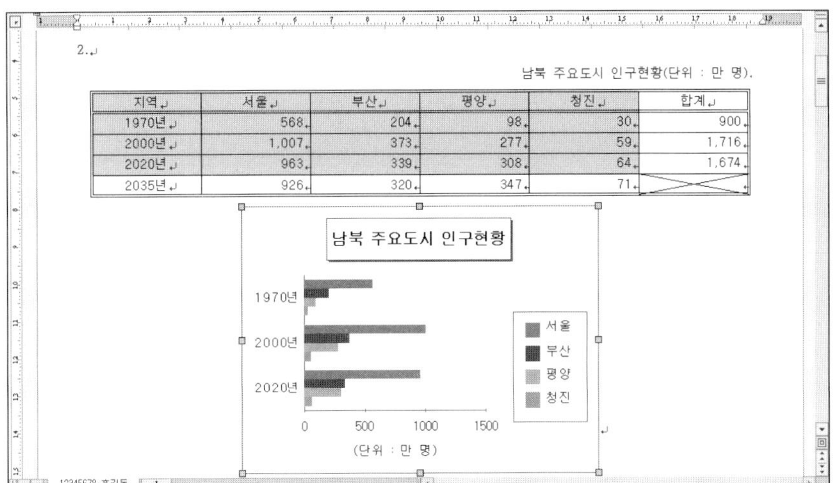
2.

남북 주요도시 인구현황(단위 : 만 명).

| 지역 | 서울 | 부산 | 평양 | 청진 | 합계 |
|---|---|---|---|---|---|
| 1970년 | 568 | 204 | 98 | 30 | 900 |
| 2000년 | 1,007 | 373 | 277 | 59 | 1,716 |
| 2020년 | 963 | 339 | 308 | 64 | 1,674 |
| 2035년 | 926 | 320 | 347 | 71 | |



4. 차트의 가로 크기 조절점을 충분히 드래그하여 표의 가로 크기와 비슷하게 맞춰주세요.

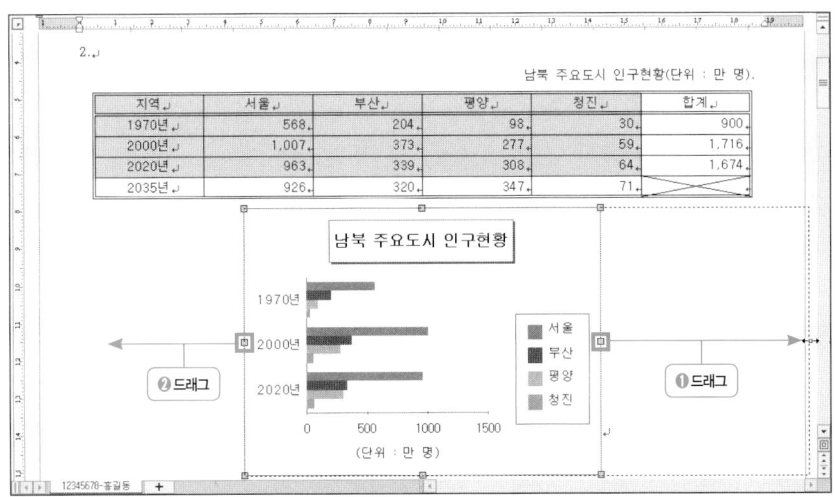
2.

남북 주요도시 인구현황(단위 : 만 명).

| 지역 | 서울 | 부산 | 평양 | 청진 | 합계 |
|---|---|---|---|---|---|
| 1970년 | 568 | 204 | 98 | 30 | 900 |
| 2000년 | 1,007 | 373 | 277 | 59 | 1,716 |
| 2020년 | 963 | 339 | 308 | 64 | 1,674 |
| 2035년 | 926 | 320 | 347 | 71 | |

**전문가의 조언**

가운데로 정렬되어 있는 표의 영향으로 차트도 가운데로 자동 정렬됩니다.

**전문가의 조언**

차트의 크기를 과도하게 줄일 경우 축을 표시할 수 없으므로 차트가 축이 없는 형태로 변경됩니다. 이와 같이 변경된 경우에는 Ctrl+Z를 눌러 작업을 취소한 후 다시 크기를 조절하세요.

**5.** 차트의 아래쪽 크기 조절점을 그림과 같이 드래그하여 차트의 세로 길이를 문제지와 비슷하게 맞춰주세요.

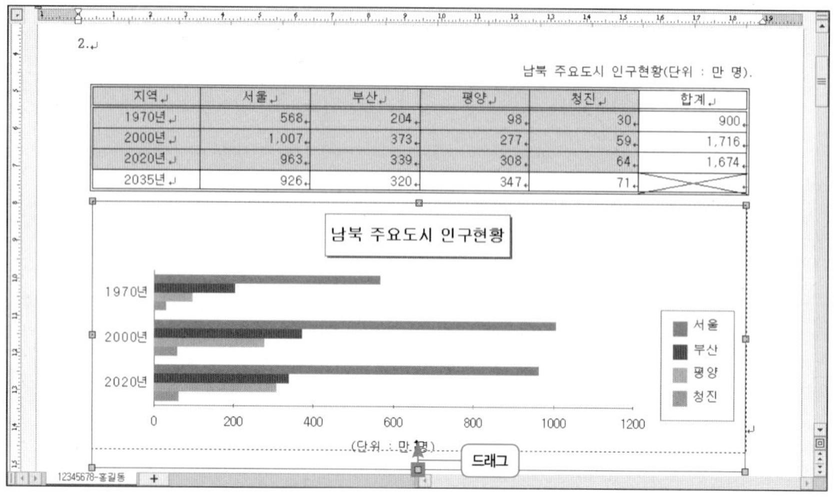

2.

남북 주요도시 인구현황(단위 : 만 명).

| 지역 | 서울 | 부산 | 평양 | 청진 | 합계 |
|---|---|---|---|---|---|
| 1970년 | 568 | 204 | 98 | 30 | 900 |
| 2000년 | 1,007 | 373 | 277 | 59 | 1,716 |
| 2020년 | 963 | 339 | 308 | 64 | 1,674 |
| 2035년 | 926 | 320 | 347 | 71 | |

**전문가의 조언**

차트 제목, 범례 등의 차트 구성요소들의 크기 및 위치는 문제지와 비슷하게만 맞춰주면 됩니다. 차트를 처음 만들었을 때 문제지와 비슷한 형태로 만들어졌다면 변경할 필요가 없습니다.

**전문가의 조언**

문제의 세부조건으로 제시되지 않은 사항 중 [출력형태]를 보고 수험생이 스스로 판단하여 추가로 설정해야 하는 사항은 Y(값) 축 제목의 방향과 눈금 단위입니다. 그 외에 차트 제목이나 범례의 가로·세로 크기는 [출력형태]와 달라도 조절하지 마세요. 감점사항이 아닙니다.

**6.** 동일한 방법으로 차트 제목, 범례 등 차트 구성 요소들의 위치 및 크기를 적절하게 조절하여 차트를 완성하세요.

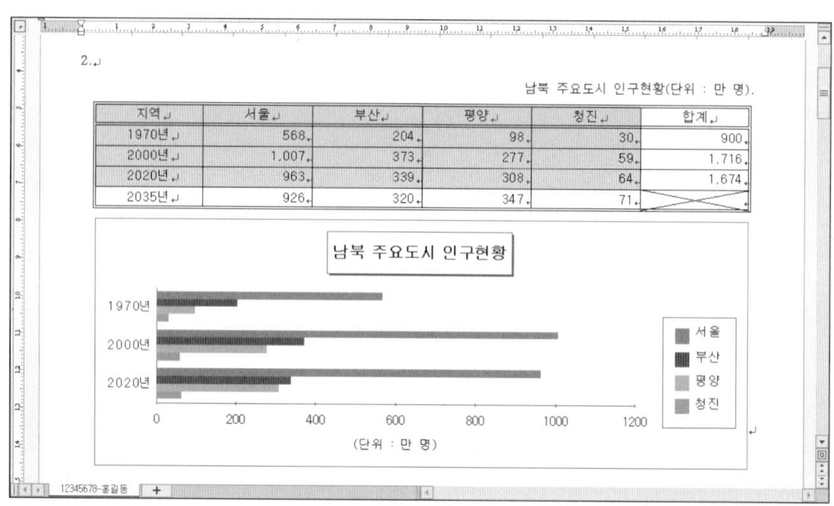

2.

남북 주요도시 인구현황(단위 : 만 명).

| 지역 | 서울 | 부산 | 평양 | 청진 | 합계 |
|---|---|---|---|---|---|
| 1970년 | 568 | 204 | 98 | 30 | 900 |
| 2000년 | 1,007 | 373 | 277 | 59 | 1,716 |
| 2020년 | 963 | 339 | 308 | 64 | 1,674 |
| 2035년 | 926 | 320 | 347 | 71 | |



**7.** 다음 작업을 위해 Alt + PgDn을 눌러 두 번째 페이지로 커서를 이동시키세요.

## 기능평가 II 풀이

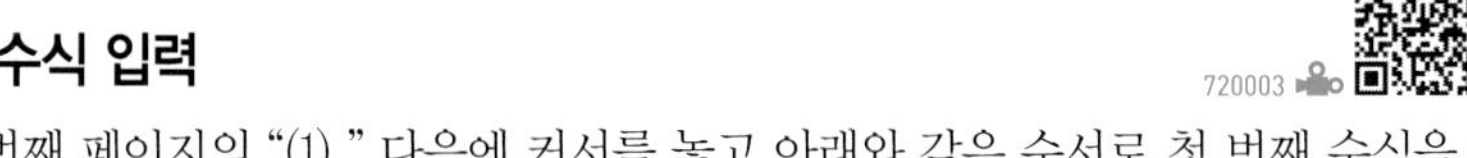

### 01. 수식 입력

720003

1. 두 번째 페이지의 "(1) " 다음에 커서를 놓고 아래와 같은 순서로 첫 번째 수식을 입력하세요.

[Ctrl]+[N], [M] → l=r 입력 → [λ ▾] 클릭 → [θ] 클릭 → , S= 입력 → [믐] 클릭 → 1 입력 → [Tab] → 2 입력 → [Tab] → r^2 입력 → [Tab] → [λ ▾] 클릭 → [θ] 클릭 → = 입력 → [믐] 클릭 → 1 입력 → [Tab] → 2 입력 → [Tab] → rl 입력 → [Shift] + [Esc]

2. "(2) " 다음에 커서를 놓고 아래와 같은 순서로 두 번째 수식을 입력하세요.

[Ctrl] + [N], [M] → [▦ ▾] 클릭 → [▦] 클릭 → [▦ ▾] 클릭 → [▦] 클릭 → a 입력 → [Tab] → b 입력 → [Tab] → c 입력 → [Tab] → d 입력 → [Tab] → e 입력 → [Tab] → f 입력 → [Tab] → [▦ ▾] 클릭 → [▦] 클릭 → [▦ ▾] 클릭 → [▦] 클릭 → [▦ ▾] 클릭 → [▦] 클릭 → x 입력 → [Tab] → y 입력 → [Tab] → z 입력 → [Tab] → = 입력 → [▦ ▾] 클릭 → [▦] 클릭 → [▦ ▾] 클릭 → [▦] 클릭 → ax+by+cz 입력 → [Tab] → dx+ey+fz 입력 → [Shift]+ [Esc]

궁금해요

#### 시나공 Q&A 베스트

**Q 수식에는 부분 점수가 있나요?**

A 수식 편집에 배정된 40점은 두 개의 수식에 각각 20점씩 배분되어 개별적으로 채점됩니다. 수식 또한 부분 점수가 없으므로 정답과 정확하게 일치하지 않으면 0점이라는 걸 명심하고 신중하게 작성해야 합니다.

3. 다음 작업을 위해 [↓]을 두 번 눌러 "4." 다음 줄로 커서를 이동시키세요.

**전문가의 조언**

실제 시험에서는 작업 하나가 완성될 때마다 '시험 관리 도구'의 〈답안 전송〉 버튼을 클릭하여 작성된 답안 파일을 감독위원 PC로 전송하세요. 감독위원 PC에는 최종적으로 전송한 답안 파일만 유지됩니다.

**전문가의 조언**

'수식 편집기' 창에서 커서는 항상 '수식 편집 영역'에 있어야 합니다. 그렇지 않으면 [Tab]이나 [Shift]+[Tab] 기능이 원하는대로 작동하지 않습니다. 커서가 '수식 스크립트 입력' 영역에 있을 경우 '수식 편집 영역'을 클릭하여 커서의 위치를 변경해 주세요.

**전문가의 조언**

도형 작성 시 가장 뒤에 있는 도형부터 차례로 작성하면 도형 간의 배치를 다시 지정하지 않아도 되므로 시간을 절약할 수 있습니다.

720004

## 02. 그리기 작업

120mm×140mm 크기의 직사각형(❶) → 제목 글상자(❷) → 120mm×50mm 크기의 둥근 모양 직사각형(❸) → 그림 삽입(❹) → 글맵시(❺) → 직사각형(❻) → 둥근 모양 직사각형(❼) → 소제목 글상자(❽) → 나머지 도형(❾) 순으로 작성하도록 하겠습니다.

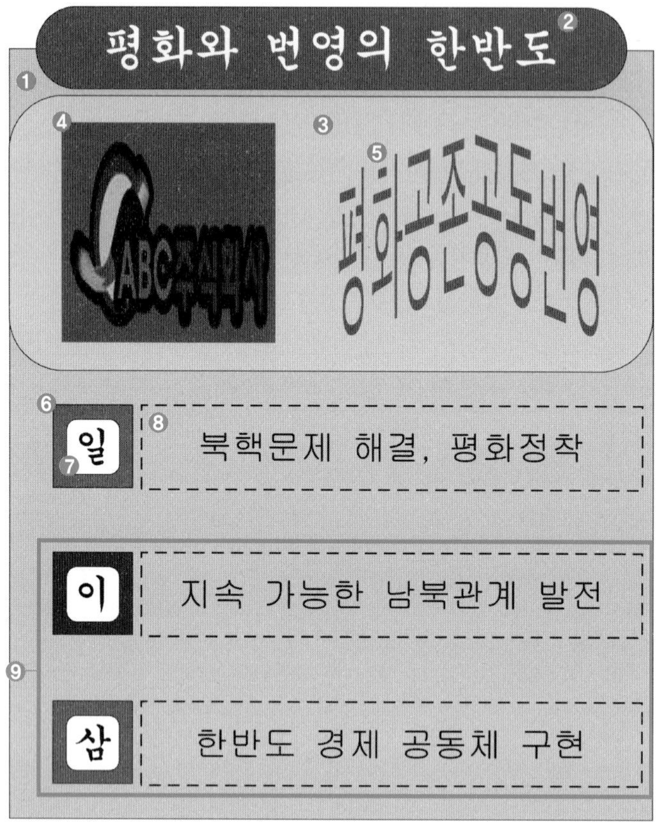

평화와 번영의 한반도
ABC주식회사
평화공존공동번영
일
북핵문제 해결, 평화정착
이
지속 가능한 남북관계 발전
삼
한반도 경제 공동체 구현

**시나공 Q&A 베스트**

**Q 그리기 작업은 어떻게 채점되나요?**

A 그리기 작업에 배정된 점수는 110점이며 다음 9개의 개체에 배분되어 개별적으로 채점됩니다. 부분 점수가 없으므로 각 채점 항목별로 제시된 지시사항을 하나라도 수행하지 않으면 해당 항목은 0점입니다.

**[그리기 작업 채점 항목]**

- **제목 글상자** : 내용 입력(오타 포함), 크기, 면색, 글꼴, 정렬
- **본문 글상자** : 내용 입력(오타 포함), 선 종류, 면색, 글꼴, 정렬
- **글맵시** : 내용 입력(오타 포함), 크기, 글꼴, 모양
- **그림 삽입** : 위치, 크기, 효과
- **하이퍼링크** : 지정 여부
- **단순 도형-1** : 크기
- **단순 도형-2** : 크기
- **혼합 도형-1** : 내용 입력(오타 포함), 크기, 면색, 글꼴, 정렬
- **혼합 도형-2** : 크기, 면색

## 120mm×140mm 크기의 직사각형 만들기

[지시사항]

| 크기(120mm×140mm) |
|---|

**1.** [기본] 도구 상자의 [입력] → □(**직사각형**)을 클릭한 후 해당 위치에 드래그하여 삽입하세요.

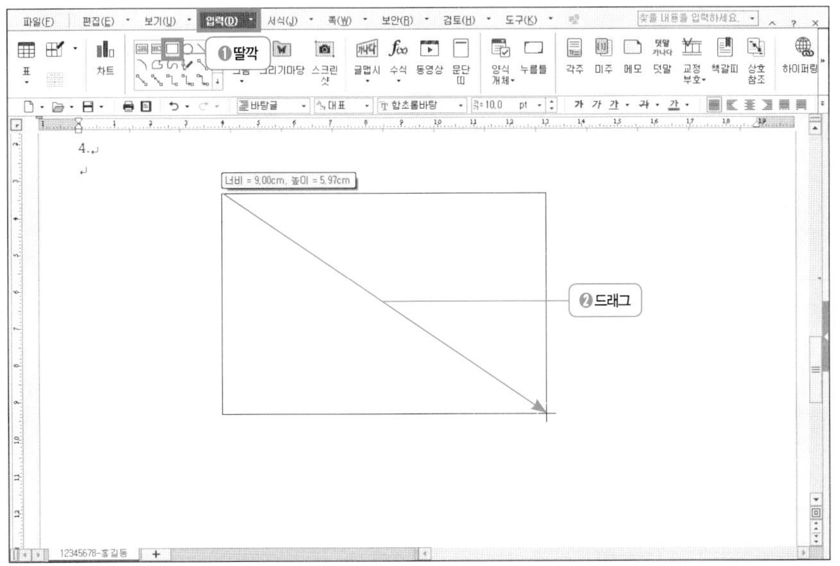


**2.** Ctrl+N, K를 눌러 '개체 속성' 대화상자를 호출하세요. '개체 속성' 대화상자의 '기본' 탭에서 그림과 같이 지정하세요. 면색을 지정해야 하니 아직 〈설정〉을 클릭하지 마세요.

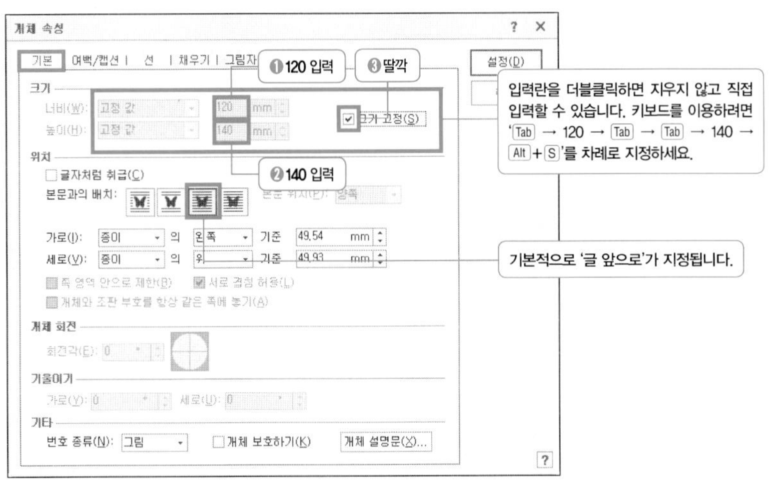

전문가의 조언

지시사항에 맞게 크기를 다시 지정해야 하므로 처음에 만들때는 크기에 상관없이 드래그하면 됩니다.

전문가의 조언

도형은 화면의 가운데에 그리는 것이 좋습니다. 글상자나 그림 등을 삽입하면 커서를 기준으로 오른쪽에 나타나므로 도형이 가운데에 있지 않을 경우 삽입된 글상자나 그림이 도형에 가려 보이지 않을 수 있기 때문입니다.

전문가의 조언

Ctrl+N, K를 눌러야 하는데 실수로 Alt+N, K를 누르는 경우가 있습니다. Alt+N, K를 누르면 새 문서(Alt+N)가 열리는데, 이 때는 당황하지 말고 열린 새 글(문서)을 닫으면 됩니다.

전문가의 조언

도형의 크기를 고정하라는 지시사항은 없지만 작업 시 크기가 변경되는 것을 방지하기 위해 '크기 고정'을 지정하는 것입니다.

**전문가의 조언**

대화상자에서 탭 사이를 이동할 때는 Ctrl+Tab을 누르세요.

**전문가의 조언**

도형의 면색은 지시사항이 없을 경우 흰색을 제외하고 서로 다르게 임의로 지정하면 됩니다.

**3.** '채우기' 탭에서 임의의 면색을 선택한 후 〈설정〉을 클릭하세요.

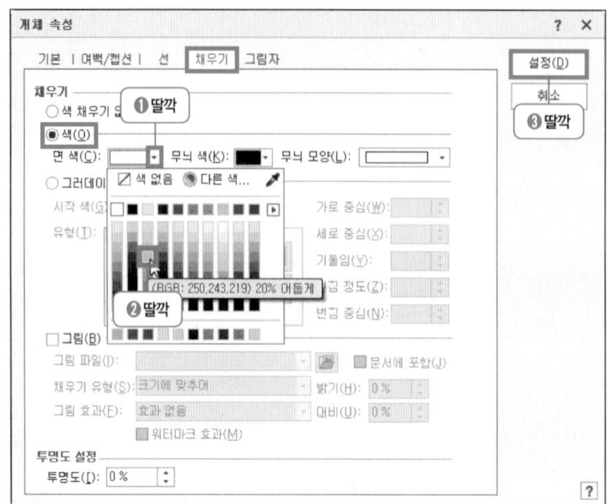


## ❷ 제목 글상자 만들기

[지시사항]

- 글상자 : 크기(110mm×15mm), 면색(빨강)
- 글꼴(궁서, 24pt, 흰색)
- 정렬(수평 · 수직 – 가운데)

**전문가의 조언**

글상자는 현재 커서 위치를 기준으로 오른쪽 아래에 작성됩니다.

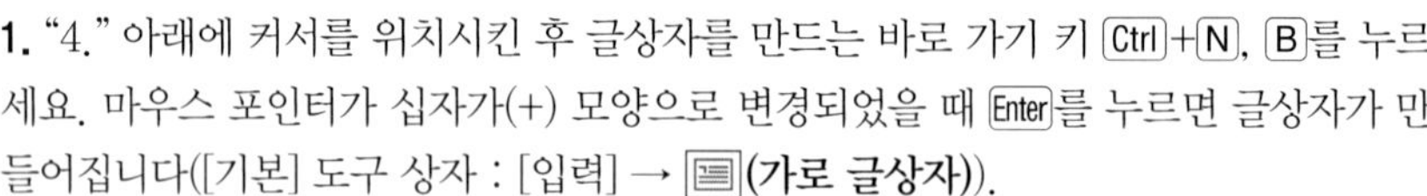

**1.** "4." 아래에 커서를 위치시킨 후 글상자를 만드는 바로 가기 키 Ctrl+N, B를 누르세요. 마우스 포인터가 십자가(+) 모양으로 변경되었을 때 Enter를 누르면 글상자가 만들어집니다([기본] 도구 상자 : [입력] → (**가로 글상자**)).

**2.** 글상자 안에 그림과 같이 내용을 입력하세요.

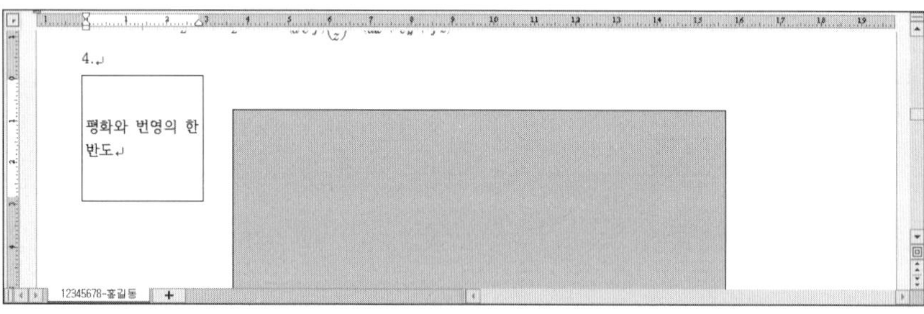

3. Ctrl+N, K를 눌러 '개체 속성' 대화상자를 호출한 후 '기본' 탭에서 그림과 같이 크기와 위치를 지정하세요. 면색을 지정해야 하니 아직 〈설정〉을 클릭하지 마세요.

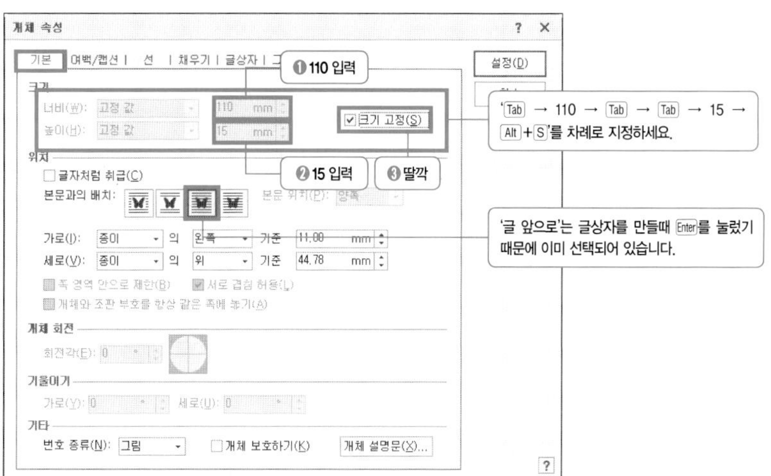

**전문가의 조언**

도형의 크기를 고정하라는 지시사항은 없지만 작업 시 크기가 변경되는 것을 방지하기 위해 '크기 고정'을 지정해야 합니다.

4. '채우기' 탭에서 그림과 같은 방법으로 면색을 '빨강'으로 선택하세요. 글상자 모서리의 곡률을 변경해야 하니 아직 〈설정〉을 클릭하지 마세요.

**전문가의 조언**

현재 선택되어 있는 색상 테마에 '빨강'이 없다면 색상 테마를 '오피스'로 변경한 후 '빨강'을 선택하세요.

**전문가의 조언**

사각형 모서리를 '반원'으로 지정하라는 지시사항은 없지만 문제지와 동일하게 작성해야 합니다.

5. '선' 탭에서 '사각형 모서리 곡률'을 '반원'으로 지정한 후 〈설정〉을 클릭하세요.

**전문가의 조언**

수평, 수직 모두 가운데로 정렬하라는 지시사항이 있지만 수직 정렬에 대한 글상자의 기본값이 가운데이므로 수평에 대해서만 가운데로 정렬하면 됩니다.

6. 이제 제목에 서식을 지정해야 합니다. 현재 커서는 "평화와 번영의 한반도"의 '도' 자 뒤에 있습니다. Ctrl+Shift+C를 눌러 문자열을 가운데로 정렬하세요.

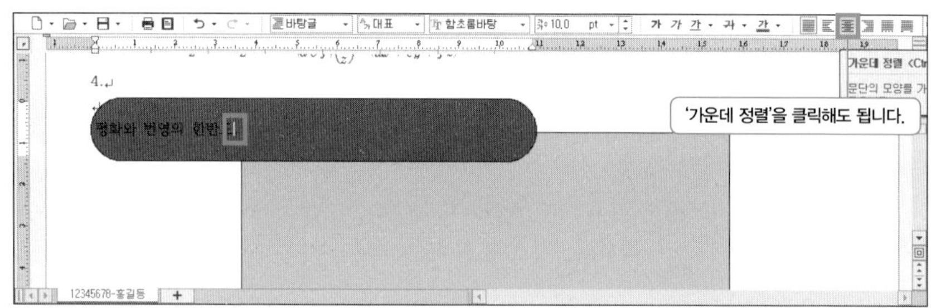


궁금해요

## 시나공 Q&A 베스트

**Q 글자가 글상자의 위쪽에 붙어 있는데요!**

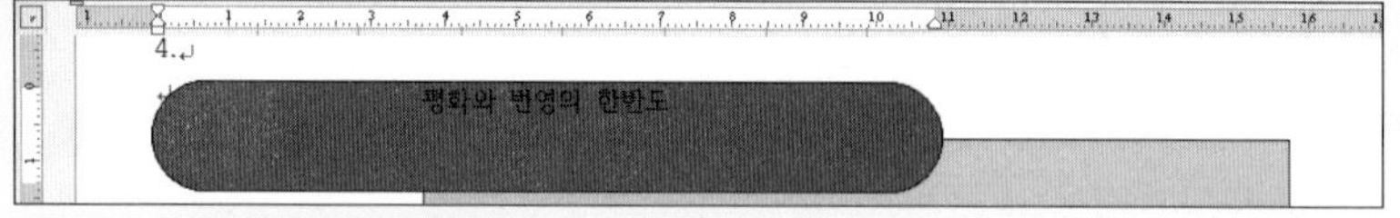


**A** Ctrl+N, K를 눌러 '개체 속성' 대화상자가 나타나면 '글상자' 탭에서 '세로 정렬'을 '가운데'로 설정하세요.

7. Ctrl+A를 눌러 글상자 안에 입력된 모든 내용을 블록으로 지정한 후 Alt+L을 눌러 '글자 모양' 대화상자를 호출하세요.

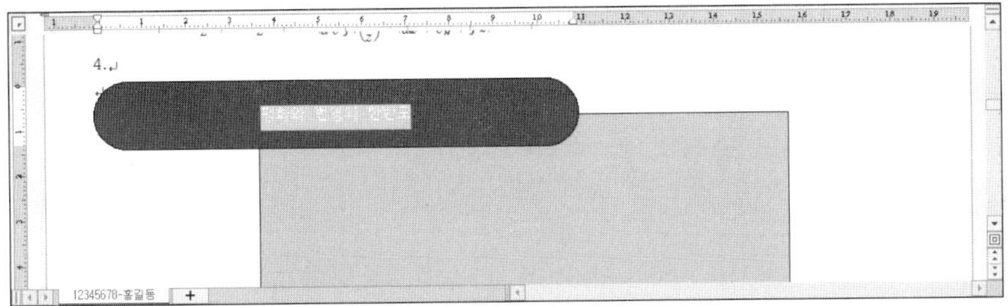

8. '글자 모양' 대화상자의 '기본' 탭에서 그림과 같이 글꼴과 크기, 속성을 지정한 후 〈설정〉을 클릭하세요.

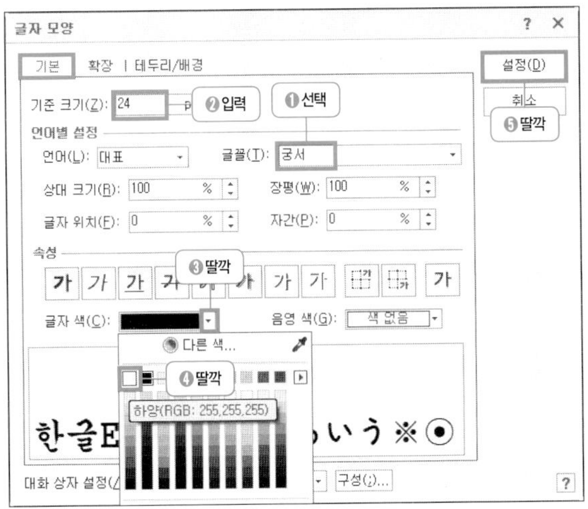


9. 제목 글상자가 완성되었습니다. 마우스와 키보드의 방향키(→, ←, ↑, ↓)를 이용하여 글상자의 위치를 조정하세요.

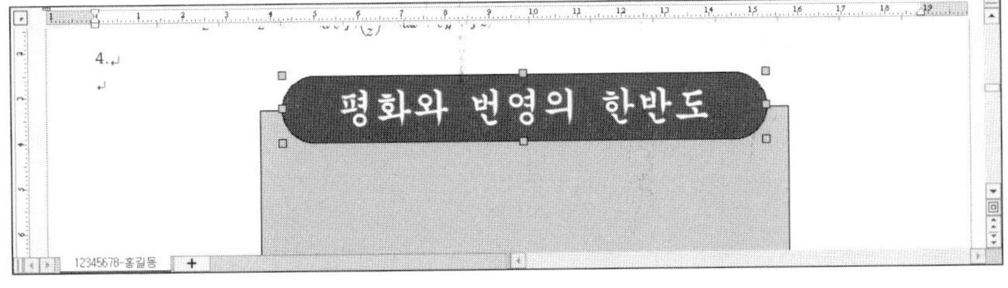

**전문가의 조언**

**바로 가기 키로 '글자 모양' 대화상자 설정하기**

- **궁서** 입력 → Alt+Z → 24 → Alt+C → Spacebar → '흰색(하양)' 선택 → Enter → Alt+D
- '글자 모양' 대화상자의 글꼴에 **궁서**를 입력해도 아무런 변화가 없으면 현재 입력 상태가 한글 입력 상태인지 확인해 보세요. 영문 입력 상태라면 한/영을 눌러 한글 입력 상태로 변환한 후 다시 입력하세요.
- 현재 선택되어 있는 색상 테마에 '흰색(하양)'이 없다면 색상 테마를 '기본'으로 변경한 후 '흰색(하양)'을 선택하세요.

**전문가의 조언**

도형 위치를 세밀하게 조절하려면 도형을 선택한 후 방향키 →, ←, ↑, ↓를 누르면 됩니다.

## 3 120mm×50mm 크기의 둥근 모양 직사각형 만들기

[지시사항]

| 크기(120mm×50mm) |
|---|

**전문가의 조언**

- 도형이 선택된 상태에서는 [기본] 도구 상자에 [(도형)] 탭이 표시됩니다. 도형이 선택되어 있지 않아 [(도형)] 탭이 표시되어 있지 않다면 [기본] 도구 상자의 [입력] 탭을 이용해 도형을 삽입하세요.
- 지시사항에 맞게 크기를 다시 지정해야 하므로 크기에 상관없이 드래그하면 됩니다.

**1.** [기본] 도구 상자의 [(도형)] → **(직사각형)**을 클릭한 후 해당 위치에 드래그하여 삽입하세요.

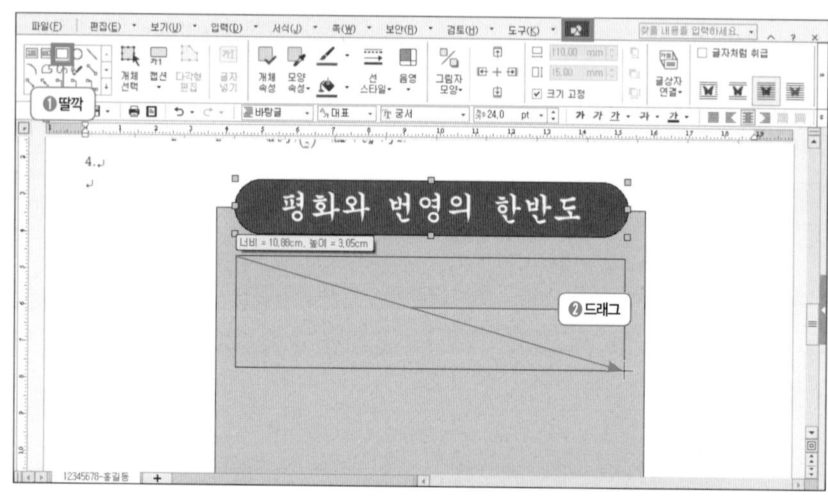

**전문가의 조언**

도형의 크기를 고정하라는 지시사항은 없지만 작업 시 크기가 변경되는 것을 방지하기 위해 '크기 고정'을 지정해야 합니다.

**2.** 1번 작업 후 바로 Ctrl+N, K를 눌러 '개체 속성' 대화상자를 호출하세요. '개체 속성' 대화상자의 '기본' 탭에서 그림과 같이 크기와 위치를 지정하세요. 직사각형 모서리의 곡률과 면색을 지정해야 하니 아직 <설정>을 클릭하지 마세요.

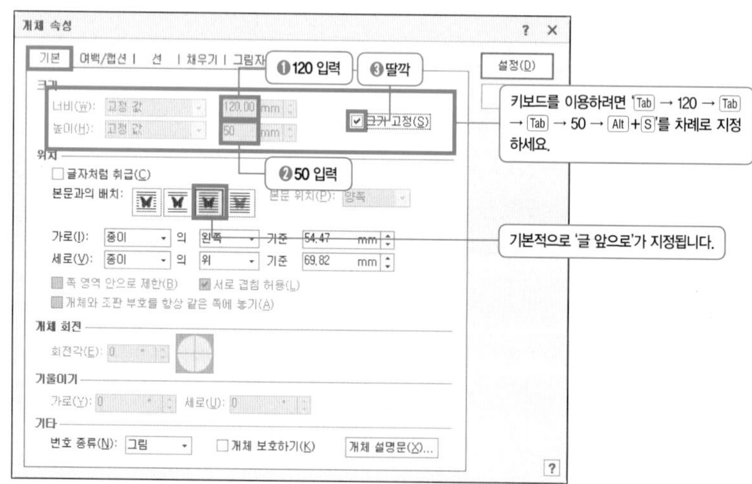

3. '선' 탭에서 '사각형 모서리 곡률'을 '둥근 모양'으로 지정하세요.

전문가의 조언

대화상자에서 탭 사이를 이동할 때는 Ctrl+Tab을 누르세요.

전문가의 조언

사각형 모서리를 '둥근 모양'으로 지정하라는 지시사항은 없지만 문제지와 동일하게 만들어야 합니다.

4. '채우기' 탭에서 임의의 면색을 선택한 후 〈설정〉을 클릭하세요.

전문가의 조언

도형의 면색은 지시사항이 없을 경우 흰색을 제외하고 서로 다르게 임의로 지정하면 됩니다.

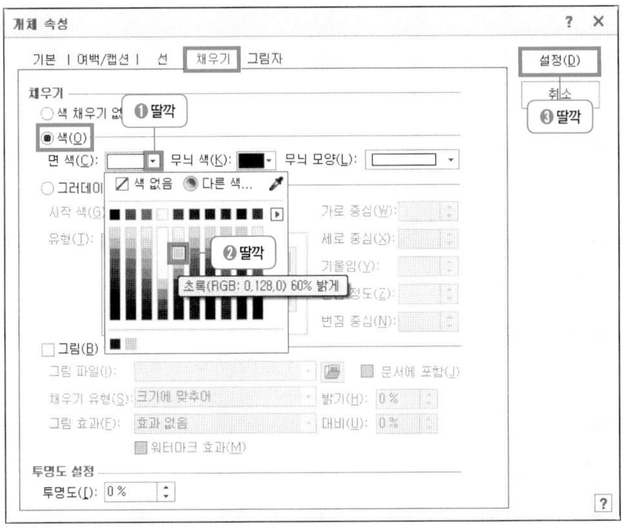

5. 둥근 모양 직사각형 도형이 완성되었습니다. 마우스와 키보드의 방향키(→, ←, ↑, ↓)를 이용하여 도형의 위치를 조정하세요.

## 4 그림 삽입

[지시사항]

- 그림위치(내 PC\문서\ITQ\Picture\실제시험장-그림1.tif, 문서에 포함)
- 크기(40mm×40mm)
- 그림 효과(회색조)

1. 이제 그림을 삽입해야 합니다. 임의의 위치에 커서를 놓고 그림 삽입하기 바로 가기 키 Ctrl+N, I를 눌러 '그림 넣기' 대화상자를 호출하세요([기본] 도구 상자 : [입력] → (그림)).

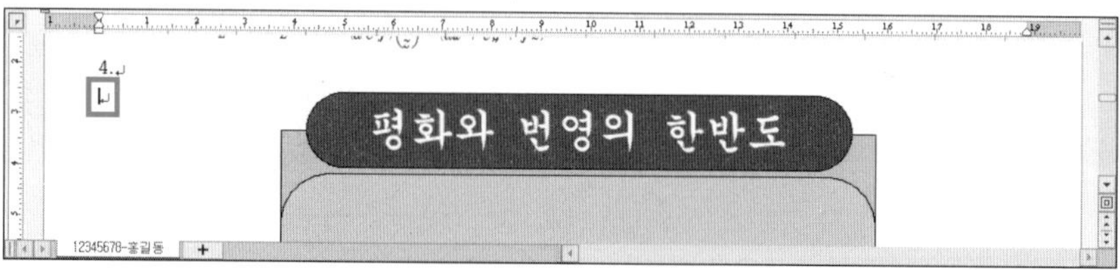

2. '그림 넣기' 대화상자에서 찾는 위치를 지정하면 문서에 넣을 수 있는 그림 목록이 표시됩니다. '문서에 포함'을 체크 표시한 다음 그림을 선택하고 〈넣기〉를 클릭하세요.

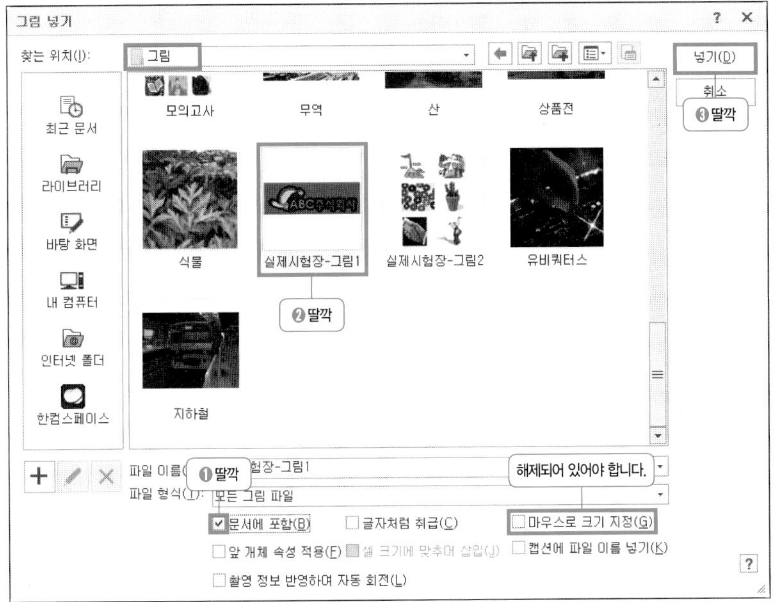


3. 그림이 삽입되었습니다. 이제 삽입된 그림의 크기와 위치를 지정해야 합니다. 그림이 삽입된 상태에서 바로 Ctrl+N, K를 눌러 '개체 속성' 대화상자를 호출하세요.

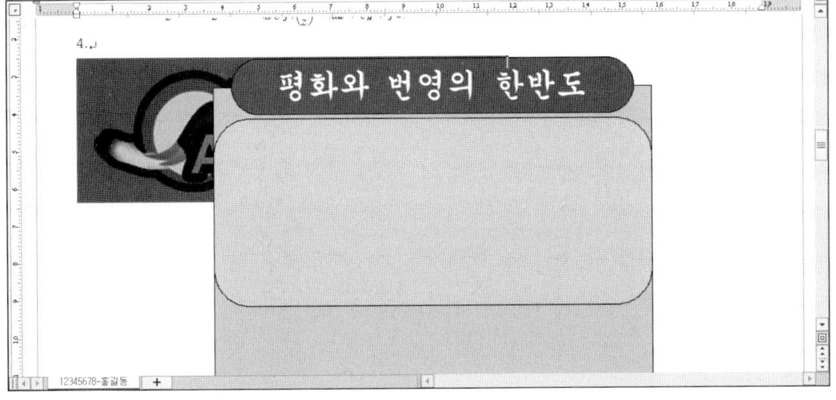

**전문가의 조언**

실제 시험에서의 그림 저장 위치는 '내 PC\문서\ITQ\Picture' 폴더입니다. 교재에서는 'C:\길벗ITQ마스터(2016)\ITQ한글\그림' 폴더를 사용합니다. 'C:\길벗ITQ마스터(2016)\ITQ한글\그림' 폴더는 다운받은 파일을 설치하면 자동으로 생성됩니다.

**Q 그림이 없어요!**

A 찾는 위치를 'C:\길벗ITQ마스터(2016)\ITQ한글\그림'으로 지정하세요.

**전문가의 조언**

**문서에 포함**

'그림 넣기' 대화상자에서 '문서에 포함'을 선택해야 그림이 문서에 포함됩니다. '문서에 포함'을 선택하지 않으면 그림이 연결된 형태로 삽입되며, 원본 그림이 없을 경우 연결로 삽입된 그림은 화면에 표시되지 않습니다.

**전문가의 조언**

그림을 더블클릭해도 '개체 속성' 대화상자가 나타납니다.

**전문가의 조언**

- 도형의 크기를 고정하라는 지시사항은 없지만 작업 시 크기가 변경되는 것을 방지하기 위해 '크기 고정'을 지정해야 합니다.
- 그림 위치에 대한 지시사항은 없지만 다른 도형보다 앞쪽에 위치해야 하므로 본문과의 배치를 '글 앞으로'로 지정합니다.

**4.** '개체 속성' 대화상자의 '기본' 탭에서 그림과 같이 크기와 위치를 지정하세요. 그림 효과를 지정해야 하니 아직 〈설정〉을 클릭하지 마세요.

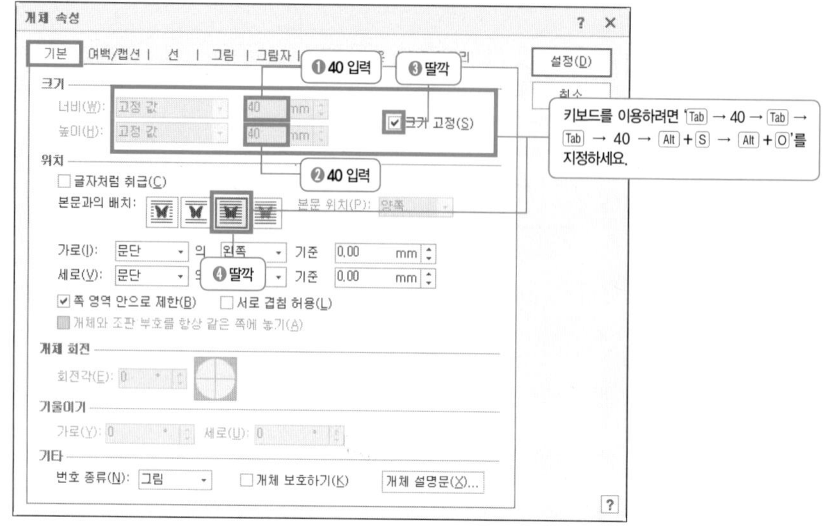

**전문가의 조언**

**그림 효과**

회색조

흑백

워터마크

그림 반전

**5.** '그림' 탭에서 그림 효과를 '회색조'로 지정한 후 〈설정〉을 클릭하세요.

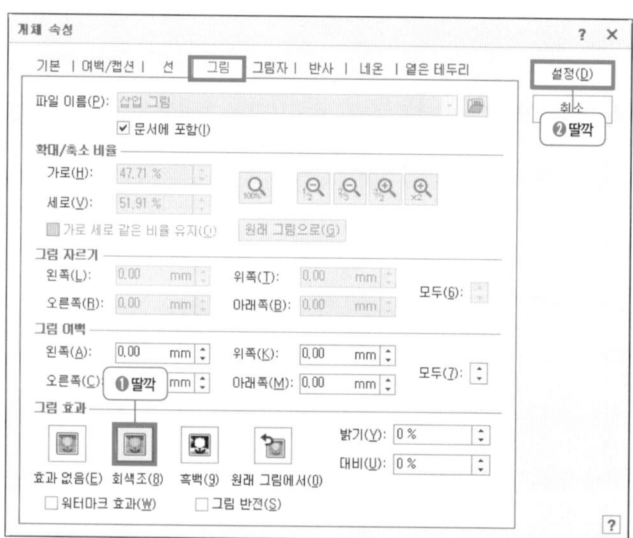

6. 마우스로 드래그하여 그림의 위치를 조정하세요.

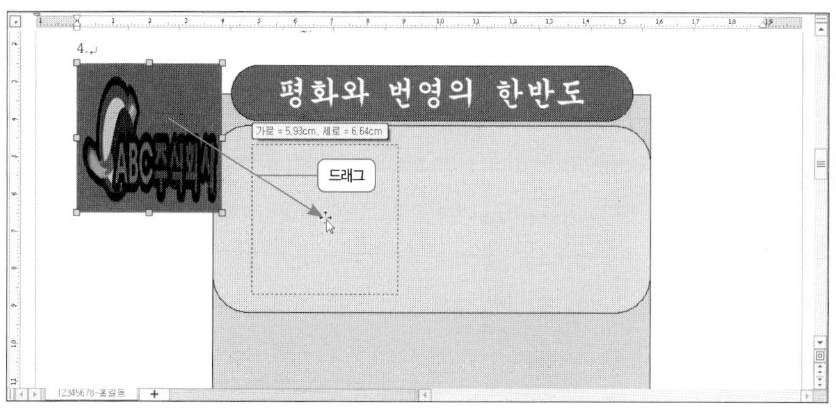


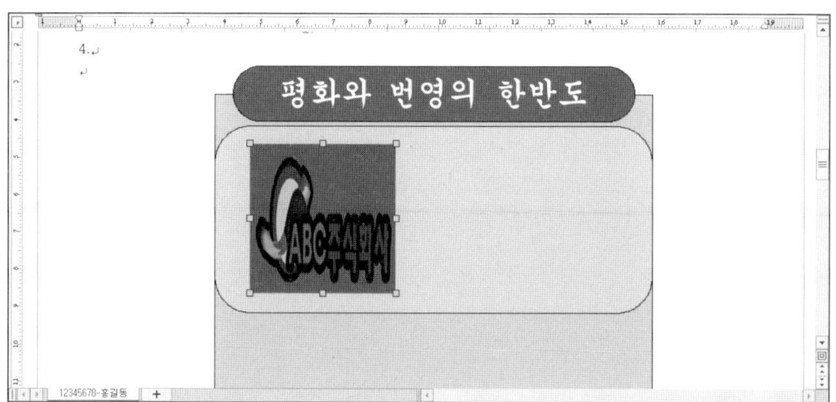

전문가의 조언

그림에 하이퍼링크를 설정하는 작업은 '문서작성 능력 평가' 문제의 책갈피를 만든 후에 수행해야 합니다.

## 5 글맵시 작성

[지시사항]

- 글맵시 이용(갈매기형 수장)
- 크기(50mm×40mm)
- 글꼴(돋움, 빨강)

**1.** [기본] 도구 상자의 [입력] → 글맵시 → **글맵시**를 클릭하여 '글맵시 만들기' 대화상자를 호출하세요.

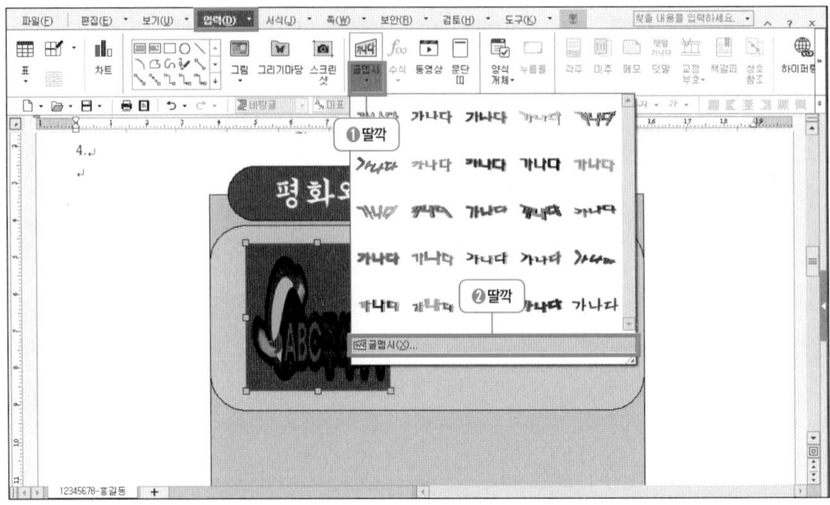


**2.** '글맵시 만들기' 대화상자의 '내용'에 그림과 같이 입력하고, 글꼴을 '돋움'으로 지정하세요.

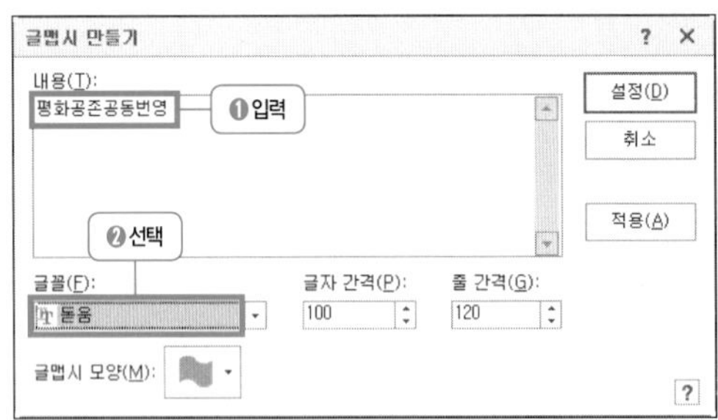


**3.** 이어서 글맵시 모양의 '⌄'를 클릭한 후 '(갈매기형 수장)'을 선택한 다음 〈설정〉을 클릭하세요.

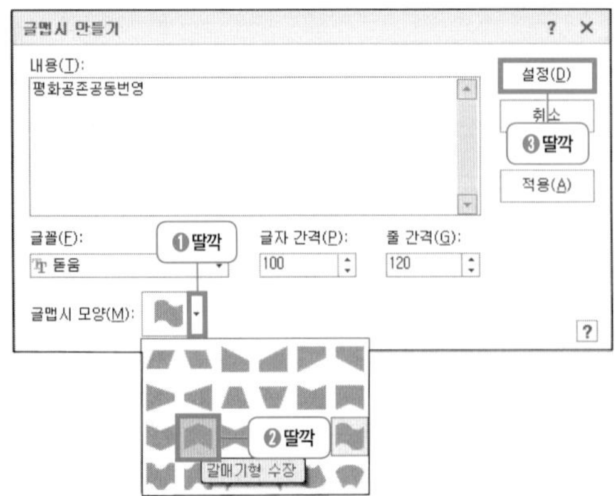

4. 글맵시가 만들어졌습니다. 이제 글맵시의 크기와 글꼴 색을 변경해야 합니다. 글맵시가 선택된 상태에서 Ctrl+N, K를 눌러 '개체 속성' 대화상자를 호출하세요.

5. '개체 속성' 대화상자의 '기본' 탭에서 그림과 같이 크기와 위치를 지정하세요. 면색을 지정해야 하니 아직 〈설정〉을 클릭하지 마세요.

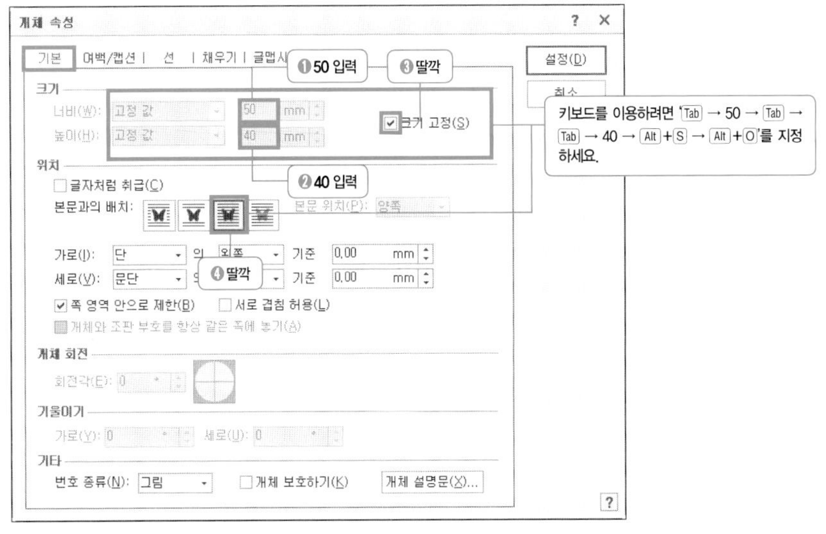

**전문가의 조언**

글맵시 위치에 대한 지시사항은 없지만 다른 도형보다 앞쪽에 위치하므로 본문과의 배치를 '글 앞으로'로 지정해야 됩니다.

전문가의 조언

현재 선택되어 있는 색상 테마에 '빨강'이 없다면 색상 테마를 '오피스'로 변경한 후 '빨강'을 선택하세요.

6. '채우기' 탭에서 면색을 '빨강'으로 선택한 후 〈설정〉을 클릭하세요.

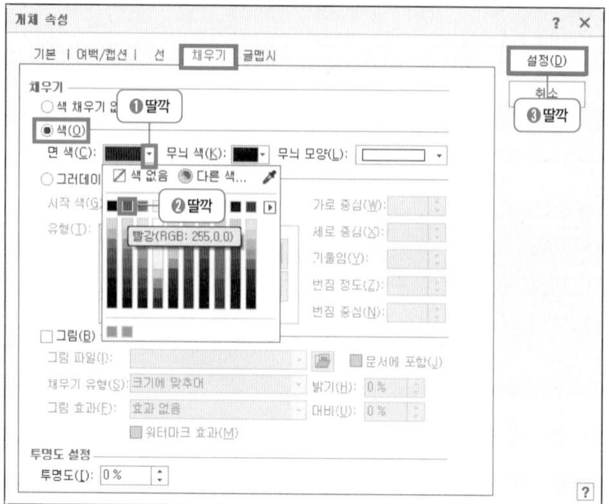


7. 마우스로 드래그하여 글맵시의 위치를 조정하세요.

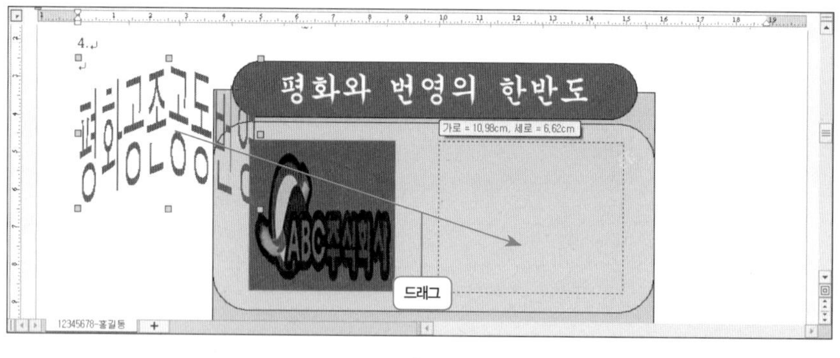

## 직사각형 만들기

[지시사항]

- 크기(15mm × 15mm)
- 면색(흰색을 제외한 임의의 색)

**1.** [기본] 도구 상자의 [입력] → □**(직사각형)**을 클릭한 후 해당 위치에 드래그하여 삽입하세요.

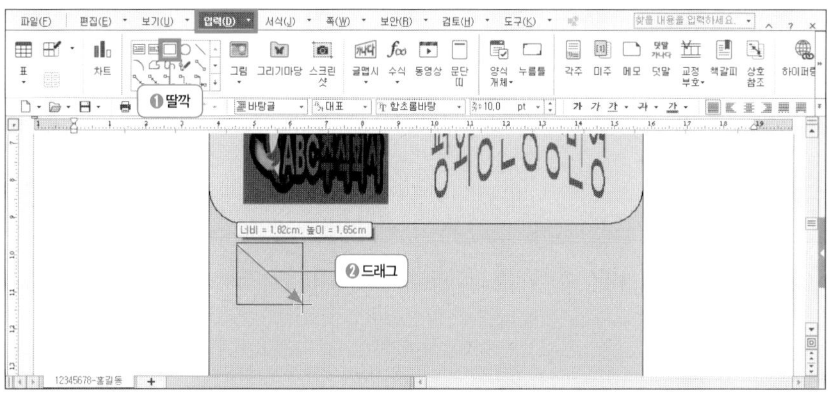

전문가의 조언

지시사항에 맞게 크기를 다시 지정해야 하므로 처음에 그릴때는 크기에 상관없이 드래그하면 됩니다.

**2.** 1번 작업 후 바로 Ctrl+N, K를 눌러 '개체 속성' 대화상자를 호출하세요. '개체 속성' 대화상자의 '기본' 탭에서 크기와 위치를 그림과 같이 지정하세요. 직사각형의 면색을 지정해야 하니 아직 〈설정〉을 클릭하지 마세요.

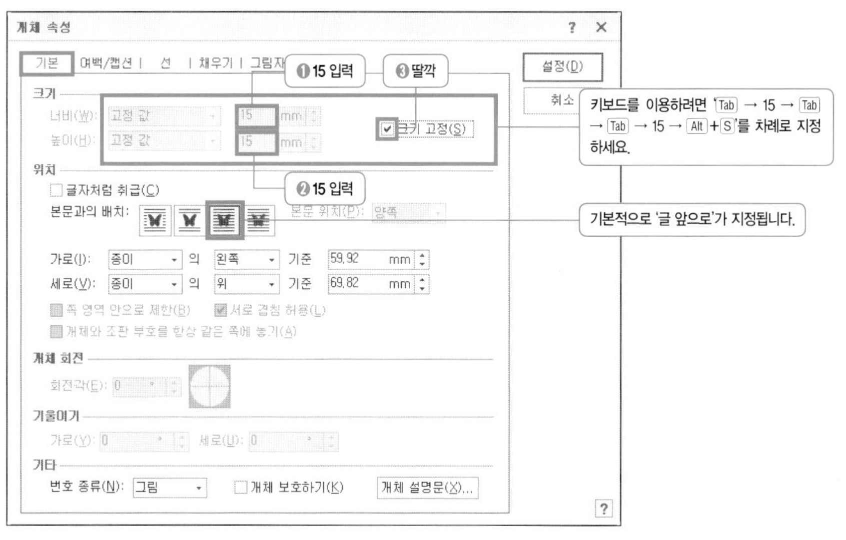

전문가의 조언

도형의 크기를 고정하라는 지시사항은 없지만 작업 시 크기가 변경되는 것을 방지하기 위해 '크기 고정'을 지정해야 합니다.

**전문가의 조언**

도형의 면색은 지시사항이 없을 경우 흰색을 제외하고 서로 다르게 임의로 지정하면 됩니다.

**3.** '채우기' 탭에서 임의의 면색을 선택한 후 〈설정〉을 클릭하세요.

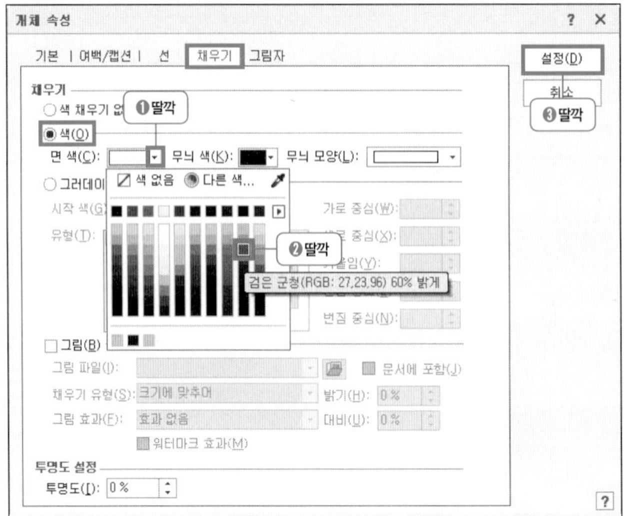


**4.** 직사각형이 완성되었습니다. 마우스와 키보드의 방향키(↑, ←, ↑, ↓)를 이용하여 도형의 위치를 조정하세요.

## ❼ 둥근 모양 직사각형 만들기

[지시사항]

- 크기(10mm×10mm), 면색(흰색)
- 글꼴(궁서, 20pt)
- 정렬(수평 · 수직 – 가운데)

1. [기본] 도구 상자의 [(도형)] → (**직사각형**)을 클릭한 후 해당 위치에 드래그하여 삽입하세요.

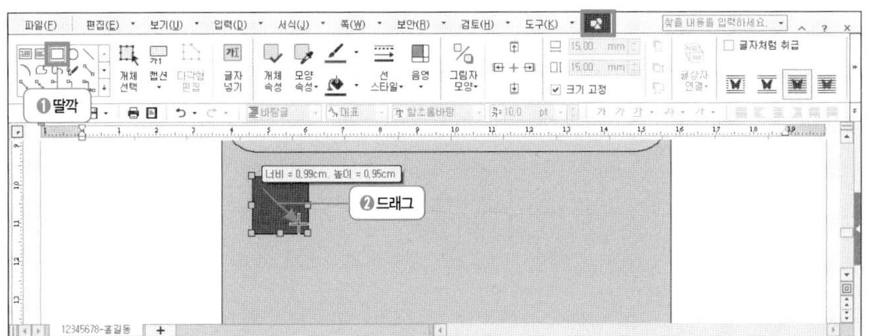


2. 1번 작업 후 바로 Ctrl+N, K를 눌러 '개체 속성' 대화상자를 호출하세요. '개체 속성' 대화상자의 '기본' 탭에서 크기와 위치를 그림과 같이 지정하세요. 직사각형 모서리의 곡률을 지정해야 하니 아직 〈설정〉을 클릭하지 마세요.

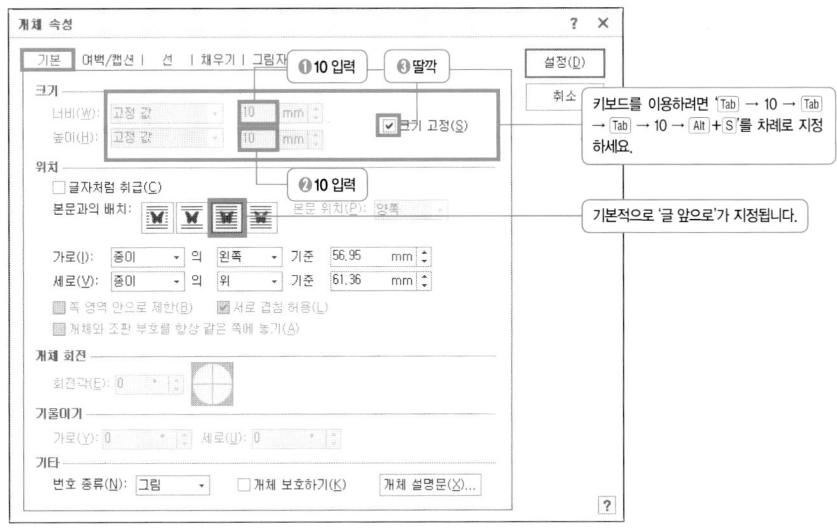

**전문가의 조언**

- 도형이 선택된 상태에서는 [기본] 도구 상자에 [(도형)] 탭이 표시됩니다. 도형이 선택되어 있지 않아 [(도형)] 탭이 표시되어 있지 않다면 [기본] 도구 상자의 [입력] 탭을 이용해 도형을 삽입하세요.
- 지시사항에 맞게 크기를 다시 지정해야 하므로 처음에 그릴때는 크기에 상관없이 드래그하면 됩니다.

**전문가의 조언**

도형의 크기를 고정하라는 지시사항은 없지만 작업 시 크기가 변경되는 것을 방지하기 위해 '크기 고정'을 지정해야 합니다.

3. '선' 탭에서 '사각형 모서리 곡률'을 '둥근 모양'으로 지정하세요. 도형의 면색은 기본적으로 흰색이므로 별도의 지정없이 〈설정〉을 클릭합니다.

4. 직사각형 안에 글자를 입력할 수 있도록 직사각형을 글상자로 변경해야 합니다. 직사각형을 마우스 오른쪽 버튼으로 누른 다음 바로 가기 메뉴에서 [도형 안에 글자 넣기]를 선택하세요.

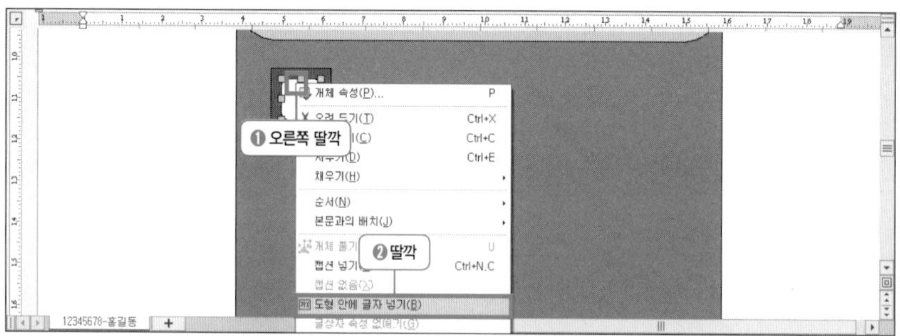


5. 직사각형 안에 내용을 입력할 수 있도록 커서가 표시됩니다. **일**을 입력하세요.

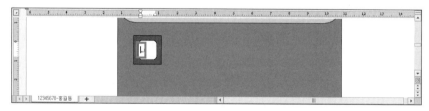

6. Ctrl+Shift+C를 눌러 입력된 문자를 가운데로 정렬합니다.

전문가의 조언

수평, 수직 모두 가운데로 정렬하라는 지시사항이 있지만 수직 정렬에 대한 글상자의 기본값이 가운데이므로 수평에 대해서만 가운데로 정렬하면 됩니다.

7. Ctrl+A를 눌러 글상자 안의 모든 내용을 블록으로 지정하세요. 이어서 Alt+L을 눌러 '글자 모양' 대화상자를 호출하세요.

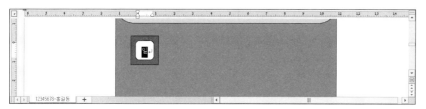

8. '글자 모양' 대화상자의 '기본' 탭에서 그림과 같이 글꼴과 크기를 지정한 후 〈설정〉을 클릭하세요.

전문가의 조언

**바로 가기 키로 '글자 모양' 대화상자 설정하기**

**궁서** 입력 → Alt+Z → 20 → Enter

9. 직사각형 글상자가 완성되었습니다. 마우스와 키보드의 방향키(→, ←, ↑, ↓)를 이용하여 직사각형 글상자의 위치를 조정하세요.

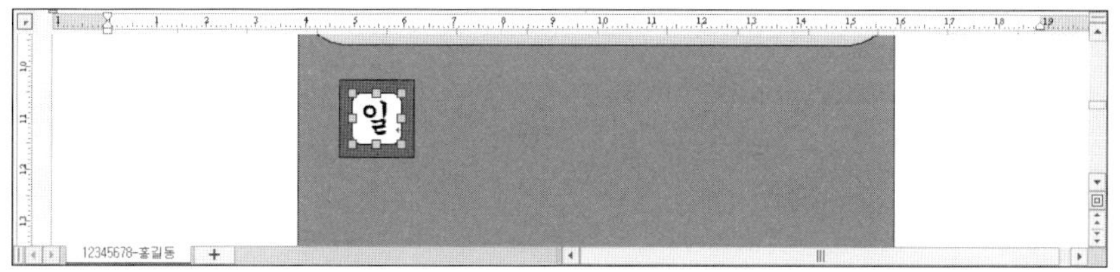

## 8 소제목 글상자 만들기

[지시사항]

- 글상자 이용, 선종류(점선 또는 파선), 면색(색 없음)
- 글꼴(굴림, 18pt)
- 정렬(수평 · 수직 – 가운데)

**전문가의 조언**

글상자는 현재 커서 위치를 기준으로 오른쪽 아래에 작성됩니다.

**1.** "4." 아래에 커서를 위치시킨 후 글상자를 만드는 바로 가기 키 Ctrl+N, B를 누르세요. 마우스 포인터가 십자가(+) 모양으로 변경되었을 때 Enter를 누르면 글상자가 만들어집니다([기본] 도구 상자 : [입력] → **(가로 글상자)**).

**2.** 글상자 안에 그림과 같이 내용을 입력하세요.

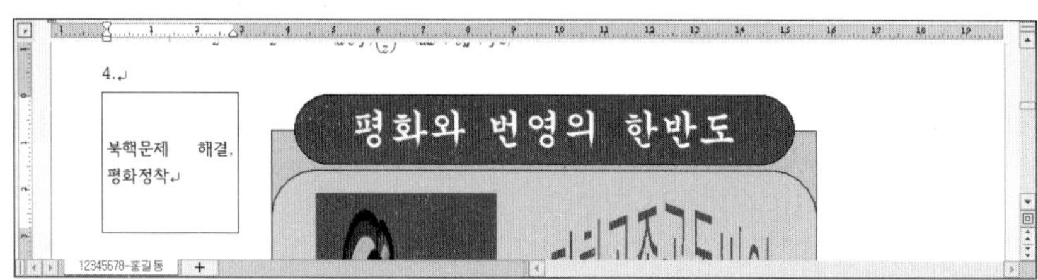

**전문가의 조언**

선의 종류는 '점선' 또는 '파선'을 선택하고 선의 굵기는 문제지와 비슷한 형태로 맞춰주면 되는데, 기본값을 그대로 사용해도 감점은 아닙니다. 여기서는 0.3mm로 지정하도록 하겠습니다.

**3.** 2번 작업 후 바로 Ctrl+N, K를 눌러 '개체 속성' 대화상자를 호출한 후 '선' 탭에서 그림과 같이 선 종류와 굵기를 지정하세요. 면색을 지정해야 하니 아직 〈설정〉을 클릭하지 마세요.

**4.** '채우기' 탭에서 그림과 같이 '색 채우기 없음'을 지정하세요. '색 채우기 없음'이 이미 선택된 상태라면 바로 〈설정〉을 클릭하세요.

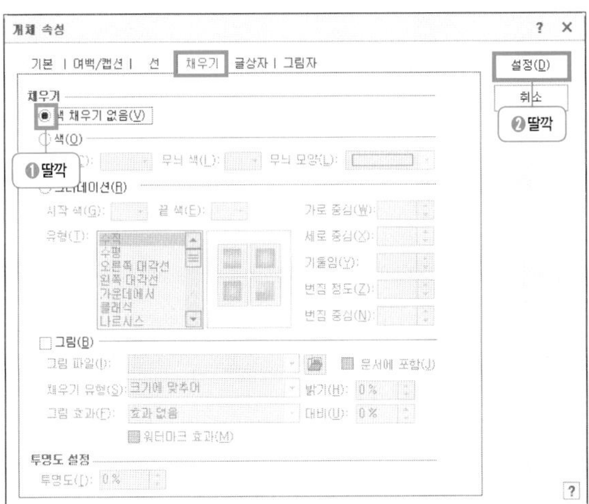

전문가의 조언

- 지시사항의 면색 '색 없음'은 채우기 색이 없도록 지정하라는 의미입니다.
- 4번 작업 방법 외에도 '채우기' 항목에서 [색] → 면 색 → **색 없음**을 선택해도 결과는 동일합니다. 어느 방법을 이용하든 채우기 색이 지정되지 않으면 맞게 채점됩니다.

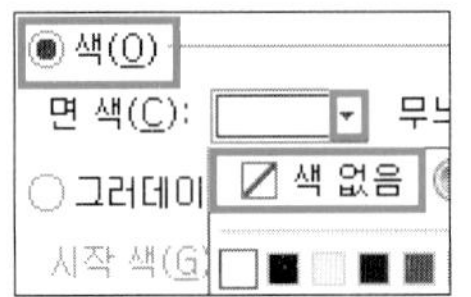

**5.** 이제 입력한 내용에 서식을 지정해야 합니다. Ctrl+Shift+C를 눌러 문자열을 가운데로 정렬하세요.

전문가의 조언

수평, 수직 모두 가운데로 정렬하라는 지시사항이 있지만 수직 정렬에 대한 글상자의 기본값이 가운데이므로 수평에 대해서만 가운데로 정렬하면 됩니다.

**6.** Ctrl+A를 눌러 글상자 안의 모든 내용을 블록으로 지정하세요. 이어서 Alt+L을 눌러 '글자 모양' 대화상자를 호출하세요.

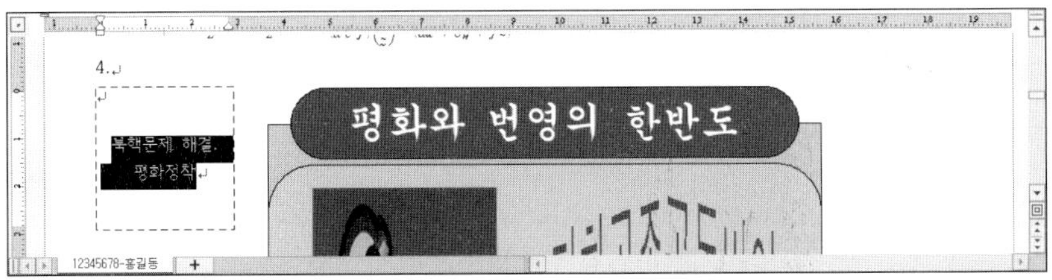

**전문가의 조언**

**바로 가기 키로 '글자 모양' 대화상자 설정하기**

**굴림** 입력 → Alt+Z → 18 → Enter

7. '글자 모양' 대화상자의 '기본' 탭에서 그림과 같이 글꼴과 크기를 지정한 후 〈설정〉을 클릭하세요.

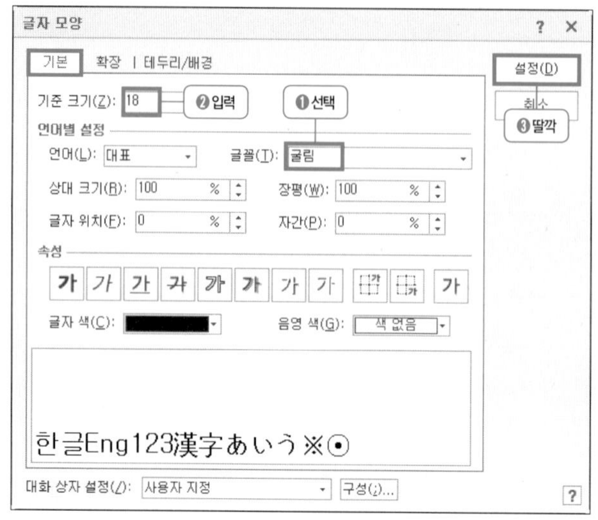


**전문가의 조언**

크기에 대한 지시사항이 없으므로 문제지에 제시된 크기와 비슷하게 조정하면 됩니다.

8. 소제목 글상자가 완성되었습니다. 마우스와 키보드의 방향키(→, ←, ↑, ↓)를 이용하여 글상자의 위치와 크기를 조정하세요.

## 9 나머지 도형 만들기

**전문가의 조언**

여러 도형이 선택된 상태에서 특정 도형만 선택을 해제하려면, Shift를 누른 채 선택합니다.

1. 동일한 도형은 복사하여 사용합니다. 앞서 작성한 글상자가 선택된 상태에서 Shift를 누른 채 글상자 앞의 직사각형과 둥근 모양 사각형을 클릭하여 선택하세요.

2. Ctrl+Shift를 누른 채 선택한 도형을 아래쪽 방향으로 드래그하여 복사하세요.

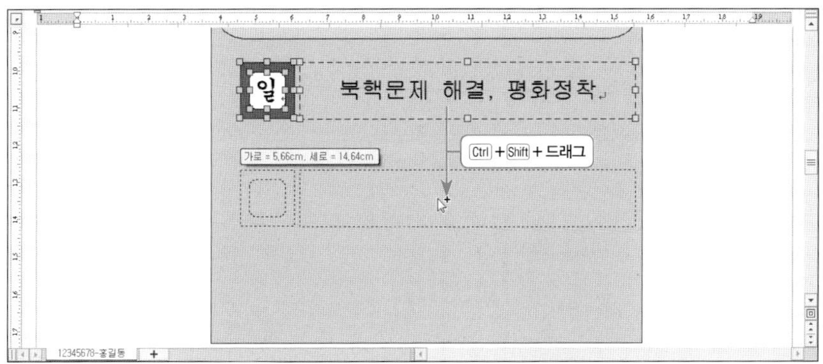


3. 동일한 방법으로 직사각형 2개와 소제목 글상자를 한번 더 복사하세요.

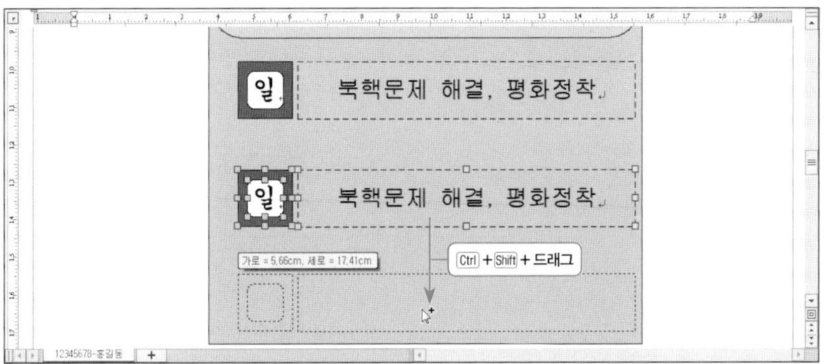


4. 직사각형과 소제목 글상자의 내용을 문제지와 동일하게 변경하세요.

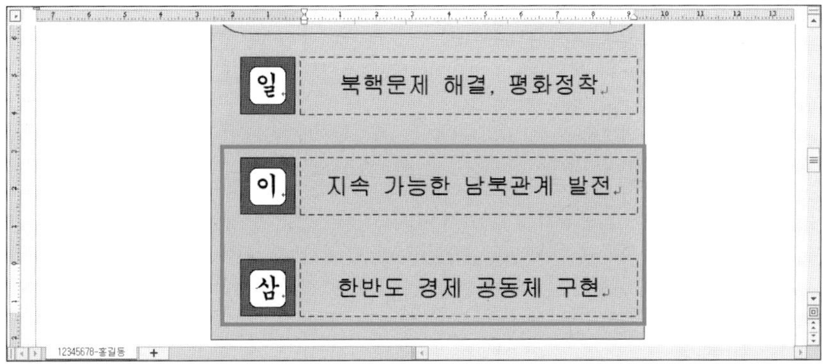

**전문가의 조언**

**도형의 복사와 이동**

- 복사 : Ctrl+드래그
- 이동 : 드래그
- 수평, 수직 위치 맞춰서 복사 : Ctrl+Shift+드래그
- 수평, 수직 위치 맞춰서 이동 : Shift+드래그

**전문가의 조언**

도형을 그룹으로 지정하면 한번에 선택, 복사, 이동이 가능하여 효율적으로 작업할 수 있지만 실제 시험에서는 그룹 지정시 0점 처리되므로 도형을 그룹으로 지정하면 안됩니다. 각 도형은 개별적으로 선택, 이동, 복사될 수 있는 상태여야 합니다.

**전문가의 조언**

개체 선택 상태를 해제하려면 Esc를 누르면 됩니다.

**전문가의 조언**

도형에 면 색만 채우는 간단한 작업은 [(도형)] → (채우기) 도구를 이용하는 것이 효율적입니다. 도형에 대해 크기, 선 모양, 면 색 등 다양한 작업을 수행할 경우에는 '개체 속성' 대화상자를 호출하여 지정하세요.

**5.** 복사된 직사각형의 면 색을 다른 색으로 변경해야 합니다. 두 번째 직사각형을 클릭하고 [기본] 도구 상자의 [(도형)] → (채우기)의 ▾를 클릭한 후 임의의 색을 선택하세요.

**6.** 세 번째 직사각형을 클릭하고 [기본] 도구 상자의 [(도형)] → (채우기)의 ▾를 클릭한 후 임의의 색을 선택하세요.

궁금해요

**시나공 Q&A 베스트**

**Q 그리기 작업의 지시사항 중 '임의의 색'이 있는데, 어떻게 지정하라는 것인가요?**

**A** '임의의 색'이란 수검자 마음대로 아무색이나 지정해도 된다는 말입니다. 여기서 주의할 점은 반드시 색을 지정해야 한다는 것과 도형들 사이에 같은 색을 사용해서는 안 된다는 것입니다. 색을 지정하지 않았거나 중복된 색을 지정한 경우 해당 도형은 0점입니다.

**7.** 그리기 작업이 완료되었습니다. [출력형태]로 제시된 도형, 그림, 글맵시와 비교해 보세요.

**전문가의 조언**

그림에 하이퍼링크를 설정하는 작업은 '문서작성 능력평가' 문제의 책갈피를 만든 후에 수행해야 합니다.

궁금해요

## 시나공 Q&A 베스트

**Q 그리기 작업을 완료한 후 모든 도형을 그룹으로 묶었더니 0점으로 채점되더군요. 왜 그렇죠?**

A 모든 도형이 하나의 그룹으로 묶인 경우 채점 프로그램이 그 도형들을 한 개의 도형으로 인식하기 때문입니다. 입력된 도형들을 개별적인 도형으로 간주하고 채점하려는 데 정답에 그런 도형은 없으니 0점이 되는 거죠. 그리기 작업을 다 완성한 후 시간이 남는다고 도형을 그룹으로 묶는 일 같은 건 절대로 해서는 안 됩니다.

**8.** 다음 작업을 위해 Alt + PgDn 을 눌러 세번째 페이지로 커서를 이동시키세요.

**전문가의 조언**

실제 시험에서는 작업 하나가 완성될 때마다 '시험 관리 도구'의 〈답안 전송〉 버튼을 클릭하여 작성된 답안 파일을 감독위원 PC로 전송하세요. 감독위원 PC에는 최종적으로 전송한 답안 파일만 유지됩니다.

## 문서작성 능력평가 풀이

720005 

궁금해요

## 시나공 Q&A 베스트

**Q 문서작성 능력평가 작업의 채점 기준을 알려주세요.**

A 문서작성 능력평가 작업에 배정된 점수는 200점이며 다음의 15가지 항목에 배분되어 개별적으로 채점됩니다. 오타를 제외하고는 부분 점수가 없으므로 각 채점 항목별로 제시된 지시사항을 하나라도 수행하지 않으면 해당 항목은 0점입니다. 오타는 잘못 입력된 단어의 개수에 따라 최소 5점에서 최대 55점까지 감점됩니다.

**[문서작성 능력평가 작업 채점 항목]**

- **전체 글꼴** : 글꼴, 크기, 글자색, 줄간격
- **머리말** : 글꼴 서식, 정렬
- **그림 삽입** : 위치, 자르기, 크기, 여백
- **각주** : 지정 여부, 각주 번호
- **문단 번호** : 왼쪽 여백, 줄 간격
- **표 모양** : 선 모양, 정렬
- **셀 음영** : 유형, 시작색, 끝색
- **오타** : 잘못 입력된 단어의 개수에 따라 다름
- **용지 여백**
- **상단 제목** : 글꼴 서식, 책갈피, 덧말 넣기
- **문단 첫 글자 장식** : 글꼴, 면색
- **중간 제목** : 글꼴 서식, 음영색
- **표 조건** : 글꼴 서식
- **하단 제목** : 글꼴 서식, 정렬
- **쪽 번호** : 번호 모양, 시작 번호

**전문가의 조언**

먼저 문서작성 능력평가 문제지의 모든 내용을 입력한 후 위에서부터 차례대로 지시사항에 따라 편집을 진행하도록 하겠습니다.

## 01. 내용 입력

내용을 입력할 때는 문단 번호, 정렬, 머리말, 각주, 쪽 번호 등의 작업은 제외하고 문제의 내용만 가능한 빠르고 정확하게 입력하세요. 표도 마찬가지로 표를 만든 후 내용과 캡션만 입력합니다. 내용 입력에 대한 설명은 지면 관계상 다음과 같이 두 부분으로 나눠서 설명하겠습니다.

**A 부분** : 문단 첫 글자 장식, 그림 삽입, 문단 번호, 각주, 머리말, 서식 등을 수행하지 않습니다.

정통성과 민족의 동질성 회복

통일은 남북한 국민이 한 민족 하나의 국민이라고 느끼고 남북한 단일체제 수립을 넘어 한 마음이 된 상태를 의미한다. 통일은 분단된 국토가 하나 되는 것은 물론 정치적으로 대립되었던 체제를 하나로 만드는 것이고, 경제적으로 서로 다른 제도를 하나로 거듭나게 하는 것이며, 남북주민 사이에 내면화된 이질적인 문화를 하나로 다시 탄생시키는 것이다. 우리가 추구하는 통일은 인류 보편적 가치로 자리 잡은 자유민주주의와 시장경제를 바탕으로 구성원 모두의 자유와 인권이 보장되는 민족공동체의 건설이다.

통일(統一)은 분단으로 인해 굴절된 역사를 바로잡고, 민족공동체 건설을 통해 우리 민족의 총체적 역량을 극대화하기 위해 필요하다. 또한 통일은 분단에 따른 유형, 무형적인 비용을 소멸시키고 새로운 이득(利得)을 창출함으로 인해 국가와 사회뿐 아니라 개인에게도 삶의 질을 향상시킬 것이다. 개인적 차원에서 통일은 이산가족의 고통을 해소하고 남북 간에 자유롭게 오고 가며 살 수 있는 등의 다양한 선택의 기회를 부여하며 인간적인 삶을 보장할 것이다. 통일은 21세기 한민족의 새로운 비상과 선진일류국가로 도약하기 위한 수단으로서 필요하다.

♣ 학교 통일교육의 실태와 방향

학교 통일교육의 실태

대체로 학생들의 부정적인 통일 의식 심화

정규 수업에 밀려 통일교육의 비활성화

학교 통일교육의 방향

학생들의 통일문제에 대한 관심과 올바른 통일의식 함양

교육기간 : 2020. 6. 25 - 2021. 3. 31

**B 부분** : 표를 만든 후 내용만 정확하게 입력하고, 정렬이나 블록 계산식은 나중에 작업합니다. 쪽번호, 서식 등은 수행하지 않습니다.

♣ 지역별 통일관 현황

| 지역 | 위치 | 운영주체 | 휴관 |
|---|---|---|---|
| 서울 | 서울 구로구 궁동 35번지 | 서서울생활과학고등학교 | 매주 일/공휴일 |
| 오두산 | 경기 파주시 통일전망대 내 | 민간위탁 | 4-10월/월요일 |
| 광주 | 광주 서구 화정2동 | 통일교육위원광주협의회 | 매주 월, 토 |
| 부산 | 부산 부산진구 자유회관 내 | 자유총연맹 (부산지구) | 연중 무휴 |
| 기타 지역 현황 | | 경남, 고성, 대전, 양구, 인천, 제주, 청주, 충남 | |

통일교육 운영계획

## ❶ A 부분 입력

문제지에서 A 부분에 해당하는 내용을 그림과 같은 모양이 되도록 입력하세요.

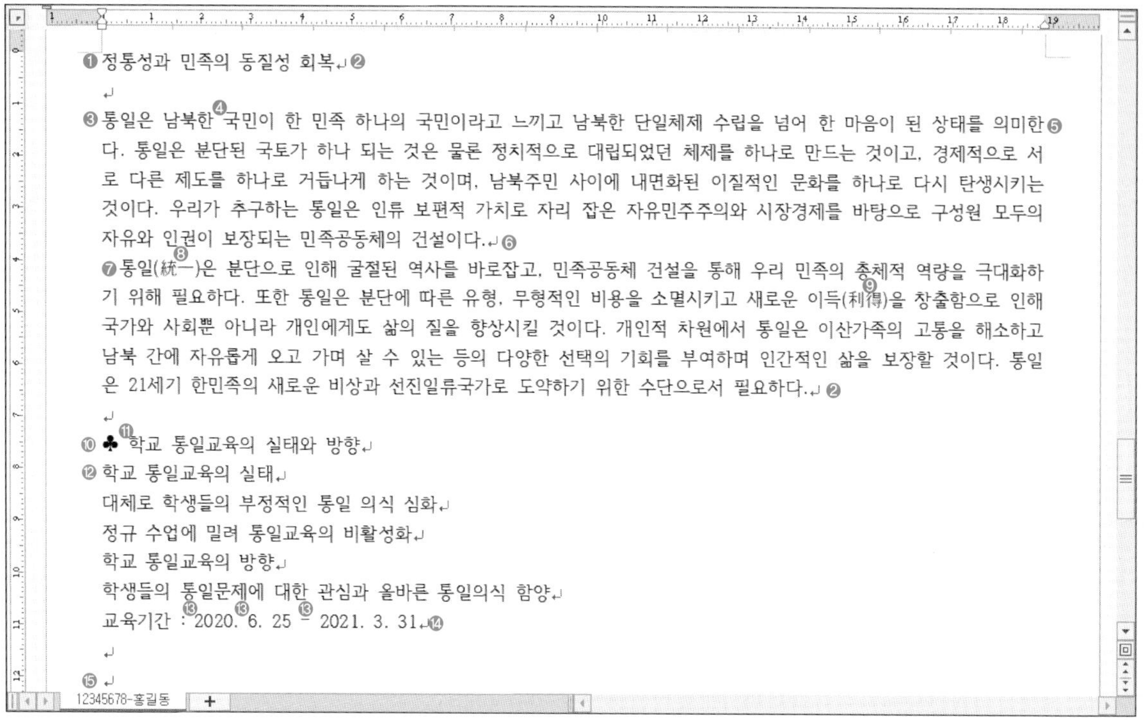

❶정통성과 민족의 동질성 회복.↲❷

↲

❸통일은 남북한 ❹국민이 한 민족 하나의 국민이라고 느끼고 남북한 단일체제 수립을 넘어 한 마음이 된 상태를 의미한❺다. 통일은 분단된 국토가 하나 되는 것은 물론 정치적으로 대립되었던 체제를 하나로 만드는 것이고, 경제적으로 서로 다른 제도를 하나로 거듭나게 하는 것이며, 남북주민 사이에 내면화된 이질적인 문화를 하나로 다시 탄생시키는 것이다. 우리가 추구하는 통일은 인류 보편적 가치로 자리 잡은 자유민주주의와 시장경제를 바탕으로 구성원 모두의 자유와 인권이 보장되는 민족공동체의 건설이다.↲❻

❼통일(統❽一)은 분단으로 인해 굴절된 역사를 바로잡고, 민족공동체 건설을 통해 우리 민족의 총체적 역량을 극대화하기 위해 필요하다. 또한 통일은 분단에 따른 유형, 무형적인 비용을 소멸시키고 새로운 이득(利❾得)을 창출함으로 인해 국가와 사회뿐 아니라 개인에게도 삶의 질을 향상시킬 것이다. 개인적 차원에서 통일은 이산가족의 고통을 해소하고 남북 간에 자유롭게 오고 가며 살 수 있는 등의 다양한 선택의 기회를 부여하며 인간적인 삶을 보장할 것이다. 통일은 21세기 한민족의 새로운 비상과 선진일류국가로 도약하기 위한 수단으로서 필요하다.↲❷

↲

❿♣ ⓫학교 통일교육의 실태와 방향.↲

⓬학교 통일교육의 실태.↲

대체로 학생들의 부정적인 통일 의식 심화.↲

정규 수업에 밀려 통일교육의 비활성화.↲

학교 통일교육의 방향.↲

학생들의 통일문제에 대한 관심과 올바른 통일의식 함양.↲

교육기간 :⓭ 2020.⓭ 6. 25 -⓭ 2021. 3. 31.↲⓮

↲

⓯↲

12345678-홍길동

❶ 편집에 상관없이 제목을 입력하세요.

❷ Enter를 두 번 눌러 다음 문단과의 사이를 한 줄 띄우세요.

❸ 문단 첫 글자 장식을 지정하지 말고, 내용을 입력하세요.

❹ 단어와 단어 사이는 한 칸만 띄어야 합니다.

❺ 문장을 계속 입력하여 내용이 문단의 오른쪽 끝까지 꽉 차면 자동으로 다음 줄에 입력되므로 Enter를 누르지 말고 계속 입력하세요.

❻ Enter를 한 번 눌러 다음 문단의 내용을 입력하도록 준비하세요.

❼ Spacebar를 두 번 눌러 들여쓰기를 수행하세요.

❽ **통일**을 입력하고 한자를 눌러 한자 변환을 수행하세요.

❾ **이득**을 입력하고 한자를 눌러 한자 변환을 수행하세요.

❿ 전각 기호는 키보드로 입력하면 안 됩니다. Ctrl+F10을 누른 후 문자표에서 선택하세요.

⓫ 전각 기호(♣) 다음에 한 칸을 띄우세요.

⓬ 문단 번호 기능과 상관없이 내용만 입력하세요.

⓭ 콜론(:), 마침표(.), 하이픈(-) 뒤에는 Spacebar를 한 번 눌러 한 칸을 띄우세요.

⓮ Enter를 두 번 눌러 다음 문단과의 사이를 한 줄 띄우세요.

⓯번 위치에서 다음 내용(B 부분)을 입력합니다.

궁금해요

**시나공 Q&A 베스트**

**Q 문단을 시작할 때 들여쓰기 기능을 이용하지 않고 Spacebar를 눌러서 들여쓰기를 해도 되나요?**

A 들여쓰기 방법에 대한 별도의 지시사항이 없으므로 어떤 방법을 사용하든 관계가 없습니다. 하지만 작업 속도를 고려해야하기 때문에 Spacebar 이용을 추천합니다. 들여쓰기에 대한 바로 가기 키 Ctrl+F6을 10번 누르는 것은 시간도 오래 걸릴 뿐더러 정확하게 10번을 못 누르는 경우가 많기 때문이죠.

## ② B 부분 입력

♣ 지역별 통일관 현황

| 지역 | 위치 | 운영주체 | 휴관 |
|---|---|---|---|
| 서울 | 서울 구로구 궁동 35번지 | 서서울생활과학고등학교 | 매주 일/공휴일 |
| 오두산 | 경기 파주시 통일전망대 내 | 민간위탁 | 4-10월/월요일 |
| 광주 | 광주 서구 화정2동 | 통일교육위원광주협의회 | 매주 월, 토 |
| 부산 | 부산 부산진구 자유회관 내 | 자유총연맹 (부산지구) | 연중 무휴 |
| 기타 지역 현황 | | 경남, 고성, 대전, 양구, 인천, 제주, 청주, 충남 | |

통일교육 운영계획

### 1. 제목 입력

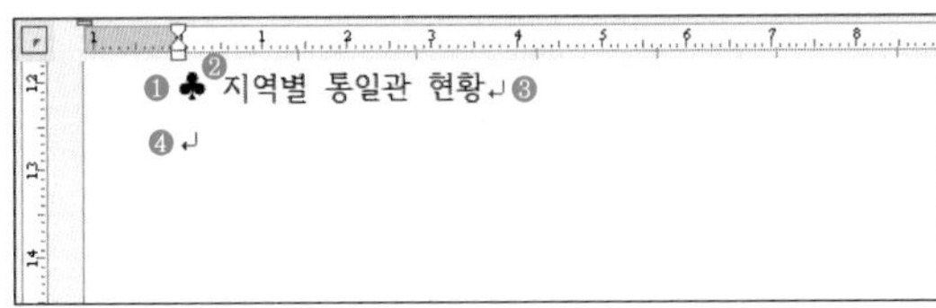


❶ 전각 기호는 키보드로 입력하면 안 됩니다. Ctrl+F10을 누른 후 문자표에서 선택하세요.

❷ 전각 기호(♣) 다음에 한 칸을 띄우세요.

❸ 제목을 입력한 후 Enter를 한 번 누르세요.

❹번 위치에서 다음 작업을 수행하세요.

### 2. 표 만들기

① 6행 5열의 표를 만들기 위해 Ctrl+N, T → 6 → Tab → 4 → Alt+T → Enter를 차례로 누르세요([기본] 도구 상자 : [입력] → (표)).

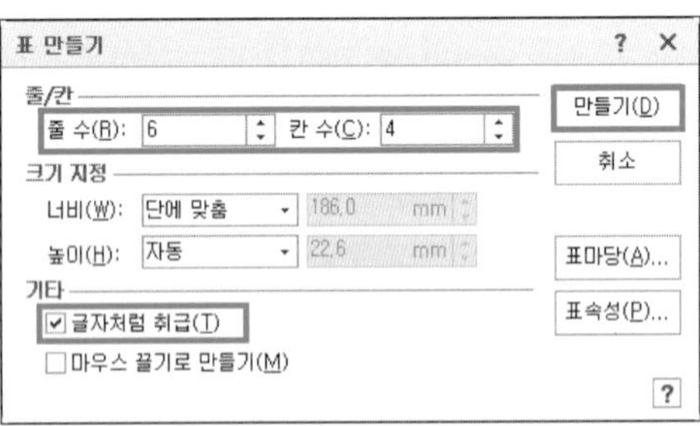


⬇

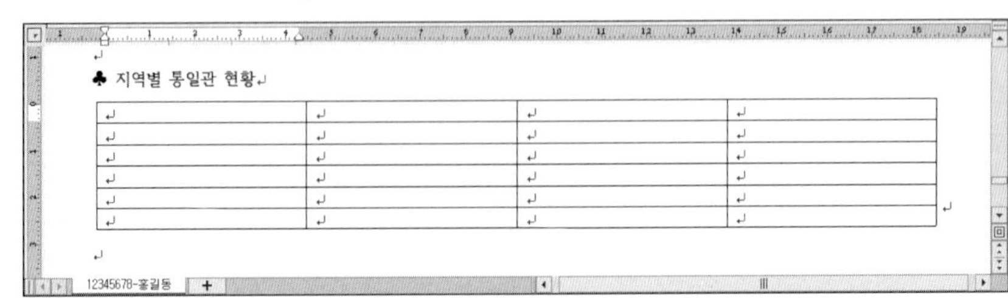

**전문가의 조언**

Ctrl+N, T → 6 → Tab → 4 → Alt+T → Enter

'표 만들기' 대화상자를 호출(Ctrl+N, T)한 다음 줄 수를 6, 칸 수를 5로 지정한 후 '글자처럼 취급'을 선택(Alt+T)하고, '표 만들기' 대화상자를 종료(Enter)합니다.

※ 바로 가기 키가 숙달되면 마우스를 이용하는 것보다 훨씬 빠르게 작업할 수 있습니다.

**전문가의 조언**

'글자처럼 취급'을 선택하여 표를 만들고 나면 다음부터는 '표 만들기' 대화상자를 호출할 때마다 '글자처럼 취급'이 선택되어 있습니다.

② 내용을 입력하기 전에 셀 병합을 수행해야 합니다. **기타 지역 현황**과 **경남, 고성, 대전, 양구, 인천, 제주, 청주, 충남**이 입력될 부분의 셀을 병합해야 합니다. 병합할 셀을 블록으로 지정한 후 M을 누르세요([기본] 도구 상자 : [(표)] → (**셀 합치기**)).

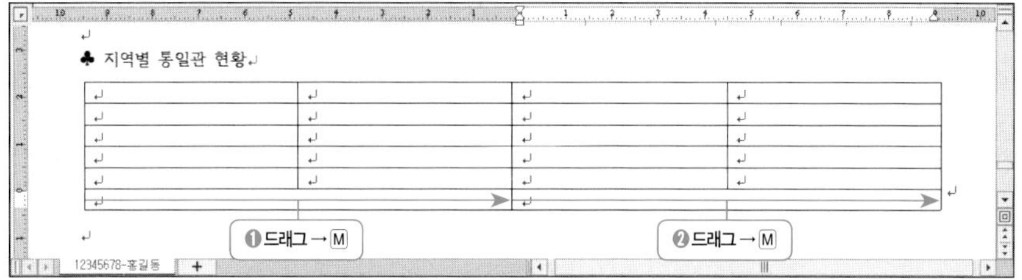


③ 이제 표에 내용을 입력해야 합니다. 화살표 방향으로 내용을 입력하는 것이 빠릅니다. 내용을 입력할 때는 정렬에 관계없이 모두 왼쪽에 붙여 입력하세요.

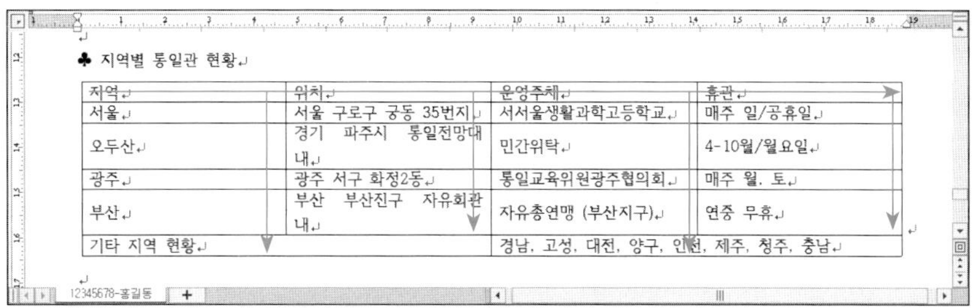


④ 마우스를 이용하여 각 셀의 너비를 조절하세요.

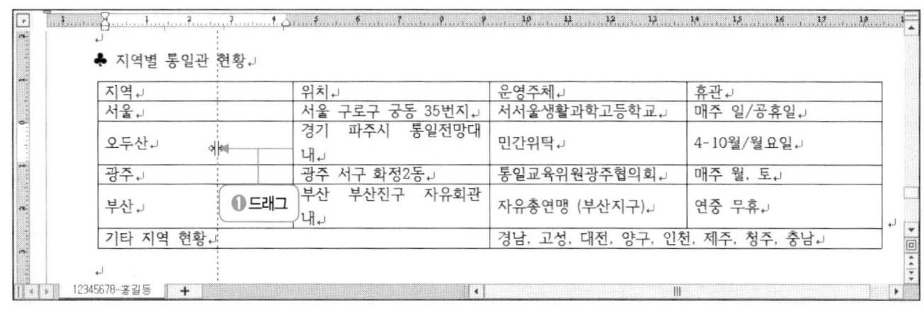


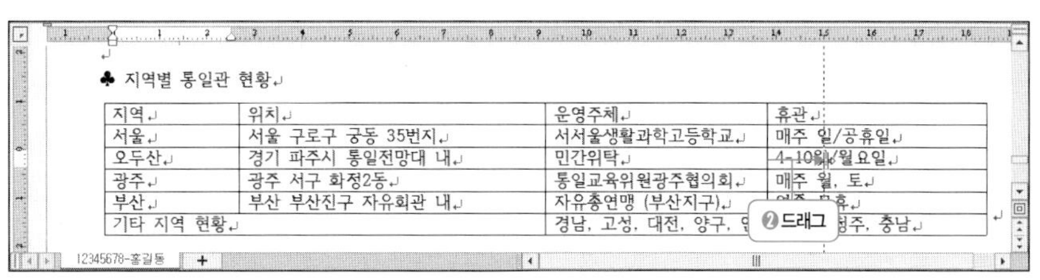

### 3. 나머지 내용 입력하기

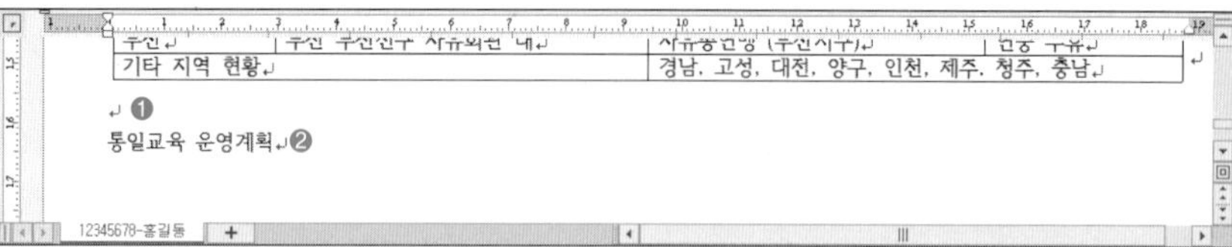


❶ 띄지 않거나 두 줄 이상 띄면 감점입니다.

❷ 마지막까지 입력한 후 Enter나 Spacebar를 누르지 마세요.

## 02. 편집 지시사항 수행하기

**전문가의 조언**

문서작성 능력평가 문제의 위쪽에서 아래쪽 방향으로 차례대로 지시사항을 수행하도록 하겠습니다.

 **머리말 추가하기**

[지시사항]

| 돋움, 10pt, 오른쪽 정렬 |
|---|

**전문가의 조언**

머리말은 문서의 아무 곳에나 커서를 놓고 작성하면 되지만 책갈피가 지정될 곳에 커서를 놓고 작성하면 책갈피가 머리말 앞에 지정될 수 있으므로 책갈피가 지정될 위치를 제외한 임의의 곳에 커서를 놓고 작성하세요.

**1.** 머리말은 커서가 놓여있는 위치와 관계없이 항상 지정한 곳에 만들어 집니다. 머리말 작성 바로 가기 키 Ctrl+N, H를 누르세요([기본] 도구 상자 : [쪽] → 머리말 → **머리말/꼬리말**).

**2.** '머리말/꼬리말' 대화상자에 '머리말'과 '양쪽'이 기본값으로 설정되어 있습니다. Enter를 누르세요.

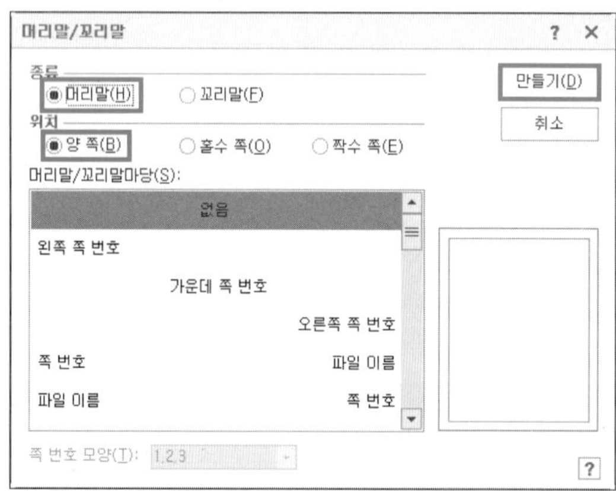

**전문가의 조언**

• 현재 화면이 쪽 윤곽 상태가 아니라도 Ctrl+N, H를 눌러 '머리말 편집 화면'을 나타내면 자동으로 쪽 윤곽 상태로 변경됩니다.

• 편집 화면이 머리말 편집 화면으로 전환되면 '머리말/꼬리말' 탭이 자동으로 나타납니다.

**3.** 머리말 편집 화면이 나타납니다. 머리말 편집 화면에 **통일 우리의 미래**를 입력하세요.

머리말(양 쪽)
통일 우리의 미래
정통성과 민족의 동질성 회복
통일은 남북한 국민이 한 민족 하나의 국민이라고 느끼고 남북한 단일체제 수립을 넘어 한 마음이 된 상태를 의미한
12345678-홍길동

4. Ctrl+A를 눌러 '통일 우리의 미래'를 블록으로 지정한 후 Alt+L을 눌러 '글자 모양' 대화상자를 호출하세요.

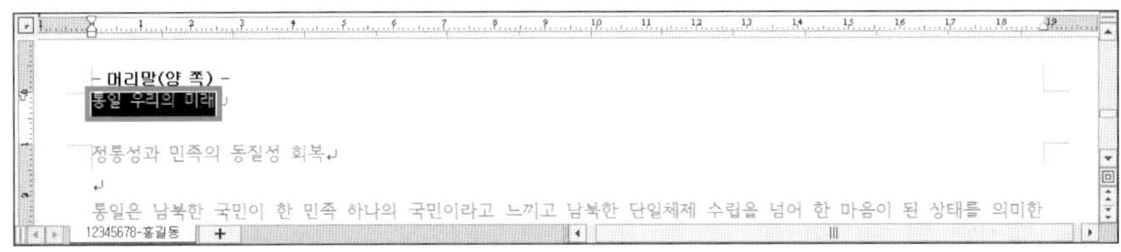

5. '글자 모양' 대화상자의 '기본' 탭에서 그림과 같이 글꼴과 크기를 지정한 후 〈설정〉을 클릭하세요. 머리말 편집 화면으로 돌아옵니다.

**전문가의 조언**

**바로 가기 키로 '글자 모양' 대화상자 설정하기**

**돋움** 입력 → Alt+Z → 10 → Enter

6. 이어서 바로 가기 키 Ctrl+Shift+R을 눌러 머리말을 오른쪽으로 정렬하세요.

**전문가의 조언**

정렬은 주로 [서식] 도구 상자를 이용하지만, 지금처럼 계속해서 키보드로 작업해야 할 경우에는 바로 가기 키를 사용하는 것이 효율적입니다.

7. Shift+Esc를 누르거나 [기본] 도구 상자의 [머리말/꼬리말] → **(머리말/꼬리말 닫기)**를 클릭하여 머리말 편집 화면에서 빠져 나온 후 머리말을 확인하세요.

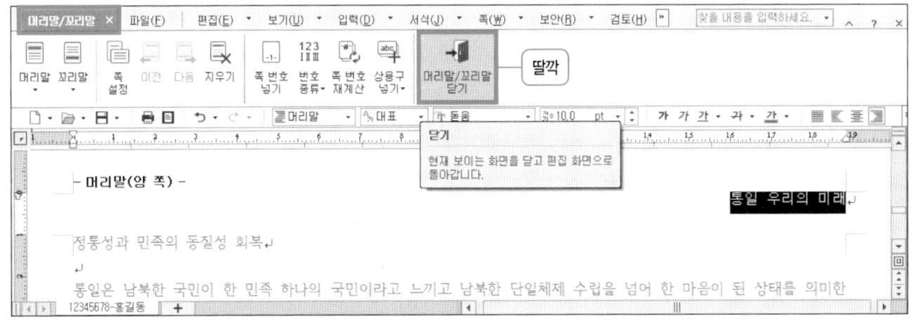

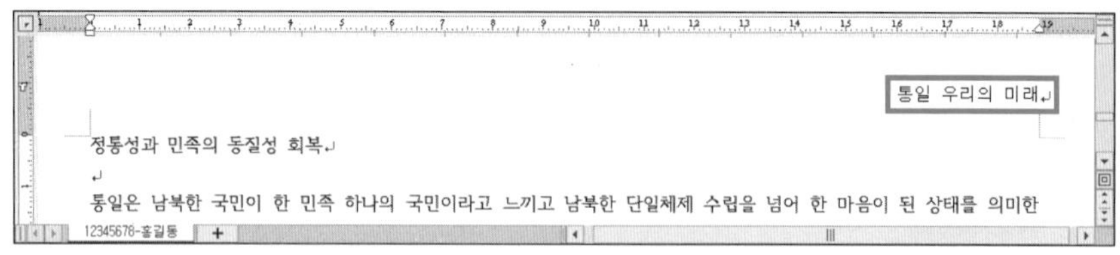


## 2 제목에 서식 지정하기

[지시사항]

| 굴림, 18pt, 진하게, 가운데 정렬, 덧말 넣기 |
|---|

**1.** 제목을 블록으로 지정한 후 Ctrl+Shift+C를 눌러 가운데로 정렬하세요.

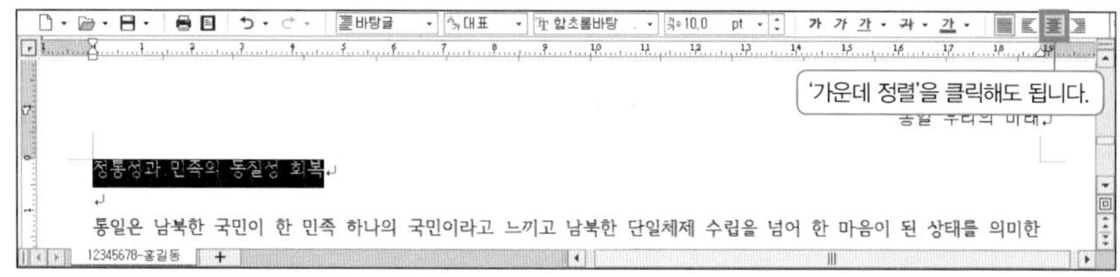


**2.** 블록이 지정된 상태에서 Alt+L을 눌러 '글자 모양' 대화상자를 호출하세요.

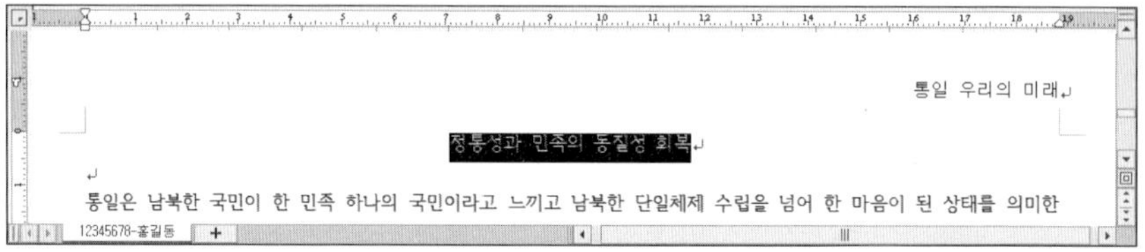

**전문가의 조언**

**바로 가기 키로 '글자 모양' 대화상자 설정하기**

**굴림** 입력 → Alt+Z → 18
Alt+B → Enter

**3.** '글자 모양' 대화상자의 '기본' 탭에서 그림과 같이 제목의 글꼴과 크기, 속성을 지정한 후 〈설정〉을 클릭하세요.

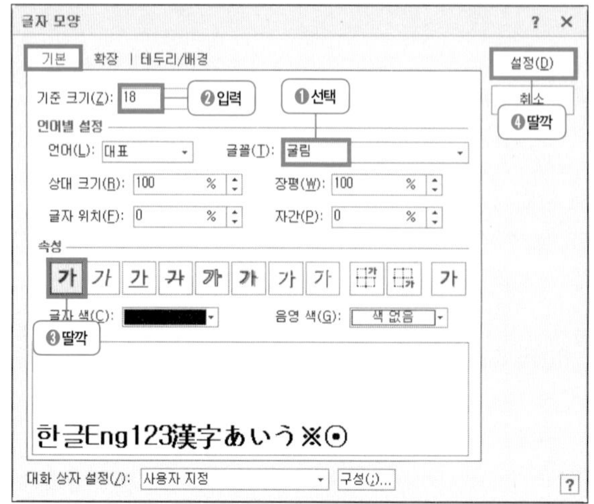

4. 덧말이 지정될 제목이 블록으로 설정된 상태에서 [기본] 도구 상자의 [입력] → 덧말(덧말)을 클릭하세요(바로 가기 키 : Alt+D, A).

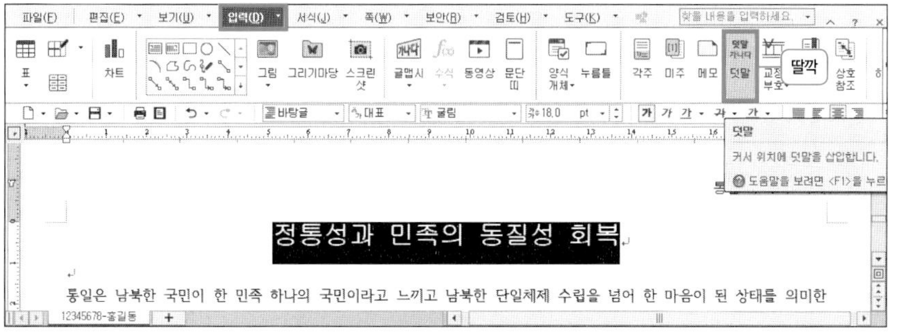


5. '덧말 넣기' 대화상자의 '덧말' 입력란에 **통일한국**를 입력하고, 덧말 위치를 '위'로 지정한 후 〈넣기〉를 클릭하세요.

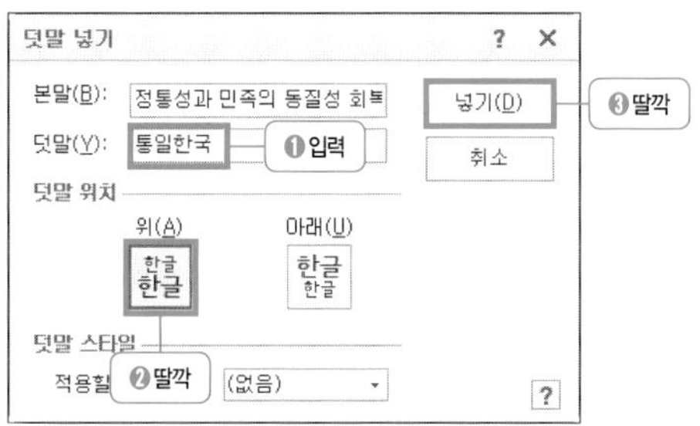


6. 문제지대로 완성된 제목을 확인했으면 다음 작업을 위해 Home을 눌러 제목 앞으로 커서를 이동시키세요.

## ❸ 제목에 책갈피 지정하기

[지시사항]

| 책갈피 이름 : 통일 |
|---|

1. 책갈피를 만드는 바로 가기 키 Ctrl+K, B를 누르세요([기본] 도구 상자 : [입력] → (책갈피)).

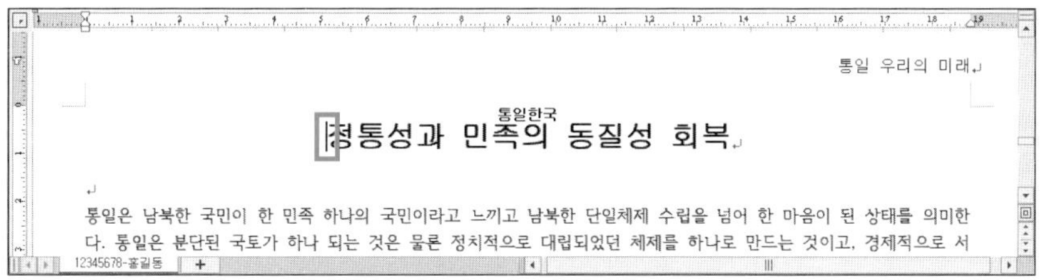

**전문가의 조언**

덧말은 항상 제목에 추가되도록 출제됩니다.

**전문가의 조언**

현재 줄을 꽉 채울 만큼 긴 내용이 입력되어 있을 경우 한 줄 전체를 블록으로 지정한 다음 덧말을 넣으면 그 다음 줄의 서식이 현재 지정된 부분에 적용됩니다. 그러므로 제목이 입력된 부분만 블록으로 지정한 후 덧말을 넣으세요.

| 정통성과 민족의 동질성 회복통일은 |
|---|

▲ 제목 다음 줄의 서식이 현재 범위로 지정된 제목과 덧말에 적용된 경우

전문가의 조언

**책갈피 확인하기**

보통의 경우 책갈피는 화면에 표시되지 않습니다. 설정한 책갈피를 확인하려면 [기본] 도구 상자의 [보기] → **조판 부호**를 선택하세요. 책갈피가 삽입된 위치에 주황색으로 '[책갈피]'가 표시된 것을 확인할 수 있습니다.

[책갈피]정통성과 민족의

**2.** '책갈피' 대화상자에서 책갈피 이름에 **통일**을 입력한 후 〈넣기〉를 클릭하세요. 눈에 보이지는 않지만 커서가 있던 위치에 '통일'이라는 이름으로 책갈피가 만들어졌습니다.

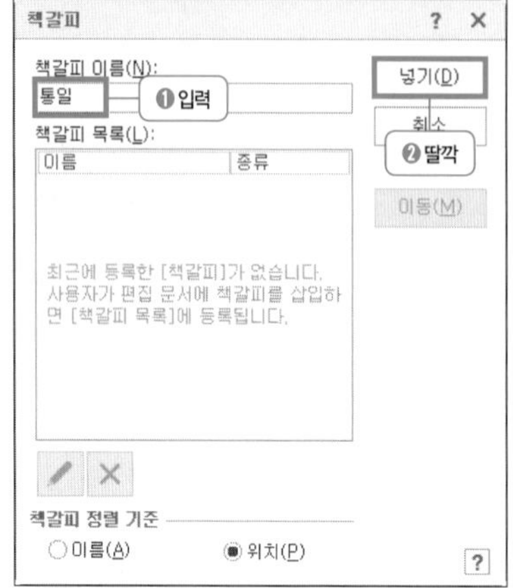

궁금해요

**시나공 Q&A 베스트**

**Q 책갈피를 제대로 지정한 것 같은데 감점을 받았습니다. 책갈피에서 감점이 되는 경우는 어떤 경우인가요?**

A 책갈피는 보통 상단 제목의 왼쪽에 삽입되도록 출제되므로 상단 제목 왼쪽에 커서를 두고 책갈피를 설정해야 합니다. 그런데 상단 제목 전체를 블록으로 지정한 상태에서 책갈피를 지정하는 경우가 있습니다. 이런 경우에는 감점되니 주의하세요.

## 하이퍼링크 만들기

[지시사항]

| 하이퍼링크 : 문서작성 능력평가의 "정통성과 민족의 동질성 회복" 제목에 설정한 책갈피로 이동 |
|---|

전문가의 조언

그림의 바로 가기 메뉴에서 [하이퍼링크]를 선택해도 됩니다.

**1.** 하이퍼링크는 '기능평가Ⅱ'에서 삽입한 그림을 클릭하면 '문서작성 능력평가'에서 작성한 책갈피인 '통일'로 이동하도록 설정해야 합니다. 제목 앞에 커서가 있는 상태에서 ↑를 한 번 누르면 그리기 작업이 있는 페이지로 이동합니다. 하이퍼링크를 설정할 그림을 클릭한 후 하이퍼링크 만들기 바로 가기 키 Ctrl+K, H를 누르세요([기본] 도구 상자 : [입력] → (**하이퍼링크**)).

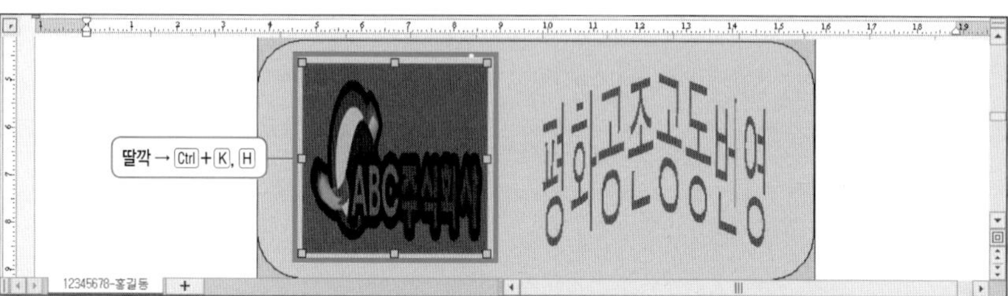

2. '하이퍼링크' 대화상자에서 연결 종류를 확인하고, 연결 대상에 앞에서 만들어 놓은 책갈피 '통일'을 선택한 후 〈넣기〉를 클릭하세요.

3. 다른 도형을 클릭한 후 하이퍼링크가 설정된 그림에 마우스 포인터를 놓았을 때 손모양의 포인터가 표시되는지 확인하세요. 이어서 그림을 클릭하여 커서가 "정통성과 민족의 동질성 회복" 앞으로 이동하는지 확인해 보세요.

⬇

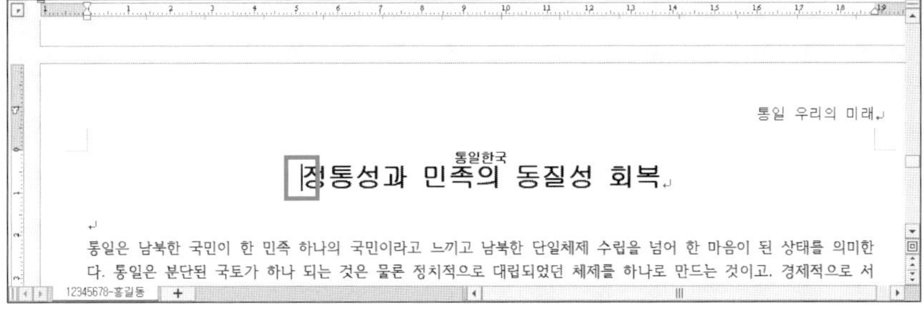

전문가의 조언

Ctrl+↓를 누르면 커서가 문단 단위로 이동하고, Ctrl+→를 누르면 커서가 단어 단위로 이동합니다.

**4.** 다음 작업을 위해 Ctrl+↓를 두 번 눌러 커서를 본문의 처음으로 이동시키세요.

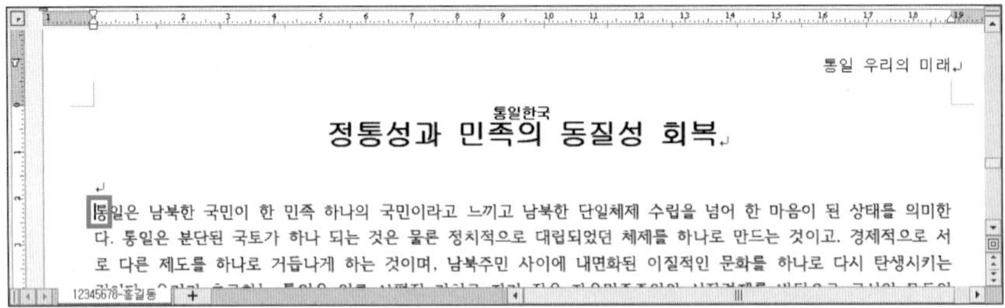


## 5 문단 첫 글자 장식하기

[지시사항]

| 글꼴 : 궁서, 면색 : 노랑 |
|---|

**1.** 앞선 **4**번에서의 작업으로 인해 커서는 문단의 첫 글자를 장식할 첫 번째 문단에 놓여 있습니다. [기본] 도구 상자의 [서식] → **(문단 첫 글자 장식)**을 클릭하세요. '문단 첫 글자 장식' 대화상자가 나타납니다(바로 가기 키 : Alt+J, D).

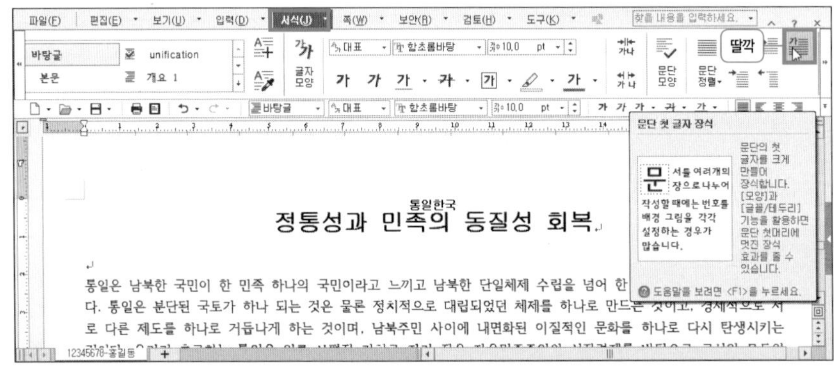

전문가의 조언

**바로 가기 키로 '문단 첫 글자 장식' 대화상자 설정하기**

2 → F → **궁서** 입력 → Alt+G → Spacebar → '노랑' 선택 → Enter → Alt+D

**2.** '문단 첫 글자 장식' 대화상자에서 그림과 같이 모양, 글꼴, 면색을 지정한 후 〈설정〉을 클릭하세요.

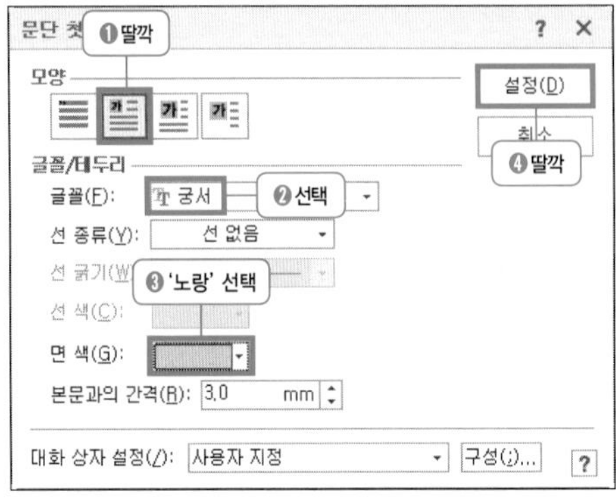

## 6 그림 삽입하기

[지시사항]

- 그림 위치(내 PC\문서\ITQ\Picture\실제시험장-그림2.jpg, 문서에 포함)
- 크기(40mm×40mm), 바깥 여백 왼쪽 : 2mm
- 자르기 기능 이용

**1.** 임의의 위치에서 그림 삽입하기 바로 가기 키 Ctrl+N, I를 눌러 '그림 넣기' 대화상자를 호출하세요([기본] 도구 상자 : [입력] → (그림)).

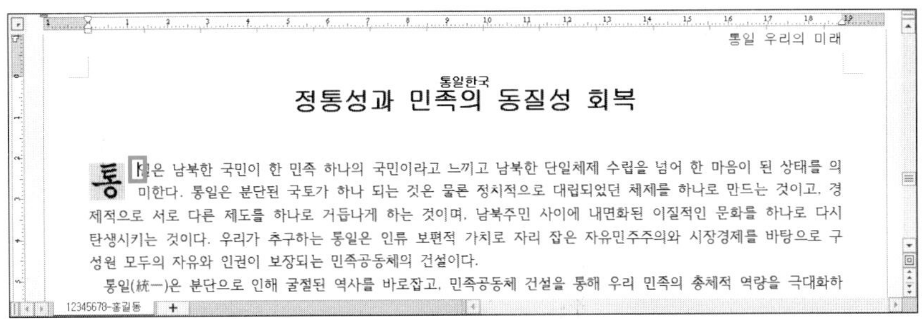


**2.** '그림 넣기' 대화상자에서 찾는 위치를 지정하면 문서에 넣을 수 있는 그림 목록이 표시됩니다. '문서에 포함'을 체크 표시한 다음 그림을 선택하고 〈넣기〉를 클릭하세요.

**Q 그림이 없어요!**

**A** 찾는 위치를 'C:\길벗ITQ마스터(2016)\ITQ한글\그림으로 지정하세요.

전문가의 조언

**문서에 포함**

'그림 넣기' 대화상자에서 '문서에 포함'을 선택해야 그림이 문서에 포함됩니다. '문서에 포함'을 선택하지 않으면 그림이 연결된 형태로 삽입되며, 원본 그림이 없을 경우 연결로 삽입된 그림은 화면에 표시되지 않습니다.

**전문가의 조언**

실제 시험에서는 문제지의 그림과 불러온 그림이 다를 수 있습니다. 그림명만 정확히 지정하여 불러오면 됩니다.

**3.** 문서에 그림이 삽입되었습니다.

**4.** 그림은 답안 작성에 필요한 부분만 남겨 놓고 잘라버려야 합니다. 삽입된 그림을 클릭하고 Shift를 누른 채 마우스 포인터를 오른쪽 크기 조절점으로 이동시킨 후 마우스 포인터가 자르기 모양(⊢)으로 변경되면 그림과 같이 드래그하세요.

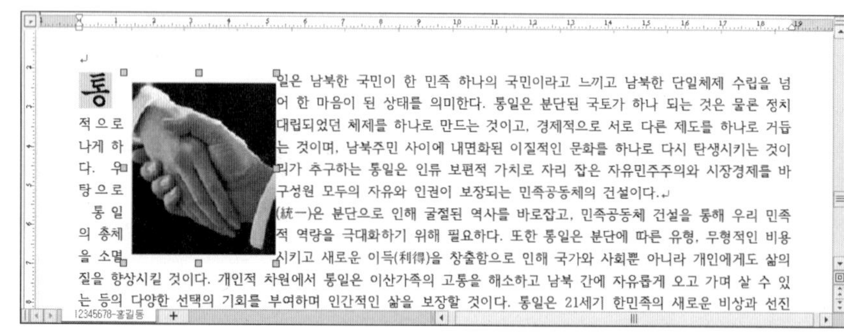

5. 같은 방법으로 그림의 왼쪽, 위쪽, 아래쪽을 잘라서 필요한 그림만 표시하세요.

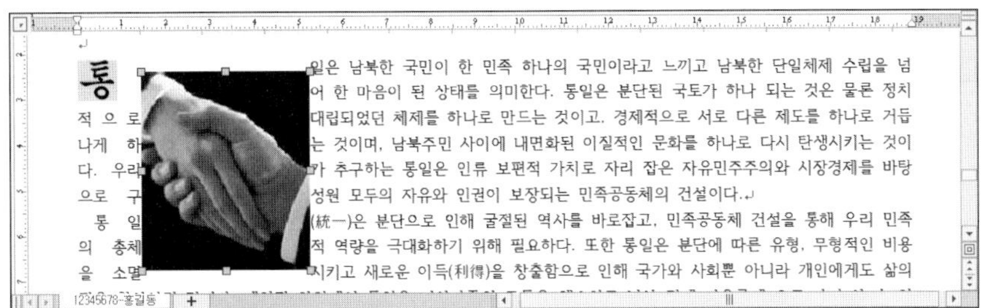

6. 이제 삽입된 그림의 크기와 여백, 위치를 지정해야 합니다. 그림이 선택된 상태에서 Ctrl+N, K를 눌러 '개체 속성' 대화상자를 호출하세요. '개체 속성' 대화상자의 '기본' 탭에서 그림과 같이 크기를 지정하세요. 그림의 바깥 여백을 지정해야 하니 아직 〈설정〉을 클릭하지 마세요.

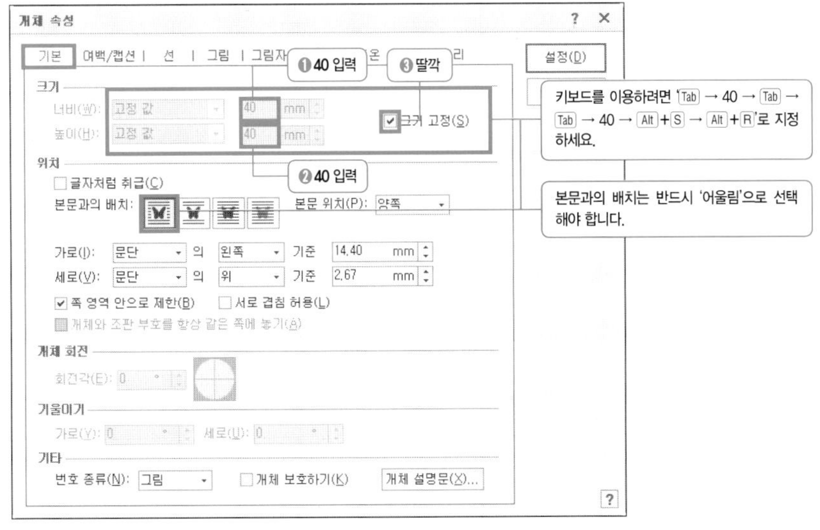

**전문가의 조언**

그림을 더블클릭해도 '개체 속성' 대화상자가 나타납니다.

**전문가의 조언**

- 도형의 크기를 고정하라는 지시사항은 없지만 작업 시 크기의 변경을 방지하기 위해 '크기 고정'을 반드시 선택해야 합니다.
- 그림 위치에 대한 지시사항이 없으므로 본문과의 배치는 '어울림'으로, 가로, 세로 위치는 별도로 지정하지 않습니다. 마우스로 문제지와 비슷하게 그림의 위치를 조정해주면 됩니다.

**전문가의 조언**

Ctrl+Tab을 눌러 탭 사이를 이동할 수도 있습니다.

**7.** 이어서 '개체 속성' 대화상자의 '여백/캡션' 탭에서 그림과 같이 바깥 여백을 지정한 후 〈설정〉을 클릭하세요.

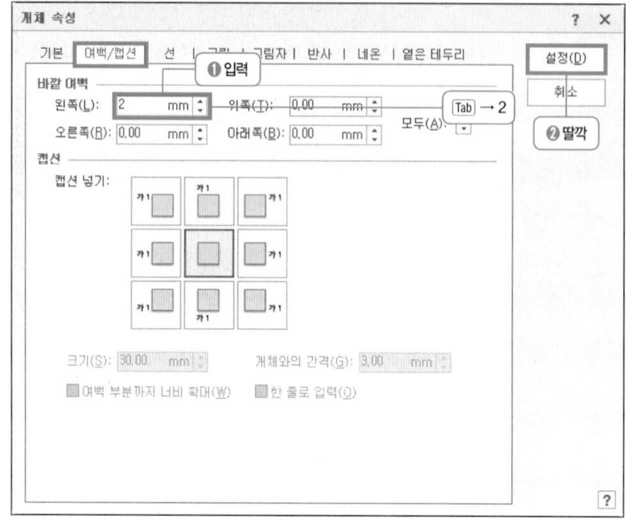


**8.** 마우스로 드래그하여 그림의 위치를 조정하세요.

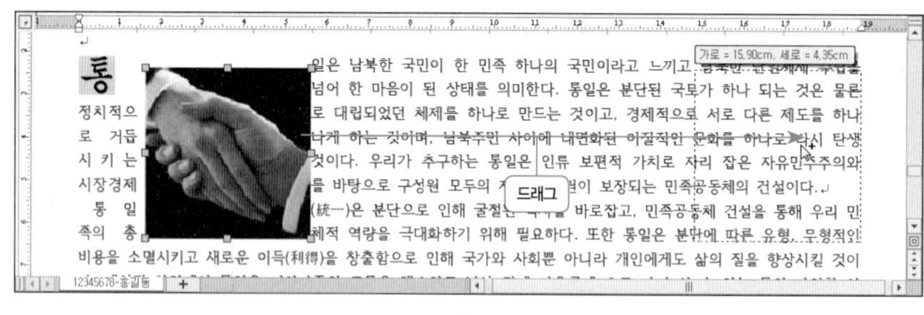


⬇

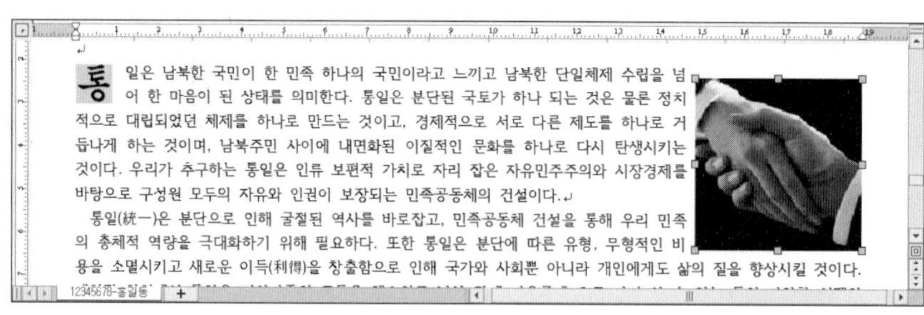

## 7 각주 만들기

[지시사항]

| 각주 구분선 : 5cm |
|---|

1. "국민이 한 민족"의 "민족" 뒤에 커서를 놓고, 각주 만들기 바로 가기 키 Ctrl+N, N을 누르세요. 각주 편집 화면이 나타납니다([기본] 도구 상자 : [입력] → (각주)).

전문가의 조언

각주 편집 화면으로 전환되면 '주석' 도구 상자가 자동으로 나타납니다.

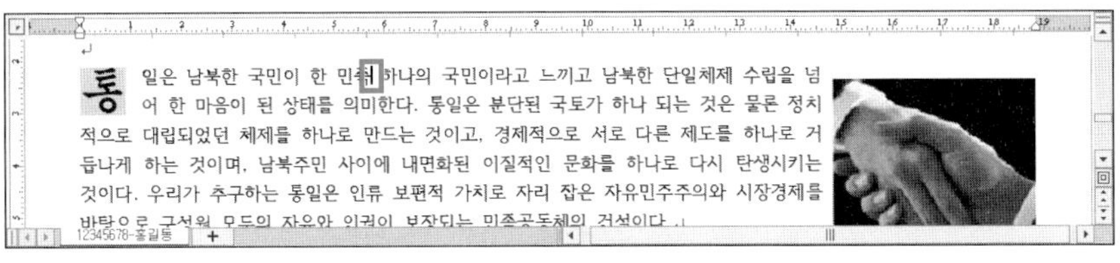

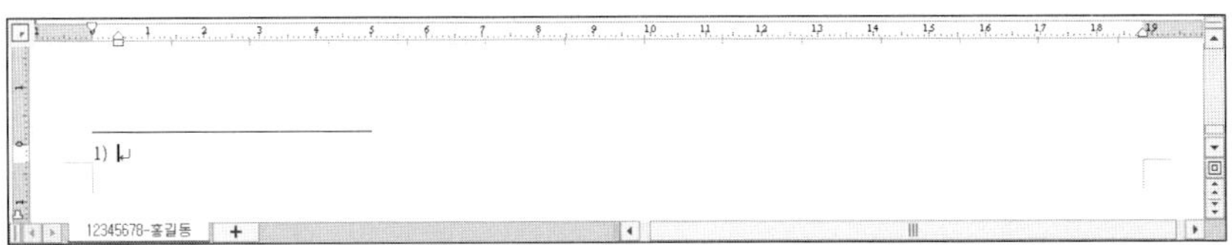

2. 페이지 하단 각주 편집 화면에 **언어와 문화상의 공통성에 기초하여 오랜 세월 역사적으로 형성된 사회 집단**을 입력하세요.

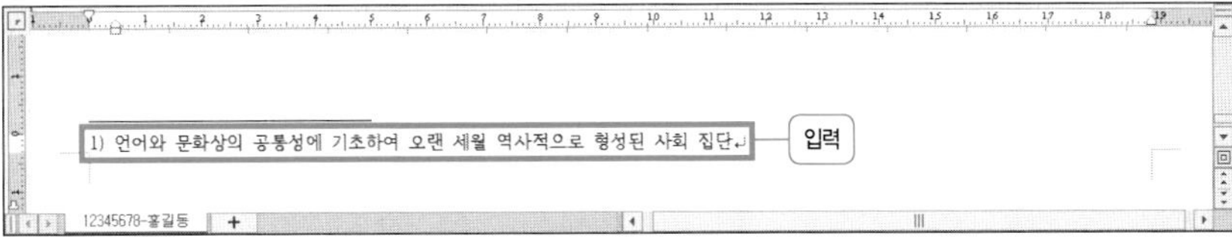


3. 각주 번호 모양을 ㉠으로 변경해야 합니다. [기본] 도구 상자의 [주석] → (번호 모양) → **기호**를 선택하세요.

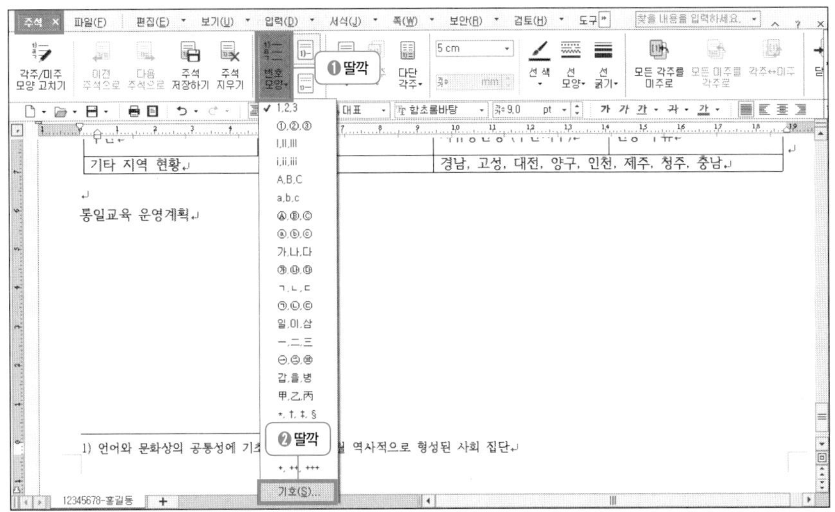

**전문가의 조언**

각주 번호의 모양을 변경할 때 [기본] 도구 상자의 [주석] → (번호 모양)을 클릭한 후 표시된 목록에서 '㉠,㉡,㉢'을 선택하면 각주 번호 뒤에 장식 문자(')')가 남게 됩니다. 하지만 '주석 모양' 대화상자를 호출한 후 번호 모양 '1,2,3'을 제외한 나머지 번호 모양을 선택하여 변경하면 자동으로 각주 번호 뒤에 장식 문자(')')가 제거됩니다. 그래서 '주석 모양' 대화상자를 호출하여 작업을 하는 것입니다.

4. '주석 모양' 대화상자에서 번호 모양을 '㉠,㉡,㉢'으로 변경한 후 〈설정〉을 클릭하세요.

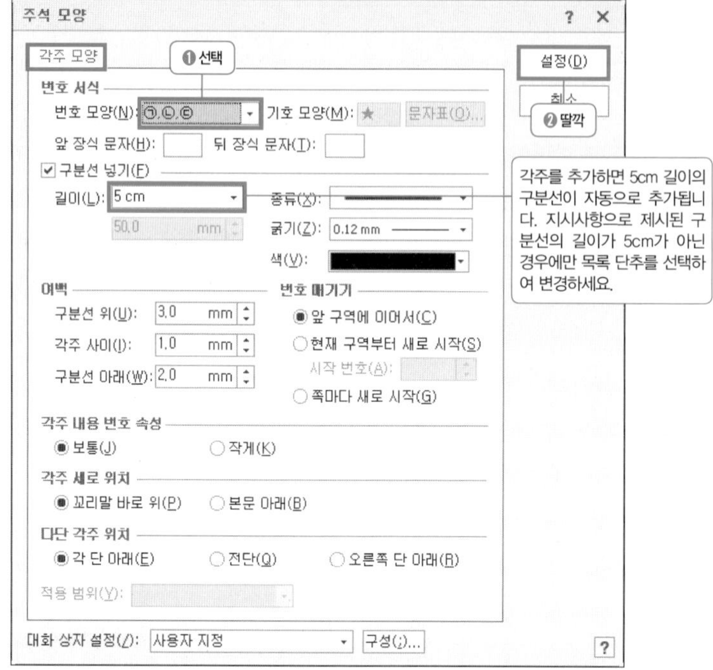


5. Shift+Esc를 누르거나 [기본] 도구 상자의 [주석] → (닫기)를 클릭하여 각주 편집 화면에서 빠져 나온 후 세로 스크롤바를 아래로 드래그하여 각주를 확인하세요.

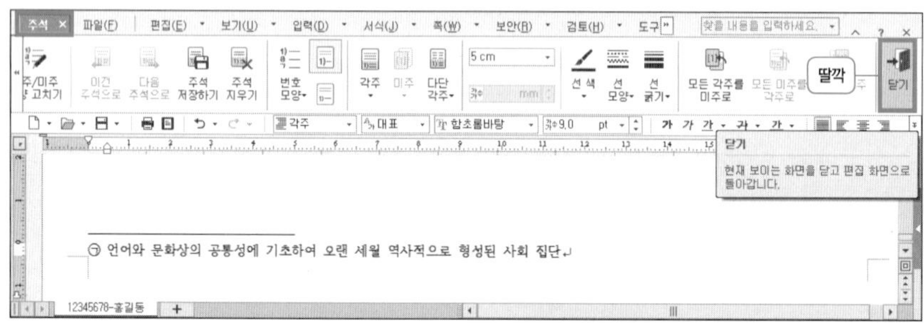


6. 다음 작업을 위해 Ctrl+↓를 세 번 눌러 커서를 다음 문단으로 이동시키세요.

**궁금해요 시나공 Q&A 베스트**

**Q 그림 앞의 글자가 문제지와 달라요!**

A 그림을 선택한 후 방향키의 ←/→를 눌러보세요.

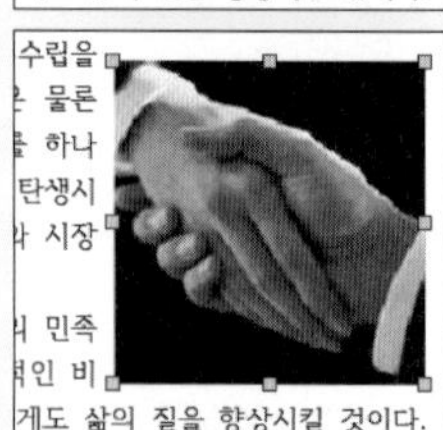

실제 시험에서 그림에 대한 지시사항과 위의 내용대로 조절해도 그림 왼쪽에 있는 글자들의 배열이 문제지와 다를 수 있습니다. 지시사항을 정확하게 수행했다면 감점이 아니니 신경쓰지 마세요.

## 8 소제목에 서식 지정하기

[지시사항]

| 글꼴 : 궁서, 18pt, 흰색, 음영색 : 빨강 |
|---|

**1.** 앞선 **6**번 작업으로 인해 "♣" 앞에 커서가 놓여 있습니다. Shift+End를 눌러 소제목을 블록으로 지정한 후 Alt+L을 눌러 '글자 모양' 대화상자를 호출하세요.

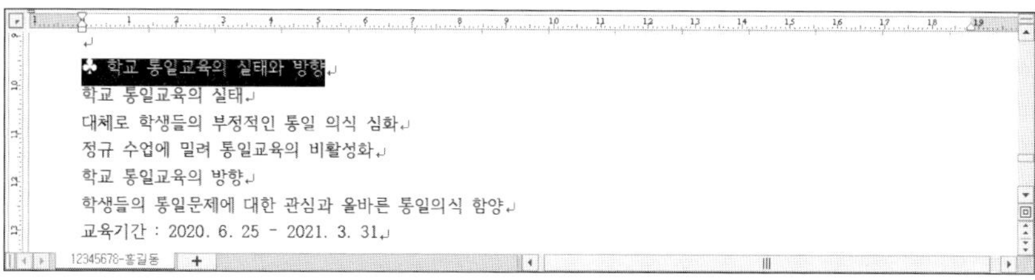


**2.** '글자 모양' 대화상자의 '기본' 탭에서 그림과 같이 소제목의 글꼴과 크기를 지정한 후 〈설정〉을 클릭하세요.

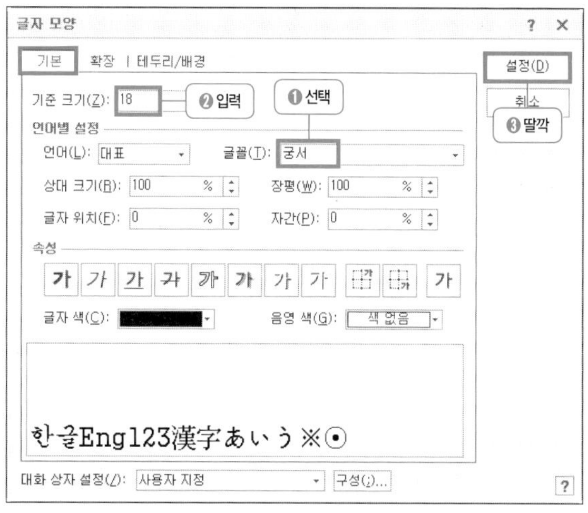


**3.** 소제목의 글꼴과 크기가 변경됩니다. 전각 기호(♣)와 전각 기호 다음의 공백을 제외한 나머지 소제목을 블록으로 지정한 후 Alt+L을 눌러 '글자 모양' 대화상자를 호출하세요.

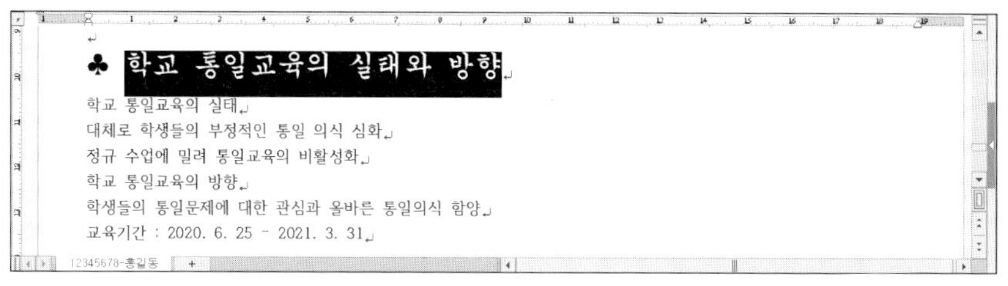

전문가의 조언

**바로 가기 키로 '글자 모양' 대화상자 설정하기**

**궁서** 입력 → Alt+Z → 18 → Enter

전문가의 조언

글자색과 음영색은 전각 기호를 제외하고 나머지 내용에만 지정해야 합니다.

**전문가의 조언**

현재 선택되어 있는 색상 테마에 '빨강'이 없다면 색상 테마를 '오피스'로 변경한 후 '빨강'을 선택하세요.

**4.** '글자 모양' 대화상자의 '기본' 탭에서 그림과 같이 글자 색과 음영 색을 지정한 후 〈설정〉을 클릭하세요.

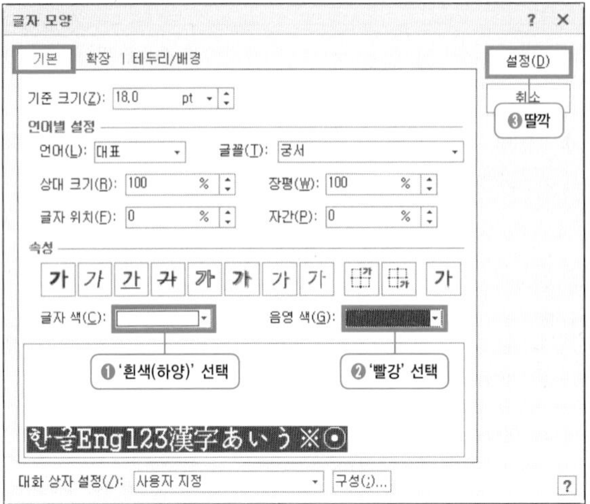


**5.** Esc를 눌러 블록을 해제한 후 완성된 소제목을 확인하세요.

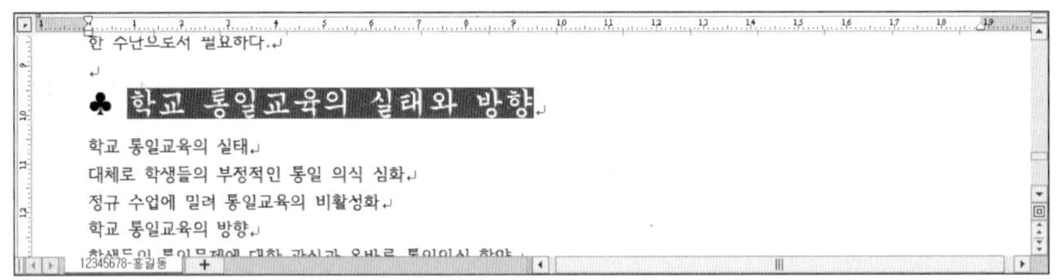


## 9 문단 번호 기능 지정하기

[지시사항]

- 문단 번호 기능 사용
  1수준 : 20pt, 오른쪽 정렬, 2수준: 30pt, 오른쪽 정렬
- 줄 간격 : 180%

**전문가의 조언**

**키보드로 문단 번호 입력할 부분 블록 지정하기**

소제목에 서식을 지정한 후 Ctrl+↓을 한 번 누르면 커서가 "학교 통일교육" 부분의 "학"자 앞으로 이동합니다. 이어서 Shift+↓를 6번 누르면 문단 번호를 입력할 부분이 블록으로 지정됩니다.

**1.** 문단 번호를 삽입할 문단을 그림과 같이 드래그하여 블록으로 지정한 후 문단 번호를 만드는 바로 가기 키 Ctrl+K, N을 누르세요([기본] 도구 상자 : [서식] → ☰·의 ▾ → 문단 번호 모양).

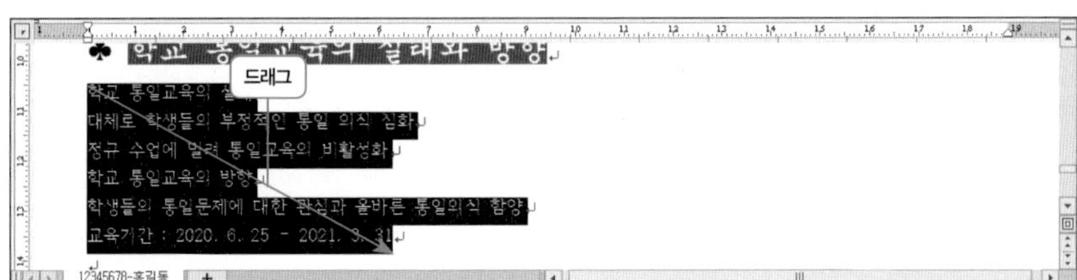

2. 문단 번호는 기본적으로 제공되는 문단 번호 모양을 변경해서 사용하면 됩니다. '문단 번호/글머리표' 대화상자의 '문단 번호' 탭에서 그림과 같이 '문단 번호 모양'을 선택한 후 〈사용자 정의〉를 클릭하세요.

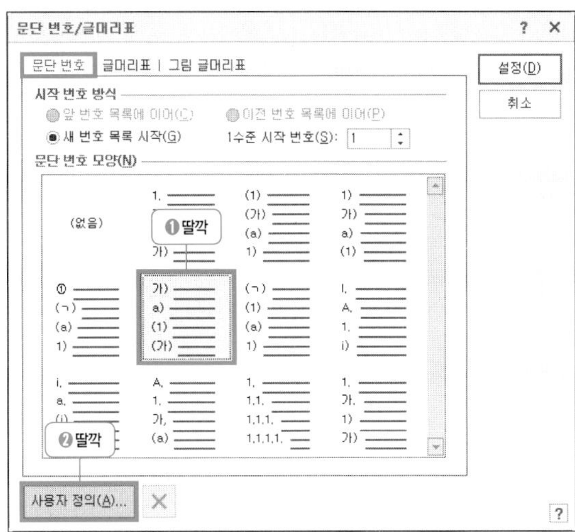


3. 수준별로 문단 번호의 위치를 지정해야 합니다. '문단 번호 사용자 정의 모양' 대화상자의 '수준'에서 '1수준'을 선택하고, '번호 위치' 항목의 너비 조정에 20을 입력하세요. 이어서 정렬에서 '오른쪽'을 선택하세요.

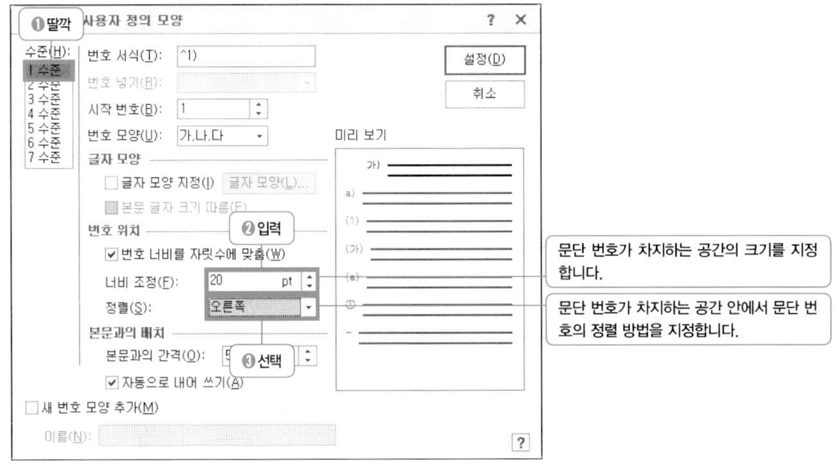

**전문가의 조언**

문단 번호 모양은 지정된 여백과 관계없이 문제에 제시된 문단 번호와 번호 체계가 동일한 것을 선택하면 됩니다.

**전문가의 조언**

**문단 번호 수준**

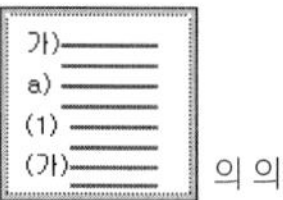


의 의미

다음 문단 번호 모양에서 '가)'가 1수준, 'a)'가 2수준, '(1)'이 3수준, '(가)'가 4수준에 해당됩니다.

**전문가의 조언**

- 1수준의 너비에는 20pt, 2수준의 너비에는 30pt를 지정하도록 지시되어 있습니다.
- 문단 번호가 차지하는 공간을 20pt로 지정하면 왼쪽 여백을 20pt로 지정한 것과 동일합니다.

**4.** 이제 2수준에 대해서 너비와 정렬을 지정해야 합니다. '수준'에서 '2수준'을 선택하고, '번호 위치' 항목의 너비 조정에 **30**을 입력하세요. 이어서 정렬에서 '오른쪽'을 선택한 후 〈설정〉을 클릭하세요.

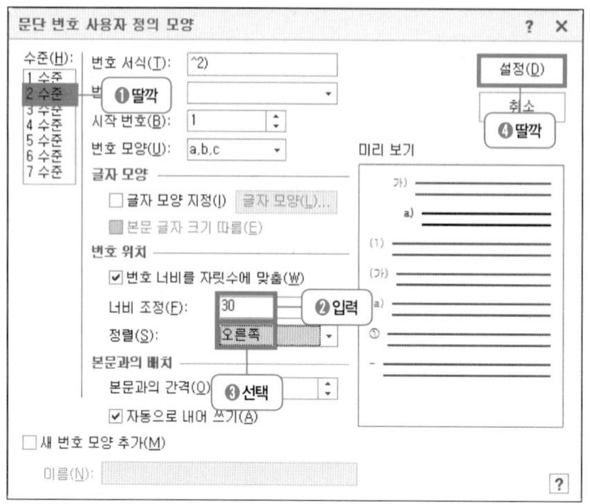


**5.** '문단 번호 모양' 리스트의 마지막에 방금 설정한 대로 새로운 문단 번호 모양이 추가됩니다. 〈설정〉을 클릭하세요.

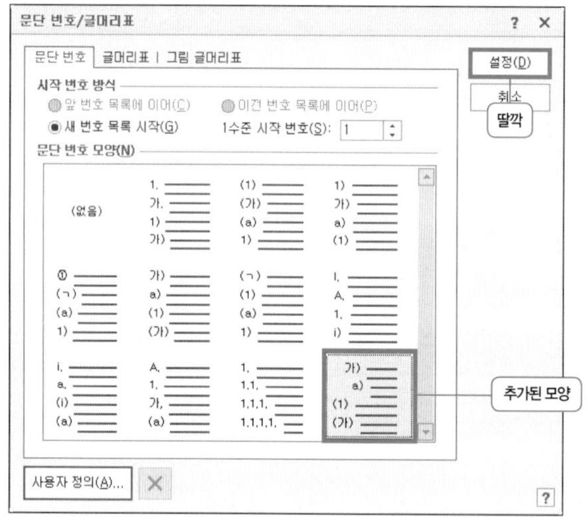

**6.** 블록으로 지정한 모든 문단에 문단 번호 1수준이 적용됩니다. 문단 번호를 지정한 문단 전체에 줄 간격을 지정하고 2수준의 문단 번호를 지정해야 합니다. 블록이 지정된 상태로 [서식] 도구 상자의 '줄 간격' 목록 상자( 160 % )에서 '180%'를 선택하세요.

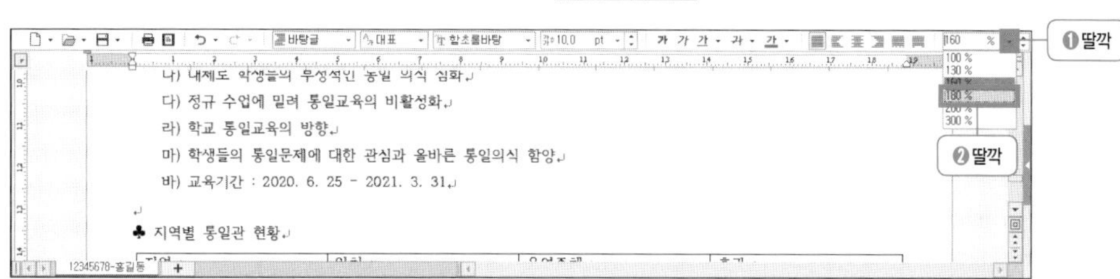


**7.** 문단 번호를 2수준으로 지정할 부분을 그림과 같이 드래그한 후 Ctrl + + 를 누릅니다.

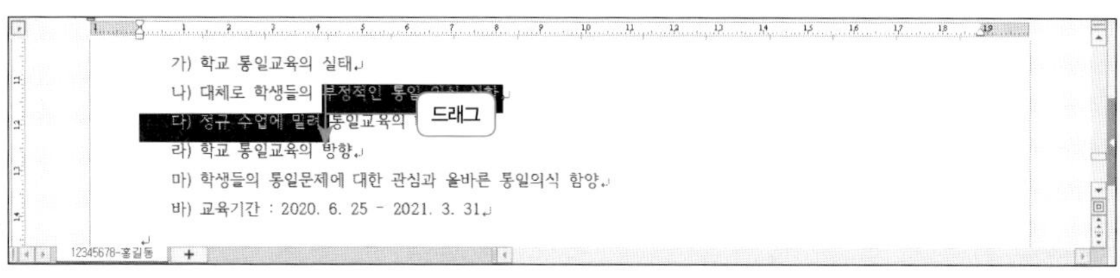


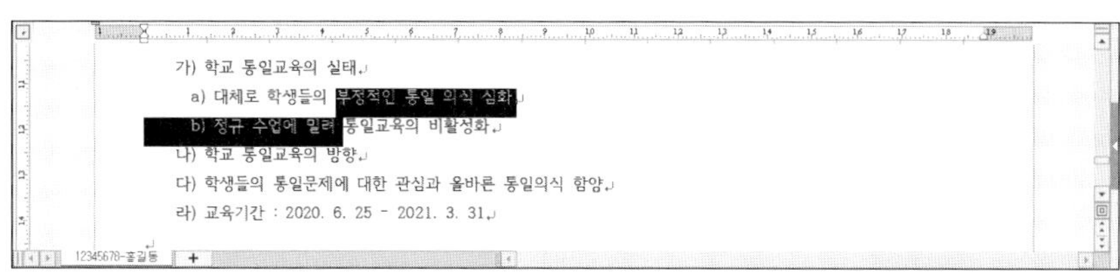

전문가의 조언

**문단 번호 수준 변경**

문단 번호 수준을 하위 단계로 변경하려면 문단에 커서를 놓고 Ctrl + + 를, 상위 단계로 변경하려면 Ctrl + - 를 누르면 됩니다.

**8.** 동일한 방법으로 나머지 문단에 대해 문단 번호를 2수준으로 지정하세요.

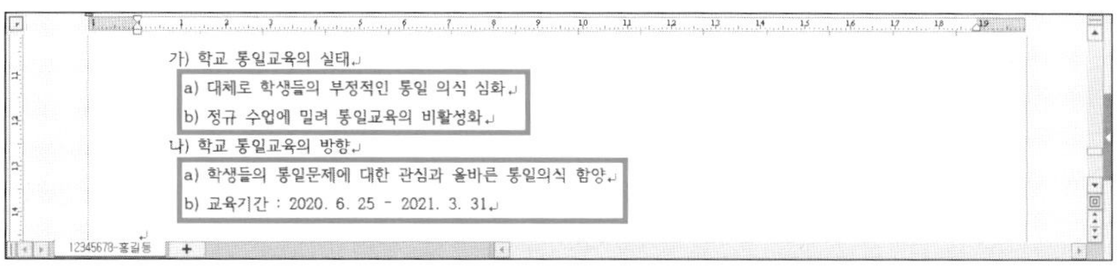


**9.** 다음 작업을 위해 Ctrl + ↓ 를 두 번 눌러 커서를 다음 문단으로 이동시키세요.

##  표제목에 서식 지정하기

[지시사항]

| 글꼴 : 궁서, 18pt, 밑줄, 강조점 |
|---|

1. 앞선 9번 작업으로 인해 커서는 표제목의 '♣' 앞에 위치합니다. Shift+End를 눌러 표제목을 블록으로 지정한 후 Alt+L을 눌러 '글자 모양' 대화상자를 호출하세요.

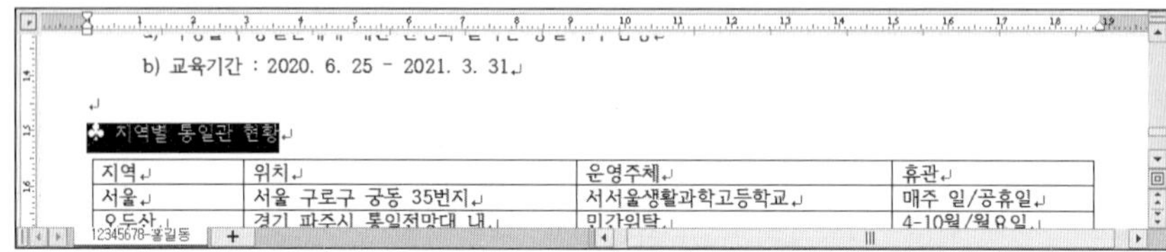

전문가의 조언

**바로 가기 키로 '글자 모양' 대화상자 설정하기**

**궁서** 입력 → Alt+Z → 18 → Enter

2. '글자 모양' 대화상자의 '기본' 탭에서 그림과 같이 제목의 글꼴과 크기를 지정한 후 〈설정〉을 클릭하세요.

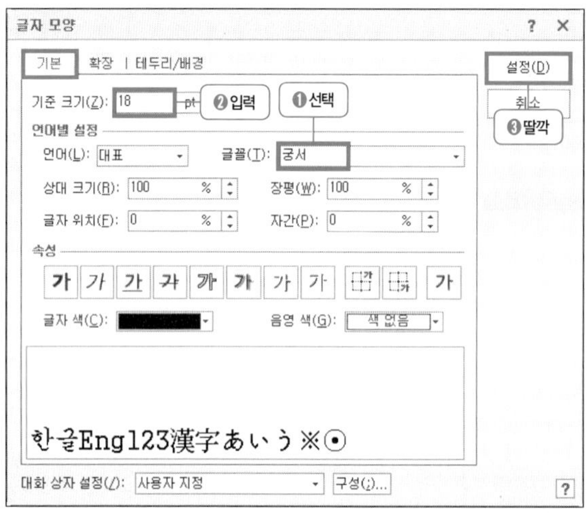

전문가의 조언

밑줄은 전각 기호(♣)를 제외하고 나머지 내용에만 지정해야 합니다.

3. 표제목의 글꼴과 크기가 변경됩니다. 전각 기호(♣)와 전각 기호 다음의 공백을 제외한 나머지 표제목을 블록으로 지정한 후 밑줄 바로 가기 키 Alt+Shift+U를 누르세요.

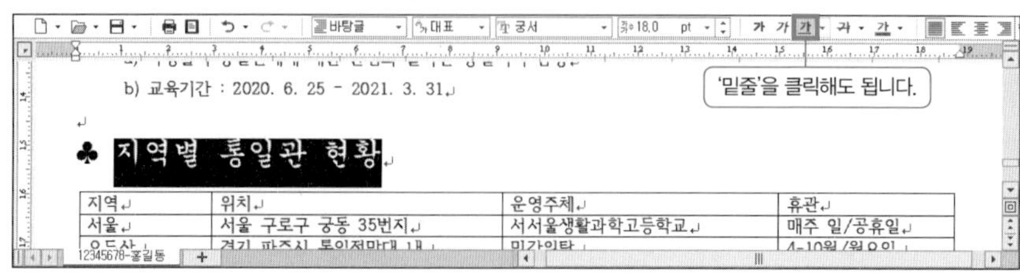

**4.** 표제목 중 "지역별"과 "현황"에 강조점을 지정해야 합니다. 먼저 "지역별"만 블록으로 지정한 다음 Alt+L을 누르세요. '글자 모양' 대화상자의 '확장' 탭에서 그림과 같이 강조점을 지정한 후 〈설정〉을 클릭하세요.

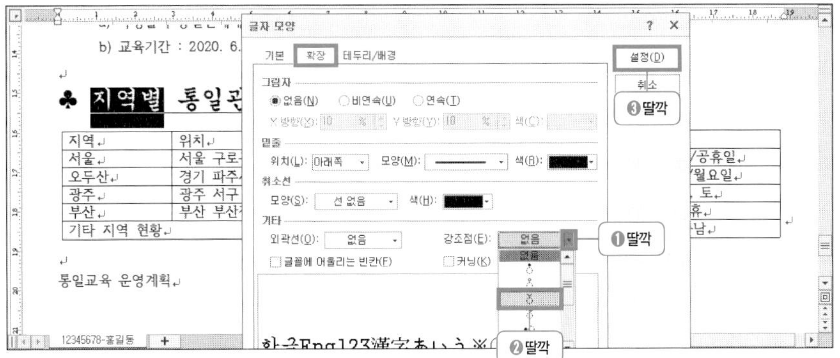


**5.** 같은 방법으로 "현황"에도 강조점을 지정하고 Esc를 눌러 블록을 해제한 후 완성된 표제목을 확인하세요.

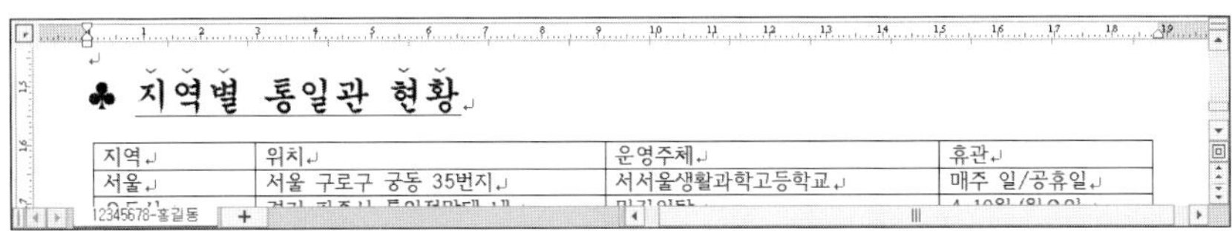


## 11 표 내용에 서식 지정하기

[지시사항]

- 표 전체 글꼴 : 굴림, 10pt, 가운데 정렬
- 셀 배경색(그러데이션) : 유형(수평), 시작색(흰색), 끝색(노랑)

**1.** 표 안 내용의 글꼴을 '굴림', 10pt로 지정해야 합니다. 표의 모든 셀을 그림과 같이 블록으로 지정한 후 Alt+L을 눌러 '글자 모양' 대화상자를 호출하세요.

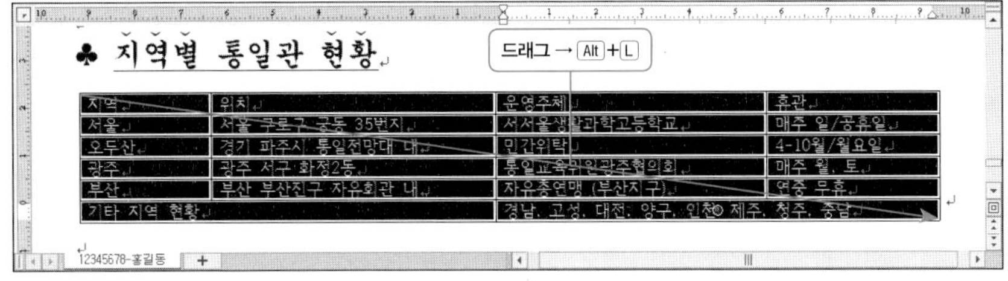

전문가의 조언

**바로 가기 키로 '글자 모양' 대화상자 설정하기**

**굴림** 입력 → Alt+Z → 10 → Enter

2. '글자 모양' 대화상자의 '기본' 탭에서 그림과 같이 글꼴과 크기를 지정한 후 〈설정〉을 클릭하세요.

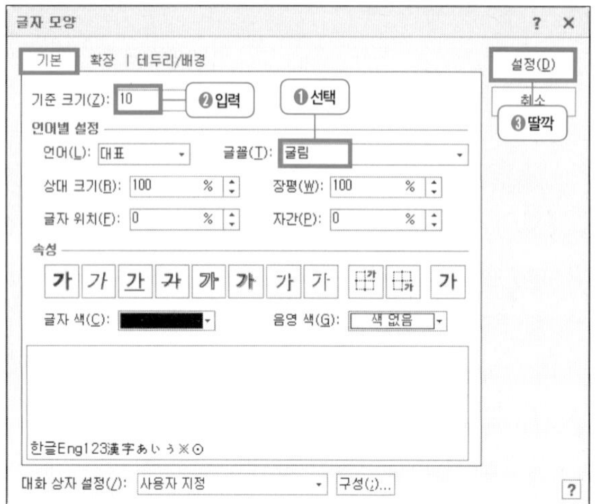


3. 표 안의 내용을 정렬해야 합니다. 표의 모든 셀이 블록으로 지정된 상태에서 가운데 정렬 바로 가기 키 Ctrl+Shift+C를 누르세요.

4. 제목 행에 배경색을 지정해야 합니다. PgUp → →을 눌러 제목 행만 블록으로 지정한 후 배경 모양 변경 바로 가기 키 C를 누르세요.

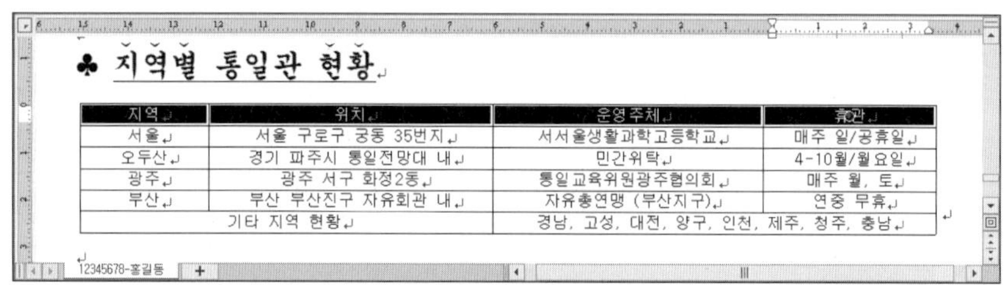


5. '셀 테두리/배경' 대화상자의 '배경' 탭에서 그림과 같은 순서로 작업하여 그러데이션을 지정한 후 〈설정〉을 클릭하세요.

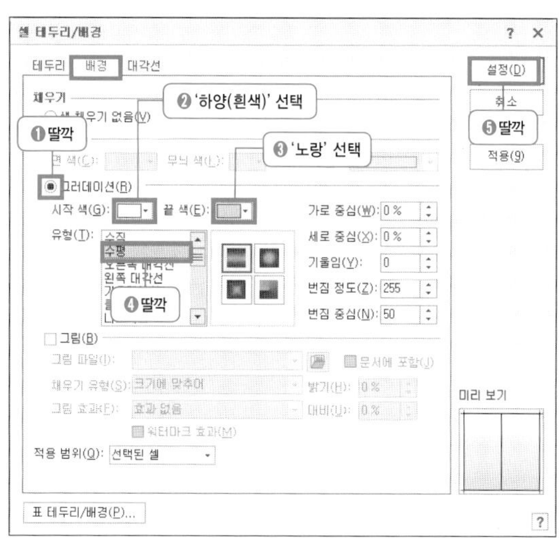


6. 제목행에 배경색이 지정되었습니다. 이제는 표의 선 모양을 문제지와 동일하게 지정해줘야 합니다. 제목 행이 블록으로 지정된 상태에서 선 모양 변경 바로 가기 키 L을 누르세요.

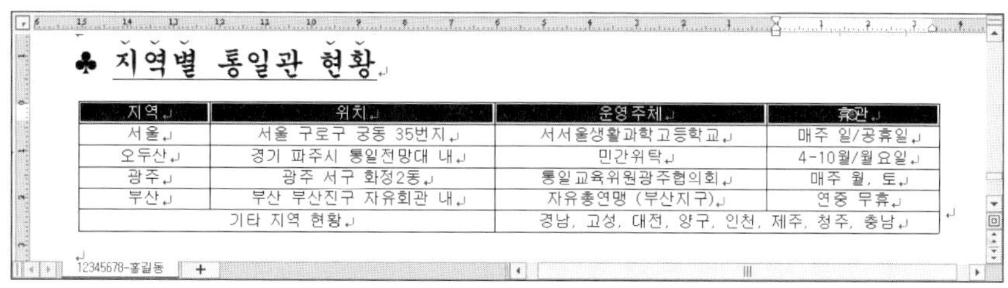

♣ 지역별 통일관 현황

| 지역 | 위치 | 운영주체 | 휴관 |
|---|---|---|---|
| 서울 | 서울 구로구 궁동 35번지 | 서서울생활과학고등학교 | 매주 일/공휴일 |
| 오두산 | 경기 파주시 통일전망대 내 | 민간위탁 | 4-10월/월요일 |
| 광주 | 광주 서구 화정2동 | 통일교육위원광주협의회 | 매주 월, 토 |
| 부산 | 부산 부산진구 자유회관 내 | 자유총연맹 (부산지구) | 연중 무휴 |
| 기타 지역 현황 | | 경남, 고성, 대전, 양구, 인천, 제주, 청주, 충남 | |

12345678-홍길동

7. '셀 테두리/배경' 대화상자의 '테두리' 탭에서 그림과 같은 순서로 작업하여 제목 행의 아래 선을 '이중 실선(0.5mm)'으로 지정한 후 〈설정〉을 클릭하세요.

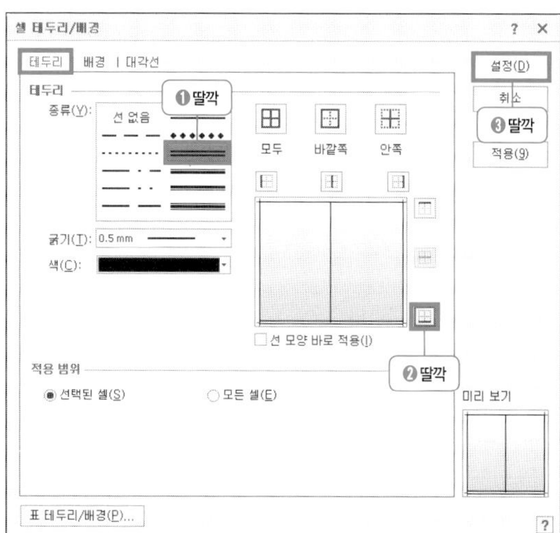

8. PgDn을 눌러 표의 모든 셀을 블록으로 지정한 후 선 모양 변경 바로 가기 키 L을 누르세요.

9. '셀 테두리/배경' 대화상자의 '테두리' 탭에서 그림과 같은 순서로 작업하여 표 바깥의 왼쪽/오른쪽과 위쪽/아래쪽 테두리를 지정한 후 〈설정〉을 클릭하세요.

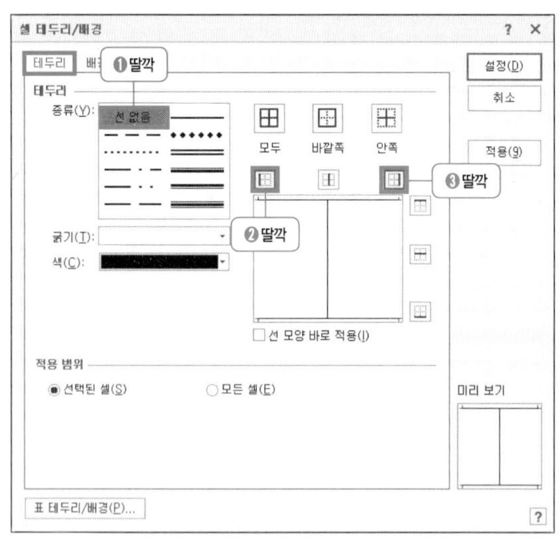


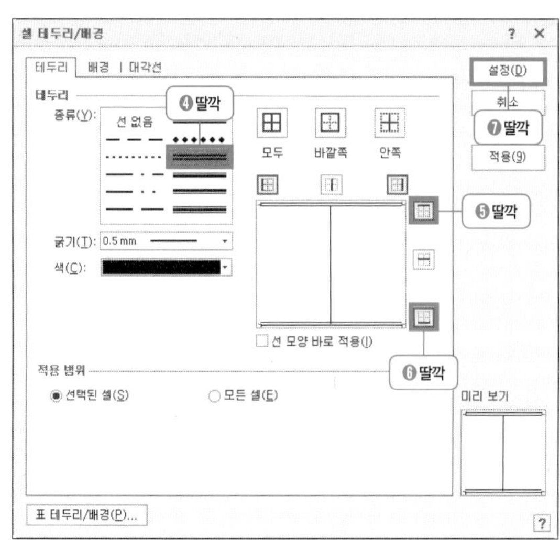

궁금해요

## 시나공 Q&A 베스트

**Q '셀 테두리/배경' 대화상자를 이용하여 표 바깥의 왼쪽과 오른쪽을 '선 없음'으로 지정하고 바로 표 바깥의 위쪽과 아래쪽을 '이중 실선'으로 지정했는데 표 바깥의 왼쪽과 오른쪽도 '이중 실선'으로 지정되었어요. 분명 '선 없음'으로 지정했는데 왜 이런 일이 나한테 발생하는 거죠? ㅠㅠ**

A '선 모양 바로 적용'이 체크되어 있는 상태에서 선을 적용했기 때문입니다. '선 모양 바로 적용'이 선택되어 있으면 테두리 종류를 선택할 때 마다 테두리 단추가 눌러진 곳은 자동으로 선 모양이 적용됩니다. 원하는 곳에만 선 모양이 적용되게 하려면 '선 모양 바로 적용'을 해제하고 작업해야 합니다.

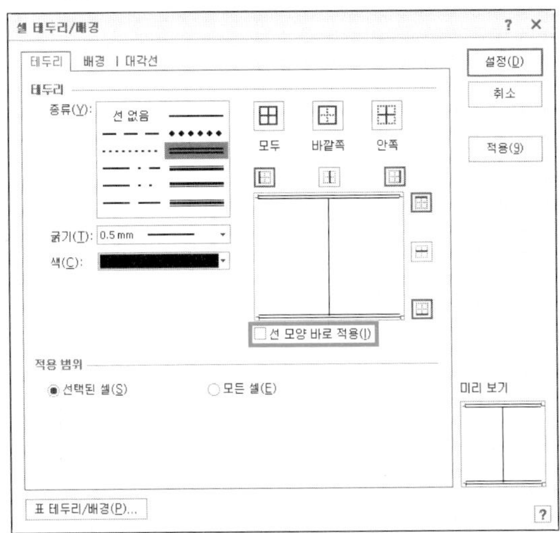


**10.** 표의 외곽선이 변경되었습니다. 마지막으로 표의 정렬, 크기, 위치를 지정해야 합니다. Shift+Esc를 눌러 커서를 표의 왼쪽에 위치시킵니다. Ctrl+Shift+C를 눌러 표 자체를 가운데로 정렬하세요.

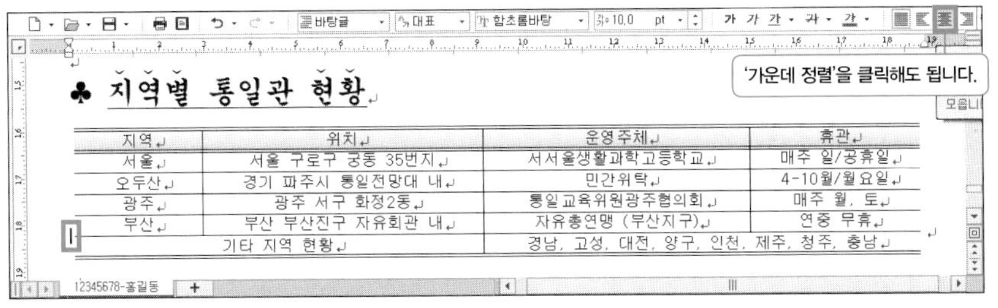


| 지역 | 위치 | 운영주체 | 휴관 |
|---|---|---|---|
| 서울 | 서울 구로구 궁동 35번지 | 서서울생활과학고등학교 | 매주 일/공휴일 |
| 오두산 | 경기 파주시 통일전망대 내 | 민간위탁 | 4-10월/월요일 |
| 광주 | 광주 서구 화정2동 | 통일교육위원광주협의회 | 매주 월, 토 |
| 부산 | 부산 부산진구 자유회관 내 | 자유총연맹 (부산지구) | 연중 무휴 |
| 기타 지역 현황 | | 경남, 고성, 대전, 양구, 인천, 제주, 청주, 충남 | |

**전문가의 조언**

지시된 내용은 아니지만 문제지와 비슷한 형태로 맞추기 위해 가운데 정렬을 수행합니다.

**Q Shift+Esc를 눌렀을 때 커서가 표의 왼쪽 위에 표시돼요!**

A 표가 '글자처럼 취급'이 되지 않았기 때문입니다. Ctrl+N, K를 눌러 '표/셀 속성' 대화상자의 '기본' 탭에서 '글자처럼 취급'을 선택하세요.

**전문가의 조언**

표의 셀 높이는 문제지의 [출력형태]를 보고 유사하게 조절하면 됩니다.

**11.** 표의 모든 셀을 블록으로 지정한 후 Ctrl+↓를 두 번 눌러 표의 세로 크기를 조절하세요.

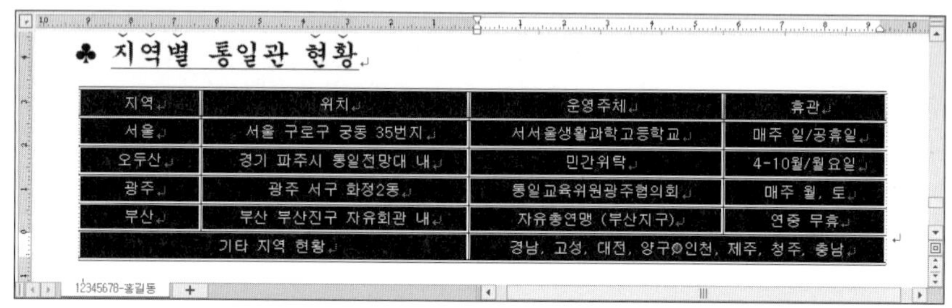

**전문가의 조언**

표의 시작 위치가 문제지의 표 제목 시작 위치보다 안쪽에 위치한다면, Ctrl+←를 눌러 표의 가로 크기를 줄이면 됩니다.

**12.** Shift+Esc를 눌러 표 편집 상태에서 빠져나오세요. 다음 작업을 위해 Ctrl+↓를 2번 눌러 발신명의 부분으로 커서를 이동시키세요.

##  12 발신명의에 서식 지정하기

[지시사항]

| 글꼴 : 돋움, 24pt, 진하게, 장평 : 105%, 오른쪽 정렬 |
|---|

**1.** 앞선 **12**번의 작업으로 인해 커서가 "통일교육 운영계획"의 "통" 자 앞에 있습니다. Shift+End를 눌러 발신명의를 블록으로 지정한 후 Ctrl+Shift+R을 눌러 문자열을 오른쪽으로 정렬하세요.

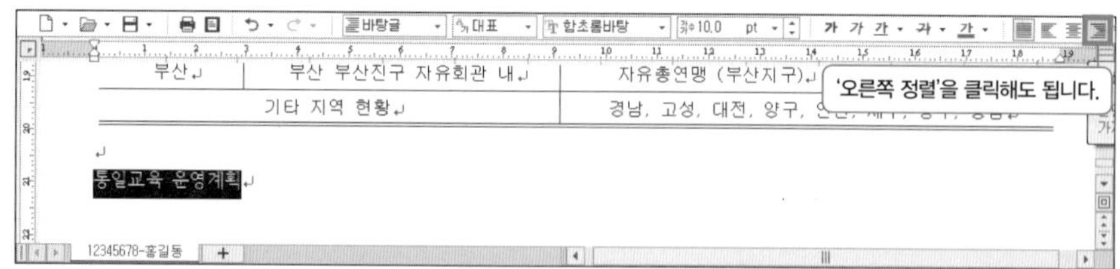

2. 이어서 Alt+L을 눌러 '글자 모양' 대화상자를 호출하세요.

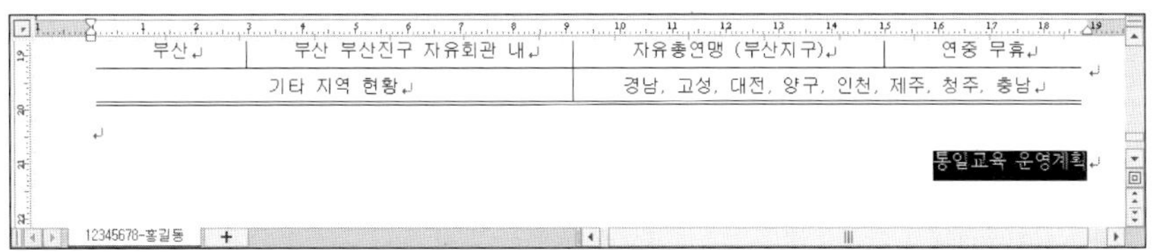

3. '글자 모양' 대화상자의 '기본' 탭에서 그림과 같이 글꼴, 크기, 장평, 속성을 지정한 후 〈설정〉을 클릭하세요.

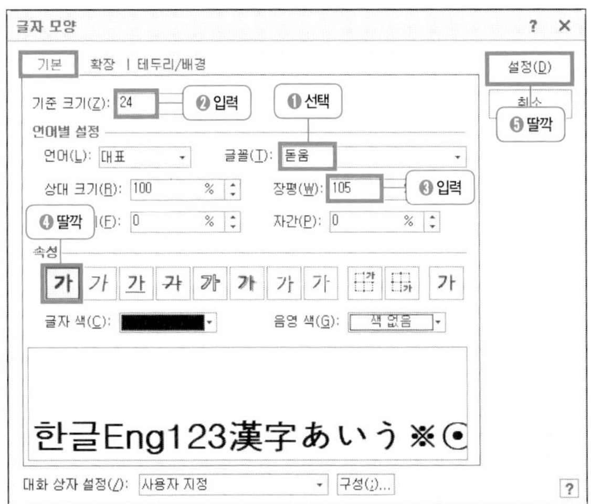

전문가의 조언

**바로 가기 키로 '글자 모양' 대화상자 설정하기**

**돋움** 입력 → Alt+Z → 24 → Alt+W → 105 → Alt+B → Enter

4. Esc를 눌러 블록을 해제한 후 완성된 발신명의를 확인하세요.

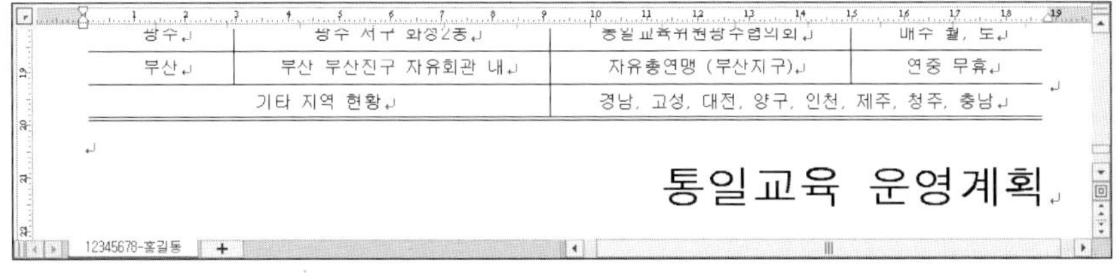

#  쪽 번호 매기기

[지시사항]

| • 모양 : ⑥ | • 6으로 시작 |
|---|---|

**전문가의 조언**

쪽 번호 만들기는 문서의 아무 곳에나 커서를 놓고 수행하면 됩니다.

1. 쪽 번호 넣기 바로 가기 키 Ctrl+N, P를 누른 후 '쪽 번호 매기기' 대화상자에서 그림과 같이 번호 위치와 모양, 시작 번호를 지정하고 줄표 넣기를 해제한 후, 〈넣기〉를 클릭하세요([기본] 도구 상자 : [쪽] → (**쪽 번호 매기기**)).

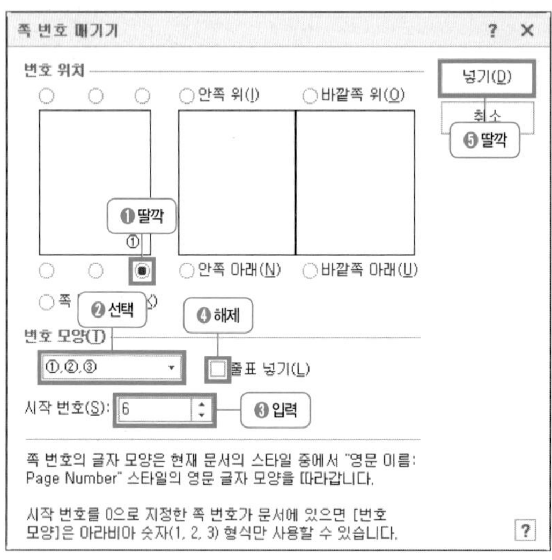

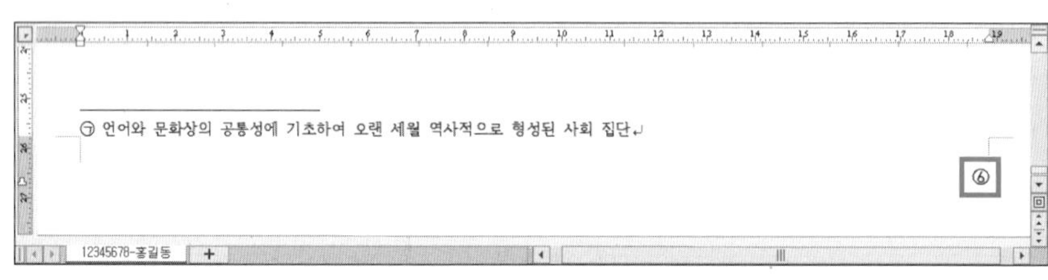

**Q 쪽 번호가 안보여요!**

A [기본] 도구 상자의 [보기] → 쪽 윤곽(Ctrl+G, L)을 선택하여 쪽 윤곽 보기 상태로 만드세요.

2. 문서작성 능력평가 문제에 대한 모든 작업이 완료되었습니다. 완성된 문서를 확인하세요.

통일 우리의 미래

# 정통성과 민족의 동질성 회복

통일한국

통일은 남북한 국민이 한 민족㉠ 하나의 국민이라고 느끼고 남북한 단일체제 수립을 넘어 한 마음이 된 상태를 의미한다. 통일은 분단된 국토가 하나 되는 것은 물론 정치적으로 대립되었던 체제를 하나로 만드는 것이고, 경제적으로 서로 다른 제도를 하나로 거듭나게 하는 것이며, 남북주민 사이에 내면화된 이질적인 문화를 하나로 다시 탄생시키는 것이다. 우리가 추구하는 통일은 인류 보편적 가치로 자리 잡은 자유민주주의와 시장경제를 바탕으로 구성원 모두의 자유와 인권이 보장되는 민족공동체의 건설이다.

통일(統一)은 분단으로 인해 굴절된 역사를 바로잡고, 민족공동체 건설을 통해 우리 민족의 총체적 역량을 극대화하기 위해 필요하다. 또한 통일은 분단에 따른 유형, 무형적인 비용을 소멸시키고 새로운 이득(利得)을 창출함으로 인해 국가와 사회뿐 아니라 개인에게도 삶의 질을 향상시킬 것이다. 개인적 차원에서 통일은 이산가족의 고통을 해소하고 남북 간에 자유롭게 오고 가며 살 수 있는 등의 다양한 선택의 기회를 부여하며 인간적인 삶을 보장할 것이다. 통일은 21세기 한민족의 새로운 비상과 선진일류국가로 도약하기 위한 수단으로서 필요하다.

## ♣ 학교 통일교육의 실태와 방향

가) 학교 통일교육의 실태
- a) 대체로 학생들의 부정적인 통일 의식 심화
- b) 정규 수업에 밀려 통일교육의 비활성화

나) 학교 통일교육의 방향
- a) 학생들의 통일문제에 대한 관심과 올바른 통일의식 함양
- b) 교육기간 : 2020. 6. 25 - 2021. 3. 31

## ♣ 지역별 통일관 현황

| 지역 | 위치 | 운영주체 | 휴관 |
|---|---|---|---|
| 서울 | 서울 구로구 궁동 35번지 | 서서울생활과학고등학교 | 매주 일/공휴일 |
| 오두산 | 경기 파주시 통일전망대 내 | 민간위탁 | 4-10월/월요일 |
| 광주 | 광주 서구 화정2동 | 통일교육위원광주협의회 | 매주 월, 토 |
| 부산 | 부산 부산진구 자유회관 내 | 자유총연맹 (부산지구) | 연중 무휴 |
| 기타 지역 현황 | | 경남, 고성, 대전, 양구, 인천, 제주, 청주, 충남 | |

# 통일교육 운영계획

㉠ 언어와 문화상의 공통성에 기초하여 오랜 세월 역사적으로 형성된 사회 집단

⑥

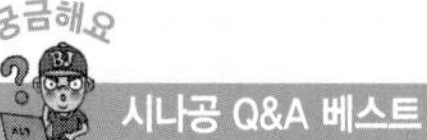


Q 쪽 번호를 지정했더니 문제 1~4번이 작성된 1, 2페이지에도 쪽 번호가 표시되었어요. 감점인가요?

A 쪽 번호는 3페이지에 대해서만 채점을 수행하므로 1, 2페이지에 표시된 쪽 번호는 감점 대상이 아닙니다. 또한 교재에 제시된 방법대로 구역 나누기(Alt+Shift+Enter) 기능을 이용해 페이지를 구분하고 3페이지에 쪽 번호를 삽입했다면 1, 2페이지에는 쪽 번호가 표시되지 않습니다.

## 6 ITQ 한글 시험 마무리

**Q [서식] 도구 상자에서 '저장하기(🖫)'를 클릭하면 파일 이름을 묻는 대화상자가 나와요!**

A 저장하기 전에 Esc를 한 번 눌러 블록으로 지정된 부분을 해제하세요. 문서의 일부가 블록으로 지정되어 있는 상태에서 저장하면 블록으로 지정된 부분만 저장하기 위해 저장 파일명을 묻는 대화상자가 나옵니다.

**1.** 모든 작업이 끝났습니다. 완성된 문서를 확인하고 [서식] 도구 상자에서 '저장하기(🖫)'를 클릭하세요.

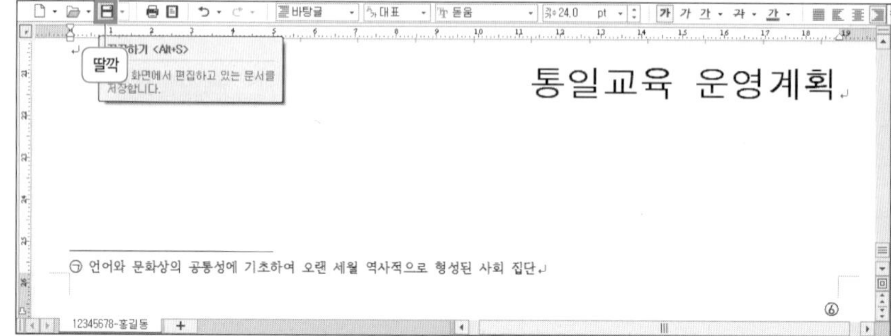


**2.** 한글 프로그램을 최소화한 후 '시험 관리 도구'에서 [답안 전송]을 클릭하여 작성한 문서를 전송합니다.

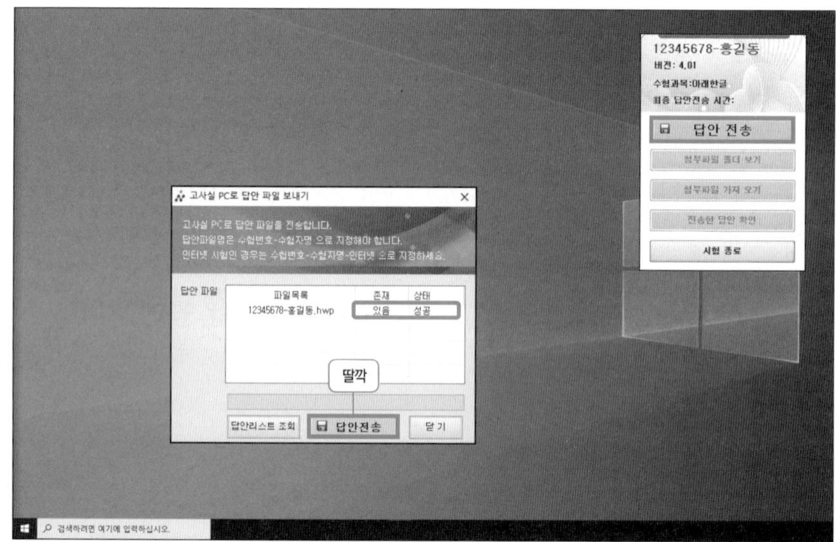


**3.** '시험 관리 도구'에서 [수험자 시험 종료]를 클릭한 후 감독위원의 지시에 따라 문제지를 제출하고 퇴실하세요.

시험 준비를 철저히 하지 않아 중도에 포기할 경우 감독위원에게 문의한 후 문제지를 제출하고 퇴실해야 합니다. 실수로 문제지를 가지고 퇴실하면 부정행위로 간주되어 2년간 국가 자격 시험에 응시할 수 없는 불행한 사태가 발생할 수도 있습니다.

## 7 자동 채점 프로그램 사용하기

이후 과정은 길벗 ITQ 자동 채점 프로그램 사용 방법을 연습하는 과정으로 실제 시험에서는 진행되지 않습니다.

1. 길벗 ITQ 자동 채점 프로그램을 실행하기 위해 바탕 화면에서 [■(시작)] → 길벗 → **2021 길벗 ITQ OA Master 채점프로그램**을 차례로 선택합니다.

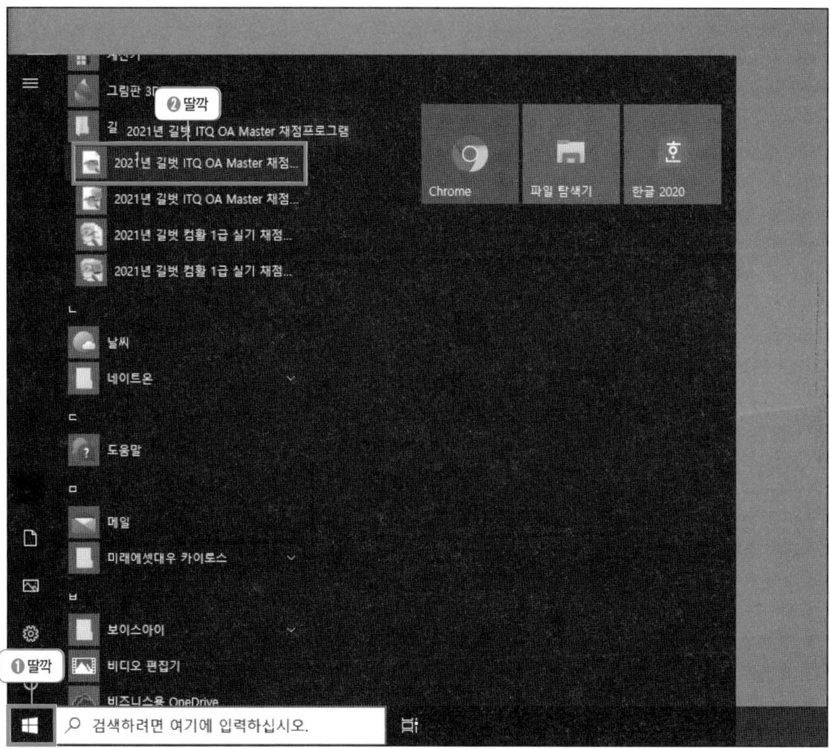


2. 업데이트 창이 나타나며 자동으로 업데이트가 진행됩니다. 업데이트가 완료되면 〈실행〉을 클릭하세요.

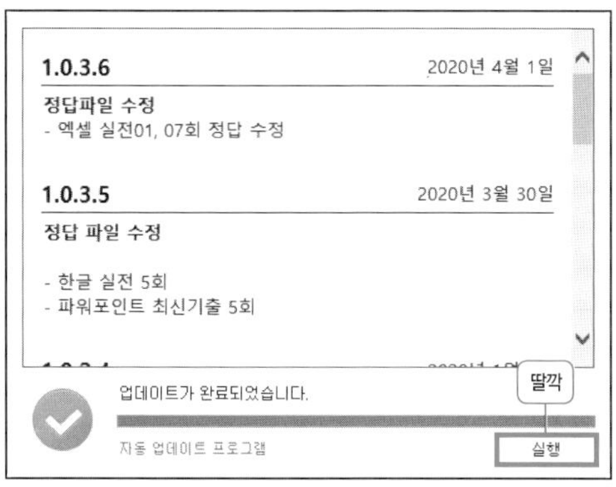


채점 프로그램 설치하기

1. 시나공 카페(sinagong.gilbut.co.kr)에 접속하여 아이디와 패스워드를 넣고 로그인 하세요.
2. 위쪽의 메뉴에서 [시나공 IT] → [자료실]을 클릭하세요.
3. '자료실'에서 [ITQ] → [ITQ OA Master]만 선택하세요.
4. '실습예제'에서 '2021 시나공 ITQ OA Master(2016 사용자용) [기본서]'를 클릭하세요.
5. 이어서 [전체펼치기] → ▣ → [^] → [열기]를 차례로 클릭하세요.
6. 압축 프로그램 창에서 〈압축풀기〉를 클릭하세요.
7. '압축풀기' 대화상자에서 압축 파일을 풀어놓을 폴더를 지정하고 〈확인〉을 클릭하세요.
8. 압축을 푼 폴더에서 '채점프로그램.exe' 파일을 더블클릭하여 실행한 후 지시사항을 따라 〈다음〉을 클릭하면 간단하게 설치됩니다.

3. 왼쪽 상단의 〈교재 선택〉을 클릭한 후 'ITQ 한글(2016)'을 선택하세요.

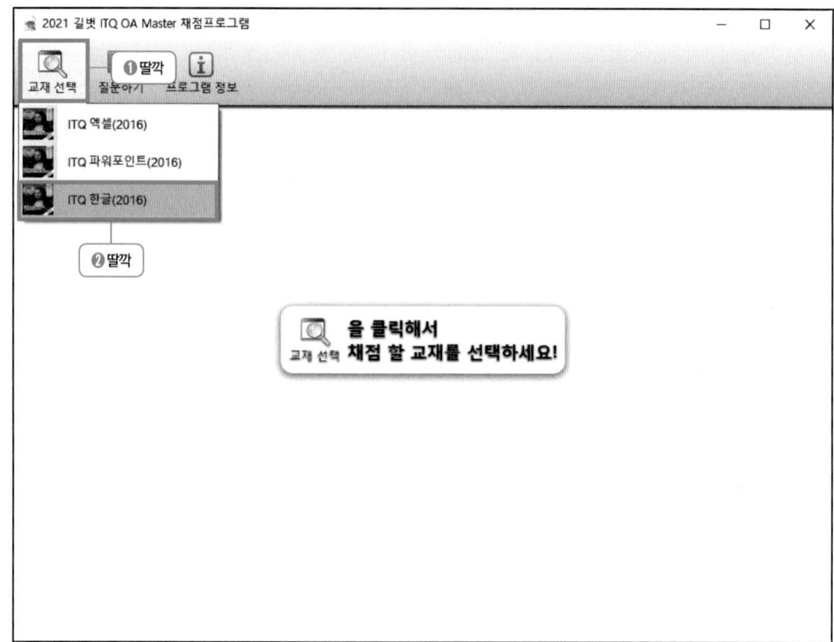


4. 채점할 파일을 채점 창으로 드래그하거나 왼쪽 상단의 〈채점하기〉를 클릭한 후 '열기' 대화상자에서 그림과 같이 채점할 파일을 선택하고 〈열기〉를 클릭하면 자동으로 채점이 수행됩니다.

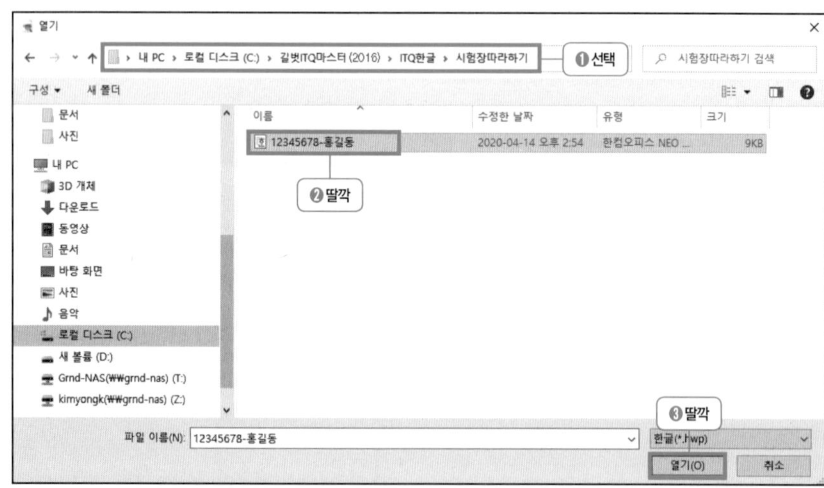

5. 채점이 완료되면 채점 창에 채점 결과가 표시됩니다. 채점 프로그램 창 왼쪽의 감점 항목을 클릭하면 틀린 부분이 세부 내역 창에 표시되기 때문에 틀린 이유를 바로 확인할 수 있습니다. 올바르게 작성했는데도 틀리다고 표시된 경우에는 〈질문하기〉를 클릭하여 해당 문제에 궁금한 점을 문의하세요.

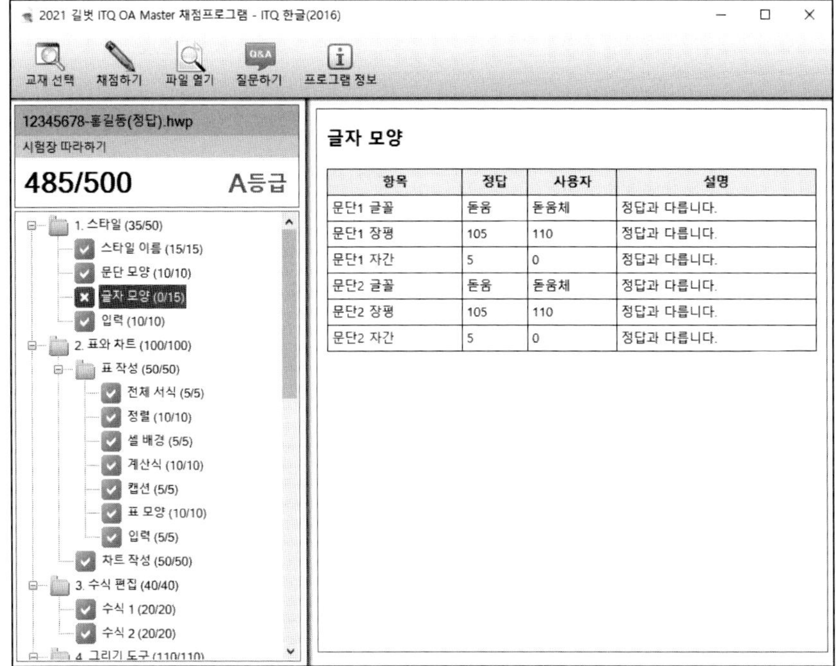


| 항목 | 정답 | 사용자 | 설명 |
|---|---|---|---|
| 문단1 글꼴 | 돋움 | 돋움체 | 정답과 다릅니다. |
| 문단1 장평 | 105 | 110 | 정답과 다릅니다. |
| 문단1 자간 | 5 | 0 | 정답과 다릅니다. |
| 문단2 글꼴 | 돋움 | 돋움체 | 정답과 다릅니다. |
| 문단2 장평 | 105 | 110 | 정답과 다릅니다. |
| 문단2 자간 | 5 | 0 | 정답과 다릅니다. |

**전문가의 조언**

자동 채점 프로그램을 사용하려면 훈글 2016이 설치되어 있어야 합니다.

m·e·m·o

# 02장

# 심화학습

Section 01 수식 입력

전문가의 조언

이번 장은 "1장 실제 시험장을 옮겨 놓았다!"의 문제 풀이 과정에서 다루긴 했지만 그 내용만으로는 충분하지 않아 좀 더 연습할 수 있도록 구성한 장입니다. 수식 입력 작업과 관련하여 시험에 나올 수 있는 모든 문제를 다양하게 다뤘으니 확실하게 연습하고 넘어가세요.

SECTION

# 01 수식 입력

| 기능 | 바로 가기 키 | 메뉴 / [기본] 도구 상자 |
|---|---|---|
| 수식 입력 | Ctrl + N, M | • [입력]의 ▾ → 개체 → 수식<br>• [입력] → 수식 |

이번 섹션은 수식 입력 방법에 대한 내용으로, 기능 평가 II 문제의 수식을 입력할 때 사용됩니다. 이 기능은 평소 문서를 작성할 때 잘 사용하지 않던 기능이고 사용 방법이 낯설어 입력이 더디지만 몇 번 차분히 연습하고, '수식 편집기' 창에서 필요한 기호들이 어느 곳에 놓여 있는지 알아두면 쉽게 완성할 수 있습니다.

## 기본문제

다음 수식을 각각 입력하시오.

**전문가의 조언**

수식 입력은 두 문항이 출제되는데, 이번 섹션에 제시된 수식만 정확히 입력할 수 있다면 40점 만점에 40점을 획득할 수 있습니다.

• 저장위치 : C:\길벗ITQ마스터(2016)\ITQ한글\섹션\수식입력.hwp

(1) $c(\sqrt[3]{a^2} \mp \sqrt[3]{b^2})$

(2) $a^2 + b^2 = (a+b)^2 - 2ab = (a-b)^2 + 2ab$

(3) $S_n = a(r^n - 1)/(r-1) = a(1-r^n)/(1-r)(r \neq 1)$

(4) $\overline{z_1 \pm z_2} = \overline{z_1} \pm \overline{z_2}$

(5) $\frac{A}{B} \div \frac{C}{D} = \frac{A}{B} \times \frac{D}{C} = \frac{AD}{BC}$

(6) $\sum_{k=1}^{n} k = 1+2+3+\cdots+n = \frac{1}{2}n(n+1)$

(7) $\int_0^\infty dx$

(8) $f'(x) = \lim_{\Delta x \to 0} \frac{\Delta y}{\Delta x} = \lim_{\Delta x \to 0} \frac{f(x+\Delta x)+f(x)}{\Delta x}$

(9) $\begin{pmatrix} a\,b\,c \\ d\,e\,f \end{pmatrix} \begin{pmatrix} x \\ y \\ z \end{pmatrix} = \begin{pmatrix} ax+by+cz \\ dx+ey+fz \end{pmatrix}$

(10) $(A \cup B)^c = A^c \cap B^c,\ (A \cap B)^c = A^c \cup B^c$

## 따라하기

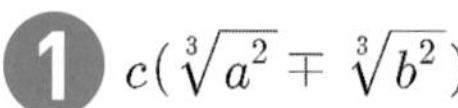

### 1 $c(\sqrt[3]{a^2} \mp \sqrt[3]{b^2})$

**1.** [기본] 도구 상자의 [입력] → **수식(**$f_\infty$**)**을 클릭하세요(바로 가기 키 : Ctrl + N, M, 메뉴 : [입력]의 ▾ → 개체 → **수식**).

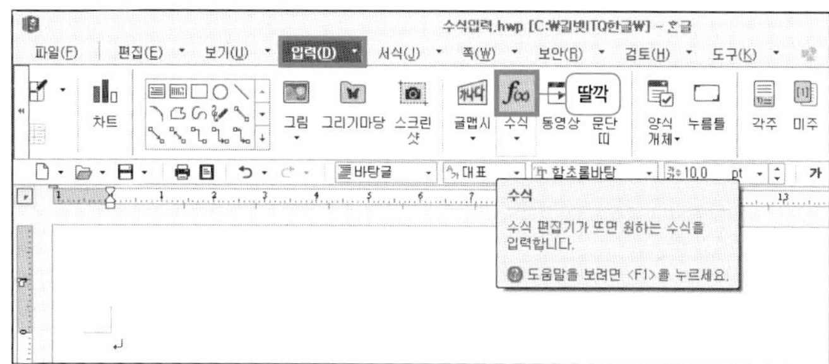


2. '수식 편집기' 창이 나타납니다. '수식 편집기' 창의 수식 편집 영역에는 입력된 수식이 표시되고, 수식 스크립트 입력 영역에는 명령어나 예약어가 표시됩니다. 수식 편집 영역을 마우스로 클릭한 후 c(를 입력하세요.

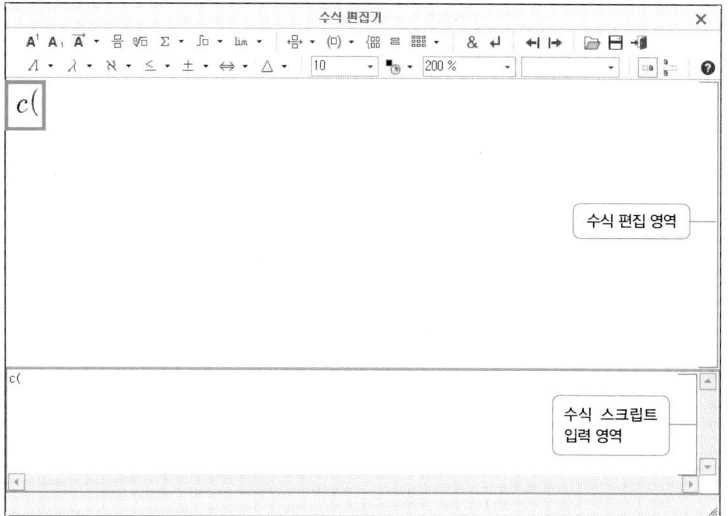


3. '수식 편집기' 창의 도구 상자에서 '근호(√□)'를 클릭하세요(바로 가기 키 : Ctrl+R). 빨강색으로 사각형이 표시된 부분이 현재의 커서 위치입니다.

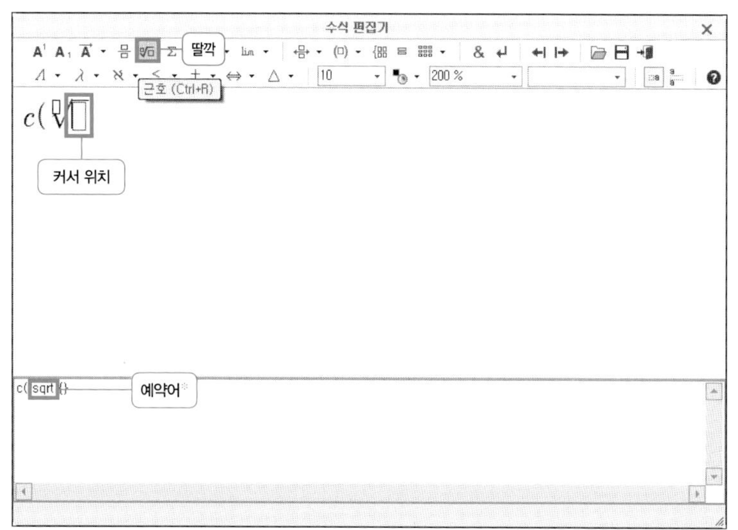

**전문가의 조언**

'수식 편집기' 창에서 커서는 항상 '수식 편집 영역'에 있어야 합니다. 그렇지 않으면 Tab이나 Shift+Tab 기능이 원하는 대로 작동하지 않습니다. 커서가 '수식 스크립트 입력' 영역에 있을 경우 '수식 편집 영역'을 클릭하여 커서의 위치를 변경해 주세요.

**전문가의 조언**

수식 중 키보드로 입력할 수 있는 내용(숫자, 문자, 등)은 키보드를 이용하여 입력하고, 수식 기호는 '수식 편집기' 창의 수식 도구를 이용하여 입력하면 됩니다.

**전문가의 조언**

**예약어**

예약어는 프로그램 작성 시 용도가 이미 예약된 단어를 의미합니다. 곱하기(×)는 'times', 분수는 'over', 제곱근은 'sqrt' 등으로 표시됩니다. '수식 편집기' 창의 수식 스크립트 입력 영역에 예약어를 입력하면 수식 편집 영역에 해당하는 수식이 표시됩니다.

Q 커서가 근호 왼쪽으로 이동되지 않아요!

A 커서가 수식 편집 영역의 근호 안에 위치한 상태, 즉 근호 안의 사각형이 빨강색일 때 Shift + Tab을 눌러야 합니다.

전문가의 조언

도구 상자에서 '근호(√□)'를 클릭했을 때는 수식 스크립트 입력 영역 창에 제곱근을 나타내는 예약어 sqrt가 입력되지만 근호 앞에 3을 입력하면 근호를 나타내는 root로 변경됩니다.

4. 근호 기호 왼쪽에 3을 입력해야 합니다. Shift + Tab을 한 번 눌러 근호 기호 왼쪽으로 커서를 이동시킨 후 3을 입력하세요.

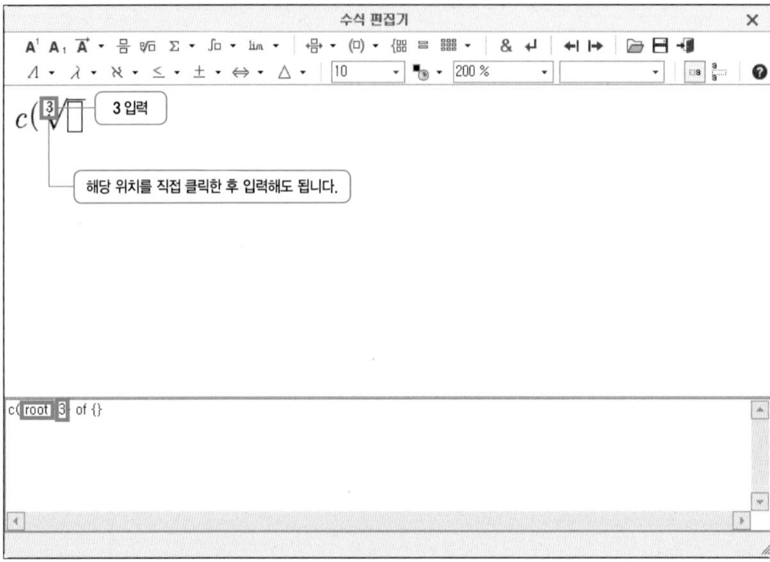


5. 근호 안에 a를 입력해야 합니다. Tab을 한 번 눌러 근호 안으로 커서를 이동시킨 후 a를 입력하세요.

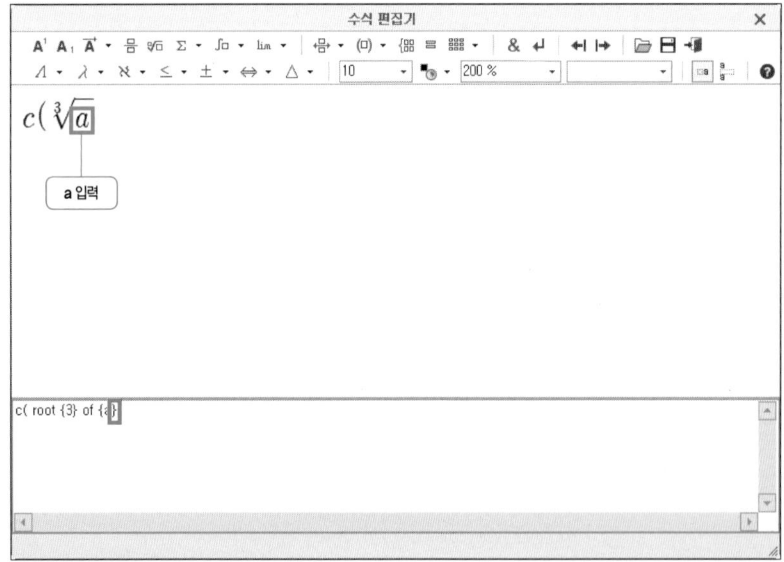

6. 'a'에 제곱($a^2$)을 입력해야 합니다. 5번 작업에 이어서 바로 ^2를 입력하세요. 2가 위첨자로 입력됩니다.

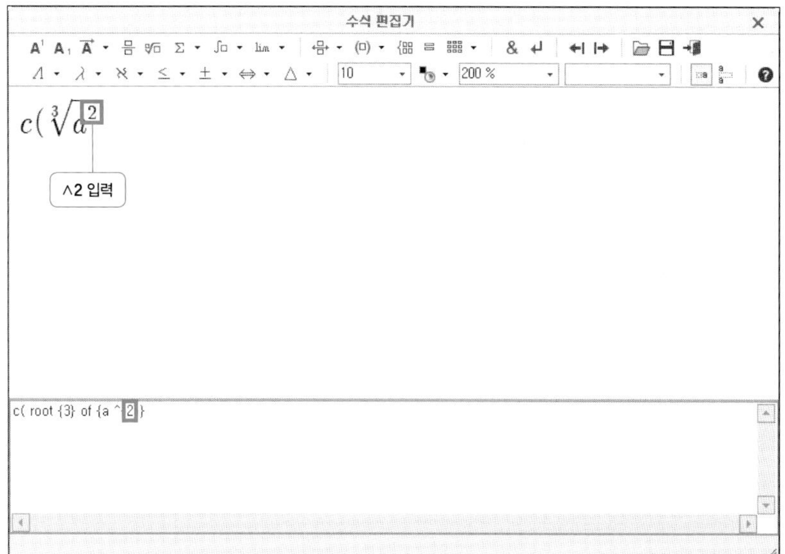

전문가의 조언

- ^2 대신 '수식 편집기' 창에서 '위첨자(A¹)'를 클릭한 후 2를 입력해도 됩니다.
- 이후 위첨자나 아래첨자를 입력할 경우에는 바로 가기 키를 이용하도록 하겠습니다. 위첨자 입력 바로 가기 키는 'Shift+6', 즉 '^'이고, 아래첨자 입력 바로 가기 키는 'Shift+-', 즉 '_'입니다.

7. 근호식을 빠져나와 '∓'를 입력하기 위해 Tab을 두 번 누릅니다. '수식 편집기' 창의 '연산, 논리 기호(± ▾)'를 클릭한 후 '∓'를 클릭하여 입력하세요.

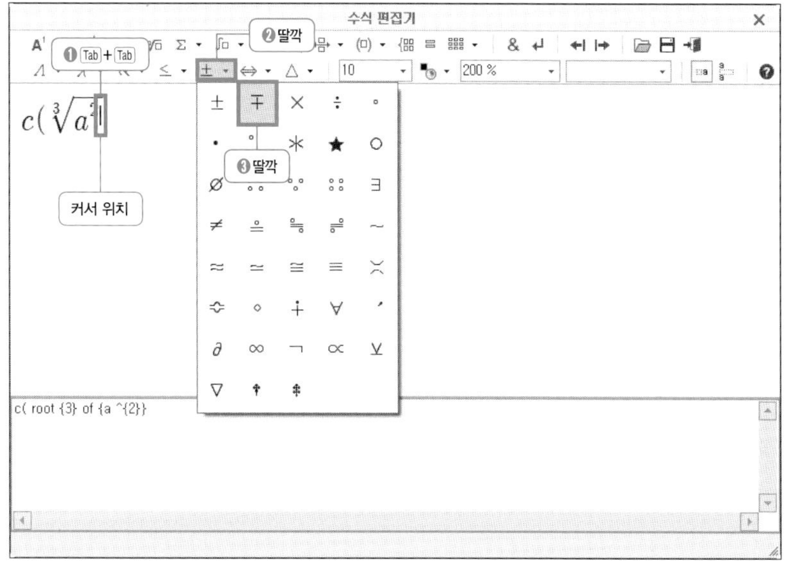

전문가의 조언

Tab을 한 번 누르면 윗첨자에서 빠져나와 근호 안으로 커서가 이동하고, 이 상태에서 한번 더 Tab을 누르면 근호 밖으로 빠져 나옵니다.

- Tab을 한 번 눌렀을 때의 커서 위치

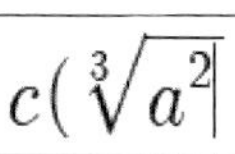

- Tab을 두 번 눌렀을 때의 커서 위치

$c(\sqrt[3]{a^2}$

8. 다음 근호식을 입력하기 위해 도구 상자에서 '근호(√□)'를 클릭하세요.

9. Shift + Tab을 한 번 눌러 근호 기호 앞쪽으로 커서를 이동시킨 후 3을 입력하세요.

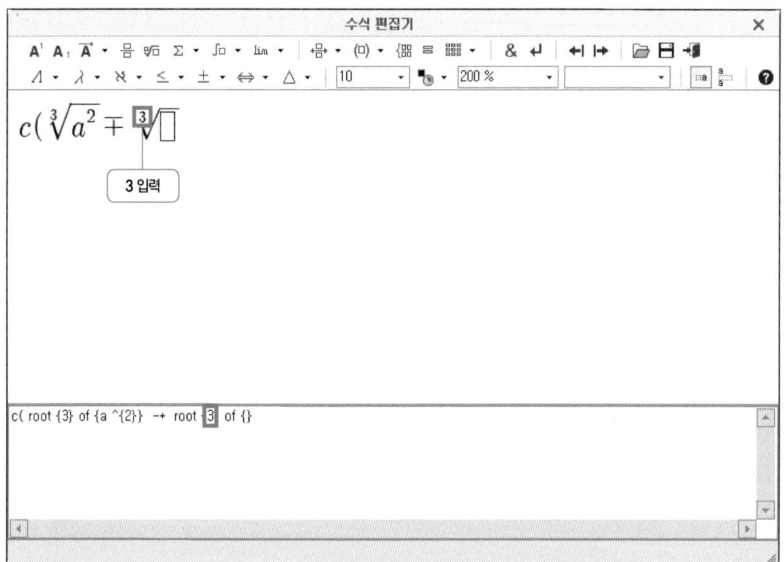

10. Tab을 한 번 눌러 근호 안으로 커서를 이동시킨 후 b를 입력하세요.

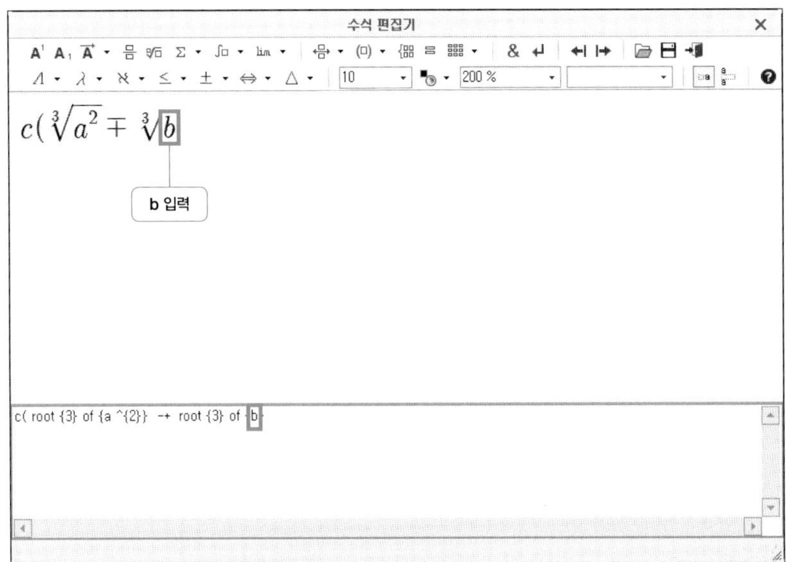


11. 'b' 다음에 제곱($b^2$)을 입력해야 합니다. 10번 작업에 이어서 바로 ^2를 입력하세요. 2가 위첨자로 입력됩니다.

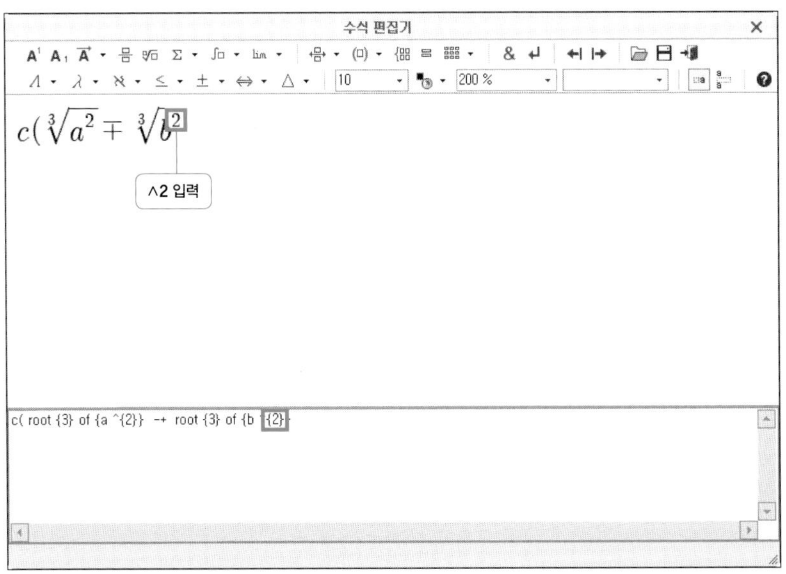

**12.** [Tab]을 두 번 눌러 제곱근과 근호식을 빠져 나온 후 )를 입력하세요.

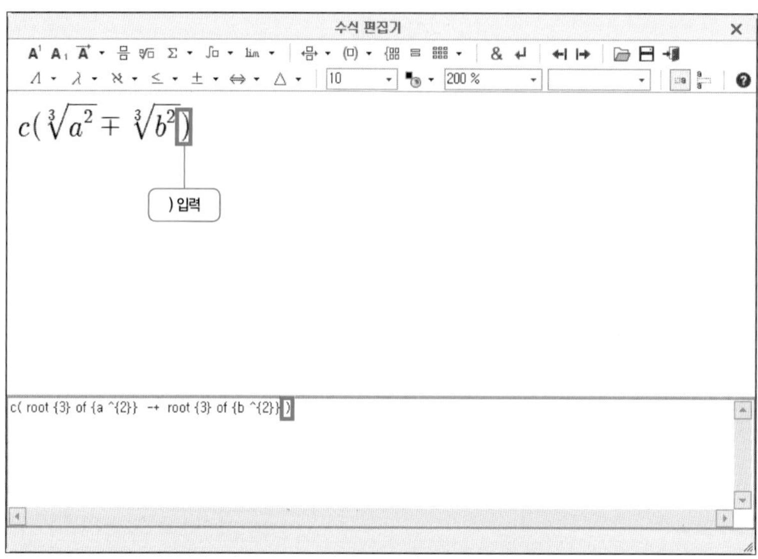


**13.** 수식 입력을 마쳤습니다. '수식 편집기' 창의 '넣기( )' 단추를 클릭하거나 [Shift] + [Esc]를 누르세요. 문서의 커서 위치에 수식이 삽입됩니다.

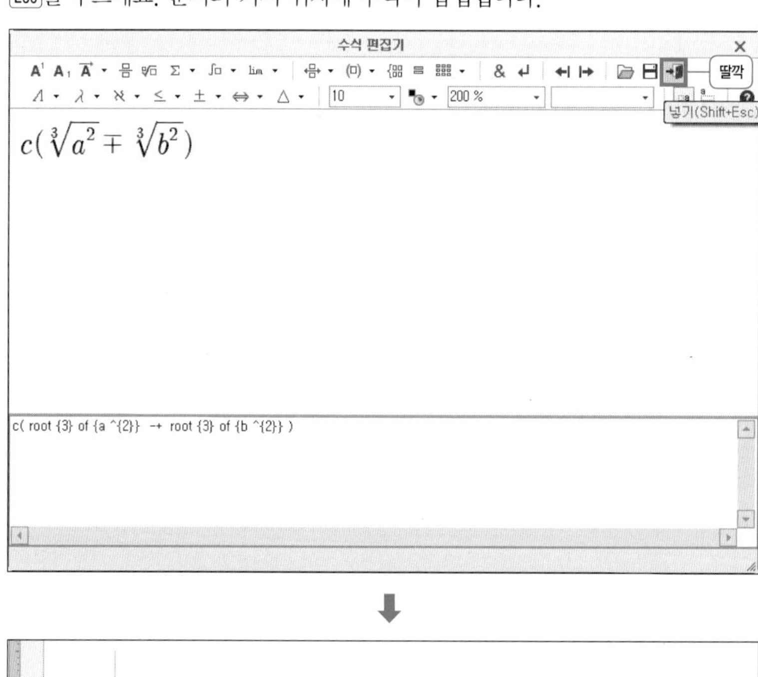


$$c(\sqrt[3]{a^2} \mp \sqrt[3]{b^2})$$

## '수식 편집기' 창의 도구 상자

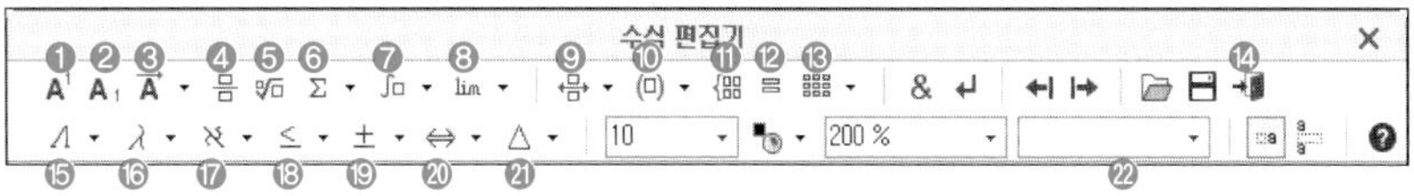

### 전문가의 조언

수식 입력 문제는 주어진 수식만 정확히 입력하면 되므로 수식의 의미를 모두 이해할 필요는 없습니다. 어떤 수식을 어떤 도구를 이용하여 입력하는지만 파악해 두세요.

❶ 위첨자(Shift + 6)
❷ 아래첨자(Shift + -)
❸ 장식 기호(Ctrl + D)
❹ 분수(Ctrl + O)
❺ 근호(Ctrl + R)
❻ 합(Ctrl + S)
❼ 적분(Ctrl + I)
❽ 극한(Ctrl + L)
❾ 상호 관계(Ctrl + E)
❿ 괄호(Ctrl + 9)
⓫ 경우(Ctrl + 0)
⓬ 세로 쌓기(Ctrl + P)
⓭ 행렬(Ctrl + M)
⓮ 넣기(Shift + Esc)
⓯ 그리스 대문자

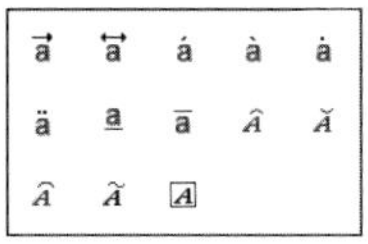

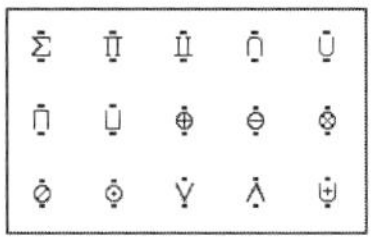

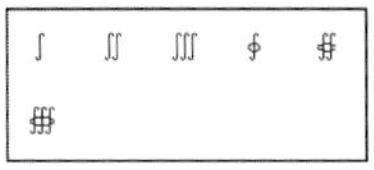

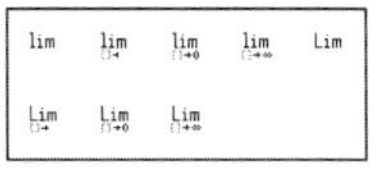

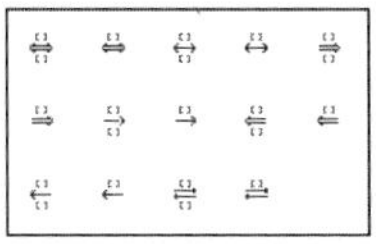

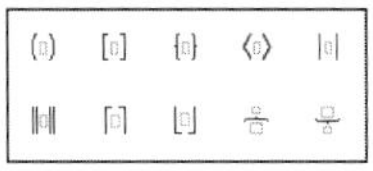

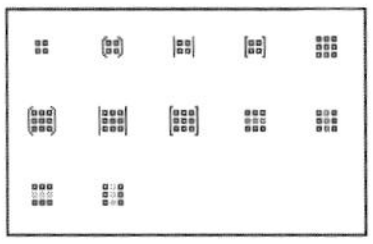

| | | | | |
|---|---|---|---|---|
| $A$ | $B$ | $\Gamma$ | $\Delta$ | $E$ |
| $Z$ | $H$ | $\Theta$ | $I$ | $K$ |
| $\Lambda$ | $M$ | $N$ | $\Xi$ | $O$ |
| $\Pi$ | $P$ | $\Sigma$ | $T$ | $\Upsilon$ |
| $\Phi$ | $X$ | $\Psi$ | $\Omega$ | |

⓰ 그리스 소문자

| | | | | |
|---|---|---|---|---|
| $\alpha$ | $\beta$ | $\gamma$ | $\delta$ | $\epsilon$ |
| $\zeta$ | $\eta$ | $\theta$ | $\iota$ | $\kappa$ |
| $\lambda$ | $\mu$ | $\nu$ | $\xi$ | $o$ |
| $\pi$ | $\rho$ | $\sigma$ | $\tau$ | $\upsilon$ |
| $\varphi$ | $\chi$ | $\psi$ | $\omega$ | |

⓱ 그리스 기호

| | | | | |
|---|---|---|---|---|
| $\aleph$ | $\hbar$ | $\imath$ | $\jmath$ | $\Omega$ |
| $\ell$ | $\wp$ | $\Im$ | Å | $\vartheta$ |
| $\varpi$ | $\varsigma$ | $\Upsilon$ | $\varphi$ | $\varepsilon$ |

⓲ 합, 집합 기호

| | | | | |
|---|---|---|---|---|
| $\Sigma$ | $\Pi$ | $\amalg$ | $\cap$ | $\cup$ |
| $\sqcap$ | $\sqcup$ | $\oplus$ | $\ominus$ | $\otimes$ |
| $\oslash$ | $\odot$ | $\vee$ | $\wedge$ | $\subset$ |
| $\supset$ | $\subseteq$ | $\supseteq$ | $\in$ | $\ni$ |
| $\notin$ | $\leq$ | $\geq$ | $\sqsubset$ | $\sqsupset$ |
| $\sqsubseteq$ | $\sqsupseteq$ | $\ll$ | $\gg$ | $\lll$ |
| $\ggg$ | $\prec$ | $\succ$ | $\uplus$ | |

⑲ 연산, 논리 기호

| | | | | |
|---|---|---|---|---|
| ± | ∓ | × | ÷ | ∘ |
| • | ° | ∗ | ★ | ○ |
| ∅ | ∴ | ∵ | ∷ | ∃ |
| ≠ | ≗ | | | ~ |
| ≈ | ≃ | ≅ | ≡ | ≍ |
| ≎ | ∘ | ∔ | ∀ | ′ |
| ∂ | ∞ | ¬ | ∝ | ⊻ |
| ∇ | | | | |

⑳ 화살표

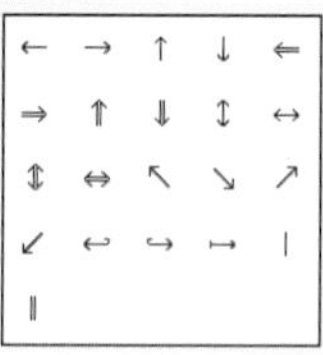

㉑ 기타 기호

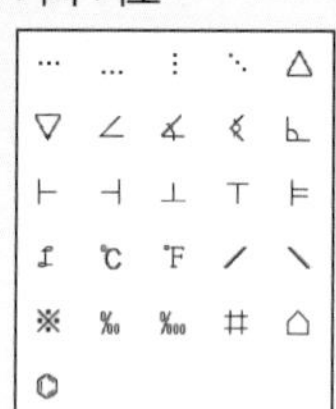

㉒ 명령어 입력 : 예약어를 직접 찾아 입력할 수 있음

**전문가의 조언**

위첨자는 Shift + ^ 을 사용하여 입력합니다.

**전문가의 조언**

아래첨자는 Shift + _ 를 사용하여 입력합니다.

**전문가의 조언**

$\overline{z_1}$는 '장식 기호(A⃗ ▾)'를 사용하여 입력합니다.

궁금해요

**시나공 Q&A 베스트**

**Q Tab을 눌러도 현재 입력 위치를 빠져나오지 못해요!**

A 커서 위치가 '수식 스크립트 입력' 영역에 있을 경우 Tab이나 Shift+Tab 기능이 원하는 대로 작동하지 않습니다. '수식 편집 영역'을 한번 클릭하여 커서의 위치를 변경해주세요.

**전문가의 조언**

분수는 '분수(믐)'를 사용하여 입력합니다(바로 가기 키 : Ctrl + O).

**전문가의 조언**

$\sum_{k=1}^{n} k$는 '합(Σ)'을 사용하여 입력합니다.

## 2 $a^2+b^2=(a+b)^2-2ab=(a-b)^2+2ab$

Ctrl + N, M → **a^2** 입력 → Tab → **+b^2** 입력 → Tab → **=(a+b)^2** 입력 → Tab → **−2ab=(a−b)^2** 입력 → Tab → **+2ab** 입력 → Shift + Esc

## 3 $S_n=a(r^n-1)/(r-1)=a(1-r^n)/(1-r)(r\neq1)$

Ctrl + N, M → **S_n** 입력 → Tab → **=a(r^n** 입력 → Tab → **−1)/(r−1)=a(1−r^n** 입력 → Tab → **)/(1−r)(r** 입력 → ± ▾ 클릭 → ≠ 클릭 → **1)** 입력 → Shift + Esc

## 4 $\overline{z_1\pm z_2}=\overline{z_1}\pm\overline{z_2}$

Ctrl + N, M → A⃗ ▾ 클릭 → ā 클릭 → **z_1** 입력 → Tab → ± ▾ 클릭 → ± 클릭 → **z_2** 입력 → Tab → Tab → **=** 입력 → A⃗ ▾ 클릭 → ā 클릭 → **z_1** 입력 → Tab → Tab → ± ▾ 클릭 → ± 클릭 → A⃗ ▾ 클릭→ ā 클릭 → **z_2** 입력 → Shift + Esc

## 5 $\frac{A}{B}\div\frac{C}{D}=\frac{A}{B}\times\frac{D}{C}=\frac{AD}{BC}$

Ctrl + N, M → 믐 클릭 → **A** 입력 → Tab → **B** 입력 → Tab → ± ▾ 클릭 → ÷ 클릭 → 믐 클릭 → **C** 입력 → Tab → **D** 입력 → Tab → **=** 입력 → 믐 클릭 → **A** 입력 → Tab → **B** 입력 → Tab → ± ▾ 클릭 → × 클릭 → 믐 클릭 → **D** 입력 → Tab → **C** 입력 → Tab → **=** 입력 → 믐 클릭 → **AD** 입력 → Tab → **BC** 입력 → Shift + Esc

## 6 $\sum_{k=1}^{n}k=1+2+3+\cdots+n=\frac{1}{2}n(n+1)$

Ctrl + N, M → Σ ▾ 클릭 → Σ 클릭 → **k=1** 입력 → Tab → **n** 입력 → Tab → **k=1+2+3+** 입력 → △ ▾ 클릭 → ⋯ 클릭 → **+n=** 입력 → 믐 클릭 → **1** 입력 → Tab → **2** 입력 → Tab → **n(n+1)** 입력 → Shift + Esc

**7** $\int_0^{\infty} dx$

[Ctrl] + [N], [M] → [∫□ ▾] 클릭 → [∫] 클릭 → **0** 입력 → [Tab] → [± ▾] 클릭 → [∞] 클릭 → [Tab] → **dx** 입력 → [Shift] + [Esc]

전문가의 조언

$\int_0^{\infty} dx$ 는 '적분(∫□)'을 사용하여 입력합니다(바로 가기 키 : [Ctrl] + [I]).

**8** $f'(x) = \lim_{\Delta x \to 0} \frac{\Delta y}{\Delta x} = \lim_{\Delta x \to 0} \frac{f(x + \Delta x) + f(x)}{\Delta x}$

[Ctrl] + [N], [M] → **f'(x)=** 입력 → [lim ▾] 클릭 → [lim □→0] 클릭 → [△ ▾] 클릭 → [△] 클릭 → **x** 입력 → [Tab] → [분수] 클릭 → [△ ▾] 클릭 → [△] 클릭 → **y** 입력 → [Tab] → [△ ▾] 클릭 → [△] 클릭 → **x** 입력 → [Tab] → **=** 입력 → [lim ▾] 클릭 → [lim □→0] 클릭 → [△ ▾] 클릭 → [△] 클릭 → **x** 입력 → [Tab] → [분수] 클릭 → **f(x+** 입력 → [△ ▾] 클릭 → [△] 클릭 → **x)+f(x)** 입력 → [Tab] → [△ ▾] 클릭 → [△] 클릭 → **x** 입력 → [Shift] + [Esc]

전문가의 조언

$\lim_{\Delta x \to \infty}$ 은 '극한(lim)'을 사용하여 입력합니다. 수식의 모양에 맞게 종류([lim], [lim])를 선택하세요.

**9** $\begin{pmatrix} a\,b\,c \\ d\,e\,f \end{pmatrix}\begin{pmatrix} x \\ y \\ z \end{pmatrix} = \begin{pmatrix} ax + by + cz \\ dx + ey + fz \end{pmatrix}$

[Ctrl] + [N], [M] → [행렬 ▾] 클릭 → [행렬] 클릭 → [행렬 ▾] 클릭 → [행렬] 클릭 → **a** 입력 → [Tab] → **b** 입력 → [Tab] → **c** 입력 → [Tab] → **d** 입력 → [Tab] → **e** 입력 → [Tab] → **f** 입력 → [Tab] → [행렬 ▾] 클릭 → [행렬] 클릭 → [행렬 ▾] 클릭 → [행렬] 클릭 → [행렬 ▾] 클릭 → [행렬] 클릭 → **x** 입력 → [Tab] → **y** 입력 → [Tab] → **z** 입력 → [Tab] → **=** 입력 → [행렬 ▾] 클릭 → [행렬] 클릭 → [행렬 ▾] 클릭 → [행렬] 클릭 → **ax+by+cz** 입력 → [Tab] → **dx+ey+fz** 입력 → [Shift] + [Esc]

전문가의 조언

행렬을 입력할 때는 모양에 맞게 행렬의 종류([행렬], [행렬])를 선택한 후, '행삭제([행삭제])'와 '열삭제([열삭제])'를 적절히 사용하세요.

**10** $(A \cup B)^c = A^c \cap B^c$, $(A \cap B)^c = A^c \cup B^c$

[Ctrl] + [N], [M] → **(A** 입력 → [≤ ▾] 클릭 → [∪] 클릭 → **B)^c** 입력 → [Tab] → **=A^c** 입력 → [Tab] → [≤ ▾] 클릭 → [∩] 클릭 → **B^c** 입력 → [Tab] → **,(A** 입력 → [≤ ▾] 클릭 → [∩] 클릭 → **B)^c** 입력 → [Tab] → **=A^c** 입력 → [Tab] → [≤ ▾] 클릭 → [∪] 클릭 → **B^c** 입력 → [Shift] + [Esc]

전문가의 조언

∪, ∩은 '합, 집합 기호(≤)'를 사용하여 입력합니다.

## 수식 수정 및 삭제

'수식 편집 영역'에서 수정할 문자나 수식 기호의 앞/뒤에 커서를 놓고 Delete나 Backspace를 눌러 삭제한 후 수정합니다.

• 문자일 경우

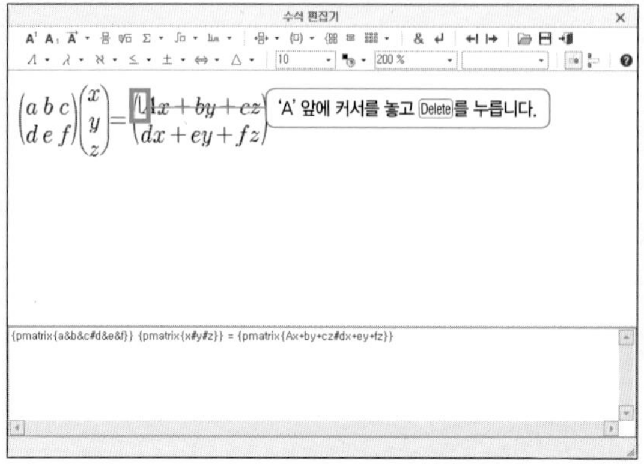
수식 편집기
'A' 앞에 커서를 놓고 Delete를 누릅니다.
{pmatrix{a&b&c#d&e&f}} {pmatrix{x#y#z}} = {pmatrix{Ax+by+cz#dx+ey+fz}}

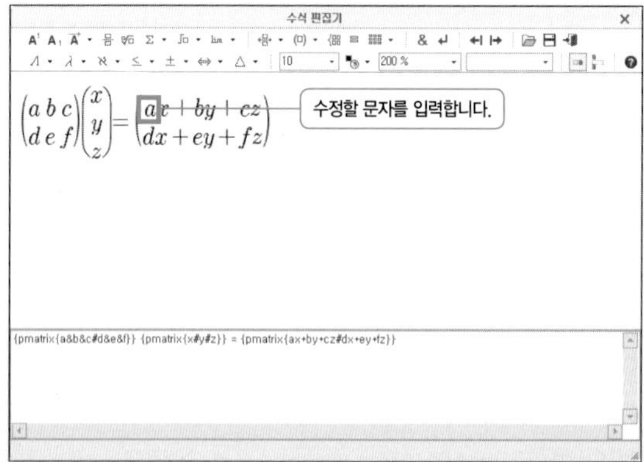
수식 편집기
수정할 문자를 입력합니다.
{pmatrix{a&b&c#d&e&f}} {pmatrix{x#y#z}} = {pmatrix{ax+by+cz#dx+ey+fz}}

• 수식 기호일 경우

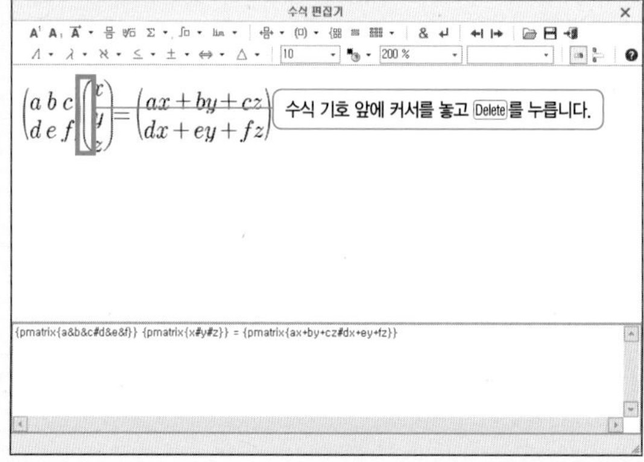
수식 편집기
수식 기호 앞에 커서를 놓고 Delete를 누릅니다.
{pmatrix{a&b&c#d&e&f}} {pmatrix{x#y#z}} = {pmatrix{ax+by+cz#dx+ey+fz}}

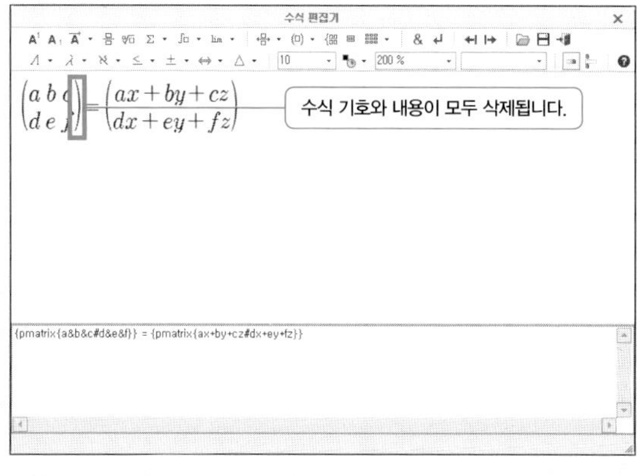

수식 편집기
수식 기호와 내용이 모두 삭제됩니다.
{pmatrix{a&b&c#d&e&f}} = {pmatrix{ax+by+cz#dx+ey+fz}}

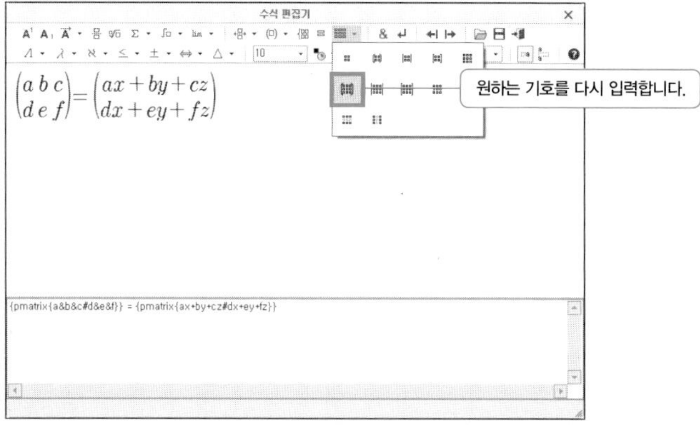

수식 편집기
원하는 기호를 다시 입력합니다.
{pmatrix{a&b&c#d&e&f}} = {pmatrix{ax+by+cz#dx+ey+fz}}

## 연습문제 다음 수식을 입력하시오.

- 저장위치 : C:\길벗ITQ마스터(2016)\ITQ한글\섹션\수식입력-연습문제.hwp

### 문제 1

$$A=\begin{pmatrix} a & b \\ c & d \end{pmatrix}, B=\begin{pmatrix} p & q \\ r & s \end{pmatrix} \Rightarrow A+B=\begin{pmatrix} a+p & b+q \\ c+r & d+s \end{pmatrix}$$

**해설**

Ctrl + N, M → **A=** 입력 → [행렬] 클릭 → [괄호 행렬] 클릭 → **a** 입력 → Tab → **b** 입력 → Tab → **c** 입력 → Tab → **d** 입력 → Tab → **, B=** 입력 → [행렬] 클릭 → [괄호 행렬] 클릭 → **p** 입력 → Tab → **q** 입력 → Tab → **r** 입력 → Tab → **s** 입력 → Tab → [⇔] 클릭 → [⇒] 클릭 → **A+B=** 입력 → [행렬] 클릭 → [괄호 행렬] 클릭 → **a+p** 입력 → Tab → **b+q** 입력 → Tab → **c+r** 입력 → Tab → **d+s** 입력 → Shift + Esc

## 문제 2

$$S=\lim_{n\to\infty}Sn=\lim_{n\to\infty}(a_1+a_2+a_3+\cdots+a_n)=\lim_{n\to\infty}\sum_{k=1}^{n}ak$$

**해설**

Ctrl + N, M → S= 입력 → lim 클릭 → lim 클릭 → n 입력 → Tab → Sn= 입력 → lim 클릭 → lim 클릭 → n 입력 → Tab → (a_1 입력 → Tab → +a_2 입력 → Tab → +a_3 입력 → Tab → + 입력 → △ 클릭 → ⋯ 클릭 → +a_n 입력 → Tab → )= 입력 → lim 클릭 → lim 클릭 → n 입력 → Tab → Spacebar → Σ 클릭 → Σ 클릭 → k=1 입력 → Tab → n 입력 → Tab → ak 입력 → Shift + Esc

## 문제 3

$$\tan A=\frac{1}{\tan(90°\ -A)}=\frac{1}{\tan B}$$

**해설**

Ctrl + N, M → tanA= 입력 → 몸 클릭 → 1 입력 → Tab → tan(90 입력 → ± 클릭 → ° 클릭 → –A) 입력 → Tab → = 입력 → 몸 클릭 → 1 입력 → Tab → tanB 입력 → Shift + Esc

## 문제 4

$$\sqrt{a^2}=|a|=\begin{cases} a & (a\geq 0) \\ -a & (a<0) \end{cases}$$

**해설**

Ctrl + N, M → √□ 클릭 → a^2 입력 → Tab → Tab → = 입력 → (□) 클릭 → |□| 클릭 → a 입력 → Tab → = 입력 → {□ 클릭 → a 입력 → Tab → (a 입력 → ≤ 클릭 → ≥ 클릭 → 0) 입력 → Tab → –a 입력 → Tab → (a<0) 입력 → Shift + Esc

**문제 5**

$$c^{2}=a^{2}+b^{2}-2abcosC \Leftrightarrow \cos C=\frac{a^{2}+b^{2}-c^{2}}{2ab}$$

**해설**

[Ctrl] + [N], [M] → **c^2** 입력 → [Tab] → **=a^2** 입력 → [Tab] → **+b^2** 입력 → [Tab] → **−2abcosC** 입력 → [⇔ ▾] 클릭 → [⇔] 클릭 → **cosC=** 입력 → [몸] 클릭 → **a^2** 입력 → [Tab] → **+b^2** 입력 → [Tab] → **−c^2** 입력 → [Tab] → [Tab] → **2ab** 입력 → [Shift] + [Esc]

m·e·m·o

# 03장

# 실전 모의고사

실전 모의고사 01회

실전 모의고사 02회

실전 모의고사 03회

실전 모의고사 04회

실전 모의고사 05회

실전 모의고사 06회

실전 모의고사 07회

실전 모의고사 08회

실전 모의고사 09회

실전 모의고사 10회

'C:\길벗ITQ마스터(2016)\ITQ한글' 폴더에 "실전모의고사.pdf" 파일로 저장되어 있습니다.

EXAMINATION

# 01회 실전 모의고사

## 기능평가 Ⅰ (150점)

**1. 다음의 [조건]에 따라 스타일 기능을 적용하여 [출력형태]와 같이 작성하시오. (50점)**

조건 (1) 스타일 이름 – electric (2) 문단모양 – 왼쪽 여백 : 15pt, 문단 아래 간격 : 10pt
(3) 글자모양 – 글꼴 : 한글(돋움)/영문(굴림), 크기 : 10pt, 장평 : 95%, 자간 : 5%

출력형태

An electric vehicle uses one or more electric motors or traction motors for propulsion and may be powered through a collector system by electricity from off-vehicle sources.

전지 성능의 향상이 전기 차 주행거리 수직 상승의 견인차 역할을 한다. 자동차 기업은 전기 차 내부 공간이 허용하고 차체 설계 하중이 허락하는 한 최대한 전지를 많이 탑재한다.

**2. 다음의 [조건]에 따라 [출력형태]와 같이 표와 차트를 작성하시오. (100점)**

표 조건 (1) 표 전체(표, 캡션) – 굴림, 10pt (2) 정렬 – 문자 : 가운데 정렬, 숫자 : 오른쪽 정렬
(3) 셀 배경(면색) : 노랑
(4) 한글의 계산 기능을 이용하여 빈칸에 평균(소수점 두 자리)을 구하고, 캡션 기능 사용할 것
(5) 선 모양은 [출력형태]와 동일하게 처리할 것

출력형태

미래 자동차 선호율(단위 : %)

| 종류 | 2016년 | 2017년 | 2018년 | 2019년 | 평균 |
|---|---|---|---|---|---|
| 수소차 | 27.5 | 33.8 | 38.2 | 48.7 | |
| 전기차 | 31.2 | 57.4 | 49.8 | 43.5 | |
| 하이브리드차 | 48.2 | 37.5 | 35.0 | 36.2 | |
| 가스차 | 10.1 | 5.5 | 12.2 | 14.5 | |

차트 조건 (1) 차트 데이터는 표 내용에서 연도별 수소차, 전기차, 하이브리드차의 값만 이용할 것
(2) 종류 – 〈묶은 세로 막대형〉으로 작업할 것
(3) 제목 – 굴림, 진하게, 12pt, 배경 – 선 모양(한 줄로), 그림자(2pt)
(4) 제목 이외의 전체 글꼴 – 굴림, 보통, 10pt
(5) 축제목과 범례는 [출력형태]와 동일하게 처리할 것

출력형태

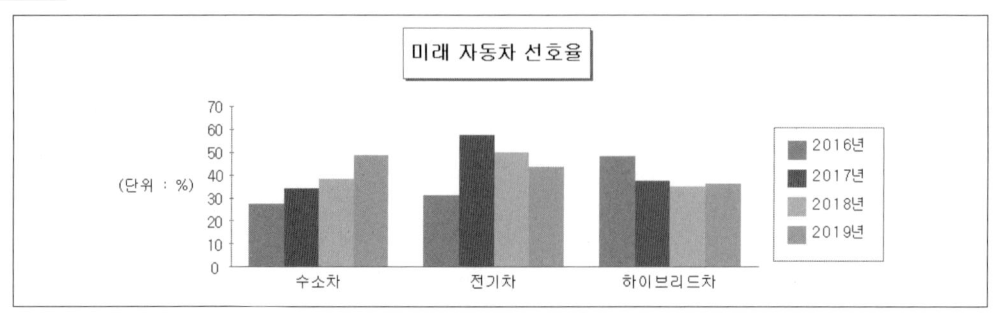

3. 다음 (1), (2)의 수식을 수식 편집기로 각각 입력하시오. (40점)

출력형태

(1) $\lim_{n \to \infty} \frac{2n^2 - 3n + 1}{n^2} = 2$

(2) $\frac{a - \frac{2}{a+1}}{a+2} = \frac{a-1}{a+1}$

4. 다음의 [조건]에 따라 [출력형태]와 같이 문서를 작성하시오. (110점)

조건 (1) 그리기 도구를 이용하여 작성하고, 모든 도형(글맵시, 지정된 그림 포함)을 [출력형태]와 같이 작성하시오.
(2) 도형의 면색은 지시사항이 없으면 색 없음을 제외하고 서로 다르게 임의로 지정하시오.

출력형태

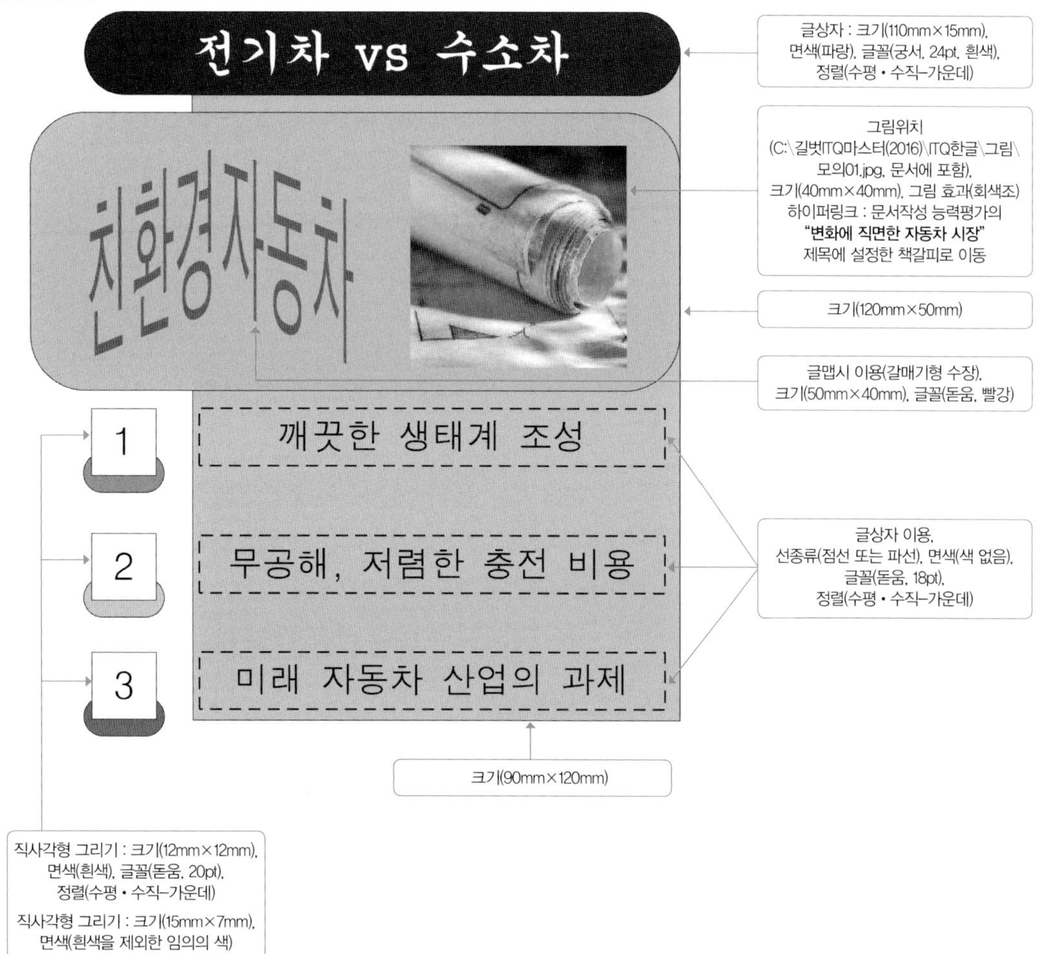

글꼴 : 돋움, 18pt, 진하게, 가운데 정렬,
책갈피 이름 : 자동차, 덧말 넣기

머리말 기능
굴림, 10pt, 오른쪽 정렬 → 미래의 자동차

동력원의 변화

# 변화에 직면한 자동차 시장

문단 첫 글자 장식 기능
글꼴 : 궁서, 면색 : 노랑

그림위치(C:\길벗ITQ마스터(2016)\ITQ한글\그림\모의고사.tif, 문서에 포함),
자르기 기능 이용, 크기(40mm×30mm), 바깥 여백 왼쪽 : 2mm

지금 자동차 산업은 안팎으로 대대적인 변혁의 시기를 맞이하고 있다. 자동차란 제품 자체의 변화와 경쟁 구도의 변화가 함께 진행되고 있는 것이다. 시장 측면에서는 지능화, 전기화 기술을 앞세운 애플, 구글, 테슬라 및 여타 정보통신기술 기업들이 기존 자동차 업체들과 시장 주도권 다툼을 하고 있다. 제품 측면에서는 자율주행, 운전 중 발생할 수 있는 수많은 상황 가운데 일부를 차량 스스로 인지하고 상황을 판단, 기계장치를 제어하는 기술이다. 복잡한 차량 제어 프로세스에서 운전자를 돕고 보완(補完)하며 궁극으로는 자율주행 기술을 완성하기 위해 개발된 첨단 운전자 지원 시스템, 커넥티드 카, 스마트 카 등으로 구현되는 지능화와 전기차, 수소연료 전지차Ⓐ와 같이 전기를 에너지원으로 하는 동력원의 변화가 동시에 진행되고 있다.

현재 자동차(自動車) 시장이 직면한 변화에는 새로운 면모도 있지만 과거 항공기, 선박 등 다른 운송수단을 제조하는 산업이 겪었던 변화 양상과 비슷한 면도 찾아볼 수 있다. 특히 기술적 영향을 많이 준 항공기 시장의 경험과 선례를 통해 새로운 시각에서 자동차 시장의 미래 이슈를 점검해 볼 수 있다.

각주

## ▣ 항공기에서 도입된 자동차 기술

글꼴 : 굴림, 18pt, 흰색,
음영색 : 빨강

1. 안전 관련 기술
   가. 안전벨트 : 조종사의 안전을 위해 장착된 벨트
   나. ABS : 비행기의 안전한 착륙을 위한 장치
2. 주행 성능 관련
   가. 터보차저 : 엔진의 출력강화를 위한 과급기 구조
   나. 리어 윙 : 공기의 흐름을 제어하는 안정 시스템

문단 번호 기능 사용
1수준 : 20pt, 오른쪽 정렬,
2수준 : 30pt, 오른쪽 정렬
줄 간격 : 180%

## ▣ 수소차 보급 및 활성화 계획

글꼴 : 굴림, 18pt, 밑줄,
강조점

표 전체 글꼴 : 돋움, 10pt, 가운데 정렬,
셀 배경색(그러데이션) : 유형(수평),
시작색(흰색), 끝색(노랑)

| 과제 | 추진내용 | 세부내용 | 추진일정 | 소관부처 |
|---|---|---|---|---|
| 핵심 기술개발 | 성능향상 | 충전소 부품 등 기술개발 | 2020년 | 산업부 |
| | | 수소차 개발, 성능개선 등 | 2025년 | |
| 충전소 확충 | 수소차 보급기반 마련 | 부생수소 충전소 설치 등 | 2030년 | 환경부 |
| | | 수소충전소 설치 보조 | 2025년 | |
| 수소충전소 제도정비 | 안전성 확보 | 수소차 안전기준 개선 | 2020년 | 국토부 |
| | | 국제규정개정 | 2025년 | |
| | | 융복합 수소충전소 규정신설 | 2020년 | 산업부 |

**미래자동차산업**

글꼴 : 궁서, 24pt, 진하게
장평 : 105%, 오른쪽 정렬

각주 구분선 : 5cm

Ⓐ 수소와 공기 중의 산소를 반응시켜 얻은 전기로 모터를 구동하는 방식의 자동차

쪽 번호 매기기
4로 시작 → ④

EXAMINATION

# 실전 모의고사 정답 및 해설

## 기능평가 I

정답

### 02. 표 / 차트 작성

#### 표 작성

미래 자동차 선호율(단위 : %)

| 종류 | 2016년 | 2017년 | 2018년 | 2019년 | 평균 |
|---|---|---|---|---|---|
| 수소차 | 27.5 | 33.8 | 38.2 | 48.7 | 37.05 |
| 전기차 | 31.2 | 57.4 | 49.8 | 43.5 | 45.48 |
| 하이브리드차 | 48.2 | 37.5 | 35.0 | 36.2 | 39.23 |
| 가스차 | 10.1 | 5.5 | 12.2 | 14.5 | |

#### 차트 작성

**① Y축 제목 글자 방향**

Y축 제목을 더블클릭한 후 '축 제목 모양' 대화상자의 '글자' 탭에서 글자 방향을 '가로로'로 지정하세요.

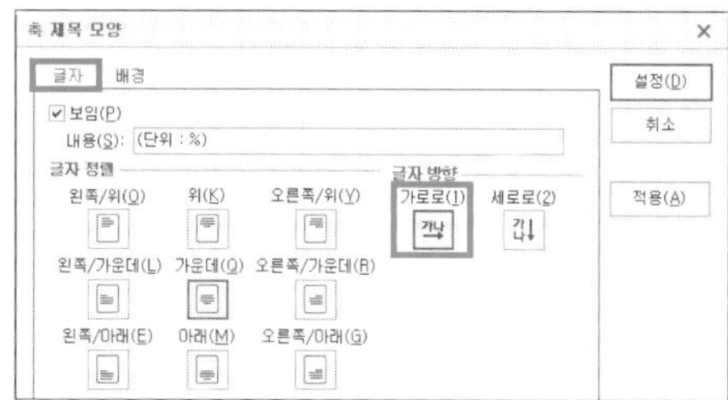


## 기능평가 II

해설

### 03. 수식 입력

① Ctrl + N, M → lim 클릭 → lim 클릭 → n 입력 → Tab → 믐 클릭 → 2n^2 입력 → Tab → -3n+1 입력 → Tab → n^2 입력 → Tab → Tab → =2 입력 → Shift + Esc

② Ctrl + N, M → 믐 클릭 → a- 입력 → 믐 클릭 → 2 입력 → Tab → a+1 입력 → Tab → Tab → a+2 입력 → Tab → = 입력 → 믐 클릭 → a-1 입력 → Tab → a+1 입력 → Shift + Esc

### 04. 그리기 작업

① '글맵시 만들기' 대화상자

EXAMINATION

# 02회 실전 모의고사

## 기능평가 Ⅰ (150점)

**1. 다음의 [조건]에 따라 스타일 기능을 적용하여 [출력형태]와 같이 작성하시오. (50점)**

조건 (1) 스타일 이름 – welfare (2) 문단모양 – 왼쪽 여백 : 15pt, 문단 아래 간격 : 10pt
(3) 글자모양 – 글꼴 : 한글(궁서)/영문(굴림), 크기 : 10pt, 장평 : 95%, 자간 : 5%

출력형태

Welfare is the provision of a minimal level of well-being and social support for all citizens, sometimes referred to as public aid.

사회서비스란 삶의 질 향상을 위해 사회적으로 제공되는 서비스로 공공행정 및 사회복지(보육, 장애인, 노인 보호), 보건의료, 교육, 문화(도서관, 박물관) 등을 포괄하는 개념이다.

**2. 다음의 [조건]에 따라 [출력형태]와 같이 표와 차트를 작성하시오. (100점)**

표 조건 (1) 표 전체(표, 캡션) – 굴림, 10pt (2) 정렬 – 문자 : 가운데 정렬, 숫자 : 오른쪽 정렬
(3) 셀 배경(면색) : 노랑
(4) 한글의 계산 기능을 이용하여 빈칸에 평균(소수점 두 자리)을 구하고, 캡션 기능 사용할 것
(5) 선 모양은 [출력형태]와 동일하게 처리할 것

출력형태

사회서비스 전자바우처 사업 개요(단위 : 억 원, 명, 개소)

| 구분 | 노인돌봄 | 장애인활동지원 | 산모 및 신생아 | 발달재활서비스 | 평균 |
|---|---|---|---|---|---|
| 예산 | 686 | 851 | 736 | 749 | |
| 이용자 | 495 | 840 | 824 | 683 | |
| 일자리 | 334 | 831 | 415 | 769 | |
| 제공기관 | 2,129 | 939 | 837 | 1,975 | |

차트 조건 (1) 차트 데이터는 표 내용에서 구분별 예산, 이용자, 일자리의 값만 이용할 것
(2) 종류 – 〈묶은 세로 막대형〉으로 작업할 것
(3) 제목 – 굴림, 진하게, 12pt, 배경 – 선 모양(한 줄로), 그림자(2pt)
(4) 제목 이외의 전체 글꼴 – 굴림, 보통, 10pt
(5) 축제목과 범례는 [출력형태]와 동일하게 처리할 것

출력형태

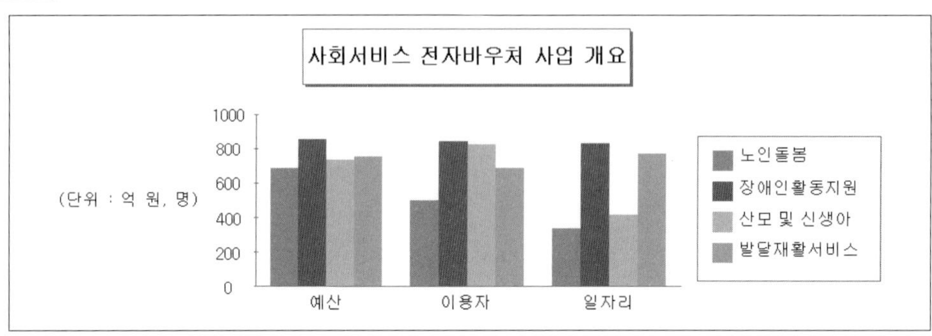

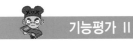

3. 다음 (1), (2)의 수식을 수식 편집기로 각각 입력하시오. (40점)

**출력형태**

(1) $\frac{k}{P\times B}=\frac{k}{P-A}(\frac{1}{P}-\frac{1}{B})(P\neq B)\times B$

(2) $\int_{\alpha}^{\beta} A(x-\alpha)(x-\beta)dx=-\frac{A}{6}(\beta-\alpha)^3$

4. 다음의 [조건]에 따라 [출력형태]와 같이 문서를 작성하시오. (110점)

**조건** (1) 그리기 도구를 이용하여 작성하고, 모든 도형(글맵시, 지정된 그림 포함)을 [출력형태]와 같이 작성하시오.

(2) 도형의 면색은 지시사항이 없으면 색 없음을 제외하고 서로 다르게 임의로 지정하시오.

**출력형태**

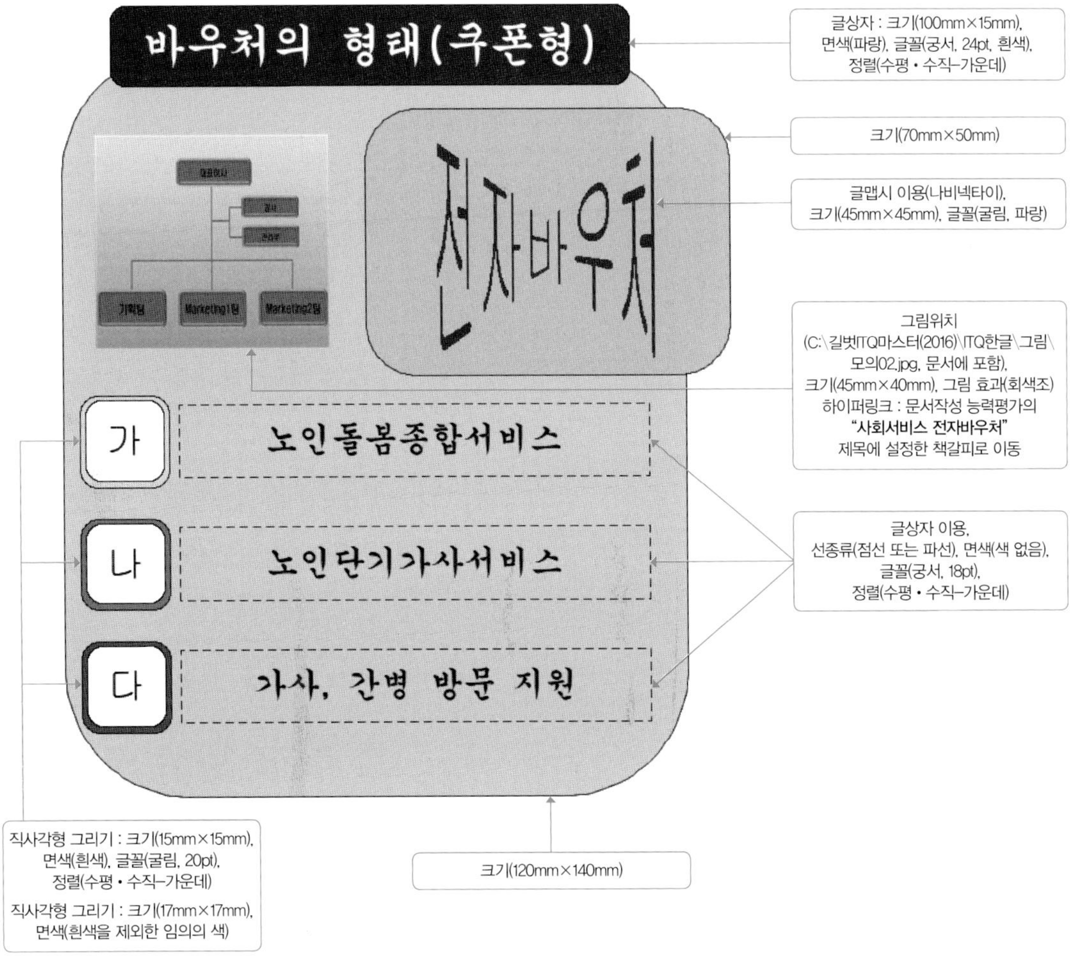
바우처의 형태(쿠폰형)
글상자 : 크기(100mm×15mm), 면색(파랑), 글꼴(궁서, 24pt, 흰색), 정렬(수평 • 수직-가운데)
크기(70mm×50mm)
전자바우처
글맵시 이용(나비넥타이), 크기(45mm×45mm), 글꼴(굴림, 파랑)
기획팀
Marketing1팀
Marketing2팀
그림위치 (C:\길벗ITQ마스터(2016)\ITQ한글\그림\모의02.jpg, 문서에 포함), 크기(45mm×40mm), 그림 효과(회색조) 하이퍼링크 : 문서작성 능력평가의 "사회서비스 전자바우처" 제목에 설정한 책갈피로 이동
가
노인돌봄종합서비스
나
노인단기가사서비스
다
가사, 간병 방문 지원
글상자 이용, 선종류(점선 또는 파선), 면색(색 없음), 글꼴(궁서, 18pt), 정렬(수평 • 수직-가운데)
직사각형 그리기 : 크기(15mm×15mm), 면색(흰색), 글꼴(굴림, 20pt), 정렬(수평 • 수직-가운데)
직사각형 그리기 : 크기(17mm×17mm), 면색(흰색을 제외한 임의의 색)
크기(120mm×140mm)

머리말 기능
굴림, 10pt, 오른쪽 정렬 → 사회서비스

글꼴 : 돋움, 18pt, 진하게, 가운데 정렬,
책갈피 이름 : 바우처, 덧말 넣기

# 사회서비스 전자바우처
(덧말: 삶의 질 향상)

문단 첫 글자 장식 기능
글꼴 : 궁서, 면색 : 노랑

그림위치(C:\길벗ITQ마스터(2016)\ITQ한글\그림\모의고사.tif, 문서에 포함),
자르기 기능 이용, 크기(45mm×45mm), 바깥 여백 왼쪽 : 2mm

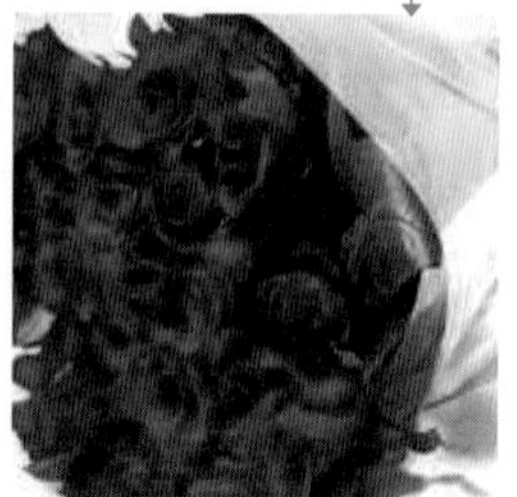

사회서비스 전자바우처란 이용 가능한 서비스의 금액이나 수량이 기재된 증표 또는 이용권을 지칭하는 바우처에 대해 서비스 신청, 비용 지불(支拂) 및 정산 등의 전 과정을 전산시스템으로 처리하는 전달 수단을 말한다. 쿠폰형과 포인트형①으로 구분되는 사회서비스 전자바우처의 도입 배경은 다음과 같다.

각주

공급자 지원방식으로 이루어지던 기존의 사회복지서비스는 수요자의 선택권이 제한되어서 시장 창출에 한계(限界)가 있었다. 이에 직접지원방식인 바우처(서비스 이용권) 제도를 도입하였으며 이는 수요자 중심의 직접지원방식으로 공급기관의 허위, 부당 청구 등의 도덕적 해이를 최소화하는 데 그 목적이 있다. 즉 자금흐름의 투명성, 업무 효율성 확보, 정보 집적 관리를 위한 사회서비스 발전기반 마련을 위해 금융기관 시스템을 활용한 전자식 바우처를 도입한 것이다. 기존 제도(공급자 지원방식)와 전자식 바우처 제도의 차이점은 대상이 서민 또는 중산층까지 확대되었으며 서비스 비용이 전액 국가 지원에서 일부 본인부담으로, 공급 기관이 단일 기관 독점에서 다수 기관 경쟁으로, 획일적이고 정형화된 서비스 제공에서 공급자 간 경쟁을 통한 다양한 서비스 제공으로 바뀌었다는 것이다.

## ♣ 에너지 바우처사업

글꼴 : 돋움, 18pt, 흰색
음영색 : 파랑

1. 지원 대상
   ㉮ 국민기초생활보장법상 생계급여 또는 의료급여 수급자
   ㉯ 장애인복지법에 따라 등록한 장애인
2. 서비스 내용
   ㉮ 가상카드를 사용하여 전기요금을 차감
   ㉯ 전기, 도시가스, 연탄 등 난방 에너지원을 선택적 사용

문단 번호 기능 사용
1수준 : 20pt, 오른쪽 정렬,
2수준 : 30pt, 오른쪽 정렬
줄 간격 : 180%

글꼴 : 돋움, 18pt, 기울임, 강조점

## ♣ *사회서비스 전자바우처사업 선정기준*

표 전체 글꼴 : 굴림, 10pt, 가운데 정렬,
셀 배경색 (그러데이션) : 유형(가운데에서),
시작색(흰색), 끝색(노랑)

| 구분 | | 선정기준 |
|---|---|---|
| 노인돌봄 | 방문 주간 보호서비스 | 노인장기요양등급 외 A B 판정자 중 중위소득 160% 이하 |
| | 노인단기 가사서비스 | 중위소득 160% 이하 골절 또는 중증질환 수술자 |
| 장애인 활동지원 | 장애인 활동지원 | 인정점수 220점 이상 1-3등급 장애인 |
| | 시, 도 추가지원 | 시/도별 상이 |
| 임신출산 진료비지원 | | 임신확인서로 임신이 확진된 건강보험 가입자 |

**사회보장정보원**

글꼴 : 돋움, 24pt, 진하게
장평 : 110%, 오른쪽 정렬

각주 구분선 : 5cm

① 단가 산정이 곤란한 경우나 기본서비스 설정 자체가 곤란한 경우에 사용

쪽 번호 매기기
4로 시작 → iv

EXAMINATION

# 02회 실전 모의고사 정답 및 해설

## 기능평가 I

정답

### 02. 표 작성

사회서비스 전자바우처 사업 개요(단위 : 억 원, 명, 개소)

| 구분 | 노인돌봄 | 장애인활동지원 | 산모 및 신생아 | 발달재활서비스 | 평균 |
|---|---|---|---|---|---|
| 예산 | 686 | 851 | 736 | 749 | 755.50 |
| 이용자 | 495 | 840 | 824 | 683 | 710.50 |
| 일자리 | 334 | 831 | 415 | 769 | 587.25 |
| 제공기관 | 2,129 | 939 | 837 | 1,975 | |

## 기능평가 II

해설

### 03. 수식 입력

❶ Ctrl + N, M → 분수 클릭 → k 입력 → Tab → P 입력 → ± 클릭 → × 클릭 → B 입력 → Tab → = 입력 → 분수 클릭 → k 입력 → Tab → P − A 입력 → Tab → ( 입력 → 분수 클릭 → 1 입력 → Tab → P 입력 → Tab → − 입력 → 분수 클릭 → 1 입력 → Tab → B 입력 → Tab → )(P 입력 → ± 클릭 → ≠ 클릭 → B) 입력 → ± 클릭 → × 클릭 → B 입력 → Shift + Esc

❷ Ctrl + N, M → ∫□ 클릭 → ∫ 클릭 → λ 클릭 → α 클릭 → Tab → λ 클릭 → β 클릭 → Tab → A(x− 입력 → λ 클릭 → α 클릭 → )(x− 입력 → λ 클릭 → β 클릭 → )dx=− 입력 → 분수 클릭 → A 입력 → Tab → 6 입력 → Tab → ( 입력 → λ 클릭 → β 클릭 → − 입력 → λ 클릭 → α 클릭 → )^3 입력 → Shift + Esc

### 04. 그리기 작업

❶ '글맵시 만들기' 대화상자

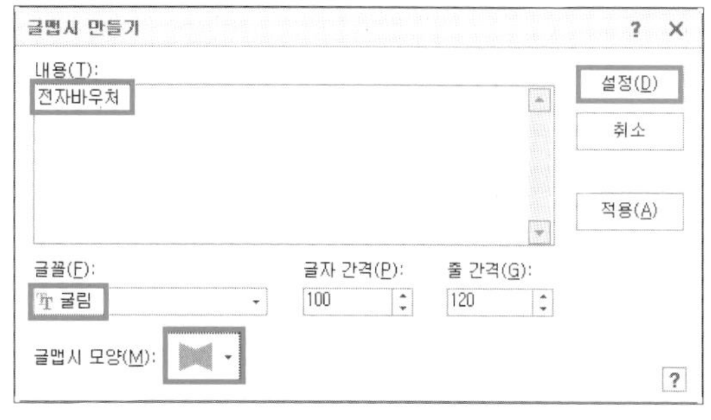

## 01. 문단 번호 모양 만들기

### ❶ '문단 번호 사용자 정의 모양' 대화상자 1

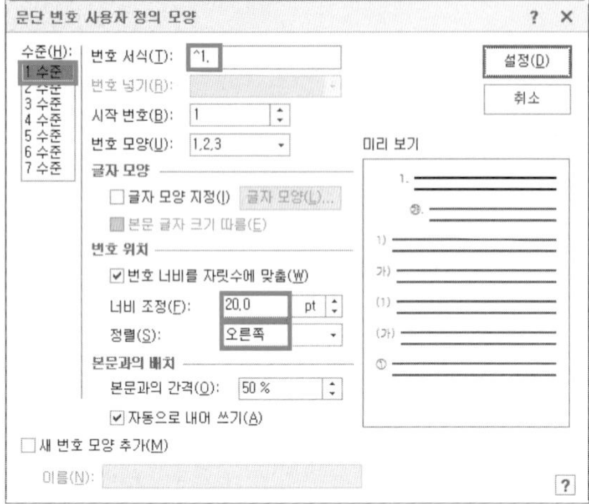


### ❷ '문단 번호 사용자 정의 모양' 대화상자 2

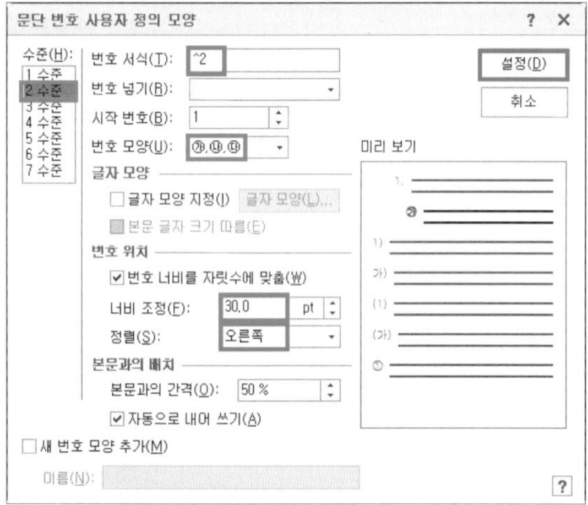

# 실전 모의고사

## 기능평가 Ⅰ (150점)

**1. 다음의 [조건]에 따라 스타일 기능을 적용하여 [출력형태]와 같이 작성하시오. (50점)**

조건 (1) 스타일 이름 – skiing (2) 문단모양 – 왼쪽 여백 : 15pt, 문단 아래 간격 : 10pt
(3) 글자모양 – 글꼴 : 한글(돋움)/영문(굴림), 크기 : 10pt, 장평 : 95%, 자간 : 5%

출력형태

New ski and binding designs, coupled with the introduction of ski lifts and snow cars to carry skiers up mountains, enabled the development of alpine skis.

스키는 길고 평평한 활면에 신발을 붙인 도구를 신고 눈 위를 활주하는 스포츠로 스웨덴의 중부 호팅 지방에서 발견된 4,500년 전의 스키가 가장 오래된 것으로 알려져 있다.

**2. 다음의 [조건]에 따라 [출력형태]와 같이 표와 차트를 작성하시오. (100점)**

표 조건 (1) 표 전체(표, 캡션) – 굴림, 10pt (2) 정렬 – 문자 : 가운데 정렬, 숫자 : 오른쪽 정렬
(3) 셀 배경(면색) : 노랑
(4) 한글의 계산 기능을 이용하여 빈칸에 평균(소수점 두 자리)을 구하고, 캡션 기능 사용할 것
(5) 선 모양은 [출력형태]와 동일하게 처리할 것

출력형태

크로스컨트리 K-Point(단위 : 점)

| 구분 | 회장배 | 학생종별 | 전국체전 | 종별 | 평균 |
|---|---|---|---|---|---|
| 김그린 | 137.5 | 112.1 | 120.5 | 112.3 | |
| 박승현 | 135.4 | 131.8 | 154.4 | 114.7 | |
| 김민재 | 185.4 | 164.2 | 190.1 | 206.9 | |
| 박민아 | 162.7 | 157.2 | 153.4 | 168.4 | |

차트 조건 (1) 차트 데이터는 표 내용에서 구분별 김그린, 박승현, 김민재의 값만 이용할 것
(2) 종류 – 〈꺾은선형〉으로 작업할 것
(3) 제목 – 굴림, 진하게, 12pt, 배경 – 선 모양(한 줄로), 그림자(2pt)
(4) 제목 이외의 전체 글꼴 – 굴림, 보통, 10pt
(5) 축제목과 범례는 [출력형태]와 동일하게 처리할 것

출력형태

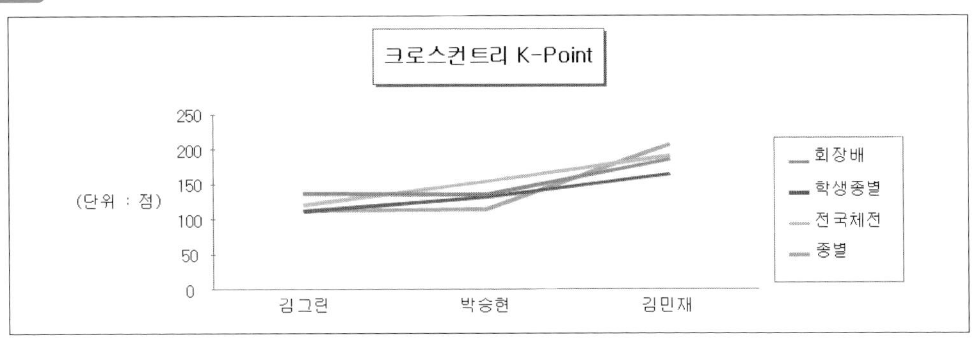

## 기능평가 II (150점)

3. 다음 (1), (2)의 수식을 수식 편집기로 각각 입력하시오. (40점)

출력형태

(1) $\overline{AB} = \sqrt{(a_2 - a_1)^2 + (b_2 - b_1)^2}$

(2) $\begin{pmatrix} a & b & c \\ l & m & n \end{pmatrix} \begin{pmatrix} x \\ y \\ z \end{pmatrix} = \begin{pmatrix} ax + by + cz \\ lx + my + nz \end{pmatrix}$

4. 다음의 [조건]에 따라 [출력형태]와 같이 문서를 작성하시오. (110점)

조건 (1) 그리기 도구를 이용하여 작성하고, 모든 도형(글맵시, 지정된 그림 포함)을 [출력형태]와 같이 작성하시오.

(2) 도형의 면색은 지시사항이 없으면 색 없음을 제외하고 서로 다르게 임의로 지정하시오.

출력형태

익스트림 스포츠

글상자 : 크기(110mm×15mm), 면색(빨강), 글꼴(돋움, 24pt, 흰색), 정렬(수평 • 수직-가운데)

크기(100mm×50mm)

스포츠

글맵시 이용(육각형), 크기(50mm×35mm), 글꼴(돋움, 빨강)

그림위치 (C:\길벗ITQ마스터(2016)\ITQ한글\그림\모의03.tif, 문서에 포함), 크기(40mm×30mm), 그림 효과(회색조)

하이퍼링크 : 문서작성 능력평가의 **"눈 위를 활주하는 스포츠 스키"** 제목에 설정한 책갈피로 이동

1 바이시클 모터크로스

2 윙슈트 : 날다람쥐에서 착안

3 몬스터 트럭, 스케이트 보드

글상자 이용, 선종류(점선 또는 파선), 면색(색 없음), 글꼴(굴림, 18pt), 정렬(수평 • 수직-가운데)

직사각형 그리기 : 크기(13mm×13mm), 면색(흰색), 글꼴(궁서, 20pt), 정렬(수평 • 수직-가운데)

직사각형 그리기 : 크기(9mm×18mm), 면색(흰색을 제외한 임의의 색)

크기(60mm×150mm)

머리말 기능
굴림, 10pt, 오른쪽 정렬 → 겨울 레포츠

글꼴 : 돋움, 18pt, 진하게, 가운데 정렬,
책갈피 이름 : 스포츠, 덧말 넣기

# 눈 위를 활주하는 스포츠 스키 (이동수단에서 스포츠로)

문단 첫 글자 장식 기능
글꼴 : 궁서, 면색 : 노랑

그림위치(C:\길벗ITQ마스터(2016)\ITQ한글\그림\모의고사.tif, 문서에 포함),
자르기 기능 이용, 크기(40mm×35mm), 바깥 여백 왼쪽 : 2mm

스키는 오랜 옛날부터 이동수단으로서의 목적으로 이를 이용하여 사냥을 하고 전쟁을 수행하여 제2의 발이라고 칭해지며 자연스럽게 개발되었다. 스키의 유래는 기원전 3000년경으로 추측(推測)되며, 발생지는 러시아 동북부 알다이와 바이칼호 지방으로 알려져 있다. 우리나라 역시 정확한 기록은 없지만 2000-3000년 전부터 스키를 타 왔던 것으로 짐작(斟酌)된다. 함경도에서 발굴된 석기시대 유물에서 고대에 사용된 것으로 보이는 썰매가 나온 사례도 있다. 일제 강점기에는 제1회 조선스키대회가 열렸고, 1946년에는 조선스키협회가 창립되었다. 그리고 1948년 정부 수립과 함께 그 명칭이 대한스키협회로 바뀌어 오늘에 이르고 있다.

스키는 완만한 구릉 지대인 북유럽에서는 거리 경기 위주의 노르딕 스키가 발달했고, 산세가 험한 알프스 지역에서는 경사면을 빠르게 활강하는 알파인 스키가 발달했다. 노르딕 스키에는 크로스컨트리와 스키 점프, 그리고 두 가지를 합한 노르딕 복합 종목이 있다. 알파인 스키에는 경사면을 활주해 내려오는 활강과 회전 종목이 있다. 최근에는 고난도 묘기를 선보이는 익스트림게임Ⓐ 형태의 프리스타일 스키가 큰 인기를 끌고 있다.

각주

## ※ 스키 플레이트

글꼴 : 굴림, 18pt, 흰색
음영색 : 빨강

1) 스키 플레이트
   ① 초심자는 스키가 짧을수록 안정성이 높다.
   ② 상급자는 자신의 신장보다 20센티미터 정도 짧은 스키를 선택
2) 플레이트 보관법
   ① 스키를 맞물리지 않게 분리한다.
   ② 두 개의 스키를 벽에 일직선으로 세워둔다.

문단 번호 기능 사용
1수준 : 20pt, 오른쪽 정렬,
2수준 : 30pt, 오른쪽 정렬
줄 간격 : 180%

## ※ 스키 경기의 종류

글꼴 : 굴림, 18pt, 밑줄,
강조점

표 전체 글꼴 : 돋움, 10pt, 가운데 정렬,
셀 배경색(그러데이션) : 유형(수평),
시작색(흰색), 끝색(노랑)

| 구분 | | 내용 |
|---|---|---|
| 노르딕 | 크로스컨트리 | 스키 장비를 갖추고 장거리를 이동하는 경기 |
| | 스키 점프 | 2회의 점프를 실시하여 점프 거리에 점수와 자세를 합하여 가리는 경기 |
| 알파인 | 활강경기 | 출발선부터 골인 선까지 최대의 속도로 활주하는 속도 계통의 경기 |
| | 슈퍼대회전경기 | 활강경기의 속도 기술에 회전 기술을 복합하여 겨루는 경기 |
| 프리스타일 | 에어리얼 | 점프 경기장에서 곡예 점프, 착지 동작 등으로 승부를 가리는 경기 |

글꼴 : 돋움, 24pt, 진하게
장평 : 110%, 오른쪽 정렬

**전국스키연합회**

각주 구분선 : 5cm

Ⓐ 갖가지 고난도 묘기를 행하는 모험 레포츠로서 극한스포츠라고도 칭함

쪽 번호 매기기
4로 시작 → 라

EXAMINATION

# 03회 실전 모의고사 정답 및 해설

## 기능평가 I 정답

### 02. 표 작성

크로스컨트리 K-Point(단위 : 점)

| 구분 | 회장배 | 학생종별 | 전국체전 | 종별 | 평균 |
|---|---|---|---|---|---|
| 김그린 | 137.5 | 112.1 | 120.5 | 112.3 | 120.60 |
| 박승현 | 135.4 | 131.8 | 154.4 | 114.7 | 134.07 |
| 김민재 | 185.4 | 164.2 | 190.1 | 206.9 | 186.65 |
| 박민아 | 162.7 | 157.2 | 153.4 | 168.4 | |

## 기능평가 II 해설

### 03. 수식 입력

❶ Ctrl + N, M → 클릭 → 클릭 → AB 입력 → Tab → = 입력 → 클릭 → (a_2 입력 → Tab → −a_1 → Tab → )^2 입력 → Tab → +(b_2 입력 → Tab → −b_1 입력 → Tab → )^2 입력 → Shift + Esc

❷ Ctrl + N, M → 클릭 → 클릭 → 클릭 → 클릭 → a 입력 → Tab → b 입력 → Tab → c 입력 → Tab → l 입력 → Tab → m 입력 → Tab → n 입력 → Tab → 클릭 → 클릭 → 클릭 → 클릭 → 클릭 → 클릭 → x 입력 → Tab → y 입력 → Tab → z 입력 → Tab → = 입력 → 클릭 → 클릭 → 클릭 → 클릭 → ax+by+cz 입력 → Tab → lx+my+nz 입력 → Shift + Esc

### 04. 그리기 작업

❶ '글맵시 만들기' 대화상자

EXAMINATION

# 04회 실전 모의고사

## 기능평가 Ⅰ (150점)

1. 다음의 [조건]에 따라 스타일 기능을 적용하여 [출력형태]와 같이 작성하시오. (50점)

**조건** (1) 스타일 이름 – bigdata (2) 문단모양 – 왼쪽 여백 : 15pt, 문단 아래 간격 : 10pt
(3) 글자모양 – 한글(궁서)/영문(돋움), 크기 : 10pt, 장평 : 105%, 자간 : 5%

**출력형태**

Big data is a field that treats of ways to analyze, or otherwise deal with data sets that are too large or complex to be dealt with by traditional data-processing application software.

빅데이터란 기존 데이터베이스 관리도구의 능력을 넘어서는 수십 테라바이트의 정형 또는 비정형의 데이터 집합조차 포함한 데이터로부터 가치를 추출하고 결과를 분석하는 기술이다.

2. 다음의 [조건]에 따라 [출력형태]와 같이 표와 차트를 작성하시오. (100점)

**표 조건** (1) 표 전체(표, 캡션) – 돋움, 10pt (2) 정렬 – 문자 : 가운데 정렬, 숫자 : 오른쪽 정렬
(3) 셀 배경(면색) : 노랑
(4) 한글의 계산 기능을 이용하여 빈칸에 합계를 구하고, 캡션 기능 사용할 것
(5) 선 모양은 [출력형태]와 동일하게 처리할 것

**출력형태**

데이터산업 부문별 시장 규모(단위 : 억 원)

| 구분 | 2013년 | 2014년 | 2015년 | 2016년 | 2017년 |
|---|---|---|---|---|---|
| 데이터 솔루션 | 10,789 | 13,619 | 14,124 | 15,720 | 16,536 |
| 데이터 구축 및 컨설팅 | 49,985 | 53,730 | 55,280 | 55,850 | 58,565 |
| 데이터 서비스 | 52,258 | 57,329 | 64,151 | 65,977 | 67,946 |
| 합계 | | | | | |

**차트 조건** (1) 차트 데이터는 표 내용에서 구분별 2013년, 2014년, 2015년, 2016년의 값만 이용할 것
(2) 종류 – 〈묶은 세로 막대형〉으로 작업할 것
(3) 제목 – 궁서, 진하게, 12pt, 배경 – 선 모양(한 줄로), 그림자(2pt)
(4) 제목 이외의 전체 글꼴 – 궁서, 보통, 10pt
(5) 축제목과 범례는 [출력형태]와 동일하게 처리할 것

**출력형태**

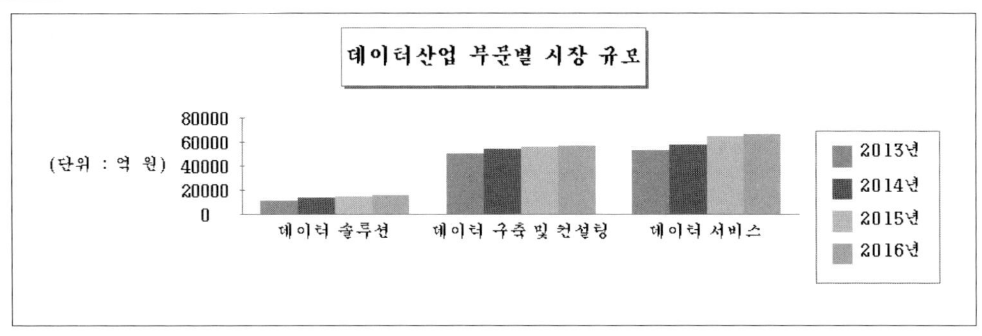

3. 다음 (1), (2)의 수식을 수식 편집기로 각각 입력하시오. (40점)

출력형태

(1) $S_n = \dfrac{a(1-r^n)}{1-r} = \dfrac{a(r^n-1)}{r-1} (r \neq 1)$

(2) $\sum_{k=1}^{n}(a_k - b_k) = \sum_{k=1}^{n} a_k - \sum_{k=1}^{n} b_k$

4. 다음의 [조건]에 따라 [출력형태]와 같이 문서를 작성하시오. (110점)

조건 (1) 그리기 도구를 이용하여 작성하고, 모든 도형(글맵시, 지정된 그림 포함)을 [출력형태]와 같이 작성하시오.

(2) 도형의 면색은 지시사항이 없으면 색 없음을 제외하고 서로 다르게 임의로 지정하시오.

출력형태

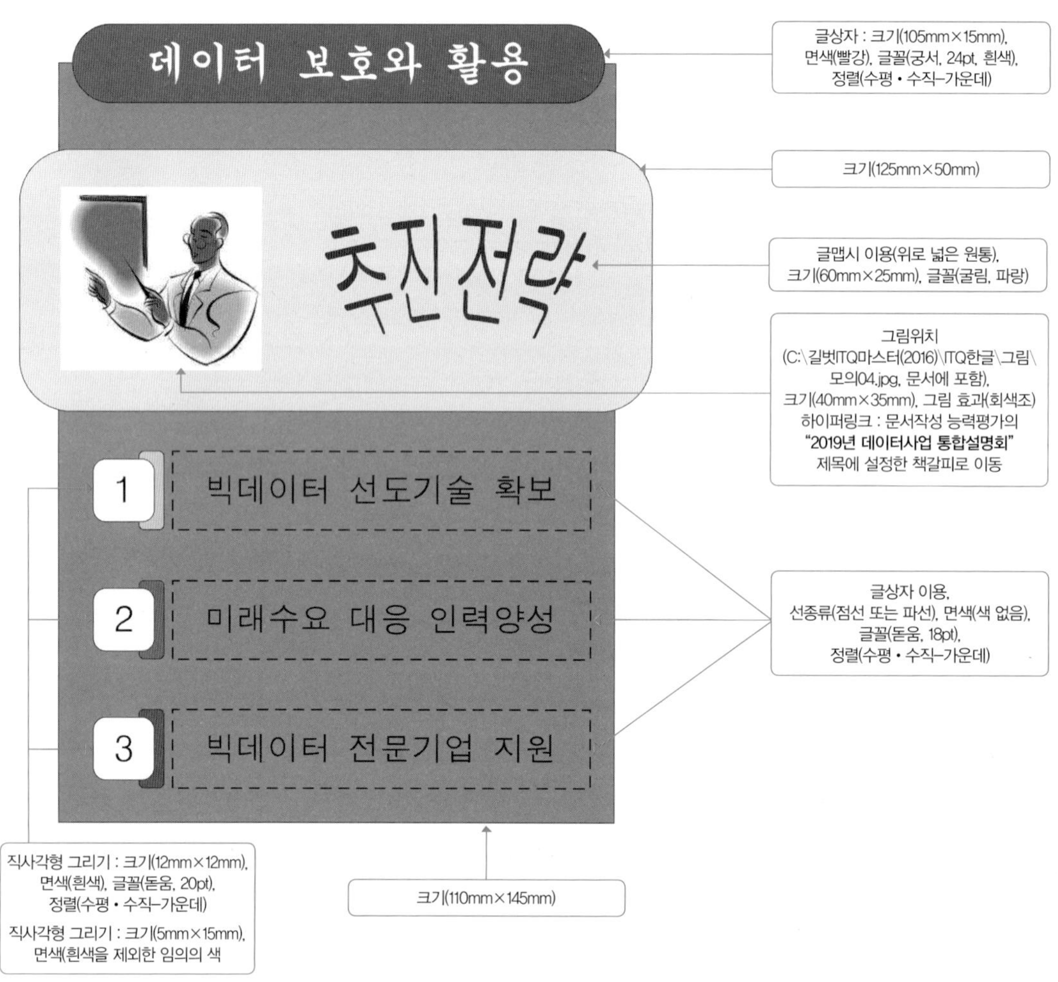

머리말 기능
굴림, 10pt, 오른쪽 정렬 → 빅데이터센터

글꼴 : 굴림, 18pt, 진하게, 가운데 정렬,
책갈피 이름 : 빅데이터, 덧말 넣기

# 2019년 데이터사업 통합설명회

(덧말: 과학기술정보통신부)

문단 첫 글자 장식 기능
글꼴 : 궁서, 면색 : 노랑

각주

그림위치(C:\길벗ITQ마스터(2016)\ITQ한글\그림\모의고사.tif, 문서에 포함),
자르기 기능 이용, 크기(40mm×35mm), 바깥 여백 왼쪽 : 2mm

4차 산업혁명의 핵심 자원인 데이터가 양과 질적인 측면에서 선진국보다 뒤처진 상황㉠에서 이를 타개하기 위해 데이터 가치 사슬에 대한 전체 주기의 혁신이 필요하다. 이를 위해 공공기관과 민간이 협업하여 데이터의 생산, 수집, 분석, 유통을 지원하는 '빅데이터 플랫폼 및 네트워크 구축 사업'을 추진(推進)한다. '플랫폼'은 주요 분야별로 각종 데이터의 수집, 분석, 유통의 지원을 의미하며 '센터'는 중소기업, 대학 등 주요 기관별로 데이터를 체계적으로 생산하고 관리하는 것을 의미한다.

세부 추진과제로는 첫째, 수요 기반의 활용 가치가 높은 양질의 데이터를 기관별로 생산 및 구축하고 플랫폼을 통해 개방과 공유(共有)를 할 수 있는 체계를 마련할 수 있는 빅데이터 센터를 육성하고 둘째, 데이터 생태계를 조성하고 추진할 수 있는 빅데이터 플랫폼을 구축 및 운영하며 셋째, 민관 협력을 통해 데이터 유통 활용 기반을 조성하고 플랫폼 간 연계와 이용활성화를 지원하는 빅데이터 네트워크 조성이다. 데이터의 공유와 활용을 촉진하는 민간 협력 거버넌스인 빅데이터 얼라이언스를 구성 운영하고 이종 플랫폼 간에도 효과적으로 유통, 활용할 수 있도록 플랫폼간 상호 연계 기준을 마련하고 데이터 상황판을 구축 운영한다.

## ♣ 데이터사업 통합설명회 개요

글꼴 : 돋움, 18pt, 흰색
음영색 : 파랑

(ㄱ) 일시 및 장소
  (1) 일시 : 2019. 11. 14(목), 15:00 - 18:00
  (2) 장소 : 코엑스 컨퍼런스룸 E5, 6홀
(ㄴ) 주요 설명 사업
  (1) 빅데이터 플랫폼 및 네트워크 구축 사업(743억)
  (2) 본인정보 활용지원(My data) 사업(97억)

문단 번호 기능 사용
1수준 : 20pt, 오른쪽 정렬,
2수준 : 30pt, 오른쪽 정렬
줄 간격 : 180%

## ♣ *사업 추진 절차 및 향후 일정*

글꼴 : 돋움, 18pt,
기울임, 강조점

표 전체 글꼴 : 굴림, 10pt, 가운데 정렬,
셀 배경색(그러데이션) : 유형(수평),
시작색(흰색), 끝색(노랑)

| 구분 | 내용 | 일정 | 비고 |
|---|---|---|---|
| 과제 공모 | NIA 홈페이지 등을 통한 과제 공모 공고 | 2월 | NIA |
| 수행기관 선정평가 | 평가위원회(2단계)를 통해 수행기관 선정 | 4월 | |
| 과제 심의조정 | 과제 수행 내용 및 예산 조정 확정, 결과 통보 | 5월 | NIA와 수행기관 |
| 결과 보고 | 사업 최종 결과보고서 제출 | 12월 | |
| 최종 평가 | 2차년도 과제수행 여부 판단을 위한 결과 평가 | | |

# 한국데이터산업진흥원

글꼴 : 돋움, 24pt, 진하게
장평 : 110%, 오른쪽 정렬

각주 구분선 : 5cm

㉠ 2018년 기준 국내 기업의 빅데이터 이용률 : 9.5%

쪽 번호 매기기
6으로 시작 → F

EXAMINATION

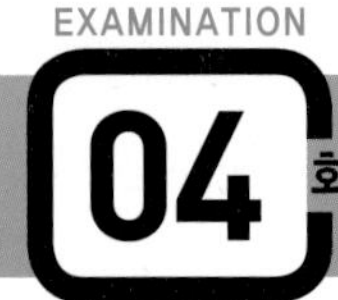

# 04회 실전 모의고사 정답 및 해설

## 기능평가 I

정답

### 02. 표 작성

데이터산업 부문별 시장 규모(단위 : 억 원)

| 구분 | 2013년 | 2014년 | 2015년 | 2016년 | 2017년 |
|---|---|---|---|---|---|
| 데이터 솔루션 | 10,789 | 13,619 | 14,124 | 15,720 | 16,536 |
| 데이터 구축 및 컨설팅 | 49,985 | 53,730 | 55,280 | 55,850 | 58,565 |
| 데이터 서비스 | 52,258 | 57,329 | 64,151 | 65,977 | 67,946 |
| 합계 | 113,032 | 124,678 | 133,555 | 137,547 | |

## 기능평가 II

해설

### 03. 수식 입력

❶ Ctrl + N, M → S_n 입력 → Tab → = 입력 → [분수] 클릭 → a(1-r^n 입력 → Tab → ) 입력 → Tab → 1-r 입력 → Tab → = 입력 → [분수] 클릭 → a(r^n 입력 → Tab → -1) 입력 → Tab → r-1 입력 → Tab → (r 입력 → [±] 클릭 → [≠] 클릭 → 1) 입력 → Shift + Esc

❷ Ctrl + N, M → [Σ] 클릭 → [Σ] 클릭 → k=1 입력 → Tab → n 입력 → Tab → (a_k 입력 → Tab → -b_k 입력 → Tab → )= 입력 → [Σ] 클릭 → [Σ] 클릭 → k=1 입력 → Tab → n 입력 → Tab → a_k 입력 → Tab → - 입력 → [Σ] 클릭 → [Σ] 클릭 → k=1 입력 → Tab → n 입력 → Tab → b_k 입력 → Shift + Esc

### 04. 그리기 작업

❶ '글맵시 만들기' 대화상자

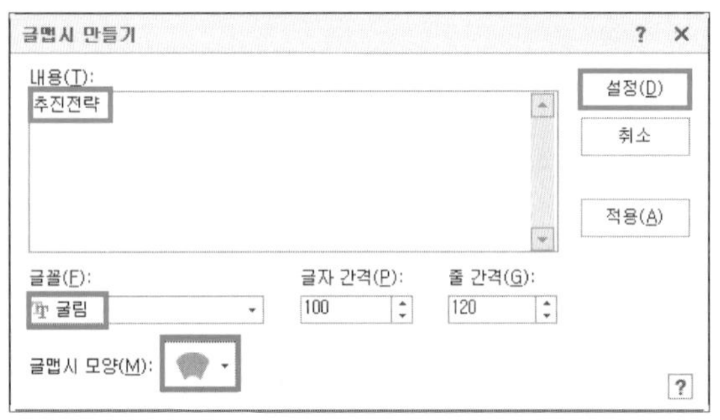

EXAMINATION

# 05회 실전 모의고사

## 기능평가 Ⅰ (150점)

**1. 다음의 [조건]에 따라 스타일 기능을 적용하여 [출력형태]와 같이 작성하시오. (50점)**

조건 (1) 스타일 이름 – creature (2) 문단모양 – 첫 줄 들여쓰기 : 10pt, 문단 아래 간격 : 10pt
(3) 글자모양 – 한글(돋움)/영문(굴림), 크기 : 10pt, 장평 : 95%, 자간 : –5%

출력형태

An organism may either be unicellular or be composed of, as in humans, many billions of cells grouped into specialized tissues and organs.

국립생물자원관은 국가 생물자원의 총체적 관리 시스템을 확립하고 이로부터 생물주권 확립의 기반을 다져 국가 경쟁력 제고에 기여하기 위해 설립되었다.

**2. 다음의 [조건]에 따라 [출력형태]와 같이 표와 차트를 작성하시오. (100점)**

표 조건 (1) 표 전체(표, 캡션) – 돋움, 10pt (2) 정렬 – 문자 : 가운데 정렬, 숫자 : 오른쪽 정렬
(3) 셀 배경(면색) : 노랑
(4) 한글의 계산 기능을 이용하여 빈칸에 합계를 구하고, 캡션 기능 사용할 것
(5) 선 모양은 [출력형태]와 동일하게 처리할 것

출력형태

생물다양성 교실 참여 신청 현황(단위 : 백 명)

| 구분 | 2015년 | 2016년 | 2017년 | 2018년 | 합계 |
|---|---|---|---|---|---|
| 어린이 | 624 | 706 | 720 | 924 | |
| 청소년 | 754 | 798 | 831 | 932 | |
| 가족 | 405 | 453 | 406 | 827 | |
| 단체 | 426 | 578 | 796 | 891 | |

차트 조건 (1) 차트 데이터는 표 내용에서 연도별 어린이, 청소년, 가족의 값만 이용할 것
(2) 종류 – 〈묶은 세로 막대형〉으로 작업할 것
(3) 제목 – 궁서, 진하게, 12pt, 배경 – 선 모양(한 줄로), 그림자(2pt)
(4) 제목 이외의 전체 글꼴 – 궁서, 보통, 10pt
(5) 축제목과 범례는 [출력형태]와 동일하게 처리할 것

출력형태

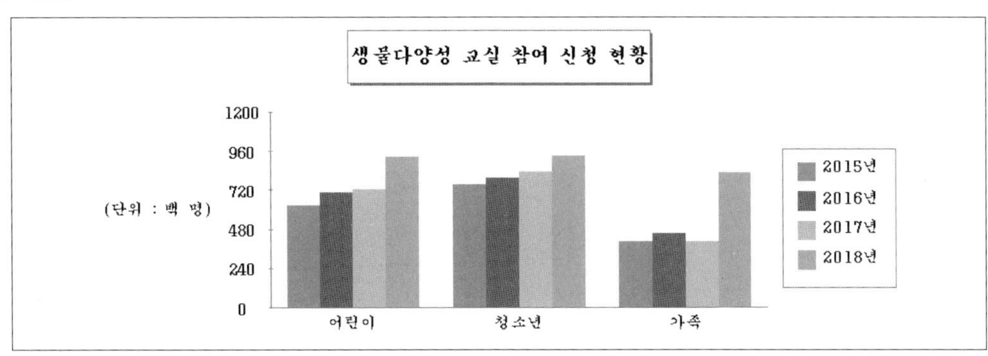

3. 다음 (1), (2)의 수식을 수식 편집기로 각각 입력하시오. (40점)

출력형태

(1) $\frac{1}{\sqrt{a-\sqrt[3]{b}}}=\frac{\sqrt[3]{a^2}+\sqrt[3]{ab}+\sqrt{b^2}}{a-b}$　　(2) $S=\pi r^2+\frac{1}{3}\times 2\pi r\times 1$

4. 다음의 [조건]에 따라 [출력형태]와 같이 문서를 작성하시오. (110점)

조건 (1) 그리기 도구를 이용하여 작성하고, 모든 도형(글맵시, 지정된 그림 포함)을 [출력형태]와 같이 작성하시오.

(2) 도형의 면색은 지시사항이 없으면 색 없음을 제외하고 서로 다르게 임의로 지정하시오.

출력형태

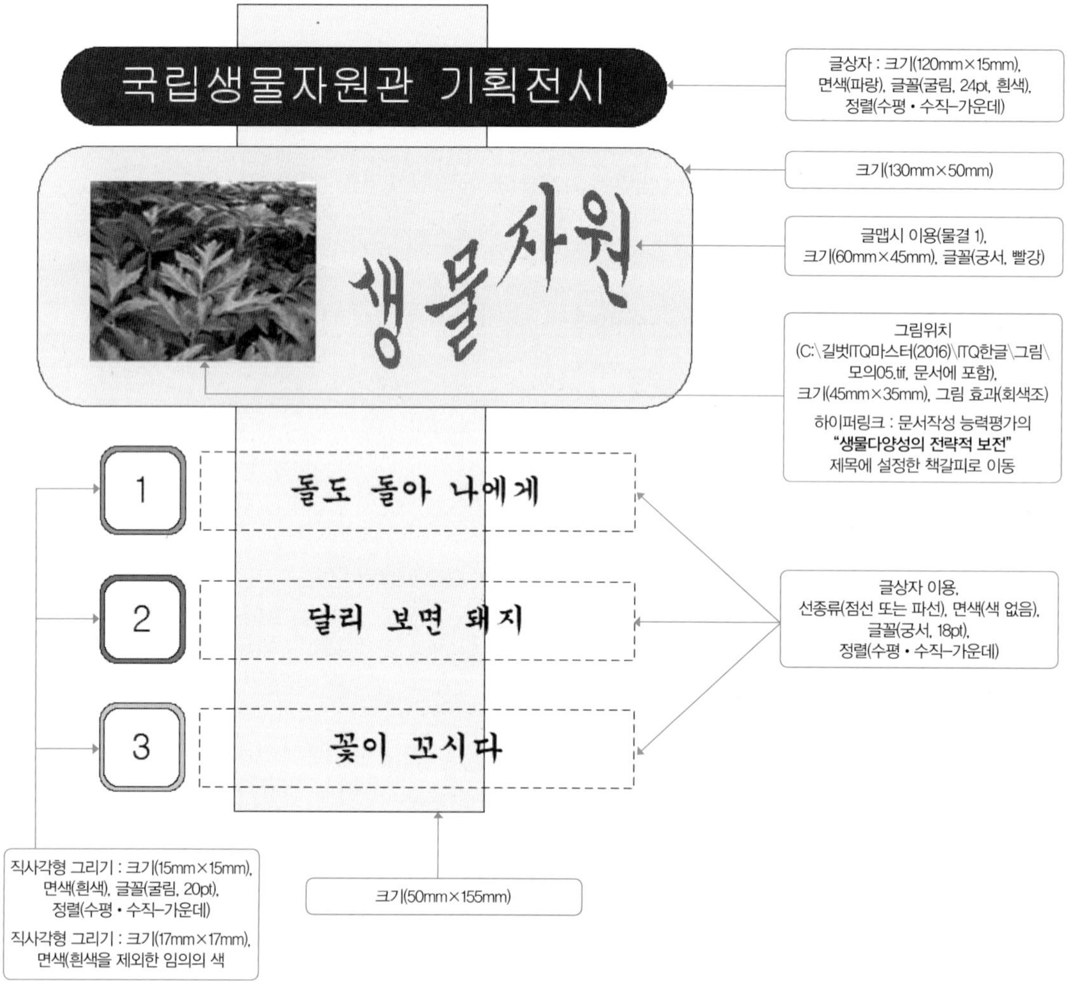

국립생물자원관 기획전시

생물자원

1 돌도 돌아 나에게

2 달리 보면 돼지

3 꽃이 꼬시다

글상자 : 크기(120mm×15mm), 면색(파랑), 글꼴(굴림, 24pt, 흰색), 정렬(수평 • 수직-가운데)

크기(130mm×50mm)

글맵시 이용(물결 1), 크기(60mm×45mm), 글꼴(궁서, 빨강)

그림위치 (C:\길벗ITQ마스터(2016)\ITQ한글\그림\모의05.tif, 문서에 포함), 크기(45mm×35mm), 그림 효과(회색조)

하이퍼링크 : 문서작성 능력평가의 **"생물다양성의 전략적 보전"** 제목에 설정한 책갈피로 이동

글상자 이용, 선종류(점선 또는 파선), 면색(색 없음), 글꼴(궁서, 18pt), 정렬(수평 • 수직-가운데)

직사각형 그리기 : 크기(15mm×15mm), 면색(흰색), 글꼴(굴림, 20pt), 정렬(수평 • 수직-가운데)

직사각형 그리기 : 크기(17mm×17mm), 면색(흰색을 제외한 임의의 색

크기(50mm×155mm)

머리말 기능
돋움, 10pt, 오른쪽 정렬

생물산업의 원천

글꼴 : 궁서, 18pt, 진하게, 가운데 정렬,
책갈피 이름 : 생물자원, 덧말 넣기

# 생물다양성의 전략적 보전

생물자원은 우리의 힘

문단 첫 글자 장식 기능
글꼴 : 돋움, 면색 : 노랑

그림위치(C:\길벗ITQ마스터(2016)\ITQ한글\그림\모의고사.tif, 문서에 포함),
자르기 기능 이용, 크기(40mm×30mm), 바깥 여백 왼쪽 : 2mm

국립생물자원관은 지속적인 우리나라 자생생물 연구를 통해 1,800종의 생물자원을 발굴하여 50,827종의 국사생물종목록을 구축하였다. 우리 국내외 생물자원을 보전(保全)하고 이들을 지속 가능하고 현명하게 이용하는 데 솔선수범하여 21세기 생물자원의 주권 확립의 중심이 되고자 노력하고 있다.

우리나라에 서식하는 다양한 자생생물은 생명공동체를 구현하는 핵심 요소인 동시에 21세기를 주도하는 중요한 성장 동력 중의 하나인 생물산업의 원천(源泉) 소재가 되고 있다. 국립생물자원관은 이러한 미래의 소중한 국가적 자산인 자생생물자원의 총체적 관리와 생물 주권 확립의 기반 마련을 통해 국가 경쟁력 제고에 기여하고자 2007년 3월 설립되었다. 지난 7년간 국립생물자원관은 국가 생물자원의 발굴, 확보, 소장 및 연구를 체계적으로 수행하여 우리나라 생물자원의 인프라를 구축하고 UN[ⓐ]에 의해 생물다양성 보전 선도 기관으로 지정되는 등 많은 성과를 거두었다. 앞으로도 전시 교육관의 다양한 전시물과 교육 프로그램을 통해 생물자원의 중요성과 지속적인 보전의 필요성을 널리 알리는 살아 있는 교육의 장이 될 수 있도록 노력할 것이다.

각주

## ★ 자원관의 주요 기능

글꼴 : 궁서, 18pt, 흰색
음영색 : 빨강

(1) 생물자원 주권 확립
(가) 한반도 고유 자생생물 표본 및 기타 생물재료 확보, 소장
(나) 국가차원의 생물자원 발굴 및 기반연구 수행
(2) 생물자원 유용성 분석 및 이용 연구
(가) 생물자원의 특성 및 유용성 정보 확보
(나) 국가 생물자원 이용기반 구축 및 활성화 지원

문단 번호 기능 사용
1수준 : 20pt, 오른쪽 정렬,
2수준 : 30pt, 오른쪽 정렬
줄 간격 : 180%

## ★ 야생 동식물 관리 현황

글꼴 : 궁서, 18pt, 밑줄, 강조점

표 전체 글꼴 : 돋움, 10pt, 가운데 정렬,
셀 배경색(그러데이션) : 유형(수직),
시작색(흰색), 끝색(노랑)

| 구분 | 한국명 | 과명 | 한국명 | 과명 |
|---|---|---|---|---|
| 멸종 위기 야생 동식물 1급 | 대륙사슴 | 사슴과 | 광릉요강꽃 | 난초과 |
| | 노랑부리저어새 | 저어새과 | 두드럭조개 | 석패과 |
| | 얼룩새코미꾸리 | 미꾸리과 | 상제나비 | 흰나비과 |
| 멸종 위기 야생 동식물 2급 | 무산쇠족제비 | 족제비과 | 가시오갈피나무 | 두릅나무과 |
| | 자색수지맨드라미 | 곤봉바다맨드라미과 | 장수삿갓조개 | 구멍삿갓조개과 |

국립생물자원관

글꼴 : 굴림, 24pt, 진하게
장평 : 95%, 오른쪽 정렬

각주 구분선 : 5cm

ⓐ 제2차 세계 대전 이후 국제 협력을 달성하기 위하여 창설된 국제 협력 기구

쪽 번호 매기기
6으로 시작

- VI -

EXAMINATION

# 05회 실전 모의고사 정답 및 해설

## 기능평가 I

정답

### 02. 표 작성

생물다양성 교실 참여 신청 현황(단위 : 백 명)

| 구분 | 2015년 | 2016년 | 2017년 | 2018년 | 합계 |
|---|---|---|---|---|---|
| 어린이 | 624 | 706 | 720 | 924 | 2,974 |
| 청소년 | 754 | 798 | 831 | 932 | 3,315 |
| 가족 | 405 | 453 | 406 | 827 | 2,091 |
| 단체 | 426 | 578 | 796 | 891 | |

## 기능평가 II

해설

### 03. 수식 입력

❶ [Ctrl] + [N], [M] → [음] 클릭 → 1 입력 → [Tab] → [√□] 클릭 → a– 입력 → [√□] 클릭 → [Shift] + [Tab] → 3 입력 → [Tab] → b → [Tab] → [Tab] → [Tab] → = 입력 → [음] 클릭 → [√□] 클릭 → [Shift] + [Tab] → 3 입력 → [Tab] → a^2 입력 → [Tab] → [Tab] → + 입력 → [√□] 클릭 → [Shift] + [Tab] → 3 입력 → [Tab] → ab 입력 → [Tab] → + 입력 → [√□] 클릭 → b^2 입력 → [Tab] → [Tab] → [Tab] → a–b 입력 → [Shift] + [Esc]

❷ [Ctrl] + [N], [M] → S= → [λ ▾] 클릭 → [π] 클릭 → r^2 입력 → [Tab] → + 입력 → [음] 클릭 → 1 입력 → [Tab] → 3 입력 → [Tab] → [± ▾] 클릭 → [×] 클릭 → 2 입력 → [λ ▾] 클릭 → [π] 클릭 → r 입력 → [± ▾] 클릭 → [×] 클릭 → 1 입력 → [Shift] + [Esc]

### 04. 그리기 작업

❶ '글맵시 만들기' 대화상자

## 쉬어가는 코너

파본을 받았습니다! 목차에는 모의고사가 10회 까지 있는데 제 책은 5회가 끝이에요!
5회 까지 있다면 정상입니다. 나머지 5회분은 'C:\길벗ITQ마스터(2016)\ITQ한글' 폴더에 "실전모의고사.pdf" 파일로 저장되어 있습니다.

그냥 한꺼번에 주시지 왜 5회분만 따로 옮겨 놓은거죠?
수험생 여러분의 책값부담을 줄이기 위해서 입니다. 제작비 인상으로 인해 책값을 올릴 수 밖에 없는 상황에서 교재의 일부분을 파일로 제공하여 제작비를 줄이고 책값을 인상하지 않았습니다.
감동

아니, 그렇게 깊은뜻이? 독자의 주머니 사정까지 걱정해주는 시나공, 역시 감동이네요~
독자를 위한 서비스는 온라인에서도 이어집니다. 시나공카페에서는 시험과 관련된 다양한 서비스를 제공하고 있습니다. 가입하셔서 정보와 기출문제도 다운받고 풀다가 모르는 내용은 바로바로 물어보세요! 애프터서비스까지 확실히 해드립니다!

아싸! 당장 시나공 카페에 출근도장 찍으러 가야쥐~ 유후~♥
시나공카페에는 문턱이 없습니다. 가입만하시면 모든 서비스는 항상 열려 있다는 거! 여러분이 원하는 다양한 서비스를 만족시키기 위해 더 노력 하겠습니다!
시나공
고고

m·e·m·o

# 04장

# 최신기출문제


최신기출문제 01회

최신기출문제 02회

최신기출문제 03회

최신기출문제 04회

최신기출문제 05회

최신기출문제 06회

최신기출문제 07회

최신기출문제 08회

최신기출문제 09회

최신기출문제 10회


'C:\길벗ITQ마스터(2016)\ITQ 한글' 폴더에 "최신기출문제.pdf" 파일로 저장되어 있습니다.

# 제01회 정보기술자격(ITQ) 시험

| 과 목 | 코드 | 문제유형 | 시험시간 | 수험번호 | 성 명 |
|---|---|---|---|---|---|
| 아래한글 | 1111 | A | 60분 | | |

## 〈수험자 유의사항〉

- 수험자는 문제지를 받는 즉시 문제지와 수험표상의 시험과목(프로그램)이 동일한지 반드시 확인하여야 합니다.
- 파일명은 본인의 "수험번호-성명"으로 입력하여 답안폴더(내 PC\문서\ITQ)에 하나의 파일로 저장해야 하며, 답안문서 파일명이 "수험번호-성명"과 일치하지 않거나, 답안파일을 전송하지 않아 미제출로 처리될 경우 실격 처리합니다(예 : 12345678-홍길동.hwp).
- 답안 작성을 마치면 파일을 저장하고, '답안 전송' 버튼을 선택하여 감독위원 PC로 답안을 전송하십시오. 수험생 정보와 저장한 파일명이 다를 경우 전송되지 않으므로 주의하시기 바랍니다.
- 답안 작성 중에도 주기적으로 저장하고, '답안 전송'하여야 문제 발생을 줄일 수 있습니다. 작업한 내용을 저장하지 않고 전송할 경우 이전에 저장된 내용이 전송되오니 이점 유의하시기 바랍니다.
- 답안문서는 지정된 경로 외의 다른 보조기억장치에 저장하는 경우, 지정된 시험 시간 외에 작성된 파일을 활용할 경우, 기타 통신수단(이메일, 메신저, 네트워크 등)을 이용하여 타인에게 전달 또는 외부 반출하는 경우는 부정 처리합니다.
- 시험 중 부주의 또는 고의로 시스템을 파손한 경우는 수험자가 변상해야 하며, 〈수험자 유의사항〉에 기재된 방법대로 이행하지 않아 생기는 불이익은 수험생 당사자의 책임임을 알려 드립니다.
- 문제의 조건은 한컴오피스 2016 버전으로 설정되어 있으니 유의하시기 바랍니다.
- 시험을 완료한 수험자는 답안파일이 전송되었는지 확인한 후 감독위원의 지시에 따라 문제지를 제출하고 퇴실합니다.

## 〈답안 작성요령〉

- 온라인 답안 작성 절차
  수험자 등록 ⇨ 시험 시작 ⇨ 답안파일 저장 ⇨ 답안 전송 ⇨ 시험 종료
- 공통 부문
  - 글꼴에 대한 기본설정은 함초롬바탕, 10포인트, 검정, 줄간격 160%, 양쪽 정렬로 합니다.
  - 색상은 조건의 색을 적용하고 색의 구분이 안될 경우에는 RGB 값을 적용하십시오
    (빨강 255,0,0 / 파랑 0,0,255 / 노랑 255,255,0).
  - 각 문항에 주어진 [조건]에 따라 작성하고 언급하지 않은 조건은 출력형태와 같이 작성합니다.
  - 용지여백은 왼쪽 · 오른쪽 11㎜, 위쪽 · 아래쪽 · 머리말 · 꼬리말 10㎜, 제본 0㎜로 합니다.
  - 그림 삽입 문제의 경우 「내 PC\문서\ITQ\Picture」 폴더에서 지정된 파일을 선택하여 삽입하십시오.
  - 삽입한 그림은 반드시 문서에 포함하여 저장해야 합니다(미포함 시 감점 처리).
  - 각 항목은 지정된 페이지에 출력형태와 같이 정확히 작성하시기 바라며, 그렇지 않을 경우에 해당 항목은 0점 처리됩니다.
    ※ 페이지 구분 : 1페이지 – 기능평가 Ⅰ (문제번호 표시 : 1. 2.),
    2페이지 – 기능평가 Ⅱ (문제번호 표시 : 3. 4.),
    3페이지 – 문서작성 능력평가
- 기능평가
  - 문제와 [조건]은 입력하지 않으며 문제번호와 답([출력형태])만 작성합니다.
  - 4번 문제는 묶기를 했을 경우 0점 처리됩니다.
- 문서작성 능력평가
  - A4 용지(210㎜×297㎜) 1매 크기, 세로 서식 문서로 작성합니다.
  - ⬚ 표시는 문서작성에 대한 지시사항이므로 작성하지 않습니다.

## 기능평가 Ⅰ (150점)

1. 다음의 [조건]에 따라 스타일의 기능을 적용하여 [출력형태]와 같이 작성하시오. (50점)

**조건**
(1) 스타일 이름 – fitness
(2) 문단 모양 – 왼쪽 여백 : 15pt, 문단 아래 간격 : 10pt
(3) 글자 모양 – 글꼴 : 한글(궁서)/영문(굴림), 크기 : 10pt, 장평 : 95%, 자간 : 5%

**출력형태**

KSPO will contribute to improving quality of life so that all Korean people can live in harmony through sports and enjoy a healthy life through sports in daily life.

체력이란 인간이 삶을 영위하는 데 필요한 기본적인 작업 능력이라 볼 수 있으며, 체육이 스포츠를 통해서 얻고자 하는 가장 중요한 신체적 요소인 체력은 모든 운동의 기초가 되는 능력이다.

2. 다음의 [조건]에 따라 [출력형태]와 같이 표와 차트를 작성하시오. (100점)

**표 조건**
(1) 표 전체(표, 캡션) – 돋움, 10pt
(2) 정렬 – 문자 : 가운데 정렬, 숫자 : 오른쪽 정렬
(3) 셀 배경(면색) : 노랑
(4) 한글의 계산 기능을 이용하여 빈칸에 평균(소수점 두 자리)을 구하고, 캡션 기능 사용할 것
(5) 선 모양은 [출력형태]와 동일하게 처리할 것

**출력형태**

체육진흥사업 지원 현황(단위 : 억 원)

| 구분 | 2016년 | 2017년 | 2018년 | 2019년 | 평균 |
|---|---|---|---|---|---|
| 생활체육 | 3,455 | 3,858 | 3,664 | 5,474 | |
| 전문체육 | 4,098 | 4,108 | 3,283 | 3,490 | |
| 국제체육 | 4,852 | 4,360 | 2,250 | 2,037 | |
| 장애인체육 | 595 | 624 | 618 | 653 | |

**차트 조건**
(1) 차트 데이터는 표 내용에서 연도별 생활체육, 전문체육, 국제체육의 값만 이용할 것
(2) 종류 – 〈묶은 가로 막대형〉으로 작업할 것
(3) 제목 – 굴림, 진하게, 12pt, 배경 – 선 모양(한 줄로), 그림자(2pt)
(4) 제목 이외의 전체 글꼴 – 굴림, 보통, 10pt
(5) 축제목과 범례는 [출력형태]와 동일하게 처리할 것

**출력형태**

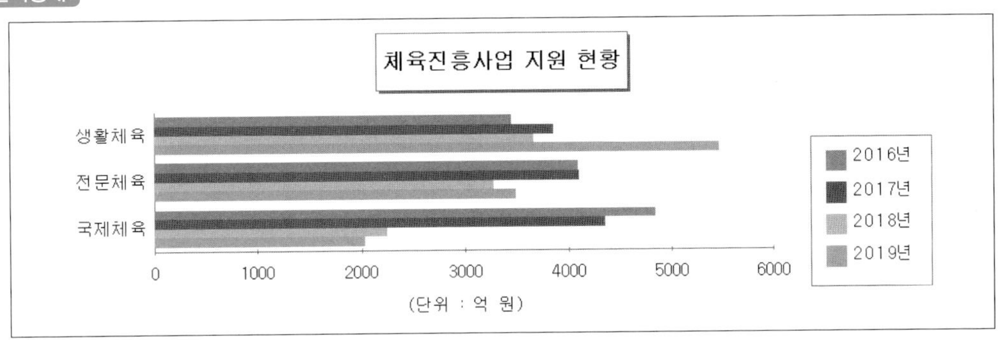

3. 다음 (1), (2)의 수식을 수식 편집기로 각각 입력하시오. (40점)

출력형태

(1) $V = \frac{1}{R}\int_{0}^{q} qdq = \frac{1}{2}\frac{q^2}{R}$

(2) $\sum_{k=1}^{n} k^3 = \frac{n(n+1)}{2} = \sum_{k=1}^{n} k$

4. 다음의 [조건]에 따라 [출력형태]와 같이 문서를 작성하시오. (110점)

조건 (1) 그리기 도구를 이용하여 작성하고, 모든 도형(글맵시, 지정된 그림 포함)을 [출력형태]와 같이 작성하시오.

(2) 도형의 면색은 지시사항이 없으면 색 없음을 제외하고 서로 다르게 임의로 지정하시오.

출력형태

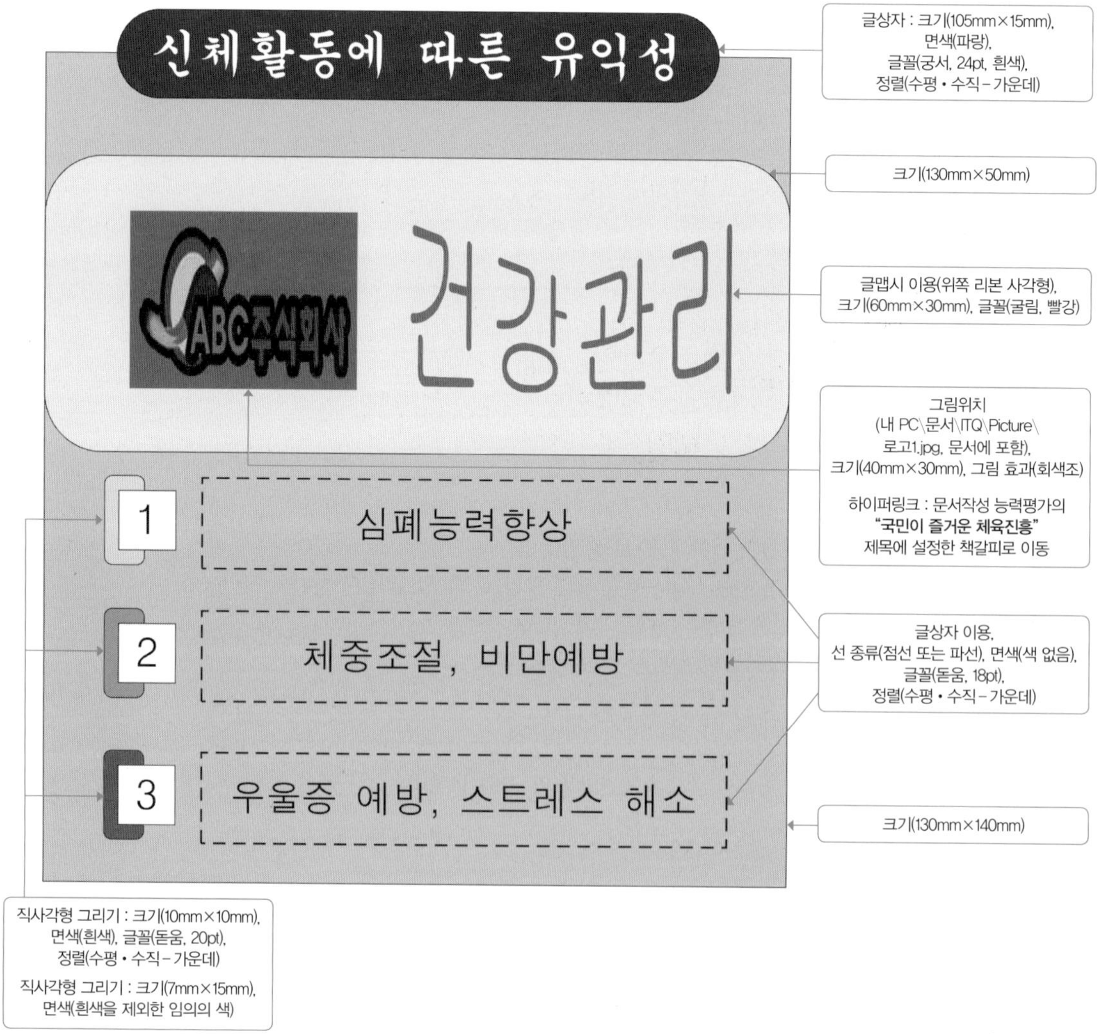

신체활동에 따른 유익성

글상자 : 크기(105mm×15mm), 면색(파랑), 글꼴(궁서, 24pt, 흰색), 정렬(수평・수직 - 가운데)

크기(130mm×50mm)

ABC주식회사

건강관리

글맵시 이용(위쪽 리본 사각형), 크기(60mm×30mm), 글꼴(굴림, 빨강)

그림위치 (내 PC\문서\ITQ\Picture\로고1.jpg, 문서에 포함), 크기(40mm×30mm), 그림 효과(회색조)

하이퍼링크 : 문서작성 능력평가의 **"국민이 즐거운 체육진흥"** 제목에 설정한 책갈피로 이동

1 심폐능력향상

2 체중조절, 비만예방

3 우울증 예방, 스트레스 해소

글상자 이용, 선 종류(점선 또는 파선), 면색(색 없음), 글꼴(돋움, 18pt), 정렬(수평・수직 - 가운데)

크기(130mm×140mm)

직사각형 그리기 : 크기(10mm×10mm), 면색(흰색), 글꼴(돋움, 20pt), 정렬(수평・수직 - 가운데)

직사각형 그리기 : 크기(7mm×15mm), 면색(흰색을 제외한 임의의 색)

머리말 기능
굴림, 10pt, 오른쪽 정렬 → 국민체력100

글꼴 : 돋움, 18pt, 진하게, 가운데 정렬,
책갈피 이름 : 건강, 덧말 넣기

국민체력100으로 건강하게
# 국민이 즐거운 체육진흥

문단 첫 글자 장식 기능
글꼴 : 굴림, 면색 : 노랑

그림위치(내 PC\문서\ITQ\Picture\기출.tif, 문서에 포함),
자르기 기능 이용, 크기(40mm×45mm), 바깥 여백 왼쪽 : 2mm

국민의 체력수준 저하 및 비만관련 인구가 증가함에 따라 국민의 체력 및 건강 증진에 목적을 두고 체력 상태를 과학적 방법에 의해 측정 및 평가하여 운동 상담 및 처방을 해주는 체육 복지 서비스로 국민체력100을 시행하고 있습니다. 국민체력100ⓐ에 참가한 모든 국민에게는 체력 수준에 따라 맞춤형 운동 프로그램을 제공하고 운동에 꾸준히 참가할 수 있도록 체계적으로 관리하며, 국민체력참가증을 발급(發給)합니다. 각주

체력측정은 온라인, 방문, 전화로 신청할 수 있으며 그중 온라인은 온라인상으로 체력측정신청서를 작성하면 됩니다. 체력인증 대상자는 청소년기(만 13-18세), 성인기(만 19-64세), 어르신(65세 이상)이며 별도의 가입비나 검사 비용은 없습니다. 그러나 체력인증을 받기 위해서는 국민체력100 사이트의 회원으로 가입해야 하며, 체력측정 신청 전 먼저 문진검사를 통해 체력검사 가능 대상자로 판별되어야 합니다. 문진 검사 결과 체력측정 비대상자에 속할 경우 담당 의사의 소견서를 지참하면 체력검사에 응할 수 있습니다. 체력측정 항목(項目)은 신체 조성 요인으로 신체질량지수, 체지방률, 피부두겹합(삼두, 복부, 종아리)이 있습니다.

## ★ 심폐지구력 향상을 위한 운동

글꼴 : 궁서, 18pt, 흰색,
음영색 : 빨강

i. 올바른 걷기의 자세
   a. 가슴을 펴고 턱을 약간 당긴 자세로 전방 10-15m 시선
   b. 팔의 움직임과 함께 어깨를 자연스럽게 좌우로 돌림
ii. 자전거타기의 바른 자세
   a. 호흡할 때는 입과 코를 모두 이용
   b. 등과 허리는 너무 구부러지지 않게 편안한 자세를 유지

문단 번호 기능 사용
1수준 : 20pt, 오른쪽 정렬,
2수준 : 30pt, 오른쪽 정렬
줄 간격 : 180%

## ★ *지역별 체력 인증센터*

글꼴 : 궁서, 18pt, 기울임, 강조점

표 전체 글꼴 : 굴림, 10pt, 가운데 정렬,
셀 배경색(그러데이션) : 유형(가운데에서),
시작색(흰색), 끝색(노랑)

| 시도 | 체력인증센터 | 주소 | 전화번호 |
|---|---|---|---|
| 서울 | 동작 | 동작구 사당로 27 사당종합체육관 | 02-999-9999 |
|  | 마포 | 마포구 월드컵로 25 마포구민체육센터 4층 | 02-777-9999 |
| 경기도 | 성남 | 중원구 제일로 60 성남종합스포츠센터 2층 | 031-888-9999 |
|  | 시흥 | 정왕대로 233 시흥어울림국민체육센터 2층 | 031-666-9999 |
| 광주 | 북구 | 북구 서암대로 132 국민체력100 사무실 | 062-555-9999 |
|  | 동구 | 동구 필문대로 309 조선대학교 체육대학 5층 | 062-222-9999 |

글꼴 : 돋움, 24pt, 진하게,
장평 : 110%, 오른쪽 정렬

국민체육진흥공단

각주 구분선 : 5cm

ⓐ 국민체력100은 국민체육진흥기금으로 시행됨

쪽 번호 매기기
6으로 시작 → ⑥

# 제01회 정보기술자격(ITQ) 시험 정답 및 해설

형

## 기능평가 I 정답

### 02. 표 작성

체육진흥사업 지원 현황(단위 : 억 원)

| 구분 | 2016년 | 2017년 | 2018년 | 2019년 | 평균 |
|---|---|---|---|---|---|
| 생활체육 | 3,455 | 3,858 | 3,664 | 5,474 | 4,112.75 |
| 전문체육 | 4,098 | 4,108 | 3,283 | 3,490 | 3,744.75 |
| 국제체육 | 4,852 | 4,360 | 2,250 | 2,037 | 3,374.75 |
| 장애인체육 | 595 | 624 | 618 | 653 | |

## 기능평가 II 해설

### 03. 수식 입력

❶ Ctrl + N, M → V= 입력 → 믐 클릭 → 1 입력 → Tab → R 입력 → Tab → ∫□ ▾ 클릭 → ∫ 클릭 → 0 입력 → Tab → q 입력 → Tab → qdq= 입력 → 믐 클릭 → 1 입력 → Tab → 2 입력 → Tab → 믐 클릭 → q^2 입력 → Tab → Tab → R 입력→ Shift + Esc

❷ Ctrl + N, M → Σ ▾ 클릭 → Σ 클릭 → k=1 입력 → Tab → n 입력 → Tab → k^3 입력 → Tab → = 입력 → 믐 클릭 → n(n+1) 입력 → Tab → 2 입력 → Tab → = 입력 → Σ ▾ 클릭 → Σ 클릭 → k=1 입력 → Tab → n 입력 → Tab → k 입력→ Shift + Esc

### 04. 그리기 작업

❶ '글맵시 만들기' 대화상자

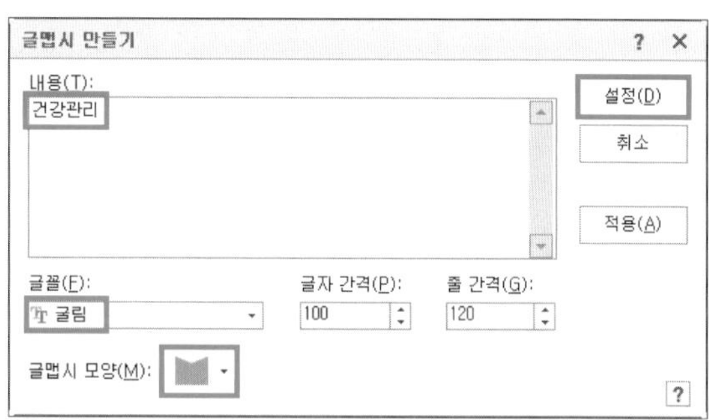

EXAMINATION

# 제02회 정보기술자격(ITQ) 시험

| 과 목 | 코드 | 문제유형 | 시험시간 | 수험번호 | 성 명 |
|---|---|---|---|---|---|
| 아래한글 | 1111 | A | 60분 | | |

## 〈수험자 유의사항〉

- 수험자는 문제지를 받는 즉시 문제지와 수험표상의 시험과목(프로그램)이 동일한지 반드시 확인하여야 합니다.
- 파일명은 본인의 "수험번호-성명"으로 입력하여 답안폴더(내 PC\문서\ITQ)에 하나의 파일로 저장해야 하며, 답안문서 파일명이 "수험번호-성명"과 일치하지 않거나, 답안파일을 전송하지 않아 미제출로 처리될 경우 실격 처리합니다(예 : 12345678-홍길동.hwp).
- 답안 작성을 마치면 파일을 저장하고, '답안 전송' 버튼을 선택하여 감독위원 PC로 답안을 전송하십시오. 수험생 정보와 저장한 파일명이 다를 경우 전송되지 않으므로 주의하시기 바랍니다.
- 답안 작성 중에도 주기적으로 저장하고, '답안 전송'하여야 문제 발생을 줄일 수 있습니다. 작업한 내용을 저장하지 않고 전송할 경우 이전에 저장된 내용이 전송되오니 이점 유의하시기 바랍니다.
- 답안문서는 지정된 경로 외의 다른 보조기억장치에 저장하는 경우, 지정된 시험 시간 외에 작성된 파일을 활용할 경우, 기타 통신수단(이메일, 메신저, 네트워크 등)을 이용하여 타인에게 전달 또는 외부 반출하는 경우는 부정 처리합니다.
- 시험 중 부주의 또는 고의로 시스템을 파손한 경우는 수험자가 변상해야 하며, 〈수험자 유의사항〉에 기재된 방법대로 이행하지 않아 생기는 불이익은 수험생 당사자의 책임임을 알려 드립니다.
- 문제의 조건은 한컴오피스 2016 버전으로 설정되어 있으니 유의하시기 바랍니다.
- 시험을 완료한 수험자는 답안파일이 전송되었는지 확인한 후 감독위원의 지시에 따라 문제지를 제출하고 퇴실합니다.

## 〈답안 작성요령〉

- 온라인 답안 작성 절차
  수험자 등록 ⇨ 시험 시작 ⇨ 답안파일 저장 ⇨ 답안 전송 ⇨ 시험 종료
- 공통 부문
  - 글꼴에 대한 기본설정은 함초롬바탕, 10포인트, 검정, 줄간격 160%, 양쪽 정렬로 합니다.
  - 색상은 조건의 색을 적용하고 색의 구분이 안될 경우에는 RGB 값을 적용하십시오
    (빨강 255,0,0 / 파랑 0,0,255 / 노랑 255,255,0).
  - 각 문항에 주어진 [조건]에 따라 작성하고 언급하지 않은 조건은 출력형태와 같이 작성합니다.
  - 용지여백은 왼쪽 · 오른쪽 11㎜, 위쪽 · 아래쪽 · 머리말 · 꼬리말 10㎜, 제본 0㎜로 합니다.
  - 그림 삽입 문제의 경우 「내 PC\문서\ITQ\Picture」 폴더에서 지정된 파일을 선택하여 삽입하십시오.
  - 삽입한 그림은 반드시 문서에 포함하여 저장해야 합니다(미포함 시 감점 처리).
  - 각 항목은 지정된 페이지에 출력형태와 같이 정확히 작성하시기 바라며, 그렇지 않을 경우에 해당 항목은 0점 처리됩니다.
    ※ 페이지 구분 : 1페이지 – 기능평가 Ⅰ (문제번호 표시 : 1. 2.),
    2페이지 – 기능평가 Ⅱ (문제번호 표시 : 3. 4.),
    3페이지 – 문서작성 능력평가
- 기능평가
  - 문제와 [조건]은 입력하지 않으며 문제번호와 답([출력형태])만 작성합니다.
  - 4번 문제는 묶기를 했을 경우 0점 처리됩니다.
- 문서작성 능력평가
  - A4 용지(210㎜×297㎜) 1매 크기, 세로 서식 문서로 작성합니다.
  - ( ) 표시는 문서작성에 대한 지시사항이므로 작성하지 않습니다.

**1. 다음의 [조건]에 따라 스타일의 기능을 적용하여 [출력형태]와 같이 작성하시오. (50점)**

조건 (1) 스타일 이름 – education
(2) 문단 모양 – 왼쪽 여백 : 15pt, 문단 아래 간격 : 10pt
(3) 글자 모양 – 글꼴 : 한글(궁서)/영문(굴림), 크기 : 10pt, 장평 : 95%, 자간 : 5%

출력형태

Edutech Korea awaits with all the latest developments and trends in the education and vocation sectors. Discover what's new of East Asian Education at Seoul, Korea.

에듀테크 코리아에서는 교육 및 직업 분야의 최신 발전상과 동향을 한자리에서 볼 수 있다. 동아시아 교육의 새로운 장을 대한민국 서울에서 만날 수 있다.

**2. 다음의 [조건]에 따라 [출력형태]와 같이 표와 차트를 작성하시오. (100점)**

표 조건 (1) 표 전체(표, 캡션) – 돋움, 10pt
(2) 정렬 – 문자 : 가운데 정렬, 숫자 : 오른쪽 정렬
(3) 셀 배경(면색) : 노랑
(4) 한글의 계산 기능을 이용하여 빈칸에 평균(소수점 두 자리)을 구하고, 캡션 기능 사용할 것
(5) 선 모양은 [출력형태]와 동일하게 처리할 것

출력형태

연도별 대한민국 교육박람회 참관객(단위 : 명)

| 구분 | 2016년 | 2017년 | 2018년 | 2019년 | 평균 |
|---|---|---|---|---|---|
| 10대 | 5,728 | 6,394 | 8,469 | 9,807 | |
| 20대 | 7,396 | 8,043 | 11,478 | 12,264 | |
| 30대 | 9,854 | 10,675 | 12,265 | 13,498 | |
| 40대 이상 | 5,293 | 7,942 | 8,274 | 9,684 | |

차트 조건 (1) 차트 데이터는 표 내용에서 연도별 10대, 20대, 30대의 값만 이용할 것
(2) 종류 – <묶은 세로 막대형>으로 작업할 것
(3) 제목 – 굴림, 진하게, 12pt, 배경 – 선 모양(한 줄로), 그림자(2pt)
(4) 제목 이외의 전체 글꼴 – 굴림, 보통, 10pt
(5) 축제목과 범례는 [출력형태]와 동일하게 처리할 것

출력형태

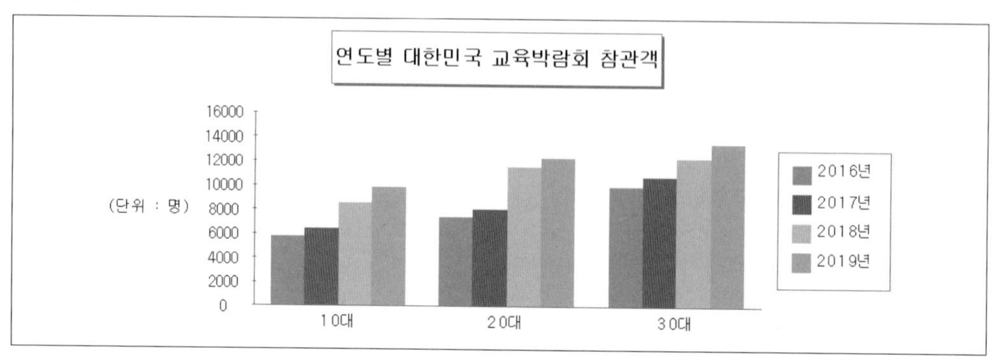

## 기능평가 II (150점)

3. 다음 (1), (2)의 수식을 수식 편집기로 각각 입력하시오. (40점)

출력형태

(1) $\int_{0}^{1}(\sin x+\frac{x}{2})dx=\int_{0}^{1}\frac{1+\sin x}{2}dx$  (2) $\lambda=\frac{h}{mh}=\frac{h}{\sqrt{2meV}}$

4. 다음의 [조건]에 따라 [출력형태]와 같이 문서를 작성하시오. (110점)

조건 (1) 그리기 도구를 이용하여 작성하고, 모든 도형(글맵시, 지정된 그림 포함)을 [출력형태]와 같이 작성하시오.
(2) 도형의 면색은 지시사항이 없으면 색 없음을 제외하고 서로 다르게 임의로 지정하시오.

출력형태

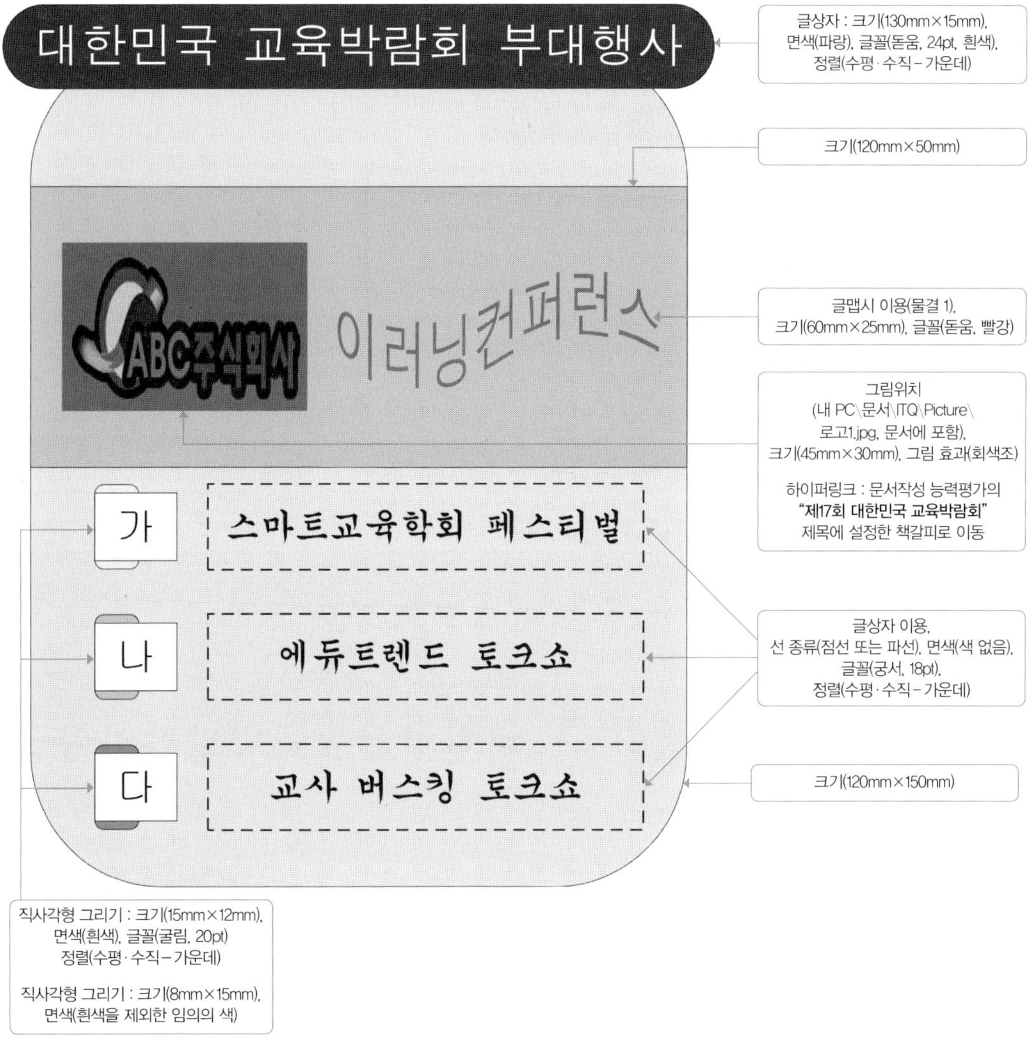

대한민국 교육박람회 부대행사

글상자 : 크기(130mm×15mm), 면색(파랑), 글꼴(돋움, 24pt, 흰색), 정렬(수평·수직－가운데)

크기(120mm×50mm)

ABC주식회사 이러닝컨퍼런스

글맵시 이용(물결 1), 크기(60mm×25mm), 글꼴(돋움, 빨강)

그림위치 (내 PC\문서\ITQ\Picture\로고1.jpg, 문서에 포함), 크기(45mm×30mm), 그림 효과(회색조)

하이퍼링크 : 문서작성 능력평가의 **"제17회 대한민국 교육박람회"** 제목에 설정한 책갈피로 이동

가 스마트교육학회 페스티벌

나 에듀트렌드 토크쇼

다 교사 버스킹 토크쇼

글상자 이용, 선 종류(점선 또는 파선), 면색(색 없음), 글꼴(궁서, 18pt), 정렬(수평·수직－가운데)

크기(120mm×150mm)

직사각형 그리기 : 크기(15mm×12mm), 면색(흰색), 글꼴(굴림, 20pt) 정렬(수평·수직－가운데)

직사각형 그리기 : 크기(8mm×15mm), 면색(흰색을 제외한 임의의 색)

글꼴 : 돋움, 18pt, 진하게, 가운데 정렬,
책갈피 이름 : 박람회, 덧말 넣기

머리말 기능
굴림, 10pt, 오른쪽 정렬 → 에듀테크

에듀테크 코리아 2020

# 제17회 대한민국 교육박람회

문단 첫 글자 장식 기능
글꼴 : 궁서, 면색 : 노랑

그림위치(내 PC\문서\ITQ\Picture\기출.tif, 문서에 포함),
자르기 기능 이용, 크기(40mm×35mm), 바깥 여백 왼쪽 : 2mm

에듀테크로 급변하는 미래교육의 패러다임을 제시하고 전 세계 교육리더들이 한자리에 모이는 '제17회 대한민국 교육박람회'가 2020년 1월 16일부터 3일간 서울 코엑스 1층 전시관에서 개최된다. 에듀테크란 교육과 기술이란 단어를 결합한 단어로 교육 분야에 정보통신기술을 융합(融合)한 새로운 교육 흐름을 뜻한다. 인공지능, 빅데이터, 가상현실 등과 결합한 에듀테크는 가상현실을 통한 체험학습, 온라인 공개수업, 로봇 및 소프트웨어 코딩체험, 전자칠판 및 전자교과서를 통한 멀티미디어 활용 학습 등 우리의 교육환경의 새로운 변화를 이끌고 있다.

대한민국 교육박람회에서는 '교육이 미래다(The Future is Education)'라는 주제로 교육과 기술의 융합을 통한 에듀테크 및 교육콘텐츠, 최신 교육환경 및 시설과 어학, 조기교육 등 교육 전반에 대한 분야별 우수 기업과 제품들을 한자리에서 만나볼 수 있다. 캐나다, 미국, 일본 등 글로벌 연사(演士)들이 미래교육에 대한 준비와 방향에 대해 논의하는 국제 컨퍼런스 EDUCON 2020, 인공지능㉮을 활용한 영어교사 연수회, 로봇교육 및 가상현실 교육 체험관 등 미래교육을 체험할 수 있는 다채로운 프로그램이 마련되어 있다.

각주

## ♠ 대한민국 교육박람회 행사 개요

글꼴 : 굴림, 18pt, 흰색,
음영색 : 빨강

Ⓐ 기간 및 장소
① 기간 : 2020. 1. 16(목) - 18(토)
② 장소 : 코엑스 A, B, C홀
Ⓑ 주최 및 후원
① 주최 : (사)한국교육, 녹색환경연구원, 엑스포럼
② 후원 : 교육부, 서울특별시교육청 외 16개 시도교육청 외 다수

문단 번호 기능 사용
1수준 : 20pt, 오른쪽 정렬,
2수준 : 30pt, 오른쪽 정렬
줄 간격 : 180%

표 전체 글꼴 : 돋움, 10pt, 가운데 정렬,
셀 배경색(그러데이션) : 유형(왼쪽 대각선),
시작색(흰색), 끝색(노랑)

## ♠ 일자별 주요 운영 프로그램

글꼴 : 굴림, 18pt, 밑줄, 강조점

| 구분 | 프로그램 | 시간 | 장소 | 운영기관 |
|---|---|---|---|---|
| 1일차 | 2020 국제교육 컨퍼런스 | 10:00 - 18:00 | A홀 | 사무국 |
| | SW교육토크 콘서트 | 14:00 - 17:00 | B홀 | 이티에듀 |
| 2일차 | 2020 학술심포지움 | 10:00 - 17:00 | C홀 | 교육부 |
| | 서울 미래교육포럼 | 13:00 - 17:00 | A홀 세미나홀 | 서울특별시교육청 |
| 3일차 | 안전급식 세미나 | 10:30 - 17:30 | | 한국농수산식품유통공사 |
| | 베스트셀러 저자의 교육특강 | 10:00 - 16:10 | B홀 세미나홀 | 한국교육리더십센터 |

글꼴 : 궁서, 24pt, 진하게,
장평 : 95%, 오른쪽 정렬

**대한민국교육박람회사무국**

각주 구분선 : 5cm

㉮ 인간이 지능이 가지는 학습, 추리, 적응, 논증 따위의 기능을 갖춘 컴퓨터 시스템

쪽 번호 매기기
5로 시작 → E

# 제02회 정보기술자격(ITQ) 시험 정답 및 해설  형

## 기능평가 Ⅰ 정답

### 02. 표 작성

연도별 대한민국 교육박람회 참관객(단위 : 명)

| 구분 | 2016년 | 2017년 | 2018년 | 2019년 | 평균 |
|---|---|---|---|---|---|
| 10대 | 5,728 | 6,394 | 8,469 | 9,807 | 7,599.50 |
| 20대 | 7,396 | 8,043 | 11,478 | 12,264 | 9,795.25 |
| 30대 | 9,854 | 10,675 | 12,265 | 13,498 | 11,573.00 |
| 40대 이상 | 5,293 | 7,942 | 8,274 | 9,684 | |

## 기능평가 Ⅱ 해설

### 03. 수식 입력

❶ Ctrl + N, M → ∫□ ▾ 클릭 → ∫ 클릭 → 0 입력 → Tab → 1 입력 → Tab → (sinx+ 입력 → 분수 클릭 → x 입력 → Tab → 2 입력 → Tab → )dx= 입력 → ∫□ ▾ 클릭 → ∫ 클릭 → 0 입력 → Tab → 1 입력 → Tab → 분수 클릭 → 1+sinx 입력 → Tab → 2 입력 → Tab → dx 입력 → Shift + Esc

❷ Ctrl + N, M → λ ▾ 클릭 → λ 클릭 → = 입력 → 분수 클릭 → h 입력 → Tab → mh 입력 → Tab → = 입력 → 분수 클릭 → h 입력 → Tab → 근호 클릭 → 2meV 입력 → Shift + Esc

### 04. 그리기 작업

❶ '글맵시 만들기' 대화상자

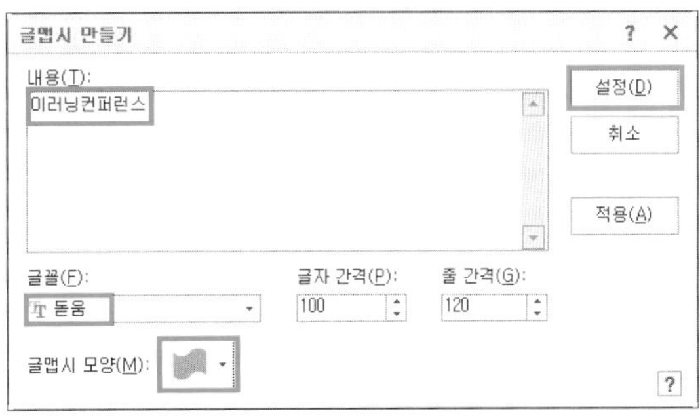

EXAMINATION

# 형 제03회 정보기술자격(ITQ) 시험

| 과 목 | 코드 | 문제유형 | 시험시간 | 수험번호 | 성 명 |
|---|---|---|---|---|---|
| 아래한글 | 1111 | A | 60분 | | |

## 〈수험자 유의사항〉

- 수험자는 문제지를 받는 즉시 문제지와 수험표상의 시험과목(프로그램)이 동일한지 반드시 확인하여야 합니다.
- 파일명은 본인의 "수험번호-성명"으로 입력하여 답안폴더(내 PC\문서\ITQ)에 하나의 파일로 저장해야 하며, 답안문서 파일명이 "수험번호-성명"과 일치하지 않거나, 답안파일을 전송하지 않아 미제출로 처리될 경우 실격 처리합니다(예 : 12345678-홍길동.hwp).
- 답안 작성을 마치면 파일을 저장하고, '답안 전송' 버튼을 선택하여 감독위원 PC로 답안을 전송하십시오. 수험생 정보와 저장한 파일명이 다를 경우 전송되지 않으므로 주의하시기 바랍니다.
- 답안 작성 중에도 주기적으로 저장하고, '답안 전송'하여야 문제 발생을 줄일 수 있습니다. 작업한 내용을 저장하지 않고 전송할 경우 이전에 저장된 내용이 전송되오니 이점 유의하시기 바랍니다.
- 답안문서는 지정된 경로 외의 다른 보조기억장치에 저장하는 경우, 지정된 시험 시간 외에 작성된 파일을 활용할 경우, 기타 통신수단(이메일, 메신저, 네트워크 등)을 이용하여 타인에게 전달 또는 외부 반출하는 경우는 부정 처리합니다.
- 시험 중 부주의 또는 고의로 시스템을 파손한 경우는 수험자가 변상해야 하며, 〈수험자 유의사항〉에 기재된 방법대로 이행하지 않아 생기는 불이익은 수험생 당사자의 책임임을 알려 드립니다.
- 문제의 조건은 한컴오피스 2016 버전으로 설정되어 있으니 유의하시기 바랍니다.
- 시험을 완료한 수험자는 답안파일이 전송되었는지 확인한 후 감독위원의 지시에 따라 문제지를 제출하고 퇴실합니다.

## 〈답안 작성요령〉

- 온라인 답안 작성 절차
  수험자 등록 ⇨ 시험 시작 ⇨ 답안파일 저장 ⇨ 답안 전송 ⇨ 시험 종료
- 공통 부문
  - 글꼴에 대한 기본설정은 함초롬바탕, 10포인트, 검정, 줄간격 160%, 양쪽 정렬로 합니다.
  - 색상은 조건의 색을 적용하고 색의 구분이 안될 경우에는 RGB 값을 적용하십시오
    (빨강 255,0,0 / 파랑 0,0,255 / 노랑 255,255,0).
  - 각 문항에 주어진 [조건]에 따라 작성하고 언급하지 않은 조건은 출력형태와 같이 작성합니다.
  - 용지여백은 왼쪽 · 오른쪽 11㎜, 위쪽 · 아래쪽 · 머리말 · 꼬리말 10㎜, 제본 0㎜로 합니다.
  - 그림 삽입 문제의 경우 「내 PC\문서\ITQ\Picture」 폴더에서 지정된 파일을 선택하여 삽입하십시오.
  - 삽입한 그림은 반드시 문서에 포함하여 저장해야 합니다(미포함 시 감점 처리).
  - 각 항목은 지정된 페이지에 출력형태와 같이 정확히 작성하시기 바라며, 그렇지 않을 경우에 해당 항목은 0점 처리됩니다.
    ※ 페이지 구분 : 1페이지 – 기능평가 Ⅰ (문제번호 표시 : 1. 2.),
    2페이지 – 기능평가 Ⅱ (문제번호 표시 : 3. 4.),
    3페이지 – 문서작성 능력평가
- 기능평가
  - 문제와 [조건]은 입력하지 않으며 문제번호와 답([출력형태])만 작성합니다.
  - 4번 문제는 묶기를 했을 경우 0점 처리됩니다.
- 문서작성 능력평가
  - A4 용지(210㎜×297㎜) 1매 크기, 세로 서식 문서로 작성합니다.
  - ⬚ 표시는 문서작성에 대한 지시사항이므로 작성하지 않습니다.

## 기능평가 Ⅰ (150점)

### 1. 다음의 [조건]에 따라 스타일의 기능을 적용하여 [출력형태]와 같이 작성하시오. (50점)

**조건** (1) 스타일 이름 – evacuation
(2) 문단 모양 – 왼쪽 여백 : 15pt, 문단 아래 간격 : 10pt
(3) 글자 모양 – 글꼴 : 한글(돋움)/영문(궁서), 크기 : 10pt, 장평 : 95%, 자간 : 5%

**출력형태**

In the event of a fire, anyone becomes embarrassed and sometimes their judgment is less than usual, so they become choked by smoke, causing damage to their precious lives.

불특정 다수를 수용하거나 출입하는 사업장에서 가장 중요한 것은 화재 시 대피 유도인데 큰 소리로 외치는 대신 침착한 행동으로 대피를 유도해야 한다.

### 2. 다음의 [조건]에 따라 [출력형태]와 같이 표와 차트를 작성하시오. (100점)

**표 조건** (1) 표 전체(표, 캡션) – 돋움, 10pt
(2) 정렬 – 문자 : 가운데 정렬, 숫자 : 오른쪽 정렬
(3) 셀 배경(면색) : 노랑
(4) 한글의 계산 기능을 이용하여 빈칸에 합계를 구하고, 캡션 기능 사용할 것
(5) 선 모양은 [출력형태]와 동일하게 처리할 것

**출력형태**

주요시설 화재발생 현황(단위 : 건)

| 구분 | 2015년 | 2016년 | 2017년 | 2018년 | 합계 |
|---|---|---|---|---|---|
| 교육시설 | 312 | 328 | 355 | 340 | |
| 운송시설 | 117 | 116 | 80 | 116 | |
| 의료/복지시설 | 329 | 375 | 386 | 416 | |
| 주거시설 | 11,584 | 11,541 | 11,765 | 12,001 | |

**차트 조건** (1) 차트 데이터는 표 내용에서 연도별 교육시설, 운송시설, 의료/복지시설의 값만 이용할 것
(2) 종류 – 〈묶은 가로 막대형〉으로 작업할 것
(3) 제목 – 굴림, 진하게, 12pt, 배경 – 선 모양(한 줄로), 그림자(2pt)
(4) 제목 이외의 전체 글꼴 – 굴림, 보통, 10pt
(5) 축제목과 범례는 [출력형태]와 동일하게 처리할 것

**출력형태**

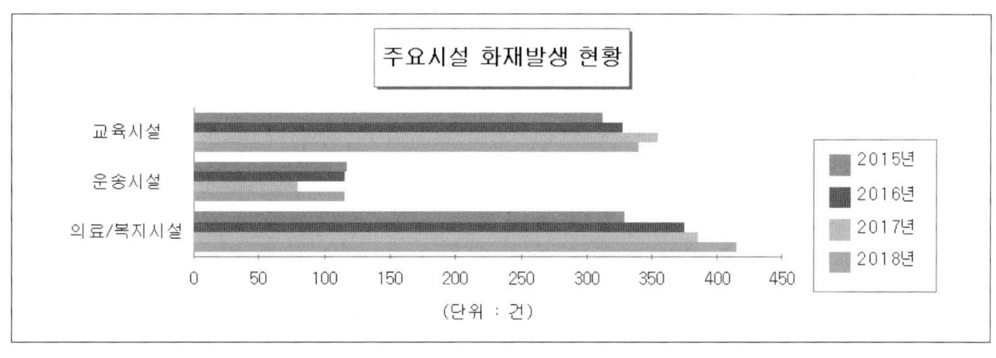

**3.** 다음 (1), (2)의 수식을 수식 편집기로 각각 입력하시오. (40점)

출력형태

(1) $\frac{PV}{T}=\frac{1\times 22.4}{273}\fallingdotseq 0.082$

(2) $\int_{0}^{3}\frac{\sqrt{6t^{2}-18t+12}}{5}dt=1$

**4.** 다음의 [조건]에 따라 [출력형태]와 같이 문서를 작성하시오. (110점)

조건 (1) 그리기 도구를 이용하여 작성하고, 모든 도형(글맵시, 지정된 그림 포함)을 [출력형태]와 같이 작성하시오.

(2) 도형의 면색은 지시사항이 없으면 색 없음을 제외하고 서로 다르게 임의로 지정하시오.

출력형태

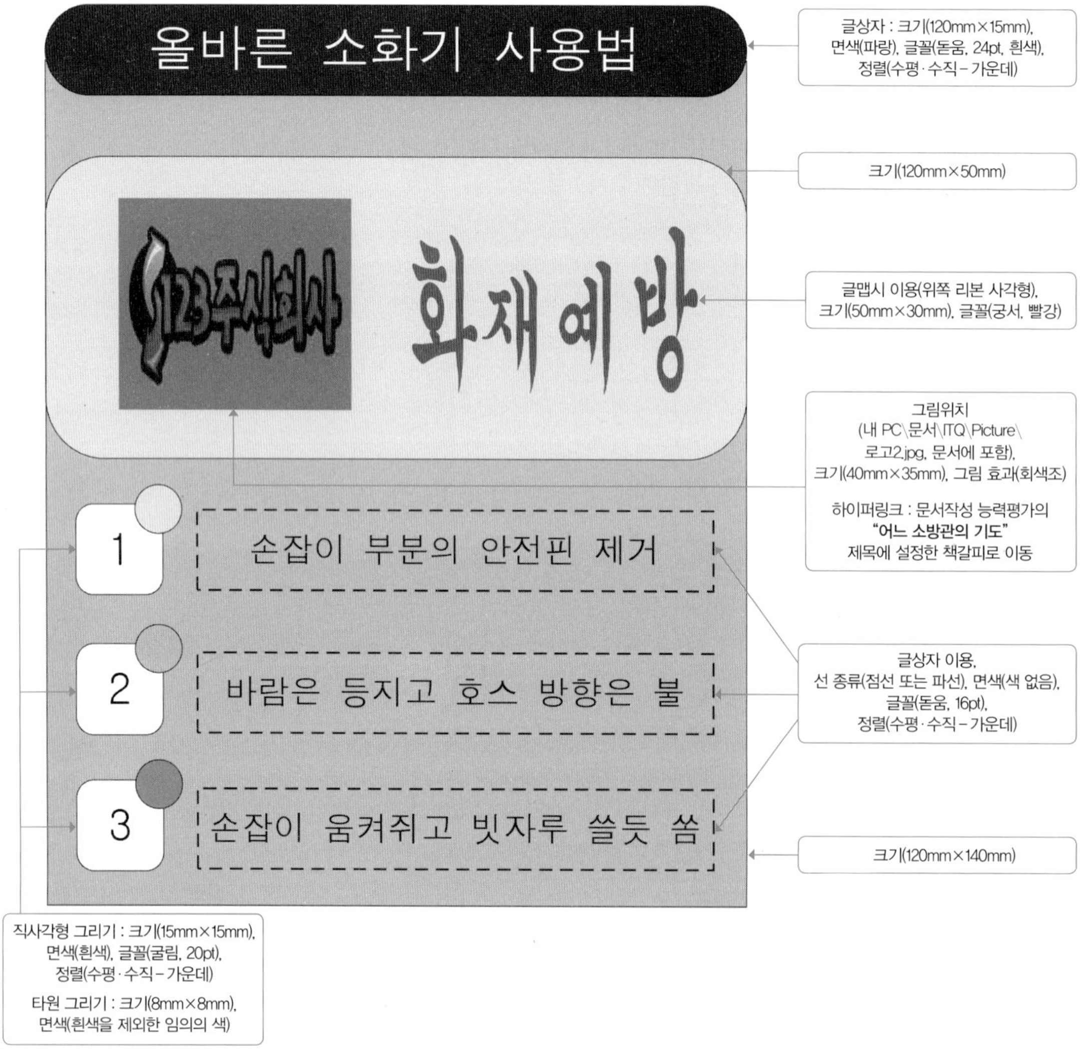

올바른 소화기 사용법

123주식회사

화재예방

1 손잡이 부분의 안전핀 제거

2 바람은 등지고 호스 방향은 불

3 손잡이 움켜쥐고 빗자루 쓸듯 쏨

글상자 : 크기(120mm×15mm), 면색(파랑), 글꼴(돋움, 24pt, 흰색), 정렬(수평·수직 – 가운데)

크기(120mm×50mm)

글맵시 이용(위쪽 리본 사각형), 크기(50mm×30mm), 글꼴(궁서, 빨강)

그림위치 (내 PC\문서\ITQ\Picture\로고2.jpg, 문서에 포함), 크기(40mm×35mm), 그림 효과(회색조)

하이퍼링크 : 문서작성 능력평가의 **"어느 소방관의 기도"** 제목에 설정한 책갈피로 이동

글상자 이용, 선 종류(점선 또는 파선), 면색(색 없음), 글꼴(돋움, 16pt), 정렬(수평·수직 – 가운데)

크기(120mm×140mm)

직사각형 그리기 : 크기(15mm×15mm), 면색(흰색), 글꼴(굴림, 20pt), 정렬(수평·수직 – 가운데)

타원 그리기 : 크기(8mm×8mm), 면색(흰색을 제외한 임의의 색)

머리말 기능
굴림, 10pt, 오른쪽 정렬 → 소방안전 지킴이

글꼴 : 궁서, 18pt, 진하게, 가운데 정렬,
책갈피 이름 : 화재, 덧말 넣기

# 어느 소방관의 기도 (뜨거운 사명)

문단 첫 글자 장식 기능
글꼴 : 돋움, 면색 : 노랑

각주

그림위치(내 PC\문서\ITQ\Picture\기출.tif, 문서에 포함),
자르기 기능 이용, 크기(40mm×35mm), 바깥 여백 왼쪽 : 2mm

소방관이 지은 기도문이 있다. 이 시㉮는 화재 진압 도중 어린아이를 구하지 못한 죄책감과 간절함으로 작성된 거라 한다. '제가 부름을 받을 때는 신이시여 아무리 강력한 화염 속에서도 한 생명을 구할 수 있는 힘을 저에게 주소서 너무 늦기 전에 어린아이를 감싸 안을 수 있게 하시고 공포에 떠는 노인을 구하게 하소서 저에게는 언제나 안전을 기할 수 있게 하시어 가냘픈 외침까지도 들을 수 있게 하시고 신속하고 효율적으로 화재를 진압하게 하소서 그리고 신의 뜻에 따라 저의 목숨을 잃게 되면 신의 은총으로 저와 아내와 가족을 돌보아 주소서 (후략)' 이 시는 전 세계 소방관들의 신조처럼 알려져 있다.

대한민국 소방관. 국민 대부분이 가장 신뢰(信賴)하지만 처우는 최하위 약자인 직업. 모두가 도망쳐 나올 때 위험으로 뛰어드는 사람들이다. 소방관이 다치거나 순직할 때 국가의 작은 영웅(英雄)이라고 조명하는 것은 잠시뿐. 사람들도 세상도 그들을 너무 빨리 잊는다. 하지만 소방관들은 숨도 제대로 못 쉬는 화염 속으로 언제 무너질지 모르는 건물 속으로 오늘도 생명을 구하러 뛰어 들어간다. 이처럼 우리 주변에서 공공을 위해 묵묵히 자신의 일에 종사하는 분들이 존중 받고 대접 받는 사회가 빨리 되길 간절히 바란다.

## ★ 전기, 가스 화재 예방요령

글꼴 : 굴림, 18pt, 흰색,
음영색 : 파랑

1) 전기 화재 예방요령
   ① 한 콘센트에 여러 개 플러그를 꽂는 문어발식 사용금지
   ② 사용한 전기 기구는 반드시 플러그를 뽑고 외출
2) 가스 화재 예방요령
   ① 사용 전 가스가 누출되지는 않았는지 냄새로 확인
   ② 사용 후 연소기 코크와 중간 밸브 잠금 확인

문단 번호 기능 사용
1수준 : 20pt, 오른쪽 정렬,
2수준 : 30pt, 오른쪽 정렬
줄 간격 : 180%

## ★ 긴급신고 관련기관 연락처

글꼴 : 굴림, 18pt, 밑줄, 강조점

표 전체 글꼴 : 돋움, 10pt, 가운데 정렬,
셀 배경색(그러데이션) : 유형(수평),
시작색(흰색), 끝색(노랑)

| 접수내용 | 관련기관 | 전화번호 | 접수내용 | 관련기관 | 전화번호 |
|---|---|---|---|---|---|
| 화재, 구조, 구급신고 | 119안전신고센터 | 119 | 사이버 테러 | 한국인터넷진흥원 | 118 |
| 범죄신고 | 경찰청 | 112 | 해양 긴급 신고 | 행정안전부 | 122 |
| 간첩신고 | 국가정보원 | 111 | 마약, 범죄종합신고 | 검찰청 | 1301 |
| | 경찰청 | 113 | 병영생활 고충상담 | 국방헬프콜 | 1303 |

글꼴 : 돋움, 24pt, 진하게,
장평 : 110%, 오른쪽 정렬

**국가화재정보센터**

각주 구분선 : 5cm

㉮ 1958년 미국의 '스모키 린'이라는 소방관이 쓴 기도문

쪽 번호 매기기
4로 시작 → ④

# 제03회 정보기술자격(ITQ) 시험 정답 및 해설

## 기능평가 I 정답

### 02. 표 작성

주요시설 화재발생 현황(단위 : 건)

| 구분 | 2015년 | 2016년 | 2017년 | 2018년 | 합계 |
|---|---|---|---|---|---|
| 교육시설 | 312 | 328 | 355 | 340 | 1,335 |
| 운송시설 | 117 | 116 | 80 | 116 | 429 |
| 의료/복지시설 | 329 | 375 | 386 | 416 | 1,506 |
| 주거시설 | 11,584 | 11,541 | 11,765 | 12,001 | |

## 기능평가 II 해설

### 03. 수식 입력

❶ [Ctrl] + [N], [M] → [믐] 클릭 → PV 입력 → [Tab] → T 입력 → [Tab] → = 입력 → [믐] 클릭 → 1 입력 → [± ▾] 클릭 → [×] 클릭 → 22.4 입력 → [Tab] → 273 입력 → [Tab] → [± ▾] 클릭 → [⇆] 클릭 → 0.082 입력 → [Shift] + [Esc]

❷ [Ctrl] + [N], [M] → [∫□ ▾] 클릭 → [∫] 클릭 → 0 입력 → [Tab] → 3 입력 → [Tab] → [믐] 클릭 → [ⁿ√□] 클릭 → 6t^2 입력 → [Tab] → -18t+12 입력 → [Tab] → [Tab] → 5 입력 → [Tab] → dt=11 입력 → [Shift] + [Esc]

### 04. 그리기 작업

❶ '글맵시 만들기' 대화상자

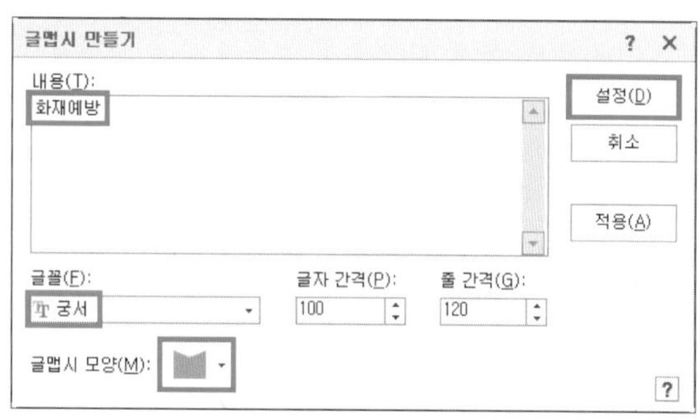

EXAMINATION

# 제04회 정보기술자격(ITQ) 시험

| 과 목 | 코드 | 문제유형 | 시험시간 | 수험번호 | 성 명 |
|---|---|---|---|---|---|
| 아래한글 | 1111 | A | 60분 | | |

## 〈수험자 유의사항〉

- 수험자는 문제지를 받는 즉시 문제지와 수험표상의 시험과목(프로그램)이 동일한지 반드시 확인하여야 합니다.
- 파일명은 본인의 "수험번호-성명"으로 입력하여 답안폴더(내 PC\문서\ITQ)에 하나의 파일로 저장해야 하며, 답안문서 파일명이 "수험번호-성명"과 일치하지 않거나, 답안파일을 전송하지 않아 미제출로 처리될 경우 실격 처리합니다(예 : 12345678-홍길동.hwp).
- 답안 작성을 마치면 파일을 저장하고, '답안 전송' 버튼을 선택하여 감독위원 PC로 답안을 전송하십시오. 수험생 정보와 저장한 파일명이 다를 경우 전송되지 않으므로 주의하시기 바랍니다.
- 답안 작성 중에도 주기적으로 저장하고, '답안 전송'하여야 문제 발생을 줄일 수 있습니다. 작업한 내용을 저장하지 않고 전송할 경우 이전에 저장된 내용이 전송되오니 이점 유의하시기 바랍니다.
- 답안문서는 지정된 경로 외의 다른 보조기억장치에 저장하는 경우, 지정된 시험 시간 외에 작성된 파일을 활용할 경우, 기타 통신수단(이메일, 메신저, 네트워크 등)을 이용하여 타인에게 전달 또는 외부 반출하는 경우는 부정 처리합니다.
- 시험 중 부주의 또는 고의로 시스템을 파손한 경우는 수험자가 변상해야 하며, 〈수험자 유의사항〉에 기재된 방법대로 이행하지 않아 생기는 불이익은 수험생 당사자의 책임임을 알려 드립니다.
- 문제의 조건은 한컴오피스 2016 버전으로 설정되어 있으니 유의하시기 바랍니다.
- 시험을 완료한 수험자는 답안파일이 전송되었는지 확인한 후 감독위원의 지시에 따라 문제지를 제출하고 퇴실합니다.

## 〈답안 작성요령〉

- 온라인 답안 작성 절차
  수험자 등록 ⇨ 시험 시작 ⇨ 답안파일 저장 ⇨ 답안 전송 ⇨ 시험 종료
- 공통 부문
  - 글꼴에 대한 기본설정은 함초롬바탕, 10포인트, 검정, 줄간격 160%, 양쪽 정렬로 합니다.
  - 색상은 조건의 색을 적용하고 색의 구분이 안될 경우에는 RGB 값을 적용하십시오 (빨강 255,0,0 / 파랑 0,0,255 / 노랑 255,255,0).
  - 각 문항에 주어진 [조건]에 따라 작성하고 언급하지 않은 조건은 출력형태와 같이 작성합니다.
  - 용지여백은 왼쪽 · 오른쪽 11㎜, 위쪽 · 아래쪽 · 머리말 · 꼬리말 10㎜, 제본 0㎜로 합니다.
  - 그림 삽입 문제의 경우 「내 PC\문서\ITQ\Picture」 폴더에서 지정된 파일을 선택하여 삽입하십시오.
  - 삽입한 그림은 반드시 문서에 포함하여 저장해야 합니다(미포함 시 감점 처리).
  - 각 항목은 지정된 페이지에 출력형태와 같이 정확히 작성하시기 바라며, 그렇지 않을 경우에 해당 항목은 0점 처리됩니다.
    ※ 페이지 구분 : 1페이지 – 기능평가 I (문제번호 표시 : 1. 2.),
    2페이지 – 기능평가 II (문제번호 표시 : 3. 4.),
    3페이지 – 문서작성 능력평가
- 기능평가
  - 문제와 [조건]은 입력하지 않으며 문제번호와 답([출력형태])만 작성합니다.
  - 4번 문제는 묶기를 했을 경우 0점 처리됩니다.
- 문서작성 능력평가
  - A4 용지(210㎜×297㎜) 1매 크기, 세로 서식 문서로 작성합니다.
  - ⬚ 표시는 문서작성에 대한 지시사항이므로 작성하지 않습니다.

## 기능평가 Ⅰ (150점)

### 1. 다음의 [조건]에 따라 스타일의 기능을 적용하여 [출력형태]와 같이 작성하시오. (50점)

**조건**
(1) 스타일 이름 - naqs
(2) 문단 모양 - 왼쪽 여백 : 15pt, 문단 아래 간격 : 10pt
(3) 글자 모양 - 글꼴 : 한글(굴림)/영문(돋움), 크기 : 10pt, 장평 : 95%, 자간 : 5%

**출력형태**

NAQS, a specialized agency in agricultural quality management, did its best to provide safe and good agricultural products to consumers.

농산물우수관리인증제도는 안전하고 위생적인 농산물의 생산 이력 관리 체계를 구축하여 유통 및 가공과 판매에 이르기까지 일관된 관리가 가능하다.

### 2. 다음의 [조건]에 따라 [출력형태]와 같이 표와 차트를 작성하시오. (100점)

**표 조건**
(1) 표 전체(표, 캡션) - 굴림, 10pt
(2) 정렬 - 문자 : 가운데 정렬, 숫자 : 오른쪽 정렬
(3) 셀 배경(면색) : 노랑
(4) 한글의 계산 기능을 이용하여 빈칸에 평균(소수점 두 자리)을 구하고, 캡션 기능 사용할 것
(5) 선 모양은 [출력형태]와 동일하게 처리할 것

**출력형태**

친환경 농산물 인증 면적 및 출하량(단위 : ha, 톤)

| 구분 | 강원 | 경기 | 경남 | 경북 | 평균 |
|---|---|---|---|---|---|
| 유기 농산물 면적 | 1,357 | 1,760 | 1,679 | 1,092 | |
| 무농약 농산물 면적 | 2,704 | 4,280 | 3,473 | 3,504 | |
| 유기 농산물 출하량 | 7,605 | 10,631 | 9,269 | 7,860 | |
| 무농약 농산물 출하량 | 15,505 | 72,862 | 32,141 | 62,154 | |

**차트 조건**
(1) 차트 데이터는 표 내용에서 지역별 유기 농산물 면적, 무농약 농산물 면적, 유기 농산물 출하량의 값만 이용할 것
(2) 종류 - 〈묶은 세로 막대형〉으로 작업할 것
(3) 제목 - 돋움, 진하게, 12pt, 배경 - 선 모양(한 줄로), 그림자(2pt)
(4) 제목 이외의 전체 글꼴 - 돋움, 보통, 10pt
(5) 축제목과 범례는 [출력형태]와 동일하게 처리할 것

**출력형태**

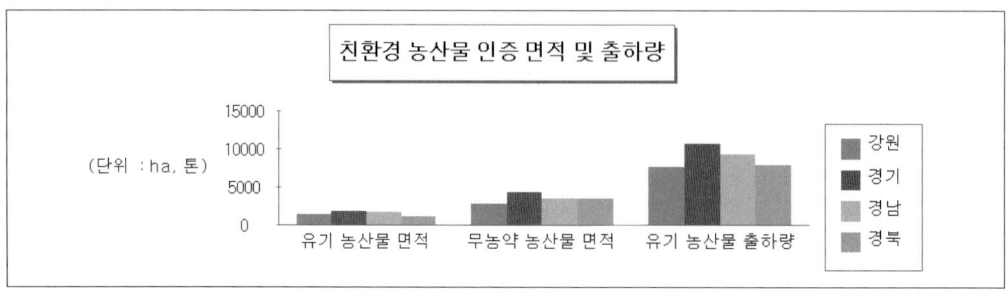

3. 다음 (1), (2)의 수식을 수식 편집기로 각각 입력하시오. (40점)

출력형태

(1) $Q = \lim_{\triangle t \to 0} \frac{\triangle s}{\triangle t} = \frac{d^2 s}{dt^2}$

(2) $G = 2\int_{\frac{a}{2}}^{a} \frac{b\sqrt{a^2 - x^2}}{a} dx$

4. 다음의 [조건]에 따라 [출력형태]와 같이 문서를 작성하시오. (110점)

조건 (1) 그리기 도구를 이용하여 작성하고, 모든 도형(글맵시, 지정된 그림 포함)을 [출력형태]와 같이 작성하시오.

(2) 도형의 면색은 지시사항이 없으면 색 없음을 제외하고 서로 다르게 임의로 지정하시오.

출력형태

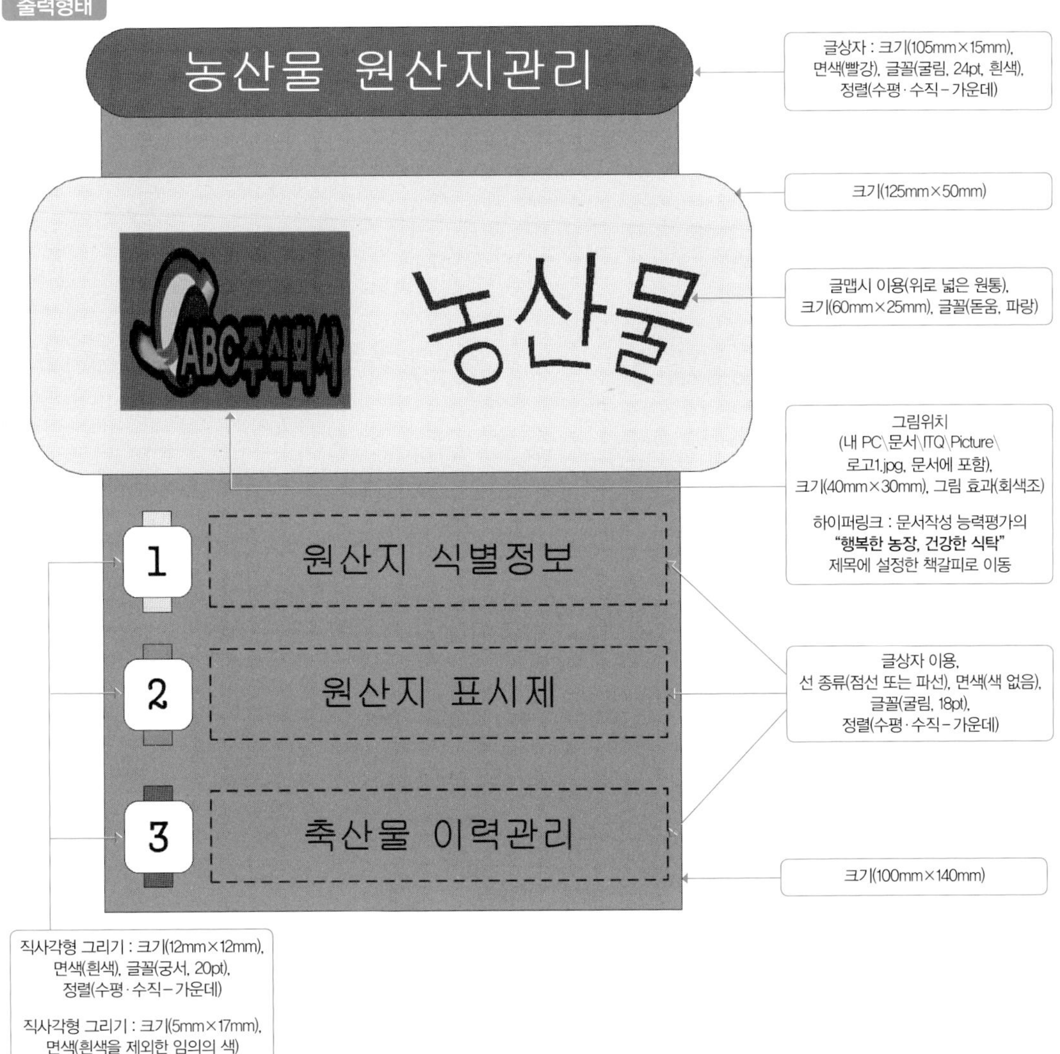

글꼴 : 돋움, 18pt, 진하게, 가운데 정렬, 책갈피 이름 : 농산물, 덧말 넣기

머리말 기능 굴림, 10pt, 오른쪽 정렬 → 농산물 관리 체계

# 행복한 농장, 건강한 식탁

국립농산물품질관리원

문단 첫 글자 장식 기능 글꼴 : 궁서, 면색 : 노랑

그림위치(내 PC\문서\ITQ\Picture\기출.tif, 문서에 포함), 자르기 기능 이용, 크기(40mm×40mm), 바깥 여백 왼쪽 : 2mm

지속 가능한 농식품 산업기반 조성과 안전(安全)하고 위생적인 농산물에 대한 소비자의 관심과 요구가 점차 높아지면서 이를 충족시키기 위해 국립농산물품질관리원은 여러 제도를 실시하고 있다. 농식품 안전성 조사, 친환경/우수농산물 인증제, 원산지 표시, 농산물 검사, 농업경영체 등록 사업 등의 업무를 수행하고 있는 본 기관은 생생한 현장의 목소리를 반영하여 소비자와 농업인에게 세계 일류의 농식품 안전과 품질 관리 기관으로 자리매김할 수 있도록 노력하고 있다.

관리원의 주요 업무를 살펴보면 농식품인증제도, 안정성 및 원산지 관리, 품질 검사, 농업인확인서 발급 등이 있다. 농산물우수관리 인증은 이들 가운데 하나로 농산물의 안전성을 확보하고 농업 환경을 보존(保存)하기 위해 농산물의 생산, 수확 후 관리 및 유통의 각 단계에서 재배 포장 및 농업용수 등의 환경과 농산물에 잔류할 수 있는 농약, 중금속 등의 위해 요소를 적절하게 관리하여 소비자로 하여금 그 관리 사항을 알 수 있게 하는 제도이다. 생산 단계에서부터 시작되는 농산물 안전 관리 체계로서 농산물우수관리인증㉮과 생산 이력 관리 체계를 구축하여 유통 및 가공과 판매에 이르기까지 일관된 관리가 가능하다.

각주

## ♥ 농산물품질관리사

글꼴 : 굴림, 18pt, 흰색, 음영색 : 빨강

1) 도입배경
   가) 농산물의 시장경쟁 심화, 고품질 안전 농산물 수요 증가
   나) 농산물의 판매 및 유통과정에서 부가가치를 적극 창출
2) 역할
   가) 농산물의 품질관리, 상품개발, 판촉 및 바이어 관리
   나) 농산물의 등급 판정, 규격출하 지도

문단 번호 기능 사용
1수준 : 20pt, 오른쪽 정렬,
2수준 : 30pt, 오른쪽 정렬
줄 간격 : 180%

## ♥ *관리원의 주요 업무*

글꼴 : 굴림, 18pt, 기울임, 강조점

표 전체 글꼴 : 돋움, 10pt, 가운데 정렬, 셀 배경색(그러데이션) : 유형(왼쪽 대각선), 시작색(흰색), 끝색(노랑)

| 구분 | 주요 업무 |
|---|---|
| 농식품인증제도 | 친환경농산물인증제도, 농산물우수관리인증제도, 농산물이력추적관리제도 |
| | 가공식품산업표준KS인증제도, 전통식품품질인증제도, 유기가공식품인증제도 |
| | 우수식품인증기관지정제도, 지리적표시제도, 술품질인증제도 |
| 원산지 관리 | 농식품 원산지 표시, 음식점 원산지 표시, 쇠고기이력제, GMO 표시 관리 |
| | LMO 수입 승인 및 안전 관리, 인삼류 사후 관리 |
| 품질 검사 | 농산물 검사, 양곡표시제, 표준 규격화 |

글꼴 : 궁서, 24pt, 진하게, 장평 95%, 오른쪽 정렬 → **국립농산물품질관리원**

각주 구분선 : 5cm

㉮ 우수 농산물에 대한 체계적 관리와 안정성 인증을 위해 시행되는 제도

쪽 번호 매기기 2로 시작 → ii

# 제04회 정보기술자격(ITQ) 시험

정답 및 해설

## 기능평가 I

정답

### 02. 표 작성

친환경 농산물 인증 면적 및 출하량(단위 : ha, 톤)

| 구분 | 강원 | 경기 | 경남 | 경북 | 평균 |
|---|---|---|---|---|---|
| 유기 농산물 면적 | 1,357 | 1,760 | 1,679 | 1,092 | 1,472.00 |
| 무농약 농산물 면적 | 2,704 | 4,280 | 3,473 | 3,504 | 3,490.25 |
| 유기 농산물 출하량 | 7,605 | 10,631 | 9,269 | 7,860 | 8,841.25 |
| 무농약 농산물 출하량 | 15,505 | 72,862 | 32,141 | 62,154 | |

## 기능평가 II

해설

### 03. 수식 입력

❶ Ctrl + N, M → Q= 입력 → lim ▾ 클릭 → lim 클릭 → △ ▾ 클릭 → △ 클릭 → t 입력 → Tab → 믐 클릭 → △ ▾ 클릭 → △ 클릭 → s 입력 → Tab → △ ▾ 클릭 → △ 클릭 → t 입력 → Tab → = 입력 → 믐 클릭 → d^2 입력 → Tab → s 입력 → Tab → dt^2 입력 → Shift + Esc

❷ Ctrl + N, M → G=2 입력 → ∫□ ▾ 클릭 → ∫ 클릭 → 믐 클릭 → a 입력 → Tab → 2 입력 → Tab → Tab → a 입력 → Tab → 믐 클릭 → b 입력 → √□ 클릭 → a^2 입력 → Tab → −x^2 입력 → Tab → Tab → Tab → a 입력 → Tab → dx 입력 → Shift + Esc

### 04. 그리기 작업

❶ '글맵시 만들기' 대화상자

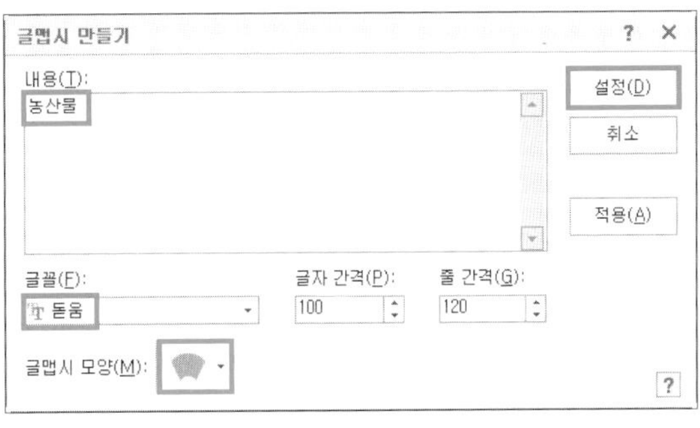

EXAMINATION

# 제05회 정보기술자격(ITQ) 시험

| 과 목 | 코드 | 문제유형 | 시험시간 | 수험번호 | 성 명 |
|---|---|---|---|---|---|
| 아래한글 | 1111 | A | 60분 | | |

## 〈수험자 유의사항〉

- 수험자는 문제지를 받는 즉시 문제지와 수험표상의 시험과목(프로그램)이 동일한지 반드시 확인하여야 합니다.
- 파일명은 본인의 "수험번호-성명"으로 입력하여 답안폴더(내 PC\문서\ITQ)에 하나의 파일로 저장해야 하며, 답안문서 파일명이 "수험번호-성명"과 일치하지 않거나, 답안파일을 전송하지 않아 미제출로 처리될 경우 실격 처리합니다(예 : 12345678-홍길동.hwp).
- 답안 작성을 마치면 파일을 저장하고, '답안 전송' 버튼을 선택하여 감독위원 PC로 답안을 전송하십시오. 수험생 정보와 저장한 파일명이 다를 경우 전송되지 않으므로 주의하시기 바랍니다.
- 답안 작성 중에도 주기적으로 저장하고, '답안 전송'하여야 문제 발생을 줄일 수 있습니다. 작업한 내용을 저장하지 않고 전송할 경우 이전에 저장된 내용이 전송되오니 이점 유의하시기 바랍니다.
- 답안문서는 지정된 경로 외의 다른 보조기억장치에 저장하는 경우, 지정된 시험 시간 외에 작성된 파일을 활용할 경우, 기타 통신수단(이메일, 메신저, 네트워크 등)을 이용하여 타인에게 전달 또는 외부 반출하는 경우는 부정 처리합니다.
- 시험 중 부주의 또는 고의로 시스템을 파손한 경우는 수험자가 변상해야 하며, 〈수험자 유의사항〉에 기재된 방법대로 이행하지 않아 생기는 불이익은 수험생 당사자의 책임임을 알려 드립니다.
- 문제의 조건은 한컴오피스 2016 버전으로 설정되어 있으니 유의하시기 바랍니다.
- 시험을 완료한 수험자는 답안파일이 전송되었는지 확인한 후 감독위원의 지시에 따라 문제지를 제출하고 퇴실합니다.

## 〈답안 작성요령〉

- 온라인 답안 작성 절차
  수험자 등록 ⇨ 시험 시작 ⇨ 답안파일 저장 ⇨ 답안 전송 ⇨ 시험 종료
- 공통 부문
  - 글꼴에 대한 기본설정은 함초롬바탕, 10포인트, 검정, 줄간격 160%, 양쪽 정렬로 합니다.
  - 색상은 조건의 색을 적용하고 색의 구분이 안될 경우에는 RGB 값을 적용하십시오 (빨강 255,0,0 / 파랑 0,0,255 / 노랑 255,255,0).
  - 각 문항에 주어진 [조건]에 따라 작성하고 언급하지 않은 조건은 출력형태와 같이 작성합니다.
  - 용지여백은 왼쪽 · 오른쪽 11㎜, 위쪽 · 아래쪽 · 머리말 · 꼬리말 10㎜, 제본 0㎜로 합니다.
  - 그림 삽입 문제의 경우 「내 PC\문서\ITQ\Picture」 폴더에서 지정된 파일을 선택하여 삽입하십시오.
  - 삽입한 그림은 반드시 문서에 포함하여 저장해야 합니다(미포함 시 감점 처리).
  - 각 항목은 지정된 페이지에 출력형태와 같이 정확히 작성하시기 바라며, 그렇지 않을 경우에 해당 항목은 0점 처리됩니다.
    ※ 페이지 구분 : 1페이지 – 기능평가 Ⅰ(문제번호 표시 : 1. 2.),
    2페이지 – 기능평가 Ⅱ(문제번호 표시 : 3. 4.),
    3페이지 – 문서작성 능력평가
- 기능평가
  - 문제와 [조건]은 입력하지 않으며 문제번호와 답([출력형태])만 작성합니다.
  - 4번 문제는 묶기를 했을 경우 0점 처리됩니다.
- 문서작성 능력평가
  - A4 용지(210㎜×297㎜) 1매 크기, 세로 서식 문서로 작성합니다.
  - ⬚ 표시는 문서작성에 대한 지시사항이므로 작성하지 않습니다.

## 기능평가 Ⅰ (150점)

**1. 다음의 [조건]에 따라 스타일의 기능을 적용하여 [출력형태]와 같이 작성하시오. (50점)**

**조건** (1) 스타일 이름 – kosme
(2) 문단 모양 – 왼쪽 여백 : 15pt, 문단 아래 간격 : 10pt
(3) 글자 모양 – 글꼴 : 한글(돋움)/영문(굴림), 크기 : 10pt, 장평 : 95%, 자간 : 5%

**출력형태**

The Korea SMEs and Startups Agency has dedicated its energy to support the stable management and growth of small and medium enterprises.

기업 스스로 단계별 점검을 통해 중소벤처기업진흥공단에서 지원하는 자금 융자 사업의 이용 가능성을 확인하여 적합한 자금을 신청하는 시스템을 정책자금 융자 도우미라고 한다.

**2. 다음의 [조건]에 따라 [출력형태]와 같이 표와 차트를 작성하시오. (100점)**

**표 조건** (1) 표 전체(표, 캡션) – 굴림, 10pt
(2) 정렬 – 문자 : 가운데 정렬, 숫자 : 오른쪽 정렬
(3) 셀 배경(면색) : 노랑
(4) 한글의 계산 기능을 이용하여 빈칸에 합계를 구하고, 캡션 기능 사용할 것
(5) 선 모양은 [출력형태]와 동일하게 처리할 것

**출력형태**

과학 및 기술서비스업 사업체 현황(단위 : 십억 원, 개)

| 구분 | 소상공인 | 소기업 | 중기업 | 중소기업 | 합계 |
|---|---|---|---|---|---|
| 매출액 | 7,618 | 34,295 | 15,184 | 49,479 | |
| 사업비용 | 6,534 | 30,712 | 13,658 | 44,371 | |
| 인건비 | 2,294 | 12,551 | 5,536 | 18,087 | |
| 사업체 | 58,289 | 85,997 | 1,089 | 87,086 | |

**차트 조건** (1) 차트 데이터는 표 내용에서 구분별 매출액, 사업비용, 인건비의 값만 이용할 것
(2) 종류 – 〈묶은 가로 막대형〉으로 작업할 것
(3) 제목 – 돋움, 진하게, 12pt, 배경 – 선 모양(한 줄로), 그림자(2pt)
(4) 제목 이외의 전체 글꼴 – 돋움, 보통, 10pt
(5) 축제목과 범례는 [출력형태]와 동일하게 처리할 것

**출력형태**

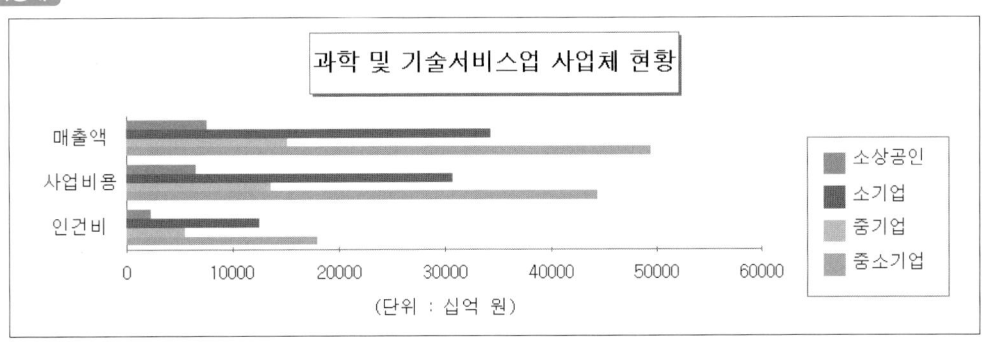

## 기능평가 II (150점)

3. 다음 (1), (2)의 수식을 수식 편집기로 각각 입력하시오. (40점)

출력형태

(1) $AB = \sqrt{(x_2 - x_1)^2 + (y_2 - y_1)^2}$

(2) $E = mc^2 = \dfrac{bc^2}{\sqrt{1 - \dfrac{k^2}{c^2}}}$

4. 다음의 [조건]에 따라 [출력형태]와 같이 문서를 작성하시오. (110점)

조건 (1) 그리기 도구를 이용하여 작성하고, 모든 도형(글맵시, 지정된 그림 포함)을 [출력형태]와 같이 작성하시오.

(2) 도형의 면색은 지시사항이 없으면 색 없음을 제외하고 서로 다르게 임의로 지정하시오.

출력형태

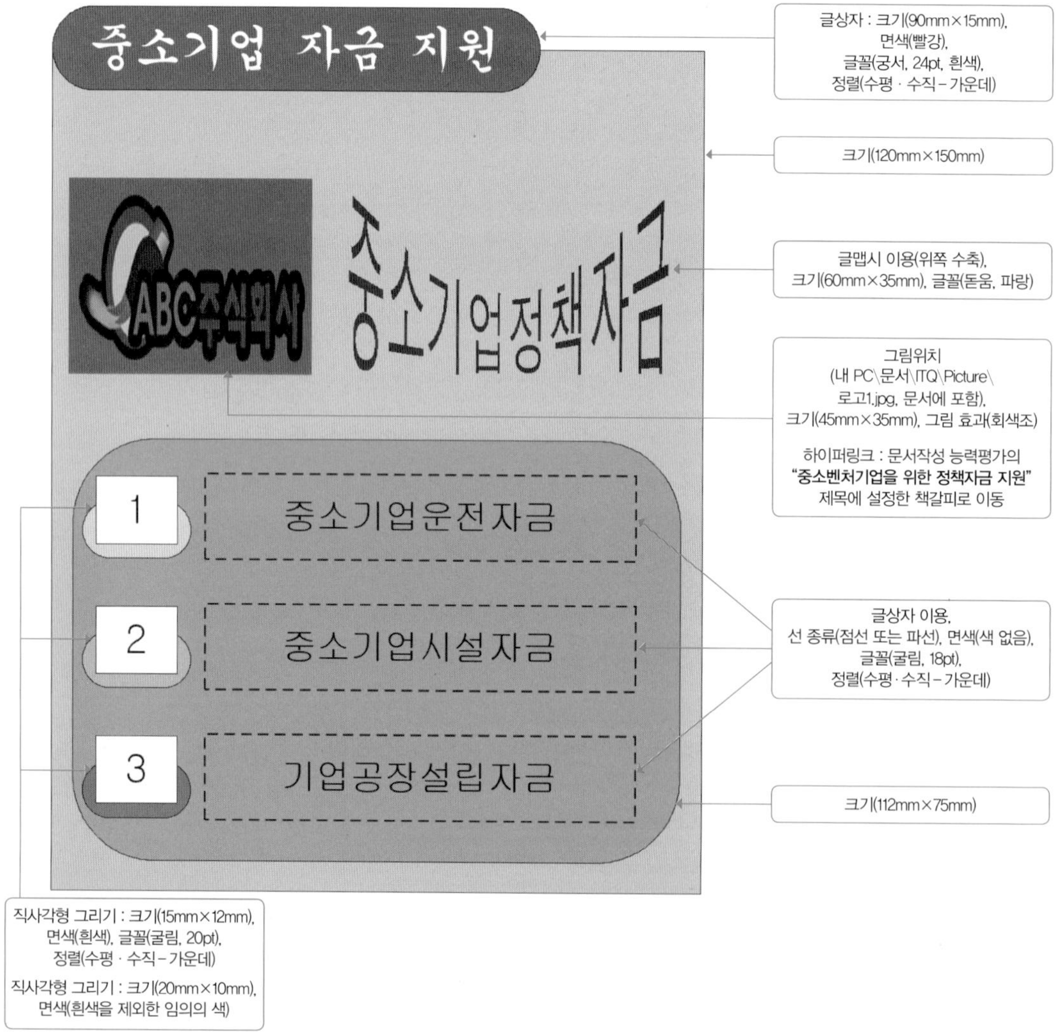

중소기업 자금 지원

ABC주식회사

중소기업정책자금

1 중소기업운전자금

2 중소기업시설자금

3 기업공장설립자금

글상자 : 크기(90mm×15mm), 면색(빨강), 글꼴(궁서, 24pt, 흰색), 정렬(수평 · 수직 – 가운데)

크기(120mm×150mm)

글맵시 이용(위쪽 수축), 크기(60mm×35mm), 글꼴(돋움, 파랑)

그림위치 (내 PC\문서\ITQ\Picture\로고1.jpg, 문서에 포함), 크기(45mm×35mm), 그림 효과(회색조)

하이퍼링크 : 문서작성 능력평가의 **"중소벤처기업을 위한 정책자금 지원"** 제목에 설정한 책갈피로 이동

글상자 이용, 선 종류(점선 또는 파선), 면색(색 없음), 글꼴(굴림, 18pt), 정렬(수평·수직 – 가운데)

크기(112mm×75mm)

직사각형 그리기 : 크기(15mm×12mm), 면색(흰색), 글꼴(굴림, 20pt), 정렬(수평 · 수직 – 가운데)

직사각형 그리기 : 크기(20mm×10mm), 면색(흰색을 제외한 임의의 색)

글꼴 : 돋움, 18pt, 진하게, 가운데 정렬, 책갈피 이름 : 중소기업, 덧말 넣기

머리말 기능 굴림, 10pt, 오른쪽 정렬 → 중소기업 지원

그림위치(내 PC\문서\ITQ\Picture\기출.tif, 문서에 포함), 자르기 기능 이용, 크기(40mm×40mm), 바깥 여백 왼쪽 : 2mm

문단 첫 글자 장식 기능 글꼴 : 궁서, 면색 : 노랑

# 중소벤처기업을(정책자금융자) 위한 정책자금 지원

각주

대한민국 경제의 뿌리 역할을 하고 있는 산업 역군ⓐ으로서 그 기반을 이루어 핵심 과제를 수행하게 될 중소기업의 체질을 개선하고 국제 경쟁력을 향상시키고자 정책자금을 지원하는 사업이 추진 중에 있다. 이 지원 사업은 기업 스스로 단계별 점검을 통해 중소벤처기업진흥공단(KOSME)에서 지원하는 자금 융자 사업의 이용 가능성을 확인하고 가장 적합한 자금을 안내 받는 시스템이다.

총 3조 6,700억 원을 지원하는 본 사업의 주요 규모(規模)를 살펴보면, 융자 한도가 중소기업 창업 및 진흥기금의 융자 잔액 기준으로 60억 원까지이며(수도권을 제외한 지방 소재 기업은 70억 원), 매출액의 150% 이내에서 지원된다(최대 100억 원). 대출금리는 공공자금관리기금의 대출금리에 분기별로 연동하는 변동금리를 적용(適用)한다. 단, 청년 전용 창업자금, 투융자 복합 금융자금, 재해 중소기업은 세부 사업에서 정하는 고정금리를 적용한다. 중소기업진흥공단에 융자를 신청 및 접수한 사업체 가운데 지원 대상이 결정되면 중소기업진흥공단이 직접 대출을 시행하거나 금융회사에서 신용, 담보부(보증서 포함) 대출을 시행한다.

## ♠ 지원 사업 개요

글꼴 : 굴림, 18pt, 흰색, 음영색 : 파랑

i. 시기
  a. 융자 시기 : 월별 구분 접수
  b. 사업별로 접수 기간 차별화 : 자금 소진 시까지
ii. 절차
  a. 신청 및 접수 : 중소기업, 중소벤처기업진흥공단 지역 본부 및 지부
  b. 서류 및 현장 실사 : 보증기관 등

문단 번호 기능 사용 1수준 : 20pt, 오른쪽 정렬, 2수준 : 30pt, 오른쪽 정렬 줄 간격 : 180%

## ♠ 기업성장 단계별 지원

글꼴 : 굴림, 18pt, 밑줄, 강조점

표 전체 글꼴 : 돋움, 10pt, 가운데 정렬, 셀 배경색(그러데이션) : 유형(가운데에서), 시작색(흰색), 끝색(노랑)

| 구분 | 창업기 | 성장기 | 재도약기 |
|---|---|---|---|
| 지원 방향 | 창업 및 시장진입<br>성장단계 디딤돌 | 성장단계진입 및 지속성장 | 재무구조개선<br>정상화/퇴출/재창업 |
| 지원 사업 | 혁신창업지원, 일자리창출촉진,<br>투융자복합금융(이익공유형) | 제조현장 스마트화,<br>내수기업의 수출기업화,<br>수출기업의 글로벌기업화 | 재도약지원<br>(사업전환, 재창업) |
| | 긴급경영안정자금-일시적 애로 및 재해/일반경영안전지원 | | |

글꼴 : 궁서, 24pt, 진하게, 장평 : 95%, 오른쪽 정렬

**중소벤처기업진흥공단**

각주 구분선 : 5cm

ⓐ 일정한 부문에서 중요한 역할을 하는 일꾼

쪽 번호 매기기 2로 시작 → ②

# 제05회 정보기술자격(ITQ) 시험 정답 및 해설

형

## 기능평가 I

정답

### 02. 표 작성

과학 및 기술서비스업 사업체 현황(단위 : 십억 원, 개)

| 구분 | 소상공인 | 소기업 | 중기업 | 중소기업 | 합계 |
|---|---|---|---|---|---|
| 매출액 | 7,618 | 34,295 | 15,184 | 49,479 | 106,576 |
| 사업비용 | 6,534 | 30,712 | 13,658 | 44,371 | 95,275 |
| 인건비 | 2,294 | 12,551 | 5,536 | 18,087 | 38,468 |
| 사업체 | 58,289 | 85,997 | 1,089 | 87,086 | |

## 기능평가 II

해설

### 03. 수식 입력

❶ Ctrl + N, M → AB= 입력 → 클릭 → (x_2 입력 → Tab → −x_1 입력→ Tab → )^2 입력 → Tab → +(y_2 입력 → Tab → −y_1 입력 → Tab → )^2 입력 → Shift + Esc

❷ Ctrl + N, M → E=mc^2 입력 → Tab → = 입력 → 클릭 → bc^2 입력 → Tab → Tab → 클릭 → 1− 입력 → 클릭 → k^2 입력 → Tab → Tab → c^2 입력 → Shift + Esc

### 04. 그리기 작업

❶ '글맵시 만들기' 대화상자

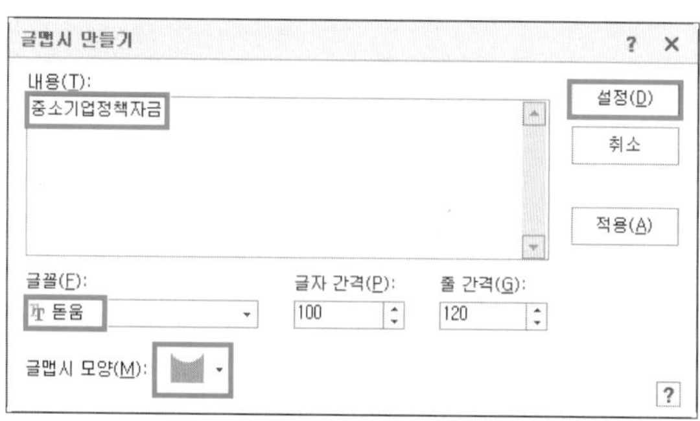


나머지 최신기출문제 5회분은 'C:\길벗ITQ마스터(2016)\ITQ한글' 폴더에 "최신기출문제.PDF" 파일로 저장되어 있습니다.

## '시나공' 시리즈는
## 독자의 지지와 격려 속에 성장합니다!

Artist : Leonardo da Vinci
Title : Mona Lisa, c.1503-6
Medium : oil on panel
Dimensions : 77x53 cms
Location : Louvre, Paris, France

★ 깔끔한 편집에 출제 비중이 높은 문제들로만 구성되어 있어 자격증을 처음으로 준비하는 저에게 적합한 교재인 것 같습니다. 여러 개의 자격증을 취득하기 위해 준비하는 수험생들에게 이 책을 우선 추천합니다.
: 리브로 권덕성

★ 워드와 정보처리기능사도 시나공으로 공부해서 한 번에 붙고, 컴퓨터활용능력까지 시나공으로 준비했습니다. 시나공을 통해 다들 자격증 하나씩 늘리는 게 어떠실지^^*
: 도서11번가 inte***

★ 자세한 설명이 너무 좋아요. 길벗의 또 다른 사용자는 꼭 과외 선생님이 옆에 있는 것 같다면서 칭찬을 아끼지 않았습니다. 모두모두 한방에 붙으세요. ^^;
: 인터파크 정은주

★ 시험장과 똑같은 환경에서 연습할 수 있도록 구성해 놓았습니다. 안되는 것은 왜 안되었는지 이유가 잘 나와 있습니다. '실제 시험장을 옮겨 놓았다' 부분에서는 입실부터 퇴실까지 문제의 상황을 똑같이 주어서 너무 좋고, 이 책에서 분석한 대로 착실하게 따라하다 보면 무난히 합격할 수 있을 것 같습니다.
: YES24 jaminaj***

★ 출제 경향을 잘 파악할 수 있어서 시험 보는데 많은 도움이 되었습니다. 앞으로도 좋은 책 많이 만들어 주세요. 독학하는 사람들의 든든한 버팀목이 되어 주세요.
: 독자엽서 변정아

★ '시나공' 정말 이름만 들어도 믿음직한 책! 설명이 정말 쉽게 잘 되어 있어서 누구라도 이해할 수 있는 책입니다. 이 책대로 그냥 차근차근 따라하기만 하면, 누구나 시험에 합격할 수 있다고 확신합니다.
: 알라딘 00***

★ 이 책에 나온 대로만 따라하면 합격은 금방입니다. 설명이 상세하게 잘 되어 있어서 궁금한 것도 없었어요. 모의고사를 통해 연습을 많이 해볼 수 있어 좋습니다.
: 교보문고 qm***

★ 자격증계의 지존! 제가 추천하지 않아도 다른 서평이나 리플을 보면 아시겠죠. 구태여 저까지 추천할 필요가 없는 강추할 만한 교재입니다.
: 인터파크 마지현

이 책은 IT 자격증 전문가와 수험생이 함께 만든 책입니다.

ISBN 979-11-6521-444-9

가격 27,000원

시나공 독자 카페
sinagong.gilbut.co.kr

수험생의 마음으로 만든 책! 시나공 시리즈
2021
시나공
시험에
나오는 것만
공부한다!

# ITQ 파워포인트

길벗알앤디 지음

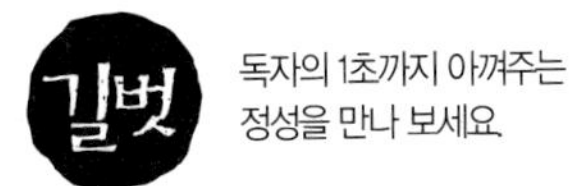
길벗
독자의 1초까지 아껴주는
정성을 만나 보세요.

**지은이 길벗알앤디**

**강윤석, 김용갑, 김우경, 김종일**

IT 서적을 기획하고 집필하는 출판 기획 전문 집단으로, 2003년부터 길벗출판사의 IT 수험서인 〈시험에 나오는 것만 공부한다!〉 시리즈를 기획부터 집필 및 편집까지 총괄하고 있다. 20여 년간 자격증 취득에 관한 교육, 연구, 집필에 몰두해 온 강윤석 실장을 중심으로 IT 자격증 시험의 분야별 전문가들이 모여 국내 IT 수험서의 수준을 한 단계 높이기 위한 다양한 연구와 집필 활동에 전념하고 있다.



## ITQ OA Master(엑셀 + 한글 + 파워포인트) 2016 사용자용 – 시나공 시리즈 31

초판 발행 · 2021년 2월 1일

발행인 · 이종원
발행처 · (주)도서출판 길벗
출판사 등록일 · 1990년 12월 24일
주소 · 서울시 마포구 월드컵로 10길 56(서교동)
주문 전화 · 02)332-0931 팩스 · 02)323-0586
홈페이지 · www.gilbut.co.kr 이메일 · gilbut@gilbut.co.kr

기획 및 책임 편집 · 강윤석(kys@gilbut.co.kr), 김미정(kongkong@gilbut.co.kr), 임은정(eunjeong@gilbut.co.kr)
디자인 · 윤석남 제작 · 이준호, 손일순, 이진혁 영업마케팅 · 임태호, 전선하, 차명환
웹마케팅 · 조승모, 임지인 영업관리 · 김명자 독자지원 · 송혜란, 윤정아

편집진행 및 교정 · 길벗알앤디(강윤석 · 김용갑 · 김우경 · 김종일 · 김선길) 일러스트 · 윤석남 채점 프로그램 개발 · 이정훈
전산편집 · 예다움 CTP 출력 및 인쇄 · 예림인쇄 제본 · 신정제본





ISBN 979-11-6521-444-9 13000
(길벗 도서번호 030805)

가격 27,000원

**독자의 1초를 아껴주는 정성 길벗출판사**

**길벗** | IT실용, IT/일반 수험서, IT전문서, 경제실용서, 취미실용서, 건강실용서, 자녀교육서
**더퀘스트** | 인문교양서, 비즈니스서
**길벗이지톡** | 어학단행본, 어학수험서
**길벗스쿨** | 국어학습서, 수학학습서, 유아학습서, 어학학습서, 어린이교양서, 교과서

**페이스북** • www.facebook.com/gilbutzigy
**커뮤니티** • http://cafe.naver.com/gilbutit

# ITQ 파워포인트


## 00 준비운동

1. ITQ 파워포인트 시험, 이것이 궁금하다! – 시나공 Q&A 베스트 6
2. 한눈에 보는 ITQ 파워포인트 시험 절차 12
3. 전문가의 조언 – ITQ 파워포인트 시험, 이렇게 준비하세요. 14

## 01 실제 시험장을 옮겨 놓았다!

1. 입실 26
2. 수험관리 프로그램 실행 26
3. 문제지 수령 28
4. 정답 파일 만들기 32
5. 표지 디자인 작성 34
6. 목차 슬라이드 작성 45
7. 텍스트/동영상 슬라이드 작성 63
8. 표 슬라이드 작성 73
9. 차트 슬라이드 작성 83
10. 도형 슬라이드 작성 98
11. ITQ 파워포인트 시험 마무리 125
12. 자동 채점 프로그램 사용하기 126

## 02 실전 모의고사

실전 모의고사 01회 130
실전 모의고사 02회 147
실전 모의고사 03회 164
실전 모의고사 04회 170
실전 모의고사 05회 176
실전 모의고사 06회 1
실전 모의고사 07회 7
실전 모의고사 08회 13
실전 모의고사 09회 19
실전 모의고사 10회 25


'C:\길벗ITQ마스터(2016)\ITQ파포' 폴더에 "실전모의고사.pdf" 파일로 저장되어 있습니다.

**동영상 강의**

동영상 강의가 제공되는 내용입니다.

※ 동영상 강의는 ITQ 엑셀 5쪽의 '동영상 강의 수강 방법'에 안내되어 있는 방법에 따라 시청하시면 됩니다.

## 03 최신기출문제


| | |
|---|---|
| 최신기출문제 01회 | 184 |
| 최신기출문제 02회 | 191 |
| 최신기출문제 03회 | 198 |
| 최신기출문제 04회 | 205 |
| 최신기출문제 05회 | 212 |
| 최신기출문제 06회 | 1 |
| 최신기출문제 07회 | 8 |
| 최신기출문제 08회 | 15 |
| 최신기출문제 09회 | 22 |
| 최신기출문제 10회 | 29 |


'C:\길벗ITQ마스터(2016)\ITQ파포' 폴더에 "최신기출문제.pdf" 파일로 저장되어 있습니다.

※ 2021년 2월 이후 시행된 기출문제와 최신출제경향은 E-Mail 서비스를 통해 제공됩니다. E-Mail 서비스를 위한 회원가입 및 구입 도서 등록 방법은 ITQ 엑셀 5쪽을 참고하세요!

# 준비 운동

1 · ITQ 파워포인트 시험, 이것이 궁금하다! – 시나공 Q&A 베스트

2 · 한눈에 보는 ITQ 파워포인트 시험 절차

3 · 전문가의 조언 – ITQ 파워포인트 시험, 이렇게 준비하세요.

# ITQ 파워포인트 시험, 이것이 궁금하다!

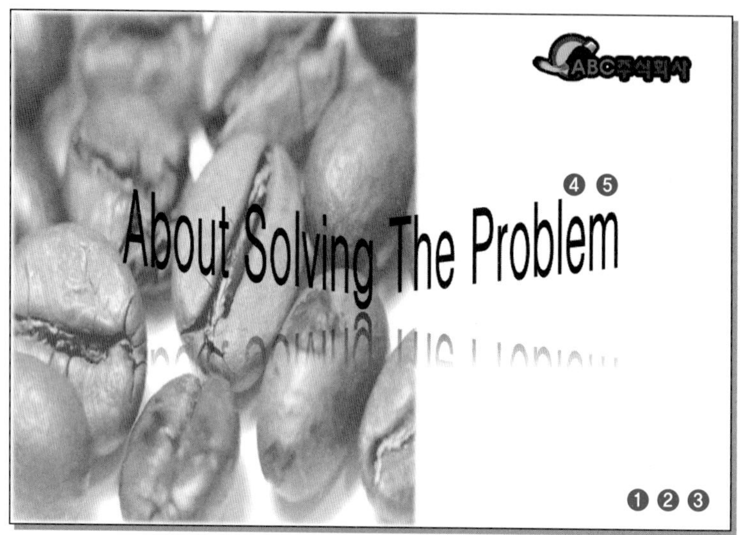


**Q** 시나공 자동 채점프로그램의 채점기준이 궁금합니다.

**A** 시험 주관사인 생산성본부가 채점기준을 공개하지 않고 있기 때문에 생산성본부의 채점기준과 완전히 일치되게 채점할 수는 없습니다. 하지만 ITQ 시험이 시생된 지 20년에 이르고 그 동안 시나공에서는 수 많은 확인 과정을 거쳤기 때문에 대부분의 채점기준이 파악되었다고 볼 수 있습니다. 그리고 조금 이라도 확실하지 않은 부분은 틀리게 채점하고 원인을 분명히 알려주어 완전한 학습이 이루어지도록 했을 뿐만 아니라 실제 시험 보다 더 엄격한 채점기준을 적용하여 실제 시험장에서 불이익을 당하지 않도록 최선을 다했습니다.

❶ **Q** 답안 파일의 이름은 수검자가 마음대로 지정하면 되나요?

**A** 파일 이름은 '수험자 유의사항'에 제시된 것처럼 반드시 '수험번호-성명'으로 지정해야 합니다. 파일 이름을 기준으로 자동 채점이 수행되기 때문에 파일 이름을 잘못 지정하면 채점이 불가능하므로 실격 처리됩니다.

❷ **Q** '슬라이드 크기' 대화상자에서 슬라이드의 크기를 잘못 지정하면 슬라이드 개수만큼 감점인가요?

**A** 아닙니다. 슬라이드 크기는 전체 구성 조건에 해당하므로 한 번만 감점됩니다.

❸ **Q** 문제지에 제시된 도형이나 그림, 동영상의 크기 및 모양은 정확히 일치하도록 만들어야 하나요?

**A** 정확히 일치하게 만들면 좋지만 정해진 기준없이 눈으로만 비교 · 판단하여 100% 정확히 동일하게 만들기는 사실상 불가능합니다. 그러므로 문제지의 그림과 비교하여 균형이 어긋나지 않는 범위 내에서 최대한 비슷하게 만들면 됩니다. 단, 여러 도형이 겹쳐있는 경우 반드시 문제지와 동일한 순서대로 배치해야 합니다.

❹ **Q** 워드아트의 세부조건에 '글꼴 색'에 대한 내용이 없는데 왜 '검정, 텍스트 1'로 지정하나요?

**A** 워드아트의 세부조건에 '글꼴 색'에 대한 내용은 없지만 문제에 제시된 [출력형태]와 동일하게 글꼴 색을 지정해 주어야 합니다. [출력형태]의 글꼴 색이 검정색 계통이므로 '검정, 텍스트 1'을 지정하면 됩니다. 그래서 '채우기 – 검정, 텍스트 1, 그림자'를 선택하여 워드아트를 삽입한 것입니다.

## 시간이 부족한 수험생들의 궁금증 완전해결! — '시나공 Q&A 베스트'

시나공 홈페이지(sinagong.gilbut.co.kr)에 10년간 쌓인 50만 회원들의 Q&A 데이터를 철저하게 분석하여 1분 1초가 아쉬운 수험생들의 궁금증을 100% 반영했습니다.

5 **Q** 워드아트의 세부조건 중 '글꼴'만 지정하고 '반사'를 지정하지 않은 경우 부분점수가 있나요?

**A** 세부조건 중 ①, ②, ③ 같은 원번호로 표기된 조건에는 부분점수가 없습니다. 하나의 조건이라도 처리하지 않으면 해당 원번호 항목에 배정된 점수는 0점입니다.

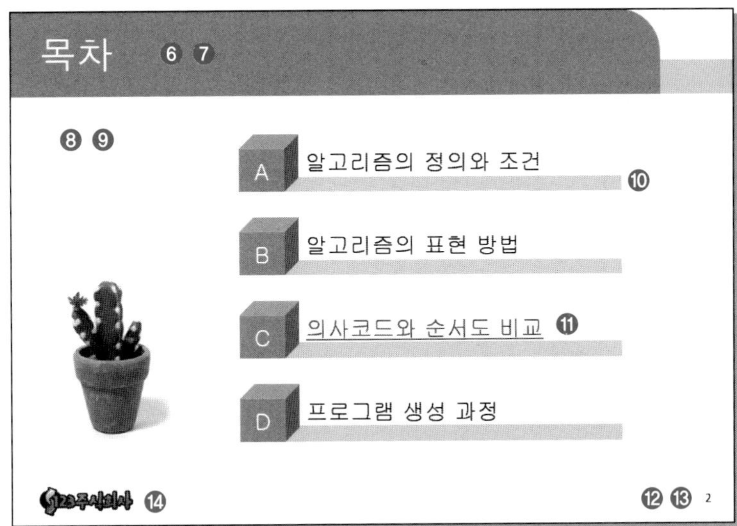


6 **Q** 제목 도형, 하단 로고, 슬라이드 번호는 매 슬라이드 마다 개별적으로 삽입하는 건가요?

**A** 아닙니다. 제목 도형, 하단 로고, 슬라이드 번호는 슬라이드 마스터를 사용하라고 전체 구성 조건에 제시되어 있으므로 반드시 슬라이드 마스터를 이용해야 합니다.

7 **Q** '목차' 앞에 공백이 없어도 되나요?

**A** 네. 제목 도형에서는 입력 내용(목차) 및 정렬(왼쪽 맞춤)만 채점하므로 '목차' 앞에 공백을 삽입하지 않아도 됩니다.

8 **Q** 도형의 색과 선에 대한 세부조건이 없는데 어떻게 처리하나요?

**A** 세부조건이 없는 경우 대부분 채점과 무관합니다. 도형의 채우기 색, 선 색, 선 두께(굵기) 등도 채점과 무관하므로 파워포인트 2016에서 제공되는 기본값을 그대로 사용하면 됩니다. 단, 파선, 윤곽선 없음 등 선의 스타일은 문제지의 그림과 동일하게 지정해야 합니다.

9 **Q** 도형에 입력된 텍스트의 색에 대해서는 세부조건이 없는데, 기본 색을 그냥 두면 되나요?

**A** 아닙니다. 세부조건에는 없지만 문제지의 그림을 보고 동일하게 지정해야 하는 경우도 있는데, 바로 이런 경우입니다. 도형에 입력된 텍스트의 색은 검정 아니면 흰색이니 문제지의 그림을 보고 알맞게 지정하세요.

10 **Q** 교재에서는 '직사각형' 도형을 이용해 만들었는데, '순서도: 처리' 도형으로 만들어도 되나요?

**A** 네, 됩니다. 사용된 도형의 종류와 관계없이 문제지의 그림과 최대한 비슷하게만 만들면 배정된 점수를 얻을 수 있습니다.

# ITQ 파워포인트 시험, 이것이 궁금하다!

⑪ **Q** 텍스트에 하이퍼링크를 지정하고 텍스트를 클릭했지만 해당 슬라이드로 이동하지 않아요. 왜 그렇죠?

**A** 하이퍼링크는 슬라이드 쇼 상태에서만 작동합니다. F5를 눌러 슬라이드 쇼 상태로 만든 다음 하이퍼링크를 클릭해 보세요.

⑫ **Q** 슬라이드 마스터에서 제목 도형, 하단 로고, 슬라이드 번호를 지정했더니 1번 슬라이드에 슬라이드 번호가 표시됩니다. 어떻게 해야 표시되지 않나요?

**A** [삽입] → 텍스트 → **머리글/바닥글**을 클릭한 후 '머리글/바닥글' 대화상자의 '슬라이드' 탭에서 '제목 슬라이드에는 표시 안 함'을 선택한 후 〈모두 적용〉을 클릭하면 됩니다.

⑬ **Q** 슬라이드 번호의 색상, 크기, 위치는 따로 지정하지 않아도 되나요?

**A** 문제의 세부조건에 슬라이드 번호에 대한 설정 내용이 없으므로 '머리글/바닥글' 대화상자의 '슬라이드' 탭에서 '슬라이드 번호'만 체크하여 표시하면 됩니다.

⑭ **Q** 슬라이드 마스터에서 하단 로고와 슬라이드 번호를 지정했는데 슬라이드에 표시되지 않아요.

**A** 슬라이드 마스터를 설정하는 화면에서 레이아웃을 잘못 선택했기 때문입니다. [보기] → 마스터 보기 → **슬라이드 마스터**를 선택한 후 '슬라이드 축소판 그림' 창에서 '제목 및 내용 레이아웃: 슬라이드 2~6에서 사용' 레이아웃을 선택한 후 하단 로고와 슬라이드 번호를 다시 지정하면 됩니다.

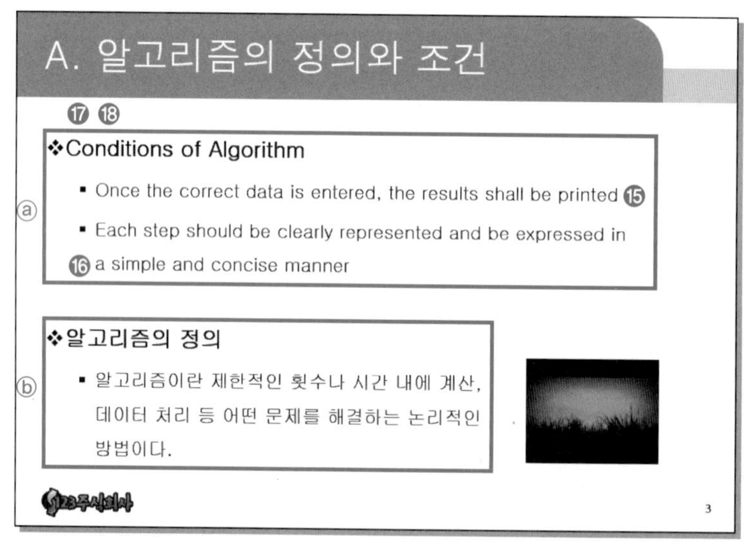


⑮ **Q** 텍스트 상자의 너비를 조절하지 않고 Enter를 눌러 줄 바꿈을 해도 되나요?

**A** 네, 됩니다. 단, 글머리 기호가 지정된 상태에서 Enter를 누르면 다음 행에 글머리 기호가 자동 삽입되므로, 이를 방지하기 위해 Shift+Enter를 눌러 줄 바꿈을 해야 합니다.

⑯ **Q** 내어쓰기를 문제지와 똑같이 지정해야 하나요?

**A** 네, 그렇습니다. 내어쓰기는 반드시 문제지와 똑같이 지정해야 합니다. 글머리 기호가 지정되어 있을 경우에는 한 문단이 2줄 이상 되면 자동으로 내어쓰기가 지정되므로 신경쓰지 않아도 됩니다. 강제로 내어쓰기를 할 경우에는 Shift+Enter를 눌러 줄 바꿈을 해야 합니다.

⑰ **Q** 텍스트 상자의 '자동 맞춤 안 함'을 반드시 지정해야 하나요?

**A** 텍스트 상자에는 입력되는 내용의 양에 따라 글자 크기가 자동으로 조정되는 '넘치면 텍스트 크기 조정'이 기본적으로 설정되어 있습니다. ITQ 파워포인트 시험에서는 문제에 제시되는 대로 글자 크기를 변경하고 텍스트 상자의 크기에 관계없이 글자 크기를 유지해야 하므로 '자동 맞춤 안 함'을 지정해야 합니다.

⑱ **Q** 채점 시 글머리 기호, 글꼴, 글꼴 크기, 줄 간격 등은 ⓐ와 ⓑ 문단을 개별적으로 채점하나요?

**A** 네, 두 문단을 별개의 문단으로 보고 따로따로 채점합니다.

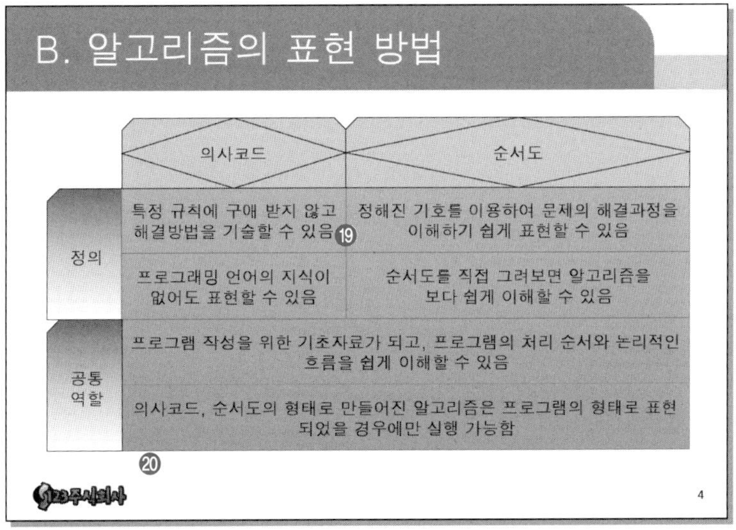


⑲ **Q** 표의 너비를 조절하지 않고 Enter를 눌러 줄 바꿈을 해도 되나요?

**A** 네, 됩니다. 셀의 내용은 셀의 너비를 조절하여 줄 바꿈을 해도 되고, Enter를 눌러서 줄 바꿈을 해도 됩니다. 문제지와 동일하게만 하면 됩니다.

⑳ **Q** 표의 크기가 늘어나지 않고 표가 이동돼요!

**A** 표의 크기 조절점을 정확하게 집지 못해서 그렇습니다. 마우스 포인터를 표의 크기 조절점으로 가져가 마우스 포인터의 모양이 ⤡로 변경됐을 때 드래그해야 표의 크기가 변경됩니다.

# ITQ 파워포인트 시험, 이것이 궁금하다!

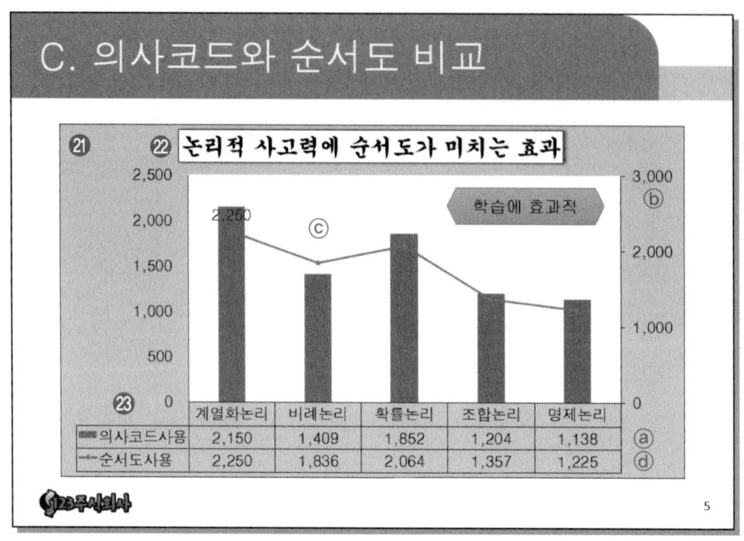


㉑

**Q** 차트의 세부조건에는 없지만 반드시 지정해야 할 것이 있다고 들었습니다. 어떤 것들이 있죠?

**A** 차트에 대한 세부조건을 모두 적용한 후 문제지의 그림과 비교하여 다른 부분은 문제지와 동일하게 만들어야 합니다. 세부조건에는 없지만 적용해야 할 사항에는 다음과 같은 것들이 있습니다.

ⓐ 데이터의 숫자 서식(천 단위 구분 기호 등) 및 소수 자릿수
ⓑ 세로(값) 축 및 보조 세로(값) 축의 최대/최소 경계, 주 단위, 소수 자릿수
ⓒ 범례, 눈금선 삭제
ⓓ 세로(값) 축, 보조 세로(값) 축, 데이터 표 선 색

㉒

**Q** 차트 제목의 글꼴과 크기를 분명히 변경했는데 적용되지 않았어요. 왜 그렇죠?

**A** 차트 제목의 글꼴 서식을 지정한 후에 차트 영역에 대한 글꼴 서식을 지정했기 때문입니다. 차트 제목도 차트 영역의 한 요소이므로 차트 제목의 글꼴 서식을 지정하고 나서 차트 영역에 대한 글꼴 서식을 지정하면 방금 전에 지정한 차트 제목에 대한 서식이 모두 무시되고 새롭게 차트 영역에 지정한 글꼴 서식이 적용됩니다. 그러므로 차트 영역의 글꼴 서식을 먼저 변경한 다음에 차트 제목의 글꼴 서식을 변경해야 합니다.

㉓

**Q** 데이터 표는 '범례 표지 포함'과 '범례 표지 없음' 중 아무거나 지정하면 되나요?

**A** 안됩니다. 데이터 표는 문제지의 차트 그림과 동일하게 지정해야 하는데, 데이터 표의 계열명 앞에 범례 표지가 표시되어 있으면 '범례 표지 포함'을, 아무것도 없으면 '범례 표지 없음'을 지정해야 합니다.

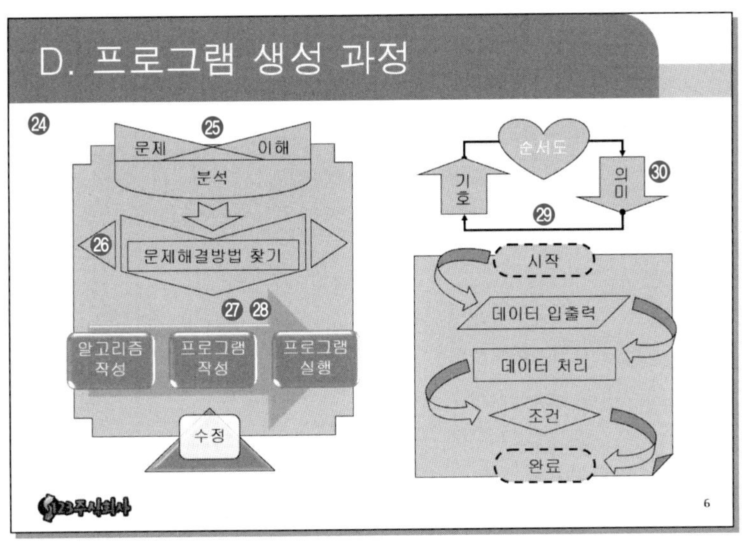


㉔ **Q** 도형에 대한 채점 기준이 궁금합니다.

**A** '6번 슬라이드'에 배정된 점수는 100점이며, 포함된 모든 도형과 스마트아트에 배분되어 개별적으로 채점됩니다. 부분점수가 없으므로 문제지와 동일하게 만들면 만점, 안 만들거나 다르게 만들면 0점입니다.

㉕ **Q** '순서도: 대조' 도형 대신 '이등변 삼각형' 도형 2개를 사용하여 만들어도 되나요?

**A** 네, 됩니다. 사용된 도형의 종류와 관계없이 문제지의 그림과 동일하게만 만들면 해당 도형에 배정된 점수를 모두 받습니다.

㉖ **Q** '순서도: 병합' 도형의 배치에 대한 채점 기준이 궁금합니다.

**A** 눈으로 보기에 비슷한 위치에 배치하면 됩니다. 예를 들어 '순서도: 병합' 도형은 오른쪽 도형과 겹쳐지거나, 왼쪽 큰 도형의 경계선에 겹쳐지거나, 아래쪽으로 너무 내려가 눈에 띄게 균형이 맞지 않으면 배정된 점수를 받지 못합니다.

㉗ **Q** 스마트아트와 도형을 함께 선택한 후 글꼴을 변경했는데 도형에만 적용이 됩니다. 왜 그렇죠?

**A** 스마트아트는 다른 도형과 함께 선택하여 서식을 지정할 수 없습니다. 반드시 스마트아트만 따로 선택한 상태에서 서식을 지정해야 합니다.

㉘ **Q** 스마트아트를 이동하는데 일부 도형만 움직입니다. 왜 그렇죠?

**A** 스마트아트 전체를 이동하려면 스마트아트 전체의 외곽선을 클릭하고 드래그 해야 하는데, 스마트아트 내부의 일부 도형을 클릭한 후 드래그 했기 때문에 그렇습니다. 스마트아트를 클릭한 후 외곽선으로 마우스 포인터를 가져가 마우스 포인터의 모양이 ✣로 변경될 때 클릭하여 드래그하면 됩니다.

㉙ **Q** 화살표의 색이나 굵기에도 채점 기준이 있나요?

**A** 없습니다. 일반 도형의 선 색, 선 두께와 마찬가지로 화살표와 연결선을 포함한 모든 선은 채점과 무관하므로 파워포인트 2016에서 제공되는 기본값을 그대로 사용하면 됩니다. 단, 파선 등 선 스타일은 문제지의 그림과 동일하게 지정해야 합니다. 그리고 화살표나 연결선이 다른 도형과 겹쳐질 때 동일한 색상으로 인해 선의 유무를 확인하기 어려운 경우에는 선의 색을 검정색 같은 눈에 잘 띄는 색으로 변경해야 합니다.

㉚ **Q** '위쪽 화살표' 도형을 복사한 후 상하 대칭을 지정하면 텍스트도 같이 회전되는데, 어떻게 해도 텍스트의 방향이 문제지와 동일하게 표시되지 않아요. 어떻게 할까요?

**A** 지우고 새로 입력해야 합니다. 회전된 텍스트를 지우고 텍스트 상자를 삽입하세요. 이어서 삽입한 텍스트 상자에 텍스트를 입력하고 회전된 화살표의 적당한 위치에 가져다 놓으면 됩니다.

# 한눈에 보는 ITQ 파워포인트 시험 절차

시험 시작 20분 전

## 시험장 입실

수험표 또는 자리배치표에 지정된 PC에 앉으세요.

## 컴퓨터 이상 유무 확인

컴퓨터를 켠 후 이상 유무를 점검합니다. 컴퓨터 시스템에 이상이 있으면 감독위원에게 즉시 자리 변경을 요청하세요.

시험 시작 5분 전

## 수험번호 입력

감독위원의 지시에 따라 바탕화면에 있는 'KOAS 수험자용' 아이콘을 더블클릭한 다음 '수험자 등록' 창에 자신의 수험번호를 입력하고 〈확인〉을 클릭하세요.

시험 시작 1시간 후

## 문제 풀이

시험 시간은 1시간입니다. 시험 중간 중간 작성한 내용을 저장하고 수검용 프로그램의 〈답안 전송〉 단추를 클릭하여 감독관 PC로 전송해야 합니다. 그래야 컴퓨터 고장으로 인해 다른 컴퓨터로 자리를 옮겨도 감독관 PC에 저장된 파일을 받아서 다시 작업할 수 있습니다.

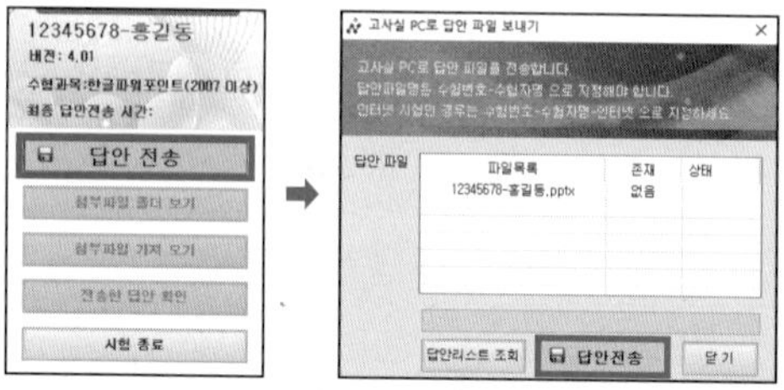

## 시험 종료

- 감독위원이 시험 종료를 예고하면 최종적으로 작업한 내용을 저장하고, 수검용 프로그램을 이용하여 답안을 전송하세요.
- 시험이 종료되면 〈시험 종료〉 단추를 클릭하세요.

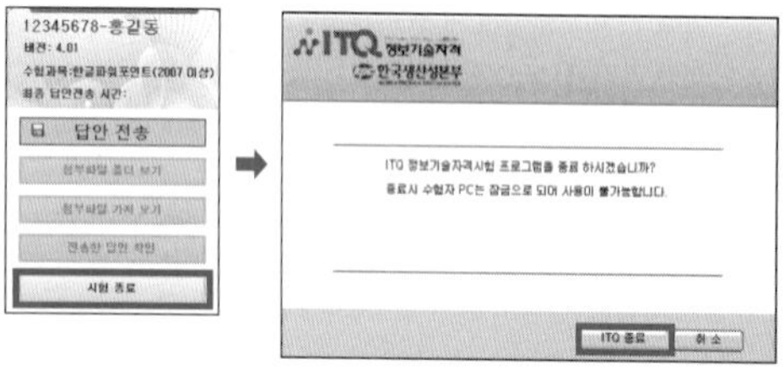

## 퇴실

시험 종료 메시지가 화면에 표시되면 감독위원에게 시험지를 제출한 후 퇴실하세요.

※ 자세한 내용은 '실제 시험장을 옮겨 놓았다!' 부분을 참고하세요.

### 프로그램 버전 선택

시험에서 사용할 프로그램 버전을 선택한 다음 〈확인〉을 클릭하면, 수험자 정보가 표시됩니다. 정보에 이상이 없으면 〈확인〉을 클릭하세요.

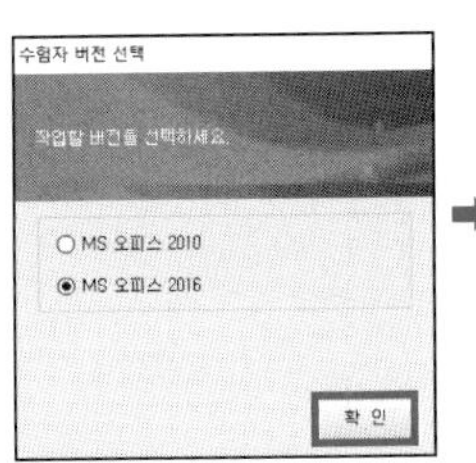


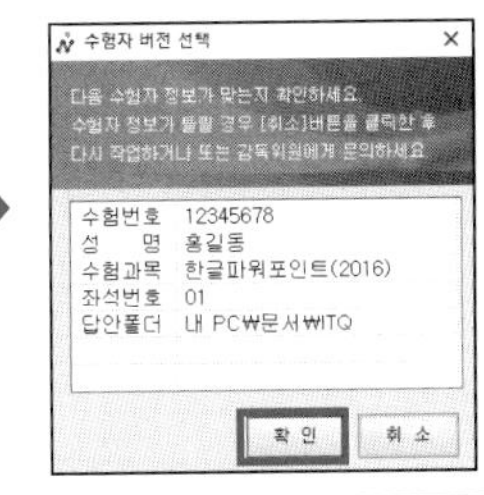


### 시험 대기

'시험 시작 전 준비 화면'이 표시되면 키보드나 마우스를 사용할 수 없도록 PC가 잠금 상태로 됩니다. 감독위원의 지시에 따르세요.

### 문제지 수령

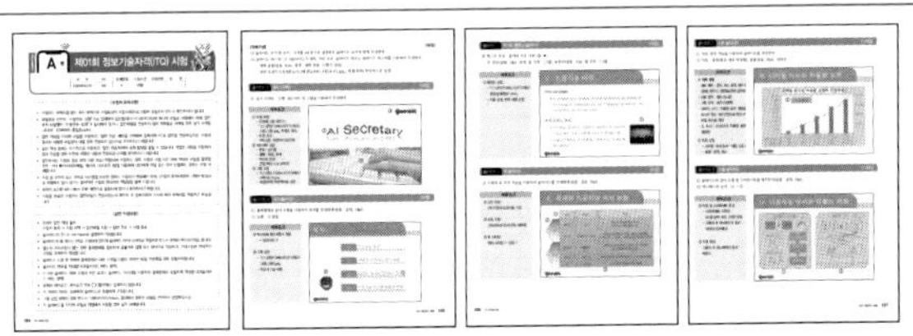

4면으로 된 시험지가 배부됩니다. 1면은 지시사항, 2~4면은 완성할 문제입니다. 문제지를 받으면 평소 연습하던 내용과 다른 부분이 있는지 지시사항을 자세히 읽어 보세요.

**시험 시작**

### 정답 파일 만들기

시험이 시작되면 파워포인트 2016을 실행시킨 후 빠른 실행 도구 모음의 '저장'을 클릭합니다. 저장 위치를 [내 PC] → [문서] → [ITQ] 폴더로, 파일 이름을 '수험번호-성명'으로 지정한 후 〈저장〉을 클릭하세요.

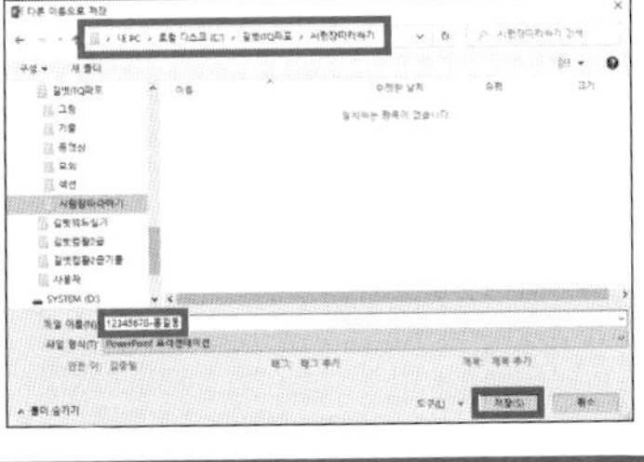

시험
시작!

# ITQ 파워포인트 시험, 이렇게 준비하세요.

## ITQ 시험은?

ITQ 시험은 현재 아래 흔글, MS 워드, 엑셀, 액세스, 파워포인트, 인터넷에 대해 시행되고 있으며, 과목별로 500점 만점을 기준으로 A 등급부터 C 등급까지 등급별 자격을 부여합니다. 이중 세 과목 이상 A 등급을 취득하면 OA 마스터 자격을 부여하는데, 한두 과목에서 낮은 등급을 받았을 경우 다시 응시하여 A 등급으로 업그레이드하면 됩니다.

| 종목 | 사용 프로그램 | 시험시간 | 등급 |
|---|---|---|---|
| 아래 흔글 | 흔글 2010 / 2016 | 60분 | A 등급 : 400점~500점<br>B 등급 : 300점~399점<br>C 등급 : 200점~299점<br>불합격 : 200점 미만 |
| MS 워드 | MS 오피스 2010 / 2016 | | |
| 엑셀 | | | |
| 파워포인트 | | | |
| 액세스 | | | |
| 인터넷 | 인터넷 익스플로러 8.0 이상 | | |

※ OA 마스터 신청 시 아래 흔글과 MS 워드는 같은 종목으로 인정됩니다.

## ITQ 파워포인트는?

ITQ 파워포인트는 여러 가지 파워포인트 기능을 이해하고 이를 바탕으로 빠른 시간 안에 다양한 문제를 작성하게 함으로써 정보기술 활용능력을 객관적으로 평가하는 한국생산성본부의 시험 목적에 잘 부합되는 시험입니다. 다양한 기능을 평가하기 때문에 수험생에게는 학습해야할 내용이 많다는 어려움이 있지만 시험이 어려운 만큼 더욱 도전해 볼 가치가 있으며, 실무에 바로 써먹을 수 있는 내용이니 합격하면 일석이조의 효과가 있습니다. 파워포인트는 배우기 쉽고 사용하기 편리한 프로그램이지만 여러 가지 기능을 짧은 시간에 테스트하기 때문에 적당히 준비해 가지고는 높은 등급을 받기 어렵습니다. 정해진 시간 60분 내에 모든 문제를 완벽하게 작성하기 위해서는 정확한 시간 배분과 배분된 시간 안에 끝낼 수 있도록 철저한 반복 연습이 필요합니다. ITQ 파워포인트 시험에 출제되는 작업유형과 배점은 다음과 같습니다.

| 작업유형 | 배점(점) | 권장 작업 시간(분) |
|---|---|---|
| 전체 구성 | 60 | 2 |
| 표지 디자인 | 40 | 5 |
| 목차 슬라이드 | 60 | 10 |
| 텍스트/동영상 슬라이드 | 60 | 5 |
| 표 슬라이드 | 80 | 8 |
| 차트 슬라이드 | 100 | 10 |
| 도형 슬라이드 | 100 | 20 |
| **합계** | **500** | **60** |

## 이렇게 공부하세요.

### 도형을 지배하라!

도형은 3번 슬라이드를 제외한 모든 슬라이드에 다양하게 출제되기 때문에 ITQ 파워포인트에서 가장 신경 써서 학습해야 할 부분이며 어려운 부분이기도 합니다. 도형 작성이 어려운 이유는 메뉴에 있는 도형이 그대로 출제되지 않고 변형된 모양으로 출제되어 무슨 도형을 사용해서 만들었는지 파악하기가 쉽지 않기 때문입니다. 아래의 '주요 도형의 모양 변경'에는 이제까지의 모든 기출문제를 분석하여 원본 도형을 조금이라도 까다롭게 변형하여 출제되었던 도형들의 변형 방법이 모두 수록되어 있습니다. 여기서 도형의 변경 방법을 익힌 다음에는 모의고사와 기출문제에서 6번 슬라이드만 골라서 무슨 도형을 사용했는지 눈으로 풀어보고 정답을 확인해 보세요. 슬라이드에 제시된 도형이 무슨 도형을 사용해서 만들었는지 바로 생각날 때 까지 반복하세요.

### 실제 시험장은 괜히 옮겨 놓은 게 아닙니다.

도형에 익숙해졌으면 '1장 실제 시험장을 옮겨놓았다!' 부분을 학습하세요. '실제 시험장을 옮겨 놓았다!' 부분은 전반적인 시험 과정을 익히기 위해서도 꼭 필요합니다. '실제 시험장을 옮겨 놓았다!' 부분을 50분 내에 끝낼 수 있을 때 까지 반복 연습한 다음 모의고사와 기출문제로 넘어가세요.

### 시간을 정해놓고 반복 연습하세요.

ITQ 파워포인트는 단순히 도형 하나를 똑같이 만들면 되는 것이 아니라 여러 도형들을 균형있게 배치하고 정해진 시간내에 만들어야 합니다. 즉 빠르게 잘 만들어야 한다는 얘기죠. 방법은 간단합니다. 많이 그려 보면 됩니다. 슬라이드별 권장 작업 시간을 참조하여 그 시간 내에 여유 있게 완성할 때 까지 반복하여 그려 보세요.

## 주요 도형의 모양 변경

다음은 기출문제에서 원본 도형을 조금이라도 까다롭게 변형하여 출제된 도형의 변형 과정입니다. 꼭 숙지해 두세요.

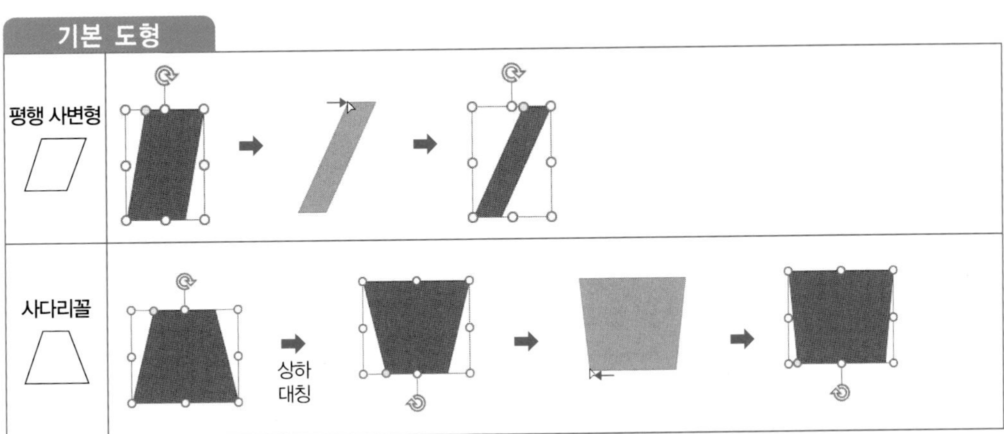

# ITQ 파워포인트 시험, 이렇게 준비하세요.

| 도형 | 변환 과정 |
|---|---|
| 팔각형  | 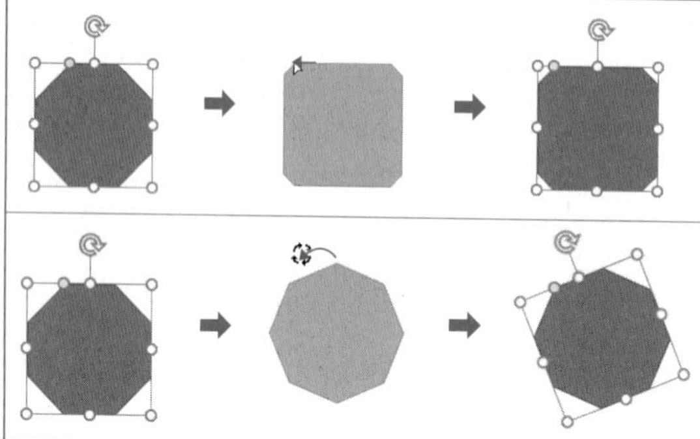 |
| 십자형  | 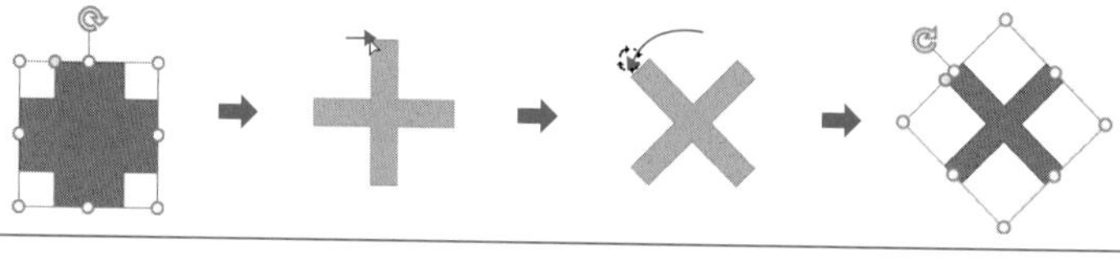 |
| 육각형  | 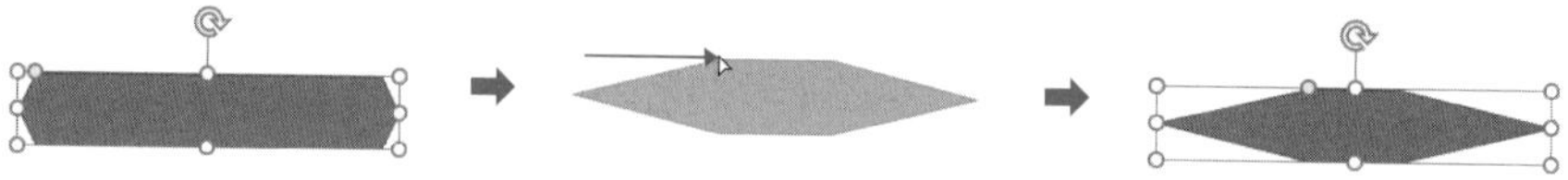 |
| 정육면체 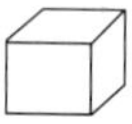 | 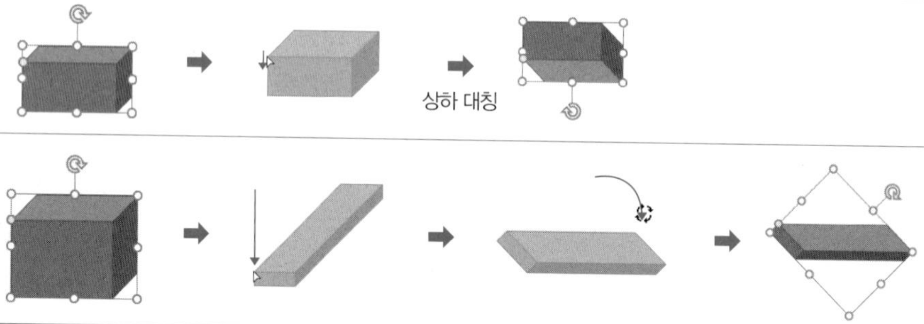 상하 대칭 |
| L 도형  | 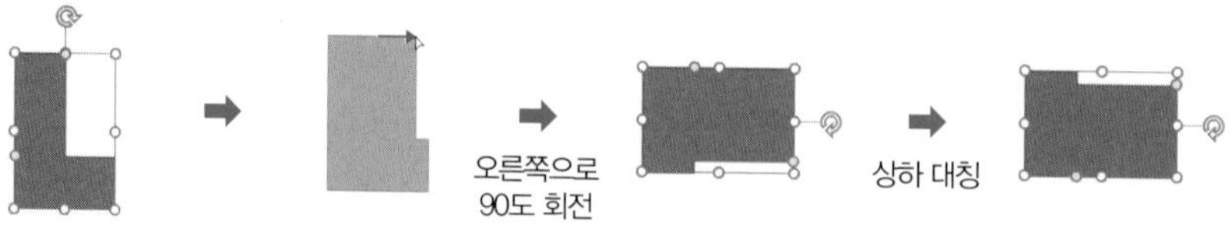 오른쪽으로 90도 회전<br>상하 대칭 |
| 원형  | 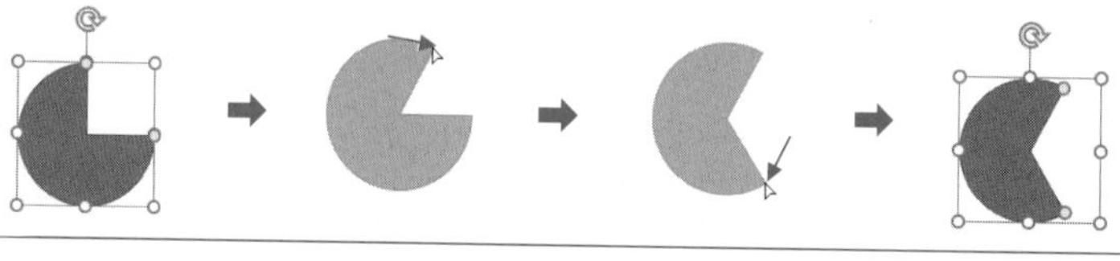 |

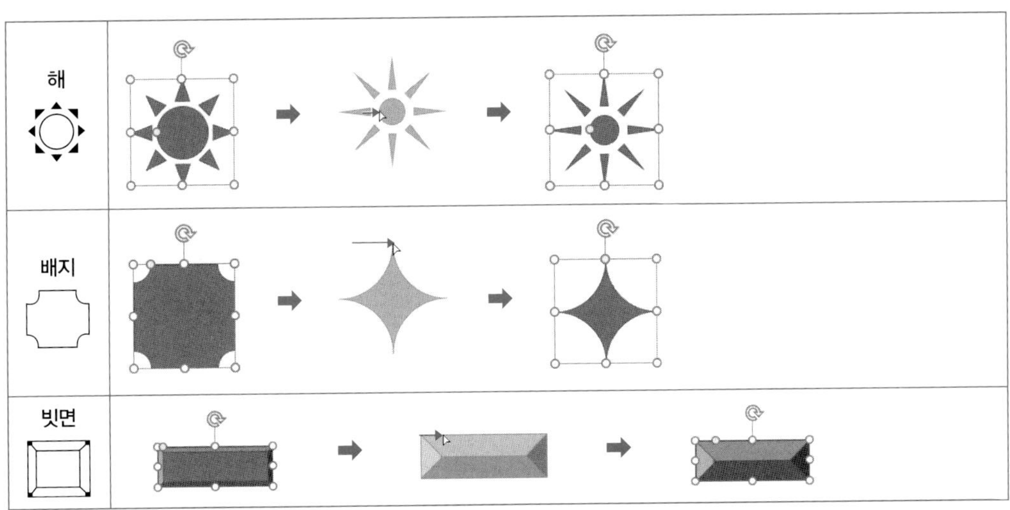
해
배지
빗면

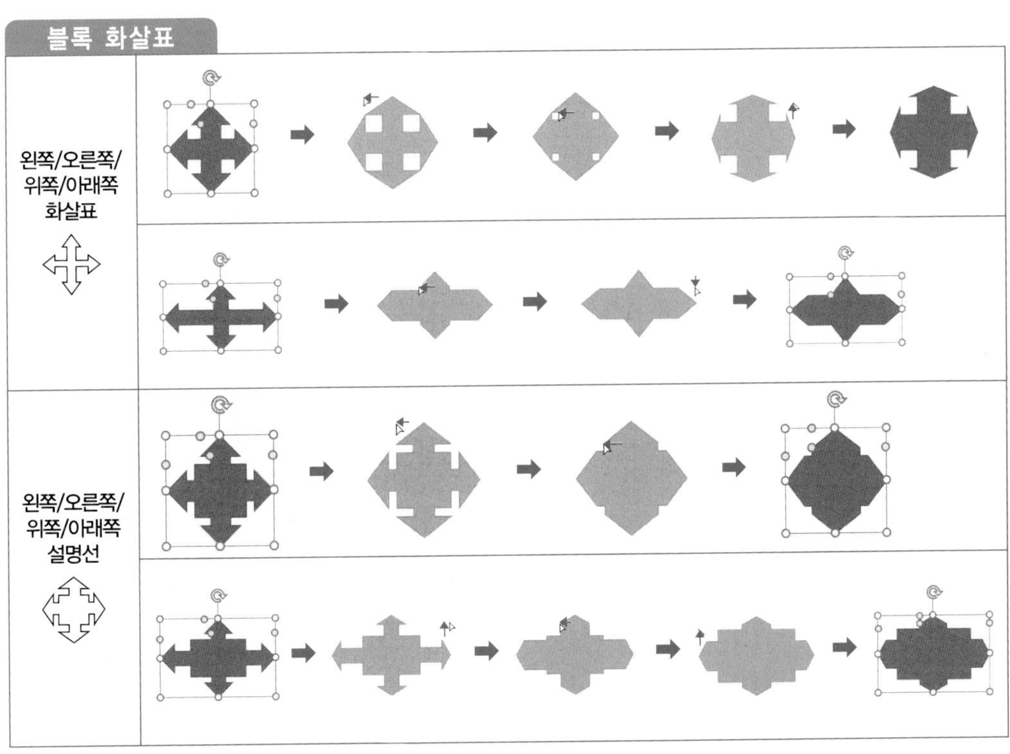
블록 화살표
왼쪽/오른쪽/
위쪽/아래쪽
화살표
왼쪽/오른쪽/
위쪽/아래쪽
설명선

# ITQ 파워포인트 시험, 이렇게 준비하세요.

| 도형 | 과정 |
| --- | --- |
| 왼쪽/오른쪽/위쪽/아래쪽 설명선 | |
| 왼쪽/오른쪽/위쪽 화살표 | 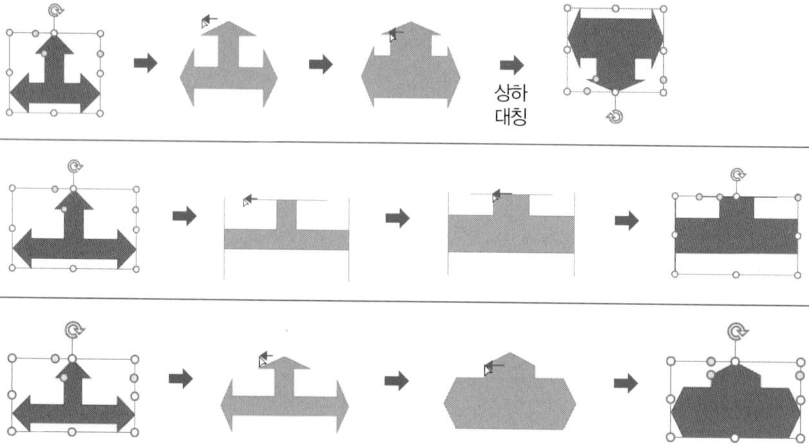 상하 대칭 |
| | |
| | |
| 왼쪽/오른쪽 화살표 설명선 | 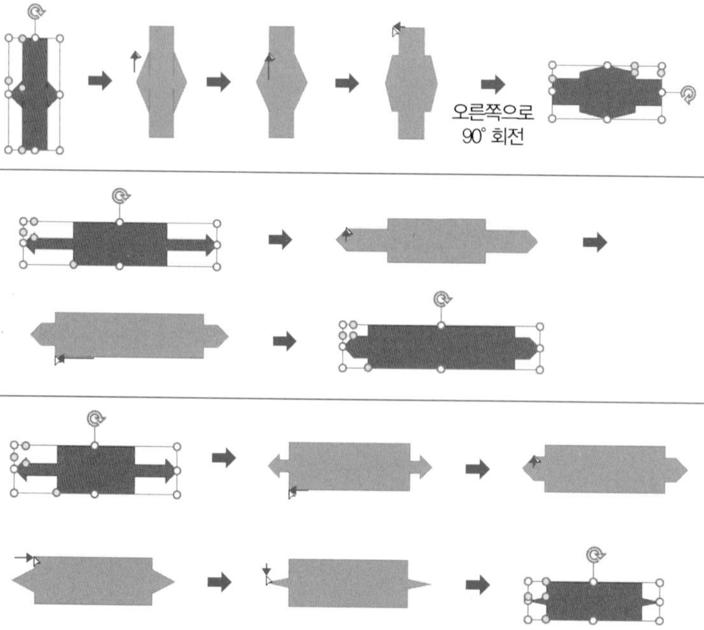 오른쪽으로 90° 회전 |
| | |
| | |

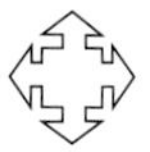

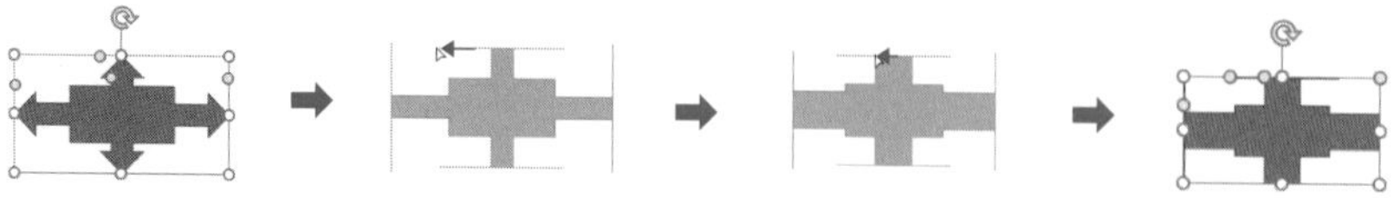

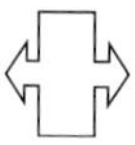

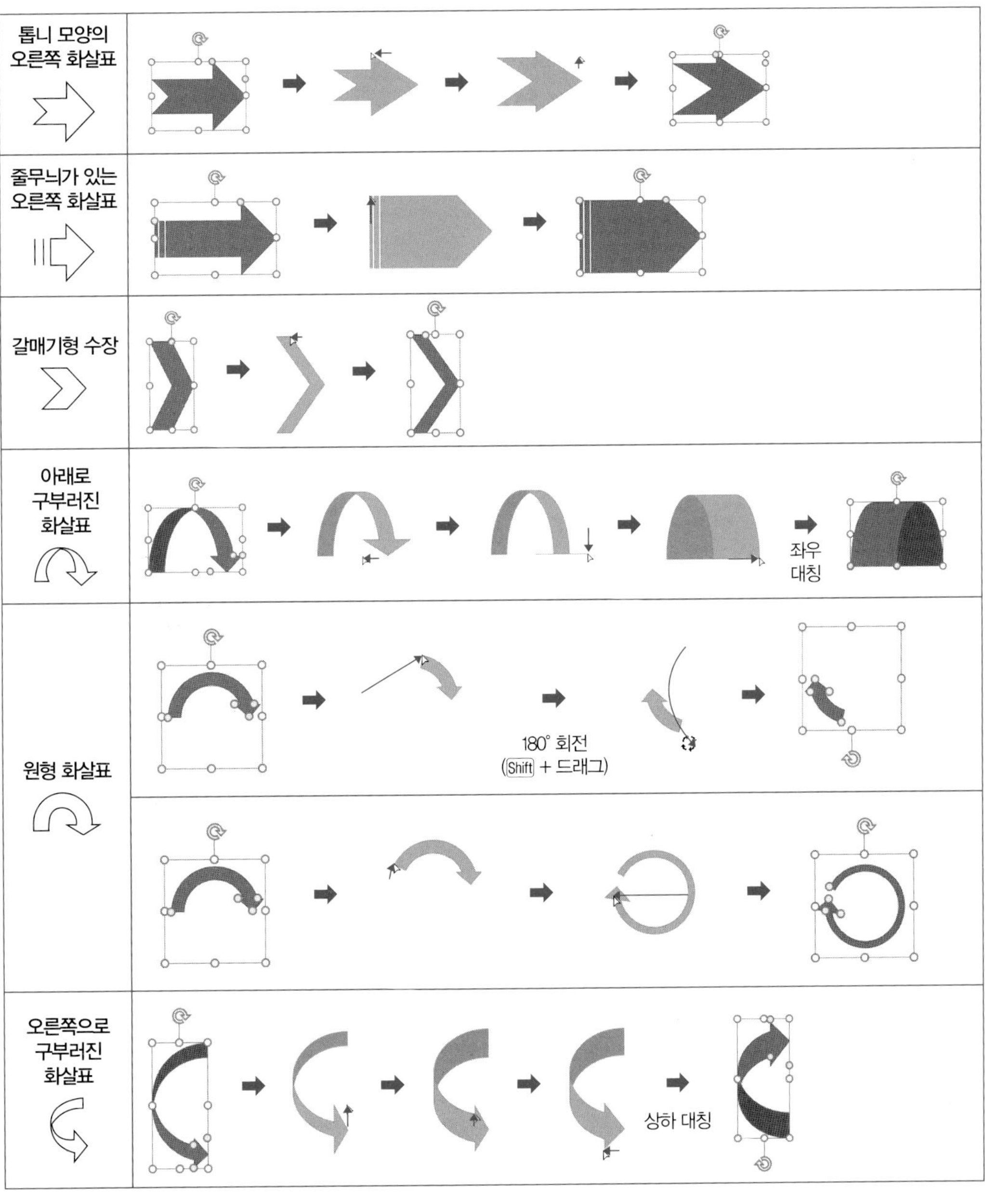
톱니 모양의 오른쪽 화살표
줄무늬가 있는 오른쪽 화살표
갈매기형 수장
아래로 구부러진 화살표
좌우 대칭
원형 화살표
180° 회전
(Shift + 드래그)
오른쪽으로 구부러진 화살표
상하 대칭

# ITQ 파워포인트 시험, 이렇게 준비하세요.

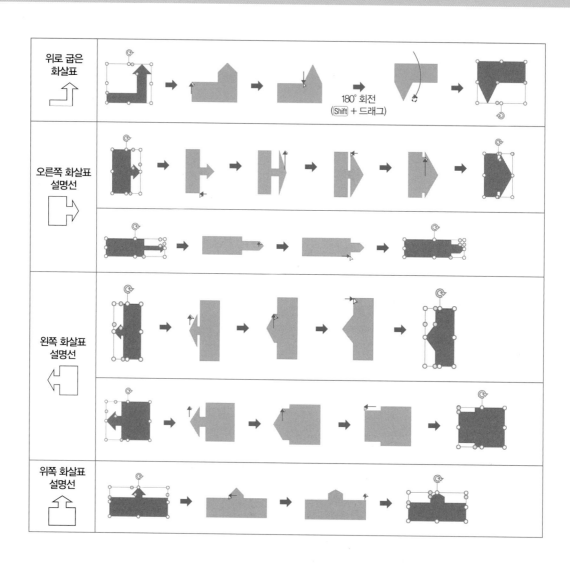

| 도형 | 편집 과정 |
|---|---|
| 위로 굽은 화살표  | 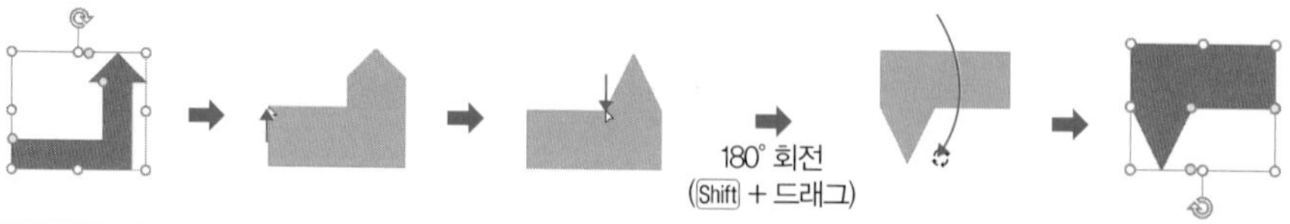 180˚ 회전 (Shift + 드래그) |
| 오른쪽 화살표 설명선 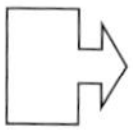 | 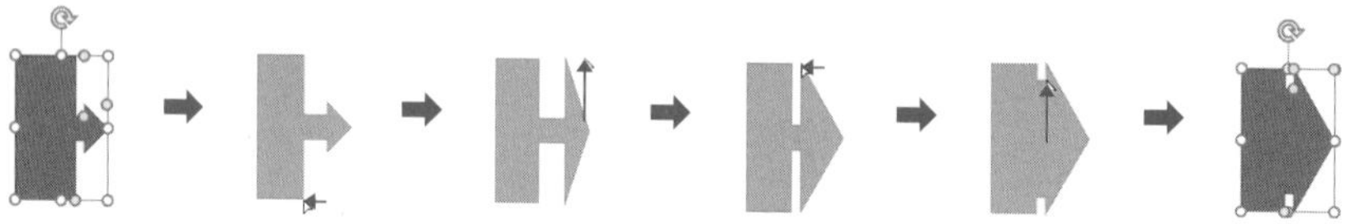 |
| | 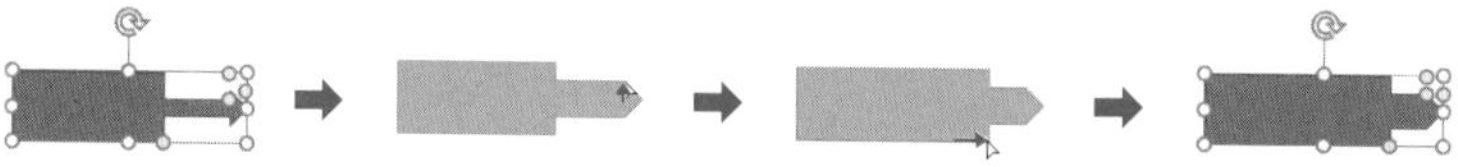 |
| 왼쪽 화살표 설명선 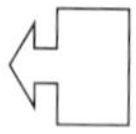 | 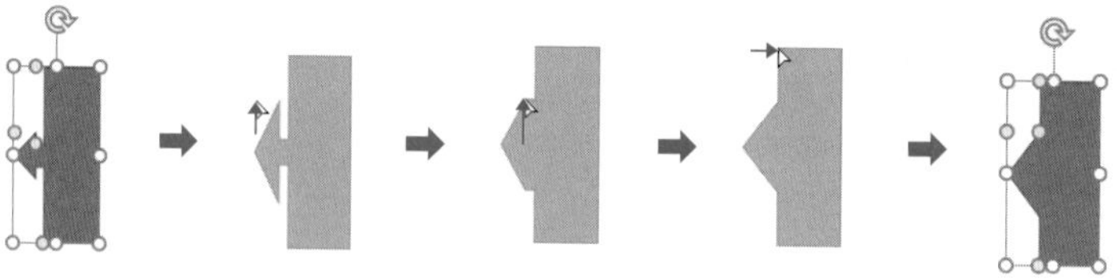 |
| | 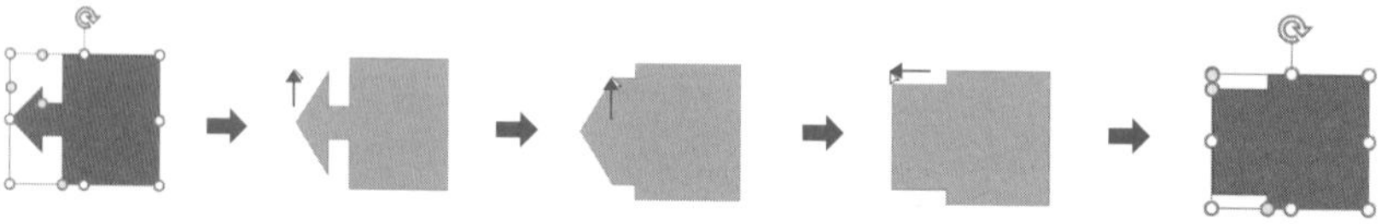 |
| 위쪽 화살표 설명선  | 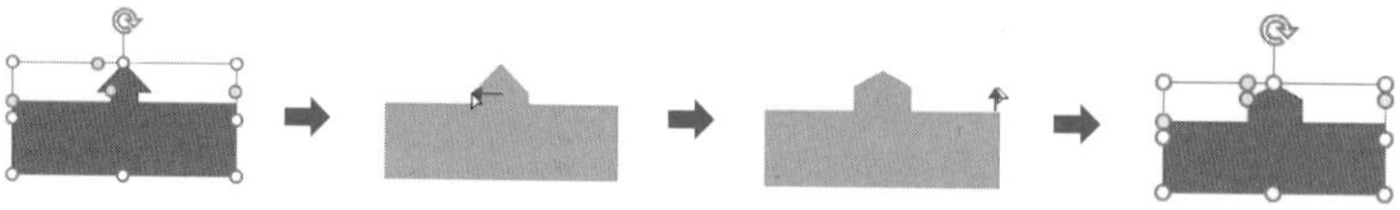 |

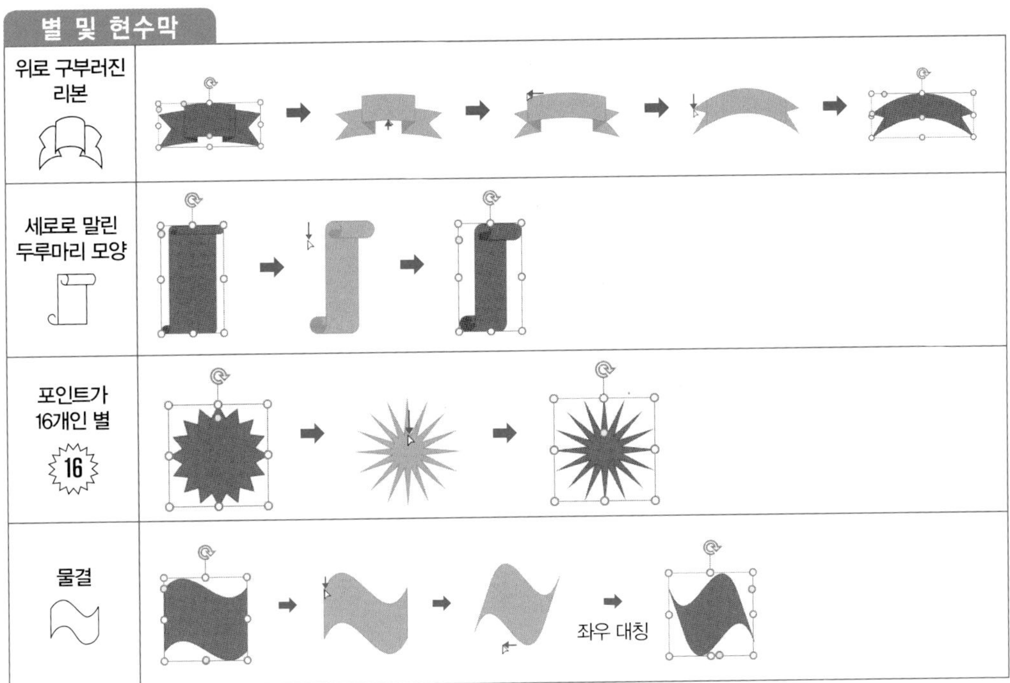
별 및 현수막
위로 구부러진 리본
세로로 말린 두루마리 모양
포인트가 16개인 별
16
물결
좌우 대칭

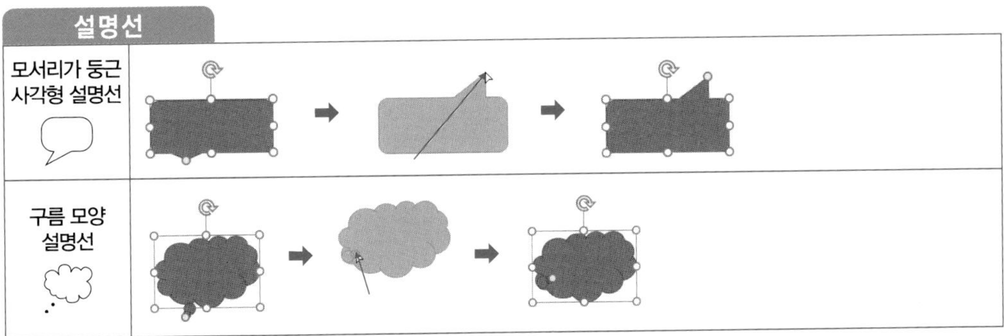
설명선
모서리가 둥근 사각형 설명선
구름 모양 설명선

# ITQ 파워포인트 시험, 이렇게 준비하세요.

## 스마트아트(SmartArt) 그래픽

스마트아트(SmartArt)는 명칭없이 그림만 제시되기 때문에 제시된 그림이 'SmartArt 그래픽 선택' 대화상자의 어느 탭에 속해 있는지를 파악하고 있어야 합니다. 시간에 쫓겨 당황하면 눈에 뻔히 보이는 것도 못 찾는 경우가 있으니까요. 별색으로 표시한 스마트아트는 시험에 자주 출제되는 모양입니다.

[목록형] 탭

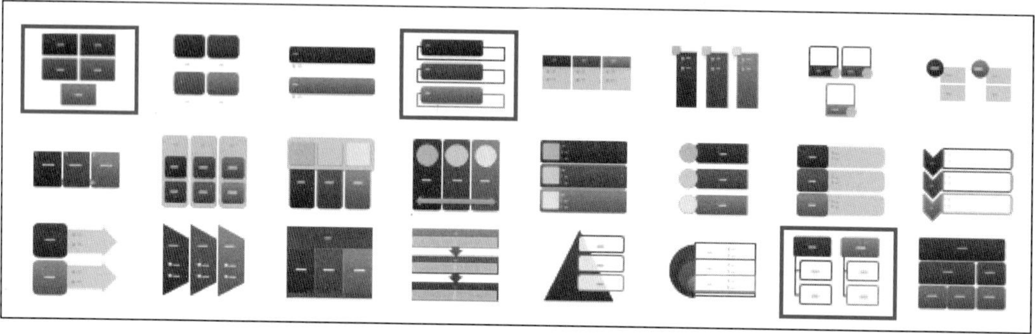

[프로세스형] 탭

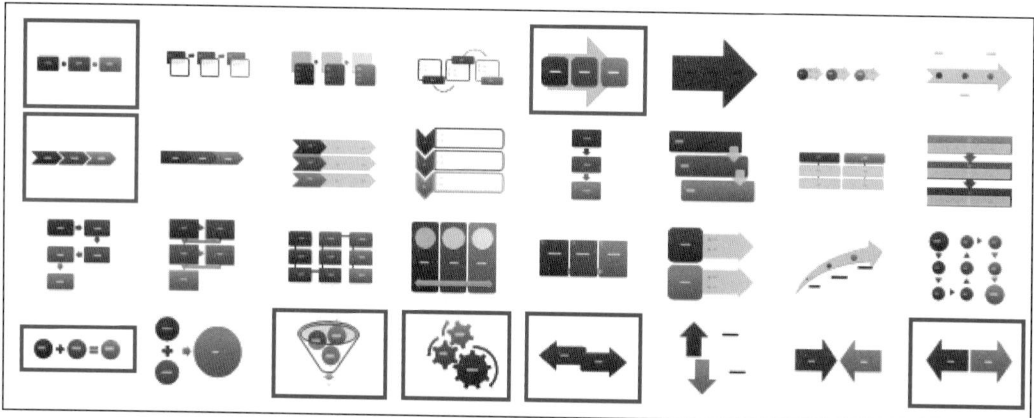

[주기형] 탭

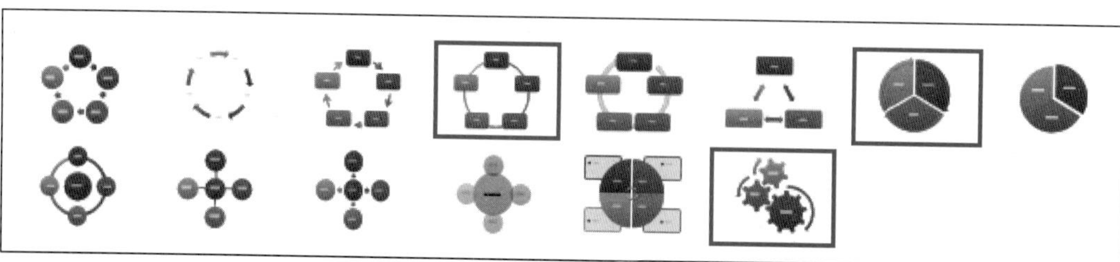

[계층 구조형] 탭

[관계형] 탭

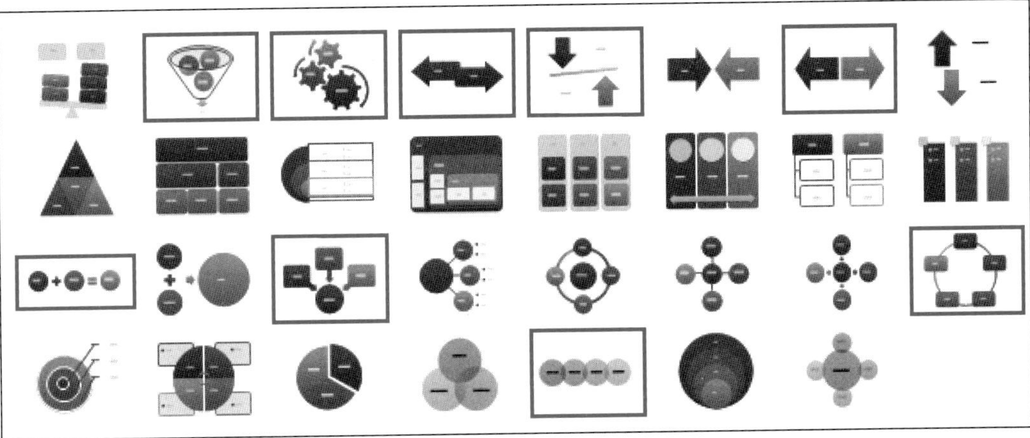

[행렬형] 탭

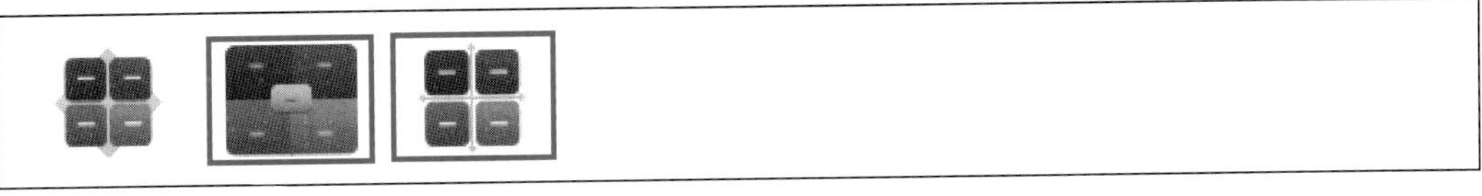

[피라미드형] 탭

m·e·m·o

# 01장

# 실제 시험장을 옮겨 놓았다!

1. 입실
2. 수험관리 프로그램 실행
3. 문제지 수령
4. 정답 파일 만들기
5. 표지 디자인 작성
6. 목차 슬라이드 작성
7. 텍스트/동영상 슬라이드 작성
8. 표 슬라이드 작성
9. 차트 슬라이드 작성
10. 도형 슬라이드 작성
11. ITQ 파워포인트 시험 마무리
12. 자동 채점 프로그램 사용하기

# 실제 시험장을 옮겨 놓았다!

시험이란 항상 긴장되고 떨리게 마련입니다. 이번 섹션에서는 수험생이 입실하여 문제를 풀고, 퇴실하기까지의 전 과정을 상세하게 다루었으니 차근차근 따라하며 시험에 대비하세요.

## 1 입실(시험 시작 20분 전)

**전문가의 조언**

입실 시간을 지키지 않을 경우 시험에 응시할 수 없으니 수험자는 반드시 입실 시간 전에 시험 장소에 도착하여 수험표 확인 및 비번호를 받으세요.

ITQ 시험은 60분 동안 치러지는데 보통 20분 전에는 시험장에 입실하여 수험생 인적사항을 확인받습니다. 수험표와 자신을 증명할 수 있는 신분증을 반드시 지참해야 합니다. 주민등록증, 학생증, 운전면허증 등이 없는 초등학생은 건강보험카드나 주민등록등본을 지참해야 합니다.

시험장에 입실하여 자신의 인적사항과 자리 번호가 표시된 컴퓨터에 앉아서 기다리면 시험 감독위원이 여러분의 인적사항을 확인합니다.

## 2 수험관리 프로그램 실행(시험 시작 5분 전)

**전문가의 조언**

지금부터 27쪽의 과정은 실제시험장에서 감독위원의 지시하에 수행해야할 과정입니다. 수험생 여러분은 28쪽부터 따라하시면 됩니다.

**1.** 감독위원의 지시에 따라 바탕 화면에 있는 'KOAS 수험자용' 아이콘을 더블클릭하여 수험관리 프로그램을 실행하세요. 화면에 '수험자 등록' 창이 표시됩니다.

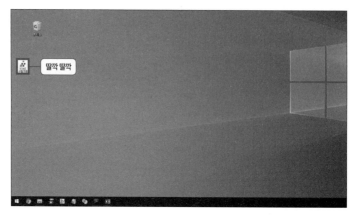

**2.** 감독위원의 지시에 따라 '수험자 등록' 창의 수험번호 난에 수험표에 표시된 자신의 수험번호를 입력한 후 〈확인〉을 클릭하세요. 입력한 수험번호가 올바르면 '수험번호 확인' 창에서 〈확인〉을 클릭하세요. 오피스 프로그램의 버전 선택 창이 표시됩니다.

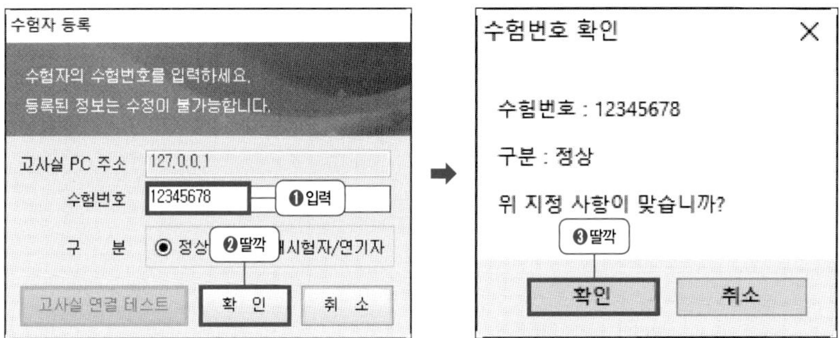


**3.** '수험자 버전 선택' 창에서 작업할 오피스 버전으로 'MS 오피스 2016'을 선택한 후 〈확인〉을 클릭하세요. 수험자 정보가 표시됩니다.

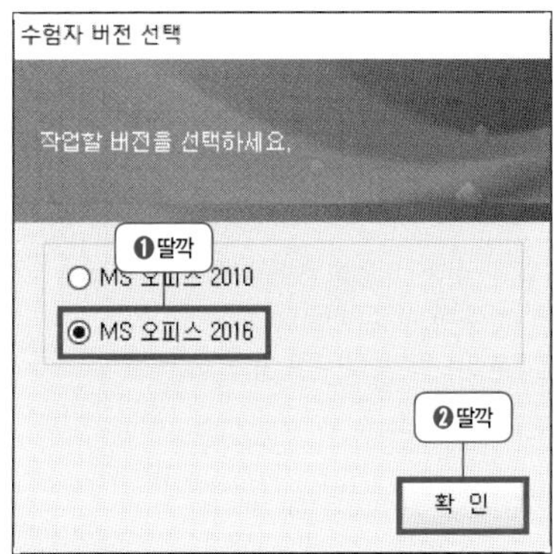


**4.** 수험자 정보에 이상이 없으면 〈확인〉을 클릭하세요.

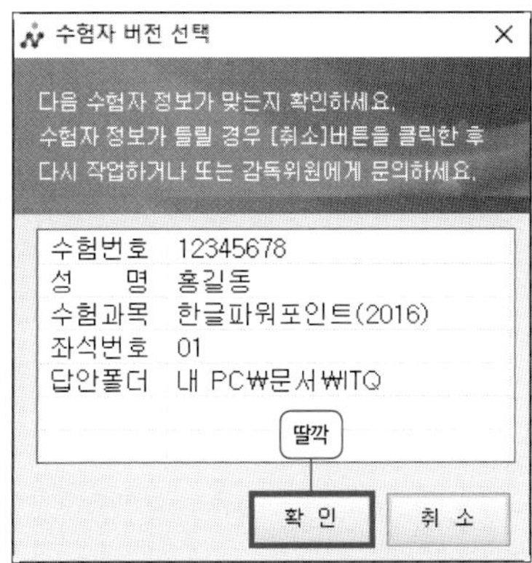


**5.** 이제 키보드나 마우스를 사용할 수 없도록 PC가 잠금 상태로 됩니다. 임의로 행동하면 실격될 수 있으니 감독위원이 PC의 잠금을 해제할 때까지 기다리면서 감독위원의 지시에 따르세요.

## 3 문제지 수령

지급받은 문제는 문제의 전체 지시사항 1면, 완성할 문서 3면 이렇게 총 4면으로 구성되어 있습니다. 확인하고 이상이 있으면 감독위원에게 문의하여 처리하세요. 다음의 문제 풀이 과정을 설명하면서 전반적인 시험 과정을 자세히 설명하겠습니다.

# 정보기술자격[ITQ] 시험

| 과 목 | 코드 | 문제유형 | 시험시간 | 수험번호 | 성 명 |
|---|---|---|---|---|---|
| 한글파워포인트 | 1142 | A | 60 분 | | |

### 〈수험자 유의사항〉

- 수험자는 문제지를 받는 즉시 문제지와 **수험표상의 시험과목(프로그램)이 동일한지 반드시 확인**하여야 합니다 .
- 파일명은 본인의 "수험번호-성명"으로 입력하여 답안폴더(내 PC\문서\ITQ)에 하나의 파일로 저장해야 하며, 답안문서 파일명이 "수험번호-성명"과 일치하지 않거나, 답안파일을 전송하지 않아 미제출로 처리될 경우 실격 처리합니다(예 : 12345678-홍길동.pptx).
- 답안 작성을 마치면 파일을 저장하고, '답안 전송' 버튼을 선택하여 감독위원 PC로 답안을 전송하십시오. 수험생 정보와 저장한 파일명이 다를 경우 전송되지 않으므로 주의하시기 바랍니다.
- 답안 작성 중에도 **주기적으로 저장하고, '답안 전송'**하여야 문제 발생을 줄일 수 있습니다. 작업한 내용을 저장하지 않고 전송할 경우 이전에 저장된 내용이 전송되오니 이점 유의하시기 바랍니다.
- 답안문서는 지정된 경로 외의 다른 보조기억장치에 저장하는 경우, 지정된 시험 시간 외에 작성된 파일을 활용할 경우, 기타 통신수단(이메일, 메신저, 네트워크 등)을 이용하여 타인에게 전달 또는 외부 반출하는 경우는 부정 처리합니다.
- 시험 중 부주의 또는 고의로 시스템을 파손한 경우는 수험자가 변상해야 하며, 〈수험자 유의사항〉에 기재된 방법대로 이행하지 않아 생기는 불이익은 수험생 당사자의 책임임을 알려 드립니다.
- 문제의 조건은 MS오피스 2016 버전으로 설정되어 있으니 유의하시기 바랍니다.
- 시험을 완료한 수험자는 답안파일이 전송되었는지 확인한 후 감독위원의 지시에 따라 문제지를 제출하고 퇴실합니다.

### 〈답안 작성요령〉

- 온라인 답안 작성 절차
  수험자 등록 ⇒ 시험 시작 ⇒ 답안파일 저장 ⇒ 답안 전송 ⇒ 시험 종료
- 슬라이드의 크기는 A4 Paper로 설정하여 작성합니다.
- 슬라이드의 총 개수는 6개로 구성되어 있으며 슬라이드 1부터 순서대로 작업하고 반드시 문제와 세부조건대로 합니다.
- 별도의 지시사항이 없는 경우 출력형태를 참조하여 글꼴색은 검정 또는 흰색으로 작성하고, 기타사항은 전체적인 균형을 고려하여 작성합니다.
- 슬라이드 도형 및 개체에 출력형태와 다른 스타일(그림자, 외곽선 등)을 적용했을 경우 감점처리됩니다.
- 슬라이드 번호를 작성합니다(슬라이드 1에는 생략).
- 2~6번 슬라이드 제목 도형과 하단 로고는 슬라이드 마스터를 이용하여 출력형태와 동일하게 작성합니다(슬라이드 1에는 생략).
- 문제와 세부조건, 세부조건 번호 ◌(점선원)는 입력하지 않습니다.
- 각 개체의 위치는 오른쪽의 슬라이드와 동일하게 구성합니다.
- 그림 삽입 문제의 경우 반드시 「내 PC\문서\ITQ\Picture」 폴더에서 정확한 파일을 선택하여 삽입하십시오.
- 각 슬라이드를 각각의 파일로 작업해서 저장할 경우 실격 처리됩니다.

**[전체구성]** **[60점]**

(1) 슬라이드 크기 및 순서 : 크기를 A4 용지로 설정하고 슬라이드 순서에 맞게 작성한다.

(2) 슬라이드 마스터 : 2~6슬라이드의 제목, 하단 로고, 슬라이드 번호는 슬라이드 마스터를 이용하여 작성한다.

- 제목 글꼴(돋움, 40pt, 흰색), 왼쪽 맞춤, 도형(선 없음)
- 하단 로고(「내 PC\문서\ITQ\Picture\로고2.jpg」, 배경(회색) 투명색으로 설정)

## 슬라이드 1 표지 디자인 (40점)

(1) 표지 디자인 : 도형, 워드아트 및 그림을 이용하여 작성한다.

**세부조건**

① 도형 편집
- 도형에 그림 채우기 「내 PC\문서\ITQ\Picture\그림3.jpg」, 투명도 50%
- 도형 효과 : 부드러운 가장자리 5포인트

② 워드아트 삽입
- 변환 : 역갈매기형 수장
- 글꼴 : 돋움, 굵게
- 텍스트 반사 : 근접 반사, 4 pt 오프셋

③ 그림 삽입
- 「내 PC\문서\ITQ\Picture\로고1.jpg」
- 배경(회색) 투명색으로 설정

## 슬라이드 2 목차 슬라이드 (60점)

(1) 출력형태와 같이 도형을 이용하여 목차를 작성한다(글꼴 : 굴림, 24pt).

(2) 도형 : 선 없음

**세부조건**

① 텍스트에 하이퍼링크 적용 → '슬라이드 5'

② 그림 삽입
- 「내 PC\문서\ITQ\Picture\그림4.jpg」
- 자르기 기능 이용

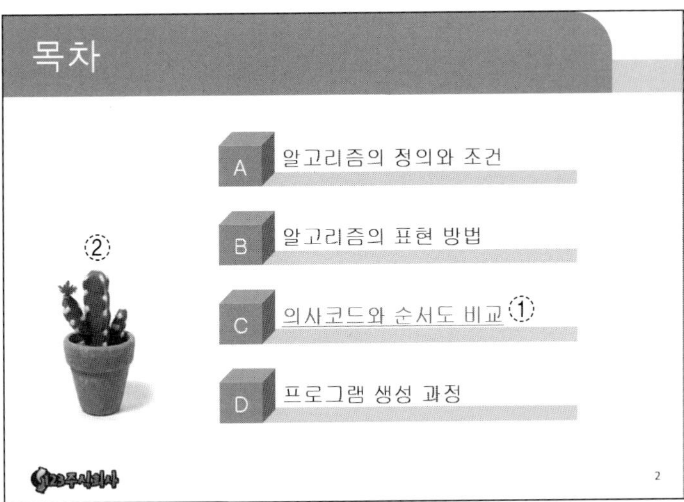

## 슬라이드 3 텍스트/동영상 슬라이드

730003 (60점)

(1) 텍스트 작성 : 글머리 기호 사용 ( ❖, ■ )

❖ 문단(굴림, 24pt, 굵게, 줄 간격 : 1.5줄), ■ 문단(굴림, 20pt, 줄 간격 : 1.5줄)

**세부조건**

① 동영상 삽입 :
- 「내 PC\문서\ITQ\Picture\동영상.wmv」
- 자동 실행, 반복 재생 설정

A. 알고리즘의 정의와 조건

❖Conditions of Algorithm

- Once the correct data is entered, the results shall be printed
- Each step should be clearly represented and be expressed in a simple and concise manner

❖알고리즘의 정의

- 알고리즘이란 제한적인 횟수나 시간 내에 계산, 데이터 처리 등 어떤 문제를 해결하는 논리적인 방법이다.

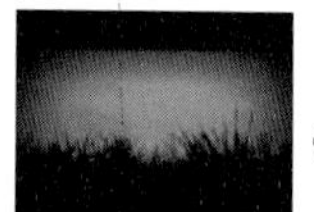

①

3

## 슬라이드 4 표 슬라이드

730004 (80점)

(1) 도형과 표 작성 기능을 이용하여 슬라이드를 작성한다(글꼴 : 돋움, 18pt).

**세부조건**

① 상단 도형 :
2개 도형의 조합으로 작성

② 좌측 도형 :
그라데이션 효과(선형 아래쪽)

③ 표 스타일 :
테마 스타일 1 – 강조 1

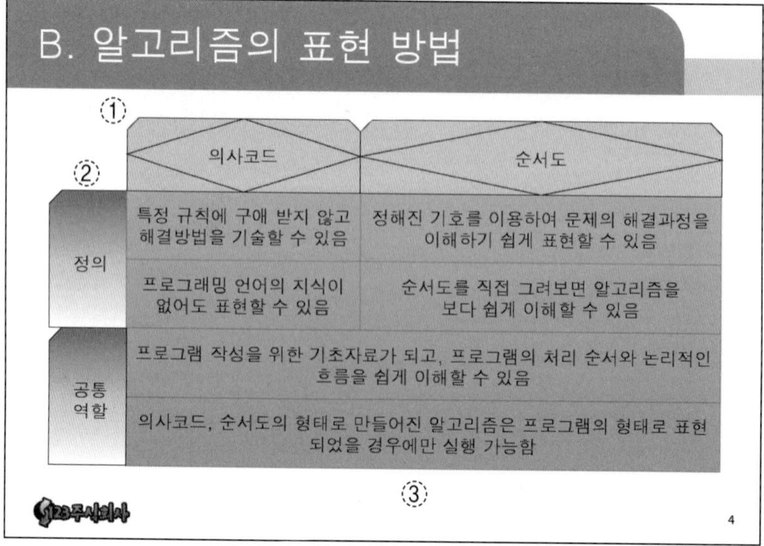


| | 의사코드 | 순서도 |
|---|---|---|
| 정의 | 특정 규칙에 구애 받지 않고 해결방법을 기술할 수 있음 | 정해진 기호를 이용하여 문제의 해결과정을 이해하기 쉽게 표현할 수 있음 |
| | 프로그래밍 언어의 지식이 없어도 표현할 수 있음 | 순서도를 직접 그려보면 알고리즘을 보다 쉽게 이해할 수 있음 |
| 공통 역할 | 프로그램 작성을 위한 기초자료가 되고, 프로그램의 처리 순서와 논리적인 흐름을 쉽게 이해할 수 있음 | |
| | 의사코드, 순서도의 형태로 만들어진 알고리즘은 프로그램의 형태로 표현되었을 경우에만 실행 가능함 | |

## 슬라이드 5 차트 슬라이드 (100점)

(1) 차트 작성 기능을 이용하여 슬라이드를 작성한다.
(2) 차트 : 종류(묶은 세로 막대형), 글꼴(돋움, 16pt), 외곽선

**세부조건**

※ 차트 설명
- 차트 제목 : 궁서, 24pt, 굵게, 채우기(흰색), 테두리, 그림자(오프셋 오른쪽)
- 차트 영역 : 채우기(노랑)
  그림 영역 : 채우기(흰색)
- 데이터 서식 : 순서도사용 계열을 표식이 있는 꺾은선형으로 변경 후 보조 축으로 지정
- 값 표시 : 계열화논리의 순서도사용 계열만

① 도형 삽입
- 스타일 :
  미세 효과 – 파랑, 강조 1
- 글꼴 : 굴림, 18pt

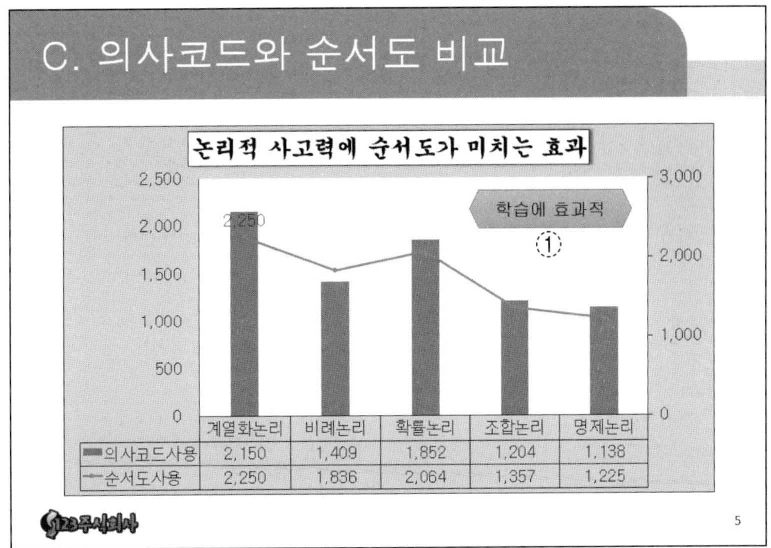


| | 계열화논리 | 비례논리 | 확률논리 | 조합논리 | 명제논리 |
|---|---|---|---|---|---|
| 의사코드사용 | 2,150 | 1,409 | 1,852 | 1,204 | 1,138 |
| 순서도사용 | 2,250 | 1,836 | 2,064 | 1,357 | 1,225 |

## 슬라이드 6 도형 슬라이드 (100점)

(1) 슬라이드와 같이 도형 및 스마트아트를 배치한다(글꼴 : 굴림, 18pt).
(2) 애니메이션 순서 : ① → ②

**세부조건**

① 도형 및 스마트아트 편집
- 스마트아트 디자인 :
  3차원 광택 처리, 3차원 만화
- 그룹화 후 애니메이션 효과 :
  날아오기(왼쪽에서)

② 도형 편집
- 그룹화 후 애니메이션 효과 :
  블라인드(세로)

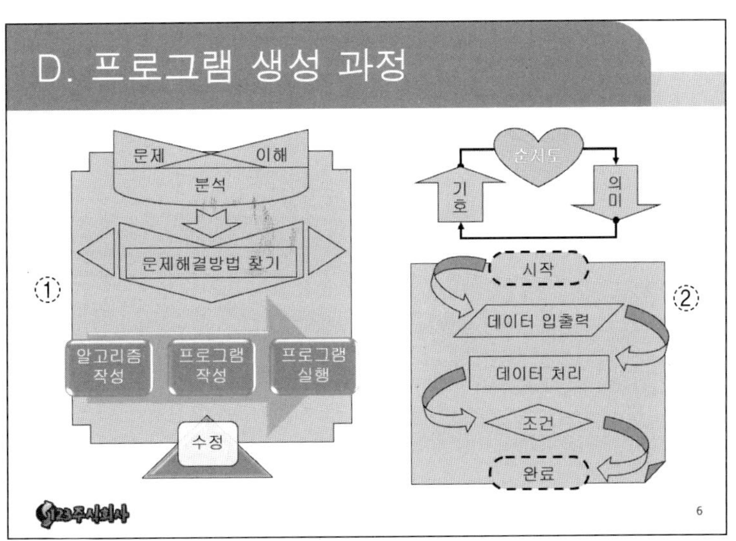

## 4 정답 파일 만들기(시험 시작)

**1.** 감독위원이 시험 시작을 알리면 시험 관리 도구가 화면 오른쪽 상단에 표시됩니다.

### 시험 관리 도구

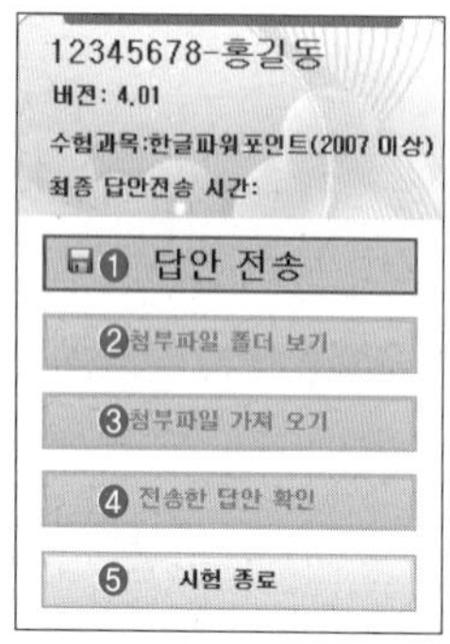


❶ **답안 전송** : 작성된 답안 파일을 감독위원 PC로 전송합니다.

❷ **첨부파일 폴더 보기** : 문제에 사용할 그림 파일이 있는 폴더를 표시합니다.

❸ **첨부파일 가져 오기** : 시험에 사용할 그림 파일을 감독위원 PC로부터 가져옵니다.

❹ **전송한 답안 확인** : 감독위원 PC로 전송한 답안 파일을 가져옵니다(답안 파일의 이상 유무를 확인하거나, 다른 컴퓨터로 자리를 옮겨 작업할 때 그때까지 작업한 파일을 다시 가져오기 위해 사용합니다.).

❺ **시험 종료** : 화면에 시험 종료 메시지가 표시되고 수험자 PC는 잠금 상태가 됩니다.

**2.** [시작(⊞)] → PowerPoint 2016을 선택하여 파워포인트 프로그램을 실행한 후 시작 화면에서 '새 프레젠테이션'을 클릭하세요.

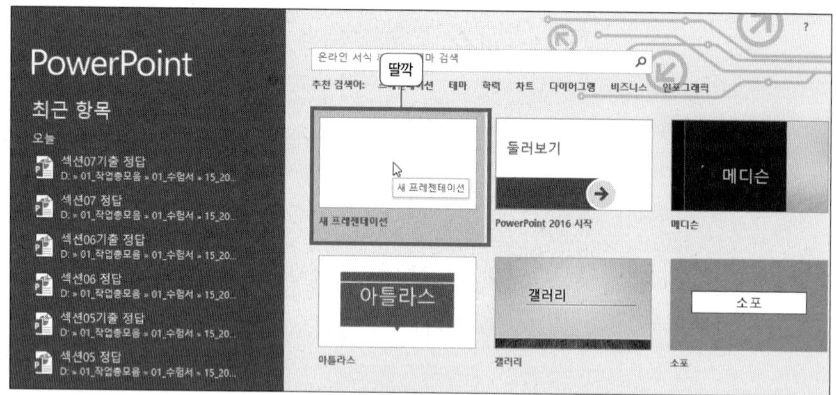


**3.** 파워포인트 프로그램이 실행되면 가장 먼저 해야할 일은 저장입니다. 빠른 실행 도구 모음에서 '저장(💾)'을 클릭하면 '다른 이름으로 저장' 창이 표시됩니다. 이어서 오른쪽 하단의 〈찾아보기〉를 클릭하세요.

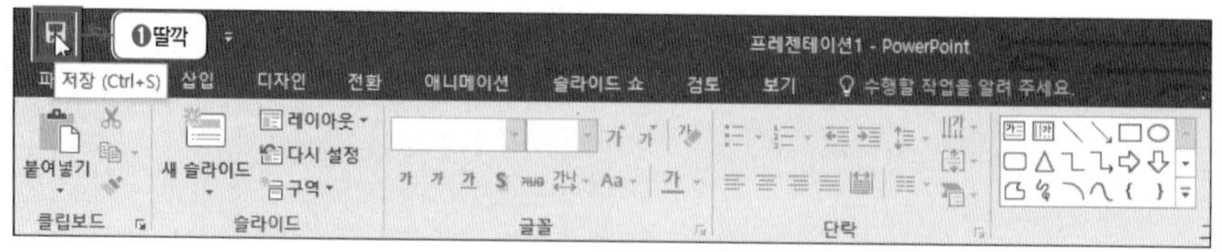


⬇

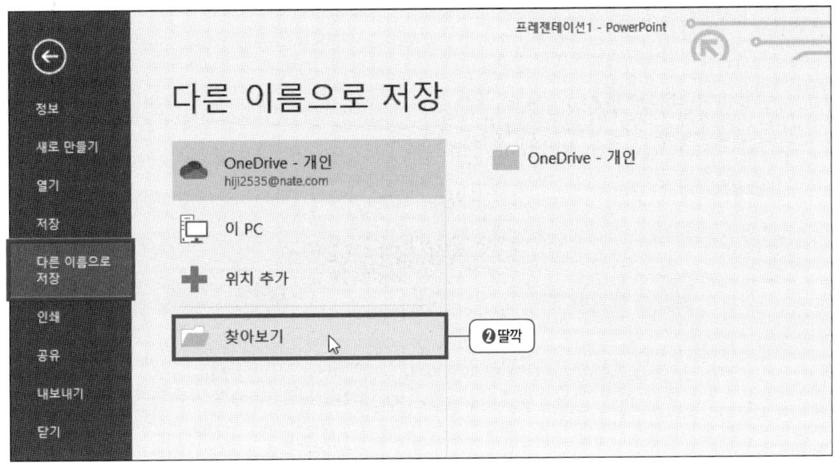


4. 실제 시험에서는 감독위원의 지시에 따라 저장 위치를 선택하고 파일 이름을 '수험번호-성명'으로 입력해야 합니다. 여기서는 저장 위치를 'C:\길벗ITQ마스터(2016)\ITQ파포\시험장따라하기' 폴더로, 파일 이름을 '12345678-홍길동'으로 지정하겠습니다. 파일 이름을 입력한 후 〈저장〉을 클릭하세요.

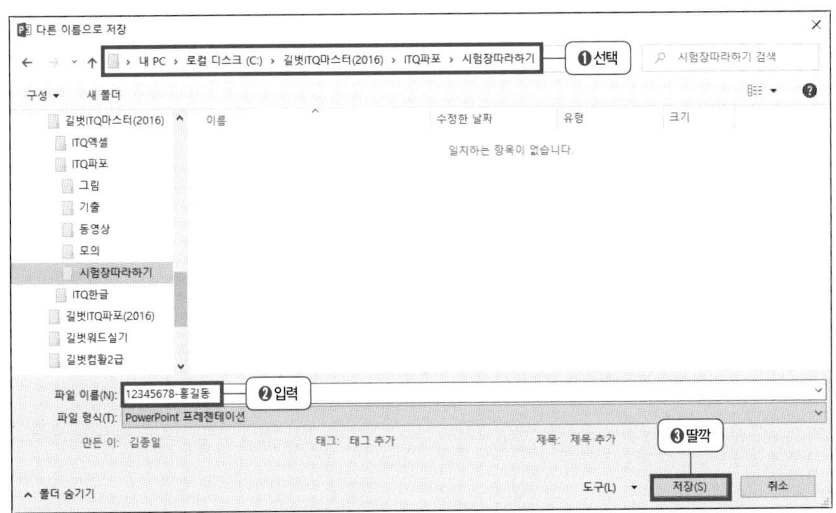


5. 제목 표시줄에 표시된 파일명이 맞는지 확인하세요.

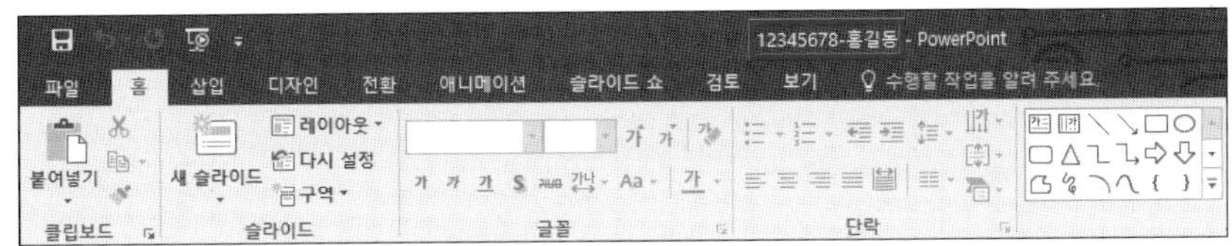


**전문가의 조언**

- 실제 시험장에서는 '내 PC\문서\ITQ' 폴더에 저장해야 합니다. 파워포인트의 기본 파일 확장자는 'pptx'이므로 파일명이 '12345678-홍길동'이면 **12345678-홍길동**만 입력하면 자동으로 pptx가 붙어 저장됩니다.
- 답안 파일명을 등록한 이후에는 틈틈이 빠른 실행 도구 모음의 '저장()'을 클릭하여 저장하세요. 시험 도중 정전이나 기타의 이유로 컴퓨터가 다운될 경우, 저장하지 않아서 잃어버린 내용을 복구하는 시간은 주어지지 않습니다.

궁금해요

**시나공 Q&A 베스트**

**Q 답안 파일의 이름은 수검자가 마음대로 지정하면 되나요?**

**A** 파일 이름은 '수험자 유의사항'에 제시된 것처럼 반드시 '수험번호-성명'으로 지정해야 합니다. 파일 이름을 기준으로 자동 채점이 수행되기 때문에 파일 이름을 잘못 지정하면 채점이 불가능하므로 실격 처리됩니다.

## 5 슬라이드 1 – 표지 디자인 작성

# 01. 페이지 설정하기

1. 슬라이드의 크기와 방향을 지정하기 위해 [디자인] → 사용자 지정 → 슬라이드 크기 → **사용자 지정 슬라이드 크기**를 선택합니다.

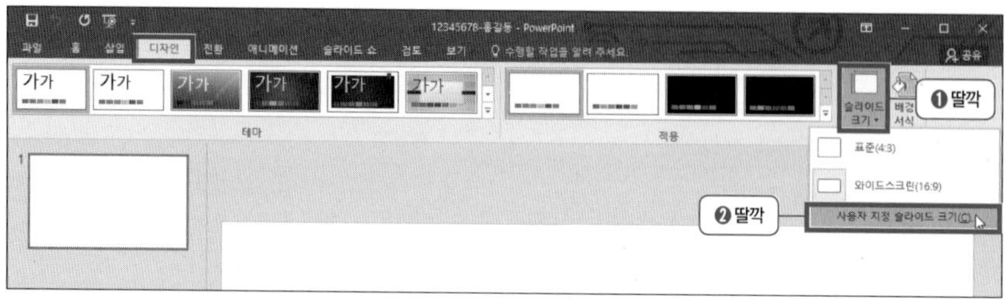


2. '슬라이드 크기' 대화상자에서 슬라이드 크기를 'A4 용지', 방향을 '가로'로 지정한 후 〈확인〉을 클릭하세요.

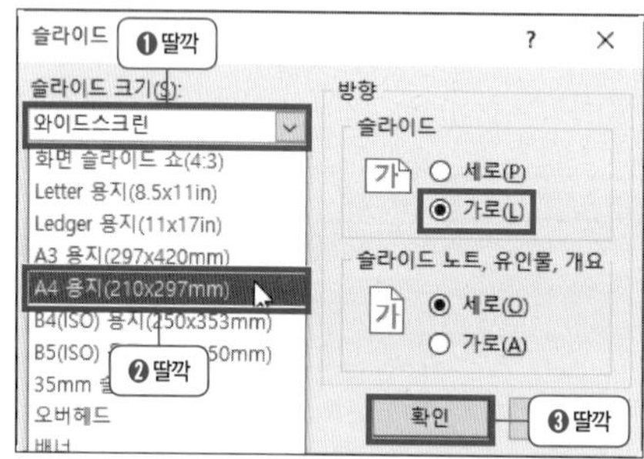


3. 슬라이드의 크기를 조정하는 대화상자에서 〈맞춤 확인〉을 클릭하세요.

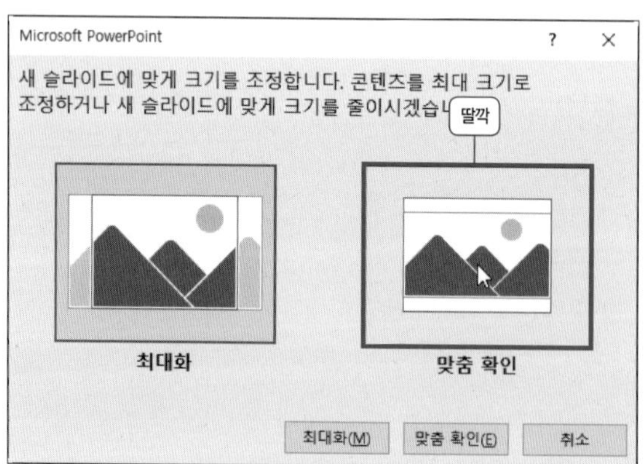

**전문가의 조언**

'표지 디자인'은 도형 편집과 워드아트를 이용하여 표지 디자인 작성 능력을 평가하는 부분으로 총 40점이 배정되어 있습니다. 도형을 삽입한 후 도형에 그림을 채우고 도형 효과를 지정합니다. 그리고 워드아트를 이용하여 제목을 삽입하면 됩니다.

**전문가의 조언**

슬라이드 방향은 기본값이 '가로'입니다. 슬라이드 방향이 '가로'로 지정되어 있는지만 확인하세요.

**Q '슬라이드 크기' 대화상자에서 슬라이드의 크기를 잘못 지정하면 슬라이드 개수만큼 감점인가요?**

**A** 아닙니다. 슬라이드 크기는 전체구성 조건에 해당하므로 한 번만 감점됩니다.

**전문가의 조언**

ITQ 파워포인트에서 슬라이드 크기는 새 슬라이드 크기에 맞게 지정해야 하므로 〈맞춤 확인〉을 클릭하면 됩니다.

## 02. 도형 작성하기

1. 화면에 표시된 '제목을 입력하십시오' 텍스트 상자와 '부제목을 입력하십시오' 텍스트 상자가 모두 포함되도록 마우스로 드래그하여 선택한 후 Delete를 눌러 삭제하세요.

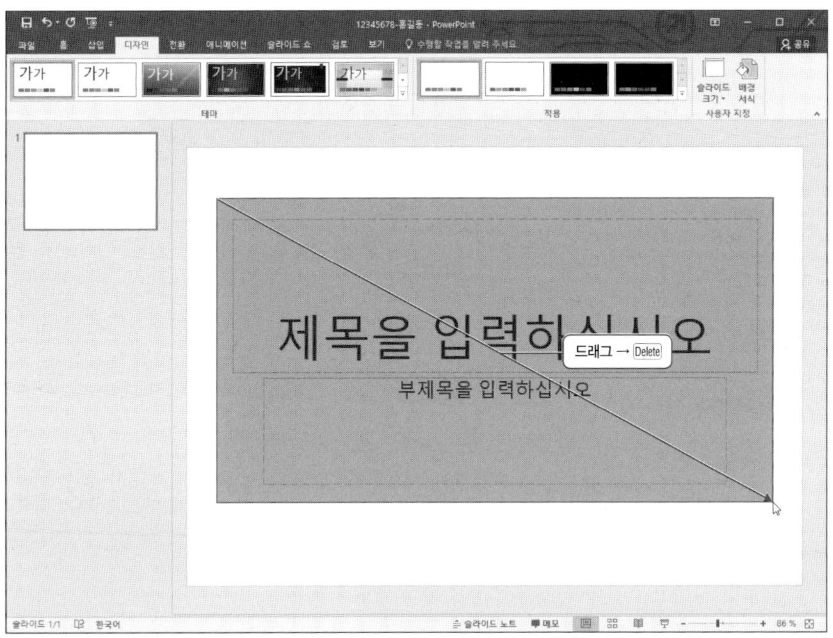

**전문가의 조언**

슬라이드의 바로 가기 메뉴에서 [레이아웃] → **빈 화면**을 선택해도 됩니다.

2. 파워포인트 화면의 왼쪽에 표시되어 있는 '슬라이드 축소판 그림' 창은 슬라이드를 작성하는 동안 사용하지 않습니다. '슬라이드 축소판 그림' 창과 '슬라이드' 창 사이의 경계선을 왼쪽으로 드래그 하여 '슬라이드 축소판 그림' 창을 숨깁니다.

3. 먼저 도형을 삽입한 다음 그림을 채우고 도형 효과를 지정하면 됩니다. [삽입] → 일러스트레이션 → 도형 → 사각형 → **직사각형(□)**을 선택하세요.

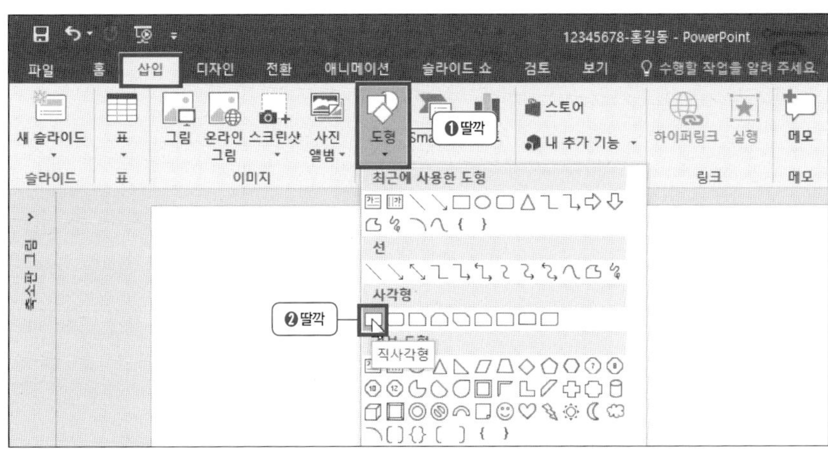

시나공 Q&A 베스트

**Q 도형의 색과 선에 대한 세부조건이 없는데 어떻게 처리하나요?**

**A** 세부조건이 없는 경우 대부분 채점과 무관합니다. 도형의 채우기 색, 선 색, 선 두께(굵기) 등도 채점과 무관하므로 파워포인트 2016에서 제공되는 기본값을 그대로 사용하면 됩니다. 단, 파선, 윤곽선 없음 등 선 스타일은 문제지의 그림과 동일하게 지정해야 합니다.

**적당한 크기란?**

ITQ 파워포인트 문제에서는 도형의 크기에 대한 명확한 지시사항이 없습니다. 문제에 제시된 그림을 보고 전체적인 비율을 생각하여 적당한 크기로 작성하면 됩니다.

**4.** 마우스 포인터의 모양이 '+'로 바뀝니다. 도형이 삽입될 위치에 적당한 크기*로 드래그하여 도형을 삽입하세요.

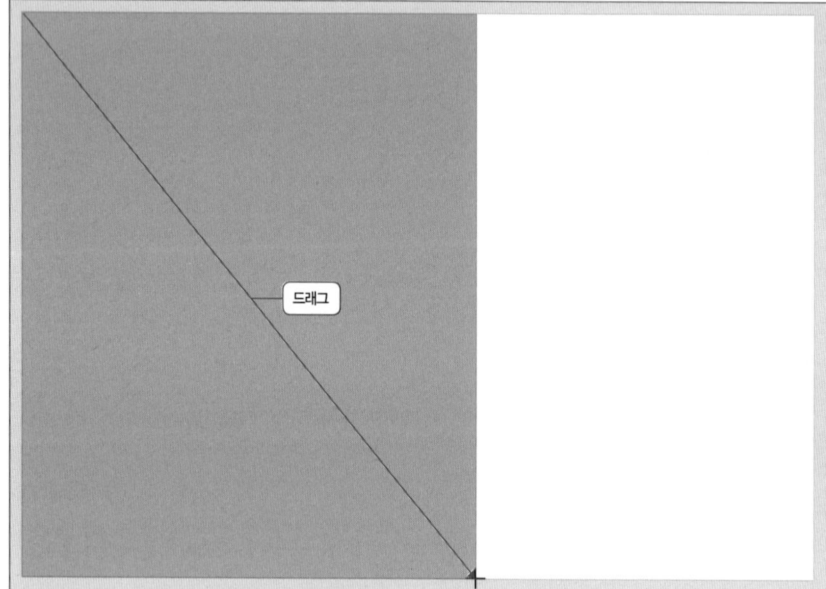

시나공 Q&A 베스트

**Q 문제지에 제시된 도형이나 그림, 동영상의 크기 및 모양은 정확히 일치하도록 만들어야 하나요?**

**A** 정확히 일치하게 만들면 좋지만 정해진 기준없이 눈으로만 비교 · 판단하여 100% 동일하게 만들기는 사실상 불가능합니다. 그러므로 문제지의 그림과 비교하여 균형이 어긋나지 않는 범위 내에서 최대한 비슷하게 만들면 됩니다. 단, 여러 도형이 겹쳐있는 경우 반드시 문제지와 동일한 순서대로 배치해야 합니다.

5. 도형에 그림을 채워야 합니다. 도형을 마우스 오른쪽 버튼으로 클릭한 후 바로 가기 메뉴에서 **[도형 서식]**을 선택하세요. '도형 서식' 창이 표시됩니다.

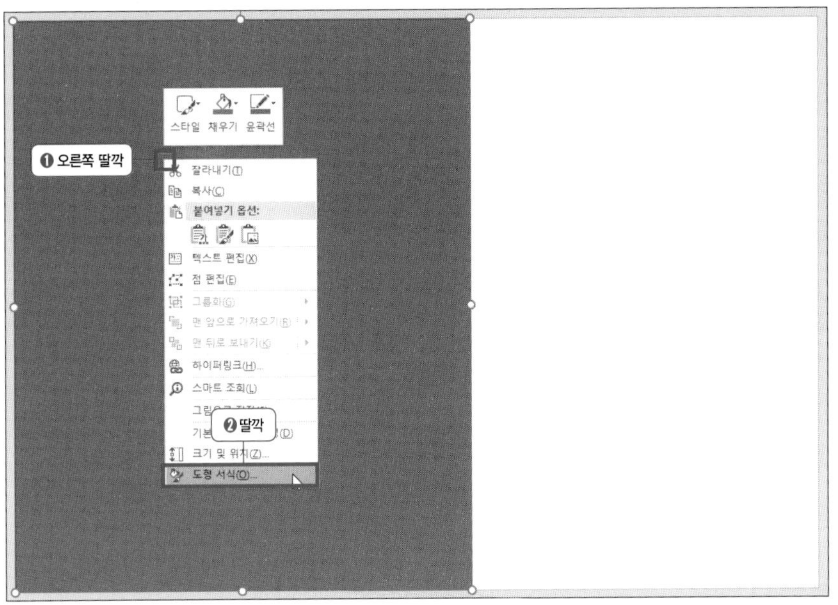


6. '도형 서식' 창에서 '그림 또는 질감 채우기'를 선택하면 창의 명칭이 '그림 서식'으로 변경됩니다. '그림 서식' 창에서 [도형 옵션] → (채우기 및 선) → 채우기 → 그림 또는 질감 채우기 → **〈파일〉**을 클릭하세요. '그림 삽입' 대화상자가 실행됩니다.

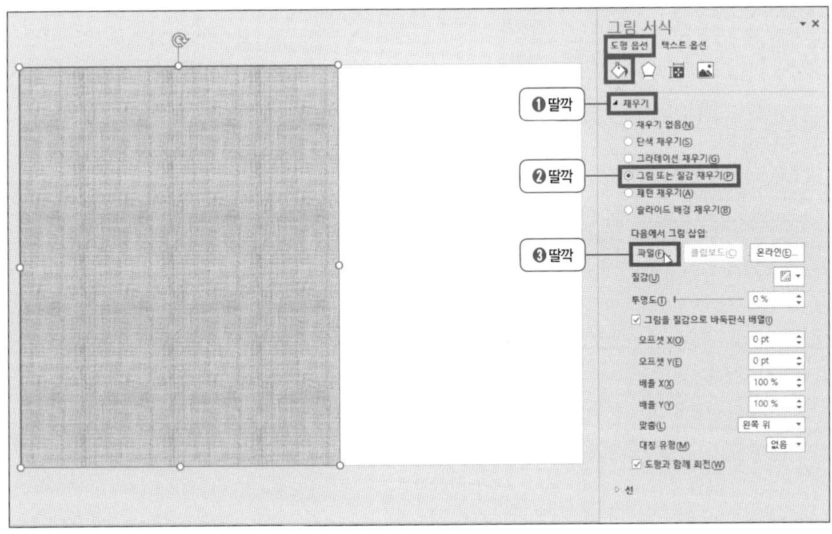

**전문가의 조언**

도형을 선택한 후 [그리기 도구] → 서식 → 도형 스타일 → 도형 채우기 → **그림**을 선택하거나 도형을 마우스 오른쪽 버튼으로 클릭한 후 미니 도구 모음에서 [채우기] → **그림**을 선택해도 도형에 그림을 채울 수 있습니다.

**전문가의 조언**

실제 시험에서는 불러올 그림 파일이 '내 PC\문서\ITQ\Picture' 폴더에 들어 있습니다.

**7.** '그림 삽입' 대화상자에서 찾는 위치를 'C:\길벗ITQ마스터(2016)\ITQ파포\그림'으로 지정하고 '그림3'을 선택한 후 〈삽입〉을 클릭하세요.

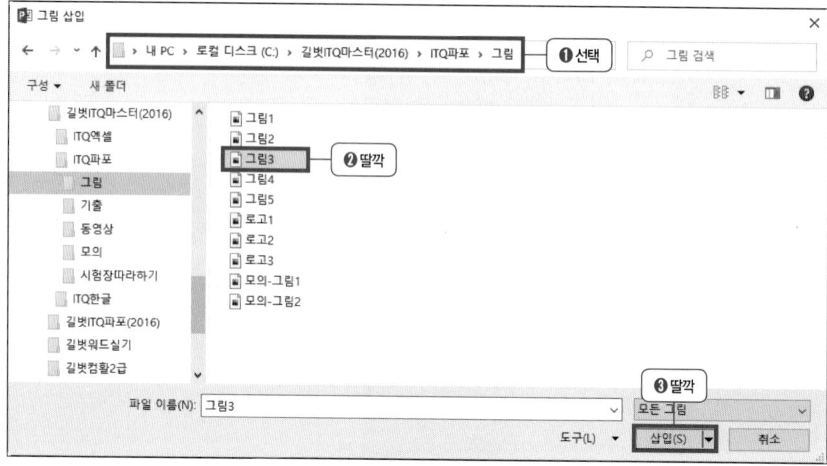


**8.** 투명도와 도형 효과를 지정해야 합니다. 먼저 '그림 서식' 창에서 '투명도'를 50%로 지정하세요.

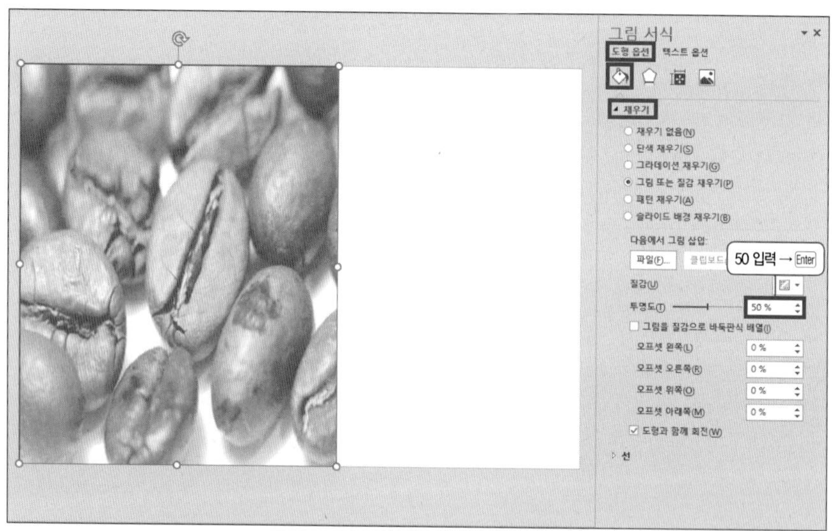

9. 이어서 '그림 서식' 창에서 [도형 옵션] → (효과) → 부드러운 가장자리 → (미리 설정) → 5 **포인트**를 선택한 후 '닫기(✕)'를 클릭하세요.

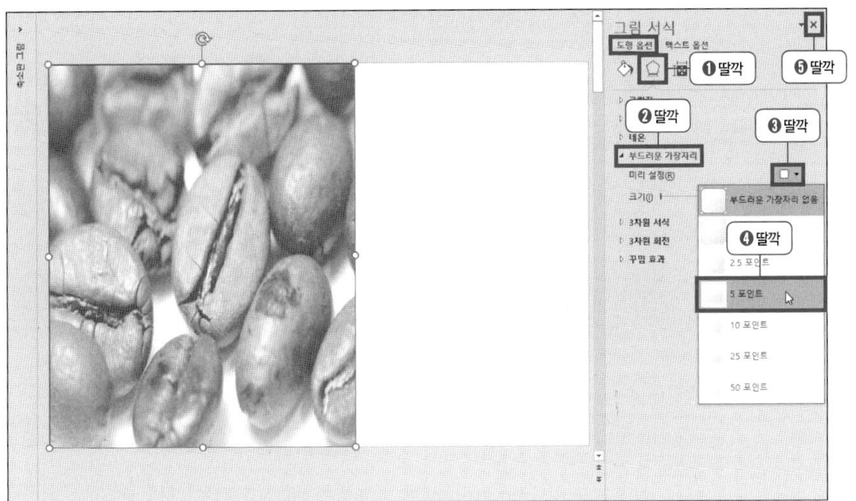

**전문가의 조언**

도형을 선택한 후 [그리기 도구] → 서식 → 도형 스타일 → 도형 효과 → 부드러운 가장자리 → 5 포인트를 선택해도 됩니다.

## 03. 워드아트 작성하기

1. 워드아트를 작성하기 위해 [삽입] → 텍스트 → WordArt → **채우기 – 검정, 텍스트 1, 그림자**를 선택합니다.

**전문가의 조언**

- 문제의 지시사항에 워드아트 스타일에 대한 내용이 없으므로 아무거나 선택하면 됩니다.
- ITQ 파워포인트 시험에 출제되는 워드아트는 '채우기 – 검정, 텍스트 1, 그림자'를 선택해서 모두 만들 수 있습니다.

궁금해요

### 시나공 Q&A 베스트

**Q 워드아트의 세부조건에 '글꼴 색'에 대한 내용이 없는데 왜 '검정, 텍스트 1'로 지정하나요?**

**A** 워드아트의 세부조건에 '글꼴 색'에 대한 내용은 없지만 문제에 제시된 [출력형태]와 동일하게 글꼴 색을 지정해 주어야 합니다. [출력형태]의 글꼴 색이 검정색 계통이므로 '검정, 텍스트 1'을 지정하면 됩니다. 그래서 '채우기 – 검정, 텍스트 1, 그림자'를 선택하여 워드아트를 삽입한 것입니다.

2. 워드아트 텍스트 입력상자에 About Solving The Problem을 입력하세요.

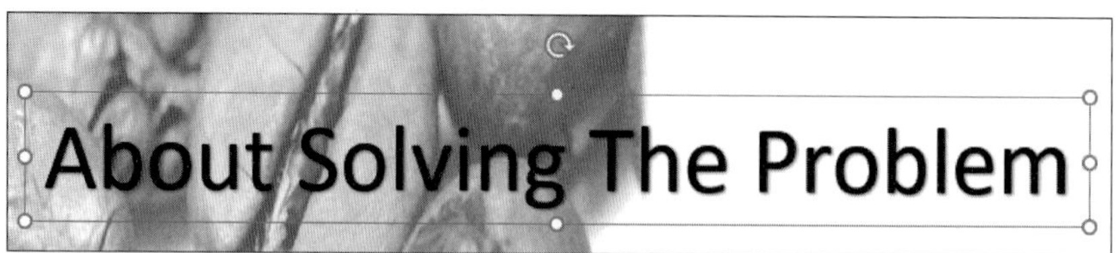


3. 글꼴 서식을 지정해야 합니다. 워드아트의 외곽선을 클릭한 후 [홈] → **글꼴**에서 글꼴 '돋움', '굵게(가)'를 지정하고 '텍스트 그림자(S)'를 클릭하여 그림자를 해제하세요.

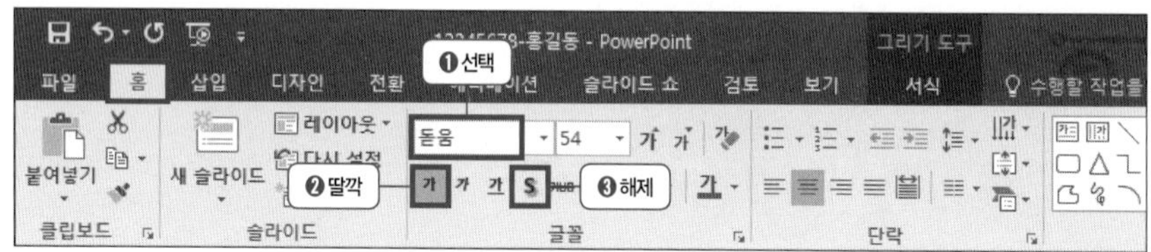


4. 화면에 표시된 워드아트의 모양이 문제에 제시된 것과 다르죠? 문제에 제시된 변환 모양으로 변경하기 위해 워드아트가 선택된 상태에서 [그리기 도구] → 서식 → WordArt 스타일 → 텍스트 효과 → 변환 → **역갈매기형 수장(abcde)**을 선택합니다.

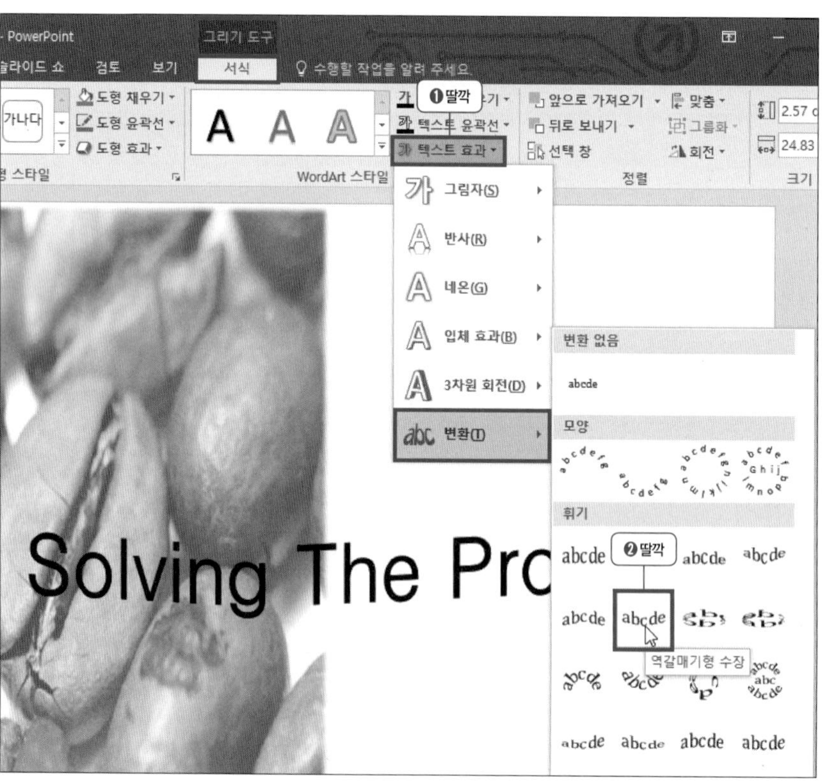

5. 작성한 워드아트를 문제에 제시된 위치로 이동시킨 후 제시된 것과 유사하도록 모양과 크기를 조절해야 합니다. Shift를 누른 채 워드아트를 위쪽으로 드래그하여 이동하세요.

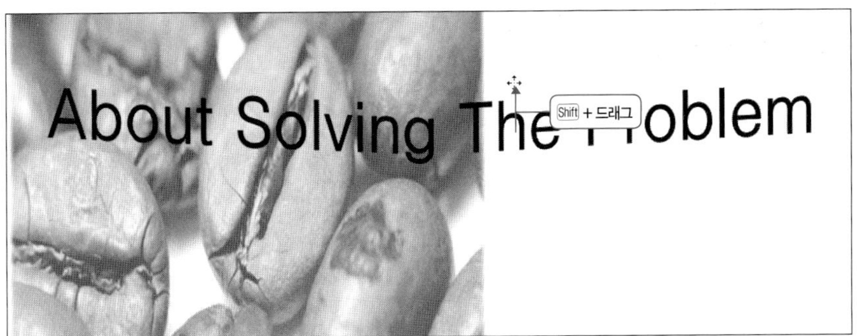


6. 워드아트의 아래쪽 가운데 크기 조절점을 아래쪽으로 드래그하여 높이를 늘려주세요.

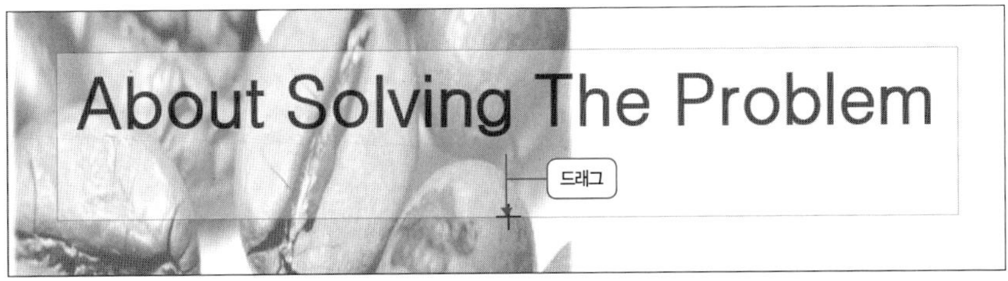


7. Ctrl을 누른 채 오른쪽 가운데 크기 조절점을 왼쪽으로 드래그하여 너비를 줄이세요.

**전문가의 조언**

Shift를 누른 채 도형이나 텍스트 상자 등을 드래그하면 가로 또는 세로의 위치가 고정된 상태로 이동됩니다.

**전문가의 조언**

Ctrl을 누른 채 크기 조절점을 드래그하면 좌·우나 상·하의 크기가 같은 비율로 조절됩니다.

**전문가의 조언**

작업 틈틈이 빠른 실행 도구 모음의 (저장)을 클릭하여 저장하세요. 시험 도중 정전이나 기타의 이유로 컴퓨터가 다운될 경우, 저장하지 않아서 잃어버린 내용을 복구하는 시간은 주어지지 않습니다.

**8.** 마지막으로 반사 기능을 적용해야 합니다. 워드아트가 선택된 상태에서 [그리기 도구] → 서식 → WordArt 스타일 → 텍스트 효과 → 반사 → **근접 반사, 4 pt 오프셋**을 선택하세요.

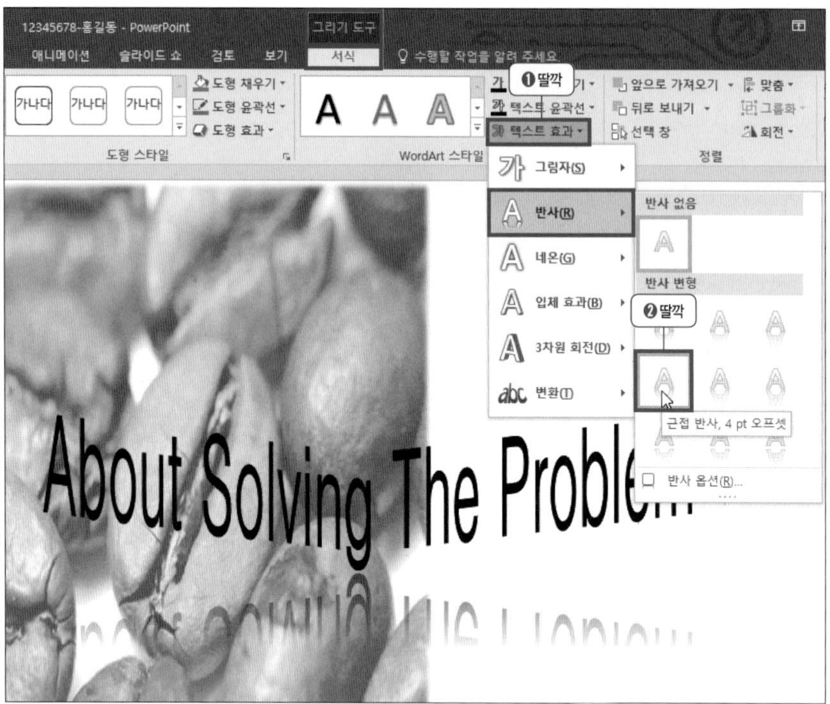

**시나공 Q&A 베스트**

**Q** 워드아트의 세부조건 중 '글꼴'만 지정하고 '반사'를 지정하지 않은 경우 부분점수가 있나요?

**A** 세부조건 중 ①, ②, ③ 같은 원번호로 표기된 조건에는 부분점수가 없습니다. 하나의 조건이라도 처리하지 않으면 해당 원번호 항목에 배정된 점수는 0점입니다.

## 04. 그림 삽입하기

**1.** 우측 상단에 그림을 삽입할 차례입니다. [삽입] → 이미지 → **그림**을 클릭하세요.

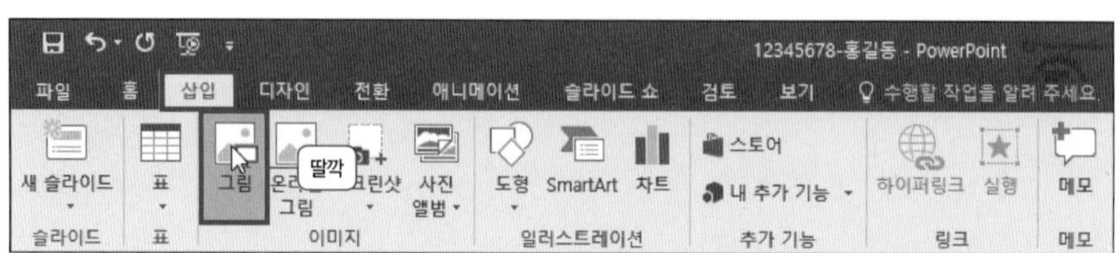

2. '그림 삽입' 대화상자에서 찾는 위치를 'C:\길벗ITQ마스터(2016)\ITQ파포\그림'으로 지정하고 '로고1'을 선택한 후 〈삽입〉을 클릭하세요.

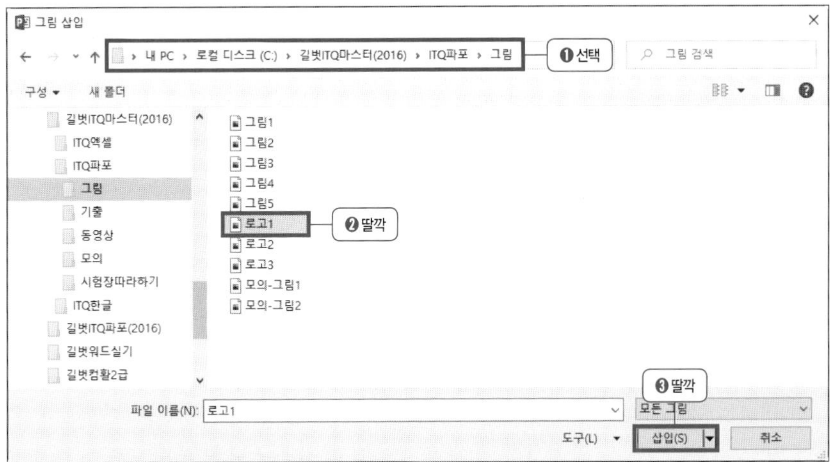


3. 그림의 배경을 투명으로 지정하기 위해 그림이 선택된 상태에서 [그림 도구] → 서식 → 조정 → 색 → **투명한 색 설정**을 선택합니다.

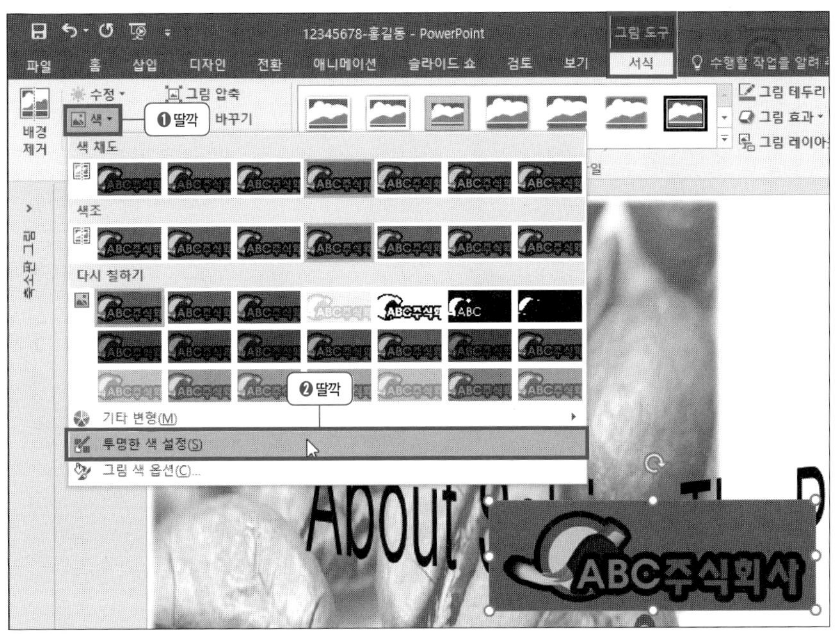


4. 마우스 포인터의 모양이 으로 변경됩니다. 그림의 배경(회색 부분)을 클릭하면 배경색이 투명하게 변합니다.

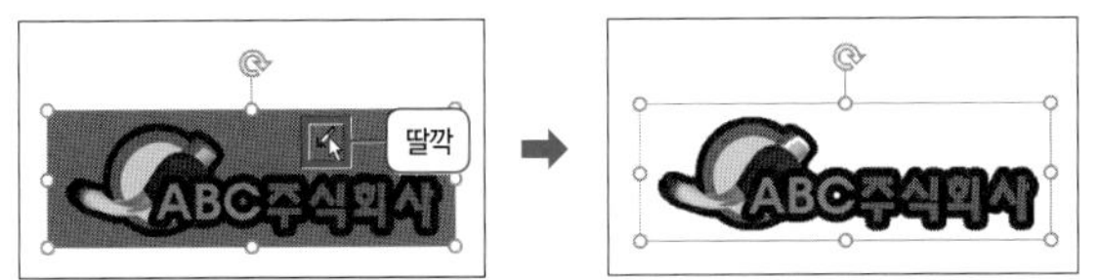

**전문가의 조언**

실제 시험에서는 불러올 그림 파일이 '내 PC\문서\ITQ\Picture' 폴더에 들어 있습니다.

**전문가의 조언**

'그림 도구' 메뉴는 그림이 선택된 상태에서만 나타납니다.

**전문가의 조언**

**그림의 위치와 크기**
삽입된 그림의 정확한 크기 및 위치에 대한 지시사항이 없으므로 문제지를 참조하여 비슷한 크기와 위치를 지정하면 됩니다.

5. 이어서 그림의 크기 조절점을 이용하여 그림의 크기를 적당하게 조절한 후 문제에 제시된 그림의 위치와 동일한 위치에 가져다 놓으세요.

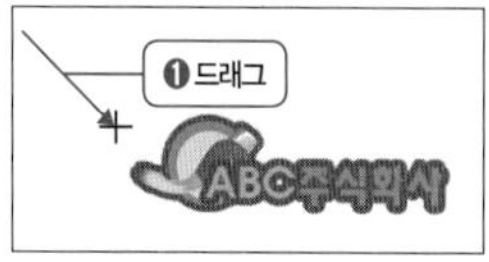

730002

## 01. 슬라이드 삽입 후 슬라이드 번호와 그림(하단 로고) 지정하기

1. 두 번째 슬라이드를 작성하려면 새 슬라이드를 삽입해야겠죠? [홈] → 슬라이드 → (새 슬라이드)를 클릭하세요(바로 가기 키 : Ctrl+M).

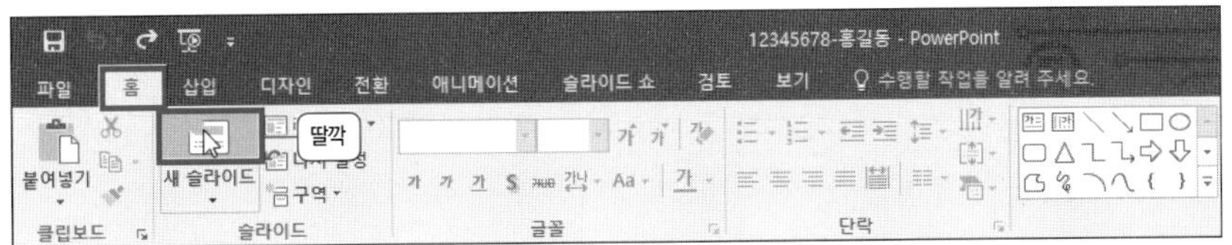


2. 동일한 방법으로 슬라이드를 4개 더 추가하세요. 화면 왼쪽 상단의 '축소판 그림'을 클릭하여 추가된 슬라이드를 확인하세요.

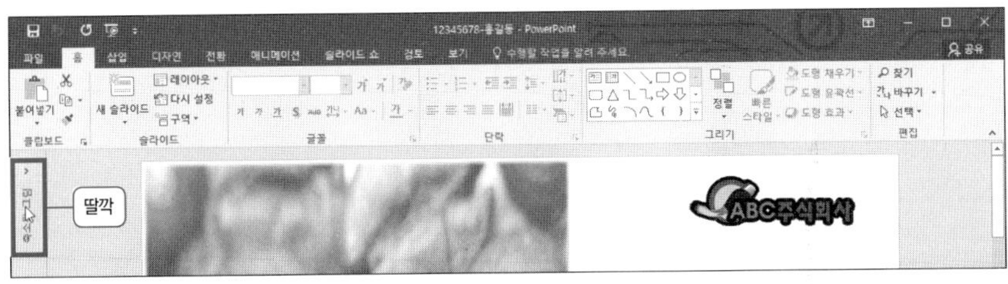


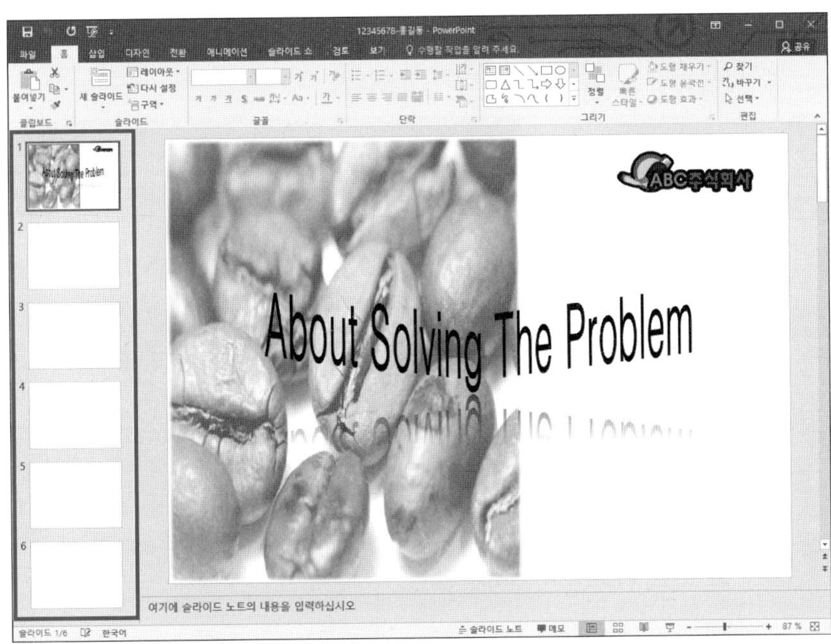

### 전문가의 조언

실제 시험장에서는 슬라이드 하나가 완성될 때마다 '시험 관리 도구'의 〈답안 전송〉 버튼을 클릭하여 작성된 답안 파일을 감독위원 PC로 전송하세요. 감독위원 PC에는 최종적으로 전송한 답안 파일만 유지됩니다.

### 전문가의 조언

- 목차 슬라이드는 하이퍼링크 설정과 그림 삽입 및 도형의 배치 능력을 평가하는 부분으로 총 60점이 배정되어 있습니다. 도형을 만들고 특정 도형에 입력된 텍스트에 하이퍼링크를 설정한 후 그림을 삽입합니다.
- ITQ 파워포인트 시험에서는 6개의 슬라이드를 작성하며, 슬라이드 1은 '제목 슬라이드', 슬라이드 2~6은 '제목 및 내용' 레이아웃을 사용하면 됩니다. [홈] → 슬라이드 → (새 슬라이드)를 클릭하여 생성되는 슬라이드의 레이아웃은 '제목 및 내용'이므로 따로 레이아웃을 지정할 필요는 없습니다.
- '슬라이드 축소판 그림' 창의 슬라이드 크기가 너무 크거나 작을 경우 '슬라이드 축소판 그림' 창의 오른쪽 경계선을 왼쪽이나 오른쪽으로 드래그 하여 슬라이드 크기를 조절하면 됩니다.

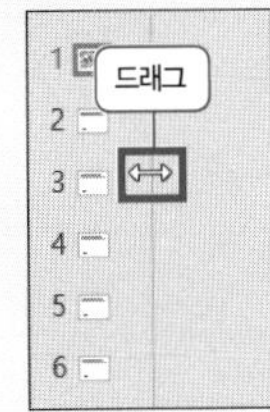


- 목차 슬라이드에서는 특정 슬라이드로 이동하는 하이퍼링크 기능을 설정해야 하므로, 목차 슬라이드를 작성할 때 앞으로 작업할 네 개의 슬라이드를 미리 삽입해 놓아야 합니다.

**전문가의 조언**

목차 슬라이드를 작성하기 전에 2~6번 슬라이드에 공통적으로 표시될 슬라이드 번호와 제목 도형, 그림(로고)은 슬라이드 마스터를 이용해 작성합니다.

**3.** 그림(하단 로고)과 슬라이드 번호가 모든 슬라이드에 동일하게 표시되게 하려면 슬라이드 마스터에서 작업해야 합니다. '슬라이드 축소판 그림' 창에서 두 번째 슬라이드를 선택한 후 [보기] → 마스터 보기 → **슬라이드 마스터**를 클릭하세요. 화면이 슬라이드 마스터를 설정하는 화면으로 변경됩니다.

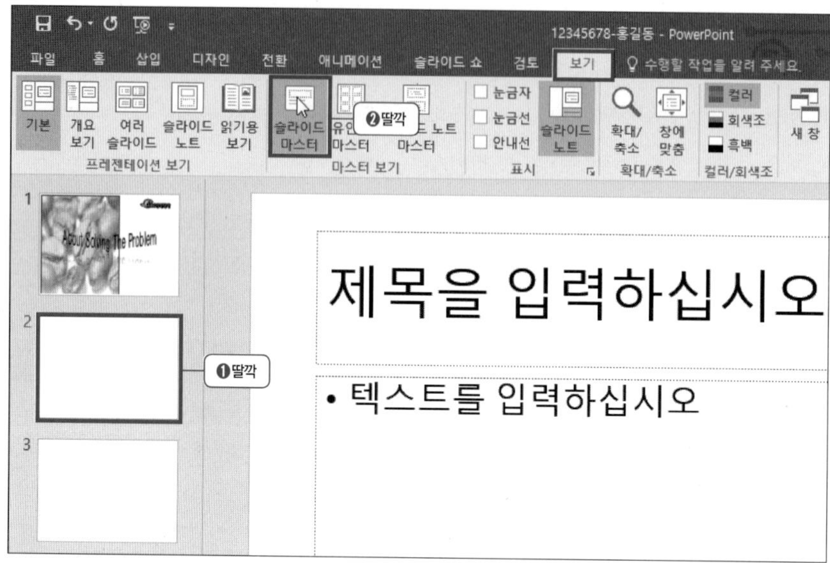


**전문가의 조언**

'슬라이드 축소판 그림' 창에서 레이아웃 위에 마우스 포인터를 놓으면 레이아웃 이름과 사용되는 슬라이드 번호를 표시하는 풍선 도움말이 표시됩니다.

**4.** 먼저 슬라이드 오른쪽 하단에 슬라이드 번호가 표시되도록 해야 합니다. '슬라이드 축소판 그림' 창에서 '제목 및 내용 레이아웃: 슬라이드 2–6에서 사용' 레이아웃이 선택된 상태에서 [삽입] → 텍스트 → **머리글/바닥글**을 클릭합니다.

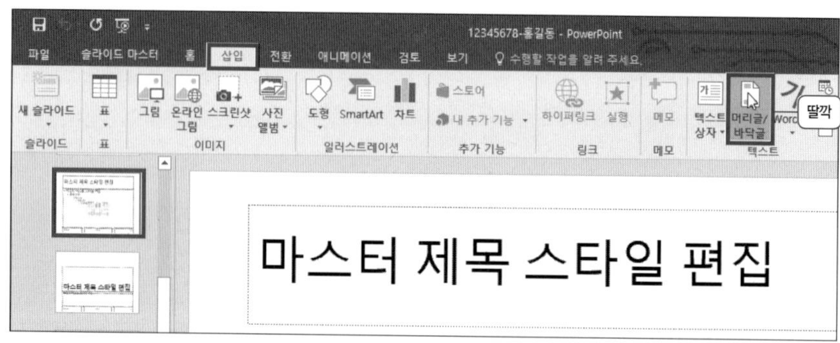

5. '머리글/바닥글' 대화상자의 '슬라이드' 탭에서 '슬라이드 번호'와 '제목 슬라이드에는 표시 안 함'을 선택한 후 〈모두 적용〉을 클릭하세요.

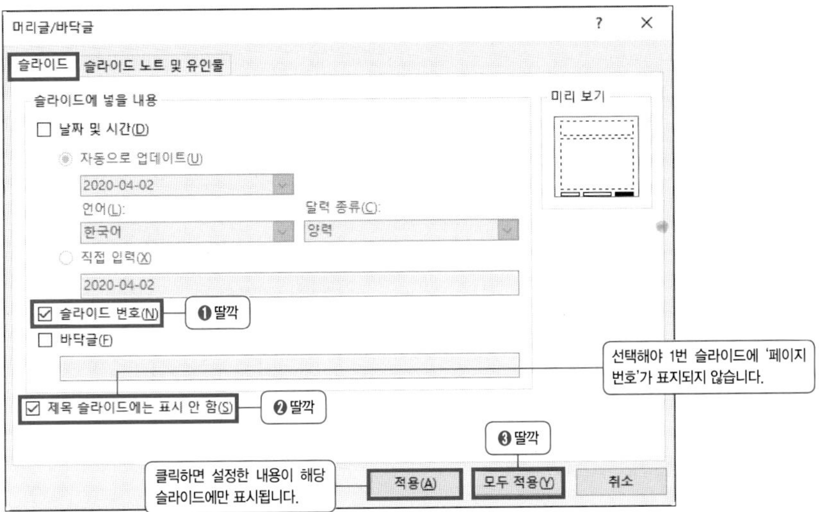


6. 슬라이드 왼쪽 하단에 그림(로고)을 삽입하기 위해 [삽입] → 이미지 → **그림**을 클릭합니다.

7. '그림 삽입' 대화상자에서 찾는 위치를 'C:\길벗ITQ마스터(2016)\ITQ파포\그림'으로 지정하고 '로고2'를 선택한 후 〈삽입〉을 클릭하세요.

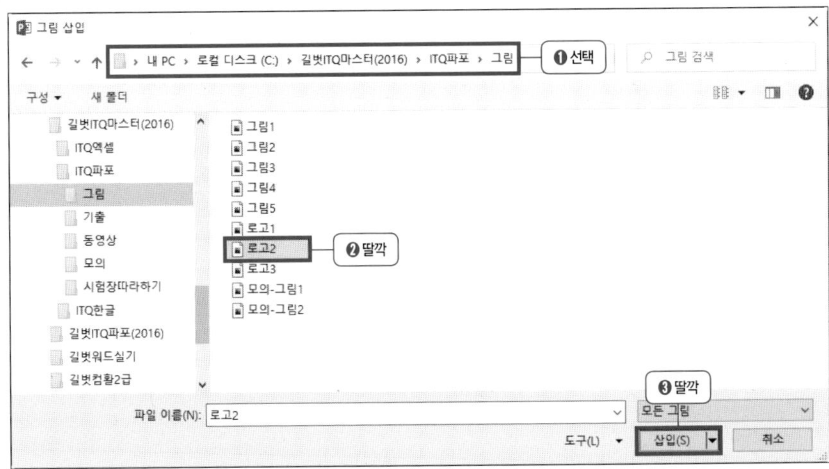

**전문가의 조언**

- '머리글/바닥글' 대화상자에서 '제목 슬라이드에는 표시 안 함'을 선택한 후 〈모두 적용〉을 클릭하면 제목 슬라이드를 제외한 모든 슬라이드에 머리글/바닥글이 표시됩니다.
- 슬라이드 바닥글과 슬라이드 번호가 표시된 모습을 확인하려면 [슬라이드 마스터] → 닫기 → **마스터 보기 닫기**를 클릭하여 슬라이드 편집 상태로 돌아오면 됩니다.

**전문가의 조언**

**Q** **슬라이드 번호의 색상, 크기, 위치는 따로 지정하지 않아도 되나요?**

**A** 문제의 세부조건에 슬라이드 번호에 대한 설정 내용이 없으므로 '머리글/바닥글' 대화상자의 '슬라이드' 탭에서 '슬라이드 번호'만 체크하여 표시하면 됩니다.

**전문가의 조언**

실제 시험에서는 불러올 그림 파일이 '내 PC\문서\ITQ\Picture' 폴더에 들어 있습니다.

**전문가의 조언**

'그림 도구' 메뉴는 그림이 선택된 상태에서만 나타납니다.

**8.** 그림의 배경을 투명으로 지정하기 위해 그림이 선택된 상태에서 [그림 도구] → 서식 → 조정 → 색 → **투명한 색 설정**을 선택하세요.

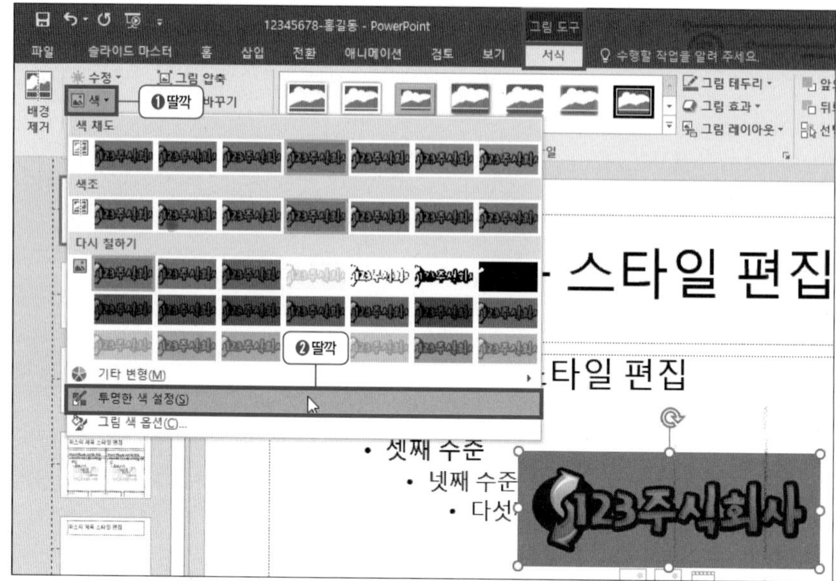


**9.** 마우스 포인터의 모양이 ✎으로 변경됩니다. 그림의 배경(회색 부분)을 클릭하면 배경색이 투명하게 변합니다.

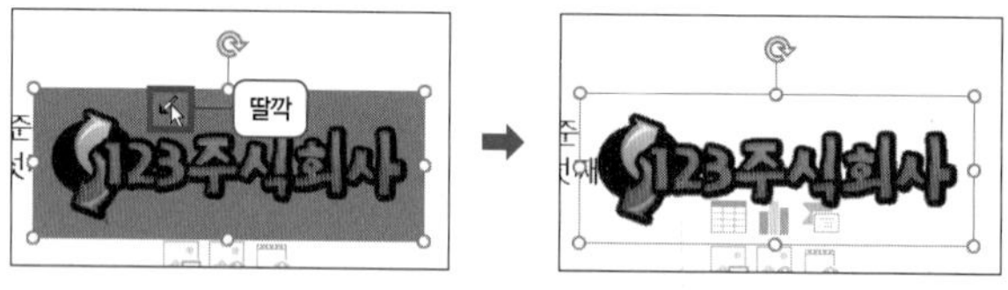

**전문가의 조언**

- 삽입된 그림의 정확한 크기 및 위치에 대한 지시사항이 없으므로 문제지를 참조하여 비슷한 크기와 위치를 지정하면 됩니다.
- '머리글/바닥글' 대화상자에서 '날짜 및 시간'이 표시되지 않도록 설정하면 '날짜 및 시간' 영역과 그림이 겹쳐도 그림만 표시됩니다.

**10.** 이어서 그림의 크기 조절점을 이용하여 그림의 크기를 적당하게 조절한 후 문제에 제시된 그림의 위치와 동일한 위치로 드래그하여 이동하세요.

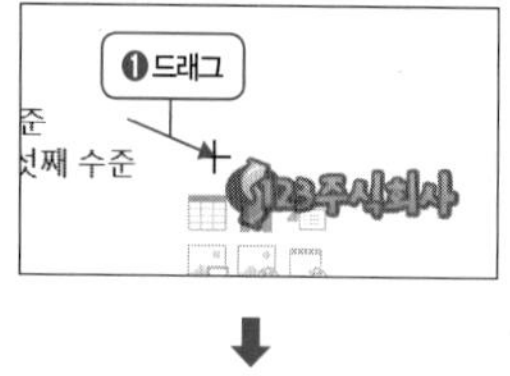


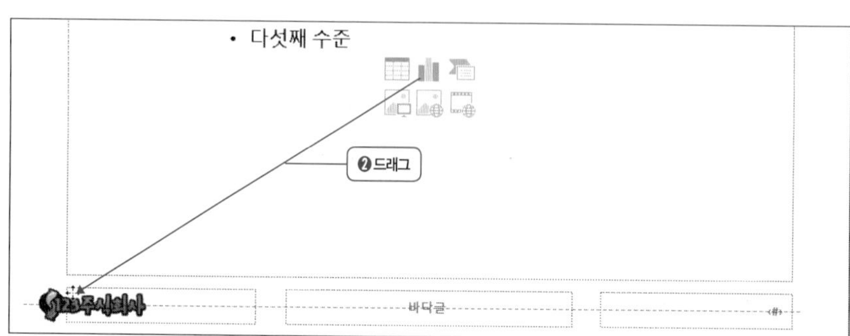

궁금해요

## 시나공 Q&A 베스트

**Q 슬라이드 마스터에서 하단 로고와 슬라이드 번호를 지정했는데 슬라이드에 표시되지 않아요.**

A 슬라이드 마스터를 설정하는 화면에서 레이아웃을 잘못 선택했기 때문입니다. [보기] → 마스터 보기 → **슬라이드 마스터**를 선택한 후 '슬라이드 축소판 그림' 창에서 '제목 및 내용 레이아웃: 슬라이드 2-6에서 사용' 레이아웃을 선택한 후 하단 로고와 슬라이드 번호를 다시 지정하면 됩니다.

## 02. 제목 도형 작성하기

**1.** 2번~6번 슬라이드에 동일하게 표시될 제목 도형도 슬라이드 마스터에 작성해야 합니다. '슬라이드 축소판 그림' 창에서 '제목 및 내용 레이아웃: 슬라이드 2-6에서 사용' 레이아웃이 선택된 상태에서 [삽입] → 일러스트레이션 → 도형 → 사각형 → **직사각형**(□)을 선택하세요.

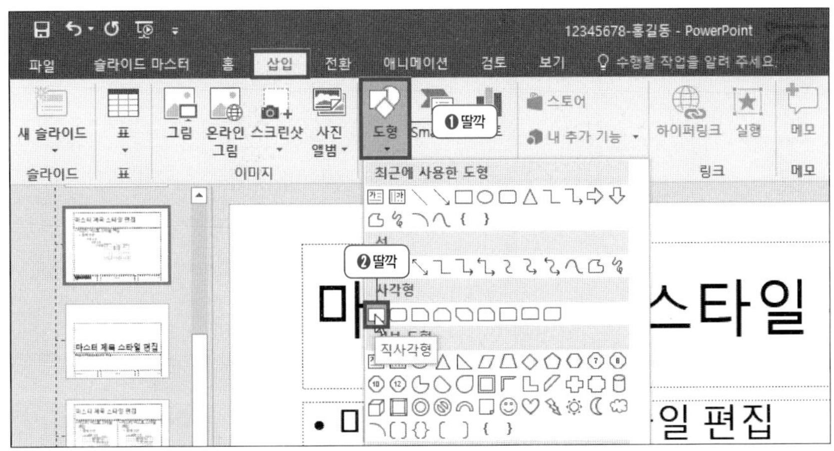

**전문가의 조언**

슬라이드 마스터에서 삽입한 도형은 모든 슬라이드에 나타나지만 '머리글/바닥글' 대화상자에서 '제목 슬라이드에는 표시 안 함'을 지정했기 때문에 1번 슬라이드에는 제목 도형이 나타나지 않습니다.

2. 마우스 포인터의 모양이 '+'로 바뀝니다. 제목 도형이 삽입될 위치에서 적당한 크기로 드래그하여 도형을 삽입하세요.

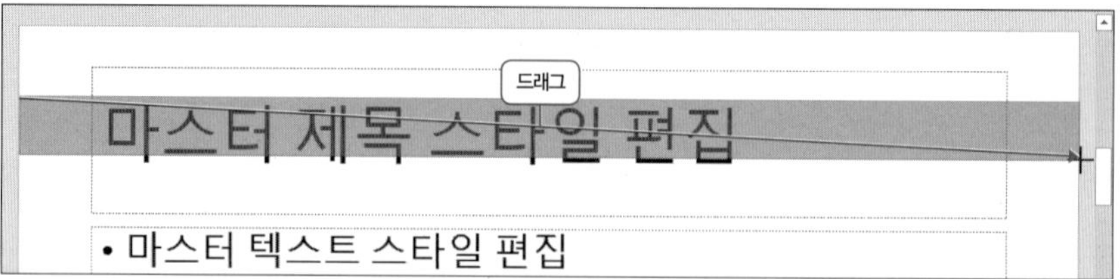


3. 도형을 하나 더 만들어야 합니다. [삽입] → 일러스트레이션 → 도형 → 사각형 → **한쪽 모서리가 둥근 사각형(▭)**을 선택하세요.

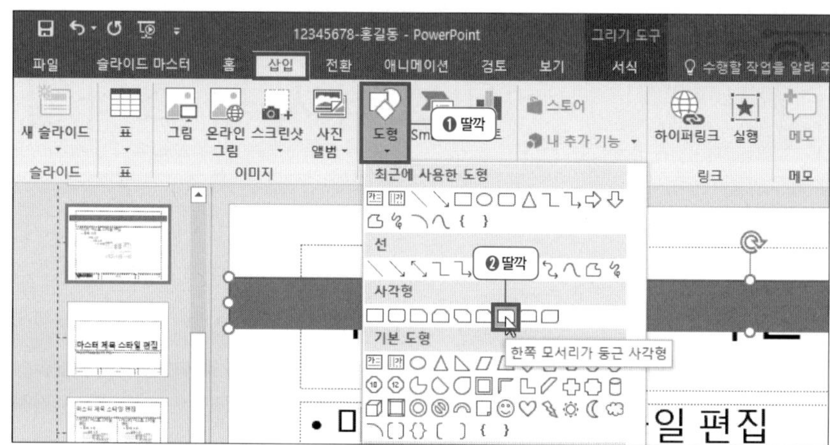


4. 도형이 삽입될 위치에 적당한 크기로 드래그하여 도형을 삽입하세요.

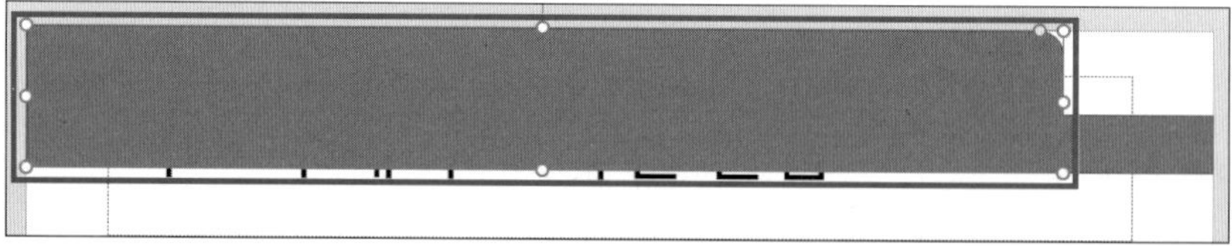

5. 도형을 선택하면 표시되는 노란색 조절점을 왼쪽으로 드래그하여 문제지에 제시된 모양과 비슷하게 만드세요.

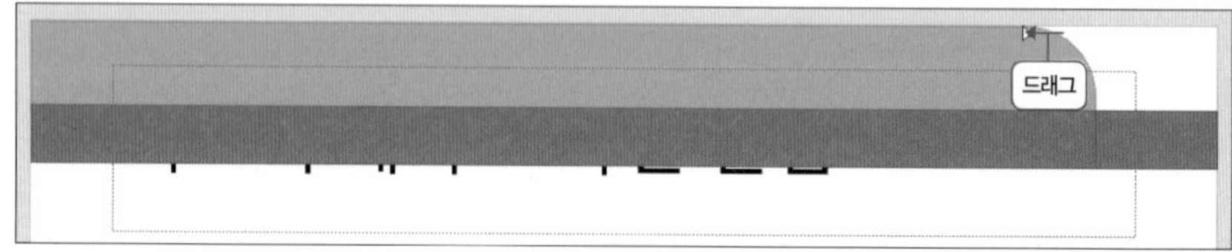

**6.** 마지막으로 두 도형의 외곽선을 '선 없음'으로 지정하기 위해 두 도형을 선택한 후 [그리기 도구] → 서식 → 도형 스타일 → 도형 윤곽선 → **윤곽선 없음**을 선택하세요.

**전문가의 조언**

도형을 선택한 후 마우스 오른쪽 버튼을 클릭한 후 미니 도구 모음에서 [윤곽선] → **윤곽선 없음**을 선택해도 됩니다.

**7.** 제목 도형에 가려진 '마스터 제목 스타일 편집' 텍스트 상자에 서식을 지정하고 크기 및 위치를 조절해야 합니다. 먼저 텍스트 상자를 맨 앞쪽으로 가져오기 위해 텍스트 상자의 외곽선을 마우스 오른쪽 버튼으로 클릭한 후 바로 가기 메뉴에서 **[맨 앞으로 가져오기]**를 선택합니다.

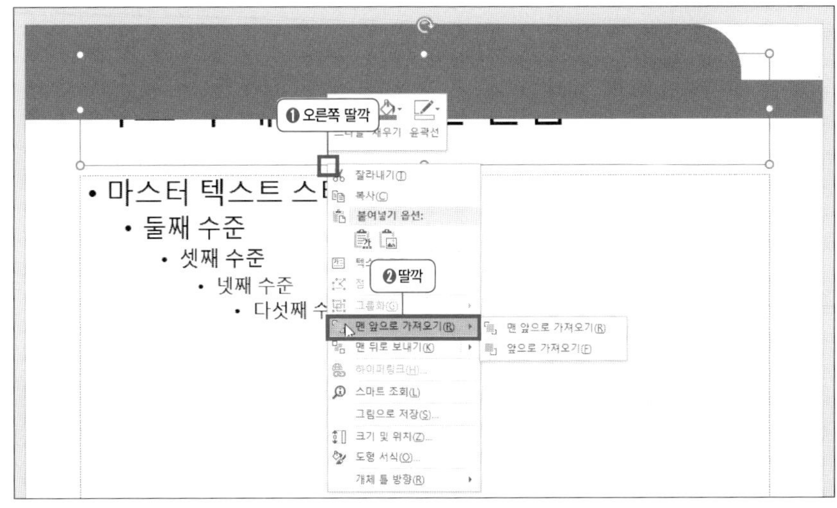

**전문가의 조언**

텍스트 상자를 선택한 후 [그리기 도구] → 서식 → 정렬 → **앞으로 가져오기** → **맨 앞으로 가져오기**를 클릭해도 됩니다.

**전문가의 조언**

슬라이드 마스터에 삽입된 도형에는 슬라이드 편집 상태에서 내용을 입력하거나 서식을 지정할 수 없으므로 '마스터 제목 스타일 편집' 텍스트 상자를 이용합니다. 이처럼 모든 슬라이드에서 동일한 모양의 제목을 입력하려면 '마스터 제목 스타일 편집' 텍스트 상자에 서식을 지정해 놓고 사용하면 됩니다.

**8.** 글꼴 서식을 지정하기 위해 텍스트 상자가 선택된 상태에서 [홈] → **글꼴**에서 글꼴 '돋움', 크기 40, 글꼴 색(가 -) '흰색, 배경 1'로 지정하세요.

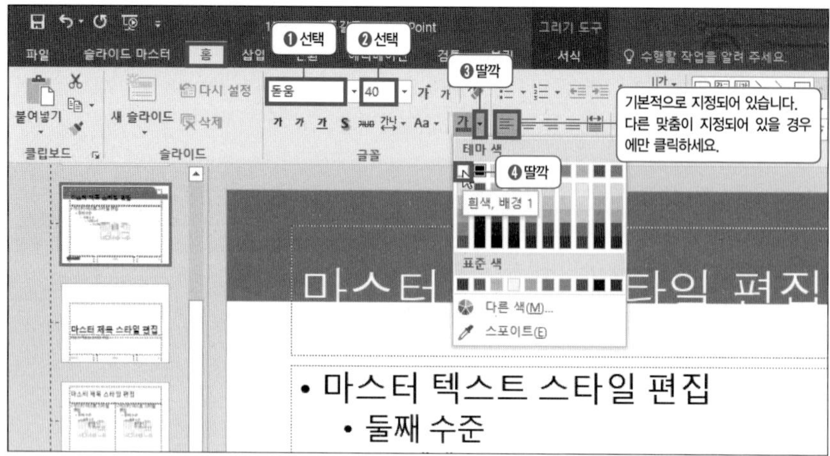


**9.** 이어서 텍스트 상자의 위치와 크기를 다음 그림과 같이 두 도형이 모두 포함되도록 조절하세요. 텍스트 상자를 이동하거나 크기를 조절할 때 표시되는 스마트 가이드를 이용하세요.

## 스마트 가이드

스마트 가이드는 개체(도형, 텍스트 상자, 그림, 동영상 등)를 이동할 때 주위에 있는 다른 개체와의 정렬을 맞추는데 도움을 주는 기능으로, 개체를 이동할 때 다른 개체와 가로 · 세로 가운데 또는 상 · 하 · 좌 · 우 끝이 맞을 경우 스마트 가이드(가로 · 세로 점선)가 표시됩니다.

[왼쪽 끝 맞춤]

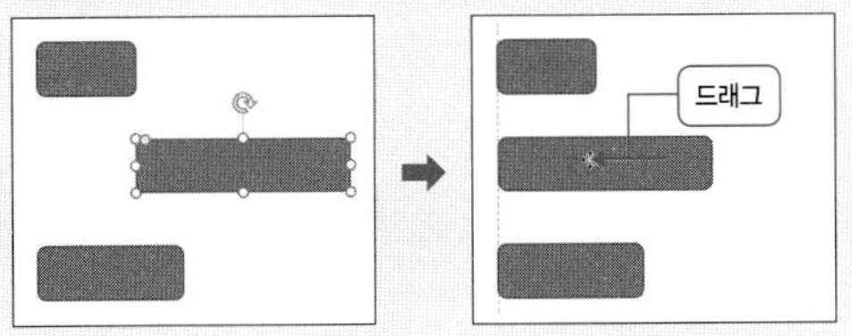


[오른쪽 끝 맞춤]

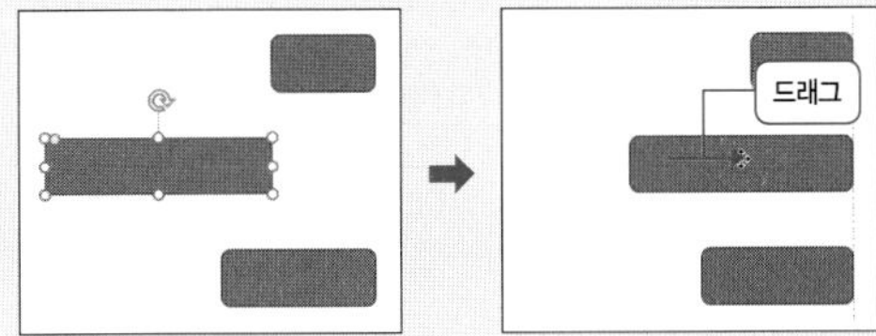


[가로 가운데 맞춤]

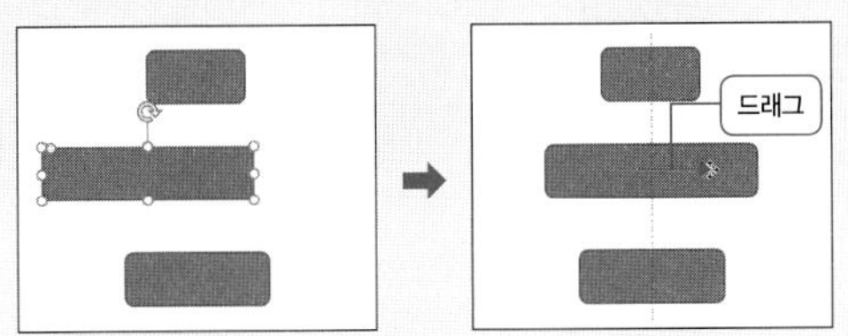


[세로 가운데 맞춤]

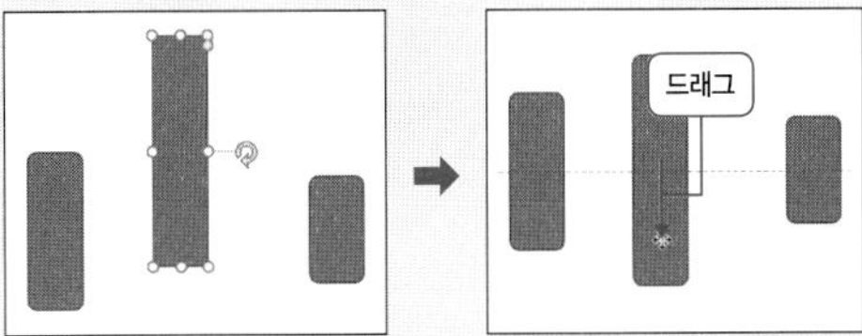


[위쪽 끝 맞춤]

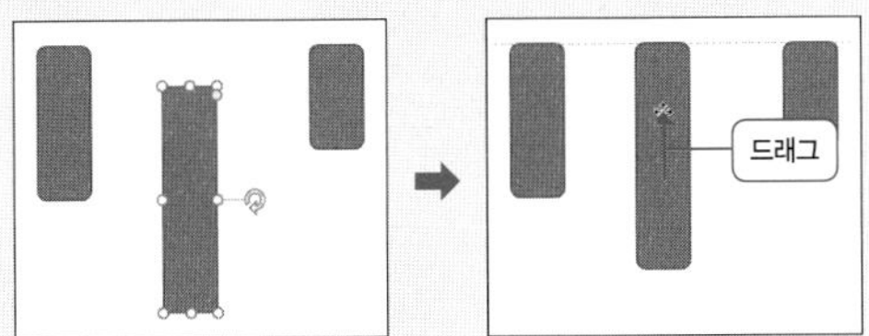


[아래쪽 끝 맞춤]

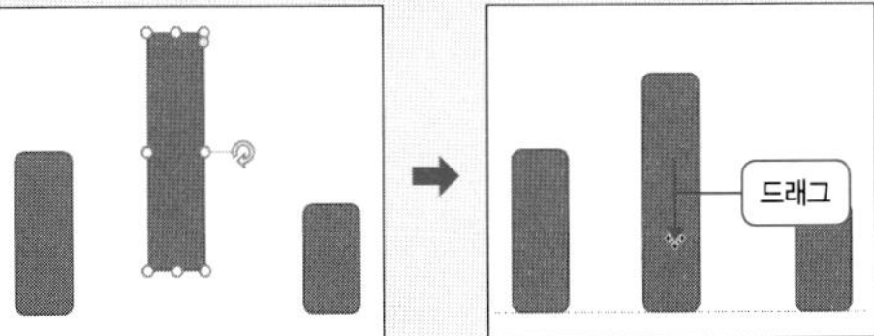


[가로 · 세로 가운데 맞춤]

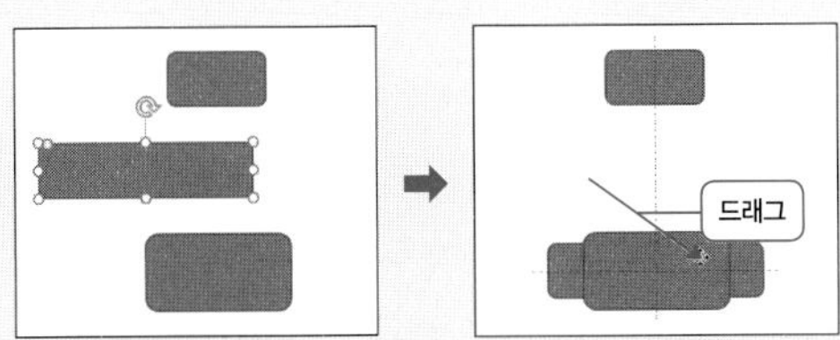


스마트 가이드는 파워포인트 2016에 기본적으로 설정된 기능으로 설정 여부는 슬라이드의 바로 가기 메뉴에서 [눈금 및 안내선] → **스마트 가이드**를 체크/해제하면 됩니다.

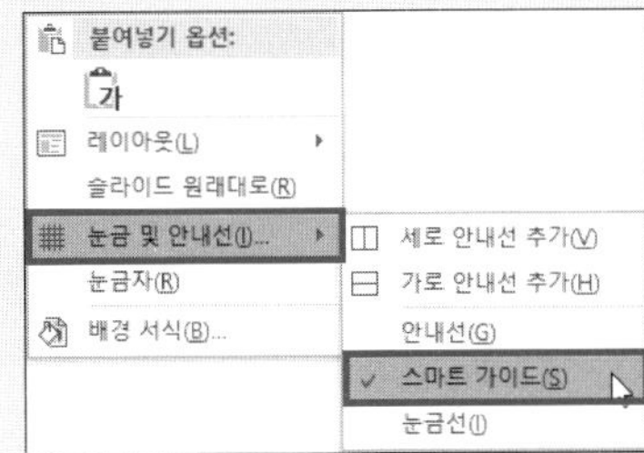

**전문가의 조언**

이제 2~6번 슬라이드에는 제목 도형, 제목 텍스트 상자, 그림(하단 로고), 슬라이드 번호가 삽입된 채로 표시됩니다.

**10.** 슬라이드 마스터에서 작업해야 할 제목 도형, 그림(하단 로고), 슬라이드 번호에 대한 작업이 완료되었습니다. [슬라이드 마스터] → 닫기 → **마스터 보기 닫기**를 클릭하여 슬라이드 마스터 편집 화면에서 빠져 나오세요.

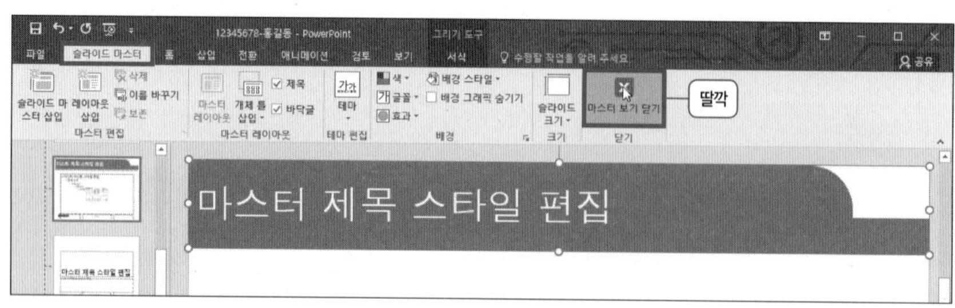


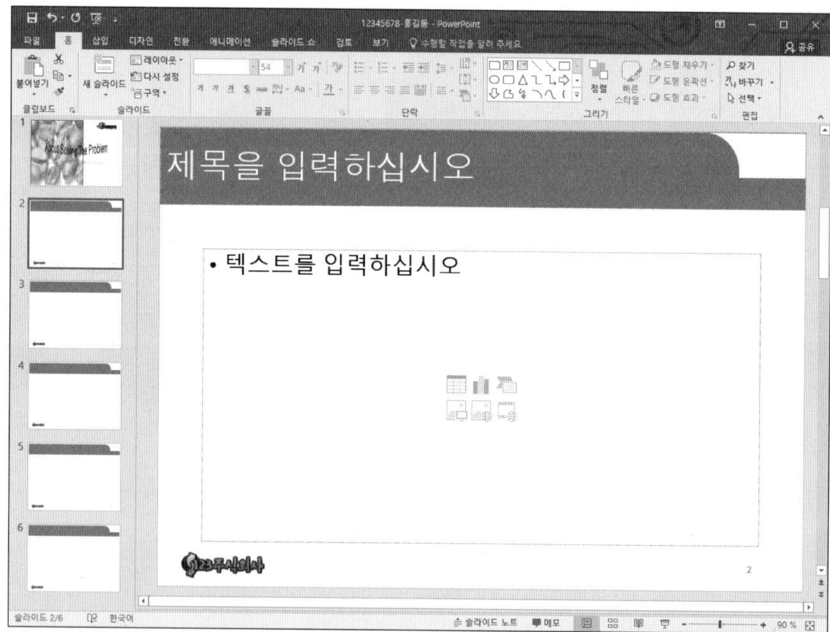

## 03. 슬라이드 제목 입력 및 텍스트 상자 삭제하기

1. 슬라이드에 제목을 입력하고 텍스트 상자를 삭제해야 합니다. '슬라이드 축소판 그림' 창에서 2번 슬라이드를 선택한 후 '슬라이드 축소판 그림' 창의 오른쪽 경계선을 왼쪽으로 드래그 하여 '슬라이드 축소판 그림' 창을 숨깁니다.

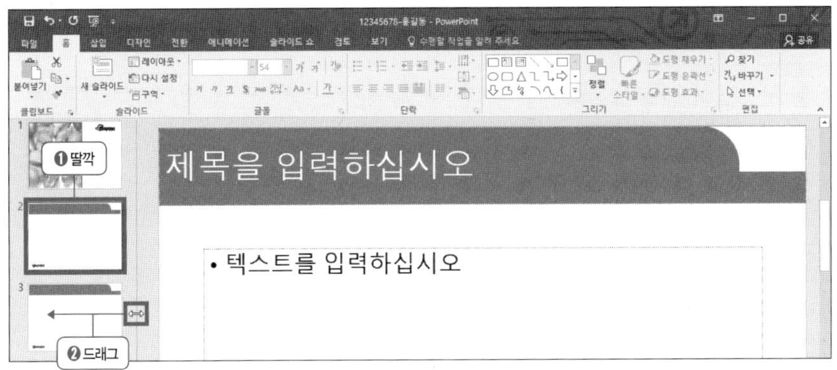


2. '제목을 입력하십시오'가 표시된 텍스트 상자를 클릭하고 **목차**를 입력하세요.

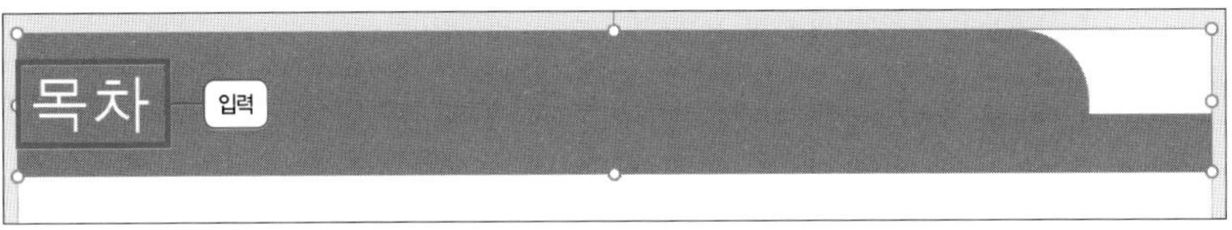

**전문가의 조언**

슬라이드 마스터에서 '마스터 제목 스타일 편집' 텍스트 상자에 서식을 지정했기 때문에 각각의 슬라이드에서는 서식 지정없이 제목만 입력하면 됩니다.

**Q** '목차' 앞에 공백이 없어도 되나요?

**A** 예. 제목 도형에서는 입력 내용(목차) 및 정렬(왼쪽 맞춤)만 채점하므로 '목차' 앞에 공백을 삽입하지 않아도 됩니다.

3. 슬라이드에 기본적으로 표시되어 있는 텍스트 상자의 외곽선을 클릭한 후 Delete를 눌러 삭제하세요.

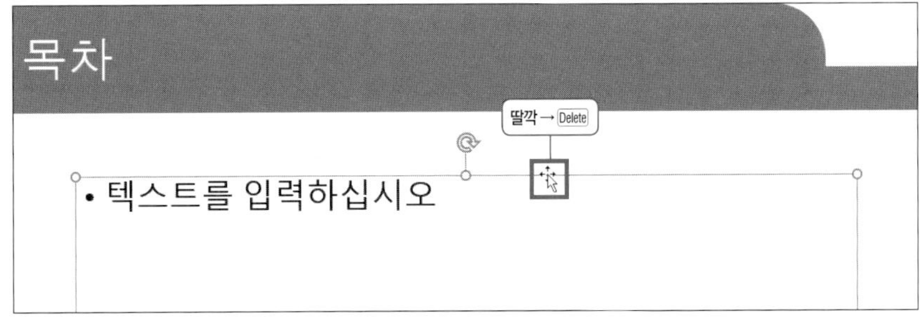

**전문가의 조언**

두 개 이상 결합되어 만들어진 도형은 가장 뒤쪽에 위치한 도형부터 순서대로 작성해야 불필요한 순서 변경 작업을 수행하지 않습니다.

궁금해요 **시나공 Q&A 베스트**

**Q 교재에서는 '직사각형'을 이용해 만들었는데, '순서도: 처리'로 만들어도 되나요?**

**A** 네, 됩니다. ITQ 파워포인트 시험에는 지정된 도형이 없으므로 사용된 도형의 종류와 관계없이 문제지의 그림과 최대한 비슷하게만 만들면 배정된 점수를 얻을 수 있습니다.

**전문가의 조언**

문자 입력을 위한 커서가 없어도 도형이 선택된 상태에서 키보드로 문자를 입력하면 선택된 도형에 입력됩니다.

## 04. 목차 도형 작성하기

**1.** 목차 도형 중 뒤쪽에 놓여진 도형을 먼저 작성하겠습니다. [삽입] → 일러스트레이션 → 도형 → 사각형 → **직사각형(□)**을 선택한 후 적당한 크기로 드래그하여 도형을 삽입하세요.

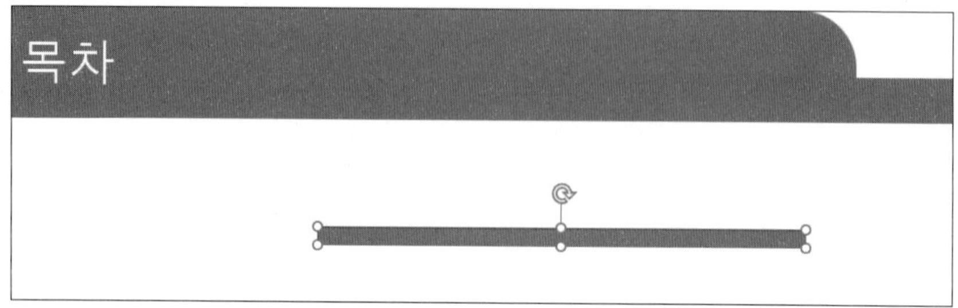


**2.** 이어서 바로 앞쪽에 놓인 도형을 작성하겠습니다. [삽입] → 일러스트레이션 → 도형 → 기본 도형 → **정육면체(◻)**를 선택한 후 적당한 크기로 드래그하여 도형을 삽입하고 A를 입력하세요.

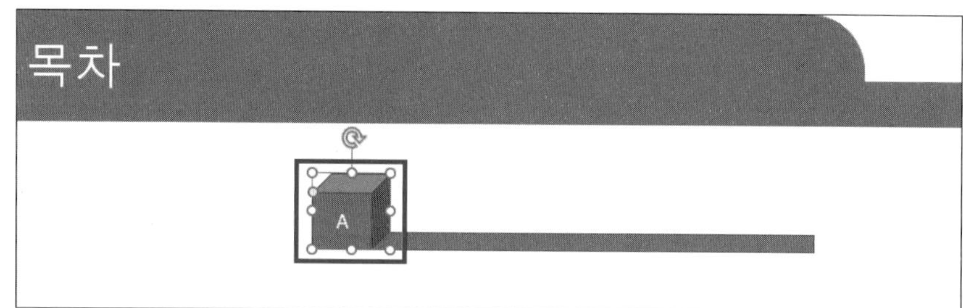


**3.** 텍스트 상자를 삽입해야 합니다. [삽입] → 텍스트 → **가로 텍스트 상자 그리기(가)**를 클릭한 후 슬라이드의 빈 공간을 클릭하고 **알고리즘의 정의와 조건**을 입력하세요.

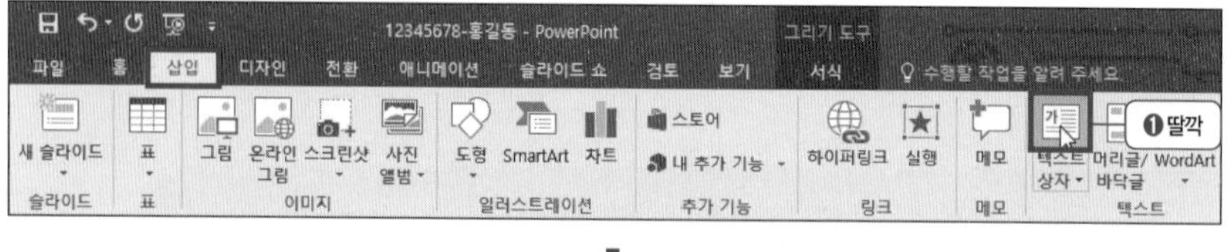


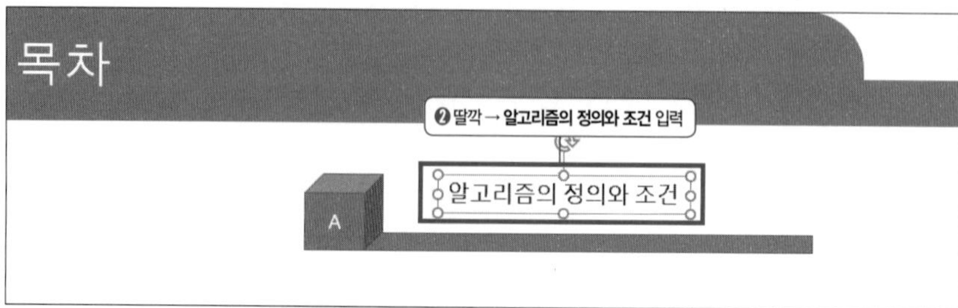

**4.** 목차 도형에 글꼴 서식과 윤곽선을 지정해야 합니다. 도형과 텍스트 상자가 모두 포함되도록 드래그하여 선택하세요.

**전문가의 조언**

두 개 이상 결합된 도형에 적용할 글꼴 서식이 동일한 경우에는 해당 도형을 모두 만든 후 한꺼번에 적용하는 것이 효율적입니다.

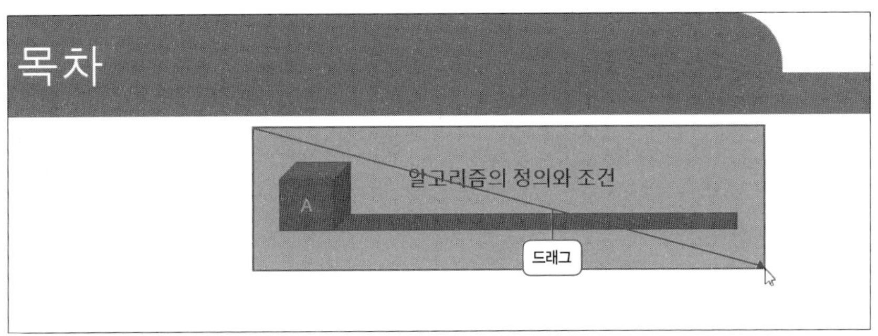


**5.** [홈] → **글꼴**에서 글꼴 '굴림', 크기 24를 지정하고, [홈] → 그리기 → 도형 윤곽선 → **윤곽선 없음**을 선택하세요.

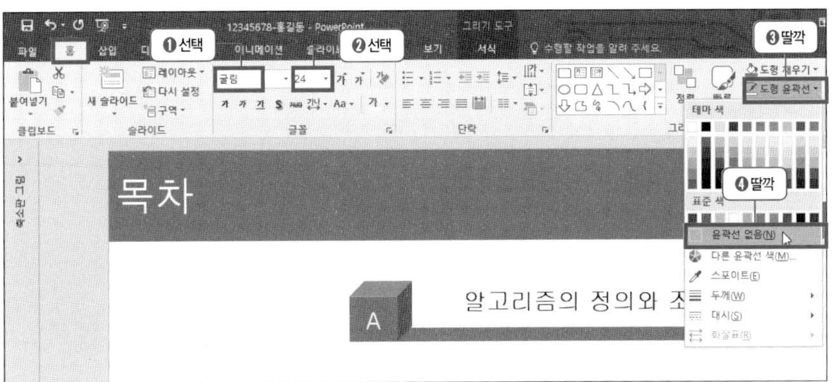


**6.** 텍스트 상자를 다음 그림과 같이 적당한 위치로 드래그하여 이동하세요.

**전문가의 조언**

- 텍스트 상자의 글꼴 크기를 변경할 경우 텍스트 상자의 크기도 변경되므로 글꼴 서식을 지정한 후 텍스트 상자를 이동해야 합니다.
- 도형이나 텍스트 상자를 이동할 때 표시되는 스마트 가이드를 이용하면 다른 도형의 가로 · 세로 가운데 및 상 · 하 · 좌우 끝과 일치하게 도형을 이동시킬 수 있습니다.

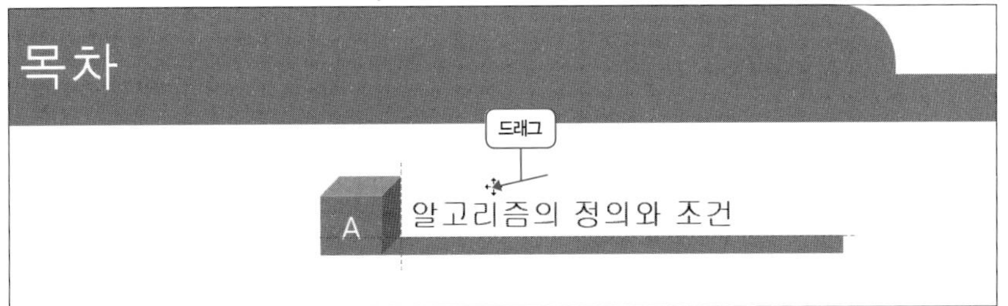

**7.** 모양이 동일한 도형은 복사하여 사용하면 됩니다. 도형과 텍스트 상자가 모두 포함되도록 드래그하여 선택한 후 Ctrl+ Shift를 누른 채 아래쪽으로 드래그하여 복사하세요.

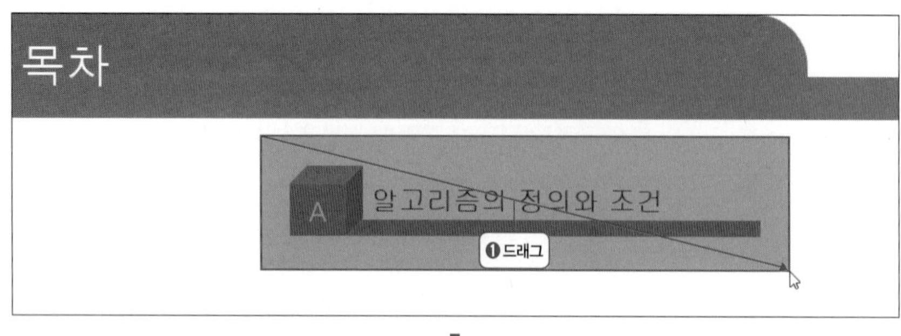

**전문가의 조언**

Ctrl을 누른 채 드래그하면 도형이 복사되고, Shift를 누른 채 드래그하면 가로 또는 세로의 위치가 고정된 상태로 도형이 이동됩니다.

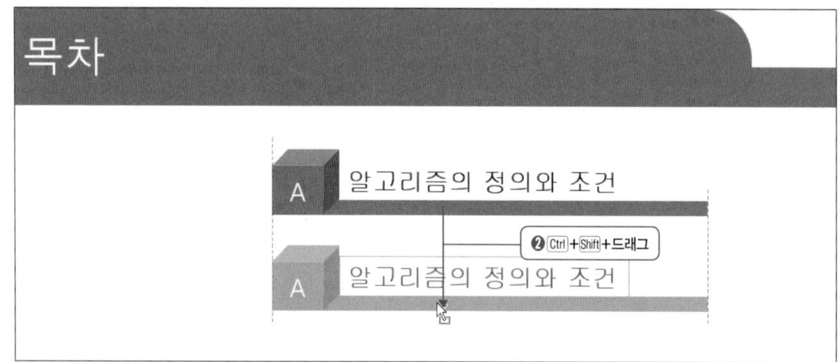

**전문가의 조언**

입력된 내용을 수정할 때는 수정할 글자 부분을 마우스로 드래그하여 범위를 지정한 후 원하는 글자를 입력하면 원래의 내용을 지우지 않고 바로 입력할 수 있습니다.

**8.** 동일한 방법으로 아래쪽으로 두 번 더 복사한 후 그림과 같이 내용을 수정하세요.

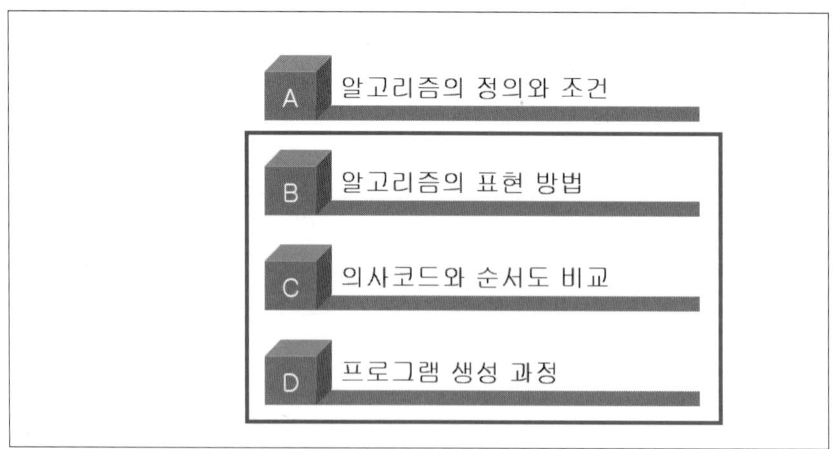

## 05. 하이퍼링크 지정하기

**1.** 세 번째 목차 도형에 입력된 텍스트를 클릭하면 5번 슬라이드로 이동하는 하이퍼링크를 지정해야 합니다. 하이퍼링크를 지정할 내용을 블록으로 지정한 후 [삽입] → 링크 → **하이퍼링크**를 클릭하세요(바로 가기 키 : Ctrl + K).

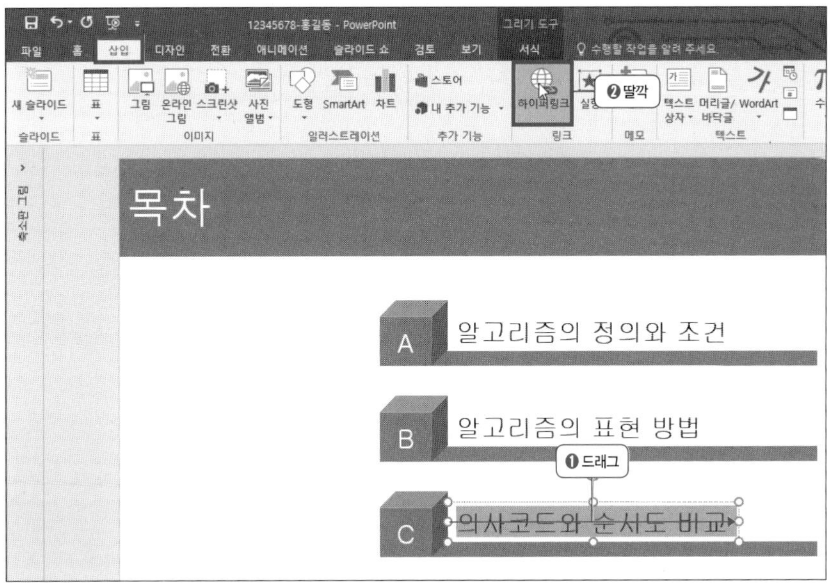


**2.** 하이퍼링크로 연결될 대상이 현재 문서의 5번 슬라이드이므로 '하이퍼링크 삽입' 대화상자에서 그림과 같이 지정한 후 〈확인〉을 클릭하세요.

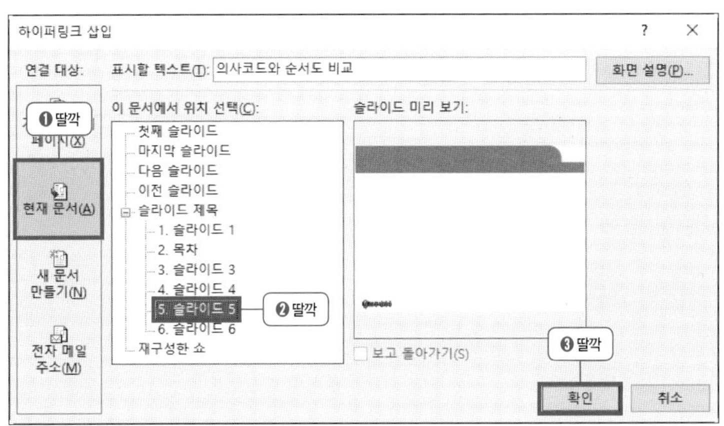

**전문가의 조언**

하이퍼링크를 지정할 내용을 블록으로 지정한 후 바로 가기 메뉴에서 [하이퍼링크]를 선택해도 됩니다.

궁금해요

시나공 Q&A 베스트

**Q 텍스트에 하이퍼링크를 지정하고 텍스트를 클릭했지만 해당 슬라이드로 이동하지 않아요. 왜 그렇죠?**

**A** 하이퍼링크는 슬라이드 쇼 상태에서만 작동합니다. F5를 눌러 슬라이드 쇼 상태로 만든 다음 하이퍼링크가 지정된 텍스트를 클릭해 보세요.

**전문가의 조언**

실제 시험에서는 불러올 그림 파일이 '내 PC\문서\ITQ\Picture' 폴더에 들어 있습니다.

**3.** 하이퍼링크가 지정되면 하이퍼링크가 지정된 텍스트에 밑줄이 표시되고 글꼴 색이 변경(파랑색)됩니다.

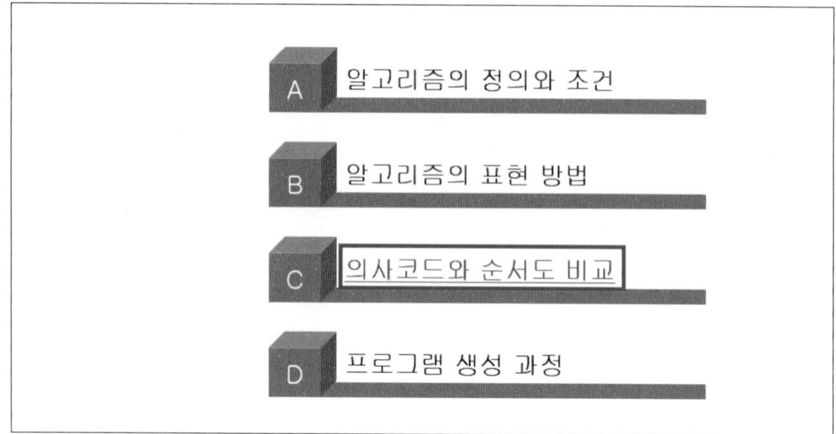


## 06. 그림 삽입하기

**1.** 그림을 삽입하기 위해 [삽입] → 이미지 → **그림**을 클릭합니다.

**2.** '그림 삽입' 대화상자에서 찾는 위치를 'C:\길벗ITQ마스터(2016)\ITQ파포\그림'으로 지정하고 '그림4'를 선택한 후 〈삽입〉을 클릭하세요.

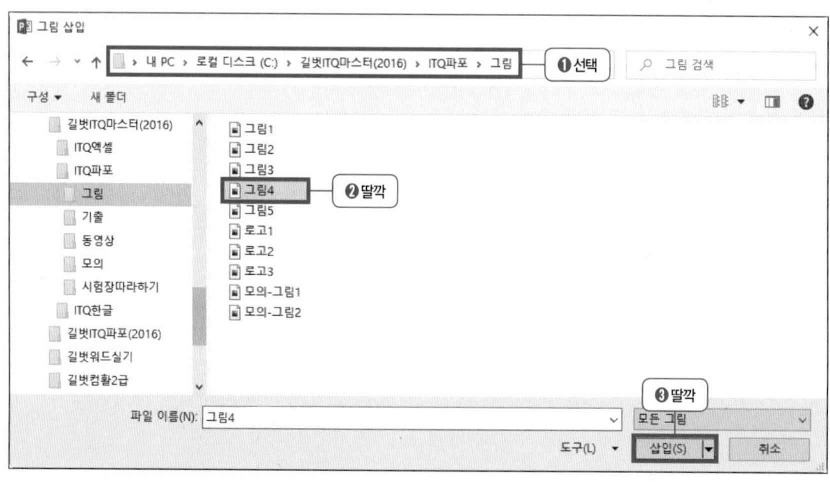

3. 삽입된 그림에서 필요한 부분만 남겨놓고 잘라내야 합니다. 그림이 선택된 상태에서 [그림 도구] → 서식 → 크기 → **(자르기)**를 클릭하세요.

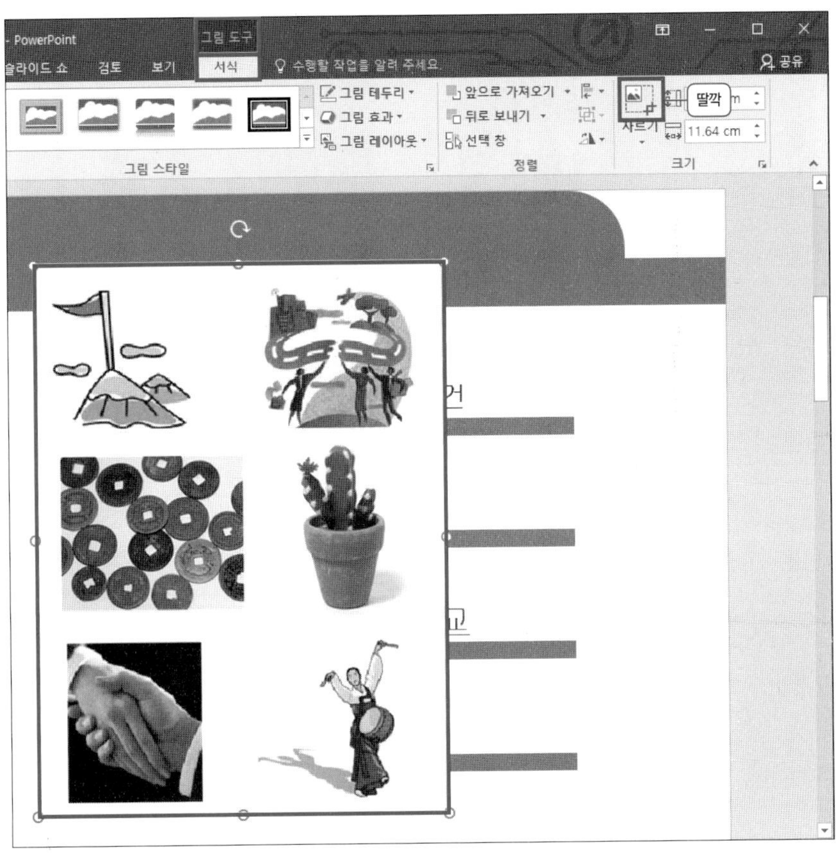


4. 그림 자르기 편집 상태가 됩니다. 마우스 포인터를 그림의 왼쪽 상단 모서리의 자르기 조절점으로 가져가 마우스 포인터의 모양이 ┏ 로 변경되면 클릭하여 오른쪽 하단으로 드래그하세요.

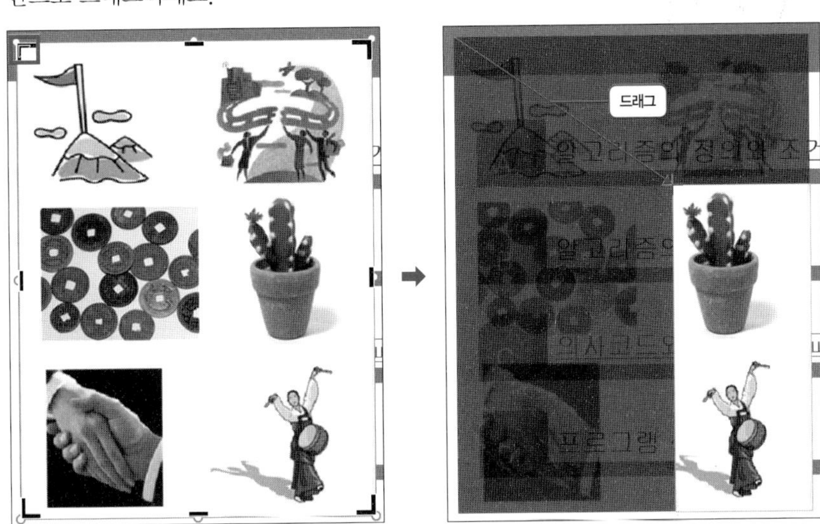

**전문가의 조언**

- '그림 도구' 메뉴는 그림이 선택된 상태에서만 나타납니다.
- 그림을 마우스 오른쪽 버튼으로 클릭한 후 미니 도구 모음에서 '자르기'를 선택해도 됩니다.

5. 동일한 방법으로 오른쪽 하단의 자르기 조절점을 위쪽 상단으로 드래그하세요.

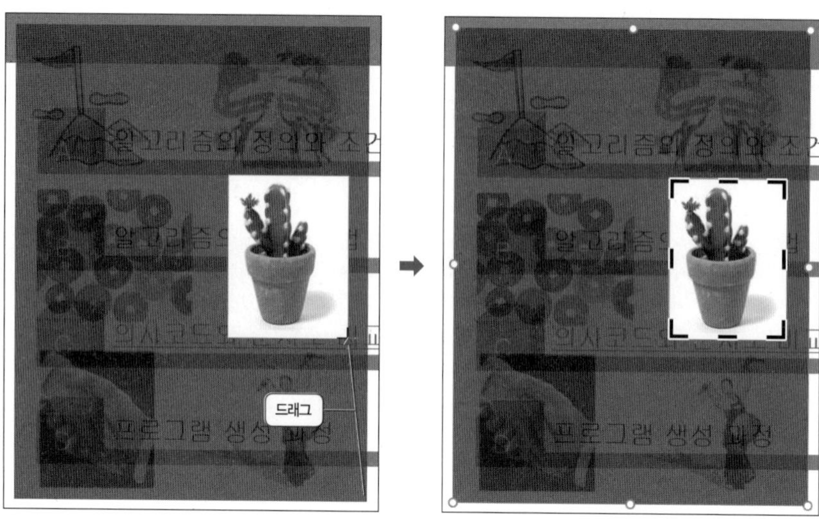


6. Esc를 눌러 그림 자르기 편집 상태를 해제한 후 문제에 제시된 [출력형태]를 참고하여 그림의 위치 및 크기를 조절하세요.

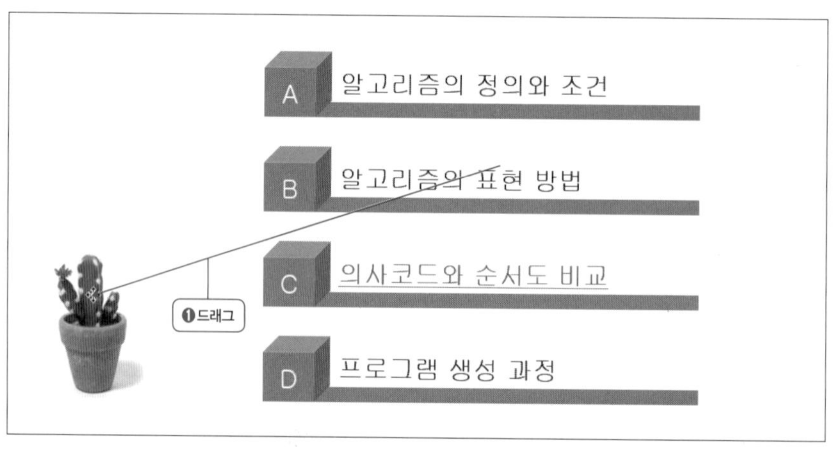


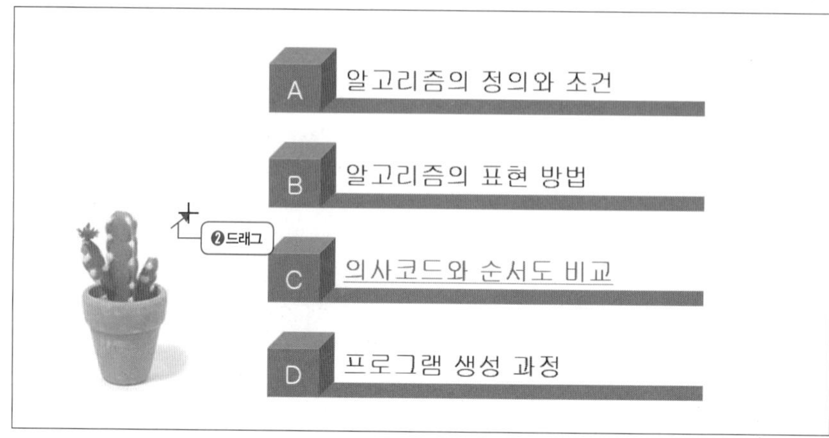

**전문가의 조언**

삽입된 그림의 정확한 크기 및 위치에 대한 지시사항이 없으므로 문제에 제시된 [출력형태]를 참고하여 비슷하게 크기와 위치를 지정하면 됩니다.

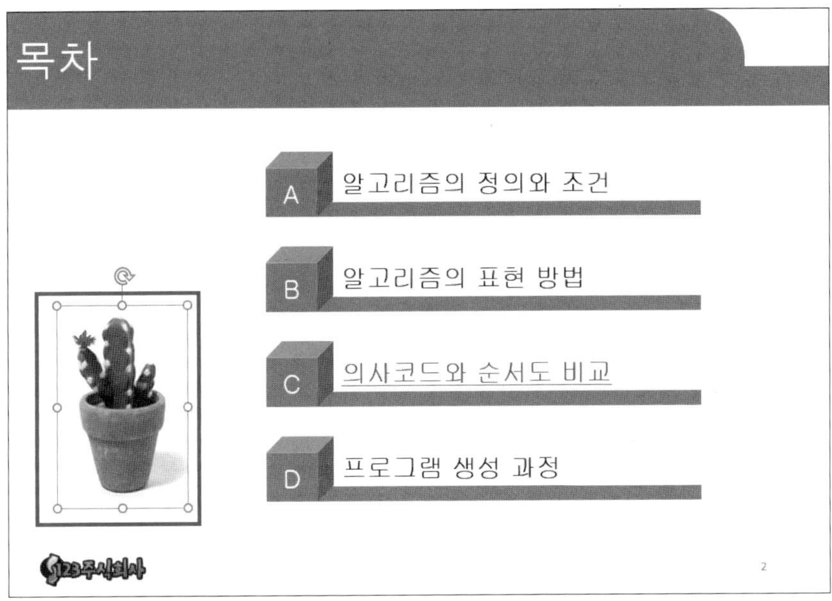

## 7 슬라이드 3 – 텍스트/동영상 슬라이드 작성

730003

### 01. 위쪽 텍스트 상자에 내용 입력하기

1. 두 번째 슬라이드에서 PgDn을 누르면 다음 슬라이드인 세 번째 슬라이드로 이동합니다.

2. 제목 도형에 제목을 입력해야 합니다. '제목을 입력하십시오' 텍스트 상자에 **A. 알고리즘의 정의와 조건**을 입력하세요.

3. 이제 본문을 입력해야 합니다. '텍스트를 입력하십시오' 텍스트 상자를 클릭한 후 그림과 같이 내용을 입력하세요. 서식은 내용을 모두 입력한 후 지정하는 것이 효율적이니 글머리 기호, 글꼴, 줄 간격 등에 신경 쓰지 말고 먼저 입력 작업을 마치세요.

**전문가의 조언**

텍스트/동영상 슬라이드는 텍스트와 동영상의 조화있는 배치 능력을 평가하는 부분으로 총 60점이 배정되어 있습니다. 텍스트 상자에 내용을 입력하고 제시된 글머리 기호와 글꼴 서식, 줄 간격을 지정한 후 제시된 위치에 동영상을 삽입합니다.

궁금해요

**시나공 Q&A 베스트**

**Q '텍스트를 입력하십시오'가 표시된 텍스트 상자가 없어요!**

**A** 슬라이드를 삽입한 후 레이아웃을 '제목 및 내용'으로 지정하지 않았기 때문입니다. 슬라이드의 바로 가기 메뉴에서 [레이아웃] → **제목 및 내용**을 선택하세요.

**전문가의 조언**

- 위쪽 텍스트 상자와 아래쪽 텍스트 상자의 너비가 다르기 때문에 위쪽 텍스트 상자를 만들고 글머리 기호, 글꼴 속성, 줄 간격 등을 모두 적용한 후 이를 복사하여 아래쪽에 붙여넣고 내용을 수정해 주면 됩니다.
- 입력은 문제지에 주어진대로 입력하는 것을 원칙으로 합니다. 문제지에서 명백히 틀린 글자를 발견하더라도 그대로 입력하세요.

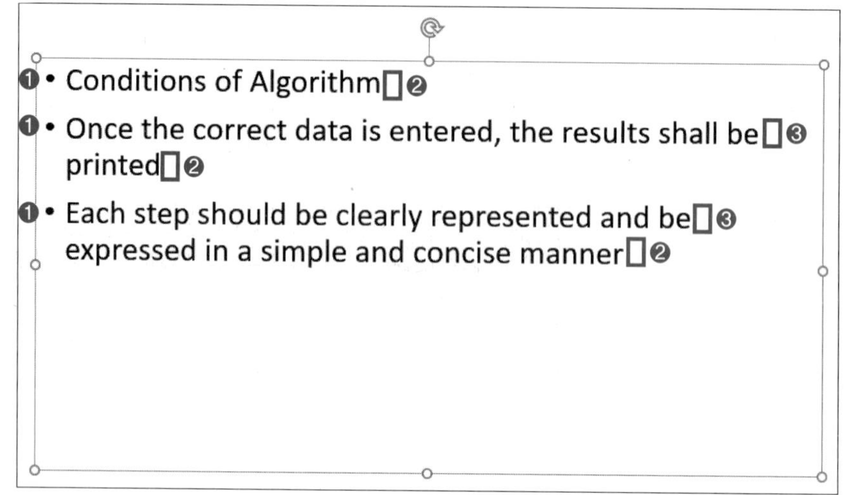


❶ •은 자동으로 입력됩니다.
❷ 문단이 바뀔때는 Enter를 누르세요.
❸ 문장을 계속 입력하면 자동으로 다음 줄에 입력되므로 Enter를 누르지 말고 계속 입력하세요.

**4.** 텍스트 상자의 크기에 따라 글자 크기가 자동으로 조정되는 것을 해제해야 합니다. 텍스트 상자의 바로 가기 메뉴에서 **[도형 서식]**을 선택하세요.

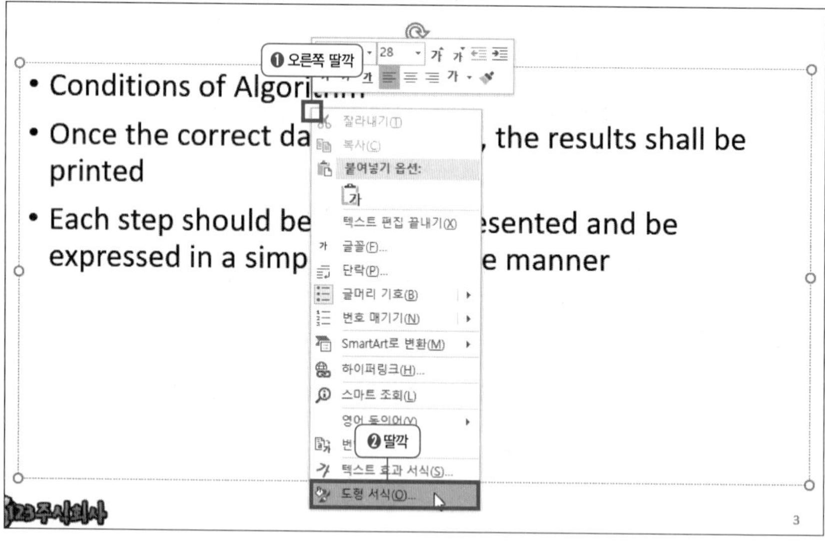

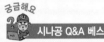

5. '도형 서식' 창에서 [텍스트 옵션] → (텍스트 상자) → 텍스트 상자 → **자동 맞춤 안 함**을 선택한 후 '닫기(✕)'를 클릭하세요.

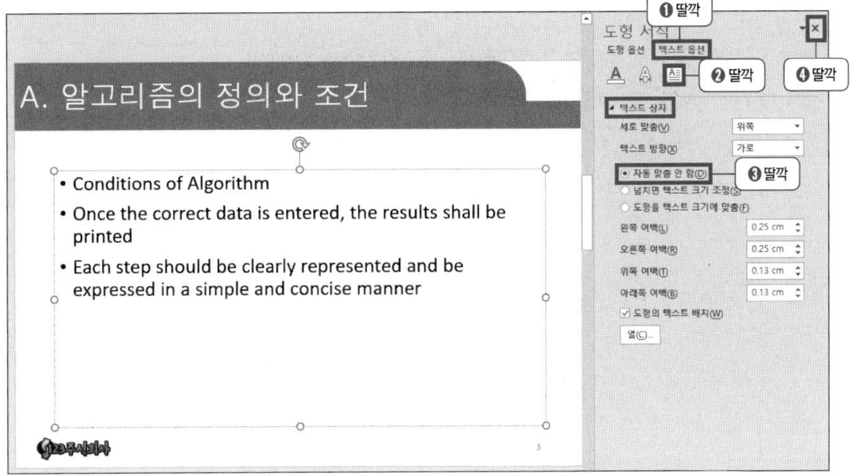

**시나공 Q&A 베스트**

**Q '자동 맞춤 안 함'을 반드시 지정해야 하나요?**

**A** 텍스트 상자에는 입력되는 내용의 양에 따라 글자 크기가 자동으로 조정되는 '넘치면 텍스트 크기 조정'이 기본적으로 설정되어 있습니다. ITQ 파워포인트 시험에서는 문제에 제시되는 대로 글자 크기를 변경하고 텍스트 상자의 크기에 관계없이 글자 크기를 유지해야 하므로 '자동 맞춤 안 함'을 지정해야 합니다.

## 02. '❖' 문단에 서식 지정하기

'❖' 문단에는 글머리 기호 '❖', 글꼴 '굴림', 크기 24, 글꼴 스타일 '굵게', 줄 간격 1.5를 지정해야 합니다. 첫 번째 문단을 블록으로 지정한 후 [홈] → **글꼴**에서 글꼴 '굴림', 크기 24, '굵게(가)'를 지정하고, [홈] → **단락**에서 글머리 기호( )의 ▾ → ❖(별표 글머리 기호)를 선택한 다음 줄 간격( )을 1.5로 선택하세요.

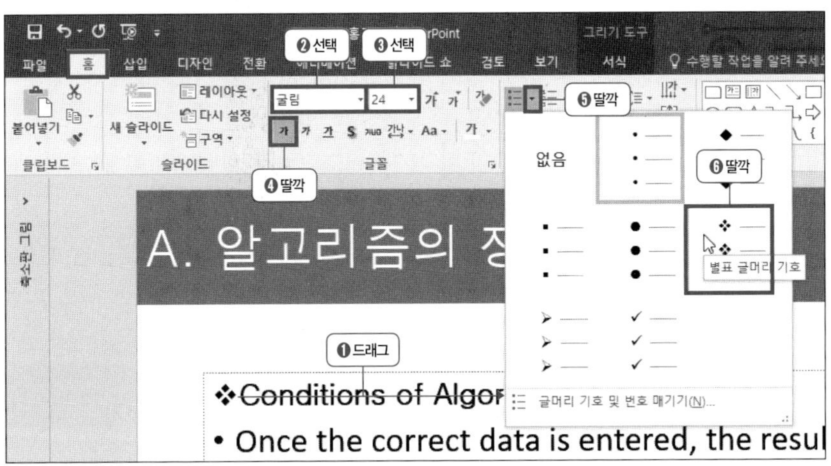


⬇

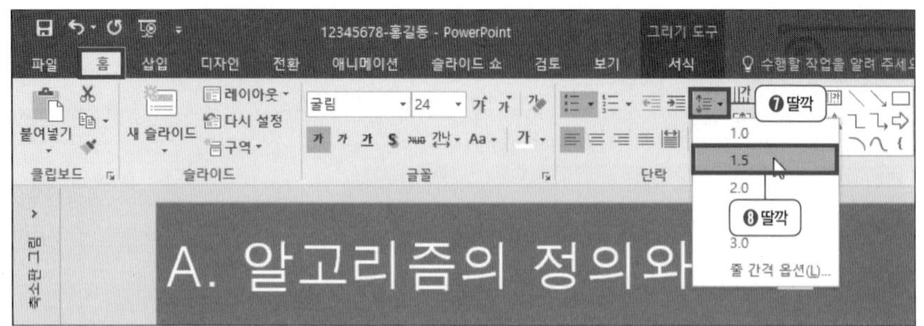


## 03. '■' 문단에 서식 지정하기

1. '■' 문단에는 글머리 기호 '■', 글꼴 '굴림', 크기 20, 줄 간격 1.5와 목록 수준 늘림을 지정해야 합니다. '■' 문단을 블록으로 지정한 후 [홈] → 단락 → 글머리 기호(☰▾)의 ▾ → ■ **(속이 찬 정사각형 글머리 기호)**를 선택하세요.

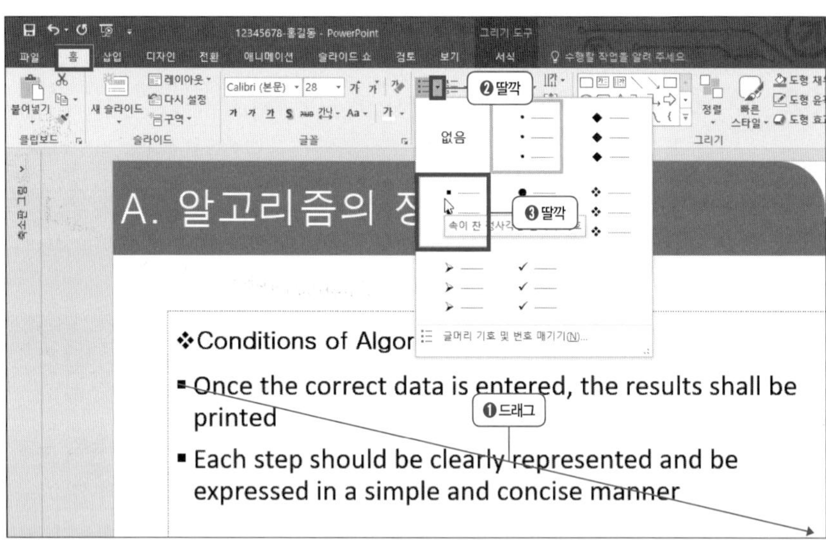


2. 이어서 [홈] → **단락**에서 '목록 수준 늘림(☰)'을 한 번 클릭한 후 줄 간격(☰▾)을 1.5로 선택하세요.

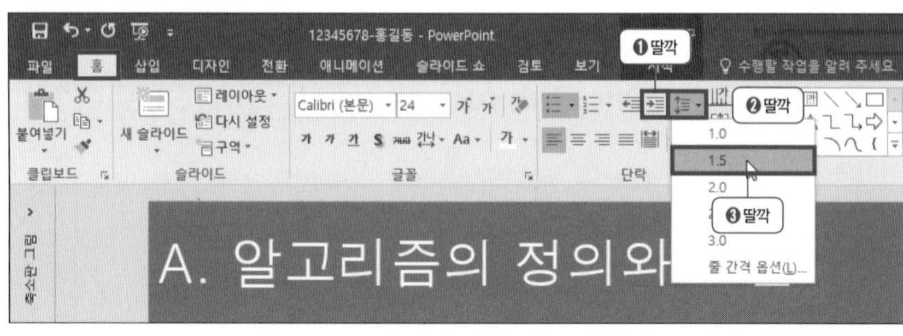

**전문가의 조언**

- 목록 수준 늘림(☰)을 한번 클릭하면 목록 수준이 한 단계 아래로 내려가므로 글자의 크기가 24 포인트로 줄어듭니다.
- 목록 수준 늘림(☰)을 이용하지 않고 목록 수준을 한 단계 낮춰도 결과는 같습니다. 목록 수준을 한 단계 낮추려면 해당 문단을 블록으로 지정하고 Tab을 누르면 됩니다. 참고로 목록 수준을 한 단계 높이려면 Shift + Tab을 누릅니다.

3. 마지막으로 [홈] → **글꼴**에서 글꼴 '굴림', 크기 20을 지정하세요.

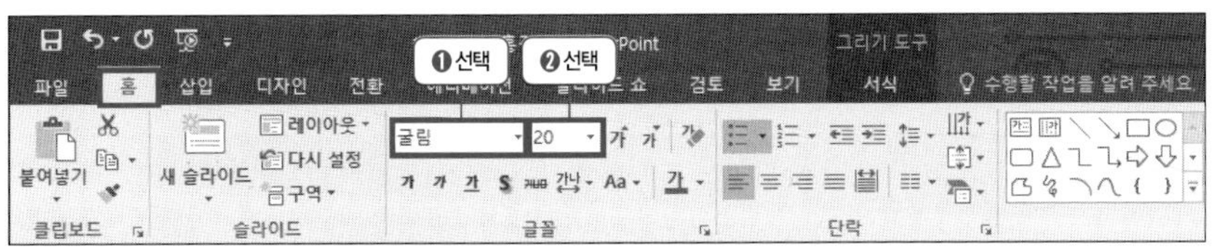


## 04. 텍스트 상자 크기 및 위치 조절하기

1. 서식을 지정한 텍스트 상자의 오른쪽 끝 글자가 문제지와 동일하도록 텍스트 상자의 너비를 조절해야 합니다. 텍스트 상자의 오른쪽 가운데 크기 조절점을 왼쪽으로 드래그여 너비를 조절하세요.

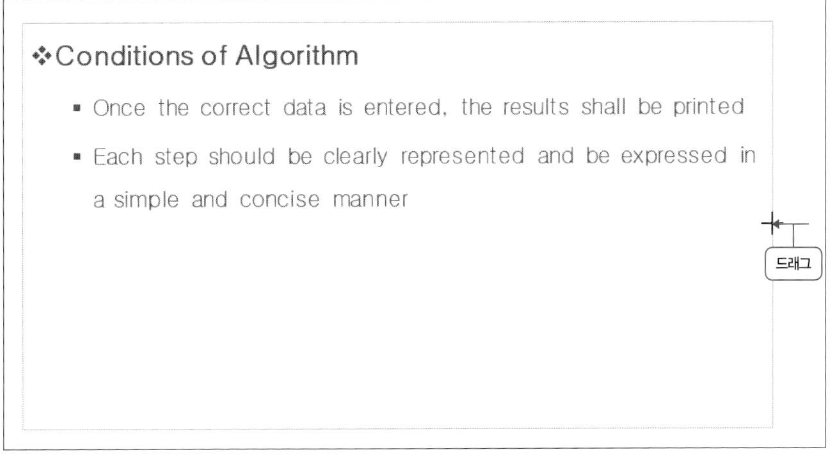


2. 이어서 텍스트 상자의 아래쪽 가운데 크기 조절점을 위쪽으로 드래그하여 높이를 조절하세요.

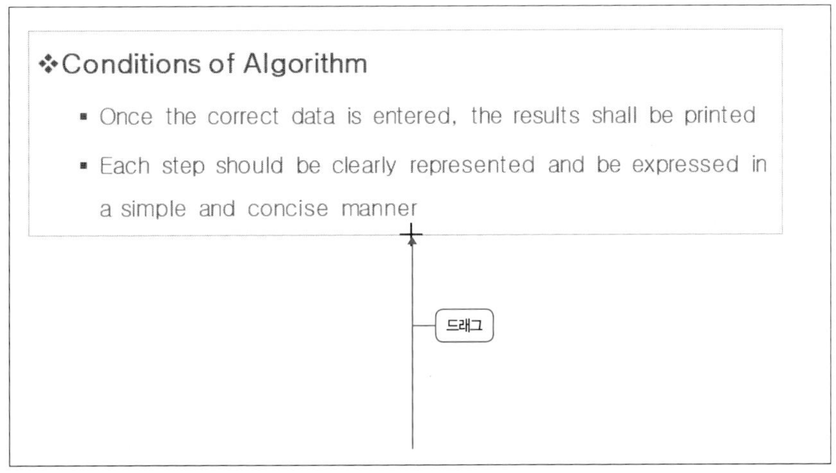

**전문가의 조언**

- '(목록 수준 늘림)'을 클릭할 때마다 글꼴 크기가 4pt씩 줄어들므로 글꼴 크기를 지정하기 전에 목록 수준을 늘려야 합니다.
- 이 문제처럼 ❖, ▪ 문단의 글꼴과 줄 간격이 같을 경우 텍스트 상자를 선택한 후 글꼴과 줄 간격을 지정해도 됩니다.

3. 텍스트 상자의 위치가 문제지와 동일하도록 이동해야 합니다. 텍스트 상자의 외곽선으로 마우스 포인터를 가져가 마우스 포인터의 모양이 ✣으로 변경되면 위쪽으로 드래그하여 이동하세요.

A. 알고리즘의 정의와 조건

드래그

❖Conditions of Algorithm

- Once the correct data is entered, the results shall be printed
- Each step should be clearly represented and be expressed in a simple and concise manner

## 05. 텍스트 상자 복사 및 내용 수정하기

전문가의 조언

Ctrl+Shift를 누른 채 개체를 복사하면 개체의 가로나 세로 위치가 고정된 상태로 복사할 수 있습니다. 임의의 위치로 복사할 때는 Ctrl만 누르면 됩니다.

1. 텍스트 상자를 Ctrl+Shift를 누른 채 아래쪽으로 드래그하여 복사하세요.

❖Conditions of Algorithm

- Once the correct data is entered, the results shall be printed
- Each step should be clearly represented and be expressed in a simple and concise manner

❖Conditions of Algorithm

- Once the correct data is entered, the results shall be printed
- Each step should be clearly represented and be expressed in a simple and concise manner

Ctrl+Shift+드래그

123주식회사

3

2. 복사한 텍스트 상자의 첫 문단에 커서를 놓고 Home → Shift+End → Shift+← 를 눌러 블록으로 지정한 후 그림과 같이 내용을 수정하세요.

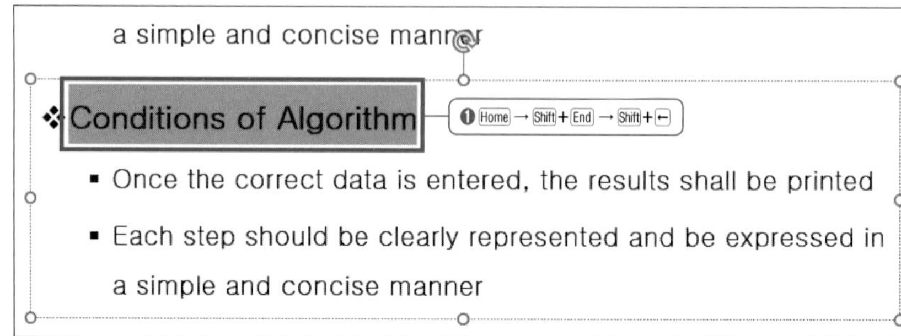

a simple and concise manner

❖알고리즘의 정의 ❷내용 수정

- Once the correct data is entered, the results shall be printed
- Each step should be clearly represented and be expressed in a simple and concise manner

궁금해요

## 시나공 Q&A 베스트

**Q** 첫 문단을 블록으로 지정하고 내용을 수정하면 그림처럼 입력돼요.

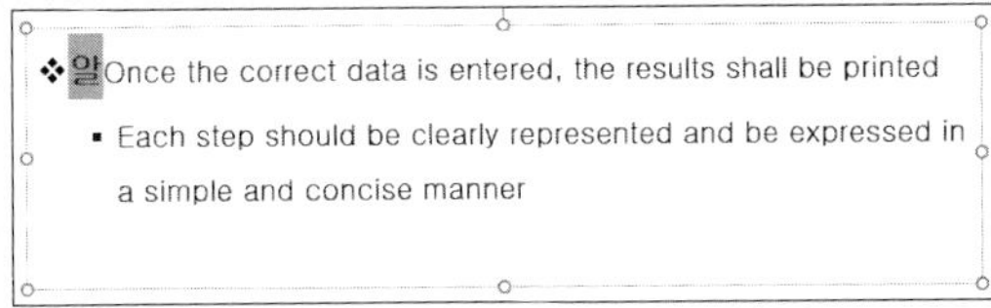


**A** 첫 문단을 마우스로 드래그하거나 Home → Shift+End를 눌러 블록으로 지정하면 다음 그림처럼 맨 뒤의 빈 칸도 블록으로 지정되는데, 입력 상태가 한글인 경우 이 상태에서 내용을 수정하면 아래쪽의 문단이 현재 문단에 합쳐지면서 아래쪽 문단의 서식이 적용됩니다. 해결 방법은 텍스트 상자의 첫 문단에 커서를 놓고 Home → Shift+End → Shift+←를 눌러 맨 뒤의 빈 칸을 블록에서 제외 시킨 후 내용을 수정해야 합니다.

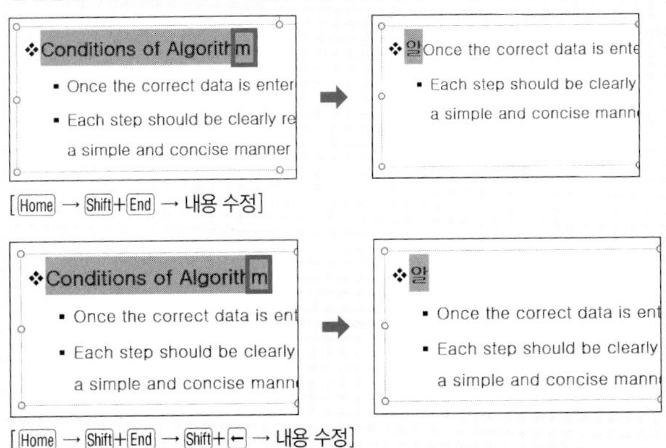


[Home → Shift+End → 내용 수정]



[Home → Shift+End → Shift+← → 내용 수정]

**3.** 두, 세 번째 문단을 블록으로 지정한 후 그림과 같이 수정하세요.

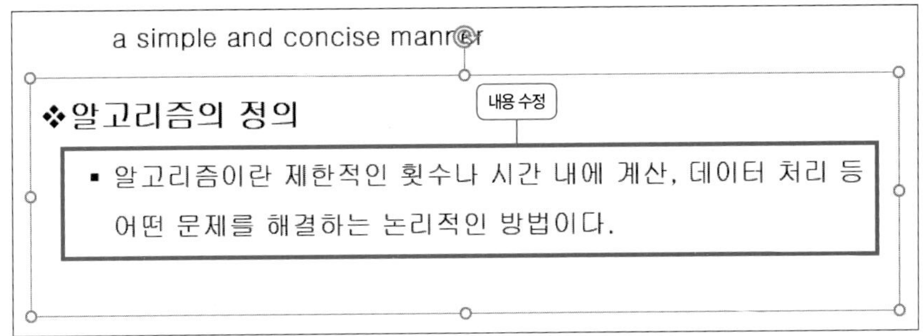

4. 텍스트 상자의 오른쪽 끝 글자가 문제지와 동일하도록 텍스트 상자의 오른쪽 가운데 크기 조절점을 왼쪽으로 드래그하여 너비를 조절하세요.

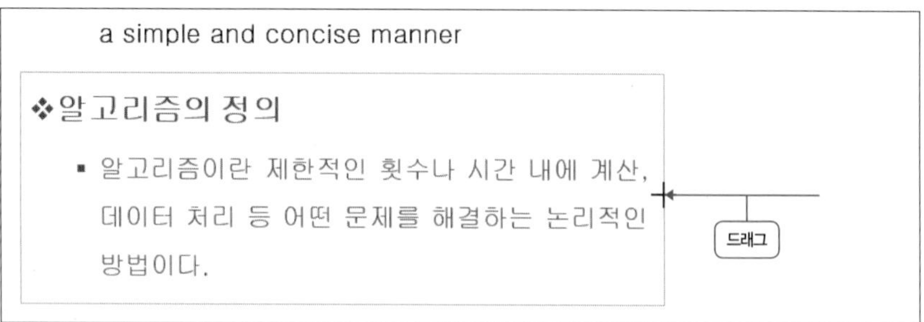


**전문가의 조언**

Shift를 누른 채 도형이나 텍스트 상자를 드래그하면 가로 또는 세로의 위치가 고정된 상태로 이동됩니다.

5. 텍스트 상자의 위치를 문제지와 동일하게 만들기 위해 텍스트 상자의 외곽선으로 마우스 포인터를 가져가 마우스 포인터의 모양이 ✥으로 변경되면 Shift를 누른 채 아래쪽으로 드래그하여 이동합니다.

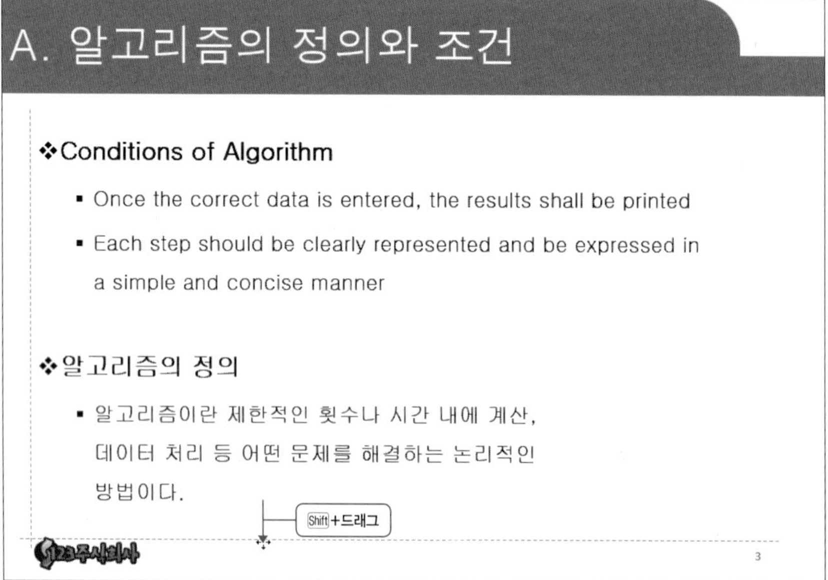


## 06. 동영상 삽입하기

1. 동영상을 삽입한 후 자동 실행과 반복 재생을 지정해야 합니다. 동영상을 삽입하기 위해 [삽입] → 미디어 → 비디오 → **내 PC의 비디오**를 선택하세요.

2. '비디오 삽입' 대화상자에서 찾는 위치를 'C:\길벗ITQ마스터(2016)\ITQ파포\동영상'으로 지정하고 '동영상'을 선택한 후 〈삽입〉을 클릭하세요.

3. 슬라이드에 동영상이 삽입됩니다. 자동 실행과 반복 재생을 설정하기 위해 동영상이 선택된 상태에서 [비디오 도구] → 재생 → **비디오 옵션**에서 '반복 재생'을 클릭하여 체크 표시한 후 시작의 '자동 실행'을 선택하세요.

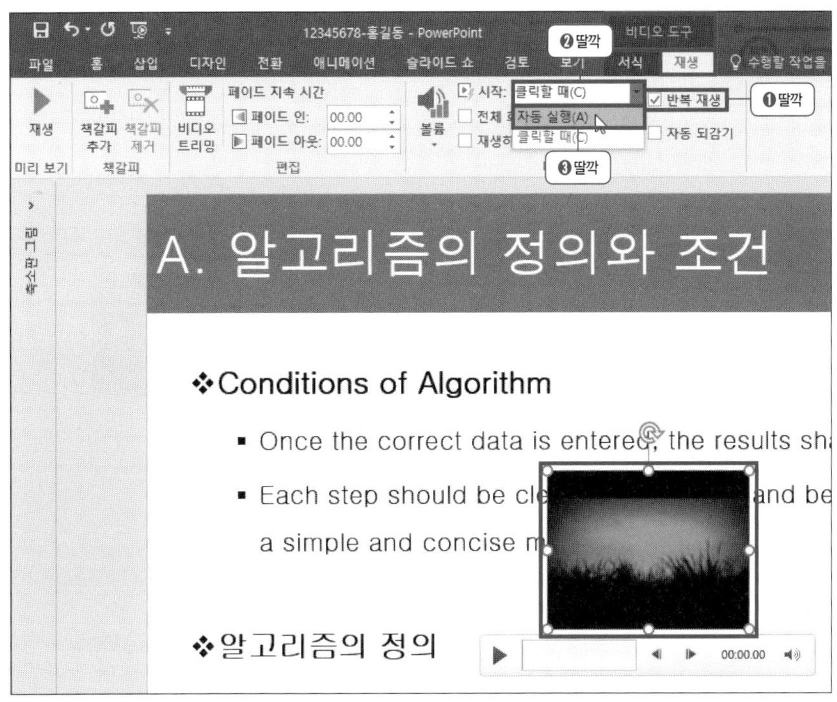

**전문가의 조언**

실제 시험에서는 불러올 동영상 파일이 '내 PC\문서\ITQ\Picture' 폴더에 들어 있습니다.

**전문가의 조언**

- '비디오 도구' 메뉴는 동영상이 선택된 상태에서만 나타납니다.
- 동영상을 선택한 후 [비디오 도구] → 재생 → 미리 보기 → 재생을 클릭하면 동영상을 재생(실행)할 수 있습니다.

**4.** 동영상을 선택하면 표시되는 크기 조절점을 이용하여 문제지의 동영상 그림과 비슷한 크기로 만든 후 마우스로 드래그하여 위치를 조절해 주세요.

❖Conditions of Algorithm

- Once the correct data is entered, the results shall be printed
- Each step should be clearly represented and be expressed in a simple and concise manner

❖알고리즘의 정의

- 알고리즘이란 제한적인 횟수나 시간 내에 계산, 데이터 처리 등 어떤 문제를 해결하는 논리적인 방법이다.

⬇

A. 알고리즘의 정의와 조건

❖Conditions of Algorithm

- Once the correct data is entered, the results shall be printed
- Each step should be clearly represented and be expressed in a simple and concise manner

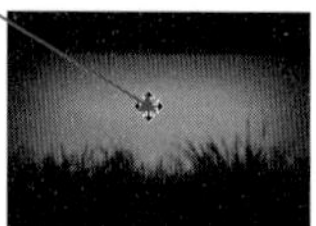


❖알고리즘의 정의

- 알고리즘이란 제한적인 횟수나 시간 내에 계산, 데이터 처리 등 어떤 문제를 해결하는 논리적인 방법이다.

3

**전문가의 조언**

실제 시험장에서는 슬라이드 하나가 완성될 때마다 '시험 관리 도구'의 〈답안 전송〉 버튼을 클릭하여 작성된 답안 파일을 감독위원 PC로 전송하세요. 감독위원 PC에는 최종적으로 전송한 답안 파일만 유지됩니다.

궁금해요

**시나공 Q&A 베스트**

**Q1 텍스트 상자의 너비를 조절하지 않고 Enter를 눌러 줄 바꿈을 해도 되나요?**

**A1** 네, 됩니다. 단 글머리 기호가 지정된 상태에서 Enter를 누르면 다음 행에 글머리 기호가 자동 삽입되므로, 이를 방지하기 위해 Shift+Enter를 눌러 줄 바꿈을 해야 합니다.

**Q2 채점 시 글머리 기호, 글꼴, 글꼴 크기, 줄 간격 등은 두 텍스트 상자를 개별적으로 채점하나요?**

**A2** 예, 두 텍스트 상자를 별개의 문단으로 보고 따로따로 채점합니다.

8 슬라이드 4 – 표 슬라이드 작성

730004 

## 01. 표 작성하기

1. 세 번째 슬라이드에서 PgDn을 누르면 다음 슬라이드인 네 번째 슬라이드로 이동합니다. PgDn을 누르세요.

2. 제목 도형에 제목을 입력해야 합니다. '제목을 입력하십시오' 텍스트 상자를 클릭한 후 B. **알고리즘의 표현 방법**을 입력하세요.

3. 4행 2열의 표를 작성해야 합니다. '텍스트를 입력하십시오' 텍스트 상자 안의 '**표 삽입(▦)**'을 클릭하세요.

4. '표 삽입' 대화상자에서 열 개수 2, 행 개수 4를 입력한 후 〈확인〉을 클릭하세요.

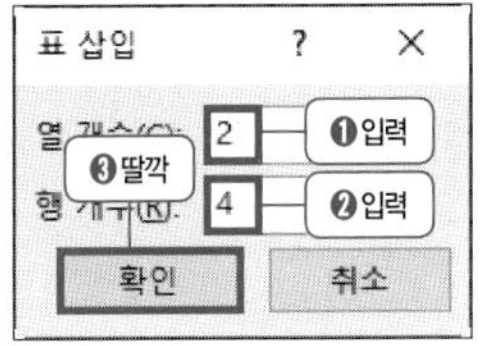

**전문가의 조언**

표 슬라이드에는 파워포인트 내에서의 표 작성 능력을 평가하는 부분으로 총 80점이 배정되어 있습니다. 표를 작성하고 제시된 위치에 맞게 도형을 작성하여 배치합니다.

**전문가의 조언**

[삽입] → 표 → 표 → 표 삽입을 선택해도 됩니다.

**전문가의 조언**

표를 잘못 작성했을 경우에는 작성된 표를 삭제한 후 다시 작성하는 것이 표를 수정하는 것보다 빠릅니다. 표를 삭제하려면 표의 외곽선을 선택한 후 Delete를 누르세요.

**전문가의 조언**

표 스타일에 대한 지시사항이 없더라도 문제지에 제시된 표와 동일하게 만들어야 하므로 '머리글 행'과 '줄무늬 행'의 체크를 해제해야 합니다.

**5.** 표 스타일, 글꼴 모양, 셀 병합 등 표에 적용될 서식은 내용을 입력하기 전에 먼저 설정하는 것이 효율적입니다. 표의 테두리를 클릭하여 선택한 후 [표 도구] → 디자인 → **표 스타일 옵션**에서 '머리글 행'과 '줄무늬 행'의 체크를 해제하세요.

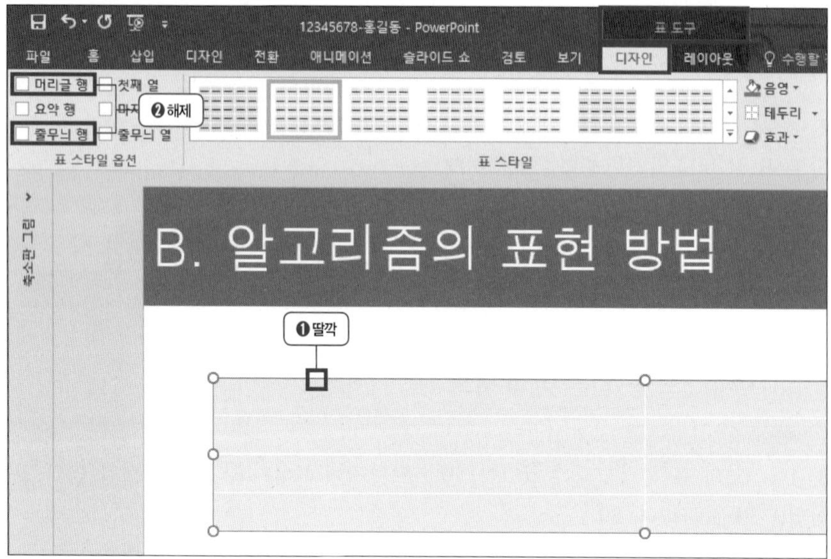


**6.** 이어서 [표 도구] → 디자인 → 표 스타일의 (자세히) → **테마 스타일 1 - 강조 1**을 선택하세요.

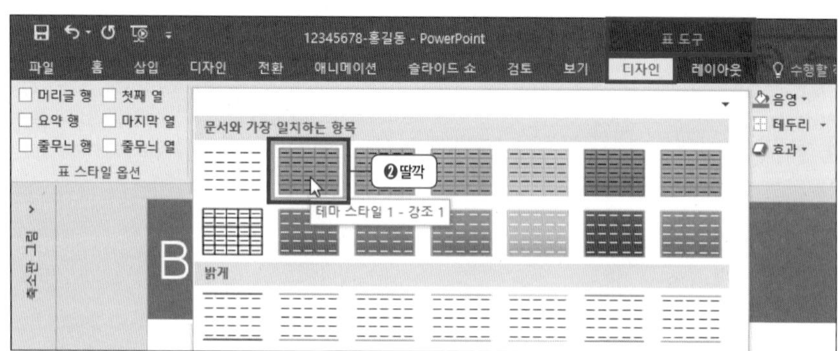

**7.** 표에 입력된 내용이 각 셀에서 가로와 세로를 기준으로 가운데에 오도록 해야 합니다. 표가 선택된 상태에서 [표 도구] → 레이아웃 → **맞춤**에서 가운데 맞춤(☰)과 세로 가운데 맞춤(▤)을 클릭하세요.

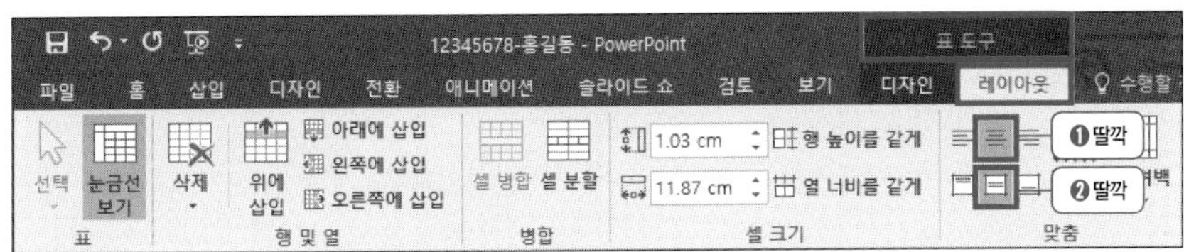

**텍스트 맞춤 적용 예**

| 가로 맞춤 / 세로 맞춤 | 왼쪽 맞춤 | 가운데 맞춤 | 오른쪽 맞춤 |
|---|---|---|---|
| 위쪽 맞춤 | 응용구조 변경<br>실행프로그램 설명 | 응용구조 변경<br>실행프로그램 설명 | 응용구조 변경<br>실행프로그램 설명 |
| 세로 가운데 맞춤 | 응용구조 변경<br>실행프로그램 설명 | 응용구조 변경<br>실행프로그램 설명 | 응용구조 변경<br>실행프로그램 설명 |
| 아래쪽 맞춤 | 응용구조 변경<br>실행프로그램 설명 | 응용구조 변경<br>실행프로그램 설명 | 응용구조 변경<br>실행프로그램 설명 |

**8.** 마지막으로 글꼴 서식을 지정하기 위해 [홈] → **글꼴**에서 글꼴 '돋움', 크기 18을 지정하세요.

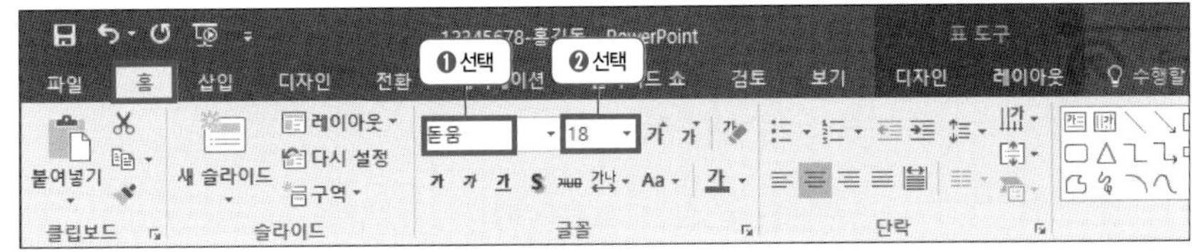

**전문가의 조언**

표 스타일, 표 안의 글꼴에 대한 서식, 셀 병합 등은 내용을 입력하기 전에 먼저 수행하는 것이 효율적입니다.

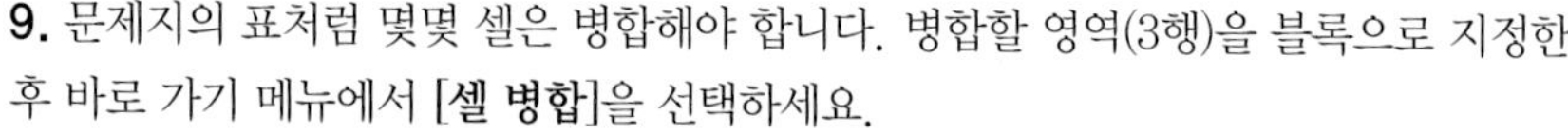

9. 문제지의 표처럼 몇몇 셀은 병합해야 합니다. 병합할 영역(3행)을 블록으로 지정한 후 바로 가기 메뉴에서 **[셀 병합]**을 선택하세요.

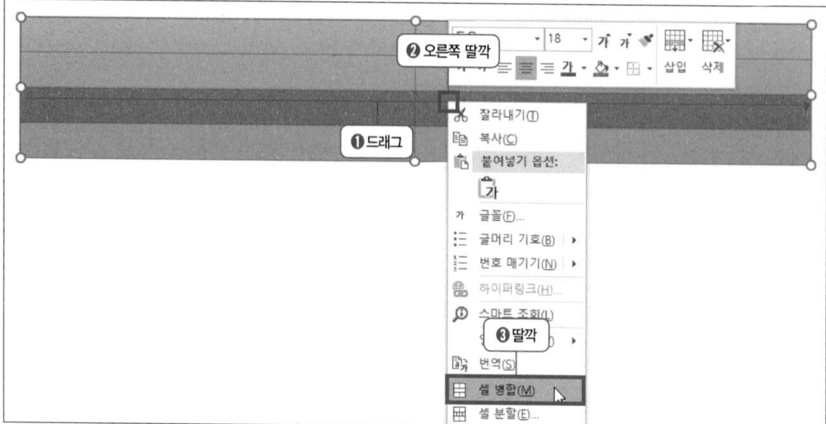


10. 동일한 방법으로 4행을 한 개의 셀로 병합하세요.

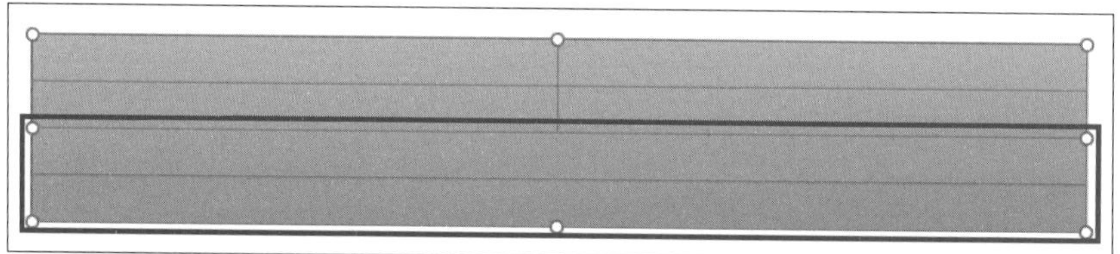

**전문가의 조언**

표의 각 셀에 내용을 입력할 때 2열 2행의 내용은 첫 번째 행(순서도를 ~ 알고리즘을)을 입력하고 Enter를 누른 후 두 번째 행(보다 ~ 있음)을 입력하면 되고, 나머지 셀들의 내용은 모두 이어서 입력하면 됩니다.

11. 문제의 표에 제시된 내용을 입력하세요. 셀을 이동할 때는 Tab이나 →, ↓를 이용하면 됩니다.

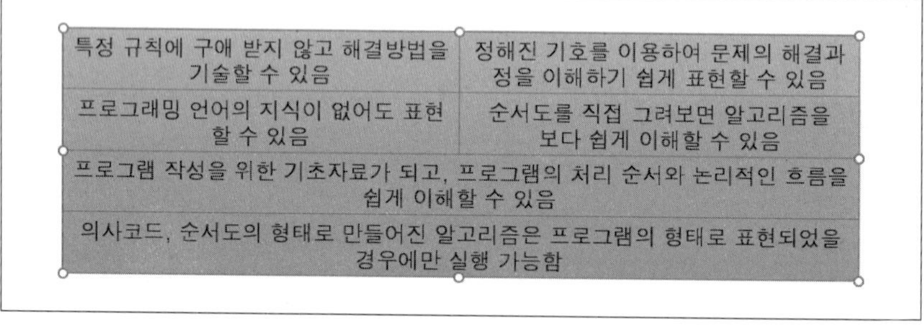


12. 문제에 제시된 표와 유사하도록 크기를 조절해야 합니다. 우선 표 왼쪽 하단 모서리의 크기 조절점을 오른쪽 하단으로 드래그하여 표 전체 크기를 조절하세요.

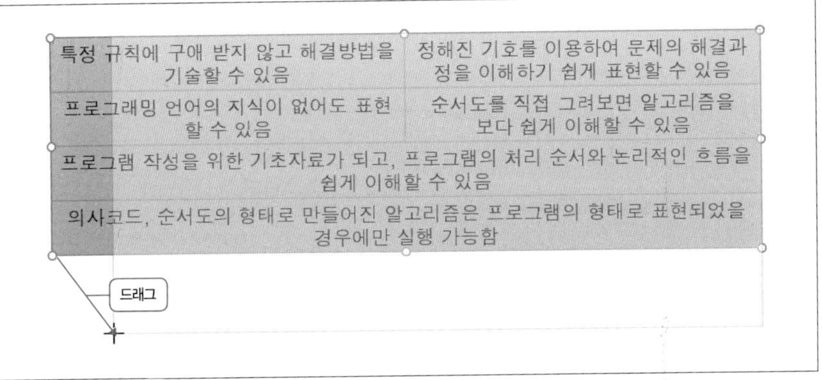


**13.** 행이나 열의 경계선을 조절하여 행의 높이나 열의 너비를 적당하게 조절하세요.

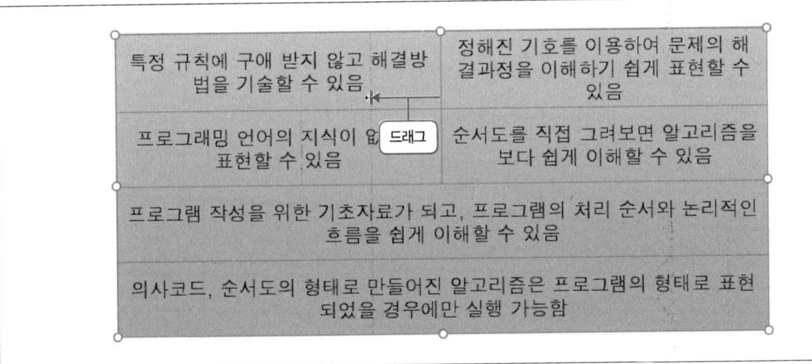


**14.** 상단 도형과 좌측 도형이 작성될 위치를 감안하여 표의 위치 및 크기를 최종적으로 그림과 같이 조절하세요.

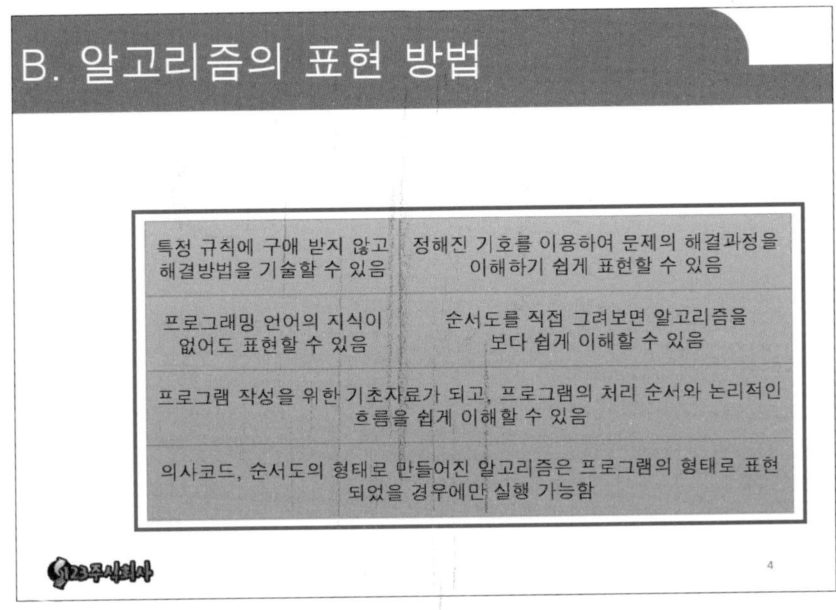

궁금해요 시나공 Q&A 베스트

**Q 표의 크기가 늘어나지 않고 표가 이동돼요!**

**A** 표의 크기 조절점을 정확하게 집지 못해서 그렇습니다. 마우스 포인터를 표 크기 조절점으로 가져가 마우스 포인터의 모양이 ↘로 변경됐을 때 드래그해야 표의 크기가 변경됩니다.

궁금해요 시나공 Q&A 베스트

**Q 표의 너비를 조절하지 않고 Enter를 눌러 줄 바꿈을 해도 되나요?**

**A** 네, 됩니다. 셀의 내용은 셀의 너비를 조절하여 줄 바꿈을 해도 되고, Enter를 눌러서 줄 바꿈을 해도 됩니다. 문제지와 동일하게만 하면 됩니다.

## 02. 상단 도형 작성하기

1. 뒤쪽에 놓여진 도형을 먼저 작성하겠습니다. [삽입] → 일러스트레이션 → 도형 → 사각형 → **양쪽 모서리가 잘린 사각형(⌂)**을 선택한 후 드래그하여 도형을 삽입하되, 표의 첫 번째 열의 너비와 같도록 하세요.

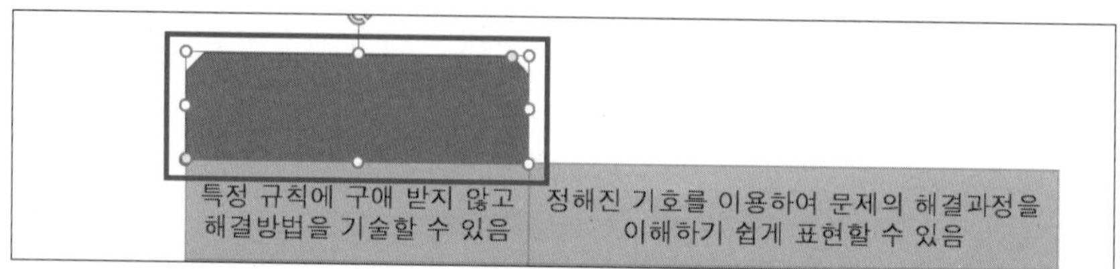


2. 이제 앞쪽의 도형을 만들어야 합니다. [삽입] → 일러스트레이션 → 도형 → 기본 도형 → **다이아몬드(◇)**를 선택한 후 '양쪽 모서리가 잘린 사각형' 위에서 적당한 크기로 드래그하여 삽입한 후 **의사코드**를 입력하세요.

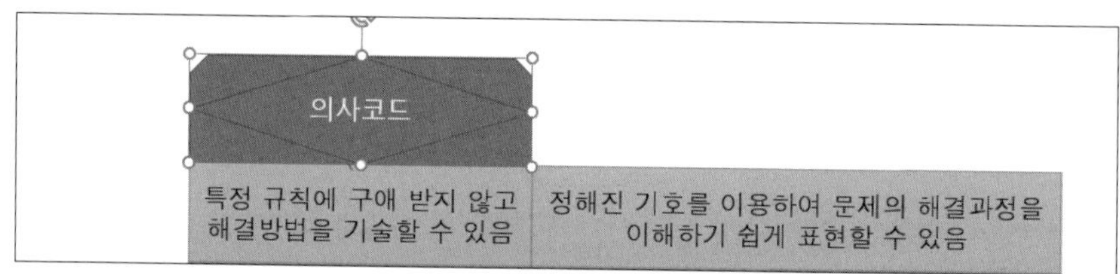


3. 나머지 상단 도형은 방금 삽입한 도형을 복사하여 사용하면 됩니다. 두 개의 도형을 모두 선택한 후 Ctrl+Shift를 누른 채 오른쪽으로 드래그하여 복사하세요.

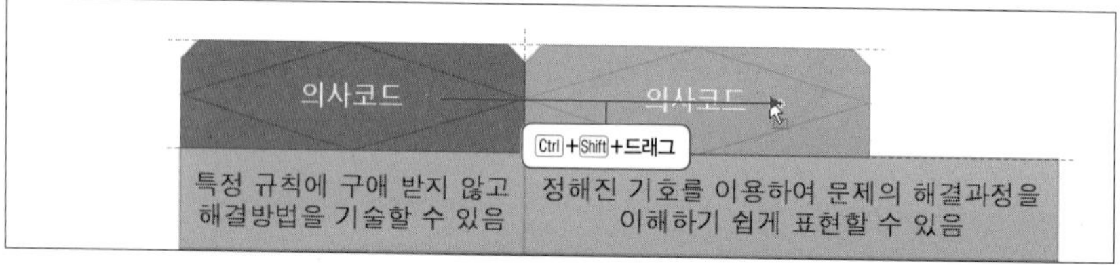


4. 이제 도형의 너비를 조절하면 됩니다. 두 개의 도형이 선택된 상태에서 '다이아몬드'의 오른쪽 가운데 크기 조절점을 오른쪽으로 드래그하여 표의 오른쪽 끝선에 맞추세요.

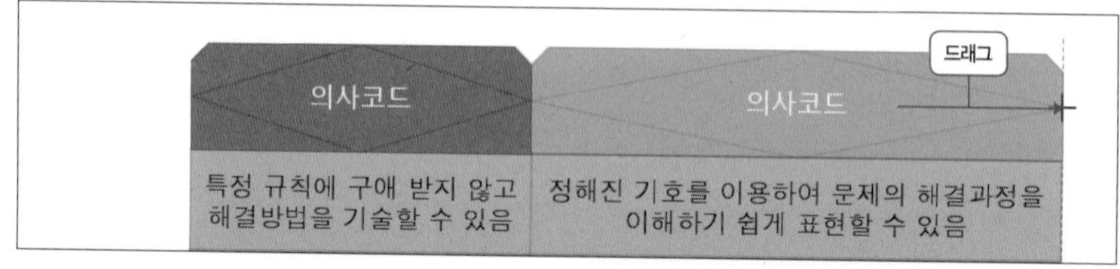

궁금해요 **시나공 Q&A 베스트**

두 개 이상의 도형이 결합된 도형은 가장 뒤쪽에 위치한 도형부터 순서대로 작성해야 불필요한 작업이 발생하지 않습니다.

**전문가의 조언**

- 슬라이드 작성 조건에는 슬라이드 전체에 적용되는 조건과 도형별로 적용되는 세부 조건이 있습니다. 도형별로 적용되는 세부 조건은 도형을 작성할 때마다 적용하고 공통으로 적용되는 조건은 관련 도형을 모두 작성한 후에 한꺼번에 적용하는 것이 효과적입니다.
- 문자 입력을 위한 커서가 없어도 도형이 선택된 상태에서 키보드로 문자를 입력하면 선택된 도형에 입력됩니다.

**전문가의 조언**

여러 개의 도형을 선택할 때는 선택할 도형이 모두 포함되게 드래그하거나 첫 번째 도형을 선택한 후 Shift를 누른 채 다른 도형을 클릭하면 됩니다.

**전문가의 조언**

- 도형의 크기와 위치는 표의 너비를 기준으로 조절하면 됩니다.
- 여러 도형이 선택된 상태에서 한 도형의 크기 조절점을 드래그하면 나머지 도형의 크기도 함께 변경됩니다.

5. '다이아몬드'에 입력된 내용을 그림과 같이 수정하세요.

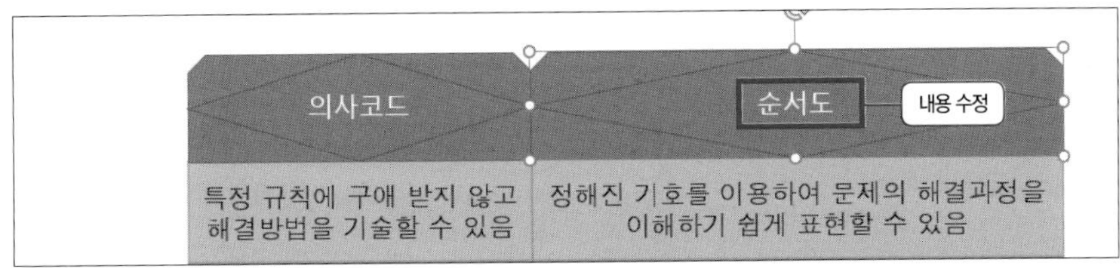


## 03. 좌측 도형 작성하기

1. 좌측 도형을 만들 차례입니다. [삽입] → 일러스트레이션 → 도형 → 사각형 → **한쪽 모서리가 잘린 사각형(  )**을 선택한 후 도형이 삽입될 위치에 적당한 크기로 드래그하여 삽입하세요.

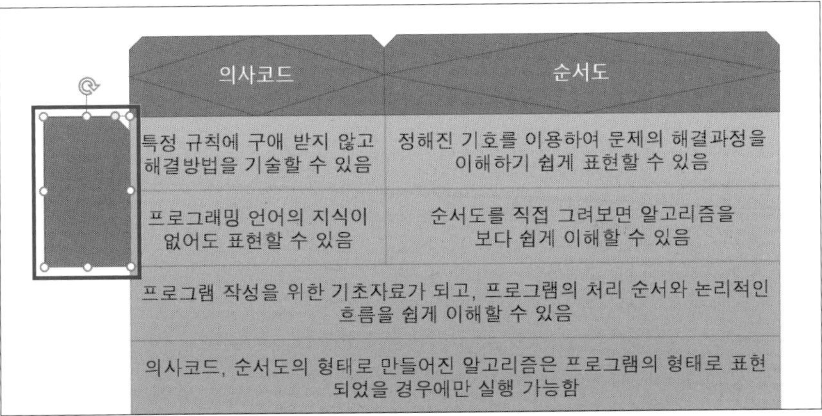


2. 도형을 선택한 후 [그리기 도구] → 서식 → 정렬 → 회전 → **좌우 대칭**을 선택하세요.

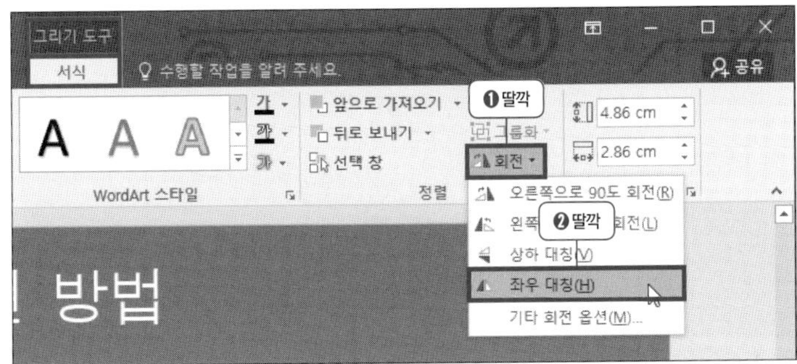

**전문가의 조언**

도형을 마우스 오른쪽 버튼으로 클릭한 후 미니 도구 모음에서 [채우기] → 그라데이션 → **선형 아래쪽**을 선택해도 됩니다.

**3.** 도형에 '선형 아래쪽' 그라데이션 효과를 지정해야 합니다. 도형이 선택된 상태에서 [그리기 도구] → 서식 → 도형 스타일 → 도형 채우기 → 그라데이션 → **선형 아래쪽**을 선택하세요.

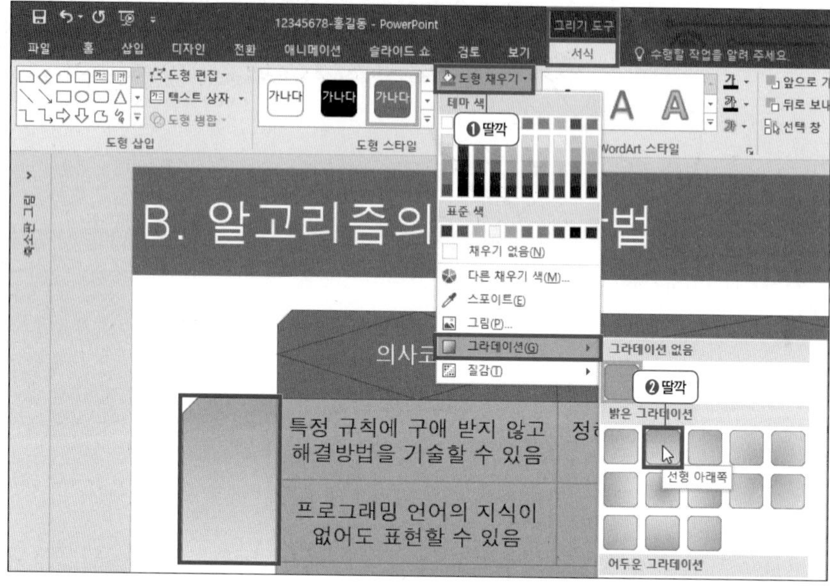


**4.** 도형에 **정의**를 입력하세요.

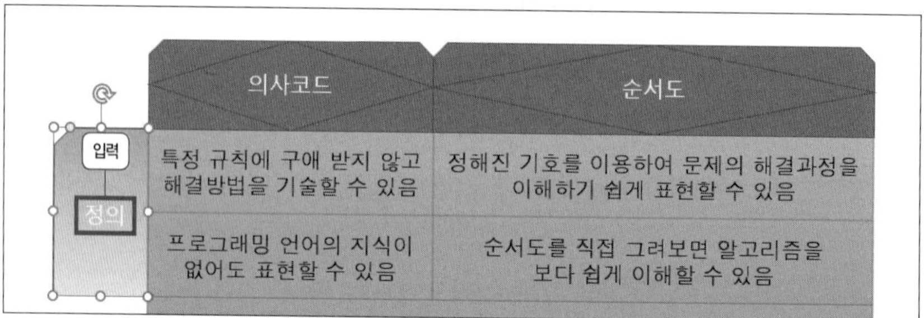


**5.** 아래쪽 도형은 방금 작성한 도형을 복사하여 사용하면 됩니다. 도형을 선택한 후 Ctrl+Shift를 누른 채 아래쪽으로 드래그하여 복사하세요.

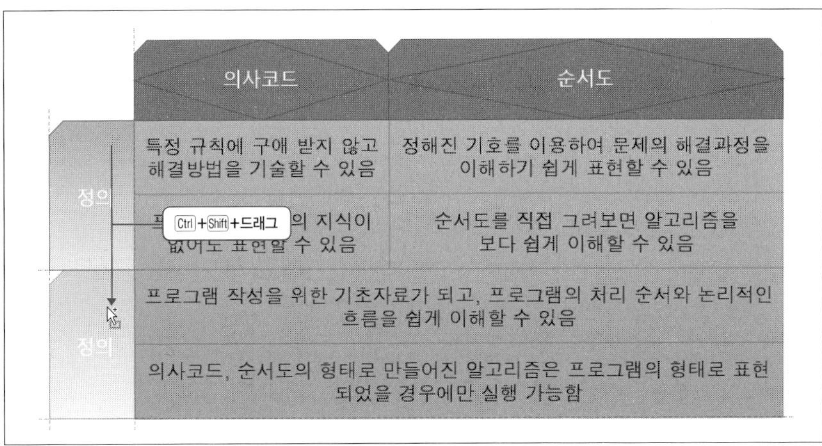


**6.** 복사한 도형의 텍스트를 그림과 같이 수정하세요.

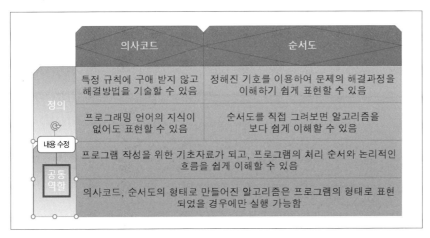

의사코드
순서도
특정 규칙에 구애 받지 않고 해결방법을 기술할 수 있음
정해진 기호를 이용하여 문제의 해결과정을 이해하기 쉽게 표현할 수 있음
정의
프로그래밍 언어의 지식이 없어도 표현할 수 있음
순서도를 직접 그려보면 알고리즘을 보다 쉽게 이해할 수 있음
내용 수정
프로그램 작성을 위한 기초자료가 되고, 프로그램의 처리 순서와 논리적인 흐름을 쉽게 이해할 수 있음
공통 역할
의사코드, 순서도의 형태로 만들어진 알고리즘은 프로그램의 형태로 표현되었을 경우에만 실행 가능함

**7.** 모든 도형에 공통적으로 적용할 글꼴 서식을 지정해야 합니다. 서식을 지정할 도형이 모두 포함되도록 마우스로 드래그하세요.

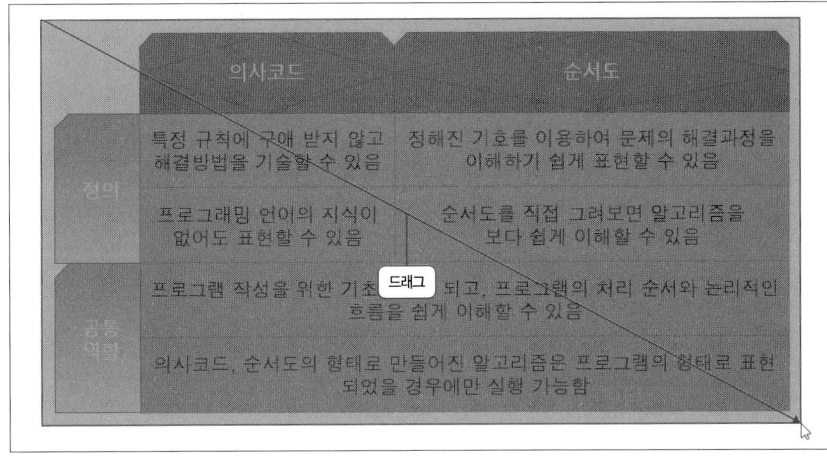

**전문가의 조언**

앞에서 표에 대한 서식을 지정했지만 모든 도형을 한 번에 선택하다 보니 표가 포함됩니다. 동일한 서식을 적용하는 것이므로 신경쓰지 않아도 됩니다.

**전문가의 조언**

문제의 지시사항에 글꼴 색에 대한 내용은 없지만 문제에 제시된 [출력형태]와 동일하게 글꼴 색을 지정해야 합니다.

**8.** 이어서 [홈] → **글꼴**에서 글꼴 '돋움', 크기 18, 글꼴 색(가 ▾) '검정, 텍스트 1'을 지정하세요.

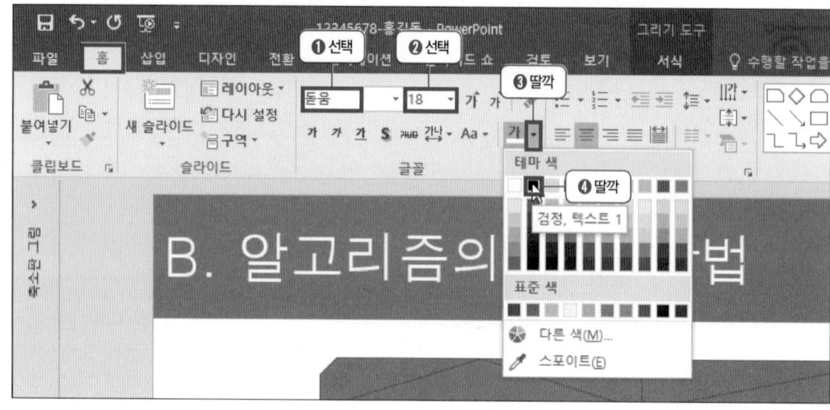

B. 알고리즘의 표현 방법

| | 의사코드 | 순서도 |
|---|---|---|
| 정의 | 특정 규칙에 구애 받지 않고 해결방법을 기술할 수 있음 | 정해진 기호를 이용하여 문제의 해결과정을 이해하기 쉽게 표현할 수 있음 |
| | 프로그래밍 언어의 지식이 없어도 표현할 수 있음 | 순서도를 직접 그려보면 알고리즘을 보다 쉽게 이해할 수 있음 |
| 공통 역할 | 프로그램 작성을 위한 기초자료가 되고, 프로그램의 처리 순서와 논리적인 흐름을 쉽게 이해할 수 있음 | |
| | 의사코드, 순서도의 형태로 만들어진 알고리즘은 프로그램의 형태로 표현되었을 경우에만 실행 가능함 | |

123주식회사 4

**전문가의 조언**

실제 시험장에서는 슬라이드 하나가 완성될 때마다 '시험 관리 도구'의 〈답안 전송〉 버튼을 클릭하여 작성된 답안 파일을 감독위원 PC로 전송하세요. 감독위원 PC에는 최종적으로 전송한 답안 파일만 유지됩니다.

궁금해요

**시나공 Q&A 베스트**

**Q 도형에 입력된 텍스트의 색에 대해서는 세부조건이 없는데, 기본 색을 그냥 두면 되나요?**

**A** 아닙니다. 세부조건에는 없지만 문제지의 그림을 보고 동일하게 지정해야 하는 경우도 있는데, 바로 이런 경우입니다. 도형에 입력된 텍스트의 색은 검정색 아니면 흰색이니 문제지의 그림을 보고 알맞게 지정하세요.

730005 

# 9 슬라이드 5 – 차트 슬라이드 작성

## 01. 차트 삽입 및 데이터 입력하기

**1.** 네 번째 슬라이드에서 PgDn을 누르면 다음 슬라이드인 다섯 번째 슬라이드로 이동합니다. PgDn을 누르세요.

**2.** 제목 도형에 제목을 입력해야 합니다. '제목을 입력하십시오' 텍스트 상자를 클릭한 후 **C. 의사코드와 순서도 비교**를 입력하세요.

**전문가의 조언**

차트 슬라이드는 파워포인트 내에서의 차트 작성 능력을 평가하는 부분으로 총 100점이 배정되어 있습니다. 차트를 작성하고 서식을 설정한 후 도형을 작성하여 배치합니다.

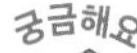

궁금해요

### 시나공 Q&A 베스트

**Q 차트의 세부조건에는 없지만 반드시 지정해야 할 것이 있다고 들었습니다. 어떤 것들이 있죠?**

**A** 차트에 대한 세부조건을 모두 적용한 후 문제지의 그림과 비교하여 다른 부분은 문제지와 동일하게 만들어야 합니다. 세부조건에는 없지만 적용해야 할 사항에는 다음과 같은 것들이 있습니다.

1) 데이터의 숫자 서식(천 단위 구분 기호 등) 및 소수 자릿수
2) 세로(값) 축 및 보조 세로(값) 축의 최대/최소 경계, 주 단위, 소수 자릿수
3) 범례, 눈금선 삭제
4) 세로(값) 축, 보조 세로(값) 축, 데이터 표 선 색

**3.** 차트를 작성하기 위해 '텍스트를 입력하십시오' 텍스트 상자 안의 **'차트 삽입( )'**을 클릭하세요.

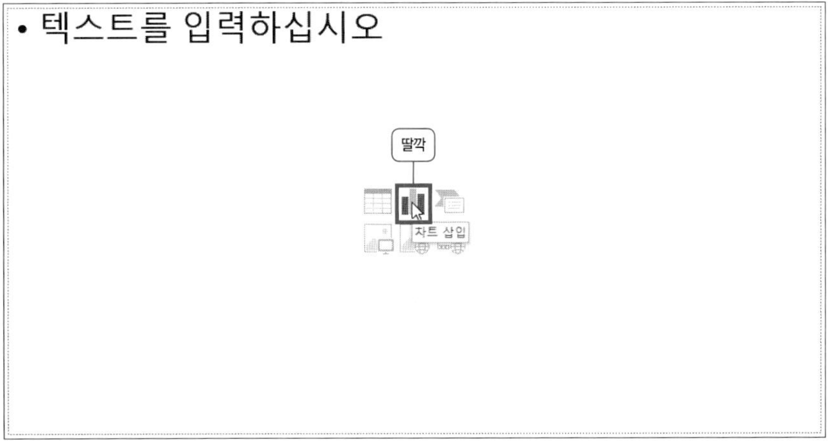

**전문가의 조언**

[삽입] → 일러스트레이션 → **차트**를 클릭해도 됩니다.

**전문가의 조언**

- '차트 삽입' 대화상자의 '콤보' 탭에서 각 계열의 차트 종류는 기본적으로 '묶은 세로 막대형'이므로 '계열2'의 차트 종류와 보조 축만 지정하면 됩니다.
- 차트 작성을 위한 데이터는 별도로 제시되지 않으므로 차트와 함께 문제에 제시된 데이터 표를 보고 입력해야 합니다.
- 데이터시트를 사용하는 방법은 엑셀의 워크시트를 사용하는 방법과 같습니다. 마우스로 클릭하면 셀이 선택되고, 선택된 셀에 새로운 내용을 입력하면 기존에 입력된 내용에 관계없이 새로운 내용이 입력됩니다. 셀의 일부 내용을 변경할 때는 해당 셀을 더블클릭하거나 F2를 누른 다음 변경하면 됩니다.
- 입력된 내용이 모두 표시되지 않을 경우 셀의 오른쪽 열 경계선을 마우스로 더블클릭하거나 오른쪽으로 드래그하여 너비를 넓혀주세요.

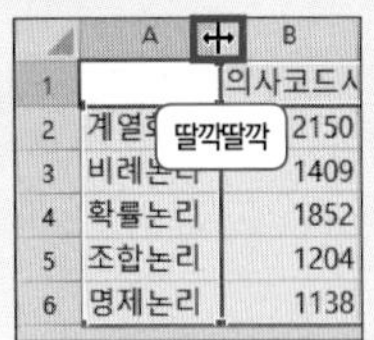

| | A | B |
|---|---|---|
| 1 | | 의사코드시 |
| 2 | 계열 | 2150 |
| 3 | 비례논리 | 1409 |
| 4 | 확률논리 | 1852 |
| 5 | 조합논리 | 1204 |
| 6 | 명제논리 | 1138 |



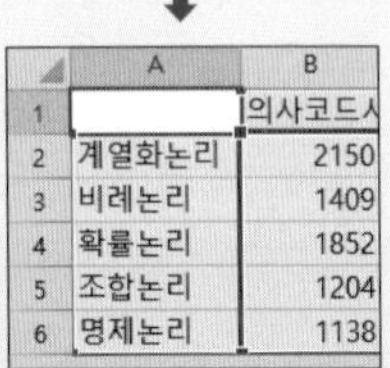

| | A | B |
|---|---|---|
| 1 | | 의사코드시 |
| 2 | 계열화논리 | 2150 |
| 3 | 비례논리 | 1409 |
| 4 | 확률논리 | 1852 |
| 5 | 조합논리 | 1204 |
| 6 | 명제논리 | 1138 |

**전문가의 조언**

'계열 3' 계열을 제거하기 위해 D열을 삭제할 때 열 전체를 삭제하지 않고 D열에 입력된 데이터만 삭제하면 계열은 삭제되지 않고 아래 그림과 같이 '열1' 계열이 표시됩니다.

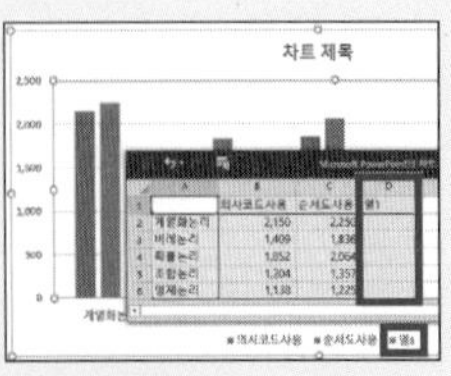



**4.** '의사코드사용' 계열의 차트 종류는 '묶은 세로 막대형'으로 지정하고, '순서도사용' 계열은 차트 종류를 '표식이 있는 꺾은선형'으로 지정한 후 '보조 축'으로 지정해야 합니다. '차트 삽입' 대화상자의 '콤보' 탭에서 '계열2'의 '차트 종류'를 '표식이 있는 꺾은선형'으로 선택하고 '보조 축'을 체크한 후 〈확인〉을 클릭하세요.

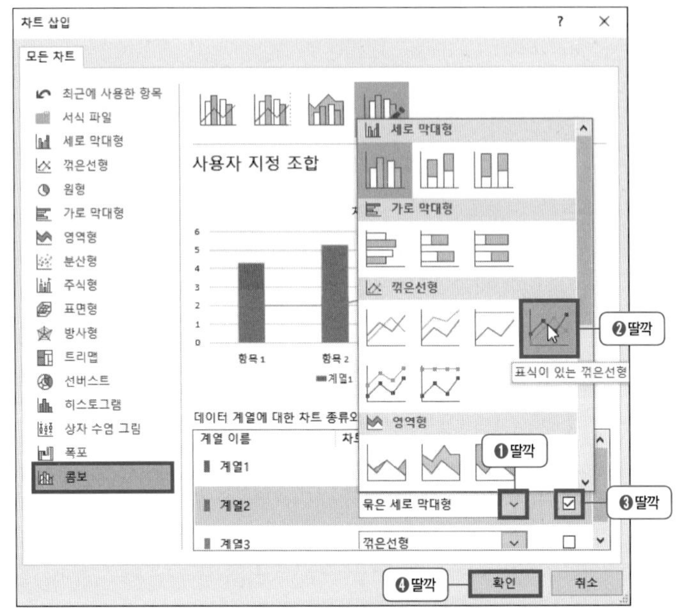



**5.** 기본 데이터가 입력된 '데이터시트' 창과 차트가 표시됩니다. '데이터 시트' 창의 내용을 문제에 제시된 데이터 표의 내용으로 수정하세요.

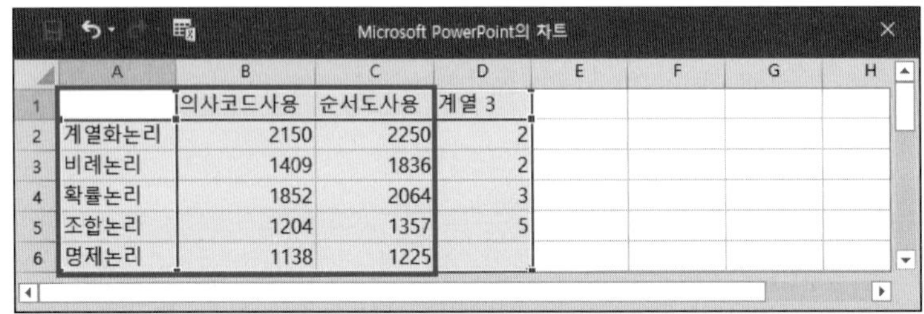

Microsoft PowerPoint의 차트

| | A | B | C | D | E | F | G | H |
|---|---|---|---|---|---|---|---|---|
| 1 | | 의사코드사용 | 순서도사용 | 계열 3 | | | | |
| 2 | 계열화논리 | 2150 | 2250 | 2 | | | | |
| 3 | 비례논리 | 1409 | 1836 | 2 | | | | |
| 4 | 확률논리 | 1852 | 2064 | 3 | | | | |
| 5 | 조합논리 | 1204 | 1357 | 5 | | | | |
| 6 | 명제논리 | 1138 | 1225 | | | | | |

**6.** 차트에 사용되지 않는 불필요한 열은 삭제해야 합니다. D열의 열 머리글을 마우스 오른쪽 버튼으로 클릭한 후 바로 가기 메뉴에서 [**삭제**]를 선택하세요.

Microsoft PowerPoint의 차트

| | A | B | C |
|---|---|---|---|
| 1 | | 의사코드사용 | 순서도사용 |
| 2 | 계열화논리 | 2150 | 2250 |
| 3 | 비례논리 | 1409 | 1836 |
| 4 | 확률논리 | 1852 | 2064 |
| 5 | 조합논리 | 1204 | 1357 |
| 6 | 명제논리 | 1138 | 1225 |

❶ 오른쪽 딸깍 / 잘라내기(T) / 복사(C) / 붙여넣기 옵션: / 선택하여 붙여넣기(S)... / 삽입(I) / 삭제(D) ❷딸깍

**7.** 데이터 영역에 천 단위 구분 기호를 지정해야 합니다. [B2:C6] 영역을 블록으로 지정한 후 Ctrl+1을 누르세요.

Microsoft PowerPoint의 차트

| | A | B | C | D | E | F | G | H |
|---|---|---|---|---|---|---|---|---|
| 1 | | 의사코드사용 | 순서도사용 | | | | | |
| 2 | 계열화논리 | 2150 | 2250 | | | | | |
| 3 | 비례논리 | 1409 | | | | | | |
| 4 | 확률논리 | 1852 | | | | | | |
| 5 | 조합논리 | 1204 | 1357 | | | | | |
| 6 | 명제논리 | 1138 | 1225 | | | | | |

드래그 → Ctrl+1

**8.** '셀 서식' 대화상자의 '표시 형식' 탭에서 '범주'의 '숫자'를 선택하고 '1000 단위 구분 기호(,) 사용'을 체크한 후 〈확인〉을 클릭하세요.

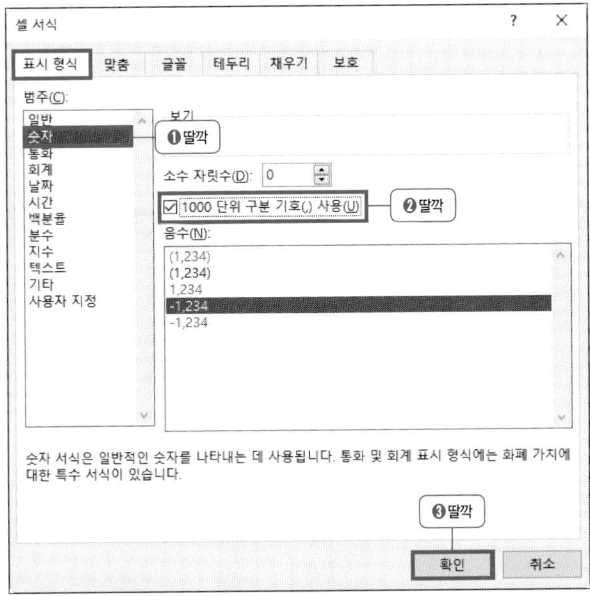


**9.** 이어서 '데이터시트' 창의 '닫기()' 단추를 클릭한 후 작성된 차트를 확인하세요.

Microsoft PowerPoint의 차트

| | A | B | C | D | E | F | G | H |
|---|---|---|---|---|---|---|---|---|
| 1 | | 의사코드사용 | 순서도사용 | | | | | |
| 2 | 계열화논리 | 2,150 | 2,250 | | | | | |
| 3 | 비례논리 | 1,409 | 1,836 | | | | | |
| 4 | 확률논리 | 1,852 | 2,064 | | | | | |
| 5 | 조합논리 | 1,204 | 1,357 | | | | | |
| 6 | 명제논리 | 1,138 | 1,225 | | | | | |

닫기
딸깍

⬇

**전문가의 조언**

- 데이터 영역을 블록으로 지정한 후 바로 가기 메뉴에서 [셀 서식]을 선택해도 됩니다.
- 문제의 지시사항에 세로(값) 축과 보조 축 세로(값)의 천 단위 구분 기호를 지정하라는 내용은 없지만 문제에 제시된 [출력형태]와 동일하게 세로(값) 축과 보조 세로(값) 축에 천 단위 구분 기호를 지정해야 합니다. 데이터 영역에 천 단위 구분 기호를 지정하면 차트에도 동일하게 표시됩니다.

**Q 데이터를 잘못 입력했어요!**

**A** 데이터를 잘못 입력했을 경우 '데이터시트' 창을 불러 수정하면 됩니다. 차트 영역의 바로 가기 메뉴에서 [데이터 편집]을 선택하면 '데이터시트' 창이 나타납니다.

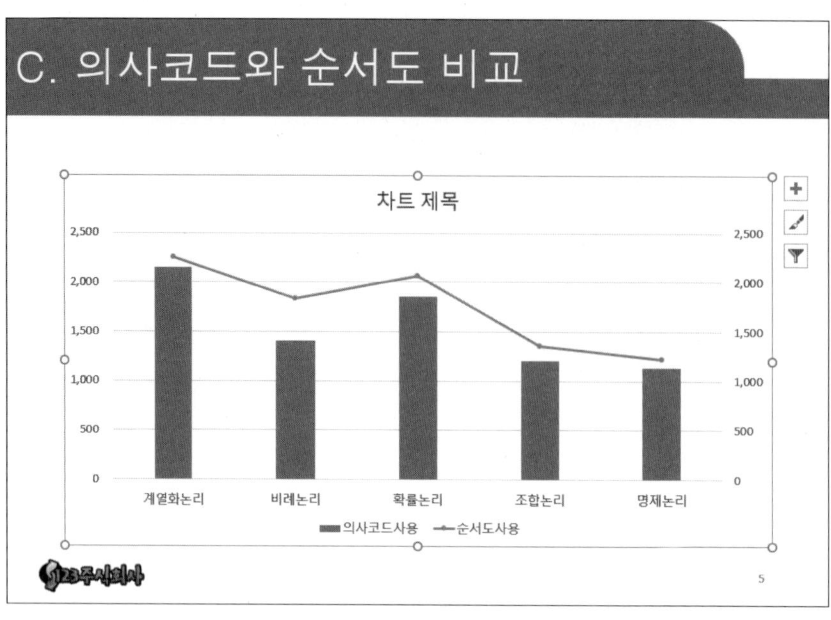


잠깐만요

## 차트의 구성 요소

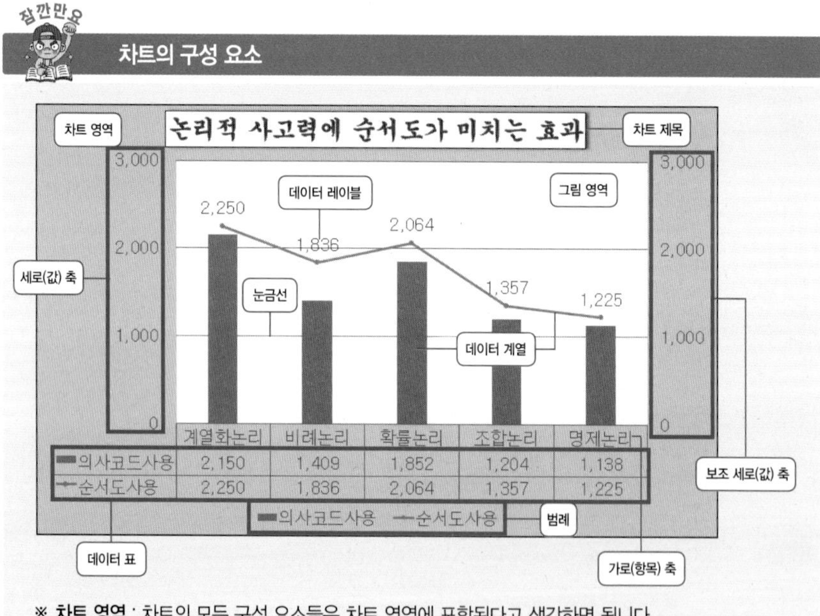


※ **차트 영역** : 차트의 모든 구성 요소들은 차트 영역에 포함된다고 생각하면 됩니다.

## 02. 차트 영역 서식 지정하기

1. 차트 영역에 글꼴 서식, 채우기 색, 외곽선을 지정해야 합니다. 차트 영역을 클릭한 후 [홈] → **글꼴**에서 글꼴 '돋움', 크기 16을 지정하세요.

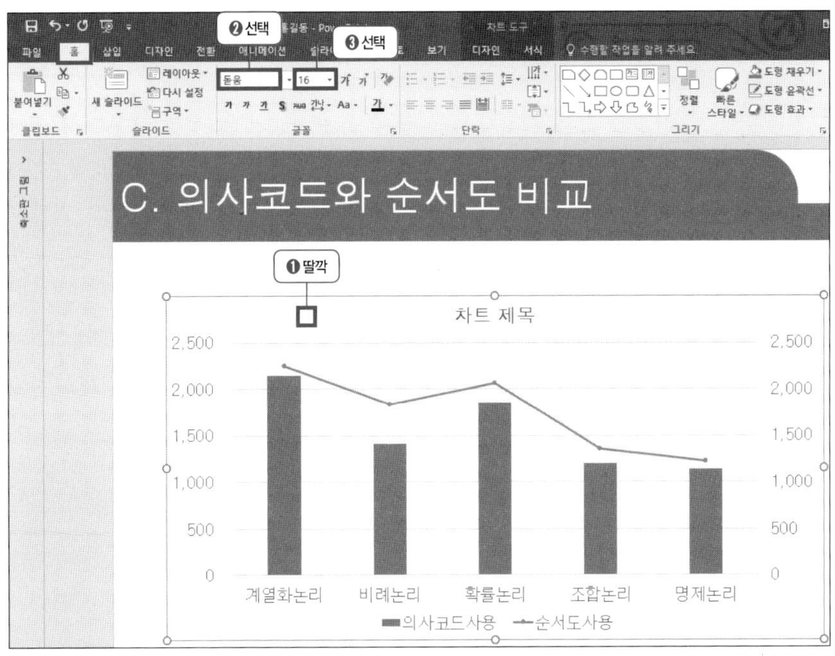


2. 이어서 [홈] → **그리기**에서 도형 채우기 '노랑', 도형 윤곽선 '검정, 텍스트 1'을 지정하세요.

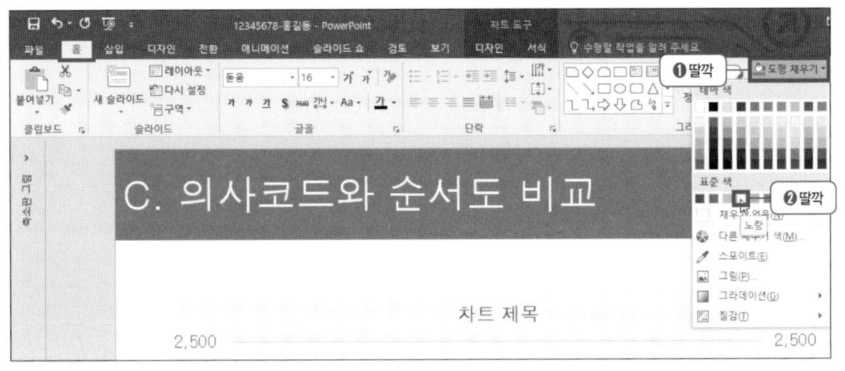

**전문가의 조언**

- 문제의 지시사항에 차트 영역 외곽선 색에 대한 내용이 없으므로 검정색 같은 눈에 잘 띄는 어두운 색으로 지정하면 됩니다.
- 차트를 선택한 후 [차트 도구] → 서식 → **도형 스타일**에서 도형 채우기와 도형 윤곽선을 지정해도 됩니다.

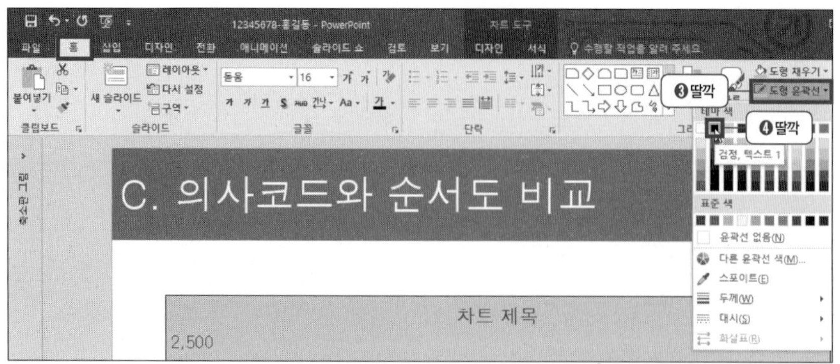


## 03. 차트 제목 수정 및 서식 지정하기

**1.** 차트 제목 텍스트 상자에 입력된 내용을 삭제한 후 **논리적 사고력에 순서도가 미치는 효과**를 입력하세요.

**2.** 차트 제목에 글꼴 서식, 채우기 색, 테두리, 그림자를 지정해야 합니다. 차트 제목의 외곽선을 클릭한 후 [홈] → **글꼴**에서 글꼴 '궁서', 크기 24, '굵게(**가**)'를 지정하세요.

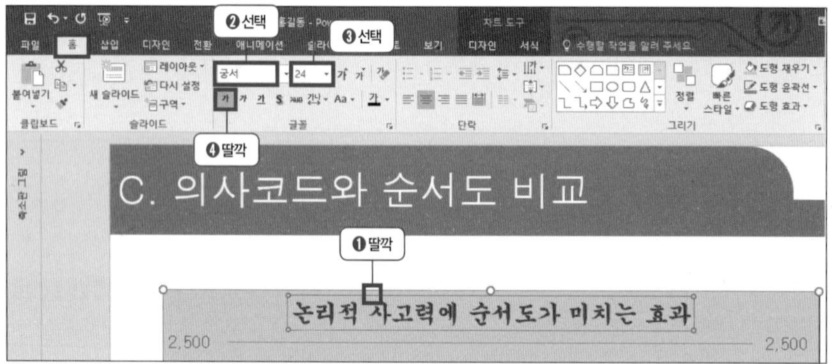

3. 이어서 [홈] → **그리기**에서 도형 채우기 '흰색, 배경 1', 도형 윤곽선 '검정, 텍스트 1', 도형 효과를 그림자 '오프셋 오른쪽'으로 지정하세요.

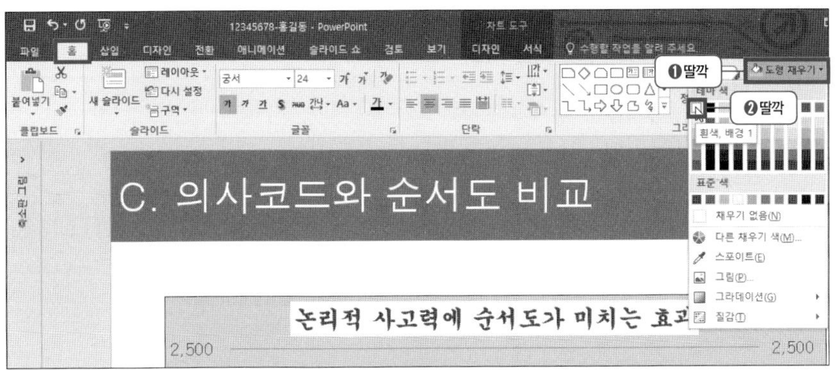


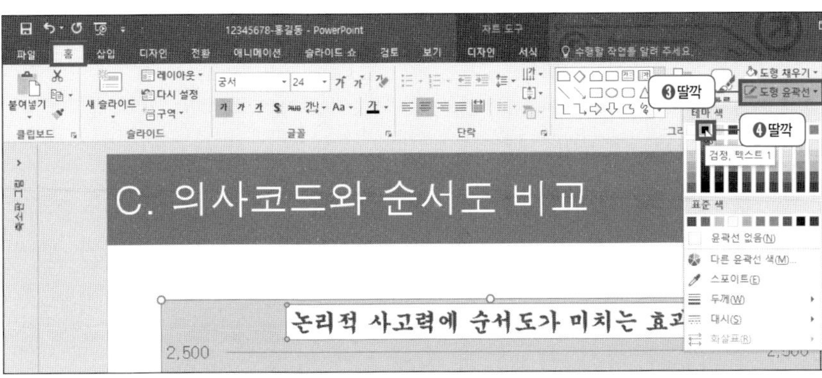


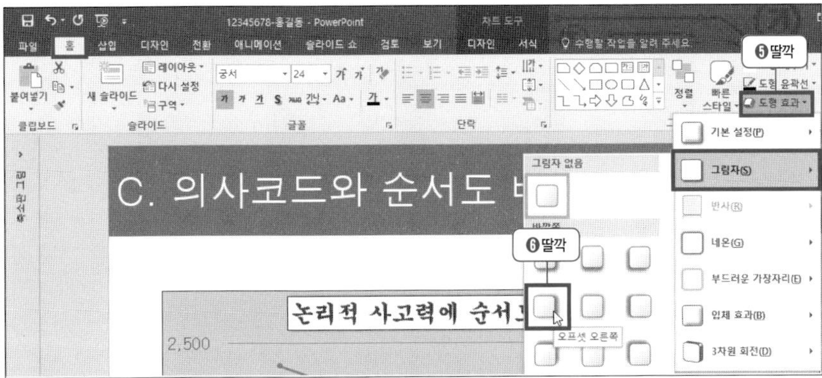

**전문가의 조언**

- 문제의 지시사항에 차트 제목의 테두리(외곽선) 색에 대한 내용이 없으므로 검정색 같은 눈에 잘 띄는 어두운 색으로 지정하면 됩니다.
- 차트 제목을 선택한 후 [차트 도구] → 서식 → **도형 스타일**에서 도형 채우기, 도형 윤곽선, 그림자(도형 효과)를 지정해도 됩니다.

궁금해요

**시나공 Q&A 베스트**

**Q 차트 제목의 글꼴과 크기를 분명히 변경했는데 적용되지 않았어요. 왜 그렇죠?**

**A** 차트 제목의 글꼴 서식을 지정한 후에 차트 영역에 대한 글꼴 서식을 지정했기 때문입니다. 차트 제목도 차트 영역의 한 요소이므로 차트 제목의 글꼴 서식을 지정하고 나서 차트 영역에 대한 글꼴 서식을 지정하면 방금 전에 지정한 차트 제목에 대한 서식이 모두 무시되고 새롭게 차트 영역에 지정한 글꼴 서식이 적용됩니다. 그러므로 차트 영역의 글꼴 서식을 먼저 변경한 후 차트 제목의 글꼴 서식을 변경해야 합니다.

**전문가의 조언**

그림 영역을 선택한 후 [차트 도구] → 서식 → 도형 스타일 → 도형 채우기 → **흰색, 배경 1**을 지정해도 됩니다.

## 04. 그림 영역 서식 지정하기

그림 영역에 채우기 색을 지정해야 합니다. 그림 영역을 클릭한 후 [홈] → 그리기 → 도형 채우기 → **흰색, 배경 1**을 선택하세요.

## 05. '순서도사용' 계열의 '계열화논리' 요소에만 값 표시하기

1. '순서도사용' 계열의 '계열화논리' 요소에만 데이터 레이블 '값'을 지정해야 합니다. '순서도사용' 계열의 '계열화논리' 요소를 클릭하세요. '순서도사용' 계열 전체가 선택됩니다.

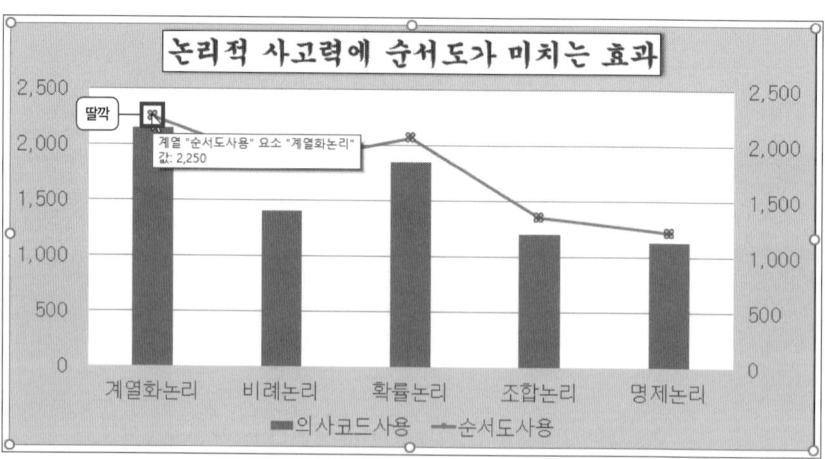

2. '순서도사용' 계열이 선택된 상태에서 '계열화논리' 요소를 한 번 더 클릭하면 '계열화논리' 요소만 선택됩니다.

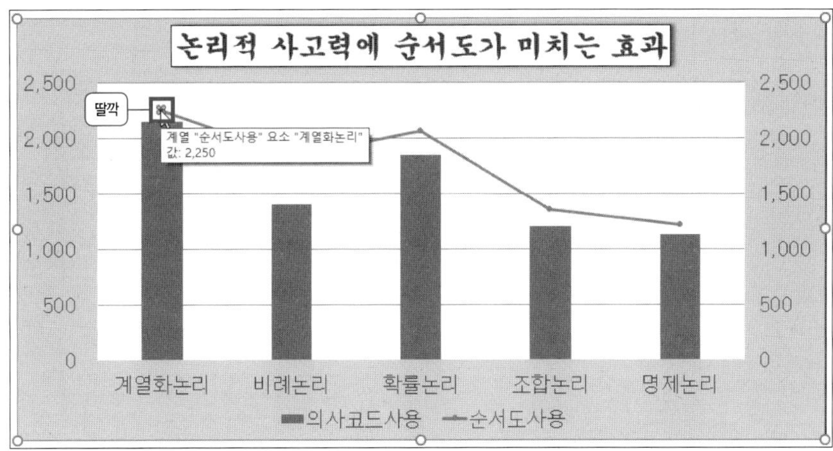


3. '계열화논리' 요소만 선택된 상태에서 [차트 도구] → 디자인 → 차트 레이아웃 → 차트 요소 추가 → 데이터 레이블 → **위쪽**을 선택하세요.

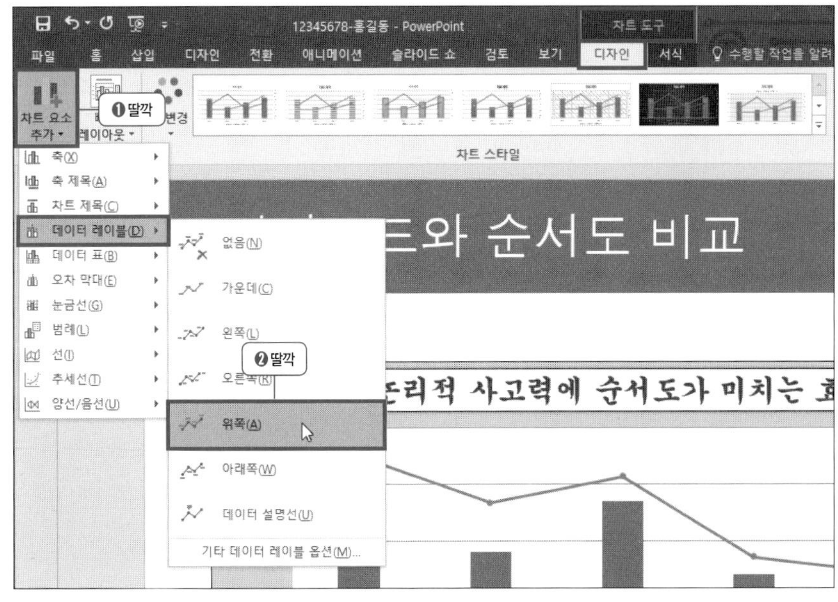

**전문가의 조언**

데이터 레이블 값의 위치는 문제지의 차트 그림을 참조하여 동일한 위치로 지정하면 됩니다.

## 06. 보조 세로(값) 축 '최대' 경계와 '주' 단위 지정하기

**전문가의 조언**

보조 세로(값) 축을 더블클릭하거나 보조 세로(값) 축을 선택하고 Ctrl+1을 눌러도 '축 서식' 창이 나타납니다.

1. 문제에 지시사항이 없어도 [출력형태]와 비교하여 동일하게 작성해야 합니다. 보조 세로(값) 축의 바로 가기 메뉴에서 **[축 서식]**을 선택하세요.

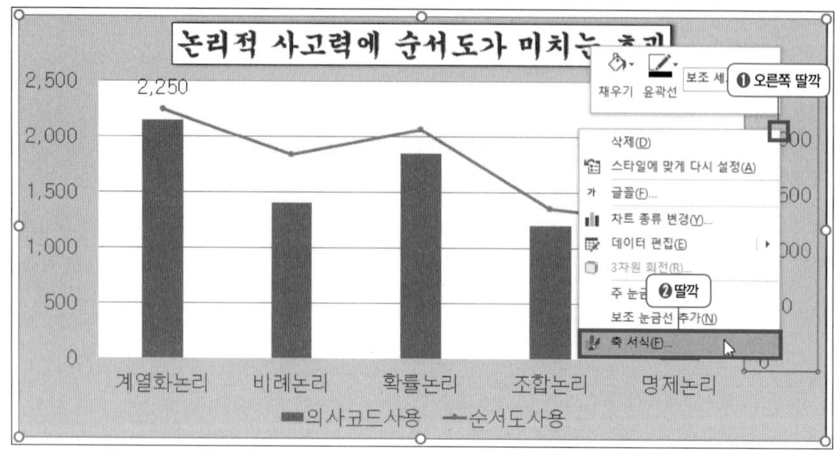

**전문가의 조언**

'최대', '주' 입력 난에 3000과 1000을 입력하고 Enter를 누르면 자동으로 3000.0과 1000.0으로 변경됩니다.

2. '축 서식' 창의 [축 옵션] → (축 옵션) → **축 옵션**에서 '최대' 경계를 3000, '주' 단위를 1000으로 지정한 후 '닫기(✕)'를 클릭하세요.

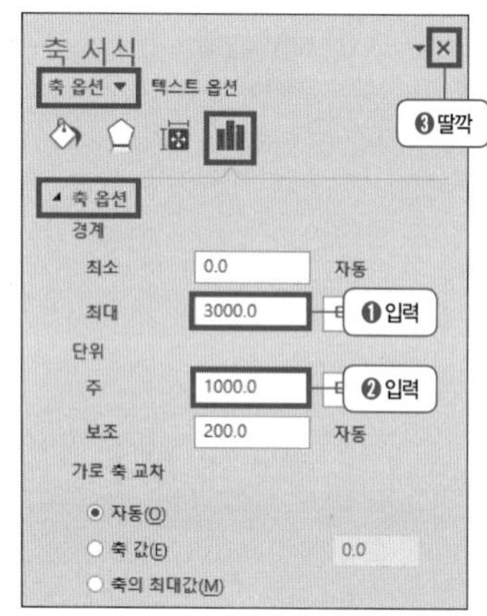

## 07. 데이터 표 표시하기 / 가로 주 눈금선 및 범례 삭제하기

**1.** 데이터 표를 표시하기 위해 차트 영역을 클릭한 후 [차트 도구] → 디자인 → 차트 레이아웃 → 차트 요소 추가 → 데이터 표 → **범례 표시 포함**을 선택하세요.

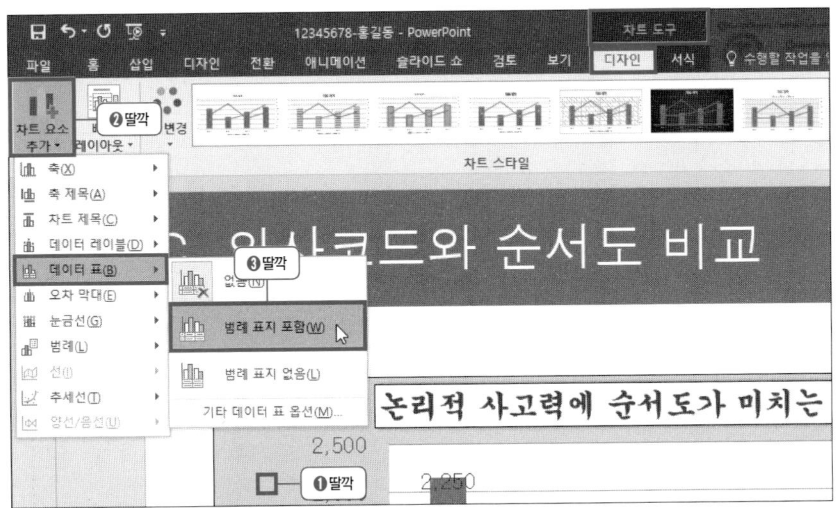


궁금해요

### 시나공 Q&A 베스트

**Q** 데이터 표는 '범례 표시 포함'과 '범례 표시 없음' 중 아무거나 지정하면 되나요?

**A** 안됩니다. 문제지의 차트 그림과 동일하게 지정해야 하는데, 데이터 표의 계열명 앞에 범례 표지가 표시되어 있으면 '범례 표지 포함'을, 아무것도 없으면 '범례 표지 없음'을 지정해야 합니다.

**2.** 이어서 가로 주 눈금선을 삭제하기 위해 가로 주 눈금선을 선택한 후 Delete를 누릅니다.

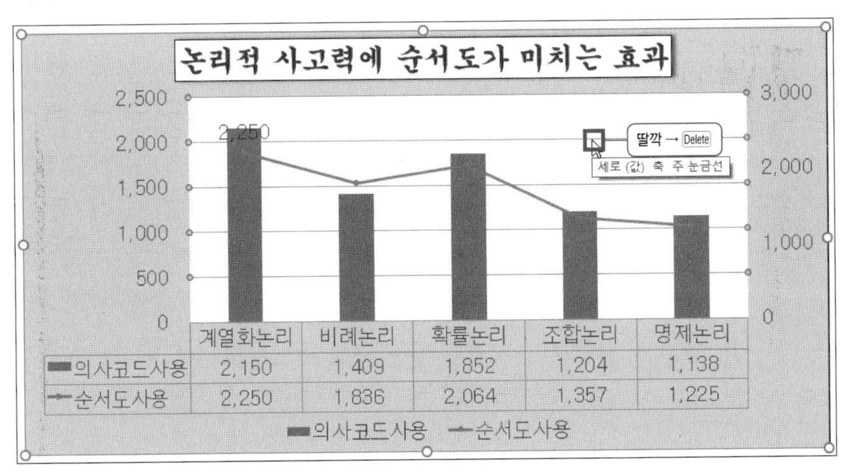


| | 계열화논리 | 비례논리 | 확률논리 | 조합논리 | 명제논리 |
|---|---|---|---|---|---|
| 의사코드사용 | 2,150 | 1,409 | 1,852 | 1,204 | 1,138 |
| 순서도사용 | 2,250 | 1,836 | 2,064 | 1,357 | 1,225 |

**전문가의 조언**

차트를 선택한 후 [차트 도구] → 디자인 → 차트 레이아웃 → 차트 요소 추가 → 눈금선 → 기본 주 가로를 선택하여 해제해도 됩니다.

**전문가의 조언**

차트를 선택한 후 [차트 도구] → 디자인 → 차트 레이아웃 → 차트 요소 추가 → 범례 → **없음**을 선택해도 됩니다.

**3.** 범례를 삭제하기 위해 범례를 선택한 후 Delete를 누릅니다.

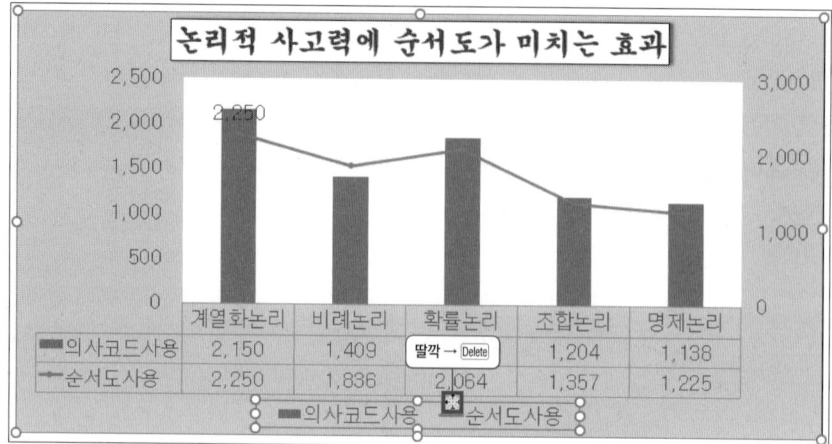


## 08. 세로(값) 축, 보조 세로(값) 축, 데이터 표 선 색 지정하기

**1.** 문제의 지시사항에는 없지만 문제에 제시된 [출력형태]와 동일하게 세로(값) 축, 보조 세로(값) 축, 데이터 표의 선 색을 지정해야 합니다. 세로(값) 축을 클릭한 후 [차트 도구] → 서식 → 도형 스타일 → 도형 윤곽선 → **검정, 텍스트 1**을 선택하세요.

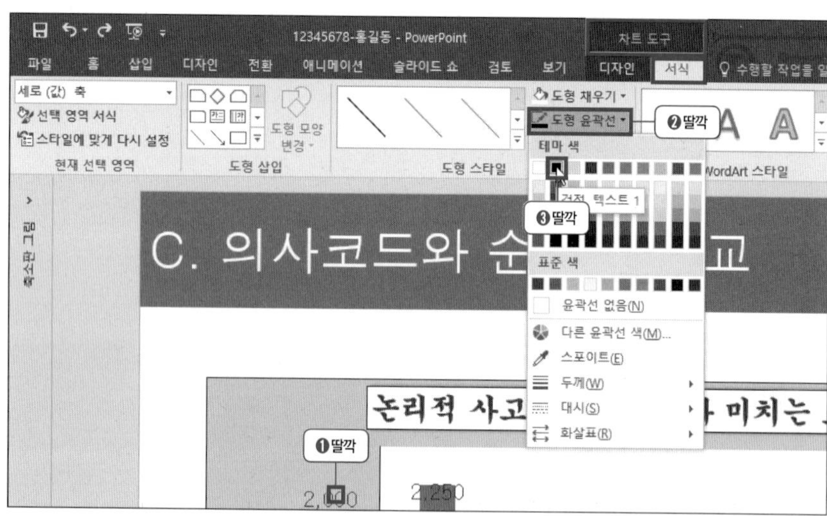


**2.** 동일한 방법으로 보조 세로(값) 축과 데이터 표의 선 색을 '검정, 텍스트 1'로 지정하세요.

## 09. 차트 크기 조절하기

차트를 선택한 후 위쪽 가운데 크기 조절점을 위쪽으로 드래그하여 차트의 크기를 적당하게 조절하세요.

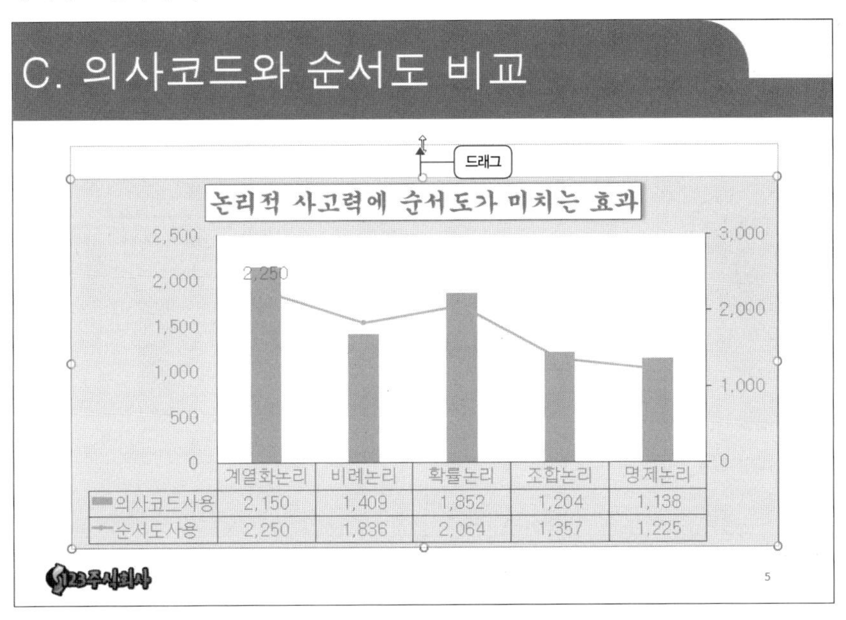


⬇

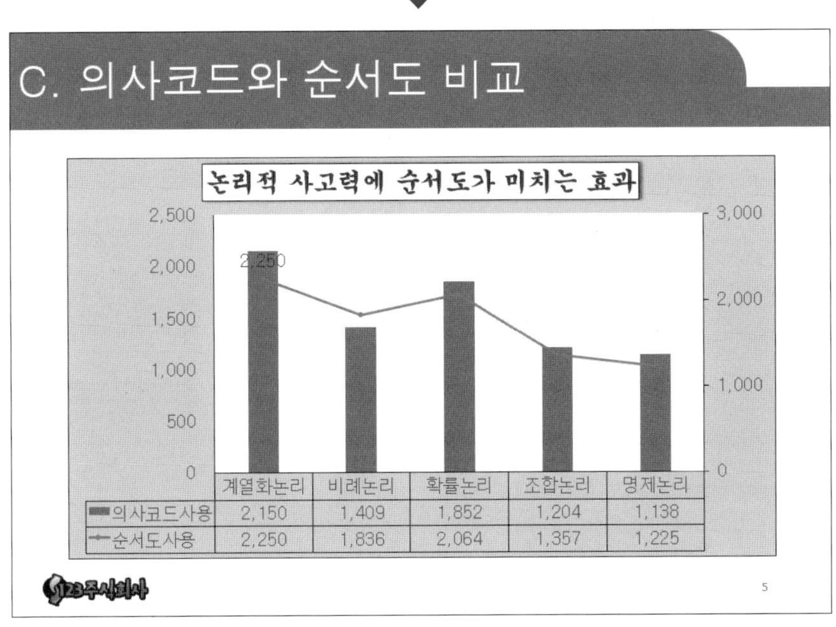

**전문가의 조언**

차트를 선택한 후 도형을 삽입해도 됩니다. 차트를 선택한 후 도형을 삽입할 경우 글꼴 서식과 함께 가로 · 세로 가운데 맞춤을 지정해야 합니다.

**전문가의 조언**

문제의 지시사항에 글꼴 색에 대한 내용은 없지만 문제에 제시된 [출력형태]와 동일하게 글꼴 색을 지정해 주어야 합니다.

## 10. 도형 작성하기

**1.** 슬라이드의 빈 공간을 클릭하여 차트 선택을 해제하고 [삽입] → 일러스트레이션 → 도형 → 기본 도형 → **육각형(⬡)**을 선택한 후 도형이 삽입될 위치에 적당한 크기로 드래그하여 도형을 삽입하세요.

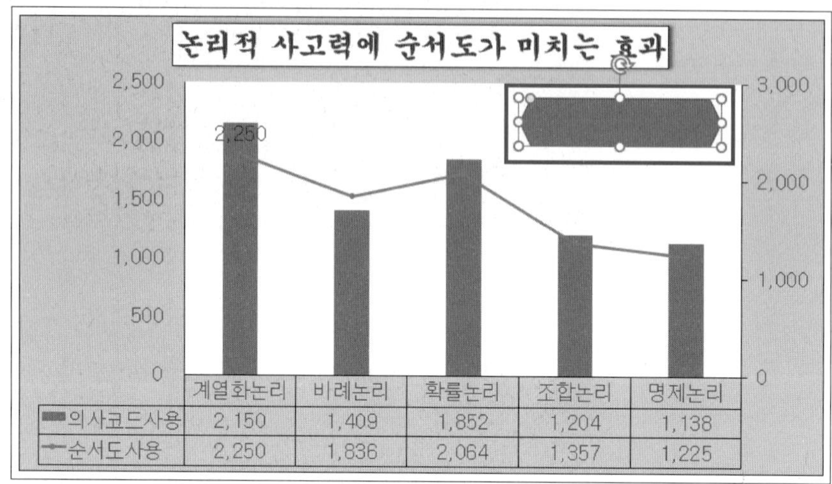


**2.** 삽입한 도형을 선택하고 [홈] → **글꼴**에서 글꼴 '굴림', 크기 18, 글꼴 색(가 ▾) '검정, 텍스트 1'을 지정하세요.

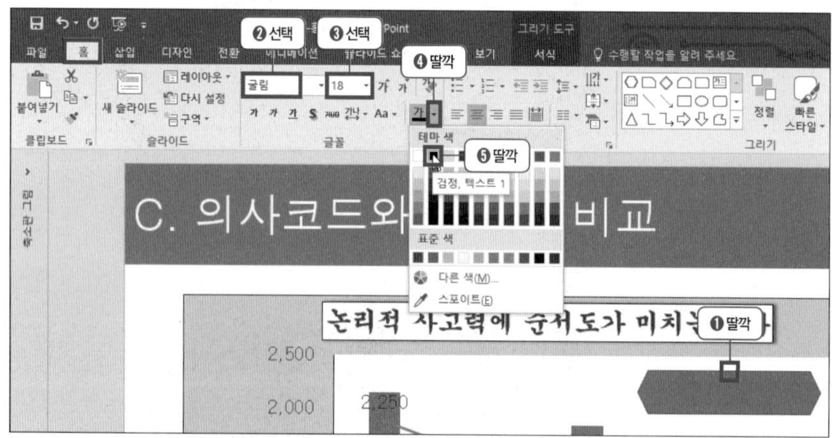


**3.** 도형에 **학습에 효과적**을 입력하세요.

4. 도형이 선택된 상태에서 [그리기 도구] → 서식 → 도형 스타일의 ⊽(자세히) → **미세 효과 – 파랑, 강조 1**을 선택하세요.

5. 완성된 차트가 문제에 제시된 차트와 동일한지 확인해 보세요.

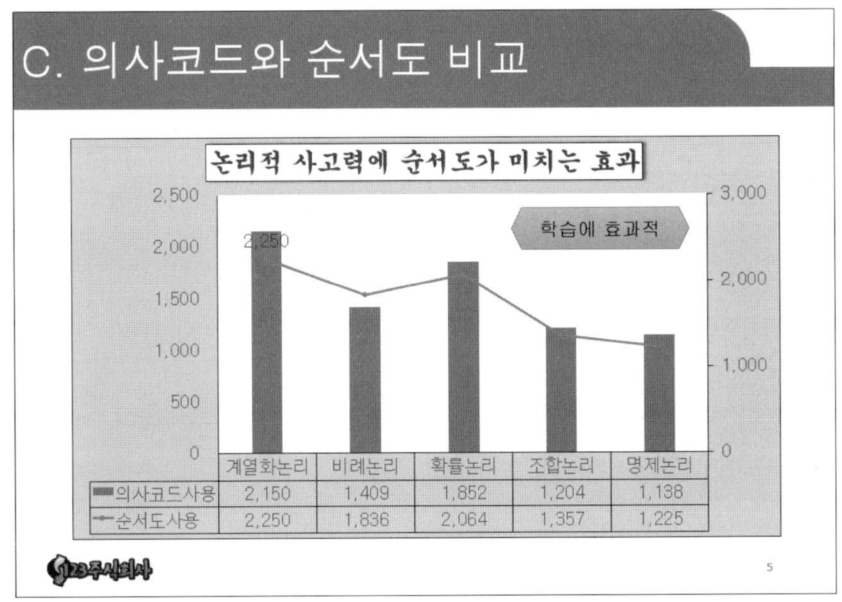

**전문가의 조언**

도형을 오른쪽 버튼으로 클릭하여 나타나는 미니 도구 모음에서 [스타일] → **미세 효과 – 파랑, 강조 1**을 선택해도 됩니다.

**전문가의 조언**

실제 시험장에서는 슬라이드 하나가 완성될 때마다 '시험 관리 도구'의 〈답안 전송〉 버튼을 클릭하여 작성된 답안 파일을 감독위원 PC로 전송하세요. 감독위원 PC에는 최종적으로 전송한 답안 파일만 유지됩니다.

## 10 슬라이드 6 – 도형 슬라이드 작성

730006

도형 슬라이드 작성 과정은 각 도형에 매겨진 번호 순서대로 진행합니다.

**전문가의 조언**

도형 슬라이드는 도형과 스마트아트를 이용한 슬라이드 작성 능력을 평가하는 부분으로 총 100점이 배정되어 있습니다. 도형을 작성하고 제시된 조건에 맞게 도형을 그룹화한 후 애니메이션을 지정합니다.

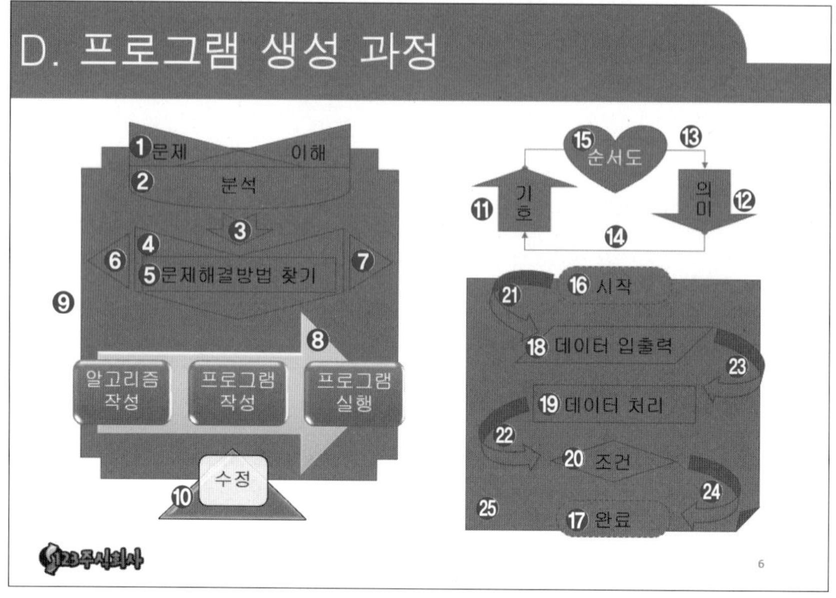


### 01. 슬라이드 제목 입력 및 텍스트 상자 삭제하기

**1.** 다섯 번째 슬라이드에서 PgDn을 누르면 다음 슬라이드인 여섯 번째 슬라이드로 이동합니다. PgDn을 누르세요.

**2.** 제목 도형에 제목을 입력해야 합니다. '제목을 입력하십시오' 텍스트 상자를 클릭한 후 **D. 프로그램 생성 과정**을 입력하세요.

**3.** 슬라이드에 기본적으로 표시된 '텍스트를 입력하십시오' 텍스트 상자의 외곽선을 클릭한 후 Delete를 눌러 삭제하세요.

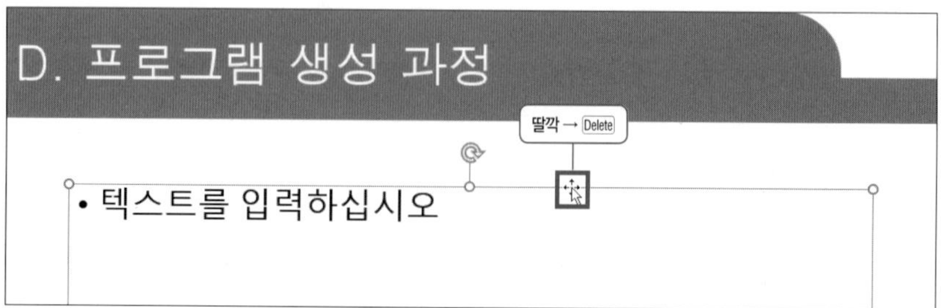

## 02. 왼쪽 도형 작성하기

### ❶ 순서도: 대조(⧖) 작성

**1.** [삽입] → 일러스트레이션 → 도형 → 순서도 → **순서도: 대조(⧖)**를 선택한 후 도형이 삽입될 위치에 적당한 크기로 드래그하여 삽입하세요.

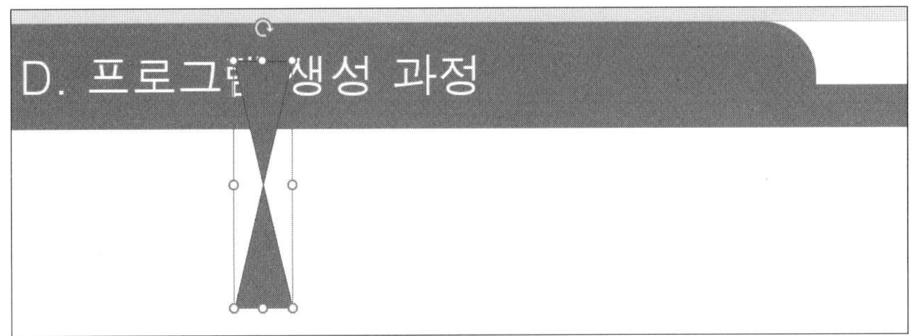


**2.** 도형을 선택한 후 [그리기 도구] → 서식 → 정렬 → 회전 → **왼쪽으로 90도 회전**을 선택하세요.

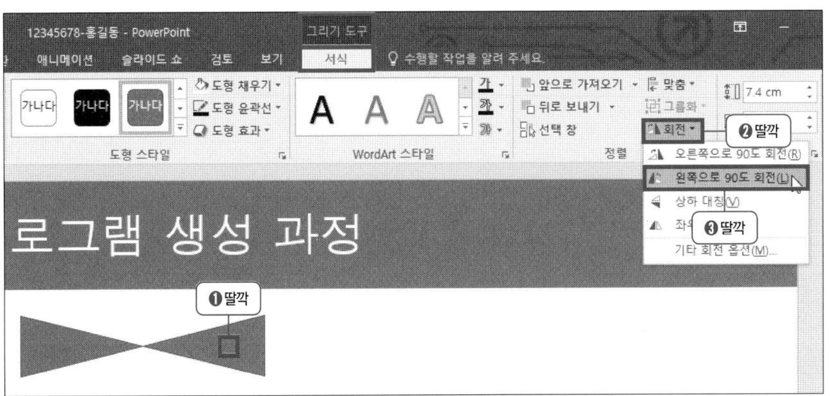


**3.** 이어서 [홈] → 단락 → 텍스트 방향 → **세로**를 선택하세요.

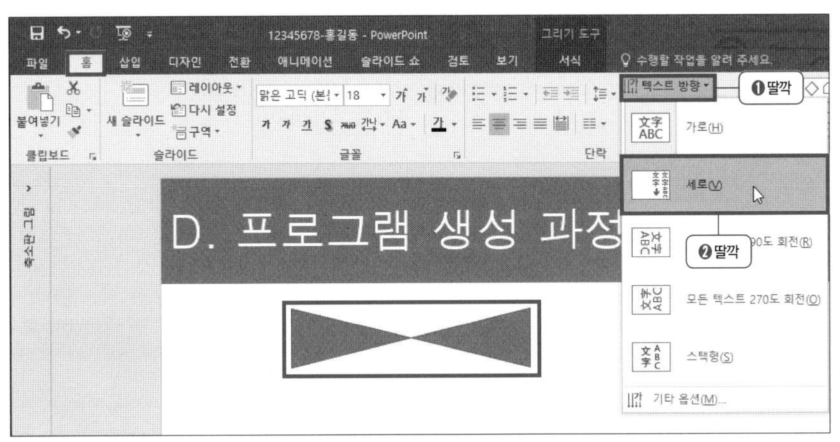

**전문가의 조언**

- 도형을 만드는 순서는 뒤쪽에서 앞쪽, 왼쪽에서 오른쪽, 위에서 아래쪽에 놓여진 도형순으로 만드는 것을 기본으로 합니다. 단, 도형을 복사하여 사용하는 경우에는 위치에 관계없이 원본 도형을 먼저 만든 다음 복사합니다.
- '그리기 도구' 메뉴는 도형이 선택된 상태에서만 나타납니다.
- 도형의 회전은 '오른쪽으로 90도 회전'을 지정해도 되는데, 이때는 텍스트 방향을 '모든 텍스트 270도 회전'으로 지정해야 합니다.

**전문가의 조언**

- 도형에 입력된 내용이 두 줄로 표시될 때는 도형의 너비를 크게 변경하거나 해당 도형의 바로 가기 메뉴에서 **[도형 서식]**을 선택한 후 '도형 서식' 창에서 [텍스트 옵션] → (텍스트 상자) → 텍스트 상자 → **도형의 텍스트 배치**에 표시된 체크 표시를 해제하면 됩니다.
- 도형에 공통적으로 적용될 글꼴 서식은 모든 도형을 만든 후 한 번에 적용합니다. 지금은 도형에 내용만 정확하게 입력하세요.

**4.** 도형에 텍스트를 입력해야 합니다. 도형의 바로 가기 메뉴에서 **[도형 서식]**을 선택하세요.

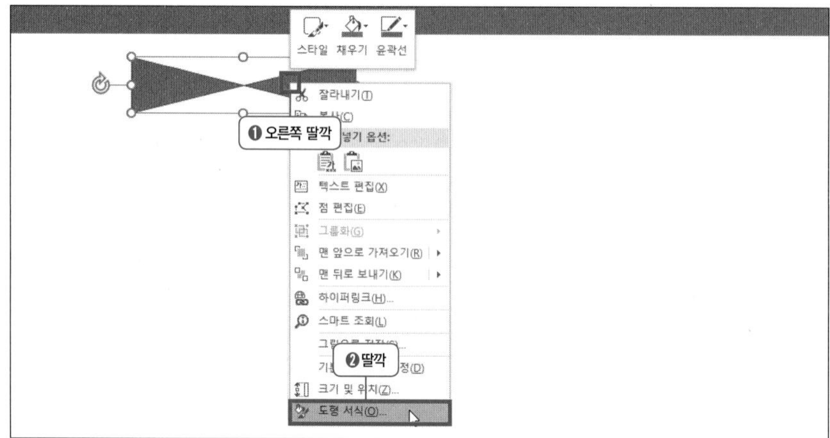


**5.** '도형 서식' 창에서 [텍스트 옵션] → (텍스트 상자) → 텍스트 상자 → **도형의 텍스트 배치**에 표시된 체크 표시를 해제한 후 '닫기( )'를 클릭하세요.

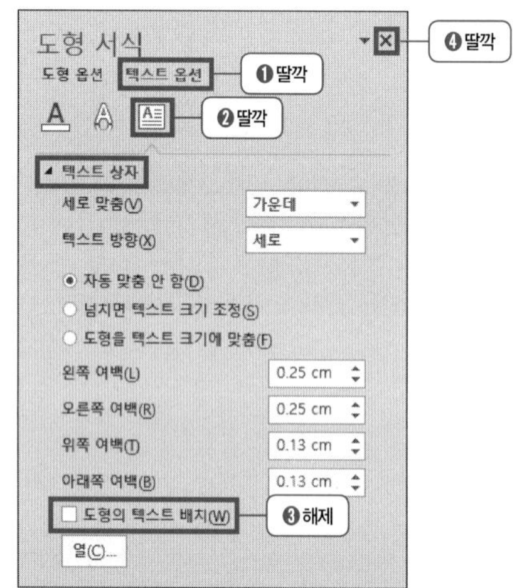

**전문가의 조언**

문자 입력을 위한 커서가 없어도 도형이 선택된 상태에서 키보드로 문자를 입력하면 선택된 도형에 입력됩니다.

**6.** 도형에 그림과 같이 내용을 입력하세요.

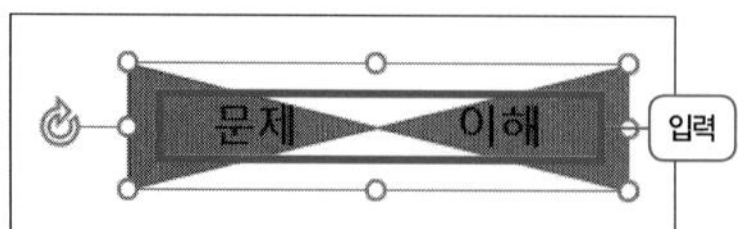

궁금해요

**시나공 Q&A 베스트**

**Q** '순서도: 대조' 대신 '이등변 삼각형' 2개를 사용하여 만들면 안 되나요?

**A** 됩니다. 사용된 도형의 종류와 관계없이 문제지의 그림과 동일하게만 만들면 해당 도형에 배정된 점수를 모두 받습니다.

## ❷ 순서도: 지연(▷) 작성

1. [삽입] → 일러스트레이션 → 도형 → 순서도 → **순서도: 지연(▷)**을 선택한 후 도형이 삽입될 위치에 적당한 크기로 드래그하여 삽입하세요.

2. 도형을 선택한 후 [그리기 도구] → 서식 → 정렬 → 회전 → **오른쪽으로 90도 회전**을 선택하세요.

3. 이어서 [홈] → 단락 → 텍스트 방향 → **모든 텍스트 270도 회전**을 선택하세요.

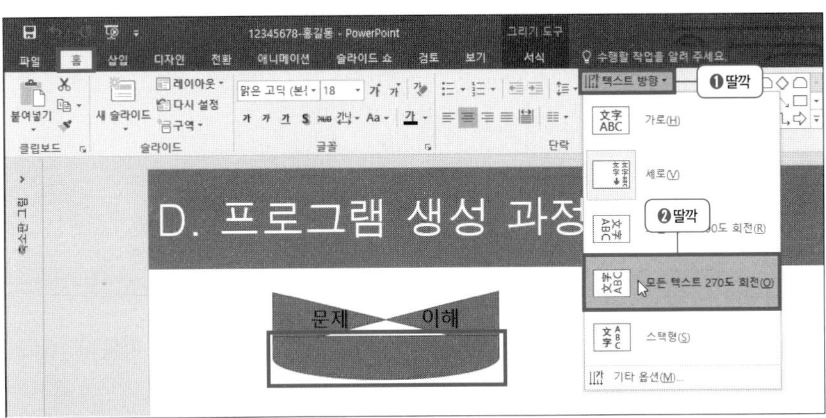


4. 도형에 **분석**을 입력하세요.

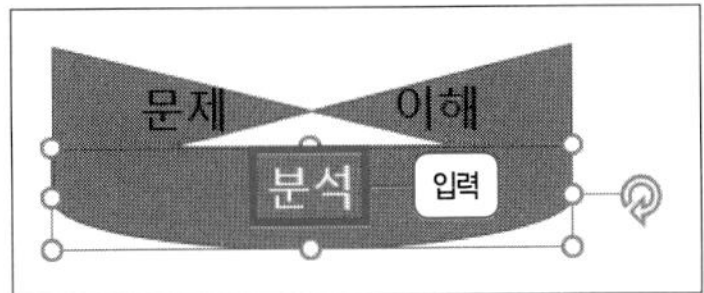

### ❸ 톱니 모양의 오른쪽 화살표( ) 작성

1. [삽입] → 일러스트레이션 → 도형 → 블록 화살표 → **톱니 모양의 오른쪽 화살표( )**를 선택한 후 도형이 삽입될 위치에 적당한 크기로 드래그하여 삽입하세요.

2. 도형을 선택한 후 [그리기 도구] → 서식 → 정렬 → 회전 → **오른쪽으로 90도 회전**을 선택하세요.

### ❹ 갈매기형 수장( ) 작성

1. [삽입] → 일러스트레이션 → 도형 → 블록 화살표 → **갈매기형 수장( )**을 선택한 후 도형이 삽입될 위치에 적당한 크기로 드래그하여 삽입하세요.

2. 작성된 도형의 노란색 조절점을 오른쪽으로 드래그하여 모양을 변경하세요.

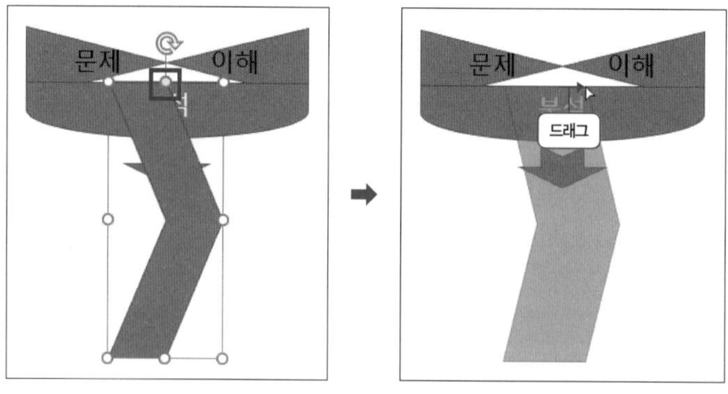


3. 이어서 [그리기 도구] → 서식 → 정렬 → 회전 → **오른쪽으로 90도 회전**을 선택하세요.

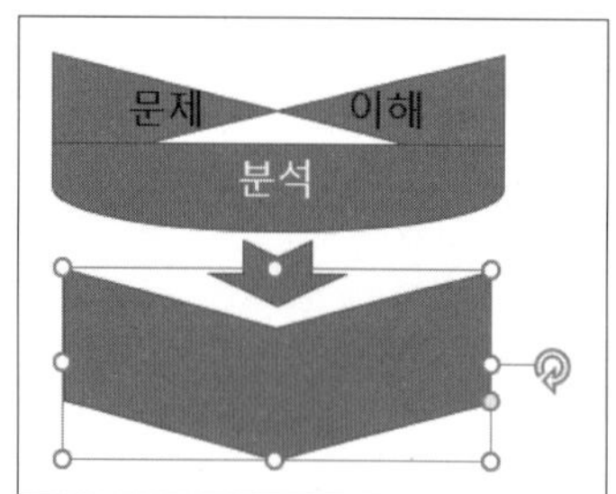

## ❺ 직사각형(□) 작성

[삽입] → 일러스트레이션 → 도형 → 사각형 → **직사각형(□)**을 선택한 후 '갈매기 형 수장' 안에 적당한 크기로 드래그하여 삽입하고 **문제해결방법 찾기**를 입력하세요.

## ❻ 순서도: 병합(▽) 1 작성

1. [삽입] → 일러스트레이션 → 도형 → 순서도 → **순서도: 병합(▽)**을 선택한 후 도형이 삽입될 위치에 적당한 크기로 드래그하여 삽입하세요.

2. 도형을 선택한 후 [그리기 도구] → 서식 → 정렬 → 회전 → **오른쪽으로 90도 회전**을 선택하세요.

**전문가의 조언**

'순서도: 병합' 대신 '순서도: 추출(△)'이나 '이등변 삼각형(△)'을 사용해도 됩니다.

궁금해요

**시나공 Q&A 베스트**

**Q '순서도: 병합' 도형의 배치에 대한 채점 기준이 궁금합니다.**

A 눈으로 보기에 비슷한 위치에 배치하면 됩니다. 예를 들어 '순서도: 병합' 도형은 오른쪽 도형과 겹쳐지거나, 왼쪽 큰 도형의 경계선에 겹쳐지거나, 아래쪽으로 너무 내려가 눈에 띄게 균형이 맞지 않으면 배정된 점수를 받지 못합니다.

## ❼ 순서도: 병합(▽) 2 작성

❻번 도형을 오른쪽으로 복사한 후 좌우 대칭면을 서로 바꾸면 됩니다. Ctrl+Shift를 누른 채 ❻번 도형을 오른쪽으로 드래그하여 복사한 후 [그리기 도구] → 서식 → 정렬 → 회전 → **좌우 대칭**을 선택하세요.

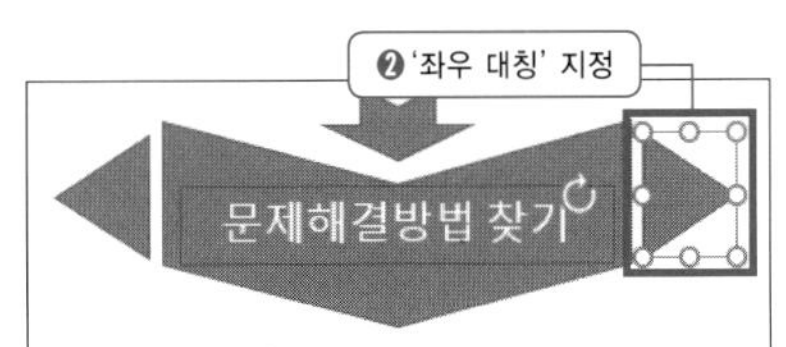

**전문가의 조언**

- Ctrl+Shift를 누른 채 개체를 복사하면 개체의 가로나 세로 위치가 고정된 상태로 복사할 수 있습니다. 임의의 위치로 복사할 때는 Ctrl만 누르면 됩니다.
- 도형을 복사하거나 이동할 때 도형에 표시되는 스마트 가이드를 이용하면 다른 도형의 가로 · 세로 가운데 및 상 · 하 · 좌 · 우 끝과 일치하게 도형을 이동시킬 수 있습니다.

### ❽ 스마트아트(연속 블록 프로세스형( )) 1 작성

**1.** 스마트아트를 삽입한 후 '3차원 광택 처리'를 적용해야 합니다. [삽입] → 일러스트레이션 → SmartArt를 클릭합니다.

**전문가의 조언**

문제에 제시된 스마트아트가 어떤 형에 속하는 지 모를 경우 '모두' 탭을 선택한 후 찾으면 됩니다.

**2.** 'SmartArt 그래픽 선택' 대화상자의 '프로세스형' 탭에서 '연속 블록 프로세스형( )'을 선택한 후 〈확인〉을 클릭하세요.

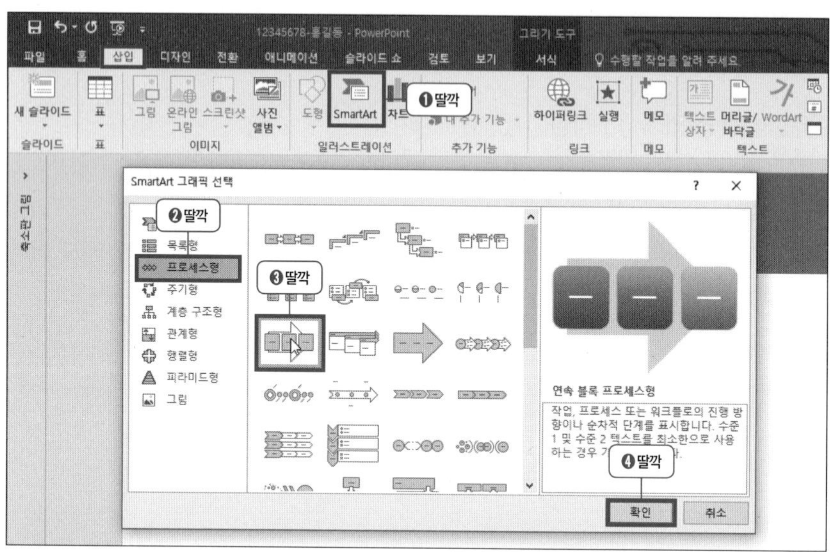

**전문가의 조언**

- 스마트아트에서 도형을 선택한 후 직접 입력해도 됩니다.
- 스마트아트의 텍스트 창이 나타나지 않을 경우 스마트아트의 왼쪽 가운데 화살표(<)를 클릭하거나 [SmartArt] → 디자인 → 그래픽 만들기 → **텍스트 창**을 클릭하면 표시됩니다.

**3.** 삽입된 '연속 블록 프로세스형' 스마트아트에 그림과 같이 내용을 입력하세요. 텍스트 상자는 방향키(→, ←, ↑, ↓)나 마우스를 클릭하여 이동하면 되고, 내용을 두 줄로 입력하려면 첫 줄을 입력한 후 Shift+Enter를 누르고 입력하면 됩니다.

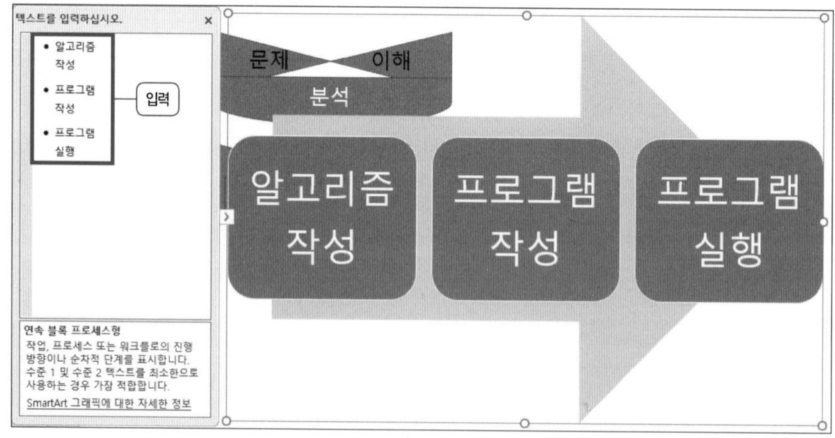

**4.** 이어서 [SmartArt 도구] → 디자인 → **SmartArt 스타일**의 (자세히)를 클릭한 후 3차원의 '광택 처리'를 선택하세요.

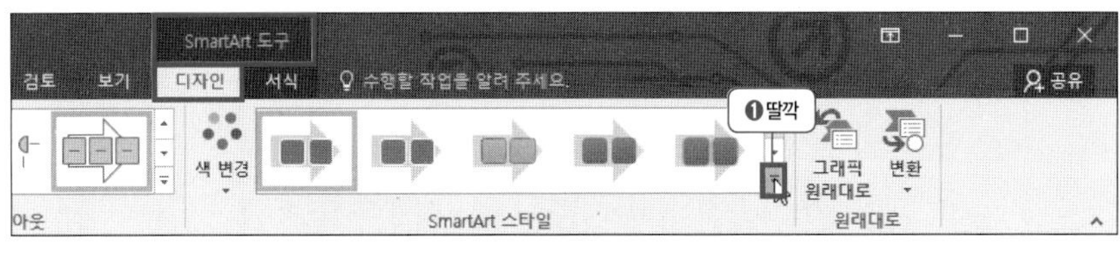


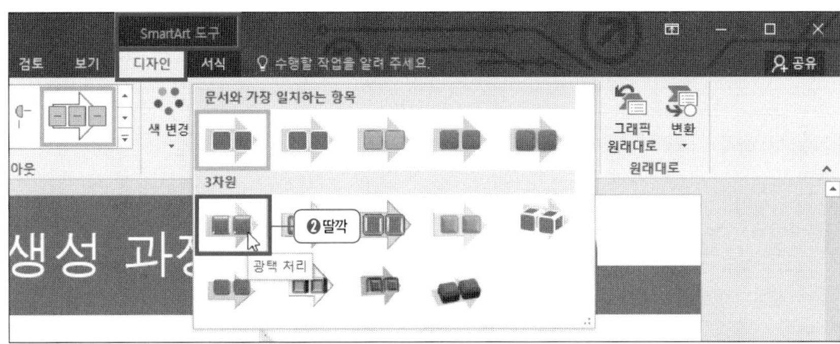


**5.** '연속 블록 프로세스형' 스마트아트의 크기 조절점을 이용하여 크기를 조절한 후 적당한 위치로 이동하세요.

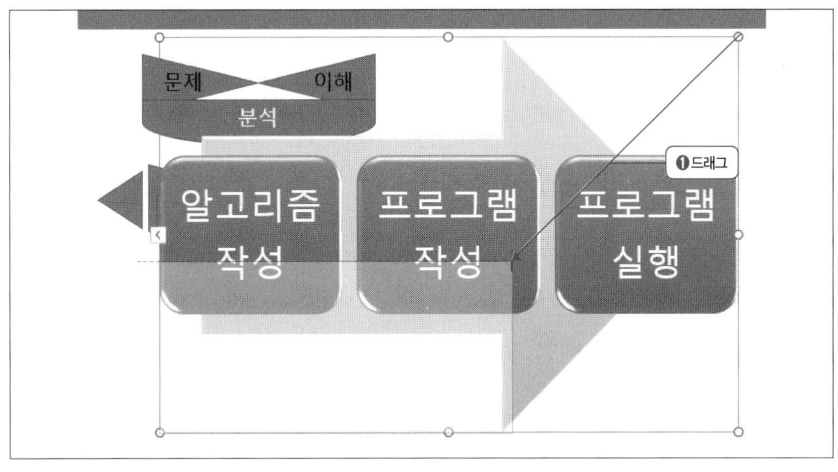


궁금해요

**시나공 Q&A 베스트**

**Q 스마트아트의 일부 도형만 이동이 돼요!**

**A** 스마트아트 외곽선이 아닌 내부의 도형을 선택한 후 드래그 했기 때문입니다. 스마트아트를 선택한 후 외곽선에 마우스 포인터를 가져가 마우스 포인터의 모양이 ✥ 로 변경될 때 클릭한 후 드래그하면 됩니다.

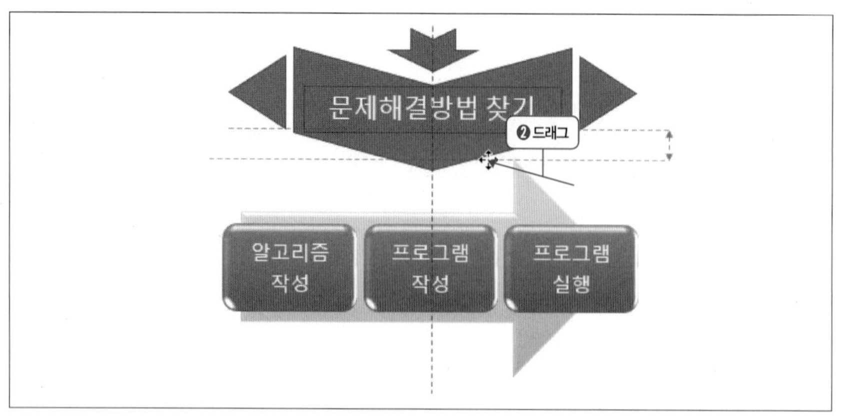


### ❾ 십자형(✚) 작성

1. [삽입] → 일러스트레이션 → 도형 → 기본 도형 → **십자형**(✚)을 선택한 후 제목을 제외한 모든 도형과 스마트아트가 포함되도록 적당한 크기로 드래그하여 삽입하세요.

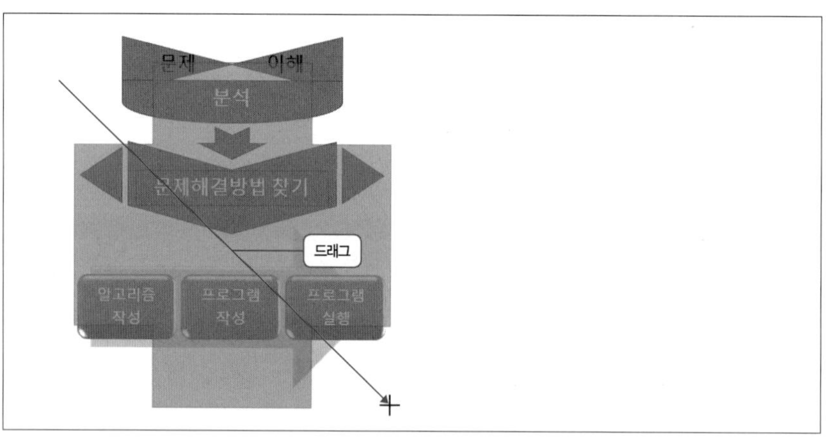


2. 작성된 도형의 노란색 조절점을 왼쪽으로 드래그하여 모양을 변경하세요.

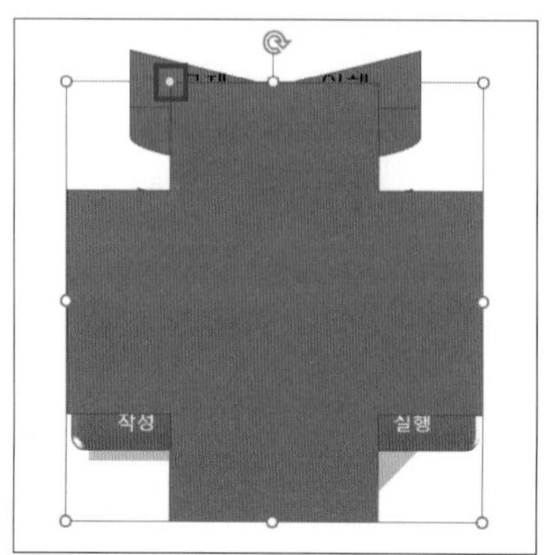


➡

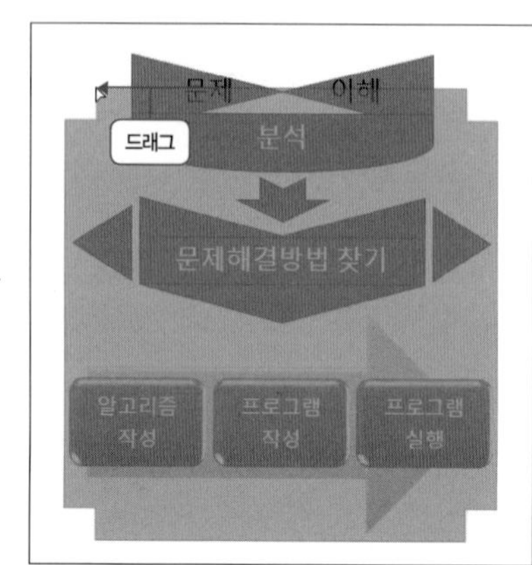

3. 이어서 도형의 바로 가기 메뉴에서 **[맨 뒤로 보내기]**를 선택하세요.

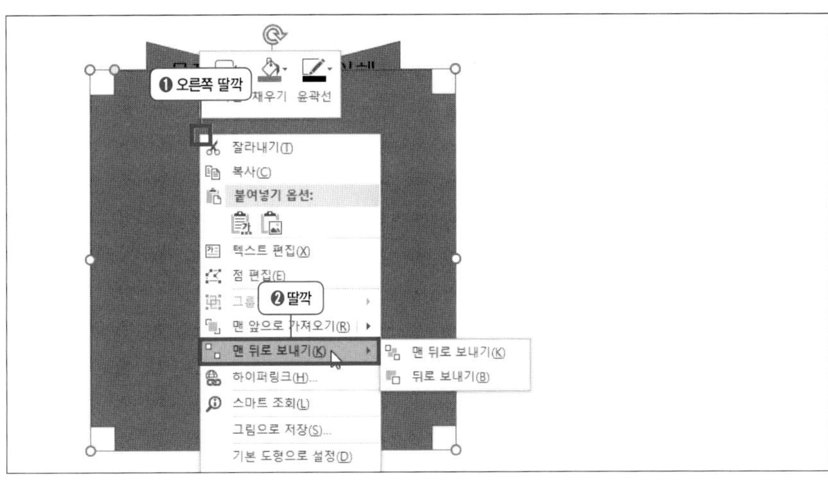

**전문가의 조언**

도형을 선택한 후 [그리기 도구] → 서식 → 정렬 → 뒤로 보내기 → 맨 뒤로 보내기를 선택해도 됩니다.

## ⑩ 스마트아트(피라미드 목록형( )) 2 작성

1. 스마트아트를 삽입한 후 '3차원 만화'를 적용해야 합니다. [삽입] → 일러스트레이션 → SmartArt를 클릭합니다.

2. 'SmartArt 그래픽 선택' 대화상자의 '피라미드형' 탭에서 '피라미드 목록형( )'을 선택한 후 〈확인〉을 클릭하세요.

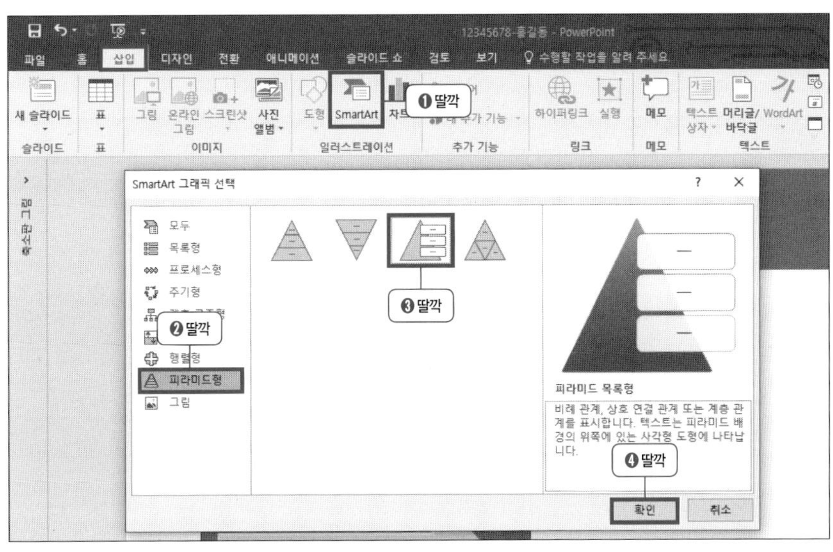

**전문가의 조언**

삽입한 스마트아트에서 '모서리가 둥근 직사각형'을 직접 선택한 후 Delete를 눌러 삭제해도 됩니다.

**3.** 삽입된 '피라미드 목록형' 스마트아트의 첫 번째 텍스트 입력 난에 **수정**을 입력한 후 Delete를 두 번 눌러 2, 3번째 텍스트 입력 난을 삭제하세요.

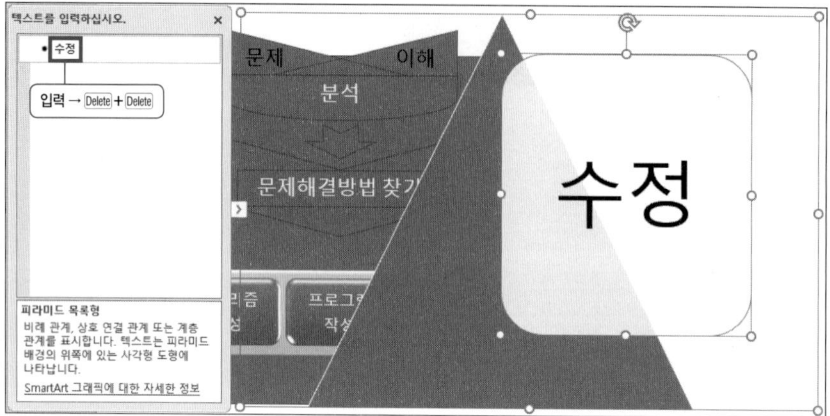


**4.** 이어서 [SmartArt 도구] → 디자인 → **SmartArt 스타일**의 ▼(자세히)를 클릭한 후 3차원의 '만화'를 선택하세요.

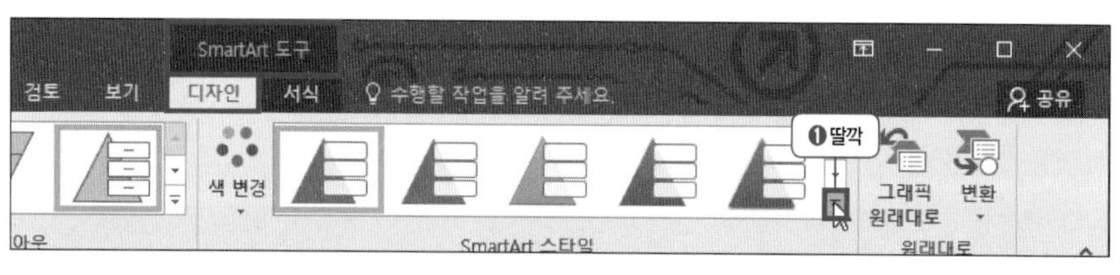


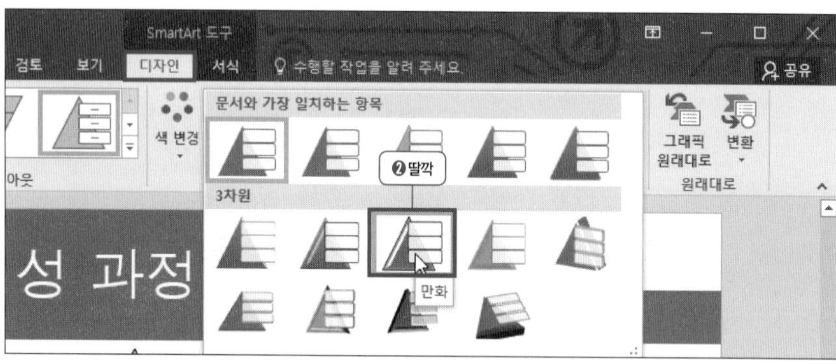

5. '피라미드 목록형' 스마트아트의 크기 조절점을 이용하여 크기를 적당히 조절하세요.

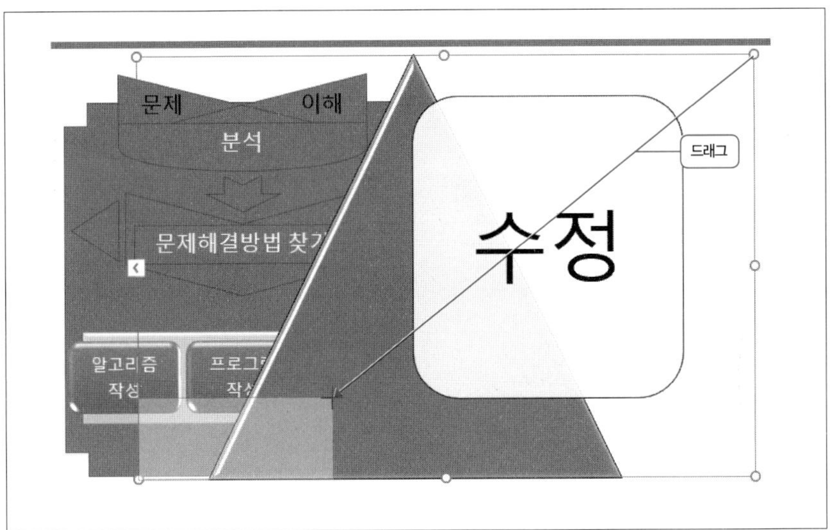


6. '피라미드 목록형' 스마트아트에서 '이등변 삼각형'을 선택한 후 왼쪽 가운데 크기 조절점을 왼쪽으로 드래그하여 크기를 조절하세요.

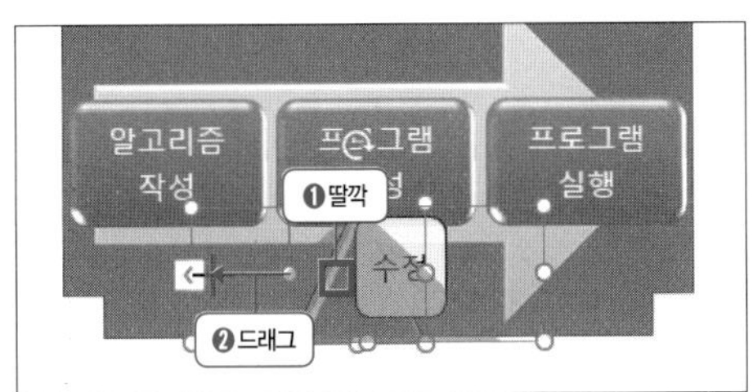


7. 이번에는 '피라미드 목록형' 스마트아트에서 '모서리가 둥근 직사각형'을 선택한 후 왼쪽 가운데 크기 조절점을 왼쪽으로 드래그하여 크기를 조정하고 Shift를 누른 채 왼쪽으로 드래그하여 위치를 이동하세요.

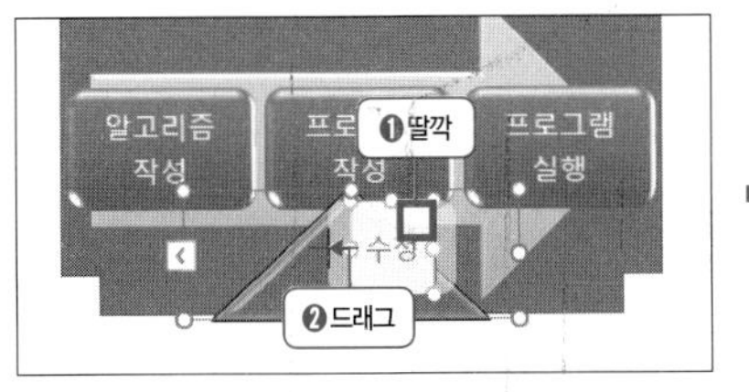

**전문가의 조언**

- Shift를 누른 채 드래그하면 상하로 움직이지 않고 수평 방향으로 이동됩니다.
- Alt를 누른 채 드래그하면 위치를 세밀하게 조절할 수 있습니다.

8. '피라미드 목록형' 스마트아트의 외곽선을 클릭하여 선택한 후 적당한 위치로 드래그하여 이동하세요.

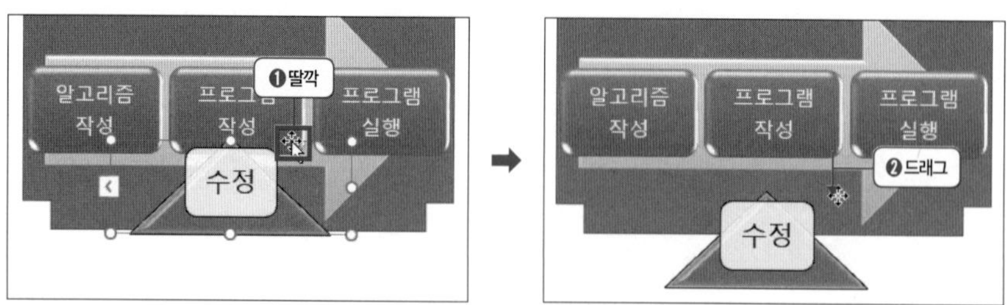


## 03. 오른쪽 도형 작성하기

### ⑪ 위쪽 화살표(⇧) 1 작성

1. [삽입] → 일러스트레이션 → 도형 → 블록 화살표 → **위쪽 화살표(⇧)**를 선택한 후 도형이 삽입될 위치에 적당한 크기로 드래그하여 삽입하세요.

2. 작성된 도형의 위쪽 노란색 조절점을 위쪽으로 드래그하여 모양을 변경하세요.

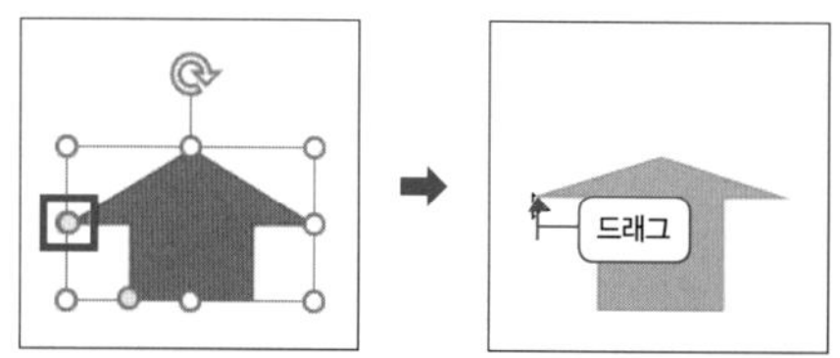


3. 도형을 선택한 후 [홈] → 단락 → 텍스트 방향 → **세로**를 선택하고 **기호**를 입력하세요.

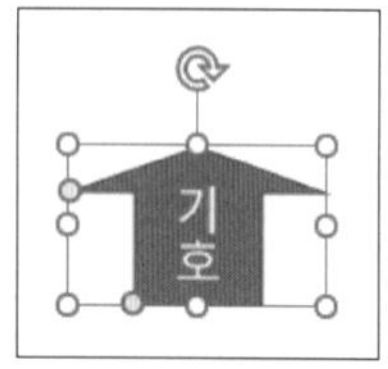


### ⑫ 위쪽 화살표(⇧) 2 작성

1. ⑪번 도형을 오른쪽으로 복사한 후 상하 대칭면을 서로 바꾼 다음 입력된 내용을 삭제하고 텍스트 상자를 이용하여 내용을 입력하면 됩니다. Ctrl+Shift를 누른 채 ⑪번 도형을 오른쪽으로 드래그하여 복사한 후 [그리기 도구] → 서식 → 정렬 → 회전 → **상하 대칭**을 선택하세요.

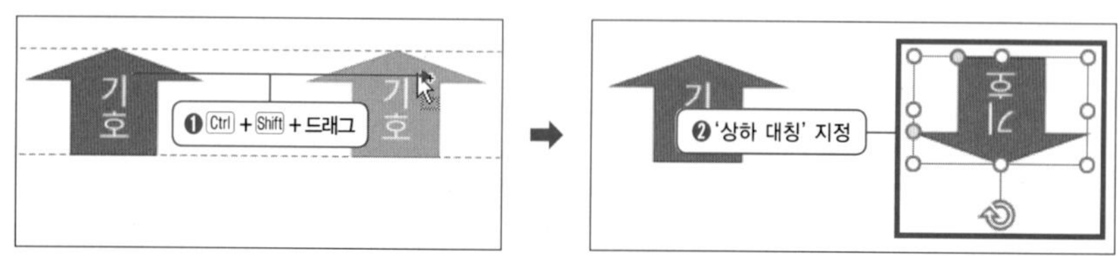

## 시나공 Q&A 베스트

**Q 위쪽 화살표 도형을 복사한 후 상하 대칭을 지정하면 텍스트도 같이 회전되는데, 어떻게 해도 텍스트의 방향이 문제지와 동일하게 표시되지 않아요. 어떻게 할까요?**

A 지우고 새로 입력해야 합니다. 회전된 텍스트를 지우고 텍스트 상자를 삽입하세요. 이어서 삽입한 텍스트 상자에 텍스트를 입력하고 회전된 화살표의 적당한 위치에 가져다 놓으면 됩니다.

**2.** 복사한 도형에 입력된 내용(기호)을 삭제하고 [삽입] → 텍스트 → 텍스트 상자 → **세로 텍스트 상자**를 선택하세요.

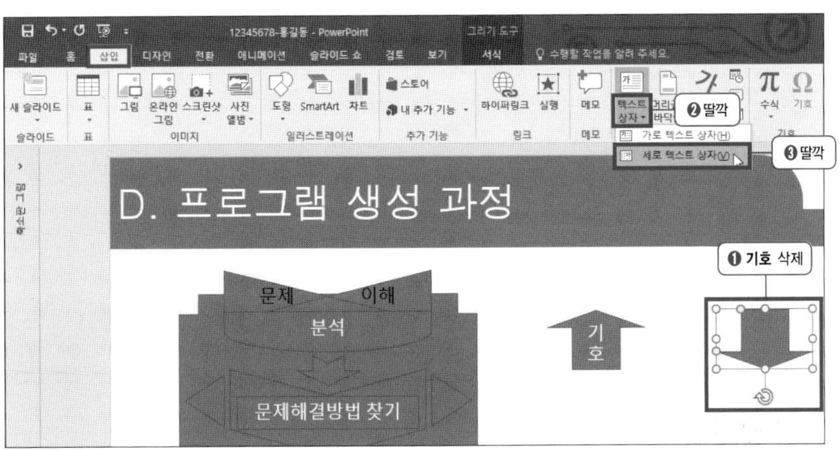


**3.** 이어서 슬라이드의 빈 공간을 클릭하고 **의미**를 입력한 후 '위쪽 화살표' 안의 적당한 위치로 드래그하세요.

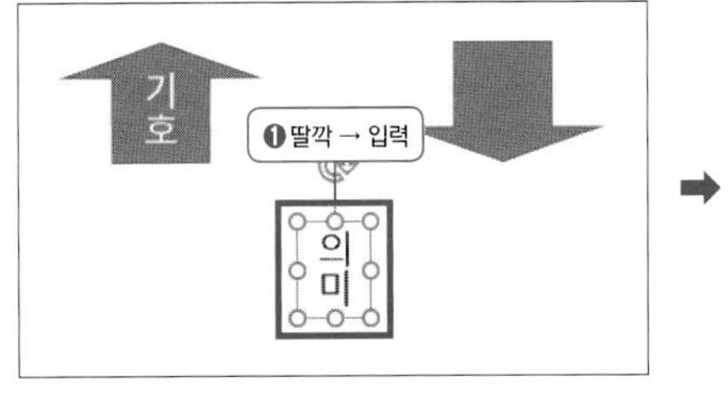


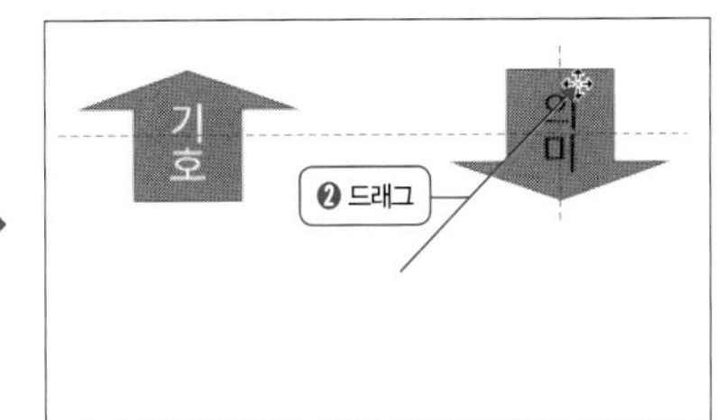


## ⑬/⑭ 꺾인 화살표 연결선(↳) 작성

**1.** 꺾인 화살표 연결선을 이용하여 두 도형을 연결해야 합니다. [삽입] → 일러스트레이션 → 도형 → 선 → **꺾인 화살표 연결선(↳)**을 선택한 후 **기호**가 입력된 도형 위로 마우스 포인터를 이동하면 회색 점이 표시됩니다. 위쪽 회색 점을 클릭한 상태로 **의미**가 입력된 도형의 위쪽 회색 점까지 드래그하세요.

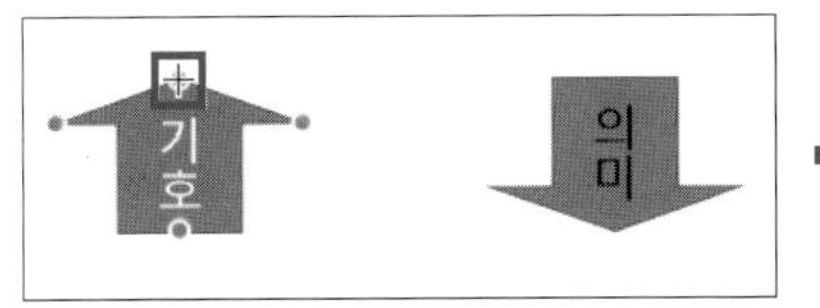


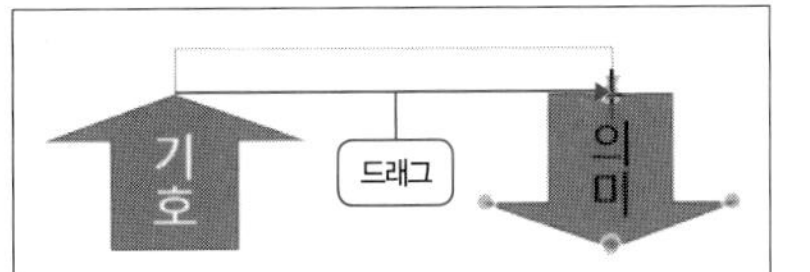

### 전문가의 조언

'위쪽 화살표'를 상하 대칭으로 회전하면 문제에 제시된 그림처럼 텍스트(의미)가 표시되지 않기 때문에 '세로 텍스트 상자'를 이용한 것입니다. **의미**가 입력된 도형은 '아래쪽 화살표(⇩)'를 이용하여 작성할 수 있지만 왼쪽 도형과 똑같이 변경하기 어렵기 때문에 '위쪽 화살표'와 '세로 텍스트 상자'를 이용하여 작성했습니다.

### 전문가의 조언

- 도형을 이동할 때 도형에 표시되는 스마트 가이드를 이용하면 다른 도형의 가로 · 세로 가운데 및 상 · 하 · 좌 · 우 끝과 일치하게 도형을 이동시킬 수 있습니다.
- 도형에 공통적으로 적용될 글꼴 서식은 모든 도형을 삽입한 후 한번에 적용합니다. 지금은 도형에 내용만 정확하게 입력하세요.

2. 동일한 방법으로 두 도형의 아래쪽을 '꺾인 화살표 연결선'으로 연결하세요.

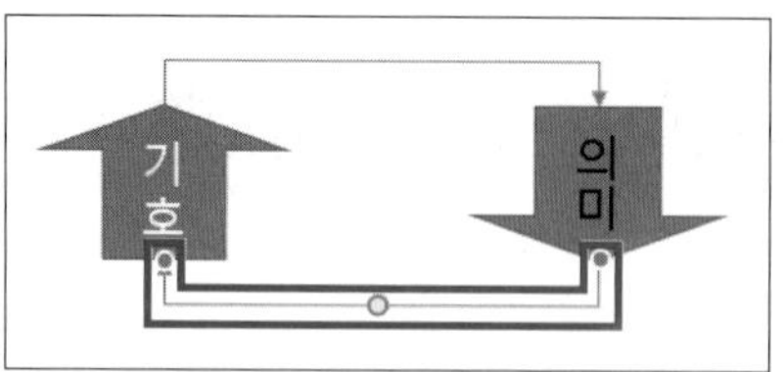


**전문가의 조언**

여러 개의 도형을 선택할 때는 선택할 도형을 모두 포함되게 드래그하거나 첫 번째 도형을 선택한 후 Shift를 누른 채 추가로 선택할 도형을 클릭하면 됩니다.

3. 연결선의 화살표 스타일을 변경해야 합니다. 두 연결선을 선택한 후 [그리기 도구] → 서식 → 도형 스타일 → 도형 윤곽선 → 화살표 → **화살표 스타일 9(•──→)**를 선택하세요.

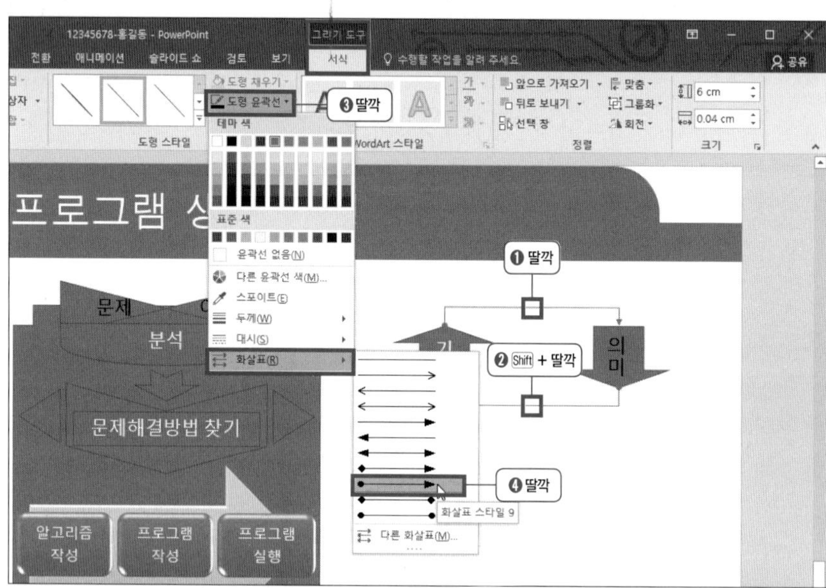


궁금해요

## 시나공 Q&A 베스트

**Q 화살표의 색이나 굵기에도 채점 기준이 있나요?**

A 없습니다. 일반 도형의 선 색, 선 두께와 마찬가지로 화살표와 연결선을 포함한 모든 선은 채점과 무관하므로 파워포인트 2016에서 제공되는 기본값을 그대로 사용하면 됩니다. 단, 파선 등 선 스타일은 문제지의 그림과 동일하게 지정해야 합니다. 그리고 화살표나 연결선이 다른 도형과 겹쳐질 때 동일한 색상으로 인해 선의 유무를 확인하기 어려운 경우에는 선의 색을 검정색 같은 눈에 잘 띄는 색으로 변경해야 합니다.

### ⑮ 하트(♡) 작성

1. [삽입] → 일러스트레이션 → 도형 → 기본 도형 → **하트(♡)**를 선택한 후 위쪽 연결선에 겹쳐지도록 적당한 크기로 드래그하여 삽입하고 **순서도**를 입력하세요.

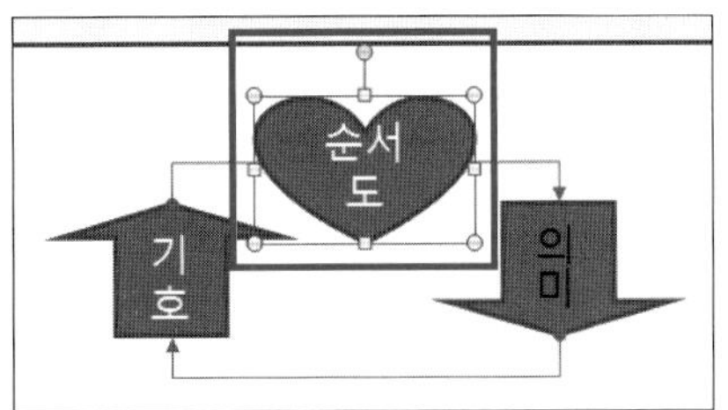


2. 도형의 바로 가기 메뉴에서 **[도형 서식]**을 선택하세요.

3. '도형 서식' 창에서 [텍스트 옵션] → (텍스트 상자) → 텍스트 상자 → **도형의 텍스트 배치**에 표시된 체크 표시를 해제한 후 '닫기(☒)'를 클릭하세요.

**전문가의 조언**

도형에 입력된 내용이 한 줄로 표시될 경우 '도형의 텍스트 배치'에 표시된 체크 표시를 해제하지 않아도 됩니다.

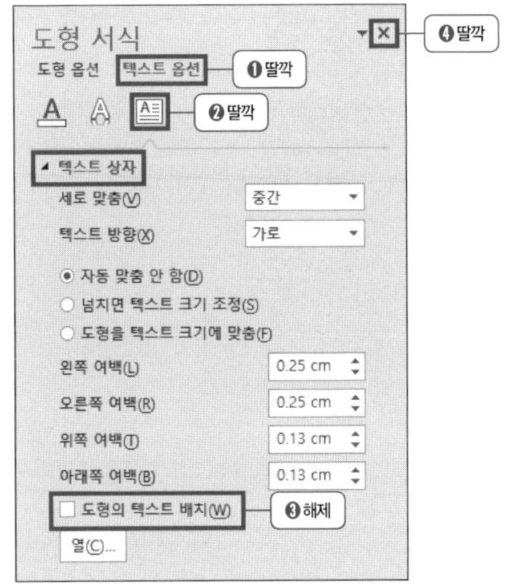


### ⑯ 순서도: 수행의 시작/종료(⬭) 1 작성

1. [삽입] → 일러스트레이션 → 도형 → 순서도 → **순서도: 수행의 시작/종료(⬭)**를 선택한 후 도형이 삽입될 위치에 적당한 크기로 드래그하여 삽입하고 **시작**을 입력하세요.

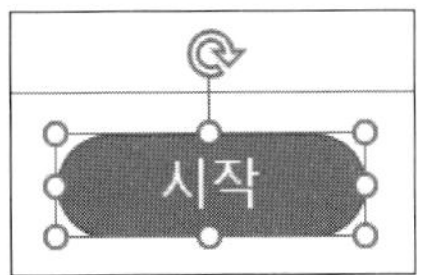

**전문가의 조언**

도형을 선택하고 마우스 오른쪽 버튼을 클릭한 후 미니 도구 모음에서 [윤곽선] → 대시 → **파선**을 선택해도 됩니다.

**2.** 도형을 선택한 후 [그리기 도구] → 서식 → 도형 스타일 → 도형 윤곽선 → 대시 → **파선**을 선택하세요.

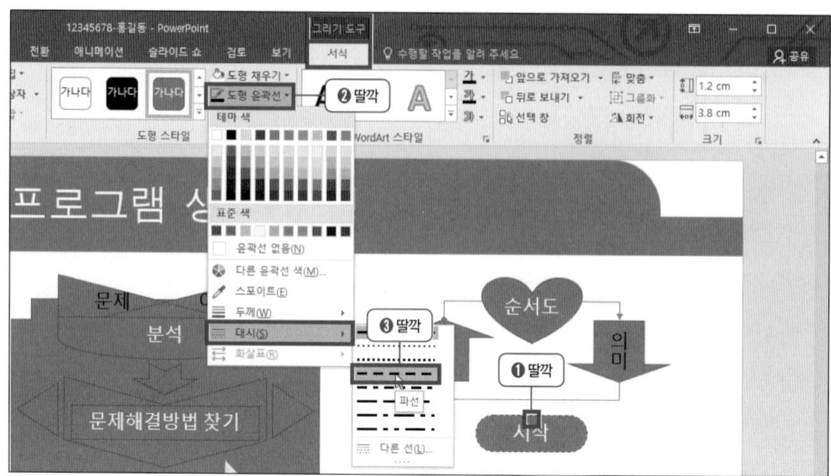


## ⑰ 순서도: 수행의 시작/종료( ) 2 작성

⑯번 도형을 아래쪽으로 복사한 후 내용을 수정하면 됩니다. Ctrl+Shift를 누른 채 ⑯번 도형을 아래쪽으로 드래그하여 복사한 후 그림과 같이 내용을 수정하세요.

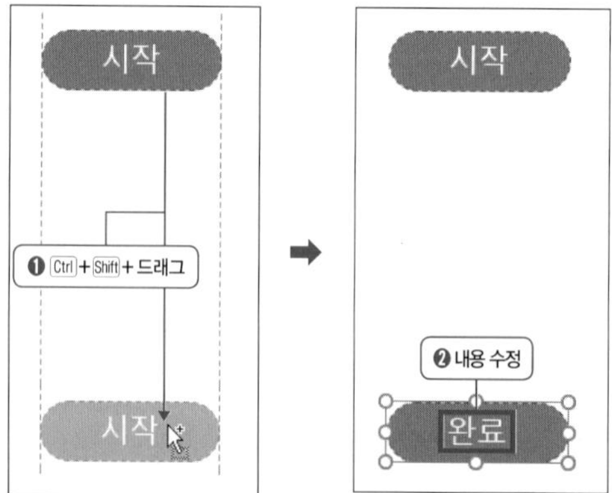

**전문가의 조언**

도형에 입력된 내용이 두 줄로 표시될 때는 도형의 너비를 크게 변경하거나 해당 도형의 바로 가기 메뉴에서 **[도형 서식]**을 선택한 후 '도형 서식' 창에서 [텍스트 옵션] → (텍스트 상자) → 텍스트 상자 → **도형의 텍스트 배치**에 표시된 체크 표시를 해제하세요.

## ⑱ 평행 사변형( ) 작성

**1.** [삽입] → 일러스트레이션 → 도형 → 기본 도형 → **평행 사변형( )**을 선택한 후 도형이 삽입될 위치에 적당한 크기로 드래그하여 삽입하세요.

**2.** 도형을 선택하면 표시되는 노란색 조절점을 오른쪽으로 드래그하여 모양을 변경한 후 **데이터 입출력**을 입력하세요.

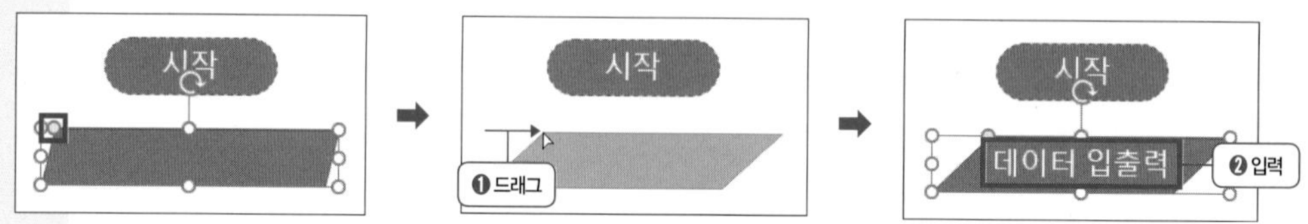

### ⑲ 직사각형(□) 작성

[삽입] → 일러스트레이션 → 도형 → 사각형 → **직사각형(□)**을 선택한 후 도형이 삽입될 위치에 적당한 크기로 드래그하여 삽입하고 **데이터 처리**를 입력하세요.

### ⑳ 다이아몬드(◇) 작성

[삽입] → 일러스트레이션 → 도형 → 기본 도형 → **다이아몬드(◇)**를 선택한 후 도형이 삽입될 위치에 적당한 크기로 드래그하여 삽입하고 **조건**을 입력하세요.

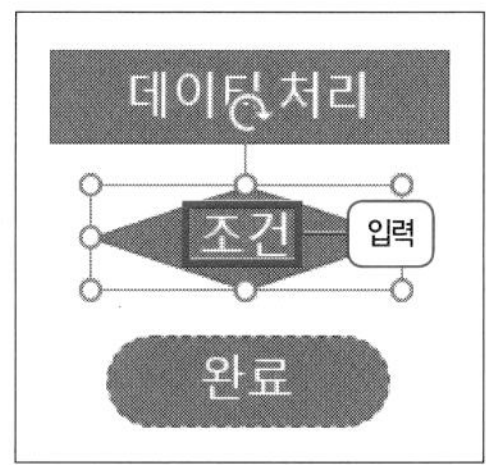


### ㉑ 오른쪽으로 구부러진 화살표(↻) 1 작성

1. [삽입] → 일러스트레이션 → 도형 → 블록 화살표 → **오른쪽으로 구부러진 화살표(↻)**를 선택한 후 도형이 삽입될 위치에 적당한 크기로 드래그하여 삽입하세요.

2. 도형의 회전 핸들을 시계 방향으로 드래그하여 문제지와 비슷하게 회전시키세요.

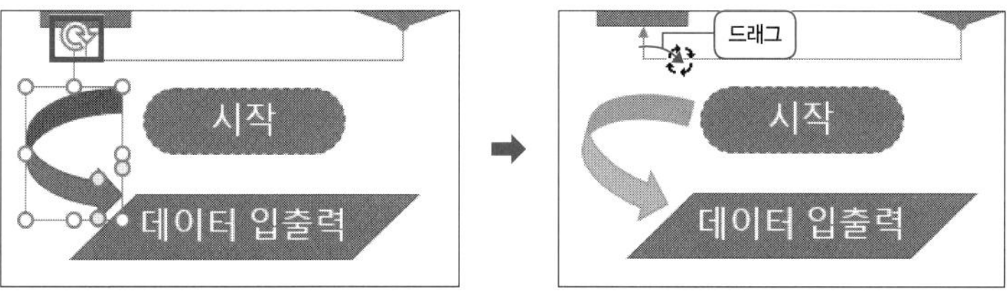


### ㉒ 오른쪽으로 구부러진 화살표(↻) 2 작성

㉑번 도형을 복사한 후 회전하면 됩니다. Ctrl을 누른 채 ㉑번 도형을 아래쪽으로 드래그하여 복사한 후 도형의 회전 핸들을 반시계 방향으로 드래그하여 문제지와 비슷하게 회전시키고 위치를 적당히 조절하세요.

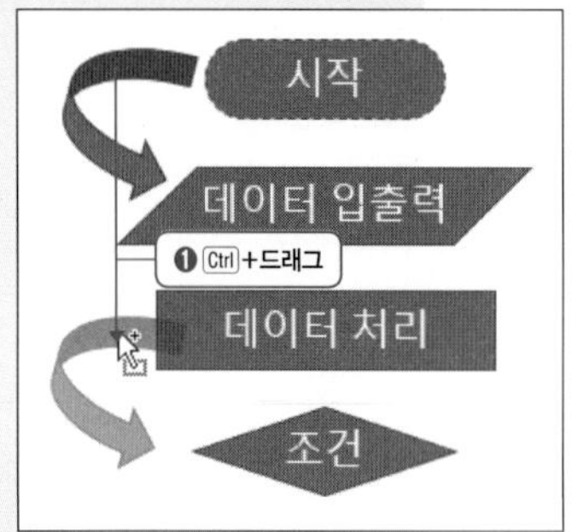


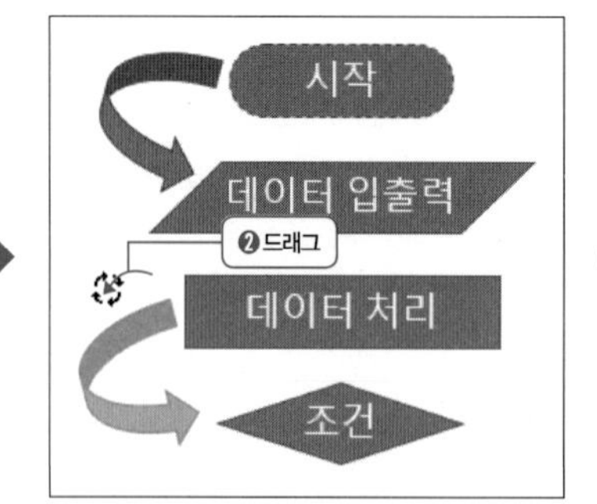


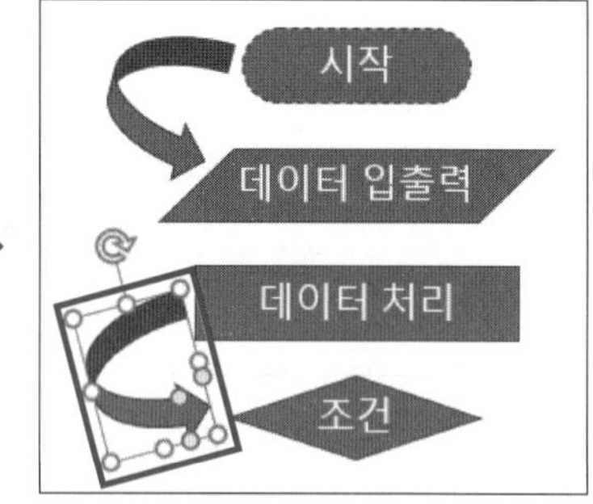


## ㉓ 오른쪽으로 구부러진 화살표(↻) 3 작성

1. ㉑번 도형을 복사하고 좌우 대칭한 후 회전하면 됩니다. Ctrl을 누른 채 ㉑번 도형을 오른쪽 대각선 하단으로 드래그하여 복사한 후 [그리기 도구] → 서식 → 정렬 → 회전 → **좌우 대칭**을 선택하세요.

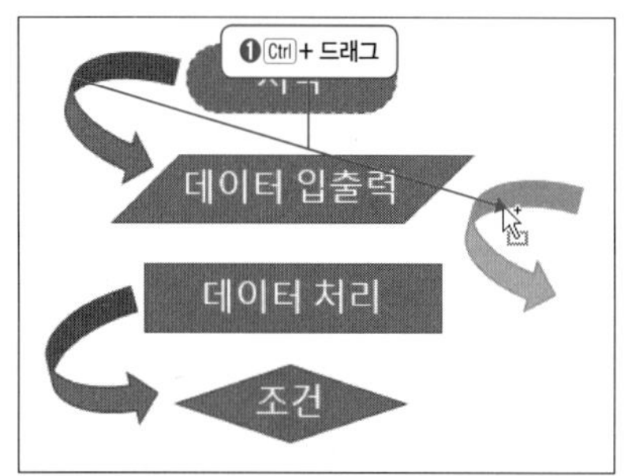


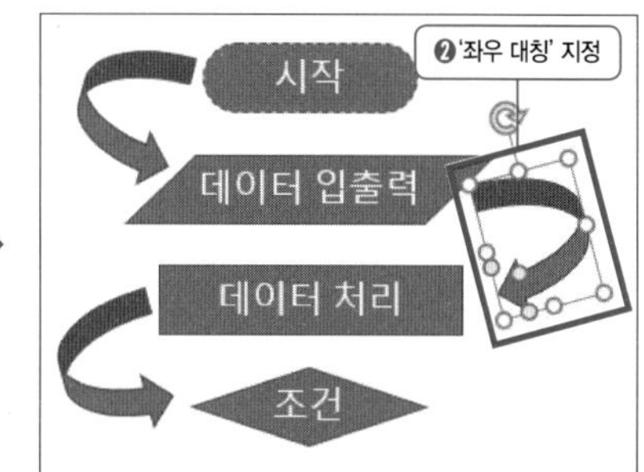


2. 이어서 도형의 회전 핸들을 시계 방향으로 드래그하여 문제지와 비슷하게 회전시키고 위치를 적당히 조절하세요.

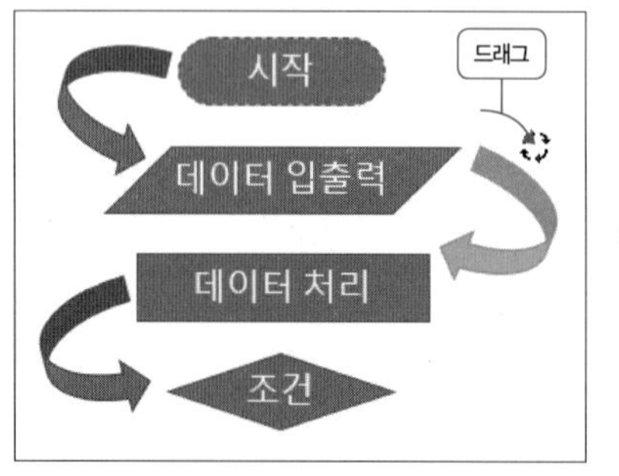


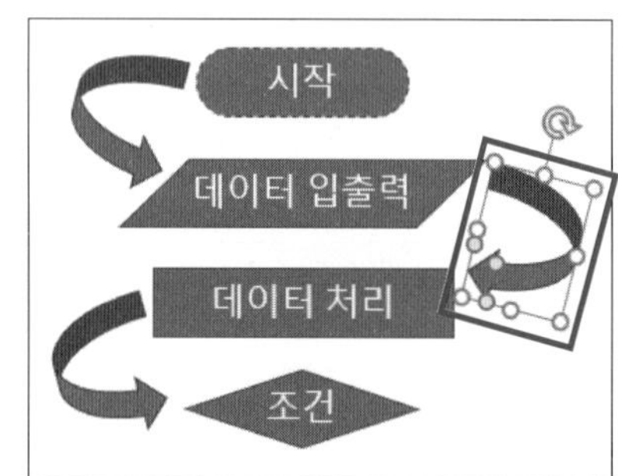

## ㉔ 오른쪽으로 구부러진 화살표(↪) 4 작성

㉓번 도형을 복사한 후 회전하면 됩니다. Ctrl을 누른 채 ㉓번 도형을 아래쪽으로 드래그하여 복사한 후 도형의 회전 핸들을 반시계 방향으로 드래그하여 문제지와 비슷하게 회전시키고 위치를 적당히 조절하세요.

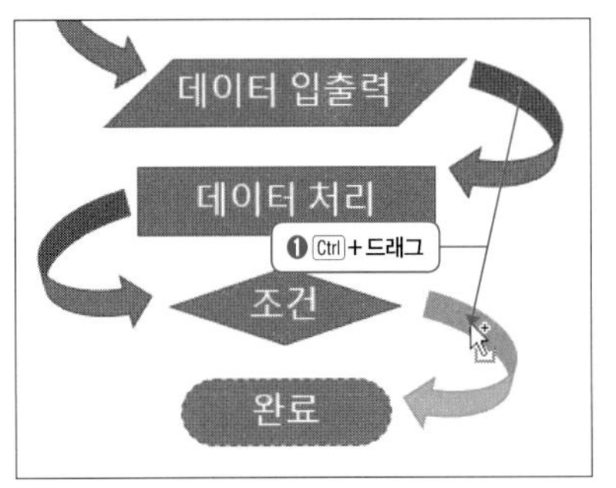


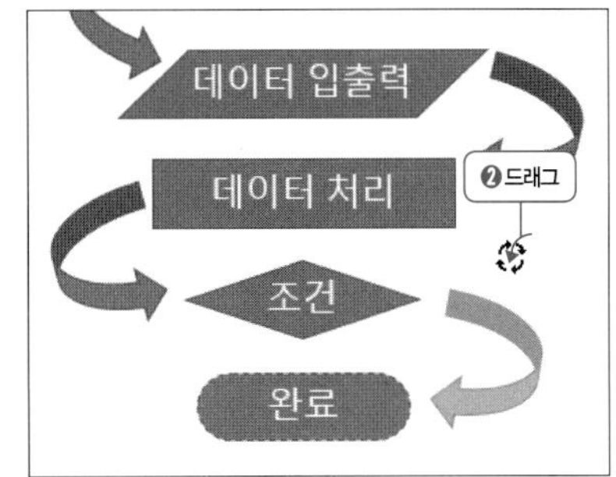


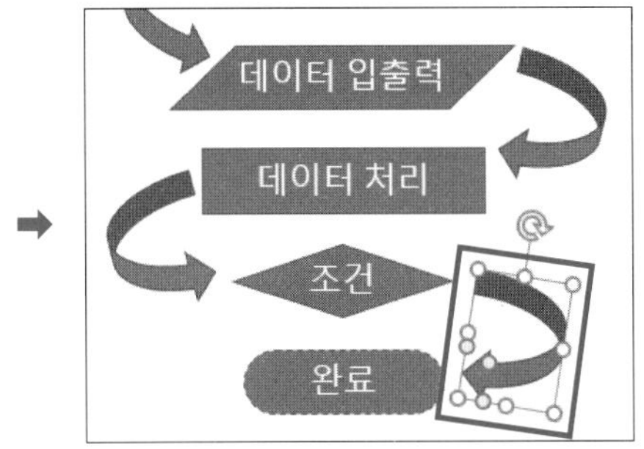


## ㉕ 모서리가 접힌 도형(□) 작성

1. [삽입] → 일러스트레이션 → 도형 → 기본 도형 → **모서리가 접힌 도형(□)**을 선택한 후 그림과 같이 적당한 크기로 드래그하여 도형을 삽입하세요.

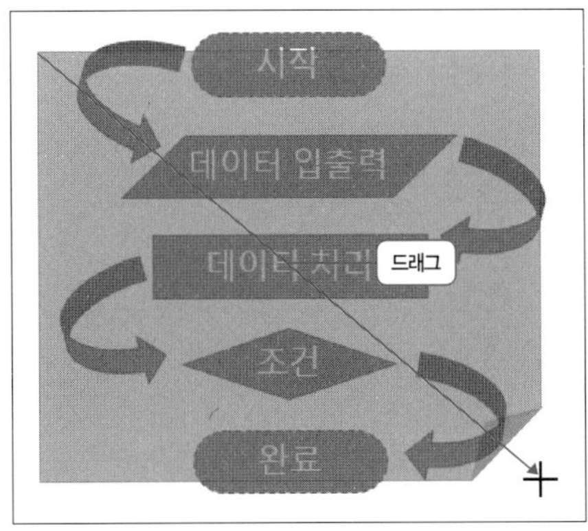

2. 도형을 선택하면 표시되는 노란색 조절점을 오른쪽으로 드래그하여 모양을 변경하세요.

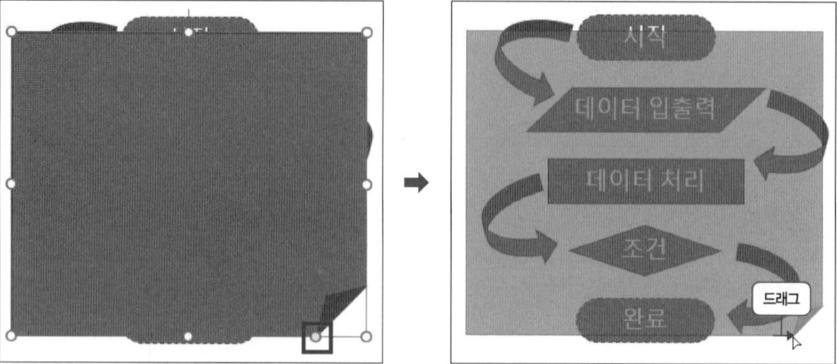

**전문가의 조언**

도형을 선택한 후 [그리기 도구] → 서식 → 정렬 → 뒤로 보내기 → **맨 뒤로 보내기**를 클릭해도 됩니다.

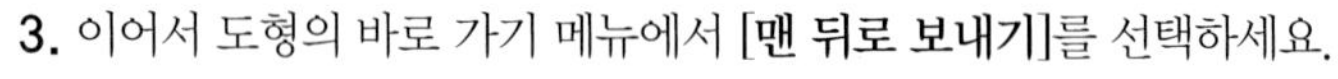

3. 이어서 도형의 바로 가기 메뉴에서 **[맨 뒤로 보내기]**를 선택하세요.

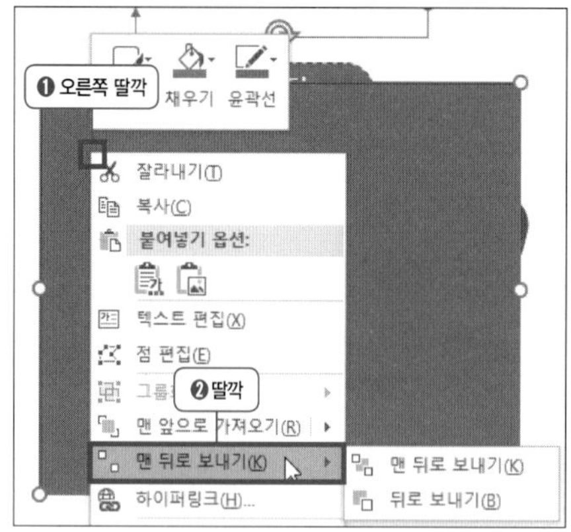

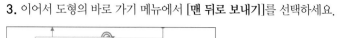

## 04. 공통 서식 적용하기

**1.** 모든 도형이 포함되도록 드래그하여 선택한 후 [홈] → **글꼴**에서 글꼴 '굴림', 크기 18, 글꼴 색(가 ▾) '검정, 텍스트 1'을 지정하세요.

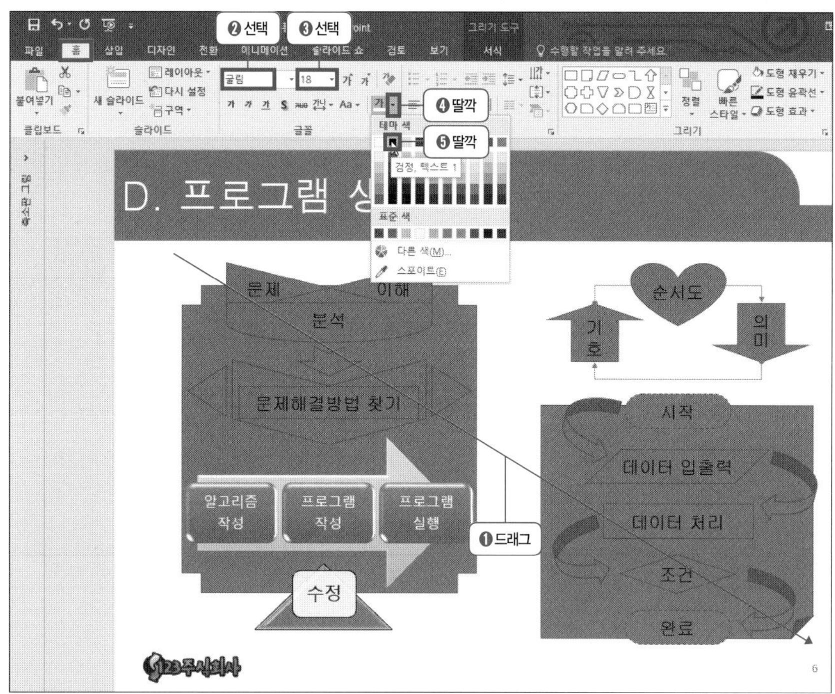


**2.** '하트' 도형을 선택한 후 [홈] → 글꼴 → 글꼴 색(가 ▾)의 ▾ → **흰색, 배경 1**을 선택하세요.

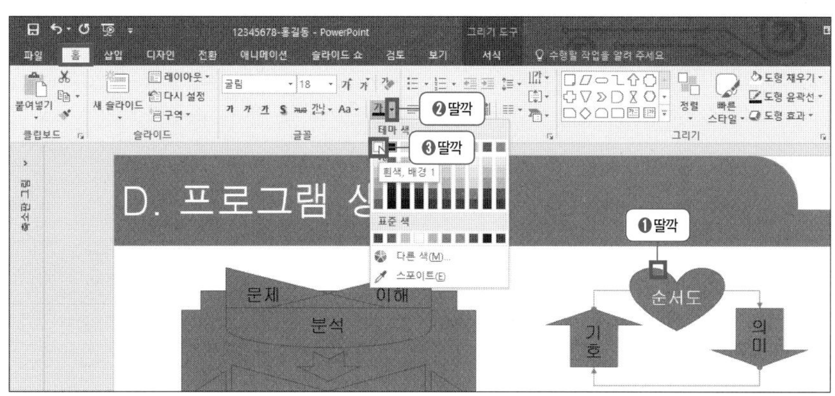

**전문가의 조언**

- 오른쪽 하단의 슬라이드 번호가 입력된 텍스트 상자가 포함되지 않도록 주의하세요. 슬라이드 번호가 입력된 텍스트 상자가 선택된 경우 Shift를 누른 채 텍스트 상자를 클릭하면 선택이 해제됩니다.
- 문제의 지시사항에 글꼴 색에 대한 내용은 없지만 문제에 제시된 [출력형태]와 동일하게 글꼴 색을 지정해 주어야 합니다.

**전문가의 조언**

도형 슬라이드 문제에서 한 개 또는 두 개의 도형은 글꼴 색이 흰색으로 출제되므로 잘 확인하여 해당 도형의 글꼴 색을 '흰색, 배경 1'로 지정하세요.

**3.** 스마트아트에 글꼴 서식을 지정해야 합니다. '연속 블록 프로세스형' 스마트아트를 선택한 후 [홈] → **글꼴**에서 글꼴 '굴림', 크기 18을 지정하세요.

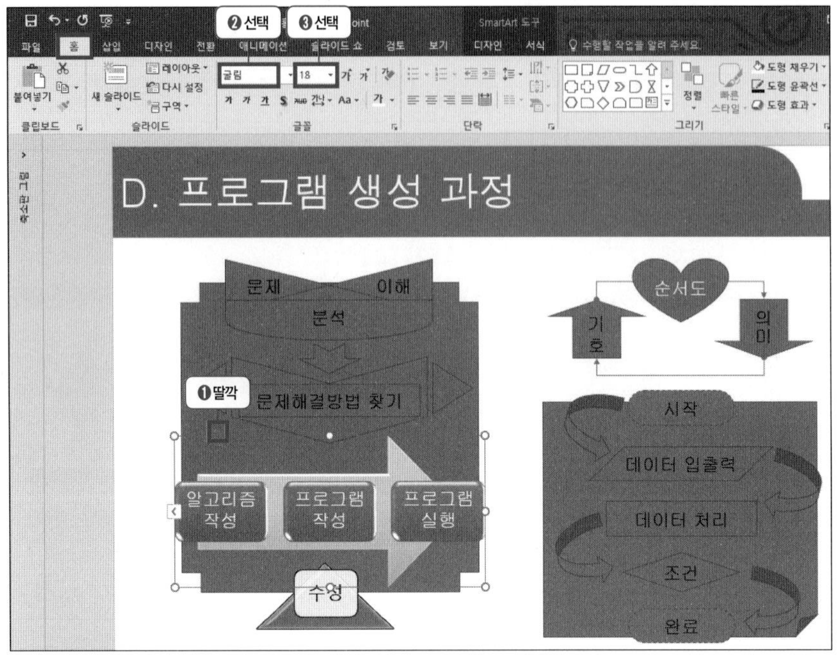

궁금해요

**시나공 Q&A 베스트**

**Q 스마트아트와 도형을 함께 선택한 후 글꼴을 변경했는데 도형에만 적용이 됩니다. 왜 그렇죠?**

**A** 스마트아트는 다른 도형과 함께 선택하여 서식을 지정할 수 없습니다. 반드시 스마트아트만 따로 선택한 상태에서 서식을 지정해야 합니다.

**4.** 동일한 방법으로 '피라미드 목록형' 스마트아트도 글꼴 '굴림', 크기 18로 지정하세요.

## 05. 도형 그룹화하기

1. 애니메이션 효과를 적용하기 위해 문제에 제시된 도형들을 두 개의 그룹으로 지정해야 합니다. 왼쪽의 도형들이 모두 포함되도록 드래그하여 선택하세요.

2. 선택된 도형들의 바로 가기 메뉴에서 [그룹화] → **그룹**을 선택하세요.

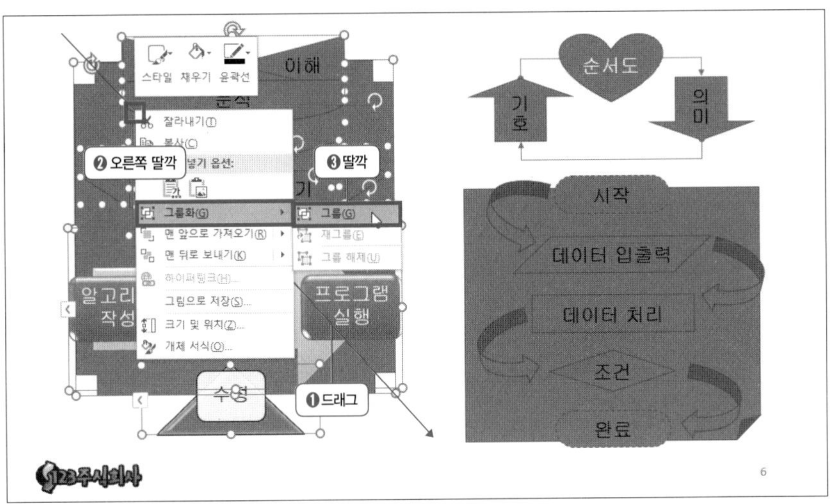


3. 동일한 방법으로 오른쪽 도형들도 그룹으로 지정하세요.

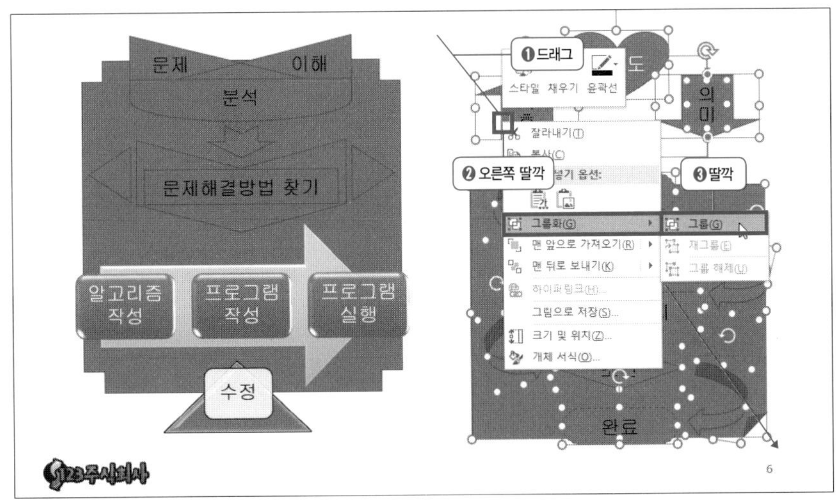

**전문가의 조언**

- 마우스로 드래그하여 도형을 선택했을 때 범위에 포함되지 않아 선택되지 않은 도형이 있을 때는 Shift를 누른 채 추가할 도형을 클릭하면 됩니다.
- 그룹이 지정되면 그룹에 포함된 도형들은 하나의 도형처럼 인식됩니다.
- 도형이 선택된 상태에서 [그리기 도구] → 서식 → 정렬 → 그룹화 → **그룹**을 선택해도 됩니다.

## 06. 애니메이션 효과 지정하기

**1.** 애니메이션의 적용 순서는 ① → ②, 즉 왼쪽 도형이 표시된 후 오른쪽 도형이 표시되는 순서입니다. 왼쪽 도형을 선택한 후 [애니메이션] → 애니메이션 → **날아오기**를 클릭하세요.

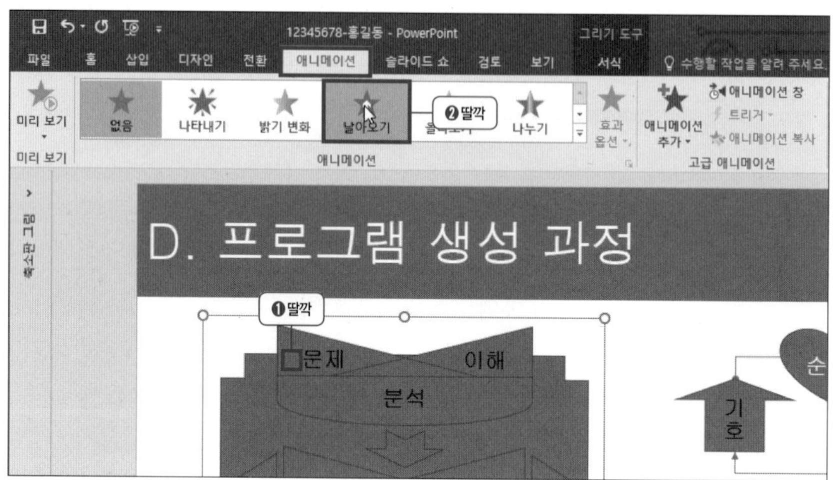


**2.** 이어서 [애니메이션] → 애니메이션 → 효과 옵션 → **왼쪽에서**를 선택하세요.

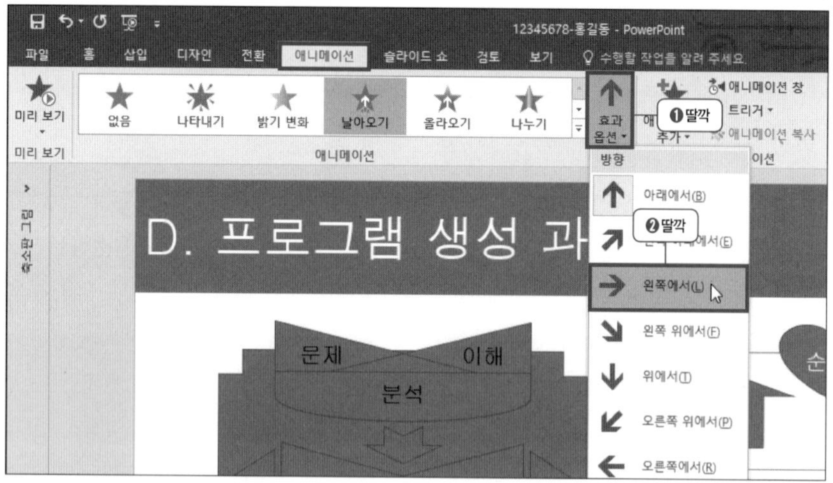


**3.** 오른쪽 도형을 선택하고 [애니메이션] → 애니메이션의 ⊽(자세히) → **추가 나타내기 효과**를 선택하세요.

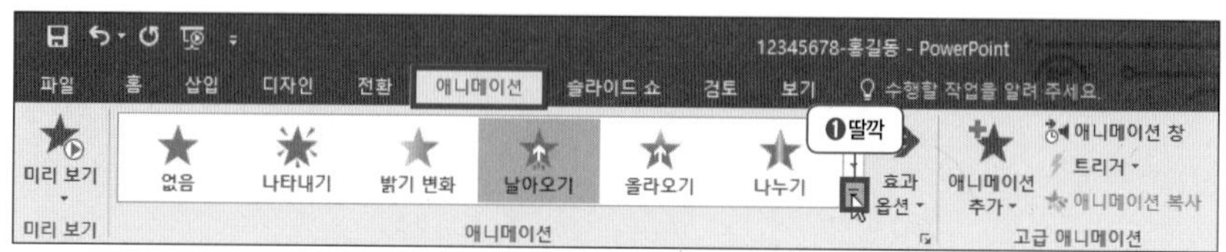


⬇

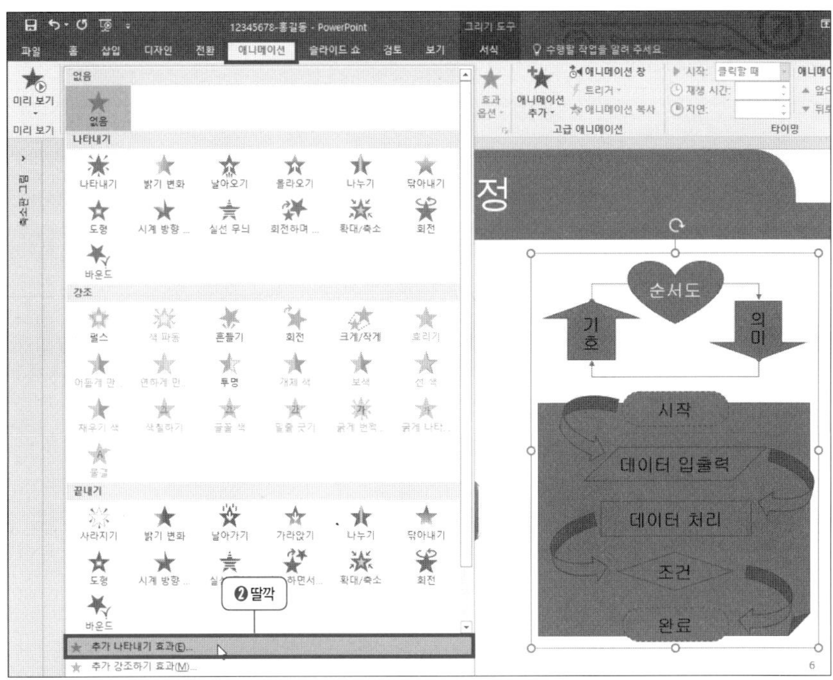


4. '나타내기 효과 변경' 대화상자에서 '기본 효과'의 '블라인드'를 선택한 후 〈확인〉을 클릭하세요.

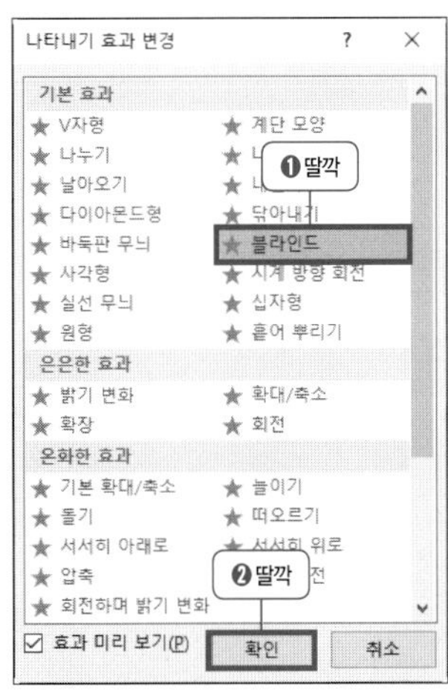


5. 이어서 [애니메이션] → 애니메이션 → 효과 옵션 → **세로**를 선택하세요.

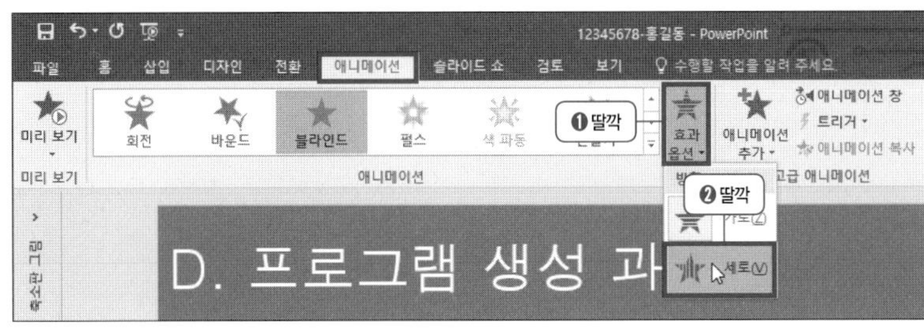

**전문가의 조언**

[슬라이드 쇼] → 슬라이드 쇼 시작 → **처음부터**를 클릭하거나 F5를 누르면 전체 슬라이드에 대한 쇼 보기를 수행할 수 있는데, 이때 애니메이션이 설정된 슬라이드는 애니메이션 효과가 나타납니다.

**6.** [애니메이션] → 미리 보기 → **(애니메이션 미리 보기)**를 클릭하여 애니메이션 효과가 정상적으로 적용되는지 확인하세요.

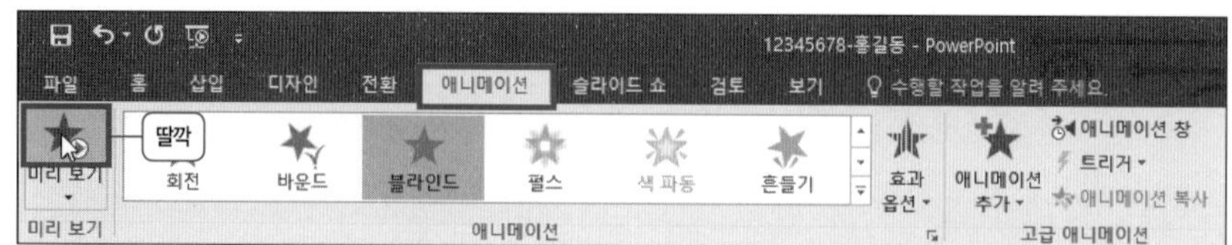

궁금해요

**시나공 Q&A 베스트**

**Q 애니메이션 효과가 여러 번 나타나요!**

A 애니메이션 효과가 여러 번 적용돼서 그렇습니다. 아래 그림처럼 도형의 왼쪽 상단에 표시되는 숫자는 애니메이션이 적용되는 순서를 의미합니다. 은 첫 번째와 두 번째, 즉 두 개의 애니메이션이 지정됐음을 의미합니다.

잘못 지정된 애니메이션은 [애니메이션] → 고급 애니메이션 → **애니메이션 창**을 클릭하면 나타나는 '애니메이션 창'에서 해당 애니메이션을 클릭한 후 Delete를 누르거나 **[제거]**를 선택하면 됩니다.

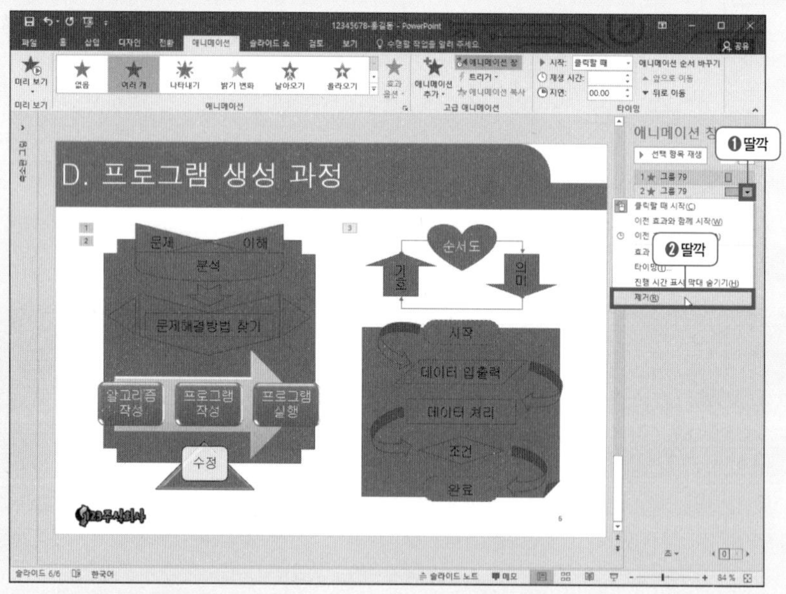

## 11 ITQ 파워포인트 시험 마무리

1. 빠른 실행 도구 모음에서 '저장(💾)'을 클릭하여 저장하세요.

2. 이어서 파워포인트 프로그램을 최소화한 후 '시험 관리 도구'에서 〈답안 전송〉을 클릭하여 작성한 문서를 전송합니다.

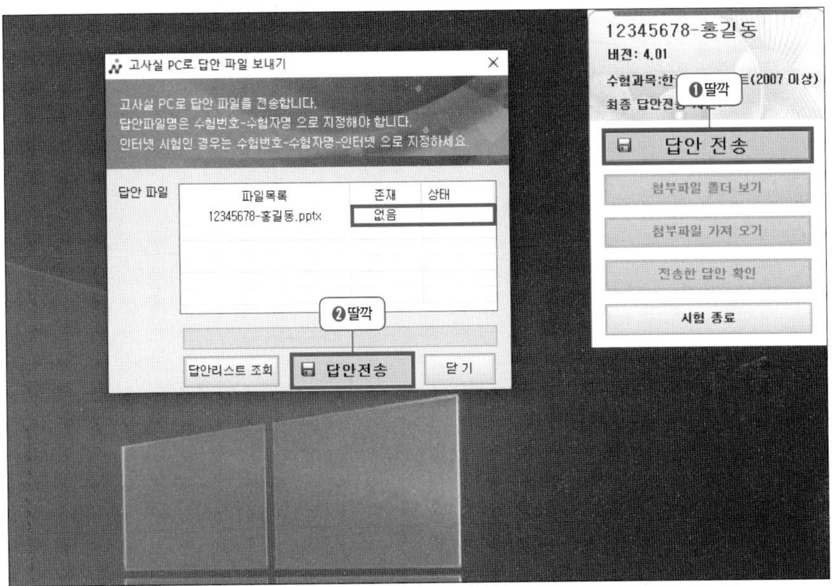


3. '시험 관리 도구'에서 〈시험 종료〉를 클릭한 후 감독위원의 지시에 따라 문제지를 제출하고 퇴실하세요.

시험 준비를 철저히 하지 않아 중도에 포기할 경우 감독위원에게 문의한 후 문제지를 제출하고 퇴실해야 합니다. 실수로 문제지를 가지고 퇴실하면 부정행위로 간주되어 2년간 국가 자격 시험에 응시할 수 없는 불행한 사태가 발생할 수도 있습니다.

## 12 자동 채점 프로그램 사용하기

이 과정은 길벗 ITQ 채점 프로그램의 사용 방법을 연습하는 과정으로 실제 시험에서는 진행되지 않습니다.

**채점 프로그램 설치하기**

1. 시나공 카페(sinagong.gilbut.co.kr)에 접속하여 아이디와 패스워드를 넣고 로그인 하세요.
2. 위쪽의 메뉴에서 [시나공 IT] → [자료실]을 클릭하세요.
3. '자료실'에서 [ITQ] → [ITQ OA Master]만 선택하세요.
4. '실습예제'에서 '2021 시나공 ITQ OA Master(2016 사용자용) [기본서]'를 클릭하세요.
5. 이어서 [전체펼치기] → [다운로드] → [^] → [열기]를 차례로 클릭하세요.
6. 압축 프로그램 창에서 〈압축풀기〉를 클릭하세요.
7. '압축풀기' 대화상자에서 압축 파일을 풀어놓을 폴더를 지정하고 〈확인〉을 클릭하세요.
8. 압축을 푼 폴더에서 '채점프로그램.exe' 파일을 더블클릭하여 실행한 후 지시사항을 따라 〈다음〉을 클릭하면 간단하게 설치됩니다.

**1.** 길벗 ITQ 채점 프로그램을 실행하기 위해 바탕 화면에서 [(시작)] → 길벗 → **2021년 길벗 ITQ OA Master 채점프로그램**을 차례로 선택합니다.

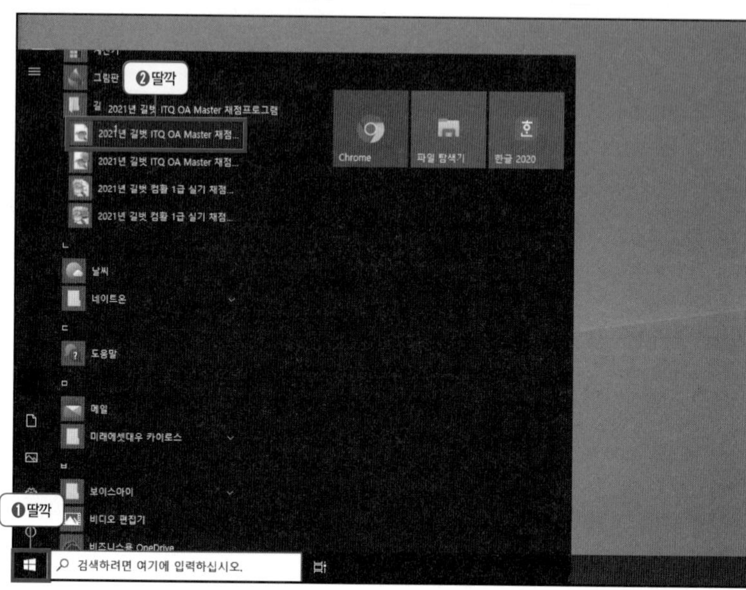


**2.** 업데이트 창이 나타나며 자동으로 업데이트가 진행됩니다. 업데이트가 완료되면 〈실행〉을 클릭하세요.

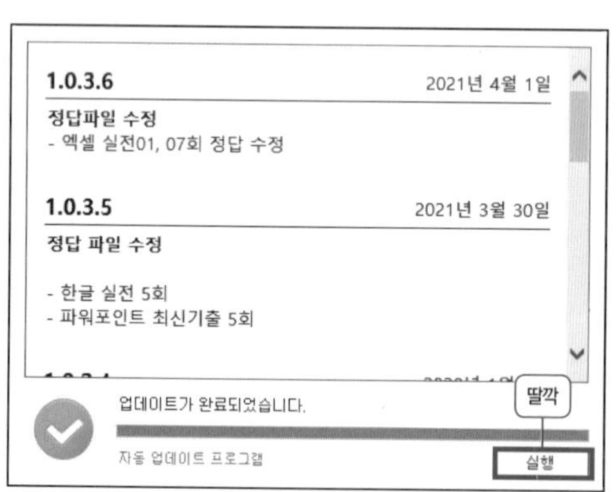

3. 왼쪽 상단의 〈교재 선택〉을 클릭한 후 'ITQ 파워포인트(2016)'를 선택하세요.

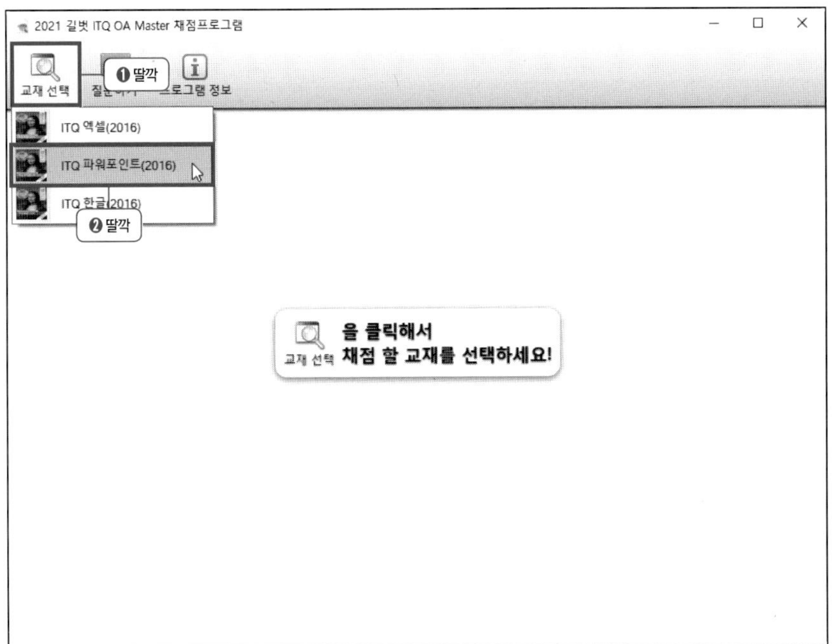


4. 채점할 파일을 채첨 창으로 드래그하거나 왼쪽 상단의 〈채점하기〉를 클릭한 후 '열기' 대화상자에서 그림과 같이 채점할 파일을 선택하고 〈열기〉를 클릭하면 자동으로 채점이 수행됩니다.

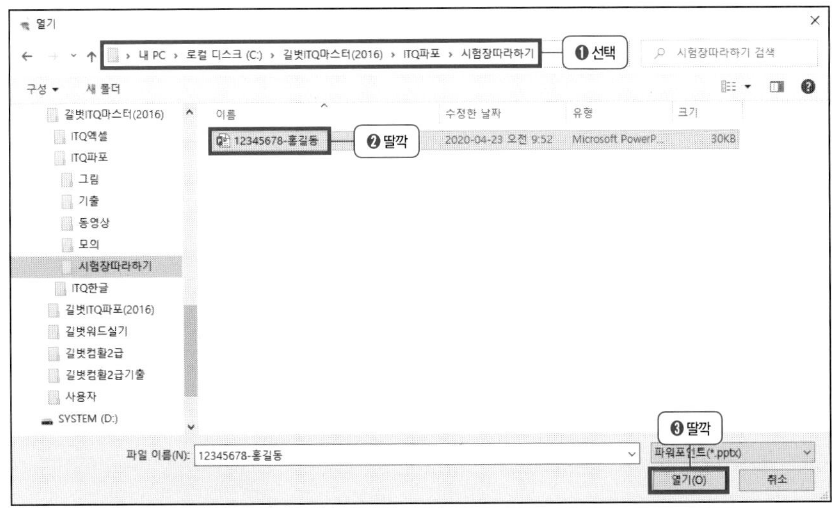

**전문가의 조언**

자동 채점 프로그램을 사용하려면 오피스 2016이 설치되어 있어야 합니다.

5. 채점이 완료되면 채점 창에 채점 결과가 표시됩니다. 채점 프로그램 창 왼쪽의 감점 항목을 클릭하면 틀린 부분이 세부 내역 창에 표시되기 때문에 틀린 이유를 바로 확인할 수 있습니다. 올바르게 작성했는데도 틀리다고 표시된 경우에는 〈질문하기〉를 클릭하여 해당 문제에 궁금한 점을 문의하세요.

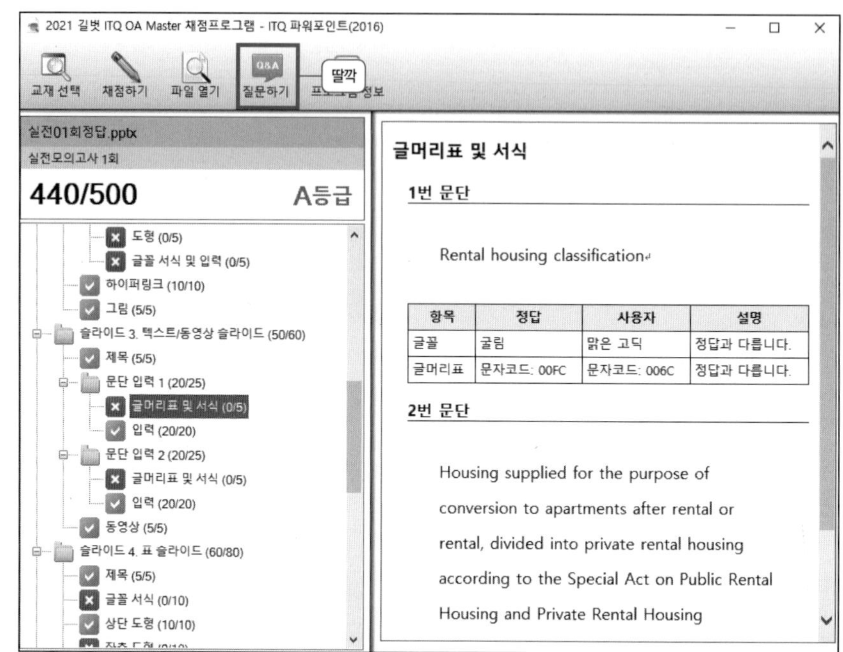

# 02장

# 실전 모의고사

실전 모의고사 01회

실전 모의고사 02회

실전 모의고사 03회

실전 모의고사 04회

실전 모의고사 05회

실전 모의고사 06회

실전 모의고사 07회

실전 모의고사 08회

실전 모의고사 09회

실전 모의고사 10회

'C:\길벗ITQ마스터(2016)\ITQ파포' 폴더에 "실전모의고사.pdf" 파일로 저장되어 있습니다.

EXAMINATION

# 01회 실전 모의고사

**[전체구성]** **[60점]**

(1) 슬라이드 크기 및 순서 : 크기를 A4 용지로 설정하고 슬라이드 순서에 맞게 작성한다.
(2) 슬라이드 마스터 : 2~6슬라이드의 제목, 하단 로고, 슬라이드 번호는 슬라이드 마스터를 이용하여 작성한다.
- 제목 글꼴(돋움, 40pt, 흰색), 왼쪽 맞춤, 도형(선 없음)
- 하단 로고(「C:\길벗ITQ마스터(2016)\ITQ파포\그림\로고2.jpg」, 배경(회색) 투명색으로 설정)

## 슬라이드 1 표지 디자인 (40점)

(1) 표지 디자인 : 도형, 워드아트 및 그림을 이용하여 작성한다.

**세부조건**

① 도형 편집
- 도형에 그림 채우기 : 「C:\길벗ITQ마스터(2016)\ITQ파포\그림\그림2.jpg」, 투명도 50%
- 도형 효과 : 부드러운 가장자리 5포인트

② 워드아트 삽입
- 변환 : 물결 2
- 글꼴 : 돋움, 굵게
- 텍스트 반사 : 근접 반사, 4 pt 오프셋

③ 그림 삽입
- 「C:\길벗ITQ마스터(2016)\ITQ파포\그림\로고1.jpg」
- 배경(회색) 투명색으로 설정

## 슬라이드 2 목차 슬라이드 (60점)

(1) 출력형태와 같이 도형을 이용하여 목차를 작성한다(글꼴 : 굴림, 24pt).
(2) 도형 : 선 없음

**세부조건**

① 텍스트에 하이퍼링크 적용
→ '슬라이드 4'

② 그림 삽입
- 「C:\길벗ITQ마스터(2016)\ITQ파포\그림\모의-그림1.jpg」
- 자르기 기능 이용

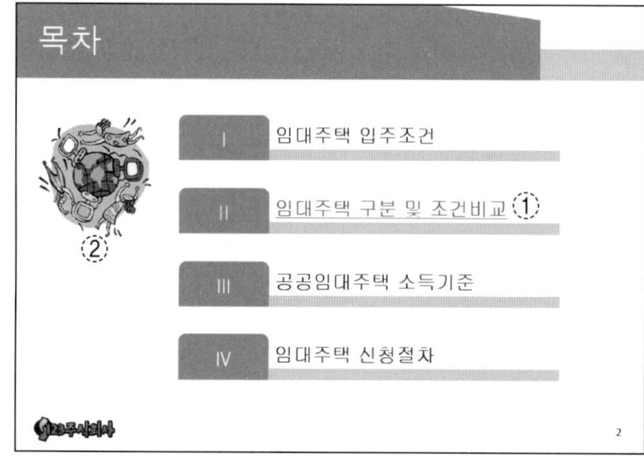

## 슬라이드 3 텍스트/동영상 슬라이드 (60점)

(1) 텍스트 작성 : 글머리 기호 사용(✓ , ❖)

✓ 문단(굴림, 24pt, 굵게, 줄 간격 : 1.5줄), ❖ 문단(굴림, 20pt, 줄 간격 : 1.5줄)

**세부조건**

① 동영상 삽입 :
- 「C:\길벗ITQ마스터(2016)\ITQ파포\동영상\동영상.wmv」
- 자동 실행, 반복 재생 설정

### Ⅰ. 임대주택 입주조건

✓Rental housing classification

❖Housing supplied for the purpose of conversion to apartments after rental or rental, divided into private rental housing according to the Special Act on Public Rental Housing and Private Rental Housing

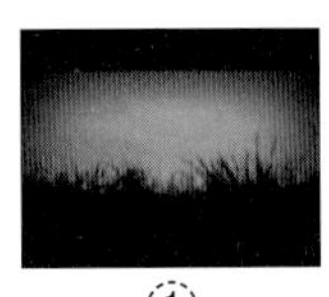

①

✓입주조건

❖임대주택 건설 최초공고일 1년 전부터 입주 시까지 무주택자

❖임대주택 건설지역의 거주자로 전용면적 15평 이하인 경우 월평균 소득이 전년도의 도시근로자 평균소득 이하

3

## 슬라이드 4 표 슬라이드 (80점)

(1) 도형과 표 작성 기능을 이용하여 슬라이드를 작성한다(글꼴 : 돋움, 18pt).

**세부조건**

① 상단 도형 :
2개 도형의 조합으로 작성

② 좌측 도형 :
그라데이션 효과(선형 아래쪽)

③ 표 스타일 :
테마 스타일 1 – 강조 6

### Ⅱ. 임대주택 구분 및 조건비교

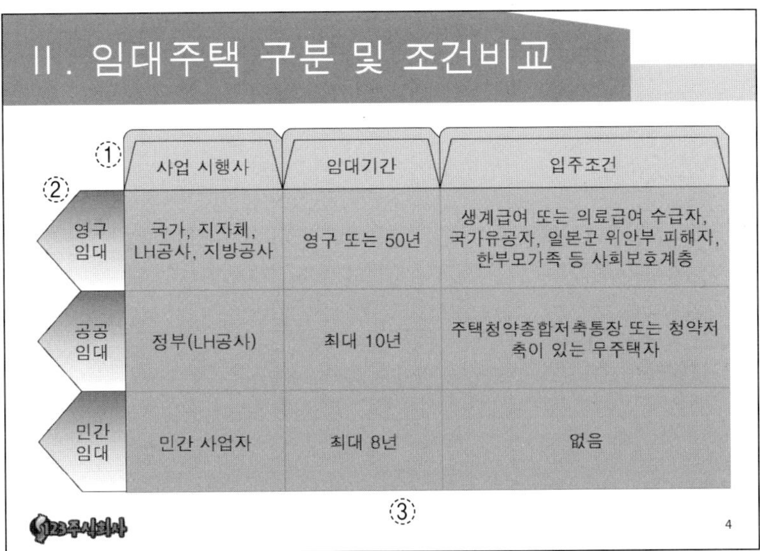

| | 사업 시행사 | 임대기간 | 입주조건 |
|---|---|---|---|
| 영구 임대 | 국가, 지자체, LH공사, 지방공사 | 영구 또는 50년 | 생계급여 또는 의료급여 수급자, 국가유공자, 일본군 위안부 피해자, 한부모가족 등 사회보호계층 |
| 공공 임대 | 정부(LH공사) | 최대 10년 | 주택청약종합저축통장 또는 청약저축이 있는 무주택자 |
| 민간 임대 | 민간 사업자 | 최대 8년 | 없음 |

## 슬라이드 5 차트 슬라이드 (100점)

(1) 차트 작성 기능을 이용하여 슬라이드를 작성한다.
(2) 차트 : 종류(묶은 세로 막대형), 글꼴(돋움, 16pt), 외곽선

**세부조건**

※ 차트 설명
- 차트 제목 : 궁서, 24pt, 굵게, 채우기(흰색), 테두리, 그림자(오프셋 아래쪽)
- 차트 영역 : 채우기(노랑)
  그림 영역 : 채우기(흰색)
- 데이터 서식 : 다자녀 계열을 표식이 있는 꺾은선형으로 변경 후 보조 축으로 지정
- 값 표시 : 다자녀 계열만

① 도형 삽입
- 스타일 : 미세 효과 – 주황, 강조 2
- 글꼴 : 돋움, 18pt

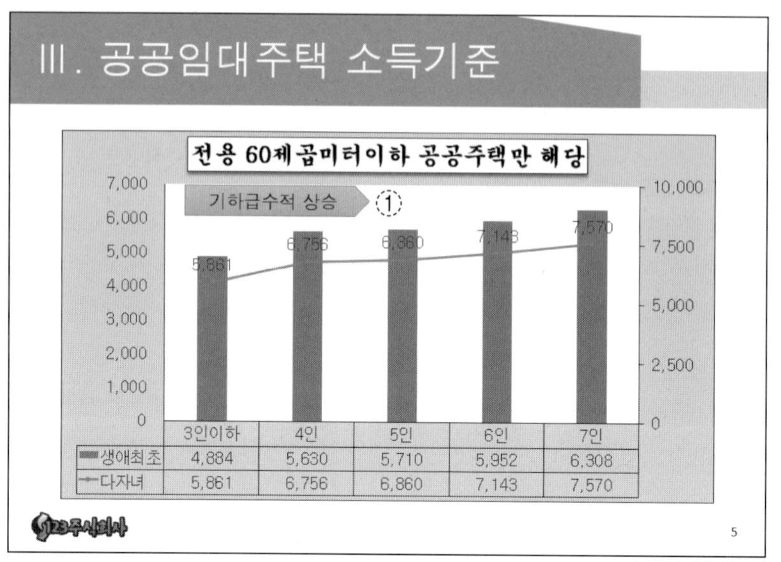


## 슬라이드 6 도형 슬라이드 (100점)

(1) 슬라이드와 같이 도형 및 스마트아트를 배치한다(글꼴 : 굴림, 18pt).
(2) 애니메이션 순서 : ① → ②

**세부조건**

① 도형 편집
- 그룹화 후 애니메이션 효과 : 나누기(세로 바깥쪽으로)

② 도형 및 스마트아트 편집
- 스마트아트 디자인 : 3차원 만화, 3차원 경사
- 그룹화 후 애니메이션 효과 : 시계 방향 회전

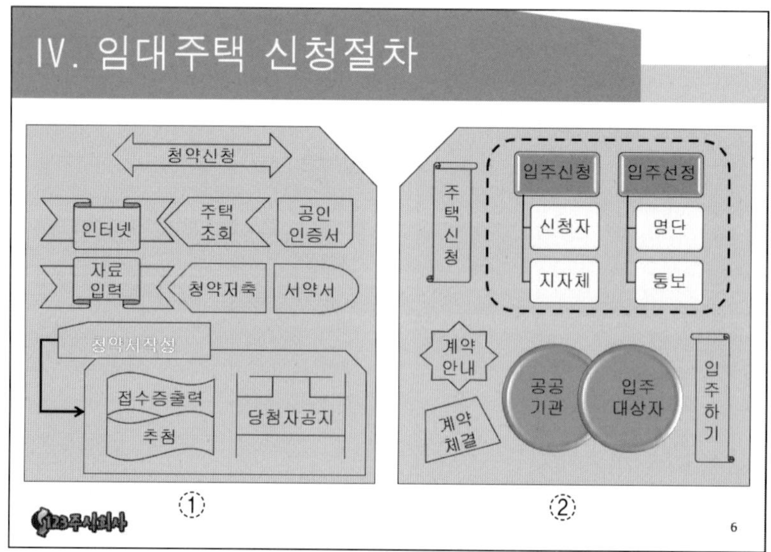

EXAMINATION

# 01회 실전 모의고사 정답 및 해설

## 슬라이드 1 표지 디자인

1장 '실제 시험장을 옮겨 놓았다!' 부분을 먼저 공부한 다음 이 부분을 보면 훨씬 쉽게 따라할 수 있습니다.

### 파일 저장 및 슬라이드 설정하기

1. 파워포인트 프로그램을 실행시킨 후 시작 화면에서 '새 프레젠테이션'을 클릭한다.
2. 빠른 실행 도구 모음에서 '저장(💾)'을 클릭한 후 '다른 이름으로 저장' 창에서 〈찾아보기〉를 클릭한다.
3. '다른 이름으로 저장' 대화상자에서 저장 위치를 'C:\길벗ITQ마스터(2016)\ITQ파포\모의' 폴더로 지정하고, 파일 이름에 **실전01**을 입력한 후 〈저장〉을 클릭한다.
4. [디자인] → 사용자 지정 → 슬라이드 크기 → **사용자 지정 슬라이드 크기**를 선택한다.
5. '슬라이드 크기' 대화상자에서 슬라이드 크기를 'A4 용지', 방향을 '가로'로 설정한 후 〈확인〉을 클릭한다.
6. 슬라이드 크기 조정 대화상자에서 〈맞춤 확인〉을 클릭한다.

### 도형 편집하기

1. '제목 입력' 텍스트 상자와 '부제목 입력' 텍스트 상자의 외곽선을 클릭한 후 Delete를 눌러 삭제한다.
2. [삽입] → 일러스트레이션 → 도형 → 사각형 → **직사각형(□)**을 선택한 후 도형이 삽입될 위치에 적당한 크기로 드래그하여 삽입한다.

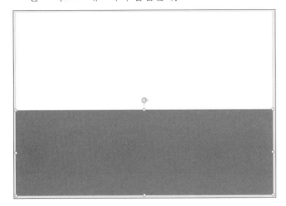

3. 도형의 바로 가기 메뉴에서 **[도형 서식]**을 선택한다.
4. '그림 서식' 창에서 [도형 옵션] → (채우기 및 선) → 채우기 → 그림 또는 질감 채우기 → **〈파일〉**을 클릭한다.
5. '그림 삽입' 대화상자에서 찾는 위치를 'C:\길벗ITQ마스터(2016)\ITQ파포\그림'으로 지정하고 '그림2.jpg'를 선택한 후 〈삽입〉을 클릭한다.

문제에 사용되는 그림은 '실습파일' 파일을 설치해야 C 드라이브에 복사됩니다. 자세한 내용은 ITQ 엑셀 12쪽을 참고하세요.

6. '그림 서식' 창에서 '투명도'를 50%로 지정한다.
7. 이어서 '그림 서식' 창에서 [도형 옵션] → (효과) → 부드러운 가장자리 → (미리 설정) → **5 포인트**를 선택한 후 '닫기(✕)'를 클릭한다.

### 워드아트 작성하기

1. [삽입] → 텍스트 → WordArt → **채우기 – 검정, 텍스트 1, 그림자**를 선택한다.
2. 워드아트에 International Marriage를 입력한다.
3. 워드아트의 외곽선을 클릭한 후 [홈] → **글꼴**에서 글꼴 '돋움', '굵게(가)'를 지정하고, '텍스트 그림자(S)'를 해제한다.
4. 워드아트가 선택된 상태에서 [그리기 도구] → 서식 → WordArt 스타일 → 텍스트 효과 → 변환 → **물결 2(abcde)**를 선택한다.
5. 워드아트를 위쪽으로 드래그하여 이동한다.

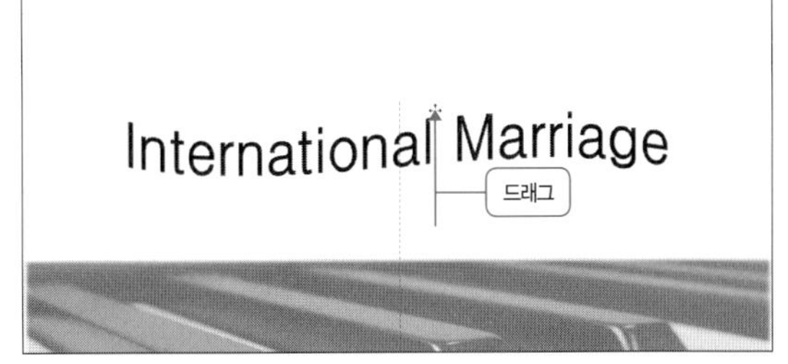

6. 워드아트의 위쪽 가운데 크기 조절점을 위쪽으로 드래그하고 오른쪽 가운데 크기 조절점을 Ctrl을 누른 채 오른쪽으로 드래그하여 그림과 같이 모양을 변경한다.

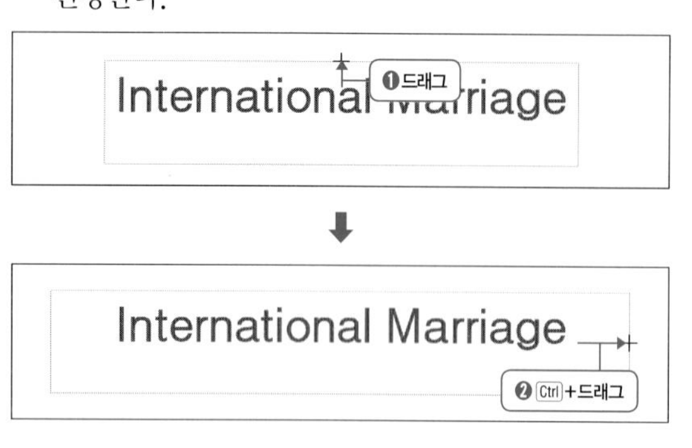


7. 워드아트가 선택된 상태에서 [그리기 도구] → 서식 → WordArt 스타일 → 텍스트 효과 → 반사 → **근접 반사, 4 pt 오프셋**을 선택한다.

### 그림 삽입하기

1. [삽입] → 이미지 → **그림**을 클릭한다.
2. '그림 삽입' 대화상자에서 찾는 위치를 'C:\길벗ITQ마스터(2016)\ITQ파포\그림'으로 지정하고 '로고1.jpg'를 선택한 후 〈삽입〉을 클릭한다.
3. 그림이 선택된 상태에서 [그림 도구] → 서식 → 조정 → 색 → **투명한 색 설정**을 선택한 후 그림의 배경(회색 부분)을 클릭한다.
4. 그림의 크기 조절점을 이용하여 크기를 적당하게 조절한 후 문제에 제시된 [출력형태]의 위치와 동일한 위치로 드래그하여 이동한다.

## 슬라이드 2 목차 슬라이드

따라하기

### 슬라이드 삽입하고 슬라이드 번호 설정하기

1. [홈] → 슬라이드 → (**새 슬라이드**)를 클릭한다(바로 가기 키 : Ctrl+M).
2. 동일한 방법으로 슬라이드를 4개 더 추가한다.
3. '슬라이드 축소판 그림' 창에서 두 번째 슬라이드를 선택한 후 [보기] → 마스터 보기 → **슬라이드 마스터**를 차례로 클릭한다.

'슬라이드 축소판 그림' 창이 최소화 되어 있는 경우에는 화면 왼쪽 상단의 '축소판 그림'을 클릭한 후 두 번째 슬라이드를 선택하세요.

4. '슬라이드 축소판 그림' 창에서 '제목 및 내용 레이아웃: 슬라이드 2-6에서 사용' 레이아웃이 선택된 상태에서 [삽입] → 텍스트 → **머리글/바닥글**을 클릭한다.
5. '머리글/바닥글' 대화상자의 '슬라이드' 탭에서 '슬라이드 번호'와 '제목 슬라이드에는 표시 안 함'을 선택한 후 〈모두 적용〉을 클릭한다.

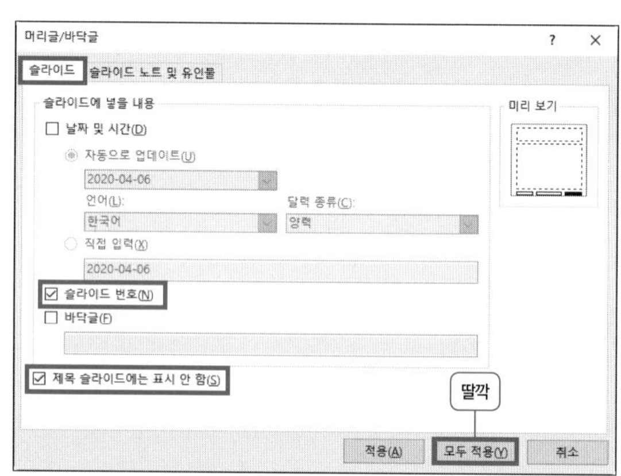


### 하단 로고 삽입하기

1. '슬라이드 축소판 그림' 창에서 '제목 및 내용 레이아웃: 슬라이드 2-6에서 사용' 레이아웃이 선택된 상태에서 [삽입] → 이미지 → **그림**을 클릭한다.
2. '그림 삽입' 대화상자에서 찾는 위치를 'C:\길벗ITQ마스터(2016)\ITQ파포\그림'으로 지정하고 '로고2.jpg'를 선택한 후 〈삽입〉을 클릭한다.
3. 그림이 선택된 상태에서 [그림 도구] → 서식 → 조정 → 색 → **투명한 색 설정**을 선택한 후 그림의 배경(회색 부분)을 클릭한다.

4. 그림의 크기 조절점을 이용하여 크기를 적당하게 조절한 후 문제에 제시된 [출력형태]의 위치와 동일한 위치로 드래그하여 이동한다.

### 제목 도형 작성하기

1. '슬라이드 축소판 그림' 창에서 '제목 및 내용 레이아웃: 슬라이드 2-6에서 사용' 레이아웃이 선택된 상태에서 [삽입] → 일러스트레이션 → 도형 → 사각형 → **직사각형(□)**을 선택한 후 도형이 삽입될 위치에 적당한 크기로 드래그하여 삽입한다.
2. [삽입] → 일러스트레이션 → 도형 → 순서도 → **순서도: 카드(□)**를 선택한 후 도형이 삽입될 위치에 적당한 크기로 드래그하여 도형을 삽입한다.
3. 도형을 선택한 후 [그리기 도구] → 서식 → 정렬 → 회전 → **좌우 대칭**을 선택한다.
4. 두 도형을 선택한 후 [그리기 도구] → 서식 → 도형 스타일 → 도형 윤곽선 → **윤곽선 없음**을 선택한다.
5. '마스터 제목 스타일 편집' 텍스트 상자의 외곽선을 마우스 오른쪽 버튼으로 클릭한 후 바로 가기 메뉴에서 **[맨 앞으로 가져오기]**를 선택한다.
6. 텍스트 상자가 선택된 상태에서 [홈] → **글꼴**에서 글꼴 '돋움', 크기 40, 글꼴 색(가) '흰색, 배경 1'을 지정한다.
7. 이어서 텍스트 상자의 크기 및 위치를 그림과 같이 조절한다.

8. [슬라이드 마스터] → 닫기 → **마스터 보기 닫기**를 클릭한다.
9. 2번 슬라이드를 선택한 후 '제목을 입력하십시오' 텍스트 상자에 **목차**를 입력한다.

문제 그림에는 목차(제목) 앞에 공백이 있어보이지만 실제 입력 시에는 공백없이 왼쪽에 붙여서 입력해도 관계 없습니다.

### 목차 도형 작성하기

1. '텍스트를 입력하십시오' 텍스트 상자의 외곽선을 클릭한 후 Delete를 눌러 삭제한다.
2. [삽입] → 일러스트레이션 → 도형 → 사각형 → **직사각형(□)**을 선택한 후 도형이 삽입될 위치에 적당한 크기로 드래그 하여 삽입한다.
3. [삽입] → 일러스트레이션 → 도형 → 사각형 → **양쪽 모서리가 둥근 사각형(□)**을 선택한 후 도형이 삽입될 위치에 적당한 크기로 드래그하여 삽입한다.
4. 한글 자음 **ㅈ(지읒)**을 입력하고 한자를 눌러 나타나는 특수문자 선택상자에서 아래쪽 화살표(↓)나 PgDn을 눌러 Ⅰ를 찾아 선택한다.

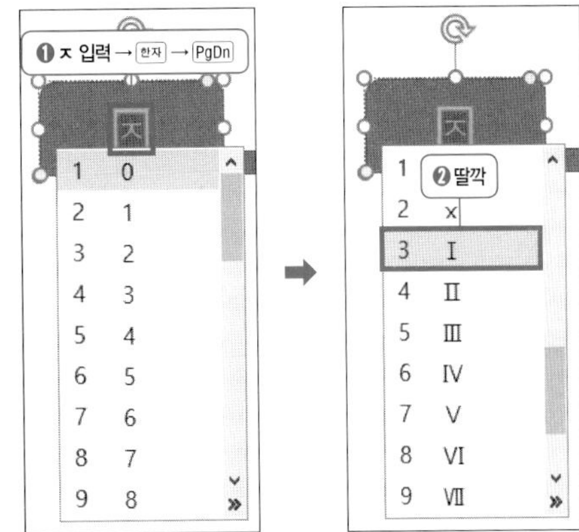


5. [삽입] → 텍스트 → **가로 텍스트 상자 그리기(가)**를 클릭한 후 슬라이드의 빈 공간을 클릭하고 **임대주택 입주조건**을 입력한다.
6. 도형과 텍스트 상자를 모두 선택한 후 [홈] → **글꼴**에서 글꼴 '굴림', 크기 24를 지정하고, [홈] → 그리기 → 도형 윤곽선 → **윤곽선 없음**을 선택한다.
7. 텍스트 상자를 그림과 같이 '직사각형' 위쪽의 적당한 위치로 드래그하여 이동한다.

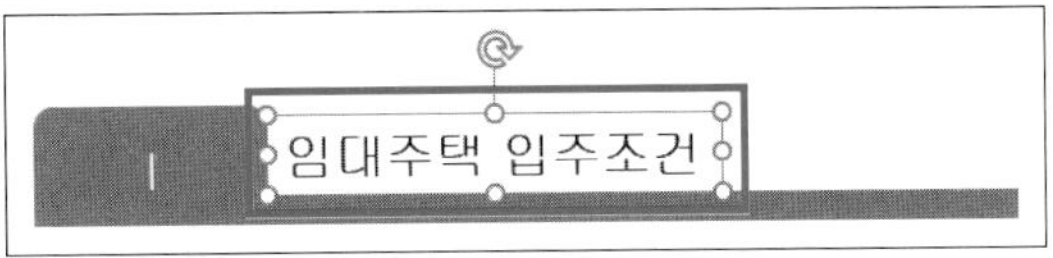


8. 도형과 텍스트 상자를 모두 선택하고 Ctrl+Shift를 누른 채 아래쪽으로 드래그하여 세 번 복사한 후 그림과 같이 내용을 수정한다.

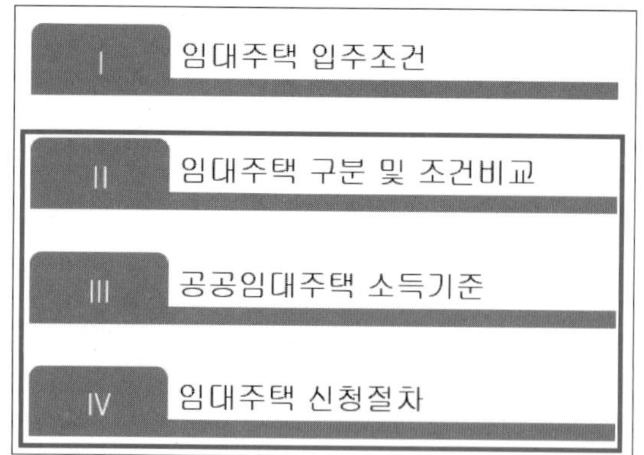


'Ⅱ', 'Ⅲ', 'Ⅳ'는 한글 자음 ㅈ(지읒)을 입력한 후 한자를 눌러 나타나는 특수문자 선택상자에서 찾아 입력하면 됩니다.

### 텍스트에 하이퍼링크 적용하기

1. 두 번째 목차 도형의 텍스트 상자에 입력되어 있는 모든 내용을 블록으로 지정한 후 바로 가기 메뉴에서 **[하이퍼링크]**를 선택한다(바로 가기 키 : Ctrl+K).
2. '하이퍼링크 삽입' 대화상자에서 그림과 같이 지정한 후 〈확인〉을 클릭한다.

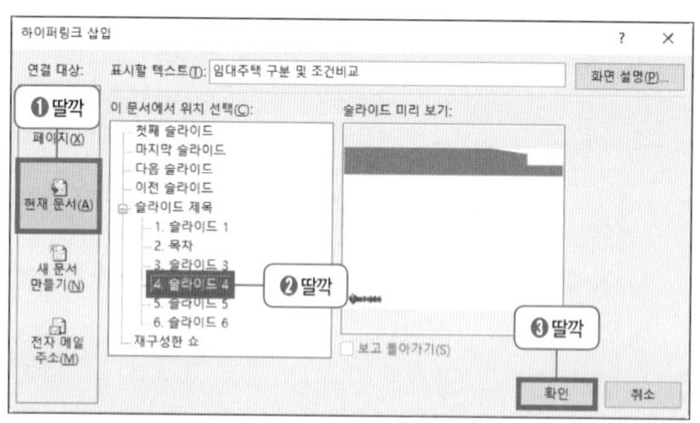


### 그림 삽입하기

1. [삽입] → 이미지 → **그림**을 클릭한다.
2. '그림 삽입' 대화상자에서 찾는 위치를 'C:\길벗ITQ마스터(2016)\ITQ파포\그림'으로 지정하고 '모의-그림1.jpg'를 선택한 후 〈삽입〉을 클릭한다.
3. 그림이 선택된 상태에서 [그림 도구] → 서식 → 크기 → (**자르기**)를 클릭한다.
4. 그림 자르기 편집 상태에서 왼쪽 상단 모서리의 자르기 조절점을 오른쪽 하단으로 그림과 같이 드래그한다.

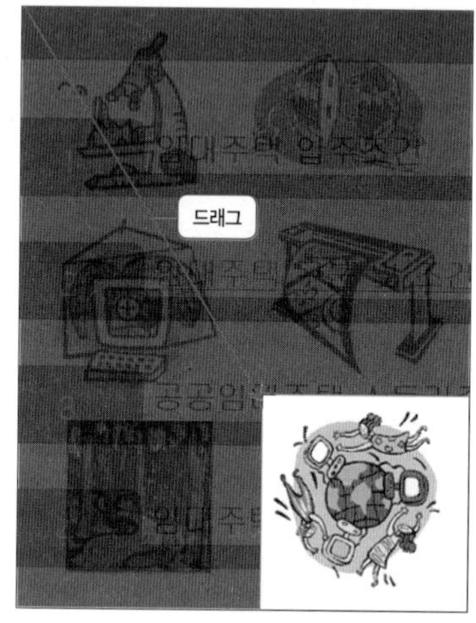


5. Esc를 눌러 그림 자르기 편집 상태를 해제한 후 문제에 제시된 [출력형태]를 참고하여 삽입된 그림의 위치 및 크기를 조절한다.

## 슬라이드 3 텍스트/동영상 슬라이드

### 내용 입력하기

1. '제목을 입력하십시오' 텍스트 상자를 클릭한 후 **Ⅰ. 임대주택 입주조건**을 입력한다.
2. '텍스트를 입력하십시오' 텍스트 상자를 클릭한 후 그림과 같이 내용을 입력한다.

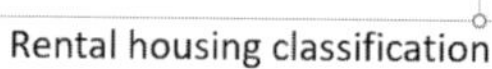

- Rental housing classification
- Housing supplied for the purpose of conversion to apartments after rental or rental, divided into private rental housing according to the Special Act on Public Rental Housing and Private Rental Housing

### '✓' 문단 서식 적용하기

1. 텍스트 상자의 바로 가기 메뉴에서 **[도형 서식]**을 선택한다.

2. '도형 서식' 창에서 [텍스트 옵션] → (텍스트 상자) → 텍스트 상자 → **자동 맞춤 안 함**을 선택한 후 '닫기(✕)'를 클릭한다.

3. 첫 번째 문단을 블록으로 지정한 후 [홈] → **글꼴**에서 글꼴 '굴림', 크기 24, '굵게(가)'를 지정한다.

4. 이어서 [홈] → **단락**에서 글머리 기호()의 → ✓을 선택한 후 줄 간격()을 1.5로 선택한다.

### '❖' 문단 서식 지정하기

1. 두 번째 문단을 블록으로 지정한 후 [홈] → **단락**에서 글머리 기호()의 → ❖을 선택하고, '목록 수준 늘림()'을 한 번 클릭한 다음 줄 간격()을 1.5로 지정한다.

2. 이어서 [홈] → **글꼴**에서 글꼴 '굴림', 크기 20으로 지정한다.

3. 텍스트 상자의 오른쪽 가운데 크기 조절점을 왼쪽으로 드래그하여 너비를 조절한다.

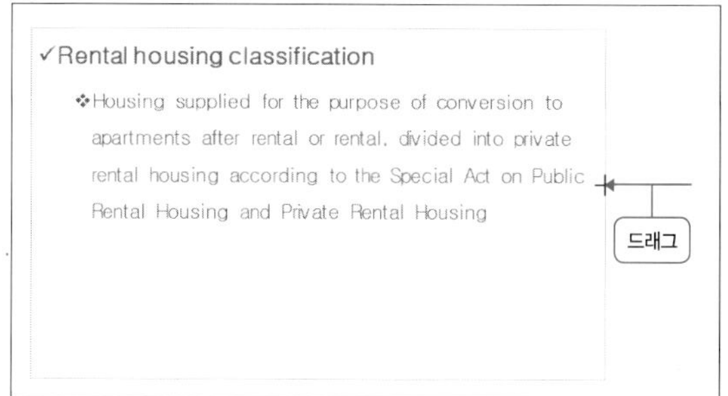


4. 텍스트 상자의 아래쪽 가운데 크기 조절점을 위쪽으로 드래그하여 높이를 조절한다.

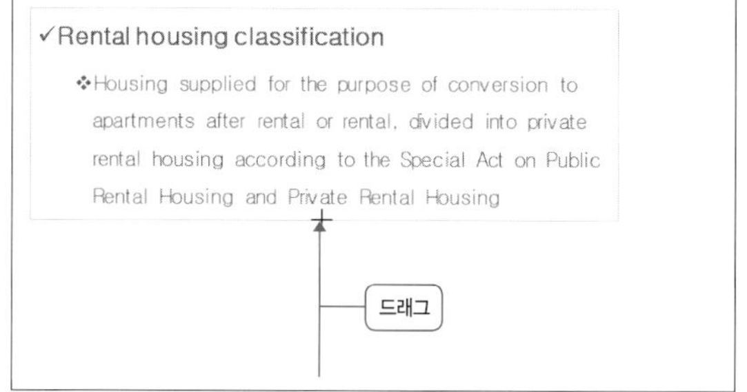


5. 텍스트 상자의 위치를 마우스로 드래그하여 왼쪽 상단으로 이동한다.

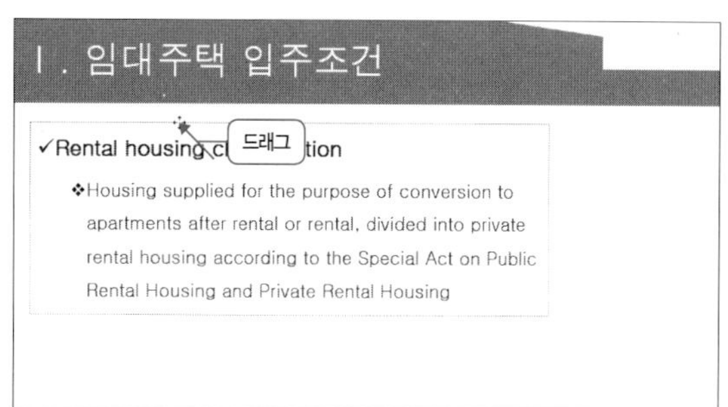


### 텍스트 상자 복사 및 내용 수정하기

1. Ctrl+Shift를 누른 채 텍스트 상자를 아래쪽으로 드래그하여 복사한다.

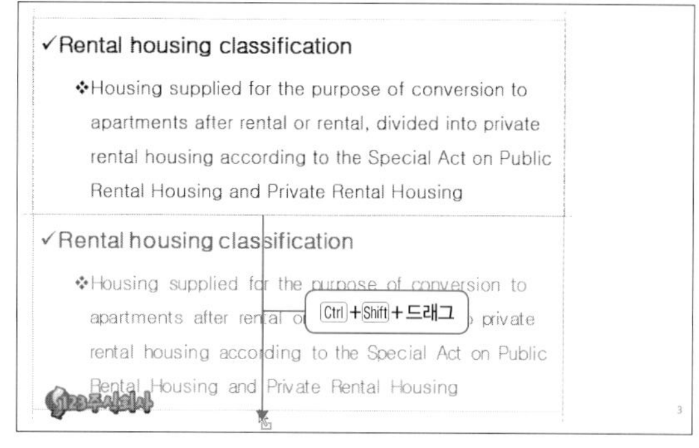


2. 복사한 텍스트 상자의 첫 문단에 커서를 놓고 Home → Shift+End → Shift+←를 눌러 블록으로 지정한 후 그림과 같이 내용을 수정한다.

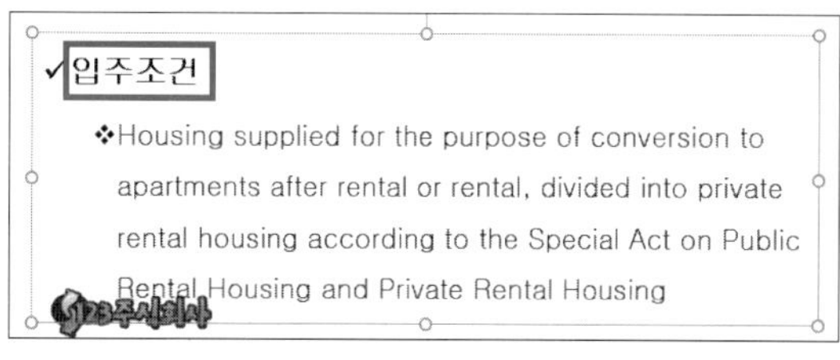


3. 두 번째 문단을 블록으로 지정한 후 그림과 같이 내용을 수정한다.

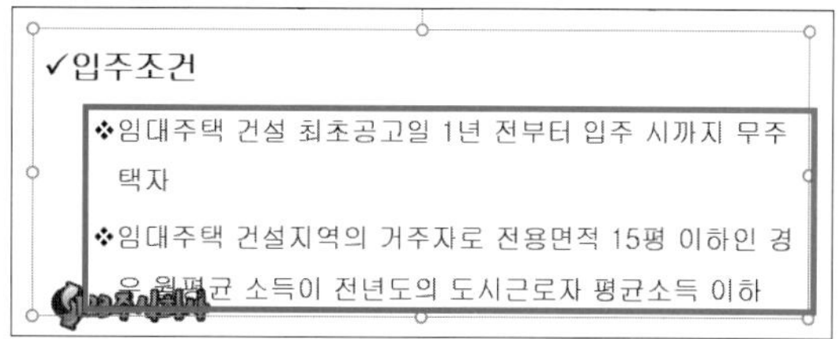

4. 텍스트 상자의 오른쪽 가운데 크기 조절점을 오른쪽으로 드래그하여 너비를 조절한다.

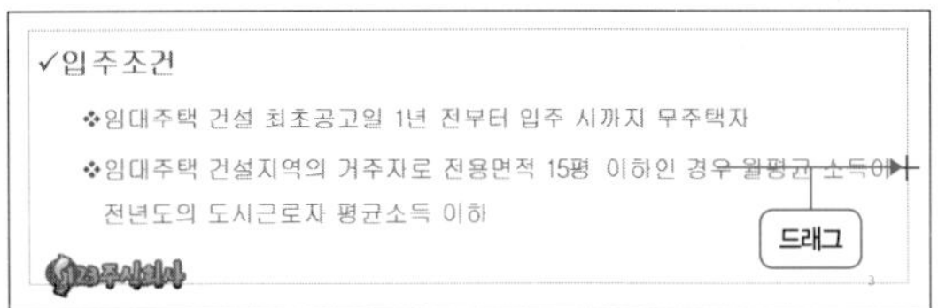


5. 텍스트 상자의 아래쪽 가운데 크기 조절점을 위쪽으로 드래그하여 높이를 조절한다.

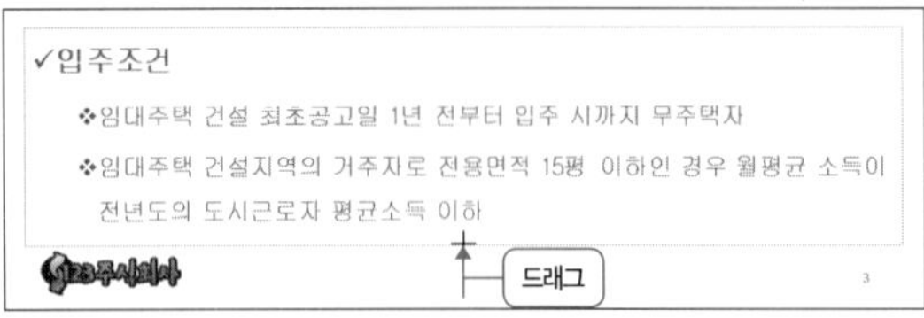


**동영상 삽입하기**

1. [삽입] → 미디어 → 비디오 → **내 PC의 비디오**를 선택한다.
2. '비디오 삽입' 대화상자에서 찾는 위치를 'C:\길벗ITQ마스터(2016)\ITQ파포\동영상'으로 지정하고 '동영상.wmv'를 선택한 후 〈삽입〉을 클릭한다.
3. 동영상이 선택된 상태에서 [비디오 도구] → 재생 → **비디오 옵션**에서 '반복 재생'을 클릭하여 체크 표시한 후 시작의 '자동 실행'을 선택한다.
4. 동영상을 오른쪽 상단으로 드래그하여 이동한다.

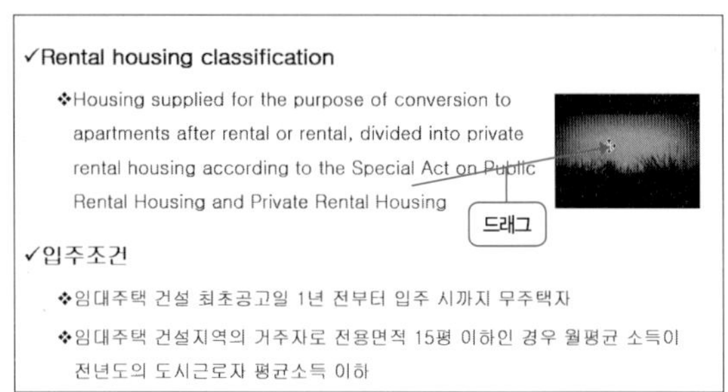


## 슬라이드 4 표 슬라이드

따라하기

**표 작성하기**

1. '제목을 입력하십시오' 텍스트 상자를 클릭한 후 **Ⅱ. 임대주택 구분 및 조건비교**를 입력한다.
2. '텍스트를 입력하십시오' 텍스트 상자 안의 '**표 삽입(▦)**'을 클릭한다.
3. '표 삽입' 대화상자에서 열 개수 3, 행 개수 3을 지정한 후 〈확인〉을 클릭한다.
4. 표의 테두리를 클릭한 후 [표 도구] → 디자인 → **표 스타일 옵션**에서 '머리글 행'과 '줄무늬 행'의 체크를 해제한다.
5. [표 도구] → 디자인 → 표 스타일의 ▾(자세히) → **테마 스타일 1 - 강조 6**을 선택한다.
6. [표 도구] → 레이아웃 → **맞춤**에서 '가운데 맞춤(☰)'과 '세로 가운데 맞춤(☰)'을 지정한다.
7. 마지막으로 [홈] → **글꼴**에서 글꼴 '돋움', 크기 18을 지정한다.
8. 그림과 같이 표에 내용을 입력한다.

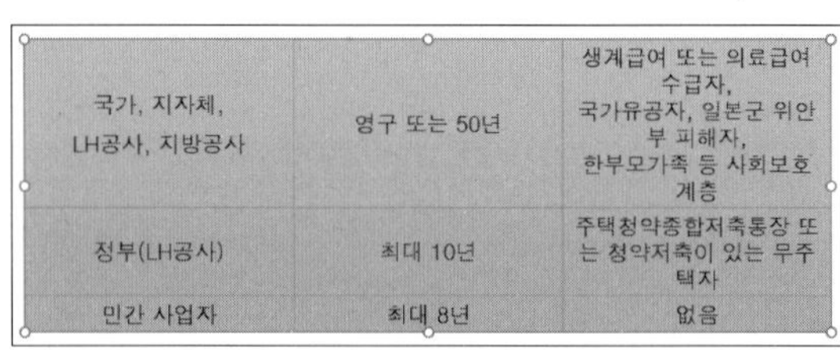

| 국가, 지자체, LH공사, 지방공사 | 영구 또는 50년 | 생계급여 또는 의료급여 수급자, 국가유공자, 일본군 위안부 피해자, 한부모가족 등 사회보호 계층 |
|---|---|---|
| 정부(LH공사) | 최대 10년 | 주택청약종합저축통장 또는 청약저축이 있는 무주택자 |
| 민간 사업자 | 최대 8년 | 없음 |

9. 표의 크기와 열 너비를 그림과 같이 적당히 조절한 후 [표 도구] → 레이아웃 → 셀 크기 → **행 높이를 같게**를 클릭한다.

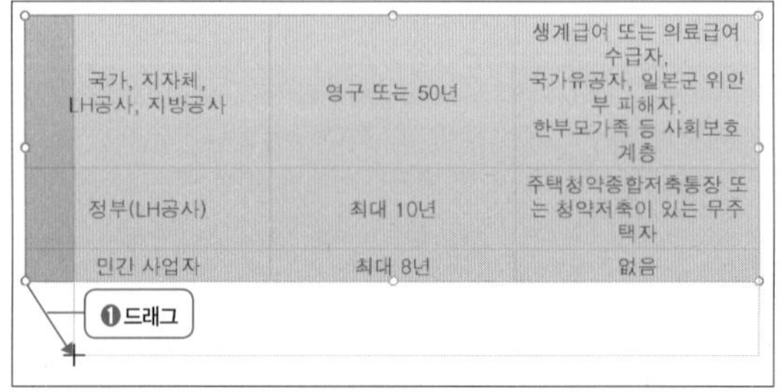

| 국가, 지자체, LH공사, 지방공사 | 영구 또는 50년 | 생계급여 또는 의료급여 수급자, 국가유공자, 일본군 위안부 피해자, 한부모가족 등 사회보호 계층 |
|---|---|---|
| 정부(LH공사) | 최대 10년 | 주택청약종합저축통장 또는 청약저축이 있는 무주택자 |
| 민간 사업자 | 최대 8년 | 없음 |

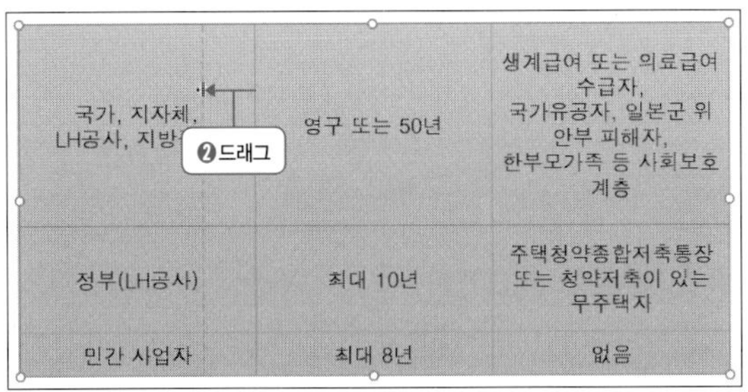

❸드래그 → '행 높이를 같게' 지정

| 국가, 지자체, LH공사, 지방공사 | 영구 또는 50년 | 생계급여 또는 의료급여 수급자, 국가유공자, 일본군 위안부 피해자, 한부모가족 등 사회보호계층 |
|---|---|---|
| 정부(LH공사) | 최대 10년 | 주택청약종합저축통장 또는 청약저축이 있는 무주택자 |
| 민간 사업자 | 최대 8년 | 없음 |

| 국가, 지자체, LH공사, 지방공사 | 영구 또는 50년 | 생계급여 또는 의료급여 수급자, 국가유공자, 일본군 위안부 피해자, 한부모가족 등 사회보호계층 |
|---|---|---|
| 정부(LH공사) | 최대 10년 | 주택청약종합저축통장 또는 청약저축이 있는 무주택자 |
| 민간 사업자 | 최대 8년 | 없음 |

10. 표의 위치를 그림과 같이 적당한 위치로 드래그하여 이동한다.

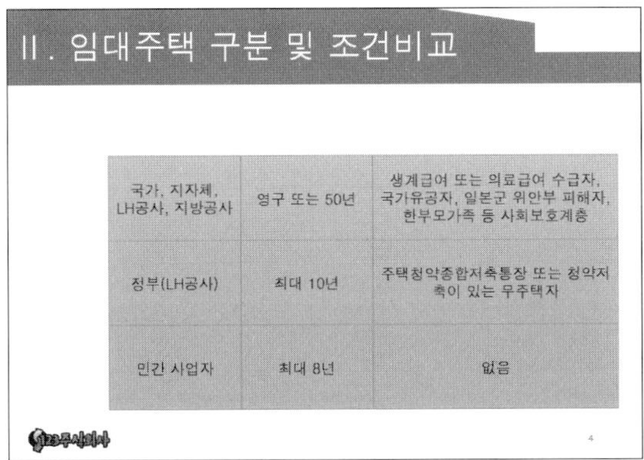


### 상단 도형 작성하기

1. [삽입] → 일러스트레이션 → 도형 → 사각형 → **한쪽 모서리는 잘리고 다른 쪽 모서리는 둥근 사각형**(▭)을 선택한 후 도형이 삽입될 위치에 적당한 크기로 드래그하여 삽입한다.
2. [삽입] → 일러스트레이션 → 도형 → 기본 도형 → **사다리꼴**(△)을 선택한 후 먼저 삽입한 도형 안에 적당한 크기로 드래그하여 삽입한다.
3. '사다리꼴' 도형에 **사업 시행사**를 입력한다.
4. 두 도형을 선택하고 Ctrl+Shift를 누른 채 오른쪽으로 드래그하여 두 번 복사한 후 그림과 같이 내용을 수정하고 너비 및 위치를 조절한다.

### 좌측 도형 작성하기

1. [삽입] → 일러스트레이션 → 도형 → 블록 화살표 → **오각형**(▷)을 선택한 후 도형이 삽입될 위치에 적당한 크기로 드래그하여 삽입한다.
2. 도형을 선택한 후 [그리기 도구] → 서식 → 정렬 → 회전 → **좌우 대칭**을 선택한다.
3. 도형에 **영구임대**를 입력한다.
4. 도형이 선택된 상태에서 [그리기 도구] → 서식 → 도형 스타일 → 도형 채우기 → 그라데이션 → **선형 아래쪽**을 선택한다.
5. Ctrl+Shift를 누른 채 도형을 아래쪽으로 두 번 복사한 후 그림과 같이 내용을 수정한다.

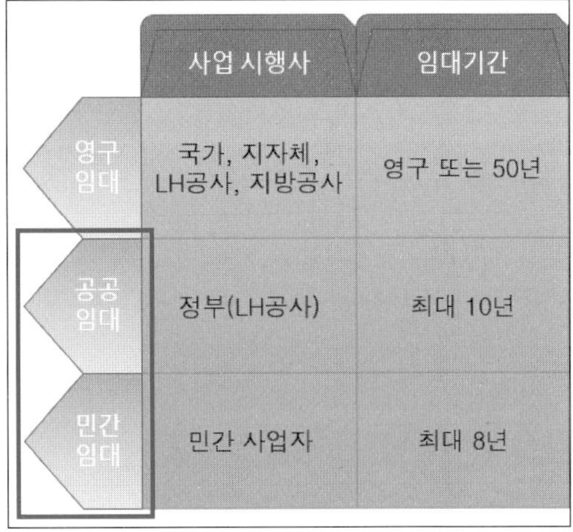


6. 제목 도형을 제외한 모든 도형을 선택한 후 [홈] → **글꼴**에서 글꼴 '돋움', 크기 18, 글꼴 색(가 ▾) '검정, 텍스트 1'을 지정한다.

### 차트 삽입 및 데이터 입력하기

1. '제목을 입력하십시오' 텍스트 상자를 클릭한 후 Ⅲ. **공공임대주택 소득기준**을 입력한다.
2. '텍스트를 입력하십시오' 텍스트 상자 안의 **'차트 삽입( )'**을 클릭한다.
3. '차트 삽입' 대화상자의 '콤보' 탭에서 '계열2'의 '차트 종류'를 '표식이 있는 꺾은선형'으로 선택하고 '보조 축'을 체크한 후 〈확인〉을 클릭한다.

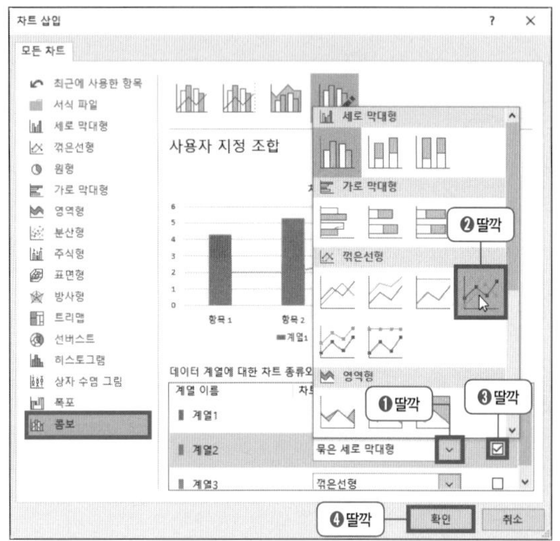


4. 데이터시트의 내용을 문제에 제시된 내용으로 변경한다.

| | A | B | C | D |
|---|---|---|---|---|
| 1 | | 생애최초 | 다자녀 | 계열 3 |
| 2 | 3인이하 | 4884 | 5861 | 2 |
| 3 | 4인 | 5630 | 6756 | 2 |
| 4 | 5인 | 5710 | 6860 | 3 |
| 5 | 6인 | 5952 | 7143 | 5 |
| 6 | 7인 | 6308 | 7570 | |

5. D열의 열 머리글을 마우스 오른쪽 버튼으로 클릭한 후 바로 가기 메뉴에서 **[삭제]**를 선택한다.
6. [B2:C6] 영역을 블록으로 지정한 후 Ctrl+1을 누른다.
7. '셀 서식' 대화상자의 '표시 형식' 탭에서 그림과 같이 지정한 후 〈확인〉을 클릭한다.

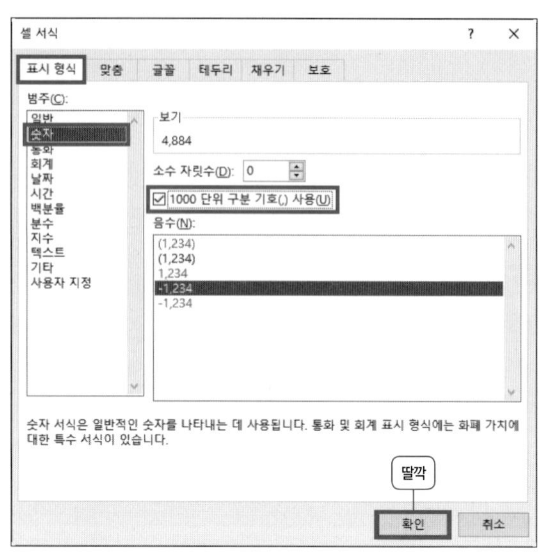


8. 데이터시트 창의 '닫기( )' 단추를 클릭한 후 작성된 차트를 확인한다.

### 차트 영역 서식 지정하기

차트 영역을 선택한 후 [홈] → **글꼴**에서 글꼴 '돋움', 크기 16을, [홈] → **그리기**에서 도형 채우기 '노랑', 도형 윤곽선 '검정, 텍스트 1'을 지정한다.

### 차트 제목 서식 지정하기

1. 차트 제목 텍스트 상자에 입력된 내용을 삭제한 후 **전용 60제곱미터이하 공공주택만 해당**을 입력한다.
2. 차트 제목의 테두리를 클릭한 후 [홈] → **글꼴**에서 글꼴 '궁서', 크기 24, '굵게(가)'를 지정한다.
3. 이어서 [홈] → **그리기**에서 도형 채우기 '흰색, 배경 1', 도형 윤곽선 '검정, 텍스트 1', 도형 효과를 그림자 '오프셋 아래쪽'으로 지정한다.

### 그림 영역 서식 지정하기

그림 영역을 선택한 후 [홈] → 그리기 → 도형 채우기 → **흰색, 배경 1**을 선택한다.

### 데이터 레이블(값) 표시하기

'다자녀' 계열을 선택한 후 [차트 도구] → 디자인 → 차트 레이아웃 → 차트 요소 추가 → 데이터 레이블 → **위쪽**을 선택한다.

### 보조 세로(값) 축 눈금 지정하기

1. 보조 세로(값) 축의 바로 가기 메뉴에서 **[축 서식]**을 선택한다.
2. '축 서식' 창의 [축 옵션] → (축 옵션) → **축 옵션**에서 '최대' 경계를 10000, '주' 단위를 2500으로 지정한 후 '닫기( )'를 클릭한다.

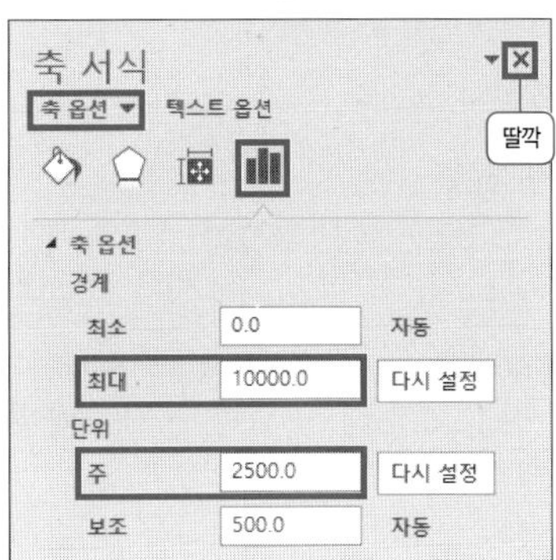


### 데이터 표 표시 및 가로 눈금선과 범례 삭제하기

1. 차트를 선택한 후 [차트 도구] → 디자인 → 차트 레이아웃 → 차트 요소 추가 → 데이터 표 → **범례 표지 포함**을 선택한다.
2. 가로 주 눈금선을 선택한 후 Delete를 누른다.
3. 범례를 선택한 후 Delete를 누른다.

### 세로(값) 축, 보조 세로(값) 축, 데이터 표 선 색 지정하기

1. 세로(값) 축을 선택한 후 [차트 도구] → 서식 → 도형 스타일 → 도형 윤곽선 → **검정, 텍스트 1**을 선택한다.
2. 동일한 방법으로 보조 세로(값) 축과 데이터 표의 선 색을 '검정, 텍스트 1'로 지정한다.

### 차트 크기 조절하기

차트의 크기 조절점을 드래그하여 그림과 같이 크기를 변경한다.

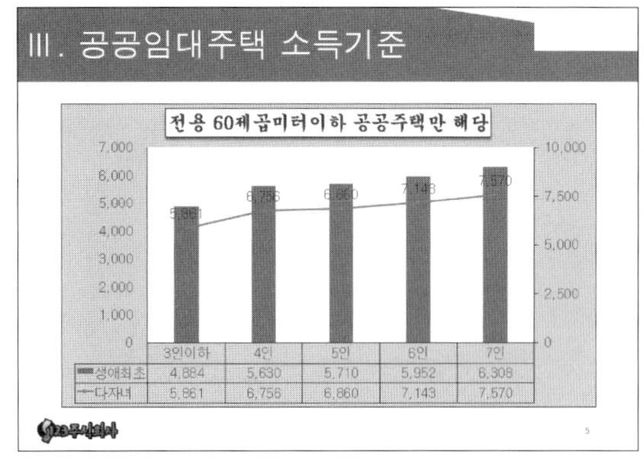


### 도형 작성하기

1. 슬라이드의 빈 공간을 클릭하여 차트 선택을 해제한다.
2. [삽입] → 일러스트레이션 → 도형 → 블록 화살표 → **오각형(▷)**을 선택한 후 도형이 삽입될 위치에 적당한 크기로 드래그하여 삽입한다.
3. 삽입한 도형을 선택한 후 [홈] → **글꼴**에서 글꼴 '돋움', 크기 18, 글꼴 색( ) '검정, 텍스트 1'을 지정한다.
4. 도형에 **기하급수적 상승**을 입력한다.
5. 도형이 선택된 상태에서 [그리기 도구] → 서식 → 도형 스타일의 (자세히) → **미세 효과 – 주황, 강조 2**를 선택한다.

## 01. 왼쪽 도형 작성하기

정답

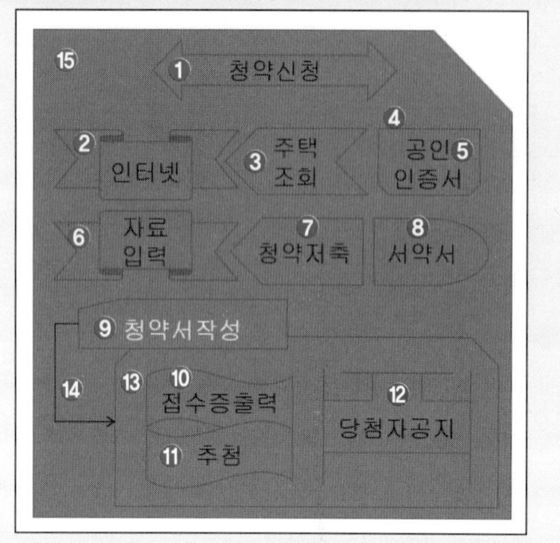


### ❶ 왼쪽/오른쪽 화살표(⇔) 작성

1. '제목을 입력하십시오' 텍스트 상자를 클릭한 후 **Ⅳ. 임대주택 신청절차**를 입력한다.
2. '텍스트를 입력하십시오' 텍스트 상자의 외곽선을 클릭한 후 Delete를 클릭하여 삭제한다.
3. [삽입] → 일러스트레이션 → 도형 → 블록 화살표 → **왼쪽/오른쪽 화살표(⇔)**를 선택한 후 도형이 삽입될 위치에 적당한 크기로 드래그하여 삽입한다.
4. 도형에 **청약신청**을 입력한다.

### ❷ 아래쪽 리본( ) 작성

1. [삽입] → 일러스트레이션 → 도형 → 별 및 현수막 → **아래쪽 리본( )**을 선택한 후 도형이 삽입될 위치에 적당한 크기로 드래그하여 삽입한다.
2. 도형에 **인터넷**을 입력한다.

### ❸ 갈매기형 수장( ) 작성

1. [삽입] → 일러스트레이션 → 도형 → 블록 화살표 → **갈매기형 수장( )**을 선택한 후 도형이 삽입될 위치에 적당한 크기로 드래그하여 삽입한다.
2. 도형을 선택한 후 [그리기 도구] → 서식 → 정렬 → 회전 → **좌우 대칭**을 선택한다.
3. 도형에 **주택 조회**를 입력한다.

### ❹ 양쪽 모서리가 잘린 사각형( ) 1 작성

1. [삽입] → 일러스트레이션 → 도형 → 사각형 → **양쪽 모서리가 잘린 사각형( )**을 선택한 후 도형이 삽입될 위치에 적당한 크기로 드래그하여 삽입한다.
2. 도형을 선택한 후 [그리기 도구] → 서식 → 정렬 → 회전 → **상하 대칭**을 선택한다.

### ❺ 텍스트 상자( ) 작성

1. [삽입] → 텍스트 → **가로 텍스트 상자 그리기( )**를 클릭하고 슬라이드의 빈 공간을 클릭한 후 **공인**을 입력하고 Enter를 누른 다음 **인증서**를 입력한다.
2. 텍스트 상자를 선택한 후 [홈] → 단락 → **가운데 맞춤( )**을 클릭한다.
3. 텍스트 상자를 '양쪽 모서리가 잘린 사각형' 도형 안의 적당한 위치로 드래그 한다.

### ❻ 위쪽 리본( ) 작성

1. [삽입] → 일러스트레이션 → 도형 → 별 및 현수막 → **위쪽 리본( )**을 선택한 후 도형이 삽입될 위치에 적당한 크기로 드래그하여 삽입한다.
2. 도형에 **자료 입력**을 입력한다.

### ❼ 오각형( ) 작성

1. [삽입] → 일러스트레이션 → 도형 → 블록 화살표 → **오각형( )**을 선택한 후 도형이 삽입될 위치에 적당한 크기로 드래그하여 삽입한다.
2. 도형을 선택한 후 [그리기 도구] → 서식 → 정렬 → 회전 → **좌우 대칭**을 선택한다.
3. 도형에 **청약저축**을 입력한다.

### ❽ 순서도: 지연( ) 작성

1. [삽입] → 일러스트레이션 → 도형 → 순서도 → **순서도: 지연( )**을 선택한 후 도형이 삽입될 위치에 적당한 크기로 드래그하여 삽입한다.
2. 도형에 **서약서**를 입력한다.

### ⑨ 순서도: 카드(▭) 작성

1. [삽입] → 일러스트레이션 → 도형 → 순서도 → **순서도: 카드(▭)**를 선택한 후 도형이 삽입될 위치에 적당한 크기로 드래그하여 도형을 삽입한다.
2. 도형에 **청약서작성**을 입력한다.

### ⑩ 물결(〰) 1 작성

1. [삽입] → 일러스트레이션 → 도형 → 별 및 현수막 → **물결(〰)**을 선택한 후 도형이 삽입될 위치에 적당한 크기로 드래그하여 삽입한다.
2. 도형에 **접수증출력**을 입력한다.

### ⑪ 물결(〰) 2 작성

1. Ctrl+Shift를 누른 채 ⑩번 도형을 아래쪽으로 드래그하여 복사한다.
2. 도형을 선택하고 [그리기 도구] → 서식 → 정렬 → 회전 → **좌우 대칭**을 선택한 후 그림과 같이 내용을 수정한다.

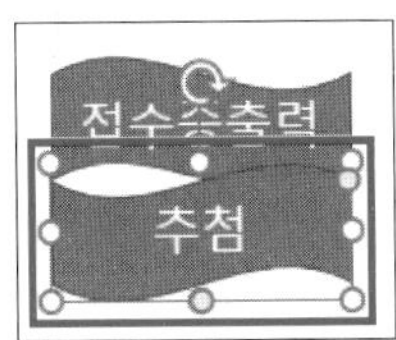


### ⑫ 왼쪽/오른쪽/위쪽 화살표(⇧) 작성

1. [삽입] → 일러스트레이션 → 도형 → 블록 화살표 → **왼쪽/오른쪽/위쪽 화살표(⇧)**를 선택한 후 도형이 삽입될 위치에 적당한 크기로 드래그하여 삽입한다.
2. 도형의 노란색 조절점을 이용하여 그림과 같이 모양을 변경한다.

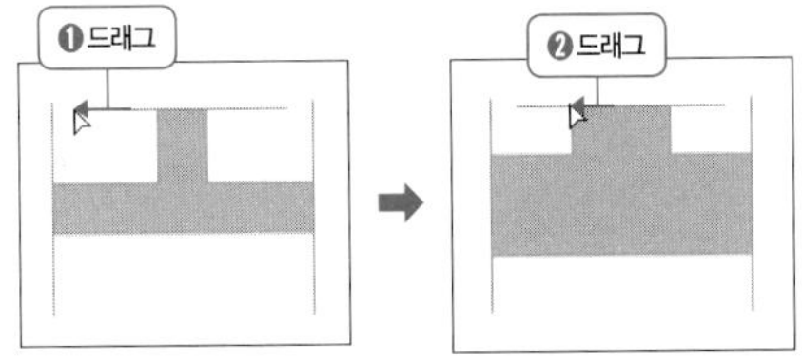


3. 도형에 **당첨자공지**를 입력한다.

### ⑬ 양쪽 모서리가 잘린 사각형(▭) 2 작성

1. [삽입] → 일러스트레이션 → 도형 → 사각형 → **양쪽 모서리가 잘린 사각형(▭)**을 선택한 후 도형이 삽입될 위치에 적당한 크기로 드래그하여 삽입한다.
2. 도형의 바로 가기 메뉴에서 **[맨 뒤로 보내기]**를 선택한다.

### ⑭ 꺾인 화살표 연결선(↳) 작성

1. [삽입] → 일러스트레이션 → 도형 → 선 → **꺾인 화살표 연결선(↳)**을 선택한 후 그림과 같이 도형을 연결한다.

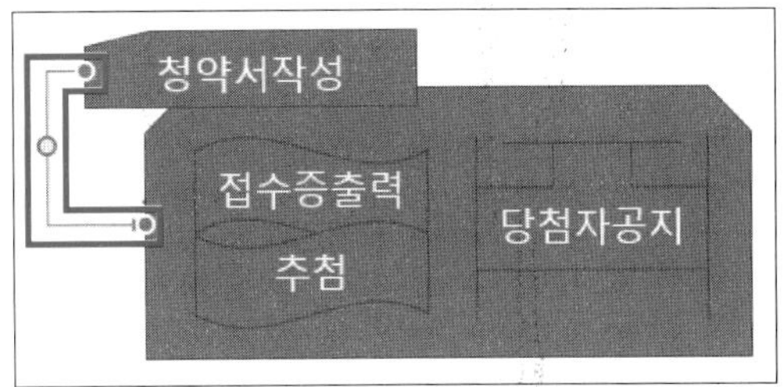


2. 연결선을 선택한 후 [그리기 도구] → 서식 → 도형 스타일 → **도형 윤곽선**에서 색 '검정 텍스트 1', 화살표 '화살표 스타일 2(⟶)'를 지정한다.

> 선 색과 도형의 채우기 색이 같아 선이 보이지 않기 때문에 선 색을 검정 계열로 변경해야 합니다.

### ⑮ 한쪽 모서리가 잘린 사각형(▭) 작성

1. [삽입] → 일러스트레이션 → 도형 → 사각형 → **한쪽 모서리가 잘린 사각형(▭)**을 선택한 후 모든 도형이 포함되도록 적당한 크기로 드래그하여 삽입한다.
2. 도형의 바로 가기 메뉴에서 **[맨 뒤로 보내기]**를 선택한다.

## 02. 오른쪽 도형 작성하기

**정답**

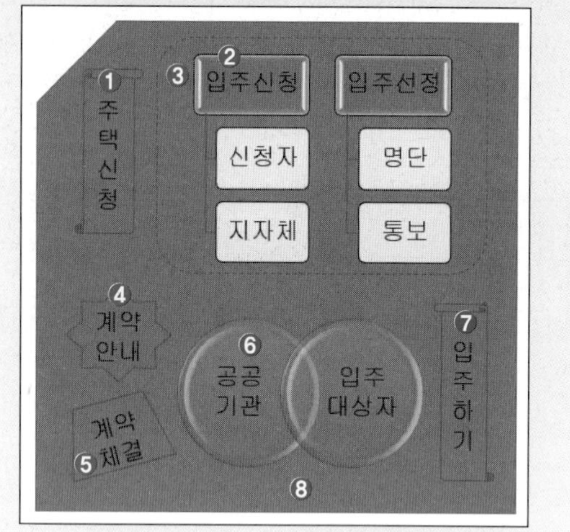


### ❶ 세로로 말린 두루마리 모양( ) 1 작성

1. [삽입] → 일러스트레이션 → 도형 → 별 및 현수막 → **세로로 말린 두루마리 모양( )**을 선택한 후 도형이 삽입될 위치에 적당한 크기로 드래그하여 삽입한다.
2. 도형에 **주택신청**을 입력한다.

### ❷ 스마트아트( ) 1 작성

1. [삽입] → 일러스트레이션 → SmartArt를 클릭한다.
2. 'SmartArt 그래픽 선택' 대화상자의 '목록형' 탭에서 '계층 구조 목록형( )'을 선택한 후 〈확인〉을 클릭한다.
3. '계층 구조 목록형' 스마트아트의 텍스트 입력 창에 그림과 같이 내용을 입력한다.

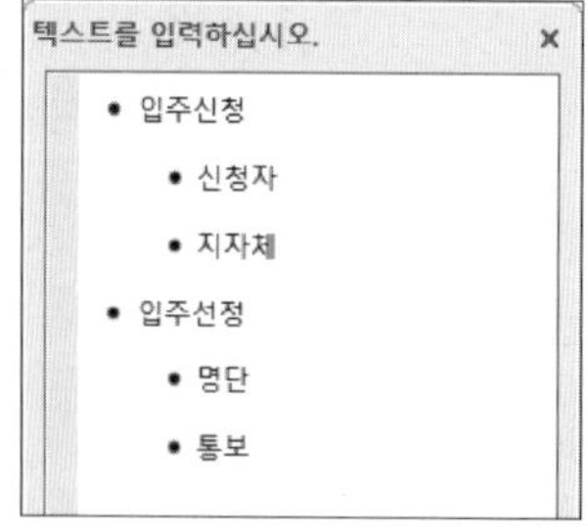


4. [SmartArt 도구] → 디자인 → SmartArt 스타일의 (자세히) → 3차원 → **만화**를 선택한다.
5. '계층 구조 목록형' 스마트아트의 크기 조절점을 이용하여 그림과 같이 크기를 줄이고 드래그하여 위치를 이동한다.

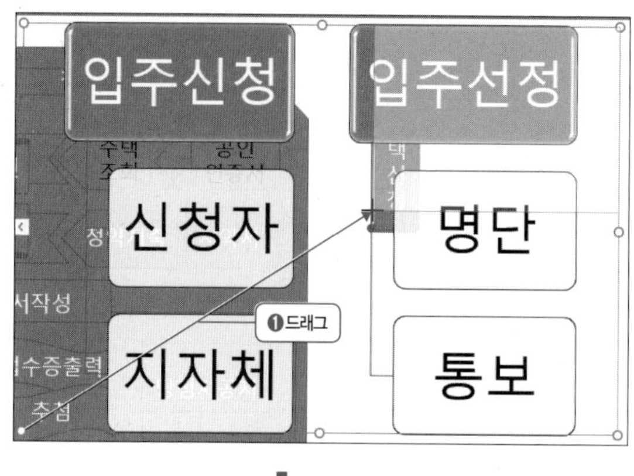


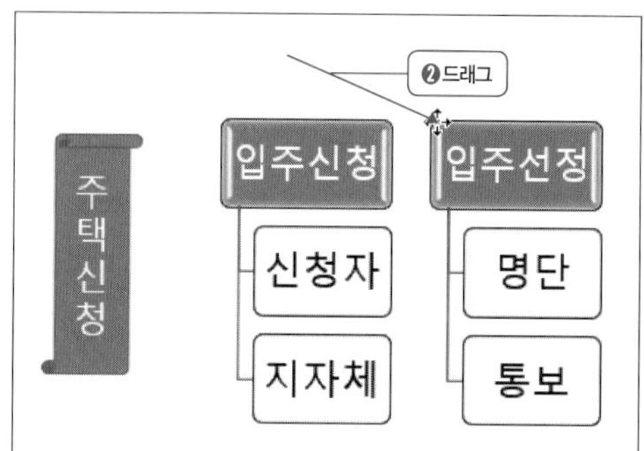


### ❸ 모서리가 둥근 직사각형( ) 작성

1. [삽입] → 일러스트레이션 → 도형 → 사각형 → **모서리가 둥근 직사각형( )**을 선택한 후 도형이 삽입될 위치에 적당한 크기로 드래그하여 삽입한다.
2. 도형을 선택한 후 [그리기 도구] → 서식 → 도형 스타일 → 도형 윤곽선 → 대시 → **파선(- - -)**을 선택한다.
3. 도형의 바로 가기 메뉴에서 **[맨 뒤로 보내기]**를 선택한다.

### ❹ 포인트가 8개인 별( ) 작성

1. [삽입] → 일러스트레이션 → 도형 → 별 및 현수막 → **포인트가 8개인 별( )**을 선택한 후 도형이 삽입될 위치에 적당한 크기로 드래그하여 삽입한다.
2. 도형에 **계약안내**를 입력한다.

### ❺ 사다리꼴( △ ) 작성

1. [삽입] → 일러스트레이션 → 도형 → 기본 도형 → **사다리꼴(△)**을 선택한 후 도형이 삽입될 위치에 적당한 크기로 드래그하여 삽입한다.
2. 도형의 회전 핸들을 그림과 같이 반시계 방향으로 적당히 회전한다.

3. 도형에 **계약체결**을 입력한다.

### ❻ 스마트아트( ) 2 작성

1. [삽입] → 일러스트레이션 → SmartArt를 클릭한다.
2. 'SmartArt 그래픽 선택' 대화상자의 '관계형' 탭에서 '기본 벤형( )'을 선택한 후 〈확인〉을 클릭한다.
3. '기본 벤형' 스마트아트의 텍스트 입력 창에 그림과 같이 내용을 입력하고 Delete를 누른다.

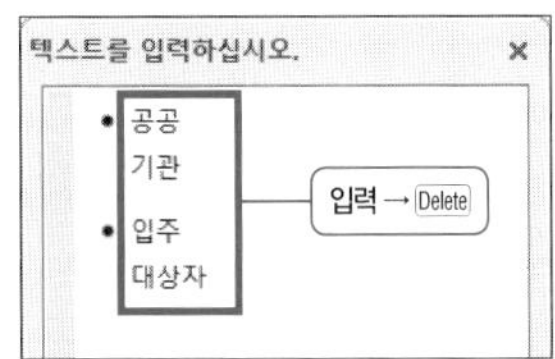


텍스트 창에서 텍스트를 두 줄로 입력하려면 첫 줄을 입력한 후 Shift+Enter를 누르고 입력하면 됩니다.

4. [SmartArt 도구] → 디자인 → SmartArt 스타일의 (자세히) → 3차원 → **경사**를 선택한다.
5. '기본 벤형' 스마트아트의 크기 조절점을 이용하여 그림과 같이 크기를 줄이고 드래그하여 위치를 이동한다.

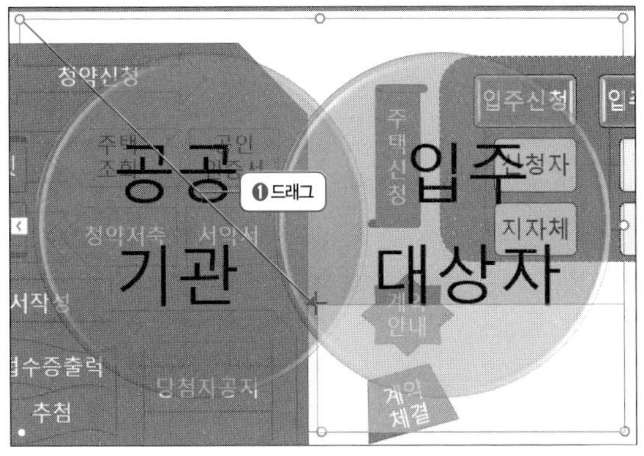

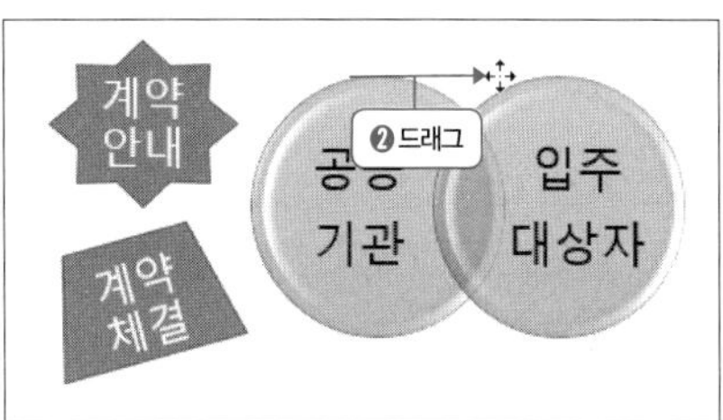


### ❼ 세로로 말린 두루마리 모양( ) 2 작성

1. [삽입] → 일러스트레이션 → 도형 → 별 및 현수막 → **세로로 말린 두루마리 모양( )**을 선택한 후 도형이 삽입될 위치에 적당한 크기로 드래그하여 삽입한다.
2. 도형을 선택한 후 [그리기 도구] → 서식 → 정렬 → 회전 → **좌우 대칭**을 선택한다.
3. 도형에 **입주하기**를 입력한다.

### ❽ 한쪽 모서리가 잘린 사각형( ) 작성

1. 왼쪽 도형 중 ⑮번 도형을 Ctrl+Shift를 누른 채 오른쪽으로 드래그하여 복사한다.
2. 도형을 선택한 후 [그리기 도구] → 서식 → 정렬 → 회전 → **좌우 대칭**을 선택한다.
3. 도형의 바로 가기 메뉴에서 **[맨 뒤로 보내기]**를 선택한다.

## 03. 글꼴 서식 지정하기

1. 글꼴 서식을 지정하기 위해 제목 도형을 제외한 모든 도형을 마우스로 드래그하여 선택하고 [홈] → **글꼴**에서 글꼴 '굴림', 크기 18, 글꼴 색( 가 ) '검정, 텍스트 1'을 지정한다.
2. 왼쪽 도형 중 '청약서작성'이 입력되어 있는 '순서도: 카드'를 선택한 후 [홈] → 글꼴 → 글꼴 색( 가 ) → **흰색, 배경** 1을 선택한다.

문제의 지시사항에 글꼴 색에 대한 내용은 없지만 문제에 제시된 [출력형태]와 동일하게 글꼴 색을 임의로 지정해 주어야 합니다.

3. '계층 구조 목록형' 스마트아트를 선택한 후 [홈] → **글꼴**에서 글꼴 '굴림', 크기 18, 글꼴 색( 가 ) '검정, 텍스트 1'을 지정한다.
4. '기본 벤형' 스마트아트를 선택한 후 [홈] → **글꼴**에서 글꼴 '굴림', 크기 18을 지정한다.

## 04. 도형 그룹화하기

1. 왼쪽의 도형들이 모두 포함되도록 마우스로 드래그하여 선택한다.
2. 선택된 도형의 바로 가기 메뉴에서 [그룹화] → **그룹**을 선택한다.

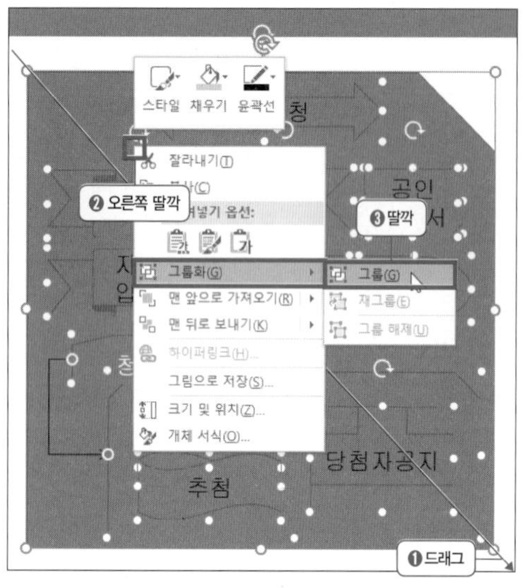


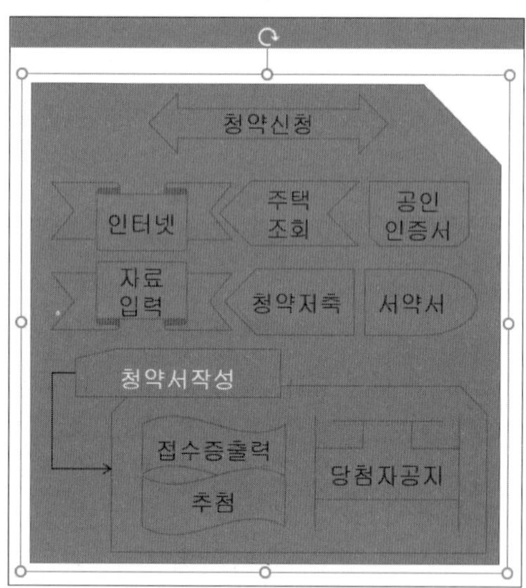


3. 동일한 방법으로 오른쪽 도형들도 그룹으로 지정한다.

## 05. 애니메이션 효과 지정하기

1. 그룹으로 지정된 왼쪽 도형을 선택한 후 [애니메이션] → 애니메이션 → **나누기**를 클릭한다.
2. 이어서 [애니메이션] → 애니메이션 → 효과 옵션 → **세로 바깥쪽으로**를 선택한다.
3. 그룹으로 지정된 오른쪽 도형을 선택한 후 [애니메이션] → 애니메이션 → **시계 방향 회전**을 선택한다.

# 02회 실전 모의고사

**[전체구성]** **[60점]**

(1) 슬라이드 크기 및 순서 : 크기를 A4 용지로 설정하고 슬라이드 순서에 맞게 작성한다.
(2) 슬라이드 마스터 : 2~6슬라이드의 제목, 하단 로고, 슬라이드 번호는 슬라이드 마스터를 이용하여 작성한다.
- 제목 글꼴(굴림, 40pt, 흰색), 가운데 맞춤, 도형(선 없음)
- 하단 로고(「C:\길벗ITQ마스터(2016)\ITQ파포\그림\로고1.jpg」, 배경(회색) 투명색으로 설정)

## 슬라이드 1 표지 디자인 (40점)

(1) 표지 디자인 : 도형, 워드아트 및 그림을 이용하여 작성한다.

**세부조건**

① 도형 편집
- 도형에 그림 채우기 : 「C:\길벗ITQ마스터(2016)\ITQ파포\그림\그림3.jpg」, 투명도 50%
- 도형 효과 : 부드러운 가장자리 5포인트

② 워드아트 삽입
- 변환 : 휘어 올라오기
- 글꼴 : 궁서, 굵게
- 텍스트 반사 : 근접 반사, 터치

③ 그림 삽입
- 「C:\길벗ITQ마스터(2016)\ITQ파포\그림\로고3.jpg」
- 배경(연보라) 투명색으로 설정

## 슬라이드 2 목차 슬라이드 (60점)

(1) 출력형태와 같이 도형을 이용하여 목차를 작성한다(글꼴 : 돋움, 24pt).
(2) 도형 : 선 없음

**세부조건**

① 텍스트에 하이퍼링크 적용
→ '슬라이드 6'

② 그림 삽입
- 「C:\길벗ITQ마스터(2016)\ITQ파포\그림\모의-그림1.jpg」
- 자르기 기능 이용

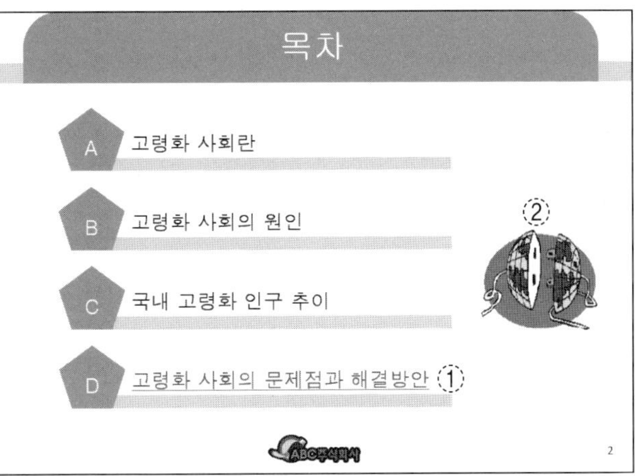

## 슬라이드 3 텍스트/동영상 슬라이드 (60점)

(1) 텍스트 작성 : 글머리 기호 사용( ➢, ■ )

➢ 문단(굴림, 24pt, 굵게, 줄 간격 : 1.5줄), ■ 문단(굴림, 20pt, 줄 간격 : 1.5줄)

**세부조건**

① 동영상 삽입 :
- 「C:\길벗ITQ마스터(2016)\ITQ파포\동영상\동영상.wmv」
- 자동 실행, 반복 재생 설정

### A. 고령화 사회란

➢**Aging society**

- ▪ The proportion of the elderly population is significantly higher compared to other societies
- ▪ As the average life expectancy increases, it progresses into an aging society

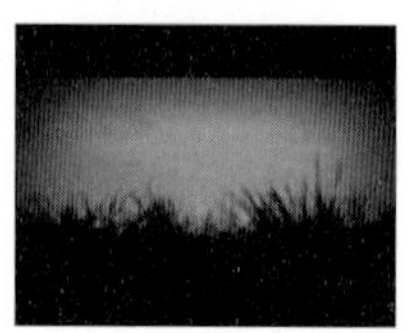

①

➢**고령화 사회**

- ▪ 다른 사회와 비교할 때 노령인구의 비율이 현저히 높아가는 사회로 대한민국을 포함한 일부 국가에서는 의학의 발달, 생활수준과 환경의 개선으로 평균수명이 높아지면서 고령화 사회로 진행

3

## 슬라이드 4 표 슬라이드 (80점)

(1) 도형과 표 작성 기능을 이용하여 슬라이드를 작성한다(글꼴 : 굴림, 18pt).

**세부조건**

① 상단 도형 :
2개 도형의 조합으로 작성

② 좌측 도형 :
그라데이션 효과(선형 위쪽)

③ 표 스타일 :
테마 스타일 1 – 강조 1

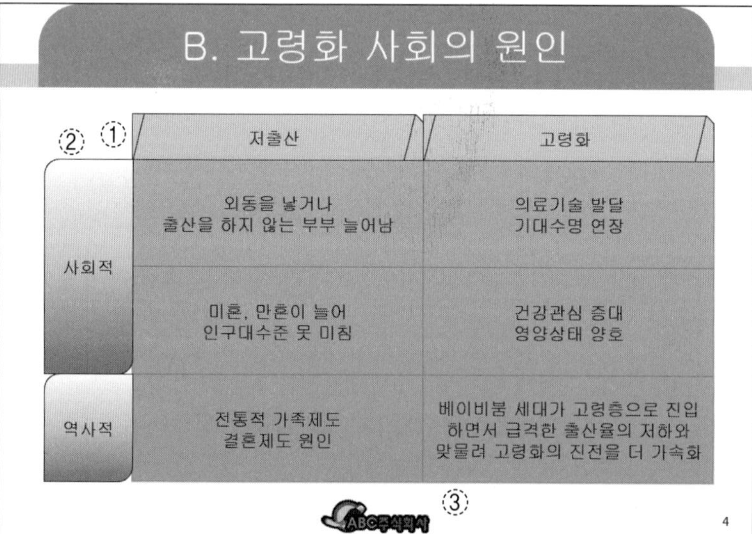

## 슬라이드 5 차트 슬라이드 (100점)

(1) 차트 작성 기능을 이용하여 슬라이드를 작성한다.
(2) 차트 : 종류(묶은 세로 막대형), 글꼴(굴림, 16pt), 외곽선

### 세부조건

※ **차트 설명**
- 차트 제목 : 돋움, 24pt, 굵게, 채우기(흰색), 테두리, 그림자(오프셋 위쪽)
- 차트 영역 : 채우기(주황)
  그림 영역 : 채우기(흰색)
- 데이터 서식 : 전체 인구 중 비율 계열을 표식이 있는 꺾은선형으로 변경 후 보조 축으로 지정
- 값 표시 : 2020년의 전체 인구 중 비율 계열만

① 도형 삽입
- 스타일 :
  미세 효과 – 파랑, 강조 1
- 글꼴 : 궁서, 18pt

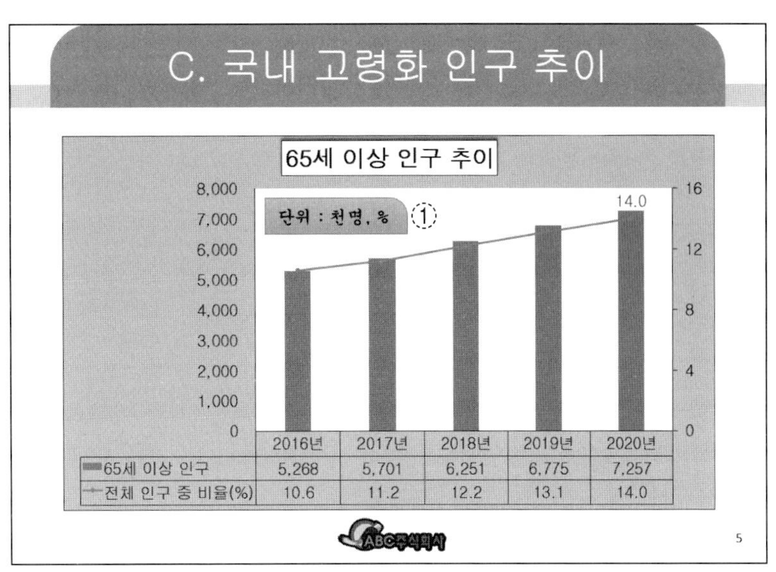


## 슬라이드 6 도형 슬라이드 (100점)

(1) 슬라이드와 같이 도형 및 스마트아트를 배치한다(글꼴 : 돋움, 18pt).
(2) 애니메이션 순서 : ① → ②

### 세부조건

① 도형 및 스마트아트 편집
- 스마트아트 디자인 :
  3차원 광택 처리, 3차원 만화
- 그룹화 후 애니메이션 효과 :
  밝기 변화

② 도형 편집
- 그룹화 후 애니메이션 효과 :
  실선 무늬(세로)

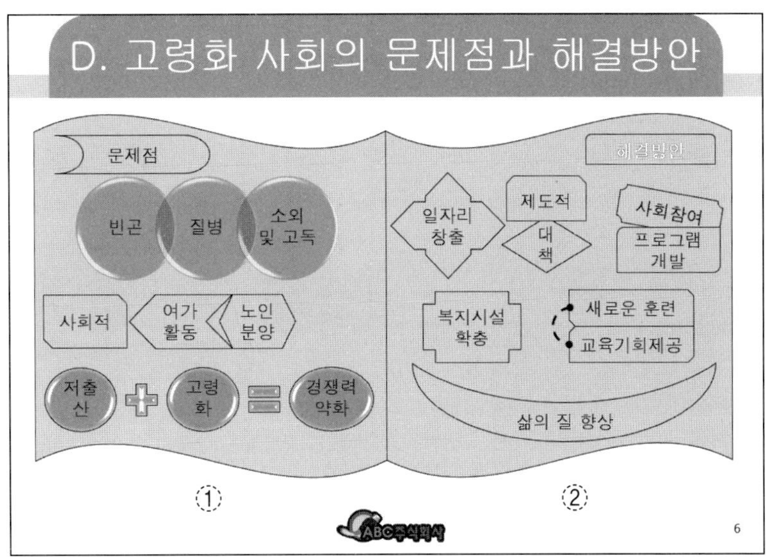

EXAMINATION

# 02회 실전 모의고사 정답 및 해설

## 슬라이드 1 표지 디자인

따라하기

### 파일 저장 및 슬라이드 설정하기

1. 파워포인트 프로그램을 실행시킨 후 시작 화면에서 '새 프레젠테이션'을 클릭한다.
2. 빠른 실행 도구 모음에서 '저장(💾)'을 클릭한 후 '다른 이름으로 저장' 창에서 〈찾아보기〉를 클릭한다.
3. '다른 이름으로 저장' 대화상자에서 저장 위치를 'C:\길벗ITQ마스터(2016)\ITQ파포\모의' 폴더로 지정하고, 파일 이름에 **실전02**를 입력한 후 〈저장〉을 클릭한다.
4. [디자인] → 사용자 지정 → 슬라이드 크기 → **사용자 지정 슬라이드 크기**를 선택한다.
5. '슬라이드 크기' 대화상자에서 슬라이드 크기를 'A4 용지', 방향을 '가로'로 설정한 후 〈확인〉을 클릭한다.
6. 슬라이드 크기 조정 대화상자에서 〈맞춤 확인〉을 클릭한다.

### 도형 편집하기

1. '제목 입력' 텍스트 상자와 '부제목 입력' 텍스트 상자의 외곽선을 클릭한 후 Delete를 눌러 삭제한다.
2. [삽입] → 일러스트레이션 → 도형 → 사각형 → **직사각형(□)**을 선택한 후 도형이 삽입될 위치에 적당한 크기로 드래그하여 삽입한다.

3. 도형의 바로 가기 메뉴에서 **[도형 서식]**을 선택한다.
4. '그림 서식' 창에서 [도형 옵션] → (채우기 및 선) → 채우기 → 그림 또는 질감 채우기 → **〈파일〉**을 클릭한다.
5. '그림 삽입' 대화상자에서 찾는 위치를 'C:\길벗ITQ마스터(2016)\ITQ파포\그림'으로 지정하고 '그림3.jpg'를 선택한 후 〈삽입〉을 클릭한다.
6. '그림 서식' 창에서 '투명도'를 50%로 지정한다.
7. 이어서 '그림 서식' 창에서 [도형 옵션] → (효과) → 부드러운 가장자리 → (미리 설정) → **5 포인트**를 선택한 후 '닫기(✕)'를 클릭한다.

### 워드아트 작성하기

1. [삽입] → 텍스트 → WordArt → **채우기 - 검정, 텍스트 1, 그림자**를 선택한다.
2. 워드아트에 Aging society를 입력한다.
3. 워드아트의 외곽선을 클릭한 후 [홈] → **글꼴**에서 글꼴 '궁서', '굵게(가)'를 지정하고, '텍스트 그림자(S)'를 해제한다.
4. 이어서 [그리기 도구] → 서식 → WordArt 스타일 → 텍스트 효과 → 변환 → **휘어 올라오기(abcde)**를 선택한다.
5. 워드아트의 아래쪽 가운데 크기 조절점을 아래쪽으로 드래그하고 오른쪽 가운데 크기 조절점을 Ctrl을 누른 채 오른쪽으로 드래그하여 그림과 같이 모양을 변경한다.

⬇

6. 워드아트가 선택된 상태에서 [그리기 도구] → 서식 → WordArt 스타일 → 텍스트 효과 → 반사 → **근접 반사, 터치**를 선택한다.

### 그림 삽입하기

1. [삽입] → 이미지 → **그림**을 클릭한다.
2. '그림 삽입' 대화상자에서 찾는 위치를 'C:\길벗ITQ마스터(2016)\ITQ파포\그림'으로 지정하고 '로고3.jpg'를 선택한 후 〈삽입〉을 클릭한다.
3. 그림이 선택된 상태에서 [그림 도구] → 서식 → 조정 → 색 → **투명한 색 설정**을 선택한 후 그림의 배경(연보라 부분)을 클릭한다.
4. 그림의 크기 조절점을 이용하여 크기를 적당하게 조절한 후 문제에 제시된 [출력형태]의 위치와 동일한 위치로 드래그하여 이동한다.

## 슬라이드 2 목차 슬라이드

따라하기

### 슬라이드 삽입하고 슬라이드 번호 설정하기

1. [홈] → 슬라이드 → (**새 슬라이드**)를 클릭한다(바로 가기 키 : Ctrl+M).
2. 동일한 방법으로 슬라이드를 4개 더 추가한다.
3. '슬라이드 축소판 그림' 창에서 두 번째 슬라이드를 선택한 후 [보기] → 마스터 보기 → **슬라이드 마스터**를 차례로 클릭한다.

'슬라이드 축소판 그림' 창이 최소화 되어 있는 경우에는 화면 왼쪽 상단의 '축소판 그림'을 클릭한 후 두 번째 슬라이드를 선택하세요.

4. '슬라이드 축소판 그림' 창에서 '제목 및 내용 레이아웃: 슬라이드 2-6에서 사용' 레이아웃이 선택된 상태에서 [삽입] → 텍스트 → **머리글/바닥글**을 클릭한다.
5. '머리글/바닥글' 대화상자의 '슬라이드' 탭에서 '슬라이드 번호'와 '제목 슬라이드에는 표시 안 함'을 선택한 후 〈모두 적용〉을 클릭한다.

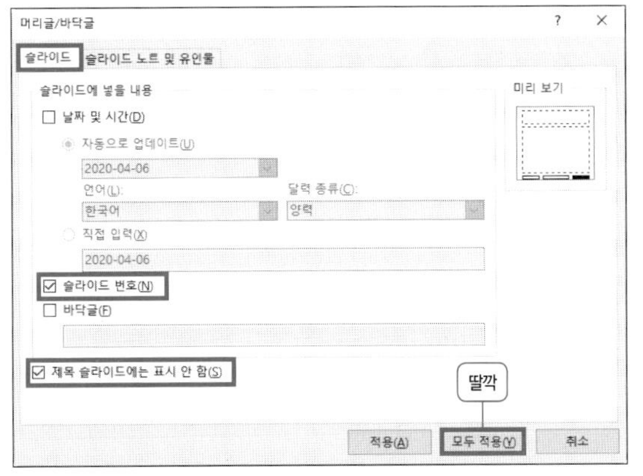


### 하단 로고 삽입하기

1. '슬라이드 축소판 그림' 창에서 '제목 및 내용 레이아웃: 슬라이드 2-6에서 사용' 레이아웃이 선택된 상태에서 [삽입] → 이미지 → **그림**을 클릭한다.
2. '그림 삽입' 대화상자에서 찾는 위치를 'C:\길벗ITQ마스터(2016)\ITQ파포\그림'으로 지정하고 '로고1.jpg'를 선택한 후 〈삽입〉을 클릭한다.
3. 그림이 선택된 상태에서 [그림 도구] → 서식 → 조정 → 색 → **투명한 색 설정**을 선택한 후 그림의 배경(회색 부분)을 클릭한다.
4. 그림의 크기 조절점을 이용하여 크기를 적당하게 조절한 후 문제에 제시된 [출력형태]의 위치와 동일한 위치로 드래그하여 이동한다.

### 제목 도형 작성하기

1. '슬라이드 축소판 그림' 창에서 '제목 및 내용 레이아웃: 슬라이드 2-6에서 사용' 레이아웃이 선택된 상태에서 [삽입] → 일러스트레이션 → 도형 → 사각형 → **직사각형**(□)을 선택한 후 도형이 삽입될 위치에 적당한 크기로 드래그하여 삽입한다.
2. [삽입] → 일러스트레이션 → 도형 → 사각형 → **양쪽 모서리가 둥근 사각형**(▢)을 선택한 후 도형이 삽입될 위치에 적당한 크기로 드래그하여 삽입한다.
3. 도형의 노란색 조절점을 왼쪽으로 드래그하여 그림과 같이 모양을 변경한다.

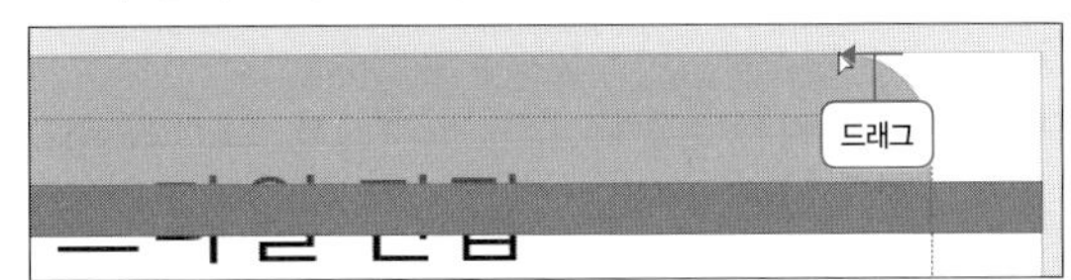

4. 두 도형을 선택한 후 [그리기 도구] → 서식 → 도형 스타일 → 도형 윤곽선 → **윤곽선 없음**을 선택한다.
5. '마스터 제목 스타일 편집' 텍스트 상자의 외곽선을 마우스 오른쪽 버튼으로 클릭한 후 바로 가기 메뉴에서 **[맨 앞으로 가져오기]**를 선택한다.
6. 텍스트 상자가 선택된 상태에서 [홈] → **글꼴**에서 글꼴 '굴림', 크기 40, 글꼴 색( ) '흰색, 배경 1'로 지정하고, [홈] → 단락 → **가운데 맞춤**( )을 클릭하세요.
7. 이어서 텍스트 상자의 크기 및 위치를 그림과 같이 조절한다.

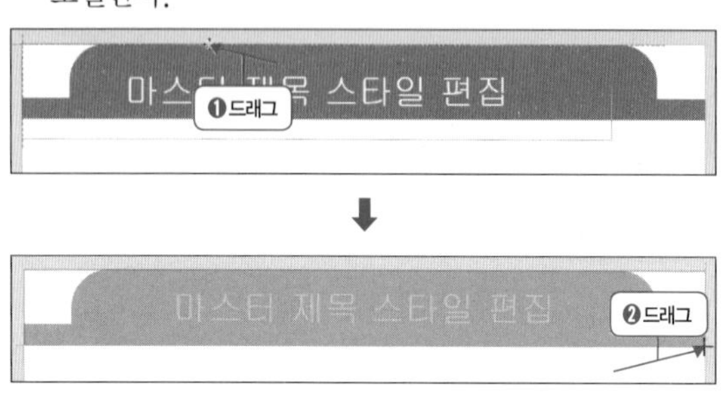


8. [슬라이드 마스터] → 닫기 → **마스터 보기 닫기**를 클릭한다.
9. 2번 슬라이드를 선택한 후 '제목을 입력하십시오' 텍스트 상자에 **목차**를 입력한다.

### 목차 도형 작성하기

1. '텍스트를 입력하십시오' 텍스트 상자의 외곽선을 클릭한 후 Delete를 눌러 삭제한다.
2. [삽입] → 일러스트레이션 → 도형 → 사각형 → **직사각형**(□)을 선택한 후 도형이 삽입될 위치에 적당한 크기로 드래그 하여 삽입한다.
3. [삽입] → 일러스트레이션 → 도형 → 기본 도형 → **정오각형**(⬠)을 선택한 후 도형이 삽입될 위치에 적당한 크기로 드래그하여 삽입한다.
4. 도형에 A를 입력한다.
5. [삽입] → 텍스트 → **가로 텍스트 상자 그리기**( )를 클릭한 후 슬라이드의 빈 공간을 클릭하고 **고령화 사회란**을 입력한다.
6. 도형과 텍스트 상자를 모두 선택한 후 [홈] → **글꼴**에서 글꼴 '돋움', 크기 24를 지정하고, [홈] → 그리기 → 도형 윤곽선 → **윤곽선 없음**을 선택한다.
7. 텍스트 상자를 그림과 같이 '직사각형' 위쪽의 적당한 위치로 드래그한다.

8. 도형과 텍스트 상자를 모두 선택하고 Ctrl+Shift를 누른 채 아래쪽으로 드래그하여 세 번 복사한 후 그림과 같이 내용을 수정한다.

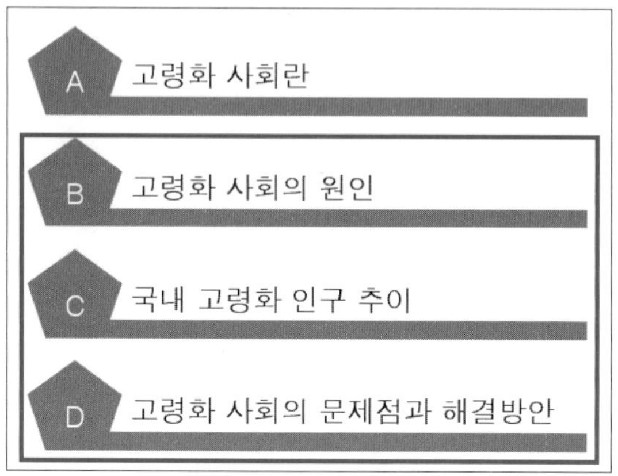


### 텍스트에 하이퍼링크 적용하기

1. 4번째 목차 도형의 텍스트 상자에 입력되어 있는 모든 내용을 블록으로 지정한 후 바로 가기 메뉴에서 **[하이퍼링크]**를 선택한다(바로 가기 키 : Ctrl+K).
2. '하이퍼링크 삽입' 대화상자에서 그림과 같이 지정한 후 〈확인〉을 클릭한다.

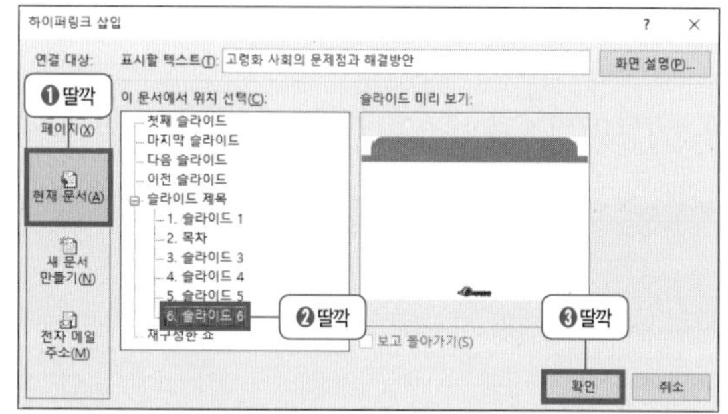


### 그림 삽입하기

1. [삽입] → 이미지 → **그림**을 클릭한다.
2. '그림 삽입' 대화상자에서 찾는 위치를 'C:\길벗ITQ마스터(2016)\ITQ파포\그림'으로 지정하고 '모의-그림1.jpg'를 선택한 후 〈삽입〉을 클릭한다.
3. 그림이 선택된 상태에서 [그림 도구] → 서식 → 크기 → (**자르기**)를 클릭한다.

4. 그림 자르기 편집 상태에서 왼쪽 하단 모서리의 자르기 조절점을 그림과 같이 드래그한다.

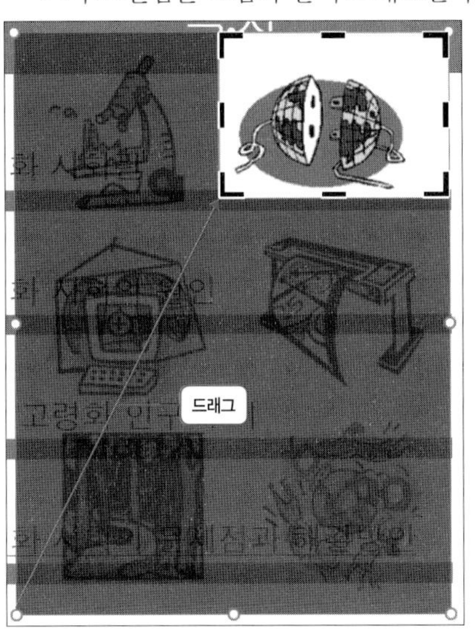


5. Esc를 눌러 그림 자르기 편집 상태를 해제한 후 문제에 제시된 [출력형태]를 참고하여 삽입된 그림의 위치 및 크기를 조절한다.

## 슬라이드 3 텍스트/동영상 슬라이드

### 내용 입력하기

1. '제목을 입력하십시오' 텍스트 상자를 클릭한 후 **A. 고령화 사회란**을 입력한다.
2. '텍스트를 입력하십시오' 텍스트 상자를 클릭한 후 그림과 같이 내용을 입력한다.

- Aging society
- The proportion of the elderly population is significantly higher compared to other societies
- As the average life expectancy increases, it progresses into an aging society

### '➢' 문단 서식 지정하기

1. 텍스트 상자의 바로 가기 메뉴에서 **[도형 서식]**을 선택한다.
2. '도형 서식' 창에서 [텍스트 옵션] → (텍스트 상자) → 텍스트 상자 → **자동 맞춤 안 함**을 선택한 후 '닫기( )'를 클릭한다.
3. 첫 번째 문단을 블록으로 지정한 후 [홈] → **글꼴**에서 글꼴 '굴림', 크기 24, '굵게( )'를 지정한다.
4. 이어서 [홈] → **단락**에서 글머리 기호( )의 → ➢를 선택한 후 줄 간격( )을 1.5로 선택한다.

### '■' 문단 서식 지정하기

1. 두, 세 번째 문단을 블록으로 지정한 후 [홈] → **단락**에서 글머리 기호( )의 → ■을 선택하고, '목록 수준 늘림( )'을 한번 클릭한 후 줄 간격( )을 1.5로 선택한다.
2. 이어서 [홈] → **글꼴**에서 글꼴 '굴림', 크기 20으로 지정한다.
3. 텍스트 상자의 오른쪽 가운데 크기 조절점을 왼쪽으로 드래그하여 너비를 조절한다.

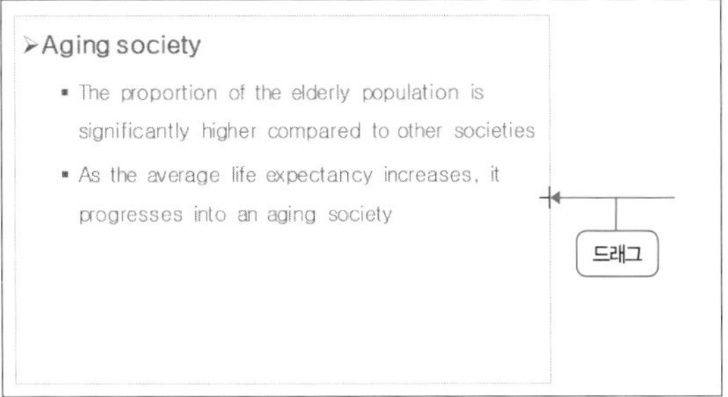

4. 텍스트 상자의 아래쪽 가운데 크기 조절점을 위쪽으로 드래그하여 높이를 조절한다.

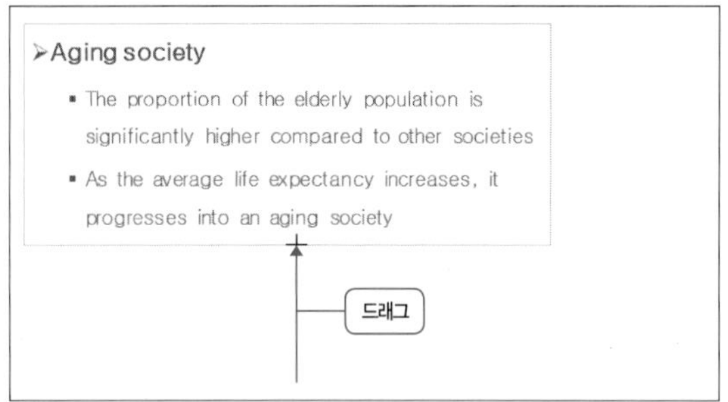


5. 텍스트 상자의 위치를 마우스로 드래그하여 왼쪽 상단으로 이동한다.

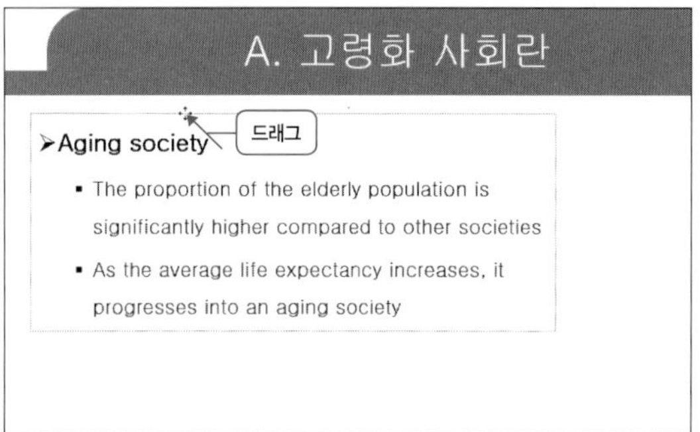


### 텍스트 상자 복사 및 내용 수정하기

1. Ctrl+Shift를 누른 채 텍스트 상자를 아래쪽으로 드래그하여 복사한다.

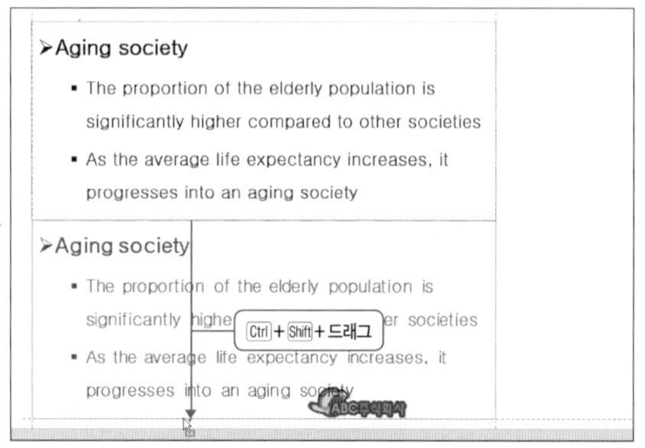


2. 복사한 텍스트 상자의 첫 문단에 커서를 놓고 Home → Shift+End → Shift+←를 눌러 블록으로 지정한 후 그림과 같이 내용을 수정한다.

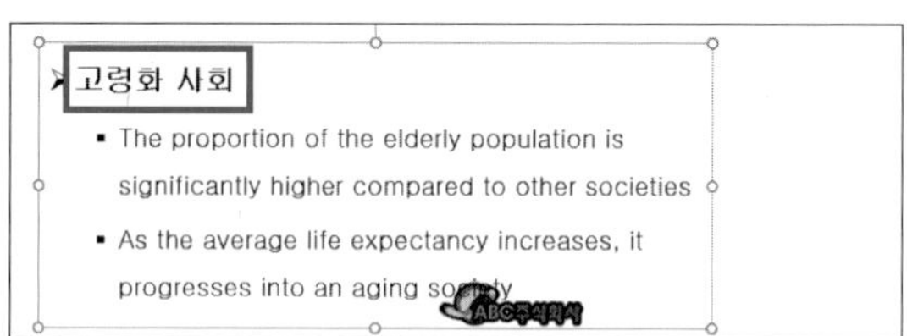


3. 두, 세 번째 문단을 블록으로 지정한 후 그림과 같이 내용을 수정한다.

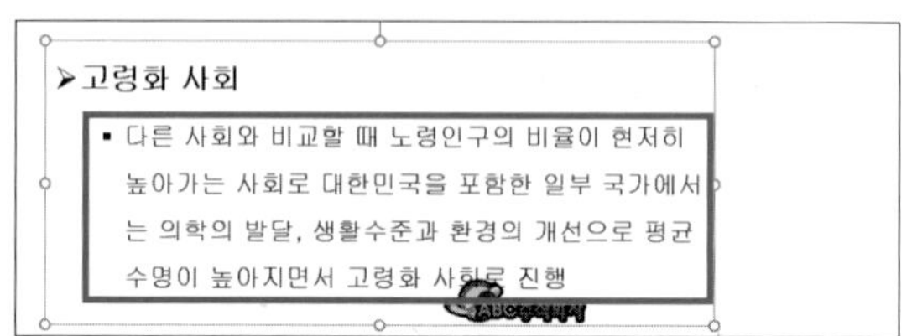


4. 텍스트 상자의 오른쪽 가운데 크기 조절점을 오른쪽으로 드래그하여 너비를 조절한다.

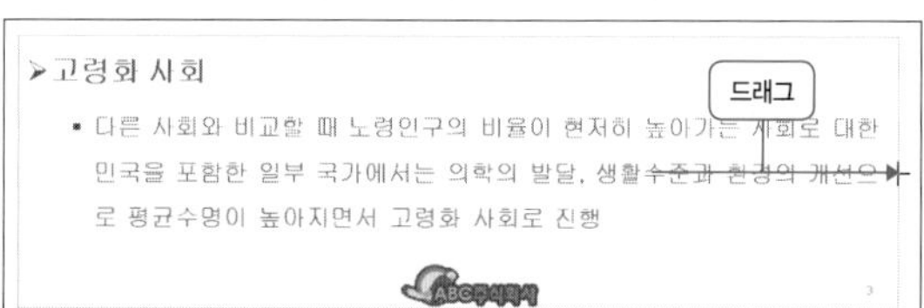


5. 텍스트 상자의 아래쪽 가운데 크기 조절점을 위쪽으로 드래그하여 높이를 조절한다.

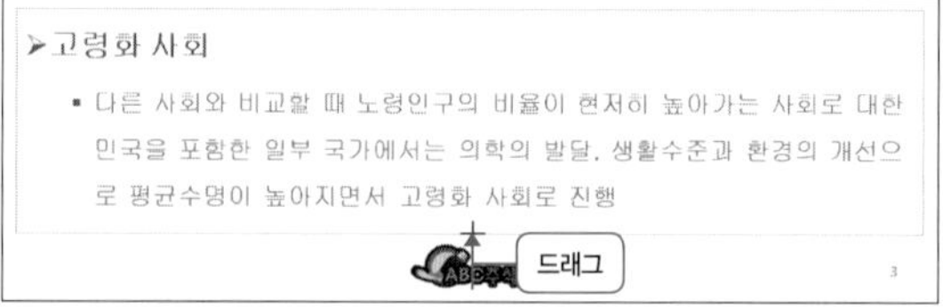


### 동영상 삽입하기

1. [삽입] → 미디어 → 비디오 → **내 PC의 비디오**를 선택한다.
2. '비디오 삽입' 대화상자에서 찾는 위치를 'C:\길벗ITQ마스터(2016)\ITQ파포\동영상'으로 지정하고 '동영상.wmv'을 선택한 후 〈삽입〉을 클릭한다.
3. 동영상이 선택된 상태에서 [비디오 도구] → 재생 → **비디오 옵션**에서 '반복 재생'을 클릭하여 체크 표시한 후 시작의 '자동 실행'을 선택한다.
4. 동영상의 오른쪽 상단 모서리 크기 조절점을 오른쪽 상단으로 드래그하여 크기를 조절한 후 위치를 오른쪽 상단으로 드래그하여 이동한다.

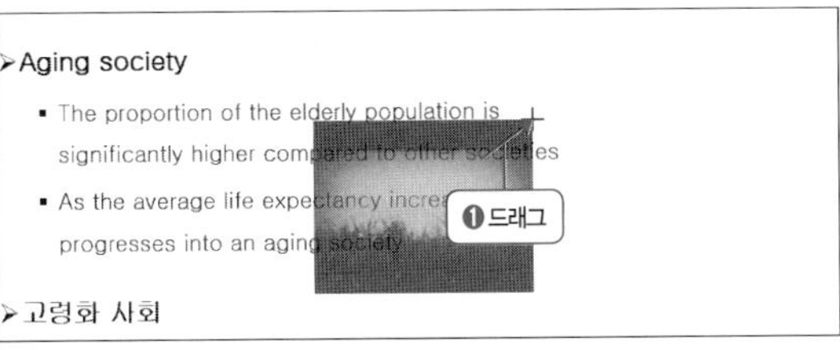


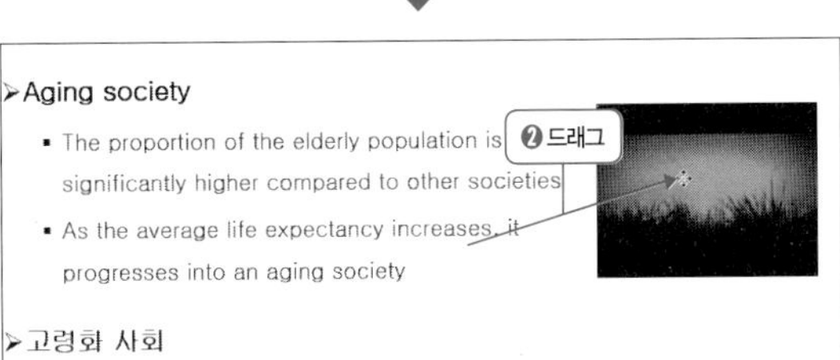

## 슬라이드 4 표 슬라이드

### 표 작성하기

1. '제목을 입력하십시오' 텍스트 상자를 클릭한 후 B. **고령화 사회의 원인**을 입력한다.
2. '텍스트를 입력하십시오' 텍스트 상자 안의 '**표 삽입**(▦)'을 클릭한다.
3. '표 삽입' 대화상자에서 열 개수 2, 행 개수 3을 지정한 후 〈확인〉을 클릭한다.
4. 표의 테두리를 클릭한 후 [표 도구] → 디자인 → **표 스타일 옵션**에서 '머리글 행'과 '줄무늬 행'의 체크를 해제한다.
5. [표 도구] → 디자인 → 표 스타일의 ▿(자세히) → **테마 스타일 1 - 강조 1**을 선택한다.
6. [표 도구] → 레이아웃 → **맞춤**에서 '가운데 맞춤(☰)'과 '세로 가운데 맞춤(☰)'을 지정한다.
7. 마지막으로 [홈] → **글꼴**에서 글꼴 '굴림', 크기 18을 지정한다.
8. 그림과 같이 표에 내용을 입력한다.

| 외동을 낳거나 출산을 하지 않는 부부 늘어남 | 의료기술 발달 기대수명 연장 |
|---|---|
| 미혼, 만혼이 늘어 인구대수준 못 미침 | 건강관심 증대 영양상태 양호 |
| 전통적 가족제도 결혼제도 원인 | 베이비붐 세대가 고령층으로 진입하면서 급격한 출산율의 저하와 맞물려 고령화의 진전을 더 가속화 |

9. 표의 크기를 그림과 같이 적당히 조절한 후 [표 도구] → 레이아웃 → 셀 크기 → **행 높이를 같게**를 클릭한다.

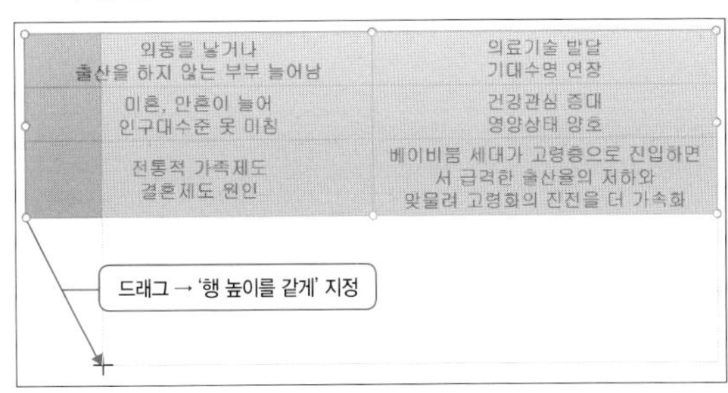

| 외동을 낳거나 출산을 하지 않는 부부 늘어남 | 의료기술 발달 기대수명 연장 |
|---|---|
| 미혼, 만혼이 늘어 인구대수준 못 미침 | 건강관심 증대 영양상태 양호 |
| 전통적 가족제도 결혼제도 원인 | 베이비붐 세대가 고령층으로 진입하면서 급격한 출산율의 저하와 맞물려 고령화의 진전을 더 가속화 |



⬇

| 외동을 낳거나 출산을 하지 않는 부부 늘어남 | 의료기술 발달 기대수명 연장 |
|---|---|
| 미혼, 만혼이 늘어 인구대수준 못 미침 | 건강관심 증대 영양상태 양호 |
| 전통적 가족제도 결혼제도 원인 | 베이비붐 세대가 고령층으로 진입하면서 급격한 출산율의 저하와 맞물려 고령화의 진전을 더 가속화 |

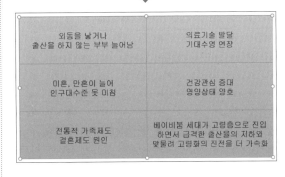

10. 표의 위치를 그림과 같이 적당한 위치로 드래그하여 이동한다.

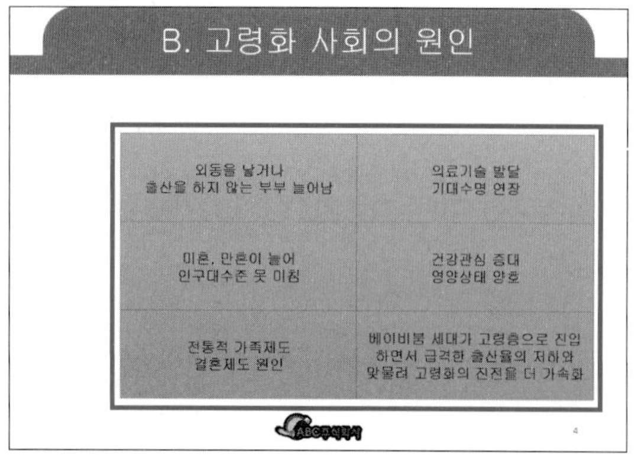


### 상단 도형 작성하기

1. [삽입] → 일러스트레이션 → 도형 → 사각형 → **한쪽 모서리가 잘린 사각형(□)**을 선택한 후 도형이 삽입될 위치에 적당한 크기로 드래그하여 삽입한다.
2. [삽입] → 일러스트레이션 → 도형 → 기본 도형 → **평행 사변형(▱)**을 선택한 후 먼저 삽입한 도형 안에 적당한 크기로 드래그하여 삽입한다.
3. '평행 사변형' 도형에 **저출산**을 입력한다.
4. 두 도형을 선택하고 Ctrl+Shift를 누른 채 오른쪽으로 드래그하여 복사한 후 그림과 같이 내용을 수정한다.

### 좌측 도형 작성하기

1. [삽입] → 일러스트레이션 → 도형 → 사각형 → **대각선 방향의 모서리가 둥근 사각형(▢)**을 선택한 후 도형이 삽입될 위치에 적당한 크기로 드래그하여 삽입한다.
2. 도형에 **사회적**을 입력한다.
3. 도형이 선택된 상태에서 [그리기 도구] → 서식 → 도형 스타일 → 도형 채우기 → 그라데이션 → **선형 위쪽**을 선택한다.
4. Ctrl+Shift를 누른 채 도형을 아래쪽으로 드래그하여 복사한 후 그림과 같이 내용을 수정하고 크기를 조절한다.

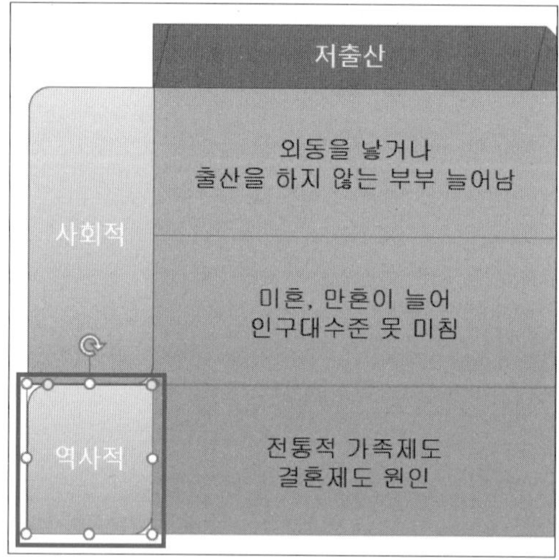


5. 제목 도형을 제외한 모든 도형을 선택한 후 [홈] → **글꼴**에서 글꼴 '굴림', 크기 18, 글꼴 색(가) '검정, 텍스트 1'을 지정한다.

## 슬라이드 5 차트 슬라이드

### 차트 삽입 및 데이터 입력하기

1. '제목을 입력하십시오' 텍스트 상자를 클릭한 후 C. **국내 고령화 인구 추이**를 입력한다.
2. '텍스트를 입력하십시오' 텍스트 상자 안의 **'차트 삽입( )'**을 클릭한다.
3. '차트 삽입' 대화상자의 '콤보' 탭에서 '계열2'의 '차트 종류'를 '표식이 있는 꺾은선형'으로 선택하고 '보조 축'을 체크한 후 〈확인〉을 클릭한다.

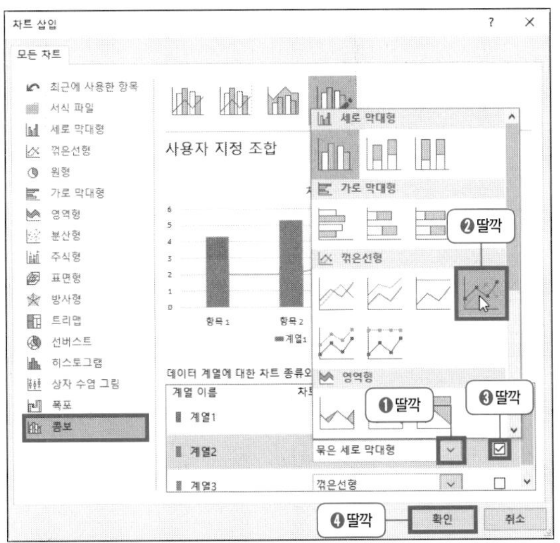


4. 데이터시트의 내용을 문제에 제시된 내용으로 변경한다.

Microsoft PowerPoint의 차트

| | A | B | C | D |
|---|---|---|---|---|
| 1 | | 65세 이상 인구 | 전체 인구 중 비율(%) | 계열 3 |
| 2 | 2016년 | 5268 | 10.6 | 2 |
| 3 | 2017년 | 5701 | 11.2 | 2 |
| 4 | 2018년 | 6251 | 12.2 | 3 |
| 5 | 2019년 | 6775 | 13.1 | 5 |
| 6 | 2020년 | 7257 | 14 | |

5. D열의 열 머리글을 마우스 오른쪽 버튼으로 클릭한 후 바로 가기 메뉴에서 **[삭제]**를 선택한다.
6. [B2:B6] 영역을 블록으로 지정하고 Ctrl+1을 누른다.
7. '셀 서식' 대화상자의 '표시 형식' 탭에서 그림과 같이 지정한 후 〈확인〉을 클릭한다.

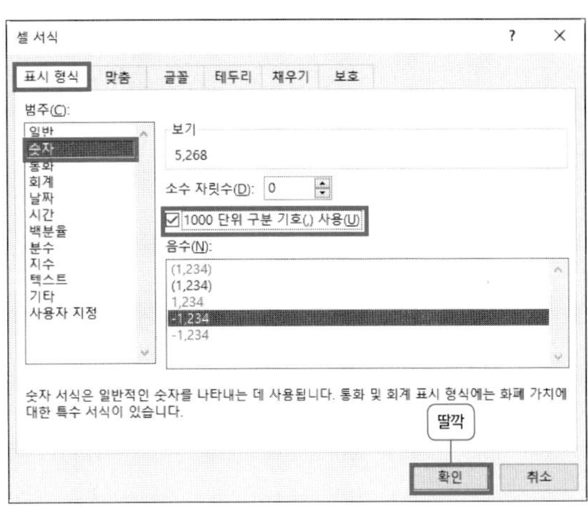


8. 동일한 방법으로 [C2:C6] 영역의 셀 서식을 그림과 같이 지정한다.

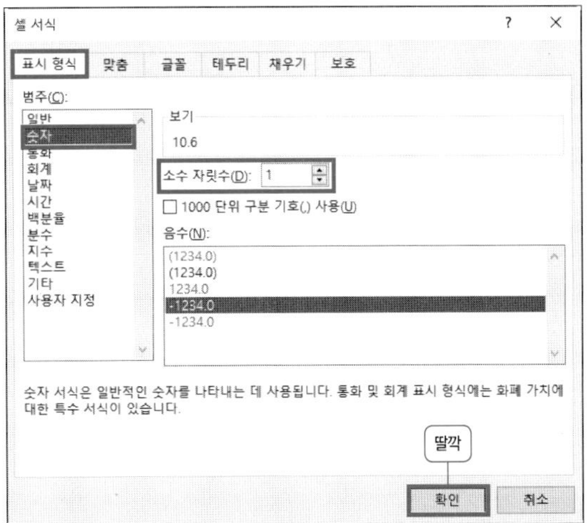


9. 데이터시트 창의 '닫기( )' 단추를 클릭한 후 작성된 차트를 확인한다.

### 차트 영역 서식 지정하기

차트 영역을 선택한 후 [홈] → **글꼴**에서 글꼴 '굴림', 크기 16을, [홈] → **그리기**에서 도형 채우기 '주황', 도형 윤곽선 '검정, 텍스트 1'을 지정한다.

### 차트 제목 서식 지정하기

1. 차트 제목 텍스트 상자에 입력된 내용을 삭제한 후 **65세 이상 인구 추이**를 입력한다.

2. 차트 제목의 테두리를 클릭한 후 [홈] → **글꼴**에서 글꼴 '돋움', 크기 24, '굵게(가)'를 지정한다.
3. 이어서 [홈] → **그리기**에서 도형 채우기 '흰색, 배경 1', 도형 윤곽선 '검정, 텍스트 1', 도형 효과를 그림자 '오프셋 위쪽'으로 지정한다.

### 그림 영역 서식 지정하기

그림 영역을 선택한 후 [홈] → 그리기 → 도형 채우기 → **흰색, 배경 1**을 선택한다.

### 데이터 레이블(값) 표시하기

1. '전체 인구 중 비율' 계열의 '2020년' 요소를 클릭한 후 다시 한번 클릭한다.
2. '2020년' 요소만 선택된 상태에서 [차트 도구] → 디자인 → 차트 레이아웃 → 차트 요소 추가 → 데이터 레이블 → **위쪽**을 선택한다.

### 보조 세로(값) 축 주 단위 및 표시 형식 지정하기

1. 보조 세로(값) 축의 바로 가기 메뉴에서 **[축 서식]**을 선택한다.
2. '축 서식' 창에서 [축 옵션] → (축 옵션) → **축 옵션**에서 '주' 단위를 4, **표시 형식**에서 소수 자릿수를 0으로 지정한 후 '닫기(✕)'를 클릭한다.

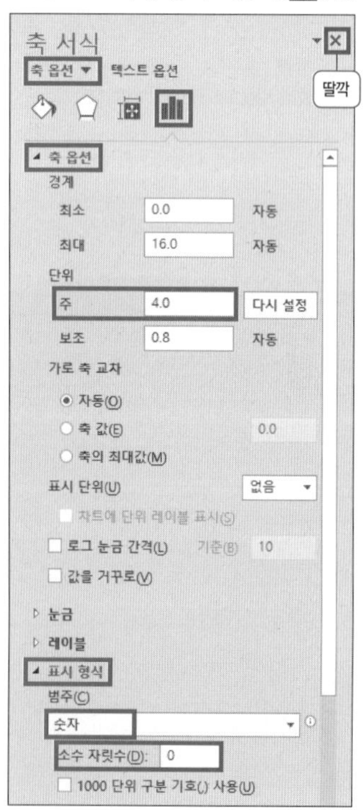


### 데이터 표 표시 및 가로 눈금선과 범례 삭제하기

1. 차트를 선택한 후 [차트 도구] → 디자인 → 차트 레이아웃 → 차트 요소 추가 → 데이터 표 → **범례 표지 포함**을 선택한다.
2. 가로 주 눈금선을 선택한 후 Delete를 누른다.
3. 범례를 선택한 후 Delete를 누른다.

### 세로(값) 축, 보조 세로(값) 축, 데이터 표 선 색 지정하기

1. 세로(값) 축을 선택한 후 [차트 도구] → 서식 → 도형 스타일 → 도형 윤곽선 → **검정, 텍스트 1**을 선택한다.
2. 동일한 방법으로 보조 세로(값) 축과 데이터 표의 선 색을 '검정, 텍스트 1'로 지정한다.

### 차트 크기 조절하기

차트의 크기 조절점을 드래그하여 그림과 같이 크기를 변경한다.

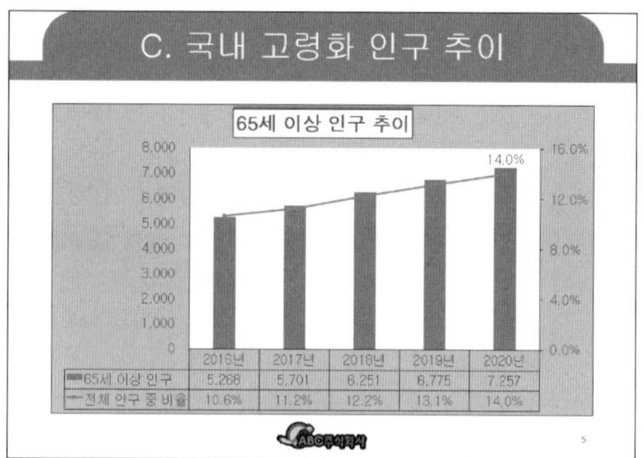


### 도형 작성하기

1. 슬라이드의 빈 공간을 클릭하여 차트 선택을 해제한다.
2. [삽입] → 일러스트레이션 → 도형 → 사각형 → **한쪽 모서리가 둥근 사각형(□)**을 선택한 후 도형이 삽입될 위치에 적당한 크기로 드래그하여 삽입한다.
3. 도형의 노란색 조절점을 왼쪽으로 드래그하여 모양을 변경한다.

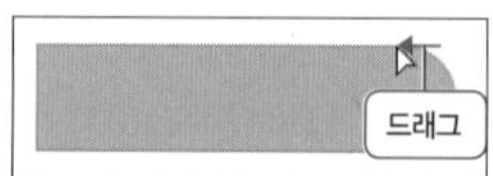


4. 삽입한 도형을 선택한 후 [홈] → **글꼴**에서 글꼴 '궁서', 크기 18, 글꼴 색(가) '검정, 텍스트 1'을 지정한다.

5. 도형에 **단위 : 천명, %**을 입력한다.
6. 도형이 선택된 상태에서 [그리기 도구] → 서식 → 도형 스타일의 ▽(자세히) → **미세 효과 – 파랑, 강조 1**을 선택한다.

## 슬라이드 6 도형 슬라이드

따라하기

### 01. 왼쪽 도형 작성하기

정답

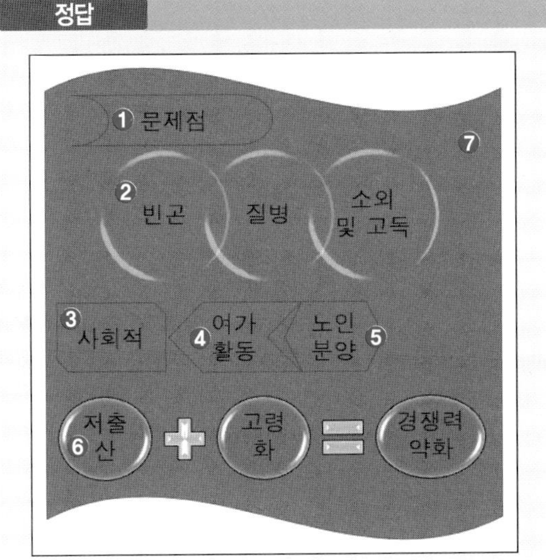


#### ① 순서도: 저장 데이터( ) 작성

1. '제목을 입력하십시오' 텍스트 상자를 클릭한 후 **D. 고령화 사회의 문제점과 해결방안**을 입력한다.
2. '텍스트를 입력하십시오' 텍스트 상자의 외곽선을 클릭한 후 Delete를 눌러 삭제한다.
3. [삽입] → 일러스트레이션 → 도형 → 순서도 → **순서도: 저장 데이터( )**를 선택한 후 도형이 삽입될 위치에 적당한 크기로 드래그하여 삽입한다.
4. 도형을 선택한 후 [그리기 도구] → 서식 → 정렬 → 회전 → **좌우 대칭**을 선택한다.
5. 도형에 **문제점**을 입력한다.

#### ② 스마트아트( ) 1 작성

1. [삽입] → 일러스트레이션 → SmartArt를 클릭한다.
2. 'SmartArt 그래픽 선택' 대화상자의 '관계형' 탭에서 '선형 벤형( )'을 선택한 후 <확인>을 클릭한다.
3. '선형 벤형' 스마트아트의 텍스트 입력 창에 그림과 같이 내용을 입력하고 Delete를 누른다.

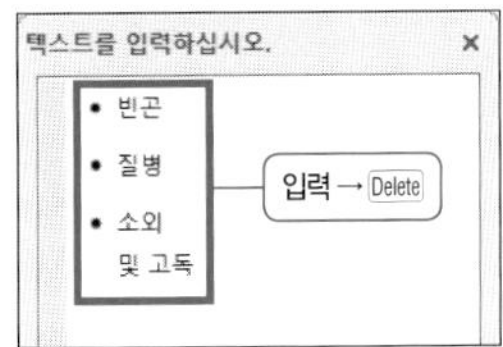


텍스트 창에서 텍스트를 두 줄로 입력하려면 첫 줄을 입력한 후 Shift+Enter를 누르고 입력하면 됩니다.

4. 이어서 [SmartArt 도구] → 디자인 → SmartArt 스타일의 목록 ▽(자세히) → 3차원 → **광택 처리**를 선택한다.
5. '선형 벤형' 스마트아트의 크기 조절점을 이용하여 그림과 같이 크기를 줄이고 드래그하여 위치를 이동한다.

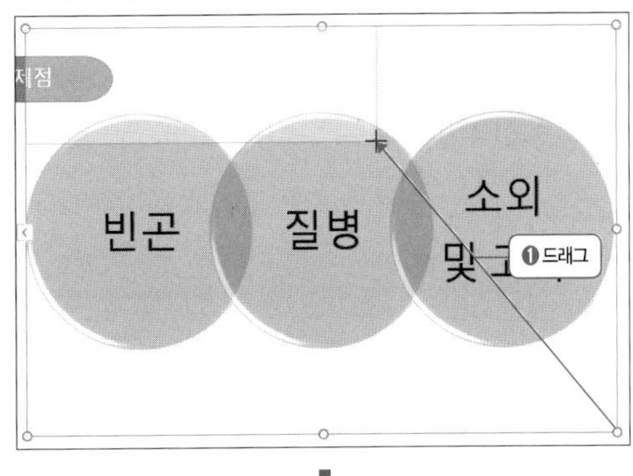


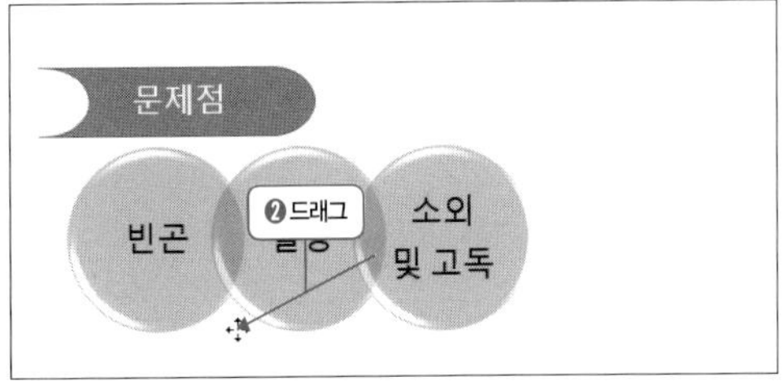

### ❸ 대각선 방향의 모서리가 잘린 사각형(▭) 작성

1. [삽입] → 일러스트레이션 → 도형 → 사각형 → **대각선 방향의 모서리가 잘린 사각형(▭)**을 선택한 후 도형이 삽입될 위치에 적당한 크기로 드래그하여 삽입한다.
2. 도형에 **사회적**을 입력한다.

### ❹ 갈매기형 수장(▷) 작성

1. [삽입] → 일러스트레이션 → 도형 → 블록 화살표 → **갈매기형 수장(▷)**을 선택한 후 도형이 삽입될 위치에 적당한 크기로 드래그하여 삽입한다.
2. 도형을 선택한 후 [그리기 도구] → 서식 → 정렬 → 회전 → **좌우 대칭**을 선택한다.
3. 도형에 **여가활동**을 입력한다.

### ❺ 육각형(⬡) 작성

1. [삽입] → 일러스트레이션 → 도형 → 기본 도형 → **육각형(⬡)**을 선택한 후 도형이 삽입될 위치에 적당한 크기로 드래그하여 삽입한다.
2. 도형에 **노인분양**을 입력한다.

### ❻ 스마트아트(⊖+⊖=⊖) 2 작성

1. [삽입] → 일러스트레이션 → SmartArt를 클릭한다.
2. 'SmartArt 그래픽 선택' 대화상자의 '관계형' 탭에서 '수식형(⊖+⊖=⊖)'을 선택한 후 〈확인〉을 클릭한다.
3. '수식형' 스마트아트의 텍스트 입력 창에 그림과 같이 내용을 입력한다.

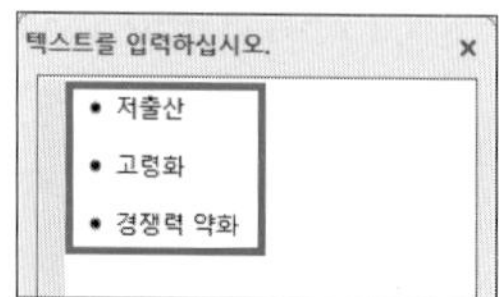


4. [SmartArt 도구] → 디자인 → SmartArt 스타일의 ▽(자세히) → 3차원 → **만화**를 선택한다.
5. '수식형' 스마트아트의 크기 조절점을 이용하여 그림과 같이 크기를 줄인다.

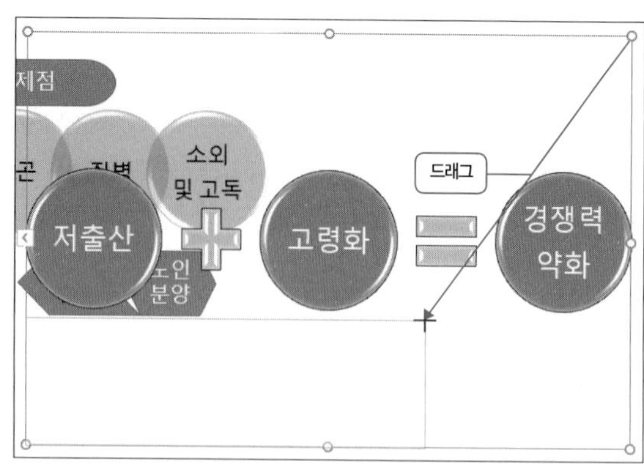


6. 타원을 모두 선택한 후 위쪽 가운데 크기 조절점을 아래쪽으로 드래그하여 높이를 변경한다.

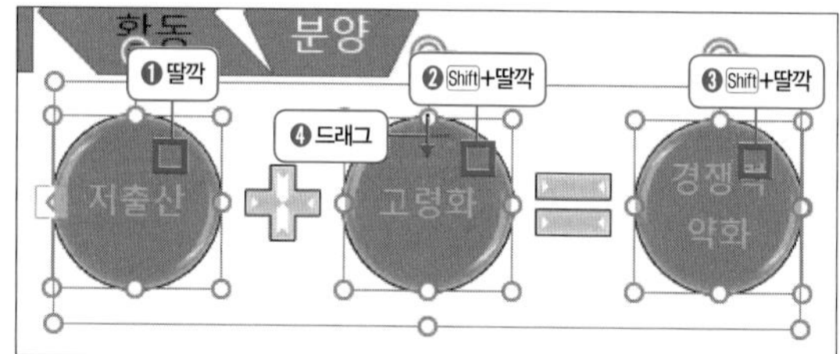


7. 오른쪽 타원만 선택한 후 왼쪽 가운데 크기 조절점을 왼쪽으로 드래그하여 너비를 변경한다.

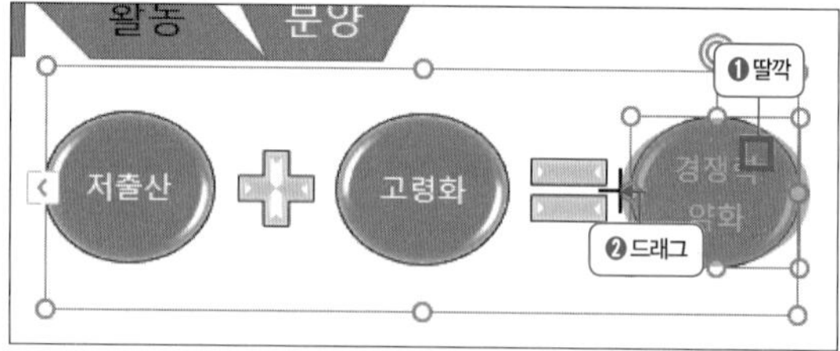


8. '수식형' 스마트아트의 위치를 그림과 같이 적당한 위치로 드래그하여 이동한다.

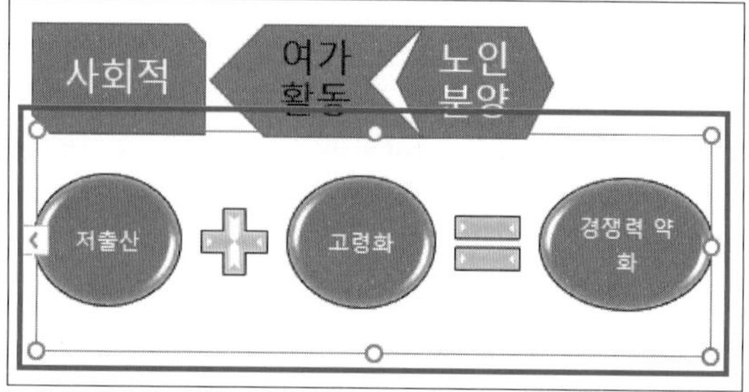

### ❼ 물결(〰) 작성

1. [삽입] → 일러스트레이션 → 도형 → 별 및 현수막 → **물결(〰)**을 선택한 후 모든 도형이 포함되도록 적당한 크기로 드래그하여 삽입한다.
2. 도형의 왼쪽 상단 노란색 조절점을 위쪽으로 드래그하여 그림과 같이 모양을 변경한다.

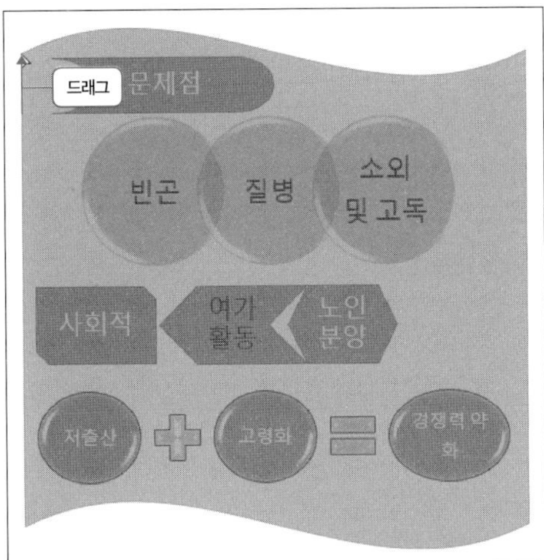


3. 도형의 바로 가기 메뉴에서 **[맨 뒤로 보내기]**를 선택한다.

## 02. 오른쪽 도형 작성하기

**정답**

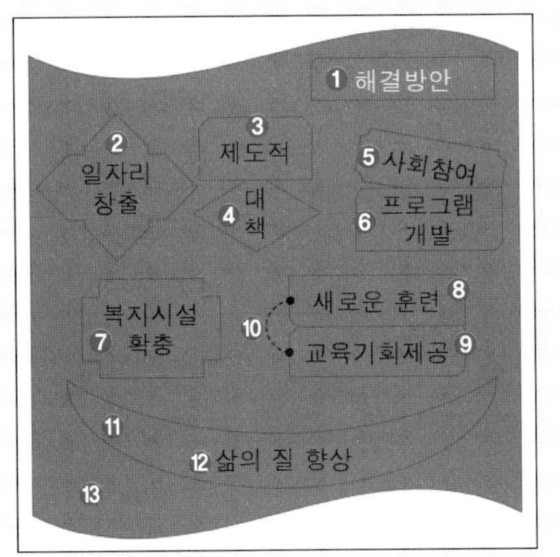


### ❶ 양쪽 모서리가 둥근 사각형(▢) 작성

1. [삽입] → 일러스트레이션 → 도형 → 사각형 → **양쪽 모서리가 둥근 사각형(▢)**을 선택한 후 도형이 삽입될 위치에 적당한 크기로 드래그하여 삽입한다.
2. 도형에 **해결방안**을 입력한다.

### ❷ 왼쪽/오른쪽/위쪽/아래쪽 화살표(✥) 작성

1. [삽입] → 일러스트레이션 → 도형 → 블록 화살표 → **왼쪽/오른쪽/위쪽/아래쪽 화살표(✥)**를 선택한 후 도형이 삽입될 위치에 적당한 크기로 드래그하여 삽입한다.
2. 도형의 안쪽 노란색 조절점을 왼쪽으로 드래그하여 그림과 같이 모양을 변경한다.

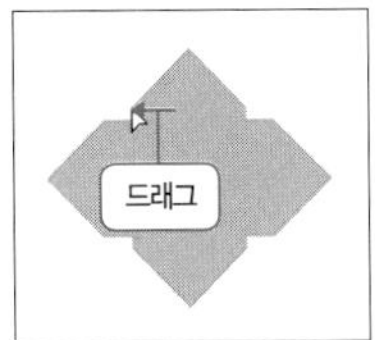


3. 도형에 **일자리창출**을 입력한다.

### ❸ 양쪽 모서리가 잘린 사각형(▢) 작성

1. [삽입] → 일러스트레이션 → 도형 → 사각형 → **양쪽 모서리가 잘린 사각형(▢)**을 선택한 후 도형이 삽입될 위치에 적당한 크기로 드래그하여 삽입한다.
2. 도형에 **제도적**을 입력한다.

### ❹ 다이아몬드(◇) 작성

1. [삽입] → 일러스트레이션 → 도형 → 기본 도형 → **다이아몬드(◇)**를 선택한 후 '양쪽 모서리가 잘린 사각형'의 아래쪽과 겹쳐지도록 적당한 크기로 드래그하여 삽입한다.
2. 도형에 **대책**을 입력한다.

내용이 한 줄(가로)로 입력될 경우 도형을 선택한 후 [홈] → 단락 → 텍스트 방향 → **세로**를 선택하면 됩니다.

3. 도형의 바로 가기 메뉴에서 **[맨 뒤로 보내기]**를 선택한다.

### ❺ 배지(⬡) 작성

1. [삽입] → 일러스트레이션 → 도형 → 기본 도형 → **배지(⬡)**를 선택한 후 도형이 삽입될 위치에 적당한 크기로 드래그하여 삽입한다.

2. 도형에 **사회참여**를 입력한다.

3. 도형의 회전 핸들을 그림과 같이 시계 방향으로 적당히 회전한다.

### ❻ 대각선 방향의 모서리가 둥근 사각형(▢) 작성

1. [삽입] → 일러스트레이션 → 도형 → 사각형 → **대각선 방향의 모서리가 둥근 사각형(▢)**을 선택한 후 '배지'의 아래쪽과 겹쳐지도록 적당한 크기로 드래그하여 삽입한다.
2. 도형에 **프로그램 개발**을 입력한다.

### ❼ 십자형(✚) 작성

1. [삽입] → 일러스트레이션 → 도형 → 기본 도형 → **십자형(✚)**을 선택한 후 도형이 삽입될 위치에 적당한 크기로 드래그하여 삽입한다.
2. 도형의 노란색 조절점을 왼쪽으로 드래그하여 그림과 같이 모양을 변경한다.

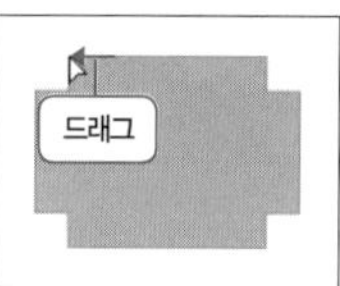


3. 도형에 **복지시설 확충**을 입력한다.

### ❽ 대각선 방향의 모서리가 잘린 사각형(▢) 1 작성

1. [삽입] → 일러스트레이션 → 도형 → 사각형 → **대각선 방향의 모서리가 잘린 사각형(▢)**을 선택한 후 도형이 삽입될 위치에 적당한 크기로 드래그하여 삽입한다.
2. 도형에 **새로운 훈련**을 입력한다.

### ❾ 대각선 방향의 모서리가 잘린 사각형(▢) 2 작성

1. Ctrl+Shift를 누른 채 ❽번 도형을 아래쪽으로 드래그하여 복사한다.
2. 도형을 선택하고 [그리기 도구] → 서식 → 정렬 → 회전 → **좌우 대칭**을 선택한 후 그림과 같이 내용을 수정한다.

### ❿ 구부러진 연결선(⌒) 작성

1. [삽입] → 일러스트레이션 → 도형 → 선 → **구부러진 연결선(⌒)**을 선택한 후 그림과 같이 도형을 연결한다.

2. 연결선을 선택한 후 [그리기 도구] → 서식 → 도형 스타일 → **도형 윤곽선**에서 색 '검정 텍스트 1', 대시 '파선(- – -)', 화살표 '화살표 스타일 11(•——•)'을 지정한다.

선 색과 도형의 채우기 색이 같아 선이 보이지 않기 때문에 선 색을 검정 계열로 변경해야 합니다.

### ⓫ 달(☾) 작성

1. [삽입] → 일러스트레이션 → 도형 → 기본 도형 → **달(☾)**을 선택한 후 도형이 삽입될 위치에 적당한 크기로 드래그하여 삽입한다.
2. 도형을 선택한 후 [그리기 도구] → 서식 → 정렬 → 회전 → **왼쪽으로 90도 회전**을 선택한다.

### ⓬ 가로 텍스트 상자(▤) 작성

1. [삽입] → 텍스트 → **가로 텍스트 상자 그리기(▤)**를 클릭한 후 슬라이드의 빈 공간을 클릭하고 **삶의 질 향상**을 입력한다.
2. 텍스트 상자를 그림과 같이 '달' 도형 안의 적당한 위치로 드래그 한다.

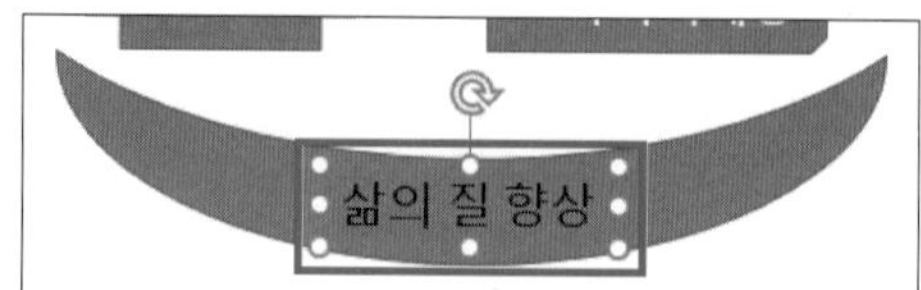

⑬ 물결(〰) 작성

1. 왼쪽 도형 중 ❼번 도형을 Ctrl+Shift를 누른 채 오른쪽으로 드래그하여 복사한다.
2. 도형을 선택한 후 [그리기 도구] → 서식 → 정렬 → 회전 → **좌우 대칭**을 선택한다.
3. 도형의 바로 가기 메뉴에서 **[맨 뒤로 보내기]**를 선택한다.

## 03. 글꼴 서식 지정하기

1. 글꼴 서식을 지정하기 위해 제목 도형을 제외한 모든 도형을 마우스로 드래그하여 선택하고 [홈] → **글꼴**에서 글꼴 '돋움', 크기 18, 글꼴 색(가) '검정, 텍스트 1'을 지정한다.
2. 오른쪽 도형 중 '해결방안'이 입력되어 있는 '양쪽 모서리가 둥근 사각형'을 선택한 후 [홈] → 글꼴 → 글꼴 색(가) → **흰색, 배경 1**을 선택한다.

문제의 지시사항에 글꼴 색에 대한 내용은 없지만 문제에 제시된 [출력형태]와 동일하게 글꼴 색을 임의로 지정해 주어야 합니다.

3. '선형 벤형' 스마트아트를 선택한 후 [홈] → **글꼴**에서 글꼴 '돋움', 크기 18을 지정한다.
4. '수식형' 스마트아트를 선택한 후 [홈] → **글꼴**에서 글꼴 '돋움', 크기 18, 글꼴 색(가) '검정, 텍스트 1'을 지정한다.

## 04. 도형 그룹화하기

1. 마우스로 왼쪽의 도형들이 모두 포함되도록 드래그하여 선택한다.
2. 선택된 도형의 바로 가기 메뉴에서 [그룹화] → **그룹**을 선택한다.

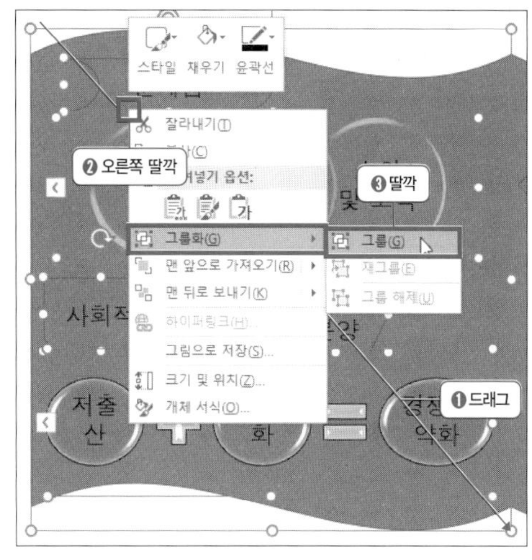


⬇

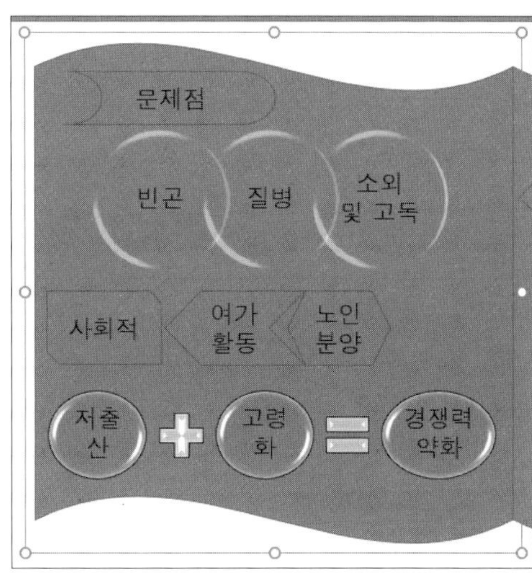


3. 같은 방법으로 오른쪽 도형들도 그룹으로 지정한다.

## 05. 애니메이션 효과 지정하기

1. 그룹으로 지정된 왼쪽 도형을 선택한 후 [애니메이션] → 애니메이션 → **밝기 변화**를 선택한다.
2. 그룹으로 지정된 오른쪽 도형을 선택하고 [애니메이션] → 애니메이션 → **실선 무늬**를 선택한다.
3. 이어서 [애니메이션] → 애니메이션 → 효과 옵션 → **세로**를 선택한다.

EXAMINATION

# 03회 실전 모의고사

**[전체구성]** **[60점]**

(1) 슬라이드 크기 및 순서 : 크기를 A4 용지로 설정하고 슬라이드 순서에 맞게 작성한다.

(2) 슬라이드 마스터 : 2~6슬라이드의 제목, 하단 로고, 슬라이드 번호는 슬라이드 마스터를 이용하여 작성한다.

- 제목 글꼴(돋움, 40pt, 흰색), 오른쪽 맞춤, 도형(선 없음)
- 하단 로고(「C:\길벗ITQ마스터(2016)\ITQ파포\그림\로고3.jpg」, 배경(연보라) 투명색으로 설정)

## 슬라이드 1 표지 디자인 (40점)

(1) 표지 디자인 : 도형, 워드아트 및 그림을 이용하여 작성한다.

**세부조건**

① 도형 편집
- 도형에 그림 채우기 : 「C:\길벗ITQ마스터(2016)\ITQ파포\그림\그림1.jpg」, 투명도 50%
- 도형 효과 : 부드러운 가장자리 10포인트

② 워드아트 삽입
- 변환 : 휘어 내려가기
- 글꼴 : 굴림, 굵게
- 텍스트 반사 : 1/2 반사, 4 pt 오프셋

③ 그림 삽입
- 「C:\길벗ITQ마스터(2016)\ITQ파포\그림\로고2.jpg」
- 배경(회색) 투명색으로 설정

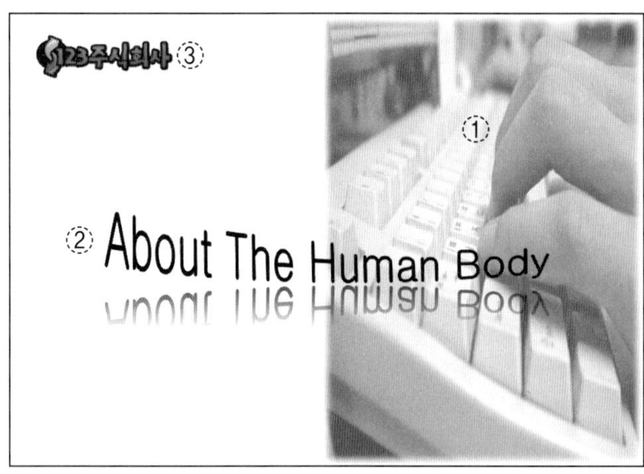

## 슬라이드 2 목차 슬라이드 (60점)

(1) 출력형태와 같이 도형을 이용하여 목차를 작성한다(글꼴 : 궁서, 24pt).

(2) 도형 : 선 없음

**세부조건**

① 텍스트에 하이퍼링크 적용
→ '슬라이드 5'

② 그림 삽입
- 「C:\길벗ITQ마스터(2016)\ITQ파포\그림\모의-그림2.jpg」
- 자르기 기능 이용

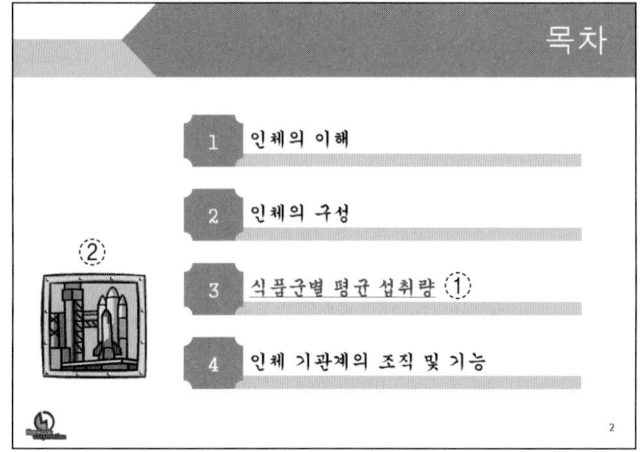

## 슬라이드 3 텍스트/동영상 슬라이드 (60점)

(1) 텍스트 작성 : 글머리 기호 사용(●, ➤)
● 문단(굴림, 24pt, 굵게, 줄 간격 : 1.5줄), ➤ 문단(굴림, 20pt, 줄 간격 : 1.5줄)

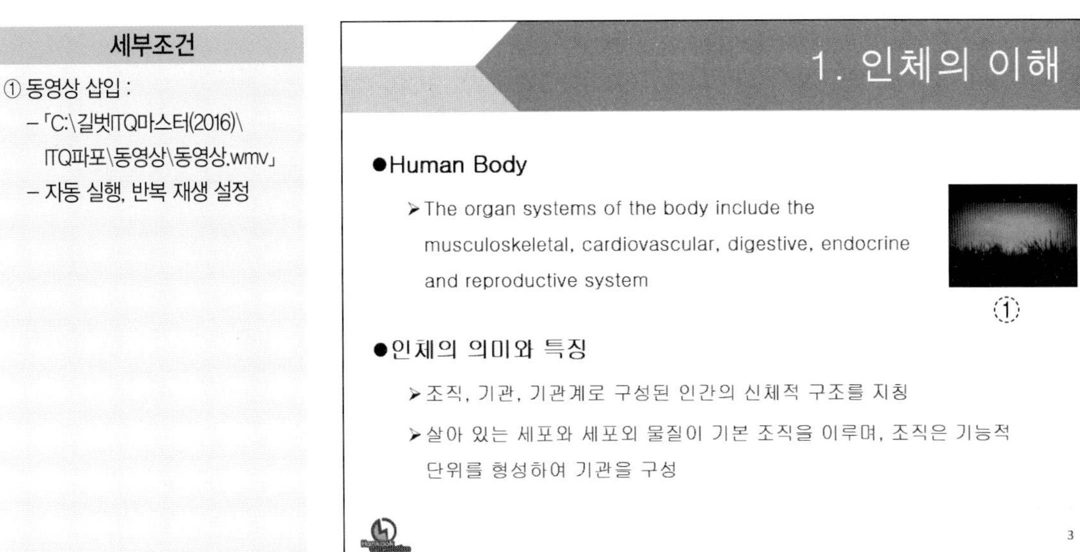

## 슬라이드 4 표 슬라이드 (80점)

(1) 도형과 표 작성 기능을 이용하여 슬라이드를 작성한다(글꼴 : 돋움, 18pt).

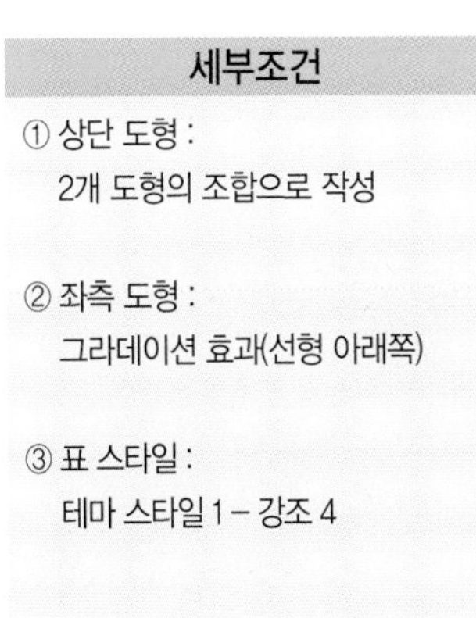

세부조건
① 상단 도형 :
2개 도형의 조합으로 작성
② 좌측 도형 :
그라데이션 효과(선형 아래쪽)
③ 표 스타일 :
테마 스타일 1 – 강조 4


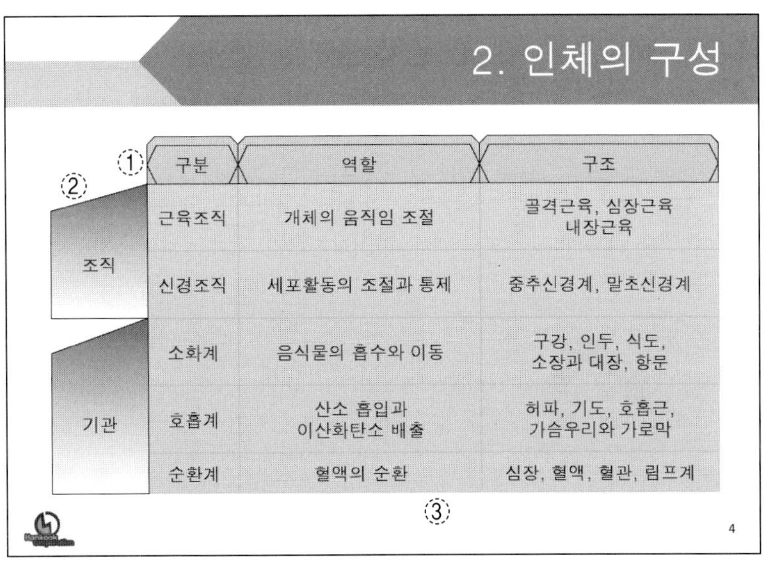


| | 구분 | 역할 | 구조 |
|---|---|---|---|
| 조직 | 근육조직 | 개체의 움직임 조절 | 골격근육, 심장근육<br>내장근육 |
| | 신경조직 | 세포활동의 조절과 통제 | 중추신경계, 말초신경계 |
| 기관 | 소화계 | 음식물의 흡수와 이동 | 구강, 인두, 식도,<br>소장과 대장, 항문 |
| | 호흡계 | 산소 흡입과<br>이산화탄소 배출 | 허파, 기도, 호흡근,<br>가슴우리와 가로막 |
| | 순환계 | 혈액의 순환 | 심장, 혈액, 혈관, 림프계 |

## 슬라이드 5 차트 슬라이드 (100점)

(1) 차트 작성 기능을 이용하여 슬라이드를 작성한다.
(2) 차트 : 종류(묶은 세로 막대형), 글꼴(돋움, 16pt), 외곽선

**세부조건**

※ **차트 설명**

- 차트 제목 : 굴림, 20pt, 굵게, 채우기(흰색), 테두리, 그림자(오프셋 오른쪽)
- 차트 영역 : 채우기(노랑)
  그림 영역 : 채우기(흰색)
- 데이터 서식 : 여자 계열을 표식이 있는 꺾은선형으로 변경 후 보조 축으로 지정
- 값 표시 : 곡류의 여자 계열만

① 도형 삽입
  - 스타일 : 미세 효과 – 파랑, 강조 5
  - 글꼴 : 굴림, 18pt

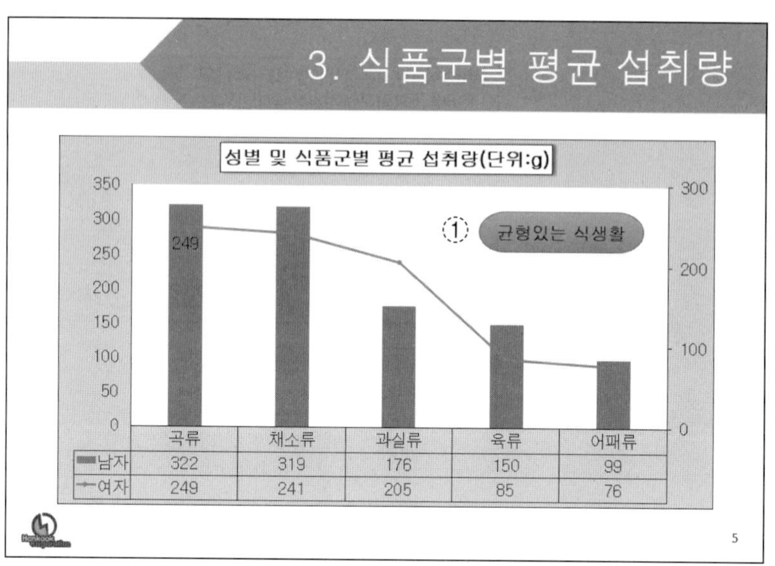


## 슬라이드 6 도형 슬라이드 (100점)

(1) 슬라이드와 같이 도형 및 스마트아트를 배치한다(글꼴 : 굴림, 18pt).
(2) 애니메이션 순서 : ① → ②

**세부조건**

① 도형 및 스마트아트 편집
  - 스마트아트 디자인 : 3차원 만화, 3차원 경사
  - 그룹화 후 애니메이션 효과 : 나누기(가로 바깥쪽으로)

② 도형 편집
  - 그룹화 후 애니메이션 효과 : 밝기 변화

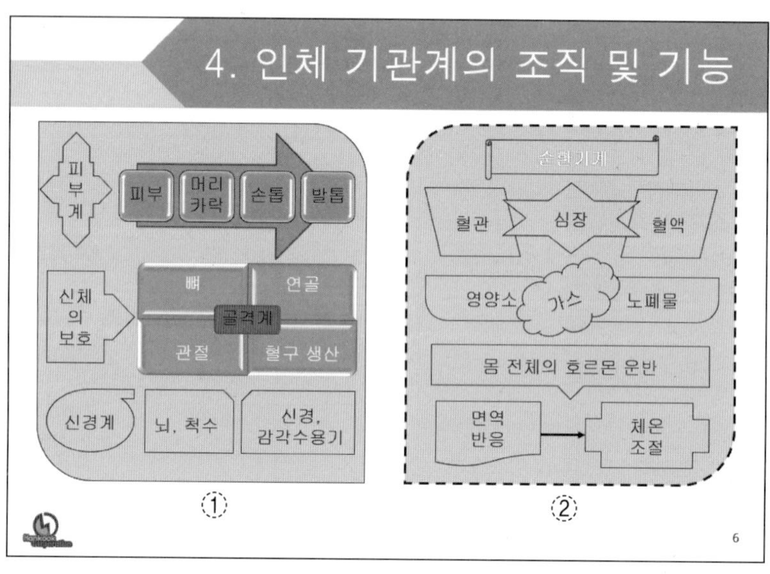

EXAMINATION

# 03회 실전 모의고사 정답 및 해설

실전 모의고사 03회부터는 모양이 회전/변형된 도형에 대한 설명이나 출력형태를 보고 수험생이 판단해야 하는 설정 값을 제외한 기본적인 작업 과정에 대한 설명은 생략합니다. 해설을 이해하기 힘들면 실전 모의고사 01~02회를 다시 한번 공부하고 오세요.

## 슬라이드 1 표지 디자인

도형은 모두 [삽입] → 일러스트레이션 → **도형**을 이용하여 작성합니다. [삽입] → 일러스트레이션 → **도형**을 다음 순서대로 선택하여 작성하면 됩니다.

### 표지 디자인

- [사각형] → [직사각형( )]

### 워드아트

- WordArt **텍스트 효과(변환)** : 휘어 내려가기( abcde )
- 모양 변경

## 슬라이드 2 목차 슬라이드

### 슬라이드 제목 도형

- **도형 1** : [사각형] → [직사각형( )]
- **도형 2** : [블록 화살표] → [오각형( )], '좌우 대칭' 지정

### 목차 도형

- **도형 1** : [사각형] → [직사각형( )]
- **도형 2** : [기본 도형] → [배지( )]
- [가로 텍스트 상자 그리기( )]

## 슬라이드 4 표 슬라이드

### 상단 도형

- **도형 1** : [사각형] → [양쪽 모서리가 잘린 사각형( )]
- **도형 2** : [기본 도형] → [육각형( )]

### 좌측 도형

- [순서도] → [순서도: 수동 입력( )]

## 슬라이드 5 차트 슬라이드

### 보조 세로(값) 축 서식

- 주 단위 : 100

### 데이터 레이블 서식

- [차트 도구] → 디자인 → 차트 레이아웃 → 차트 요소 추가 → 데이터 레이블 → **아래쪽** 선택

### 도형

- [순서도] → [순서도: 수행의 시작/종료( )]

## 슬라이드 6 도형 슬라이드

### 01. 왼쪽 도형

정답

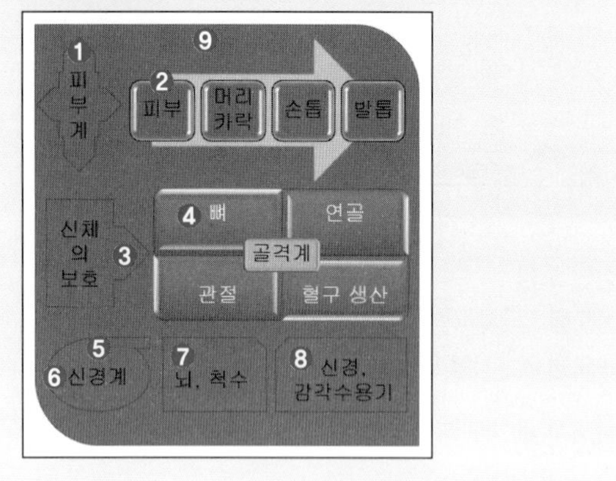


❶ [블록 화살표] → [왼쪽/오른쪽/위쪽/아래쪽 설명선( )]

- 모양 변경

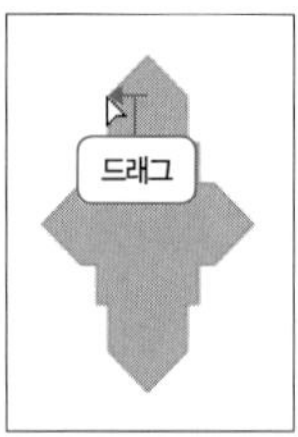


❷ [SmartArt] → [프로세스형] → [연속 블록 프로세스형( )]

- [SmartArt 도구] → 디자인 → 그래픽 만들기 → **도형 추가 클릭**
- SmartArt 스타일 '3차원 만화' 지정

❸ [블록 화살표] → [오른쪽 화살표 설명선( )]

- 모양 변경

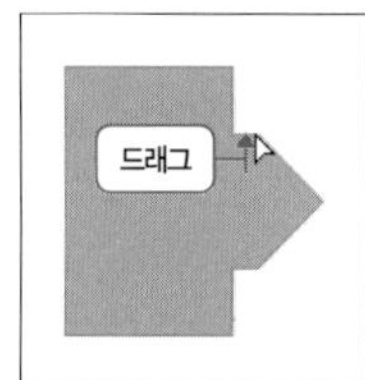


❹ [SmartArt] → [행렬형] → [제목 있는 행렬형( )]

- SmartArt 스타일 '3차원 경사' 지정

❺ [순서도] → [순서도: 순차적 액세스 저장소( )]

- '상하 대칭' 지정

❻ [가로 텍스트 상자 그리기( )]

❼ [사각형] → [한쪽 모서리가 잘린 사각형( )]

❽ ❼번 도형을 복사한 후 내용 수정 및 크기 조절, '좌우 대칭' 지정

❾ [사각형] → [대각선 방향의 모서리가 둥근 사각형( )]

- '좌우 대칭' 지정
- '맨 뒤로 보내기' 지정

### 02. 오른쪽 도형

정답

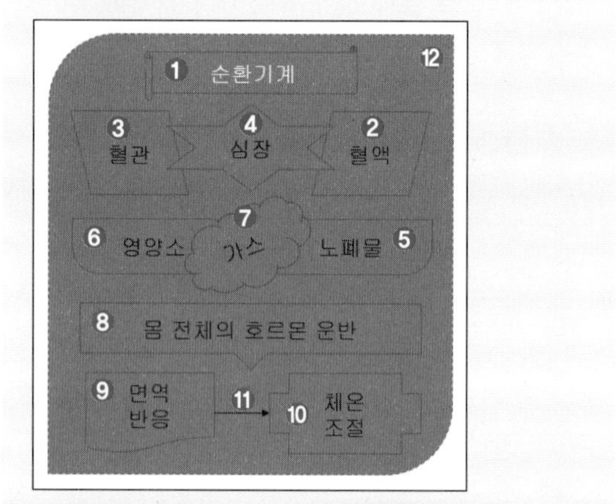


❶ [별 및 현수막] → [가로로 말린 두루마리 모양( )]

❷ [기본 도형] → [평행 사변형( )]

❸ ❷번 도형을 복사한 후 내용 수정 및 '좌우 대칭' 지정

❹ [별 및 현수막] → [포인트가 6개인 별( )]

**❺ [사각형] → [대각선 방향의 모서리가 둥근 사각형( )]**

• 모양 변경

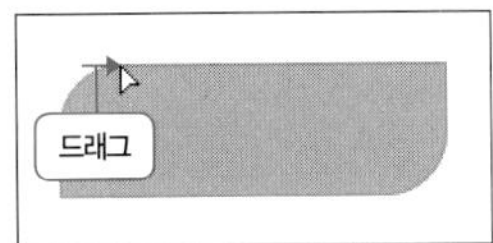


**❻ ❺번 도형을 복사한 후 내용 수정 및 '좌우 대칭' 지정**

**❼ [기본 도형] → [구름( )]**

• **회전** : 반시계 방향으로 적당히 회전

**❽ [블록 화살표] → [아래쪽 화살표 설명선( )]**

• 모양 변경

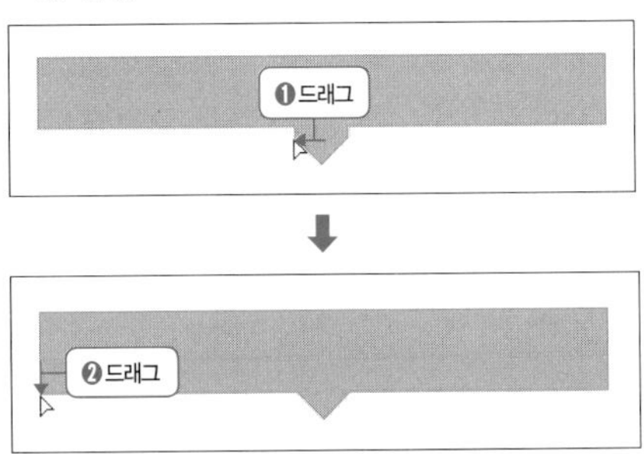


**❾ [순서도] → [순서도: 문서( )]**

**❿ [기본 도형] → [십자형( )]**

**⓫ [선] → [화살표( )]**

• 선 색 '검정, 텍스트 1' 지정
• '화살표 스타일 5' 지정

선 색과 도형의 채우기 색이 같아 선이 보이지 않기 때문에 선 색을 검정 계열로 변경해야 합니다.

**⓬ 왼쪽 도형 중 ❾번 도형 복사**

• '좌우 대칭' 지정
• '파선' 지정
• '맨 뒤로 보내기' 지정

EXAMINATION

# 04회 실전 모의고사

**[전체구성]** **[60점]**

(1) 슬라이드 크기 및 순서 : 크기를 A4 용지로 설정하고 슬라이드 순서에 맞게 작성한다.

(2) 슬라이드 마스터 : 2~6슬라이드의 제목, 하단 로고, 슬라이드 번호는 슬라이드 마스터를 이용하여 작성한다.

- 제목 글꼴(궁서, 40pt, 흰색), 왼쪽 맞춤, 도형(선 없음)
- 하단 로고(「C:\길벗ITQ마스터(2016)\ITQ파포\그림\로고1.jpg」, 배경(회색) 투명색으로 설정)

## 슬라이드 1 표지 디자인 (40점)

(1) 표지 디자인 : 도형, 워드아트 및 그림을 이용하여 작성한다.

**세부조건**

① 도형 편집
- 도형에 그림 채우기 : 「C:\길벗ITQ마스터(2016)\ITQ파포\그림\그림2.jpg」, 투명도 50%
- 도형 효과 : 부드러운 가장자리 5포인트

② 워드아트 삽입
- 변환 : 위로 기울기
- 글꼴 : 돋움, 굵게
- 텍스트 반사 : 전체 반사, 8 pt 오프셋

③ 그림 삽입
- 「C:\길벗ITQ마스터(2016)\ITQ파포\그림\로고3.jpg」
- 배경(연보라) 투명색으로 설정

## 슬라이드 2 목차 슬라이드 (60점)

(1) 출력형태와 같이 도형을 이용하여 목차를 작성한다(글꼴 : 굴림, 24pt).

(2) 도형 : 선 없음

**세부조건**

① 텍스트에 하이퍼링크 적용
→ '슬라이드 4'

② 그림 삽입
- 「C:\길벗ITQ마스터(2016)\ITQ파포\그림\모의-그림1.jpg」
- 자르기 기능 이용

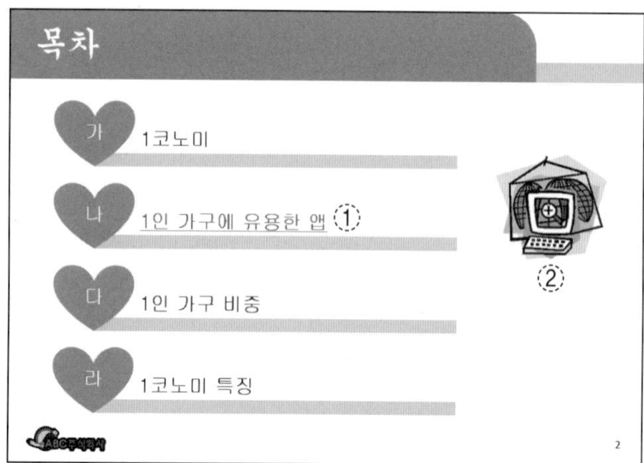

## 슬라이드 3 텍스트/동영상 슬라이드 (60점)

(1) 텍스트 작성 : 글머리 기호 사용(◆ , ✓)

◆ 문단(돋움, 24pt, 굵게, 줄 간격 : 1.5줄), ✓ 문단(돋움, 20pt, 줄 간격 : 1.5줄)

**세부조건**

① 동영상 삽입 :
- 「C:\길벗ITQ마스터(2016)\ITQ파포\동영상\동영상.wmv」
- 자동 실행, 반복 재생 설정

### 가. 1코노미

◆Korea's Growing 'Hon (Solo)' Economy

✓Recent socio-economic changes in Korea have given rise to the 'Hon (Solo)' Economy

✓As a consequence, phrases such as 'Hon-sul', 'Hon-bab' have entered the lexicon

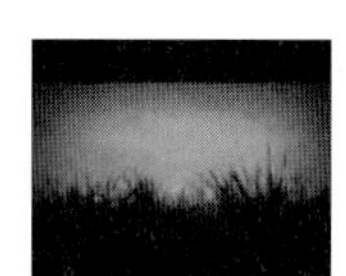

①

◆1코노미

✓숫자 1과 경제(economy)의 합성어로 혼자만의 생활을 즐기며 소비 활동을 하는 것으로 혼밥(혼자 밥 먹기), 혼술(혼자 술 마시기) 등 혼자서 즐기는 문화가 확산되면서 등장한 용어로 "미코노미"라고도 함

3

## 슬라이드 4 표 슬라이드 (80점)

(1) 도형과 표 작성 기능을 이용하여 슬라이드를 작성한다(글꼴 : 굴림, 18pt).

**세부조건**

① 상단 도형 :
2개 도형의 조합으로 작성

② 좌측 도형 :
그라데이션 효과(선형 아래쪽)

③ 표 스타일 :
테마 스타일 1 – 강조 2

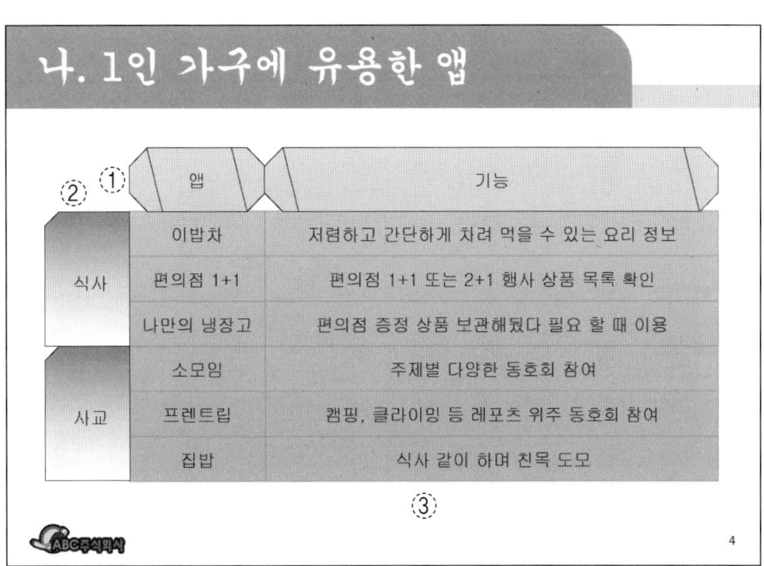

나. 1인 가구에 유용한 앱
②
①
앱
기능
식사
이밥차
저렴하고 간단하게 차려 먹을 수 있는 요리 정보
편의점 1+1
편의점 1+1 또는 2+1 행사 상품 목록 확인
나만의 냉장고
편의점 증정 상품 보관해뒀다 필요 할 때 이용
사교
소모임
주제별 다양한 동호회 참여
프렌트립
캠핑, 클라이밍 등 레포츠 위주 동호회 참여
집밥
식사 같이 하며 친목 도모
③
ABC주식회사
4

## 슬라이드 5 차트 슬라이드 (100점)

(1) 차트 작성 기능을 이용하여 슬라이드를 작성한다.
(2) 차트 : 종류(묶은 세로 막대형), 글꼴(굴림, 16pt), 외곽선

**세부조건**

※ **차트 설명**
- 차트 제목 : 궁서, 24pt, 굵게, 채우기(흰색), 테두리, 그림자(오프셋 왼쪽)
- 차트 영역 : 채우기(녹색)
  그림 영역 : 채우기(흰색)
- 데이터 서식 : 2020년 계열을 표식이 있는 꺾은선형으로 변경 후 보조 축으로 지정
- 값 표시 : 대전의 2020년 계열만

① 도형 삽입
- 스타일 : 미세 효과 – 녹색, 강조 6
- 글꼴 : 돋움, 18

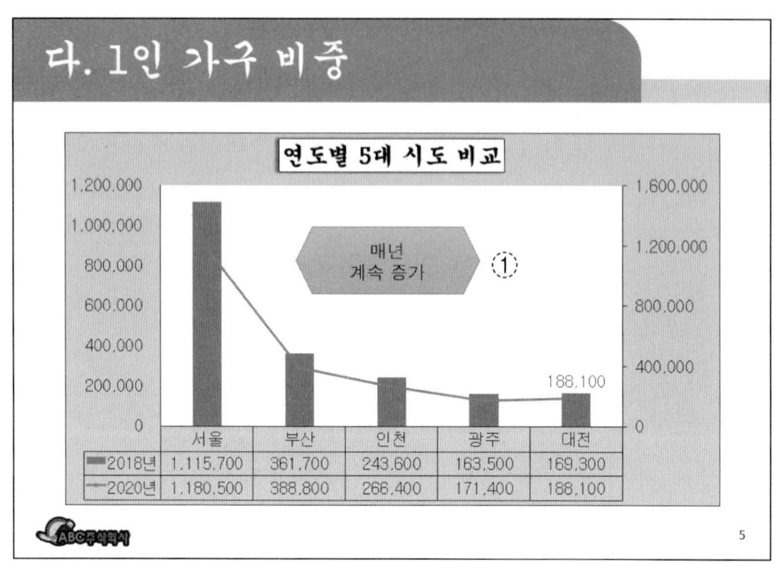


| | 서울 | 부산 | 인천 | 광주 | 대전 |
|---|---|---|---|---|---|
| 2018년 | 1,115,700 | 361,700 | 243,600 | 163,500 | 169,300 |
| 2020년 | 1,180,500 | 388,800 | 266,400 | 171,400 | 188,100 |

## 슬라이드 6 도형 슬라이드 (100점)

(1) 슬라이드와 같이 도형 및 스마트아트를 배치한다(글꼴 : 돋움, 18pt).
(2) 애니메이션 순서 : ① → ②

**세부조건**

① 도형 및 스마트아트 편집
- 스마트아트 디자인 : 3차원 만화, 강한 효과
- 그룹화 후 애니메이션 효과 : 바운드

② 도형 편집
- 그룹화 후 애니메이션 효과 : 블라인드(세로)

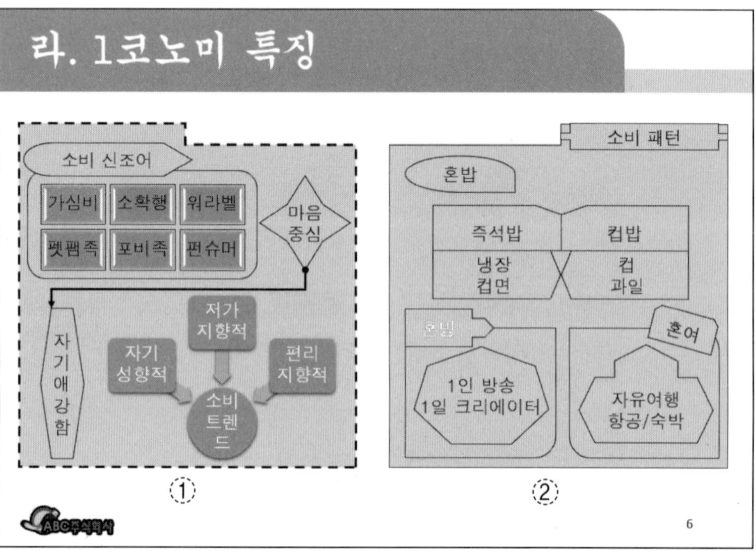

EXAMINATION

# 04회 실전 모의고사 정답 및 해설

## 슬라이드 1 표지 디자인

### 표지 디자인

- [순서도] → [순서도: 수동 입력( )], '좌우 대칭' 지정

### 워드아트

- WordArt 텍스트 효과(변환) : 위로 기울기( abcde )
- 모양 변경

⬇

## 슬라이드 2 목차 슬라이드

### 슬라이드 제목 도형

- **도형 1** : [사각형] → [직사각형( )]
- **도형 2** : [사각형] → [한쪽 모서리가 둥근 사각형( )], 모양 변경

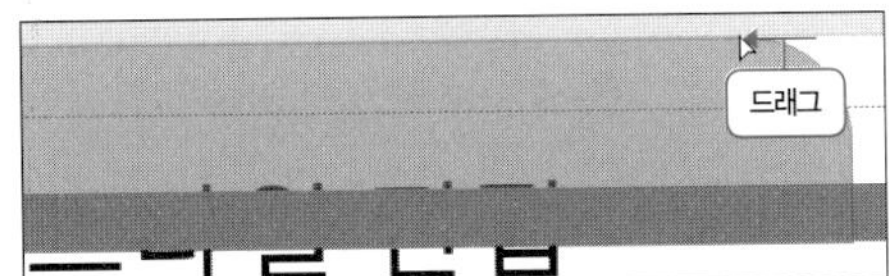


### 목차 도형

- **도형 1** : [사각형] → [직사각형( )]
- **도형 2** : [기본 도형] → [하트(♡)]
- [가로 텍스트 상자 그리기( )]

## 슬라이드 4 표 슬라이드

### 상단 도형

- **도형 1** : [기본 도형] → [팔각형(⑧)]
- **도형 2** : [기본 도형] → [평행 사변형( )], '좌우 대칭' 지정

### 좌측 도형

- [사각형] → [한쪽 모서리가 잘린 사각형( )], '좌우 대칭' 지정

## 슬라이드 5 차트 슬라이드

### 보조 세로(값) 축 서식

- 최대 경계 : 1600000, 주 단위 : 400000

### 데이터 레이블 서식

- [차트 도구] → 디자인 → 차트 레이아웃 → 차트 요소 추가 → 데이터 레이블 → **위쪽** 선택

### 도형

- [기본 도형] → [육각형(⬡)]

## 슬라이드 6 도형 슬라이드

## 01. 왼쪽 도형

정답

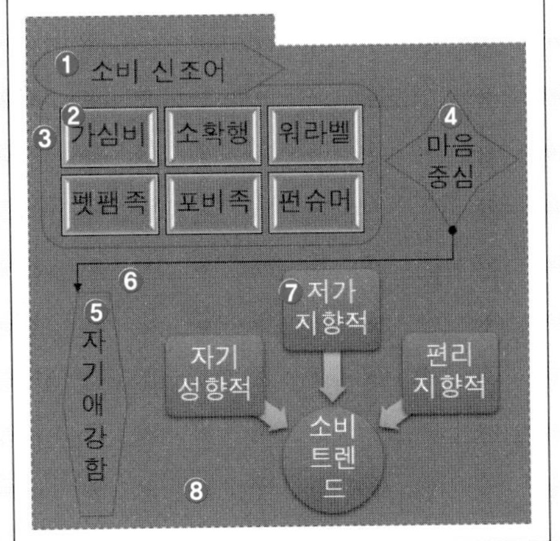

❶ [순서도] → [순서도: 화면 표시( )]

- '좌우 대칭' 지정

❷ [SmartArt] → [목록형] → [기본 블록 목록형( )]

- [SmartArt 도구] → 디자인 → 그래픽 만들기 → **도형 추가** 클릭
- SmartArt 스타일 '3차원 만화' 지정
- 크기 조절

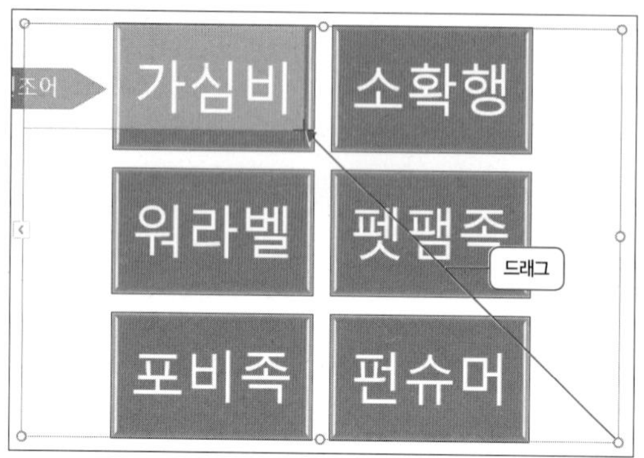


❸ [사각형] → [모서리가 둥근 직사각형( )]

- '맨 뒤로 보내기' 지정

❹ [별 및 현수막] → [포인트가 4개인 별( )]

- 모양 변경

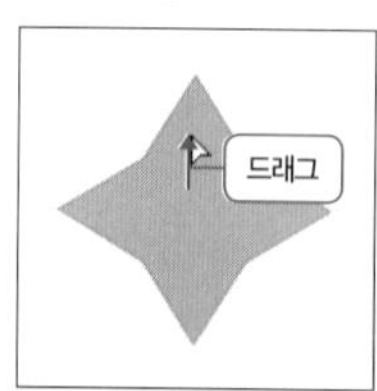


도형에 입력된 내용이 세로로 표시될 때는 도형의 바로 가기 메뉴에서 [도형 서식]을 선택한 후 '도형 서식' 창에서 [텍스트 옵션] → (텍스트 상자) → 텍스트 상자 → **도형의 텍스트 배치**에 표시된 체크 표시를 해제하면 됩니다.

❺ [기본 도형] → [육각형( )]

❻ [선] → [꺾인 화살표 연결선( )]

- 선 색 '검정, 텍스트 1' 지정
- '화살표 스타일 9' 지정

선 색과 도형의 채우기 색이 같아 선이 보이지 않기 때문에 선 색을 검정 계열로 변경해야 합니다.

❼ [SmartArt] → [관계형] → [수렴 방사형( )]

- SmartArt 스타일 '강한 효과' 지정

'강한 효과'는 [SmartArt 도구] → 디자인 → SmartArt 스타일 → **문서와 가장 일치하는 항목**에서 선택하면 됩니다.

❽ [기본 도형] → [L 도형( )]

- 모양 변경

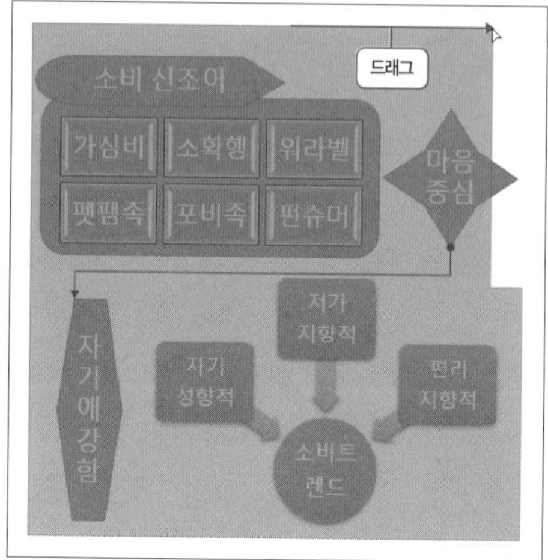


- '오른쪽으로 90도 회전' 및 '상하 대칭' 지정
- '파선' 지정
- '맨 뒤로 보내기' 지정

## 02. 오른쪽 도형

정답

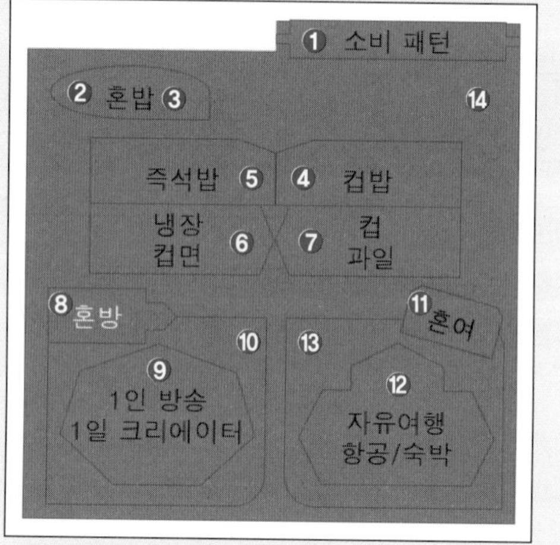

❶ [기본 도형] → [십자형(✚)]

• 모양 변경

❷ [기본 도형] → [눈물 방울(◯)]

• '상하 대칭' 지정

❸ [가로 텍스트 상자 그리기(가)]

❹ [순서도] → [순서도: 카드(▭)]

❺ ❹번 도형을 복사한 후 내용 수정 및 '좌우 대칭' 지정

❻ [블록 화살표] → [오각형(▷)]

• 모양 변경

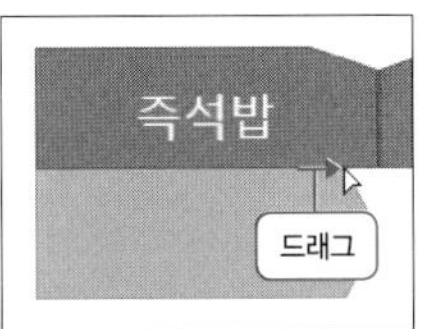


❼ ❻번 도형을 복사한 후 내용 수정 및 '좌우 대칭' 지정

❽ [블록 화살표] → [오른쪽 화살표 설명선(⇨)]

• 모양 변경

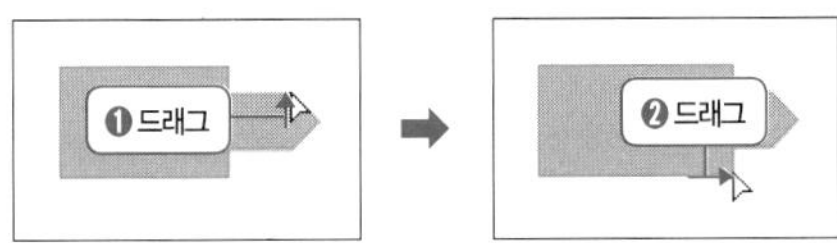


❾ [기본 도형] → [칠각형(⑦)]

도형에 입력된 내용이 세 줄로 표시될 때는 도형의 바로 가기 메뉴에서 [도형 서식]을 선택한 후 '도형 서식' 창에서 [텍스트 옵션] → (텍스트 상자) → 텍스트 상자 → **도형의 텍스트 배치**에 표시된 체크 표시를 해제하면 됩니다.

❿ [사각형] → [대각선 방향의 모서리가 둥근 사각형(▢)]

• '맨 뒤로 보내기' 지정

⓫ [사각형] → [양쪽 모서리가 잘린 사각형(▢)]

• 회전 : 시계 방향으로 적당히 회전

⓬ [블록 화살표] → [왼쪽/오른쪽/위쪽 화살표(⇧)]

• 모양 변경

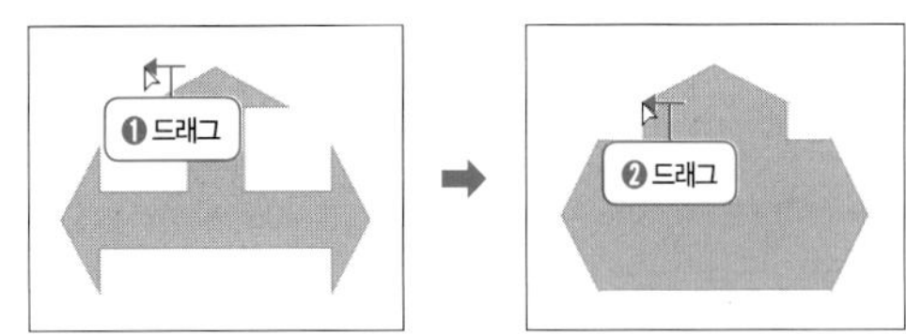


⓭ ❿번 도형을 복사한 후 '좌우 대칭' 및 '맨 뒤로 보내기' 지정

⓮ 왼쪽 도형 중 ❽번 도형 복사

• '좌우 대칭' 지정
• '실선' 지정
• '맨 뒤로 보내기' 지정

## 03. 애니메이션 효과

[애니메이션] → 애니메이션의 (자세히) → 추가 나타내기 효과 → '나타내기 효과 변경' 대화상자 → 기본 효과 → 블라인드 선택

# 실전 모의고사

**[전체구성]** **[60점]**

(1) 슬라이드 크기 및 순서 : 크기를 A4 용지로 설정하고 슬라이드 순서에 맞게 작성한다.

(2) 슬라이드 마스터 : 2~6슬라이드의 제목, 하단 로고, 슬라이드 번호는 슬라이드 마스터를 이용하여 작성한다.

- 제목 글꼴(돋움, 40pt, 흰색), 가운데 맞춤, 도형(선 없음)
- 하단 로고(「C:\길벗ITQ마스터(2016)\ITQ파포\그림\로고2.jpg」, 배경(회색) 투명색으로 설정)

## 슬라이드 1 표지 디자인 (40점)

(1) 표지 디자인 : 도형, 워드아트 및 그림을 이용하여 작성한다.

**세부조건**

① 도형 편집
- 도형에 그림 채우기 : 「C:\길벗ITQ마스터(2016)\ITQ파포\그림\그림3.jpg」, 투명도 50%
- 도형 효과 : 부드러운 가장자리 5포인트

② 워드아트 삽입
- 변환 : 역삼각형
- 글꼴 : 굴림, 굵게
- 텍스트 반사 : 근접 반사, 4 pt 오프셋

③ 그림 삽입
- 「C:\길벗ITQ마스터(2016)\ITQ파포\그림\로고1.jpg」
- 배경(회색) 투명색으로 설정

## 슬라이드 2 목차 슬라이드 (60점)

(1) 출력형태와 같이 도형을 이용하여 목차를 작성한다(글꼴 : 돋움, 24pt).

(2) 도형 : 선 없음

**세부조건**

① 텍스트에 하이퍼링크 적용
→ '슬라이드 6'

② 그림 삽입
- 「C:\길벗ITQ마스터(2016)\ITQ파포\그림\모의-그림1.jpg」
- 자르기 기능 이용

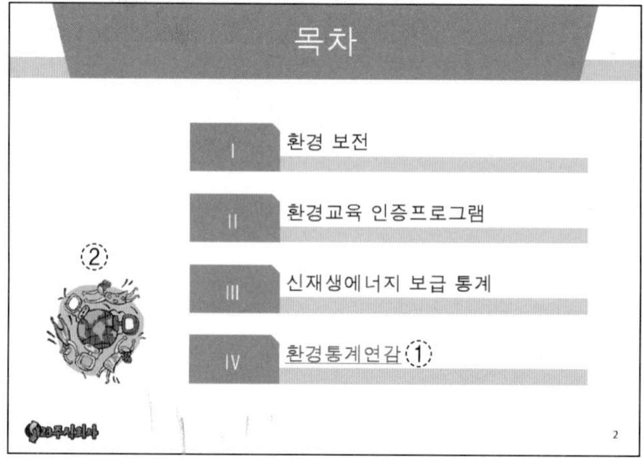

## 슬라이드 3 텍스트/동영상 슬라이드 (60점)

(1) 텍스트 작성 : 글머리 기호 사용(➤, ✓)
➤ 문단(굴림, 24pt, 굵게, 줄 간격 : 1.5줄), ✓ 문단(굴림, 20pt, 줄 간격 : 1.5줄)

**세부조건**

① 동영상 삽입 :
- 「C:\길벗ITQ마스터(2016)\ITQ파포\동영상\동영상.wmv」
- 자동 실행, 반복 재생 설정

# Ⅰ. 환경 보전

➤Global Efforts

✓UNEP 8th special session of the governing council in korea/global ministerial meeting

✓Environmental cooperation in northeast asia

✓Tripartite Environment Ministers' Meeting (TEMM)

①

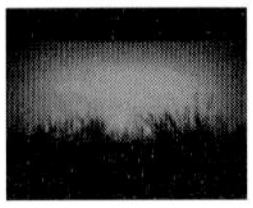

➤환경 보전의 의미

✓인간이 안전하고 건강하며 미적, 문화적으로 쾌적한 생활을 영위할 수 있도록 환경 조건을 좋은 상태로 지키고 유지하며 대기, 수질 등의 환경을 오염으로부터 보호하는 것

123주식회사 3

## 슬라이드 4 표 슬라이드 (80점)

(1) 도형과 표 작성 기능을 이용하여 슬라이드를 작성한다(글꼴 : 돋움, 18pt).

**세부조건**

① 상단 도형 :
2개 도형의 조합으로 작성

② 좌측 도형 :
그라데이션 효과(선형 위쪽)

③ 표 스타일 :
테마 스타일 1 – 강조 1

# Ⅱ. 환경교육 인증프로그램

① ②

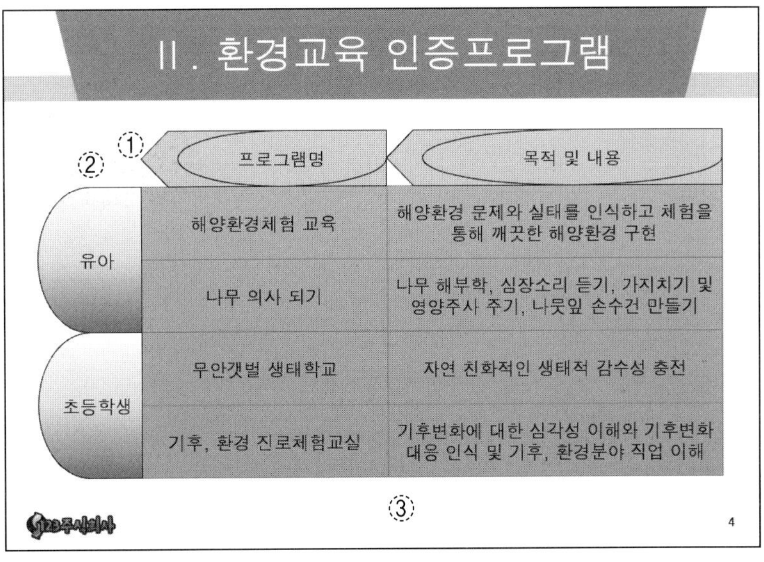

| | 프로그램명 | 목적 및 내용 |
|---|---|---|
| 유아 | 해양환경체험 교육 | 해양환경 문제와 실태를 인식하고 체험을 통해 깨끗한 해양환경 구현 |
| | 나무 의사 되기 | 나무 해부학, 심장소리 듣기, 가지치기 및 영양주사 주기, 나뭇잎 손수건 만들기 |
| 초등학생 | 무안갯벌 생태학교 | 자연 친화적인 생태적 감수성 충전 |
| | 기후, 환경 진로체험교실 | 기후변화에 대한 심각성 이해와 기후변화 대응 인식 및 기후, 환경분야 직업 이해 |

③

123주식회사 4

## 슬라이드 5 차트 슬라이드 (100점)

(1) 차트 작성 기능을 이용하여 슬라이드를 작성한다.
(2) 차트 : 종류(묶은 세로 막대형), 글꼴(돋움, 16pt), 외곽선

### 세부조건

※ 차트 설명
- 차트 제목 : 굴림, 20pt, 굵게, 채우기(흰색), 테두리, 그림자(오프셋 아래쪽)
- 차트 영역 : 채우기(노랑)
  그림 영역 : 채우기(흰색)
- 데이터 서식 : 발전량(GWh) 계열을 표식이 있는 꺾은선형으로 변경 후 보조 축으로 지정
- 값 표시 : 발전량(GWh) 계열만

① 도형 삽입
- 스타일 :
  미세 효과 – 파랑, 강조 1
- 글꼴 : 굴림, 18pt

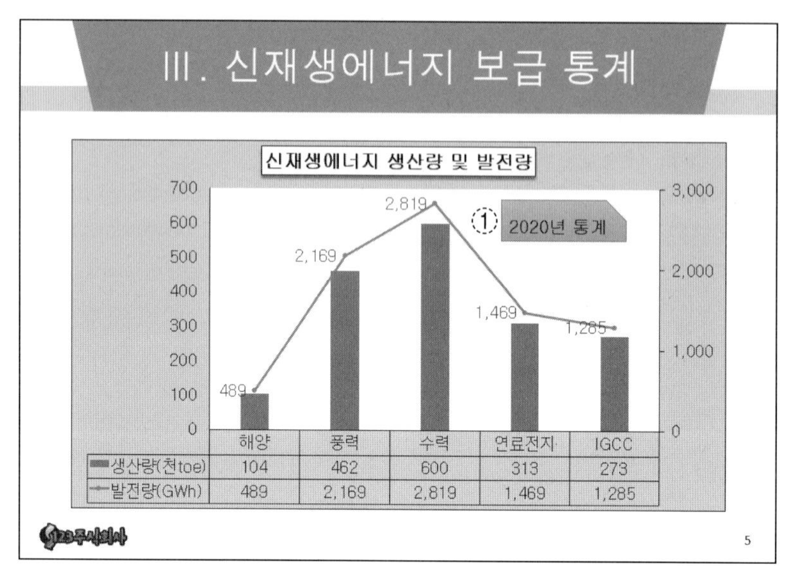


| | 해양 | 풍력 | 수력 | 연료전지 | IGCC |
|---|---|---|---|---|---|
| 생산량(천toe) | 104 | 462 | 600 | 313 | 273 |
| 발전량(GWh) | 489 | 2,169 | 2,819 | 1,469 | 1,285 |

## 슬라이드 6 도형 슬라이드 (100점)

(1) 슬라이드와 같이 도형 및 스마트아트를 배치한다(글꼴 : 굴림, 18pt).
(2) 애니메이션 순서 : ① → ②

### 세부조건

① 도형 및 스마트아트 편집
- 스마트아트 디자인 :
  3차원 광택 처리, 3차원 경사
- 그룹화 후 애니메이션 효과 :
  날아오기(오른쪽에서)

② 도형 편집
- 그룹화 후 애니메이션 효과 :
  흩어 뿌리기

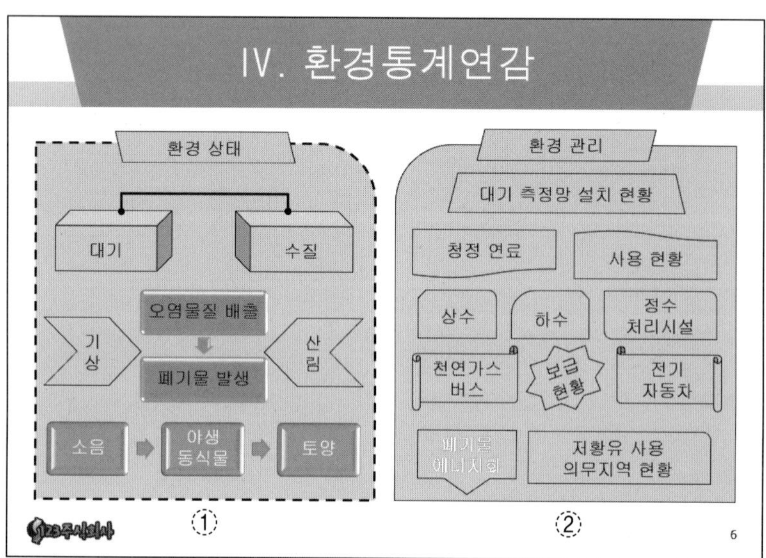

EXAMINATION

# 05회 실전 모의고사 정답 및 해설

## 슬라이드 1 표지 디자인

### 표지 디자인

• [사각형] → [양쪽 모서리가 둥근 사각형( )]

### 워드아트

• WordArt 텍스트 효과(변환) : 역삼각형( abcde )
• 모양 변경

Environmental Preservation
드래그

## 슬라이드 2 목차 슬라이드

### 슬라이드 제목 도형

• 도형 1 : [사각형] → [직사각형( )]
• 도형 2 : [기본 도형] → [사다리꼴( )], '상하 대칭' 지정

### 목차 도형

• 도형 1 : [사각형] → [직사각형( )]
• 도형 2 : [사각형] → [한쪽 모서리가 잘린 사각형( )]
• [가로 텍스트 상자 그리기( )]

## 슬라이드 4 표 슬라이드

### 상단 도형

• 도형 1 : [블록 화살표] → [오각형( )], '좌우 대칭' 지정
• 도형 2 : [기본 도형] → [눈물 방울( )]

### 좌측 도형

• [순서도] → [순서도: 지연( )], '좌우 대칭' 지정

## 슬라이드 5 차트 슬라이드

### 보조 세로(값) 축 서식

• 주 단위 : 1000

### 데이터 레이블 서식

• [차트 도구] → 디자인 → 차트 레이아웃 → 차트 요소 추가 → 데이터 레이블 → **왼쪽** 선택

### 도형

• [사각형] → [한쪽 모서리가 잘린 사각형( )]
• 모양 변경

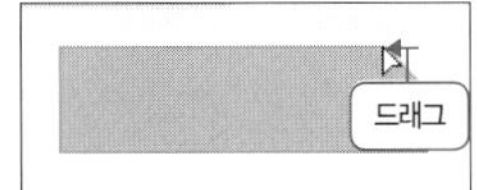

## 슬라이드 6 도형 슬라이드

### 01. 왼쪽 도형

정답

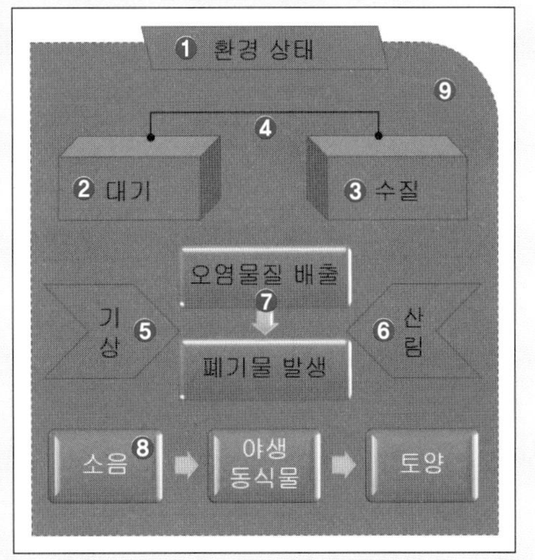


❶ [기본 도형] → [평행 사변형( )]

• '좌우 대칭' 지정

❷ [기본 도형] → [정육면체( )]

❸ ❷번 도형을 복사한 후 내용 수정 및 '좌우 대칭' 지정

❹ [선] → [꺾인 연결선( )]

- 선 색 '검정, 텍스트 1' 지정
- '화살표 스타일 11' 지정

선 색과 도형의 채우기 색이 같아 선이 보이지 않기 때문에 선 색을 검정 계열로 변경해야 합니다.

❺ [블록 화살표] → [갈매기형 수장( )]

❻ ❺번 도형을 복사한 후 내용 수정 및 '좌우 대칭' 지정

❼ [SmartArt] → [프로세스형] → [세로 프로세스형( )]

- SmartArt 스타일 '3차원 광택 처리' 지정

❽ [SmartArt] → [프로세스형] → [기본 프로세스형( )]

- SmartArt 스타일 '3차원 경사' 지정
- 크기 조절 및 모양 변경

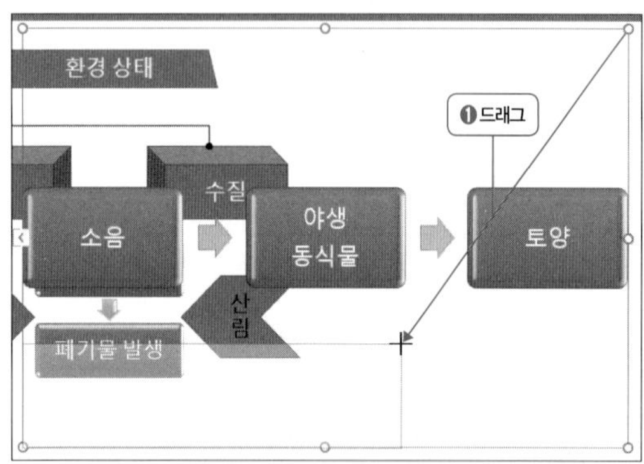


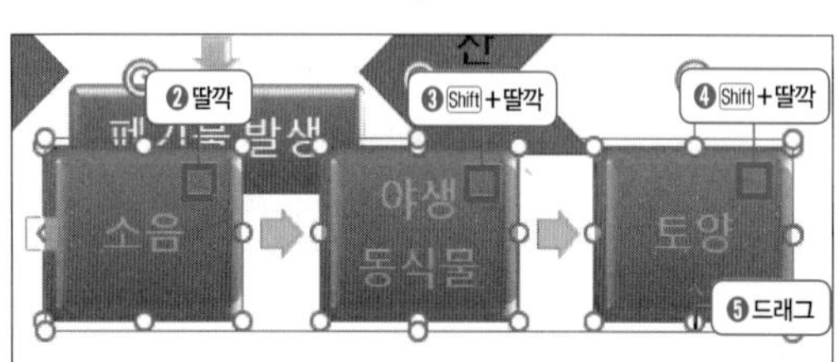


❾ [사각형] → [한쪽 모서리가 둥근 사각형( )]

- '파선' 지정
- '맨 뒤로 보내기' 지정

## 02. 오른쪽 도형

정답

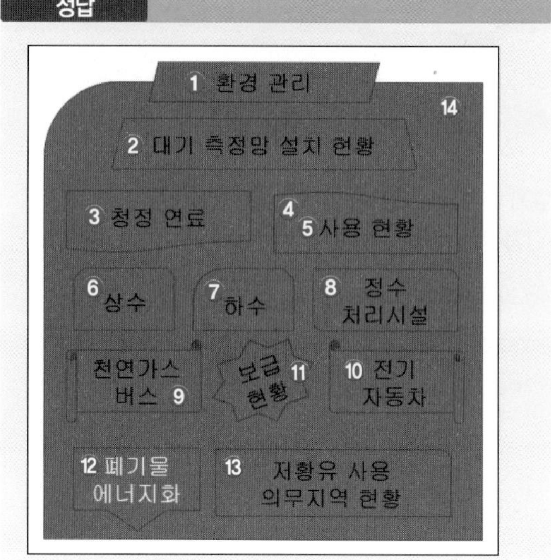


❶ 왼쪽 도형 중 ❶번 도형을 복사한 후 내용 수정 및 '좌우 대칭' 지정

❷ [기본 도형] → [사다리꼴( )]

❸ [순서도] → [순서도: 문서( )]

❹ ❸번 도형을 복사한 후 내용 삭제 및 '상하 대칭' 지정

❺ [가로 텍스트 상자 그리기( )]

❻ [사각형] → [한쪽 모서리는 잘리고 다른 쪽 모서리는 둥근 사각형( )]

- '좌우 대칭' 지정

❼ ❻번 도형을 복사한 후 내용 수정 및 '좌우 대칭' 지정

- 모양 변경

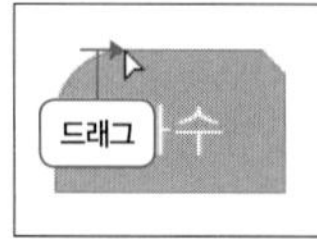


❽ [사각형] → [대각선 방향의 모서리가 둥근 사각형( )]

- '좌우 대칭' 지정

❾ [별 및 현수막] → [가로로 말린 두루마리 모양( )]

❿ ❾번 도형을 복사한 후 내용 수정 및 '좌우 대칭' 지정

⓫ [별 및 현수막] → [포인트가 8개인 별( )]

• 회전 : 반시계 방향으로 적당히 회전

⓬ [블록 화살표] → [아래쪽 화살표 설명선( )]

• 모양 변경

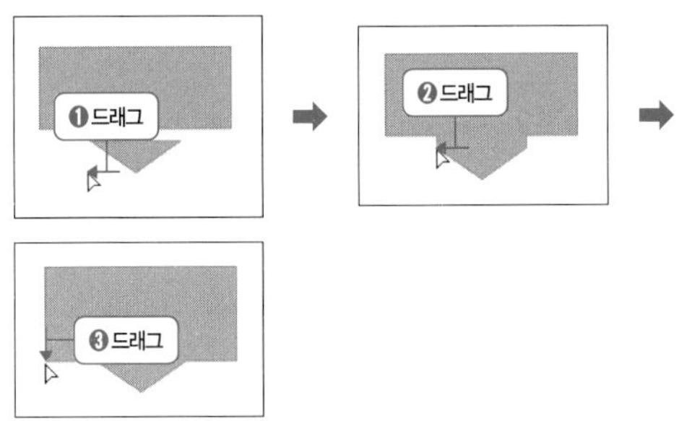


⓭ [사각형] → [한쪽 모서리가 둥근 사각형( )]

⓮ 왼쪽 도형 중 ❾번 도형 복사

• '좌우 대칭' 지정
• '실선' 지정
• '맨 뒤로 보내기' 지정

## 03. 애니메이션 효과

[애니메이션] → 애니메이션의 (자세히) → 추가 나타내기 효과 → '나타내기 효과 변경' 대화상자 → 기본 효과 → **흩어 뿌리기** 선택

나머지 실전모의고사 5회분은 'C:\길벗ITQ마스터(2016)\ITQ파포' 폴더에 "실전모의고사.pdf" 파일로 저장되어 있습니다.

## 쉬어가는 코너

파본을 받았습니다! 목차에는 모의고사가 10회까지 있는데 제 책은 5회가 끝이에요!
5회까지 있다면 정상입니다. 나머지 5회분은 'C:\길벗ITQ마스터(2016)\ITQ파포' 폴더에 "실전모의고사.pdf" 파일로 저장되어 있습니다.
그냥 한꺼번에 주시지 왜 5회분만 따로 옮겨 놓은거죠?
수험생 여러분의 책값부담을 줄이기 위해서 입니다. 제작비 인상으로 인해 책값을 올릴 수 밖에 없는 상황에서 교재의 일부분을 파일로 제공하여 제작비를 줄이고 책값을 인상하지 않았습니다.
감동
아니, 그렇게 깊은뜻이? 독자의 주머니 사정까지 걱정해주는 시나공, 역시 감동이네요~
독자를 위한 서비스는 온라인에서도 이어집니다. 시나공 카페에서는 시험과 관련된 다양한 정보와 서비스를 제공하고 있습니다. 가입하셔서 기출문제도 다운받고 풀다가 모르는 내용은 바로바로 물어보세요! 애프터서비스까지 확실히 해드립니다!
아싸! 당장 시나공 카페에 출근도장 찍으러 가야쥐~ 유후~♥
시나공 카페에는 문턱이 없습니다. 가입만하시면 모든 서비스는 항상 열려 있다는 거! 여러분이 원하는 다양한 서비스를 만족시키기 위해 더 노력 하겠습니다!
시나공
고고
사잉!

# 03장

# 최신기출문제

최신기출문제 01회

최신기출문제 02회

최신기출문제 03회

최신기출문제 04회

최신기출문제 05회

최신기출문제 06회

최신기출문제 07회

최신기출문제 08회

최신기출문제 09회

최신기출문제 10회

'C:\길벗ITQ마스터(2016)\ITQ파포' 폴더에 "최신기출문제.pdf" 파일로 저장되어 있습니다.

EXAMINATION

# 제01회 정보기술자격(ITQ) 시험

| 과 목 | 코드 | 문제유형 | 시험시간 | 수험번호 | 성 명 |
|---|---|---|---|---|---|
| 한글파워포인트 | 1142 | A | 60분 | | |

## 〈수험자 유의사항〉

- 수험자는 문제지를 받는 즉시 문제지와 **수험표상의 시험과목(프로그램)이 동일한지 반드시 확인**하여야 합니다 .
- 파일명은 본인의 "수험번호-성명"으로 입력하여 답안폴더(내 PC\문서\ITQ)에 하나의 파일로 저장해야 하며, 답안 문서 파일명이 "수험번호-성명"과 일치하지 않거나, 답안파일을 전송하지 않아 미제출로 처리될 경우 실격 처리합니다(예 : 12345678-홍길동.pptx).
- 답안 작성을 마치면 파일을 저장하고, '답안 전송' 버튼을 선택하여 감독위원 PC로 답안을 전송하십시오. 수험생 정보와 저장한 파일명이 다를 경우 전송되지 않으므로 주의하시기 바랍니다.
- 답안 작성 중에도 **주기적으로 저장하고, '답안 전송'**하여야 문제 발생을 줄일 수 있습니다. 작업한 내용을 저장하지 않고 전송할 경우 이전에 저장된 내용이 전송되오니 이점 유의하시기 바랍니다.
- 답안문서는 지정된 경로 외의 다른 보조기억장치에 저장하는 경우, 지정된 시험 시간 외에 작성된 파일을 활용할 경우, 기타 통신수단(이메일, 메신저, 네트워크 등)을 이용하여 타인에게 전달 또는 외부 반출하는 경우는 부정 처리합니다.
- 시험 중 부주의 또는 고의로 시스템을 파손한 경우는 수험자가 변상해야 하며, 〈수험자 유의사항〉에 기재된 방법대로 이행하지 않아 생기는 불이익은 수험생 당사자의 책임임을 알려 드립니다.
- 문제의 조건은 MS오피스 2016 버전으로 설정되어 있으니 유의하시기 바랍니다.
- 시험을 완료한 수험자는 답안파일이 전송되었는지 확인한 후 감독위원의 지시에 따라 문제지를 제출하고 퇴실합니다.

## 〈답안 작성요령〉

- 온라인 답안 작성 절차
  수험자 등록 ⇒ 시험 시작 ⇒ 답안파일 저장 ⇒ 답안 전송 ⇒ 시험 종료
- 슬라이드의 크기는 A4 Paper로 설정하여 작성합니다.
- 슬라이드의 총 개수는 6개로 구성되어 있으며 슬라이드 1부터 순서대로 작업하고 반드시 문제와 세부조건대로 합니다.
- 별도의 지시사항이 없는 경우 출력형태를 참조하여 글꼴색은 검정 또는 흰색으로 작성하고, 기타사항은 전체적인 균형을 고려하여 작성합니다.
- 슬라이드 도형 및 개체에 출력형태와 다른 스타일(그림자, 외곽선 등)을 적용했을 경우 감점처리됩니다.
- 슬라이드 번호를 작성합니다(슬라이드 1에는 생략).
- 2~6번 슬라이드 제목 도형과 하단 로고는 슬라이드 마스터를 이용하여 출력형태와 동일하게 작성합니다(슬라이드 1에는 생략).
- 문제와 세부조건, 세부조건 번호 ◌ (점선원)는 입력하지 않습니다.
- 각 개체의 위치는 오른쪽의 슬라이드와 동일하게 구성합니다.
- 그림 삽입 문제의 경우 반드시 「내 PC\문서\ITQ\Picture」 폴더에서 정확한 파일을 선택하여 삽입하십시오.
- 각 슬라이드를 각각의 파일로 작업해서 저장할 경우 실격 처리됩니다.

**[전체구성]** **[60점]**

(1) 슬라이드 크기 및 순서 : 크기를 A4 용지로 설정하고 슬라이드 순서에 맞게 작성한다.

(2) 슬라이드 마스터 : 2~6슬라이드의 제목, 하단 로고, 슬라이드 번호는 슬라이드 마스터를 이용하여 작성한다.

- 제목 글꼴(돋움, 40pt, 흰색), 왼쪽 맞춤, 도형(선 없음)
- 하단 로고(「내 PC\문서\ITQ\Picture\로고2.jpg」, 배경(회색) 투명색으로 설정)

## 슬라이드 1 표지 디자인 (40점)

(1) 표지 디자인 : 도형, 워드아트 및 그림을 이용하여 작성한다.

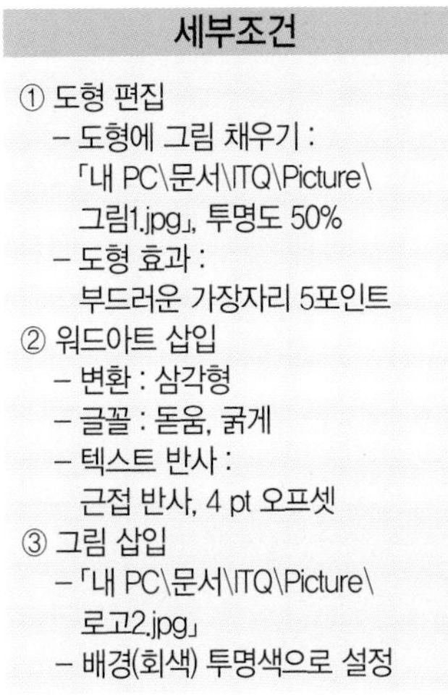

세부조건
① 도형 편집
– 도형에 그림 채우기 : 「내 PC\문서\ITQ\Picture\그림1.jpg」, 투명도 50%
– 도형 효과 : 부드러운 가장자리 5포인트
② 워드아트 삽입
– 변환 : 삼각형
– 글꼴 : 돋움, 굵게
– 텍스트 반사 : 근접 반사, 4 pt 오프셋
③ 그림 삽입
– 「내 PC\문서\ITQ\Picture\로고2.jpg」
– 배경(회색) 투명색으로 설정

## 슬라이드 2 목차 슬라이드 (60점)

(1) 출력형태와 같이 도형을 이용하여 목차를 작성한다(글꼴 : 굴림, 24pt).

(2) 도형 : 선 없음

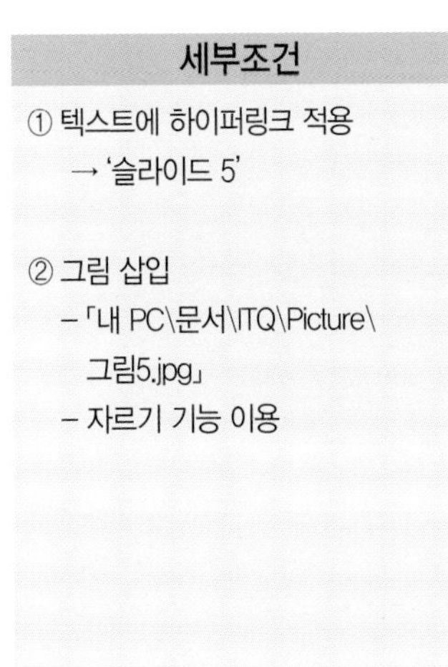


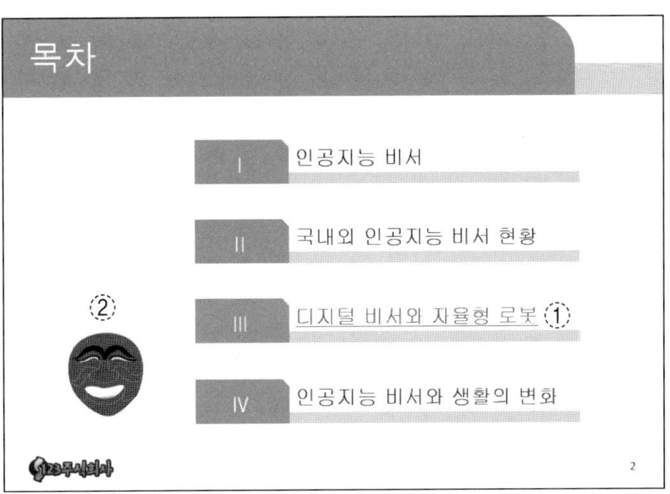

## 슬라이드 3 텍스트/동영상 슬라이드 (60점)

(1) 텍스트 작성 : 글머리 기호 사용( ❖, ■ )

❖ 문단(굴림, 24pt, 굵게, 줄 간격 : 1.5줄), ■ 문단(굴림, 20pt, 줄 간격 : 1.5줄)

**세부조건**

① 동영상 삽입 :
- 「내 PC\문서\ITQ\Picture\동영상.wmv」
- 자동 실행, 반복 재생 설정

### Ⅰ. 인공지능 비서

❖AI secretary

- A Software that combines artificial intelligence and advanced technology to understand the user's language and perform the instructions that the user wants

❖인공지능 비서

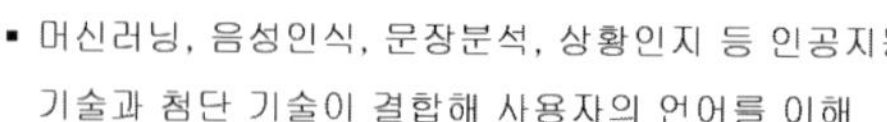

- 머신러닝, 음성인식, 문장분석, 상황인지 등 인공지능 기술과 첨단 기술이 결합해 사용자의 언어를 이해
- 사용자가 원하는 지시사항을 수행하는 소프트웨어 애플리케이션

①

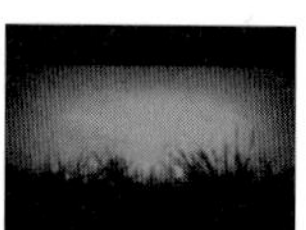

123주식회사 3

## 슬라이드 4 표 슬라이드 (80점)

(1) 도형과 표 작성 기능을 이용하여 슬라이드를 작성한다(글꼴 : 돋움, 18pt).

**세부조건**

① 상단 도형 :
2개 도형의 조합으로 작성

② 좌측 도형 :
그라데이션 효과(선형 아래쪽)

③ 표 스타일 :
테마 스타일 1 – 강조 1

### Ⅱ. 국내외 인공지능 비서 현황

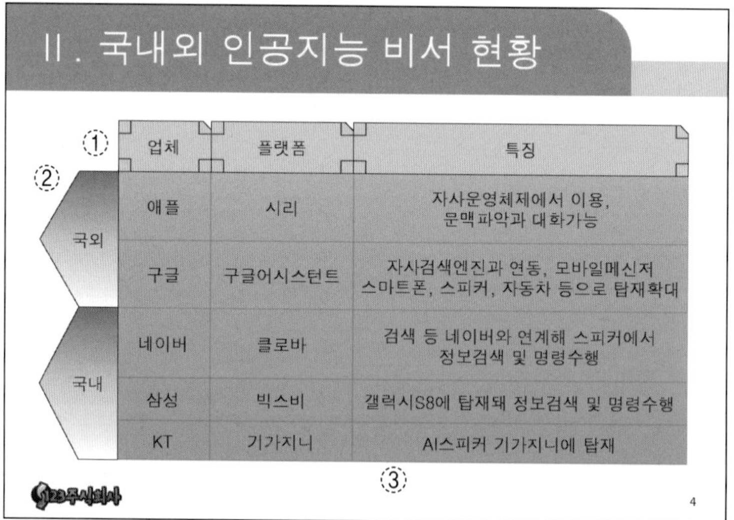

| | 업체 | 플랫폼 | 특징 |
|---|---|---|---|
| 국외 | 애플 | 시리 | 자사운영체제에서 이용,<br>문맥파악과 대화가능 |
| | 구글 | 구글어시스턴트 | 자사검색엔진과 연동, 모바일메신저<br>스마트폰, 스피커, 자동차 등으로 탑재확대 |
| 국내 | 네이버 | 클로바 | 검색 등 네이버와 연계해 스피커에서<br>정보검색 및 명령수행 |
| | 삼성 | 빅스비 | 갤럭시S8에 탑재돼 정보검색 및 명령수행 |
| | KT | 기가지니 | AI스피커 기가지니에 탑재 |



123주식회사 4

## 슬라이드 5 차트 슬라이드 (100점)

(1) 차트 작성 기능을 이용하여 슬라이드를 작성한다.
(2) 차트 : 종류(묶은 세로 막대형), 글꼴(돋움, 16pt), 외곽선

### 세부조건

※ **차트 설명**

- 차트 제목 : 궁서, 24pt, 굵게, 채우기(흰색), 테두리, 그림자(오프셋 오른쪽)
- 차트 영역 : 채우기(노랑)
  그림 영역 : 채우기(흰색)
- 데이터 서식 : 자율형 로봇 계열을 표식이 있는 꺾은선형으로 변경 후 보조 축으로 지정
- 값 표시 : 2026년의 자율형 로봇 계열만

① 도형 삽입
- 스타일 : 미세 효과 – 파랑, 강조 1
- 글꼴 : 굴림, 18pt

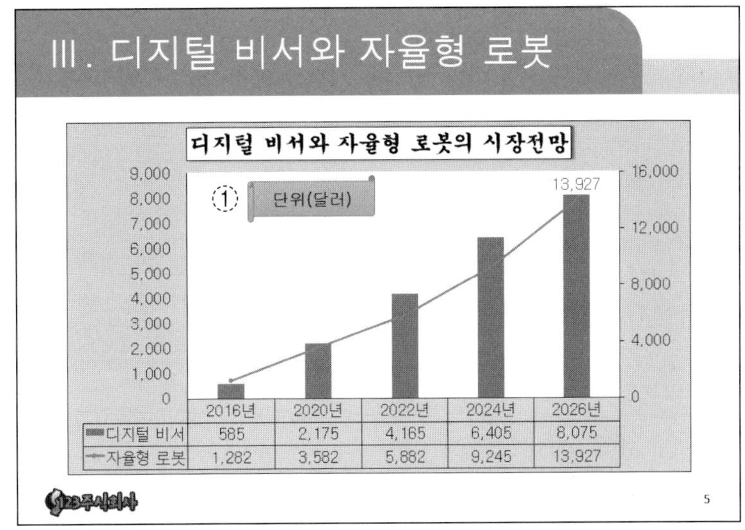


## 슬라이드 6 도형 슬라이드 (100점)

(1) 슬라이드와 같이 도형 및 스마트아트를 배치한다(글꼴 : 굴림, 18pt).
(2) 애니메이션 순서 : ① → ②

### 세부조건

① 도형 및 스마트아트 편집
- 스마트아트 디자인 : 3차원 광택 처리, 3차원 만화
- 그룹화 후 애니메이션 효과 : 닦아내기(위에서)

② 도형 편집
- 그룹화 후 애니메이션 효과 : 바운드

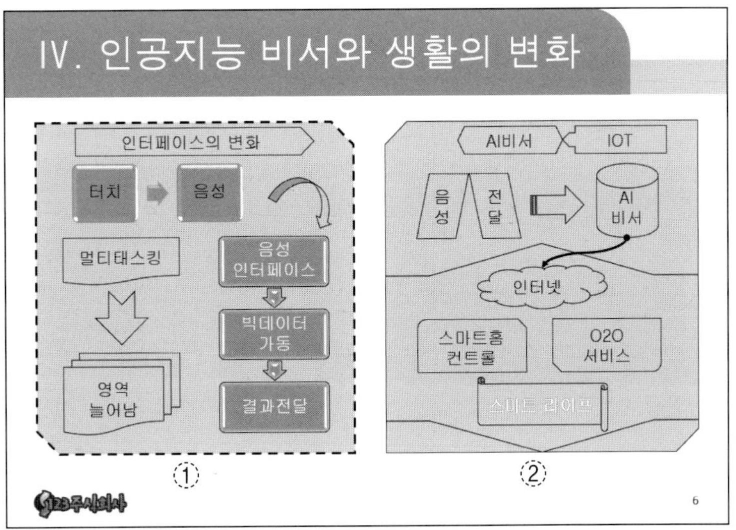

# 제01회 정보기술자격(ITQ) 파워포인트 정답 및 해설 A형

## 슬라이드 1 표지 디자인

기출문제에 사용되는 그림 및 동영상은 'C:\길벗ITQ마스터(2016)\ITQ파포\그림 또는 동영상' 폴더에 있습니다.

### 표지 디자인

- [사각형] → [직사각형(▭)]

### 워드아트

- **WordArt 텍스트 효과(변환)** : 삼각형(abCde)
- 모양 변경

⬇

## 슬라이드 2 목차 슬라이드

### 슬라이드 제목 도형

- **도형 1** : [사각형] → [직사각형(▭)]
- **도형 2** : [사각형] → [한쪽 모서리가 둥근 사각형(▭)], 모양 변경

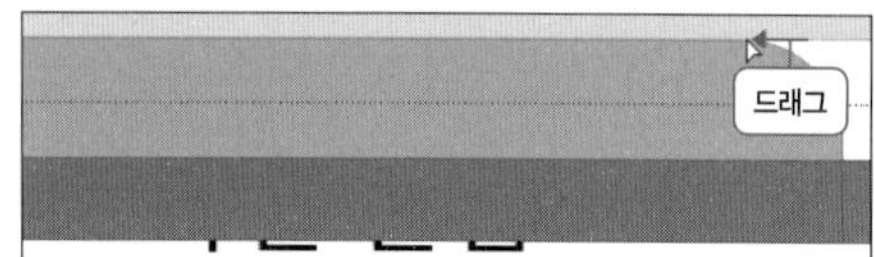


### 목차 도형

- **도형 1** : [사각형] → [직사각형(▭)]
- **도형 2** : [사각형] → [한쪽 모서리가 잘린 사각형(▭)]
- [가로 텍스트 상자 그리기(가)]

## 슬라이드 4 표 슬라이드

### 상단 도형

- **도형 1** : [사각형] → [한쪽 모서리가 잘린 사각형(▭)]
- **도형 2** : [기본 도형] → [십자형(✚)]

### 좌측 도형

- [블록 화살표] → [오각형(▷)], '좌우 대칭' 지정

## 슬라이드 5 차트 슬라이드

### 보조 세로(값) 축 서식

- 주 단위 : 4000

### 데이터 레이블 서식

- [차트 도구] → 디자인 → 차트 레이아웃 → 차트 요소 추가 → 데이터 레이블 → **위쪽** 선택

### 도형

- [별 및 현수막] → [가로로 말린 두루마리 모양(⎘)]

## 슬라이드 6 도형 슬라이드

### 01. 왼쪽 도형

정답

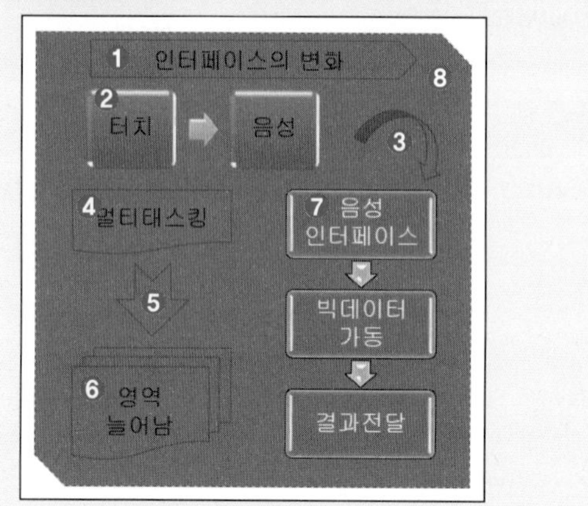

❶ [블록 화살표] → [오각형( )]

❷ [SmartArt] → [프로세스형] → [기본 프로세스형( )]

• SmartArt 스타일 '3차원 광택 처리' 지정
• 크기 조절 및 모양 변경

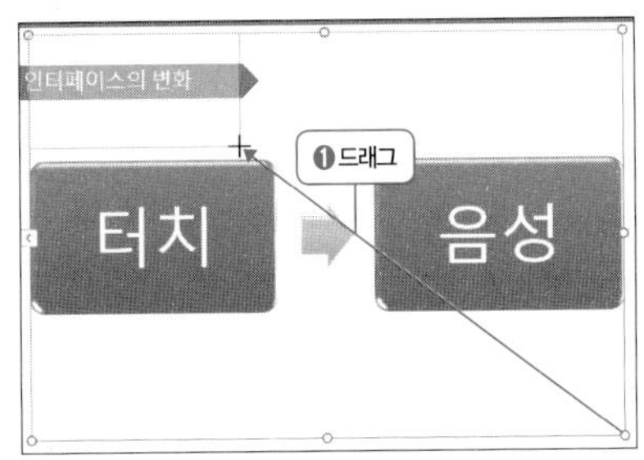


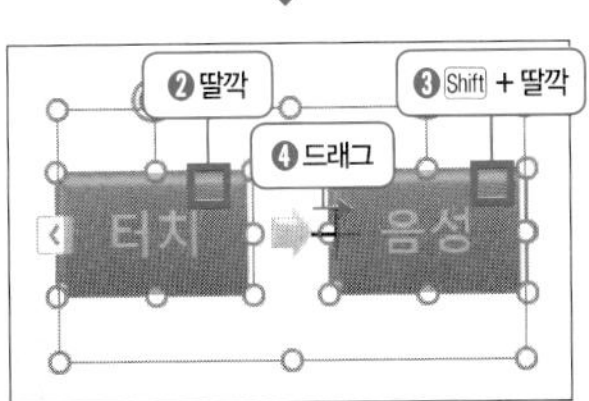


❸ [블록 화살표] → [아래쪽으로 구부러진 화살표( )]

• **회전** : 시계 방향으로 적당히 회전

❹ [순서도] → [순서도: 문서( )]

❺ [블록 화살표] → [톱니 모양의 오른쪽 화살표( )]

• '오른쪽으로 90도 회전' 지정

❻ [순서도] → [순서도: 다중 문서( )]

❼ [SmartArt] → [프로세스형] → [세로 프로세스형( )]

• SmartArt 스타일 '3차원 만화' 지정
• 크기 조절 및 모양 변경

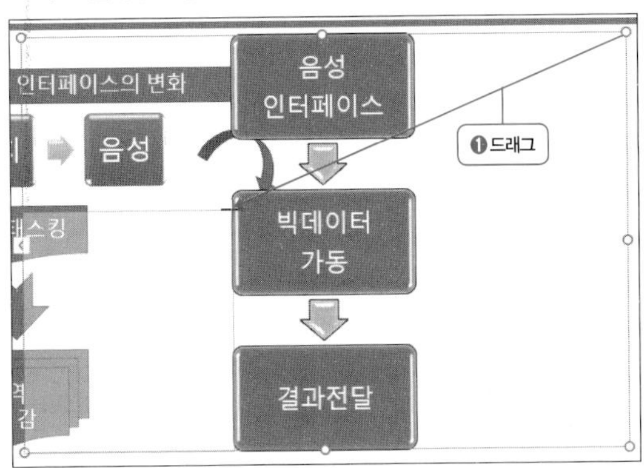


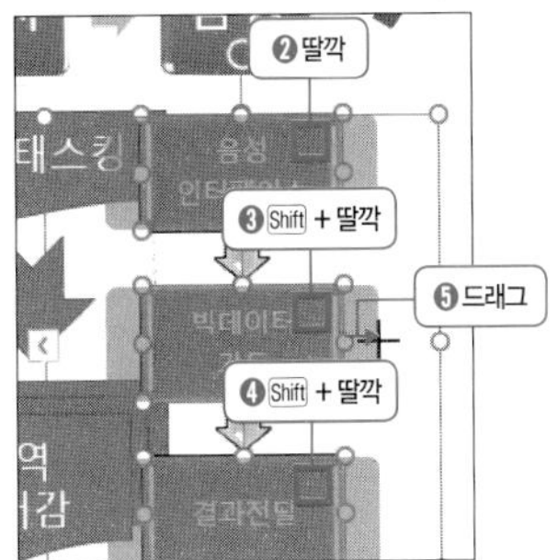


❽ [사각형] → [대각선 방향의 모서리가 잘린 사각형( )]

• 모양 변경

• '파선' 지정
• '맨 뒤로 보내기' 지정

## 02. 오른쪽 도형

**정답**

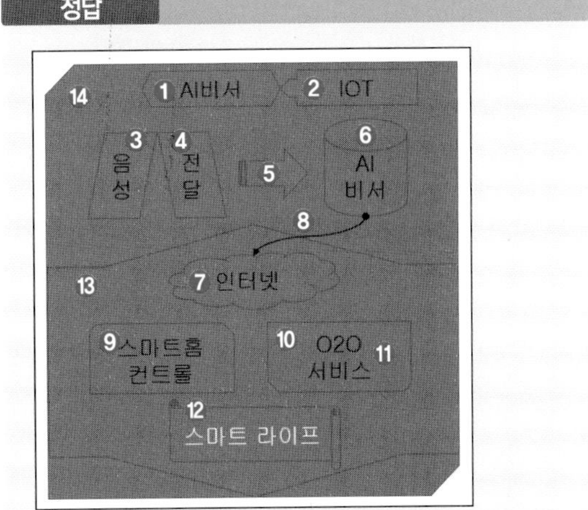


❶ [기본 도형] → [육각형( )]

❷ [블록 화살표] → [왼쪽 화살표 설명선( )]

• 모양 변경

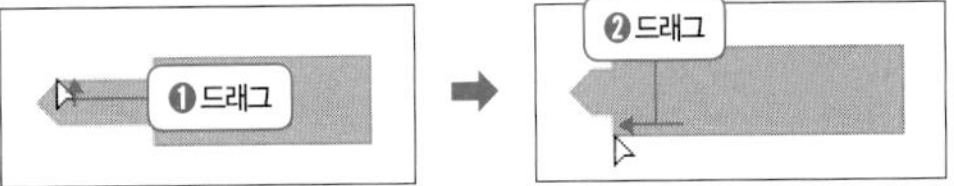

❸ [기본 도형] → [평행 사변형(▱)]

❹ ❸번 도형을 복사한 후 내용 수정 및 '좌우 대칭' 지정

❺ [블록 화살표] → [줄무늬가 있는 오른쪽 화살표(⇨)]

❻ [순서도] → [순서도: 자기 디스크(⊖)]

❼ [기본 도형] → [구름(☁)]

❽ [선] → [구부러진 화살표 연결선(⤷)]

- 선 색 '검정, 텍스트 1' 지정
- '화살표 스타일 9' 지정

선 색과 도형의 채우기 색이 같아 선이 보이지 않기 때문에 선 색을 검정 계열로 변경해야 합니다.

❾ [사각형] → [한쪽 모서리는 잘리고 다른 쪽 모서리는 둥근 사각형(▢)]

❿ ❾번 도형을 복사한 후 내용 삭제 및 '좌우 대칭', '상하 대칭' 지정

⓫ [가로 텍스트 상자 그리기(가)]

- '가운데 맞춤' 지정

⓬ [별 및 현수막] → [가로로 말린 두루마리 모양(▭)]

- '좌우 대칭' 지정

⓭ [블록 화살표] → [왼쪽/오른쪽 화살표 설명선(⇔)]

- 모양 변경

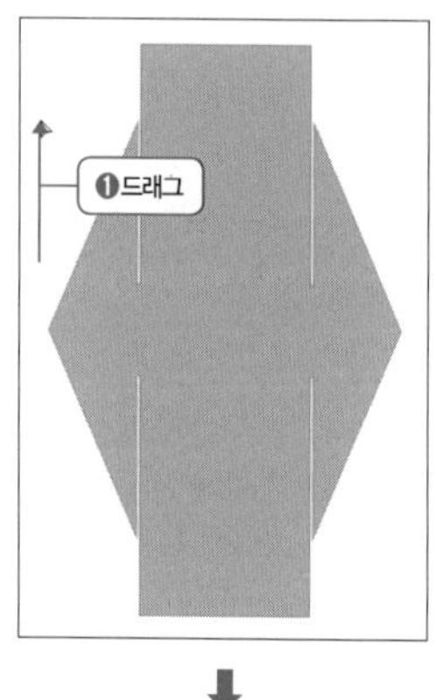


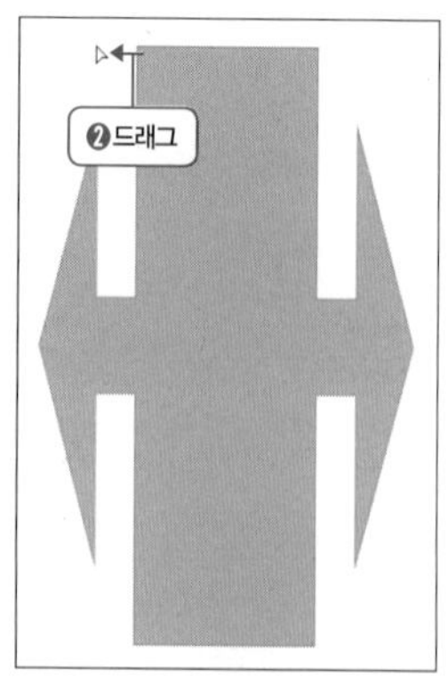


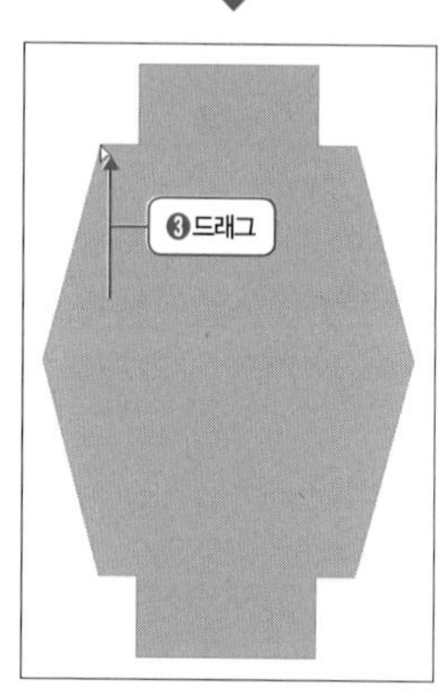


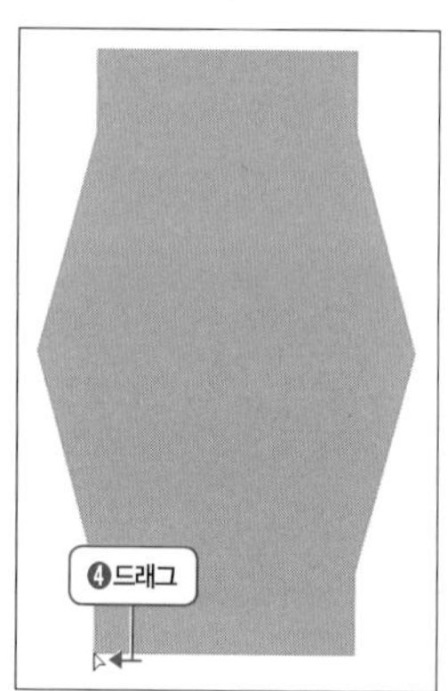


- '오른쪽으로 90도 회전' 지정
- '맨 뒤로 보내기' 지정

⓮ 왼쪽 도형 중 ❽번 도형 복사

- '좌우 대칭' 지정
- '실선' 지정
- '맨 뒤로 보내기' 지정

EXAMINATION

# A형 제02회 정보기술자격(ITQ) 시험

| 과　목 | 코드 | 문제유형 | 시험시간 | 수험번호 | 성　명 |
|---|---|---|---|---|---|
| 한글파워포인트 | 1142 | A | 60분 | | |

## 〈수험자 유의사항〉

- 수험자는 문제지를 받는 즉시 문제지와 **수험표상의 시험과목(프로그램)이 동일한지 반드시 확인**하여야 합니다 .
- 파일명은 본인의 "수험번호-성명"으로 입력하여 답안폴더(내 PC\문서\ITQ)에 하나의 파일로 저장해야 하며, 답안 문서 파일명이 "수험번호-성명"과 일치하지 않거나, 답안파일을 전송하지 않아 미제출로 처리될 경우 실격 처리합니다(예 : 12345678-홍길동.pptx).
- 답안 작성을 마치면 파일을 저장하고, '답안 전송' 버튼을 선택하여 감독위원 PC로 답안을 전송하십시오. 수험생 정보와 저장한 파일명이 다를 경우 전송되지 않으므로 주의하시기 바랍니다.
- 답안 작성 중에도 **주기적으로 저장하고, '답안 전송'**하여야 문제 발생을 줄일 수 있습니다. 작업한 내용을 저장하지 않고 전송할 경우 이전에 저장된 내용이 전송되오니 이점 유의하시기 바랍니다.
- 답안문서는 지정된 경로 외의 다른 보조기억장치에 저장하는 경우, 지정된 시험 시간 외에 작성된 파일을 활용할 경우, 기타 통신수단(이메일, 메신저, 네트워크 등)을 이용하여 타인에게 전달 또는 외부 반출하는 경우는 부정 처리합니다.
- 시험 중 부주의 또는 고의로 시스템을 파손한 경우는 수험자가 변상해야 하며, 〈수험자 유의사항〉에 기재된 방법대로 이행하지 않아 생기는 불이익은 수험생 당사자의 책임임을 알려 드립니다.
- 문제의 조건은 MS오피스 2016 버전으로 설정되어 있으니 유의하시기 바랍니다.
- 시험을 완료한 수험자는 답안파일이 전송되었는지 확인한 후 감독위원의 지시에 따라 문제지를 제출하고 퇴실합니다.

## 〈답안 작성요령〉

- 온라인 답안 작성 절차
  수험자 등록 ⇒ 시험 시작 ⇒ 답안파일 저장 ⇒ 답안 전송 ⇒ 시험 종료
- 슬라이드의 크기는 A4 Paper로 설정하여 작성합니다.
- 슬라이드의 총 개수는 6개로 구성되어 있으며 슬라이드 1부터 순서대로 작업하고 반드시 문제와 세부조건대로 합니다.
- 별도의 지시사항이 없는 경우 출력형태를 참조하여 글꼴색은 검정 또는 흰색으로 작성하고, 기타사항은 전체적인 균형을 고려하여 작성합니다.
- 슬라이드 도형 및 개체에 출력형태와 다른 스타일(그림자, 외곽선 등)을 적용했을 경우 감점처리됩니다.
- 슬라이드 번호를 작성합니다(슬라이드 1에는 생략).
- 2~6번 슬라이드 제목 도형과 하단 로고는 슬라이드 마스터를 이용하여 출력형태와 동일하게 작성합니다(슬라이드 1에는 생략).
- 문제와 세부조건, 세부조건 번호 ◌ (점선원)는 입력하지 않습니다.
- 각 개체의 위치는 오른쪽의 슬라이드와 동일하게 구성합니다.
- 그림 삽입 문제의 경우 반드시 「내 PC\문서\ITQ\Picture」 폴더에서 정확한 파일을 선택하여 삽입하십시오.
- 각 슬라이드를 각각의 파일로 작업해서 저장할 경우 실격 처리됩니다.

**[전체구성]** **[60점]**

(1) 슬라이드 크기 및 순서 : 크기를 A4 용지로 설정하고 슬라이드 순서에 맞게 작성한다.

(2) 슬라이드 마스터 : 2~6슬라이드의 제목, 하단 로고, 슬라이드 번호는 슬라이드 마스터를 이용하여 작성한다.

- 제목 글꼴(굴림, 40pt, 흰색), 가운데 맞춤, 도형(선 없음)
- 하단 로고(「내 PC\문서\ITQ\Picture\로고1.jpg」, 배경(회색) 투명색으로 설정)

## 슬라이드 1 표지 디자인 (40점)

(1) 표지 디자인 : 도형, 워드아트 및 그림을 이용하여 작성한다.

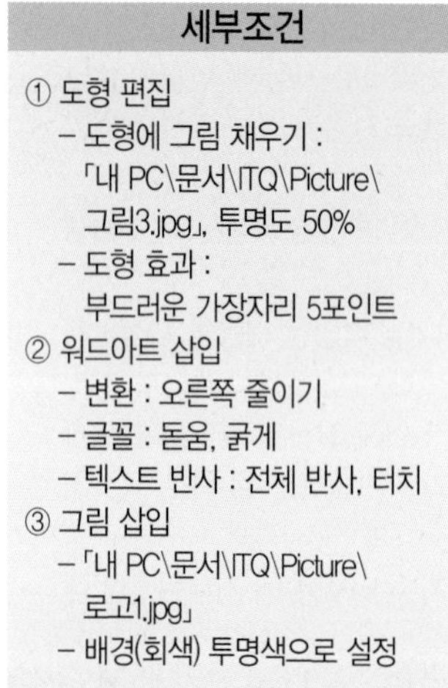

세부조건
① 도형 편집
– 도형에 그림 채우기 : 「내 PC\문서\ITQ\Picture\그림3.jpg」, 투명도 50%
– 도형 효과 : 부드러운 가장자리 5포인트
② 워드아트 삽입
– 변환 : 오른쪽 줄이기
– 글꼴 : 돋움, 굵게
– 텍스트 반사 : 전체 반사, 터치
③ 그림 삽입
– 「내 PC\문서\ITQ\Picture\로고1.jpg」
– 배경(회색) 투명색으로 설정


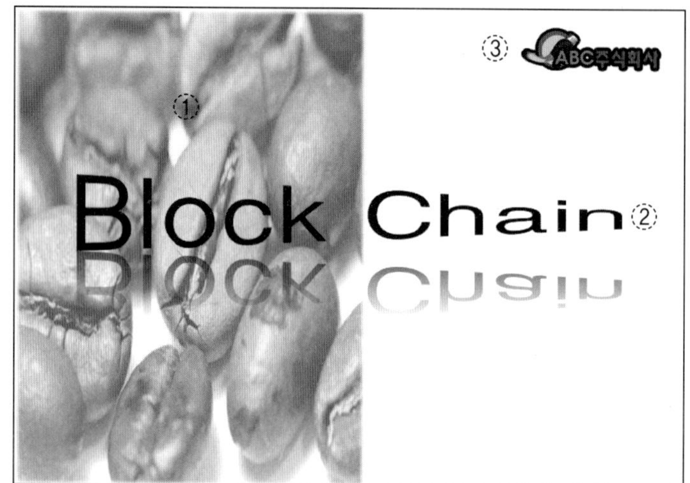


## 슬라이드 2 목차 슬라이드 (60점)

(1) 출력형태와 같이 도형을 이용하여 목차를 작성한다(글꼴 : 굴림, 24pt).

(2) 도형 : 선 없음

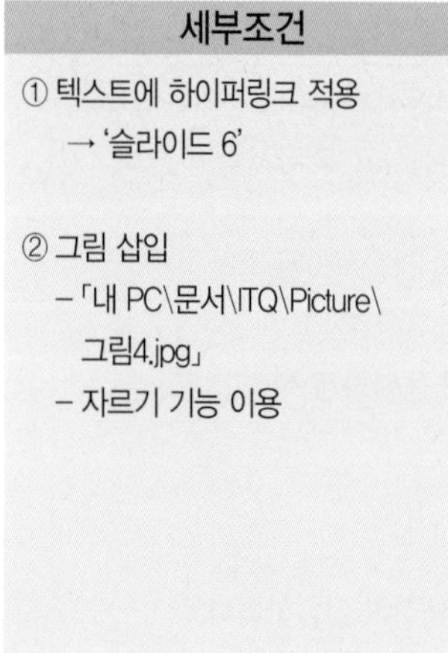

세부조건
① 텍스트에 하이퍼링크 적용
→ '슬라이드 6'
② 그림 삽입
– 「내 PC\문서\ITQ\Picture\그림4.jpg」
– 자르기 기능 이용


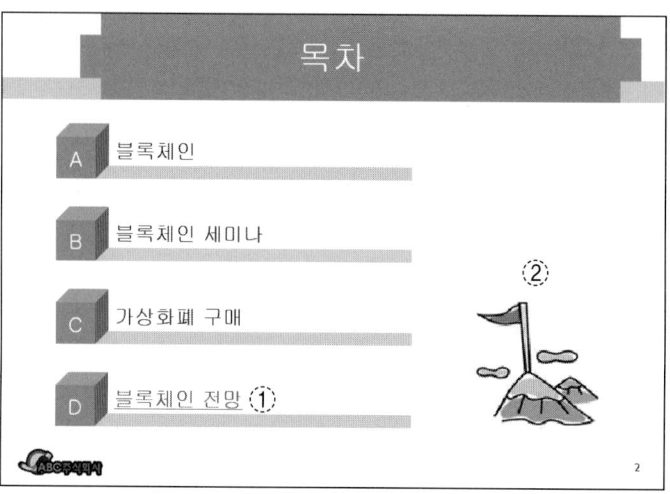

## 슬라이드 3 텍스트/동영상 슬라이드 (60점)

(1) 텍스트 작성 : 글머리 기호 사용(◆, ■)
◆ 문단(굴림, 24pt, 굵게, 줄 간격 : 1.5줄), ■ 문단(굴림, 20pt, 줄 간격 : 1.5줄)

**세부조건**

① 동영상 삽입 :
- 「내 PC\문서\ITQ\Picture\동영상.wmv」
- 자동 실행, 반복 재생 설정

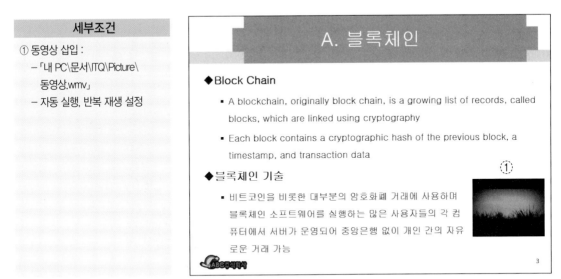

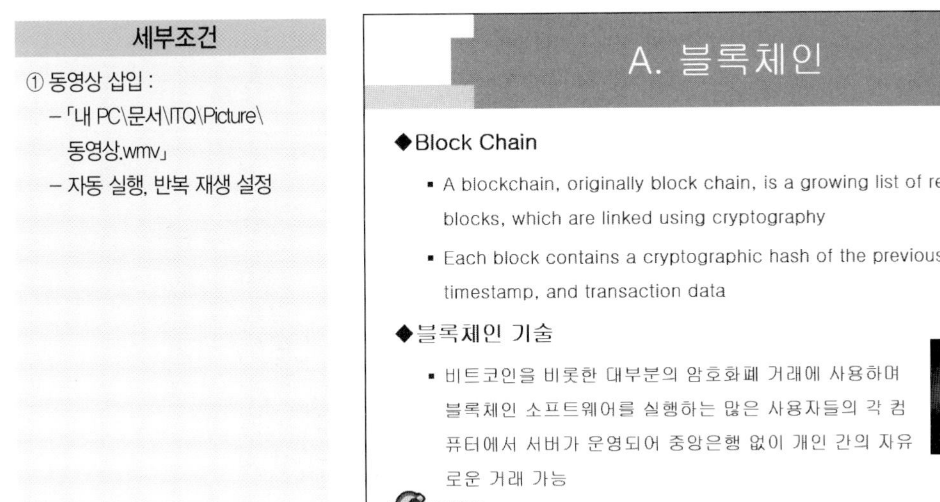


## 슬라이드 4 표 슬라이드 (80점)

(1) 도형과 표 작성 기능을 이용하여 슬라이드를 작성한다(글꼴 : 돋움, 18pt).

**세부조건**

① 상단 도형 :
2개 도형의 조합으로 작성

② 좌측 도형 :
그라데이션 효과(선형 아래쪽)

③ 표 스타일 :
테마 스타일 1 – 강조 6

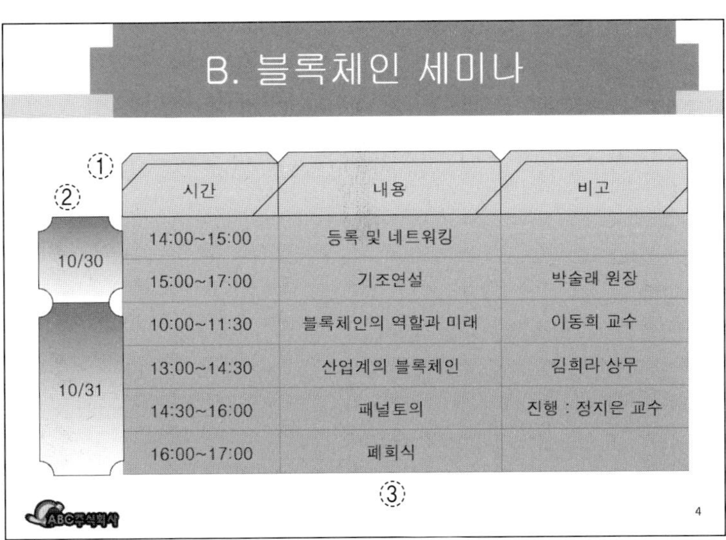

## 슬라이드 5 차트 슬라이드 (100점)

(1) 차트 작성 기능을 이용하여 슬라이드를 작성한다.
(2) 차트 : 종류(묶은 세로 막대형), 글꼴(돋움, 16pt), 외곽선

**세부조건**

※ **차트 설명**

- 차트 제목 : 굴림, 20pt, 굵게, 채우기(흰색), 테두리, 그림자(오프셋 위쪽)
- 차트 영역 : 채우기(노랑)
  그림 영역 : 채우기(흰색)
- 데이터 서식 : 구매경험 있음 계열을 표식이 있는 꺾은선형으로 변경 후 보조 축으로 지정
- 값 표시 : 50대의 구매경험 있음 계열만

① 도형 삽입
- 스타일 : 미세 효과 – 파랑, 강조 1
- 글꼴 : 돋움, 18pt

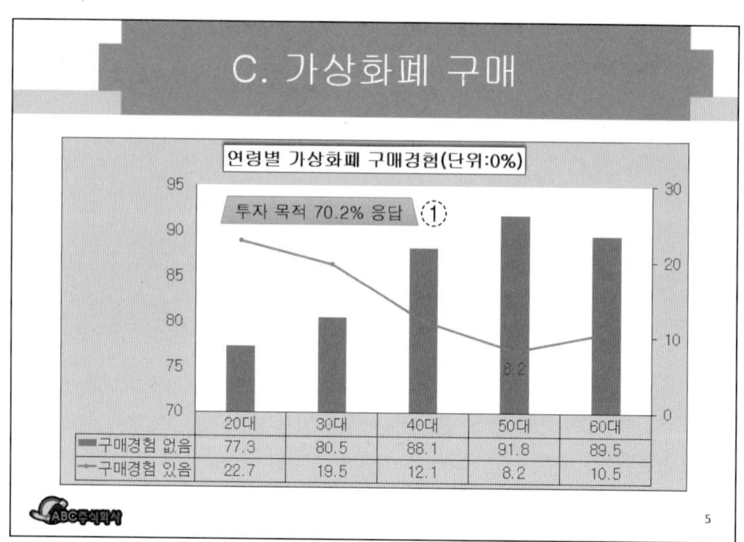


## 슬라이드 6 도형 슬라이드 (100점)

(1) 슬라이드와 같이 도형 및 스마트아트를 배치한다(글꼴 : 굴림, 18pt).
(2) 애니메이션 순서 : ① → ②

**세부조건**

① 도형 편집
- 그룹화 후 애니메이션 효과 : 날아오기(왼쪽에서)

② 도형 및 스마트아트 편집
- 스마트아트 디자인 : 3차원 광택 처리, 강한 효과
- 그룹화 후 애니메이션 효과 : 시계 방향 회전

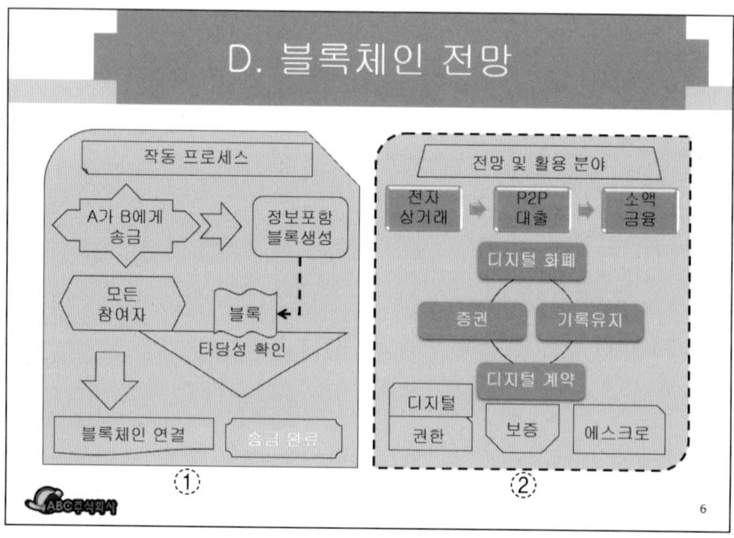

## 슬라이드 1 표지 디자인

### 표지 디자인

- [사각형] → [직사각형(▭)]

### 워드아트

- **WordArt 텍스트 효과(변환) : 오른쪽 줄이기(abcde)**
- 모양 변경

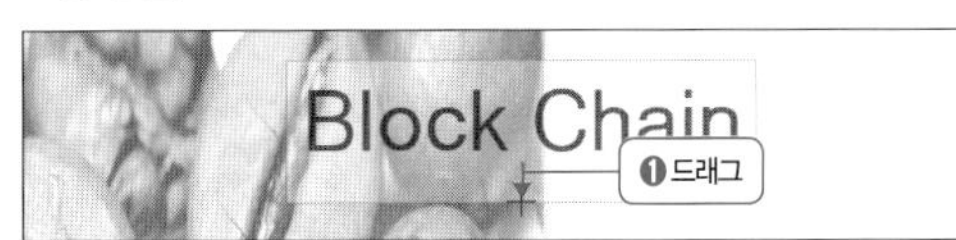


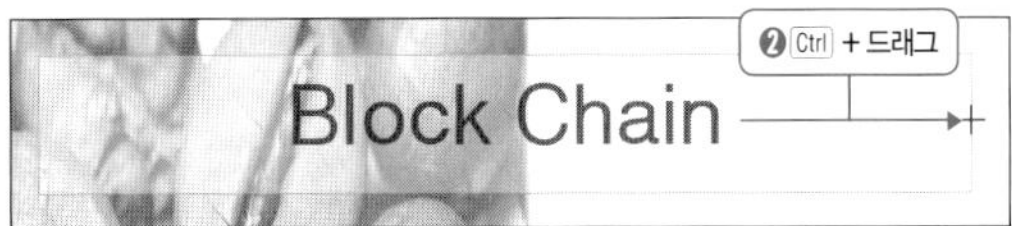

## 슬라이드 2 목차 슬라이드

### 슬라이드 제목 도형

- **도형 1** : [사각형] → [직사각형(▭)],
- **도형 2** : [기본 도형] → [십자형(✚)]

### 목차 도형

- **도형 1** : [사각형] → [직사각형(▭)]
- **도형 2** : [기본 도형] → [정육면체(◻)]
- [가로 텍스트 상자 그리기(가)]

## 슬라이드 4 표 슬라이드

### 상단 도형

- **도형 1** : [사각형] → [양쪽 모서리가 잘린 사각형(▭)]
- **도형 2** : [사각형] → [대각선 방향의 모서리가 잘린 사각형(▭)], '좌우 대칭' 지정, 모양 변경

### 좌측 도형

- [기본 도형] → [배지(⬡)]

## 슬라이드 5 차트 슬라이드

### 세로(값) 축 서식

- 범주 : 숫자, 소수 자릿수 : 0

### 보조 세로(값) 축 서식

- 최대 경계 : 30, 주 단위 : 10, 범주 : 숫자, 소수 자릿수 : 0

### 데이터 레이블 서식

- [차트 도구] → 디자인 → 차트 레이아웃 → 차트 요소 추가 → 데이터 레이블 → **아래쪽** 선택

### 도형

- [기본 도형] → [사다리꼴(⏢)]

## 슬라이드 6 도형 슬라이드

### 01. 왼쪽 도형

정답

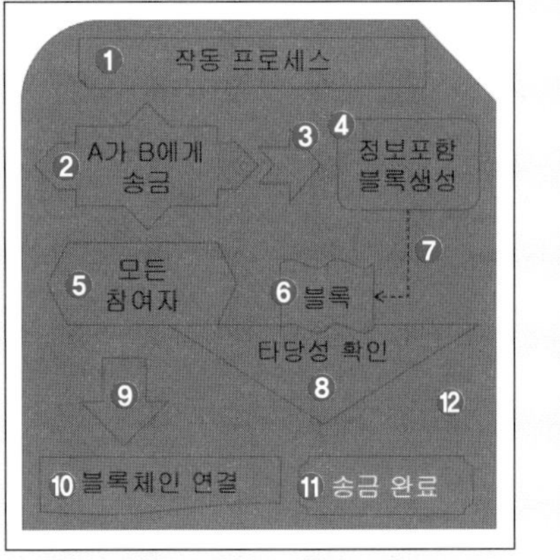


❶ [기본 도형] → [모서리가 접힌 도형(▭)]

- '좌우 대칭' 지정

❷ [블록 화살표] → [왼쪽/오른쪽/위쪽/아래쪽 설명선( )]

• 모양 변경

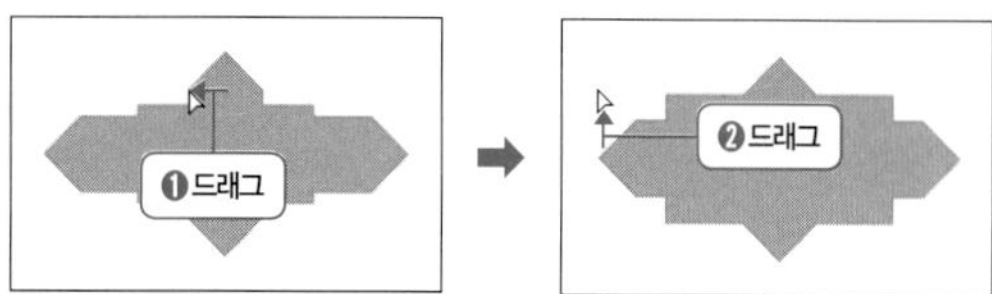


❸ [블록 화살표] → [톱니 모양의 오른쪽 화살표(⇨)]

❹ [사각형] → [모서리가 둥근 직사각형(▢)]

❺ [기본 도형] → [육각형(⬡)]

❻ [별 및 현수막] → [이중 물결( )]

❼ [선] → [꺾인 화살표 연결선( )]

• 선 색 '검정, 텍스트 1' 지정
• '파선' 지정
• '화살표 스타일 2' 지정

> 선 색과 도형의 채우기 색이 같아 선이 보이지 않기 때문에 선 색을 검정 계열로 변경해야 합니다.

❽ [순서도] → [순서도: 병합(▽)]

• '맨 뒤로 보내기' 지정

❾ [블록 화살표] → [아래쪽 화살표(⇩)]

❿ [순서도] → [순서도: 문서( )]

⓫ [기본 도형] → [배지( )]

⓬ [사각형] → [한쪽 모서리는 잘리고 다른 쪽 모서리는 둥근 사각형( )]

• '맨 뒤로 보내기' 지정

## 02. 오른쪽 도형

**정답**

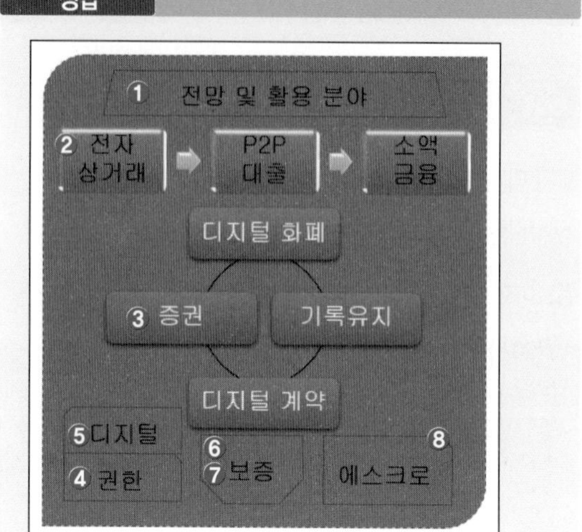


❶ [기본 도형] → [사다리꼴(⏢)]

❷ [SmartArt] → [프로세스형] → [기본 프로세스형( )]

• SmartArt 스타일 '3차원 광택 처리' 지정

❸ [SmartArt] → [주기형] → [무지향 주기형( )]

• SmartArt 스타일 '강한 효과' 지정
• 크기 조절 및 모양 변경

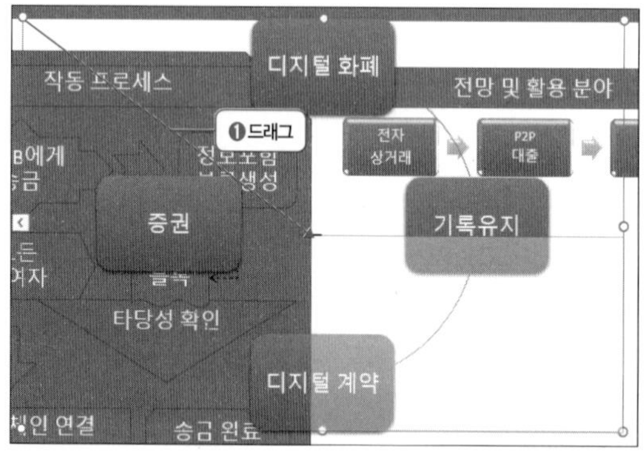


⬇

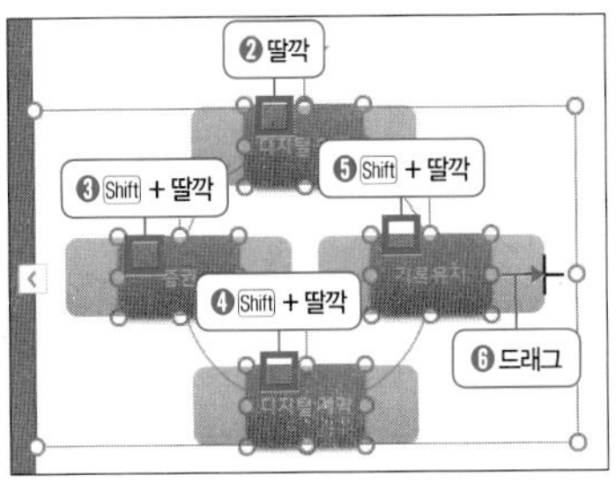


• 선 색 '검정, 텍스트 1' 지정

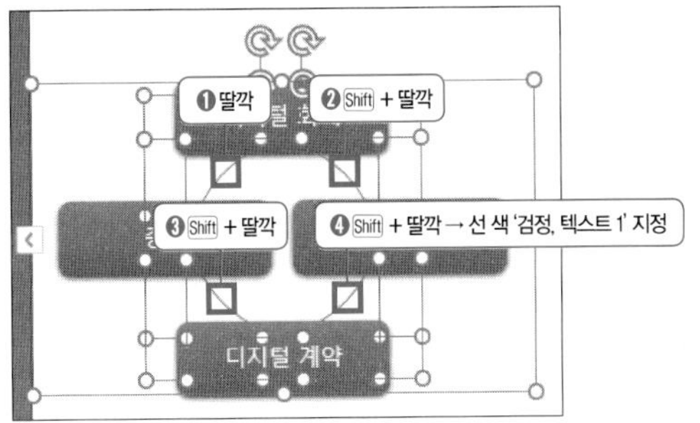


선 색과 도형의 채우기 색이 같아 선이 보이지 않기 때문에 선 색을 검정 계열로 변경해야 합니다.

❹ [사각형] → [한쪽 모서리가 잘린 사각형(▭)]

❺ ❹번 도형을 복사한 후 내용 수정 및 '좌우 대칭' 지정

❻ [사각형] → [양쪽 모서리가 잘린 사각형(▭)]

• 모양 변경

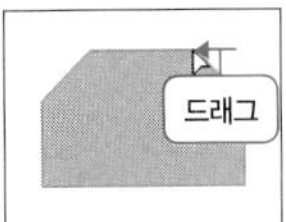


• '상하 대칭' 지정

❼ [가로 텍스트 상자 그리기(가)]

❽ [사각형] → [한쪽 모서리가 잘린 사각형(▭)]

❾ [사각형] → [대각선 방향의 모서리가 둥근 사각형(▭)]

• 모양 변경

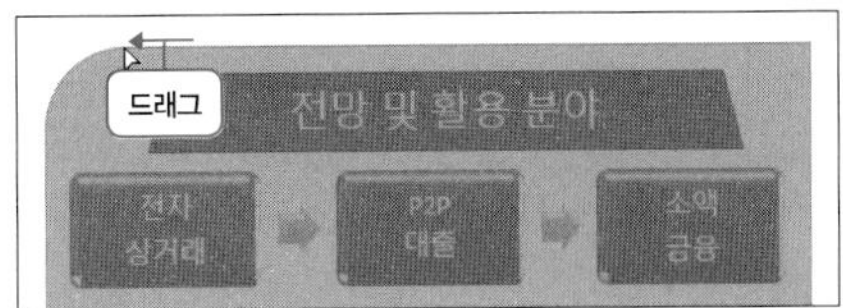


• '파선' 지정
• '맨 뒤로 보내기' 지정

## 03. 애니메이션 효과

[애니메이션] → 애니메이션의 ▾(자세히) → 추가 나타내기 효과 → '나타내기 효과 변경' 대화상자 → 기본 효과 → **시계 방향 회전** 선택

EXAMINATION

# 제03회 정보기술자격(ITQ) 시험

| 과 목 | 코드 | 문제유형 | 시험시간 | 수험번호 | 성 명 |
|---|---|---|---|---|---|
| 한글파워포인트 | 1142 | A | 60분 | | |

## 〈수험자 유의사항〉

- 수험자는 문제지를 받는 즉시 문제지와 **수험표상의 시험과목(프로그램)이 동일한지 반드시 확인**하여야 합니다.
- 파일명은 본인의 "수험번호-성명"으로 입력하여 답안폴더(내 PC\문서\ITQ)에 하나의 파일로 저장해야 하며, 답안문서 파일명이 "수험번호-성명"과 일치하지 않거나, 답안파일을 전송하지 않아 미제출로 처리될 경우 실격 처리합니다(예 : 12345678-홍길동.pptx).
- 답안 작성을 마치면 파일을 저장하고, '답안 전송' 버튼을 선택하여 감독위원 PC로 답안을 전송하십시오. 수험생 정보와 저장한 파일명이 다를 경우 전송되지 않으므로 주의하시기 바랍니다.
- 답안 작성 중에도 **주기적으로 저장하고, '답안 전송'**하여야 문제 발생을 줄일 수 있습니다. 작업한 내용을 저장하지 않고 전송할 경우 이전에 저장된 내용이 전송되오니 이점 유의하시기 바랍니다.
- 답안문서는 지정된 경로 외의 다른 보조기억장치에 저장하는 경우, 지정된 시험 시간 외에 작성된 파일을 활용할 경우, 기타 통신수단(이메일, 메신저, 네트워크 등)을 이용하여 타인에게 전달 또는 외부 반출하는 경우는 부정 처리합니다.
- 시험 중 부주의 또는 고의로 시스템을 파손한 경우는 수험자가 변상해야 하며, 〈수험자 유의사항〉에 기재된 방법대로 이행하지 않아 생기는 불이익은 수험생 당사자의 책임임을 알려 드립니다.
- 문제의 조건은 MS오피스 2016 버전으로 설정되어 있으니 유의하시기 바랍니다.
- 시험을 완료한 수험자는 답안파일이 전송되었는지 확인한 후 감독위원의 지시에 따라 문제지를 제출하고 퇴실합니다.

## 〈답안 작성요령〉

- 온라인 답안 작성 절차
  수험자 등록 ⇒ 시험 시작 ⇒ 답안파일 저장 ⇒ 답안 전송 ⇒ 시험 종료
- 슬라이드의 크기는 A4 Paper로 설정하여 작성합니다.
- 슬라이드의 총 개수는 6개로 구성되어 있으며 슬라이드 1부터 순서대로 작업하고 반드시 문제와 세부조건대로 합니다.
- 별도의 지시사항이 없는 경우 출력형태를 참조하여 글꼴색은 검정 또는 흰색으로 작성하고, 기타사항은 전체적인 균형을 고려하여 작성합니다.
- 슬라이드 도형 및 개체에 출력형태와 다른 스타일(그림자, 외곽선 등)을 적용했을 경우 감점처리됩니다.
- 슬라이드 번호를 작성합니다(슬라이드 1에는 생략).
- 2~6번 슬라이드 제목 도형과 하단 로고는 슬라이드 마스터를 이용하여 출력형태와 동일하게 작성합니다(슬라이드 1에는 생략).
- 문제와 세부조건, 세부조건 번호 ◌ (점선원)는 입력하지 않습니다.
- 각 개체의 위치는 오른쪽의 슬라이드와 동일하게 구성합니다.
- 그림 삽입 문제의 경우 반드시 「내 PC\문서\ITQ\Picture」 폴더에서 정확한 파일을 선택하여 삽입하십시오.
- 각 슬라이드를 각각의 파일로 작업해서 저장할 경우 실격 처리됩니다.

**[전체구성]** **[60점]**

(1) 슬라이드 크기 및 순서 : 크기를 A4 용지로 설정하고 슬라이드 순서에 맞게 작성한다.

(2) 슬라이드 마스터 : 2~6슬라이드의 제목, 하단 로고, 슬라이드 번호는 슬라이드 마스터를 이용하여 작성한다.

- 제목 글꼴(돋움, 40pt, 흰색), 왼쪽 맞춤, 도형(선 없음)
- 하단 로고(「내 PC\문서\ITQ\Picture\로고2.jpg」, 배경(회색) 투명색으로 설정)

## 슬라이드 1 표지 디자인 (40점)

(1) 표지 디자인 : 도형, 워드아트 및 그림을 이용하여 작성한다.

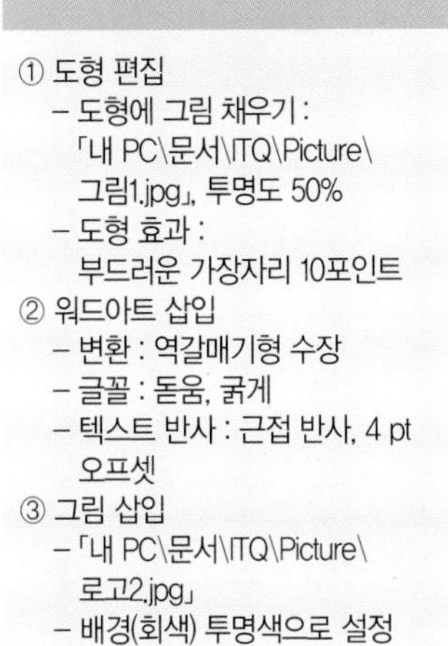

① 도형 편집
– 도형에 그림 채우기 :
「내 PC\문서\ITQ\Picture\
그림1.jpg」, 투명도 50%
– 도형 효과 :
부드러운 가장자리 10포인트
② 워드아트 삽입
– 변환 : 역갈매기형 수장
– 글꼴 : 돋움, 굵게
– 텍스트 반사 : 근접 반사, 4 pt
오프셋
③ 그림 삽입
–「내 PC\문서\ITQ\Picture\
로고2.jpg」
– 배경(회색) 투명색으로 설정


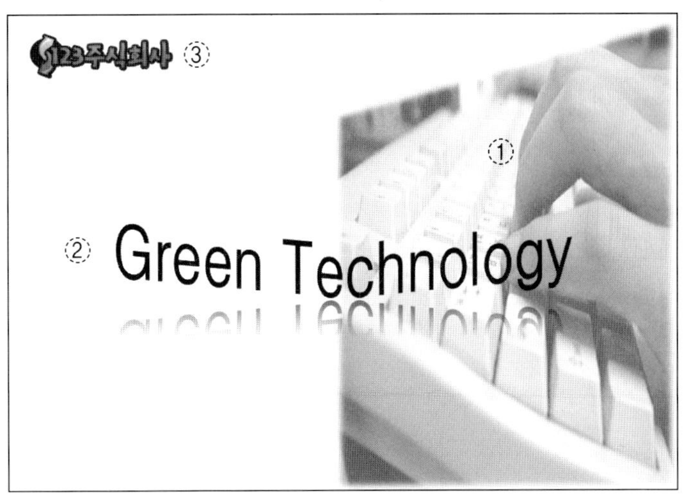


## 슬라이드 2 목차 슬라이드 (60점)

(1) 출력형태와 같이 도형을 이용하여 목차를 작성한다(글꼴 : 굴림, 24pt).

(2) 도형 : 선 없음

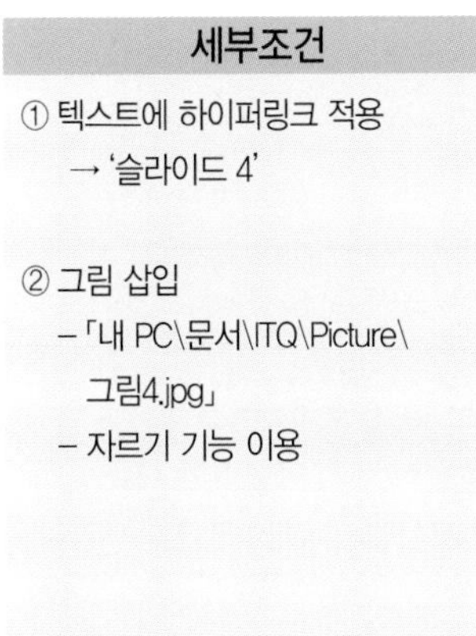

세부조건
① 텍스트에 하이퍼링크 적용
→ '슬라이드 4'
② 그림 삽입
–「내 PC\문서\ITQ\Picture\
그림4.jpg」
– 자르기 기능 이용


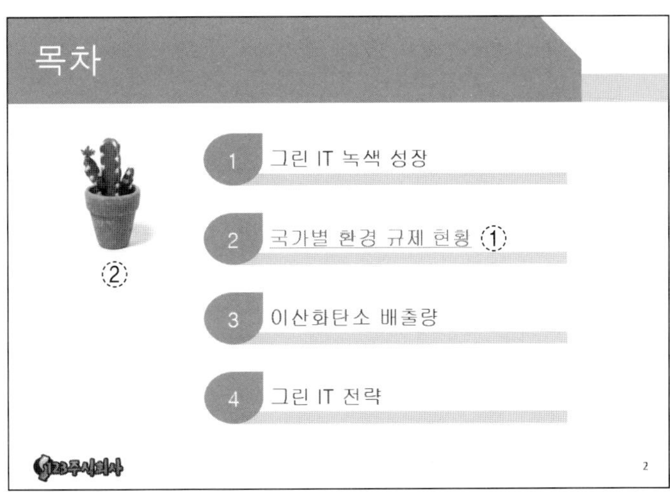

## 슬라이드 3 텍스트/동영상 슬라이드 (60점)

(1) 텍스트 작성 : 글머리 기호 사용( ❖, ■)
❖ 문단(굴림, 24pt, 굵게, 줄 간격 : 1.5줄), ■ 문단(굴림, 20pt, 줄 간격 : 1.5줄)

**세부조건**

① 동영상 삽입 :
- 「내 PC\문서\ITQ\Picture\동영상.wmv」
- 자동 실행, 반복 재생 설정

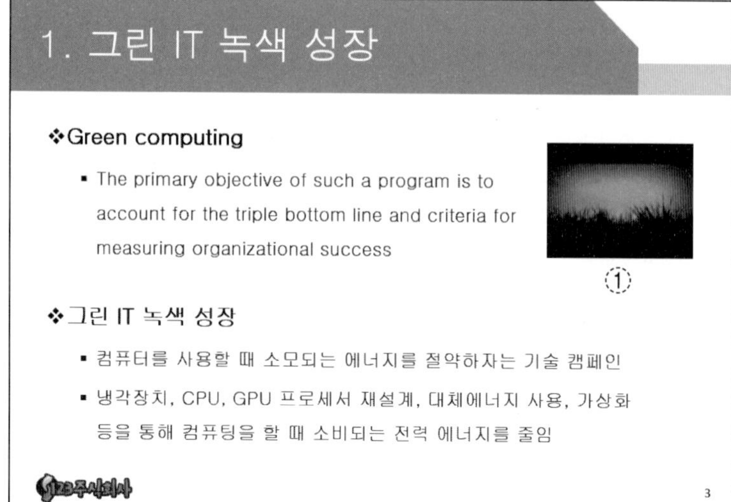

1. 그린 IT 녹색 성장
❖Green computing
▪ The primary objective of such a program is to account for the triple bottom line and criteria for measuring organizational success
①
❖그린 IT 녹색 성장
▪ 컴퓨터를 사용할 때 소모되는 에너지를 절약하자는 기술 캠페인
▪ 냉각장치, CPU, GPU 프로세서 재설계, 대체에너지 사용, 가상화 등을 통해 컴퓨팅을 할 때 소비되는 전력 에너지를 줄임
3


## 슬라이드 4 표 슬라이드 (80점)

(1) 도형과 표 작성 기능을 이용하여 슬라이드를 작성한다(글꼴 : 돋움, 18pt).

**세부조건**

① 상단 도형 :
2개 도형의 조합으로 작성

② 좌측 도형 :
그라데이션 효과(선형 아래쪽)

③ 표 스타일 :
테마 스타일 1 – 강조 1

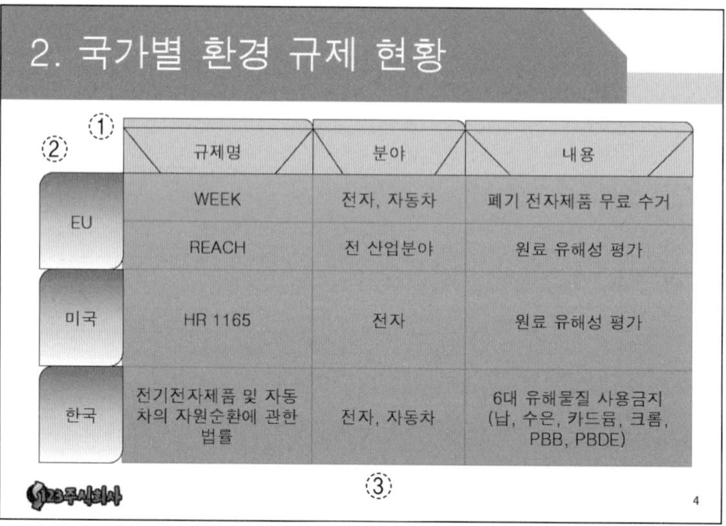

2. 국가별 환경 규제 현황
①
②
규제명
분야
내용
EU
WEEK
전자, 자동차
폐기 전자제품 무료 수거
REACH
전 산업분야
원료 유해성 평가
미국
HR 1165
전자
원료 유해성 평가
한국
전기전자제품 및 자동차의 자원순환에 관한 법률
전자, 자동차
6대 유해물질 사용금지 (납, 수은, 카드뮴, 크롬, PBB, PBDE)
③
4

## 슬라이드 5 차트 슬라이드 (100점)

(1) 차트 작성 기능을 이용하여 슬라이드를 작성한다.
(2) 차트 : 종류(묶은 세로 막대형), 글꼴(돋움, 16pt), 외곽선

### 세부조건

※ **차트 설명**
- 차트 제목 : 궁서, 24pt, 굵게, 채우기(흰색), 테두리, 그림자(오프셋 아래쪽)
- 차트 영역 : 채우기(노랑)
  그림 영역 : 채우기(흰색)
- 데이터 서식 : 단위당 배출량 계열을 표식이 있는 꺾은선형으로 변경 후 보조 축으로 지정
- 값 표시 : 모니터의 배출비중 계열만

① 도형 삽입
- 스타일 :
  미세 효과 – 녹색, 강조 6
- 글꼴 : 굴림, 18pt

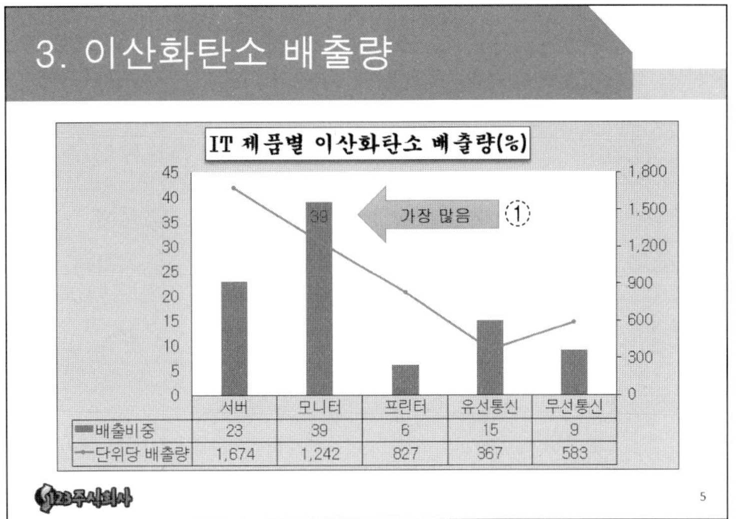


## 슬라이드 6 도형 슬라이드 (100점)

(1) 슬라이드와 같이 도형 및 스마트아트를 배치한다(글꼴 : 굴림, 18pt).
(2) 애니메이션 순서 : ① → ②

### 세부조건

① 도형 및 스마트아트 편집
- 스마트아트 디자인 :
  3차원 : 광택 처리, 3차원 만화
- 그룹화 후 애니메이션 효과 :
  실선 무늬(세로)

② 도형 편집
- 그룹화 후 애니메이션 효과 :
  밝기 변화

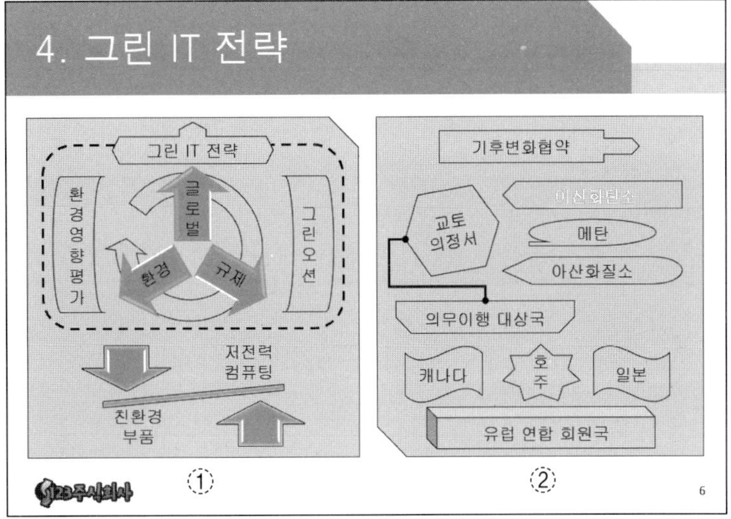

# 제03회 정보기술자격(ITQ) 파워포인트 정답 및 해설

## 슬라이드 1 표지 디자인

### 표지 디자인

- [순서도] → [순서도: 수동 입력( )]

### 워드아트

- WordArt **텍스트 효과(변환)** : 역갈매기형 수장( )
- 모양 변경

## 슬라이드 2 목차 슬라이드

### 슬라이드 제목 도형

- **도형 1** : [사각형] → [직사각형( )]
- **도형 2** : [사각형] → [한쪽 모서리가 잘린 사각형( )], 모양 변경

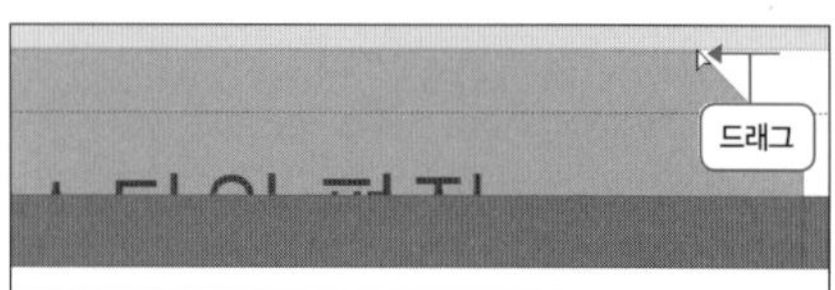



### 목차 도형

- **도형1** : [사각형] → [직사각형( )]
- **도형2** : [기본 도형] → [눈물 방울( )]
- [가로 텍스트 상자 그리기( )]

## 슬라이드 4 표 슬라이드

### 상단 도형

- **도형 1** : [사각형] → [한쪽 모서리가 둥근 사각형( )]
- **도형 2** : [순서도] → [순서도: 수동 연산( )]

### 좌측 도형

- [사각형] → [대각선 방향의 모서리가 둥근 사각형( )]

## 슬라이드 5 차트 슬라이드

### 보조 세로(값) 축 서식

- 주 단위 : 300

### 데이터 레이블 서식

- [차트 도구] → 디자인 → 차트 레이아웃 → 차트 요소 추가 → 데이터 레이블 → **안쪽 끝에** 선택

### 도형

- [블록 화살표] → [왼쪽 화살표( )]

## 슬라이드 6 도형 슬라이드

## 01. 왼쪽 도형

정답

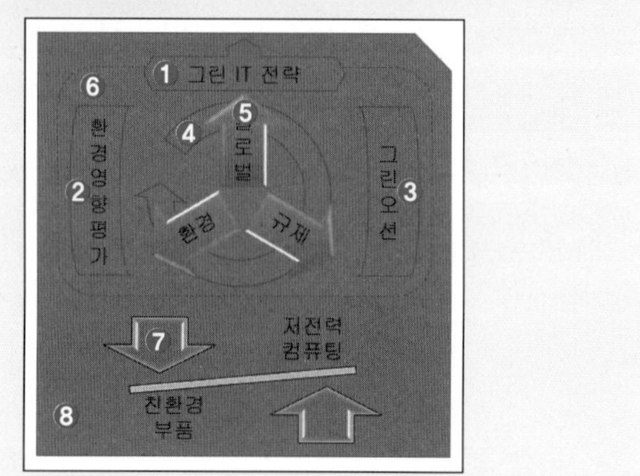

❶ [블록 화살표] → [왼쪽/오른쪽/위쪽 화살표( )]

• 모양 변경

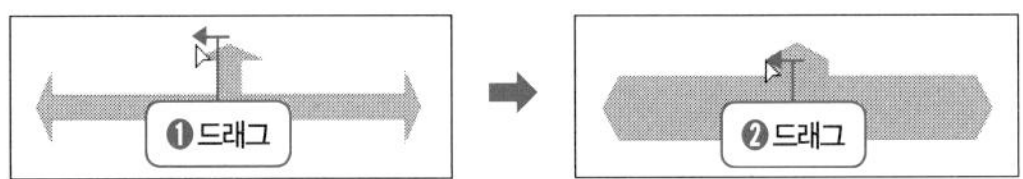


❷ [순서도] → [순서도: 저장 데이터( )]

❸ ❷번 도형을 복사한 후 내용 수정 및 '좌우 대칭' 지정

❹ [블록 화살표] → [원형 화살표( )]

• 모양 변경

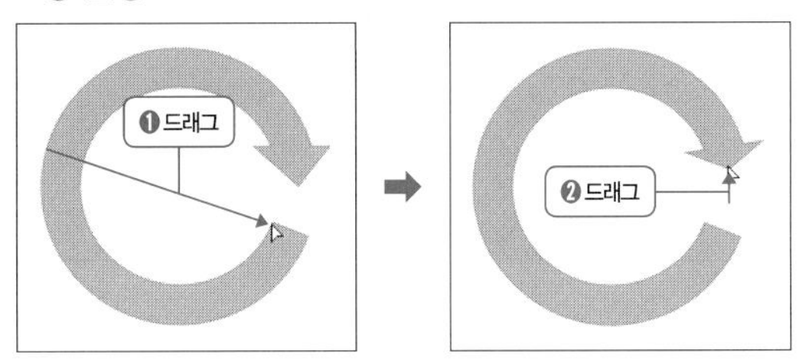


• 회전 : 반시계 방향으로 적당히 회전

❺ [SmartArt] → [프로세스형] → [분기 화살표형( )]

• [SmartArt 도구] → 디자인 → 그래픽 만들기 → **도형 추가** 지정

• SmartArt 스타일 '3차원 광택 처리' 지정

❻ [사각형] → [모서리가 둥근 직사각형( )]

• '파선' 지정

• '맨 뒤로 보내기' 지정

❼ [SmartArt] → [관계형] → [평형 화살표형( )]

• SmartArt 스타일 '3차원 만화' 지정

❽ [사각형] → [한쪽 모서리가 잘린 사각형( )]

• 모양 변경

• '맨 뒤로 보내기' 지정

## 02. 오른쪽 도형

**정답**

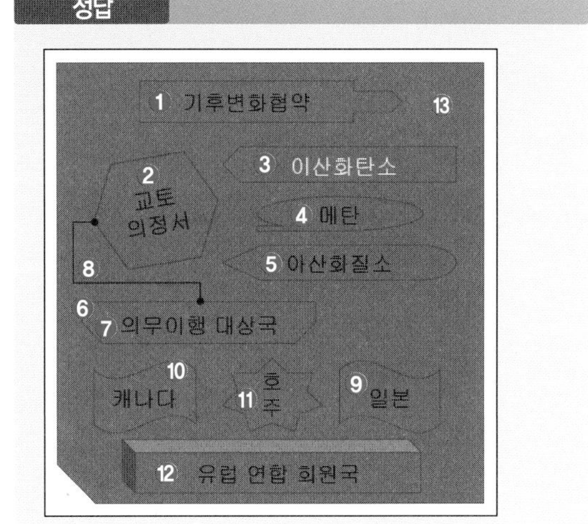


❶ [블록 화살표] → [오른쪽 화살표 설명선( )]

• 모양 변경

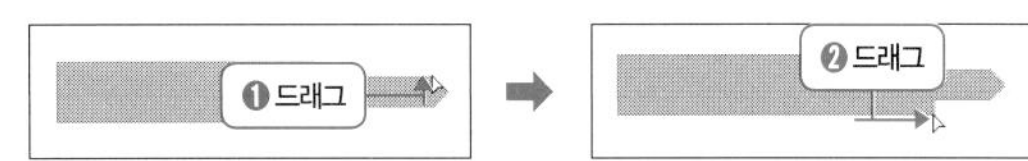


❷ [기본 도형] → [육각형( )]

• 회전 : 반시계 방향으로 적당히 회전

❸ [블록 화살표] → [오각형( )]

• '좌우 대칭' 지정

❹ [순서도] → [순서도: 순차적 액세스 저장소( )]

• '좌우 대칭' 지정

❺ [순서도] → [순서도: 화면 표시( )]

❻ [사각형] → [양쪽 모서리가 잘린 사각형( )]

• 모양 변경

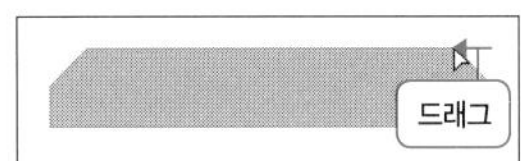


• '상하 대칭' 지정

❼ [가로 텍스트 상자 그리기( )]

❽ [선] → [꺾인 연결선( )]

• 선 색 '검정, 텍스트 1' 지정
• '화살표 스타일 11' 지정

선 색과 도형의 채우기 색이 같아 선이 보이지 않기 때문에 선 색을 검정 계열로 변경해야 합니다.

**❾ [별 및 현수막] → [물결( )]**

**❿ ❾번 도형을 복사한 후 내용 수정 및 '좌우 대칭' 지정**

**⓫ [별 및 현수막] → [포인트가 7개인 별( )]**

**⓬ [기본 도형] → [정육면체( )]**

• '좌우 대칭' 지정

**⓭ 왼쪽 도형 중 ❽번 도형 복사**

• '상하 대칭' 및 '좌우 대칭' 지정
• '맨 뒤로 보내기' 지정

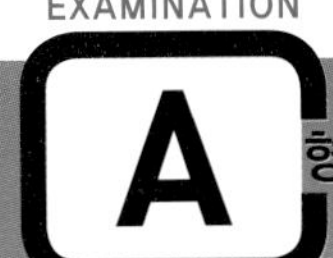


# 제04회 정보기술자격(ITQ) 시험

| 과 목 | 코드 | 문제유형 | 시험시간 | 수험번호 | 성 명 |
|---|---|---|---|---|---|
| 한글파워포인트 | 1142 | A | 60분 | | |

## 〈수험자 유의사항〉

- 수험자는 문제지를 받는 즉시 문제지와 **수험표상의 시험과목(프로그램)이 동일한지 반드시 확인**하여야 합니다.
- 파일명은 본인의 "수험번호-성명"으로 입력하여 답안폴더(내 PC\문서\ITQ)에 하나의 파일로 저장해야 하며, 답안문서 파일명이 "수험번호-성명"과 일치하지 않거나, 답안파일을 전송하지 않아 미제출로 처리될 경우 실격 처리합니다(예 : 12345678-홍길동.pptx).
- 답안 작성을 마치면 파일을 저장하고, '답안 전송' 버튼을 선택하여 감독위원 PC로 답안을 전송하십시오. 수험생 정보와 저장한 파일명이 다를 경우 전송되지 않으므로 주의하시기 바랍니다.
- 답안 작성 중에도 **주기적으로 저장하고, '답안 전송'**하여야 문제 발생을 줄일 수 있습니다. 작업한 내용을 저장하지 않고 전송할 경우 이전에 저장된 내용이 전송되오니 이점 유의하시기 바랍니다.
- 답안문서는 지정된 경로 외의 다른 보조기억장치에 저장하는 경우, 지정된 시험 시간 외에 작성된 파일을 활용할 경우, 기타 통신수단(이메일, 메신저, 네트워크 등)을 이용하여 타인에게 전달 또는 외부 반출하는 경우는 부정 처리합니다.
- 시험 중 부주의 또는 고의로 시스템을 파손한 경우는 수험자가 변상해야 하며, 〈수험자 유의사항〉에 기재된 방법대로 이행하지 않아 생기는 불이익은 수험생 당사자의 책임임을 알려 드립니다.
- 문제의 조건은 MS오피스 2016 버전으로 설정되어 있으니 유의하시기 바랍니다.
- 시험을 완료한 수험자는 답안파일이 전송되었는지 확인한 후 감독위원의 지시에 따라 문제지를 제출하고 퇴실합니다.

## 〈답안 작성요령〉

- 온라인 답안 작성 절차
  수험자 등록 ⇒ 시험 시작 ⇒ 답안파일 저장 ⇒ 답안 전송 ⇒ 시험 종료
- 슬라이드의 크기는 A4 Paper로 설정하여 작성합니다.
- 슬라이드의 총 개수는 6개로 구성되어 있으며 슬라이드 1부터 순서대로 작업하고 반드시 문제와 세부조건대로 합니다.
- 별도의 지시사항이 없는 경우 출력형태를 참조하여 글꼴색은 검정 또는 흰색으로 작성하고, 기타사항은 전체적인 균형을 고려하여 작성합니다.
- 슬라이드 도형 및 개체에 출력형태와 다른 스타일(그림자, 외곽선 등)을 적용했을 경우 감점처리됩니다.
- 슬라이드 번호를 작성합니다(슬라이드 1에는 생략).
- 2~6번 슬라이드 제목 도형과 하단 로고는 슬라이드 마스터를 이용하여 출력형태와 동일하게 작성합니다(슬라이드 1에는 생략).
- 문제와 세부조건, 세부조건 번호 ◌ (점선원)는 입력하지 않습니다.
- 각 개체의 위치는 오른쪽의 슬라이드와 동일하게 구성합니다.
- 그림 삽입 문제의 경우 반드시 「내 PC\문서\ITQ\Picture」 폴더에서 정확한 파일을 선택하여 삽입하십시오.
- 각 슬라이드를 각각의 파일로 작업해서 저장할 경우 실격 처리됩니다.

**[전체구성]** **[60점]**

(1) 슬라이드 크기 및 순서 : 크기를 A4 용지로 설정하고 슬라이드 순서에 맞게 작성한다.

(2) 슬라이드 마스터 : 2~6슬라이드의 제목, 하단 로고, 슬라이드 번호는 슬라이드 마스터를 이용하여 작성한다.

- 제목 글꼴(돋움, 40pt, 흰색), 가운데 맞춤, 도형(선 없음)
- 하단 로고(「내 PC\문서\ITQ\Picture\로고1.jpg」, 배경(회색) 투명색으로 설정)

## 슬라이드 1 표지 디자인 (40점)

(1) 표지 디자인 : 도형, 워드아트 및 그림을 이용하여 작성한다.

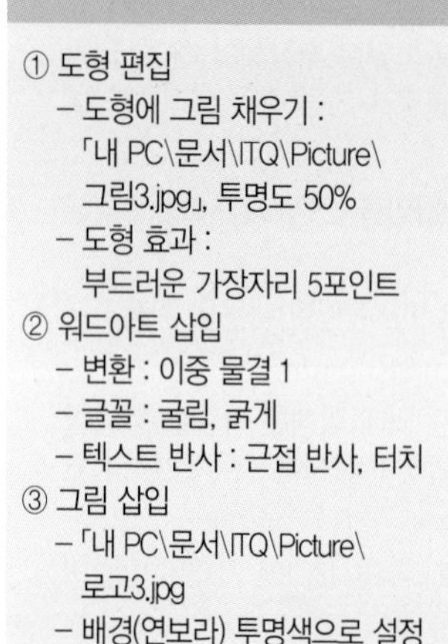

① 도형 편집
- 도형에 그림 채우기 : 「내 PC\문서\ITQ\Picture\그림3.jpg」, 투명도 50%
- 도형 효과 : 부드러운 가장자리 5포인트

② 워드아트 삽입
- 변환 : 이중 물결 1
- 글꼴 : 굴림, 굵게
- 텍스트 반사 : 근접 반사, 터치

③ 그림 삽입
- 「내 PC\문서\ITQ\Picture\로고3.jpg
- 배경(연보라) 투명색으로 설정

## 슬라이드 2 목차 슬라이드 (60점)

(1) 출력형태와 같이 도형을 이용하여 목차를 작성한다(글꼴 : 돋움, 24pt).

(2) 도형 : 선 없음

**세부조건**

① 텍스트에 하이퍼링크 적용
→ '슬라이드 5'

② 그림 삽입
- 「내 PC\문서\ITQ\Picture\그림5.jpg」
- 자르기 기능 이용

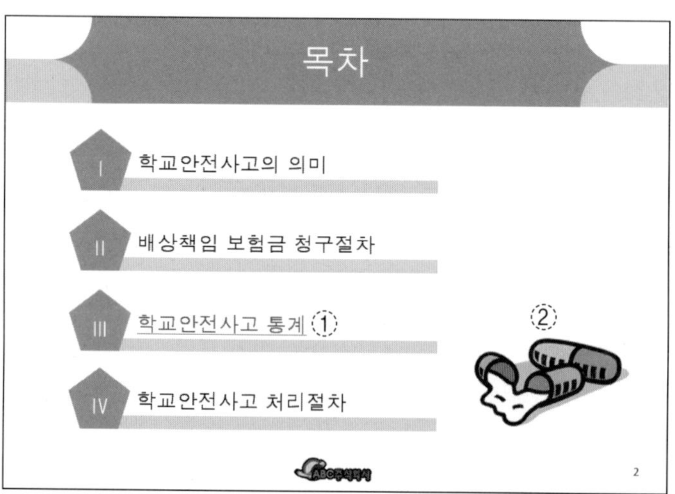

## 슬라이드 3 텍스트/동영상 슬라이드 (60점)

(1) 텍스트 작성 : 글머리 기호 사용( ❖, ✓)
❖ 문단(굴림, 24pt, 굵게, 줄 간격 : 1.5줄), ✓ 문단(굴림, 20pt, 줄 간격 : 1.5줄)

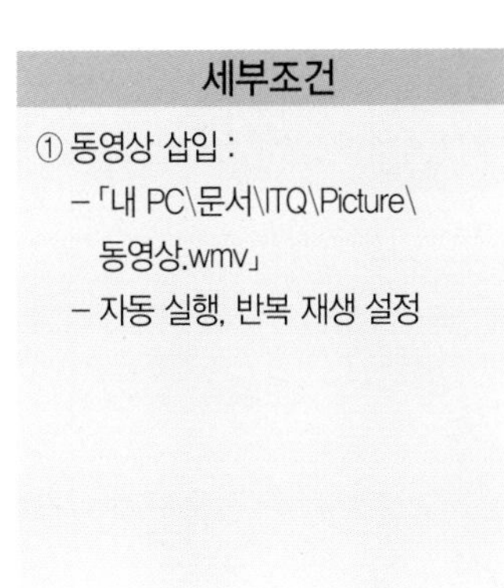

**세부조건**

① 동영상 삽입 :
- 「내 PC\문서\ITQ\Picture\동영상.wmv」
- 자동 실행, 반복 재생 설정

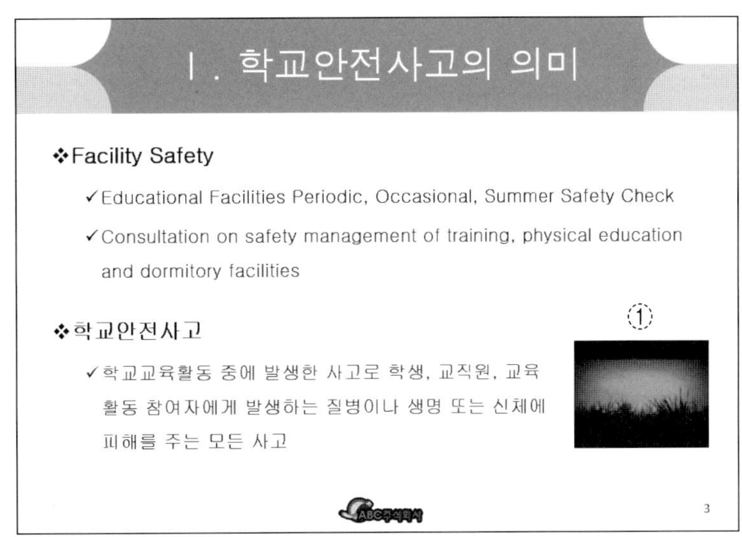


## 슬라이드 4 표 슬라이드 (80점)

(1) 도형과 표 작성 기능을 이용하여 슬라이드를 작성한다(글꼴 : 굴림, 18pt).

**세부조건**

① 상단 도형 :
2개 도형의 조합으로 작성

② 좌측 도형 :
그라데이션 효과(선형 아래쪽)

③ 표 스타일 :
테마 스타일 1 – 강조 2

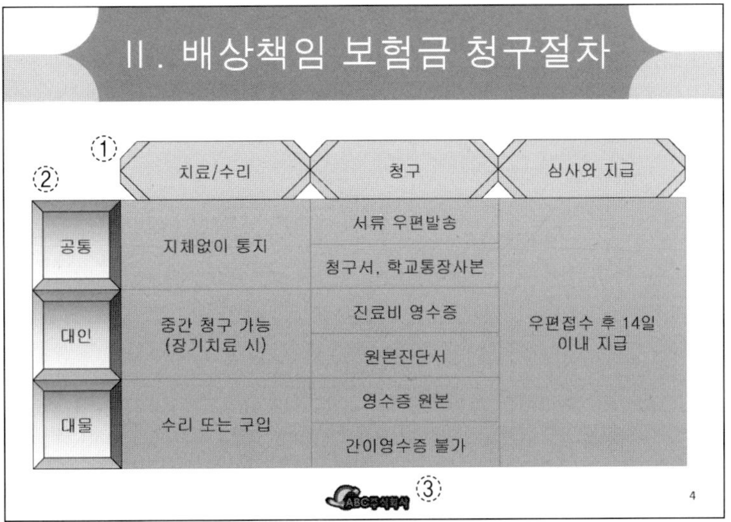


| | 치료/수리 | 청구 | 심사와 지급 |
|---|---|---|---|
| 공통 | 지체없이 통지 | 서류 우편발송 | 우편접수 후 14일 이내 지급 |
| | | 청구서, 학교통장사본 | |
| 대인 | 중간 청구 가능 (장기치료 시) | 진료비 영수증 | |
| | | 원본진단서 | |
| 대물 | 수리 또는 구입 | 영수증 원본 | |
| | | 간이영수증 불가 | |

## 슬라이드 5 차트 슬라이드 (100점)

(1) 차트 작성 기능을 이용하여 슬라이드를 작성한다.
(2) 차트 : 종류(묶은 세로 막대형), 글꼴(굴림, 16pt), 외곽선

**세부조건**

※ **차트 설명**
- 차트 제목 : 돋움, 20pt, 굵게, 채우기(흰색), 테두리, 그림자(오프셋 왼쪽)
- 차트 영역 : 채우기(노랑)
  그림 영역 : 채우기(흰색)
- 데이터 서식 : 2020년 계열을 표식이 있는 꺾은선형으로 변경 후 보조 축으로 지정
- 값 표시 : 2020년 계열만

① 도형 삽입
- 스타일 :
  미세 효과 – 주황, 강조 2
- 글꼴 : 돋움, 18pt

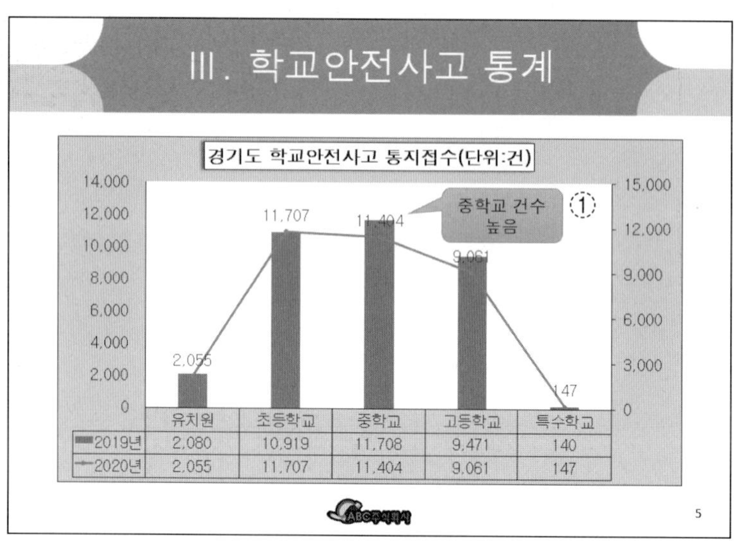


## 슬라이드 6 도형 슬라이드 (100점)

(1) 슬라이드와 같이 도형 및 스마트아트를 배치한다(글꼴 : 굴림, 18pt).
(2) 애니메이션 순서 : ① → ②

**세부조건**

① 도형 및 스마트아트 편집
- 스마트아트 디자인 :
  3차원 벽돌, 3차원 경사
- 그룹화 후 애니메이션 효과 :
  나누기(가로 바깥쪽으로)

② 도형 편집
- 그룹화 후 애니메이션 효과 :
  블라인드(세로)

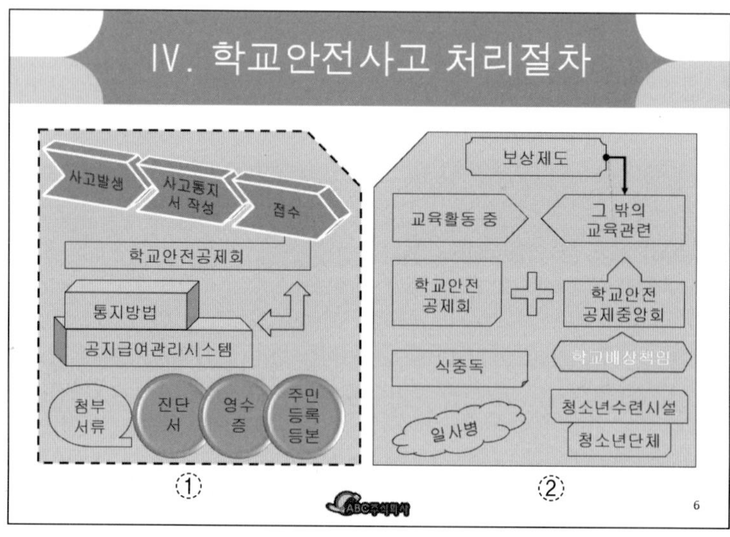

# 제04회 정보기술자격(ITQ) 파워포인트 정답 및 해설 A형

## 슬라이드 1 표지 디자인

### 표지 디자인

- [기본 도형] → [사다리꼴(△)]

### 워드아트

- WordArt 텍스트 효과(변환) : 이중 물결 1(abcde)
- 모양 변경

School Safety
❷ Ctrl+드래그

## 슬라이드 2 목차 슬라이드

### 슬라이드 제목 도형

- 도형 1 : [사각형] → [직사각형(▭)]
- 도형 2 : [기본 도형] → [배지(⬡)], 모양 변경

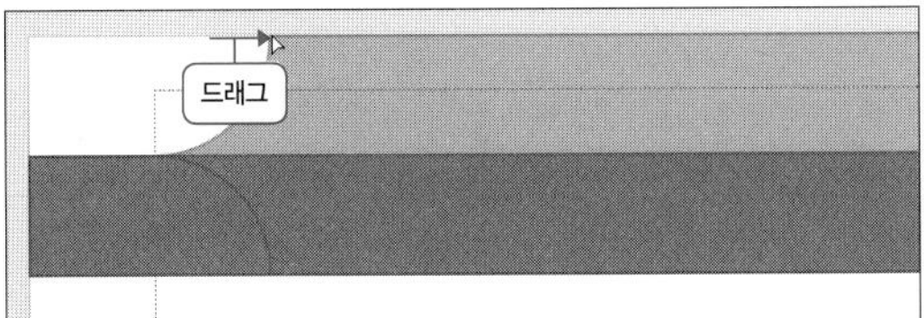


### 목차 도형

- 도형 1 : [사각형] → [직사각형(▭)]
- 도형 2 : [기본 도형] → [정오각형(⬠)]
- [가로 텍스트 상자 그리기(가)]

## 슬라이드 4 표 슬라이드

### 상단 도형

- 도형 1 : [기본 도형] → [팔각형(⑧)]
- 도형 2 : [기본 도형] → [육각형(⬡)], 모양 변경

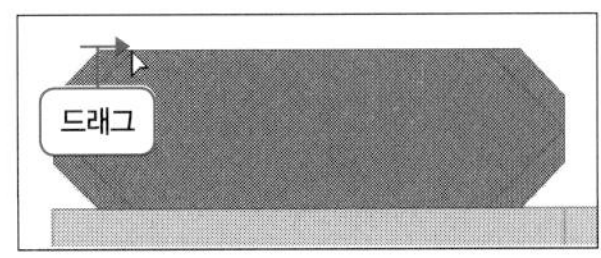


### 좌측 도형

- [기본 도형] → [빗면(▣)]

## 슬라이드 5 차트 슬라이드

### 보조 세로(값) 축 서식

- 최대 경계 : 15000, 주 단위 : 3000

### 데이터 레이블 서식

- [차트 도구] → 디자인 → 차트 레이아웃 → 차트 요소 추가 → 데이터 레이블 → **위쪽** 선택

### 도형

- [설명선] → [모서리가 둥근 사각형 설명선(▢)]
- 모양 변경

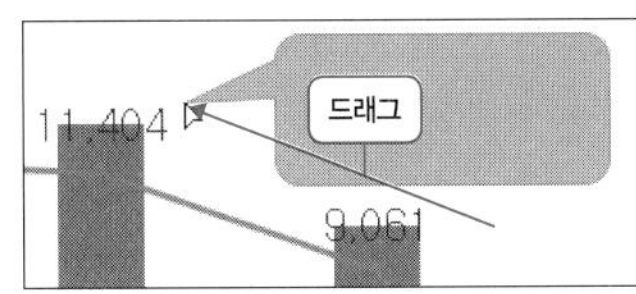

## 슬라이드 6 도형 슬라이드

### 01. 왼쪽 도형

정답

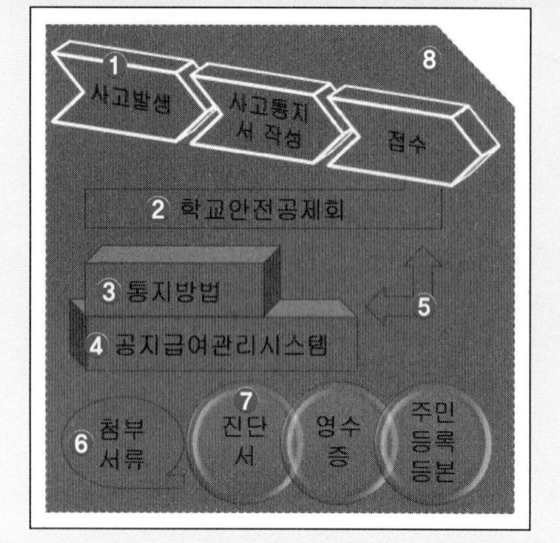


❶ [SmartArt] → [프로세스형] → [기본 갈매기형 수장 프로세스형( )]
- SmartArt 스타일 '3차원 벽돌' 지정

❷ [기본 도형] → [L 도형( )]
- '좌우 대칭' 지정
- '맨 뒤로 보내기' 지정

❸ [기본 도형] → [정육면체( )]

❹ ❸번 도형을 복사한 후 내용 수정 및 크기 조절, '좌우 대칭', '맨 뒤로 보내기' 지정

❺ [블록 화살표] → [왼쪽/위쪽 화살표( )]

❻ [순서도] → [순서도: 순차적 액세스 저장소( )]

❼ [SmartArt] → [관계형] → [선형 벤형( )]
- SmartArt 스타일 '3차원 경사' 지정

❽ [사각형] → [한쪽 모서리가 잘린 사각형( )]
- '파선' 지정
- '맨 뒤로 보내기' 지정

### 02. 오른쪽 도형

정답

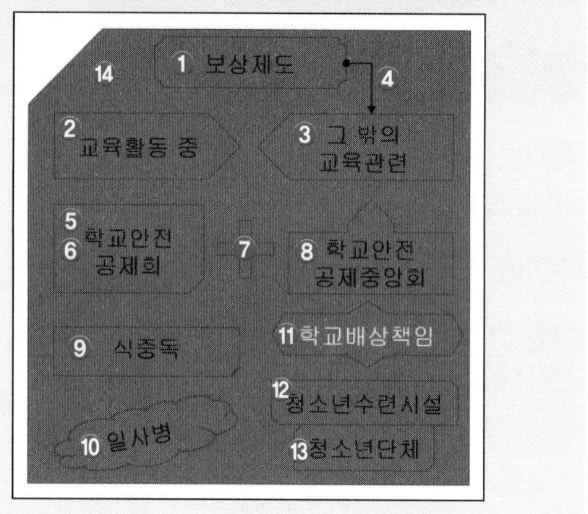


❶ [기본 도형] → [배지( )]

❷ [블록 화살표] → [오각형( )]

❸ ❷번 도형을 복사한 후 내용 수정 및 크기 조절, '좌우 대칭' 지정

❹ [선] → [꺾인 화살표 연결선( )]
- 선 색 '검정, 텍스트 1' 지정
- '화살표 스타일 9' 지정

선 색과 도형의 채우기 색이 같아 선이 보이지 않기 때문에 선 색을 검정 계열로 변경해야 합니다.

❺ [사각형] → [한쪽 모서리가 잘린 사각형( )]
- '상하 대칭' 지정

❻ [가로 텍스트 상자 그리기( )]
- '가운데 맞춤' 지정

❼ [기본 도형] → [십자형( )]
- 모양 변경

❽ [블록 화살표] → [위쪽 화살표 설명선( )]

• 모양 변경

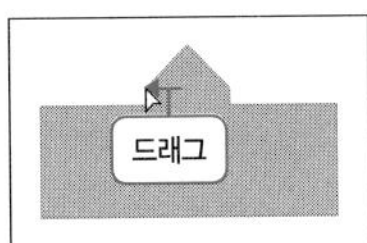


❾ [기본 도형] → [모서리가 접힌 도형( )]

❿ [기본 도형] → [구름( )]

• 회전 : 반시계 방향으로 적당히 회전

⓫ [블록 화살표] → [왼쪽/오른쪽/위쪽/아래쪽 화살표( )]

• 모양 변경

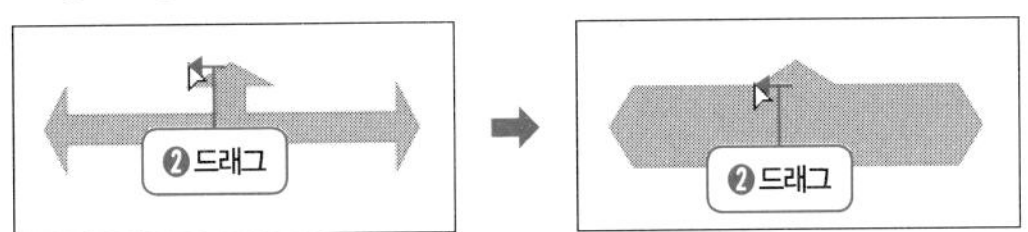


⓬ [사각형] → [대각선 방향의 모서리가 잘린 사각형( )]

⓭ ⓬번 도형을 복사한 후 내용 수정 및 크기 조절, '좌우 대칭' 지정

⓮ 왼쪽 도형 중 ❽번 도형 복사

• '좌우 대칭' 지정
• '실선' 지정
• '맨 뒤로 보내기' 지정

## 03. 애니메이션 효과

[애니메이션] → 애니메이션의 (자세히) → 추가 나타내기 효과 → '나타내기 효과 변경' 대화상자 → 기본 효과 → **블라인드** 선택

EXAMINATION

# 제05회 정보기술자격(ITQ) 시험

| 과 목 | 코드 | 문제유형 | 시험시간 | 수험번호 | 성 명 |
|---|---|---|---|---|---|
| 한글파워포인트 | 1142 | A | 60분 | | |

## 〈수험자 유의사항〉

- 수험자는 문제지를 받는 즉시 문제지와 **수험표상의 시험과목(프로그램)이 동일한지 반드시 확인**하여야 합니다.
- 파일명은 본인의 "수험번호-성명"으로 입력하여 답안폴더(내 PC\문서\ITQ)에 하나의 파일로 저장해야 하며, 답안문서 파일명이 "수험번호-성명"과 일치하지 않거나, 답안파일을 전송하지 않아 미제출로 처리될 경우 실격 처리합니다(예 : 12345678-홍길동.pptx).
- 답안 작성을 마치면 파일을 저장하고, '답안 전송' 버튼을 선택하여 감독위원 PC로 답안을 전송하십시오. 수험생 정보와 저장한 파일명이 다를 경우 전송되지 않으므로 주의하시기 바랍니다.
- 답안 작성 중에도 **주기적으로 저장하고, '답안 전송'**하여야 문제 발생을 줄일 수 있습니다. 작업한 내용을 저장하지 않고 전송할 경우 이전에 저장된 내용이 전송되오니 이점 유의하시기 바랍니다.
- 답안문서는 지정된 경로 외의 다른 보조기억장치에 저장하는 경우, 지정된 시험 시간 외에 작성된 파일을 활용할 경우, 기타 통신수단(이메일, 메신저, 네트워크 등)을 이용하여 타인에게 전달 또는 외부 반출하는 경우는 부정 처리합니다.
- 시험 중 부주의 또는 고의로 시스템을 파손한 경우는 수험자가 변상해야 하며, 〈수험자 유의사항〉에 기재된 방법대로 이행하지 않아 생기는 불이익은 수험생 당사자의 책임임을 알려 드립니다.
- 문제의 조건은 MS오피스 2016 버전으로 설정되어 있으니 유의하시기 바랍니다.
- 시험을 완료한 수험자는 답안파일이 전송되었는지 확인한 후 감독위원의 지시에 따라 문제지를 제출하고 퇴실합니다.

## 〈답안 작성요령〉

- 온라인 답안 작성 절차
  수험자 등록 ⇒ 시험 시작 ⇒ 답안파일 저장 ⇒ 답안 전송 ⇒ 시험 종료
- 슬라이드의 크기는 A4 Paper로 설정하여 작성합니다.
- 슬라이드의 총 개수는 6개로 구성되어 있으며 슬라이드 1부터 순서대로 작업하고 반드시 문제와 세부조건대로 합니다.
- 별도의 지시사항이 없는 경우 출력형태를 참조하여 글꼴색은 검정 또는 흰색으로 작성하고, 기타사항은 전체적인 균형을 고려하여 작성합니다.
- 슬라이드 도형 및 개체에 출력형태와 다른 스타일(그림자, 외곽선 등)을 적용했을 경우 감점처리됩니다.
- 슬라이드 번호를 작성합니다(슬라이드 1에는 생략).
- 2~6번 슬라이드 제목 도형과 하단 로고는 슬라이드 마스터를 이용하여 출력형태와 동일하게 작성합니다(슬라이드 1에는 생략).
- 문제와 세부조건, 세부조건 번호 ◌(점선원)는 입력하지 않습니다.
- 각 개체의 위치는 오른쪽의 슬라이드와 동일하게 구성합니다.
- 그림 삽입 문제의 경우 반드시 「내 PC\문서\ITQ\Picture」 폴더에서 정확한 파일을 선택하여 삽입하십시오.
- 각 슬라이드를 각각의 파일로 작업해서 저장할 경우 실격 처리됩니다.

**[전체구성]** **[60점]**

(1) 슬라이드 크기 및 순서 : 크기를 A4 용지로 설정하고 슬라이드 순서에 맞게 작성한다.

(2) 슬라이드 마스터 : 2~6슬라이드의 제목, 하단 로고, 슬라이드 번호는 슬라이드 마스터를 이용하여 작성한다.

- 제목 글꼴(굴림, 40pt, 흰색), 오른쪽 맞춤, 도형(선 없음)
- 하단 로고(「내 PC\문서\ITQ\Picture\로고2.jpg」, 배경(회색) 투명색으로 설정)

## 슬라이드 1 표지 디자인 (40점)

(1) 표지 디자인 : 도형, 워드아트 및 그림을 이용하여 작성한다.

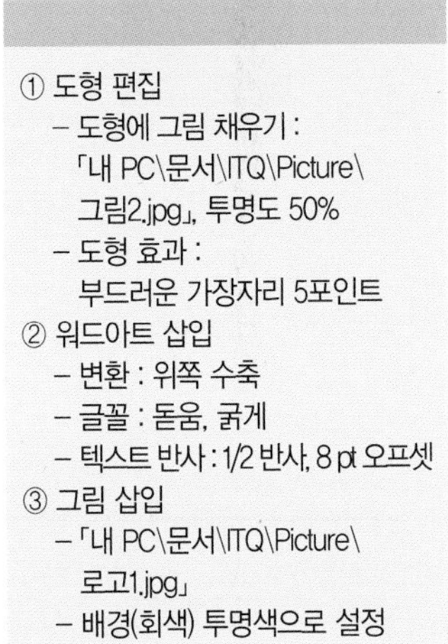

① 도형 편집
- 도형에 그림 채우기 : 「내 PC\문서\ITQ\Picture\그림2.jpg」, 투명도 50%
- 도형 효과 : 부드러운 가장자리 5포인트
② 워드아트 삽입
- 변환 : 위쪽 수축
- 글꼴 : 돋움, 굵게
- 텍스트 반사 : 1/2 반사, 8 pt 오프셋
③ 그림 삽입
- 「내 PC\문서\ITQ\Picture\로고1.jpg」
- 배경(회색) 투명색으로 설정

## 슬라이드 2 목차 슬라이드 (60점)

(1) 출력형태와 같이 도형을 이용하여 목차를 작성한다(글꼴 : 굴림, 24pt).

(2) 도형 : 선 없음

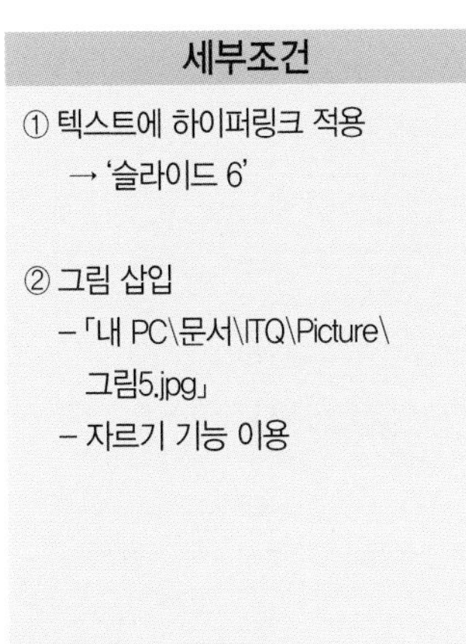


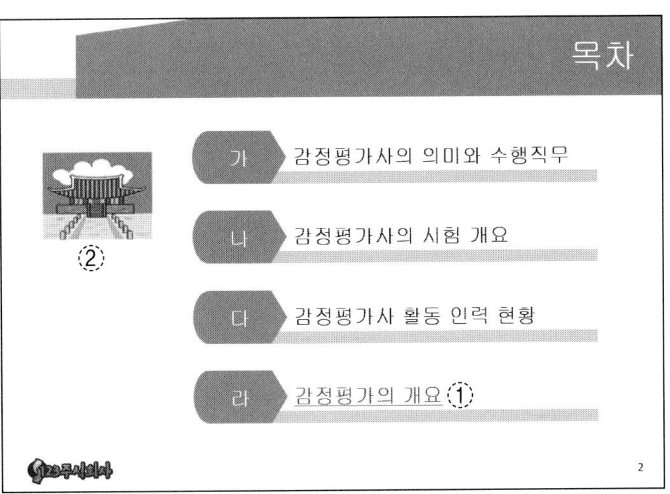

## 슬라이드 3 텍스트/동영상 슬라이드 (60점)

(1) 텍스트 작성 : 글머리 기호 사용( ➢, ✓)

➢ 문단(굴림, 24pt, 굵게, 줄 간격 : 1.5줄), ✓ 문단(굴림, 20pt, 줄 간격 : 1.5줄)

**세부조건**

① 동영상 삽입 :
- 「내 PC\문서\ITQ\Picture\동영상.wmv」
- 자동 실행, 반복 재생 설정

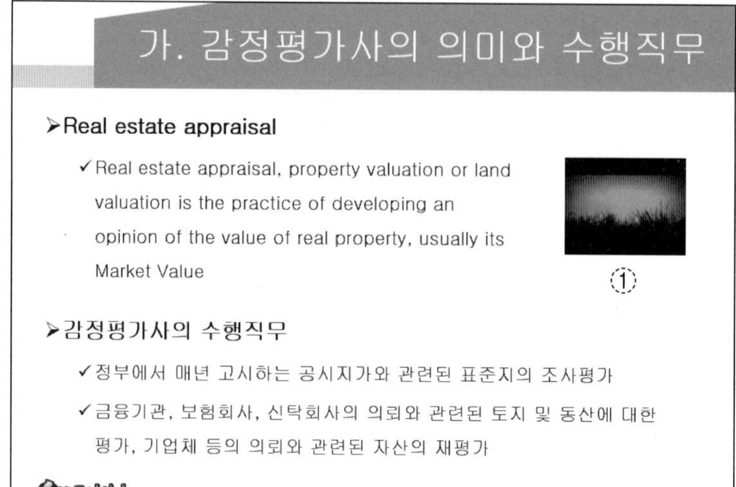


## 슬라이드 4 표 슬라이드 (80점)

(1) 도형과 표 작성 기능을 이용하여 슬라이드를 작성한다(글꼴 : 돋움, 18pt).

**세부조건**

① 상단 도형 :
2개 도형의 조합으로 작성

② 좌측 도형 :
그라데이션 효과(선형 아래쪽)

③ 표 스타일 :
테마 스타일 1 – 강조 1

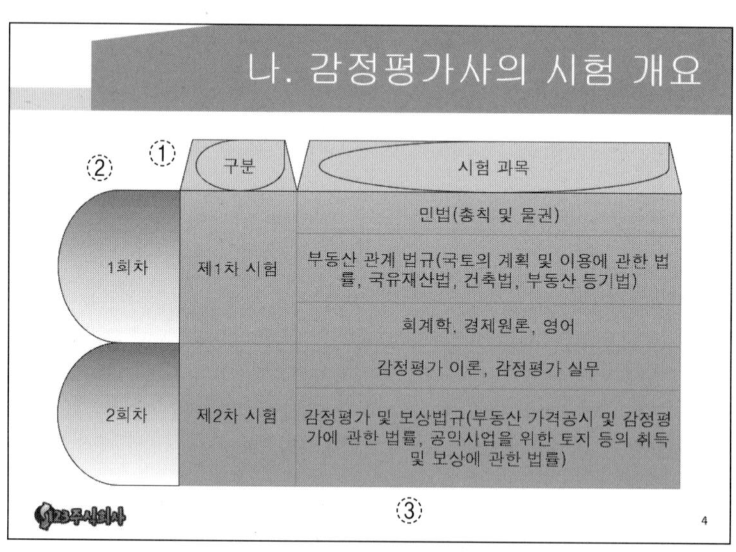

## 슬라이드 5 차트 슬라이드 (100점)

(1) 차트 작성 기능을 이용하여 슬라이드를 작성한다.
(2) 차트 : 종류(묶은 세로 막대형), 글꼴(돋움, 16pt), 외곽선

**세부조건**

※ **차트 설명**
- 차트 제목 : 궁서, 24pt, 굵게, 채우기(흰색), 테두리, 그림자(오프셋 아래쪽)
- 차트 영역 : 채우기(노랑)
  그림 영역 : 채우기(흰색)
- 데이터 서식 : 미국 계열을 표식이 있는 꺾은선형으로 변경 후 보조 축으로 지정
- 값 표시 : 2020년의 미국 계열만

① 도형 삽입
- 스타일 :
  미세 효과 – 파랑, 강조 1
- 글꼴 : 굴림, 18pt

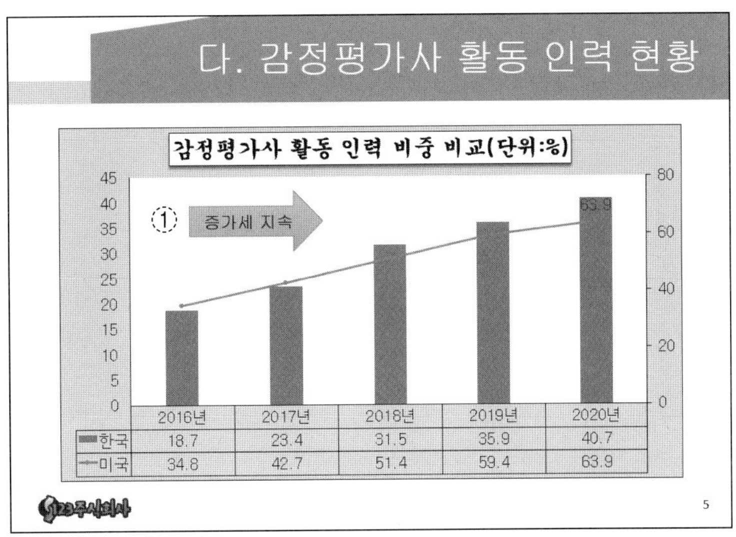


## 슬라이드 6 도형 슬라이드 (100점)

(1) 슬라이드와 같이 도형 및 스마트아트를 배치한다(글꼴 : 굴림, 18pt).
(2) 애니메이션 순서 : ① → ②

**세부조건**

① 도형 편집
- 그룹화 후 애니메이션 효과 :
  올라오기(떠오르면 내려가기)

② 도형 및 스마트아트 편집
- 스마트아트 디자인 :
  3차원 만화, 3차원 경사
- 그룹화 후 애니메이션 효과 :
  나타내기

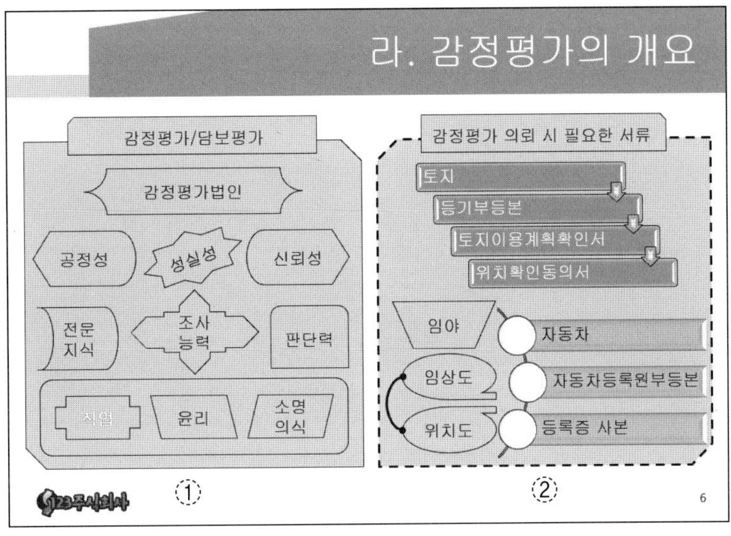

# 제05회 정보기술자격(ITQ) 파워포인트 정답 및 해설

형

## 슬라이드 1 표지 디자인

### 표지 디자인

• [순서도] → [순서도 : 지연(D)]

### 워드아트

• WordArt 텍스트 효과(변환) : 위쪽 수축( abcde )
• 모양 변경

⬇

Real Estate Appraiser

❷ Ctrl+드래그

## 슬라이드 2 목차 슬라이드

### 슬라이드 제목 도형

• 도형 1 : [사각형] → [직사각형(▭)]
• 도형 2 : [순서도] → [순서도: 카드(▭)]

### 목차 도형

• 도형 1 : [사각형] → [직사각형(▭)]
• 도형 2 : [순서도] → [순서도: 화면 표시(⬭)], '좌우 대칭' 지정
• [가로 텍스트 상자 그리기(가)]

## 슬라이드 4 표 슬라이드

### 상단 도형

• 도형 1 : [기본 도형] → [사다리꼴(△)]
• 도형 2 : [기본 도형] → [눈물 방울(◯)]

### 좌측 도형

• [순서도] → [순서도: 지연(D)], '좌우 대칭' 지정

## 슬라이드 5 차트 슬라이드

### 세로(값) 축 서식

• 범주 : 숫자, 소수 자릿수 : 0

### 보조 세로(값) 축 서식

• 최대 경계 : 80, 주 단위 : 20, 범주 : 숫자, 소수 자릿수 : 0

### 데이터 레이블 서식

• [차트 도구] → 디자인 → 차트 레이아웃 → 차트 요소 추가 → 데이터 레이블 → 위쪽 선택

### 도형

• [블록 화살표] → [오른쪽 화살표(⇨)]

## 슬라이드 6 도형 슬라이드

## 01. 왼쪽 도형

정답

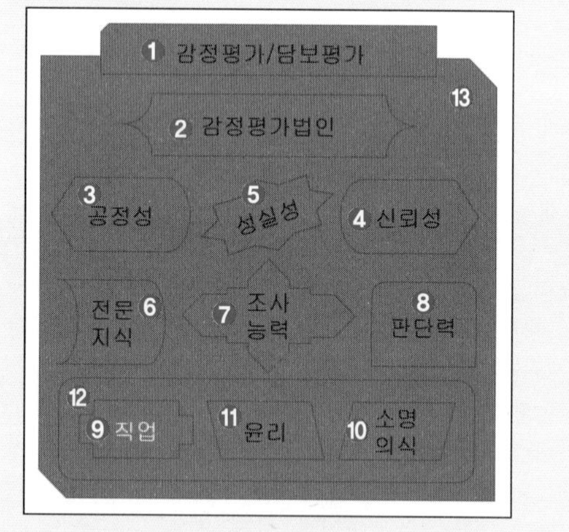


❶ [사각형] → [한쪽 모서리가 잘린 사각형(▭)]

• '좌우 대칭' 지정

❷ [기본 도형] → [배지(⬡)]

• 모양 변경

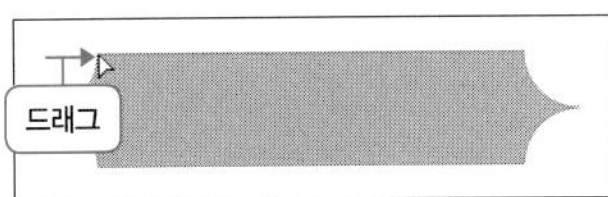


❸ [순서도] → [순서도: 화면 표시(⬭)]

❹ ❸번 도형을 복사한 후 내용 수정 및 '좌우 대칭' 지정

❺ [별 및 현수막] → [포인트가 8개인 별(⑧)]

• 회전 : 반시계 방향으로 적당히 회전

❻ [순서도] → [순서도: 저장 데이터(⊏)]

• '좌우 대칭' 지정

❼ [블록 화살표] → [왼쪽/오른쪽/위쪽/아래쪽 설명선(✥)]

• 모양 변경

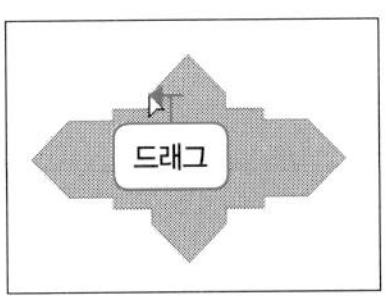


❽ [사각형] → [양쪽 모서리가 둥근 사각형(▭)]

❾ [기본 도형] → [십자형(✚)]

❿ [기본 도형] → [평행 사변형(▱)]

⓫ ❿번 도형을 복사한 후 내용 수정 및 '좌우 대칭' 지정

⓬ [사각형] → [모서리가 둥근 직사각형(▢)]

• '맨 뒤로 보내기' 지정

⓭ [사각형] → [대각선 방향의 모서리가 잘린 사각형(▭)]

• 모양 변경

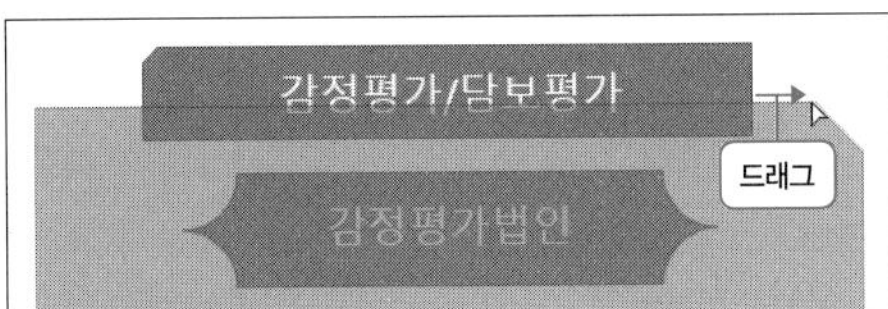


• '맨 뒤로 보내기' 지정

## 02. 오른쪽 도형

**정답**

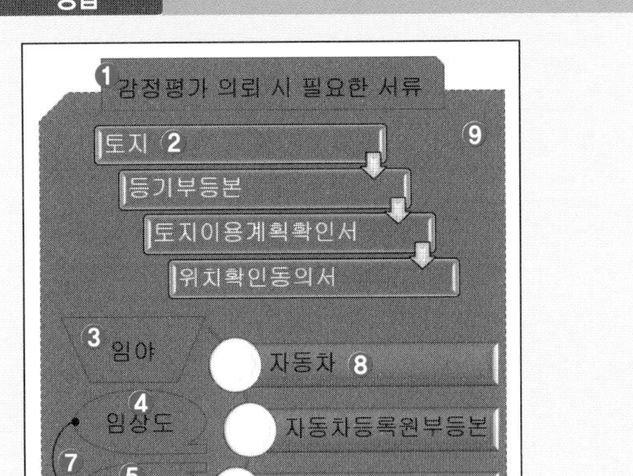


❶ 왼쪽 도형 중 ❶번 도형을 복사한 후 내용 수정 및 '좌우 대칭' 지정

❷ [SmartArt] → [프로세스형] → [지그재그 프로세스형( )]

• [SmartArt 도구] → 디자인 → 그래픽 만들기 → **도형 추가** 지정
• SmartArt 스타일 '3차원 만화' 지정

❸ [순서도] → [순서도: 수동 연산(▽)]

❹ [순서도] → [순서도: 순차적 액세스 저장소(◯)]

❺ ❹번 도형을 복사한 후 내용 삭제 및 '상하 대칭' 지정

❻ [가로 텍스트 상자 그리기( )]

❼ [선] → [구부러진 연결선( )]

• 선 색 '검정, 텍스트 1' 지정
• '화살표 스타일 11' 지정

> 선 색과 도형의 채우기 색이 같아 선이 보이지 않기 때문에 선 색을 검정 계열로 변경해야 합니다.

❽ [SmartArt] → [목록형] → [세로 곡선 목록형( )]

• SmartArt 스타일 '3차원 경사' 지정

❾ 왼쪽 도형 중 ⓭번 도형 복사

• '좌우 대칭' 지정
• '파선' 지정
• '맨 뒤로 보내기' 지정

## 쉬어가는 코너

파본을 받았습니다! 목차에는 기출문제가 10회까지 있는데 제 책은 5회가 끝이예요!
5회까지 있다면 정상입니다. 나머지 5회분은 'C:\길벗ITQ 마스터(2016)\ITQ 파포' 폴더에 "최신기출문제.pdf" 파일로 저장되어 있습니다.
그냥 한꺼번에 주시지 왜 5회분만 따로 옮겨 놓은거죠?
수험생 여러분의 책값부담을 줄이기 위해서 입니다. 제작비 인상으로 인해 책값을 올릴 수 밖에 없는 상황에서 교재의 일부분을 파일로 제공하여 제작비를 줄이고 책값을 인상하지 않았습니다.
감동
아니, 그렇게 깊은 뜻이? 독자의 주머니 사정까지 걱정해주는 시나공, 역시 감동이네요~
독자를 위한 서비스는 온라인에서도 이어집니다. 시나공카페에서는 시험과 관련된 다양한 정보와 서비스를 제공하고 있습니다. 가입하셔서 기출문제도 다운받고 풀다가 모르는 내용은 바로바로 물어보세요! 애프터서비스까지 확실히 해드립니다!
아싸! 당장 시나공 카페에 출근도장 찍으러 가야쥐~ 유후~♥
시나공카페에는 문턱이 없습니다. 가입만하시면 모든 서비스는 항상 열려 있다는 거! 여러분의 원하는 다양한 서비스를 만족시키기 위해 더 노력 하겠습니다!
시나공
고고
샤앙!

m·e·m·o

나는 시험에 나오는 것만 공부한다!

# 이제 시나공으로 한 번에 정복하세요!

기초 이론부터 완벽하게 공부해서 안전하게 합격하고 싶어요!

## 기본서 (필기/실기)

**특징**

**자세하고 친절한 이론으로 기초를 쌓은 후 바로 문제풀이를 통해 정리한다.**

**구성**

본권
기출문제(5회)
토막강의

실기
채점 프로그램(워드프로세서, 컴퓨터활용능력, ITQ)

**출간종목**

컴퓨터활용능력1급 필기/실기
컴퓨터활용능력2급 필기/실기
워드프로세서 필기/실기
정보처리기사 필기/실기
정보처리산업기사 필기/실기
정보처리기능사 필기/실기
사무자동화산업기사 실기
ITQ 엑셀/한글/파워포인트
GTQ 1급/2급

핵심이론만 체계적으로 정리한 후 문제풀이를 통해 정리하고 싶어요!

## SUMMARY (필기)

**특징**

**시험에 꼭 나오는 핵심이론으로 개념을 체계적으로 정리한 후 기출문제로 마무리한다.**

**구성**

핵심요약
기출문제(15회)
토막강의

**출간종목**

컴퓨터활용능력1급 필기
컴퓨터활용능력2급 필기
워드프로세서 필기
정보처리산업기사 필기
정보처리기능사 필기
사무자동화산업기사 필기

이론은 공부했지만 어떻게 적용되는지 문제풀이를 통해 감각을 익히고 싶어요!

## 총정리 (필기)

**특징**

**간단하게 이론을 정리한 후 충분한 문제풀이를 통해 실전 감각을 향상시킨다.**

**구성**

핵심요약
기출문제(10회)
모의고사(10회)
토막강의

**출간종목**

컴퓨터활용능력1급 필기
컴퓨터활용능력2급 필기
워드프로세서 필기
사무자동화산업기사 필기

이론은 완벽해요! 기출문제로 마무리하고 싶어요!

## 기출문제집 (필기/실기)

**특징**

**최신 기출문제를 반복 학습하며 최종 마무리한다.**

**구성**

핵심요약(PDF)
기출문제(15회)
토막강의

실기
기출문제(10회)

**출간종목**

컴퓨터활용능력1급 필기/실기
컴퓨터활용능력2급 필기/실기
워드프로세서 필기
사무자동화산업기사 필기